图文珍藏版

世界百科全书

张明林 编

第一卷

辽海出版社

图书在版编目（CIP）数据

世界百科全书/张明林 编.——沈阳：辽海出版社，
2014.6

ISBN 978－7－5451－3127－7

Ⅰ.①世… Ⅱ.①张… Ⅲ.①科学知识—普及读物
Ⅳ.①Z228

中国版本图书馆 CIP 数据核字（2014）第 148729 号

责任编辑：柳海松
责任校对：顾　季
装帧设计：三石工作室

出版者：辽海出版社
地　　址：沈阳市和平区十一纬路 25 号
邮政编码：110003
电　　话：024－23284473
E－mail：dyh550912@163.com
印刷者：三河市众誉天成印务有限公司
发行者：辽海出版社

幅面尺寸：170mm×250mm
印　张：80
字　数：1505 千字

出版时间：2014 年 7 月第 1 版
印刷时间：2019 年 11 月第 2 次印刷
定　　价：696.00 元（全四册）

版权所有　翻印必究

前　言

人类历史的发展成果有很多表现形式，其中非常重要的一项就是文化的积累。作为人类作用于自然界和社会的成果的总和，文化包括一切物质财富和精神财富。确切地说，文化是指一个国家或民族的历史、地理、风土人情、传统习俗、生活方式、文学艺术、行为规范、思维方式、价值观念等。

文化是一个包罗万象的体系，浩如烟海，无穷无尽，任何一个人都无法做到对人类文化面面俱到、事无巨细的了解。即便是专业人士，所掌握的文化知识也不过是人类文化的冰山一角，对于大多数人来说，更是存在着难以计数的文化盲区，即使是一些常识性的问题，也并非每个人都能回答上来。但这并不表示人们乐意做一个无知的人，大多数人都期待着有这样一本书：既能包含各种文化知识精华，又饶有趣味，使自己在轻松愉悦中获得受益。

一个人的文化知识储备往往是其综合素质和能力的体现，了解和掌握必要的世界文化知识精华，是推动社会文化发展繁荣的需要，同时也有助于个人开阔视野、启迪心智、陶冶性情、增长知识，为走向成功的人生打下坚实的基础。在知识爆炸、信息膨胀的今天，如何用较短的时间获取较多的文化知识和信息，是一个十分重要的问题。这除了读者本身的努力和恰当的方法之外，知识信息的载体及其表现形式是否科学、简明，也是一个非常重要的因素。

文化有广义、狭义两种解释，本书取广义文化概念，举凡物质创造与精神创造的各大方面都包括在内，本书搜集广泛、内容丰富，真正是汇知识之萃，所收知识点数千条，都是带有普遍意义，比较准确且定型的文化知识精华，各行各业的读者都能开卷有益。

本书结合丰富的知识类别，娓娓讲述各类文化的精华部分，包括语言文字、文学艺术、建筑、哲学宗教、教育体育、数理化学、医药生物、天文地理、环境交通、通讯与传媒、工业农业、技术发明、商业经济、政治法制、军事战争、历史考古、考古史学、王朝兴衰、民俗节日、饮食服饰等篇章，既有一般常识，也有逸闻趣事和鲜为人知的典故，基本涵盖了世界文化各个方面的知识精华内容，回答了人们需要了解和掌握的世界文化的基本问题。

　　这是一本浓缩了世界五千年文化精华的知识宝库，集知识性、趣味性、科学性于一体。全书覆盖面大，涉猎面广，具有超强的参考性和指导性，既是一部容纳世界文化百科知识的实用工具书，又是休闲生活中不可或缺的文化快餐；让你尽览世界文化全貌；让你轻松掌握世界文化精华。

目 录

语言文字

结绳记事 …………………………………………… (3)
古埃及人发明象形文字 …………………………… (4)
楔形文字 …………………………………………… (4)
甲骨文 ……………………………………………… (5)
希腊字母 …………………………………………… (6)
拉丁字母发展史 …………………………………… (7)
斯拉夫字母 ………………………………………… (8)
标点符号的历史 …………………………………… (9)
阿拉伯数字的发明 ………………………………… (9)
世界九大语系 ……………………………………… (10)
世界语 ……………………………………………… (12)
盲文的诞生 ………………………………………… (12)
日本的文字改革 …………………………………… (13)
格林定律 …………………………………………… (14)
中国大写数字的来历 ……………………………… (15)
汉字"横行"始于何时 …………………………… (15)

文学艺术

文学 ………………………………………………… (19)

世界第一部史诗《吉尔伽美什》 ………………… (19)
《梨俱吠陀》 ……………………………………… (20)

神话的由来	(21)
童话的起源	(22)
古希腊神话中的十二主神	(22)
普罗米修斯	(24)
爱神丘比特	(24)
木乃伊传说	(26)
通天塔的传说	(27)
何为"三部曲"	(28)
古希腊三大悲剧作家	(28)
古希腊悲剧《俄狄浦斯王》	(29)
女诗人萨福	(30)
《荷马史诗》	(31)
奴隶出身的寓言作家伊索	(32)
"喜剧之父"阿里斯托芬	(32)
《摩诃婆罗多》	(33)
《格萨尔王传》	(34)
迦梨陀娑与《沙恭达罗》	(34)
印度"国王诗人"戒日王	(35)
《万叶集》	(36)
《一千零一夜》的由来	(36)
城市文学的起源	(37)
紫式部与《源氏物语》	(38)
骑士与骑士文学	(38)
乔叟与《坎特伯雷故事集》	(39)
文艺复兴中的文坛三杰	(40)
十四行诗	(41)
但丁的《神曲》	(41)
拉伯雷与《巨人传》	(42)

《愚人颂》的问世 …………………………………………（43）

七星诗社 ……………………………………………………（43）

莎士比亚的戏剧 ……………………………………………（44）

欧洲文学中的四大吝啬鬼 …………………………………（45）

《堂吉诃德》 …………………………………………………（46）

康帕内拉与《太阳城》 ………………………………………（47）

班扬的《天路历程》 …………………………………………（48）

弥尔顿的《失乐园》 …………………………………………（49）

布瓦洛与古典主义 …………………………………………（49）

伏尔泰 ………………………………………………………（50）

法国"自由的奠基人"卢梭 …………………………………（51）

艺　术 …………………………………………………（52）

卡洛林"文艺复兴" …………………………………………（52）

文艺复兴运动 ………………………………………………（53）

人文主义 ……………………………………………………（54）

美第奇家族对文艺复兴的影响 ……………………………（56）

巴洛克艺术兴起 ……………………………………………（56）

欧洲启蒙运动 ………………………………………………（57）

持角杯的女巫 ………………………………………………（58）

古埃及绘画 …………………………………………………（58）

爱琴文明时期的绘画艺术 …………………………………（59）

犍陀罗美术 …………………………………………………（60）

敦煌壁画 ……………………………………………………（61）

中国的花鸟画 ………………………………………………（62）

浮世绘 ………………………………………………………（62）

油画的由来 …………………………………………………（63）

蒙娜丽莎的微笑 ……………………………………………（63）

拉斐尔与《西斯廷圣母》 ……………………………………（64）

"自画像之父"丢勒 …… (65)

"世界美术教育的奠基人"瓦萨里 …… (66)

法国画家尼古拉斯·普桑 …… (67)

"近代欧洲绘画的创始人"戈雅 …… (67)

德拉克洛瓦与《自由引导人民》 …… (68)

画家梵高 …… (69)

《日出·印象》 …… (70)

法国画家塞尚 …… (70)

大画家毕加索 …… (71)

新印象主义 …… (72)

立体主义的兴起 …… (72)

西方主要美术流派 …… (73)

漫画在中国的发展 …… (74)

古希腊的雕塑为何多是裸体的 …… (75)

伟大的雕塑家菲狄亚斯 …… (75)

《断臂的维纳斯》 …… (76)

雕塑大师米开朗琪罗 …… (76)

撒尿小孩铜像 …… (77)

中世纪的印度雕刻艺术 …… (78)

契瓦拉面具顶饰 …… (78)

黄金王棺 …… (78)

波斯地毯 …… (79)

中国漆器 …… (80)

中国玉雕的发展 …… (81)

微雕 …… (82)

中国剪纸技艺 …… (83)

瓷器小史 …… (83)

骨瓷的发明 …… (85)

内画的起源	(86)
莳绘	(86)
五线谱的由来	(87)
吉他	(88)
小提琴溯源	(88)
钢琴溯源	(89)
小夜曲	(90)
奏鸣曲	(90)
协奏曲	(92)
进行曲	(92)
交响曲	(93)
圆舞曲	(94)
军乐	(94)
口琴源于中国的笙	(95)
浪漫主义音乐	(95)
爵士乐	(96)
乐队指挥	(97)
管弦乐的起源与发展	(97)
作曲家拉索	(98)
"西方音乐之父"巴赫	(99)
音乐神童莫扎特	(99)
音乐家贝多芬	(100)
《月光奏鸣曲》	(101)
"小提琴上的魔鬼"帕格尼尼	(102)
《马赛曲》	(102)
"钢琴诗人"肖邦	(103)
交响诗的开创者李斯特	(104)

建　筑

埃及金字塔之谜	(107)
狮身人面像	(107)
空中花园	(108)
桑奇窣堵波	(109)
阿旃陀石窟	(110)
婆罗浮屠	(110)
泰姬陵	(111)
塔的起源	(112)
龙门石窟	(112)
中国的四大回音建筑	(114)
赵州桥	(114)
"胡同"一词的由来	(115)
日本的神社	(116)
世界上最大的庙宇吴哥窟	(117)
"四百万宝塔之城"蒲甘	(118)
马赛克小史	(118)
水泥溯源	(119)
帕特农神庙	(120)
罗马斗兽场	(121)
圣彼得大教堂	(122)
土耳其索菲亚大教堂	(123)
罗马式建筑	(123)
布鲁塞尔大广场	(124)
克里姆林宫	(125)
巴黎圣母院	(126)
比萨斜塔	(127)

佛罗伦萨大教堂	(128)
卢浮宫的兴建	(129)
哥特式建筑	(130)
米兰大教堂	(130)
建筑师伯鲁涅列斯基	(131)
家具、建筑设计师阿尔托	(132)
莫斯科红场	(132)
巴洛克式建筑的起源	(133)
凡尔赛宫	(134)
唐宁街10号	(135)
白金汉宫	(136)
悬挂建筑	(137)
太阳能采暖房	(137)
梯田式住宅	(139)

哲学宗教

哲　学	(143)
古希腊哲学	(143)
德国古典哲学	(144)
中国古典哲学	(145)
古代日本哲学	(147)
印度哲学的发展	(147)
元素说	(148)
归纳法	(149)
唯心主义	(149)
唯物主义	(150)
理性主义	(151)
新托马斯主义	(151)

解构主义 …………………………………… (152)

西方死亡哲学的发展 …………………… (152)

西方现代哲学 …………………………… (153)

分析哲学的产生和发展 ………………… (154)

实用主义哲学 …………………………… (154)

精神分析学说 …………………………… (155)

存在主义的产生和发展 ………………… (155)

智者运动 ………………………………… (156)

犬儒学派的创立 ………………………… (157)

米利都学派 ……………………………… (157)

伊壁鸠鲁学派 …………………………… (158)

说谎者悖论 ……………………………… (159)

原子唯物论 ……………………………… (160)

唯意志论 ………………………………… (160)

马克思主义理论 ………………………… (161)

亚里士多德的"四因说" ………………… (162)

苏格拉底的哲学思想 …………………… (163)

柏拉图的理念论 ………………………… (164)

柏拉图式的爱情 ………………………… (165)

"中世纪哲学之父"爱留根纳 …………… (165)

哲学和科学巨匠笛卡儿 ………………… (166)

莱布尼茨的单子论 ……………………… (166)

宗　教 ………………………… (168)

宗教起源说 ……………………………… (168)

图腾崇拜 ………………………………… (169)

世界主要宗教 …………………………… (169)

禁欲主义 ………………………………… (170)

犹太人的早期流浪史 …………………… (171)

犹太教	(171)
基督教	(172)
神父和牧师	(173)
《旧约全书》	(173)
《新约圣经》	(174)
伊甸园	(174)
撒旦	(175)
挪亚方舟	(175)
耶稣诞生	(176)
神学集大成者奥古斯丁	(176)
什一税的产生与废除	(177)
克吕尼运动	(178)
波高美尔派运动	(179)
天主教	(179)
红衣主教	(180)
东正教	(181)
俄罗斯正教会的形成和发展	(182)
阿尔比派	(183)
托马斯主义	(183)
方济各会的形成	(184)
罗马宗教裁判所	(184)
《神学大全》	(185)
阿维农之囚	(185)
胡司之战	(186)
西欧宗教改革运动	(187)
基督新教	(188)
马丁·路德的宗教改革	(189)
再洗礼派	(189)

慈温利的宗教改革……………………………………(190)
日内瓦教皇加尔文……………………………………(190)
在烈火中永生的布鲁诺………………………………(191)
胡格诺战争……………………………………………(192)
火药阴谋………………………………………………(192)
泛灵论…………………………………………………(193)
卫斯理宗………………………………………………(194)
释迦牟尼创立佛教……………………………………(194)
大乘佛教………………………………………………(195)
禅宗……………………………………………………(195)
三界……………………………………………………(196)
三藏……………………………………………………(196)
六道轮回………………………………………………(197)
"大千世界"的由来……………………………………(197)
四大菩萨………………………………………………(197)
五百罗汉的来历………………………………………(198)
千手观音的由来………………………………………(199)
和尚为何要剃度………………………………………(200)
何为八戒………………………………………………(200)
舍利子…………………………………………………(200)
佛像造像姿势…………………………………………(201)
高僧法海………………………………………………(201)
崇拜自然的奥秘………………………………………(202)
宗教信仰中的世界……………………………………(203)
中国宗教的特点………………………………………(204)
民族宗教和世界宗教…………………………………(204)
宗教与封建迷信………………………………………(205)
宗教信仰自由的含义…………………………………(206)

佛教兴起的社会历史条件	(206)
佛教描绘的世界	(207)
佛教的基本教义	(208)
四　谛	(208)
佛国的等级	(209)
佛教的礼仪与节日	(209)
佛教的四大道场	(210)
弥勒与韦驮	(211)
如来三佛	(211)
竖三世佛	(212)
观世音菩萨	(213)
为什么观世音以女性的形象出现	(213)
佛教何时传入中国内地	(214)
中国人接受佛教的特点	(215)
观音道场——普陀山	(215)
四大金刚	(216)
"三武灭佛"	(216)
为什么唐僧要"西天取经"	(217)
佛　光	(217)
僧人出家的追求	(218)
小乘佛教	(218)
禅　宗	(218)
四大皆空	(219)
涅　槃	(219)
六　根	(219)
无　常	(219)
弥勒佛	(219)
无量寿佛	(220)

夜　叉 ………………………………………………………(220)

菩提树 ………………………………………………………(220)

塔 ……………………………………………………………(220)

大雄宝殿 ……………………………………………………(221)

《大藏经》 …………………………………………………(221)

《金刚经》 …………………………………………………(221)

《六祖坛经》 ………………………………………………(221)

尼　姑 ………………………………………………………(222)

头　陀 ………………………………………………………(222)

行　者 ………………………………………………………(222)

居　士 ………………………………………………………(222)

南无阿弥陀佛 ………………………………………………(222)

衣　钵 ………………………………………………………(223)

度　牒 ………………………………………………………(223)

化　缘 ………………………………………………………(223)

金瓶掣签 ……………………………………………………(223)

当头棒喝 ……………………………………………………(224)

醍醐灌顶 ……………………………………………………(224)

拈花微笑 ……………………………………………………(224)

野狐禅 ………………………………………………………(224)

口头禅 ………………………………………………………(225)

公　案 ………………………………………………………(225)

机　锋 ………………………………………………………(225)

参　禅 ………………………………………………………(225)

顿　悟 ………………………………………………………(225)

慧　能 ………………………………………………………(226)

达　赖 ………………………………………………………(226)

班　禅 ………………………………………………………(226)

极乐世界	(227)
达　摩	(227)
因果报应	(228)
苦海无边	(228)
佛　眼	(229)
鬼子母	(229)
方　丈	(230)
长　老	(230)
汉文大藏经	(230)
行善诛恶的济公	(231)
美如莲花的佛教艺术	(231)
天龙八部	(232)
鉴　真	(232)
藏传佛教	(233)
木　鱼	(234)
佛教胜地	(234)
道教的产生	(235)
道家与道教	(235)
初创道教的色彩	(236)
黄老道与道教	(236)
道教的节日	(236)
阴阳五行说与八卦	(237)
道教的发展	(237)
道　藏	(238)
炼制长生金丹	(238)
太上老君与南华真人	(239)
玉皇大帝和王母娘娘	(240)
八　仙	(240)

三星高照	(241)
道教的大神——关羽	(241)
被道教徒崇奉的吕洞宾	(242)
被道教徒崇奉的邱处机	(242)
中国著名道观	(242)
中国道教名山	(243)
丰都"鬼城"	(243)
财神赵公明	(244)
房中术	(245)
内　丹	(245)
三　清	(246)
城　隍	(246)
钟　馗	(246)
陈　抟	(246)
道教的世界影响	(247)
基督教信仰的造物主——上帝	(247)
基督教的经典《圣经》	(247)
"三位一体"论	(248)
救赎论	(248)
圣诞节的来历	(249)
教　堂	(249)
弥　撒	(250)
基督教的主要礼仪、习俗	(250)
十字架	(251)
原罪说	(252)
"世界末日"与"天国福音"	(252)
清教徒	(253)
宗教改革	(253)

清教徒运动 …………………………………………………… (253)

梵蒂冈城国 …………………………………………………… (254)

教　会 ………………………………………………………… (254)

教　皇 ………………………………………………………… (254)

主　教 ………………………………………………………… (254)

异　端 ………………………………………………………… (254)

忏　悔 ………………………………………………………… (255)

阿　门 ………………………………………………………… (255)

教　父 ………………………………………………………… (255)

修道院 ………………………………………………………… (255)

复活节 ………………………………………………………… (255)

狂欢节 ………………………………………………………… (256)

礼　拜 ………………………………………………………… (256)

犹　大 ………………………………………………………… (256)

第一个神学家 ………………………………………………… (256)

基督教在中国的传播 ………………………………………… (257)

教育体育

教　育 ………………………………………………… (261)

教育的起源 …………………………………………………… (261)

世界首个学生守则《弟子职》 ……………………………… (261)

因材施教 ……………………………………………………… (262)

有教无类 ……………………………………………………… (263)

全世界第一所大学——稷下学宫 …………………………… (264)

中国私学的出现 ……………………………………………… (265)

中国的科举制度 ……………………………………………… (265)

考卷弥封制度的由来 ………………………………………… (266)

中国古代的胎教 ……………………………………………… (267)

柳馨远的实学主张 (267)
苏格拉底的"产婆术" (268)
古罗马著名教育家昆体良 (269)
七艺 (270)
巴黎大学的建立 (270)
博洛尼亚大学的创立 (271)
牛津大学 (272)
剑桥大学 (273)
伟大的教育家夸美纽斯 (274)
义务教育的历史 (274)
哈佛大学 (275)
耶鲁大学 (276)
莫斯科大学 (277)
主日学校 (278)
幼儿园的诞生 (279)
学分制的由来 (279)
艾宾浩斯遗忘曲线 (280)

竞技体育 (281)

奥运会的诞生 (281)
奥运圣火 (282)
女子正式参加奥运会的时间 (283)
首届冬季奥运会 (283)
亚运会的诞生 (284)
运动员犯规为何举左手 (285)
兴奋剂的起源 (286)
奖牌、奖杯和锦标的由来 (286)
田径运动的由来 (288)
跳远 (289)

铅球为何重7.257千克	(290)
飞碟的演变史	(290)
背越式跳高的诞生	(291)
马拉松赛的由来	(292)
障碍跑	(293)
竞走	(293)
赛马的起源	(294)
拳击溯源	(295)
"拳王"阿里	(296)
摔跤的起源和发展	(297)
柔道	(298)
跆拳道	(298)
相扑	(299)
举重漫谈	(300)
网球的由来	(301)
羽毛球小史	(303)
乒乓球七大奖杯	(303)
排球	(304)
体操	(305)
花样游泳的发明	(306)
世界上最早的足球运动	(306)
世界杯的起源	(308)
金球奖和金靴奖	(308)
黑哨	(309)
红牌	(309)
AC米兰队	(310)
皇家马德里队	(311)
球王贝利	(312)

足球场上的"上帝"马拉多纳	(313)
贝克汉姆	(314)
"外星人"罗纳尔多	(315)
篮球的发明	(316)
美国职业篮球联赛	(317)
"帽子戏法"	(317)
盖帽	(318)
"飞人"乔丹	(318)
棒球的发明	(319)
冰上曲棍球趣闻	(320)
橄榄球溯源	(320)
手球发展史	(321)
拉拉队的由来	(322)
极限运动	(322)
蹦极的起源	(323)
滑雪小史	(324)
登山运动的由来	(325)
冲浪小史	(325)
滑板的发明	(326)
一级方程式赛车的诞生	(326)
翼装飞行	(327)
有氧运动	(328)
五禽戏的发明	(329)
瑜珈的由来	(329)
瑜珈之谜	(330)
中国武术发展简史	(333)
太极拳的由来	(334)
漫话踢毽子	(335)

跳绳的起源 ………………………………………… (336)

数理化学

数　学 ………………………………………………… (339)

十进制溯源 ………………………………………… (339)

勾股定理的发现 …………………………………… (339)

黄金分割率 ………………………………………… (340)

欧几里得和《几何原本》 …………………………… (341)

中国的算盘 ………………………………………… (342)

"小九九"的由来 …………………………………… (343)

分数的起源 ………………………………………… (343)

联立方程式的诞生 ………………………………… (344)

孙子定理 …………………………………………… (345)

祖冲之推算出圆周率 ……………………………… (345)

三角学确立 ………………………………………… (346)

韦达创造代数符号 ………………………………… (347)

解析几何的诞生 …………………………………… (347)

费马大定理的发现 ………………………………… (349)

微积分的创立 ……………………………………… (350)

"＋、－、×、÷"的发明 …………………………… (351)

复变函数的蓬勃发展 ……………………………… (352)

无穷大与无穷小 …………………………………… (353)

画法几何 …………………………………………… (353)

"数学王子"高斯 …………………………………… (354)

数的来历 …………………………………………… (355)

虚　数 ……………………………………………… (356)

阿拉伯数码的故乡 ………………………………… (357)

函　数 ……………………………………………… (358)

・19・

陈氏定理	(359)
幻　方	(360)
模糊数学	(362)

物　理 (363)

湿度计溯源	(363)
比重计	(363)
钟表发展简史	(364)
显微镜的诞生	(365)
牛顿发现万有引力定律	(366)
富兰克林揭开雷电之谜	(367)
避雷针的发明	(368)
安培趣闻	(368)
载人热气球的升空	(369)
库仑定律	(369)
伏特电池的发明	(370)
阿伏伽德罗提出分子论	(371)
道尔顿提出原子学说	(371)
安全灯的发明	(372)
布朗运动的原理	(373)
欧姆定律的发现	(373)
法拉第发现电磁感应	(374)
焦耳定律	(375)
麦克斯韦的电磁情缘	(376)
赫兹证实无线电波的存在	(376)
液晶的发现	(377)
伦琴发现 X 射线	(377)
塞曼效应的发现	(378)
无线电之父	(379)

电子的发现	(380)
量子论的发展历程	(380)
超导的研究历程	(382)
爱因斯坦提出广义相对论	(383)
激光的起源	(383)
大物理学家卢瑟福	(384)
原子物理学	(385)
微观世界的揭秘者——电子显微镜	(386)
夸克模型	(386)
粒子研究的强力工具——高能加速器	(387)
超导电性的广泛应用	(388)
量子力学的创始人——海森伯格	(389)
杠杆的力量	(390)
功过昭彰的共振	(391)
千变万化的声波	(392)
击此彼应的共鸣	(395)
回音壁	(397)
透镜原理	(398)
立体电影的原理	(400)
光电效应	(401)
激光是什么	(403)
原子世界	(404)
温室效应	(405)
立体声	(406)
飞车走壁	(408)
声　障	(409)
次声波	(410)

化　学 …………………………………………………………（412）
　　秦始皇陵中有水银 ……………………………………………（412）
　　中国的印染技术发展史 ………………………………………（413）
　　玻璃镜的诞生 …………………………………………………（414）
　　培根创立现代实验科学 ………………………………………（414）
　　托里拆利发明水银柱气压计 …………………………………（415）
　　质量守恒定律的发现 …………………………………………（415）
　　氢气的发现 ……………………………………………………（416）
　　尿素的合成 ……………………………………………………（417）
　　氧气的发现 ……………………………………………………（417）
　　火药的发明 ……………………………………………………（418）
　　定比定律的发现与证明 ………………………………………（419）
　　蜡烛的由来 ……………………………………………………（420）
　　有机分析方法的形成与发展 …………………………………（421）
　　倍比定律的提出 ………………………………………………（421）
　　火柴的发明 ……………………………………………………（422）
　　染料的人工合成 ………………………………………………（423）
　　凡士林的发明 …………………………………………………（423）
　　凯库勒环状碳链理论的确立 …………………………………（424）
　　元素周期表的创立 ……………………………………………（424）
　　元素周期律和元素周期表 ……………………………………（425）
　　波尔多液的发现 ………………………………………………（426）
　　霓虹灯的发明 …………………………………………………（427）
　　电解法 …………………………………………………………（428）
　　居里夫妇发现放射性元素 ……………………………………（429）
　　同位素的发现 …………………………………………………（429）
　　化学元素的发明 ………………………………………………（430）
　　放射性元素 ……………………………………………………（434）

最轻的元素——氢 …………………………………………（436）

大气中最多的元素——氮 …………………………………（438）

最活泼的非金属——氟 ……………………………………（440）

最古老的金属——铜 ………………………………………（441）

娇嫩的金属——铯 …………………………………………（442）

地壳的基础——硅 …………………………………………（443）

一切生命的基础——碳 ……………………………………（444）

化学工业的原动力——硫 …………………………………（446）

巩固的象征——钙 …………………………………………（447）

铁与铁器时代 ………………………………………………（451）

制造罐头的金属——锡 ……………………………………（454）

20世纪的金属——铝 ………………………………………（458）

金属之王——金 ……………………………………………（463）

不寻常的金属——钛 ………………………………………（466）

镭的发现 ……………………………………………………（468）

铂的抗癌机理 ………………………………………………（470）

不锈钢和铬的发现 …………………………………………（472）

强大的核能 …………………………………………………（474）

铜镜千古不锈的原因 ………………………………………（476）

人体的原子裂变 ……………………………………………（477）

人工合成胰岛素 ……………………………………………（479）

能测知年代的同位素 ………………………………………（480）

分　子 ………………………………………………………（481）

分子式 ………………………………………………………（482）

"半导体之母"——锗 ………………………………………（483）

雄黄和砒霜 …………………………………………………（484）

千层纸——云母 ……………………………………………（486）

真空管的发明 ………………………………………………（488）

· 23 ·

医药生物

医 药 ··· (491)

 鸦片溯源 ··· (491)

 中国针灸发展史 ·· (492)

 "西方医学奠基人"希波克拉底 ······································ (493)

 扁鹊开创中医学的先河 ·· (494)

 集合巫术和医术的《阿闼婆吠陀》 ·································· (495)

 最早的病历 ··· (496)

 体育疗法溯源 ·· (496)

 中国古代的人体解剖 ··· (497)

 《神农本草经》 ·· (497)

 "医中之王"阿维森纳 ·· (498)

 世界上最早的麻醉剂 ··· (499)

 世界首部系统的法医学专著《洗冤集录》 ························· (499)

 黑死病侵袭欧洲 ·· (500)

 李时珍与《本草纲目》 ·· (501)

 血液循环理论的创立 ··· (502)

 输血小史 ·· (503)

 伦敦大瘟疫 ··· (504)

 催眠术的起源 ·· (505)

 体温计的发明 ·· (506)

 牛痘接种法的诞生 ··· (506)

 帕金森综合症 ·· (507)

 听诊器的由来 ·· (508)

 血压计的发明 ·· (509)

 "微生物学之父"巴斯德 ·· (510)

 注射器的历史 ·· (510)

国际红十字会…………………………………(511)
"医学泰斗"科赫…………………………………(512)
老年痴呆症………………………………………(513)
阿司匹林的发明…………………………………(513)
维生素的发现……………………………………(514)
弗莱明发现青霉素………………………………(515)
世界卫生组织……………………………………(516)

生　物………………………………………(517)

细　胞……………………………………………(517)
生物催化剂——酶………………………………(517)
神奇的生物电……………………………………(518)
拉马克学说………………………………………(519)
居维叶的灾变论…………………………………(520)
蛋白质……………………………………………(521)
"遗传学之父"孟德尔……………………………(521)
华莱士线…………………………………………(522)
达尔文提出生物进化论…………………………(523)
首倡优生的人……………………………………(524)
虹膜识别技术……………………………………(524)
血型………………………………………………(525)
激素………………………………………………(525)
巴甫洛夫与条件反射……………………………(526)
摩尔根发现遗传基因……………………………(527)
人体生物钟………………………………………(528)
褪黑素……………………………………………(528)
基因工程…………………………………………(529)
微生物学家阿尔伯………………………………(529)
左撇子是否更聪明………………………………(530)

· 25 ·

黄曲霉素	(531)
克隆技术	(532)
人工染色体	(533)
双歧因子	(533)
干细胞	(534)
双胞胎之间的心灵感应	(535)
生化	(535)
种群	(536)
植物分类法	(537)
向日葵为什么"向日"	(537)
树木年代学	(538)
枫叶为何会变红	(539)
无土栽培	(540)
柿子的功效	(540)
山楂的妙用	(541)
菊花种种	(542)
"凌波仙子"水仙	(543)
芍药小话	(544)
胎儿石化之谜	(545)
始祖鸟化石之谜	(546)
恐龙之谜	(548)
巨鱼之谜	(550)
天池怪兽之谜	(551)
大象墓地之谜	(553)
智猴之谜	(553)
"尼西"之谜	(555)
海龟自埋之谜	(558)
鲸集体自杀之谜	(559)

候鸟迁徙之谜 …………………………………………………… (561)

蝮蛇的乐园探秘 ………………………………………………… (563)

放电现象探秘 …………………………………………………… (565)

生物导弹探秘 …………………………………………………… (567)

种豌豆得到的遗传定律 ………………………………………… (568)

DNA 双螺旋模型 ………………………………………………… (569)

植物登陆之谜 …………………………………………………… (570)

植物落叶之谜 …………………………………………………… (571)

跳舞草之谜 ……………………………………………………… (572)

地衣之谜 ………………………………………………………… (573)

生长素之谜 ……………………………………………………… (575)

天文地理

天文历法 …………………………………………………… **(579)**

宇宙的起源 ……………………………………………………… (579)

太阳系的形成和演化 …………………………………………… (580)

五星会合周期的测定 …………………………………………… (581)

恒星世界 ………………………………………………………… (581)

太阳活动 ………………………………………………………… (582)

阿里斯塔克斯"日心说"的创立 ………………………………… (583)

星座的起源 ……………………………………………………… (583)

关于太阳黑子的最早记载 ……………………………………… (584)

哥白尼的"日心说" ……………………………………………… (584)

太阳风的发现 …………………………………………………… (585)

太阳"黑子风暴" ………………………………………………… (586)

月球起源之谜 …………………………………………………… (587)

月球发生过"月震"吗 …………………………………………… (592)

月球岩石年龄之谜 ……………………………………………… (593)

图文版 世界百科全书 目录

月亮上的神秘"建筑物" ……………………………… (595)

狮子座流星雨 …………………………………………… (597)

甘德发现木星的卫星 …………………………………… (597)

登封观星台 ……………………………………………… (598)

行星运动三定律的发现 ………………………………… (598)

天王星的发现 …………………………………………… (599)

小行星带的发现 ………………………………………… (600)

变星的命名规则 ………………………………………… (601)

地球自转的证明 ………………………………………… (601)

地球的秘密 ……………………………………………… (602)

地球内部结构之谜 ……………………………………… (608)

地球的水源之谜 ………………………………………… (610)

哈雷彗星发现史 ………………………………………… (613)

古埃及的太阳历 ………………………………………… (614)

八卦的起源 ……………………………………………… (615)

四象 ……………………………………………………… (615)

60进位制的由来 ………………………………………… (616)

二十四节气溯源 ………………………………………… (617)

星期的由来 ……………………………………………… (618)

阳历2月为何只有28天 ………………………………… (618)

闰年、闰月和闰秒 ……………………………………… (619)

九九歌趣谈 ……………………………………………… (620)

公元、世纪和年代 ……………………………………… (620)

夏令时小史 ……………………………………………… (621)

世界统一时间 …………………………………………… (621)

国际日期变更线 ………………………………………… (622)

挂历的由来 ……………………………………………… (622)

大预言家诺查丹玛斯 …………………………………… (623)

天文望远镜的发明 …………………………………………… (624)

格林尼治天文台 ……………………………………………… (625)

第一个称量地球的人 ………………………………………… (626)

提丢斯－波德定则的来历 …………………………………… (627)

金刚石之谜 …………………………………………………… (628)

宇宙的黑洞之谜 ……………………………………………… (630)

神秘的宇宙暗物质 …………………………………………… (631)

太阳系产生之谜 ……………………………………………… (632)

金星之谜 ……………………………………………………… (634)

水星之谜 ……………………………………………………… (637)

火星人面石、金字塔之谜 …………………………………… (641)

火星上有生命吗 ……………………………………………… (643)

金星城市废墟之谜 …………………………………………… (647)

木星会成为太阳吗 …………………………………………… (648)

土星的六角云团 ……………………………………………… (649)

天王星上的原始生物 ………………………………………… (651)

天王星、海王星之谜 ………………………………………… (651)

地理气象 ………………………………………………… (654)

爱斯基摩人 …………………………………………………… (654)

吉卜赛人 ……………………………………………………… (655)

印第安人 ……………………………………………………… (655)

世界最古老的地理书《山海经》 …………………………… (657)

斯特拉博的《地理学》 ……………………………………… (657)

普林尼撰写《博物志》 ……………………………………… (658)

赖尔的《地质学原理》 ……………………………………… (659)

指南针的问世与发展 ………………………………………… (660)

地动仪的发明 ………………………………………………… (661)

地磁偏角的发现 ……………………………………………… (662)

目录	
七大洲	(662)
四大洋名称的由来	(663)
美洲的命名	(664)
亚马孙河名称的由来	(665)
中东、远东和近东	(665)
哥伦布发现新大陆	(666)
南极洲的发现	(667)
库克海峡的发现	(668)
第一个到达北极的人	(669)
经线和纬线	(669)
非洲国界线为何大多是直线	(670)
大陆漂移说的确立	(671)
第一条国际航线的开辟	(672)
世界首次环球飞行	(672)
人类首次登上世界最高峰	(673)
人类何时首次横穿南极大陆	(673)
世界地质公园	(674)
世界各国的别称	(675)
泥石流	(677)
地震的震级和烈度	(678)
里斯本大地震	(679)
火山	(680)
世界最高的火山	(681)
堰塞湖	(681)
世界五大"死亡谷"	(683)
世界三大瀑布	(684)
海底峡谷及其成因	(685)
百慕大魔鬼三角海域	(685)

死　海……………………………………………………（686）

爱琴海传说………………………………………………（687）

大陆漂移假说……………………………………………（689）

"厄尔尼诺"现象揭秘……………………………………（690）

冰期形成之谜……………………………………………（691）

神奇的龙卷风……………………………………………（694）

死亡谷之谜………………………………………………（695）

罗布泊之谜………………………………………………（697）

神灯之谜…………………………………………………（699）

极光之谜…………………………………………………（700）

比萨斜塔之谜……………………………………………（701）

舍戈蒂陨石之谜…………………………………………（703）

狗头金之谜………………………………………………（705）

环境交通

环　境……………………………………………………（709）

生态平衡…………………………………………………（709）

雨后的空气为何很清新…………………………………（709）

瑞雪兆丰年………………………………………………（710）

湿地的功能………………………………………………（711）

"红色幽灵"赤潮…………………………………………（712）

生态入侵…………………………………………………（712）

物种灭绝…………………………………………………（713）

岩石风化…………………………………………………（714）

土地荒漠化………………………………………………（715）

臭氧层空洞………………………………………………（715）

噪声污染…………………………………………………（716）

光污染……………………………………………………（717）

· 31 ·

大气污染	(717)
白色污染	(718)
二次污染	(719)
可降解塑料	(719)
热岛效应	(720)
温室效应的产生	(720)
水资源危机	(721)
水俣病	(722)
环境科学的兴起	(723)

交　通　(724)

火车的诞生	(724)
富尔顿发明蒸汽机船	(725)
莱特兄弟发明飞机	(726)
气垫船的用途	(727)
磁悬浮列车的出现与发展	(727)
泰坦尼克号的沉没	(728)
好望角航线史话	(730)
新航路的开辟	(730)
詹姆斯·库克开创现代航海的先河	(731)
中国古代造船小史	(731)
车轮的起源与演变	(732)
独轮车	(732)
马车小史	(733)
轿子的历史	(733)
公路发展史	(735)
驿站漫话	(735)
斑马线的起源	(736)
灯塔溯源	(736)

亚历山大灯塔 …………………………………………… (737)

船闸的发展 ……………………………………………… (738)

为何大多数国家的汽车都靠右行驶 …………………… (739)

轮船发展简史 …………………………………………… (739)

世界首辆汽车 …………………………………………… (740)

车牌的颜色和编号 ……………………………………… (741)

飞艇小史 ………………………………………………… (741)

自行车的发展史 ………………………………………… (742)

贝尔灯塔 ………………………………………………… (743)

红绿灯的来历 …………………………………………… (743)

铁路轨距的来历 ………………………………………… (744)

船用螺旋桨的发展 ……………………………………… (745)

摩托车的历史 …………………………………………… (745)

苏伊士运河正式通航 …………………………………… (746)

计程车的出现 …………………………………………… (747)

高速公路 ………………………………………………… (747)

"天上宫阙"——太空城 ………………………………… (748)

高速自行车 ……………………………………………… (749)

电动汽车和太阳能汽车 ………………………………… (750)

高级列车 ………………………………………………… (751)

通讯与传媒

汗青、杀青和丹青 ……………………………………… (755)

藏书印的渊源 …………………………………………… (755)

报纸发展史 ……………………………………………… (756)

记者的由来 ……………………………………………… (757)

杂志的起源 ……………………………………………… (757)

邮票的诞生 ……………………………………………… (758)

首日封的历史 …………………………………………… (759)

传真机的发展历程 ……………………………………… (760)

《纽约时报》 …………………………………………… (760)

《华尔街日报》 ………………………………………… (761)

《今日美国》 …………………………………………… (762)

明信片的来历 …………………………………………… (763)

日本《朝日新闻》 ……………………………………… (763)

普利策奖 ………………………………………………… (765)

广播的诞生 ……………………………………………… (765)

《福布斯》杂志 ………………………………………… (766)

华纳兄弟 ………………………………………………… (767)

BBC ……………………………………………………… (768)

美国《时代周刊》 ……………………………………… (769)

工业农业

工 业 ……………………………………………………… (773)

重工业和轻工业 ………………………………………… (773)

玻璃发展史 ……………………………………………… (773)

洗衣粉的问世 …………………………………………… (774)

人造纤维 ………………………………………………… (775)

光导纤维的由来 ………………………………………… (775)

煤的发现和使用 ………………………………………… (775)

天然气 …………………………………………………… (776)

铁矿石 …………………………………………………… (777)

荷兰风车 ………………………………………………… (778)

生铁冶炼史 ……………………………………………… (778)

钢 ………………………………………………………… (779)

转炉炼钢法的发明 ……………………………………… (780)

现代工厂体制的开创者——理查德·阿克赖特……………(781)

世界工厂……………………………………………………(781)

石油开发史…………………………………………………(782)

世界十大油田………………………………………………(783)

第一台摩擦起电机…………………………………………(783)

等离子发电机………………………………………………(784)

机床发展简史………………………………………………(784)

记忆金属……………………………………………………(785)

不锈钢的发明………………………………………………(786)

聚乙烯的生成史……………………………………………(786)

联合国工业发展组织………………………………………(787)

材料科学的形成……………………………………………(788)

合成橡胶……………………………………………………(788)

拖拉机的发明和发展………………………………………(788)

太阳能电站…………………………………………………(790)

农　业 …………………………………………………(791)

水稻家族……………………………………………………(791)

小米史话……………………………………………………(792)

漫谈玉米……………………………………………………(792)

棉花小史……………………………………………………(793)

播种机的诞生………………………………………………(794)

中国茶叶……………………………………………………(795)

"绿色的牛乳"大豆…………………………………………(796)

甘蔗的传播与分布…………………………………………(796)

烟草的传播…………………………………………………(797)

白菜的起源…………………………………………………(798)

土豆小史……………………………………………………(798)

番茄趣闻……………………………………………………(799)

芋艿的品种 …………………………………… (799)

"水晶明珠"葡萄 …………………………… (800)

杏 ………………………………………………… (801)

柑橘简史 ………………………………………… (801)

西瓜名称溯源 …………………………………… (802)

闲话板栗 ………………………………………… (803)

"维生素之王" …………………………………… (803)

椰子 ……………………………………………… (804)

中国梨的品种 …………………………………… (804)

苹果传播史 ……………………………………… (804)

荔枝和龙眼 ……………………………………… (805)

技术发明

中国枕头的发展 ………………………………… (809)

中国铜镜小史 …………………………………… (809)

"木工祖师"鲁班 ………………………………… (811)

大科学家阿基米德 ……………………………… (811)

伞的发明 ………………………………………… (812)

椅子的由来 ……………………………………… (812)

造纸术的改进 …………………………………… (813)

毕昇发明活字印刷术 …………………………… (814)

毛笔小史 ………………………………………… (815)

铅笔小史 ………………………………………… (816)

派克笔的来历 …………………………………… (816)

圆珠笔的来历 …………………………………… (817)

脚踏纺车的问世 ………………………………… (817)

熨斗溯源 ………………………………………… (818)

"近代科学之父"伽利略 ………………………… (818)

- 三次科技革命 …………………………………… (819)
- 飞梭的发明 ……………………………………… (820)
- 珍妮纺纱机问世 ………………………………… (820)
- 缝纫机的发明与发展 …………………………… (821)
- 瓦特改良蒸汽机 ………………………………… (821)
- 打字机的发明 …………………………………… (822)
- 电报的发明 ……………………………………… (823)
- 洗衣机发展史 …………………………………… (823)
- "发明大王"爱迪生 ……………………………… (824)
- 留声机的发明 …………………………………… (825)
- 世界上第一台柴油机 …………………………… (825)
- 最早的唱片 ……………………………………… (826)
- 激光唱片 ………………………………………… (827)
- 录音机小史 ……………………………………… (827)
- 蚊香的起源 ……………………………………… (828)
- 空调的发明与普及 ……………………………… (828)
- 最早的吸尘器 …………………………………… (829)
- 冰箱的历史 ……………………………………… (830)
- 贝尔德发明电视机 ……………………………… (830)
- 电视机的发明 …………………………………… (831)
- 诺贝尔奖的由来 ………………………………… (832)
- 手机发明史 ……………………………………… (833)
- 微波炉的发明 …………………………………… (833)
- 眼镜的由来 ……………………………………… (834)
- 第一架消色差折射望远镜 ……………………… (834)
- 摄影术的发明 …………………………………… (834)
- 彩色胶片的出现 ………………………………… (835)
- 3D电影的起源 …………………………………… (836)

全息摄影 …………………………………… (836)

数码相机的发展 …………………………… (837)

世界科技名人 ……………………………… (837)

电子计算机的产生与发展 ………………… (838)

计算机语言之父——尼盖德 ……………… (839)

CPU ………………………………………… (840)

LCD 的起源 ………………………………… (840)

几代人的杰作——钟表 …………………… (841)

纵览全球的地球仪 ………………………… (841)

科学研究的重要工具——显微镜 ………… (842)

"千里眼"的实现——望远镜的发明 ……… (843)

蒸汽机的发明 ……………………………… (843)

听诊器的发明 ……………………………… (844)

照相机的发明 ……………………………… (844)

电话的发明 ………………………………… (845)

电灯的发明 ………………………………… (845)

商业经济

商　业 ………………………………………… (849)

中国最早的商品标记——幌子 …………… (849)

商人的由来 ………………………………… (849)

不同国家商人的习俗 ……………………… (850)

商标 ………………………………………… (850)

雪崩效应 …………………………………… (851)

闲话夜市 …………………………………… (851)

跳蚤市场的起源 …………………………… (852)

"薪水"的历史起源 ………………………… (852)

小费的由来 ………………………………… (852)

青年旅馆的由来 …………………………………… (853)

陶瓷之路 …………………………………………… (853)

香槟集市 …………………………………………… (854)

超市的发展 ………………………………………… (855)

手工业行会的出现 ………………………………… (855)

西欧重商主义的产生 ……………………………… (856)

日本的锁国令 ……………………………………… (856)

买办 ………………………………………………… (857)

世界顶级奢侈品品牌 LV …………………………… (858)

时尚品牌香奈儿 …………………………………… (858)

运动品牌阿迪达斯 ………………………………… (859)

美孚石油公司 ……………………………………… (859)

壳牌公司的创立 …………………………………… (860)

飞利浦电气公司的发展 …………………………… (860)

通用电气公司的成立 ……………………………… (861)

雷诺汽车公司发展史 ……………………………… (861)

福特汽车公司成立 ………………………………… (862)

大众汽车股份公司的创建 ………………………… (862)

丰田汽车公司概况 ………………………………… (863)

雀巢公司发展史 …………………………………… (863)

麦当劳发展简史 …………………………………… (864)

经　济 ……………………………………………… (865)

货币的历史 ………………………………………… (865)

铜钱上方孔的来历 ………………………………… (865)

纸币的出现 ………………………………………… (866)

纸币上的水印 ……………………………………… (867)

最早的银行 ………………………………………… (867)

阿姆斯特丹银行的建立 …………………………… (867)

加利福尼亚金矿的发现	(868)
绿背纸币运动	(868)
日本第一劝业银行的成立	(869)
法国农业信贷银行的建立	(869)
国际货币基金组织	(870)
汇率产生的原因	(870)
分期付款小史	(871)
世界银行发展简史	(871)
信用卡的诞生	(872)
亚洲开发银行的成立	(872)
非洲开发银行	(873)
自动取款机	(873)
欧元简介	(874)
色诺芬的《经济论》	(874)
亚当·斯密与《国富论》	(875)
古典经济学的发展	(876)
萨伊及其庸俗政治经济学理论	(876)
《资本论》	(877)
恩格尔系数	(877)
熊彼特经济周期理论	(878)
宏观经济学的产生与发展	(878)
重农学派的起源	(879)
边际效用学派	(879)
新剑桥学派	(880)
凯恩斯主义	(880)
保险的起源	(881)
失业保险	(881)
彩票溯源	(882)

西班牙大胖子彩票	(882)
漫话税收	(883)
印花税的由来	(883)
拉弗曲线	(884)
耻辱的奴隶贸易	(884)
吸血的东印度公司	(885)
最惠国待遇溯源	(886)
西欧封建城市的出现	(886)
西欧的封建庄园	(887)
银座溯源	(888)
华尔街小史	(888)
汇票的发明	(889)
泡沫经济溯源	(889)
南海泡沫事件	(890)
柯立芝繁荣	(891)
1929—1933年世界经济危机	(891)
石油危机	(892)
苏联新经济政策的实施	(892)
洛克菲勒财团	(893)
自由贸易政策的发展历程	(893)

政治法律

政　治 (897)

国家的由来	(897)
警察和军队的作用	(897)
中央集权制度	(898)
圆桌会议的来历	(899)
领事的由来	(899)

三级会议	(900)
大使馆与领事馆	(901)
两院制的起源	(901)
"弹劾"的由来	(901)
外交的起源	(902)
三权分立制度	(902)
内阁制	(903)
君主制	(904)
君主立宪制	(904)
最不发达国家	(905)
政治学之父	(906)
惊世之作《君主论》	(906)
《社会契约论》	(907)
《人权宣言》	(908)
印度种姓制度	(909)
罗马元老院的建立	(909)
罗马行省制的确立	(910)
执政官的产生	(911)
元首政治	(911)
日本部民制	(912)
日本平安时代	(912)
北欧海盗维京人	(913)
西欧的骑士制度	(913)
平等派的形成	(914)
欧文创建"新和谐公社"	(915)
美国联邦调查局	(915)
美国中央情报局	(916)
女权运动	(916)

埃赫那吞改革	(917)
大流士改革	(918)
梭伦改革	(918)
格拉古兄弟改革	(919)
马略改革	(920)
后三头同盟的形成	(921)
戴克里先改革	(922)
圣德太子改革	(923)
日本大化改新	(923)
采邑改革	(924)
约翰王签署《自由大宪章》	(925)
萨伏那洛拉改革	(926)
尼德兰资产阶级革命	(926)
阿克巴改革	(927)
十二月党人起义	(928)
法国二月革命	(929)
俄国废除农奴制	(930)
林肯解放黑奴	(930)
日本明治维新	(931)
1905年的俄国革命	(932)
凯末尔革命	(933)
俄国十月革命	(933)
卡德纳斯改革	(934)
罗斯福新政	(935)
古巴革命	(936)
布拉格之春	(936)
无政府主义	(937)
社会主义的起源	(937)

共产主义	(938)
恐怖主义的起源	(938)
门罗主义	(939)
泛美主义	(939)
沙文主义	(940)
费边主义	(940)
保守主义	(940)
机会主义	(941)
自由主义	(941)
麦卡锡主义	(942)
法西斯主义	(942)
绥靖政策	(943)
托利党和辉格党	(944)
《共产党宣言》发表	(944)
印度国民大会党的成立	(945)

法 制 (946)

《汉谟拉比法典》	(946)
《摩西十诫》	(946)
监狱的产生	(947)
陶片放逐法	(948)
中国刑法的由来	(948)
"公民"的定义与起源	(948)
柏拉图的法律思想	(949)
陪审制度的渊源	(949)
律师的由来	(950)
宪法的历史起源	(950)
《摩奴法论》	(951)
《查士丁尼法典》	(951)

《萨利克法典》…………………………………………（952）

休假制度的由来 ………………………………………（953）

指纹鉴定溯源 …………………………………………（953）

中国退休制度溯源 ……………………………………（954）

田柴科制 ………………………………………………（954）

听证简介 ………………………………………………（954）

金玺诏书 ………………………………………………（955）

英国《航海法案》的颁布 ………………………………（956）

《权利法案》的颁布 ……………………………………（956）

英国的《王位继承法》 …………………………………（956）

孟德斯鸠与《论法的精神》 ……………………………（957）

《玉米法案》 ……………………………………………（957）

《拿破仑法典》 …………………………………………（958）

军事战争

历代军事 …………………………………………（961）

马其顿方阵 ……………………………………………（961）

骑兵的由来 ……………………………………………（961）

漫话烽火台 ……………………………………………（962）

鼓、金、旗 ………………………………………………（962）

"三令五申"小考 ………………………………………（963）

《孙子兵法》 ……………………………………………（963）

长城 ……………………………………………………（963）

举白旗溯源 ……………………………………………（964）

冠军原本是军事用语 …………………………………（965）

军衔的由来 ……………………………………………（965）

军礼的诞生 ……………………………………………（965）

西点军校 ………………………………………………（966）

- 海军陆战队 …………………………………（967）
- 特种部队 ……………………………………（967）
- 无限制潜艇战 ………………………………（967）
- 普鲁士与普鲁士精神 ………………………（968）
- 武士道精神 …………………………………（969）
- 水兵裤的起源 ………………………………（969）
- 肩章的由来 …………………………………（970）
- 海军帽上为何有两条飘带 …………………（970）
- 军装为何大多是草绿色的 …………………（971）
- 头盔的来历 …………………………………（971）
- 大马士革钢刀 ………………………………（972）
- 手枪溯源 ……………………………………（973）
- 加农炮 ………………………………………（973）
- 步枪发展简史 ………………………………（974）
- 护卫舰小史 …………………………………（975）
- 刺刀的诞生与发展 …………………………（975）
- 西班牙无敌舰队 ……………………………（976）
- 地雷的发展史 ………………………………（977）
- 火箭炮发展历程 ……………………………（977）
- 手榴弹的发展 ………………………………（978）
- 潜艇的历史 …………………………………（978）
- 机关枪的发展 ………………………………（979）
- 战列舰的发展 ………………………………（979）
- 鱼雷的发展 …………………………………（980）
- 高射炮的起源与发展 ………………………（981）
- 驱逐舰的发展 ………………………………（982）
- 侦察机的产生和发展 ………………………（983）
- 轰炸机简史 …………………………………（984）

"陆战之王"坦克 …………………………………………… (985)

冲锋枪小史 ………………………………………………… (986)

歼击机的产生 ……………………………………………… (986)

航空母舰的发展 …………………………………………… (987)

直升机发展史 ……………………………………………… (988)

核武器发展史 ……………………………………………… (989)

雷达的用途 ………………………………………………… (990)

贫铀弹 ……………………………………………………… (990)

战争史话 ………………………………………………… (991)

卡迭石之战 ………………………………………………… (991)

希波血战温泉关 …………………………………………… (991)

萨拉米海湾之战 …………………………………………… (992)

伯罗奔尼撒战争 …………………………………………… (992)

西西里争夺战 ……………………………………………… (993)

白鹅拯救了罗马 …………………………………………… (993)

高加米拉战役 ……………………………………………… (994)

布匿战争 …………………………………………………… (995)

康奈城激战 ………………………………………………… (996)

犹太战争 …………………………………………………… (996)

阿拉伯人对西班牙的征服 ………………………………… (997)

收复失地运动 ……………………………………………… (997)

阿尔弗烈德制止维京人的侵扰 …………………………… (998)

诺曼征服 …………………………………………………… (998)

成吉思汗西征 ……………………………………………… (999)

英法百年战争 ……………………………………………… (1000)

贞德拯救法国 ……………………………………………… (1000)

科索沃战役 ………………………………………………… (1001)

苏莱曼一世的征服战争 …………………………………… (1002)

戚继光抗倭	(1003)
朝鲜壬辰卫国战争	(1004)
欧洲三十年战争	(1004)
英荷战争	(1005)
郑成功收复台湾	(1006)
奥地利王位继承战争	(1007)
英法七年战争	(1007)
大陆会议	(1008)
拿破仑兵败滑铁卢	(1009)
蒂博尼哥罗反抗荷兰殖民统治	(1010)
中英鸦片战争	(1010)
印度民族起义	(1012)
法国侵略越南的战争	(1012)
第十次俄土战争	(1013)
中法战争	(1013)
纳粹元帅伦德施泰特	(1014)
朝鲜东学党起义	(1015)
英布战争	(1016)
八国联军侵华战争	(1016)
日俄战争	(1017)
第一次世界大战爆发	(1018)
马恩河会战	(1019)
人类历史上第一次毒气战争	(1019)
凡尔登战役	(1020)
日德兰海战	(1020)
"最有胆识的间谍"佐尔格	(1021)
盖世太保	(1022)
日本法西斯头号战犯东条英机	(1022)

图文版 世界百科全书 目录

油桶为何大多是圆柱形的	(1023)
第二次世界大战	(1024)
希特勒闪击波兰	(1025)
大西洋海战	(1025)
"杀人工厂"奥斯维辛集中营	(1026)
敦刻尔克大撤退	(1027)
自由法国运动	(1028)
海狮计划	(1028)
"沙漠之狐"隆美尔	(1029)
希特勒对苏联发动"闪电战"	(1029)
基辅保卫战	(1030)
莫斯科保卫战	(1030)
日军偷袭珍珠港	(1031)
"人鱼雷"作战	(1032)
"跳马"行动	(1032)
"杀人魔王"海德里希	(1033)
马里亚纳海战	(1034)
斯大林格勒保卫战	(1034)
瓜达尔卡纳尔岛战役	(1035)
阿拉曼战役	(1035)
中途岛海战	(1036)

历史考古

历史人物 ······ (1039)

众叛亲离的暴君尼禄	(1039)
伟大的阿育王	(1040)
"祖国之父"恺撒	(1040)
"埃及艳后"克娄巴特拉	(1041)

"半狐半狮"的独裁者苏拉 …………………………………… (1042)

君士坦丁大帝 ………………………………………………… (1043)

"上帝之鞭"阿提拉 …………………………………………… (1044)

查理大帝 ……………………………………………………… (1044)

"尼姑将军"北条政子 ………………………………………… (1045)

"狮心王"理查一世 …………………………………………… (1046)

德意志农民战争领袖闵采尔 ………………………………… (1047)

伊丽莎白一世女王 …………………………………………… (1048)

俄罗斯首任沙皇伊凡四世 …………………………………… (1049)

"护国主"克伦威尔 …………………………………………… (1049)

法王路易十四 ………………………………………………… (1050)

历史事件 …………………………………………………… (1051)

雅利安人大迁徙 ……………………………………………… (1051)

铁列平改革 …………………………………………………… (1052)

希腊大殖民运动 ……………………………………………… (1052)

罗马平民运动 ………………………………………………… (1053)

张骞出使西域 ………………………………………………… (1053)

斯巴达克起义 ………………………………………………… (1054)

巴高达运动 …………………………………………………… (1055)

东晋与拜占庭建交 …………………………………………… (1056)

民族大迁徙 …………………………………………………… (1056)

索贡巡行 ……………………………………………………… (1057)

推古天皇遣使节入隋 ………………………………………… (1058)

日本遣唐使团 ………………………………………………… (1058)

源平争霸 ……………………………………………………… (1059)

西西里晚祷战争 ……………………………………………… (1059)

"羊吃人"的圈地运动 ………………………………………… (1060)

"扎克雷"起义 ………………………………………………… (1060)

梳毛工起义	(1061)
郑和下西洋	(1062)
应仁之乱	(1063)
红白玫瑰之战	(1063)
"乞丐"变成"海上马车夫"	(1064)
丰臣秀吉统一日本	(1065)
德川家康建立江户幕府	(1066)
投石党运动	(1066)
光荣革命	(1067)
《尼布楚条约》	(1068)
红溪惨案	(1069)
杜桑领导海地奴隶起义	(1069)
普加乔夫领导农民起义	(1070)
俄美建交	(1071)
巴黎人民攻占巴士底狱	(1071)
路易十六上断头台	(1072)
热月政变	(1073)
雾月政变	(1074)
多洛雷斯呼声	(1074)
意大利统一运动	(1075)
美国西进运动	(1075)
欧洲三大工人运动	(1076)
大盐平八郎起义	(1076)
爱尔兰大饥荒	(1077)
樱田门事变	(1077)
悲壮的"五月流血周"	(1078)
中国首批留学生赴美	(1079)
朝日《济物浦条约》的签订	(1080)

越南勤王运动 …………………………………………… (1081)

"缅因号"爆炸事件 ……………………………………… (1081)

日本吞并朝鲜 …………………………………………… (1082)

日本"米骚动" …………………………………………… (1082)

朝鲜"三一独立运动" …………………………………… (1083)

非暴力不合作运动 ……………………………………… (1083)

啤酒馆暴动 ……………………………………………… (1084)

九一八事变 ……………………………………………… (1084)

国会纵火案 ……………………………………………… (1085)

希特勒上台 ……………………………………………… (1085)

埃塞俄比亚民族解放斗争 ……………………………… (1086)

二·二六事件 …………………………………………… (1087)

德国吞并奥地利 ………………………………………… (1088)

考古史学

"印度文明的曙光"哈拉巴文化 ………………………… (1091)

玛雅文明 ………………………………………………… (1092)

迈锡尼文明 ……………………………………………… (1093)

阿登纳文化 ……………………………………………… (1093)

特奥蒂瓦坎文明 ………………………………………… (1094)

蒂亚瓦纳科文化 ………………………………………… (1094)

大津巴布韦文化 ………………………………………… (1095)

阿兹特克文化 …………………………………………… (1095)

印加文化 ………………………………………………… (1096)

恐龙木乃伊 ……………………………………………… (1097)

北京猿人遗址 …………………………………………… (1098)

石器时代 ………………………………………………… (1099)

中国陶俑的出现 ………………………………………… (1099)

· 52 ·

英国巨石阵 …………………………………………… (1100)

图坦卡蒙墓 …………………………………………… (1101)

哈尔·萨夫列尼地下宫殿 …………………………… (1101)

"百门之都"底比斯 …………………………………… (1102)

米诺斯迷宫 …………………………………………… (1103)

摩索拉斯陵墓 ………………………………………… (1104)

秦始皇陵兵马俑 ……………………………………… (1104)

楼兰古城 ……………………………………………… (1105)

庞贝古城 ……………………………………………… (1106)

佩特拉古城的发现 …………………………………… (1106)

奇琴伊察古城 ………………………………………… (1107)

复活节岛的石像 ……………………………………… (1108)

考古学文化 …………………………………………… (1109)

王朝兴衰

阿卡德王国 …………………………………………… (1113)

亚历山大帝国 ………………………………………… (1114)

波斯帝国 ……………………………………………… (1115)

孔雀王朝的建立 ……………………………………… (1116)

罗马共和国的灭亡 …………………………………… (1116)

阿克苏姆王国的盛衰 ………………………………… (1117)

屋大维统治下的罗马 ………………………………… (1118)

占婆国的盛衰 ………………………………………… (1119)

贵霜帝国的兴衰 ……………………………………… (1120)

拜占庭帝国 …………………………………………… (1121)

克洛维创立法兰克王国 ……………………………… (1121)

基辅罗斯盛衰史 ……………………………………… (1123)

克罗地亚王国历史沿革 ……………………………… (1124)

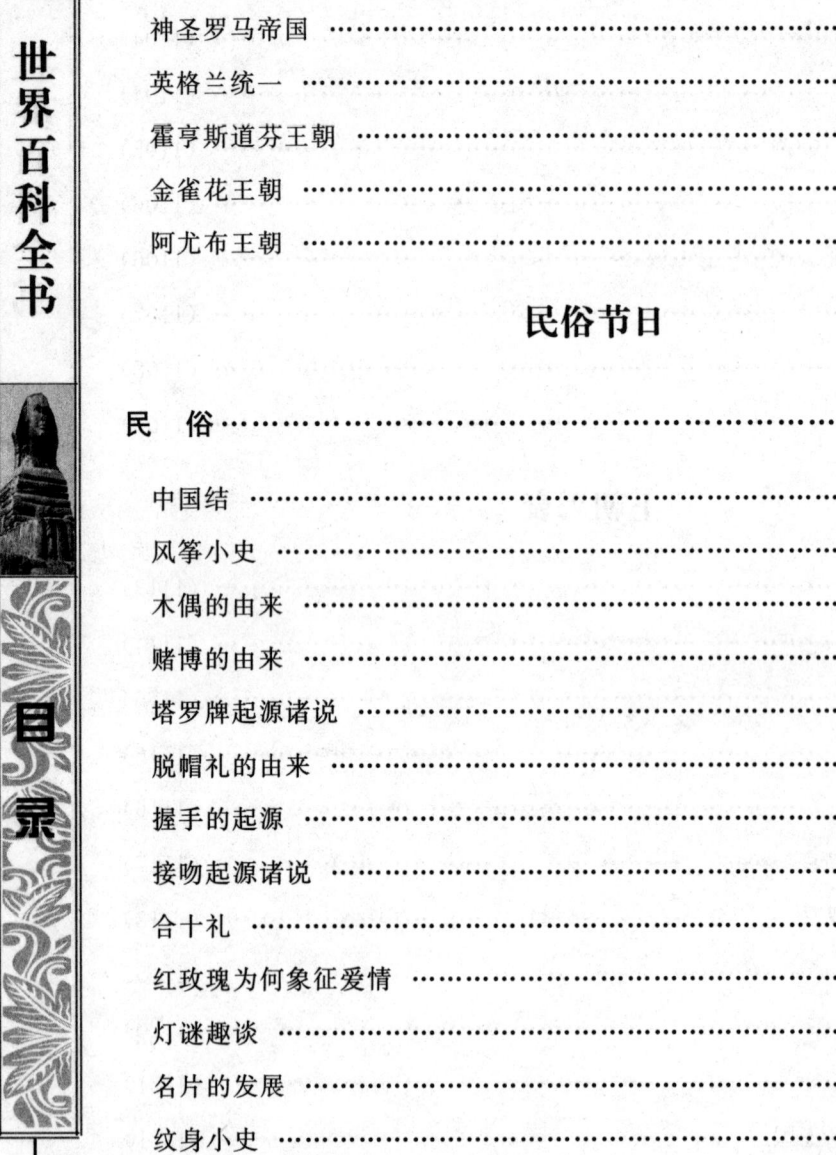

查理帝国一分为三 ………………………………… (1124)
高丽王朝的建立 …………………………………… (1125)
塞尔柱帝国的盛衰 ………………………………… (1126)
横跨欧亚大陆的蒙古帝国 ………………………… (1126)
布韦希王朝 ………………………………………… (1127)
神圣罗马帝国 ……………………………………… (1128)
英格兰统一 ………………………………………… (1129)
霍亨斯道芬王朝 …………………………………… (1130)
金雀花王朝 ………………………………………… (1130)
阿尤布王朝 ………………………………………… (1131)

民俗节日

民　俗 ………………………………………… (1135)

中国结 ……………………………………………… (1135)
风筝小史 …………………………………………… (1136)
木偶的由来 ………………………………………… (1137)
赌博的由来 ………………………………………… (1137)
塔罗牌起源诸说 …………………………………… (1138)
脱帽礼的由来 ……………………………………… (1139)
握手的起源 ………………………………………… (1139)
接吻起源诸说 ……………………………………… (1140)
合十礼 ……………………………………………… (1140)
红玫瑰为何象征爱情 ……………………………… (1141)
灯谜趣谈 …………………………………………… (1141)
名片的发展 ………………………………………… (1142)
纹身小史 …………………………………………… (1142)
长寿面的起源 ……………………………………… (1143)
送花圈的起源 ……………………………………… (1143)

披麻戴孝	(1144)
角斗士	(1144)
小脚为何称"金莲"	(1145)
"寿星"为何大脑门	(1145)
理发店的标志"三色柱"	(1146)
蜜月的来历	(1146)
日本人名字的演变	(1147)
娼妓的起源	(1147)
"囍"字的由来	(1148)
瑞典"女人城"	(1149)
日本的夫妻同姓制度	(1149)
剪彩的由来	(1149)

节 日 (1151)

端午节的由来	(1151)
腊八节趣谈	(1152)
犹太人的点灯节	(1152)
复活节	(1153)
情人节的来历	(1154)
漫话中秋节	(1155)
狂欢节的由来	(1155)
愚人节起源诸说	(1156)
圣诞卡的由来	(1157)
世界红十字日	(1158)
感恩节的由来	(1158)
万圣节溯源	(1159)
圣诞老人传说	(1160)
国际劳动节的诞生	(1160)
妇女节的起源	(1161)

母亲节的诞生	(1161)
漫话护士节	(1162)
国际大学生节	(1162)
世界卫生日	(1163)
国际扫盲日	(1163)
世界电信日	(1164)
世界知识产权日	(1164)
世界森林日	(1164)
世界环境日	(1165)
父亲节的诞生	(1165)
世界无烟日	(1166)

饮食服饰

服饰史话 ……………………………… (1169)

丝绸溯源	(1169)
围巾的诞生	(1170)
纽扣历史探源	(1170)
首饰小释	(1171)
额头点痣的由来	(1171)
化妆的由来	(1172)
手帕的历史	(1173)
裙子小史	(1173)
百衲衣的由来	(1174)
帽子的演变	(1174)
日本和服的起源	(1175)
厨师为何戴白色高帽	(1175)
凤冠霞帔趣谈	(1176)
手套的起源和发展	(1177)

眼镜的起源和发展 …………………………………… (1177)

戒指的演变 …………………………………………… (1178)

时装的由来 …………………………………………… (1179)

高跟鞋小史 …………………………………………… (1179)

趣谈模特儿的由来 …………………………………… (1180)

袜子的来历 …………………………………………… (1181)

睡衣小话 ……………………………………………… (1181)

马甲溯源 ……………………………………………… (1182)

领结的由来 …………………………………………… (1182)

西装的发明 …………………………………………… (1183)

西装袖口上钉纽扣的起因 …………………………… (1183)

雨衣溯源 ……………………………………………… (1184)

运动鞋的由来 ………………………………………… (1185)

婚纱小史 ……………………………………………… (1185)

旗袍源流 ……………………………………………… (1186)

口罩的起源 …………………………………………… (1187)

胸罩的发明和发展 …………………………………… (1187)

中山装的来历 ………………………………………… (1188)

能调节温度的服装 …………………………………… (1189)

饮食趣谈 …………………………………………… (1191)

啤酒的起源和发展 …………………………………… (1191)

中国酿酒史 …………………………………………… (1192)

喝酒时为何要碰杯 …………………………………… (1193)

面包简史 ……………………………………………… (1193)

筷子漫谈 ……………………………………………… (1194)

酒泉夜光杯 …………………………………………… (1194)

年糕传说 ……………………………………………… (1195)

豆腐的发明和发展 …………………………………… (1196)

韩国泡菜	(1197)
雪利酒溯源	(1197)
饼干的起源	(1198)
饺子的发明	(1199)
馒头的由来	(1200)
日本茶道	(1200)
柴米油盐酱醋茶	(1202)
酸奶小史	(1203)
糖果发展史	(1203)
冰糖葫芦	(1204)
比萨的起源	(1205)
意大利面	(1205)
涮羊肉的起源和发展	(1206)
茅台酒	(1206)
日本刺身	(1207)
松花蛋的历史	(1208)
法国菜的起源	(1208)
巧克力小史	(1209)
菜单溯源	(1210)
咖啡的来历	(1210)
太空食品	(1211)
超高压食品	(1211)

语言文字

结绳记事

象形文字产生于约公元前 3500 年，是古埃及人发明的。

结绳记事，是原始社会文字产生之前人们用来记事的一种方法，即在一条绳子上打结，表示要记住的事情。绳子上打了多少个结，就表示有多少件事情要记住。另外，原始人还会以绳结的大小来区分事情的轻重缓急。据史料记载，上古时期，中国以及秘鲁的原始人都曾用这种方法来记录事情。

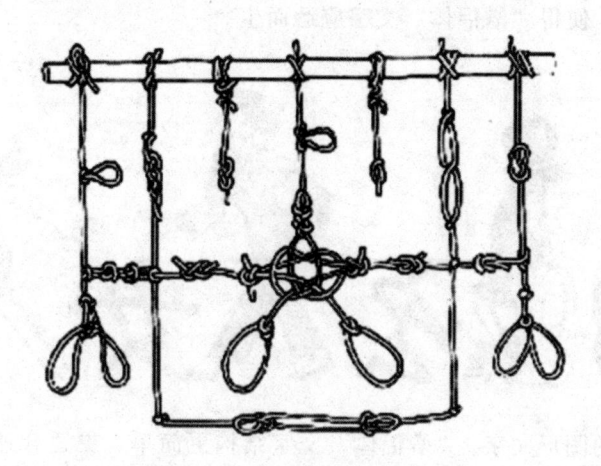

中国关于结绳记事的记载出自《易经》中的《系辞下》："上古结绳而治，后世圣人易以书契。"古书《易九家言》中也记载道："事大，大结其绳；事小，小结其绳，结之多少，随物众寡。"

上古时期，没有文字，人们要记住事情只能靠脑袋去记忆，这样一来，有些事情就会随着时间流逝而被遗忘。燧人氏弄来很多细绳，把它们整齐地排列好，挂在一个地方。他教给人们，如果有事情需要被记住，就在绳上打结，大结表示大事，小结表示小事；他还教给人们以绳结在绳子上的顺序，表示事情发生的先后，在里边绳子上的结表示先发生的事，在外边绳子上的表示后发生的。

当然，这只是传说。事实上，迄今为止，考古学家在发掘到的原始先民的遗址中并没有发现结绳实物，这也与结绳所用的材料有关，一根绳子想要保存几千年，几乎是不可能的事情，但是考古学家发现了很多绘有网纹和绳纹的图画和陶器。原始人以渔猎为生，绳网是他们使用的主要工具，由此，学者们认为，结绳记事这种记录方式有存在的客观基础，在历史上一定是发挥过作用的。

结绳记事虽然方法简单但也容易出错，尤其是打的结多了之后，就很难分清各个绳结到底代表什么事情了。因此，文字产生之后，很快就将其取代。

古埃及人发明象形文字

象形文字产生于约公元前3500年，是古埃及人发明的。

最早使用象形文字的人是古埃及的僧侣和书吏。他们在神庙庙墙和宗教纪念物上，用图画和花纹描摹出物体的形状。这些花纹、图形就是象形文字的雏形。文字多被写在宗教建筑上，因而被古埃及人称为"圣书"。在古埃及人看来，这种文字是月亮神的创造。后来，人们尝试用芦苇笔将文字写在纸草上。这种图形文字不便书写，使得"僧侣体"文字应运而生。

相比从前的图形文字，"僧侣体"文字结构更简单，更适合速写。象形文字步步简化，到公元前700年，一种更便于书写的字体——"草书体"出现了。"草书体"文字常被用于写作日常公文。

经逐步发展，象形文字除表形外，还有了表意功能。如：以文字"太阳"代表"天"和"光明"，以文字"荆棘"代表"锋利"等。再后来，有些象形文字有了表音功能。古埃及人创造了24个符号，用来标识文字的发音——这是目前发现的人类历史上最早的表音符号。

象形文字难写又难懂，加上当时兵荒马乱，教育落后，慢慢地，这种文字便在埃及失传了。1799年，拿破仑攻打埃及时，发现了一块纪念碑，这块碑上有些奇怪的文字，拿破仑把碑带回法国，让学者研究。1822年，学者商博良成功解读出碑上的文字，古埃及人发明的象形文字这才重见天日。

楔形文字

书写"泥板文书"用的"笔"，"笔"尖呈倒三角形。刻在泥板上的文字，字迹上宽下窄，上粗下锐，形状如楔，因而被称作"楔形文字"。

约公元前3100年，生活在两河流域的苏美尔人发明了楔形文字。

最早的楔形文字是一种类似图画的符号。后来，人们为了表达复杂的意思，将两个符号合二为一，如：将符号"天"和"水"合为一体，表示"下雨"；将符号"眼"和"水"合为一体，表示哭泣等。再后来，人们为方便表达，开始用一个符号表示多层含义，如：符号"足"，既表示"脚"，同时也有"行走"、"站立"的意思，符号"口"既表示"嘴"，同时也表示动作"说话"。这样，表形符号就有了表意功能。

楔形文字慢慢发展，出现了以符号表声音、以符号表部首的用法。如，苏美尔语中，符号"星"的发音是"嗯"，但如果用"星"这个符号表示"嗯"这个发音的话，符号"星"就和物体"星"没什么关系了，"星"就成了一个表音符号。再如，在人名前加一个"倒三角"，表示名字主人是个男人，这样一来，符号"倒三角"就成了一个部首。

最古老的楔形文字是从右向左书写的。这种书写方式太不方便，于是人们改变写法，开始从左向右横写文字。苏美尔人不懂造纸，就削尖芦杆或木棒，在粘土做的方泥板上刻字。这些刻有文字的泥板，被人们称作"泥板文书"。正因为有了这些"泥板文书"，楔形文字才得以保存，被人知晓。"泥板文书"记载的内容非常广泛，包括当时的法律条款、文学创作、宗教典籍、经济状况等。

甲骨文

现在，已经发现的甲骨达15万片，很多人根据甲骨上的文字，研究中国商周时期的历史和文化。

甲骨文是目前所知中国最早的古文字，因刻在龟甲和兽骨上而得名。

这种古文字多见于商朝时期。商朝王室迷信，常以占卜测吉凶。帝王信天命，该祭祀什么鬼神、农作物收成如何、什么时候降雨，乃至生病、做梦等事，都要求神问卦。占卜前，统治者会预先准备乌龟的腹甲、背甲，牛的肩胛骨等材料。他们命人在甲骨上钻些小坑，占卜时，加热小坑，甲骨遇热，产生裂痕，商朝人把这些裂痕称作"兆"。在甲骨文中，占卜的"卜"字，形状便很像文字"兆"。商朝帝王根据裂痕的形状判断吉凶，并把占卜结果刻在甲骨上，让史官保存好，这就是现在我们所说的"甲骨文"。

甲骨上的占卜记述，内容详尽，不仅有占卜时间、占卜人、占卜内容和占卜结果，还记录着占卜的应验情况。除记录占卜，甲骨文还用于记事。记事内容广泛，涉及天文地理、人物官职、宗教祭祀、农业畜牧等。

研究甲骨文也成了一个专门学科，也就是"甲骨学"。

希腊字母

希腊字母源于腓尼基字母，是在它的基础上加上元音发展而来的。

希腊字母是最早的有元音的字母，后世出现的拉丁文、俄文、新蒙文、基里尔字母、格鲁吉亚语字母都是在希腊字母的基础上发展而来的，英语字母与希腊字母也有莫大的渊源。希腊字母现在被人们广泛地用于数学、物理、天文等领域。

希腊字母总共有24个，如α阿尔法，在希腊语中是最初的、最重要的意思，英语中的a和俄语中的a来自于α，小写的α被用来表示角度、系数。β贝塔，是英语 b 的原型，小写的 β 表示磁通系数、角度、系数。γ 伽马，发展为英语的辅音字母 c 与 g，小写时表示电导系数。Δδ 德尔塔，为 d 的原型，"delta 三角洲"一词便源自这个字母，同时表示变动、密度、屈光度。Ωω 欧米茄，意为神秘的、未知的，与英语中的 x 类似，大写时为电阻单位。

希腊字母对于英文字母的形成起着决定性的意义，"alphabet"这个单词在英语中是"字母"的意思，这个英语单词就来自于 α（Alpha）和 β（Beta）这两个字母的合成。另外希腊字母对西方文化也有很重要的影响，《新约·启示录》里有这样的一段记载，神说："我是阿拉法，我是俄梅戛；我是首先的，我是末后的；我是初，我是终。"这正是《新约》用希腊语写作的痕迹。

拉丁字母发展史

现在，世界上有 4 亿多人在使用拉丁语，拉丁字母已经成了世界通行的字母。

拉丁字母是目前全世界使用最广泛的字母，由罗马人创造，也被称作"罗马字母"。

公元前 7 世纪，罗马人从古希腊人那里学会了使用文字，他们以希腊字母为母体，创造出自己的文字，这些文字便是拉丁字母的雏形。最早的拉丁文是在一枚斗篷别针上发现的。别针造于公元前 7 世纪，文字由左刻到右，记录了制造别针的工匠姓名。

公元前 1 世纪，罗马人将拉丁字母的直线体改为圆体。直线体是罗马人从希腊字母中直接继承的字体，改为圆体后，字母形状略显夸张，风格更明快。这时期共有 23 个拉丁字母。中世纪时，23 个拉丁字母中，字母 i 分化为 i 和 j 两个字母，字母 v 分化为 u、v、w 三个字母，拉丁字母变成了 26 个。罗马帝国大肆扩张，将拉丁字母带到欧洲各地，拉丁语随之变成欧洲官方用语。

拉丁字母出现早期，只有大写字母，没有小写字母。在公元 1 到 2 世纪建造的古罗马建筑中，大写拉丁字母随处可见。这些字母结构匀称、典雅端庄、美观耐看，被文艺复兴时期的艺术家称为"拉丁字母理想的古典形式"，"古典大写字母的典范"。大写字母虽美观，但书写不易。为方便书写，公元8世纪，一位英国学者发明了拉丁字母的小写体。小写体字母不仅易于书写，而且易于阅读，美观实用，很快流传开，成了欧洲使用最广泛的字体。

15世纪，德国人发明了活字印刷术。经活字印刷，一些连写字母被分解开，小写体拉丁字母变得更宽更圆。小写字母活泼，大写字母娴静，两种字体交相辉映，和谐统一。字体风格成型后，拉丁字母看上去更加简洁、美观、大方。法国、西班牙和葡萄牙发现了拉丁字母的优点，也开始使用这种字母书写自己国家的语言。

拉丁字母被越来越多的欧洲人了解、喜爱，成了书写欧洲语言的标准字母。在亚洲，中国汉字也用拉丁字母标注拼音。

斯拉夫字母

斯拉夫字母由希腊字母发展而来，又称西里尔字母，因创始人为基督教传教士西里尔兄弟而得名。

公元9世纪时，西里尔兄弟为把基督教传播给斯拉夫人，创立了斯拉夫字母。随后，斯拉夫字母成了被斯拉夫民族广泛使用的字母。斯拉夫语族中，有很多文字用斯拉夫字母书写，如俄文、乌克兰文、马其顿文、白俄罗斯文、塞尔维亚文等。

原本，苏联境内的很多少数民族不用斯拉夫字母书写文字。1930年，苏联对少数民族实行文字改革，用斯拉夫字母代替了这些少数民族原本使用的字母。于是，吉尔吉斯文、哈萨克文、塔吉克文、车臣文、马里文等文字都改用斯拉夫字母书写。苏联解体后，部分少数民族更换了本民族的书写字母，但多数民族将斯拉夫字母保留了下来。此外，蒙古文字也使用斯拉夫字母书写。

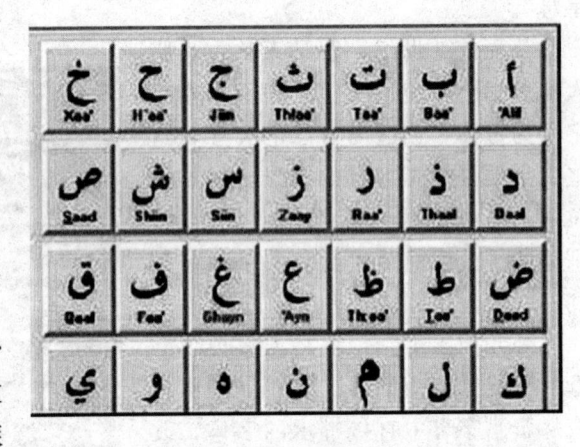

斯拉夫字母包括大写字母和小写字母两种文字书写形式。大写字母有 А、Б、В、Г、()、Д、Е、(Ё)、Ж、З、И、Й、К、Л、М、Н、О、П、Р、С、Т、У、(Ү)、Ф、Х、Ц、Ч、Ш、Щ、Ъ、Ы、Ь、Э、Ю、Я等；小写字母有 а、б、в、г、()、д、е、(ё)、ж、з、и、й、к、л、м、н、о、п、р、с、т、у、(ү)、ф、х、ц、ч、ш、щ、ъ、ы、ь、э、ю、я等。

标点符号的历史

最早的标点符号产生于古希腊。

书面语中常用标点符号表示停顿,诠释语气。句子中有了标点符号,结构更分明,更便于理解。标点的重要性不言而喻,但就是这样看似不起眼的标点,却经历了一段漫长的发展时期,才最终完善。

公元前5世纪,古希腊铭文中用二连点、三连点分隔词句。公元2世纪,亚历山大图书馆馆长创造出三级标点:上圆点、中圆点和下圆点。

标点符号虽然产生了,但直到15世纪才被普遍使用。15世纪有一位出版家,发行了数千种书籍。在书中,他使用了逗号、分号、冒号和句号五种标点。书籍销往欧洲各地,书中标点被人们接受,开始通行。

有些标点符号不只能隔词断句,还能表达情感,如表感叹语气的感叹号。感叹号是14世纪时一位意大利学者发明的。16世纪,感叹号出现在德语中。17世纪,英语和俄语中也出现了叹号。

18世纪,英语标点系统成型。19世纪,标点传入中国。1919年,中国学者胡适提议,在汉字中使用新式标点。1919年2月,胡适的《中国哲学史大纲》出版,书中第一次使用了新式标点。

阿拉伯数字的发明

阿拉伯数字虽然名为阿拉伯数字,其实是由印度人发明的。

以0,1,2,3,4,5,6,7,8,9为基础计数符号,是现今国际通用数字。

公元3世纪时,印度就有了数字符号,那时只有1、2、3三个,数字"4"被表示为"2和2相加","5"被表示为"2加2加1",这是最古老的数字。很久以后,人们表示5时就画成简易的五根手指的图案,表示10时,就画简易的十根手指的图案，由此可见，数字发明不是一蹴而就的，最初使用起来还是有很多不便。

后来印度人逐渐发明了 1、2、3、4、5、6、7、8、9、0 十个数字。公元500年，一位印度天文学家发明了数字排序的记数方法。在他的方法中，简单数字排序可以表示复杂数字。他先列出一排方格，然后把数字一个个填在方格中。如果倒数第一个方格中的数字代表一，那么倒数第二个方格中的数字就代表十，倒数第三个方格中的数字就代表百，以此类推。这样，不只单个的数字有意义，就连多个数字的不同排列组合也有了不同的意义。这种记数方法出现后，阿拉伯数字体系成型。

两百年后，阿拉伯人征服印度，吸收了印度人发明的数字，并把这些数字传往欧洲其他国家。人们见数字从阿拉伯传过来，还以为这些数字是阿拉伯人的发明的，于是称它们为"阿拉伯数字"。

世界九大语系

印欧语系是全世界最大的语系，也是分布最广的语系，语系使用者遍布世界六大洲。

世界上有许多种语言，有些语言在字词、语音和语法上有相似之处，被人们归到一个类别中，称为"同族语言"。"同族语言"中又有不同的语族。有些语族间有相似处，语言用法能够对应。人们把相似的语族归到一起，称为"同系语言"。这样，语言就有了谱系。在世界语言的谱系中，共有九大语系：印欧语系、汉藏语系、阿尔泰语系、闪含语系、达罗毗荼语系、高加索语系、乌拉尔语系、南亚语系和南岛语系。

语系包括六大语族，日耳曼语族、拉丁语族、印度语族、斯拉夫语族、伊朗语族和波罗的海语族。日耳曼语族中有英语、德语、荷兰语和斯堪的那维亚半岛各国使用的语言；拉丁语族中有法语、意大利语、西班牙语、葡萄牙语和罗马尼亚语；印度语族中有梵语、印地语和巴利语；斯拉夫语族中有俄语、保加利亚语和波兰语；伊朗语族中有波斯语和阿富汗语；波罗的海语族中有拉脱维亚语和立陶宛语。

全世界四分之一的人口在使用汉藏语系中的语言。汉藏语系的使用地区较集中，以中国为主，还包括西亚和南亚的一些国家。语系中有四个语族，汉语族、藏缅语族、壮侗语族和苗瑶语族。语系中的语言有汉语、藏语、壮语、苗语、瑶语、缅甸语和克伦语等。

　　阿尔泰语系的使用者分布在以阿尔泰山为中心，中亚和东欧的一些国家中。语系包括三个语族，突厥语族、蒙古语族和满通古斯语族。一些语言学家称，朝鲜语和日本语也应该被归在阿尔泰语系中，但说法存争议。

　　闪含语系又名亚非语系，使用者主要分布在西亚和北非。语系包括两个语族，闪语族和含语族。闪语族分布在西亚，语族中有希伯来语、阿拉伯语等；含语族分布在北非，语族中有古埃及语、豪萨语等。

　　达罗毗荼语系的使用者多生活在印度中部和南部、巴基斯坦和斯里兰卡北部等地。语系包括三个语族，北部语族、中部语族和南部语族。语系中的主要语言有泰卢固语、坎纳达语、泰米尔语、比哈尔语和马拉雅拉姆语。

　　约有500万人口在使用高加索语系。语系分布在高加索山脉一带，里海和黑海之间。语系中有南北两个语族：南部语族包括拉兹语、斯凡语、格鲁吉亚语和明格雷利亚语；北部语族包括两个语支，以卡巴尔达语为主要语言的东北语支和以车臣语、印古什语为主要语言的东北语支。

　　乌拉尔语系分布在亚州西北部，乌拉尔山一带，西至斯堪的那维亚半岛。语系包括两个语族，芬兰—乌戈尔语族和萨莫耶德语族。芬兰—乌戈尔语族中有两个语支，芬兰语支和乌戈尔语支。芬兰语支包括芬兰语、拉普语和爱沙尼亚语；乌戈尔语支包括匈牙利语、沃古尔语和沃恰克语。萨莫耶德语族也分两个语支，南语支以赛尔库普语为主，北语支以涅涅茨语为主。

　　南亚语系的使用者主要分布在南亚和东南亚。语系包括四大语族，孟—高棉语族、蒙达语族、马六甲语族、尼科巴语族。孟—高棉语族中，主要语言包括孟语、高棉语、越南语和巴拿语等；蒙达语族的主要语言有孟达里语、库尔库语、喀里亚语和桑塔利语等；马六甲语族的主要语言有赛诺语、赛芒语和萨凯语等；尼科巴语族的主要语言有卡尔语、乔拉语和特雷萨语等。

　　南岛语系分布在东南亚的岛屿上。语系包括四个语族，印度尼西亚语族、密克罗尼西亚语族、美拉尼西亚语族，以及波利尼西亚语族。台湾高山族语言、爪哇语、印尼语、马达加斯加语、马来语等都属于南岛语系。

　　除九大语系外，世界上还有很多小语系，以及一些不属于任何语系的小语种。

世界语

1905年，世界语传入中国。有人把世界语的名称音译为中文，称它为"爱死不难读"语，还有人称它为"万国新语"。

世界语是一种人造语言，是世界上使用最广泛的人工语言。它不是哪一个民族的语言，而是一种国际辅助语言，创立宗旨是消除国际交往的语言障碍，因此，人们又把世界语称为"国际普通话"。

1887年，波兰眼科医生柴门霍夫以印欧语系为基础，创立了这种国际辅助语言。公布语言方案时，柴门霍夫使用了笔名"Doktoro Esperanto（希望者博士）"，并为这种语言命名为"Esperanto"。后来，日本人意译名称为"世界语"。这个名称被广泛接受，使用至今。

7月26日世界语（音）创立日

世界语吸收了印欧语系各种语言的共性，是一种科学、表现力强、发音优美的语言。这种语言共有二十八个字母，每个字母对应一个发音，书写字母为拉丁字母。字母构成词汇时，常使用粘合、前缀、后缀等方法，规则简单，一目了然，易于人们学习、掌握。

现在，世界语的使用范围已经扩大至120多个国家和地区。热心宣传、推广世界语的世界语者遍布全球各地，国际上也出现了很多推广世界语的专业组织。华盛顿大学曾有一位博士做过一项研究，研究显示，世界上"精通"世界语的人已达160万人。

盲文的诞生

1887年，布莱尔盲文成为国际公认的正式盲文。为纪念发明者布莱尔，人们以他的名字为盲文命名。

"盲文"的国际通用名称是"布莱尔"，因为它是由一个名叫布莱尔的盲人发明的。

1809年，布莱尔出生在法国。三岁时，他眼睛受伤，双目失明，被送进盲人学校。盲生用的课本是普通课本的放大版，字母凸出，学生阅读时，用手指抚摸字母。这样的课本笨重，携带困难，同时手抚字母的阅读方式非常缓慢。布莱尔意识到，要想提高阅读速度，吸收更多的知识，必须发明一种易于摸读、易于书写的盲文。

　　1824年，受一位海军军官启发，布莱尔以凸点代替线条，发明了一种新盲文。新盲文由6个凸点构成，凸点的排列方式不同，表达的意思也不同。1829年，布莱尔改进盲文方案，在原有盲文中加入了数学和音乐符号。1838年，世界上第一本布莱尔盲文读物出版。布莱尔将新盲文提交给盲人学校，请学校尝试使用，却遭学校拒绝。

　　布莱尔毕业后留校任教，将新盲文教给学生。布莱尔盲文使用方便，广受欢迎，在学生间私下流传。1851年，布莱尔的一个盲人女学生在一场音乐会中演奏钢琴，技巧娴熟，令人惊叹。听众询问她学习钢琴的经过时，她介绍了布莱尔发明的盲文，并将盲文乐谱展示给大家看。这时，布莱尔盲文才真正为人所知。

　　1852年1月，布莱尔去世。

日本的文字改革

　　公元3世纪时，日本人把汉字当作注音或表意符号，用来记录日本语的发音、写作诗歌、书写历史。

　　最开始，日本人用汉字标注音节的方式较随意。使用熟练后，汉字的用法慢慢有了规律、有了条理。同时，日本人简化汉字的写法，创造了专用于标识日语发音的字母。他们把这些表音字母称作"假名"。"假名"有两种书写方式，一种楷书体，一种草书体。日本人称楷书体假名为"片假名"，称草书体假名为"平假名"。他们还为假名编排了假名字母表，称之为"五十音图"。

わ	ら	や	ま	は	な	た	さ	か	あ
	り		み	ひ	に	ち	し	き	い
を	る	ゆ	む	ふ	ぬ	つ	す	く	う
	れ		め	へ	ね	て	せ	け	え
ん	ろ	よ	も	ほ	の	と	そ	こ	お

公元 7 世纪时，"假名"已经成了日文的主要书写文字，汉字的使用范围大大缩减。在"假名"以外，日本人也模仿汉字的构成模式，创造了一些专用于日文的文字。这种文字被称为"倭字"。"倭字"的数量并不多，使用也不如"假名"广泛。

日本文字自由演变了 1000 多年，到了 19 世纪，出现了一批文字改革运动者。1866 年，这批运动者提出废除汉字的主张。1868 年日本明治维新后，日本政府也开始着手推行文字改革。政府将东京地区的语音定为日本标准国语，并在通俗读物的汉字旁标注假名，统一文字读音。1872 年，日本文字改革运动者提议，使用罗马字母标注日本文字读音。

1946 年，日本内阁公布了"当用汉字表"。"当用汉字表"由日本"国语审议会"拟定，包含了 1850 个汉字。1973 年，日本文字改革运动者再提主张，建议控制日文中的汉字字数。1981 年，日本政府完善了"假名"的使用方法，更改"当用汉字表"为"常用汉字表"。"表"中囊括的 1945 个汉字是日本政府公文和通俗出版物使用汉字的最高限度。

现在，日本人使用的正式文字是混合了汉字和"假名"的文字。

格林定律

格林兄弟是德国人，哥哥名叫雅各布·格林，弟弟名叫威廉·格林。

格林定律由格林兄弟提出，是一种关于印欧语系语音演变的定律。

他们热衷于德国民间童话、传说的搜集和语言学研究，曾出版《儿童和家庭童话集》、《德国传说集》、《德语语法》等书。格林定律就是哥哥雅各布·格林在《德语语法》的1882年修订版中提出的。

雅各布·格林提出的印欧语系语音演变定律是：印欧语系中日耳曼语族的部分，辅音发音的演变是有规则、成系统的，它并不是各个音节单独演变，而是分组演变的；演变中，浊爆破音变成了清爆破音，清爆破音变成了摩擦音，浊送气音变成了浊不送气音；演变在英语和低地德语中发生过一次，在高地德语中又发生了一次。

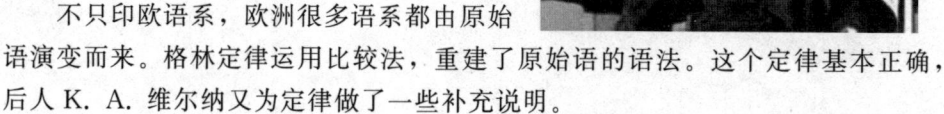

不只印欧语系，欧洲很多语系都由原始语演变而来。格林定律运用比较法，重建了原始语的语法。这个定律基本正确，后人K.A.维尔纳又为定律做了一些补充说明。

中国大写数字的来历

大写数字笔划多，书写麻烦，但不易篡改，所以被沿用至今。

从甲骨文时期，中国汉字中1到10十个阿拉伯数字的写法就是一、二、三、四、五、六、七、八、九、十。人们用这十个汉字计数，也用这十个汉字记账。这十个汉字笔划少，使用方便，但涂改也方便，贪官污吏钻文字笔画的漏洞，在账簿上大动手脚，将"一"改成"二"，"三"改成"五"，使得账簿真伪难辨。

明朝朱元璋时，发生了一起大贪污案，户部侍郎郭恒结党营私，贪赃七百万。朱元璋大惊，命令相关官员找十个与原有汉字读音相同或相近，但字体繁、难更改的汉字，代替账簿中原有的汉字数字。官员们找出"壹、贰、叁、肆、伍、陆、柒、捌、玖、拾"十个汉字，作为原有汉字的大写形式，应用于账簿、合约等正式文书中。为区分数字的两种写法，人们把笔画繁难的数字称作"大写数字"，把笔划简单的数字称作"小写数字"。

汉字"横行"始于何时

古汉字竖写，因为书写材料多是木简、竹简等，木简狭长，从上往下、从右向左写。

方便美观。中国人习惯竖写文字，将这种书写方式延续了几千年。清朝末年，大批中国留学生留学海外，学习西方文化，经常在中文中插入外文。汉字竖写，外文横写，使用很不方便。于是，归国知识分子提议，改变汉字书写模式，从左向右、从上往下横写文字。

1919年3月，一位编辑在《新青年》杂志上发表文章，提议汉字"竖行"改"横行"，说："人的眼是一左一右，而不是一上一下。人站在屋中，从上向下扫视，头要一仰一俯，很费力；左右横扫就省力多了。人用右手写字，无论汉字还是西方字，都是起笔在左，落笔在右，很少有起于右落于左的。"后来，新文化运动兴起，人们接受了从左向右横写汉字的书写模式，汉字开始"横行"。

文学艺术

文　学

世界第一部史诗《吉尔伽美什》

　　乌鲁克王三分之二是神，三分之一是人。他原是个暴君，与朋友恩奇杜相识后，慢慢发生改变，全力整治国家，最终使乌鲁克变得繁荣昌盛起来。

　　史诗《吉尔伽美什》是人类历史上最古老的叙事诗，诗中讲述了乌鲁克王吉尔伽美什的故事。

　　《吉尔伽美什》产生于4000多年前的苏美尔时期。史诗没有作者，由群众口头创作而成，诗中汇集了大量的古代两河流域神话传说。经长期加工完善，公元前19到前16世纪，史诗最终成型，并被以文字方式记录下来。诗有3000多行，被刻在泥板上，泥板有12块，所刻文字为楔形文字。有些研究者说，泥板原本只有11块，第12块泥板是后人所加。现在，这部作品只剩三分之二流传于世。

　　经学者考证，吉尔伽美什是历史中真实存在的人物。考古学家在苏美尔早期文献中找到了很多与吉尔伽美什有关的资料。资料显示，吉尔伽美什是乌鲁克第五任国王，公元前26世纪在位。除史诗《吉尔伽美什》外，有关这位国王的传说还有英雄故事《吉尔伽美什和阿伽》。阿伽也是历史中真实存在的人物，曾在出土刻文中出现。

《梨俱吠陀》

由于《梨俱吠陀》中的诗歌为民间创作,创作从口述时期发展到写本时期用了5个世纪,所以诗集内容不可避免地反映了古印度从原始社会向奴隶社会过渡时期人民习俗、思想的改变。

《梨俱吠陀》全名《梨俱吠陀本集》,是印度现存最古老的一部诗歌总集,也是印度最早的具有文学价值的一部诗歌集,类似中国的《诗经》。

《梨俱吠陀》历时500年编成,成书年代约在公元前1500年左右。书分10卷,收诗1028首,其中11首不是正诗,而是附录诗。1028首诗共10552个诗节,最长的诗有58个诗节,最短的诗只有3个诗节,大多数诗则不超过12节。诗集原是群众间口耳相传的神话传说,后被祭司整理成文字书。19世纪,欧洲人首次刊印此书。

在印度语中,"吠陀"意为"知识"。"梨俱"是诗集中的章节名。诗集中的章节,创作年代不一,内容不一。有些诗表现自然界,有些诗反映社会生活,有些诗是对上古时期神话传说的记录,还有些诗描写了古代印度的祭祀与巫术。诗集中有一种诗,诗体为对话体,以对白和独白的方式写成,如戏剧剧本,可在祭祀仪式、节日聚会中表演。有人说,印度戏曲就由这种诗体发展演变而来。

《梨俱吠陀》神话诗中描写的神多为自然、社会现象的化身，神话内容多有史实基础。部分诗歌中，古印度人甚至开始质疑神的存在。

神话的由来

中国最早的神话书是《山海经》。《山海经》中保存了精卫填海、夸父追日等大量的中国古代神话。

原始社会时期，人类科学知识有限、理解力有限，无法解释刮风下雨、日升月落等自然现象。他们动用想象力，将这一切都解释成"神灵的控制"。在他们看来，风调雨顺是神灵的恩赐，风雨洪涝则是神灵的惩罚。

神话中的神灵并不是古人凭空生出的想象，而是他们在现实经验基础上产生的合理想象。如：想象中的风神，雀头鹿身，这是因为雀飞得高、鹿跑得快。再如：想象中的旱神住在南方，想象中的瘟神住在西方。这是因为南方天热，天热易旱；西方是日落之处，日落易让人想到死亡等不祥之事。

古神话有三种类型，一是有关开天辟地的神话，二是解释自然现象的神话，三是英雄神话。西方神话多成体系，如古希腊神话、古罗马神话。在古希腊、古罗马神话中，众神如人，谱系完整，关系复杂。古希腊神话主要保存在《荷马史诗》和古希腊悲剧、喜剧中。

童话的起源

童话中的花鸟草木等动植物都有人的特征，会说话，有情感，对儿童吸引力较强。

童话是写给孩子看的故事，类似小说，故事多虚构，开头常用"在很久很久以前"等句式。童话故事想象力丰富，曲折生动，通俗易懂。故事中常出现很多超自然人物，如巨人、精灵、仙子、巫婆等。最早的童话是口述故事。这些故事情节离奇，戏剧性较强。故事多以讲述的方式代代相传，因而难以考证产生年代。有文字可考的童话中，现存最早的是古埃及童话，产生于公元前1300年。在公元前100到前200年出现的书籍《金驴记》中，存有爱神与美女的童话故事；公元200到300年出现的印度书籍《五卷书》也存有很多童话故事。这些被整理成文字的童话多是在民间故事的基础上，加工修订，重新编写而成的。故事集《一千零一夜》、《彼勒与大龙》、《吸血鬼故事》等书中的童话都由更古老的民间故事加工而成。有人说，公元前6世纪出现的《伊索寓言》是西方第一本童话名著。

童话产生早期，听众不只是儿童，还有成人。19世纪，童话性质发生转变，成了儿童文学的一种。后来，格林兄弟搜集民间流传的童话，整理成《儿童与家庭童话集》。从那以后，童话的受众才正式确定为儿童。

古希腊神话中的十二主神

战神阿瑞斯是阿佛洛狄忒的真爱，两人生下了小爱神丘比特等几个子女。

根据古代希腊神话的记载，在奥林匹斯山上居住着十二位神灵，他们的地位高于其他神灵，被称为奥林匹斯十二神。这其中包括宙斯、赫拉、赫斯提亚、波塞冬、阿瑞斯、赫耳墨斯、赫菲斯托斯、阿佛洛狄忒、雅典娜、阿波罗和阿尔忒弥斯十一位主神，以及狄俄尼索斯、德墨忒耳和哈德斯这三位神灵。原本名列十二主神之一的赫斯提亚因向往凡人的生活，就将主神的位子让给了狄俄尼索斯。德墨忒耳每年都要抽出半年时间去冥界与女儿珀耳塞福涅生活，每到这时，她就会将主神的位子让给哈德斯。因此，尽管奥林匹斯山上名义上有十二主神，但真正享受这种荣誉的神灵却有十四位。

　　宙斯是万神之王，因掌管雷电，也被称为雷神。为了登上神王之位，他曾在母亲的支持下杀死了自己的父亲。宙斯非常好色，在天界与凡间拥有无数私生子。

　　天后赫拉是宙斯的姐姐和妻子，她掌管婚姻与生育，是女性的保护神。

　　波塞冬是宙斯的二哥，他作为海神，掌管海中的一切生物。

　　阿瑞斯是战神，但是他从来没有战胜过奥林匹斯山上的其他神灵。

　　赫耳墨斯是宙斯的私生子，他是神使，在天界帮助众神传令，之后又成了旅人、商人和盗贼的保护神。

　　赫菲斯托斯是宙斯和赫拉的儿子，他长得奇丑无比，但性格却十分温和，深受众神和百姓的欢迎。

　　阿佛洛狄忒是爱与美之神，她是宙斯的私生女，也是宙斯之子赫菲斯托斯的妻子。

　　雅典娜是战争和智慧女神，她也是宙斯的私生女，深受宙斯的宠爱。

　　阿波罗是光明之神，掌管光明、医药、文学、诗歌与音乐等。他也是宙斯的私生子。值得一提的是，阿波罗并非古希腊的太阳神，真正的太阳神是赫利乌斯。

　　阿耳忒弥斯是阿波罗的孪生妹妹，她是月亮女神、狩猎女神和纯洁之神。

　　赫斯提亚是宙斯的姐妹，她是炉灶和家庭的保护神。

　　狄俄尼索斯是葡萄酒之神，也是农业与戏剧的保护神。

　　德墨忒尔是宙斯的姐姐，她是农林女神，掌管植物的生长。她与宙斯生下了女儿珀耳塞福涅，后来因为珀耳塞福涅被哈德斯绑架到冥界做了冥后，她每年都会抽出半年时间去与女儿团聚。

　　哈德斯是冥王，他作为宙斯的长兄，原本可以登上神王之位，最后却被宙斯用计取代，懊恼的哈德斯便去做了冥界之神。

普罗米修斯

普罗米修斯是古希腊神话中泰坦神族的一名巨人。

普罗米修斯曾用黏土制造出世界上第一个女人，智慧女神雅典娜又将生命与灵魂赐予了这个女人。

普罗米修斯是人类的老师，他教会了人类很多知识，深受人类的爱戴。为了让人类过上更好的生活，普罗米修斯创造了火，并将其带到了凡间。然而，天神宙斯却下令严禁人类使用火。为了帮助自己的子民，普罗米修斯便偷偷从奥林匹斯山窃取了火种，送到人间。宙斯在得知此事后非常愤怒，用锁链把普罗米修斯绑在了高加索山的悬崖峭壁上。不仅如此，宙斯还命令一只鹰每天去啄食他的肝脏，再让他的肝脏每天都重新长好，如此日复一日，年复一年。

直到数千年后，一个名叫赫拉克勒斯的大力士为了寻找金苹果来到高加索山上，射死了那只鹰，普罗米修斯终于获救。现在人们经常用普罗米修斯来形容那些为了大众的利益做出巨大牺牲的人。

爱神丘比特

因为丘比特在射箭时总是蒙住眼睛，所以便有了爱情是盲目的这种说法。

在希腊神话中，爱神丘比特是爱与美之神阿佛洛狄忒和战神阿瑞斯的儿子。他长着一头漂亮的金发，雪白的脸蛋，还有一对小翅膀，是一个非常淘气的小神。他与母亲共同掌管天界与人间的爱情和婚姻。

丘比特总是背负着一张金弓，一支金箭和一支铅箭，这就是他掌管爱情的工具。相传被丘比特的金箭射中，就会产生甜美的爱情，被丘比特的铅箭射中，就会拒绝爱情。

每天丘比特都会背着他的弓和箭在天界和人间到处射箭。有一回，光明之神阿波罗见到这样的情形，便嘲笑他的箭就像玩具一样，根本不可能凭此建功立

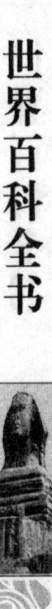

业。丘比特对此很不服气，就想报复一下阿波罗。他趁阿波罗不注意时，将金箭射向了他。阿波罗随即就爱上了正巧出现自己面前的仙女达芙涅，但丘比特却在此时将铅箭射向了达芙涅，让达芙涅对阿波罗的示爱避之唯恐不及。为了躲避阿波罗，达芙涅逃进了山里。阿波罗并没有放弃，他开始弹奏竖琴，用优美的琴声将达芙涅吸引了过来。然而，当达芙涅发觉弹琴者正是阿波罗时，她马上又逃跑了，阿波罗在她身后穷追不舍。后来，达芙涅跑得精疲力竭，只好高呼救命。河神听到她的呼救声，就将她变成了一株月桂树。阿波罗见状非常伤心，为了纪念她，他便开始用月桂枝来装饰自己的弓。

  丘比特在到处射箭的过程中，从来没想过有一天会将箭射到自己身上。当时，希腊有一座小城邦到处都供奉着阿佛洛狄忒，所有人都对这位爱与美之神敬爱有加。可是这种情况后来却因为城中一位名叫普绪克的小公主发生了改变。普绪克生得十分美貌，城中的百姓都将她视作女神，却将真正的女神阿佛洛狄忒忽视了。阿佛洛狄忒心生妒意，便派丘比特前去惩罚她。想不到丘比特竟然不慎将箭射到了自己身上，因此爱上了普绪克。

  因为普绪克是个凡人，所以丘比特每晚来见她时，都不能点灯，以免让她看到自己的脸。普绪克的两位姐姐心肠歹毒，她们因嫉妒普绪克，便诋毁丘比特是个恶魔，并怂恿普绪克晚上偷偷点灯看清他的样貌。最终，普绪克在发现丘比特是个英俊少年的同时也激怒了丘比特。丘比特愤然离去，为了寻找他，普绪克只好向阿佛洛狄忒求助，却被阿佛洛狄忒用计变成了睡尸。丘比特在得知此事后终于原谅了普绪克，阿佛洛狄忒也不再执著于对普绪克的妒意。不仅如此，普绪克还被众神封为女神，从此在天界与丘比特长相厮守。

木乃伊传说

木乃伊原意为沥青，现在用来指被风干的没有腐烂的干尸。

古埃及的木乃伊制造技术最为发达，也最为出名。埃及人认为人死后灵魂并没有死亡，只要身体不腐烂，死去的人就有可能复活，所以他们想尽办法保存死人的身体。

相传，上古时期埃及有一位叫做奥西里斯的人，他是大地之神的儿子，懂得很多的农业知识。他把自己的农业知识教给埃及的先民，使得上古时期的埃及人过上了温饱的日子，因此他受到了埃及人们的拥护。奥西里斯的丰功伟绩遭到了自己弟弟赛特的嫉妒，他命人按奥西里斯的身材做了一只漂亮的箱子，并装上了机关，决定用它来暗害自己的哥哥。在一次宴会上，赛特把那只漂亮的箱子展示给大家看，并说如果谁能钻进这只箱子，那么这个人就是箱子的主人。大家建议奥西里斯去试试，奥西里斯只好钻了进去，他一钻进箱子，箱子就自动关上了，奥西里斯再也没有出来。

赛特把这个箱子扔进了尼罗河，奥西里斯的妻子女神伊西斯把它捞了上来。赛特听说后非常生气，他半夜将奥西里斯的尸体偷出来，并割成48块，扔到埃及的各个地方。伊西斯又分别找到奥西里斯的48块尸体，并将他们埋到48个不同的地方，然后就一心一意教育自己的儿子为他的父亲报仇。奥西里斯的儿子叫荷拉斯，他从小就很勇敢，长大后他杀死了自己的叔叔为父亲报了仇，然后他将父亲的尸体重新拼凑在一起做成一具干尸。重新拼起来的奥西里斯在神的帮助下，在阴间复活，并成为那里的统治者。

　　埃及法老们认为自己死后可以在另一个世界得到永生，他们便效仿奥西里斯的死亡过程，先是肢解，然后做成木乃伊，于是埃及便有了为死去的法老制作木乃伊的传统。

通天塔的传说

　　通天塔，又称巴别塔，是新巴比伦国王尼布甲尼撒二世在执政期间修建的。

　　关于通天塔的传说，可以追溯到《圣经·旧约》。《旧约》中说，人类的祖先在开始的时候，使用的是同一种语言。在底格里斯河和幼发拉底河流域，人类发现了一块肥沃的土地，并在那里定居下来。随着生活的稳定与富足，人类决定修建一座塔。这座塔可以直接通到天上，于是被称为通天塔。人类用砖和河水中的泥作为建筑材料，开始修建通天塔。上帝闻讯后，立即前往察看。果不其然，一座又高又直的塔直冲云霄。在上帝看来，这座塔是人类虚荣心的象征。他想，这样大的工程都能修建完成，那么以后还会有什么事情做不出来呢？于是他决定阻止人类。上帝认为人类之所以能齐心协力，最主要的原因是他们语言相通，于是，他便让不同地域的人使用不同的语言，没有办法相互沟通，再也无法同心协力，通天塔也就没有建成。

何为"三部曲"

金庸写有"射雕三部曲"《射雕英雄传》、《神雕侠侣》、《倚天屠龙记》。

"三部曲"又名"三联剧",指三部为一组的作品。这三部作品,主题相同或类似,内容各自独立。被写成"三部曲"的作品,通常作品中有相同的人物、场景、道具设定,或者其他两部作品是前一部作品故事的延展与继续。

这样的三部一组作品常出现在文学或电影作品中。意大利诗人但丁的作品《神曲》就是以"三部曲"的形式写成,《神曲》中的"三部曲"包括《地狱》、《炼狱》、《天堂》。前苏联作家高尔基写有"自传体三部曲"《童年》、《在人间》、《我的大学》。在中国文学作品中,作家巴金写有"激流三部曲"《家》、《春》、《秋》,王小波写有"时代三部曲"《黄金时代》、《白银时代》和《青铜时代》。

古希腊三大悲剧作家

古希腊三大悲剧作家分别是埃斯库罗斯、索福克勒斯、欧里庇得斯,这三位作家都是因写悲剧而被后世记住的,他们的伟大之处在于,悲剧经过他们的创作完成了由幻想到现实的改变。

埃斯库罗斯生于公元前525年,卒于公元前456年,被誉为"悲剧之父",他一生创作了70部作品,但只有7部作品被完整地保留下来,代表作是《被缚的普罗米修斯》。《被缚的普罗米修斯》取材于希腊神话,讲述的是智慧之神普罗米修斯不畏强权,公然与宙斯作对,将火种带给人类的故事。这本书歌颂了普罗

米修斯为了人类的进步不惜牺牲一切的崇高精神，书中主要描写的是神与神之间的斗争，流露出神掌管一切，人类无能为力的悲观情绪。

索福克勒斯生于公元前496年，卒于公元前406年，一生创作了120余部作品，传世的有7部，他的代表作是《俄狄浦斯王》。这本书取材于忒拜的英雄传说，主要写的是人与神之间的斗争，虽然在《俄狄浦斯王》中，人依然逃不开神的控制，但悲剧创作已经朝现实迈进了一大步。

欧里庇得斯生于公元前485年，卒于公元前406年，他一生创作了92部作品，其中有17部传世，代表作是《美狄亚》。《美狄亚》取材于希腊神话中关于伊阿宋的英雄传说，故事主要描述的是美狄亚帮助伊阿宋夺回王位，又被伊阿宋抛弃的故事。故事主要刻画的是伊阿宋的虚伪和无情，描述的是人间的故事，已经与神无关。

从埃斯库罗斯到索福克勒斯再到欧里庇得斯，这三位作家完成了悲剧由写神到写人的转折，他们的作品是人类戏剧史上一次伟大探索，也是一项伟大收获。

古希腊悲剧《俄狄浦斯王》

《俄狄浦斯王》使古希腊悲剧上升到前所未有的新高度，也为作者索福克勒斯赢得了"戏剧界荷马"的美誉。

《俄狄浦斯王》是古希腊悲剧中的经典作品，由剧作家索福克勒斯创作。公元前430到前426年间，作品首演。这部作品被亚里士多德称为"戏剧艺术中的典范"。

俄狄浦斯是希腊神话中的人物。神话中，俄狄浦斯是忒拜国王拉伊奥斯和王后约卡斯塔的儿子。拉伊奥斯年轻时曾抢走别人的儿子，被诅咒，神谕说，拉伊奥斯将来会被亲生子杀死。在儿子俄狄浦斯出生后，拉伊奥斯为逃避命运，令牧人将他丢入田野。牧人心软，把俄狄浦斯送给科林斯国王收养。国王待俄狄浦斯如亲生儿子。俄狄浦斯长大后，收到神谕，说自己将来会杀父娶母。俄狄浦斯不知自己是养子，为避免神谕成真，离开了科林斯。流浪至忒拜时，俄狄浦斯与人发生冲突，失手杀死了几位陌生人。被杀者中刚好有他的亲生父亲拉伊奥斯。

当时，忒拜被困在狮身人面兽斯芬克斯手中。为脱困，忒拜颁布法令，谁能解救城邦，谁就能成为忒拜国王，并娶前国王遗孀约卡斯塔为妻。俄狄浦斯破解斯芬克斯谜题，解救城邦，成为国王，并娶了自己的亲生母亲为妻。俄狄浦斯即位后，忒拜灾祸连绵、瘟疫不断。俄狄浦斯大惑不解，前去寺庙求神谕。收到神谕后，俄狄浦斯才得知一切。悲愤之下，俄狄浦斯刺瞎了自己的双眼。

悲剧《俄狄浦斯王》布局巧妙、结构严谨，艺术成就极高。在作品中，索福克勒斯以对白代替合唱，重点表现矛盾冲突，强调"神"的"人"性。

女诗人萨福

19世纪末，萨福成了女同性恋者的代名词，女同性恋者的英文名字Lesbian便是取自莱斯沃斯岛，用来形容女同性恋者的形容词"Sapphic"也与萨福名字的发音有关。

萨福是古希腊时期的著名女诗人，她一生给很多的女孩子写过情诗，她也因此被后代的女同性恋者视为鼻祖。古希腊人对萨福推崇备至，赞美她是可以与荷马比肩的大诗人，柏拉图称她为"第十位缪斯"。

萨福出生于莱斯沃斯岛上的一个贵族家庭，在父亲的影响下，她迷上了诗歌，尤其是对描写爱情和失恋的诗歌情有独钟。萨福在莱斯沃斯岛上无忧无虑地度过了自己的童年，当她成年后，莱斯沃斯岛发生政治斗争，萨福被迫离开家乡。在流亡过程中，她遇到了一个名叫瑟塞勒斯的富商，并和他结了婚。莱斯沃斯岛的政治事件平息后，萨福回到家乡。不久之后，萨福的丈夫去世，萨福从她丈夫那里继承了大量的遗产。萨福用这笔钱建立了一个女子学校，专门教授诗歌写作。很多女孩子慕名来到她的学校上学，萨福用母亲般的情怀呵护着自己的女学生。萨福的很多情诗就是在这一时期写成的，其中不乏有她与女学生琴瑟和谐时香艳的描写。萨福的诗被称为"萨福体"，她的诗大部分已经失传，有幸留传下来的都是残篇。

《荷马史诗》

作为欧洲古典四大名著中历史最久远的一部，《荷马史诗》又有"希腊的圣经"之称。

《荷马史诗》是两部长篇诗集《伊利亚特》和《奥德赛》的统称，诗集记录了公元前11到前9世纪的古希腊历史，全书共48卷，两部诗集各24卷。其中，《伊利亚特》有15693行诗，内容讲述特洛伊战争时期，阿喀琉斯与阿伽门农之间的矛盾争端；《奥德赛》有12110行诗，内容讲述特洛伊失守后，奥德修斯与王后帕涅罗帕相聚的故事。

《荷马史诗》起源于民间，特洛伊战争后，希腊民间歌手将战争英雄的事迹、战争胜利的经过与神话故事融合在一起，编成诗歌，在公开场合吟唱。口传诗歌经几个世纪的修改增删，公元前8到前7世纪成型。公元前6世纪，盲人诗人荷马加工整理诗歌，将口传诗歌变成文字诗歌。公元前3到前2世纪，亚历山大里亚学者修订《史诗》，将书编纂成我们今天看到的《荷马史诗》。

《荷马史诗》记录了希腊奴隶社会形成的过程，为后人研究古希腊早期历史提供了详尽的史料。

奴隶出身的寓言作家伊索

公元前5世纪末，伊索已经成了希腊最著名的寓言家代名词，希腊人几乎把所有的寓言都归在他的名下。

伊索是古希腊寓言家，约公元前620年生于希腊弗里吉亚。伊索小时候相貌丑陋，不惹人爱，常被舅舅逼迫到田中劳动。但伊索的母亲很爱他，常讲故事给他听。伊索受母亲启蒙，将自己在田中劳动时看到的有趣事物全编成了故事。

伊索母亲去世后，伊索离家，跟随曾照顾自己的老人环游世界。旅途中，伊索看到了很多动物、昆虫，听到了很多跟动物有关的故事。伊索漫游到萨摩斯岛后，被卖到雅德蒙家为奴。为奴期间，伊索曾多次被转卖。他聪明机警、才智过人，多次救主人和朋友于危难。后来，伊索凭借过人的智慧，摆脱奴隶枷锁，重获自由。

自由后的伊索，再次开始环游世界。环游途中，伊索为人们讲述了大量的寓言故事。他为雅典人讲过故事《请求派王的青蛙》，还在其他地区讲述过《乌龟与兔》、《狼和小羊》等趣味盎然、饱含哲理的寓言故事。伊索寓言精短凝练，语言浅显但意味深长，多用比喻的方式教人道理，深受人们喜爱。

伊索没有将自己所编寓言记录成文字，所有故事都靠口述讲给别人听。现在我们看到的《伊索寓言》，并不都是伊索本人讲过的寓言，而是后人整理的古希腊、古罗马寓言，只是这些寓言全被归在了伊索名下。

"喜剧之父"阿里斯托芬

阿里斯托芬好交游，与柏拉图、苏格拉底等人往来频繁。

阿里斯托芬是古希腊早期三大喜剧诗人之一，被恩格斯称为"喜剧之父"、"有强烈倾向的诗人"。

公元前446年，阿里斯托芬出生在阿提卡。他是雅典公民，拥有雅典的土地，一生都在雅典度过。他的剧作多为政治讽刺剧，作品多描写当时雅典的社会生活，反映雅典奴隶制度中存在的政治和社会问题。阿里斯托芬曾在剧作中批评雅典当权派，被控告"侮辱了雅典公民与城邦"。但他毫不惧怕，下笔依然尖锐深刻。

公元前427年，阿里斯托芬剧本首次被改编成戏剧。那以后，他屡屡获奖。阿里斯托芬一生共写了44部喜剧，获过7次奖项。作品多已佚失，只有11部流传至今。

《摩诃婆罗多》

全书以对话体写成，对话套对话，故事套故事，故事讲述者出现了近400个之多。

《摩诃婆罗多》是印度民族史诗，被学者称为"印度的灵魂"。史诗成书于公元前4世纪到公元4世纪，与另一史诗《罗摩衍那》并称为"印度两大史诗"。

史诗名"摩诃婆罗多"意为"伟大的婆罗多族的故事"，内容如名，讲述了婆罗多族大战的故事。故事以英雄事迹、神话传说、寓言故事为主，兼有对印度宗教、哲学、政治、法律、伦理等内容的描述。史诗如印度的"百科全书"，内容繁杂，叙事结构庞大。

史诗成书前已在民间流传几百年，流传方式有口传和手抄两种。手抄本史书版本众多，书写材料以桦树皮和贝叶为主。19世纪，《摩诃婆罗多》有了印刷文本。1919年，一批梵文印度学者决定修订史诗。他们汇集起所有能找到的手抄本，整理校勘，最终完成了精校本的编订。1966年，《摩诃婆罗多》精校本出版。

《摩诃婆罗多》诗中共有 10 万诗节，篇幅是《罗摩衍那》的 4 倍。有学者说，若按每分钟唱一个诗节计算，这部史诗仅对话部分就要接连演唱 25 个昼夜。

《格萨尔王传》

史诗集藏族文化之大成，有"东方的荷马史诗"之称，被誉为藏族的"活史诗"。

《格萨尔王传》是一部藏族英雄史诗。史诗有 2000 多万字，共 100 多万行诗，分为 120 多部，是全世界史诗中篇幅最长的一部。诗体类似散文，以吟唱、道白相结合的方式写成，将诗歌与神话、寓言、谚语、格言融到一起，结构宏大，内容丰富。

《格萨尔王传》讲述了格萨尔王的故事。格萨尔王是天神之子，为降妖伏魔而下凡。史诗内容分三个部分：格萨尔王的降生；格萨尔王南征北战，降妖伏魔的过程；格萨尔王重返天界。三个部分中，内容最丰富的部分是"征战"部分，这一部分包含了格萨尔王降魔战中最著名的四场战役："北方降魔"、"霍岭大战"、"保卫盐海"和"门岭大战"。

《格萨尔王传》原是口头文学，以民间艺人说唱的形式流传。说唱艺人不同，《格萨尔王传》中的人物、内容各不相同。11 世纪，僧侣确定了抄本《格萨尔王传》的基本框架。后来，《格萨尔王传》出现了木刻印刷本。

《格萨尔王传》版本众多，各版本内容相似，但情节、文字略有不同，现在已经发现了 50 多部不同版本的《格萨尔王传》。

迦梨陀娑与《沙恭达罗》

在英文版《沙恭达罗》中，威廉·琼斯称迦梨陀娑是"印度的莎士比亚"。

迦梨陀娑是印度诗人、剧作家，用梵语写作。他创作的作品中，现存于世的有 7 部：剧本《沙恭达罗》、《优哩婆湿》、《摩罗维迦与火友王》；叙事诗《罗怙世系》、《鸠摩罗出世》；短诗集《时令之环》和抒情长诗《云使》。其中，诗剧《沙恭达罗》是迦梨陀娑的剧本代表作，也是为作家赢得世界声誉的一部作品。

《沙恭达罗》共七幕，讲述了净修女沙恭达罗和国王豆扇陀之间曲折离奇的爱情故事。豆扇陀行猎时偶遇沙恭达罗，两人一见钟情，私自成婚。离开净修林前，豆扇陀留给沙恭达罗一枚戒指为信物。后来，沙恭达罗无意中得罪了仙人达罗婆娑，仙人施咒，让豆扇陀失去了记忆，除非见到信物戒指，不然记忆不可能恢复。沙恭达罗发现自己怀孕后，进城寻找豆扇陀，豆扇陀失忆，不认沙恭达罗为妻。沙恭达罗想将戒指拿给他看，不料戒指却不见了，原来，她进城时不小心将戒指掉进了河中。她叫天不应叫地不灵，被母亲带回仙界。后来，一个渔夫在所捕鱼的鱼腹中发现了戒指，他将戒指交给国王豆扇陀，豆扇陀见到戒指，恢复记忆。此时，天帝请豆扇陀去迎战恶魔阿修罗，豆扇陀得胜后，到仙境找回了妻儿。

剧作用语典雅，风格清新，在印度流传广泛。1789年，英国学者威廉·琼斯将《沙恭达罗》译成英文。从那以后，《沙恭达罗》被译成多国文字，在世界各地流传开来。

印度"国王诗人"戒日王

戒日王不仅自己从事文学创作，还积极鼓励其他的文艺创作者，他的宫殿中供养着大批文人，其中包括波那跋陀这样著名文学家。

戒日王原名诗罗逸多，生于公元590年，卒于公元647年，他是印度戒日王朝的创建者，也是古印度著名的诗人、剧作家、传记作家，作品集印度古典文化之大成。

戒日王热爱文艺，创作了大量的文艺作品，传世的剧本有《龙喜记》、《璎珞记》、《钟情记》三部。其中，《龙喜记》的剧本中既有印度传统故事，又有佛典内容。剧分五幕，前三幕描写悉陀国公主与云乘太子相爱的故事，后两幕写云乘太子以肉身喂大鹏鸟，后被女神救活的故事。剧本将佛教与印度教教义融合到一起，表现了戒日王兼容并包的宗教思想。

戒日王信奉印度教，但对其他宗教也采取宽容、鼓励的态度。在作品《野朝赞》和《八大灵塔梵赞》中，戒日王对佛教表现出强烈的兴趣。戒日王在位时，广修佛塔，佛教僧众由政府供养。唐朝僧人玄奘到达印度之后，受到戒日王的热情款待。为加强文化交流，戒日王还支持"无遮大会"的举办。"无遮大会"每五年举行一次，是印度最大的宗教集会，所有宗教派别都可以参加。玄奘在印度期间就曾受邀参加过"无遮大会"。

《万叶集》

《万叶集》收录的作品情感真挚，内容广泛，主题深刻，具有较高的文学价值。

《万叶集》是日本诗歌总集，收录了日本公元4到8世纪的长短诗歌共4500首，分20卷。这本诗集成书于公元8世纪后期，是日本现存诗集中最早的一部。

从类型看，这本诗集中有杂歌、挽歌、相闻等不同的种类。杂歌多表现自然景象、风土民情、社会生活等内容；挽歌分三种，一是葬礼悼亡用歌，二是后人缅怀死者的歌，三是死者临终前作的歌；相闻则多表现亲情、友情、爱情等情感内容。此外，诗集还收有《东歌》、《防人歌》等日本民谣。从形式看，集中诗歌有三种形式，长歌、短歌和旋头歌。其中，长歌有265首，短歌有4207首，旋头歌有62首。除此三种形式外，诗集中还有1首连歌，1首佛足石歌，4首汉诗和22篇汉文。

集中作品半数以上未署名，署名作者多为专业诗人或社会名流，约有400到500人。以此推测，未署名的作者也应有几百人之众。作品作者遍及日本各阶层，既有天皇、皇子、皇妃等统治阶级成员，又有乞丐、浪人、妓女等社会底层人士。

公元8世纪时，日本还未出现自己的文字，因而《万叶集》以汉字写成。

《一千零一夜》的由来

《一千零一夜》中的故事很早就在阿拉伯民间流传了。公元8世纪到9世纪，民间出现了故事的手抄本。

《一千零一夜》又名《阿拉伯之夜》。中国古代称阿拉伯为"天方"，因而《一千零一夜》曾经被翻译为《天方夜谭》。

《一千零一夜》这个书名来自书中的一个故事，这个故事和这本书一样有名：传说，古阿拉伯有个萨桑国，国王名叫山鲁亚尔。山鲁亚尔讨厌妇女，他每天娶一个女子过夜，过完夜之后便将这个女子杀掉，然后第二天再娶一个。三年中，他杀掉了一千多个女子。宰相的女儿山鲁佐德为拯救国中姐妹，自愿入宫，嫁给国王。入宫后，山鲁佐德每晚讲一个故事给国王听，她讲故事只讲开头，不讲结局，由于她讲的故事太精彩，国王想知道故事结局，只好把她留到第二天再杀。到了第二天，山鲁佐德会再讲一个新故事，仍然是只讲开头，不讲结尾，国王无奈，只能再次推迟杀她的日期。山鲁佐德肚子里有很多故事，故事一个比一个引

人入胜，等讲到第一千零一夜的时候，国王终于被感动，决定不再杀她，同时不再杀别的女人。他将山鲁佐德讲的一千零一个故事记录下来，于是有了故事集《一千零一夜》。

当然，上面这个故事是虚构的，《一千零一夜》中的故事没有一千多个，只有243个，也并非出自山鲁佐德，而是一本阿拉伯民间故事集。这些故事主要有三个来源：一是波斯、印度民间口头流传的故事；二是公元750到1258年间，阿拉伯帝国流传的故事；三是1250到1517年间，埃及流传的民间故事。

十字军东侵时，手抄本随军传到欧洲。12世纪，埃及人为手抄本故事命名为《一千零一夜》。经过几百年的整理加工、补充完善，到16世纪，《一千零一夜》故事集定型。现在，《一千零一夜》已经成为当之无愧的世界名著。

城市文学的起源

城市文学有较强的政治和商业色彩，作品娱乐性大于文学性，文学作品体裁多样，除小说外，还有抒情诗、韵文故事、讽刺故事诗、市民戏剧等不同类型。

城市文学是大众文学的一种，以民间文学为基础发展而成，表现对象为城市居民、城市生活等城市风貌。

最早的城市文学作品出现在10到11世纪的欧洲，作者多为城市街头说唱者，作品通常以现实生活为题材，表现市民的机警、贵族的蛮横、教士的贪婪、骑士的暴虐，主题多反映城市居民的政治、生活要求。写作者创作时多使用讽刺笔法；描述城市印象时，文本中带有较强的主观色彩。写作者笔下的城市，通常是投射到作者心灵中,被作者感受到的城市。城市文学作品形式活泼,叙事生动,代表作如西班牙作家德华·多门多萨的长篇小说《奇迹之城》。

紫式部与《源氏物语》

源氏是作者理想中的形象,与多名女子有情感纠葛。

紫式部是日本古代女作家,擅写和歌,因创作《源氏物语》而闻名于世。

《源氏物语》共80多万字,分为54卷,每卷都有卷名。有些卷以书中的人物居所为名,有些卷以人物所咏和歌中的词汇为名,有些卷则以书中贵族行乐的内容为名。古时日本妇女社会地位低下,没有名字,因而有些卷名也作为文中女子的代称。

作品虽以长篇形式写成,但内容类似多部短篇的组合。各短篇间以主人公源氏相连。作品前40卷描写了源氏的一生;第41卷只有卷名没有正文,暗示源氏生命的终结;42到44卷讲述了源氏死后发生的一些事;最后10卷,主角则变成了源氏的儿子薰大将。

随着作品情节的展开,故事中的人物一一浮现。作品中共有400多个人物。这些人物地位不等,性格各异,结局却全以悲剧收场。紫式部在作品中引用了大量的汉诗,使作品带有浓郁的中国古典文学气息。作品行文典雅,文风似散文,字里行间充满作者对人、对事的敏锐观察和深刻领悟。

《源氏物语》集歌物语和传奇物语两种艺术形式于一体,是日本最重要的古典文学作品之一,有日本"国宝"之称。直到紫式部去世前,《源氏物语》才成书。

骑士与骑士文学

骑士阶层身上有乐于助人、信守承诺、勇敢慷慨,愿为爱情、理想和荣誉赴汤蹈火的武士品格。

骑士文学流行于西欧,是表现骑士生活、反映骑士思想的文学作品的统称,包括骑士传奇、骑士小说、骑士抒情诗和反骑士小说等不同类型。

骑士原是欧洲富农和中小地主,因替大封建主征战而获得土地,成为小封建主。后来,骑士土地有了世袭权,骑士成为一个固定阶层,逐渐形成了自己阶层的思想、文化,这时骑士精神出现了。

骑士爱慕贵妇人,以为贵妇人服务、为爱情铤而走险为荣。骑士爱冒险,除为爱情冒险,他们还为宗教冒险。骑士阶层身处统治阶级的底层,因而虽有些身份优越感,但并不全部仗势欺人,阶层中部分人仍喜欢锄强扶弱。骑士阶层重视

外表，注重外在举止与礼节，重视个人风度，遇到问题时愿采用公开竞赛、公平竞争的方式解决。

11世纪，欧洲骑士随十字军东侵，接触到东方文化。在东方文化影响下，一些歌手、诗人从骑士中产生。骑士诗歌多歌颂现实生活、歌颂爱情和冒险，宗教气息较浓，诗歌中常有奇异故事杂糅其中。骑士文学发展到12、13世纪，进入鼎盛时期。鼎盛期的骑士文学以法国为最。

乔叟与《坎特伯雷故事集》

《故事集》中每个故事前都有开场语，总序与开场语将零散故事连结起来，使《故事集》成为一个完整的艺术整体。

乔叟是英国诗人，曾在宫廷当差，晚年贫困，逝于1400年。从1386到1400年的15年间，乔叟致力于《坎特伯雷故事集》的创作。逝世时，仅完成写作计划的四分之一。

《坎特伯雷故事集》使用语言为伦敦方言。集前有总序，序为一个特殊故事：4月，一群香客前往坎特伯雷朝圣，朝圣途中，投宿泰巴旅店。第二天，旅店店主、同在旅店住宿的作者和香客们一同出发，店主提议，去路和来路上每人各讲两个故事，讲出最佳故事的人可以免费吃晚餐，书中的故事由此开始。

乔叟原计划写120个故事，结果只完成了24个，其中22个为诗体，两个为散文体。

讲故事的人来自社会各阶层，既有骑士、僧侣、学者、律师，又有商人、手工业者、农民和磨坊主。因而，故事内容涉及英国世俗生活中的各个方面，其中既有骑士讲的爱情故事，又有贵妇讲的骑士故事；既有劝世寓言，又有动物寓言；既有讲家庭纠纷的故事，又有讲仗义行为的故事。这些故事中，人物个性鲜明，对话生动有趣，风格讽刺幽默，极具喜感。《故事集》包含多种文学体裁，将寓言、骑士传奇、圣徒传、布道文等不同文体汇于一书，堪称"英国现实主义文学之典范"。

无论从内容还是从技巧看，《坎特伯雷故事集》都是乔叟艺术水准最高的一部书。这部书是英国第一部印刷出版的书。书出版后，乔叟本人有了"现代诗歌之父"之称。

文艺复兴中的文坛三杰

彼特拉克长于借景抒情，所作诗歌多情景交融。诗体风格独特，被人们称为"彼特拉克诗体"。

"文坛三杰"又被称为"文艺复兴三巨星"，指三位意大利文学家但丁、薄伽丘和彼特拉克。

但丁生于1265年，出身贵族世家，曾任职于佛罗伦萨，后被流放。流放经历促使但丁写出代表作：史诗《神曲》。《神曲》是中世纪文学中成就最高的作品之一。作品分三部，《地狱》、《炼狱》、《天堂》。史诗长达14000多行，诗体为对话体，通过作者与地狱、炼狱、天堂中人物的对话反映社会问题。此外，但丁还著有《新生》、《论俗语》、《诗集》等作品。

薄伽丘是意大利小说家，著有长篇小说《十日谈》。《十日谈》以人文思想为主线，由100个不同故事串联而成。100个故事前有一个序言故事：10名男女青年到乡村避难，10天中，每人每天各讲一个故事，最终讲成100个故事。故事中包含了薄伽丘的基本思想："幸福在人间。"《十日谈》虽是薄伽丘最著名的作品，但并不是他的第一部作品。薄伽丘第一部作品名为《菲洛柯洛》，写于1336年，是一部长篇小说，讲述了中世纪西班牙宫廷中一个感人肺腑的爱情故事。

彼特拉克擅写十四行诗，被后人尊为"诗圣"。彼特拉克十四行诗的代表作

是抒情诗集《歌集》，集中诗歌多为即兴诗，以日记形式写成。《歌集》共收录诗歌 336 首，分上下两部，上部名为《圣母劳拉之生》，下部名为《圣母劳拉之死》。诗中的劳拉是彼特拉克女友，诗集内容也多表达对女友的爱恋之情。除爱情诗外，《歌集》中还有少量政治抒情诗，如《我的意大利》。

十四行诗

意大利诗人雅科波·达·连蒂尼规范诗歌格律，成为使用十四行诗创作的第一人。

十四行诗是一种抒情短诗，通常有 14 行，各行有固定韵律，诗行间有特定的押韵格式。诗体分两部分：第一部分有两节，每节四行诗；第二部分也有两节，每节三行诗。

意大利是十四行诗的发源地。当时的十四行诗多用于写作抒情诗。13 世纪末，十四行诗的使用领域扩大，被广泛应用于教谕诗、政治诗、讽刺诗等诗歌题材的创作中。诗人彼特拉克完善十四行诗的格律，发展出属于自己的诗体"彼特拉克诗体"，引起各国诗人争相效仿。

文艺复兴时期，意大利出现了很多擅写十四行诗的诗人，如梅迪契、米开朗琪罗等。诗人马罗将十四行诗带到法国，16 世纪，十四行诗成了法国最重要的诗歌形式之一。16 世纪初，十四行诗传入英国，诗体格律发生改变，变为三节四行诗加一副对句的形式，到了 16 世纪末，十四行诗已经成为英国最受欢迎的诗体之一。英国诗人莎士比亚完善了诗体形式，使十四行诗更富韵律，诗句间的衔接更流畅，完善后的诗体被人们称为"莎士比亚体"。17 世纪，十四行诗传入德国。之后，十四行诗盛行欧洲大陆。

为适应不同语言特点，十四行诗发展出很多不同的变体。后来，浪漫主义诗歌兴起，诗人提倡不受格律拘束的诗歌创作，十四行诗发展一度停滞。19 世纪晚期，十四行诗复兴，诗体格律再度流传，沿用至今。

但丁的《神曲》

《神曲》一书是建立在基督教神学基础上的对教会统治的批判。

《神曲》是意大利诗人阿利盖利·但丁在 1307 年到 1321 年间，历时 10 余年完成的一部著作。《神曲》写于文艺复兴之前，这个时期的人们喜欢用"悲剧"和"喜剧"来命名自己的作品，但丁将自己的作品命名为《喜剧》。意大利人为了表示对这本作品的尊重，在《喜剧》前面加上了"神圣的"三个字，中国人译为《神曲》。《神曲》全书以叙事诗的形式写成，共分《地狱》、《炼狱》和《天

堂》三部分，每部分33篇，最前面有一篇序诗，总共100篇。

《神曲》以第一人称的方式写成，主要描写的是主人公但丁因误入一座黑色的森林，被三只象征着贪婪、野心、安逸的怪兽挡路，后在诗人维吉尔的帮助下，通过地狱、炼狱、最终到达天堂，并在暗恋之人——贝阿特丽切的灵魂的帮助下，见到上帝的故事。《神曲》对地狱、炼狱和天堂分别给予了描述。但丁认为，地狱是一个大漏斗形，从上到下逐渐缩小，最低端是漏斗的最小的部分，也是罪孽最深重的灵魂的所在地，这里被魔王卢齐菲罗控制。地狱的中心是耶路撒冷，耶路撒冷的对面是炼狱，炼狱是一座大山，在与地狱相对的海的另一面，炼狱是灵魂进行忏悔赎罪的地方；炼狱山共分七层，每一层象征一种罪孽，灵魂上升一层就会消除一种罪孽，到达山顶后就能进入天堂。天堂有九层，越往高层灵魂越高尚，上帝在天堂的最高层。

《神曲》是一部充满了隐喻性的作品，它虽然是一部神学作品却有着很强烈的现实性。但丁写这本书的主旨，用他自己的话说是"为了对万恶的社会有所裨益"。但丁从地狱到天堂途中，与遇到的每一个历史上有名的灵魂交谈，他将这些灵魂安排到不同的位置，来表达自己对他们的观点，但丁将教皇还有他痛恨的一些佛罗伦萨人全部打入到了地狱中。

拉伯雷与《巨人传》

拉伯雷想象力丰富、学识渊博，作品内容虽荒诞不经，但包含深刻的思想。

拉伯雷是文艺复兴时期的代表作家，1494年生于法国中部城市希农。1532年，拉伯雷以化名出版《巨人传》第一部，次年出版第二部。这本书如果不深究，看上去不过是些"胡说八道"的游文戏字；如果细究起来，会发现饱含对宗教、政治、经济的哲理性思考。《巨人传》出版后，受到资产阶级和广大民众的欢迎。但教会仇视此书，将它列为禁书。

1545年，拉伯雷得到国王的发行许可，以真名出版《巨人传》第三部。国王不久去世，此书又被禁，书籍出版发行商还被烧死，拉伯雷不得不逃往国外。1550年，拉伯雷回到法国。回国后，拉伯雷用20年时间完成了《巨人传》的最后两部。

《巨人传》开法国长篇小说之先河，以妙趣横生的语言、诙谐调侃的风格，讲述了一个离奇的故事，描写了一些滑稽的人物。书分五部，如一套百科全书，将天文地理、生物医药、哲学法律、语言文字等自然、社会学科中的科学知识融为一体，呈现于故事中。全书一经出版，立刻风靡欧洲。现在，《巨人传》已被译为多国文字，出现了200多个不同的版本。

《愚人颂》的问世

《愚人颂》的问世拉开了文艺复兴时期人文主义运动的序幕。

伊拉斯谟，荷兰哲学家，16世纪初欧洲人文主义运动的代表人物之一。他的《愚人颂》是人们至今仍在广泛阅读的著作。在这本书中，他借愚人之口，嘲讽了他那个时代所有的制度、风俗、人和信念，是文学史上最精彩的讽刺体文章之一。

它间接但却辛辣的嘲讽对当时的社会造成了很大影响，其中对教会的讽刺，激发了人们对于教会的不满，为之后的宗教改革作了思想铺垫。

七星诗社

七星诗社成为法国人心中真正的民族诗社，最优美诗歌的象征。

七星诗社是一个法国文学社团，由七位诗人组成。诗社出现于16世纪，核心人物是龙沙与杜贝莱。诗社诗人不只写诗，还从事剧本创作，撰写诗歌评论和文艺批评，除此之外，还发起了法语改革，规范了法语，提高了法语地位。1556年，诗社有了"七星诗社"这个名称。

1549年，诗社发表名为《保卫与发扬法兰西语言》的宣言。宣言由杜贝莱执笔撰写，提出了社团的创作主张。主张由全体社员共同商议而成，内容如下：使用法语创作；可模仿希腊拉丁语作家；流行诗歌体裁应被古代诗歌格律取代；诗人不仅要懂得写诗的技巧，更要捕捉转瞬即逝的灵感。《宣言》既是七星诗社的创作宣言，又是法国第一部内容与法语有关的宣言。此后，诗社成员在《橄榄集》、《诗艺概论》、《法兰西亚德》等书的序言中进一步阐述了自己的主张。

图文版 世界百科全书 文学艺术

诗社主张引起了法国人的重视。法语规范后，以法语为基础的法国诗歌得到了长足的发展。七星诗社诗歌韵律和谐，笔风流畅。诗人反对咬文嚼字的创作、匠气过重的诗体，推崇亚历山大诗体。经诗社倡导，亚历山大诗体风靡16世纪的法国，成了法国最受欢迎的诗体之一。

莎士比亚的戏剧

莎士比亚生于1564年4月23日，逝于1616年4月23日，生日与祭日刚好相同。

莎士比亚是英国剧作家、诗人。莎士比亚的戏剧创作集欧洲文艺复兴时期人文主义文学之大成，作品多取材自现实生活，反映时代风貌。他的创作理念是：戏剧如镜，里面映出时代与社会的之影。在戏剧中，荒诞与德行都无处可藏。

莎士比亚的戏剧创作分三个阶段：1590到1600年的第一阶段，1601到1607年的第二阶段和1608到1613年的第三阶段。第一阶段作品多为历史剧和喜剧。十年中，莎士比亚创作了10部喜剧，9部历史剧，还有2部悲剧。9部历史剧中，8部内容互有关联，为两个四部曲：《查理二世》和《亨利四世》系列；《亨利六世》系列和《亨利五世》。其中，《亨利六世》是莎士比亚创作的第一部戏剧。这一时期的喜剧，多通过男女青年追求自由、幸福的过程，表现友谊、爱情、婚姻等主题，代表作有《威尼斯商人》、《仲夏夜之梦》等。

第二阶段作品多为悲剧。这一阶段，莎士比亚写出了5部悲剧，3部罗马剧和3部问题剧。莎士比亚四大悲剧名作《哈姆雷特》、《奥赛罗》、《李尔王》和《麦克白》就是在这一时期写成的。问题剧有《终成眷属》、《一报还一报》等。问题剧虽以喜剧形式写成，但多反映社会阴暗面，因而又被称为"阴暗的喜剧"。罗马剧多取材自历史剧。如，《科里奥拉努斯》、《尤里乌斯·凯撒》等罗马剧，

故事都取材自历史剧《希腊罗马英雄传》。

第三阶段作品以悲喜剧、传奇剧为主。作品中充斥着团聚与别离、人物遭陷与冤情得雪等内容。内容虽仍反映社会矛盾，但不再像中期作品那样总以悲剧结局。在这一阶段的作品中，莎士比亚提出矛盾解决之道：人与人之间的容忍、宽恕与妥协。阶段代表作有《冬天的故事》、《辛白林》、《暴风雨》等。

此外，莎士比亚还创作了154首十四行诗、2首长诗，并与别人合写了历史剧《亨利八世》、传奇剧《两位贵亲》。马克思称莎士比亚为"人类最伟大的戏剧天才"。现在，莎士比亚的戏剧已被译为多国语言，在世界各地上演。

欧洲文学中的四大吝啬鬼

葛朗台是巴尔扎克刻画最成功的守财奴形象，也是法国文学史上最经典的守财奴形象。

欧洲文学中有四个以吝啬著称的经典人物：夏洛克、阿巴贡、葛朗台和泼留希金。四个人物有共性，都吝啬；也有各自不同于他人的个性。

夏洛克是莎士比亚喜剧《威尼斯商人》中的人物。他是个犹太富商，放高利贷，尖刻狠毒又贪婪。故事中，夏洛克嫉恨为人宽厚的威尼斯商人安东尼奥。安东尼奥为助好友巴萨尼奥结婚，不得不向夏洛克借高利贷，夏洛克假装慷慨，不要利息，却同安东尼奥约定，若到期不还，他要安东尼奥身上的一磅肉。后来，安东尼奥货船失事，无法还债，被夏洛克胁迫割肉。巴萨尼奥的妻子伪装成律师，为安东尼奥辩护说：夏洛克可以割肉，但既不能割多也不能割少，要割刚好一磅；割肉时，不能让安东尼奥身上流一滴血，不然就是蓄意谋杀。最终，夏洛

克败诉，不但没得到肉，还受到了惩罚。现在，"夏洛克"已经成了那些贪婪、无情、狠毒的放债者的代名词。

阿巴贡是莫里哀喜剧《悭吝人》中的人物。他不但吝啬，还爱美色。他不但对仆人、对家人吝啬，对自己也很吝啬。为省钱，他不吃晚饭，饿着肚子去睡觉，饿醒后，宁可去马棚偷吃荞麦，也不肯为自己弄点食物。他多疑，为防别人拿走他的钱，将钱埋进自家花园，没想到，防来防去，钱还是被人拿走了，他像被人拿去性命一样，哭天喊地，痛不欲生。

葛朗台是巴尔扎克小说《欧也妮·葛朗台》中欧也妮·葛朗台的父亲。葛朗台又吝啬又贪婪，嗜金如命。他常半夜在自己的密室中欣赏金币，就连临死前也眼观金币以取暖。他有万贯家财，却连蜡烛都舍不得让家人多用。他是个典型的守财奴：获悉女儿把积蓄给了别人后，竟愤怒到要把她软禁起来；妻子生病时，他竟因怕浪费钱财而执意不请医生。

泼留希金是俄国作家果戈理小说《死魂灵》中的人物。他是个没落地主，家境殷实，但食物、用品全堆在仓库中，从不使用。在他的仓库里，面粉被存放太久，已经硬成了石头；粮食发了霉，草料也全都腐坏了；此外，库房里还堆满了布料、羊皮、干鱼、蔬菜和水果，然而他自己的吃穿用度却像个一无所有的贫民。他积揽财物，却不知道这些财物能用来做什么，也不知道他自己拥有什么。他只是行尸走肉一般地敛财聚财，永不满足。

《堂吉诃德》

现在，"堂吉诃德"这个称呼已经有了特定的含义，专指那些不切实际、冥顽不化、思想落后于时代的空想主义者。

《堂吉诃德》由西班牙小说家塞万提斯创作，原名《奇情异想的绅士堂吉诃德·台·拉·曼却》。作品以讽刺手法描写现实生活，创造了一个"永远向前"的人物堂吉诃德。1605年，作品第一部出版，风靡西班牙。

《堂吉诃德》全书近100万字，如一幅历史画卷。书中，西班牙16到17世纪的社会生活场景一一浮现。作品描写了近700个人物，他们来自社会各个阶层，既有公爵、地主、僧侣、牧师，又有士兵、手工业者、牧民和农民。诗人拜伦曾说："《堂吉诃德》讲了一个令人伤感的故事，它越令人发笑的地方越令人难过。英雄堂吉诃德行为刚正，以惩恶扬善为己任。然而，让他发疯的恰是他身上的这些美德。"

堂吉诃德是个沉迷于骑士文学的小贵族。因为沉迷，他将自己幻想成一名骑士，游走四方，踏上了"行侠仗义"之路。"行侠仗义"是堂吉诃德自以为的行侠仗义。他将邻村一位挤奶姑娘想象成女主人，将旋转风车当成巨人，将羊群当成军队，将理发师当成武士，将一群罪犯当成受害绅士，一路上边走边"打抱不平"，吃尽了苦头。堂吉诃德临行前，雇邻村农民桑丘·潘沙为侍从。桑丘·潘

沙的个性与堂吉诃德截然相反,他务实、自私,是个文盲,不像堂吉诃德那样满腹学问。塞万提斯创造桑丘·潘沙这个人物,就是为了与堂吉诃德作对比。堂吉诃德又高又瘦,桑丘·潘沙却又矮又胖。堂吉诃德是个理想主义者,桑丘·潘沙却是个实用主义者。

塞万提斯在作品中大量使用夸张手法,使主角堂吉诃德的形象更鲜明、更立体。作品看似荒诞,实际蕴含着作者对西班牙社会的深刻思考。塞万提斯创作《堂吉诃德》时,不过想表现"对骑士文学的讽刺",不想,书出版后,却成为人们心中的"骑士阶级史诗"。自从诞生的那一刻起,这本书就被奉为经典,时至今天,已经在世界各地流传,成为西班牙文学中最富盛名的著作。

康帕内拉与《太阳城》

《太阳城》以对话体写成,只描绘了理想社会的场景,却未提出理想社会该怎样实现。书出版后,影响了一批理想社会主义的追随者。

康帕内拉是文艺复兴时期的空想主义者,1568年生于意大利。因出版反宗教著作,1591到1597年间,康帕内拉接连3次被捕入狱。1599年,康帕内拉第四次被捕,这一次他在监狱中度过了27年方才出狱。

《太阳城》一书就是在监狱中写成的,书写于1622年,1623年出版。书中描述的"太阳城"是康帕内拉想象出来的理想城市,这座城市没有阶级、没有压迫和剥削,管理人是最"贤哲"的人;财产公有,按需分配物资;每人每天工作4小时,其他时间则用来读书、娱乐;工作分两种,脑力劳动和体力劳动,人们从事的劳动由他的教育背景决定；儿童从 2、3 岁起就接受教育，学习科学知识至 10 岁。在这座城市中，人的聪明才智能得到最大发挥。

1626 年，康帕内拉出狱，移居罗马。1639 年，康帕内拉在法国逝世。

班扬的《天路历程》

300 年间，《天路历程》跨越了种族、民族、宗教和文化的障碍，成为一部风靡全球的长篇寓言故事。

《天路历程》是一部宗教寓言故事，有"英国最著名寓言"之称，作者是约翰·班扬。班扬是英国清教徒，不信奉国教，曾因此而入狱，《天路历程》便是他在狱中写下的作品。

作品讲述了一场梦：一个名叫"基督徒"的人为求生而前往天国，最终救赎了自己，也救赎了他人。书中有位讲述者，讲述者也是做梦人，梦境与寓言合二为一，使书的形式别具一格。书出版于 17 世纪中期，一出版就大受欢迎，一年内 3 次重印，被人们视为《圣经》一样的作品。班扬去世前，书已售出 10 万册。

该书语言象征性较强，常用隐喻方式表达字外含义。语言特色鲜明，简洁生动，朴素清新，风格类似《圣经》。书中有大量的对话，对话不仅用于表现人物的外在行为，还用于表现人物内心活动。此外，班扬还常在书中引用乡村俚语。

书籍问世至今已有 300 余年。现在，全世界已出现 200 多种不同版本的《天路历程》译本。

弥尔顿的《失乐园》

诗歌结构承古希腊、古罗马之风，以史诗笔法写成。

《失乐园》是弥尔顿用七年时间写成的叙事诗，是英语文学中古典色彩最浓重的诗歌之一。诗体无韵，有12个章节，长近1万行。

故事由《圣经·创世记》中亚当与夏娃的故事加工而成。撒旦因反抗上帝被打入地狱，心存不甘，总想寻机报复。亚当与夏娃受撒旦蛊惑，偷吃了善恶果，被逐出伊甸园。撒旦复仇未成，反被变成蛇。诗人写诗，意在讲人的原罪，在弥尔顿看来，人类之所以不幸，是因为意志力薄弱，经不起诱惑；不够理性，易受制于感情。

《失乐园》艺术水平高超。诗中有大量的隐喻、象征，辞章优美，句法独特。诗人凭借丰富的想象力，描绘出一幅壮阔的图景。图景中有地狱、混沌，还有人间。诗问世后，曾被人们视为"福音"。如今，故事吸引力虽不再如往日，但诗体文风仍然为人称道。

弥尔顿写书时已双目失明，只好自己口述，由女儿、朋友代笔。《失乐园》出版后，弥尔顿声望大增，很多著名学者、政治家都不远千里前来拜会。

布瓦洛与古典主义

他以古希腊、古罗马艺术为榜样，提出观点：古典艺术表现的正是普遍的理性、自然的人性，因而才真实，才美。

古典主义是17世纪流行于西欧的一种文艺思潮，因文艺理论与创作实践模仿古希腊、古罗马文艺而得名。布瓦洛是古典主义的"立法者"，他的文艺理论著作《诗的艺术》有"古典主义法典"之称。

著作《诗的艺术》出版于1674年。作品中，布瓦洛详述了自己的哲学和美学思想。书中说："请热爱理性吧；请让你的所有诗文，都仅凭理性就能获得价值与荣耀。"布瓦洛崇尚"理性"，认为"理性"应该成为文艺创作的基本原则。他笔下的"理性"，并非与"感性"相对的"理性"，而是人的常识、天性。在他看来，常识与天性是自然、普遍、持久的。只有建立在常识与天性基础之上的美，才是有绝对价值、永恒的美。因而，美必须合乎"理性"。

布瓦洛崇尚自然，主张"摹仿自然"去创作，在艺术作品中表现"自然的"人性。他追求真、善、美三者的统一，认为"真的才是美的"。

在布瓦洛眼中，悲剧高雅、喜剧低俗，因而创作悲剧时应使用优雅的词汇、艺术性的诗体描写宫廷生活，创作喜剧时则应使用日常用语描写平民生活。他还主张，剧作家应严格遵守"三一律"创作戏剧；戏剧人物应定型，一个人物表现一种类型。

《诗的艺术》中所阐述的创作理论虽有局限，但影响了当时的欧洲艺术界。1634年，诗人梅莱首次使用"三一律"创作戏剧。从那以后，"三一律"成为古典主义剧作家创作时的基本理论依据。

伏尔泰

文学家雨果曾评价伏尔泰："伏尔泰代表的不是一个人，而是一个世纪。"

伏尔泰是法国启蒙运动中的代表人物，有"法兰西思想之王"之称。

1694年，伏尔泰生于法国巴黎的一个中产阶级家庭。他的父亲希望他将来成为法官，他却喜欢文学，最终，伏尔泰以文字立世。伏尔泰写了大量的文学作品，如史诗《亨利亚特》、喜剧《放荡的儿子》、悲剧《欧第伯》等。

在他的作品中，文学价值最高的是哲理小说。哲理小说是伏尔泰自己开创的一种新型文学体裁。这种体裁，笔调戏谑，哲理深刻，常用荒诞故事讽喻现实。伏尔泰哲理小说的代表作有《老实人》、《天真汉》等。伏尔泰也从事诗歌创作，写有哲理诗和讽刺诗。此外，伏尔泰还写了50多部剧本，其中多数是悲剧。

伏尔泰不仅从事文学创作，还从事哲学创作，写作历史著作。伏尔泰的哲学著作中，影响力最大的一本书是《哲学通信》。这本书被人们誉为"投进旧制度中的第一颗炸弹"。除此之外，伏尔泰还著有《哲学辞典》、《形而上学论》、《牛顿哲学原理》等哲学著作。伏尔泰的历史著作有《论各民族的风俗与精神》、《路易十四时代》等。他还将中国历史故事《赵氏孤儿》改编成了戏剧《中国孤儿》。

1778年，伏尔泰已84岁高龄，身体欠佳，不得不长时间卧床，即便如此，他仍不放弃文学创作，在病床上口述了自己的最后一部作品：五幕诗体悲剧《伊雷纳》。剧本上演时，反响格外强烈。1778年5月30日，伏尔泰与世长辞。

法国"自由的奠基人"卢梭

1791年，法国人为卢梭立雕像，像上有金字题词："自由的奠基人"。

卢梭是法国启蒙思想家、哲学家、文学家，1712年6月28日生于瑞士日内瓦。16岁那年，卢梭离家出走，开始独立谋生。1742年，30岁的卢梭到巴黎，认识了很多启蒙运动中的杰出人物。1750年，在第戎学区论文比赛中，卢梭以《论科学与艺术》一文拿到首奖，名声大震。

1756年起，卢梭开始隐居写作。6年中，他先后写出了政治学名著《社会契约论》、教育学著作《爱弥儿》、自传体小说《新爱洛绮丝》、自传《忏悔录》等优秀作品。其中，《新爱洛绮丝》一经出版，立刻风靡欧洲，一时成为畅销书。

除写作外，卢梭对音乐也有强烈的兴趣，曾写出两部歌剧：《村里的预言家》和《爱情之歌》。卢梭文章言论过激，引发政府不满。1762年，双方发生冲突。此后的20年，卢梭都在悲惨中度过。1778年7月2日，卢梭逝于法国阿蒙农维拉。

艺 术

卡洛林"文艺复兴"

卡洛林文艺复兴的推行者,正是首任统治者查理大帝。

卡洛林文艺复兴是公元8世纪晚期到9世纪,欧洲的一场文艺与科学复兴运动,有"欧洲第一次觉醒"之称。"卡洛林"一词由拉丁语转化而来,意为"查理",指查理大帝建立的卡洛林王朝。

公元8世纪晚期的欧洲,教育制度落后,人民文化水平低下。为促进文化发展,查理大帝广纳人才,兴办学校。查理大帝的整治从罗马国教基督教入手:他组织编订了《卡洛林书》,书中重申了基督教的基本教义;公元797到800年,查理大帝派人收集各版本的《圣经》文本,统一文本并确定了拉丁文通用本。

查理热爱宗教事业,对宗教教育投注了极大的热情。公元787年,查理下谕,要求每座教堂、每所修道院都要设学校,建图书馆;教会学校有义务招贫民子弟入学,教师多为神职人员。在学校,学生学习文学、哲学和艺术,培养读书、写作的能力。教堂图书馆虽然设施简陋,藏书也不多,但保存了珍贵的宗教文献、典籍著作，甚至荒蛮时代的歌谣与传说。教堂图书馆的建立，在当时的欧洲堪称创举。

人们要想学习文化知识，首先必须学习文字。当时通行的古典拉丁文书写方式繁琐，句与句之间没有停顿符号，阅读困难。为减少学习障碍，查理下令改革拉丁文。改革后的拉丁文，文字字体改变，发展为一种简单易学的新型字体——"卡洛林字体"，更实用美观；句子以大写字母开头，以句点结尾，更便于阅读。

经查理大帝倡导，卡洛林王朝民众间学习拉丁文、阅读书籍的风气日盛。很多教士、僧侣开始研究哲学与文学，宗教文学得以发展起来。这一时期产生的文学作品，体裁多为圣经故事、赞美诗、传记等，虽水准有限，但已呈现出宗教文学的独特风格。卡洛林文艺复兴时期，出现了很多著名思想家，如阿尔古因、阿尔古因的学生拉巴努斯·莫鲁斯等。

文艺复兴运动

莎士比亚的代表作有《麦克白》、《李尔王》、《哈姆雷特》等。

13世纪晚期，文艺复兴运动兴起于意大利佛罗伦萨。在意大利语中，"文艺复兴"一词意为"重新出生"。13世纪，意大利出现新兴资产阶级。新兴资产阶级认为，当时的文化艺术远落后于古希腊、古罗马时期，因而应回归艺术根源，复兴古典文化。文艺复兴运动由此开始。

14到16世纪，文艺复兴运动扩展至欧洲各国。提倡文艺复兴的艺术家、科学家多为人文主义者，重视"人性"，提倡"人权"，反对"神权"。这些艺术家、科学家在欧洲掀起了一场文艺革命风暴，对欧洲的政治、科学、哲学、经济，乃至世界观都产生了极大影响。这一时期被后人称为"出现巨人的时代"，时代中出现的巨人有文学家但丁、莎士比亚，画家拉斐尔、米开朗琪罗，天文学家哥白尼、开普勒，数学家帕斯卡、卡尔达诺，地理学家哥伦布、麦哲伦，物理学家伽利略等。

文艺复兴运动初期，文学界第一个提出"复兴古典文化"口号的作家是彼特拉克。彼特拉克以诗集《歌集》立世。运动开始后，作家们不再拘泥于拉丁语写作，开始使用本国语言创作作品。意大利作家薄伽丘用意大利语创作出短篇小说集《十日谈》，西班牙作家塞万提斯用西班牙语创作出长篇讽刺小说《堂吉诃德》，其他各国作家也用本国语言创作出了大量优秀的文学作品。其中，莎士比亚用英语创作的戏剧，代表了文艺复兴时期文学的最高成就。

美术界，意大利画家乔托·迪·邦多纳被认为是复兴开创者。邦多纳代表作品有《犹大之吻》、《最后审判》、《哀悼基督》等。文艺复兴时期的另一位伟大画家是马萨奇奥。他开创了透视画法，在画中第一次使用了灭点，代表作有《献金》、《圣三位一体》等。画家达·芬奇既是艺术家，又是数学家，同时还是工程师、建筑师、解剖学者和发明家，他的油画《蒙娜丽莎》至今魅力不减。

图文版 世界百科全书 文学艺术

音乐界的改革多发生在14到16世纪。天文学方面：1543年，哥白尼出版《天体运行论》，提出了"日心说"；1609年，伽利略发明了望远镜。地理学方面，航海技术发展，哥伦布发现了"新大陆"。物理学方面，伽利略提出了自由落体定律和抛物体定律，笛卡儿提出了能量守恒定律。数学方面，韦达提出了韦达定律，笛卡儿创立了解析几何学。

文艺复兴运动虽以"复兴"为名发起，但实际上是一次精神创新。运动提倡个性解放、自由平等，反宗教、反专制、反封建等级制度，主张使人的特性得到充分发挥。运动中有一个著名口号："我是人，人的特性我无所不有。"

人文主义

第一个意识到"人文主义"价值的人是古罗马作家西塞罗，西塞罗也是"人文主义"一词的最早使用者。

人文主义是指社会价值倾向于对人个性的关怀，主张自由平等和自我价值的体现，注重维护人性尊严，提倡宽容，反对暴力的一种哲学思潮或世界观。人文主义来自于拉丁文中的humanitas，中国人将其译为人文，是取自《易经》中"观乎人文以化成天下"这句话。

人文主义是文艺复兴时期，新兴资产阶级在反封建反教会斗争中形成的思想体系，也是这一时期资产阶级进步文学的中心思想。它主张一切以人为本，反对神的权威，把人从中世纪的神学枷锁下解放出来；它宣扬个性解放，追求现实人生幸福，追求自由平等，反对等级观念；它崇尚理性，反对蒙昧，肯定人性和人的价值，要求享受人世的欢乐，要求人的个性解放和自由平等，推崇人的感性经验和理性思维。

　　有人译"人文主义"为"人本主义"。在西方文化中，"人本"与"物本"、"神本"相对。"物本"发展的结果是科学风、哲学风日盛，"神本"发展的结果是宗教兴起，而"人本"则弥补了"物本"与"神本"之间的漏洞。有学者说，人文主义并不是西方传统文化的主流，多数时间它被"物本"主义、"神本"主义压制住。它之所以兴起，一个重要原因是出于对前两者的反抗。

　　人文主义思想特点主要表现在三个方面：

　　一、以人为本。"神本"思想中，人为神创，是神的附属；"物本"思想中，人是自然链中的一环。人文思想则不然，在前两者基础上，它着重指出：应重视人的思想、人的经验。在人文主义者看来，无论"物本"、"神本"，还是其他任何信仰、价值观，都是人从自身经验出发，思考得出的结论，因而应回归人本身，重视人本身。

　　二、人有尊严。人文主义者认为，每个人都有自己的独特价值，每个人的价值都应得到尊重。人有自身的潜在能力，如创造力、想象力、推理能力、观察能力、社交能力等。只有将潜在能力发挥出来，个人价值才能实现。而要发掘潜在能力，人必须接受教育，以认识自己的能力；必须有充分自由，以有足够空间发挥能力。

三、人有思想。人文主义者所言"思想"类似"理性"。人文思想重理性，因为理性可以解决人生中遇到的各种问题，比"神本"之宗教信仰、"物本"之科学、哲学信仰更实用。

文艺复兴时期，人文主义思想最终确立。"人本"理念由意大利诗人彼特拉克提出，彼特拉克因此被称为"人文主义之父"。

美第奇家族对文艺复兴的影响

有人说："虽不能说没有美第奇家族就没有文艺复兴，但若没有美第奇家族，文艺复兴一定不像我们今天看到的这样。"

美第奇家族是佛罗伦萨望族，兴盛于13到17世纪，在欧洲势力强大。美第奇家族对欧洲文艺复兴运动的发展起到了推动作用。

作为意大利文艺复兴的中心城市，13到17世纪的佛罗伦萨汇集了大量的艺术家，如达·芬奇、米开朗琪罗、波提切利等。这些艺术家的很多画像、雕刻作品后来都被美第奇家族收藏，有些作品甚至专为美第奇家族成员而作。

家族中第一个赞助艺术的人是乔凡尼·美第奇。改革透视法的画家马萨乔修建圣洛伦佐教堂期间曾得到乔凡尼的援助，建筑师布鲁内莱斯修建花之圣母大教堂时也曾得到乔凡尼和其子科西莫的支持。花之圣母大教堂的圆顶结构开建筑史之先河，建筑样式影响欧美500多年，至今，该教堂仍被视为佛罗伦萨的象征。

提到美第奇家族的赞助艺术史，不能不提文艺复兴时期的代表艺术家米开朗琪罗。米开朗琪罗很小就展露出了在艺术上的天赋，14岁时就引起洛伦佐·美第奇的注意，洛伦佐将他带进自己的宫殿，使他有机会观摩大量的珍贵艺术品，结交当时的著名学者、艺术家。米开朗琪罗在洛伦佐宫中打开了视野，形成了一套恪守一生的价值观。米开朗琪罗中年时，受教皇之托，为美第奇家族建造陵墓。后来陵墓建了15年，墓中的一座雕像就以洛伦佐·美第奇为原型雕成。

美第奇家族有"欧洲文艺复兴的教父"之称，除收藏艺术品、援助艺术家外，他们还委任建筑师，建造了很多风格独具的建筑，如碧提宫、贝尔维德勒别墅、波波里庭院等。这些建筑现在都成了佛罗伦萨的著名景点。除艺术和建筑方面的贡献，美第奇家族对文艺复兴时期的科学发展也做出了巨大贡献。科学家达·芬奇、伽利略都曾接受过美第奇家族的赞助。

巴洛克艺术兴起

最早的巴洛克建筑是建于文艺复兴晚期的罗马耶稣教堂。

巴洛克艺术16世纪晚期兴起于意大利，17世纪风靡欧洲，18世纪衰败。"巴洛克"一词原意是"凌乱的珍珠"，是18世纪的古典主义者对17世纪"堕落瓦解"艺术风格的贬义称呼。如今，"巴洛克"一词成为对一种特定艺术风格的特定称谓。

巴洛克艺术反矫饰，崇尚激情与浪漫，重视想象力，艺术品立体感强烈，豪华但不俗丽，带有浓重的宗教色彩。

17世纪中期，意大利教会各教区纷纷将自己的教堂建成巴洛克风格，巴洛克教堂风靡一时。罗马圣卡罗教堂是巴洛克教堂中的代表，教堂以曲线、山花石雕作饰，饰物繁杂，堆砌过分，看上去矫揉造作。

17世纪末18世纪初，巴洛克艺术传入德国和奥地利。德国建筑师将巴洛克建筑与德国传统建筑风格融为一体，建造出外观简洁典雅、柔和自然，内部却装修精致、富丽豪华的巴洛克教堂。教堂中较有代表性的建筑有：雕有植物装饰的十四圣徒朝圣教堂、雕有天使的罗赫尔修道院教堂等。

奥地利的巴洛克建筑多由德国建筑师设计，代表建筑如维也纳的舒伯鲁恩宫。此外，西班牙的圣地亚哥大教堂也是巴洛克建筑中的代表作。

巴洛克艺术的兴起，得益于教会的大力支持，所以艺术品多以宗教为题材，在天主教盛行的国家流传甚广。巴洛克艺术的成就多反映在建筑上，建筑则以巴洛克教堂影响最大。巴洛克建筑中糅杂了绘画与雕刻艺术，所以，绘画与雕刻也是巴洛克艺术中成就较大的分支。意大利雕刻家贝尼尼、佛兰德斯画家鲁本斯的作品都代表了巴洛克艺术的最高成就。

欧洲启蒙运动

除伏尔泰外，狄德罗、卢梭、孟德斯鸠等人也是较有代表性的启蒙思想家。

欧洲启蒙运动是一场思想解放运动，18世纪初期产生于英国。后来，运动陆续发展到法国、德国、比利时、荷兰等地。其中，声势最浩大的国家是法国。法国启蒙运动不仅声势浩大，而且影响深远，运动较之其他国家也更为彻底，因而成为欧洲启蒙运动的中心。

在法语中，"启蒙"一词原意为"光明"。18世纪的先进思想家认为，当时的人民处在封建势力的黑暗统治中，应用光明驱散它。他们将想法写成著作，在人民间宣传民主、自由、平等、法制等先进思想。巴黎作为法国的首都，首当其冲成为启蒙知识的传播中心。

伏尔泰是法国最重要的启蒙思想家，有人甚至说："18世纪是伏尔泰的世纪。"伏尔泰主张在推翻封建统治后建立君主立宪制国家。他提出的天赋人权、自由平等思想，在法国，乃至世界上引起很大的反响。

启蒙运动兴起后，很快形成一股强大的社会思潮。思潮影响到了社会的各个知识领域，将文学、哲学、教育学、伦理学等学科全部卷入其中。启蒙思想家们

提出的天赋人权、三权分立等学说对于欧洲，乃至全世界影响都很大。

持角杯的女巫

人们给了这个岩画上的女子很多种称谓，比如持角杯的女巫、持角杯的阿佛洛狄忒、持角杯的妇女等。

在法国的劳赛尔岩洞中，有一幅旧石器时代的岩画。这幅岩画距今已有30000年的历史，岩画高46厘米，采用的是浮雕技巧，画的是一名女子的形象。这名女子浑身不着寸缕，体态丰腴，乳房和臀部刻画得很夸张，她的脸侧向右边，长发披在左肩上，面容和脚画得很模糊，左手按在微胖的小腹上，右手拿着一只角杯。

这名女子的形象引起了很多学者的好奇，有人认为她是个女巫，岩画表现的是一种祭祀仪式；有人认为这是当时人们的一种生殖崇拜；也有人认为这不过是一幅岩画，没什么特定含义。这幅岩画让西方某些学者对艺术的起源产生了质疑，他们认为艺术并非源于生活，很可能源于巫术。

古埃及绘画

浮雕壁画是埃及绘画最主要的样式。

古埃及绘画有三种样式。第一种样式是古埃及的象形文字。在古埃及人眼里，书法是艺术的一种，他们发明象形文字，以符号指代实物。符号形状是动植物等实物的形状，一个符号就是一幅简单的画。古埃及绘画中加入象形文字，好像中国画中加入"题跋"文字一样，使画面更美观。

第二种绘画样式是在石头上刻画人物或动物，被称作"线刻"。"线刻"虽刻在平面上，但美术形式介于雕刻和绘画之间。

第三种绘画样式被称作浮雕壁画。因壁画常用以装饰陵墓，所以也被称作墓壁画。在埃及陵墓中，浮雕壁画随处可见。壁画呈带状，横排；风格类似，装饰夸张。画为故事画，空白处配有文字，字形如简笔画。画中人与物造型写实，沿直线排列，秩序井然。

古埃及绘画中人物的画法很像中国儿童画，肢体与五官不以视觉角度呈现，而以各自最有特色的角度呈现。如一张侧脸，脸上眼睛的形状却是正脸所见形状；上半身是正面，腿脚却被画成了侧面，等等。

爱琴文明时期的绘画艺术

王宫绘画是克里特绘画的主要代表，绘画题材以动植物、人物为主，内容多反映人物活动和自然景象。

爱琴海地区的绘画艺术兴盛于公元前28到公元前12世纪，以希腊古城迈锡尼和爱琴海南部的克里特岛为中心分布，又被称作"克里特—迈锡尼美术"。

克里特岛上有座王宫遗址，名叫克诺索斯王宫。王宫建筑庞大复杂，墙壁上绘有绘画。画中人物有盛装妇女，动物有鸟兽，植物有花木。有一幅残留壁画，画中是一位青年女子的侧影，女子白皮肤，高鼻梁，大眼睛；长发卷曲，散在肩上，姿态高贵矜持，美丽堪比巴黎女郎。人们以人物为画命名，称它为《巴黎女郎》。还有一幅残留壁画，画着三位年轻女郎的侧影，其中两位手臂举起，似乎要起身或起舞。画中女郎表情生动，长相相似，都身着华服，头戴精致头饰，体型健壮。这幅装饰壁画中人物多以线条绘成，并未掺杂太多绘画技巧。此外，还有绘有海豚和鱼的绘画，表现戏牛艺人的绘画等。

迈锡尼是希腊南部古城，考古学家挖掘了很多坟墓，有些坟墓内陪葬丰厚。陪葬品中有一把青铜短剑，剑身嵌有金银，金银拼成猎人捕狮、狮扑虎的图案，剑体狭长，画面生动形象。还有一对陪葬金杯，杯身刻有猎人捉野牛的图案，其中一只金杯上的图案是几个猎人将一头野牛兜在网中，旁边一个猎人被撞倒在地，另有两头野牛正逃向相反的方向；另一只金杯上的图案则要气氛祥和得多，画中有一位牧人，牧人身边环绕着四头正休息的牛。金杯上的牛，用笔简练，笔锋有力，刻画精准。

迈锡尼城的建筑遗址中也存有残留壁画。一幅宫殿壁画上，三只猎犬在追捕一头受伤野猪。飞奔中的动物被描绘得生动形象。此外，还有表现车辆、妇女和艺人的壁画。

·59·

公元前 14 到公元前 12 世纪，北方民族入侵希腊，爱琴文明没落，绘画艺术也随之衰竭。

犍陀罗美术

犍陀罗菩萨雕不像佛雕那样千篇一律，而是表情生动，姿态多变，注重表达菩萨的内在个性。

犍陀罗美术是公元 1 到 6 世纪流行于犍陀罗地区的美术。犍陀罗地区位于今天的巴基斯坦和阿富汗一带，当时这里佛教盛行，佛教建筑林立，美术也以佛教雕塑为主，地区内圆雕或浮雕佛像、菩萨像，绘有佛教故事的浮雕画随处可见。

犍陀罗地区的佛像雕刻兴起于公元 1 世纪，最早的雕像为浮雕，浮雕中讲述佛教故事。早期浮雕风格类似希腊，人物头部过大，和身体的比例很不协调。早期的浮雕制作粗糙，雕刻技巧拙劣，画面简单。中期浮雕吸收了罗马风格，浮雕人物身体比例协调，姿态高雅，神情庄严肃穆。虽然浮雕画面仍简单，但浮雕造型精致多了。后期浮雕构图变得复杂起来，画面上出现了很多繁杂装饰。浮雕开始注重对人物表情、姿态的刻画，以表情和神态传达人物性格。

佛教美术产生早期，忌讳雕佛陀像，雕塑中只以菩提、宝座等符号象征佛陀。犍陀罗美术打破成规，公元 1 世纪的佛像中就出现了佛陀本人。犍陀罗佛像多以青色云母岩雕成，色泽冷峻、暗沉，看上去庄严古朴，佛像高大，宛如立体雕像。犍陀罗美术发展到后期，佛像雕刻越来越千篇一律，没有了创新，失去了活力。

除佛像雕刻外，菩萨像雕刻也是犍陀罗美术的重要特色。此外，希腊、罗马式的诸神像在犍陀罗地区也是常见的雕像。

敦煌壁画

敦煌壁画内容繁多，种类繁多，有佛像画、经变画、山水画、故事画、建筑画、供养人像画和装饰图案画等。

敦煌壁画分布在中国莫高窟、西千佛洞和安西榆林窟的552个石窟中，面积达5万平方米。

佛像画是敦煌壁画的主要组成部分，画中有各种菩萨各种佛，如观音菩萨、文殊菩萨、释迦牟尼佛、多宝佛等。画中佛像多为说法图，莫高窟共有933幅说法图，图中佛像神态不一，姿态各异，共12208尊。

敦煌壁画为宣扬佛法而画，为感召信众，壁画中画了大量的故事画，用故事说明佛法。故事画分五类：佛传故事画、本生故事画、因缘故事画、佛教史记故事画和比喻故事画。佛传故事画主要讲述释迦牟尼的生平；本生故事画描写释迦牟尼生前的善行，宣传因果报应；因缘故事画讲述释迦牟尼和佛门弟子普度众生的故事；佛教史迹故事画中既有佛教圣迹，又有高僧事迹，是根据佛教史籍记载画成的画；比喻故事画中，画着释迦牟尼为弟子讲经时，为方便弟子理解而讲述的故事。

山水画是敦煌壁画中分布最广的画，其中有些画描绘了佛典中讲到的山水风光，是绘画者在现实景物的基础上加以想象画成的。装饰图案画为装饰石窟而画，画中图案多为边饰花纹，如藻井图案、屋椽图案等。供养人像画为出资建窟人而画，画中有出资人和他的家属奴婢等。

除这些类别外，敦煌壁画中还有器物画、花鸟画、动物画等。

中国的花鸟画

画种虽然名为"花鸟画"，但画中形象不只为花和鸟，花、鸟、虫、鱼、兽，所有动植物均可入画。

花鸟画是中国传统画种，用毛笔蘸墨，画在宣纸上。按传统分类法，花鸟画可被分为花卉类、蔬果类、草虫类、禽兽类等。

中国花鸟画历史悠久，唐朝时已经发展成熟。宋元时期，花鸟画已经成了中国绘画的主流，与山水画并列。经长期发展，花鸟画的绘画技法越来越完善，单看绘画技法和画面着色，花鸟画可分为水墨花鸟画、白描花鸟画、没骨花鸟画和工笔设色花鸟画等种类。绘画技法决定绘画风格，花鸟画的绘画风格主要分两种，工笔和写意。

中国历史上花鸟画家众多：唐朝薛稷擅画鹤，边鸾擅画孔雀；近代齐白石是花鸟画大家；当代黄永玉痴迷画荷，擅画写意花鸟。画家画花鸟，不只为准确描绘现实中的动植物形象，还为借此体现自己的审美，抒发情感。在写生的基础上借物抒情、托物言志，这一点，没有哪个国家的哪种画派和中国花鸟画类似。

浮世绘

木版浮世绘不追求木刻技巧，注重对木质纹理的表现，重视木刻线条的流畅性。

浮世绘是日本风俗画。"浮世绘"一词中，"浮世"二字源于佛教，意指人的生死轮回、世间万物的虚无缥缈。"浮世"二字被引入日本后，"浮世绘"一词就成了日本风俗画的代名词，意为"虚浮世界的绘画"。

日本浮世绘产生于江户时代，是一种彩色印刷的木版画，画面多描绘自然风光、人们的日常生活等世间风情。最早的浮世绘是日本古典小说插图绘本。1670年，画师菱川师宣将绘本刻在木板上，做成单色木版画出售。自此，木版画被大量印刷生产，成了市场上常见的廉价艺术品。

最开始，市场中只有黑色木版画，不久出现红色版画。后来人们在红色版画上加印黄色和绿色，发明了彩色木版画。浮世绘的制作分五步：绘图、雕墨板、选色、雕色板和刷版。制作时，原画师、雕版师和刷版师三者必须通力合作。原画师绘成原图后，雕版师将图雕在木板上，刷版师再在版中着色，将所雕图形转印到纸上。浮世绘中有多少种颜色，就要刻多少次版，所以画中颜色越多，制作过程越繁杂。

18世纪中期，彩色浮世绘风行一时。这一时期的浮世绘，除表现自然风光的花鸟绘、鸟羽绘，表现人们日常生活的相扑绘、名所绘外，还出现了美人绘、历史绘、玩具绘等不同题材的作品。擅画浮世绘的画师有铃木春信、鸟居清长、喜多川歌磨、葛饰北斋等。

油画的由来

杨·凡·艾克的《阿尔诺芬尼婚礼》和《根特祭坛画》两幅作品都是用这种混合颜料画成的，这两幅作品在欧洲油画史上都占有重要地位。

从拜占庭时代开始，就有人尝试用油做绘画原料。史料记载，这种"油"画被放在太阳下，连晒几个月都不会干。1200年，僧人鲁吉罗斯在论文《多样化的艺术形式》中写道，可以用亚麻仁油和阿拉伯树脂绘制油画。13世纪，英国也曾出现过类似油画的绘画作品。14世纪，欧洲人以蛋清和蛋黄做颜料在画板上绘画，这是已知最早的油画。

14世纪末，尼德兰画家胡伯特·凡·艾克和杨·凡·艾克兄弟改进绘画颜料，在油脂中加入天然树脂，将原有颜料改制成混合颜料。油脂有润滑作用，绘画时行笔更流畅。

15世纪，意大利画家梅西纳来到尼德兰，发现了这种新型颜料。他将新型颜料的制作方法带回威尼斯，传授给意大利画家。油画被推广，成了欧洲大陆上一个崭新的画种。

蒙娜丽莎的微笑

观画者不同，对微笑的感受不同。观画者在不同的时间，从不同的角度看，看到的微笑也略有差异。

《蒙娜丽莎》是意大利画家达·芬奇画的一幅肖像画。画中女子是一位贵族的妻子，名叫蒙娜丽莎。达·芬奇作此画时，蒙娜丽莎幼子刚夭折，心情沉痛。为看到蒙娜丽莎的微笑，达·芬奇请音乐家前来奏乐，请喜剧演员前来表演。画成后，蒙娜丽莎的微笑倾倒众人。而蒙娜丽莎的微笑该怎样解读，人们众说纷纭。

蒙娜丽莎的微笑有时温和，有时哀伤；有时矜持，有时舒畅；有时甚至略带讥诮。细看画面，达·芬奇在蒙娜丽莎的眼角和唇部涂上了一层若隐若现的阴影。唇角和眼部肌肉牵动，人的面部才会呈现笑的表情，肌肉牵动的程度不同，笑容中的感觉也各不相同。达芬奇在这两个部位涂影后，嘴角和眼角若隐若现。因此，笑容看上去才会神秘莫测，让人感到不可捉摸。

哈佛大学神经科博士利文斯通说，蒙娜丽莎的微笑之所以时隐时现，是因为观者看画时改变了眼睛的位置。她说，人们盯着一张脸看时，视线通常落在被看者的双眼上。视线大部分集中在眼围，余光却会落在嘴角。视线余光不可能察觉画面的细微之处，这样一来，靠近眼围处，颧骨上的阴影反而成了蒙娜丽莎脸上最浓重的阴影，在阴影衬托下，蒙娜丽莎嘴角笑容的视觉弧度会比真实弧度要大。如果观者的目光转移到脸颊、嘴角或者其他地方，看到的笑容又会不一样。利文斯通说，如果谁想临摹《蒙娜丽莎》，画到嘴角位置的时候，眼睛一定要望着其他地方，不然"永远无法捕捉她的笑容"。

如果将《蒙娜丽莎》放到X光下观察，会发现蒙娜丽莎嘴角涂了四十多层颜料。颜料不是用笔画在画布上的，而是被达·芬奇用手涂抹在画面上的。每层颜料都很薄。颜料涂好后，风干需几个月时间。一层颜料风干后才能涂抹下一层颜料。人们据此推断，达·芬奇画好"蒙娜丽莎的微笑"大概花了十年时间。

拉斐尔与《西斯廷圣母》

这幅油画是罗马教皇送给西斯廷教堂黑衣修士的礼物，所以被称作《西斯廷圣母》。

拉斐尔是意大利画家，画风秀美，以圣母画像闻名于世。拉斐尔所画圣母像中，较著名的有油画《西斯廷圣母》、壁画《雅典学派》等。《西斯廷圣母》是拉斐尔主持建造圣彼得教堂时，绘在教堂祭坛上的大型油画，1512年动笔，1514年绘成，长2.65米，宽2米，风格甜美抒情，被认为是拉斐尔圣母像中最成功的一幅。

《西斯廷圣母》画面如拉开帷幕的舞台，画中圣母怀抱基督，踩云乘风而来，准备为拯救世界而献出自己的孩子。圣母右手边是身披圣袍的教皇西斯廷二世，左手边是代表百姓屈膝迎驾的圣女渥瓦拉。圣母脚边趴有两个小天使，天使模样纯真，憨态可掬。圣母形象是画面的核心，也是画中最美的部分。画中圣母一改往日绘画作品中高傲、冷硬的形象，面容秀丽，姿态恬静，充满母性，被人称作"圣母画中的绝品"。

《西斯廷圣母》布局均衡，画面抒情，庄重典雅。油画完成后，一度被安置在教堂神龛上。第二次世界大战时，油画丢失，直到1954年才在一个地下室中被人重新发现。现在，这幅油画被收藏在德国德累斯顿茨温格博物馆的古代艺术大师馆中。

"自画像之父"丢勒

丢勒19岁时，为父亲画过一幅肖像素描，这幅素描已经足以媲美达·芬奇的画。

阿尔布雷特·丢勒是德国画家，擅长木刻版画和铜版画，尤其擅长画人物肖像。他为自己画了大量的自画像，有"自画像之父"之称。

1471年，丢勒生于德国纽伦堡。他自小热爱绘画，13岁时，用银针为自己刻了第一幅自画像。画像背面，丢勒写道："1484年，我还是个孩子，对着镜子画了自己。"1485年，丢勒入小学。小学毕业后，丢勒父亲为将儿子培养成首饰工人，安排他进自己的首饰作坊做学徒。丢勒在作坊接受到专门的绘画训练，临摹了大量的名家肖像作品。

习画过程中，丢勒对人物画产生兴趣，开始梦想成为画家。丢勒父亲尊重儿子的意愿，把他送到画家沃格穆特的工作坊做学徒。在工作坊，丢勒学到了制作木刻插画的技术。三年后，丢勒离开工作坊，沿莱茵河游历德国。游历生涯让丢勒的艺术技巧更加纯熟。23岁时，丢勒已经成了一位小有名气的艺术家，开始独立从事绘画和首饰制作工作。

在自己的工作室，丢勒制作了一组木刻组画《启示录》。《启示录》以15幅木刻画组成，画意表现世界末日到来时人类的恐慌情绪。组画问世后，丢勒一跃成为15世纪最优秀的艺术家之一。1498年，丢勒画了一幅自己身着华服的自画像。1514年3月，丢勒母亲去世前两个月，丢勒为母亲画了一幅木炭肖像画。这幅肖像是现存的唯一一幅丢勒母亲像。1490年起，丢勒在欧洲各地游历，结

识了大量的学者和艺术家。1507年游历结束后,丢勒的学识更加广博,艺术见解更加深刻,对数学、文学等其他学科也有了较深了解。

1512年,丢勒成为罗马皇帝的御用画家。1521年7月,丢勒返回纽伦堡。回故乡后,丢勒的健康状况急转直下。1523年,丢勒开始动笔写回忆录和艺术理论著作。1525年,艺术理论著作《量度艺术教程》出版后,丢勒成为人们心中的"欧洲一流艺术理论家"。1526年,丢勒创作出他最杰出的一幅人物肖像画《伊司马斯·梵·鹿特丹》。

1527年,科学著作《筑成原理》问世。1528年,丢勒研究人体解剖学27年的成果《人体解剖学原理》完稿。然而,著作尚未付梓出版,丢勒就带着遗憾离开了人世,享年57岁。

"世界美术教育的奠基人"瓦萨里

除乌菲齐宫外,意大利花之圣母大教堂也是瓦萨里亲自设计的。教堂为拱顶,顶棚雄伟,由大理石砌成,石缝密合,石间没有任何粘连物。

1511年7月30日,瓦萨里生于意大利阿雷佐。瓦萨里一生为宫廷贵族效力,曾任宫廷画师和建筑师,是意大利著名画家、美术史家。1562年,瓦萨里创立迪亚诺学院,成为世界上最早专事美术教育的人,被誉为"世界美术教育的奠基人"。

瓦萨里年少时就被送到佛罗伦萨,学习绘画和建筑。瓦萨里绘画重形不重意,主持修建佛罗伦萨市政厅时,曾在厅内墙壁上画壁画。壁画覆盖了达·芬奇和米开朗琪罗未完成的画,画面构图紧密,人物拥挤,动作夸张,不及原有壁画。

瓦萨里的建筑成就高于绘画。佛罗伦萨市政厅南侧的乌菲齐宫是瓦萨里的建筑代表作。建筑为楼房,楼房间以街道相隔,建筑一端通往市政厅,一端面河,面河一端修有楼廊,楼廊跨河。"乌菲齐"意为"办公室",乌菲齐宫曾是公爵办公用楼。现在,建筑最高层已被辟为美术馆,面河走廊也成了举世闻名的肖像展廊。

瓦萨里最大的成就在美术史方面。1550年,瓦萨里写成《艺苑名人传》一书，篇幅达 100 多万字，书中第一次使用了"文艺复兴"一词，提出了以 14、15、16 三个世纪划分美术发展三个阶段的新方法。书中辑有文艺复兴时期著名画家、建筑家、雕刻家的生平和传说，为后世学者研究意大利文艺复兴时期的美术提供了重要的史料。

法国画家尼古拉斯·普桑

尼古拉斯的创作注重理性，从不在作品中过分表露自己的情感，追求画面的和谐统一、庄重典雅。

1594 年，尼古拉斯·普桑生于法国莱桑德利的一个军人家庭，他从小着迷绘画，年轻时曾认真钻研过文学、解剖学、透视学和数学等各类学科。18 岁时，尼古拉斯·普桑认识了画家昆廷·瓦连，受他影响，尼古拉斯·普桑决心学画。学画不久，尼古拉斯·普桑便移居巴黎。在巴黎，尼古拉斯·普桑结识了画家迪南·埃尔和尚帕涅。尼古拉斯与尚帕涅一同离开巴黎，两人移居卢森堡，悉心研究绘画。

29 岁时，尼古拉斯·普桑曾为巴黎圣母院绘画，画名为《圣玛利亚的安眠》，画风明净典雅，广受好评。在卢森堡期间，尼古拉斯认识了意大利诗人马里诺，开始为诗人诗文配画插图。受诗人影响，30 岁时，尼古拉斯决定移居罗马。

1624 年春，尼古拉斯抵达罗马。在罗马，他认真研究罗马古典艺术、波伦亚学院派艺术和拉斐尔的作品，绘画风格开始向巴洛克艺术和学院派靠拢。1630 年起，尼古拉斯进入创作高峰期。1630 到 1640 年，尼古拉斯创作出《花神王国》、《萨提尔与山林水泽女神》、《阿卡迪亚牧人》等优秀作品。

1640 年，尼古拉斯受法国国王路易十三之邀，回法国宫廷担任首席画师。1642 年，他重返罗马，潜心绘画，创作出《利百加》、《所罗门的判决》、《福西戎的葬礼》、《七件圣事》、《四季》等作品。17 世纪 60 年代以后，尼古拉斯年事渐高，绘画能力日益衰竭。在写给朋友的信中，他说："我没有一天不是在痛苦中度过的。"1665 年 11 月 19 日，尼古拉斯·普桑逝于罗马，享年 71 岁。

"近代欧洲绘画的创始人"戈雅

1808 年西班牙沦陷后，戈雅创作了大量的悲剧作品，如《5 月 2 日广场上的起义》、《5 月 3 日夜杀起义者》等。

1746 年 3 月 30 日，戈雅生于西班牙首都萨拉戈萨附近的一个村庄，他家境贫寒，没有接受过正规的学校教育。在 14 岁那年，一位教士发现了戈雅在绘画方面的天赋，于是建议戈雅父亲送他去学画。戈雅在萨拉戈萨学画四年，1763年，戈雅到马德里投考圣费南多皇家美术学院，两次投考均未被录取。

1769年，戈雅在意大利旅行时参加了帕尔玛美术学院举办的绘画比赛，获二等奖。从那之后，他师从画家何塞·鲁赞-伊-马尔底涅斯。1770年起，戈雅在萨拉戈拉附近为教堂画宗教画，在1771年到1772年间，戈雅画了大量的宗教画。这些宗教画带巴洛克风，画面明暗色块对比强烈。戈雅的画中，强盗、偷窃者、接生婆等全被画成魔鬼的模样，画风粗俗但机警，广受大众喜爱。

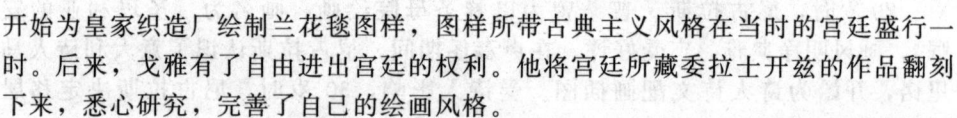

1773年，戈雅回马德里定居，开始为皇家织造厂绘制兰花毯图样，图样所带古典主义风格在当时的宫廷盛行一时。后来，戈雅有了自由进出宫廷的权利。他将宫廷所藏委拉士开兹的作品翻刻下来，悉心研究，完善了自己的绘画风格。

1776年，戈雅成为皇家织造厂美术领班。1779年，国王查理三世接见了戈雅。1784年，戈雅所绘宗教画第一次获官方好评。1785年，戈雅成为圣费尔南多学院副院长。1789年，戈雅被封为"宫廷画家"。

18世纪90年代，戈雅的声望越来越高。1792年，拿破仑率军侵入西班牙，同年，戈雅身染重病，双耳失聪，画风大变。这一时期，戈雅画了大量讽刺拿破仑、反对战争的讽刺画。1803年，戈雅将绘画《狂想曲》献给国王查理四世，被国王封为"西班牙第一位画家"。

在世界美术史上，戈雅承前启后，是一位过渡性的关键人物，被称为"近代欧洲绘画的创始人"。戈雅一生多产，曾绘200多幅肖像画，此外还绘有大量的版画和风景画。

德拉克洛瓦与《自由引导人民》

1980年，《自由引导人民》被印到了邮票上。

德拉克洛瓦是法国画家，1798年4月26日生于法国南部阿尔代什。他早年曾学习古典主义绘画，后来成为浪漫主义画派的代表画家。德拉克洛瓦曾为肖邦画过画像，曾访问非洲和阿尔及利亚，并画出了名作《阿尔及利亚女人》。他醉

心色彩的运用,早期作品《希阿岛的屠杀》曾被评价为是"色彩的屠杀"。

1830年法国七月革命期间,德拉克洛瓦画出油画《自由引导人民》。这幅画成为他作品中浪漫主义色彩最浓重的一幅,画中场景描绘了巷战中,一个年轻姑娘一手高举三色旗,一手拿枪,正号召群众奋勇向前。一位少年鼓手紧跟姑娘,他双手持枪,正快步前进。姑娘另一侧,一个大学生头戴高帽,身着燕尾服,手执长枪,正坚定注视着前方。大学生身后,两个工人高举尖刀,神情坚毅。工人背后,起义队伍声势浩大。姑娘前方,两名起义青年躺倒在地,一名受伤,一名身亡。受伤青年面朝天仰望,他的上衣、衬衣和腰带的颜色,刚好是姑娘手中三色旗的颜色。烟硝弥漫的背景中,巴黎圣母院若隐若现。

油画在巴黎展出后,轰动一时。1831年,法国政府收购此画,送入卢森堡宫展览。几经辗转,油画返回德拉克洛瓦手中。1848年,法国二月革命爆发,卢森堡宫再次展出此画。1874年,油画被送进卢浮宫收藏。

画家梵高

在印象派影响下,梵高用色更鲜艳,开始以点彩的方式作画。

1853年3月30日,梵高生于津德尔特。他早年曾尝试经商,1880年开始习画。1881到1883年,梵高临摹伦勃朗、米勒等名家的绘画作品,画了大量的素描作品。1883年底,梵高画出第一幅油画《吃土豆的人》。这幅画风格深沉厚实,趋近荷兰现实主义。

1885年11月,梵高接触到日本浮世绘,画风开始改变,画布上的色彩丰富明亮起来。1886年2月,梵高来到巴黎,认识了很多印象派画家。在巴黎的两年中,梵高画了很多自画像。

1888年2月,梵高离开巴黎,来到法国南部城市阿尔。阿尔终日阳光明媚,有大片金黄的麦田。梵高的绘画冲动被环境激发,进入创作高峰期。在他看来,绘画不应只"模仿事物的外部形象",还应该"表达绘画者的主观见解和情感",这样的作品才"有个性,风格独特"。在阿尔,梵高画出了《向日葵》、《收获景象》、《夜间咖啡馆》等脍炙人口的作品。

10月24日,画家高更搬来与梵高同住。两人时常争吵,一次争吵后,梵高在精神错乱中割掉自己的左耳,被送往精神病院疗养。在阿尔的日子,梵高虽然画出了大量的作品，但没有一幅作品得到他人的赏识。

1889年5月，梵高到阿尔附近的圣保罗精神病院疗养。他每隔几个月就会发病一次，清醒时会坚持到户外作画。在疗养院，他画出了《星夜》、《柏树》等作品，并卖出了油画《红色葡萄园》——这是梵高生前卖出的唯一一幅画作。

这个时期，梵高的绘画技巧更成熟，用色更大胆，线条更豪放有力，作品令人震撼。这些作品为梵高赢得了评论家的关注。1890年5月，梵高转到巴黎附近的奥威尔疗养院。7月19日，梵高病发，自杀身亡。一代天才就这样离开了世界，而他的才华直到他去世之后才被人们赏识，并奉为大师。

《日出·印象》

这幅画开印象派绘画之先河。画展出后，人们以画名"印象"指称莫奈式画风，"印象主义"亦由此得名。

《日出·印象》是莫奈的一幅写生画，1873年画于阿弗尔港。画中所绘场景是日出时的海港。画布如窗，"窗"外，红日初升，海天一体；近海有三条小船，在晨雾中若隐若现；远处，建筑、桅杆、吊车、船舶都被晨雾笼罩，看上去模糊朦胧。

这幅画以灰色为基色，画面掺杂浅紫、淡红、橙黄和灰蓝等不同色调，笔触凌乱，画风随意。画家绘画时，重点表现光与色，强调自己的主观情绪与瞬间感受。这幅画颠覆了以往绘画中用色严谨、轮廓鲜明的作画风格，被当时的学院派艺术家称作"对艺术的反叛"。

1874年，莫奈携画参展。一位新闻记者评论说，这幅画"只能给人一种印象"。莫奈因此为画命名《日出·印象》。

法国画家塞尚

1874到1877年，塞尚沉浸创作，画出《男女沐浴者》、《埃克斯海景》、《热德布芳盆地》等作品。

塞尚是法国画家，出生和辞世都在故乡埃克斯。1856年，塞尚进埃克斯素描学校学习绘画，1858年中学毕业，进入大学法学院学习。在大学期间，塞尚立志成为画家，但遭父亲反对。1861年，塞尚父亲让步，塞尚到巴黎瑞士画院学习绘画，准备投考巴黎高等美术学校。投考失利之后，塞尚返回埃克斯，进入父亲的银行工作。

梦想受挫，然而塞尚不愿轻言放弃。1862年11月，塞尚再回巴黎。第二次到巴黎，塞尚既没有遇到欣赏他的人，也没有遇到他欣赏的人，绘画事业不见成效，无奈之下，他又返回埃克斯。1867年冬，塞尚第三次来到巴黎。1870年起，塞尚定居巴黎，画出了《自缢者的房屋》、《加夏医生的家》等画作。

1882年，塞尚移居普罗旺斯。1885年到1895年，塞尚度过了自己一生中最祥和平静的十年。十年中，他画出了《兰花瓶》、《穿红背心的三个男孩》、《封斋前的星期二》、《五斗橱》等名作。1899年，塞尚最后一次到巴黎，之后重返埃克斯。1905年，塞尚完成绘画《高大的女浴者》。1906年10月22日，塞尚病逝。

大画家毕加索

在圣费南多美术学院，毕加索创作了油画《科学与慈善》，该画为毕加索拿到了人生中的第一个金牌。

1881年10月25日，毕加索生于西班牙南部城市马拉加，他自幼热爱绘画，8岁那年完成了首幅油画《斗牛士》。1895年，毕加索进巴塞罗那隆哈美术学校学习美术，两年后又考入马德里皇家圣费南多美术学院。

毕加索的创作主要分七个时期。1900到1903年是毕加索创作的第一个时期。这一时期，他创作了《蓝色自画像》、《人生》等作品。1904年，毕加索移居巴黎，创作进入第二个时期。从1904到1906年的两年中，他创作了《拿烟斗的男孩》、《斯坦因画像》等作品。1907年起，毕加索开始尝试立体主义创作。他在立体主义时期的主要作品有《亚威农少女》、《费尔南德头像》等。1917年，毕加索皈依古典主义，创作了《三角帽》、《欧嘉的肖像》等作品。1925到1932

年是毕加索创作的第五个时期,这一时期,他的绘画作品多以女人头像为题材。绘画之余,毕加索还创作了大量的雕塑。1932到1945年,毕加索创作了《读书》、《红色扶手椅中的女人》、《多拉玛尔肖像》、《格尔尼卡》等绘画作品。1933年,毕加索成立了自己的雕塑工作室,开始尝试石版画的创作。1946年起,毕加索进入最后一个创作时期。这时他已功成名就,美术作品多为应邀而作,如为世界和平会议创作的海报《和平之鸽》、应联合国教科文组织邀而作的壁画《伊卡洛斯的坠落》等。

1973年4月8日,毕加索在坎城附近城市幕瞻辞世,享年92岁。

新印象主义

"修拉的新风格"就是后来被人们称作"科学印象主义"的新印象主义。

1884年,在布鲁塞尔美术杂志《现代绘画》上,理论家费利克斯费内翁首次使用了"新印象主义"一词。

新印象主义是继印象主义之后,欧洲产生的又一个美术流派。新印象主义画家以西涅克和修拉为代表,崇尚理论,重视绘画中光与色的使用,主张作画应科学、客观、冷静。在新印象主义画家看来,经光照耀,所有物体的色彩都被分割,绘画时应当表现这种"分割的色彩"。艺术实践时,画家常使用"点彩法"作画,在画布上涂抹大量的色点或色块。色点与色块交汇融合,使画面更具视觉冲击力。由于新印象主义画家的绘画理论、绘画方法别具一格,新印象主义又被人称为"分割主义"、"点彩派"。

在《1886年的印象派》一书中,费里富奈翁提出,"印象主义已被修拉的新风格取代"。

立体主义的兴起

立体主义绘画的代表作品还有西班牙画家毕加索的《格尔尼卡》、《亚威农少女》等。

"立体主义"又名"立方主义",是1906年在法国巴黎诞生的一种现代美术流派,流派创始人是画家布拉克与毕加索。流派"立体主义"的名称出自一句看似不经意的评论。1908年,布拉克的作品《埃斯塔克房子》在画廊中展出,评论家活塞列斯看到画后,评论说,布拉克"把每件东西都还原成了立方体"。从那以后,"立体主义"就成了该流派的正式名称。

立体主义流派的发展,经历了三个不同的时期。第一个时期是1907到1909年,立体主义绘画起步的时期。这个时期,画家多以几何图形表现事物的外部形态。走过起步阶段后，立体主义绘画迎来了第二个时期——分析立体主义时期。分析立体主义时期起于 1909 年，止于 1912 年。这一时期的画家，着力研究分解事物的外在形态，将形态以不同的视角表现在同一块画布上的方法，绘画作品整体性较差，色泽也不够鲜明。1912 年，立体主义进入第三个时期——综合立体主义时期。这一时期，画家们的探索取得了一定的成果，画家不再过分强调局部形态，开始注重事物的整体形态，画面越来越抽象，整体性也越来越强。综合立体主义仅持续了两年，1914 年便告终结。

西方主要美术流派

西方美术主要包括新古典主义、浪漫主义、现实主义、印象画派和现代主义五大流派。

18 世纪末 19 世纪初，新古典主义美术在法国诞生。流派画家崇尚理性，主张复古，重视素描和线条的使用，追求形式完美。作品多以古罗马历史和神话为题材，重视对人物英雄气概的表现。画面典雅，线条清晰有力，风格古朴端庄。代表作品有法国大卫的《马拉之死》、《拿破仑加冕式》和安格尔的《泉》等。

浪漫主义美术产生于 19 世纪早期。流派画家不注重理性，重视激情；不注重线条，重视色彩的运用，作品题材多为自然风光和表现民族奋斗的历史事件，题材中融入了作画者的主观感觉，画面充满想象，风格夸张。代表作品如法国画

家德拉克洛瓦的《自由引导人民》、《希阿岛的屠杀》，西班牙画家戈雅的《枪杀马德里市民》等。

19世纪中期，现实主义美术产生于法国。流派画家追求对真实的表现，强调作品应反映时代风貌，揭露现实，批判现实。代表作品有法国米勒的《播种者》、《拾穗者》，俄国列宾的《伏尔加河上的纤夫》等。

印象画派分早期印象派和后期印象派两种派别。早期印象派产生于19世纪后期。流派画家主张走出画室，去户外写生，发现自然之美。在早期印象派画家看来，光是"绘画的主人"，颜色是"物体反射出来的光"。早期印象派画家的作品，多以原色描绘自然景色，重视对光、颜色和大气的表现，色泽鲜亮清新，如同将自然"移植"到画布上。代表作品如法国莫奈的《日出·印象》，马奈的《草地午餐》等。

后期印象派产生于19世纪末20世纪初。画派画家认为艺术不是照相，绘画重在表意而不是表形。他们反对早期印象派对世界表面现象的客观描绘，强调所绘客观世界应表现画家主观世界。画家所画作品多以事物夸张变形的方式表现自我。代表作品有荷兰画家梵高的《向日葵》，法国画家高更的《我们从哪里来？我们是谁？我们往哪里去？》等。

20世纪出现了很多美术流派，这些流派与传统美术流派迥异，被统称为现代主义美术。现代主义美术画家将现代科技融入作品，广泛吸收东方和非洲的艺术风格，使作品更具表现力。作品多反映现代人的精神困惑，个人色彩强烈，充满虚无感，洋溢着时代气息。代表作如法国画家马蒂斯的《舞蹈》，西班牙画家毕加索的《亚威农少女》、《格尔尼卡》等。

除五大流派外，西方美术还有写实主义、象征主义、表现主义等诸多其他流派。

漫画在中国的发展

在中国，早期的漫画不叫"漫画"，叫做"讽刺画"、"寓意画"。

中国早在北宋时期就有"漫画"一词，北宋画家晁以道在著作《景迂生集》中，最早使用"漫画"二字，《集》中说："黄河多淘河之属，有曰漫画者，常以嘴画水求鱼。"句中所提"漫画"，并不是指某一种画，是一种水鸟的名字。这种水鸟，捕鱼动作如在水上作画，所以被称作"漫画"。

清末民初时，漫画常被印在报纸副刊上，抨击政府，讽刺官场。1918年，中国最早的漫画杂志《上海泼克》创刊。1919年五四运动前，鲁迅在《新青年》上发文指出，讽刺画应针砭时弊，引导舆论和社会走向。此后，常有群众画漫画传单，宣传抗日。1925年5月，丰子恺的画在《文学周报》上连载，被称为"漫画"。这是中国最早被称作"漫画"的绘画作品。

后来，漫画派生出不同的种类，除了将日常生活中的细节画进漫画之外，还出现了长篇故事连环漫画、讲述科学知识的科学漫画等。1979年,《人民日报》增设漫画刊《讽刺与幽默》。此后,漫画报刊、漫画学会如雨后春笋,在中国各地出现。后来,在日美影响下,漫画书、音像漫画等漫画商品出现在中国市场。进入21世纪,互联网兴起,漫画开始借助互联网的力量,以电子漫画、视频等方式传播。

古希腊的雕塑为何多是裸体的

对身体的训练是古希腊教育区别于其他教育、强于其他教育的最特别之处。

古希腊的裸体雕塑,真实地反映了古希腊人对身材健美的追求。

古希腊有很多城邦,各城邦都想扩大领土,控制其他城邦,所以城邦间征战不断。当时的城邦公民只有两种义务:一是处理公共事务,二是参与战争。公民对子女的培养也围绕两个中心进行,即政治和战争。

柏拉图《对话录》中有记载:那时的战争,全靠士兵肉搏,所以每个士兵都必须保持身体的强壮、矫健。年轻人将大部分时间用来练身,他们赛跑、搏斗,举行拳击和跳跃比赛,目的是把肌肉练得强壮又柔韧,让自己的身体结实、健美、灵活。

战争使体育运动备受欢迎。古希腊人对孩子的体育训练,从孩子会走路时就开始了。古希腊人看不起运动场上的弱者。在古希腊,没有哪个人没进过练身场。每到节日,古希腊各个城邦就要举行体育竞赛,评选最敏捷、最健壮的青年。竞赛场上,男女青年为了展示自己的健美身材,常把衣服脱光,全裸参加比赛。古希腊最权威的健美专家是体育教师,很多著名艺术家都是体育教师。体育教师训练出了大批的健美青年,这些青年全是古希腊绘画、雕塑中的合格模特。

裸体雕塑是古希腊雕塑艺术的主流,雕塑大师罗丹曾说:"这是由古希腊社会的特殊风气造成的特殊观念。在古希腊人看来,最理想的人不是长于思索或感觉敏锐的人,而是发育良好、身材匀称、行动敏捷的裸体人。"

伟大的雕塑家菲狄亚斯

现在,菲狄亚斯的作品多数已经失传,只有复制品流传于世。

菲狄亚斯是古希腊最著名的雕塑家和建筑设计师,约公元前480年生于雅典。他成名较早,20多岁时就已经颇有名气,广泛接受来自希腊各城邦的雕塑订件了。

菲狄亚斯一生在雅典度过,为雅典雕塑和建筑艺术作出了巨大贡献。雅典城中最美的雅典娜神像就是由他制作的。神像由黄金和象牙制成,做好后被安置在

伯伦涅神庙中。神像制成后，菲狄亚斯又为雅典娜制作了系列神像，其中一座雕像以雅典人在马拉松战役中获得的战利品为制作资金，手足和头部用云母雕成，雕像立在木质镀金的底座上，被安置在布拉的城的雅典娜神庙中。

雅典人为感谢太阳神阿波罗在马拉松战役中的庇护，委托菲狄亚斯制作了阿波罗的大型群雕。群雕塑好后，被供奉在德尔菲城的阿波罗神庙中。

战争使雅典城建筑损坏严重，菲狄亚斯带领雅典人重建了雅典卫城，并亲自制作了城中的很多雕刻装饰。菲狄亚斯最擅长雕塑神像，雅典卫城中的《普罗迈乔司的雅典娜》和《利姆尼阿的雅典娜》都是他的杰作。除了雅典卫城中的装饰雕塑，菲狄亚斯还设计、监督、制作了帕提农神庙中的装饰雕塑，其中最著名的是命运三女神雕。

帕特农神庙中的雅典娜女神像和奥林匹斯的宙斯神像，是菲狄亚斯最有名的两件大型作品，这两件作品都是菲狄亚斯创作盛期的作品。

《断臂的维纳斯》

现在，这尊雕像被收藏在法国卢浮宫，成了卢浮宫的镇馆之宝。

《断臂的维纳斯》是1820年2月，爱琴海米洛斯岛一位农夫挖出的一尊女性雕像。雕像出土后，被公认为是古希腊女性雕像中最美的一尊。

雕像中的维纳斯，前额平坦，鼻梁直挺，脸庞椭圆，嘴角含笑，下颌饱满。雕像半裸，上身微微扭转，腿部被衣褶遮掩，脚趾露在衣外。整座雕像，雕塑手法简洁，不追求细节精巧，追求整体的浑然完美。从整体看，维纳斯身材丰腴，身体各部分的比例与黄金比例刚好吻合，虽然双臂残缺，但身躯依然生动鲜活。

雕塑大师米开朗琪罗

美第奇官邸设有"柏拉图学院"，吸引学者前来研究学问、交流思想。学者们主张以人为本，应该把世界、艺术、文学和科学还给人，让人成为真正独立的、有思想、有感情的个体。

米开朗琪罗是意大利画家、建筑家、雕塑家和诗人，与达·芬奇、拉斐尔合称文艺复兴时期的"美术三杰"。

1475年3月6日，米开朗琪罗出生在意大利佛罗伦萨，13岁时进入画家吉兰达伊奥的工作室。在工作室，他接触到绘画并掌握了基本的绘画方法。离开工作室后，米开朗琪罗进入佛罗伦萨美第奇家族创办的美术学校就读，研究了大量宫廷艺术品。美校四年，为米开朗琪罗打下了坚实的艺术创作基础。

米开朗琪罗深受人本思想的影响，洛伦佐·美第奇去世后，米开朗琪罗失去依附，离开佛罗伦萨，远走罗马寻发展。

在罗马，米开朗琪罗受红衣主教之托，为圣彼得教堂雕刻了名为《哀悼基督》的雕像。雕像完成后，米开朗琪罗名扬罗马，成为一颗冉冉升起的雕刻新星。这一年，米开朗琪罗只有23岁。三年后，米开朗琪罗回到佛罗伦萨，开始雕刻云石雕像《大卫》，这尊雕像用时三年完成。人们把雕像放置在韦吉奥宫正门前，以雕像象征政府民主，并视为佛罗伦萨守护神。

1505年，米开朗琪罗受教皇之邀，到罗马教堂建造教皇陵墓。在陵墓中，米开朗琪罗刻下了《摩西》、《奴隶》等名雕。艺术总监波拉曼嫉妒米开朗琪罗的才华，怂恿教皇停修陵墓。之后，米开朗琪罗被派去画壁画，他在西斯廷教堂天花板上画出了世界上最大的壁画《创世纪》。

米开朗琪罗41岁时重回佛罗伦萨。回乡后，教皇命令米开朗琪罗为祖先陵墓雕刻石雕。在陵墓石棺上，米开朗琪罗雕出了名作《昼》、《夜》、《晨》、《暮》。61岁时，米开朗琪罗再受罗马教皇征召，在绘有《创世纪》的教堂祭坛壁上画下了《末日审判》。1564年2月18日，米开朗琪罗逝世，留下了大批代表文艺复兴时期欧洲最高艺术成就的作品。

撒尿小孩铜像

撒尿小孩铜像是布鲁塞尔的市标。

又名"小于连"，位于比利时首都布鲁塞尔市中心，铜像高约半米，立在一座两米高的大理石台座上。座上男孩头发微卷，鼻尖上翘，笑容调皮，无所顾忌地叉着腰，做出撒尿的姿势。

铜像建于1619年，由比利时雕刻家捷罗姆·杜奎斯诺伊打造。有关铜像的来源，版本众多。一种说法是，男

孩于连半夜起床尿尿时，见邻居家房子起了火。他一时找不到水源，便用尿浇灭火，解救邻居。邻居感念于连，于是在原地立此铜像。

另一种说法流传较广，说外国人入侵布鲁塞尔，准备用炸药炸毁城市。男孩于连发现了侵略者阴谋，于是待侵略者点燃导火线后用尿浇灭火，拯救了布鲁塞尔。人们为纪念于连救城，在男孩灭火的街上竖起铜像。这座铜像就是著名的"撒尿小孩铜像"。

中世纪的印度雕刻艺术

中世纪印度浮雕风格夸张，想象奇特，装饰豪华，追求画面的动感和力量感。

公元7到13世纪是印度美术的全盛时期，这个时期的印度美术，成就最大的就是印度教神庙中的诸神浮雕。神像多雕在神庙外壁中，与建筑融为一体。浮雕雕像既有毗湿奴、湿婆本身，也有他们的化身。除神像外，浮雕中还雕有人、动物和花卉等装饰图案。神庙殿堂中通常会有一扇马蹄形窗户，窗户宽大，顶部凸出，状如拱门。这种窗户也是中世纪印度雕刻中最常见的浮雕图案。现在，殿堂窗户浮雕在印度仍能找到。

浮雕图案繁杂，富于变化，带有印度传统文化的显著特征。

契瓦拉面具顶饰

契瓦拉面具早已超出了装饰品的范畴，进入了艺术品的行列。

契瓦拉面具是苏丹族系的班巴拉族专用于祭祀仪式的面具的总称，这些面具的主要作用是用来祈雨。

契瓦拉面具大多以班巴拉族的图腾羚羊的形象为主，此外，也有狮子、袋狼等形象的面具。契瓦拉面具虽然是头上戴的装饰品，但多为木雕。木雕的契瓦拉面具风格古朴，线条流畅，一些比较名贵的还时常会采用镂空的雕刻技法来表现羚羊的立体造型，大胆而有新意。

契瓦拉面具是非洲木雕的杰出代表，木雕是非洲人表达自己发达的审美能力的载体，在非洲已经深入到当地人们生活的各个领域。

黄金王棺

埃及王棺不同于中国的棺材，除了用于安葬死者之外，还是埃及代表性的工艺品。

埃及的黄金王棺是安葬埃及国王用的棺椁，黄金王棺是权势的象征。

图坦卡蒙法老的王棺是埃及黄金王棺中的代表作，长180厘米，重200千克，整个棺体都是用黄金打造，局部还装饰有翡翠等宝石。图坦卡蒙法老的王棺被做成他自己的样子，且进行了很大的艺术加工。图坦卡蒙法老双手交叉于胸前，手握权杖，态度安详。他的额头部分有一个象征权利的蛇形装饰品，下颌处长柱形的物体是他的胡子，把胡子修成这个样子是为了显示国王的威严。

波斯地毯

中国2010年的上海世博会上，伊朗国家展出了很多精品波斯地毯。

波斯地毯是伊朗的著名特产，从古至今在国际上享有美誉。世界各地的许多宫殿、著名建筑、豪宅和艺术画廊博物馆都视波斯地毯为收藏的珍品。在西方国家里，人们甚至认为波斯地毯就是地面上的艺术。

波斯地毯用料考究，主要有羊毛、棉、真丝、金丝和银丝等。羊毛是编织波斯地毯的主要材料，选料也最讲究。由于波斯地毯的主要编织方式是打结，所以如果羊毛选择的不好的话会使地毯发硬。为了解决这个问题，制造者选择的是放牧于山区寒冷条件下8到14个月大的羔羊身上的毛，这种羊毛叫做考克，是羊身上最柔软的毛。用这种羊毛编出来的地毯也最柔软、细腻。另外，波斯地毯中还会加入一些真丝、金银线，主要是起装饰作用。

波斯地毯质量的好坏主要取决于两个方面，其中最主要的是打结的数量。结打得越多，地毯的花纹就会越精细，地毯的质量越好，反之则质量越差。伊朗一级地毯的产地在伊斯法罕，伊斯法罕的地毯结数为60—100结/10厘米，即结数最高可达 1000000 结/平方米。不过，打结的数量并不是地毯质量好坏的唯一标准，染色也是决定地毯质量的一个重要指标。对波斯地毯进行染色的染料都是从植物和矿物中提炼出来的，经这些染料染色后的波斯地毯颜色经久不褪，如果被保养得好，地毯寿命可达百年。

中国漆器

漆器制作工艺主要包括描金、螺钿、填漆、点螺、雕漆、金银平脱、斑漆、堆漆、戗金、平漆、堆红等十多种。

漆器是指在表面涂有生漆或其他原料的器具，包括工艺品、日常用品等。这样的器具通常具有防腐防潮的能力，并且在生漆中加入各种色漆，可以使得漆器带有各种颜色和图案，兼具实用性和观赏性。

中国是世界上最早使用漆器的国家，在出土的文物中发现，中国在 7000 多年前就已经开始使用天然生漆。到了夏商时代，人们已经不再限于使用天然漆，开始使用色料调漆，并且将蚌壳、玉石等镶嵌其中，使得漆器越来越美观，也越来越实用。到了战国时期，漆器的品种大量增加，工艺也有了很大发展。这时候的漆器，已经出现了非常精致的小工艺品。

西汉时期，出现一些大型漆器，像一些半米多大的盘子等，还有一些成套的装饰用漆器。这个时候出现了堆漆、针划填金等技法，使用的镶嵌物也更加多样，包括金属、玛瑙和箔片等。这些技艺在唐代得到很大发展，出现了金银平脱器、剔红漆器等较为精致的漆器。到了明清时代，制作漆器的手法日益繁杂精细，其成品也越来越精巧。

漆器发展到后期的时候，制作技巧和工艺已经非常成熟，制作出来的漆器风格各异，千姿百态。

中国玉雕的发展

陈列在北京故宫博物院的巨型大玉雕"大禹治水图"就是其中之一,据说这一玉雕重达5吨,是中国玉雕史上的瑰宝级文化精品。

中国在新石器时代就已经有玉雕了,如红山文化时期的玉猪龙,良渚文化时期的神人兽面纹玉琮,龙山文化时期的镶绿松石玉簪等。从新石器早期到龙山文化晚期,玉雕大致经历了从雕刻玉璜、玉玦到雕刻玉璧、玉琮的过程。出现玉璧和玉琮之后,玉器开始脱离实际应用,逐步走向艺术领域。

商周时期,中国的玉器雕刻工艺已经达到了相当的高度。从出土的文物来看,主要有玉璧、玉琮、玉圭、玉佩等,这些出土的玉器种类很多,但是没有超出礼器的范畴。除了礼器外,商周时期的玉器还有玉戈、玉矛、玉戚、玉钺、刀玉等仪仗用品。周朝时,国家正式设置了玉器管理机构——"玉人"、"玉府"、"典瑞"和"天府"。玉人是指专门做玉雕的人,玉府是为君主储藏玉器的地方,典瑞主要为君主的玉器进行分门别类,天府是掌握国家祭祀礼器的机构。

春秋战国时期,玉制礼器已经不多见了,玉佩、玉玦或其他装饰性的玉雕多了起来。玉带钩、玉剑佩、玉印章等佩饰或装饰品,是这一时期出土最多的玉饰。春秋战国时期的玉雕技艺也有了很大的发展,镂空、透花等技术已大规模使用,还出现了"游丝描"等精湛的阴刻技法。

西汉时期的玉雕工艺主要承袭的是战国玉器的风格,以细腻写实为主。此外,西汉的玉雕也有自己的风格,同时开始出现"玉衣"。所谓"玉衣"是指用金、银、铜三种金属线，将磨好的玉片连接起来制成的衣服，金线连接的叫金缕玉衣，银线连接的叫银缕玉衣，铜线连接的叫铜缕玉衣。这种"玉衣"是供死人穿的丧服，而且并不是谁都能穿，只有位高权重的人死后才配拥有。其中，金缕玉衣只有皇帝才能穿，诸侯王、列侯穿银缕玉衣，王公贵族、皇亲国戚穿铜缕玉衣。

隋唐时期国力空前强大，人们思想开放，玉雕风格也随之发生很大的变化。唐朝时期的玉雕工艺品中礼器减少，丧葬用玉减少，取而代之的是有实用价值的装饰玉器，如玉带饰、佩饰、玉龙、玉马、玉骆驼等。由于外来文化的传入，玉雕风格也发生了改变，这一时期的玉雕工艺品颇有浪漫主义精神，比如飞天玉、生肖玉、凤凰等。

到了明清时期，中国的手工业已经非常发达，这时的玉雕技术已经不再局限于小型装饰性工艺品上，玉匠们将眼光投向了巨型玉雕艺术品。

到了近现代，中国玉雕界沉淀出"京派"、"扬派"、"海派"和"南派"四大流派。京派古朴大气，扬派秀丽婉约，海派善于传神，南派长于镂空。玉雕工艺从近现代开始，集前代之大成，进入繁盛时期。

微雕

欧洲也曾出土过远古时期的猛犸象牙微雕，雕刻的形象有鸟、马、狮、人等。

微雕是雕刻技法的一个旁支，是指在细小的材料上进行圆雕、浮雕和镂空雕刻的一个门派。微雕雕出的内容往往只有借助放大镜才能看清楚，因此历来被人们认为是一门"绝技"。

要想雕出一件精美的微雕工艺品，选材是十分重要的。适宜微雕的材料不能有半点的瑕疵和裂缝，否则就会因一点点的缺陷破坏了微雕工艺品整体的美感，因此细腻的象牙材料一直是微雕家们的最爱。此外，微雕刀的选择也是很重要的。微雕刀不仅要求极尖细，而且还要非常锋利。

除了选材讲究外，微雕技术也很讲究，概括起来为"艺在微，意在精"。"艺在微"是指雕刻微雕的人要有一定的绘画基础和布局意识以及熟练的刀工技巧，这样才能雕出较好的作品；"意在精"是指在雕刻微雕作品时要练气凝神，心无杂念才可以，否则就会失之毫厘，谬以千里。只有具备了以上的素质才能雕刻出一件好的微雕作品。

世界上很多国家都有微雕艺术存在，其中中国微雕源远流长，早在商朝时期就已经出现了。中国微雕取材很广，在果实的核上、动物的骨头上、象牙上、玉石上都可以进行创作。

中国剪纸技艺

剪纸需要的工具很简单，一般只用一把剪刀、一个刻刀、一支铅笔和一张宣纸就足够了，专业的剪纸则需要更加复杂的工具。

剪纸又叫刻纸，是一种镂空艺术，是中国最古老的民间技艺之一。

早在西汉时期，中国就已经出现了用镂空雕刻技法制造的工艺品。1967年，中国的考古工作者在新疆吐鲁番地区发现了一批北朝墓群，并在这些墓群中出土了两张团花剪纸。这两张团花剪纸的出土证明，至少在北朝时期，中国就已经有了剪纸技艺。

唐朝时，剪纸技艺已经有了很大的发展，在杜甫的诗中就曾出现过"剪纸招我魂"的句子，大英博物馆和日本正仓院都藏有唐朝的剪纸作品。宋朝时，中国的造纸技术已经很成熟，出现了适合做剪纸材料的宣纸，剪纸技艺因此有了很大的发展，窗花就是在这一时期出现的。

明清时期的剪纸技艺从成熟走向了鼎盛。在民间，无论是彩灯的花饰、扇面的纹饰还是刺绣的小样，无一不是通过剪纸得来的。此外，剪纸还被用来美化家居环境，出现了门花、窗花、柜花、喜花等具有室内装饰性的剪纸作品。剪纸甚至发展成为妇女们必须要会的一项本领，当时的人们认为，只有能随心所欲剪出新花样的女人，才能称之为完美的女人。

瓷器小史

世界上很多国家都有瓷器，其中中国的瓷器最富盛名，甚至中国的英文名称和瓷器的英文名称相同，由此可见中国瓷器的知名度。

瓷器脱胎于陶器，最初在制陶过程中，富含石英和绢云母的高岭土、瓷土，经过高温煅烧，陶器表面形成了一层釉质，经过后人不断改进，最终形成了现在人们常见的瓷器。

商周时期，贵族们使用的器皿是青铜器，老百姓们没有购买青铜器的能力，只好使用陶器。陶器在高温的作用下，高岭土中的石英和绢云母氧化形成了釉质，最早的瓷器就产生了。商周时期的瓷器，釉质多呈青色，这主要是由于石英等矿物质氧化不彻底造成的。到了秦汉时期，制瓷工艺已经有了较大的发展，但承袭的依然是商周时期的工艺。秦汉时期的瓷器主要有秦砖汉瓦、兵马俑以及有所创新的铅釉陶，严格说来，这时期的瓷器还只是陶与瓷的混合体。

到了唐朝，由于釉料的发展和烧制温度的提高，真正意义上的瓷器出现了。陶、瓷正式分野，中国的制瓷工艺进入成熟时期。唐代的主要瓷器有越窑瓷、邢窑瓷以及唐三彩。越窑主要烧制白瓷，偶有青瓷，此时的青瓷已不同于汉代时期的铅釉陶，唐朝的青瓷明彻如冰，晶莹剔透，已与茶青色相近。邢窑瓷也是以生产白瓷为主，陆羽在《茶经》中称赞邢窑瓷说"邢瓷类银"、"邢瓷类雪"。此外，唐三彩也是这一时期陶瓷技术的代表。唐三彩是一种低温铅釉陶器，是在白瓷的基础上制造而成的。唐三彩之所以色彩斑斓，是由于使用的釉料中存在多种金属氧化物，这些氧化物经过焙烧，就会显现出各种色彩。

五代十国时期，中国制瓷工艺的代表是柴窑瓷和密色窑瓷。柴窑烧制的瓷器以天青色为主，后周世宗曾称赞这青色时说"雨过天青云破处，者（这）般颜色做将来"，所以柴窑的瓷器有"雨过天青"的美誉。密色窑是五代时期专为吴越王烧制瓷器的御用窑，瓷器也是以青色为主。

到了宋朝，中国制瓷工艺达到鼎盛时期，宋朝出现了五大名窑，分别是定窑、汝窑、官窑、哥窑和钧窑。五大名窑烧制的瓷器各有特色：定窑主要烧制白瓷，是继唐朝邢窑后烧制白瓷最好的窑，定窑瓷线条流畅细腻、胎质多为乳白色；汝窑是青瓷窑，主要烧制宫中御用之物，其烧制的瓷器在半无光状态下温润如羊脂玉；官窑是宣和年间所建的瓷窑，主要烧制青瓷，瓷器晶莹剔透，有开裂或成冰片状；哥窑瓷主要特征是釉面有裂纹，这些裂纹被称为鱼子纹、蟹爪纹或百集碎；钧窑创始于唐朝，历经宋金元三朝，烧制的瓷器多种多样，釉色华彩夺目，种类不一而足。

元朝时期的瓷器又有了新的发展，主要出现了元青花和釉里红这两种瓷器。元青花瓷是在上釉时只用钴料画出花纹，烧成后的瓷器上只有蓝色这一种颜色，给人以素雅、清新的美感；釉里红瓷器是用氧化料代替了钴料，烧制方法与元青花类似，但是氧化料在烧制过程中极不稳定，所以釉里红极难烧制，釉里红瓷器存世也很少。

到了明朝，中国的制瓷工艺又进入了一个崭新的时期。永乐时期，明朝瓷器以青瓷为主，画工的上釉技术高超，多以直接散晕为主，使烧制成功的瓷器有没骨花卉的韵味。嘉靖年间的瓷器色彩繁多而浓烈。万历年间的瓷器出现了五彩和斗彩,这就是有名的"万历彩"。

到了清朝,中国的制瓷工艺达到了顶峰,除了著名的景德镇官窑外,各地的民窑也如雨后春笋般层出不穷。清朝初期的主要釉色是粉彩,又称"软彩";后来还出现了一种新的釉彩——"织金",所谓织金就是用金线织边然后填彩;同时,在西方文化的影响下,还出现了珐琅彩。另外,清朝还出现了紫砂、黑瓷、石湾塑等新型瓷器。

骨瓷的发明

发明骨瓷的灵感来自于玻璃制造,骨瓷的英文名字为 bone china。

骨瓷是1794年由英国人发明的,是世界上唯一由西方人发明的瓷种,在西方,骨瓷被赋予很高的评价。骨瓷是在黏土中加入牛、羊等动物的骨灰,然后烧制而成的。

古代中国的陶瓷在西方国家有着很高的价值,一直深受西方人的追捧,仿制中国陶瓷的尝试更是从来没有中断过。但是,由于技术条件和生产材料的限制,仿制一直没有成功。15世纪,威尼斯人发明了铅玻璃,人们惊奇地发现,陶瓷的釉质层和玻璃有着某种相似之处,于是人们开始用制造玻璃的技术尝试仿造瓷器。1794年,一位叫做威廉·华尔森的人想到制造玻璃时要加入氧化钙的技术,便在黏土中加入了一些动物的骨粉,进行烧制,结果却出人意料,他得到了微微透明的"瓷器",后来又经过人们的不断改进,骨瓷就这样产生了。

内画的起源

内画工艺成形于清代京城，后出现京冀鲁三大流派。

内画是中国的一项传统工艺，是指在小小的鼻烟壶内壁上作画的工艺。由于建立清朝的满族统治者经常骑马征战，所以他们对于容易吸食的鼻烟特别喜爱，鼻烟也因此在清朝流行开来，内画的产生与鼻烟的流行关系紧密。

内画什么时候产生已经不可考证，由谁发明也无从知晓，关于内画的起源有一个传说。乾隆年间，一位地方官员进京办事，这位官员为官清廉，不知道贿赂京城的京官，所以等了很长时间事情也没有办成。后来，这位官员的银两花完了，只好寄宿在寺院里，暂且栖身。这名官员有吸食鼻烟的嗜好，在京很长时间，带来的鼻烟都吸完了，他烟瘾难耐，只好用烟签刮鼻烟壶上没有吸净的鼻烟来吸。他的这一举动被一个老和尚发现了，他看到烟签在鼻烟壶上刮出的划痕，突然有了在鼻烟壶内作画的打算。这位老和尚经过多次试验，终于用烟签蘸着墨汁在鼻烟壶里面画出了图案。

莳绘

莳绘最主要的原材料是生漆，制成耐磨耐损的莳绘用生漆至少需要3到5年的时间。

莳绘是流行于日本的一种民间工艺，是漆工艺的一种。莳绘的主要制作过程是：先用生漆在载体表面画上纹样，然后用蒙有纱网的管子在生漆表面洒上金银

粉或色粉，等漆干后再打磨成型，这样一件莳绘作品就做成了。制作莳绘的材料看似简单，但是得来并不容易。

莳绘是日本特有的漆器装饰工艺，主要有三种技法：

"研出莳绘"是最早的莳绘技法，出现于日本奈良时代。这种莳绘技法的主要工序是：首先用生漆勾勒出要创作的图案，然后撒上色粉，等漆干后，再在上面覆盖上一层生漆，最后用木炭打磨成型。

"平莳绘"出现于日本平安时代。"平莳绘"是先在纸上画出纹样，然后反贴于生漆上面，再用生漆勾勒出纸上的纹样，最后撒色粉，打磨。

"高莳绘"出现于日本镰仓时代。"高莳绘"的出现使得莳绘技艺有了立体感和力度感。"高莳绘"主要是在隆起的生漆上进行莳绘创作的一种技艺，在它的基础上又发展出了一种新的莳绘技法——"肉合莳绘"。有了这两种莳绘技法，进行莳绘创作时就可以表现出山岳和云彩的层叠效果，使莳绘作品更加逼真。

五线谱的由来

五线谱源于希腊，它的产生远早于数字简谱。

古希腊时期，音乐以声乐为主，音调的高低、发音的长短用 A、B、C 等字母表示。罗马帝国时期，人们改用符号表示音调高低，记录曲谱。这种记谱的方式被命名为"纽姆记谱法"，是五线谱的雏形。

"纽姆"一词在希腊语中意为"符号"。纽姆符号以线点组成，有些符号表示一个音，有些符号表示一组音，符号能准确标识曲调特征，便于演唱者演唱。纽姆符号虽能标识音调，但既不能标注发音长短，也不能标注音高，于是人们划出一条直线，以线为固定音调 F 调，将纽姆符号画在线的上下两侧，线上符号音调高于 F 调，线下符号音调低于 F 调，这种一线式的记谱方法被人们称为"一线谱"。

11 世纪，一位僧人为方便确定音高，将纽姆符号放在四根直线上。"一线谱"被改进成了"四线谱"。早期的"四线谱"中四根直线颜色不同，以颜色表示音高，如红线表 F 音，黄线表 C 音等。13 世纪，直线颜色全变成黑色，直线前端用拉丁字母注明音高。

"四线谱"虽方便标注音高，但不能标注节奏。13 世纪出版的《定理歌曲艺术》一书，首次规定了音符代表的音长。15 世纪时，音符种类增加，音符标注方式也有了改善，不只四根直线上可以标注音符，直线与直线间的空白处也可以标注音符。位于直线上的音符被称作"黑音符"，空白处的音符被称作"白音符"。这时的"四线谱"已经能将音的高低长短基本标注出来了。

16 世纪，乐谱中出现了小节线，记谱符号的符头也由方形变成了圆形。17 世纪，"四线谱"再经改善，变成了"五线谱"。"五线谱"逐步完善，逐步推广，最终通行世界，成了使用最广泛的记谱方法。

吉他

古典吉他是吉他家族中的"贵族",它和钢琴、小提琴被并称为世界三大著名乐器。

吉他又名六弦琴,状如提琴,是一种弹拨乐器。吉他产生于公元前3000年左右的古埃及。在公元前1400年的小亚细亚遗址中,考古学家发现了一把"8"字形琴体,这是迄今为止发现的最古老的一把吉他。

到了13世纪,吉他已经出现"摩尔吉他"和"拉丁吉他"两种类别了。摩尔吉他琴体椭圆,背部略鼓,以金属做弦,可演奏风格粗犷的音乐;拉丁吉他形状与现代吉他类似,琴体呈"8"字型,平底,以羊肠做弦,可演奏典雅音乐。

14世纪,吉他进入鼎盛时期,成为宫廷乐器。当时的吉他谱以横线代表琴弦,以数字和字母代表音位和指法,六线记谱,与现在的吉他谱有颇多类似之处。19世纪,吉他制作家托雷斯生产出一种琴体更大、音量更大、性能更好的古典吉他。除古典吉他外,现代吉他还包括木吉他和电吉他两种类型。木吉他以木箱共鸣扩音,可被用于演奏古典音乐和民谣;电吉他以电扩音器扩音,可被用于演奏摇滚和蓝调。

吉他多为六弦,但也有四弦、八弦、十弦、十二弦吉他。吉他可用于演奏多种音乐风格,如摇滚、蓝调、古典、民谣等。演奏古典音乐时,吉他既可独奏,又可配合其他乐器做二重奏。弹奏吉他时,一只手指抵指板,另一只手拨动琴弦。手指拨弦,指甲易受伤,所以有人用弹片拨弦;还有人持金属圆管滑过琴弦,滑奏吉他;也有人指戴指套拨琴弦。

小提琴溯源

英国牛津博物馆收藏着现今世界最有名的小提琴,琴名"弥赛亚",制于1716年。

有关小提琴的起源,学界众说纷纭。

一种说法称,小提琴是从"乌龟壳琴"演变而来的。传说,一个年轻人在沙滩散步时听到一种美妙的声音,他四下寻找声音的来源,结果发现声音是从一个

图文版 世界百科全书

文学艺术

空龟壳里传出来的。原来他不小心踢到龟壳，龟壳震动，发出了声音。年轻人回家后，按照龟壳震动的原理发明出一种乐器，这种乐器几经演变，变成了后来的小提琴，所以现在的小提琴琴孔状如龟背壳。

第二种说法称，小提琴源于斯里兰卡。当年的斯里兰卡国王将柱形木头掏空，做成了一种类似中国二胡的乐器，这种乐器就是当代小提琴的鼻祖。

第三种说法称，小提琴源于埃及，是由埃及乐器"里拉"进化而来的。15世纪，意大利人改进"里拉"，以马尾做琴弓，制成了小提琴。

还有一种说法称，小提琴产生于16世纪，是由一位意大利人发明的。1556年出版的《音乐摘要》中，首次出现了有关小提琴的明确记载。记载中称，小提琴在当时的欧洲已被广泛使用。17世纪，小提琴成了西方使用最广泛的乐器之一。意大利的小提琴制造业蓬勃发展，18世纪，出现了玛基尼、斯特拉第瓦利、阿玛蒂和爪内利四位小提琴制作名匠。

意大利小提琴的琴型、尺寸和结构被各国小提琴制造者争相效仿，沿用至今。从这个角度看，称"意大利是小提琴的故乡"似乎毫不为过。现在，玛基尼、斯特拉第瓦利、阿玛蒂和爪内利四位名匠所制小提琴已经成了稀世珍品。

钢琴溯源

拨弦古钢琴的音乐表现力远远低于击弦古钢琴，但拨弦时，琴弦震动产生颤音，微弱纤细，音质独特，适于宫廷室内演奏。

钢琴的历史可追溯到古希腊一弦琴。一弦琴琴弦增加，变成多弦乐器。多弦乐器逐渐演变，又变成了演奏方式不同的两种乐器：一种乐器以手指拨琴弦发音，另一种乐器以手指弹琴键，琴键键尾小槌击弦发音。后一种乐器被称为击弦古钢琴；前一种乐器后来与键盘结合，发展成了拨弦古钢琴。这两种乐器都是现代钢琴的初始形态，被统称为古钢琴。

击弦古钢琴发音小而细，如金属音，演奏方法、音色均类似现代钢琴，但结构比现代钢琴简单，不能快速连弹。拨弦古钢琴的外型、演奏方式与击弦古钢琴相像，但声音与击弦古钢琴完全不同。琴弦被拨动，容易产生噪音；琴弦震动发声，声音弱而短。

17到18世纪是古钢琴的全盛时期。18世纪以后，音乐类型越来越多，爵士乐、摇滚乐出现。爵士、摇滚等音乐类型对演奏乐器音量和声音力度的要求较高，古钢琴音量太弱，不足以支撑，于是被改进，变成了音量洪大的现代钢琴。

第一架类似现代钢琴的键盘乐器由意大利人克里斯托弗里发明。1709年，他将拨弦古钢琴的外形与击弦古钢琴的发音装置结合，制作了一架声音可以"强弱变化"的钢琴。这种钢琴，靠手指按键控制声音，音质富有层次，更具表现力。钢琴继承击弦古钢琴发音装置的同时，也继承了击弦古钢琴的弱点，无法连续弹奏。克里斯托弗里改进发音装置，使钢琴可以快速连弹，音域也增加为四组音程。这架键盘乐器就是最早的现代钢琴。

1730年，德国乐器制造师西尔伯曼根据意大利钢琴草图制造出第一架德国钢琴。这架钢琴琴键厚重，不易弹奏，高音音质也不够浑厚。在之后的100年中，钢琴被不断改良。改良后的现代钢琴主要有两种形式：直立式钢琴和三角平台式钢琴。三角平台式钢琴可用于演奏会演奏，直立式钢琴则多为家用。钢琴一般有85到88个琴键，2到3个踏板，右踏板控制强音，左踏板控制弱音。18世纪后期，钢琴已经成了公认的"乐器之王"。

小夜曲

小夜曲是专指夜晚演唱的爱情歌。

小夜曲起源于中世纪欧洲骑士文学，文学作品中常有行吟诗人在恋人窗前唱情歌的场景。作品流传到西班牙、意大利后，作曲家尝试着将文学作品中的描写变成实际生活中的创作，于是音乐体裁小夜曲便出现了。

小夜曲原本只靠声乐演唱，后来加上了曼陀林、吉他等器乐伴奏。再后来，出现了器乐独奏的小夜曲。小夜曲曲风抒情，旋律婉转，脍炙人口，在世界各国广为流传。莫扎特的歌剧《唐·璜》中，就有少女坐在窗前，边弹曼陀林边唱小夜曲的场景；舒伯特的歌曲集《天鹅之歌》中，收录了名为《听，听，云雀》的小夜曲；法国作曲家古诺也曾以雨果诗为题材创作小夜曲。

奏鸣曲

16世纪时，奏鸣曲作为与声乐曲相对的音乐表现形式，泛指所有用器乐演奏的乐曲。

　　"奏鸣曲"一词在意大利语中意为"鸣响"。16世纪以前，奏鸣曲就已经存在。17世纪初，三重奏鸣曲成为奏鸣曲的主要体裁。三重奏鸣曲又分室内奏鸣曲和教堂奏鸣曲两种不同的形式。

　　18世纪早期，独奏奏鸣曲兴起，三重奏鸣曲衰落。萨尔瓦托雷、库瑙等作曲家开始为键盘乐器创作独奏奏鸣曲。音乐家巴赫确立了独奏奏鸣曲的结构：独奏奏鸣曲分四个乐章。第一乐章为快板奏鸣曲，第二乐章为慢板三部曲，第三乐章为慢板小步舞曲或慢板诙谐曲，第四乐章为快板回旋曲或回旋奏鸣曲。

　　18世纪晚期，莫扎特、海顿等人将原奏鸣曲中的第二、第三乐章去掉，确立了奏鸣曲的新形式：第一乐章快板，第二乐章行板，第三乐章快板。贝多芬将三个乐章扩展为四个乐章，将交响曲的结构套用到奏鸣曲的创作中，写出32首钢琴奏鸣曲。奏鸣曲的体裁更加多样，结构更加成熟。

　　19世纪以前，奏鸣曲多由一两件乐器合奏。19世纪起，适合多种乐器的奏鸣曲越来越多，应用于奏鸣曲演奏的乐器也越来越多，奏鸣曲成了欧洲最主要的音乐表现形式。20世纪，一种新型奏鸣曲——奏鸣曲套曲出现了。奏鸣曲套曲由三到四个乐章构成，乐章间呈对比关系，演奏形式为一件乐器独奏或乐器配合钢琴，两件乐器合奏。

　　20世纪的重要作曲家几乎都曾写过奏鸣曲体裁的乐曲。不同作曲家所作奏鸣曲风格形式各不相同，如作曲家巴托克将民乐融入奏鸣曲的创作中，所作奏鸣曲带有协奏曲的风格；有些作曲家所作奏鸣曲带有新古典主义的风格；有些作曲家将新技法用在奏鸣曲的创作中等。

协奏曲

贝多芬、莫扎特、海顿等著名作曲家都曾创作过独奏协奏曲。

在拉丁语中,"协奏曲"一词意为"一同比赛",意指两者之间的关系既有竞争又有合作。作为音乐体裁的协奏曲,最早出现在16世纪的意大利,是一种靠器乐伴奏演唱的声乐曲。17世纪晚期,协奏曲脱离声乐,由器乐独立演奏,发展为器乐套曲。

器乐套曲是一种由独奏乐器和管弦乐队竞奏的音乐表现形式。17世纪出现的器乐套曲由几件独奏乐器组成乐器组,与管弦乐队竞奏,被称作"大协奏曲"。18世纪,与乐队竞奏的乐器变成钢琴、小提琴、大提琴等单件乐器。这种单件乐器对阵乐队,演奏出来的协奏曲被称为"独奏协奏曲"。除大协奏曲和独奏协奏曲外,协奏曲还包括只有一个乐章的小协奏曲、两件乐器与乐队竞奏的双重协奏曲、三件乐器与乐队竞奏的三重协奏曲和多组乐队竞奏的控化协奏曲等。

18世纪,莫扎特确立了协奏曲的基本形式:乐曲分三个乐章,由独奏乐器与管弦乐队协奏。乐器独奏时,乐器的独特个性和乐手的高超技巧要能得到充分展现。19世纪,协奏曲的形式在贝多芬手中得到发展,独奏乐器与乐队的关联更紧密。之后,李斯特更改协奏曲形式,在多乐章套曲的基础上创造出单乐章协奏曲。20世纪,格里埃尔将人声融入乐队演奏,创造出声乐协奏曲。

协奏曲种类多样,具有代表性的经典作品如肖邦的钢琴协奏曲,帕格尼尼的小提琴协奏曲,德沃夏克的大提琴协奏曲,柴可夫斯基的钢琴、小提琴协奏曲等。

进行曲

近代进行曲多为三段式,种类更多,用途更广。

进行曲是军队行进时,为统一步伐而演奏或歌唱的乐曲。进行曲节律性较强,旋律雄浑,结构严谨,节拍多为2/4或4/4等偶数拍。

最早的进行曲出现在古希腊悲剧中,多作群众进出场时的背景舞曲使用。16世纪,西方人将进行曲应用于战争中,靠它鼓舞士气。这时的进行曲结构短小,节拍较随意。17世纪,进行曲成为一种独立的音乐体裁,使用范围更加广泛,除被用于队伍游行、世俗礼仪活动外,进行曲还成为歌剧、舞剧的背景音乐和音乐会的演奏乐。

现代进行曲有军队进行曲、用于婚丧节庆的进行曲、专用于艺术欣赏的进行曲等不同类型。进行曲中不只有靠器乐演奏的器乐曲,还有很多声乐曲,如法国

《马赛曲》、中国《义勇军进行曲》等。

交响曲

中世纪时,"交响曲"成为一种乐器名,同时,人们用该词表示"两音和谐共鸣"的发声方式。

英文中的"交响曲"一词起源于古希腊。在古希腊语中,词语"交响曲"意为"共响"。

1597年,意大利作曲家加布里埃利创作《神圣交响曲》。"交响曲"一词首次成为曲名。从那以后,人们开始用词语"交响曲"指代既有器乐演奏又有声乐演唱的乐曲。1607年,没有声乐演唱、只有器乐演奏的交响曲出现。1619年,一部近代音乐著作中提到,交响曲应该是纯粹的器乐合奏乐,曲中不该包含声乐演唱,由此交响曲正式脱离声乐,成为专门的器乐音乐。

交响曲通常分四个乐章。第一乐章为快板奏鸣曲,节奏活泼,主题多表现戏剧冲突。第二乐章为慢板变奏曲,曲式常分三段,曲调缓慢,主题多表现生活体验或哲学思考。第三乐章多为谐谑曲或小步舞曲,曲式也分三段,主题表现矛盾过后短暂的放松。第四乐章以矛盾结果为主题,结局多团圆,因而以舞曲风格的急板表现乐观精神与欢庆场面,曲式多为奏鸣曲、回旋曲等。

圆舞曲

柴可夫斯基、理查·斯特劳斯、普契尼等人的歌剧中，都有圆舞曲段落出现。

"圆舞曲"又名"华尔兹"，由奥地利民间舞曲"兰得勒舞曲"发展而来。圆舞曲节奏欢快鲜明，旋律优美流畅。舞者跳舞时，两人一组，旋转起舞，舞步如打圈。

18世纪，圆舞曲在维也纳宫廷中盛行一时。18世纪晚期，圆舞曲进入社交场所，成为社交舞的伴奏曲。19世纪中期，圆舞曲以其节奏轻快、较强的情感表现力，深受人们喜爱，很快取代其他舞曲，成为欧洲最流行的伴舞用曲，风靡欧洲大陆。圆舞曲逐步发展、演变，派生出两种不同的形式：用于舞厅伴舞的实用圆舞曲和用于音乐会演奏的艺术圆舞曲。

圆舞曲风潮席卷欧洲之后，很多欧洲作曲家开始尝试将圆舞曲放入歌剧等大型作品中。布拉姆斯、肖邦等人都曾创作过钢琴独奏圆舞曲，其中莫扎特曾创作过50多首圆舞曲，舒伯特曾创作过200多首圆舞曲。全世界最著名的圆舞曲作曲家是小约翰·施特劳斯，他一生创作了447首圆舞曲，被誉为"圆舞曲之王"。

军　乐

很多国家每年举办军乐艺术节，比如著名的英国爱丁堡军乐节。

军乐是种合奏乐，常用于军队中，演奏乐器多为管乐器和打击乐器。18世纪晚期，军乐队出现在军队中。1899年，袁世凯组建了中国第一支军乐队。这支乐队曾为慈禧太后演奏。军队所奏军乐，乐曲曲风雄浑，格调高雅，有强烈感染力。

军乐乐队中常见乐器有圆号、小号、短号、长号、大号、次中音号、长笛、短笛、单簧管、双簧管、萨克斯管等。演奏时，圆号负责中音，小号多担任和声或独奏，短号负责高音，大号负责低音；长笛低音厚重、高音通透，短笛高音尖脆；单簧管可奏颤音，双簧管可奏连音；萨克斯管可奏主旋律，次中音号可奏副旋律。

随着军乐队队员和城市市民交往的增多，仿照军乐队形式，以管乐器和打击乐器组成的乐队开始出现在民间。这类民间乐队也被称作军乐队。词语"军乐队"中，"军乐"一词的含义越来越模糊。"军乐"不再特指军队中的音乐，"军乐队"也不再特指军队中的乐队。

口琴源于中国的笙

美国人用口琴演奏欧洲音乐和黑人音乐，使口琴的使用范围更加广泛。

笙是中国古乐器，靠金属簧片振动发音，是世界上最早能发出和声的乐器之一。1821年，一位法国钟表匠仿照笙的结构，将15根长短不一的音笛排在一起，发明了一种新乐器，乐器中各音管长短不同，所以发音音调有高有低。这位钟表匠为他的新发明取名为口琴，并声称这是"一件独一无二的乐器"。他发明的这只口琴长约4英寸，能发21个音阶，演奏者吹奏时，呼气产生气流，气流冲击簧片，簧片振动发声。

口琴发明后，在维也纳很受欢迎。那时，口琴并没有被当成吹奏乐器，而是被当作饰品使用。女士衣物、男士手杖上都常以口琴作饰。1825年，一位波西米亚乐器工匠发现，这种简易口琴不适合演奏民谣。他将金属簧片安在口琴中，对口琴做了些技术改进。改进后的口琴，吹奏者吸气和呼气时都能发出声音，演奏民谣容易多了。

1865年，改进口琴出现在美国贩售市场上。1888年，有人开始大批量生产口琴。1898年，口琴传入日本。日本人发现，口琴无法完整演奏日本民谣，于是又对口琴做了些改良。1924年，口琴传入中国大陆和东南亚。喜欢吹奏口琴的人越来越多，口琴成了全世界通用的乐器。

浪漫主义音乐

最早的浪漫主义音乐家是贝多芬，贝多芬的晚期音乐是最早的浪漫主义作品。

浪漫主义音乐是继古典乐派之后，19世纪初期产生于维也纳的一个音乐流派。贝多芬以后的音乐家几乎都可被视为浪漫主义音乐家。19世纪中期，浪漫主义音乐进入鼎盛时期。

浪漫主义音乐家热爱自然，富于幻想，重视对个人主观情感的表达。因而，浪漫主义音乐作品多描写大自然，带有强烈的戏剧性和自传色彩。浪漫主义音乐继承了古典乐派的艺术表现形式，但表现手法更为夸张，不再重视乐曲结构的匀称和完整性，所以创作时自由度较大。

经发展分化，浪漫主义音乐出现两种不同的流派：保守浪漫主义和积极浪漫主义。除贝多芬的晚期作品外，威尔第的《茶花女》，施特劳斯的《春之声》、《蓝色多瑙河》，普契尼的《图兰朵》、《蝴蝶夫人》，比才的《卡门》等都是浪漫主义音乐的代表作。

爵士乐

早期的爵士乐乐手多为裁缝、木匠等手艺人，他们在周末、假期从事音乐演出。

爵士乐的起源要追溯到非洲民歌。非洲民歌经布鲁斯、拉格泰姆等不同时期、不同音乐形式的演变，最终发展为20世纪盛行一时的爵士乐。

19世纪末，美国南部的工人聚居区出现了早期的爵士乐。当时的爵士乐，英文名不是"Jazz"，而是"Jass"。爵士乐诞生初期，发展最迅猛的城市是新奥尔良。新奥尔良爵士乐种类最多、水准最高，"新奥尔良"一词甚至一度成为"爵士乐"的代名词。

20世纪初，美国北部城市繁荣起来，大量爵士乐手涌向北方。芝加哥取代新奥尔良，成为新的爵士乐中心。20世纪20年代，很多爵士乐队开始灌录唱片，传统爵士乐进入辉煌时期。

爵士乐不同于交响乐、协奏曲等传统音乐，是乐手即兴演唱或演奏的音乐。乐手演唱时的发声方式、演奏时使用乐器的方式都别具一格。爵士乐有自己独特的和弦与和声，爵士和弦由布鲁斯和弦发展而来。爵士乐队使用的乐器，多为萨克斯管、长号、小号、吉他等。爵士乐种类繁多，类型包括蓝调、拉丁爵士、灵魂爵士等。

乐队指挥

在乐队指挥带领下，各乐器组分工合作，多种乐器的演奏融为一体，所奏作品张弛有度，音乐表现力更强。

乐队指挥是乐队合奏时站在队前指挥演奏的人。指挥右手持指挥棒把握节拍，左手以手势控制乐曲强弱。

对于乐手来说，指挥是艺术指导，是解释作品的人。有些指挥在成为指挥之前也是乐手。乐手只需牢记自己的乐谱，但身为指挥，必须牢记乐队总谱和每个乐器组的分谱，了解音乐作品的整体结构，引导团员演出。

除记熟乐谱、准确把握乐曲意图外，乐队指挥还要能将乐谱上的音符转化为演奏激情，把激情用肢体语言呈现出来，带动起乐队的激情。一位优秀的乐队指挥，必须有独特的个人魅力，既能调动乐手的积极性，又能感染全场的观众。

乐队指挥是一个乐队的灵魂，他以手势、表情，将自己对乐曲的理解传达给演奏者，挖掘演奏者最大的潜能。

管弦乐的起源与发展

19世纪，管弦乐的代表作品有约翰·施特劳斯的圆舞曲，李斯特的标题交响诗，比才与格里格的乐队组曲、音乐会序曲和狂想曲等。

管弦乐是器乐与声乐发展的产物。

16世纪以前，欧洲器乐附庸于声乐。17世纪以后，乐器制作技术提高，歌剧兴起，器乐从声乐中分离出来，成了一种独立的音乐类别。这一时期，很多作曲家开始尝试独立创作器乐作品，舞曲、随想曲、协奏曲等音乐体裁陆续出现。18世纪，小提琴音乐兴起，影响了歌剧序曲的创作。歌剧体裁的改变，促使作曲家着力于对原有音乐形式的革新。海顿最早使用管弦乐器编制歌剧音乐的主调；莫扎特在海顿的基础上，首次尝试使用木管乐器创作主调音乐；贝多芬将交响乐融入管弦乐中，创作了奏鸣曲式的歌剧序曲。

19世纪，管弦乐创作进入鼎盛时期。音乐与文学结合，大批作曲家应运而生。歌剧中的管弦乐队编制扩大，乐器种类增多，管弦乐的音乐表现手法更丰富，音乐体裁更多样，和声数目大增，和声方式更自由。

20世纪，西方管弦乐创作中流派纷呈。拉赫玛尼诺夫的晚期浪漫主义、新维也纳乐派的表现主义、亨德米特曾追捧过的新古典主义、德彪西的印象主义等都是这一时期较有影响力的音乐流派。这个时期，美国爵士乐也披着管弦乐的外衣大行其道。爵士乐影响了管弦乐，有些管弦乐作品开始追求音乐力度，将复杂的节奏融入旋律，使作品结构更紧缩，旋律更多变。

管弦乐演奏是大规模的器乐演奏，乐曲多为套曲，包含三到四个乐章。每个乐章传达不同的音乐情感，乐章组合，使音乐作品更统一更完整，音乐效果更强烈。管弦乐团中器乐分四组：弦乐组、打击组、木管组和铜管组。四组乐器重奏，使音乐作品更加统一完整。世界著名的管弦乐团有柏林爱乐乐团和维也纳管弦乐团等。

作曲家拉索

1574年，拉索以乐长身份访问巴黎和罗马，被罗马教皇封为"金马刺骑士"。

拉索是法国弗兰德乐派第三代作曲家中的代表人物，欧洲16世纪最有创造性的作曲家之一。

1532年，拉索生于法国蒙斯，他在童年时就显露出过人的音乐天赋。他在教堂唱诗班做歌童时，曾因嗓音甜美，三次被合唱团诱拐。拉索12岁时移居意大利，先后居住在米兰、那不勒斯、西西里等地。1553年，拉索成为罗马圣约翰教堂合唱指挥。

1555年起，拉索移居安特卫普。在安特卫普，拉索出版了自己的首批音乐作品。拉索的作品风趣活泼，通俗易懂，极富生活情趣。他善于将生活中的音调融入作品，作品音色多变，音量富有层次性，极具造型感。拉索一生共创作了2000多首作品，音乐汇集了村歌、经文

歌、弥撒曲、牧歌等多种类型。作品中有1200多首经文歌，57首弥撒曲。

1556年，拉索来到慕尼黑，任职教堂歌手。1563年，拉索被提升为教堂乐长。1594年6月14日，拉索在慕尼黑去世。去世前，拉索的身份仍然是教堂乐长。

"西方音乐之父"巴赫

在《平均律钢琴曲》中，巴赫提出了键盘乐器的十二平均律原则。

巴赫是德国最伟大的作曲家之一。他生于音乐世家，祖上均为乐师。

1717到1723年，巴赫在柯登担任宫廷乐长，期间创作了大量乐曲。这一时期的作品，既有管弦乐又有协奏曲和奏鸣曲，如《勃兰登堡协奏曲》、《半音阶幻想曲赋格》。1721年，巴赫写成C大调、d小调管弦乐组曲和法国组曲；1722年完成《平均律钢琴曲》（上册）；1723年写出三部创意曲。

1724年，巴赫移居莱比锡，担任圣·汤姆士教会乐长。任乐长期间，他创作了大量的受难曲、管风琴曲、清唱剧和神剧，如《马太受难曲》、《约翰受难曲》、《d小调弥撒》等。《马太受难曲》是巴赫最著名的作品之一，乐曲结合了声乐和器乐，通过两组合唱与两组管弦乐的对立，巧妙地抒发了情感，表现了主题。

《马太受难曲》既是受难乐也是复调音乐。复调音乐是巴赫音乐的显著特色。巴赫的音乐，乐句与乐段交织连绵，句与段之间没有清晰的分界，作品抒情性较强，擅长刻画内心感受，适合多声部演唱。巴赫复调音乐的代表作有《d小调托卡塔歌赋》等。

巴赫在莱比锡担任乐长职务直至去世。这段时间，他还完成了《平均律钢琴曲》（下册）。《平均律钢琴曲》由48首赋格曲和前奏曲组成，是巴赫键盘音乐中成就最高的作品，被后人誉为"音乐圣经"。

巴赫的作品，集欧洲17世纪以前的音乐风格、音乐形式和音乐传统之大成。他确立了和声体系，使音乐脱离宗教，成为歌颂平凡生命的载体。他终身未出德国国门，却将西欧各民族不同的音乐风格融为一体，为西洋音乐的发展做出了极大贡献，被誉为"西方音乐之父"。

音乐神童莫扎特

十年巡演中，莫扎特创作了《虚伪的善意》、《本都国王米特里达特》、《巴斯蒂安与巴斯蒂娜》等作品。

1756年1月27日，莫扎特出生在奥地利萨尔茨堡的一个乐师家庭。莫扎特音乐天赋极高，4岁开始学钢琴，5岁开始尝试作曲，6岁已经开始在欧洲各地作巡回演出。

巡演始于1762年，历时十年，1773年3月才结束。莫扎特与父亲边巡演边旅行，足迹遍及荷兰、意大利、法兰西、德意志和英吉利。巡演途中，莫扎特接触到了当时欧洲最先进的音乐艺术，如法国歌剧、意大利歌剧，德国器乐等。

1773年底，莫扎特返回萨尔茨堡，系统学习音乐理论知识。1775年，莫扎特创作出歌剧《假园丁》、《牧人王》。1777年9月，莫扎特不满自己的奴仆地位，与母亲一起离开维也纳，再次边旅行边巡演。1778年5月，莫扎特母亲病逝。1779年1月，莫扎特返回萨尔茨堡。

1781年，莫扎特与主教决裂，辞去皇家乐师职务，前往维也纳，开始自由创作。在维也纳的十年是莫扎特创作力最旺盛的十年。十年间，莫扎特写出了《后宫诱逃》、《剧院经理》、《费加罗的婚礼》、《唐·璜》等著名作品。

1789年4月起，莫扎特在柏林、德累斯顿、莱比锡等地做巡回演出，演出轰动一时。1790年，莫扎特创作出《女人心》、《蒂托的仁慈》、《魔笛》等歌剧作品。1791年，莫扎特不顾重病，坚持创作大型宗教音乐作品《安魂曲》。创作未完成，莫扎特就于1791年12月5日在维也纳离世，年仅35岁。

音乐家贝多芬

在父亲的逼迫下，贝多芬从4岁起就开始练习小提琴和羽管键琴。

1770年12月16日，贝多芬生于德国波恩。虽然家境贫困，但是他的父亲一心想把他培养为"第二个莫扎特"。8岁时贝多芬首次登台演出，大获成功。从那以后，贝多芬师从风琴师尼福，接受作曲训练。

贝多芬11岁时发表第一部作品《钢琴变奏曲》，13岁时成为宫廷乐队的风琴师和古钢琴师。1787年，贝多芬接受波恩宫廷资助，到维也纳拜师海顿、莫扎特，学习作曲。

贝多芬在26岁时听力衰退，影响到了他的创作。然而他意志顽强，不但未被疾病击倒，反而坚持创作，完成了《第一交响曲》、《悲怆钢琴奏鸣曲》等优秀作品。1805年，贝多芬唯一的歌剧《费德里奥》上演，这时贝多芬双耳已经完全失聪。1807年起，贝多芬又相继写下了《命运交响曲》、《田园交响曲》、《英雄交响曲》等名作。

1811年，贝多芬完成著名钢琴曲《致爱丽丝》。接下来的十年间，贝多芬又创作了《五重奏赋格》、《庄严弥撒》等不同类型的作品。1824年，贝多芬最后一部作品《第九交响曲》问世。1827年3月26日，贝多芬因肝脏病去世，逝前尚在计划创作《第十交响曲》。

《月光奏鸣曲》

《月光奏鸣曲》原名《升c小调第十四钢琴奏鸣曲》，因被诗人路德维希形容为"像在月光湖面上泛舟"而得"月光"之名。

《月光奏鸣曲》是音乐家贝多芬1801年创作的钢琴曲，被贝多芬称为"如幻想曲一样"的作品。

《月光奏鸣曲》分三个乐章。第一乐章为c小调慢板音乐，节奏2/2拍，曲式为三部曲。乐章以奏鸣曲的形式写成，曲风柔和，梦幻抒情，略带伤感。第二乐章为降D大调快板，3/4节拍，也是三部曲式。在传统钢琴协奏曲中，第二乐章多为慢板音乐，贝多芬却"反道而行"，在第二乐章中使用短节拍、快节奏的音乐，使这一乐章承上启下，完美地衔接了第一和第三乐章。第三乐章为升c小调急板，4/4节拍，曲式为奏鸣曲。这一乐章音乐技巧复杂，音乐内容充实，乐章以激荡的旋律、精巧的结构表现出作曲者的愤怒情绪、昂扬斗志。直到乐曲结束时，乐曲音符似乎仍在作"最后一击"。

"小提琴上的魔鬼"帕格尼尼

帕格尼尼是意大利作曲家、小提琴演奏家。

1782年10月27日，帕格尼尼生于意大利北部海港热那亚。他的父亲虽是商人，但却酷爱音乐。帕格尼尼7岁时，父亲请一位剧院小提琴手教他拉小提琴。后来，帕格尼尼师从热那亚最有名的小提琴家学习小提琴演奏。

在他8岁那年，帕罗尼尼就写出过小提琴奏鸣曲。12岁那年，他在热那亚公开演奏小提琴，大获成功。13岁起，帕格尼尼边旅行边演出，跟随不同的老师学习小提琴演奏技术。15岁那年，帕格尼尼的演奏被法国教育家鲁道尔夫·克鲁采尔听到。克鲁采尔被帕格尼尼的演奏技巧惊得目瞪口呆，感叹地说："好像在小提琴上看到了魔鬼的幻影。"从那以后，人们就把帕格尼尼称作"小提琴上的魔鬼"，并称他的演奏为"魔鬼的演奏"。

帕格尼尼16岁时一度坠入迷途，沉迷赌博和酗酒。在老师狄达帮助下，他走出迷途，重新学习小提琴演奏。1801到1805年，帕格尼尼一度隐居。1805年，帕格尼尼成为卢加宫廷乐队小提琴独奏家。与乐队合同期满后，1808年，帕格尼尼再度隐居。1814年，帕格尼尼复出，开始在意大利各地巡演。19世纪20年代，帕格尼尼先后在巴黎、维也纳、伦敦等地举行演奏会。1833年，帕格尼尼移居巴黎。1839年，帕格尼尼定居马赛。1840年5月27日，帕格尼尼在尼斯去世，享年58岁。

《马赛曲》

《马赛曲》是1789年法国大革命期间，由守卫斯特拉斯堡的士兵鲁热·德·利尔创作的一首自由赞歌。

1789年法国大革命期间，鲁热·德·利尔写下歌词谱好曲后，将歌曲抄写在纸片上，送到军队指挥官手中，希望歌曲能被用作军队行进歌。鲁热·德·利尔的行为得到市长支持。在市长授意下，斯特拉斯堡乐队在广场演奏了这首曲子，斯特拉斯堡出版社印行了乐谱，并为歌曲命名为《莱茵河战歌》。从此，抄写、印刷着歌曲的纸片开始在人们手中流传。

1792年4月24日，鲁热·德·利尔在斯特拉斯堡演奏这首曲子，轰动全国。一位医科大学生将《莱茵河战歌》推荐给马赛的工人革命军。马赛军一路高唱《莱茵河战歌》，开进巴黎。巴黎人听到《莱茵河战歌》，热血沸腾，为歌命名为《马赛曲》。《马赛曲》很快传遍巴黎的大街小巷，成为剧院、集会、宴会中的合唱歌。后来，教堂唱完赞美诗后，也开始演唱《马赛曲》。

1795年,《马赛曲》成为法国国歌。1804年,拿破仑下令禁唱《马赛曲》。1815年,法王路易十八再次下令,禁唱《马赛曲》。然而禁令无效,1830年七月革命时,法国士兵仍然唱着《马赛曲》投入战斗。1879年,法国政府解禁,《马赛曲》再次唱响。

"钢琴诗人"肖邦

肖邦音乐天赋惊人,7岁时就创作出第一首曲子《B大调和G小调波兰舞曲》。

1810年,肖邦生于波兰中部热拉佐瓦－沃拉镇。出生不久,肖邦便随家搬至首都华沙。1816年,在母亲和姐姐的指导下,肖邦开始学习钢琴。

1818年,肖邦首次登台演奏。1822年,肖邦拜约瑟夫·埃尔斯内为师,学习作曲和音乐理论。1826年,肖邦中学毕业,进入音乐学院,仍师从约瑟夫·埃尔斯内,学习作曲和钢琴演奏。1827年,肖邦发表第二部作品《B大调钢琴和管弦乐变奏曲》,引起轰动。

1829年,肖邦写出两首钢琴协奏曲。之后的两年,他在华沙、维也纳、巴黎等地举办巡回音乐会,音乐会备受好评。1831年,肖邦移居巴黎,以作曲、教学、演奏为生。在巴黎,肖邦认识了诗人海涅、音乐家李斯特、作家乔治·桑等人。1839年,肖邦住进乔治·桑的庄园,潜心创作。1843年,肖邦离开庄园。1848年,肖邦举办完巴黎音乐会后,肺结核病情加重。1849年10月17日,肖邦逝于巴黎家中。

肖邦一生坚持创作,作品以钢琴曲为主,被人们称为"钢琴诗人"。肖邦钢琴曲的代表作有前奏曲《雨滴》,练习曲《离别》、《革命》等。

交响诗的开创者李斯特

1823年到1835年，李斯特的音乐生涯以演奏为主。

1811年10月22日，李斯特出生在匈牙利雷定。6岁时，他便开始学习音乐。1821年，李斯特到维也纳拜师学艺。1823年移居巴黎，在肖邦、夏多布里昂、雨果等人影响下，开创了音乐体裁交响诗，创作出《匈牙利》、《塔索》等交响诗作品。

1835年起，李斯特音乐生涯的重心转移到创作上。1848年，李斯特定居魏玛，成为魏玛宫廷乐长。1848年到1861年间，李斯特创作了大量的优秀作品，如《旅行岁月》、《唐·璜的回忆》、《匈牙利狂想曲》等。

1865年，李斯特加入教会，成为天主教徒。这一时期，他创作了《耶稣基督》、《圣伊丽莎白逸事》等宗教音乐。1876年，李斯特创立布达佩斯国立音乐学院，并出任学院院长。1886年7月31日，李斯特因肺炎逝于拜罗伊特。

建 筑

埃及金字塔之谜

金字塔的外形是上小下大的等腰三角形，远远望去就像中文的"金"字，因此人们将其称为"金字塔"。

埃及金字塔是古埃及法老和王后的陵墓，分布在尼罗河两岸。

在埃及境内发现的 96 座金字塔中，最大的是开罗郊区吉萨的胡夫金字塔。这座金字塔是第四王朝第二个国王胡夫的陵墓，修建于公元前 2690 年左右。胡夫金字塔高约 137.2 米，底座每条边长约 230 米，三角面斜度 52 度，塔底面积约 52900 平方米。胡夫金字塔由 230 万块石头组成，平均每块石头重约 2.5 吨，有的甚至重达几十吨。埃及金字塔的建造工程包括采石、运输、砌筑等工序，需要大量的人力、财力和物力。据估计，支持这样的工程需要 5000 万人口的国力。但是，当时全世界的总人口不会超过 2000 万人。人们不禁要问：如此浩大的工程，古埃及人是如何完成的？关于埃及金字塔的建造方法，历史上没有留下任何记录。金字塔的石头是一块一块垒上去的，并且石头与石头之间严丝合缝，连最薄的刀片也插不进去。有的学者推测，这些石头是利用杠杆原理悬吊上去的。但是，能吊起几吨，甚至几十吨的支架和绳索，又是从哪里来的呢？这些问题至今没有人能给出让人信服的答案。

狮身人面像

有人认为早在法老胡夫决定在这里修建金字塔之前，这座狮身人面像就已经建好矗立在这里了。

图文版 世界百科全书

建筑

狮身人面像，位于埃及胡夫金字塔的旁边。据说公元前2610年，法老胡夫巡视自己的陵墓建造进程。当时，陵墓的主体工程已经结束，但采石场上还剩有一块巨大的石头。于是，胡夫命令石匠们按照他的脸型，塑造一座狮身人面像。经过几十年时间的修建，这座雕像终于完工。它高20米，长57米，脸长5米，头戴"奈姆斯"皇冠，额上刻着"库伯拉"圣蛇浮雕，下巴上有象征帝王之相的长胡须。然而不幸的是，多年以后，狮身人面像的鼻子塌陷了。

关于狮子人面像鼻子的失踪，有两种说法。一种说法认为，拿破仑入侵埃及的时候，命令部队的人用大炮轰炸了它的鼻子。另一种说法认为，大约在500年前，埃及国王的士兵把它的鼻子当做靶子，进行射击训练，久而久之，狮身人面像的鼻子被一点点损毁。

关于为什么要建狮身人面像，也有不同的说法。一般人认为是为了守护法老墓地，但到了近代，美国学者约翰·安东尼·韦斯特认为，就整个狮身人面像被水浸的现象而言，它曾经一度被水淹没过。而埃及最后一次大洪水的爆发是在公元前1万年左右。因此，约翰·安东尼·韦斯特推断，狮身人面像大约是在公元前1万年之前建成的。

空中花园

空中花园，又称悬园，是古代世界七大奇迹之一。

空中花园于公元前6世纪左右由新巴比伦国王尼布甲尼撒二世在巴比伦城修建。

关于空中花园的起源，可以追溯到新巴比伦国王尼布甲尼撒二世时期。尼布甲尼撒二世娶了米底的公主安美依迪丝为王妃。后来，王妃由于思念故乡得了重

病。为了排解王妃心中的思乡之苦，尼布甲尼撒二世下令按照王妃故乡的景色修建一座花园。这座花园就建造在尼布甲尼撒二世的宫殿里，不仅有层峦叠嶂的山石，还有不计其数的奇花异草。空中花园共有4层平台，由25米高的柱子支撑。每一层平台由沥青和砖块建成。为了能够浇灌花草树木，园中还设置了灌溉系统。由于花园比宫殿的城墙还高，远远望去，就像悬浮在半空一样，因此被人们称为"空中花园"。

桑奇窣堵波

  桑奇窣堵波盛行于公元前3世纪时期的印度孔雀王朝，并成为当时印度的一种主要建筑形式。

  桑奇窣堵波，又称桑奇大塔，古代印度佛教所特有的一种建筑类型，其外形像一座圆顶的墓冢。一般而言，它用来供奉或者安置佛祖、圣僧的遗骨、经文和法物。

  窣堵波源于印度塔的一种形式，分布在今印度、巴基斯坦、尼泊尔等南亚或东南亚国家。关于它的起源，可以追溯到公元前3世纪时期的印度孔雀王朝。那时候，正值第三代君主阿育王执政。阿育王下令兴建窣堵波，全国各地共有84000座窣堵波先后修建起来。与之相应，佛祖的骨灰被分成84000份藏于各地的窣堵波内。其中，有8座位于今印度博帕尔附近的桑奇村。历经2000多年的历史，8座桑奇窣堵波现在仅存有3座。而这3座桑奇窣堵波，是现存最早、最大且最完整的佛塔。

  桑奇窣堵波的整体建筑形式统一，它由栏杆、牌坊和半球体坟冢组成。球体直径32米，高12.8米，立在一个直径36.6米、高4.3米的圆形台基上。坟冢由砖石砌成，表面嵌有一层红色的砂石。在坟冢的周围，围着一圈高3.3米的仿木式石栏杆。在石栏杆的四个方向，各有一座石塔门牌坊。其中，最古老的一座是南门牌坊。牌坊高约为10米，两面都绘有浮雕。在牌坊的边缘，还刻着捐赠者的名单，这些名字都是用婆罗门文字雕刻而成的。

阿旃陀石窟

1983年，阿旃陀石窟被列入世界文化遗产目录。

阿旃陀石窟是印度著名的佛教石窟群，内部保存着大量的佛教石雕与壁画，与举世闻名的泰姬陵并称为印度双璧。

阿旃陀石窟的开凿始于公元前1世纪或公元前2世纪，整个过程历经700多年，最终于公元6世纪或7世纪完工。石窟群坐落于瓦古尔纳河谷的悬崖峭壁上，距离谷底10到30米不等。中国唐朝的高僧玄奘曾在自己的著作中提及阿旃陀石窟，不过随着时间的推移，阿旃陀石窟逐渐被世人遗忘了。等到人们再度发现这座石窟群时，已是1819年的事了。

当时，一位名叫约翰·史密斯的英国军官在狩猎的过程中意外发现了阿旃陀石窟的10号窟。之后，他又据此找到了其余20多座石窟，被遗忘多年的阿旃陀石窟终于重新回到了人们的视线中。

阿旃陀石窟现存30座石窟，因开凿时间的差异，每座石窟的建筑风格有很大区别。石窟中最宝贵的文化遗产就是壁画和雕像，其中以宗教题材居多。除了宗教壁画以外，石窟中还保存着不少展现印度古代宫廷生活的壁画。虽然这些壁画因为年代久远，已经出现了多处剥落，但是看上去依然惟妙惟肖，以至于被赞为"简直可以把人带回到过去的梦幻世界中"。

婆罗浮屠

婆罗浮屠大约建于公元8世纪到9世纪，由爪哇岛夏连特拉王国的统治者所建。

婆罗浮屠是一座佛塔遗迹，位于印度尼西亚中爪哇省，是公元9世纪时世界上最大型的佛教建筑物。

婆罗浮屠曾经在火山灰下埋藏了近千年。1814年，英国统治爪哇，时任爪哇副总督的托马斯·斯坦福·莱佛士在他的《爪哇历史》中提到他派人发掘婆罗浮屠的一段经历。婆罗浮屠出土后，引起了世界上的轰动。

婆罗浮屠共九层，从下到上分为塔基、塔身和塔顶三个部分。塔基是一个边

长为123米的正方形。塔身由五层逐渐缩小的正方形构成，形成一个侧面的金字塔形状。塔顶由三层圆形构成，每一层上建有一圈多孔的舍利塔。顶层的中心是一座圆形佛塔，被七十二座钟形舍利塔团团包围。在塔身的五层正方形和塔顶的三层圆形上雕刻有许多佛像。这些佛像初看起来大同小异，都是一尊佛盘膝端坐在莲花座上，但它们每个的手势有着微妙的差别，分别代表了东西南北中五方佛的一方。

联合国教科文组织和印度尼西亚政府在1975年到1982年对佛塔进行了修复。这次修复很彻底，加固了佛塔的地基，清理了1460片石板，重新组建完善了五层方台，并改进了排水系统。修复完成后，联合国教科文组织将婆罗浮屠列入世界文化遗产。

泰姬陵

泰姬陵的所有建筑群都采用纯白色的大理石作为材料，并用玻璃和玛瑙装饰，被人们称为"完美建筑"。

泰姬陵，全称为泰姬·玛哈陵，位于今印度阿格拉城内，亚穆纳河的岸边。它由殿堂、钟楼、尖塔和水池等建筑物构成。

关于泰姬陵的建造，可以追溯到莫卧儿王朝第五代皇帝沙·贾汗执政时期。1613年，沙·贾汗与一位美丽动人的姑娘阿姬曼·芭奴结婚。1628年，沙·贾汗继承王位后，册封阿姬曼·芭奴为泰姬·玛哈，这是王宫中最高的头衔。1631年，阿姬曼·芭奴跟随沙·贾汗南征。在路途中，阿姬曼·芭奴因为难产而去世。王妃的突然死亡，使得沙·贾汗十分伤心，他决定为死去的王妃修建一座陵墓。1633年，在印度北部的亚穆纳河附近，沙·贾汗挑选了一个大花园作为陵墓的地址。动工开始后，大概有2万多人从事这项建筑。其中，有印度、波斯、土耳其和巴格达的建筑师、镶嵌师、书法师、雕刻师和泥瓦匠等。为了使得修建的陵墓美观大方，沙·贾汗特意选用印度的大理石，中国的宝石、水晶等作为建筑装饰材料。1650年，泰姬陵顺利完工。

塔的起源

14世纪之后，塔逐渐从宗教世界中脱离出来，成为普通人生活的一部分。

塔，是一种具有特定形式和风格的东方传统建筑。一般来说，塔常见于亚洲地区，用来供奉或者收藏佛舍利、佛像、佛经等，因此又被人们称为"佛塔"或者"宝塔"。在中国，塔还指一种高耸的塔形建筑物。

关于塔的起源，可以追溯到古印度的窣堵波和中国传统的建筑楼阁。窣堵波原是古印度埋葬佛祖释迦牟尼骨灰的一种建筑物。这种建筑形式发展到后来，成为一种纪念佛祖的特有建筑物。随着佛教在东南亚各地的传播和发展，窣堵波这种建筑形式也随之在各地发展起来。逐渐地，窣堵波发展成为现在所说的塔，并成为许多得道高僧圆寂后埋藏尸骨的地方。

当佛教传入中国后，窣堵波与中国的楼阁便相互结合。楼阁又称重楼，是中国的一种传统建筑形式。早在先秦的时候，中国就已经出现了楼阁。之后，各地的建筑体系吸收窣堵波形式，历经唐朝、宋朝、元朝、明朝、清朝，逐渐发展成为多种塔系建筑。比较出名的有楼阁式塔、密檐式塔、亭阁式塔、覆钵式塔、金刚宝座式塔、五轮塔、多宝塔和无缝式塔等多种形态结构。塔的建筑平面、建筑技术、使用的材料等随着时间的推移，不断发生变化。

龙门石窟

龙门石窟与山西云冈石窟、甘肃敦煌莫高窟、甘肃天水麦积山石窟并称为中国四大石窟。

龙门石窟地处中国洛阳，是著名的佛教石刻艺术宝库。

龙门石窟始凿于北魏时期。公元493年，北魏孝文帝迁都洛阳，随即开始在洛阳城南开凿龙门石窟。北魏是龙门石窟开凿的第一个兴盛时期。宾阳三洞、莲花洞、火烧洞、皇甫公洞和魏字洞等都开凿于这段时期。北魏灭亡后，龙门石窟

的开凿工程随之中断。直到唐朝建立后，龙门石窟才迎来了第二个兴盛时期。石窟中的潜溪寺、万佛洞、奉先寺大像龛等都开凿于这段时期。唐高宗和武则天在位时，更将石窟的开凿工程推向了顶峰。武则天对弥勒佛十分推崇，在龙门开凿了很多以弥勒佛为主尊的洞窟，如千佛洞、大万五佛洞、极南洞等。北魏时期，龙门石窟中的佛像多为释迦牟尼佛。到了唐朝，无量寿佛、弥勒佛、观音菩萨等成了最主要的造像题材。武则天退位后，龙门石窟逐渐沉寂了下来。

龙门石窟的开凿历经400年，期间出现了多次朝代更迭。除了北魏和唐朝以外，其他朝代的统治者都未能对这项工程予以重视。在龙门石窟现存的2345座洞窟中，北魏开凿的约占了30%，唐朝开凿的约占了60%。石窟中现存的佛像超过了11万座，其中最大的佛像就是武则天时开凿的卢舍那大佛。相传这尊佛像是根据武则天的形象设计的，高达17.14米，单是头部的高度就达到了4米，耳朵的长度达到了1.9米。石窟中最小的佛像高度只有2厘米，被称为微雕。除了佛像之外，龙门石窟中还保存着碑刻题记3600余品，被世人称为古碑林，其中尤以龙门二十品和褚遂良的伊阙佛龛之碑最富盛名，它们分别是魏碑体和唐楷的代表作。

1961年，中国国务院将龙门石窟列为全国第一批重点文物保护单位，1982年又将其列为全国第一批国家级风景名胜区。2000年11月30日，龙门石窟被联合国教科文组织列入《世界文化遗产名录》，世界遗产委员会评价说："龙门地区的石窟和佛龛展现了中国北魏晚期至唐代时期最具规模和最为优秀的造型艺术。这些详实描述佛教宗教题材的艺术作品，代表了中国石刻艺术的最高峰。"

中国的四大回音建筑

中国的四大回音建筑是：河南陕州的宝轮寺塔、重庆潼南县大佛寺的石琴、北京天坛回音壁和山西普救寺的莺莺塔。

宝轮寺塔，位于河南省三门峡市区西部的陕州风景区，原是陕州城内宝轮寺的寺塔。后来，寺院损毁，但是这座塔却保留下来。宝轮寺塔的创建人是唐代的僧人道秀。宝轮寺塔高 26.5 米，塔围 21.6 米。塔底分为台基和台座。整个塔身自下而上不断收敛，每一层的高度逐渐递减，呈抛物线型的轮廓。站在该塔的周围，敲打石头或者拍打手掌，就会听到"呱呱呱"的声音，就像一只蛤蟆在叫。敲打石头或拍打手掌的声音越快，这种蛤蟆叫的声音就越逼真。因此，这座塔又被人们称为"蛤蟆塔"。

石琴，于明朝宣德年间开凿，到现在已经有 500 多年的历史。它位于重庆市潼南县大佛寺大佛阁右侧的一条上山石道中。从石道的第四级石阶开始，自下而上，一直到第十九级石阶，只要是有人走在上面，就会发出一种像古琴一样的声音。其中，第七级石阶发出的声音最为响亮，被中国古人称为"七步弹琴"。

北京天坛回音壁，位于北京天坛公园内。回音壁墙高 3.72 米，厚 0.9 米，直径 61.5 米，周长 193.2 米。回音壁的墙壁是由研磨过的砖头对缝砌起来的。围墙按照规则的弧度圈起来，表面十分光滑、整洁。两个人分别站在东、西配殿后，贴着墙面而立。其中一个人说话，声音就会沿着墙壁连续折射，传到站在另一端的人那里。无论说话的声音多么轻微，另外一个人总是能够听到。因此，这座围墙被人们称为"回音壁"。

山西普救寺的莺莺塔，又称舍利音塔，位于山西永济市蒲州古城东的峨眉塬头上。莺莺塔塔身呈方形，共有 13 层，高约为 50 米，底层每边长为 8.35 米。莺莺塔具有奇特的回音效应。游人只要站在塔身的四周，用石头相互碰撞，就可以听到"咯哇！咯哇！"的蛙鸣声。只要不停止撞击石头，这种声音会从塔上不断传来。

赵州桥

1991 年，赵州桥被美国土木工程师学会选定为第 12 个"国际历史土木工程的里程碑"。

赵州桥，又称安济桥，位于今河北赵县洨河上，由隋朝著名的建筑师李春于公元 605 至 618 年间建成。赵州桥是当今世界上现存最早、保存最完善的古代敞肩石拱桥。1961 年，赵州桥被列为中国重点文物保护单位。

赵州桥于公元605年由李春开始设计修建，至今已经有1400多年的历史。先后历经了10次水灾、8次战乱以及多次地震，依旧屹立不倒。赵州桥全长50.82米，跨径37.02米，券高7.23米，两端宽9.6米，中间宽9米。赵州桥的两端肩部不是实体的构造，而是设有两个小孔，被人们称为敞肩型石桥。这一设计，既可以节省材料，又可以减少桥身的重量。遇到洪水泛滥的时候，小孔还可以增加洪水的泄流量。赵州桥的外观设计十分精美，中国唐朝的张鷟曾说，远望赵州桥就像"出月出云，长虹饮涧"。

"胡同"一词的由来

一般来说，胡同与居民区相连接。通过胡同，居民区的人们与外部世界相互往来。

胡同，又称里弄、巷，主要是指在城镇或者乡村，位于主要街道之间的一种比较狭小的道路。很多人不知道，其实"胡同"这个称呼源自蒙古人。

"胡同"一词在蒙古语中并非指街道，而是指水井。蒙古族最初生活在沙漠和草原上，一直对水源的问题十分重视，所以到了元朝，他们在建立元大都的时候，要么先挖井再造房，要么先预留出井的位置，再规划房屋的布局。这种情况逐步发展，最后元大都形成了"因井而成巷"的建筑格局。逐渐地，元大都的街

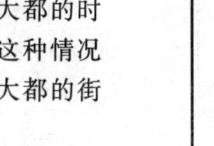

道被称作胡同。又经过千百年的演变，"胡同"的意思成为今天这样子。

日本的神社

在日本人看来，神社是神居住的地方。

神社，是指崇奉与祭祀神道教中各种神灵的社屋。它是日本宗教建筑中最古老的一种类型。从公元 7 世纪起，日本神社实行"造替"制度，每几十年重新修建一次。日本人参拜神社的目的主要是为了表示对神的尊敬，同时祈求得到神灵的保护。在特殊的日子里，比如新年、节分、日本儿童节以及其他节日，日本人都要去参拜神社。按照日本人的传统，新人的婚礼也要在神社里举行。因此，神社已经成为日本人生活中不可或缺的一部分。在日本，每平均 1500 人就有一座神社。现在，日本大约有 8.2 万多个神社。

日本神社的主寺称为神殿或者本殿。此外，神社还包括外厅、珍藏楼等连带建筑。神社的主寺是按照一定的布局和建筑风格修建的，而连带建筑却没有这些限制。在主寺中，既没有神像，也没有牌位。在神社里，最典型的标志物就是鸟居。鸟居类似于中国一般寺院中常见的牌坊。鸟居的材料一般是木材，颜色十分绚丽，以红色和黑色为主。

日本人参拜神社的时候，有一定的要求和规范。参拜的人必须举止庄重，如果身体不舒服或者心情不好，都不能进入神社参拜。在神社的入口处有一处净身的泉水，参拜的人需要拿水瓢舀出一些水，冲洗双手。冲洗完之后，再用手捧些水漱口，并将漱口水吐到泉水池外。需要注意的是，不能用水瓢将水直接倒进口中，也不能将泉水咽下。走进祭堂以后，会看见一个捐款用的小匣子。祭拜的人将事先准备好的硬币投进去后，鞠两次躬，拍两次手掌。最后，再一次鞠躬，并进行几秒钟的祈祷。如果身旁有警钟或者铜锣，祈祷的人可以轻轻敲打。在神道教的教义看来，这种敲打发出的声音，可以吸引神的关注。

世界上最大的庙宇吴哥窟

塔和回廊融合成为塔门回廊，塔门回廊又和祭坛融合为一体，堆栈成有多层塔门回廊的祭坛，使吴哥窟融合出一种自然和谐的美感。

吴哥窟在高棉语中的意思是"毗湿奴的神殿"，它位于柬埔寨西北部，是吴哥古迹中保存得最完好的庙宇，也是世界上最大的庙宇。

12世纪中叶，真腊国王苏利耶跋摩二世定都吴哥。苏利耶跋摩二世信奉毗湿奴，命婆罗门主祭司建造了这座庙宇，供奉毗湿奴，名之为"毗湿奴的神殿"，还将这座庙宇定为国庙。

吴哥窟是柬埔寨古代建筑艺术的代表之作，它结合了高棉寺庙建筑学的两个基本的布局：祭坛和回廊，并将高棉建筑艺术中的宝塔、长廊、回廊、祭坛等要素有机地融合起来。吴哥窟的整体是一个长方形，外围是明亮的护城河，祭坛位于正中，被一片郁郁葱葱的绿洲环绕。祭坛由三层长方形的须弥台组成，每一层都有回廊环绕，顶部矗立着按五点梅花式排列的五座宝塔，宝塔与宝塔之间连接游廊。

阁耶跋摩七世即位后，奉佛教为国教，吴哥窟也成为佛寺。1431年，暹罗人入侵吴哥，吴哥王朝被迫迁都金边，因暹罗人信奉上座部佛教，吴哥窟变为上座部佛寺。此后，吴哥被遗弃，逐渐被森林和荒草覆盖，吴哥窟也淹没在漫无人烟的荒草中。虽有一些当地的佛教徒在庙旁边搭屋居住，以便到庙宇中朝拜，但吴哥遗迹已经消失在了人们的视野。

1861年1月，法国生物学家亨利·穆奥无意中在原始森林里发现了吴哥遗迹，大为惊叹，并将见闻记载在自己的游记《暹罗柬埔寨老挝诸王国旅行记》中，使吴哥窟重见天日。

"四百万宝塔之城"蒲甘

蒲甘佛塔成为与吴哥窟、婆罗浮屠齐名的东南亚三大奇迹之一。

蒲甘位于缅甸中部，是缅甸的历史古城、佛教文化遗址和著名旅游胜地。

古代蒲甘诗人曾说，蒲甘有400万座佛塔，也许这只是艺术夸张，但由此也可以看出当时蒲甘佛塔的规模之庞大。蒲甘现存2000多座佛塔，虽不能和400万相比，但仍是世界上佛塔数量最多的城市。

1044年，蒲甘王国国王阿奴律陀创建了缅甸历史上第一个统一的封建王朝"蒲甘王朝"。阿奴律陀在1057年攻破直通国，俘虏了摩奴诃王，缴获三藏经30部，同时还带回大批僧侣与工匠艺人。阿奴律陀把上座部佛教立为国教，以此安定民心、维护和稳定统治。在上座部佛教中，建造佛塔是一种传统，无论是国王、僧侣还是平民，建造佛塔就是完成一个最大的善果，于是阿奴律陀命令工匠大造佛塔。11世纪到13世纪，蒲甘一带修建的佛塔高达百万座，使蒲甘享有"四百万宝塔之城"的称号。

马赛克小史

马赛克最初是一种镶嵌工艺，经由古巴比伦人传入希腊地区。

马赛克，建筑专业术语，是指用小石块或有色玻璃碎片拼成各种图案，用以装饰建筑的一种艺术。马赛克分为陶瓷锦砖和玻璃锦砖两种。在西方的教堂建筑中，马赛克被人们称为花窗玻璃。

关于马赛克的起源，可以追溯到古巴比伦时期。古希腊人将黑色与白色的大理石相互搭配，形成了最早的大理石马赛克艺术。那时候，只有统治阶级建造房屋的时候才使用这种艺术。以后随着时间的推移，艺术家们取材于更加丰富的原料，使用起了更小的碎石片。为了完成一幅马赛克，他们经常亲自研磨、切割小石头。到了古罗马时期，马赛克已经成为一种普遍的装饰艺术。不论是民宅，还是公共建筑，其地板、墙面到处都可以发现马赛克。后来，基督教传入古罗马。早期的基督徒为了避免迫害，在地下室等隐秘的地方聚会。当时的民众不认识文字，为了传播教义，基督教徒便使用马赛克壁画的形式宣讲耶稣基督的故事。君士坦丁大帝执政的时候，基督教的合法地位得到承认。此后，许多的教堂都采用马赛克艺术进行装饰美化。之后，马赛克艺术所使用的色彩越来越多，甚至在透明的玻璃之中夹杂了金箔。

水泥溯源

目前，水泥广泛用于土木建筑、水利和国防等工程。

水泥，又称粉状水硬性无机胶凝材料，是一种重要的胶凝材料。水泥加水搅拌后，能够在空气中硬化，并能把砂、石等材料牢固地结合在一起。

关于水泥的起源，可以追溯到古罗马时期。那时候，古罗马人在建筑中经常使用一种石灰与火山灰的混合物。他们将石灰加水后消解，然后与砂子混合在一起，经过不断地搅拌，最终形成砂浆。这种特殊的凝结材料由石灰、火山灰和砂子组成，被人们称为罗马砂浆。1756年，英国工程师史密顿在修建灯塔的过程中，发现含有黏土的石灰石，经过煅烧和研磨处理后，加水制成的砂浆可以慢慢硬化，这就是后来所说的水硬性石灰。使用这种材料修建的灯塔，比罗马砂浆的强度高，可以经受更长时间的海水冲刷。史密顿的这一发现为近代水泥的研制成功奠定了基础。

1796年，英国人帕克把黏性土质的石灰岩在高温下煅烧，之后直接研磨成水泥。这种水泥和古罗马时代的水泥十分相似，被人们称为罗马水泥。罗马水泥具有良好的水硬性和快凝结性，被广泛用于与水接触的各种建筑物中。

与此同时，法国人和美国人使用天然的泥灰岩也制造出了水泥。1813年，法国的土木技师毕加发现了一种使用效果更好的水泥。他将石灰和黏土按照3：1的比例调制，加水后制成的水泥性能有很大提高。1824年，英国建筑工人阿斯普丁成功地研制出波特兰水泥，并于当年10月21日获得英国"波特兰水泥"专利证书。这种水泥以石灰石和黏土为原料，按照一定比例配合，经过煅烧后研磨成水泥。由于这种水泥硬化后的颜色与英格兰岛的波特兰地区的建筑石头相似，被人们称为"波特兰水泥"。

1907年，法国的比埃利使用铝矿石的铁矾土代替黏土，与石灰岩一起烧制出了一种水泥。这种水泥含有大量的氧化铝，被人们称为"矾土水泥"。1871年，日本开始修建水泥厂。1877年，英国的克兰普顿发明了回转炉。1885年，兰萨姆在克兰普顿的基础上，发明了一种使用效果更好的回转炉。1889年，中国河北唐山设立了"细绵土"厂。后来，该厂建立启新洋灰公司，每年生产水泥4万吨。1893年，日本人远藤秀行和内海三贞发明硅酸盐水泥，这种水泥具有不怕海水侵蚀的特性。进入20世纪以后，人们陆续研制出各种特殊水泥，比如高铝水泥、特种水泥等。现在，全世界的水泥品种已经发展到100多种。

帕特农神庙

为了庆祝战争的胜利，希腊雅典决定修建一座神庙，并任命伊克梯诺和卡里克利特为建筑师。

帕特农神庙，位于希腊雅典卫城的最高点，是为雅典城邦的守护神雅典娜而建的祭殿。整个神庙呈长方形，庙内由前殿、正殿和后殿三部分组成。神庙坐西朝东矗立在三层台阶之上，基座面积可达2000多平方米。整个神庙有46根大理石柱支撑，每一根石柱高达10米。

关于帕特农神庙的起源，可以追溯到希波战争时期。公元前499年至公元前449年，为了扩张领土，古波斯帝国入侵希腊。经过长年的征战，希腊打败了波斯帝国的入侵。公元前447年，雅典开始修建神庙。经过9年的时间，神庙顺利封顶，并正式启用。之后，又过了6年，神庙的各项雕刻顺利完工。那时候，人们借着帕那太耐节，把这座神庙献给女神雅典娜。公元5世纪中叶，帕特农神庙改为基督教堂，雅典娜的神像也被人挪走。1458年，土耳其人入侵希腊，并占领了雅典。1687年，土耳其人与威尼斯人开战。在作战的过程中，储存在神庙内的一个火药库被大炮击中，神庙的中部被炸毁。1801至1803年间，英国贵族埃尔金勋爵来到帕特农神庙，将残留在那里的雕刻运回英国，许多原本属于神庙的珍贵文物，后来散落到大英博物馆和卢浮宫等地。

罗马斗兽场

罗马斗兽场位于意大利首都罗马的市中心，在威尼斯广场的南面，与古罗马市场毗邻。

罗马斗兽场，原名弗莱文圆形剧场，又称罗马大角斗场、罗马竞技场、罗马圆形竞技场、科洛西姆、哥罗塞姆，建于公元72至82年间，是古罗马皇帝韦帕芗为庆祝作战胜利而修建的。罗马斗兽场占地面积约为2万平方米，圆形的场地围有57米高的城墙。场地的最大直径为188米，周长为527米，规模宏大，可以容纳9万多人的观众。

关于罗马斗兽场的起源，可以追溯到公元72年。当时，罗马皇帝韦帕芗入侵耶路撒冷，并取得了最终的胜利。为了取悦凯旋而归的将士们和显示自身的权威，韦帕芗强迫奴隶修建一个圆形竞技场。在韦帕芗之前的尼禄，因为残暴的统治和贪婪遭到罗马人民的唾弃。韦帕芗决定顺应民意，将圆形竞技场建在尼禄的金宫原址之上。

罗马斗兽场是古罗马时期最大的圆形竞技场。它的围墙共分为四层，下面的三层由环形的拱廊组成，装饰风格依次为多立克柱式、爱奥尼柱式、科林斯柱式。最高的第四层是顶阁，在房檐下面设置了240个中空的突出部分，用以安插木棍，支撑遮阳的帆布。罗马斗兽场分为下层、中层和上层三层座位。每一层的座位都按照人们的社会地位和职业状况予以分配。除此之外，顶层还有一个只能站着的看台，女人、奴隶和穷人被安排到这里。观众们入场时，首先找到自己从底层的哪个拱门进入，之后沿着楼梯找到自己所在的区域，最后按照编号找到自己的位子。来到罗马斗兽场的观众主要是为了观看人兽表演。参加表演的角斗士与一只凶猛的野兽进行搏斗，直到其中的一方死亡为止。不过，斗兽场有时候也举行人与人之间的搏斗。

圣彼得大教堂

关于圣彼得大教堂的起源，可以追溯到君士坦丁大帝时期。

圣彼得大教堂，又称梵蒂冈圣伯铎大殿，位于梵蒂冈，是罗马天主教的中心教堂，也是全世界第一大教堂。圣彼得大教堂总面积达2.3万平方米，主体建筑高达45.4米，长约211米，最多可以容纳6万多人同时祈祷。

公元326年，君士坦丁大帝开始修建圣彼得大教堂。经过8年的时间，这座教堂顺利完工。这座教堂建立在圣彼得的墓地上，所以被人们称为圣彼得大教堂。君士坦丁大帝去世以后，他的儿子孔斯继位。为了进一步拉拢基督教会的势力为统治阶级服务，孔斯先将基督教确定为国教，接着便决定大规模地修造基督教建筑。按照他的指示，在原先圣彼得大教堂的旧址上，修建了一座面积更大的教堂。在之后的几百年间，出于政治上的需要，历代执政者不断扩建圣彼得大教堂。虽然圣彼得大教堂的建筑风格不断变化，但彼得的坟墓一直是整座建筑的中心。

现在的圣彼得大教堂，是在教皇朱里奥二世时期建造的。新工程从1506年开始，经历100多年后，于1626年顺利完工。其中，拉斐尔、米开朗琪罗等人先后受教皇的邀请，承担这项巨大工程中的一部分。新工程的最初方案是由布拉曼特设计的，但是不到十年，这位设计师就去世了。接着，教皇朱里奥二世也去世了。后来，新上任的教皇请拉斐尔继续这项工程，拉斐尔担任六年时间的总建筑师后也离开了人世。此后，由于没有合适的建筑师负责，新工程没有多大进展。1547年，米开朗琪罗担任这项工程的总设计师，并做好了剩余工程的设计图案。1564年，米开朗琪罗去世。后世的建筑师按照米开朗琪罗的设计方案，于1626年11月18日顺利完成了这项工程。

土耳其索菲亚大教堂

作为拜占庭式建筑的典范，索菲亚大教堂的建筑风格对后世影响深远，甚至可以说是"改变了建筑史"。

土耳其的索菲亚大教堂始建于公元360年，在1519年之前，该教堂一直是全世界最大的教堂。

索菲亚大教堂拥有巨大的圆顶和高大的圆柱。正厅上覆盖的中央圆顶直径达到了31.24米，圆顶下面是拱廊，环绕着40个拱形窗户，这让圆顶看起来好像正处于失重的状态。教堂中最大的圆柱是由花岗岩制成的，直径大约为1.5米，高度达到了19至20米，总重量超过了70吨。教堂的地面上铺着色彩各异的大理石、金色的马赛克，还有绿色与白色间杂的斑岩。当阳光透过拱形窗户照进来时，教堂内部会显得异常明亮和斑斓。

在历史上，索菲亚大教堂先后多次遭到损毁。公元404年，第一座索菲亚大教堂在君士坦丁堡爆发的一连串暴乱中被毁。公元415年10月10日，第二座索菲亚大教堂建成，这座教堂在公元532年的尼卡暴动中被焚毁。公元537年，第三座索菲亚大教堂正式落成，我们现在看到的索菲亚大教堂就是这一座。公元558年，教堂所在的地区发生了一场地震，教堂的圆顶因此坍塌，相关的修葺工作直到公元562年才完成。公元726年，教堂中以宗教为题材的雕像和画像在毁坏圣像运动中遭到移除。公元859年、869年、989年，教堂又先后遭遇了大火和地震，特别是公元989年的大地震使教堂的大圆顶被毁，直至公元994年才修复成功。后来，教堂又在十字军东侵期间遭到洗劫。14世纪上半叶，教堂在连续不断的人为和自然灾害的摧残下变得残破不堪，一度关闭。

1453年，土耳其人征服了君士坦丁堡，1847年至1849年，人们对其展开了全面修缮。1935年，这座古老建筑被土耳其首任总统改成了博物馆。

罗马式建筑

作为欧式基督教教堂的主要建筑形式之一，罗马式建筑还象征着当时教会的权威。

罗马式建筑，原意为罗马建筑风格的建筑，又称罗马风建筑、罗曼建筑、似罗马建筑等，是10至12世纪在欧洲基督教地区盛行的一种建筑风格。罗马式建筑多见于修道院和教堂，具有线条简单明快、造型厚重敦实的特点。

罗马式建筑的起源，可以追溯到公元9世纪时期。西罗马帝国灭亡之后，古罗马时代的建筑技巧和艺术随之失传。公元9世纪左右，西欧经历数百年的混战

后，终于形成了法兰西、意大利、德意志、英格兰和西班牙等十几个民族国家。各个国家政权稳定之后，人们开始发展各自的文化艺术。11至12世纪，这些国家模仿古罗马时期的凯旋门、城堡和城墙等建筑样式，修建了一些教堂建筑。因为采用了古罗马式的拱券结构，所以这些教堂被人们称为"罗马式建筑"。不过，这种"罗马式建筑"并非真正具有古罗马时期建筑的风格，仅仅是在门窗和拱廊上采用了罗马建筑常用的半圆形拱券结构而已。

　　11世纪晚期，法国南部图卢兹的圣赛尔宁教堂建立，标志着罗马式建筑风格开始形成。而12世纪30年代完工的英国杜勒姆教堂，则标志着罗马式建筑风格的真正形成。罗马式建筑具有一些共同的特点，比如基本典型都是教堂；建筑设计与建造都以拱顶为主，空间构造经常使用石头的曲线结构；建筑物的外观巨大繁复，内部装饰简单粗陋；与绘画、雕塑等艺术活动相比，建筑居于主导地位等。

布鲁塞尔大广场

　　布鲁塞尔广场四周的建筑物风格各不相同，有哥特式、文艺复兴式和路易十四式等。

　　布鲁塞尔大广场，位于比利时王国的首都布鲁塞尔市中心，是欧洲最美丽的广场之一，1998年被联合国教科文组织列入《世界遗产名录》。

布鲁塞尔市以中央街为界限，分为上城和下城两部分。布鲁塞尔大广场在下城部分的民居建筑之中。整个大广场呈长方形，长为110米，宽为68米。与欧洲现存的大部分城市广场不同，布鲁塞尔大广场没有一座宗教建筑。在布鲁塞尔广场的四周有市政厅、路易十四的行宫以及17世纪各行各业的会所办公楼。

关于布鲁塞尔大广场周边建筑的起源，可以追溯到12世纪。起初，布鲁塞尔大广场只有几家面包店、布店和肉店。1402年，市政厅开始建造。1480年，市政厅建筑基本完工。1515年，布拉邦特公爵查理五世修建王宫。15世纪50年代，建筑师简·范·路易斯布罗艾克为伯冈蒂公爵在布鲁塞尔广场一隅设计了一座高约91米的尖塔。1767年，广场上的王宫遭到破坏。1872年至1895年间，人们按照1515年的布局对王宫进行重建，过程中一部分旧建筑被保留下来，而新建筑成为日后的公共博物馆。

克里姆林宫

1937年，塔楼上安装了五颗克里姆林宫红星。

克里姆林宫位于涅格林纳河与莫斯科河交汇处的保罗维茨丘陵，始建于1156年，是俄国历代沙皇的宫殿，同时是莫斯科最古老的建筑群。克里姆林宫

整体呈不等边三角形，面积为 27.5 万平方米，城墙最初为木墙，1367 年改为石墙，宫墙全长为 2235 米，高 5 至 19 米不等，厚 3.5 至 6.5 米。克里姆林宫共有 4 座城门和 20 个塔楼。其中，最宏伟的塔楼有斯巴达克、尼古拉、特罗伊茨克、保罗维茨、沃多夫兹沃德等。

克里姆林宫主要包括大克里姆林宫、伊凡大钟楼、乌棱宫等。大克里姆林宫是克里姆林宫的主体宫殿，位于克里姆林宫的西南部，于 1839 年至 1849 年修建。大克里姆林宫是二层楼建筑。第一层是正面大厅，陈列着青铜器制品、瓷器以及 19 世纪的家具。第二层有格奥尔基耶夫大厅、弗拉基米尔大厅和叶卡捷琳娜大厅。伊凡大钟楼是克林姆林宫中最高的建筑物，高约 81 米。大钟楼兴建于 16 世纪初，最初有三层，后来增建到五层，并置金顶。在每一层的拱形窗口，都安装有自鸣钟。乌棱宫是克里姆林宫中最古老的宫殿之一，于 1487 年至 1491 年修建，是克里姆林宫最具特色的宫殿建筑，里面设有沙皇的宝座。

巴黎圣母院

巴黎圣母院的法文名字为"Notre Dame"，意思是"我们的女士"，指耶稣的母亲圣母玛利亚。

巴黎圣母院，是法国的一座教堂建筑，位于法国巴黎市中心。它是天主教巴

黎总教区的主教座堂，也是法国哥特式教堂群中最具代表性意义的一座。

关于巴黎圣母院的起源，可以追溯到1163年。在此之前，公元4世纪的时候，巴黎圣母院旧址上曾经有一座基督教教堂。这座教堂被用来祭拜圣史蒂芬。公元6世纪的时候，这座教堂变为一座罗马式教堂。12世纪的时候，原有的罗马式教堂已经破败不堪。1160年，莫里斯·德·苏利被任命为巴黎主教。他上任后，决定在罗马式教堂的基础上修建一座大教堂。1163年，教皇亚历山大三世亲自奠基，巴黎圣母院开始兴建。1182年，巴黎圣母院的唱诗堂开始修建。1208年，巴黎圣母院的中殿建成。1225年至1250年，巴黎圣母院西侧立面和后面尖塔顺利完工。1235年，中殿内部开始增建礼拜堂，这项工作一直持续到1250年。1250年至1267年，尚·德·谢耶和皮耶·德·蒙特厄依主持扩建教堂的十字交叉耳堂北面立面。1296年至1330年，皮耶·德·谢耶将门龛改造成现在的模样，尚·哈维主持修建了唱诗班屏风。进入13世纪以后，尚·哈维担任建筑师，建造了教堂双塔造型的正面。1220年，在建筑师维优雷·勒·杜克的配合下，教堂的舱顶部分接合。1345年，经历各代工匠们的努力，巴黎圣母院最终完工。

比萨斜塔

1987年12月，联合国教科文组织世界遗产委员会第11次会议将比萨斜塔列入《世界遗产名录》。

比萨斜塔，是意大利比萨大教堂的独立式钟楼。在意大利托斯卡纳城北面的奇迹广场上，有大教堂、洗礼堂、钟楼和墓园组成的宗教建筑群，其中位于比萨大教堂后面的钟楼就是比萨斜塔。

关于比萨斜塔的起源，可以追溯到12世纪时期。1173年，著名建筑师那诺·皮萨诺主持修建比萨大教堂的钟楼。同年8月19日，比萨斜塔开始动土修建。按照最初的设计，斜塔高为100米左右。1178年，比萨斜塔修建到第4层，由于地基的不均匀和土层松软，开始向东南方向倾斜。至此，比萨斜塔的修建工程暂时停止。在此期间，比萨斜塔承担着教堂撞钟的职能。1231年，比萨斜塔继续修建。为了弥补原有的重心偏离，建造者故意将比萨斜塔的上层修建成反方向的倾斜。1278年，比萨斜塔修建到第7层。此时，整个塔身已经不是一条直线，而是一个明显的凹形。为此，比萨斜塔的修建工程再一次停工。1292年，乔瓦尼·皮萨诺用铅垂线测量了比萨斜塔的倾斜度。1360年，比萨斜塔的修建工程重新启动。1372年，比萨斜塔修建到第八层，高约54米。此时，由于塔身严重倾斜，人们最终将第八层作为顶层收工，并安放了7口钟。

关于比萨斜塔的倾斜原因，人们曾经争执不下。在14世纪的时候，有一部分人认为，比萨斜塔的倾斜是地面的下沉效应引起的；另有一部分人认为，比萨斜塔的倾斜是建筑师有意设计的。进入20世纪后，人们对比萨斜塔进行深入研究，逐步得到了一些共识：在最初的设计中，比萨斜塔应该是垂直的建筑。但是在动工兴建之初，它就偏离了正确的位置。而它之所以会偏离，是由地基下面的特殊土层造成的。

佛罗伦萨大教堂

穹顶的主要装饰有瓦萨里与祖卡里的壁画、米开朗琪罗的圣彼得雕像和他的壁画《最后的审判》。

佛罗伦萨大教堂，又称花之圣母大教堂、圣母百花大教堂，被人们誉为世界上最美的教堂，是文艺复兴的第一个标志性建筑。它位于意大利的佛罗伦萨，可以同时容纳1.5万人做礼拜，是世界第四大教堂，意大利第二大教堂。

佛罗伦萨大教堂于1296年开始修建，1462年正式完工。它由大教堂、钟塔和洗礼塔组成。大教堂的平面呈拉丁十字形状，长达82.3米，由4个18.3米见方的间跨组成。在教堂的南、北、东三面各有半八角形的巨室，巨室外面有5个小礼拜堂。这5个小礼拜堂成放射状形式布局。佛罗伦萨大教堂最为引人注目的地方是中央穹顶，这一项工程历时14年，由当时意大利的著名建筑师伯鲁涅列斯基设计。穹顶的平面直径达42.2米，呈八角形平面。穹顶结构分为内外两部分。内部由8根主肋和16根间肋组成。在穹顶的内部，还创设了灯亭，使得教堂总高度可以达到107米。除大教堂外，钟塔和洗礼堂也很壮观。钟塔高88米，分为4层，13.7米见方。洗礼堂高31.4米，以白、绿色的大理石作为装饰面，显得格外凝重、端庄。在教堂的南北两侧，分别设有14世纪建造的卡诺尼奇门和15世纪建造的曼多尔拉门。

卢浮宫的兴建

查理五世的时候，卢浮宫成为国王直接居住的地方。

卢浮宫，位于法国巴黎市中心的塞纳河北岸，是世界上最大、最古老的博物馆之一。卢浮宫占地面积约为45公顷，其中建筑物占地面积约为4.8公顷。它全长680米，整个建筑呈"U"形，包括新、老两部分建筑，分别修建于路易十四时期和拿破仑时代。

关于卢浮宫的兴建，可以追溯到13世纪初。1204年，为了保护塞纳河北岸的巴黎地区，菲利普·奥古斯特二世修建了一座城堡。这座城堡直接通向塞纳河，成为菲利普·奥古斯特二世的临时避难所。在这座城堡中，他存放了大量的王室档案和奇珍异宝，还将掠夺来的俘虏囚禁在这里。后来，菲利普·奥古斯特二世称这座城堡为卢浮宫。在之后的350年间，国王和贵族们不断增设塔楼和房间，使得这座城堡与之前的风格完全不同。为了满足骄奢淫逸的生活需求，这些新建筑都极尽豪华奢侈。16世纪中叶的时候，弗朗西斯一世执政。他继任后就将这座豪华的宫殿拆毁了。之后，建筑师皮尔·莱斯科奉命在旧址上重新修建一座宫殿。弗朗西斯一世的儿子亨利二世继位后，在父亲所建的宫殿之上继续修建。亨利四世执政的时候，修建了卢浮宫的大画廊，它堪称卢浮宫最为壮观的建筑部分。路易十四在位的时候，又将卢浮宫修建成正方形的庭院。1789年，路易十六在位期间，法国爆发大革命。在卢浮宫的"竞技场"院中，革命党修建了法国大革命的第一个断头台。1798年，拿破仑一世入住卢浮宫。此后，卢浮宫又进行了大规模的增建和装饰。一直到拿破仑三世，整个卢浮宫建筑群才最终宣告完成。

哥特式建筑

著名的哥特式建筑有俄罗斯的圣母大教堂、意大利米兰大教堂、德国科隆大教堂、英国威斯敏斯特大教堂等。

哥特式建筑，又称哥德式建筑，是中世纪中后期的一种建筑风格。在罗马式建筑与文艺复兴建筑之间，哥特式建筑发挥了承上启下的作用。

哥特式建筑起源于11世纪下半叶的法国，流行于13至15世纪的欧洲。哥特式建筑具有高耸的尖塔、尖形的拱门、巨大的窗户以及描述圣经故事的花窗玻璃等特色。在哥特式建筑中，尖肋拱顶建立在四个拱底石上，这是从罗马式建筑的圆筒拱顶发展而来的。尖肋拱顶建得又高又大，总是给人一种向上的视觉暗示。飞扶壁又称扶拱垛，是哥特式建筑的另一个主要特色。与罗马式建筑相比，哥特式建筑把原先实心的、被屋顶遮盖起来的扶壁都暴露在外面。哥特式建筑中很少有台廊、楼廊等结构，代之以大面积的排窗。这些窗户运用阿拉伯国家的彩色玻璃工艺，描绘了一系列的宗教故事。因此，它不仅美观大方，还具有宣传教义的作用。哥特式建筑的内部比较空旷、单一，柱子是多根柱子合在一起的，数量较少，这样使得垂直的线条和高耸的空间明显地衬托出来。

米兰大教堂

教堂内外部随处可见圣人或圣女的雕像，数目达6000多座。另外，在每个尖塔上面也耸立着人物雕塑。

米兰大教堂，又称杜莫主教堂，位于意大利米兰市。它是世界上最大的哥特式建筑，其规模仅次于梵蒂冈的圣彼得大教堂，位居世界第二。米兰大教堂长158米，最宽处93米。教堂的塔尖高达108.5米。整个教堂的面积为11700平方米，可以容纳35000人。米兰大教堂是世界上拥有雕塑和尖塔最多的建筑，被人们誉为大理石山。

米兰大教堂的建造经历了 6 个世纪，先后有德国、法国、意大利等国家的建筑师参与到教堂的设计和建造中。12 至 15 世纪的时候，哥特式建筑风格盛行于欧洲各个基督教国家。因此，米兰大教堂从 1386 年开始修建起，就沾染了浓重的哥特式风格，并且成为整个建筑群的主要风格基调。17 到 18 世纪期间，欧洲流行巴洛克建筑风格。于是，在米兰大教堂的内部装饰上，可以找到明显的巴洛克艺术元素。尽管这座大教堂的设计、建造历经多个建筑师之手，但是始终保持着"装饰性哥特式"风格。值得一提的是，雕刻和尖塔成为米兰大教堂的主要特色。教堂几乎所有的局部和细节顶部都采用了尖顶形式，给人一种向上的视觉冲击。

建筑师伯鲁涅列斯基

　　佛罗伦萨主教堂的穹顶，体现了高超的艺术设计理念，堪称意大利文艺复兴建筑的第一个作品，也被后世认为是"新时代的第一朵报春花"。

　　伯鲁涅列斯基，意大利文艺复兴时期著名建筑师。他的一生作品无数，比较著名的有三个：佛罗伦萨主教堂的穹顶、佛罗伦萨育婴院和佛罗伦萨巴齐礼拜堂。

佛罗伦萨主教堂的穹顶，是意大利文艺复兴建筑史的开端。伯鲁涅列斯基综合古罗马形式与哥特式结构，设计了佛罗伦萨主教堂的穹顶。该穹顶分为内外两层，被人们称为"内外两层皮"结构。穹顶的整个结构采用骨架，中间是空的。穹窿内径约为42米，高约30米，架设在高12米的八角形基座上。穹顶内部装饰有各种雕塑和壁画，还特设了一个灯亭，总体高度可达107米。伯鲁涅列斯基的建筑作品，深刻影响了后世教堂的发展。

家具、建筑设计师阿尔托

阿尔托一生创作了很多大的作品，从城市规划到市中心设计，从民用建筑到工业建筑，从室内装修到家具和灯具及日用工业品的设计，他都有所涉及。

阿尔托是著名的芬兰建筑师，人性化建筑理论的倡导者。他于1898年生于库奥尔塔内，1921年毕业于赫尔辛基工业专科学校建筑学专业，之后主要从事建筑工作。

阿尔托倡导人性化建筑，他认为工业化和标准化并不是意味着完全统一化，而是要适应不同房屋的要求，在考虑到不同朝向、地形、风景的基础上，建造适合人们居住的房屋。阿尔托一生设计了很多的经典作品，主要包括帕米欧疗养院、伏克塞涅斯卡教堂、贝克宿舍大楼、罗瓦涅米市中心、玛丽亚别墅、韦斯屈莱大学建筑群等，这样的成绩让很多建筑师望尘莫及。

莫斯科红场

现在，红场是俄罗斯举行各种大型庆典以及阅兵活动的中心地点。

红场，原名托尔塔，位于莫斯科市中心，与克里姆林宫相邻，是俄罗斯首都莫斯科市的著名广场。红场原是一个工商区。1517年，广场发生了一场大火灾，后被人们称为"火灾广场"。1622年，广场改名为"红场"，意思是"美丽的广场"。

关于红场的起源，可以追溯到15世纪末期。当时，伊凡三世在莫斯科城东开辟了一块"城外工商区"，这就是红场的最初规模。1812年，拿破仑入侵莫斯科，焚烧了广场。战争结束后，莫斯科人民重新修建红场，并在原有的基础上进行扩建。20世纪20年代，红场与瓦西列夫斯基广场合二为一，这就是现在红场的规模。

红场南北长为695米，东西宽为130米，占地面积为9.1万平方米。广场的地面由赭红色的方石块铺成。广场的两边呈斜坡状，中间微微隆起。在广场的南面，是瓦西里·勃拉仁内大教堂。这座教堂是为纪念俄国沙皇占领喀山公国和阿

斯特拉罕而修建的。教堂由大小9座教堂组成。其中，一个大教堂在中间，周围分布着8座小教堂。在广场的北面，是一座三层的红砖楼。它是建于19世纪的历史博物馆。在广场的东面，是莫斯科最大的国营百货商店建筑群。它分为上下两层，营业面积可达8万平方米。在广场的西面，是列宁墓。它于1924年1月27日落成，最初是木制结构，1930年改为花岗岩和大理石结构。

巴洛克式建筑的起源

在设计构造上，巴洛克式建筑喜欢用穿插的曲面和椭圆形空间。

巴洛克式，17至18世纪流行的一类建筑和装饰风格，是在意大利文艺复兴的建筑基础上发展而来的。在外观上，巴洛克式建筑追求形式的自由与动感、豪华的装饰与雕刻以及鲜明的色彩。

关于巴洛克式建筑的起源，可以追溯到巴洛克艺术的发展。16世纪的时候，欧洲先后产生了文艺复兴和宗教改革运动。为了适应新形势的发展，教会势力开始在艺术领域里进行改革。一种反映世俗生活、彰显人性的巴洛克艺术逐渐产生，主要分布在意大利、西班牙、法国等国家。巴洛克艺术产生以后，获得了长足的发展，并在17世纪时期变得十分流行。它以绚丽多彩的动感色调、激情挥洒的艺术形象波及到欧洲的建筑、绘画和音乐等领域。在建筑领域，巴洛克艺术对城市广场、宗教建筑和园林等产生了深刻的影响。巴洛克式建筑打破了对古罗

图文版 世界百科全书 建筑

马时期建筑形式的崇拜，也突破了文艺复兴晚期古典主义者僵化、简约的形式，在很大程度上反映了自由的世俗思想。在这种风格影响下的建筑，追求怪异和不寻常的效果，用夸张和不协调的方式表现建筑空间和人物雕塑，给人一种富丽堂皇和自由神秘的感觉。意大利文艺复兴晚期的建筑师维尼奥拉设计的罗马耶稣会教堂，具有明显的巴洛克风格，被人们称为第一座巴洛克式建筑。

凡尔赛宫

凡尔赛宫分为南宫、正宫和北宫，整个建筑面积呈几何图案。

凡尔赛宫，位于法国巴黎伊夫林省省会凡尔赛镇。凡尔赛宫占地面积为111万平方米，其中建筑面积为11万平方米，园林面积为100万平方米。

关于凡尔赛宫的修建历史，可以追溯到17世纪。1624年，在凡尔赛镇，法国国王路易十三花费1万里弗尔买下了一块117法亩的土地。在这块土地上，路易十三修建了一座两层红砖楼房作为他的狩猎行宫。整个楼房共有26个房间，一楼是家具储藏室和兵器库，二楼是生活起居和办公的地方。1660年，法国国王路易十四决定在路易十三的狩猎行宫的基础上，修建一座新的王宫。为此，路易十四又购买了6.7平方公里的土地。1667年，设计师勒诺特设计了凡尔赛宫的花园和喷泉。建筑师勒沃在原先狩猎行宫的西、北、南三面重新添加了新的宫殿。这三处的新宫殿将狩猎行宫包围起来。在行宫的东面，勒沃修建了一座大理石庭院，作为通行的主要入口。1674年，建筑师孟莎接管凡尔赛工程。在已有的建筑基础上，孟莎增建了主体建筑的南北两翼、教堂、桔园和马厩等附属建筑物。为了更加便利地出入凡尔赛宫，孟莎在宫前修建了三条大道，呈放射线状。除此之外，孟莎还修建了大量的住宅和办公用房，以期吸引周围的居民到凡尔赛镇居住。1682年5月6日，路易十四将法兰西宫廷从巴黎迁到了凡尔赛镇。1688年，凡尔赛宫的主要建筑部分完工。1710年，凡尔赛宫的所有工程修建完毕。

唐宁街10号

最初，唐宁街10号是英国第一财政大臣的官邸。后来，英国首相兼任财政大臣后，它就成了英国首相的官邸。

唐宁街10号，是一所乔治风格的建筑物，位于英国伦敦威斯敏斯特区白厅旁的唐宁街。它拥有一扇黑色的大门，门上有白色的阿拉伯数字"10"。

关于唐宁街10号的历史，可以追溯到17世纪。1650年，乔治·唐宁从美国哈佛大学毕业后回国，辅助奥利弗·克伦威尔执政。1658年，克伦威尔去世后，唐宁得到流亡海外的查理二世的重用。查理二世复辟后，唐宁获得了汉普登楼的收租权。1682年，唐宁取得了汉普登楼的租契。他将原有的房屋一并拆毁，并在街道的北面修建了20幢排屋。1684年，全部修建工程完毕。这条街道被英国皇室赐封为唐宁街。后来，乔治·唐宁去世，英国皇室收回了唐宁街的租契。英国国王乔治二世执政的时候，第一财政大臣罗伯特·沃波尔爵士为英国做出了巨大贡献。作为奖赏，乔治二世想要把唐宁街10号赐给他。然而，罗伯特·沃波尔没有接受英王的赏赐，并提议将唐宁街10号作为今后历任财政大臣的官邸。最后，乔治二世接受了他的建议。获得入住权后，罗伯特·沃波尔决定，将唐宁街10号旁边的房屋和马厩等，一起合并到唐宁街10号。1735年，唐宁街的合并工程完工。同年9月23日，罗伯特·沃波尔入住唐宁街10号。1742年，罗伯特·沃波尔卸任第一财政大臣后，搬离了唐宁街10号。此后，一连20年间，继任的财政大臣都没有入住唐宁街10号。直到1783年，英国首相小威廉·皮特才又入住唐宁街10号，前后共住了20年的时间。此后形成惯例，首相都入住这里。

白金汉宫

女王召见首相或大臣、接见和宴请外宾等重要活动，都在白金汉宫内举行。

白金汉宫，原称为白金汉屋，意思是"他人的家"。白金汉宫是英国王宫，位于英国伦敦的威斯敏斯特区内。1703年，白金汉宫由白金汉公爵修建。整个王宫是一座正方体的灰色建筑，共有四层，宫内有典礼厅、音乐厅、宴会厅、画廊等600多间厅室。在王宫的主体建筑外，还设有一座御花园。

1726年，英国国王乔治三世购买白金汉宫。当时，白金汉宫用来当做帝国纪念堂、美术陈列馆、办公厅和藏金库。1761年，英国国王乔治三世开始扩建白金汉宫。后来，乔治四世任命约翰·纳什担任总工程师，在原来的建筑基础上，将白金汉屋变成了白金汉宫。1837年，维多利亚女王继位后，白金汉宫成为王室正式居住的行宫。1931年，白金汉宫的外墙面用石料重新进行装饰。与此同时，王宫内收藏了许多绘画和精美家具。尤其是艺术馆大厅，陈列着英国历代的君王王后的画像和雕塑。

　　现在，白金汉宫依然作为王室的府邸，由现任的伊丽莎白女王居住。

悬挂建筑

　　高层建筑因具有节约用能，减少污染的优点，已成为目前城市建筑发展的趋势。不过，高层和超高层建筑受到的风力大，地震时容易倒塌，楼房也容易下沉，因此，科学家正在设计其他形式的建筑。

　　有些建筑师从大树的结构中得到了启示：大树之所以不怕狂风暴雨和地震的威胁，主要是因为它具有固定在泥土中的庞大的根系、坚固的树干和披挂于枝条上的树叶。于是，建筑师设想，把房子的垂直结构建筑成坚固的"树干"，并同时使它深深地"扎根"于土壤和岩石中。楼梯、电梯等安装在"树干"内，作为上下通道。在"树干"上安置很多根挑梁，像树枝那样伸展出去。一间间用轻质材料冲压而成的房间，像树叶那样悬挂于挑梁上。这样，新型的悬挂建筑就诞生了。

　　这种悬挂建筑不仅具有优良的抗风、抗震性能，居住在里面可以高枕无忧，而且建造比较方便，避免了高层、超高层建筑施工中笨重的体力劳动以及给交通运输、工程占地带来的种种不便。一个个悬挂的房间可在工厂冲压成形，由汽车运到工地，再用吊车或直升机把它们一一挂在挑梁之上就成。

　　这种悬挂式建筑为人们的居住提供了许多方便。它通风好，可以保持室内空气新鲜。房间位置可以任意调换，高层、低层、左侧、右侧，随意选择。如果谁家的房间出了毛病，只需单独检修，对其他居民以及整个建筑没有丝毫影响。搬家也不需要兴师动众，把悬挂房间取下，由汽车或直升机运到新的"树干"处，再挂起来，人们就有了新居了。

太阳能采暖房

　　太阳能住宅也叫太阳能采暖房。它是利用太阳辐射的能量来代替部分生活能源，使室内达到一定温度的一种建筑。

图文版 世界百科全书

建筑

太阳能住宅有两种主要形式：主动式和被动式。主动式太阳房建有集热器、蓄热器，以及管道、风机、水泵等设备，"主动"地收集、储存和输配太阳能。被动式太阳房主要依靠房屋的位置、建筑空间的合理布置，利用建筑结构及建筑材料的吸热性能等，使房屋尽可能地吸收和储存热量。

在主动式太阳能住宅的屋顶上，装有接收太阳能的集热器。它由一个个特制的玻璃盒组成，太阳光穿透最上边的双层窗玻璃后，照射到用薄铁皮做的集热板上。被晒热了的集热板，将光能变成热能，以红外线方式加热周围的空气。由于红外线不会透过玻璃，因此成了只准太阳光"进"，不准热能"出"的集热器。当空气从集热板下面流过时，就可将收集的热量带走，送到一个能储存热量的蓄热器里去。蓄热器又有管道与房间隔墙上的风道相通。当室内温度低于规定值时，水银接点温度计自动控制通风机运转，使蓄热器中的热量送到房间里取暖。

被动式太阳房的类型很多。最简单的是将南向玻璃窗加大，直接照射到室内的墙壁、地板和其他贮热体上面，升高温度，蓄存热量。在夜间或天阴下雨时，关闭保温窗帘，这些蓄热体逐渐释放所蓄存的热量，保持一定的室温。有的利用朝南的玻璃窗和墙，做成类似集热器的日光间或集热蓄热墙，利用通风和空气循环获得热能。还有的是将整个太阳房的屋顶做成蓄水浅池，或者设置装满水的塑料袋。白天太阳光将水加热，受热的天花板以辐射的方式将热量传给房间；夜间屋顶的"水池"盖上保温盖板，以减少向外界散热，而温度较高的水则通过天花板继续向室内辐射热量，保持室内的温度。在夏天，则只需改为白天盖上盖板，夜间打开，就可以起到降温的作用。

国内外科学家不仅在研究高效小型的集热器、蓄热器，还采用先进的电子仪器和电子计算机控制，建造未来的自动化太阳房。

梯田式住宅

英国伦敦市中心有一座商业大楼，与一般大楼不同，它的顶部是一座花园，栽有5000多种植物。到大楼购物的游客可以顺便在花园里歇息，领略一下"大自然"的奇姿异彩，舒展舒展紧张的神经。

在现代城市里，当一幢幢高楼大厦拔地而起时，绿色便渐渐远离了人群。嘈杂的声音，拥挤的人群，还有混浊的空气，加上这绿色的日趋减少，使现代城市居民整天生活在灰色的世界中。这不得不使建筑师们思考：如何建造永久性"花园"，弥补人们已经失去的绿色！

建筑师们首先想到了公寓楼。他们设想把"盒式"公寓楼盖成"梯田式"形状，使楼房住宅层层如梯田一样向上排列，就可以使每层楼房都能配上一座小花园，整个住宅区仿佛坐落在碧波绿海之中。

在没有山坡可依靠的地方，梯田式住宅容易出现重心不稳、失去平衡的问题。聪明的建筑师把两幢逐层后退的梯田式住宅楼背靠背拼在一起，成为"马鞍式"住宅，解决了重心偏离支面的问题。马鞍形住宅的各层居民都可以利用下层的楼顶开辟自己的绿地，设置水池、花槽、桌椅等，可以享受到打开窗门满眼绿色的乐趣。

为了使绿色视野更加广阔，建筑师们又设计把两座梯田式住宅面对面拼接在一起，中间用超坚固的网把它们拉住，成为一个整体，形成"元宝式"住宅。两边各户的花园遥遥相望，整个住宅中部从上到下形成一个绿色的"峡谷"。如果在衔接的网上悬挂人行便道、儿童游戏场、公共花园等，那么，高层生活就如平地一样。

在改造室外环境的同时，人们还努力使绿色走进室内，人工土壤、人工草坪的出现，使室内庭院的建设成为可能。

哲学宗教

哲 学

古希腊哲学

古希腊后期的关于世界本原的"四元素"学说、"原子"学说、"种子"学说和"奴斯"学说都是在对生命本原的质询下建立起来的。

古希腊哲学又称古希腊罗马哲学,是西方哲学的早期阶段。古希腊哲学出现于公元前6世纪到公元5世纪,主要集中在希腊本土以及地中海沿岸,特别是小亚细亚西部、意大利南部地区。这一时期哲学的主要课题是辩论与质询,属于哲学的萌芽阶段。西方哲学后来的发展几乎全部植根于古希腊哲学,无论是文艺复兴、启蒙运动还是近代科学的发展,都曾受到古希腊哲学的影响。

古希腊哲学的发展大体可分为三个阶段:

第一阶段:自然哲学时期。公元前6世纪,东方伊奥尼亚地区盛行世界的本原是物质的说法,持这种观点的哲学家认为,世界是由水、气、火、土等元素组成而非由神制造产生的。这些观点是西方最早的唯物主义哲学理论,主要代表流派为米利都派。大概在同一个时候,还出现了另一种世界本原说,即世界的本原不是具体的物质，而是一些抽象的法则，比如毕达哥拉斯的"数"理论和巴门尼德的"存在"理论。世界本原命题的提出为古希腊后期的哲学发展开了先河。

公元前5世纪，人本主义思想在雅典形成。其形成的主要原因是，古希腊的雅典通过民主改革，实现了民主政治，一跃成为古希腊经济、政治和文化的中心。由于民主政治的需要和雅典的繁荣，许多学者纷纷来到雅典，其中包括一群被称为"智者"的思想家，他们以演讲为业。这些思想家们不关心世界的本原问题，他们关心的是社会伦理问题，这些智者们将"人"作为研究的重心。普罗泰戈拉是当时的代表人物，他提出的"人是万物的尺度"的口号就是这一时期的重要哲学命题。这一命题的出现使得古希腊哲学带有主观唯心的色彩，并导致怀疑论和不可知论的出现。

第二阶段：希腊化时期的哲学。公元前336年，亚历山大大帝建立起横扫欧、亚、非三个大陆的亚历山大帝国，古希腊文化依靠亚历山大大帝的统治传播到了其他的大陆。这一时期是古希腊唯物主义哲学的飞速发展时期，出现了一个主要的代表人物——伊壁鸠鲁。伊壁鸠鲁继承并发展了德谟克利特的原子论，并合理地解释了必然事件与偶然事件的发生机理。由于这一时期战争不断，所以哲学命题逐渐倾向于研究人生的目的与幸福的获取上面，即倾向于伦理学。伦理学主要有三个学派：伊壁鸠鲁学派认为，幸福不是享乐，不是放纵情欲，而是身体的健康和内心的平静；斯多阿学派认为，获得幸福就要禁欲，就要崇尚宗教，克制一切欲望；怀疑论者认为，以人类的认知能力不可能对事物有全面的了解，所以为了避免无谓的争论与烦恼，最好通过无动于衷的态度来达到快乐的境界。

第三阶段：古罗马哲学时期。古罗马哲学继续延续着古希腊哲学的观点，其中比较著名的古罗马哲学家是卢克莱修和琉善，他们坚持唯物主义反对唯心主义，忠于德谟克利特和伊壁鸠鲁的原子论学说。到了古罗马后期，由于奴隶制度的没落，唯心主义思想开始盛行，这一时期最为盛行的是折中主义哲学和神秘主义哲学。到了罗马帝国后期，"教会哲学"开始产生。从此古希腊哲学沦为教会的工具，并开始向中世纪的哲学过渡。

德国古典哲学

德国古典哲学的主要代表人物有康德、费希特、谢林、黑格尔等人。

德国古典哲学出现于18世纪末19世纪初，其创始人是德国哲学家康德。德国古典哲学是欧洲工业革命时期的重要哲学理论，是马克思主义理论的三大来源之一，它涉及到了当时社会很多的重大问题，是西方古典哲学向现代哲学的过渡理论。

康德是德国古典哲学的创始人，他在学习前人哲学思想之后发现，以前的唯物主义和唯心主义、理性主义和经验主义都存在着缺陷，都未能帮助人们解决怎样才能认识世界本原的问题。康德在总结了前辈的哲学思想后，提出了自己的哲学观点，他认为人们在认识世界之前，先要研究人们是否具有认识世界的能力，以及世界是否存在被人们认识的可能性。在这种观点的支持下，康德提出了"物自体"的概念，他认为，"物自体"原则上是不能被人认识的，人们见到的现象只是"物自体"作用于人们感官产生的"表象"。

康德的理论影响了费希特，费希特的哲学理论脱胎于康德的理论，但他不承认康德的"物自体"学说，他认为"物自体"本身就是无稽之谈，是康德为了把思维和存在分割开来而提出的一种错误的概念。费希特在否定了康德理论的基础上，提出了自己的"知识学"哲学理，他的体系主要是要求人们回归"自我"，不去研究"自我"以外的东西。"知识学"体系主要有三个基本观点：第一是"自我建立自身"，即"自我"是一种不证自明的存在，是不依赖于任何事物的一种存在；第二是"自我建立非我"，即一切"非我"都是依据"自我"建立起来的，"非我"是"自我"的表象；第三是"自我建立本身和非我"，即"绝对自我"，在这一原理中本客体都被统一于"绝对自我"中，不存在康德理论中的思维与存在的分离。

谢林一开始是费希特理论的信徒，但后来对他的理论产生了怀疑，并提出了自己的理论。谢林同样不承认康德的"物自体"学说，但他对费希特的一切从"自我"出发的理论也不完全赞同。他认为，"自我"和"非我"是互相依存的，是谁也离不开谁的，要想解释"自我"、"非我"、思维与存在的关系，那么就必须有一个更高于它们的存在，有了这个存在，它们的关系就迎刃而解了。于是，在这一理论基础上，谢林提出了自己的"同一哲学"。但谢林的理论并没有脱出费希特提出的"精神实体"的范畴，他的"同一哲学"是一种比费希特哲学更高的精神实体。

黑格尔是德国古典哲学的集大成者，在前辈哲学的基础上，他建立了一套庞大的客观唯心主义体系，并对前人提出的关于世界本原的问题给出了他自己认为的回答。黑格尔认为，绝对精神或绝对理念是永恒的世界本原，自然界和人类社会都是从精神中派生出来的。黑格尔用自己的理论批判了康德的理论，他认为，康德企图在认识世界之前先考察人类的认知能力是错误的，因为考察人的认知能力时只能在认知过程中进行考察，在认知之前考察就好比在学会游泳之前先进行游泳能力考察一样可笑。黑格尔在批判康德时贯彻了辩证法，使得他在德国古典哲学中占有极其重要的地位。黑格尔还批判了费希特和谢林的理论，并在他们的理论基础上建立了自己的学说。

中国古典哲学

孔子有"仁者爱人"的观点，孟子有"兼爱"的理论，老子有"无为无不为"的人生理想，荀子也有"人性本恶"的批判。

中国古典哲学与其他国家的古典哲学有共同之处也有其独有的特点。中国古

典哲学在研究人的本原的同时，将很大的一部分精力投入到研究历史的发展规律当中。据先秦的史料记载，中国在上古时期就已经有了关于"河图洛书"的描述。"河图洛书"是伏羲八卦与中国阴阳学说的源头，代表了中国人最早的宇宙观，也是中国哲学的根本。从"河图洛书"到百家争鸣再到宋元明清时期的近代哲学，中国人主要研究了四个哲学命题，即天道、人道、古今与知行。

天道观是中国先民对于世界本原的观点，最早将天道具体化的时代是商代。商代将天道人格化，并将天道称为"帝"或"上帝"，认为"上帝"的旨意可以通过占卜的方法知晓。此时的中国哲学表现的是唯心主义的世界观，不过，当时的中国也已经有了唯物主义的萌芽，比如记录商代贤人言行的《尚书·洪范》中就有关于五行是构成世界五种元素的记载。到了周朝，《易经》用乾（天）、坤（地）、震（雷）、巽（风）、坎（水）、离（火）、艮（山）、兑（泽），这八种自然现象系统地阐述了万事万物的发展变化规律，已经具有了朴素的辩证法思想。到了东周末年，中国已经出现了唯物主义和唯心主义两种流派，比如"天道远，人道迩"就是朴素的唯物主义思想，"敬鬼神而远之"则为唯心主义思想。到了老子的时代，老子明确提出，"道"就是世界的本原，这一观点的提出使中国哲学对世界本原的思考上了一个新的境界。人道是相对于天道产生的，人道即为人处世之道，相当于西方的伦理学。

春秋以前的历史观是建立在天命论基础上的，即君权神授，如果君主不能顺应天意，那么国家就会灭亡。先秦时期的中国哲学家们也有着自己的历史观。孟子认为，社会将会在一治一乱的转化中逐步前进；荀子有"法后王"的观点，之所以"法后王"是因为，后代的君王统治下的国家与后代的朝代相近，因此完善"后王"的缺点就可以有利于社会的发展；墨家有"本之于古者圣王之事"，也是通过借鉴历史经验，使得社会得以发展的观点；道家则主张"小国寡民"的原始社会状态，主张复古倒退。

知行观即方法论。中国先秦时期的哲学家们已经认识到了认知问题。孔子有"生而知之"与"学而知之"的观点，强调学与思；孟子将"耳目之官"与"心之官"的功能区分开来，认为"心之官则思、思则得之"，有理性主义倾向；老子认为"不出门，以知天下；不窥於牖，以知天道……不行而知，不见而名，无为而成"，否定感性经验；程朱理学有"格物致知"的观点，讲究格尽天下物，才能具有绝对的智慧；王阳明则有"知行合一"的观点，认为知行是合一的，不能分开论述。

古代日本哲学

明治维新之后，复古神道理论被法西斯主义者和军国主义者所利用，成为日本武士道精神的理论基础。

日本哲学多是引入的其他国家的哲学。在平安时代以前，即公元5世纪前后，日本的主要哲学思想来自中国的儒家学说；佛教传入日本后，日本贵族将其作为政治斗争的工具和镇压百姓的手段，"世界无别法，唯是一心作"和"一念三千"等唯心学说是日本佛教哲学的主要观点。镰仓时代之后，明治维新之前，日本的哲学观点都是建立在批判和支持"程朱理学"的基础上的。

朱子学派是德川幕府早期的哲学流派，创始人是藤原惺窝。朱子学派内部并不统一，存在着唯物倾向和唯心倾向两种分歧。安东省庵、贝原益轩从理学出发，将宇宙观归结为理、气合一说，倾向于唯物主义；斋山崎斋、三宅尚斋却把自己的世界观归结为理一元论，陷于唯心论。随着商品经济的发展，朱子学派退出了历史的舞台，取而代之的是古学派，古学派的产生是日本哲学的一场革命，在这场革命中出现了一个新流派，阳明学派。阳明学派是从批判朱子学派的基础上发展而来的，创始人是中江藤树，阳明学派对日本的发展起到了积极的推动作用。

17世纪时期，日本出现一种反对佛教和儒教的新哲学，即日本复古神道学。复古神道学鼓吹"皇国之道"，宣扬"皇国精神"，强调日本神道才是"真实之道"，认为日本民族是天照大神的后裔。

印度哲学的发展

印度哲学的发展大概经历了四个阶段，即古代印度学、中世纪印度学、近代印度学和现代印度学。

印度哲学是源于印度的一门古老哲学，古称"见"，哲学在印度语中是"探究学问"的意思。

图文版 世界百科全书 哲学宗教

古代印度学产生于原始公社末期，成型于奴隶社会，最早的哲学著作是《奥义书》，该书中有关于朴素唯物主义和朴素唯心主义的记载。公元前10世纪，印度唯物主义者和唯心主义者之间出现了斗争，最终以唯心主义的婆罗门教获胜，获胜后的婆罗门教下令销毁唯物主义著作，以维持自己的统治地位。中世纪时期，印度的宗教已经占据了统治地位，印度的哲学流派在这一时期主要被分为两派。数论派、瑜珈派、胜论派、正理派、吠檀多派、弥曼差派这六派哲学由于尊重宗教的统治地位，被称为正统派；顺世派、佛教、耆那教等派别由于反对宗教的统治，被称为非正统派。

受西方近代哲学的影响，印度新出现的启蒙思想家对印度中世纪的正统哲学流派发起了反击，他们要求印度哲学应该对世界的本质做出唯物主义和合乎科学的说明。马克思主义哲学传入印度后，印度进步哲学思想和传统哲学思想斗争更加尖锐。现代印度哲学中最主要的哲学思潮是"新吠檀多主义"，它是在现代哲学的影响下，在印度产生的哲学新形态。"新吠檀多主义"主要的特点为，在重视理论联系实际的同时，更加强调内心的审视，最终达到心灵的清净。

印度哲学以古代经典吠陀经典为基础，具有强烈的实用主义精神，以救赎人的灵魂为己任，产生了西方哲学中没有的灵魂转世说；印度哲学具有无与伦比的包容性，同时也鄙视人世，逃避人生。

元素说

中国的五行学说自创立以来对中国以及世界产生了极大的影响。

元素说是古人在没有科学的实验方法时，通过主观臆断描述世界组成的一种学说。比较著名的元素说是中国的五行学说和希腊的四元素学说。

五行学说认为，世界万物都是由金、木、水、火、土这五种元素的相互作用产生的。这五种元素相互克制又相互依存，比如说金克木，但木生火，火又克金；木克土，但土生金，金又能克木；其根本规律为"我对谁有利、我对谁有害或谁对我有利、谁对我有害"，这就是五行相生相克理论。这种理论其实是古人认识世界的一种方式，属于朴素哲学的范畴。比如中国古代的天文学、气象学、化学、数学、音乐和医学都是建立在五行学说的基础上的，另外被外国人称道的辩证法三大规律也没有离开五行学的范畴。

"四元素"学说来自于古希腊，这一学说是亚里士多德提出的，他认为万物都是由"土、气、水、火"这四种物质组成的，如土最重，构成了地球的核心；水较轻，构成了海洋；气和火最轻，构成天空和动力。"四元素"学说也强调元素间的互相作用，它们之间的作用机理是"冷－热，干－湿"。如干加热后就是火，湿加热后就成了气；干加冷后就成了土，湿加冷后就是水。这一理论对西方社会产生过较深远的影响，比较著名的是西方医学之父希波克拉底根据"四元素"学说提出的"四种液体"学说。他认为肝制造血液属气，肺制造液体属水，胆囊制造黄胆汁属火，脾制造黑胆汁属土，人之所以生病就是因为这四种元素的平衡被打乱的结果。

归纳法

现代归纳法是从古典归纳法发展而来的。

归纳法是通过举出许多个特殊的事例或分论点，进而归纳出它们所具有的共性，最终得出一个一般性的结论的认知方法。归纳法主要有两种观察方法：一种是对具有特殊性的代表事物进行观察，另一种是对反复出现的事物进行观察。

古典归纳法，又称古典归纳逻辑，是由培根创立，经穆勒发展而成的一种认知方法，主要的理论依据是普遍因果律和自然齐一律。现代归纳法是建立在概率上的，由梅始德·凯恩斯创立，由莱辛·巴哈、卡尔纳普·科恩等发展，建立起来的一种归纳逻辑。现代归纳法主要研究的是，个别性的前提是否可以对一般性的结论提供某种程度的证据支持，前提对于结论支持的概率是多少。现代归纳法目前还处于发展阶段。

唯心主义

唯心主义主要有主观唯心主义、客观唯心主义、绝对唯心主义三个类型。

唯心主义又叫做唯心论或理念论，与唯物主义相对，是讨论思想、心灵、语言及事物等彼此之间关系的一门理论体系。唯心主义在处理哲学问题上主张精神、意识第一，物质第二，即意识决定物质，物质依赖于意识。

主观唯心主义是把个人的某种主观精神如感觉、经验、心灵、意识、观念、意志等看作是世界上一切事物产生和存在的根源与基础，而世界上的一切事物则是由这些主观精神所派生的，是这些主观精神的显现。在主观唯心主义者看来，主观的精神是本原的、第一性的，而客观世界的事物则是派生的、第二性的。中国宋明时期的陆王学派的"心即理"、"吾心即是宇宙"、"心外无物"、"心外无理"，英国贝克莱的"存在就是被感知"、"物是观念的集合"等观点，就是有代表性的、典型的主观唯心主义和唯我论观点。

客观唯心主义是唯心主义哲学的两种基本形式中的一种。客观唯心主义认为某种客观的精神或原则是先于物质世界，并独立于物质世界而存在的本体，而物质世界或现象世界则不过是这种客观精神或原则的外化或表现。前者是本原的、第一性的，后者是派生的、第二性的。中国宋代程朱理学的"理"，古希腊柏拉图的"理念"，德国黑格尔的"绝对观念"，就都是这种作为世界本体的客观精神或原则。客观唯心主义承认独立于人的意识之外的客观世界，强调作为世界本原的"精神本体"，是内生于客观世界自身的，而且这种"精神本体"又都不约而同地带有"事物规律"的含义，这就使客观唯心主义常常不自觉地走向自然。

绝对唯心主义，包含唯心主义的所有共同特点，黑格尔在他的《逻辑学》的末尾对"绝对理念"进行了详尽阐述。在追究世界的本原元素时"绝对唯心"陷入了与"客观唯心"一样的观点，但不同的是"绝对唯心"对"神灵是实体"进行了否定。

唯物主义

唯物主义主要有朴素唯物主义、机械唯物主义和现代唯物主义三种形式，其中现代唯物主义又分为历史唯物主义和辩证唯物主义。

唯物主义是与唯心主义相对的一种哲学思想。这种哲学思想认为物质决定意识，意识是客观世界在人脑中的反映。也就是说"物质第一性、精神第二性，世界的本原是物质，精神是物质的产物和反映"。朴素唯物主义可分为东方和西方古典唯物主义，比如说中国的"五行"学说和西方的"四元素"学说。

机械唯物主义产生于17世纪时的英国，当时的英国正处于资产阶级革命时期，由于资本主义发展的需要，一些英国的唯物主义者发展出了一套与之相适应的理论，即机械唯物主义。机械唯物主义的主要观点是，机械力学是推动社会主义变革的主要力量，社会主义变革是在机械力学的作用下产生的。

历史唯物主义为马克思和恩格斯所创立。他们称它为"唯物主义历史理论"或"唯物主义历史观"。历史唯物主义者认为历史发展是有其特定规律的，即生产力决定生产关系，生产关系对生产力有反作用，生产关系一定要适应生产力的发展。该理论的主要观点是，生产力是社会进步的尺度，生产力的发展水平，决定人类社会的进程。

辩证唯物主义又称现代唯物主义，是马克思、恩格斯在黑格尔和费尔巴哈的理论基础上，结合自然科学、社会科学和思维科学等学科，创立的一套系统、科学的逻辑理论思维形式。辩证唯物主义的主要观点是，世界在本质上是物质的，物质是第一性的，意识是第二性的，意识是客观物质世界在人脑中的反映；任何事物都是一分为二的，又是对立统一的；物质世界是在不断地运动、变化和发展。辩证唯物主义深刻地揭示了事物发展的根本原因，是唯物主义的高级形式。

理性主义

理性主义与同一时期出现的英国经验主义有相同之处，都认为知识可以通过推断产生。

理性主义是建立在承认人的推理可以作为知识来源的理论基础上的一种哲学方法。

理性主义一般被认为是随着笛卡儿的理论而产生的。笛卡儿认为只有一些永恒的真理可以单纯靠推理产生，其余的知识则需要藉助经验以及必要的科学手段来获得。典型的理性主义者认为，人类首先天生地掌握一些基本原则，随后可以依据这些原则推理出其余知识。但是持这一种观点的理性主义者则认为，除了数学外，人们不能单纯依靠推理得出其他知识。

新托马斯主义

新托马斯主义是19世纪末出现的一种基督教哲学新形态，是经由罗马天主教教会承认的官方哲学，新托马斯主义又叫做新经院哲学。

1879年8月4日，罗马教皇利奥十三世颁发《永恒之父》通谕，通谕中有"复兴托马斯黄金般的智慧"的句子。1894年1月《新经院哲学评论》出版，新托马斯主义在《评论》中正式出现。两次世界大战后，新托马斯主义随着战争传遍了西欧各国，后又传到美国等北美地区。

新托马斯主义是致力于理性和信仰、科学和宗教、人类和上帝、人性和神性之间的一种调和主义，这个主义类似于实用主义，是一种靠近于神学的中间主义。新托马斯主义一方面信奉亚里士多德的形而上学理论，并将其看做永恒的哲学；一方面也承认人类具有理性，以及理性判断的正确性。对于自然科学，新托马斯主义认为，自然科学的不断进步就是不断发现上帝的过程。

解构主义

解构主义的主要特点是，对于传统理论要批判地接受，接受的同时要对其进行逻辑上的否定与重组。

解构主义是一种批判主义，它的主要内容是对西方自柏拉图以来形成的形而上学的哲学传统进行批判。解构主义最早是由一位叫做德里达的哲学家在批判语言结构主义时提出的，他当时的核心观点是，对单体的研究比对整体的研究更加重要，因为单体本身就已经具有意义，整体只不过是单体的整体体现。

解构主义的出现并不是没有原因的。19世纪末，尼采的"上帝死了"、"重估一切价值"的理论开始在西方传播开来。由尼采开始，质疑理性、颠覆传统的思潮开始兴起，此后出现的海德格尔存在主义和西方批判主义，为解构主义的出现打下了理论基础。1968年，法国发生了一场声势浩大的学生运动，这一运动席卷了整个欧美地区，并一度导致政治危机的出现。运动被镇压后，参与这次事件的许多激进的革命学者并没有放弃，他们转而对资本主义的学术思想进行拆解，并最终发展成为解构主义。

解构主义批判的重点是传统哲学的中心"逻各斯"。什么是"逻各斯"？德里达曾给过这样的解释："西方传统哲学认为，万物背后都有一个根本原则，一个中心语词，一个支配性的力，一个潜在的神或上帝，这种终极的、真理的、第一性的东西构成了一系列的逻各斯……它近似于'神的法律'。"解构主义就是要破坏传统哲学中的"逻各斯"，将其单元化。

解构主义最直观的应用领域是建筑。在建筑上，解构主义建筑师们一样秉承了解构主义的理论精髓，他们不喜欢传统的建筑风格，他们喜欢运用相贯、偏心、反转、回转等手法，建造看上去凌乱、不安定且富有动感的建筑物。埃森曼是建筑解构主义的代表人物，他发展了建筑的解构主义理论，他认为使"文章本体"具有意义的是语法、语义和语音，使建筑有意义的也应该有一套建筑的语言。他的这一理论加深了解构主义在建筑领域的应用。此外，解构主义在语言学方面也有类似的应用。

西方死亡哲学的发展

从中世纪到近代资本主义社会，死亡哲学的特点明显地打上了文艺复兴的烙印。

西方死亡哲学产生于古希腊罗马时期，是在西方人对死亡问题思考过程中产生的，其发展史从原始社会一直持续到现代社会。从总体上看，死亡哲学大致经历了从量变到质变的过程，既有阶段性又有统一性。

从赫拉克利特和毕达哥拉斯到伊壁鸠鲁和塞涅卡，死亡哲学的流派林立，观点也是多种多样，但无外乎两点，即重生或者重死。伊壁鸠鲁则根本不承认死亡，他说："最可怕的恶是死，但死却与我们毫无关系，因为我们活着的时候，死亡还不存在；当死亡来到的时候，我们又已经不存在了。"不过伊壁鸠鲁所认为的"死"还只是停留在个体的死亡阶段，他没有意识到一个人的死会给别人带来巨大的伤痛。伊壁鸠鲁的想法大体符合古希腊时期死亡哲学家们的特点，即喜欢"各引一端，崇其所善"。

中世纪时期的死亡哲学源自于古希腊时期，中世纪的死亡哲学可以看成是古希腊时期死亡哲学的神学化。这一时期的死亡哲学可以概括为"若不能死，就不能生"。近代哲学通过对教会哲学的对抗，发出了"我自己是凡人，我只要求凡人的幸福"的口号，文艺复兴时期，人们开始将今生作为第一要务，对神灵和死亡则采取漠视的态度。

死亡哲学从近代跨入现代的行列是通过康德和费尔巴哈的理论完成的，尤其是费尔巴哈，他提出的"神是人的本质的异化"的观点，喊出了"从人本学观点论不死"的口号，这让西方人从神学的死亡哲学中走出来，开始直面真正的死亡。

西方现代哲学

西方现代哲学的流派众多，有分析哲学和西方马克思主义哲学等。

西方现代哲学是一个总称，一般是指黑格尔之后至今的西方哲学。

分析哲学是在弗雷格建立的现代一阶逻辑上产生的，主要代表人物是罗素。罗素的摹状词理论的提出使得分析哲学开始蓬勃发展，摹状词理论也成为分析哲学的经典理论。分析哲学的灵魂人物是维特根斯坦，他的两本著作《逻辑哲学论》和《哲学研究》指明了分析哲学的发展方向，即分别向人工语言研究方向发展和向日常语言研究方向发展。分析哲学的主要流派是罗素提出的逻辑原子主义，这一流派随着战争进入美国，并很快成为美国的主要哲学流派，美国也依靠这一流派一跃成为现代哲学界的罗马帝国。之后，逻辑原子主义与美国的实用主义相结合，形成了许多其他的哲学流派。

西方马克思主义包括很多流派，比如分析哲学的马克思主义、现象学的马克思主义、法兰克福学派等。由于以上学派只有法兰克福学派形成了运动，所以，西方马克思主义一般指法兰克福学派持有的主义。法兰克福学派的主要特色是，把马克思主义中的社会批判理论和弗洛伊德主义的性分析结合起来，从广义的文化上对社会进行批判，该主义在第二次世界大战后曾有强大的影响。

分析哲学的产生和发展

分析哲学主要有逻辑经验主义学派和日常语言学派两个分支。

分析哲学是以语言分析作为哲学方法的一个哲学流派，其主要方法包括人工语言的分析方法和日常语言分析方法。分析哲学理论最早出现于19世纪的德国，创始人是德国哲学家、逻辑学家弗雷格。后经罗素、摩尔、维特根斯坦等人的发展，成为英国的主要哲学流派。

逻辑经验主义学派的主要观点是，对科学语言进行逻辑分析是当代哲学的主要任务，物理语言应该成为科学的普遍语言。日常语言学派的观点是，日常语言本身是完善的，哲学家们背离了日常语言的正确用法后，哲学的混乱才产生，只要对日常语言的用法加以研究，就可以使哲学重新步入正轨。

第二次世界大战期间，德国的许多哲学家相继迁到了美国，分析主义哲学也被带到了美国，并取代了美国实用主义哲学的主导地位。一些美国的哲学家将自己的理论和分析主义结合后，出现了"概念的实用主义"、"科学的经验主义"、"逻辑实用主义"以及言语行为理论学。

实用主义哲学

实用主义是在吸收了孔德的实证主义、马赫的经验批判主义、叔本华的意志主义和柏格森的生命哲学的基础上形成的。

实用主义是源于希腊，成熟于美国的一种哲学思想，是在理性主义和经验主义中间开辟的第三条途径。实用主义的创始人詹姆士承认，在一定意义上实用主义是"一些旧思想方法的新名称"。

实用主义出现于美国，信仰实用主义的哲学家也都出生在美国，这主要是因为美国建国较晚，没有很深的封建主义思想束缚，个人主义和利己主义在美国占据着上风。实用主义的主要观点是，经验和知识是改变现实的工具，原则和推论是次要的，它们的正确与否主要取决于它们能否带来实际效果。从这个意义上讲，实用主义是一种人们对待世界的方法，它并不像其他的哲学理论要用假想的理论证明自己的正确性，而是直接看待自己使用的理论所取得的效果。詹姆士指出，实用主义不再关注原始的抽象的理论，它关注的是理论所能制造的实际效果。

精神分析学说

在弗洛伊德提出了精神分析学说之后，他的学生又将其发展成为一个体系，形成了精神分析学派。

精神分析学说是由奥地利心理学家弗洛伊德创立的一种理论，这个学说的主要观点就是，每个人都存在着一种潜意识，当人的欲望不符合社会要求而被压制下去的时候，就会产生这种潜意识。潜意识理论也是精神分析学说的基础。

弗洛伊德的精神分析学说主要包括两个时期，其中在1920年以前的理论叫做早期理论，主要包括：一、人的心理可以分为意识、潜意识和无意识三个部分，其中意识就是本人目前可以认识到的内容，潜意识是指目前认识不到，但是可以通过回忆认识到的，无意识是指通过回忆也认识不到的；二、当人的本能欲望因不符合社会要求而被压制下去的时候，人们就很难认识到自己的这种欲望，这种现象被称为抗拒；三、弗洛伊德认为人一生当中的所有行动都伴随着性本能冲动，性有一种驱使人追求快感的力量，叫做性力；四、每个人的心理都有两个系统，其中一个受本能支配，另一个受现实支配。

1920年之后，弗洛伊德对自己的理论进行了很多的修正。这段时期他的理论被称为后期理论，包括：一、生存本能和死亡本能理论，人的性本能和自我本能的目的都是为了生命的增长，这叫做生存本能。而死亡本能表现为求杀的欲望，当这种欲望受到挫折时，就会表现出自杀的倾向。二、精神结构理论，弗洛伊德提出人的精神分为本我、自我和超我三个部分，其中本我是先天的无意识的部分，自我是意识部分，而超我就是通常所讲的良心或者理想。

存在主义的产生和发展

卡尔·雅斯贝尔斯和马丁·海德格尔是存在主义的先驱，法国哲学家让－保罗·萨特把存在主义哲学发扬光大，提出了著名的格言"存在先于本质"。

第一次世界大战后，物质的极大丰富与战争的残酷之间形成的对比使人们异常迷茫，信仰的缺失使人们缺乏归宿感。人似乎成为了一个支离破碎的存在物，被一种无可名状的异己力量所左右，无力改变自己的处境。人与人、人与世界无法沟通，人在一个毫无意义的世界上存在着。在人们迫切需要一种理论来化解自己的异化感觉时，存在主义就应运而生了。

存在主义是一个很广泛的哲学流派，主要包括有神论的存在主义、无神论的存在主义和存在主义的马克思主义三大类，其根本的特征是把孤立的个人的非理性意识活动当作最真实的存在，并作为其全部哲学的出发点，以强调个人、独立自主和主观经验。存在主义认为，世界没有终极的目标，人们生活在一个有敌意的世界中，而且无法避免选择他们的品格、目标和观点，世界和我们的处境的真相最清楚地反映在茫然的心理不安或恐惧的瞬间。

存在主义的思想渊源主要来自于索伦·克尔凯郭尔的神秘主义、尼采的唯意志主义和胡塞尔的现象学，在20世纪流传非常广泛。

存在主义是一个哲学的非理性思潮，它的思想对当时的文学、精神分析学和神学都产生了极大的影响。

智者运动

智者运动的产生与希腊原始氏族社会制度的衰落，工商奴隶主阶级的产生有直接关系。

古希腊的哲学家们有一个共同的名字——"爱智者"，这些人都是饱学鸿儒之士，并且富有人文主义精神。他们强调民主，重视人的价值，喜欢用辩论或演讲的方式讨论国家大事，智者运动就是这些人发起的。

古希腊的雅典是一个讲究民主的城市，这个城市里的居民喜欢航海、贸易，也喜欢战争。通过以上的方式，雅典人接受了很多其他国家的制度和技术，比如东方的商品经济制度和小亚细亚的金币铸造技术。

希腊的奴隶制度开始萌芽后，新兴的工商奴隶主阶层逐渐成了雅典城的公民，为了保障自己的利益，他们要求参加国家政策的制定，但是他们并不具备这样的知识，因此他们找到具有这样知识的"爱智者"，并希望智者能够传授给他们参政的知识。"爱智者"接受了这些公民们的要求，并在公民中演讲，告诉他们人的价值以及参政议政的知识。这些后来的奴隶主们也大力支持"爱智者"的行为，智者们受到了很大的鼓舞，并最终形成智者运动。

智者运动的代表人物是普罗泰戈拉，他提出了"人是万物的尺度"的口号，这一口号的提出被认为是人类自我意识的第一次觉醒，他也因为这一口号的提出被誉为人类思想解放的先驱。智者运动的出现标志着古希腊原始自然科学的终结，哲学家们也从注重寻找"生命本源"的命题回归到解决实际问题的命题上来。智者运动为后来西方的人文思想、民主思想和个人主义的产生铺平了道路。

犬儒学派的创立

安提西尼提倡人们"重返自然"，像动物那样生活，并认为人们的生活中不应该有制度的存在，一切财富带来的快乐都应该摒弃。

所谓的"犬儒"，就是像狗一样生活的大儒们。犬儒学派创立于古希腊时期，创始人叫安提西尼。安提西尼在一个叫做居诺萨格（Kunosarges）的体育场做过一次演讲，由于"Kuno"在希腊语中是狗的意思，所以人们将安提西尼这类人称为犬儒，他创建的学派称为犬儒学派。

安提西尼在年轻时是一个中规中矩的人，他结交贵族子弟，乐于享受生活。但是当他不再年轻时却性情大变，摒弃了他以前所有的信仰，只将淳朴的善良作为自己毕生追求的目标。他不再结交贵族子弟，而是和工人们打成一片，和他们穿同样的衣服，并用最普通的人都能听懂的方式进行演讲。

犬儒学派的一个重要的代表人物是狄奥根尼，他是安提西尼的学生，但是他比自己的老师更加出名。狄奥根尼摈弃一切非人类天性的东西，比如宗教、风俗、礼仪等。据说他生活在一个大缸之中，这种缸在当时是用来埋葬死人用的。狄奥根尼不谋职业，以乞讨为生。人们笑话他是狗，他也不生气。关于狄奥根尼有很多传说，其中有一个是关于他和亚历山大大帝的。亚历山大听说了狄奥根尼的名字，认为他是一个贤人，于是亲自去拜访，看到狄奥根尼生活很拮据，亚历山大问他需要什么恩赐，狄奥根尼回答说："只要你别挡住我的太阳光。"

米利都学派

古代社会一般被认为是人类的孩童时代，这个时期的人们对于万物的起源有着浓厚的兴趣。

最早讨论生命起源的有三个人，分别是泰勒斯、阿那克西曼德和阿那克西美尼。这三个人对生命起源这一问题观点类似，并且他们都是米利都人，所以后人将他们的理论称为米利都学派。

公元前6世纪，希腊的人们普遍认为众神创造了生命，人类是神的儿子，但是泰勒斯并不同意这一观点。他经过仔细的观察后发现，一切生命都是以湿的东西为养料，孕育生命的种子也是湿的，所以他提出了万物源于水的观点。这一观点正确与否并不重要，重要的是，这个观点的提出让人们的思想从神话思维进入到逻辑思维。这一观点的提出在西方开创了一个新的时代，即朴素哲学时代，泰勒斯也因此被西方人誉为"西方第一位哲学家"。

同意并发展了泰勒斯理论的另一位哲学家是阿那克西曼德，他是泰勒斯的朋友和学生。他接受泰勒斯的逻辑思维方式，但是他并不同意万物源于水的观点，他认为万物是源于"无定"。一切生命从"无定"中来最后又回到"无定"中去。他还提出，"无定"内部只有两种东西，那就是冷与热，在热的不断运动下，"无定"最终破裂开来，形成了万物。阿那克西曼德提出的"无定"中有混沌的概念，另外他的哲学中还有了对立的思想，在"无定"中存在的冷与热这两种东西就是对立的。

阿那克西美尼是米利都学派的第三位代表人物，他是阿那克西曼德的朋友和学生。他把老师提出的观点运用到了现实中，并提出了自己的观点。阿那克西美尼认为"无定"这种物质过于虚无缥缈，于是他提出了"气生万物"的说法。他认为"气"升腾就变成了火，凝结就变成了水，再凝结就成了冰，然后是岩石和大地。他还指出，神也是由气生成的，而且人的灵魂也是某种"气"。

米利都学派首次提出了"生命源自哪里"这一命题，并进行了探索，这一学派将人们的神话思维转到了逻辑思维上，从此拉开了西方哲学史的序幕，对全世界哲学的发展都有着极其深远的影响。

伊壁鸠鲁学派

留基波首先提出了原子理论，德谟克利特发展了他的观点，他们用原子理论解释了生命的本源问题、灵魂问题和感觉问题。

伊壁鸠鲁是原子唯物派的继承人，他没有全盘接受德谟克利特等人的观点，而是在批判的基础上发展了自己的理论，最后自成一派，后人称之为伊壁鸠鲁学派。

德谟克利特认为原子只有一种运动方式，那就是自上而下的垂直运动，根据这一运动规律，德谟克利特认为人的行为是必然的。但是伊壁鸠鲁否定了德谟克利特的观点，他认为，原子是有质量的，在自上而下的运动中，原子间会发生碰撞，从而使原子的运动发生倾斜，从而造成"偶然性"事件的发生。在感觉问题上，德谟克利特提出人类有两种感觉，即理性的感觉和感性的感觉，他认为当人们感觉的事物过于渺小时，感性的感觉就靠不住了，这时候就要靠理性的感觉来感知。但是，伊壁鸠鲁有不同意见。他认为人们感知到的一切都是真实的，这是他判断真理的三大标准之一。

伊壁鸠鲁判断真理的三大标准是：感觉、预见和情感。他认为这三个标准是判断真理的途径和获得知识的方法。在他的准则学中，他论证了这三个标准的正确性。首先是感觉，他认为感觉是绝对正确的，因为同类的感觉不能互相反驳，因为它们是相同的；异类的感觉也不能互相证明对方是错的，因为它们是不同的。其次是预见，所谓的预见就是一种前定的观念，伊壁鸠鲁认为预见是"自明的"，是"名称依赖的基础"。以认识"人"这件事物来说，只有认识者在脑中有"人"这个概念时才能知道人是什么。最后是情感，在伊壁鸠鲁看来人主要包括两种情感，即快乐和痛苦。人们趋利避害，寻求快乐也是一种真理。

伊壁鸠鲁的伦理哲学被后人认为是感觉哲学、享受哲学、快乐哲学，后来成了享乐主义的代名词。在《致美瑙凯的信》中伊壁鸠鲁写道："快乐是幸福生活的开端和目的，我认为快乐是首要的好，以及天生的好。我们的一切追求和规避都开始于快乐，又回到快乐，因为我们凭借感觉判断所有的好。"伊壁鸠鲁认为，快乐并不是平白就产生的，它总是伴随着痛苦而来。他说："只有当我们在缺少快乐感到痛苦时，快乐才对我们有益。当我们不再痛苦时，我们也就不再快乐了。"伊壁鸠鲁将人类产生痛苦的原因归结为人类的欲望。伊壁鸠鲁将人的欲望分为三种：一种是自然而又必须的，一种是自然而又非必须的，一种是非自然而又非必须的。他将后两种欲望归为"奢侈"，并认为痛苦之所以产生，是因为追求奢侈生活而不可得。

说谎者悖论

世界上有很多类似的悖论，如"飞矢不动"、"白马非马"等，许多人都对其进行过研究，但并没有做到彻底解释清楚。

公元前6世纪有一个叫做艾皮米尼蒂斯的哲学家提出了一个悖论，这个悖论难倒了很多人，也引起了很多人的兴趣。

艾皮米尼蒂斯是克利特人，他说："所有的克利特人都是说谎者。"这就是著名的说谎者悖论。这句话乍一看并不矛盾，但仔细一分析就会发现里面是有圈套的。如果"所有的克利特人都在说谎"这句话是正确的，那么艾皮米尼蒂斯也是克利特人，他也应该是说谎者，因此他说的这句话就是错误的；但是，如果这句话是错误的，那么艾皮米尼蒂斯就不是撒谎者，他说的话就应该是正确的，但显然这与他说的那句话矛盾。其实这个悖论有一个更加简单的形式，如果将"所有的克利特人都是说谎者"设为P的话，那么经过推断就会产生非P的结论，即如果P那么非P。

有人认为这样的悖论就是在搞文字游戏，但是好多科学家并不这样认为。说谎者悖论就曾引起过哲学家、数学家罗素的重视，罗素研究后认为这是子集与合集之间的矛盾，但他并没有解决这一悖论。

原子唯物论

留基波和德谟克利特认为，人的灵魂和外界的原子进行交流的途径是呼吸，如果人的呼吸停止了，灵魂就无法和外界进行交流，这时候人就死亡了。

在古希腊的哲学家们探索生命的本源过程中，出现了一个派别，叫做原子唯物派，这个派别的创始人是留基波和德谟克利特。他们认为世界万物都是由"原子"和"虚空"这两部分组成的，并将原子定义为一种无限多的、最小的、不可分割的"存在"，而虚空是一种"非存在"。"虚空"类似于米利都学派阿那克西曼德提出的"无定"的观点。

原子唯物论的观点认为，原子和虚空都是存在的，虽然人们看不到原子，但原子却无时无刻不在虚空中运动。他们还提出，原子是实体物质，原子间会相互碰撞，并能黏在一起。这样，原子就会有大小和形状的区别，这些不同的原子就构成了不同的事物。他们还用原子说证明了人类灵魂的存在性。原子唯物派认为，人是存在灵魂的，人的灵魂同样是由无数的原子构成，灵魂原子和空气中的原子互相交流、碰撞，并在碰撞的时候释放能量，产生不同的影像，这些影像就成了人们的思想。他们还用原子说解释了死亡。古希腊晚期的哲学家伊壁鸠鲁发展了原子唯物论，他提出了构成万物的原子是存在质量的说法，并指出原子有大有小，质量各不相同。由于质量的不同，所以它们的运动轨迹也是不同的，这就是为什么会出现偶然事件的原因。

原子唯物论是古希腊自然科学的最高峰，对后来的伊壁鸠鲁乃至文艺复兴有深远的影响。原子唯物论中的原子还被引申为人的自由运动，为西方的民主主义也起到过推动的作用。

唯意志论

"权利意志论"后来被德国法西斯主义曲解，成了德国对外侵略的思想武器。

唯意志论是一种唯心主义和非理性主义哲学，主要观点是意志是宇宙的本体，意志高于理性。唯意志论的创始人是叔本华，后来尼采继承和发展这一理论，他摒弃了叔本华理论中的悲观观点，提出了"权利意志论"的理论体系。

唯意志论认为"意志"是万物存在和运动的根本原因，是人类生命的基础，即使是人类身体上最小的细胞，也是意志的产物；生物的一切运动都是"意志"的外在体现，理性也是由于"意志"的需要产生的。唯意志论还认为，动物是没有理性的，但在"意志"的支配下它们生活得依然很好；世界的本质只能靠直觉来感知，人类有了理性就无法看清楚世界真正的样子。唯意志论完全否定了自然和人类是独立于意志之外的客观存在，同时也不承认人类能通过主观能动性认识世界的本原。因此唯意志论认为人类的生命是无意义的，无目的的，世界是痛苦的，人们要想脱离痛苦，回归幸福，就只能无欲无求地生活。

尼采继承了叔本华唯意志论的观点，摒弃了叔本华的悲观观点，发展出了他的一套权利意志论体系。尼采认为，人类的生命是有意义的，这种意义就是对权利的渴望、对统治的向往。权利意志论的观点是，权利意志是自然和人类社会发展的唯一动力，是最高的伦理原则，是世界的本质。唯意志论产生于19世纪20年代，流行于20世纪初，对法国和德国的生命科学和历史哲学都产生了很大的影响，特别是对H·柏格森的直觉主义、德国法西斯主义影响甚巨。

马克思主义理论

马克思主义理论主要可以分为三部分，即马克思主义哲学、马克思主义政治经济学和科学社会主义。

马克思主义是以19世纪工人运动为实践基础，以德国古典哲学、英国古典政治经济学、法国空想社会主义为理论基础，经过马克思、恩格斯继承发展形成的一套唯物主义理论体系。

马克思主义哲学的前身是德国古典哲学，马克思主义哲学是在其基础上发展而来的，主要包括辩证唯物主义和历史唯物主义两种哲学观点。其中，辩证唯物主义认为：世界的本质是物质的，物质是世界万物的基础。物质决定精神，精神不能产生物质。物质的存在形式是运动，一切物质都在运动中，运动是绝对的，静止是相对的，精神是物质运动的最高形式等。辩证唯物主义是一门关于物体运动规律的哲学，它指出了物体的运动根源在于矛盾。矛盾存在于一切事物当中，并只在对立面相互依存的情况下产生。辩证唯物主义还指出，实践活动是人们认识事物运动规律的唯一手段，只有在实践中得到证明的理论才具有真理性。历史唯物主义是用历史的眼光研究人类社会运动发展规律的一套理论体系，历史唯物主义认为人类社会主要是由生产力、生产资料和生产关系三部分组成的，生产力在制造生产资料的同时产生了生产关系，生产关系是不断发展变化的。

马克思主义政治经济学的前身是英国古典政治经济学，马克思主义政治经济学主要研究人类各个时代的生产关系，尤其是资本主义国家的生产关系。马克思在观察了资本主义国家劳动力的社会地位后，提出了剩余价值、剩余价值率、绝对剩余价值、相对剩余价值等概念，并对这些概念进行了科学的分析，揭示了资本家剥削工人阶级的秘密，这些概念也构成了马克思主义政治经济学的理论基础。马克思主义政治经济学还指出，资本的积累必然造成两级分化，从而造成无产阶级和资本家们矛盾的升级。

科学社会主义的前身是法国空想社会主义，由于剩余价值的出现，空想社会主义从空想变为有理论基础的支持。科学社会主义是马克思主义理论体系的核心，它的主要目的是研究无产阶级怎样在资产阶级手中获得政权，建立自己的制度，及其可能性。马克思认为，无产阶级必然代替资产阶级，无产阶级革命者通过武装斗争的形式推翻资产阶级的统治，是建立社会主义制度的必由之路。

马克思主义理论以工人阶级的世界观为视角，全面阐述了工人阶级争取阶级解放和人类解放的可行性，是工人阶级认识世界和改变世界的有力武器。

亚里士多德的"四因说"

系统论的创始人贝塔朗菲曾说："四因说的整体远远大于它们的总和。"

亚里士多德是古希腊哲学家中的集大成者，他研究了前辈们关于"生命起源"的理论，形成了自己的一套体系，这就是亚里士多德的"四因说"。四因是"质料因"、"动力因"、"形式因"和"目的因"。因为"四因说"，亚里士多德被认为是系统论的始祖。

"质料因"源于米利都学派和原子唯物论，所谓"质料"就是"事物内部始终存在着的那东西"。米利都学派认为生命的本源是水，原子唯物论认为构成万物的"那东西"是不可分割的原子，这就是亚里士多德"质料因"的来源。

"动力因"即万事万物动力的来源。在亚里士多德之前有一个叫做赫拉克利特的哲学家，他提出生命的本原是火。他认为火是各个元素中最纯粹最接近无形的东西，世界就是一团永恒的活火，它不是神也不是人创造的，是世界自己创造了自己。自创造之日起，它就在按一定比例燃烧，并按一定比例熄灭。亚里士多德发展了他的观点，并提出火是万物的动力之源；同时他还吸收了恩培多克勒的"爱憎说"，将动力分为吸引和排斥两部分。

"形式因"即万事万物表现出来的形式。关于万物为什么以各式各样的形式存在的问题，在亚里士多德以前，毕达哥拉斯就已经研究过了。他认为"数"是万物的本源，事物只有通过某种数量的搭配才能变现出某种形式。比如音乐，毕达哥拉斯认为，声音的和谐与否取决于长短不同、音色各异的音调如何组合。亚里士多德将"数"归为"形式因"。

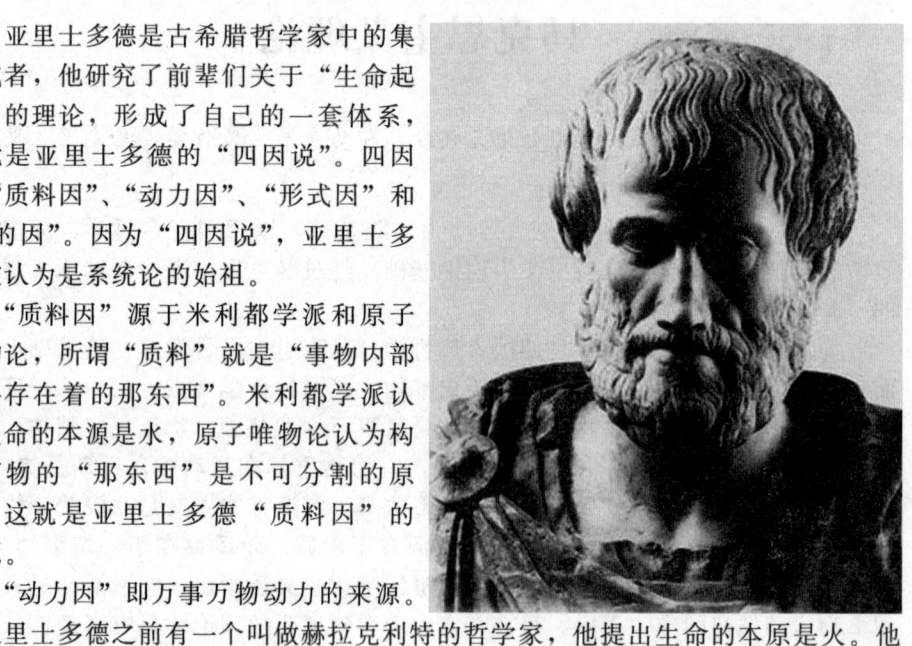

"目的因"就是事物"最善的终结"。"目的因"植根于巴门尼德的"存在"和阿那克萨戈拉的"理性",即万事万物都是通过"理性"的"存在"以达到其最后的"目的"。

亚里士多德将这"四因说"写进了自己的著作《物理学》中,并说:"除了这四因,我再也没找到过其他原因。但它们是不全面的,有些现象说到了,又像没说到。"

苏格拉底的哲学思想

西方哲学家认为,苏格拉底的"助产术"是最早的辩证法。

苏格拉底是古希腊著名的哲学家、思想家、教育家,他和他的学生柏拉图、亚里士多德并称"古希腊三贤"。苏格拉底一生以提问的方式教育自己的学生,所以并没有留下任何的著作,因此研究他的哲学思想并不容易。不过,后人还是在他的学生的谈话记录中知道了他的哲学思想。苏格拉底的主要哲学思想包括心灵的转向说、灵魂不死说、寻求事物的普遍定义、辩证法、教育以及伦理。

智者运动之后,古希腊哲学的主要命题由研究世界的本原回归到研究人上来,但研究只是停留在感性阶段,并不深入。到了苏格拉底时期,哲学对人的研究进入了另一个层次。苏格拉底要求人们作"心灵的转向",由研究自然转向研究自我。苏格拉底认为,自然是无时不刻不在变化的,自然的知识是不确定的,因此为了得到永恒的真理,人们应该从认识自己开始。从苏格拉底开始,自我和自然分割开来,自我成了一个单独的实体。此外,苏格拉底认为,人的精神是一种特殊的实体,与物质对立,由此从他开始,西方哲学有了明确的唯心和唯物主义的分流。

苏格拉底想给万事万物下一个普遍的定义。他反对智者们提出的"意见"可以多种多样的理论,认为"真理"只能有一个。苏格拉底指出,自然界的知识是无穷无尽的,人们如果只停留在讨论事物成因上的话,是永远无法找到最终的原因的。于是,他提出自己的观点,将"善"作为事物的最终因,即"善"是事物发展的最终目的。苏格拉底的这一观点为西方哲学的唯心主义打开了门户。

苏格拉底的教育方式是"诘问式"的,即通过不断的发问让对方的论据动摇,指出对方的无知,当时的人们称这种方式为"苏格拉底的讽刺",后代的学者却看到了苏格拉底的讽刺中存在着朴素的辩证法思维。苏格拉底将自己比喻为"助产婆",他认为自己并没有知识,而他之所以传授知识是因为,人类本身就"怀"有知识,他所作的只不过是让人们顺利地将知识"生"下来。

苏格拉底建立了一套完善的道德伦理体系,其主要目的就是探讨人们怎么达到至善的美德。苏格拉底认为,人们之所以败坏道德是因为对道德知识的无知,人类只有获得了至善的概念才能达到至善的水平。苏格拉底也给出了达到至善的方式,即通过禁欲和超越后天经验的局限,得到至善的概念,进而达到至善的境

界。苏格拉底的这一观点被多个哲学流派继承，并发展为不同的观点，比如强调禁欲的犬儒学派，主张享乐的居勒尼学派等。

柏拉图的理念论

理念是绝对纯粹的，所以两件事物之间的理念不会冲突。

柏拉图哲学是欧洲哲学史上一个庞大的客观唯心主义体系，它论述的命题主要包括宇宙生成说、认识论方面的回忆说、政治学方面的理想国学说以及美学方面的"摹本说"等。不过这些学说都离不开一个核心的理论，即"理念论"。

柏拉图认为每件事物都存在理念，所有事物的产生发展和完善都要依靠自己的理念来完成。柏拉图认为，由理念派生出来的事物可以死亡和腐朽，但是它背后的理念却是永恒的、绝对的、不会消失的。比如"马"是一个理念，马的理念派生出了马这种动物，马要经历从出生到死亡的过程，但马的理念永远不会消失。

柏拉图认为理念派生事物主要有两种方式。第一是"分有"，所谓"分有"就是万物分有了理念的概念，产生了具体的事物。比如说美丽的事物之所以美丽，是因为它从"美自身"中分有了美丽。"美自身"就是美的理念。第二是"摹仿"，所谓的"摹仿"是人类摹仿造物主的理念来创造事物。比如人类摹仿物主那样，首先创造了桌子的理念，然后通过理念创造出现实中桌子的实物。

柏拉图式的爱情

柏拉图式爱情不仅影响了一代又一代的西方人，而且在东方也有它的影子，如今柏拉图式爱情已经成为精神恋爱的代名词。

柏拉图是古希腊哲学家，理念论的创始人。柏拉图认为："当人类没有对肉欲的强烈需求时，心境是平和的……人之所以是高等动物，是因为人的本性中，人性强于兽性，精神交流是美好的、是道德的。"基于这种观点，柏拉图认为爱情应该是一种排斥肉欲、向往沟通的精神交流。柏拉图的爱情观是一种极完美的理想的爱情观，是一种无法实现的爱情观，它主要有以下几方面的观点。

柏拉图的爱情是一种绝对暗恋的爱情，他要求恋爱的双方不求拥有，但求过程，不求得到，只求默默付出，他认为双方同时在付出就是同时在拥有。但是由于这样的爱情得不到对方任何的回报，所以，双方只能像两条平行线一样，没有交叉地走到生命的尽头。

柏拉图的爱情观是一种自由平等的爱情观。柏拉图式爱情由于没有肉欲的介入，它消除了双方的性别因素，因此男女双方在恋爱的过程中是绝对平等的；由于没有肉欲的介入，只有思想的交流，所以柏拉图式的爱情能给予恋爱中的人们巨大的空间和自由。

"中世纪哲学之父"爱留根纳

爱留根纳的哲学思想虽然受到了当时教会的强烈谴责，但并不影响他得到"中世纪哲学之父"的美誉。

爱留根纳，爱尔兰人，生于公元800年，卒于公元877年，是"加洛林文化复兴"时期最著名的学者。爱留根纳最早提出信仰应服从理性，他认为"为了达到真正的、完善的知识，最勤奋、最可靠地探求万物的终极原因的途径就在于希腊人称之为哲学的那门学科之中"，因此爱留根纳被誉为"中世纪哲学之父"。除了确定哲学是探究万物的终极途径外，他还对自然做了划分，并对人的存在做了说明。

爱留根纳并不否认信仰，他只是想让信仰更加理性。他也不否认《圣经》和教父们的权威，相反，他认为《圣经》同样是探索真理的一条途径，不过《圣经》只能起到讽喻的作用。爱留根纳承认上帝的存在，他还对三位一体的上帝做出了自己的描述。他将圣父比喻为生命的本源，圣子为生命的理智，圣灵为生命力。

爱留根纳认为自然由四部分构成，分别是：一、创造而非被创造的自然，即

上帝；二、被创造而又能创造的自然，即上帝在创造万物时的理念；三、被创造而不能创造的自然，这些自然只能被认识，即世界万物；四、不创造而又不被创造的自然，即万物的归宿，其实也是指上帝。另外爱留根纳还对人这种特殊存在做了解释。爱留根纳认为，人是一种特殊的存在，人是上帝按照自己的样子造出来的，人的心中有上帝的理念存在。但是，人类因为犯罪而丧失了自己的"存在"，人只有被引导才能回到以前的存在状态，即拥有正确理念的状态。

爱留根纳不承认世界上有地狱和天堂，他认为地狱和天堂只不过是人的心灵状态罢了。地狱是人们在犯罪的时候感到的痛苦，天堂是人们在行善时候感到的欢欣。从这一观点出发，爱留根纳认为魔鬼也是可以被救赎的，魔鬼同样可以通过行善的方式净化自己，并最终找回自己正确的理念进入天堂，不过时间要长点。

哲学和科学巨匠笛卡儿

笛卡儿是一名理性主义者，主张二元论，认为应该用理性来进行哲学思考。

笛卡儿是17世纪法国著名的哲学家和科学家，他在哲学、数学、物理、天文等方面都作出了很大贡献。

笛卡儿是欧洲现代哲学的奠基人，他开创了欧陆理性主义哲学，并第一个建立起自己的完整的哲学体系。他还提出了"普遍怀疑"思想，其中著名的一条就是"我思，故我在"，这一思想影响了欧洲几代人。

在数学方面，笛卡儿的最大成就是创立了解析几何学。他将当时在数学领域占统治地位的几何学，与新兴的学科——代数进行了结合，利用坐标方法来表示几何图形，使得数学研究有了很大进展。同时他还最先使用了很多数学符号，大大简化了数学公式的表达方式。

物理方面，笛卡儿对透镜理论比较重视，他研究了开普勒的光学理论，并自己学习磨制透镜的技术。他认真研究了光的本质以及传播，在理论上推证了折射定律，其中运用到了他自己创立的解析几何学。同时他还发现了动量守恒原理和惯性定律，对物理学的发展产生很大影响。

笛卡儿还将自己的机械论观点用到了天文学研究上，形成了他的宇宙演化理论。他提出了漩涡学说，将天体置于一个漩涡模型中，从而解释了宇宙的起源和天体的形成。他的这个学说第一次采用了力学理论，而非当时流行的神学理论。漩涡模型提出之后，成为了17世纪最权威的宇宙学说。

莱布尼茨的单子论

莱布尼茨在数学上发明了微积分，在哲学上提出了单子论。

莱布尼茨是德国著名的哲学家、数学家，他涉猎广泛，精通哲学、力学等40多个领域，由此他被称为17世纪的亚里士多德。

莱布尼茨通晓古希腊罗马哲学，对当时的哲学家提出的哲学命题也很感兴趣，最让他感兴趣的是德谟克利特的"原子论"。莱布尼茨承认世界是由原子组成的，但他不承认组成世界的原子是德谟克利特理论中的原子，他认为德谟克利特的原子还是物质的原子，只要是物质就可以再分。莱布尼茨认为构成世界的原子应该是一种精神原子，因为精神原子是最单纯的，绝对不可再分的，只有这样的原子才是构成世界的终极存在，莱布尼茨把这种原子称为"单子"。

莱布尼茨认为单子具有以下四种性质。第一，单子绝对单纯，不可再分；同样单子也不可以通过自然的力量结合或分离，产生或消失，单子只能"突然产生，突然消灭"，即它们来自于创造消失于毁灭。第二，单子是一种非物质的精神存在。第三，单子的数量无限大，每个单子的形态都是不同的。第四，单子本身就具有知觉和欲望。莱布尼茨还根据单子存在知觉的级别将其分为三个类别，即低级单子、较高级单子和高级单子。低级单子只具有微知觉，世界上无生命的事物是由这一类单子构成的。较高级的单子存在感性感知和记忆能力，世界上的动物是由这一类单子构成的。最高级别的单子存在理性思维，可以进行推理和判断，因此人类是由这类单子构成的。

莱布尼茨的单子论规定，单子和单子间是不能通过自然力量进行交流的。那么单子是通过什么力量构成世界的呢？莱布尼茨认为一切单子都源于上帝，上帝在创造单子的同时也创造了一套理念，即秩序。单子一产生就具有组成世界的理念，并靠理念互相结合形成世界，莱布尼茨将这一现象称为"前定和谐"。

莱布尼茨的单子论直接导致了神的存在，列宁在《哲学笔记》中说："单子是一种特种的灵魂……物质是把单子粘在一起的浆糊。"从实质上看，莱布尼茨的单子论是一种客观唯心主义。

宗 教

宗教起源说

　　人们认为已故的先人灵魂永存，故而产生了祖先神灵和对祖先的崇拜；人们认为自然物也存有灵魂，于是又产生了自然神和对自然物的崇拜。

　　关于宗教的起源，世界上流传着多种说法：

　　首先是图腾崇拜说，即认为所有宗教都源自图腾崇拜这种古老的社会现象。

　　其次是自然神话说，即认为自然神话就是宗教最早的表现形式。自然神话中的神是人类对自然物、自然力、自然现象的人格化进而神格化，对神灵的崇拜与敬畏就是在此基础上产生的，这就是最早的宗教。

　　第三是万物有灵说。原始人推导出灵魂的观念，并将其应用到万物身上，形成了万物有灵说。

　　除此之外，还有一种说法是原始启示说。持有这种观点的人认为世界上最古老的民族全都信仰至上神，崇拜至上神的宗教才是真正的一神教。后来这种原始的一神教逐渐退化，这才形成了现在的多神信仰以及其他各类宗教。

图腾崇拜

现在，在印第安人的村落中依然可以看到很多图腾柱。

"图腾"一词来自印第安语"totem"，意思是它的亲属，它的标记。图腾崇拜就是原始人将某种动物、植物或是非生物当成自己的祖先或是保护神，对其进行崇拜的行为。在宗教起源学说中持图腾崇拜说观点的人认为图腾崇拜就是最原始的宗教形式，后来的一切宗教都起源于此。

绝大多数原始人都觉得本族与某种动物具有亲缘关系，自己的祖先就起源于这种动物。例如，中国的商族就将玄鸟当成本族的祖先，鄂伦春族将熊当成本族的祖先，侗族则将大花蛇当成本族的祖先。于是，玄鸟、熊和大花蛇便分别成了这三个民族的图腾。原始人在制作图腾标志时，通常都会将其制成图腾柱的形式。

世界主要宗教

基督教、伊斯兰教、印度教和佛教是目前世界上最大的几种宗教。

现在全球共有15亿至21亿人信仰基督教，基督教也因此成为了目前世界上最大的宗教，其教徒主要分布在欧洲、美洲、大洋州、撒哈拉以南非洲和菲

律宾。

伊斯兰教现约有信徒 9 亿多,是十分有活力的世界性宗教。主要传播于西亚、北非、中亚、南亚、东南亚等,第二次世界大战后,在西欧、北美、非洲等地区迅速传播。

印度教拥有 9.5 亿到 14 亿信徒,分布在印度次大陆、斐济、圭亚那、特立尼达、毛里求斯、苏里南、巴厘、澳大利亚、北美洲和东南亚,是世界第三大宗教。

佛教主要分布在印度次大陆、斯里兰卡、东亚、中南半岛和俄罗斯部分区域,拥有 2.5 亿至 5 亿信徒。

此外,世界一些比较重要的宗教还包括:犹太教、道教、巴哈教、耆那教、天理教、天道教等。

禁欲主义

禁欲主义也叫苦修,即在生活中严格节制肉体欲望。

公元前 6 世纪过后,禁欲主义作为一种道德理论逐渐成型。禁欲主义的核心观点是,人类的肉体欲望低贱而自私,是一切罪恶的源头,因此要严格节制,甚至要断绝一切欲望,只有这样才能实现道德的自我完善。

"禁欲"一词源自古希腊术语"训练"。古希腊的战士和运动员要想拥有完美的体质和体态,必须要经过严格的"训练",后来这个词便发展成了"禁欲"。禁欲主义通常都与宗教相关。例如,在印度教中,教徒会借助一种非常极端的苦修方式,让自己向圣人靠拢。一般而言,教徒会立誓一生只使用两条腿中的某一条，将另外一条腿永远搁置不用。除了这种方式以外，还有一些教徒会举起一条胳膊，并且一举就是几个月甚至几年。在佛教中，教徒们最常用的苦修方式就是食素，特别是中国、日本等东亚国家的佛教徒。

当然，并非所有禁欲主义者都是教徒。实际上，任何人都有权选择禁欲或是不禁欲。在人类历史上有很多圣人都是自行选择禁欲，例如中国的思想家老子，印度的圣雄甘地等。他们禁绝了自身的一切欲望，让世人从中获得了巨大的鼓舞和启蒙。

犹太人的早期流浪史

摩西带领犹太人逃亡的经历后来被记录在了《圣经·出埃及记》中。

犹太民族是一个多灾多难的民族。4000年前，犹太人原本生活在美索不达米亚平原上，后来搬迁到地中海东岸的迦南地区，与居住在当地的迦南人多次发生冲突。大约在公元前1700年，犹太人在与迦南人交战的过程中失利，被迫逃往埃及避难。

到了公元前1300年左右，埃及法老拉美西斯二世为了修建宫殿，开始逼迫境内的犹太人做苦工。拉美西斯二世死后，埃及政局动荡，饱受屈辱的犹太人借着这个机会，在首领摩西的带领下出逃。

逃出埃及以后，犹太人来到了埃及与迦南之间的西奈半岛。经过不断争战，他们获得了迦南的一些丘陵地带和一小片河谷。公元前1000年，大卫建立起统一的以色列犹太王国。大约在公元前935年，这个王国分裂为犹太王国和以色列王国。此后，这两个王国先后被亚述帝国和迦勒底王国灭亡，后来又成为罗马帝国的一部分。在罗马帝国统治时期，犹太人被赶出家园，再度开始在世界各地流浪。

犹太教

犹太教徒只能信仰上帝，上帝是他们唯一的神灵，这便是犹太教最重要的教义。

犹太教是犹太民族信仰的一种古老宗教。

犹太教诞生于犹太人从埃及出逃期间。当时，摩西带领族人穿越红海，逃出埃及，一路上历尽千辛万苦。不少犹太人因为不堪忍受旅途艰辛，萌生了重返埃及的念头。为了激励族人，摩西亲自登上基督教的圣山西奈山，在山顶上停留了四十天。后来，他下山告诉族人，自己在山顶上受到了上帝的接见。上帝向他保证：犹太人一定会苦尽甘来。此外，摩西还代表上帝向族人颁布了十条诫命，这

便是著名的《十诫》。《十诫》的第一条就规定：除了我以外，你不可有别的神。这里的"我"就是上帝。从此，摩西便在犹太人与上帝之间建立了一种牢不可破的契约关系，这标志着犹太教的正式形成。

犹太教有三部重要典籍，分别是《希伯来圣经》、《塔木德》和《米德拉什》。犹太教的戒规以十诫为主，除此之外，还有很多涉及社会生活各个方面的规定，例如男孩必须要在出生后的第八天接受割礼，以此与上帝订立永久的契约，犹太教徒死后必须要用水洗净尸体，然后用白布包裹下葬等。

基督教

基督教发展到现在，已经成了全世界规模最大的宗教，教徒总人数已超过了20亿，这其中单是天主教徒就有13亿人。

基督教即信仰耶稣基督为救世主的宗教。

基督教脱胎于犹太教。公元1世纪，基督教在巴勒斯坦的耶路撒冷兴起，其创始人就是耶稣。耶稣早年在巴勒斯坦大力宣传基督教，发展了大批基督教徒。此举激怒了当地的犹太教祭司团，耶稣被十二使徒中的犹大出卖，最后被罗马人钉死在十字架上。

因为在最后的晚餐中，连同耶稣在内总共有13个人，所以13就成了西方人最忌讳的数字。因为耶稣的受难日刚好是星期五，所以就有了"黑色星期五"的说法。耶稣在死后第三天复活，这一天就成了西方的复活节。复活后第四十天，耶稣升天。后来，耶稣出生的那一年被罗马教皇定为公元元年，12月25日则被定为圣诞节。

基督教在数千年的发展过程中，逐渐分化为三大派别：天主教、东正教和新教。这三大教派拥有相同的基本教义，那就是上帝创世说、原罪救赎说和天堂地狱说。此外，基督教的经典《圣经》也是三大教派共同的圣典。《圣经》是由《旧约全书》和《新约全书》两部分共同组成的，其中《旧约全书》与犹太教的《希伯来圣经》内容一致。除了这三大教派之外，基督教还分化出了一些影响较小的教派，分布在世界各地。

三位一体是基督教信仰的基础，只有相信三位一体的教徒才算拥有正统的

信仰。

三位一体是一个基督教术语，简单说来，就是基督教的圣父、圣子和圣灵虽为三个位格，却是一个本体。

按照基督教的教义，上帝是唯一的，圣父完全是上帝，圣子完全是上帝，圣灵也完全是上帝。与此同时，圣父不是圣子，圣子不是圣灵，圣灵也不是圣父。这也就是说，圣父的神性，圣子的神性，以及圣灵的神性，其本质是完全一致的，即同一个神性。

据此可以得到三位一体的完整定义：三位一体是由三个合一的位格合成的，这三个位格并非分离的存在，而是完全的合一，他们是一位神，也是三个独立的存在——圣父、圣子、圣灵。

神父和牧师

东正教的神父如果结婚，就失去了进一步晋升为主教的资格。

神父和牧师都是基督教的宗教职位，不同的是，神父是天主教和东正教的宗教职位，牧师则是基督新教的宗教职位。神父必须由男性担当，牧师则无这种要求，女性也可以成为牧师。近年来，天主教中的改革派人物一度倡导准许女性担当神父，但最终因受到教会保守派的阻挠，未能实施。天主教的神父终生都不能结婚，东正教的神父则可以在晋升为神父之前结婚，基督新教的牧师却是可以结婚的。

《旧约全书》

现存最完整的旧约手抄本是保存于圣彼得堡的马索拉版本。

《旧约全书》是基督教的经典文献，其大部分内容与犹太教的典籍《希伯来圣经》一致，只是章节编排有所出入。

《旧约全书》中记载了从耶和华创造天地到公元前5世纪犹太民族的历史，其主要内容是神给犹太民族的律法，另外还有一些诗歌和预言。全书总共分为39卷，具体包括经律书、历史书、诗文智慧书和先知书四部分。其中成书最早的就是经律，即《摩西五经》。

《旧约全书》的原文大部分都是用犹太民族的希伯来文写成的，只有《以斯拉记》、《尼希米记》和《但以理书》三部分是用亚兰文撰写的。《旧约全书》的编写历经上千年，从公元前12世纪一直延续到公元前2世纪，作者大约有25至30人不等，他们都有着不同的身份背景。《旧约全书》的原稿早已失传，其手抄本却保存得相当好，这要得益于犹太人对其宗教信仰的虔诚。

《新约圣经》

《新约圣经》与《旧约全书》共同组成了基督教的主要经典《圣经》。

《新约圣经》是耶稣离世后由耶稣的门徒写成的,总共分为27卷,主要包括福音书、历史书、使徒书信和启示录四部分。其中,福音书分为4卷,分别是《马太福音》、《马可福音》、《路加福音》和《约翰福音》。历史书即使徒行传。书信共计21卷,其中有13卷是使徒保罗写的。至于启示录则属于启示性质的文学作品。

最早的《新约圣经》是用希腊语写成的,成稿于公元1世纪。后人又不断对其进行完善,直至公元4世纪正式成书。直到今天,《新约圣经》与《旧约全书》仍是基督教各教派共同认可的基督教经典。

伊甸园

有四条河流经伊甸园,滋润着园中的植物,这四条河分别是幼发拉底河、底格里斯河、基训河、比逊河。

根据《旧约·创世纪》记载,上帝依照自己的形象创造了最早的人,并为他取名为亚当。后来,上帝见到亚当非常孤单,便取下他的一根肋骨,创造了第一个女人夏娃。上帝安排亚当与夏娃共同居住在一个园子里,这就是著名的伊甸园。

伊甸园是由上帝亲手创立的,园中长满了各种各样的植物,地上铺满了金子、玛瑙和珍珠,美不胜收。

亚当和夏娃生活在伊甸园中,饿了就吃树上结的果实。上帝告诉他们,园子中央的两棵树分别叫做生命树和智慧树,这两棵树上的果实是不可以吃的。亚当和夏娃一直谨遵上帝的吩咐,直到有一天,一条蛇对夏娃说,若是她和亚当吃了智慧树上的果实,就会变得和上帝一样,能分辨出善与恶了。夏娃受不了诱惑,便与亚当一起摘下智慧树上的果实吃掉了。两人原本都是全身赤裸,但他们对此却毫无意识。吃下果实以后,他们忽然为此感到羞耻,赶紧用一些树叶遮住自己的身体。

当天晚上,上帝来到伊甸园中,发现他们偷吃了禁果,便将他们逐出了伊甸园。从此,亚当与夏娃只好在人间生活。上帝则派出天使守卫着伊甸园。

撒旦

撒旦一般是指魔鬼，代表邪恶和黑暗。

"撒旦"一词在希伯来语中的意思是"对抗"，在基督教中的意思则是"罪恶的"。

其实，撒旦最初并不是魔鬼，他是一位考验人类信仰的六翼天使，主要负责给人间带来诱惑，诱导人们犯下罪行，然后对有罪的人进行惩罚或将其带往地狱。"撒旦"还有一个意思是"告发者"，他也会在上帝面前告发人类的罪行。撒旦之所以会堕落成为魔鬼，是因为他背叛了上帝。

在《新约圣经》中，撒旦的形象是一条古蛇。在埃及传说中，有个状如黑龙的恶神跟他的外形很相像，这个恶神名叫"赛特"，与"撒旦"的发音相近，有人推测他们其实是同一个神灵。

挪亚方舟

后人用鸽子与橄榄枝象征和平就起源于这个故事。

亚当和夏娃在被上帝逐出伊甸园后生育了该隐和亚伯。成年之后，该隐做了农夫，亚伯做了牧人。有一回，该隐将田地里的出产献祭给上帝，遭到了上帝的拒绝。亚伯将一头羔羊献祭给上帝，却得到了上帝的嘉奖。该隐对此非常恼火，一怒之下杀死了自己的亲兄弟亚伯。从这以后，人类便开始互相残杀，人世间到处充满了暴力与罪恶。

上帝见到这样的情形，不禁后悔创造了人类。当时有一个十分正直的人名叫挪亚，上帝很信任他，便告诉他自己有意要毁灭人类以及人类居住的这个世界。与此同时，上帝又命令挪亚建造一座方舟，船身要用柏木制造，里外都要涂上树脂，表面还要覆盖芦苇。当上帝用洪水毁灭世界时，挪亚只要带着自己的家人以及一些动物进入方舟，就可以避过这一劫。

挪亚依照上帝的吩咐制造了这样一座方舟，然后带着自己的妻子、儿子、儿媳进入其中。除此之外，挪亚还带了所有洁净的和不洁净的牲畜，所有鸟类，以及所有爬虫，每种动物都是雌雄一对。

洪水暴发的那天是 2 月 17 日，正值挪亚 600 岁生日。洪水泛滥了整整 40 天，人世间所有的生物都被淹死了，唯有方舟上的挪亚一家和那些动物活了下来。40 天以后，挪亚打开方舟上的天窗，放出一只乌鸦，让它去查看一下洪水是否已经消退，可乌鸦却一去不复返。7 天后，挪亚又放出了一只鸽子，鸽子见到外面全是水，便飞回来了。又过了 7 天，挪亚再度将那只鸽子放出去。这一

图文版 世界百科全书

哲学宗教

回，鸽子直到傍晚才回来，嘴里还衔着一片橄榄叶。挪亚明白，洪水多半已经消退了。不过，他并没有马上出去，而是又等了7天。

到了挪亚601岁那年的1月1日，人间的洪水已经完全消退。2月27日，地面上已经彻底干了。这时候，上帝便命令挪亚带着家人和动物走出方舟。挪亚出来后，就将这些动物分散到世界各地，繁衍后代。这便是《圣经》中有关挪亚方舟的记载。

耶稣诞生

耶稣是基督教的核心人物，是基督教徒心目中的救世主。

《圣经》中记录了耶稣诞生的故事。

耶稣的母亲圣母玛利亚原本居住在以色列北部的城市拿撒勒。公元前4年，玛利亚与木匠约瑟订了婚。天使加百列奉上帝的命令来到玛利亚家中，告诉她上帝已经赐予了她一个孩子，此刻就孕育她腹中，这个孩子是上帝之子，他的名字叫耶稣。

就这样，玛利亚以童贞之身孕育了耶稣。在耶稣降生之前，约瑟与玛利亚结了婚。原来，上帝托梦把一切都告诉了约瑟，约瑟决定遵从上帝的旨意，与玛利亚共同抚养耶稣。

当时拿撒勒正处于暴君希律王的统治下，希律王下达了一道命令：所有百姓都要留在自己的出生地，严禁到外地居住。约瑟收到命令，被迫与怀孕的玛利亚搬回自己的出生地伯利恒。

在抵达伯利恒的当天晚上，玛利亚就分娩了。因为城中所有旅馆都已住满了人，约瑟只能带着妻子到一个马棚中暂住。最终，耶稣就降生在了这个马棚中。

耶稣降生的刹那，伯利恒的夜空中出现了一颗又大又亮的星星。当时有一群牧羊人正在城外放羊，他们望着这颗星星，感到十分惊讶。就在这时，一名天使在他们面前现身，告诉他们人类的救世主刚刚在伯利恒的一个马棚中降生了。牧羊人们马上启程到伯利恒找到了这位救世主。与此同时，东方有三位智者也在星星的指引下赶到了伯利恒。他们找到了耶稣，向耶稣和玛利亚行了跪拜之礼，并送给耶稣一家一些礼物。

这时候，圣子耶稣降生的消息传到了希律王耳中。希律王为了除掉耶稣，便下令将伯利恒的所有男婴全都处死。天使引领玛利亚和约瑟带着耶稣逃到了埃及，耶稣在那里长大成人。

神学集大成者奥古斯丁

奥古斯丁开创了宗教改革的救赎和恩典思想。

图文版 世界百科全书 哲学宗教

奥古斯丁是古罗马帝国时期的基督教思想家，他是神学的集大成者，他的神学思想对罗马教会产生了极为深远的影响，罗马天主教封他为圣人和圣师。

奥古斯丁出生于北非，他的父亲是一名异教徒，母亲是一名虔诚的基督教徒。奥古斯丁深受母亲的影响，这一点在他的著作《忏悔录》中表现得淋漓尽致。

早年的奥古斯丁纵情声色，后来有一天，他正在花园中为自己的信仰感到彷徨时，忽然有清脆的童音在他耳畔响起："拿起，读吧！拿起，读吧！"他听从了这神奇的召唤，马上翻开手中的《圣经》，恰好看到其中有这样一段话："不可荒宴醉酒，不可好色邪荡，不可争竞嫉妒，总要披戴主耶稣基督，不要为肉体安排，去放纵私欲。"奥古斯丁深受感染，从此信仰坚定。这便是他在《忏悔录》中描述的"花园里的奇迹"。

他一生写下了多部著作，包括《忏悔录》、《论三位一体》、《上帝之城》、《论自由意志》、《论美与适合》，以及自传《忏悔录》等，他的神学著作被后人誉为"神学百科全书"。

什一税的产生与废除

什一税是一种均等的税，所有土地都要缴纳其农作物产量的十分之一作为什一税。

什一税是欧洲教会向居民征收的一种宗教捐税，捐税金额为本人收入的十分之一，税金的主要用途包括为神职人员发放薪俸，维持教堂的日常开支，赈济等。

什一税开始于公元6世纪，当时基督教会利用《圣经》中提到的所有农牧产品中有十分之一属于上帝的说法，开始征收什一税，但是这样的征税依据根本无法说服民众。什一税在征收之初就遭到了民众的强烈反对。后来，基督教的影响力遍及欧洲各国，什一税也得到了世俗法律的支持，成为了一项硬性规定。公元779年，法兰克王国的查理大帝率先出台规定，国内的所有居民都必须缴纳什一税。此后，西欧各国政府也纷纷出台了类似的规定。

什一税也是一种可变货币税，它不同于农产品税这样的固定货币税。当谷物价格上涨时，什一税就会加重，反之就会减轻。但不管怎么说，什一税都是教会强加在百姓身上的额外负担。

在16世纪爆发的宗教改革运动中，一些教会改革派开始反对征收什一税。1789年，法国政府率先废除了什一税，其余西欧国家纷纷效仿，陆续废除了什一税。不过，这并没有从根本上消除什一税。时至今日，什一税制度在一些信奉基督教的国家中仍有残留。

克吕尼运动

11世纪中期，克吕尼派人士把斗争的矛头指向了君王委任神职，他们认为君王委任神职是买卖神职的行为，并试图夺回君主"篡夺"的神职叙任权，提升教皇的权力。

公元9世纪，法兰克王国在查理曼大帝去世之后陷入了四分五裂的状态。在随后的100年间，由于战乱和灾祸，许多人对现实产生了厌倦情绪，修道主义的发展进入了高潮。修道院的规模和数量不断增长，信徒不断增多，随之也出现了很多问题。大量新建的修道院没有完整规范的戒律，信徒的素质参差不齐，很多信徒贪图享乐，抛弃了早期修道的目的。教会中一些思想激进的人不满于这种现状，开始着手进行改革。

公元910年，"虔敬者"威廉在法国东部的克吕尼建造了一座隐修院，拒绝除教皇之外的任何势力的管辖，要求修士遵守严格的禁欲主义的本尼狄克会规。克吕尼修院的建立在教会内部引发了热议。在院长伯尔诺的推动下，许多修道院开始效仿这种模式，进行整顿改革。到了10世纪中期，克吕尼派的改革运动已由法国发展到西欧许多国家，这些克吕尼模式的修道院逐渐形成了一种以克吕尼修道院院长为首的克吕尼修道院系统，成为了一股强大的宗教势力。

随着克吕尼派势力的不断增强，他们开始希望通过教会的思想影响力和经济实力来左右当时动荡的政治局势。

1046年，一名克吕尼派神职人员登上教皇宝座，克吕尼派从此掌握了教廷实权。1056年，4岁的亨利四世登上王位，克吕尼派乘机发动了教会摆脱皇权控制的运动。这场运动最终以皇帝的妥协而告终，双方签订了宗教协定，规定主教由教廷和皇帝共同任命，皇帝失去了授予主教指环和权杖的权力。克吕尼运动取得了胜利，皇帝对教会再无控制权。

12世纪中叶以后，克吕尼派权势显赫，财富激增，以反对僧侣世俗化起家的修道院本身也变得世俗化了。克吕尼运动的历史作用丧失，逐渐衰落下去。

波高美尔派运动

波高美尔派得到了很多下层民众尤其是农民的支持。

波高美尔派是基督教的一个异端教派，由东正教神父鲍格米勒在公元927年至954年间创建，主要在保加利亚等地活动。

波高美尔派的很多信徒来自于从拜占庭帝国逃亡出来的保罗派成员，其思想深受保罗派的影响。他们认为，耶稣代表善，撒旦代表恶，耶稣战胜了撒旦，拯救了人类，但有形的物质世界是由撒旦创造的，并不属于耶稣，更不属于教会，因而他们反对教会对土地的控制和对人民的剥削，主张没收教会财产。

波高美尔派运动就是在宗教外衣掩盖下的保加利亚人民反对封建压迫的运动。波高美尔派号召人民积极斗争，反对压迫和剥削制度，实现社会的普遍平等。在波高美尔派的带领下，保加利亚人民掀起了轰轰烈烈的反抗运动。保加利亚的统治集团为此深感恐慌，不断指责波高美尔派蛊惑人心，是异端邪说。后来，在保加利亚和拜占庭政府的血腥镇压下，波高美尔派损伤惨重，但是仍有许多逃亡出去的波高美尔派人士继续在世界各地传播他们的思想和主张。

天主教

天主教是基督教的主要宗派之一，直译名称为公教，"天主教"这种翻译取自中国的一句古话："至高莫若天，至尊莫若主。"

1054年，基督教会分裂为东西两派，其中西派教会自称为公教，也就是天主教。从这时开始一直到16世纪，天主教在西欧各国的宗教中一直占据着绝对的统治地位。16世纪，西欧各国爆发的宗教改革运动让天主教的地位大受打击。为此，天主教罗马教廷实施了一系列反对宗教改革运动的措施，例如强化教廷的权力，整肃教会的纪律，成立耶稣会等组织，将天主教的活动推广到了社会各阶层，这便是历史上的反宗教改革。

这段时期，西班牙和葡萄牙在对美洲大陆进行殖民扩张的同时，也将天主教传播到了这些地区。直到现在，天主教在拉丁美洲依然存有巨大的影响力。

进入20世纪以后，天主教会开始打破此前的权威主义与教条主义的禁锢，实施对外开放与对内改革。此后，神学逐渐多元化、世俗化。

天主教有着极为严格的组织形式，对教阶制尤其重视。教阶制可分为神职教

阶和治权教阶，其中神职教阶包括主教、神父和执事，治权教阶包括教宗、枢机主教、宗主教、总主教、教区主教和神父等。天主教的神职人员严格区别于俗人，终身不能结婚。

天主教的基本教义包括：天主存在，天主永恒、无限、全知、全能、全善，天主创造了世界和人类，并赏善罚恶；圣父、圣子、圣神三位一体，道成肉身，圣子受难，复活升天，末日审判等。圣诞节、复活节等基督教节日同样是天主教的重要节日，每当节日到来，教会都要举行相关的仪式。

截止到2010年，天主教在世界范围内已经拥有了13亿教徒，其中巴西是全世界天主教徒人数最多的国家。

红衣主教

从1378年开始，历届罗马教皇基本上都是从红衣主教中产生的，这已经成了天主教会中一条不成文的规定，尽管从理论上来说，所有男性天主教徒都有资格被选举为教皇。

红衣主教也叫做枢机，是天主教会中仅次于罗马教皇的职位。枢机的担任者必须在必要时为信仰流血牺牲，正因为如此，枢机的服饰，如长衫、披肩和方形帽等都是鲜红色的，这便有了"红衣主教"这样的俗称。

红衣主教是由教皇亲自册封的，帮助教皇管理教会事务，具体可分为枢机主教、枢机司铎和枢机助祭三个级别，实际上都是主教级别。红衣主教是一种终身职衔，不过，罗马教皇已经在1970年颁布了一项规定，对年满75岁和80岁的红衣主教的职权做出了限制，年满75岁的红衣主教无权再担任宗座部门的主管，年满80岁的红衣主教无权再担任宗座部门的委员。

13世纪初期,天主教会的枢机团只有7名红衣主教。到了1586年,罗马教皇将人数增加到了70人,并将这个人数作为一项规定沿袭下来。1958年,这一规定被废除。截止到2005年,世界各地的红衣主教总人数已增加到了183人。

红衣主教拥有选举教皇的权利,但在中世纪之前,教皇却是由罗马人民选举出来的。后来,人民的选举权受限,选举教皇成了红衣主教的特权。1971年1月1日,罗马教皇又规定只有未满80岁的红衣主教才拥有选举教皇的权利。

东正教

在东正教的祈祷仪式中,最重要的一项就是颂唱9首颂诗,每首诗的末节都是对圣母玛利亚的赞美。

东正教是指依循由东罗马帝国流传下来的基督教传统的教会,是基督教的主要宗派之一。"正教"一词在希腊语中的意思就是正统,东正教徒以此来强调本宗派在基督教中的正统地位。

公元330年,罗马帝国迁都君士坦丁堡。在此之前,基督教会就已经开始分裂了。到了这一年,这种分裂的趋势终于确定下来。此后,罗马帝国出现了两个皇帝,基督教会也出现了两个首领,一个是罗马的教皇,另外一个是君士坦丁堡的大主教。

1054年,基督教正式分裂为东正教和天主教两大宗派。随后,东正教以希腊为中心发展壮大起来。因为东正教在举行各类宗教仪式时通常都会使用希腊语，所以也被称为希腊正教。

东正教不承认天主教的罗马教皇，不过，东正教却与天主教一样有七大圣礼，分别是受洗、涂圣油、受圣职、告解、婚配、终傅和圣体血。但是在信仰教义方面，东正教却有所偏重，对原罪救赎说不甚重视，对圣母玛利亚的敬礼却十分看重。

东正教发展到现在，已经拥有大约 2 亿教徒，他们主要分布在希腊、俄罗斯、乌克兰、土耳其、白俄罗斯、罗马尼亚、保加利亚和塞尔维亚等东欧国家。

俄罗斯正教会的形成和发展

俄罗斯正教会是东正教中最大的一个自主教会，成立于公元 10 世纪末。

公元 988 年，基辅大公弗拉基米尔一世受洗加入东正教，并命令全国居民在德聂伯河受洗入教。此后，弗拉基米尔一世开始在各地建立教会，并派传教士到北方传教，东正教在俄罗斯迅速传播开来。

最初，俄罗斯正教会由君士坦丁堡牧首任命的都主教管理。1584 年，费多尔即位，当时掌权的鲍里斯·戈东诺夫为取得贵族和正教会的好感，在君士坦丁堡普世牧首耶利米二世的许可下，成立了自主的俄罗斯正教会。1589 年，俄罗斯正教会召开会议，选举莫斯科都主教约夫为俄罗斯首任牧首，至此完全脱离了君士坦丁堡牧首区的管辖。

1653 年，俄罗斯正教会牧首尼基塔·米诺夫·尼康进行了一系列教会改革，统一了教会的宗教礼仪，得到了沙皇的支持。与此同时，一些狂热坚持"旧信仰"的基层神职人员和普通教徒为了维护"旧信仰"，发起了旧礼仪派运动。旧礼仪派运动遭到了尼康派教会和沙皇的镇压，但成效不大，维护"旧信仰"的人越来越多，最终导致了俄罗斯正教会内部的分裂。

尼康在后来的改革企图把教权置于皇权之上，要求沙皇听命于自己的摆布，这让沙皇非常不满。1667 年，尼康被解除职务。1721 年，沙皇彼得一世颁布法令，废除俄罗斯正教牧首制，由政府来管理教会，教会首脑由沙皇直接任命。自此教会完全从属于国家，成为沙皇政府管理宗教事务的一个部门。1764 年，叶卡捷琳娜二世又实行了教会土地国有化，大量的教会土地转归国家所有，教会农民成了国家农民。

1917 年布尔什维克政党夺权之后，因为意识形态的冲突，俄罗斯正教会遭到了苏联政府的打压，大量信徒逃亡到国外。俄罗斯东正教再次分裂，海外的称为"白色东正教"，国内的称为"红色东正教"。截止到第二次世界大战前夕，俄罗斯正教会体系基本瓦解。

1991 年，苏联解体。在人们的巨大震惊和失落中，俄罗斯正教会重新回到了人们的生活中。在大大小小的教堂中出现了越来越多的俄罗斯人，俄罗斯正教会恢复了生机。2007年，在俄罗斯人民和东正教牧首阿列克谢二世的努力下，分离了近一个世纪的"红"、"白"教会终于实现了合并。

阿尔比派

阿尔比派是中世纪西欧宗教改革运动中基督教异端派别之一，因在法国南部图鲁兹的阿尔比城最为活跃而得名。

阿尔比派起源于巴尔干半岛，由一部分保罗派信徒吸收摩尼教思想创立，12世纪盛行于法国南部和意大利北部。

阿尔比派受摩尼教思想影响，认为宇宙有善恶两种势力，善神造灵魂，恶神造肉身，而肉身束缚灵魂。他们坚持极端严格的道德教义，主张只遵从基督教导，过纯洁的禁欲生活；反对天主教会的仪式和组织，不承认教会的权力，谴责教会聚敛财富；拒绝圣餐，否认洗礼和弥撒，更不承认教会能使人得救；认为一切物质皆恶，需要把人从恶的世界中解救出来。

12世纪末，阿尔比派发展迅速，其在法国南部的势力已经超过了罗马教会，被罗马教会认为是最危险的敌人。1179年，教皇亚历山大三世召开宗教议会，宣布阿尔比派为异端，并号召欧洲各国对其进行暴力镇压。1209年，教皇英诺森三世组织了十字军，讨伐整个法国南部的阿尔比派异端，持续20多年的十字军战争就此开始。1220年，教皇洪诺留三世因地方主教镇压异端不力，建立了直属教皇的"宗教裁判所"，对异端进行严厉审理和残酷处罚。到14世纪中叶，阿尔比派被彻底消灭。

托马斯主义

托马斯·阿奎那是中世纪意大利的神学家和经院哲学家，著有《反异教大会》和《神学大全》，他的哲学和神学思想体系就叫做托马斯主义。

12世纪初，亚里士多德的哲学思想引起了西欧天主教会的关注，经院哲学内部展开了激烈争论，希望以亚里士多德的哲学代替柏拉图的哲学作为教会神学的理论基础。这一工作最终由托马斯完成。

托马斯将理性引入到神学，以辩证主义的方式探讨了神学和哲学的关系、上帝和耶稣的本质、人类生命的目标等一系列话题。托马斯认为，任何有限事物的存在都可以被理解为渊源于神的无限存在，神是万事万物的真正根源。神学是一门最高的学问，其他任何学问都无法企及。

托马斯还根据亚里士多德的形式质料学说，指出人的形式是灵魂，质料是肉体，灵魂主宰肉体，因而负责拯救灵魂的教会也应支配世俗权力。有形的教会必

须有一个有形的首脑，即教皇。

托马斯为天主教会建立了一个百科全书式的神哲学体系，他通过调和理性与信仰、哲学与神学的矛盾，论证了基督教思想。他的这一理论取代了奥古斯丁主义成为了天主教会的正统。

方济各会的形成

方济各会又称为法兰西斯修会，由意大利的方济各创建。

中世纪，罗马教宗不仅用武力镇压异端教派，还支持组建效忠于教会的修会，以赢得民心，从精神和学识上瓦解异端教派。1208年，方济各成立了一个修道团体，其成员身着粗布破衣，效仿基督耶稣，过着极度贫穷的生活。1210年，罗马教皇批准成立方济各会，直接受罗马教宗的管辖。他们被派往法国南部传教，在那里，他们自称"小兄弟会"，经常外出布道、救济穷人，深得民心，成为教会反阿尔比派异端的重要力量。由于在反对异端教派方面表现突出，方济各会得到了罗马教皇的大力支持，取得了多项特权，因此迅速发展壮大。

1221年，方济各会制订了第一部会规，其修院制度趋于完善。两年后，在教皇的支持下，方济各会又制定了第二部会规。1226年，方济各死后，修会内部因为意见不和分成了两派，坚持守贫的守规派和主张改革的住院派。守规派遭到了教皇和住院派的联合镇压，但他们并没有就此屈服。1517年，教皇利奥十世终于认可了守规派的地位，正式将方济各会分为两派，各设领导机构和会长。

罗马宗教裁判所

宗教裁判所是中世纪罗马教会为了镇压异端教派而成立的宗教法庭，主要负责侦查、审判和裁决异端分子。

1215年，罗马教皇颁布了《教皇敕令》，对异端分子的处罚作出了一系列规定，并开始在地方主教区建立宗教裁判所，由各地主教掌权。但主教因公务繁忙经常不在自己的教区内，导致裁判所效率低下。鉴于此，1220年，罗马教宗建立了直属教皇的宗教裁判所，规定各地主教要积极配合裁判所的活动，随后在德国、法国北部以及意大利都成立了宗教裁判所，审判官由教皇直接任命。

异端裁判所制定了严酷的审讯条例和刑罚。条例的内容主要有：有两人作证，控告即能成立；控告人和见证人的姓名不向被告人透露；证人如撤回证词，作异端同谋犯处理；被告人若不认罪，要受严刑拷打等。刑罚主要包括没收全部财产、鞭笞、监禁、终身监禁及火刑。16世纪中期，教皇又在罗马建立了最高异端裁判所。

宗教裁判所存续的几个世纪中，以宗教的名义进行了许多不正当的审判，以至于人心惶惶，严重阻碍了中世纪欧洲思想文化的发展。

《神学大全》

托马斯在这部《神学大全》中几乎谈到了当时所有神学的问题。

《神学大全》是中世纪意大利神学家和经院哲学家托马斯·阿奎那最重要的著作。托马斯从1259年担任教廷神学顾问时开始撰写此书，直到1273年去世前夕才完成。

此书是基督教自中世纪以来最重要的教学基础。它以亚里士多德式的逻辑，把神学知识加以论证和系统化，深刻阐释了上帝、灵魂、道德、法和国家。托马斯为天主教会建立的百科全书式的神哲学体系，其基础就是《神学大全》等著作。

阿维农之囚

13世纪下半叶，法兰西王国日渐强盛，开展了反对罗马教皇权力的斗争。

1309年，罗马教廷自罗马迁至法国的阿维农，并受法国王权控制，史称"阿维农之囚"。

由于对英战争的需要，法王腓力四世命人向神职人员征税。教皇卜尼法斯八世宣称未经教皇许可，任何人不得向神职人员征税，腓力四世针锋相对，下令未经君主允许，禁止国内的金银、武器出境。迫于政治和财政压力，教皇最终妥协。1301年，腓力四世逮捕了法国大主教，教皇予以强烈谴责，要求放人。腓力四世置之不理，并禁止法国主教们出境。

1302年，腓力四世召开了法国历史上第一次由贵族、僧侣和市民资产阶级参加的三级会议。三个等级都宣布支持国王，并分别写信给教皇，申明国王只服从上帝，教皇不得干涉法国的内政。卜尼法斯八世颁布教谕，开除腓力四世的教籍。腓力四世立即召开会议，宣布审判教皇。1303年，腓力四世勾结教会政敌，派人殴打并侮辱了卜尼法斯八世。教皇因受不住这样的打击，很快去世。

1305年，腓力四世授意法国波尔多大主教担任教皇。新教皇长期滞留法国，并于1309年将教廷迁往法国南部的阿维农，成为"阿维农教廷"。此后，连续7任教皇都受法王控制，直至1377年，教廷才迁回罗马。

胡司之战

尽管胡司战争没有推翻捷克的封建统治，但是却赶走了德国人，取得了民族独立，对捷克的历史进程影响巨大。

胡司之战是指由胡司信徒领导的反抗德国统治和要求宗教改革的起义战争。1310年，借着捷克贵族争夺王权的契机，卢森堡王子约翰取得了捷克的王位，捷克进入了卢森堡王朝统治时期。约翰是德意志皇帝亨利七世之子，在他的统治下，捷克的经济迅速发展，很快成为中欧最富有的国家之一。但是财富和土地却集中到了德国贵族手中，教会大肆搜刮人民财产，这些都让捷克人民非常不满，这种不满最终演变成了反抗。胡司就是这场反抗斗争中涌现出来的杰出领袖之一。

胡司全名约翰·胡司，出身于贫民家庭，曾担任布拉格大学校长，同时担任神父。教会在捷克的所作所为让他十分痛心，最终，他决定进行宗教改革。他主张将教会在捷克的财产收归国有，尤其是土地，因为只有不接触财产，才能杜绝腐败，杜绝犯罪；同时，他反对教皇和教会拥有特权，认为他们不应该凌驾于法律之上，他不承认教皇是最高权威，认为《圣经》才是最高权威，教会不过是一个不必存在的中介。

胡司的改革措施得到了捷克国王的拥护，但是惹怒了教皇和教会。1411年，胡司被开除教籍，第二年被迫离开布拉格，回到农村，但他坚持宣传自己的宗教主张，揭露教皇兜售赎罪符是一种敛财的欺骗行为。1414年，教会邀请胡司前去参加宗教大会，德国皇帝为他开出保护文书，保证他的人身安全。但他却在抵达宗教大会的召开地时遭到了逮捕，并被强加了很多罪名。1415年7月6日，胡司被教会宣判为异端，并被处以死刑。

胡司的死引起了捷克民众的强烈不满，他们多次向教会提出抗议，最终演变成了起义。德国人控制的教会成为了起义军的主要讨伐对象。起义军主要分为两派：一派被称为塔波尔派，他们以捷克南方城市塔波尔为中心，参与者主要为底层人民。另一派是圣杯派，主要集中在布拉格，参与者多为中产阶级和中小贵族，他们要求将教会财产充公，非捷克人不得担任捷克官员，同时捷克在宗教方面享有自由，不受教会控制。

胡司起义发生后，捷克国王在惊吓中去世，德国皇帝兼任捷克国王，遭到了捷克人民的强烈反对。德国皇帝先后派十字军五次镇压起义军，都没有获得成功。起义军在约翰·杰式卡的指挥下屡次击退敌人，杰式卡因伤去世后，起义军越战越猛，甚至打到了德国境内。就在这个时候，起义军内部出现了分裂。圣杯派在取得一些城市的管理权后希望战争赶紧结束，他们主动跟德国进行谈判，达成协议后又反过头来帮助德军镇压塔波尔派。1434年，塔波尔派被圣杯派击败，1万多名塔波尔派起义军被俘虏并被杀害。

西欧宗教改革运动

西欧宗教改革运动是基督教在文艺复兴时期进行的一系列改革,主要代表人物有马丁·路德、加尔文、慈温利、英国国王亨利八世等。

15世纪,随着工商业的发展,欧洲出现了越来越多的中产阶级,其利益直接与王权挂钩,教会对国家的统治严重阻碍了他们的发展,他们强烈渴求削弱教会的势力,加强王权。与此同时,社会经济的发展也产生了阶级分化,社会贫富差距扩大,人们的负担越来越大。但当时教会腐败,神职人员道德松懈,丑闻不断。人们对宗教愈演愈烈的渴求与教会的腐败不断发生冲突,使一场宗教改革势在必行。

1517年10月31日,马丁·路德不满于教会出售赎罪券,将批判赎罪券的《九十五条论纲》张贴在威登堡大学的教堂门口。四周后,该论纲的各种译文传遍西欧。宗教改革运动由此正式拉开了序幕。

1521年,马丁·路德不再承认教宗的权威,此后他建立了"路德会"。但马丁·路德个性保守,在改革的过程中,他依旧保留了《圣经》没有明文禁止的旧教传统。

1524年,慈温利在苏黎世当局的支持下开始进行宗教改革,新教会实行共和制,要用本地语言进行礼拜,解散修道院。宗教改革运动迅速从苏黎世扩展到周边各地。

1541年,加尔文成为了日内瓦的政治和宗教领袖。在他任职期间,日内瓦成为了宗教改革运动的中心。加尔文的教义受到了很多工商业者欢迎,成为新教的主流。

1534年，英国国王亨利八世宣布创立英国国教会，又称圣公会，英国国王代替罗马教宗成为政教权威。其子爱德华六世即位后，由萨默塞特公爵摄政，期间圣公会开始改革教义与礼仪，包括颁行《四十二条信经》和《爱德华六世公祷书》。

　　1648年，西欧诸国签订了《威斯特伐利亚和约》，正式承认了新教在神圣罗马帝国的合法地位。宗教改革运动至此结束。

　　宗教改革打破了罗马天主教会的专制局面，衍生出了许多不同的新教教派，并加强了各国各民族之间的联系，使各个王国迅速发展壮大起来。

基督新教

　　基督新教发展到现在，在世界范围内拥有大约6亿教徒。

　　在欧洲16世纪的宗教改革运动中，大批基督教徒脱离罗马天主教会，组建了一系列新宗派，这就是基督新教。与天主教和东正教一样，基督新教也是基督教的一大宗派。

　　在宗教改革运动爆发之前，神圣罗马帝国和罗马教廷势力衰落，文艺复兴运动兴起。这段时期，有不少人文主义者开始对罗马教皇、主教和修道士展开批判。

　　16世纪20年代，马丁·路德率先在德国发起宗教改革运动。此后，宗教改革的浪潮迅速蔓延至欧洲各国，分属于各个宗派的新教教会纷纷在各国成立。16世纪中期，基督新教的三大主要宗派路德宗、归正宗和安立甘宗正式开始与天主教对抗。截止到17世纪初期，基督新教已基本成型。

　　基督新教的基本教义主要包括三点：因信称义，信徒皆可为祭司，《圣经》具有最高权威。这与天主教存在明显的区别。

　　因信称义是指只要信仰上帝，就可以得到救赎，在上帝面前称义。在这方面，天主教的主张是信徒除了信仰上帝之外，还必须依靠圣事才能实现同样的目标。

　　基督新教主张所有信徒都能成为祭司，这使得原本存在于基督教神职人员与普通教徒之间的区别几乎荡然无存。

　　《圣经》具有至高无上的权威地位，这一点是基督新教针对天主教将《圣经》的解释权归于教会提出的。天主教会的这一做法，实际上是将最高权威赋予了天主教会与罗马教皇。

　　除了教义，新教对基督教的圣礼也进行了改进。传统的天主教与东正教都有七大圣礼，基督新教却只承认其中两种：圣餐礼和圣洗礼。

马丁·路德的宗教改革

马丁·路德是欧洲16至17世纪宗教改革运动的先驱。

14至15世纪的欧洲，工商业迅速发展，社会阶级分化严重，贫富差距越来越大。位于社会底层的人民对于宗教信仰生出了极大的热情。但由于当时整个教会的世俗化，罗马教会已经背弃了基督教道德传统，教会信仰出现了危机。因为教会不能放弃世俗利益，所以教会根本不能通过传统的内部纯洁运动来解决这种危机。再加上罗马教廷的经济掠夺和政治控制，也让德国人民极度不满，宗教改革势在必行。

1517年10月31日，威登堡大学的神学教授马丁·路德贴出一张布告，谴责教皇允许出售赎罪券的行为，这就是著名的《九十五条论纲》。一个神学教授公然谴责教皇，这在当时引起了一场轩然大波。此次事件便成为了宗教改革运动的导火索。

1520年，路德连续发表了《致德意志民族的基督教贵族书》、《教会的巴比伦之囚》和《基督教徒的自由》三篇文章，宣布与罗马教廷决裂。马丁·路德的行为得到了广大人民，包括商人、骑士、农民、人文主义者和诸侯的支持。

1525年，马丁·路德创立了"路德教"，就天主教的神学、圣礼及组织三方面进行了改革：在神学方面，他提出了"唯独恩典"和"因信称义"；在圣礼方面，他认为凡是《圣经》中没有提到的宗教仪式都应该废除，但《圣经》中提到的受洗和圣餐礼却要保存；在组织方面，他声明《圣经》才是最高权威，拒绝罗马教会担任基督教会的统领，他认为人和上帝之间有一种直接的关系，掌管人的精神的是上帝本身，人人都可以自由地阅读《圣经》，直接接受神的教诲，从中得到拯救。

再洗礼派

因为执着于成为一个纯正的教派，既不用依靠政府，也不用受到政府的逼迫，所以再洗礼派在无形中成了一个无政府主义的教派。

再洗礼派是16世纪欧洲宗教改革时期，从瑞士苏黎世的宗教改革家慈温利所领导的运动中分离出来的一个教派，主要分布在德国、瑞士、荷兰等地，其成员多为农民和城市平民。

宗教改革运动之初，再洗礼派的理念与路德、慈温利是相同的，他们都承认基督的神性、《圣经》是神所启示的话语等基督教的基本教义。但是，一段时间过后，再洗礼派的教徒发现新教的改革并不彻底，他们对此感到失望，决定自行改革。

再洗礼派认为"婴儿浸礼"和"政教合一"是造成教会腐败最重要的原因。因此，他们不承认为婴儿所施的洗礼，主张成年后需再次受洗；教会与政治之间应该划分清楚界限。由于与新教观念冲突，并对罗马教会的权力造成了威胁，再洗礼派受到罗马天主教和新教的双重迫害，并一直被视为异端。

慈温利的宗教改革

慈温利是文艺复兴时期瑞士宗教改革的领袖。

慈温利曾就读于维也纳大学和巴塞尔大学，深受唯名论哲学和人文主义思潮影响。在格拉鲁斯担任神甫期间，慈温利曾两次随雇佣军去意大利，亲眼目睹了在腐败的教廷统治之下百姓的疾苦，这使他下定决心，要进行宗教改革。

1518年，慈温利开始在苏黎世传教。1524年，在苏黎世当局的支持下，慈温利开始进行宗教改革。他主张新教实行共和制，反对依赖诸侯，要用本地语言进行礼拜，解散修道院，废止雇佣兵买卖。这场宗教改革运动迅速蔓延至全州以及邻近各州。

坚持天主教的各州与奥地利政府联合，反对宗教改革。1528年11月，在奥地利的支持下，乌里、施维茨和翁特瓦尔登等州结成了天主教联盟。随后，苏黎世和伯尔尼等州也结成新教联盟与之相对抗。1529年6月，新教联盟向天主教联盟宣战，瑞士内战爆发。1531年10月，苏黎世军队战败，损失极重，慈温利也在这场战争中阵亡。

慈温利死后，瑞士的宗教改革运动陷入低谷。直到1541年加尔文在日内瓦创建加尔文教，并担任宗教首领，宗教改革运动才重新发展起来。

日内瓦教皇加尔文

加尔文的教义影响了许多人，后世出现的敬虔运动、清教徒运动、循道运动和福音派运动都是建立在他的宗教改革教义基础之上的。

加尔文出生于1509年的法国努瓦营镇。他受过良好的教育，毕业于巴黎蒙泰居学院的法律系。青年时期，原本信仰天主教的加尔文改信新教。当时法国国王宣布在法国境内禁止传播新教，为了免受迫害，加尔文离开了巴黎，在瑞士巴塞尔市定居。1530年，他发表了自己最著名的代表作《基督教原理》，一鸣惊人。

1536年，加尔文访问日内瓦，并在那里定居。因为与当地人发生了冲突，两年后，他被迫离开了那里。1541年，加尔文受邀重归日内瓦，并成为该市的宗教领袖和政治领袖。他为日内瓦的新教教会起草了一套教会规章。之后，这套规章被欧洲其他新教组织接受，成为欧洲新教的统一制度。同时，他还在日内瓦做了许多有关神学和《圣经》的演讲。在加尔文的领导下，日内瓦新教教会很快成为了欧洲新教的领导核心，日内瓦成为了新教的罗马。

加尔文坚持强调《圣经》的权威和重要性，否认罗马天主教的权威和重要性；他认为人人都是罪犯，只有虔诚的信仰才能得到解救，"我们得到解救并不是因为我们行善，但我们行善却是因为我们是为了解救而被选中"。

在烈火中永生的布鲁诺

布鲁诺的主要著作有《论无限宇宙和世界》、《挪亚方舟》。

乔尔丹诺·布鲁诺是意大利著名的思想家和自然科学家，由于捍卫和发展了哥白尼的"日心说"，布鲁诺被宗教势力烧死在罗马鲜花广场上，后世尊称他为反教会、反经院哲学的无畏战士和捍卫真理的殉道者。

布鲁诺1548年出生于意大利诺拉镇一个贫苦家庭。15岁时，布鲁诺进入多米尼修道院学习。在学习期间，他阅读了哥白尼的《天体运行论》，成为了"日心说"的忠实信徒。

从多米尼修道院毕业之后，布鲁诺因批判经院哲学被罗马教廷视为"异端分子"。为了逃避宗教势力的迫害，布鲁诺开始四处流浪。这段时期，他坚持完成了《论无限宇宙和世界》一书的写作。在这本书中，布鲁诺进一步丰富和发展了哥白尼的"日心说"，提出了宇宙无限的思想。布鲁诺认为，宇宙不仅是统一的、物质的，更是无限的和永恒的。宇宙中除了太阳系外，还有不计其数的天体世界。相对于广袤的宇宙世界来说，地球只不过是其中的一粒尘埃而已。

1592年，布鲁诺被罗马教廷逮捕，经受了各种各样的严刑拷打，但布鲁诺始终不肯屈服。1600年2月17日，布鲁诺在罗马鲜花广场上被罗马教廷活活烧死。

胡格诺战争

此战之后，虽然天主教和胡格诺派各有所得，但30多年的战争却使双方的实力都遭到削弱，法国王权则进一步加强。

16世纪前期的法国，封建经济仍占主导地位，但新兴资产阶级的力量也在不断壮大。他们购买破落贵族的爵位、用钱买官，开始跻身于贵族行列，成为统治阶级的一部分。他们的利益与王权直接挂钩，积极支持国王遏制封建贵族势力，积极对外扩张。当时，封建贵族和天主教会为了维护自己的特权，一直在伺机发起对王权的挑战。

15、16世纪，人文主义思想和加尔文教在法国迅速传播，大批手工业者尤其是印刷工人、小商人、农民以及下层教士都成了加尔文派新教教徒，被称为胡格诺派。胡格诺派的壮大引起了法国天主教会的恐慌，他们联合国王开始了镇压胡格诺派。法国南部的许多大封建贵族宣布加入胡格诺派，希望藉由该派的力量削弱王权，为自己争取更多的利益。于是，在法国内部就形成了以天主教派为主的和以新教胡格诺派势力为主的两大集团之间的对立和斗争。双方相互角逐，致力于对国家政权的争夺。

1559年，年仅15岁的弗朗索瓦二世登基，实权落到了军功显赫的吉斯家族手中，新旧教派之间的冲突骤然加剧。1562年3月1日，吉斯公爵率军队在瓦西镇屠杀正在举行宗教仪式的胡格诺教徒，引起了胡格诺教派的愤怒，胡格诺战争就此展开。

天主教派和胡格诺派之间的战争持续了30多年，分为三个阶段，十次战役。直到1598年，亨利四世通过南特敕令，宣布天主教为法国国教，胡格诺教徒在法国全境有信仰新教的自由，战争才宣告结束。

火药阴谋

火药阴谋由罗伯特·盖茨比策划，爆破专家盖伊·福克斯执行。

16世纪末，英国女王伊丽莎白一世采取了一切可以采取的措施来遏制天主教在英国的发展，英国的天主教会面临着绝迹的危险。1603年，詹姆斯一世即位，天主教徒们希望情况会有所好转，但事与愿违，詹姆斯一世反而加大了对天主教徒的镇压。

1605年，一批英格兰乡下的天主教极端分子不满于现状，决定谋杀詹姆斯一世。他们计划在国会举行开幕典礼时炸掉国会大厦，这就是著名的"火药阴谋"。

阴谋者租到了上议院的地下室。1605年3月，他们已经在上议院地下室内装满了36桶火药。由于担心天主教上议员也被炸死，阴谋者中有人写信告知了蒙特伊格上议员此事，蒙特伊格却将信交给了国务卿罗伯特·塞西尔，致使计划败露。

11月5日早晨，英军突袭地下室，逮捕了留守执行计划的盖伊·福克斯，并下令搜查整个地区，追捕残党。"火药阴谋"就此失败。

泛灵论

文艺复兴时期，泛灵论曾被用来批判天主教神学的非物质灵魂和灵魂不死的迷信观点，起过进步作用。

泛灵论又称万物有灵论，在人类历史上最原始的宗教形态之一，经过不断发展和演变，于17世纪形成一种哲学思想，后来成为一种宗教信仰，主要代表人物有意大利的特勒肖和法国的罗比耐。

泛灵论认为天下万物皆有灵魂或自然精神，并在控制间影响其他自然现象。信仰这一理论的人，认为该自然现象与精神也深深影响着人类的社会行为。概括起来就是，泛灵论支持者认为"一棵树和一块石头都跟人类一样，具有同样的价值与权利"。

到了19世纪晚期，英国考古学家泰勒爵士用泛灵论思想来验证宗教思想，得出世界上很多宗教都发源于泛灵论思想的结论。这一结论发表之初，受到了广泛的支持，但是，20世纪后，很多学者又推翻了这一理论。

卫斯理宗

1739年，卫斯理在布里斯托建立了第一所循道教堂。

卫斯理宗是目前世界上最有影响力的新教宗派之一，是对以英国神学家约翰·卫斯理的宗教理论思想为依据的一些教会的统称。

1738年，约翰·卫斯理认为传统教会的活动方式已不足以应付新的社会问题，便和弟弟查理·卫斯理在伦敦创立了卫斯理宗。该宗原为圣公会内的一派，其雏形为卫斯理在牛津大学期间组织的圣洁会。卫斯理主张基督徒必须追求圣洁、完善的生活，强调自身内省与圣灵的工作。他着重在下层群众中进行传教活动，宣称求得"内心的平安喜乐"便是幸福。

由于伦敦主教拒绝卫斯理宗在英国传教，卫斯理宗便逐渐脱离了圣公会，转而向北美传教。美国独立后，卫斯理宗正式成为新的独立宗派。

19世纪，美国卫斯理宗迅速发展。然而，教徒们对奴隶制和教政制度的争论，使得教会后来分裂成了美以美会、监理会、美普会、循理会和圣教会等。1939年，美以美会、监理会和美普会合并成为现在的卫理公会。

到现在，卫斯理宗有各类会员约4000余万，正式会员在美国有1400余万人，在英国有250余万人，另外还有许多自治教会分布于澳大利亚、新西兰、南非、西非各国和南亚地区。

释迦牟尼创立佛教

西汉末年，佛教经由丝绸之路传到了中国。

名列世界三大宗教之一的佛教诞生于3000多年前的古印度，其创立者名叫乔达摩·悉达多，他就是举世闻名的释迦牟尼。"释迦牟尼"的意思就是释迦族的圣人。

释迦牟尼原本是印度释迦族的王子，他的父亲净饭王对他十分器重，一直想将他立为太子，日后继承王位。释迦牟尼十七岁时结婚生子，十九岁时就毅然出家。他之所以会做出这个决定，与印度当时的社会状况密不可分。森严的种姓制度让印度底层人民饱受压迫，绝大多数印度人却对此习以为常。这让信奉众生平等的释迦牟尼感到难以接受，决定出家修行。

一天晚上，释迦牟尼静悄悄地离开了王宫，在河边脱掉身上的华服，剃掉自己的头发，变成了一名修行者。在最初的六年，他坚持苦行，穿着用树皮制成的衣服，睡在用干牛粪铺成的床上，从每天只吃一顿饭发展到每七天只吃一顿饭。可惜这样的苦行并未让他得道。

释迦牟尼决定放弃苦行，他来到尼连禅河中沐浴，并喝下了一位牧羊女送给自己的乳糜。随后，他坐到河岸边的一棵菩提树下开始静思。四十九天过后，他终于大彻大悟，创立了对后世影响深远的佛教。

为了将佛教发扬光大，释迦牟尼开始到各地宣讲佛教教义。很快，印度很多百姓、贵族，甚至是国王和王后都成了佛教徒。不仅如此，佛教还流传到了亚洲的很多国家和地区。

大乘佛教

佛教在发展的过程中，逐渐分化为三大派系：大乘佛教、南传佛教和藏传佛教。

大乘佛教就是指汉传佛教，即古印度经西域传入中原地区，之后又传入朝鲜半岛、越南、日本等地的佛教。

大乘佛教十分重视信仰与实践，强调实事求是，因地因人制宜。在大乘佛教的教义中，很重要的一点就是平等与普度，这体现了佛教的根本精髓。大乘佛教的最终目标是实现菩萨道的圆满即成佛。为了实现这个目标，就要经历信、愿、行、证这四个阶次的修学。任何人都有可能通过这样的修学成佛。

禅宗

禅宗主要在江南地区传播，如广东、湖南、湖北、江西、浙江地区，至今影响尚存。

禅宗也被称为宗门，是汉传佛教的宗派之一，与天台宗、华严宗并称为中国本土独立发展起来的三个佛教宗派。禅宗是汉传佛教中流传时间最广，影响最大的一派，一度成为汉传佛教的主流和象征。

禅宗的发展起起伏伏，大体可以分为四个阶段：第一个阶段被称为早期禅宗，从菩提达摩来到中国开始，直至六祖慧能大师大宏禅宗为止；第二个阶段被称为禅宗发展期，时间从晚唐至南宋初期，期间六祖慧能的门下将禅宗发展为五宗七派；第三个阶段被称为中期禅宗，时间从南宋初期到明朝中晚期，期间先是经历了临济宗大慧宗杲倡导话头禅，后又发展为曹洞宗宏智正觉倡导的默照禅，这段时期是禅宗的鼎盛时期；第四个时期被称为衰退期，时间从明朝中期开始，至清朝结束，这段时期，禅宗与净土宗、儒家、释家、道家相互糅杂，禅宗的禅理变得大众化、世俗化。

禅宗的宗旨为"不立文字，教外别传；直指人心，见性成佛"，对中国古代的哲学和文艺思想影响深远。

三界

三界迷苦宛如无边无际的大海，因此又被称为苦海。

三界是佛教术语，是指众生所居的欲界、色界和无色界。

欲界就是有情所居之世界，其中充斥着淫欲、情欲、色欲、食欲等欲望，因此被称为欲界。第六他化自在天、人界之四大洲、无间地狱等二十处都属于欲界。

色界就是远离欲界的淫欲与食欲，但仍具有清净色质等有情所居之世界。色界在欲界之上，无有欲染，亦无女形，其众生皆由化生；其宫殿高大，系由色之化生，一切均殊妙精好。从初禅梵天到阿迦腻吒天，这十八天都属于色界。

无色界就是无物质之有情所住之世界，其中仅有受、想、行、识四心，却无任何物质，也无肉身、国土或宫殿。无色界更在色界之上。空无边处天、识无边处天、无所有处天和非想非非想处天这四天均属于无色界。

三藏

经藏、律藏、论藏这一顺序是按照三藏结集的先后排列的，但在真正修行时，首先要修行的却是排名第二的律藏，其次是经藏，最后是论藏。

三藏即佛教圣典的三种分类：经藏、律藏和论藏。

经藏上契诸佛之理，下契众生之机。有关佛陀教说的所有要义都属于经藏。

律藏即佛制定的律仪，能治众生之恶，调伏众生心性。佛所制定的教团生活规则全都属于律藏。

论藏即人们对佛典经义加以论议，化精简为详明，以决择诸法性相。有关佛陀教说的论议解释都属于论藏。

六道轮回

在佛教思想中，世间众生全都置身于六道轮回，只有跳出三界才能不入轮回。

佛教将众生所居的世界分为欲界、色界和无色界三界，又将居住在欲界的众生分为六道：天道、人间道、修罗道、畜生道、恶鬼道和地狱道。所谓的"六道轮回"就是在这六道中去来往复，周而复始，如车轮般回旋。

佛教的六道轮回思想源自婆罗门教。婆罗门教声称：众生行善则得善报，行恶则得恶报，得到善恶果报的众生将在新的生命活动中招致新的果报，如此众生便会在天道、人道、阿罗道、畜生道、恶鬼道、地狱道中循环往复。

"大千世界"的由来

现在人们多用"大千世界"来指代广阔无边的世界。

大千世界是佛教术语，即对三千大千世界的简称。按照佛教的说法，整个世界以须弥山为中心，同一日月所照的东、西、南、北四洲为一个小世界。一千个小世界合在一起就是"小千世界"，一千个小千世界合在一起就是"中千世界"，一千个中千世界合在一起就是"大千世界"。因此，大千世界之中就包含大、中、小三种千世界，"三千大千世界"这个称呼就起源于此。

这种说法最早来自古印度的传说，后来被引入佛教，佛教徒遂将佛祖释迦牟尼的教化范围命名为"大千世界"。

四大菩萨

观音菩萨象征着慈悲，文殊菩萨象征着智慧，普贤菩萨象征着实践，地藏菩萨则象征着愿力。

四大菩萨是指大乘佛教中最著名的观音、文殊、普贤和地藏菩萨。

观音菩萨的全称尊号是"大慈大悲救苦救难观世音菩萨"，其威望与影响力在佛教各大菩萨中名列第一位，被人们称为"人类的仁慈保护者"。

文殊菩萨素以智慧著称，尊号"大智"。他洞察世事，善于引导教化，给众生以教诲。他是佛祖释迦牟尼的大弟子，智慧与辩才在众菩萨中名列榜首。佛教徒将他与释迦牟尼、普贤菩萨合称为"华严三圣"。

普贤菩萨致力于帮助释迦牟尼弘扬佛法，他广赞诸佛无尽功德，且能修无上供养，能作广大佛事，能度无边有情，其智慧之高，愿行之深，唯佛能知。

地藏菩萨曾向释迦牟尼立誓舍己度人，表示"地狱未空，誓不成佛"，成就了佛教中最感人的一段佳话。从此，众生只要供奉地藏菩萨的佛像，反复念诵他的名号，就能获得无量功德。

五百罗汉的来历

佛教传入中国以后，中国境内出现了很多以五百罗汉为题材的雕像和绘画，有人甚至逐一列举出了五百罗汉的名字，这些都是后人的穿凿附会。

有关五百罗汉的来历，佛经中有以下几种说法：第一，五百罗汉就是指佛祖释迦牟尼的五百个弟子；第二，五百罗汉就是指印度佛教史上参与过第一次结集三藏或是第四次结集三藏的五百比丘；第三，五百罗汉其实是五百只大雁的化身；第四，五百罗汉是由五百只蝙蝠变身而来的。

实际上，五百罗汉中的"五百"只是一个虚数。古代的印度人习惯于用"五百"来形容多，所谓的"五百罗汉"只是很多罗汉，而非真的有五百名罗汉。

千手观音的由来

千手观音的全称是千手千眼观世音菩萨。

千手观音是无量寿佛的左胁侍，与无量寿佛以及无量寿佛的右胁侍大势至菩萨合称为"西方三圣"。有关千手观音的由来，中国民间流传着这样一个传说：

相传在中国古代有个兴林国，国王妙庄王有三个女儿，最小的女儿名叫妙善。妙善小小年纪就想出家修行，无奈遭到了妙庄王的百般阻挠。后来，妙善索性偷偷跑到一座寺庙中出了家。妙庄王在得知此事后非常愤怒，命人放火烧毁了这座寺庙，将寺中的僧人全都烧死了，只有妙善一人被一头白虎救走，后来又辗转到香山寺院继续修行。

这段时期，妙庄王因为烧寺遭到报应，全身长满了脓疮，药石无灵。大夫开出了一剂药方，让他以亲生骨肉的一只眼睛和一条手臂下药，只有这样才能痊愈。妙庄王的大女儿和二女儿都不肯为父亲做出这种牺牲，妙善就挖出了自己的一只眼睛，砍下了自己的一条手臂给父亲下药。

其后，这件事传到了佛祖耳中，佛祖深受感动，便赐予妙善一千只眼睛和一千条手臂，让她做了千手千眼观世音菩萨，以千手遍护众生，以千眼遍观世间。

自唐朝之后，千手观音像成了中国各地很多寺院中供奉的主像。当然，千手观音像并非真的有一千条手臂和一千只眼睛，通常情况下，人们会以四十二条手臂来代表千手，每只手的手心里都有一只眼睛，代表千眼。

和尚为何要剃度

除了剃度之外，中国汉族的出家人还会在头上点上戒疤。这种仪式最早出现于元朝的忽必烈统治时期，1983年正式被中国佛教协会废止。

和尚出家时都要接受剃度，这是一种受戒仪式。在佛教中，头发代表着凡尘俗世的无数烦恼与错误，将头发剃掉就相当于除掉了这些烦恼与错误。另外，剃度还表示去除一切傲慢与懈怠，丢掉尘世的一切羁绊，专心致志地修行。剃度仪式最早是由佛教的创始者释迦牟尼创立的。释迦牟尼早年在传播佛教的过程中收了很多弟子。这些弟子在入门之前，都要由释迦牟尼亲手帮他们剃度。此后，这种仪式便流传了下来。

何为八戒

八戒概括起来就是一戒杀生，二戒偷盗，三戒淫，四戒妄语，五戒饮酒，六戒着香华，七戒坐卧高广大床，八戒非时食。

八戒是对佛教中八关戒斋的简称，即佛教信徒在一日一夜间所受的八种斋戒法。

八戒的具体内容包括：第一，无杀意，慈念众生，不得残害蠕动之类；第二，无贪意，思念布施，却悭贪意；第三，无淫意，不念房事，修治梵行，不为邪欲；第四，无妄语，思念至诚，言不为诈，心口相应；第五，不饮酒，不醉迷，去入逸意；第六，无求安，不著华香，不傅脂粉，不为歌舞倡乐；第七，无求安，不卧好床，卑床草席，捐除睡卧，思念经道；第八，奉法，时过中不食。

舍利子

直到现在，有关舍利子的真正成因依旧没有定论。

据说释迦牟尼圆寂后，弟子们将他的遗体火化，从他的骨灰中找到了一块头骨，两块肩胛骨，四颗牙齿，一节中指指骨，还有84000颗色彩斑斓的珠子，这些珠子就是舍利子。

"舍利子"一词来源于印度语，就是灵骨的意思。某些佛教高僧在火葬之后会留下一些结晶物，即舍利子，它们形状不一，颜色各异，有的像珍珠，有的像玛瑙，有的像水晶，有的甚至像钻石。

关于舍利子的成因，主要有以下几种说法：

第一，佛教僧侣常年吃斋，摄入了大量纤维素与矿物质，很容易在体内形成磷酸盐和碳酸盐，最终沉积成结晶物。不过，这种说法并不能令人信服。首先，佛教僧侣人数众多，但并不是所有僧侣都有舍利子；其次，除了僧侣之外，还有很多人都是素食者，但人们却从未在这些素食者的骨灰中找到舍利子。

第二，火葬后留下舍利子的高僧生前患有胆结石或肾结石之类的病症，所谓的舍利子其实就是结石。这种说法同样存在很大漏洞。首先，骨灰中出现舍利子的高僧生前大都身体健康，并未出现任何结石病症；其次，身患结石症的病人死后，其骨灰中也从未出现过舍利子。

第三，舍利子源自一种特殊的能量，佛教高僧在修习佛法的过程中逐渐掌握了这种能量，因此才能在死后出现舍利子。不过，这究竟是怎样的一种能量，人们始终未能搞清楚。

佛像造像姿势

广义的佛像中所占比例最大的是菩萨造像。

广义的佛像就是指释迦牟尼佛、强巴佛、无量寿佛和菩萨等造像。

狭义的佛像就是专指释迦牟尼佛的造像。释迦牟尼的造像姿势有五种：第一种是诞生像，即一个上身赤裸，下身只穿一条短裙的男童形象，他的右手指向天空，左手则指向地面；第二种是成道像，佛祖结跏趺坐，左手放置于双膝之上，右手掌心朝内，手指指向地面，放置于右膝之上；第三种是说法像，佛祖结跏趺坐，左手放在左膝上，右手手指弯曲成环状；第四种是布施像，佛祖站立着，左手下垂，右手屈臂上伸；第五种是涅槃像，佛祖面向南方而卧，以右手支撑着自己的下巴，神态安详。

高僧法海

相传，法海只是将一条白色的大蟒赶进了长江，在后人的演绎中，这条大蟒便成了白蛇精。

法海是中国唐朝的高僧，对中国佛教的发展作出了不小的贡献。

法海出身于官宦家庭，他的父亲裴休是唐朝的名相。法海童年时期，皇帝的儿子得了重病，裴休就将法海送入密印寺中代皇子出家。

法海出家以后，先后到湖南沩山、江西庐山、镇江氏俘山修行。在抵达镇江氏俘山时，法海发现当地的泽心寺已年久失修，便立誓要将泽心寺修葺一新。为此，他住进了附近的山洞中，一边修葺寺庙一边研习佛法。

后来，法海在修寺的过程中挖到了大笔黄金，可他并没有将其据为己有，而是上交给了当地政府。这件事很快传到了皇帝耳中，皇帝深受感动，命令当地官员将法海上交的黄金全部用于寺庙的修葺工程。寺庙重新完毕后，皇帝亲自为其改名为金山寺。为了纪念法海，金山寺中现在还留有法海在修寺期间居住的山洞，即法海洞。

在中国的文学作品《白蛇传》中，法海被刻画成了一个令人厌恶的恶僧，将善良的蛇精白素贞困在了雷峰塔下，这纯属无稽之谈。

崇拜自然的奥秘

在远古的蛮荒时代，人类的祖先脱离了动物界，开始具有直观、玄想、形象的原始思维以后，大千世界的一切：广袤的大地，无垠的蓝天、日月星辰，风雨雷电、山川河流无不使他们困惑、使他们敬畏，低下的生产力又使他们在暴虐的大自然面前显得如此的"渺小"，于是"恐惧创造了神"。原始初民的"万物有灵"观念使他们深信有一物，即有一神，任何东西都是有灵性的，人类要想驾驭自然物和某种控制自然的力，只能对它们顶礼膜拜，取媚于神，以得到它们的庇佑和帮助。于是人类的想象力插上了飞翔的翅膀，使理智的空白得到了填补，支配日常生活的自然力和自然物被幻化改变成了超自然的神物。

我国各民族信仰和崇拜自然神的观念与习俗是非常普遍的。华夏民族的远古传说和各种典籍都有这方面的记载。殷周时代，人们就有迎日祭月的习俗。《周礼·春官》中记载时人"祭日于东，祭月于西"，"以实柴祀日月星辰"。汉族人古时还有二十八星宿崇拜和关于太岁星和扫帚星的种种禁忌观念，以及认为"北斗注生，南斗注死"的观念。风雨雷电等自然力、自然现象也被视为神灵。在中国古老的神话传说中把风神称作"风伯"名飞廉，雨神称作"雨师"名应龙，雷神从最初"鼓腹而雷"的"雷兽"后来变成天帝的下属刑神，专司以雷霆作恶、不孝之人。山川河流也是人们祭祀崇拜的对象。《书·舜典》说："禋于六宗（即星、辰、风、雨、司中、司命）望于山川，偏于群神"。山岳河流崇拜的地域性、特殊性较强，可说是山山水水各自有神，传统河神中有洛神、湘君，山神有山鬼等。自秦汉建立封建专制集权之后，对民间纷纭的山岳河流进行了清理，逐渐以"五岳"（泰山、衡山、华山、恒山、嵩山）和"四渎"（长江、黄河、淮河、济水）为山岳河流神的代表，并将其列入了国家的正式祭典。

这些自然神在古代人类看来是种种自然现象和灾害的主宰，如不加以崇奉祭祀来攘除灾害，就会得罪神灵以至降灾为害。《左传》中就曾说："山川之神，则水旱疠疫之灾，于是乎之。日月星辰之神，则雪霜风雨之不时，于是乎之"就是专门用来禳灾祛厄之祭。

除此之外，大地、火（灶）、井、巨石和树木等自然物的崇拜也十分普遍，形式多样。

出于对土地滋养万物，孕育众生的神奇能力的崇拜，各民族都有崇拜地公地母之习。依山而居的人们，在山神崇拜的同时也产生了石的崇拜，巨石、怪石、岩洞都成为人们崇拜的对象，其中白石崇拜最为典型，羌族和藏族中的纳木人都有祭白石习俗，他们将白石置于屋脊或是门窗、室内，认为可保人畜平安。

人们对自然力和自然物的依赖和无知，使古代人类成为受制于自然力的奴隶，崇拜自然是人类赖以生存，获得生活必须的生殖物品的手段；随着生产力提高，这些自然力和自然物实际上的被征服，神也就不灵了，神话也就被打破了。

宗教信仰中的世界

宗教信仰者眼中的世界，就像照相底片上的物象，是倒立的。他们认为在自然界之外，还有一个高高在上的抽象世界，那里住着上帝、如来佛或者玉皇大帝。他们相信神创造世界万物；神监视着人间，掌握着人类的命运，人的祸福生死是由神安排的。他们把自己的命运寄托在神身上，祈求神的恩赐，心甘情愿做神的奴仆。

宗教还颠倒了人与人之间的关系。本来人与人是平等的，但宗教制造了高于一切的神或上帝；有的还把自己打扮成神在人间的代表或使者，称自己是所谓的"天子"、"上帝的儿子"，他们可以侵占别人的劳动成果，公开维护剥削阶级的利益。如鲁迅小说《祝福》里的祥林嫂，自己过着牛马生活，还十分害怕阴间的惩罚，最后悲惨地死去。所以宗教对人类社会的进步是一种消极力量。

中国宗教的特点

1. 有着强烈的宗法性，在宗教观念上，表现为祖先崇拜的特别重要，守孝祭祖是社会头等大事。敬天祭祖的宗教活动，并没有独立的教团组织加以承担，而是由宗法等级制国家和宗族组织来执行。"天"有时还可以不敬，"祖"绝对不可以不祭。就连主张无鬼神的荀子、王充，也不得不在祭祀亲祖的问题上向有神论妥协。为什么孟子要强调"不孝有三，无后为大"呢？因为无后即无法祭祀先祖，香火断绝，祖灵不得血食，而家族财产随即归之他姓。中国人以祖坟被掘为最大耻辱，以"断子绝孙"为最恶毒的谩骂，皆因于祖先崇拜的深刻观念。总之，祖先崇拜是中国历史上其他宗教崇拜的基础，外来宗教如佛教、基督教非但不敢公然攻击它，而且主动表示对它的尊重，向它靠拢，与它保持一致。

2. 皇权始终支配着神权。一个人在宗教祭祀活动中的地位，要由他在宗法等级制度中的地位来决定，而不是相反。政权、族权始终支配着神权。从国外传入的佛教、基督教和伊斯兰教在演变为具有中国特色的宗教以后，教团的势力从未出现超越皇权之上的局面，教团首领从未获得欧洲中世纪教皇那样巨大的权势；以影响最大的佛道二教而言，它们面对君道至尊、皇权至上的既定格局，总是处处依附于皇权，声明本教"有助王化"，表示愿意接受政府的管理。

3. 宗教上的多样性与包容性。除了近百多年天主教、基督教的传入与西方殖民主义侵略中国有密切关系外，在此以前的外来宗教大都以和平方式，通过正常的中外文化途径传入中国。其中印度佛教的传入，在很大程度上是中国人主动请进来的，取经、译经的活动延绵了数百年。中国人为了理解、消化和改造佛学，态度之认真，思索之深密，耗时之持久，都是相当惊人的。各教之间当然有过摩擦、论辩，个别时期皇权实行过毁教政策，但在多数情况下，皇权能够容忍和支持各教的存在，各教之间亦未发生过大规模武力流血事件，更没有西方宗教史上那样残酷的宗教战争。各教之间不断互相吸取、汇合，从社会功能上的互补，进到理论观点上的贯通。在广大农民家庭中，既祭天地祖先，也敬如来、菩萨，兼崇各类神仙精灵，有神必叩头，有庙就烧香。

民族宗教和世界宗教

现代宗教有些只在一国、一民族或一地区流传，有些几乎遍及全世界，因而分成民族宗教和世界宗教两大类。

民族宗教一般是土生土长的。它在本民族中流传，所供奉的神，多是本民族的始祖或守护神，为民族成员所共同信仰。它是原始社会晚期部落性宗教的延伸。教义则往往成为这一民族的民族意识，和国家的政治有比较密切的关系。

公元 5 世纪至 10 世纪间，有三个原来是民族性的宗教脱颖而出，迅速发展成为世界性的宗教。这就是以欧洲为中心的基督教，以阿拉伯半岛和中亚细亚为中心的伊斯兰教，以印度、中国为中心的佛教。这三大宗教的教徒总数，几乎占了世界人口的一半。

世界宗教所信奉的神灵，远远超出民族的范围，被看作整个世界的主宰；教义也不限于民族，而着眼于全人类的灵魂和心灵问题；礼仪规戒更能适应不同民族的风俗；传播遍及世界广大的区域。

世界性宗教有着一个各民族、各阶层群众都能接受的教义，使人们感到除了现实的苦难世界以外，还有一个超现实的极乐世界从而获得相当程度的心理满足。

宗教与封建迷信

宗教也是一种迷信，但与封建迷信不同：

宗教和封建迷信都是在有神论和灵魂观念的基础上产生的；都是对自然和社会的虚幻、歪曲的反映；都不承认客观规律，不相信人类自身的力量。但两者有很大差别。宗教有自己的思想体系、活动方式，以及它所形成的社会势力、历史作用。这是一般迷信活动不可能有的。

宗教有一套系统的神学理论，作为信仰的思想基础和根据，并回答世界和人生的一些基本问题，如世界和人类的起源，人为何而生，死后又到哪里去等。宗教通过它的经典，特别是其中大量的神话故事，活灵活现地宣扬教义的主张。如基督教有上帝创世说、原罪说、世界末日论，以及围绕这些学说的许多荒诞无稽、却又生动感人的故事。封建迷信只是一些低劣的神鬼传说，七拼八凑的骗人说教。

宗教有明确的崇拜对象；有一整套教规、制度和仪式；有较严密的组织；又有专门的神职人员。封建迷信没有固定的信仰，碰到如来佛像就下拜，看到三清像就磕头，一下子闹神，一下子弄鬼，有的甚至是一些公开的或秘密的小集团，如会、道、门。

宗教还结成一定的社会势力，并得到社会的承认。在有些国家或民族，宗教甚至直接干预社会政治。有些宗教还具有世界性的影响。

宗教虽然与科学是对立的，但它为了宣扬教义，吸引信徒，对许多自然现象、人体奥秘进行了多方面的探索，客观上对科学的发展起过某些作用。如中国道教的炼丹术、炼金术与占星术，既有许多荒唐的成分，又对医药学、化学、天文学、地理学以至物理学、数学等，都作出过一定贡献。宗教的雕塑、绘画、音乐、建筑，在人类文明史上享有很高的地位。宗教的经典，保存了许多有价值的文化遗产。历史上多次农民起义和民族解放斗争，都是打着宗教的旗号进行的。这些，都和纯粹的迷信活动有很大的区别。

宗教信仰自由的含义

中国宪法明文规定，公民有宗教信仰自由。这里包含两方面的意思：既有信仰宗教的自由，又有不信仰宗教的自由；有宣扬有神论的自由，也有宣扬无神论的自由。

社会主义国家所以允许宗教信仰自由，是因为宗教意识在人们思想上根深蒂固，并且具有群众性，不可能在短期内彻底肃清，也不能用行政命令的方法强制解决。实行宗教信仰自由，是为了尊重人们的传统习惯和意愿，让人们从事实对比中，理解唯物主义的正确性，从而让他们自己得出结论，直到自觉地放弃宗教信仰。

宗教还具有民族性的特点，它和民族问题紧紧地联系在一起。我国是一个多民族的国家，许多兄弟民族的宗教生活与民族意识、风俗习惯密不可分。正确处理宗教问题，对加强民族间团结和合作，有着重要的意义。因此必须尊重兄弟民族的宗教信仰。

宗教还具有世界性的特点。宗教交往是国际交往的一个渠道。实行宗教信仰自由，对于加强我国与世界各国人民友好交往，促进文化交流，有着一定的作用。

"天下名山僧寺多"，宗教还保存着许多历史文化遗迹和文物，实行宗教信仰自由，对于保护这些文化遗产，供人们参观和研究，也是非常有益的。

当然对那披着宗教外衣，以宗教团体为掩护，进行违法活动的人来说，他们的所谓宗教，只不过是骗人的幌子，自然对他们也就谈不上什么宗教信仰自由了。

佛教兴起的社会历史条件

佛教产生的时代，正是印度乃至世界宗教哲学运动蓬勃发展时期。在波斯，琐罗亚斯德建立了琐罗亚德教；在中国出现了春秋百家争鸣的局面；在希腊，诡辩派正在开展大规模的活动。这些运动虽然是平行发展的，但也可以找出蛛丝马迹的联系。

公元前2000年中叶，雅利安人由中亚经兴都库什山和帕米尔高原涌入印度河上游旁遮普（五河）地方，在公元前1000至前600年左右又由印度河向东推移至恒河、朱木那河一带地区，恒河流域从此就成为印度次大陆政治、经济和社会活动的中心。当时西北印度和中印度生产力已有相当的提高，人们较普遍地使用了铁器，农业占有主导地位，手工业已从农业中分化出来，分工日益精细。早期佛经提到的有陶工、金匠、锻冶工等以及他们在王舍城所组织的十个行会。另外，商业也有巨大的发展，据《本生经》载，当时商人已有相当规模的陆运和航运的商队，传说在佛陀作沉思的一条大街上就有 500 辆大车通过。在商品流通过程中已普遍使用金属货币，连一只耗子的价格也用钱币来计算。这些货币由商人发行，并打上标记。贸易的范围东北达缅甸，西北达波斯、阿拉伯等国。随着商品经济的发展，一批批城镇开始营造起来，并以城镇为中心建立起了最初的、统一的奴隶制国家。据佛教、耆那教经典记载，在公元前 6 世纪时，由喀布尔流域到哥达瓦里河岸存在着 16 个国家，这些国家有的是君主政体的，有的则是共和形式的贵族寡头统治的，另外，在一些地区还残存着若干部族或部落组织，其中重要的有释迦、摩罗和梨车毗等。

在佛教产生以前印度的社会等级制度即种姓制度就已确立了，当时种姓或瓦尔那有 4 种：（一）婆罗门即祭司，是精神生活的指导者，享有社会和政治的特权，被尊为"人间之神"；（二）刹帝利即武士贵族，世俗权力的执行者，被视为人民的保护者；（三）吠舍即农民、手工业者和商人，他们是社会的生产者和流通者，但担负着纳税的义务；（四）首陀罗，即非雅利安族的奴隶，是为上面三个种姓的服务者。瓦尔那在社会地位、权利、义务和生活方式等方面都有不同的规范（"法"）。在佛教兴起时期，随着社会经济的发展，奴隶制国家的出现，这种瓦尔那制度也有了相应的变化。婆罗门已经不再是一个单纯以祭祀为职业的祭司贵族集团，他们中的一些人已不是靠所谓"布施"而是靠剥削奴隶来维持生活。刹帝利是当时新兴的专制国家的统治者，从他们那里选出了罗阇（五）刹帝利在建立和管理国家中要求加强自己的权利以及扩大自己的剥削对象，因此，在经济上从而在政治上与婆罗门发生了矛盾。他们不承认婆罗门的至高统治，但是婆罗门和刹帝利都属奴隶主的统治阶级，他们之间的利益也有着基本一致的方面，特别是在他们与广大被剥削群众的斗争中，刹帝利不能不与婆罗门建立政治一精神的联盟。吠舍是当时分化得最为厉害的一个种姓，其中有一小部分已上升为舍地（富商）或富有的伽哈帕蒂（自耕农），侧身于统治阶级之列。早期佛典常常谈到城市中的富有商人——舍地，他们执掌行会，管理贸易与工业，拥有巨大的财产，受到国王或刹帝利的尊敬，也提到农村中的伽哈帕蒂（家主、自耕农）的富有情况，但这个种姓中的极大部分人还是农奴、佃户和城市穷苦的手工业者。首陀罗是当时受剥削和受压迫的阶级，他们被剥夺了一切享受宗教和社会生活中的权利，奴隶主可以任意宰割和奴役他们。此外，在种姓以外，还有贱民的存在，他们大部分是被雅利安人所征服的土著居民，主要以捕猎野兽、野禽为生，文化比较落后。

佛教就是在这样的社会历史条件下产生的，它是当时社会变化的反映。

佛教描绘的世界

任何一种宗教，都要向教徒描绘世界的形状。佛教的世界是由"净土——世俗世界——地狱"，也就是"天堂——人间——地狱"三大部分组成的，而人间、地狱又分成许多等级。信徒只有一步一步地不断修行，才可以到达净土，成为佛陀，永远得到安乐和颐养。

净土，又叫"净刹"、"净界"、"净园"，是佛居住的世界，与世俗众生居住的所谓"秽土"、"秽园"相反。大乘教派认为佛有无数，净土也有无数，著名的有如来佛的灵山净土，阿弥陀佛的西方净土，药师佛的东方净琉璃世界等。其中西方净土通常叫做"西天"或"极乐世界"，常为信徒们挂在嘴上，经常称道。

世俗世界又称为"三界"，有欲界、色界、无色界三层。欲界是普通人居住的地方，这里的人们怀有种种欲望。色界在欲界之上，这里的人们已经消除了各种欲望，但还不能离开物质。无色界又在色界之上，这里的人们已不需要物质，但仍不能脱离因果轮回与生死。这三界，佛教统称为"迷界"，需要经过对生死诸苦及它的根源"烦恼"的彻底断灭的涅槃境界，才能到达净土。而反对佛教，执迷不悟，或者做了坏事、杀生犯罪的人，就要堕入地狱。

地狱，又叫做"不乐"、"可厌"、"苦具"、"苦器"，是佛教虚构的惩罚恶人的地方。

佛教勾画的这幅世界蓝图，主要是引导人们努力修行，扬善避恶。用天堂来鼓励人们多做好事，用地狱警告人们不可为非作歹。从这个意义上说，佛教有劝人从善戒恶的作用。

佛教的基本教义

佛教的基本教义是四谛说、八正道、十二因缘和三法印、因果报应、业报轮回、三世论等。释迦牟尼创立佛教的目的，是要解除人世间的痛苦，因此，他的学说就是要给世人提出世间充满苦，产生苦的原因，苦的消灭和灭苦的方法。整个佛教的体系就是围绕着这些建立起来的。

四 谛

佛教的道理玄秘复杂，基本教义就是四谛——苦谛、集谛、灭谛、道谛，这是佛教对人生的基本看法。据说，四谛是释迦牟尼在菩提树下悟得的道理。

谛是真理的意思，四谛就是四条神圣的真理。其中"苦谛"是说人生、人间一切都是苦的，人摆脱不了生老病死这些苦的煎熬。"集谛"是指明造成人生无尽苦恼的原因，是人的欲望。人的物质追求和精神享受，也就是所谓七情六欲使人们自寻烦恼、制造痛苦，加上不信佛教，不懂教义，就只能永堕苦海，不能自拔。"灭谛"是讲结束苦难的办法。灭就是死的代名词。佛教把灭看成修行最终目的，是人生的归宿，理想的境界。人死了从此可以脱胎换骨，摆脱世间的一切烦恼与痛苦。当然这个死不是随随便便地完结生命，而要求人在生前的言论、行动、思想都要符合佛教的规定，这样才可以像唐僧所说的，修成正果，超凡入圣，这就是"道谛"。

"四谛"是一种美好的幻想，多少年来，也没有一个人因为信奉佛法而能到达极乐世界的。

佛国的等级

在佛教世界里，有着森严的等级。它按照修行程度的高低、悟道是否彻底来排定。

最高等级是佛陀。佛陀，也有称为佛驮、浮陀、浮图、浮屠的，简称佛。意思是觉悟，或觉悟的人。觉悟又有三个内容：一是自己觉悟；二是能使别人觉悟；三是觉悟佛理非常彻底、圆满。凡人做不到这"三悟"，信徒只能做到前一点，即使菩萨也缺最后一悟，只有佛，才能三悟俱全。

"菩萨"的意思是"发大心愿的人"。菩萨自己觉悟，也能使别人觉悟，但还没有达到觉行圆满的最高境界。据说释迦牟尼在没有达到佛的时候，就以菩萨为称号，后来就成了这一等级的尊称。

在一般佛教徒看来，佛的地位太高了，于是就请菩萨作为佛的代表，担负普度众生的职责。在中国，观音是最有名望的菩萨，享受香火也最多。还有文殊，他骑狮子，是智慧、辩才及威猛的象征。普贤骑白象，是修行广大、功德圆满的象征。地藏右手持锡杖，表示爱护众生；左手拿如意宝珠，表示要满足众生愿望。这四尊被称为佛教的四大菩萨。

佛教的礼仪与节日

佛教徒相见或向佛行礼，都有严格的规定。这些礼仪有九种：用言词慰问；低头致敬，像今天常见的鞠躬；举手高高作揖；合掌平拱，叫合什；屈膝行礼；长跪；手与膝同时接地；五轮俱屈，双手、双膝与头同时接地，也就是跪地磕头；五体投地，即全身全部伏在地面上。最后两种，是佛教的最高礼节，只有见佛祖时才用。

中国佛教徒常常念诵的"南无阿弥陀佛"，"南无"读成 nà mó，是"致敬"的意思，佛教信徒表明归顺佛的意愿，可以加在任何一个所敬信的佛名和经名之前，如："南无大慈大悲观世音菩萨"、"南无金刚经"等。阿弥陀佛，是西方极乐世界的教主，能接引念佛的人前往西方极乐世界，又叫"接引佛"。因他与信徒关系密切，所以特别受到重视，在信徒口中念个不停。阿弥陀佛又有许多别名，如无量寿佛、欢喜光佛、智慧光佛等。

佛教的节日很多，最有名的是浴佛节、成道节和涅槃节。浴佛节又叫佛诞节，是佛祖释迦牟尼的生日，中国一般是农历四月初八，蒙古族、藏族一般定在四月十五日，在这一天，佛寺要进行大规模诵经活动，还要用各种名香泡水灌洗释迦牟尼的诞生像。

成道节是纪念释迦牟尼成佛的节日。据传说，释迦牟尼在成佛之前曾苦修多年，饿得骨瘦如柴，想放弃修行。恰好碰见一位牧女，拿出自己的午餐救了他。牧女的午餐是各种粘米混煮的粥，释迦牟尼吃后体力恢复，在尼连河里洗了个澡，然后坐在菩提树下沉思成佛。这天是十二月初八，俗称"腊八"，中国民间的"腊八粥"，就是从成道节得名的。

涅槃节是纪念释迦牟尼逝世的日子。中国、朝鲜、日本一般在每年农历二月十五日。这一天，寺院中举行涅槃佛法会，诵经超度。

东南亚一些国家则把三大节日合在一起纪念，称为"维莎迦节"。中国西藏称"萨噶达瓦节"，在藏历的四月十五日举行。

佛教的四大道场

俗话说："天下名山僧占多。"南宋诗人陆游也说过："天下名山，唯华山、茅山、青城山无僧寺。"中国除少数名山为道教占据外，几乎是无山不寺，无山不庙。通常所说的中国四大名山，实际上原是佛教的四大道场。

道场是佛教的一个术语，指佛祖或菩萨显灵说法的场所。我国佛教除敬奉远在西方的佛祖如来之外，还特别敬奉他的四个东来使者，也就是四大菩萨，因此，特在五台山、普陀山、峨眉山、九华山，分别为他们建立了四个道场。寺院因名山而增色，名山因寺院而繁荣，使这四大名山既是佛教圣地，又成了著名的旅游胜地。

五台山，在山西省东北部，共有五座山峰，因山高顶平，好像平台，所以叫五台山，又叫清凉山。山上最早的寺院，是东汉明帝时建立的显通寺，寺中供奉无量寿佛。它的南面是塔院寺，有一座高50多米的舍利日塔，是五台山的象征。东面是罗睺寺，寺里有一座活动莲台，莲台旋转，佛像显露，称为"花开现佛"。相传，文殊菩萨曾在五台山住过，以后就成为他的道场。

普陀山，是舟山群岛中的一座小岛。据记载，五代后梁贞明二年（916），日本和尚慧锷从五台山请得观音像回国，路过普陀山，船遇大风触礁。这个虔诚的日本和尚，以为观音菩萨显灵，不愿东渡日本，于是便在普陀山上修建寺院，并取了一个有趣的名称，叫"不肯去观音院"。此后普陀山成了观音菩萨的道场。山上的主体建筑是前山普济寺，后山法雨寺，佛顶山的慧济寺。普陀山另有"海天佛国"的别名。

峨眉山，位于四川省峨眉县西南，传说是普贤菩萨显灵说法的道场，佛教又称它为光明山。山上建有仙峰寺、万年寺、报国寺、伏虎寺、洪椿寺、遇仙寺等。山顶有舍身崖，中午以后往往可以见到水蒸气折射而成的五色光环，称为"佛光"。过去有不少信徒，以为见到"佛光"而跳崖舍身，就可以到达"涅槃"，所以起名"舍身崖"。山上有一个水塘，传说普贤菩萨在这里洗象，人们就叫它洗象池。

九华山在安徽省青阳县西南，有十王、钵盂等九十九座山峰。相传释迦牟尼逝世后二千五百年，地藏菩萨降生在朝鲜半岛上的新罗国，俗名金乔觉。他在唐朝永徽四年（653）渡海到九华山，修行达数十年之久。现在九华山上的月（肉）身殿，相传就是地藏菩萨成道的地方，九华山也就成为地藏菩萨的道场。山上庙宇很多，有祇园寺、百岁宫、甘露寺和其他寺院。

弥勒与韦驮

在所有的佛像当中，要算弥勒最逗人喜欢。他袒露着肚皮，滚圆的脑袋，垂长的耳轮，成天笑眯眯地，似乎在叫你把世界上的忧愁苦恼，一股脑儿扫个干净。

弥勒佛，俗称哈剌菩萨，他的位置是在天王殿正中，那里有一个双向的佛龛，正面供着弥勒佛，背后是韦驮。

别小看这个和气老头。据佛经记载，弥勒是大乘菩萨之一，原籍在兜率天，后来降生到下界，又继承释迦牟尼成了佛。就是说，他还是释迦牟尼的接班人呢！

弥勒虽是佛教人物，但他的形象却是以真人作原型来塑造的。这个人就是五代时的"布袋和尚"。布袋和尚名叫契此，浙江奉化人。他袒胸露腹，成天挂着竹杖，挂着布袋，到处乞讨，讨到东西就装进布袋，哈哈大笑。

与弥勒背靠背坐（或站）着的韦驮，又叫韦天将军，是佛教的守护神。佛教传说，四大天王手下各有八名大将，分工管理所属各地的山、河、森林诸神。韦驮是南方增长天王的大将之一，负责护卫佛法，驱除邪魔。据说当年佛的两颗牙齿被魔王夺去了，就是韦驮拼着命去追回来的。韦驮佛像身穿甲胄，手持金刚杵，威严雄壮，好像勇猛无比的武将。

如来三佛

佛寺的正殿气象森严，匾额上有"大雄宝殿"四个金光闪闪的大字。大殿内供奉着三尊巍峨庄严的大佛。

"大雄"是释迦牟尼的尊号，是古代印度佛教徒对这位至高无上的教主的敬称。意思是说佛的智力无边，勇敢无比，能降伏一切妖魔，没有人能与他对抗。所以，连唐代著名诗人李白也写文章颂扬他："首出众圣，卓称大雄"。

大雄宝殿内的三尊大佛，代表着佛教的三个世界。正中端坐的是释迦牟尼，主宰娑婆世界；坐在东首的是药师佛，主宰东方净琉璃世界；坐在西首的是阿弥陀佛，主宰西方极乐世界。

释迦牟尼俗称如来佛或大佛菩萨，他是佛教的创始人。药师佛又叫大医王佛，他曾发下十二大愿，要帮助众生解除痛苦，医治疾病，消灾延寿，满足信徒的一切愿望。药师佛手持法轮，掌管人间一切的善恶报应，根据人们修行的程度，安排生前死后的待遇。阿弥陀佛的别称很多，有无量光佛、无量寿佛等十多种，也简称弥陀。佛经中说到，他在做菩萨而还未成佛的时候，曾发下四十八愿，以后长期苦修，终于成佛。现在有些老太太念佛，口中喃喃唱道："南无阿弥陀佛"，意思是向阿弥陀佛致敬。据佛经讲，经常虔诚地念阿弥陀的佛号，就会引导念经人到西方极乐世界那里去，从此没有任何烦恼。弥陀佛手上拿的金台，据说就是接应众生的用具。

有的大雄宝殿只供一尊如来，或多到五尊、七尊的。著名佛教胜地四川峨眉山的报国寺，就有一座七佛殿。佛像的姿势也不一样，有立有坐有卧。浙江普陀山大乘庵里的如来佛，拥被半卧，神态悠闲，非常传神。

竖三世佛

"竖三世佛"是指过去（前世、前生）燃灯佛、现在（现世、现生）释迦牟尼佛、未来（来世、来生）弥勒佛。因为这三种佛在时间上是相连续的，为了有别于从空间角度讲的"横三世佛"，故称"竖三世佛"。

什么叫"三世"呢？一般的解释是"三世"也可称为"三际"。"世"是迁流义，用于因果轮回，指个体一生的存在时间，即过去、现在、未来的总称。就众生来说，现在的生存为今生，前世的生存叫前生，命终之后的生存叫来生。佛教中的"世"与中国文字中的"世"很不一样，"世"在汉语中作"三十"讲，而在佛教中却是四十三亿二千万年。

佛国世界里，在释迦牟尼的六位祖师之前，还有一位祖师，这就是燃灯佛。据佛经说，当初，释迦牟尼还是儿童时，偶然看见一位王家姑娘拿着一些美丽而纯洁的白莲花，他于是花五百钱买了五朵献给了燃灯佛。燃灯佛接过莲花满心欢喜，便收他为弟子并预言他将来会成佛。

"三世佛"的排列也自有讲究。燃灯佛是释迦牟尼的老师，当然是过去佛，理应居前，位左；释迦牟尼居中，但居第二位；第三位居右的是弥勒佛，因他还在兜率天宫内院做着弥勒菩萨，还得将近五十六亿七千万年以后下生到人间成佛，所以他是未来佛。

观世音菩萨

在《西游记》里，有一位称为"落伽山上慈悲主，潮音洞里活观音"的菩萨。他神通广大，一只小小的净瓶，可以装纳整个大海的水；净瓶里装的甘露，可以救活枯败的人参果树。那个泼野成性的孙悟空，闹了龙宫闹地狱，闹了地狱闹天堂，龙王、阎王、玉皇都拿他没有办法，可悟空见了观音，却是服服帖帖。稍一使刁，观音就有法门治他。取经路上遇到妖魔鬼怪，悟空自己治不了，就一个筋斗翻到紫竹林，请观音帮忙。

《西游记》对观音的描述，与佛经说的观音相像。观音，原叫观世音。唐朝时候，因为唐太宗李世民名字中有个"世"字，为了避讳，才把"世"字去掉。观世音这个名字是释迦牟尼给取的。因为释迦牟尼要他随时观听世人的声音，苦恼的众生只要一心诵念他的佛号，都可得到他的拯救和超度，带到西方极乐世界去。观音殿堂的匾额，有所谓"普度众生"、"慈航普度"、"大慈大悲"、"救苦救难"等，就是这个意思。

观音在我国是接受香火最多的菩萨之一。他和父亲阿弥陀佛、弟弟大势至菩萨，一起跟随释迦牟尼出家修行，被合称为西方三圣。又和文殊、普贤、地藏合称为四大菩萨。他显灵说法的道场在浙江省普陀山。

现在寺庙里的观音塑像，多数是披着白大氅的女士，叫白衣大士；有的塑着众多手臂和眼睛，叫千手千眼观世音；但也有长着胡子的纯粹男性形象。这也是根据佛经来的。佛经说观音可以随机应变，用种种化身来拯救众生，因此就有了种种不同名称和形象。随着形象的不断变换，在民间传说中，观音的籍贯、身世以至履历，都发生了变化。我国从北宋开始就有一种普遍流传的说法，说观音是春秋时楚庄王的第三个女儿，叫做妙善，楚庄王身患重病，只有用亲生女儿的血肉作药，才能治好。大女儿、二女儿都不肯，只有妙善舍身救父，孝心感动了天，终于成为菩萨。

为什么观世音以女性的形象出现

观世音以女性的形象出现其实完全是中国人所为，也可以说是中国人在造神过程中的机智与聪明。

本来佛教认为佛、菩萨皆无生无死，亦无性别，他们在世人面前可根据不同需要示现各种化身：唐以前，观音一直是一位伟丈夫，有时嘴唇上还有两撇小胡子。唐以后，观音变成了女性，而且还是一位圣美绝伦的女性。这主要有以下几方面的原因：

一是佛经的记载为观音的女性形象提供了一定的依据。一些佛经上就有观音

为"优婆夷（女居士）"、"妇女身"、"童女身"的说法。

二是从南北朝开始，佛教在中国迅速发展，出家的尼姑开始多起来，上到太后公主，下到平民女子，比丘尼已蔚成气候。这样就迫切需要一位女神来和这些出家人接近。佛教也乐得借机扩大影响，将错就错推出一位女菩萨，因而观世音女性化自然形成。这说明任何一种宗教在流传过程中都必须向世俗让步才能发展。

三是与中国人的审美传统和审美取向有关。中国人的审美理想是阴柔和静，女性的柔美是中国人普遍欣赏的，而柔性则是中国人历来所信奉的，因为这种性格意味着善良、慈悲、聪慧、美丽。这一点，正与"观"人"世"苦难之"音"，随叫随到，平易近人，可敬可亲的观世音相吻合。观世音除了具备男性菩萨所具备的一切法力之外，还得执行男菩萨所不能完成的法力，诸如送子等。观世音身上的这些美德，正合乎中国人的审美取向，观世音成为女性则属必然。

四是唐以后在亚洲宗教中有一种男著女装的习俗，佛教徒们往往将男菩萨作女性打扮，这也是促进观世音女性化的一个重要因素。

佛教何时传入中国内地

佛教起源于古代印度，作为一种思想文化传入中国内地后，对中国的思想和文化影响极大，佛教何时传到中国内地，历来说法不一。这些说法大致有如下八种：

1. 三代以前已知佛教。三代，即夏商周，"三代以前"泛指我国远古神话时代——三皇五帝时代。此说不可取。三代以前，佛祖如来尚未降生，更无佛教。

2. 周代已传入佛教。此说为魏晋间道家的编造，不可信。

3. 孔子已知佛教。此说源于寓言，也不可信。

4. 战国末年传入佛教。据传，燕昭王礼贤下士，曾有外来僧人献艺。此说同样不可信。

5. 中国在先秦曾有阿育王寺。阿育王是印度古代的一位大力扶持佛教的国王。据说阿育王曾派鬼兵到中国建佛寺，这也只是荒诞的神话而已。

6. 秦始皇时有外国僧人来华。此说缺乏历史根据，不足信。

7. 汉武帝时已知佛教。据记载，张骞通西域，归国后，华人始知佛教，此说证据不足，难以令人信服。

8. 西汉末学者刘向发现佛经。此说也是后世佛教徒的附会。

中国历史上曾盛传汉明帝因梦见佛陀而派人到西域求法的说法，并以此作为佛教传入中国的开始。原出于范晔《后汉书》："世传明帝梦见金人长大，项有光明，以问群臣。"或曰："'西方有神，名曰佛，其形长丈六尺，面黄金色。'帝于是遣使天竺，问佛道法，遂于中国图画形象焉。"其实在汉明帝之前，佛教已在中原流传，据《三国志》裴松之注引《魏略·西戎传》记载，西汉哀帝元寿元年

（公元前 2 年）大月氏使者伊存口授博士弟子景庐《浮屠经》。因此这是佛教最初传入中原的比较可靠的记载。

佛教创立于公元前 6 至公元前 5 世纪的古印度，开始主要流行于恒河中上游一带地方，到公元前 3 世纪孔雀王朝阿育王时，得到了空前的发展。阿育王崇信和扶植佛教，派教徒到印度各地以及周围国家传教。佛教向南传到斯里兰卡和东南亚国家，向北传入大夏、安息以及大月氏，并越过葱岭传入中国西北地区，最后传入中国内地，时间大约相当于西汉末年。可以笼统地说，佛教在两汉之际开始传入中国。

中国人接受佛教的特点

佛教最初传到中国是被当着一种神仙方术接受的。东汉后期，人们又把它依附于老庄思想来理解，在理解与消化的过程中，形成了中国佛教各学派、各宗派。佛教进入中国之前，中国已是具有发达思想文化传统的国家，这是两种文化传统的交流。对于佛教，中国人不是简单地接受，而是在传统文化的基础上批判地汲取。从思想领域来说，中国尊奉儒家为代表的理性主义，重现实，重伦理。又经过百家争鸣以及玄学思辨的训练。因此中国人将佛教向现实与人生靠拢，企图用佛教来解决中国现实中的问题。在中国佛教中，专求寂灭、专重苦行的思想基本没有地位。这是一个特点。

中国人接受佛教的另一个特点，就是义理佛教与民俗信仰佛教的分流。义理佛教主要表现在知识分子中间，民俗信仰佛教即指社会上流行的轮回果报、观音净土等迷信信仰。二者分流，造成中国佛教的独特现象，如居士佛教流行。知识分子反佛大有人在，但所反多在出家、迷信等方面，却很少能在义理精微处作鞭辟入里的批驳；而且不少人在批判佛教蠹国害民的同时，又对佛家理论的价值和作用予以肯定。知识分子习佛中重义理的倾向，冲淡了佛教的迷信内容。

在佛教与中国传统学术的融合中，形成了儒释调和或三教调和的思想潮流。三教调和思想在中国文学中有非常复杂的表现，中国文人的文学创作往往周流三教，以一种现实的态度各取所需，对于丰富中国文学起了积极的作用。

观音道场——普陀山

全国佛教名山众多，为什么单单普陀山成了观音道场？究其原因，主要有以下四个方面：

首先是佛典的记载。《大方广佛华严经》记有著名的善财童子五十三参观世音的故事，其中的第二十八参就在普陀洛迦山。这就为普陀山成为观世音道场提供了最权威的依据。

其次是普陀山所在的舟山群岛位于东海，远离大陆，人迹罕见，可望而不可即，云雾缭绕之中，自然给人一种迷离神秘之感。这种环境既同佛经记述相吻合，又有世外桃源的味道，很适合观音菩萨居住。

其三是中唐以后，中日航路南线开通，这就为日僧慧锷供奉观音而成为佛教名山提供了重要条件，使他能与岛民张氏共创"不肯去观音院"，从而使普陀山香火益盛。

其四是宋代皇帝的赐建"宝陀观音寺"，指定普陀山专供观世音菩萨。皇帝的旨意，使普陀山的观世音道场有了法定的意义。

四大金刚

四大金刚是中国民间对佛教护法四天王的俗称。据佛经记载，须弥山是古印度神话中人类所住的世界的中心，山顶是帝释天宫，山腰上有座犍陀罗山，山上的四座峰就是四大天王和眷属们居住的地方。四大天王各保护一方天下，因此被称为"护法四天王"。即：

东方持国天王。他身为白色，手持琵琶，据说能用音乐使众生皈依佛教。他率神将护持国土，保护东方胜身洲民众。

南方增长天王。他身为青色，手持宝剑，据说能传令众生，增长善根，护持佛法。他率神将，保护着南方瞻部洲民众。

西方广目天王。他身为红色，为群龙之首，所以手上还缠绕一龙。据说他能以净眼观察世界，护持民众。他率神将，保护的是西方牛货洲民众。

北方多闻天王。他身为绿色，右手拿伞，左手持银鼠，据说他有大福德，护持民众的财富。他率神将，保护着北方俱卢洲民众。

随着佛教在中国流传，四大天王的形象也逐渐中国化了。他们被装扮成武将，手中的法器——剑、琵琶、伞、龙，也被用来作为风、调、雨、顺的象征了。

"三武灭佛"

佛教传入中国后，由于触犯了统治阶级的利益，历史上曾发生过多次反佛运动。发起其中三次规模较大的反佛运动的皇帝，在称号中都有一个"武"字，所以史书上称为"三武灭佛"。

前两次灭佛运动发生在南北朝时期。当时佛寺遍布全国各地，仅洛阳城内就有1367座。全国的和尚、尼姑达300万人。佛寺占有土地财产，僧徒不耕而食，损害了贵族地主的利益，加上北魏太武帝拓跋焘本人倍奉道教，因而于公元444年下令禁止贵族招揽佛教徒。公元446年，拓跋焘发现长安城的寺庙中藏有兵器，僧徒私自酿酒，便禁止佛教传播，拆毁寺庙，勒令和尚、尼姑还俗。这是我国历史上第一次灭佛运动。

第二次灭佛运动是北周周武帝宇文邕发动的。宇文邕为了掌握更多的土地和劳动力，加快北周民族的文明发展速度，在公元576年下令禁止佛教和道教的传播；毁坏佛经和佛像，并把庙中的财产赏赐给王公贵族，同时把儒家学说作为国教。

周武帝以后，隋朝皇帝却大力提倡佛教。到了唐朝，佛教又变得非常兴旺。如著名高僧玄奘去天竺（印度）取佛经，唐太宗、唐高宗亲自写文章宣扬佛教，女皇武则天下令造大佛像，唐代宗、唐肃宗在宫里开设道场，养了几百个和尚来拜佛念经。皇帝亲自出马，使佛教地位大为抬高，并享有许多特权。大量青壮年为了逃避赋税徭役，纷纷投奔佛寺，国家的兵源、财源大减。唐武宗眼看不行，终于在公元845年发动灭佛运动，共毁了大小佛寺近5万座，收回土地几千万顷，解放奴婢15万人，还俗的佛教徒达26万人。

为什么唐僧要"西天取经"

《西游记》唐僧西天取经的故事，取材于玄奘去印度学习，观察佛教的事迹。那么玄奘为什么去印度？其真实情景又如何呢？

玄奘（600—664），俗姓陈，世家弟子，先人都是做官的。他父母早亡，自小出家，曾游历各地，遍访名师，但觉得仍有许多疑难问题解决不了，于是"誓游西方，以问所惑"。这便是"西天取经"的缘由。

贞观元年，他离开长安，"私往天竺"，历尽千辛万苦，于贞观五年到达摩揭陀国的那烂陀寺受学于戒贤。在该寺五年，他备受礼遇，被选为十名"三藏法师"之一，后遍游印度各地。在戒日王为其举行的佛学辩论大会上，玄奘讲论，任人问难，结果，前后18天，竟无一人能予诘难，一时名震印度，被大乘佛教尊为"大乘天"；被小乘佛教尊为"解脱天"。贞观十九年正月，返回长安，受到唐太宗隆重接见。后由他主述，辩机执笔完成了《大唐西域记》一书。此后，他致力于翻译佛经，前后共译经75部，1335卷。他是中国佛教史上一位重要的、杰出的人物。

佛 光

关于"佛光"有三解：其一，是佛所带来的光明，是佛、菩萨成道的象征。佛教认为佛的法力无边，觉悟众生犹如太阳破除昏暗，故云。《念佛三昧宝王论》卷中："金山晃然，魔光佛光，自观他观，邪正混杂。"后来佛教造像中常用头光和背光来象征。头光大多为圆形，背光大多为舟形或莲花形。佛像经佛光的装饰，更为超凡脱俗。其二，指佛像上空呈现的光焰，也指佛像表面的光泽。宋邵博《闻见后录》卷二十八云："五台山佛光，其传旧矣。《唐穆宗实录》：元和十五年四月四日，河东节度使裴度奏：五台山佛光寺侧，庆云现，若金仙乘狻猊，领其徒千万，自己至申乃灭。"明李贽《与城老》："（寺庙）既幸落成，佛光灿然。"其三，亦称"峨眉宝光"。太阳相对方向处的云层或雾层上围绕人影的彩色光环。人背太阳而立，光线通过云雾区小水滴经衍射作用所致。常见于山区，我国峨眉山最常见。

基于上述，有人说见过所谓的"佛光"，可谓见怪不怪，更何况还有人云亦云之说。

僧人出家的追求

古印度各派宗教都主张出家修行，佛教也予以沿用。僧人出家的目的，不是厌弃世间，而是舍弃常人所不能舍，忍受常人所不能忍，放下物欲、名利，把全部身心投入佛教的事业，施予佛、法、僧三宝及芸芸众生，使众生脱离苦难，得到安乐。所以，世俗所谓"看破红尘"而出家逃避的说法是误解，并不符合佛家文化的精神。

小乘佛教

其佛教派别本身并不承认"小乘"的称呼，而称自己为"南传上座部佛教"。小乘佛教认为释迦牟尼佛是一个教主、导师、完全达到觉悟的人，在修持方法上主张通过持守戒律，修习禅定而获得智慧，以修得"阿罗汉果"为最高理想，在教义上主张"人空法有"。斯里兰卡、缅甸、泰国、柬埔寨及我国云南傣族地区是其主要传播地区。

禅　宗

中国佛教的重要宗派，是纯粹中国佛教的产物，因主张用禅定概括佛教的全部修习而得名，也称"佛心学"。始于菩提达摩，传至六祖慧能时，禅宗成为中国禅的主流。禅宗基本著作是《六祖坛经》，基本思想是：认为心性本觉，佛性本有，主张明心见性，见性成佛，强调不立文字，顿悟成佛。因为它抛弃了繁琐的坐禅、读经、拜佛等传统，简明易行，所以对世俗社会有着极大的吸引力，成为中国佛教史上规模最大、影响最深远的流派，对后世的哲学、文学、艺术等诸方面也产生了巨大影响。

四大皆空

佛教的基本思想。四大指地、火、水、风，印度古代思想认为这四者是构成一切物质的元素。佛教认为四大和合形成世界，对人来说，四大和合而身生，分散而身灭，生灭无常，虚幻不实，四大最终分离而消散，而人在未死时，同样时时新陈代谢，四大随聚随散；对世间万物来说，也同样是四大合则生，散则灭，故而，人没有一个真实的本体存在，世间也没有一样东西是永恒不变的，所以说"四大皆空"。

涅 槃

（1）佛教中死亡的代名词。（2）是佛教所追求的最后修行目标，最高理想境界。这是一种与现实世界对立的，完全排除了外在事物，排除了欲望、烦恼、生死、理智等的只可意会，不可言传的境界，是功德圆满的境界。

六 根

佛教名词，即眼、耳、鼻、舌、身、意。它们被视为心所依者，也称"六情"，它们在接触相应的感觉对象时，会引起或喜或悲，或取或舍的感情，于是烦恼就产生了。

无 常

佛教认为，世界万物和各种现象，都处在生灭变化之中，一切都在"此生彼生，此灭彼灭"的相互依存中，人也在由生到死，由死到生的变化中。这些变化，都是"无常"。佛典中常提到的有：刹那无常，众生无常，世界无常，诸行无常等。

弥勒佛

弥勒本是释迦牟尼的门徒，释迦牟尼曾预言他将在来世成佛，继承释迦佛事业，来到世上度脱众生。所以佛教认为他是一个未来佛。现在在寺院中常见的大肚弥勒佛，其原型是唐末五代时浙江的一个和尚契此。他身材短胖，言语诙谐，行止无定，常用一杖背一布袋，四处化缘，人称"布袋和尚"。传说他能预测人的吉凶祸福，而且非常灵验。他死后，人们就把他作为了弥勒佛的化身，先是画其图像，后又塑他的形象来供奉，一直流传到今天。

无量寿佛

即阿弥陀佛。佛教称他是"西方极乐世界"的教主，专门接引众生往生"西方极乐世界"。因此也称他是"接引佛"。

夜 叉

是佛经中的一种鬼神。其本义是能吃鬼的神，又有敏捷、勇健、轻灵、秘密等意思。夜叉有三种：一是在地的夜叉，二是在空虚的夜叉，三是天夜叉。有"夜叉八大将"等，其任务是"维护众生界"。夜叉是天龙八部之一。

菩提树

原为毕钵罗树，相传释迦牟尼在一棵毕钵罗树下觉悟成道，因此后来就把所有的毕钵罗树都叫做菩提树。"菩提"就是梵语"觉"的意思，其树籽可以做念珠。南朝梁时，菩提树传入我国，现大多产于广东。

塔

梵文本意是坟墓，是佛教用来保存供奉舍利的建筑。也用于藏经卷。平面以方形、八角形为多，层数一般是单数，用木、砖和石等材料建成。后又发展出一种塔庙，塔在后部，内无舍利等，仅取其抽象的纪念、象征意味。中国著名的塔有陕西西安大雁塔、小雁塔，云南大理崇圣寺三塔等。

大雄宝殿

佛教寺院的正殿，或称大殿。大殿坐北向南，"大雄"是称赞释迦牟尼佛威德高上的意思。大殿内奉释迦牟尼佛像，一般在佛像旁塑有佛的两位弟子迦叶和阿难的立像。有的大殿中奉有三尊佛，这是根据大乘教理表示释迦牟尼佛的三种不同的身。除此之外，不同的派别，所奉佛像也各有不同。一般寺院大殿两侧多奉有十八罗汉像，正殿佛像背后，往往有坐南向北的菩萨像。

《大藏经》

指佛教典籍的总汇，是整个佛经的统称。这一名称最早出现在隋代，当时主要用来指中国人自己编集的佛教典籍。近代以来，词义有所发展，有时用以表示各类其他语种的佛教典籍汇编。世界现存的自成系统而有代表性的，主要有巴利文大藏经、藏文大藏经、汉文大藏经三大类。其中又以汉文大藏经规模最大，资料最全面，最丰富。

《金刚经》

全称《金刚般若波罗蜜经》，以鸠摩罗什译本最为通行，全文 5200 字。它宣扬的是世间一切事物空幻不实的大乘般若空宗思想，即凡有相状（现象）的一切事物，其本质都是虚妄的，空幻不实的，它所表现的只是假相，并非真实，真实的相状是空，非相。如果能达到这样的认识，便已到了成佛的时候，而心不应执著于任何事物，对外界的一切现象既不着一念，也不受其影响。《金刚经》是在中国流传最广的佛教经典之一。

《六祖坛经》

又称《六祖大师法宝坛经》，禅宗典籍。其主要内容是记叙六祖慧能的生平事迹和语录。中心思想是宣扬一切众生都具有佛性，因此学佛只需要自求内心，一旦豁然觉悟，便能"见性成佛"。由此而主张顿悟说。在修行方法上强调不可执著于一切事物，须使心无所束缚。《六祖坛经》是中国佛教徒著作中惟一被称为"经"的一部。文字通俗，流传甚广。

尼 姑

印度佛教中,把出家的女子称为比丘尼,把未满20岁的出家的女性称为沙弥尼。而在现今的中国汉族地区,则称女出家人为尼姑。"尼"来源于对比丘尼、沙弥尼的简称。而在尼字后加"姑",则是俗称。

头 陀

指修"头陀行"的僧人,他们遵守严格的戒律,据《十二头陀经》载,共有12项修行规定,如穿破烂的僧服、乞食、一天一食,常坐不卧等。修行生活极其艰苦,以苦行来摒弃杂念,又称"苦行僧"、"抖擞"等。有时也用来作为僧人的通称。

行 者

指不在固定寺院修行,而在外游方或乞讨的僧人。也指那些在寺院里修行、劳动但又没有正式剃度出家的修行者。

居 士

又称"优婆塞",指并未剃度出家,而在家修行的人。当代的赵朴初、南怀瑾等都是著名的居士。

南无阿弥陀佛

"南无"读作"那摩",是归恭顺的意思。"南无阿弥陀佛"就是归敬阿弥陀佛。据中国佛教流派净土宗的讲法,在凡界念足一万遍"阿弥陀佛",如果得了正果,"接引佛"阿弥陀佛便会优先接引他到极乐世界去。故而信佛的人口中常念"南无阿弥陀佛"。

衣　钵

衣指袈裟法衣，钵指盛食物的器具。传衣钵是中国禅宗的继承方法。师父在临终前将衣、钵传授给弟子，以此证明其传法授受的关系。据说，禅宗达摩祖师来中国，将佛法传授给二祖慧可，怕别人不相信慧可的师承关系，所以把自己的衣钵传给他，作为证明。这就是传衣钵的由来。

度　牒

指由官府发给的，证明僧人合法身份的文件，也可说是允许僧人出家的许可证。由于僧人取得度牒，要缴纳一定"香火钱"，而且出家的僧人可以享受免除地税、徭役等种种权利，所以，度牒的发放常成为朝廷、官吏积累财富的重要手段，度牒于是拥有了政治、经济等多种社会功能，在宋代甚至直接被当作货币使用。度牒制度于清代被废止。

化　缘

即僧、尼向人求施舍的称谓，意为人因施舍而与佛结缘。另外也指有教化世人的因缘，据称释迦牟尼因为有教化的因缘而入世，这因缘一尽，其身即去。

金瓶掣签

藏传佛教确定达赖、班禅等宗教首领继承人的制度。明确规定，如果符合活佛转世灵童条件的婴童有几名，就要通过金瓶掣签来决定。金瓶掣签制度始于清乾隆年间，当时所赐金瓶现保存于拉萨大昭寺。凡确定达赖、班禅转世灵童时，必须在大昭寺释迦牟尼像前举行金瓶掣签认定仪式。仪式中，把写有众婴童名字、出生年月的象牙签牌以纸包好投入金瓶内，由活佛达赖（或班禅）率众同诵"金瓶经"，然后由驻藏大臣用金箸在瓶中钳出一纸包，其中签牌上的名字就可确定为转世灵童。1995年10月，十世班禅的转世灵童就是采用金瓶掣签确定的。

当头棒喝

禅宗机锋运用的方法，即禅师用棒打，用声喝，让对方从执着中猛醒过来，直接顿悟自心的佛性。有"德山棒、临济喝"之说。禅宗以为文字语言是不能正确表述佛理的，只能用"当头棒喝"的手段。后世借用，称警醒人们执迷不悟的方法为"当头棒喝"。

醍醐灌顶

"醍醐"本是从牛乳或羊乳中提取出的酥油，引申为极甘美可口的东西。"醍醐灌顶"从字面上理解，就是酥油浇到头上。佛教用以比喻灌输智慧，使人得到启发。后来成为常用成语，用以比喻感到清凉舒适。

拈花微笑

中国禅宗虚构的故事。在灵山法会上，大梵天王把一枝金波罗花献给释迦牟尼佛，请他说法以惠众生。佛祖登上宝座，拈起金波罗花，却一言不发。满座弟子不知所以，只有大弟子迦叶似有所悟，破颜微笑。佛祖便说，自己佛法的根本、精华，都已传给了迦叶。禅宗用这个故事来说明"不立文字"、"教外别传"、"顿悟"的道理。

野狐禅

中国禅宗故事，见《五灯会元》。百丈怀海禅师讲法时，有一老人，自称先前在迦叶佛前时，别人曾问："大修行人还落因果也无？"他回答说："不落因果。"因为这个回答，他自己五百生堕为野狐之身。他求禅师回答相同的问题，禅师答道："不昧因果。"老人便悟而解脱了野狐之身。后世则把"野狐禅"作为并非真正坐禅得道而妄称开悟者的称呼。

口头禅

有些参禅者，实际未悟，却妄称已悟，所以不过是在嘴上谈禅，并未真正参禅，这就叫做"口头禅"。后来引申为日常用语，意为经常说的话。

公　案

原指官府判决是非的案例，禅宗借用它专指前辈祖师的言行范例，从中领会禅的意义。又名"话头"或"古则"。禅宗认为，是否对禅的宗旨予以领会，应取公案来加以对照。因而，公案既是探讨祖师思想的资料，又是判断当前禅僧是非的原则。著名公案有"南泉斩猫"、"野鸭子话"等。

机　锋

是禅宗的一种神秘主义的教学方法。有时对同一问题做出不同的回答，有时对不同问题做出相同的回答，有时对提出的问题不作直截了当的回答，而是以种种反理性的形式发表自己的看法，也常采用隐语、比喻、暗示等方式。是禅宗教外别传，以心传心思想的体现。例如：云门的弟子问他："不起一念，还有过么？"云门回答："须弥山。"他的意思在于告诫弟子，如果把"不起一念"当作精神解脱的原则而执著于此，这个念头就是错误的，回答"须弥山"，是说即使不起一念，错误也还是像须弥山一样大。

参　禅

"禅"是梵文"禅那"的简称，意为"静虑"。参禅则是禅宗的修持方法，指将心专注在一法境上，一心参悟探究，求得"明心见性"。

顿　悟

禅宗的修行方法，意思是：无须长期的修习，只要突然领悟自己本有佛性，便是成佛之时。禅宗认为，众生本来觉悟，本来是佛，顿悟就是对自身佛性的刹那体认，在日常生活的各个领域，都有顿悟成佛的机会。顿悟说简化了成佛的过程，又扩大了禅的范围，对于禅宗的迅速发展有着深远意义。

慧　能

禅宗六祖。原姓卢，他的父亲原是个小官，被贬到岭南，并且过早去世，家里贫穷，与母相依为命，长大后以卖柴为生，不识字。20多岁时，听人诵《金刚经》，恍然有悟，于是安置了母亲，到五祖弘忍所在的东禅寺住寺做工。后被弘忍选中，暗中得授衣钵，成为禅宗六祖，弘忍又怕他因此受到其他弟子迫害，便送他逃走。他遵师嘱隐居十几年，才由印宗法师正式剃度，后来在宝林寺等地讲法，76岁时逝世。他否认客观事物的存在和变化，曾作偈："菩提本非树，明镜亦非台。本来无一物，何处惹尘埃。"他认为，一切众生，皆有佛性，主张顿悟成佛，否定文字语言表达佛理的可能性，对禅宗的发展起了很大作用，实际上是禅宗的真正创立人。

达　赖

藏传佛教中影响最大的两大活佛系统称号之一。通称"达赖喇嘛"。"达赖"是蒙古语"大海"的意思，"喇嘛"是藏语"上师"的意思，"达赖喇嘛"意思是"智德深广犹如大海能包容一切的上师"。在藏传佛教中，达赖喇嘛被看作是观世音菩萨的化身，因此具有很崇高的地位，其称号始于16世纪中叶的三世达赖索南嘉措（前两世为追认）。1652年，五世达赖受清顺治帝邀请赴京，受到优厚款待，后被正式册封。此后历世达赖转世，均须经中央政府册封，才为有效。

班　禅

藏传佛教中影响最大的两大活佛系统称号之一。全称为"班禅额尔德尼"。"班禅"是梵语和藏语的合称，意为"大学者"。在藏传佛教中班禅活佛被看作是无量光佛的转世。其称号始于四世班禅罗桑却吉坚赞（前三世为追认）。18世纪初，由于六世达赖的兴废问题引起了蒙藏地区局势的动荡。清康熙帝为了稳定局势，安定人心，于1713年派员入藏，封五世班禅罗桑益西为"班禅额尔德尼"，"额尔德尼"是满语"珍宝"之意，正式确认他的宗教地位，与达赖并列。此后历世班禅必须经中央政府册封才算有效，成为定制。

极乐世界

"极乐世界"也称净土、乐邦，是佛教徒信仰的理想世界。它源于婆罗门教，认为净土是毗湿奴（护持神）所居住的天界。小乘佛教也有一些人信奉这一思想，但只有大乘佛教才把它发展为一种系统的思想派别。在大乘佛教的经典提到的净土有兜率天净土、灵山净土、莲花藏世界、琉璃净土等。而最详细描述净土思想的，则是《无量寿经》、《观无量寿经》、《阿弥陀经》等，净土宗就是根据它们而建立的。净土宗认为，人只要念佛，修观，死后便可进入极乐世界。极乐世界的教主是阿弥陀佛。

佛教认为，时间、空间、佛土都是无穷无尽的，而在每一佛土中，都有一位佛教化众生，而极乐世界则是这无穷无尽世界中的一个。按《阿弥陀经》中的说法，它离人们居住的地方有"十万亿佛土"远，那里无量功德庄严、声闻、菩萨无数。在那里，有好住的，宫殿、精舍、楼观等均以七宝庄严，微妙严巧；有好听的，万种伎乐皆是法音；还有好吃的，百味饮食，随意而来。其国人美貌端庄、智慧广博。总之，按佛教说法，在那里，但享其乐，全无痛苦。

达 摩

中国佛教禅宗所崇敬的第一代祖师菩提达摩（？—536年）是中国佛教史上最富有传奇色彩的人物之一。据《影德传灯录》说，达摩本是南印度人，通晓大小乘佛法，为印度禅宗第28代祖师。南朝梁普通八年（公元527年）渡海来广州，受到当地官员的欢迎。热衷于佛教事业的梁武帝听说广州来了这么一位高僧，就立即派使前往迎接。

达摩来到南梁的首都金陵（今南京）。梁武帝问他："和尚从贵国带了什么教法来度化众生？"达摩说："我没有带一个字来。"武帝又问："什么是佛教真理的'第一义'？达摩说："没有什么'第一义'。"因为禅宗是主张"不立文字"的，所以达摩说他未带来一个字。至于佛教真理的'第一义'，禅宗认为是不可言传的，所以说"没有什么'第一义'"。这种深奥的谜语，梁武帝一时无法解开，只好转个话头问："朕一生致力于造寺度人，写经铸像，常年布施，虔心供养，请问这样做有无功德？"达摩回答说："并无功德。"禅宗认为，造寺、写经、铸佛像、布施、供养之类，只能算积福（一般佛教认为要算"功德"）；自修身才是功，自修心才是德。武帝不修自己的身心，所以"并无功德"。武帝不懂得他这套玄妙的道理，自己辛辛苦苦为佛教所做的一切都被他否定了，受的打击太大，不能再问自己的事了，于是转而问达摩本人："你是谁？"不料达摩竟然回答："不认识。"达摩的意思是说，你眼前的我，根本上虚幻不实的，"我不是我"，所

以认不得。这句话更令武帝丈二金刚摸不着头脑了，只得不欢而散。

通过与武帝的一番晤谈，达摩也了解到了武帝缺乏"慧根"，跟他很难找到共同语言，于是决定离开南朝，到北魏统治下的中国北方去。

从金陵去北方得渡过长江，达摩是怎么渡江的呢？佛教传说，达摩来到长江边，顺手折了一根芦苇，扔到水面上，人站上去，芦苇就把他载过去了。这就叫做"一苇渡江"，或写作"一叶渡江"。其实达摩很可能是乘船过去的。古代人有把船叫"苇"的。《诗经·河广》中"谁谓河广，一苇杭之"中的"苇"就是船。至于"一叶"，就更明白地是指船了，人常说"扁舟一叶"嘛。

达摩渡江后，在登封少林寺五乳峰上的一个石洞内修习禅定。据说他面壁九年，连小鸟在他肩上筑了巢也不知道，可见定力之高。但是，很可能由于他当时所传的禅法与其他人修习的佛法迥然不同，所以有的人总想谋害他。据《传法宝记》等资料说，达摩曾逃脱了6次被毒杀的危险，但最后还是被人毒死。

达摩去世后，梁武帝曾撰文刻制了《菩提达摩大师碑》，文中有"嗟乎！见之不见，逢之不逢，今之古之，悔之恨之。朕虽一介凡夫，敢师之于后"的话，真切地表达了自己因缘法未合而失之交臂的悔恨心情。

因果报应

"因果报应"说的提出，是为了进一步支持佛教教义。因为要人们克服对佛教"真理"盲目无知，要人们抛弃生活的"贪爱"，要人们追求"涅槃"的境界，毕竟还解决不了被压迫的人民的各种痛苦，人们自然要问：按佛教的"真理"去做，究竟有什么好处？不按其做，又会有什么结果？为此，"因果报应"的理论便应"时"而生。

按照佛教的说法，"因"，即产生结果的原因，包括事物存在发展的条件。"果"，即由原因而导致的必然后果，一切思想行为都肯定会引起相应的结果，在没有得到结果以前，"因"是不会消失的；反之，没有"因"，是不会有任何结果的。佛教根据这种观点，进一步提出"三世因果"，即今天人们命运的好坏，是前生行善或作恶的结果；而今生个人的善恶行为，又必然为来世的祸福所报应。《三世因果经》云："三世因果非可小，佛言真语莫非轻。今生做官为何因，前世贵金妆佛身。前世修来今世报，紫袍金带佛前求。贵金妆佛妆自己，云盖如来盖自己。"这种三世因果报应论给信佛的人们以一种美好的"希望"，拨动了受苦受难的人们的心弦，自然人仍会去信仰它。

苦海无边

"苦"是佛教教义的出发点。它认为，人生在世，"一切皆苦"。释迦牟尼在波罗奈斯曾对人生之"苦"做过这样的说教:"比丘们,这就是痛苦的神圣的真理:出生是痛苦,老年是痛苦,死亡是痛苦,和不可爱的东西会合是痛苦,和可爱的东西离开是痛苦,求不到所欲望的东西是痛苦,总之是一切身心之苦。"

佛教甚至认为人在娘胎里时,就开始受苦了。它说,胎儿在娘肚子里时,受黑暗的苦,受热汤烫着、冷水冰着的苦。怀胎十月,胎儿离开母体时,又受狭小产道的压迫之苦。婴儿娇弱及至长大,还受病痛的苦,晚年受步履维艰的苦,最后还免不了受死的苦。死了又生,生生死死,不断受苦。因此说"苦海无边"。

佛 眼

佛教认为,"佛眼"乃五眼之一。佛为觉者,能洞察一切,具有超凡的眼力,故觉者之眼称佛眼,因此有此一说。

《无量寿经》卷下云:"佛眼具足,觉了法性。"《无量寿经义疏》云:"前四是别,佛眼是总。"《法华文句》卷四云:"佛眼圆通,本胜兼劣,四眼八佛眼。皆名佛眼。"《毗尼止持音义》云:"谓具肉天慧法四眼之用,无不见知,如人见极远处,佛见则为至近;人见幽暗处、佛见则为明显、乃至无事不见,无事不知,无事不闻。闻见互用,无所思惟,一切皆见也。"宋苏轼《赠杜介》诗:"何人识此志,佛眼自照瞭"。

另外,佛眼也比喻以慈悲为怀、宽以待人者之眼。

鬼子母

佛教中的送子娘娘鬼子母原本并不是什么"娘娘",而是一位以专吃小孩为生的母夜叉。

据佛经说,她早年因在王舍城参与庆祝独觉佛出世而早产,于是便发下恶誓,来世要生于王舍城,吃尽当地人的小孩。后来她的誓愿果然应验。她同王舍城的药叉结婚,生下五百鬼子,因此被称为"鬼子母"。她几乎天天吃王舍城的小孩,佛祖知道后,就劝她不要这样做,但她无动于衷。后来佛祖施法藏起她的一个小孩,鬼子母十分想念,后听说孩子在佛祖身边,就要求还她孩子。佛祖对她说:"你有五百个孩子还心疼,你不想想被你吃掉孩子的人家才有一两个孩子吗?"鬼子母听后如梦方醒,当即皈依佛门并成为佛教的护法神。

鬼子母尽管有吃人的历史,但形象却极为秀丽,佛经上说她作无女形,身着红白相间的天缯宝衣,头戴天冠,耳悬王饰,白螺做成的手钏,身上挂满了璎珞,华丽而庄严。左右并列侍女眷属,手执白拂,俨然一位女菩萨。大约正因为鬼子母有这样一种形象和痛失爱子的深切体会,自从她皈依佛门后,人们就将她视作妇女儿童的保护神。佛教传人中国后,中国的佛教徒又将她改造成了一位送子娘娘。

本来按照佛教的说法，修行的目的是求得解脱、即跳出"六道轮回"，不生不死。既然主张不生，不要子嗣，为什么佛教还来个"送子娘娘"呢？岂不是自相矛盾吗？实际上这也是佛教传入中国后，对中国传统文化的让步，对儒家忠孝思想的让步，只有这样，佛教才能在中国站住脚。因此，佛教在中国只好入乡随俗，不仅有"送子观音"、"送子弥勒"，而且还有"送子娘娘"——鬼子母。

方　丈

"方丈"，系佛教用语，可作两解：一是佛教称谓，将一寺之主称为方丈，即"住持"、"长老"，是用"住持"僧的住所借代进行称谓的；二是指禅宗寺院主持僧的住所。据《维摩诘经》载，维摩诘居士所居之室，一丈见方，但容量无限，禅宗基于此说，于是用"方丈"二字为住持所居之室命名。亦称"丈室"、"函丈"、"正堂"、"堂头"等。

长　老

"长老"，是佛教称谓，即对出家年岁较高而有德行之高僧的尊称。《十涌律》卷三十九云："佛言：从今下座比丘唤上座言长老。尔时但唤长老不便，佛言：从今唤长老某甲，如唤长老舍利佛、长老目犍连、长老阿难。"《增一阿含经》云："阿难白世尊：如何比丘当云何自称名号？"世尊告曰："若小比丘向大比丘称长老，大比丘称小比丘名字。"

"长老"又是中国佛教禅宗对住持的尊称。《百丈清规》卷二云："始奉其师为住持，而尊之曰长老。"

汉文大藏经

汉文大藏经是兼收由印度和西域传译到中国的大小乘佛教典籍的一部大丛书的名称。

佛教经、律、论在中国流传后，经过历代翻译和编辑，出现了一些在内容和形式上不尽相同的藏经。宋代以前，以书写本形式为主。我国第一部汉文大藏经是在宋太祖开宝四年（961年）至宋太宗太平兴国八年（983年）在四川刻印的，称《蜀版大藏经》，又称《天宝藏》。迄今它已散失殆尽，以后辽、金、南宋、元、明、清历代都曾刻印大藏经。统计资料表明，我国历代刻印的大藏经超过了17种。其中金朝《赵城藏》较为接近《开宝藏》的原貌，今犹存世。

汉文大藏经作为一部规模宏大的珍贵佛教丛书，保存了现在印度都已失传的许多佛教经典，其中也有部分中国佛学研究者对佛教原理的创造性的阐述。它既是研究佛学不可缺少的重要典籍，也是研究东方文化的重要依据之一。

行善诛恶的济公

看过电视连续剧《济公》的人，总忘不了那个"鞋儿破、帽儿破"，"哪里有不平哪有我"的济公和尚。

在佛教中，济公是一个排不上名次的和尚，但因为传说中他热心为百姓做好事，倒比一些菩萨更出名。有书记载，济公是宋朝人，家住浙江天台，出家在杭州灵隐寺当和尚，后来住在净慈寺。

这位和尚信佛，但不吃素、不念经，又爱管闲事。常常用一些巧妙的办法捉弄、惩办坏人，帮助受委屈的穷苦百姓。后人为了纪念他，在杭州的虎跑泉建了"济颠塔院"。院中塑有济公石像，旁边有四幅浮雕，刻着"济公斗蟋蟀"、"古井运木"、"飞来峰传说"、"疯僧扫寺"四个济公故事。

在北京香山碧云寺的罗汉堂，房梁上也塑有一个蹲着的济公。说来也滑稽，因为在塑像的时候，济公来晚了，没有地方安排他的座位，就让他蹲在房梁上。在苏州戒幢律寺和四川新都宝光寺的罗汉堂，大概也因为这个原因，济公像被塑在过道里。苏州那个济公像，脸孔半边哭、半边笑，据说是哭笑不得的意思。

有人说，济公既然信佛，怎么又可以饮酒吃肉呢？原来，佛教最早并没有吃素的规矩。《戒律广本》中说，当年佛祖释迦牟尼和他的弟子，每天早晨都要托着钵头，接受信徒们的供养，遇荤吃荤，有素吃素。汉代佛教传入中国，和尚靠募化或施舍过日子，也是有啥吃啥。只是到了南朝，萧武帝萧衍十分信奉佛教，并且提倡吃素，才渐渐成为戒律。

美如莲花的佛教艺术

佛教在长达两千多年的历史里，创造了辉煌灿烂的艺术，主要表现在寺庙建筑和佛像雕塑上。

在佛教传播的地方都要兴修寺院，供奉佛祖和讲经。中国著名的佛寺除四大道场外，还有北京的卧佛寺、广济寺、潭柘寺，河南的少林寺、白马寺，江苏的金山寺、寒山寺。上海的静安寺、玉佛寺，浙江的灵隐寺，广东的广先寺，福建的妈祖庙，西藏的布达拉宫、大昭寺，青海的塔尔寺等。这些寺院不但气势宏大，而且构造精妙。

佛寺中的佛像，也多是精妙的艺术品。上海玉佛寺有一座用整块玉雕成的佛像，高达1.9米。佛像圆润丰满，神态安详。河北承德的普宁寺，有一座高22

米、重100多吨的木制千手千眼观音立像，像顶还立着一个一米多高的无量寿佛像。供奉观音像的楼阁高36米，6层重檐，像宝塔一样。四川乐山的大石佛，高达71米，佛像的头高14.7米，肩宽28米，足背上可坐千百多人。这座大石佛，先后开凿了90年才得以完成。

塔是附属于寺庙的重要建筑物，用以收藏舍利和经卷。山西应县木塔是我国现存最高最大的木结构楼阁塔，高67米，底层直径30米，八角五层六檐。缅甸仰光市的瑞德光塔，高97.8米，塔身贴满金箔，塔顶用黄金铸成，装饰了5440颗钻石和1413颗宝石，周围还挂有1065个金铃和420个银铃。金塔周围还建有64座小塔，塔的西北角还有一个重达25吨的古钟。

除在寺庙里安放佛像外，我国北朝以来，还开凿了许多石窟，著名的有敦煌石窟、云岗石窟、龙门石窟、麦积山石窟、大足石窟等。甘肃敦煌的莫高窟，是现在世界上最大的佛教艺术宝库，其中现存壁画总面积达4.5万平方米。柬埔寨境内的吴哥窟，也是非常有名的佛教艺术胜地。

天龙八部

天龙八部是佛教中八个部类的护法神，因为八部中以天、龙为首，故称天龙八部。起初，他们多为妖魔鬼怪，但经过佛祖的教化，都成了护法之神。八部分别是：

天众主要有二十诸天、四大天王、韦驮天神等。

龙众在佛经中往往以护法灵物和佛弟子的身份出现，有"龙力不可思议"之说。诸龙王都属这一部众。

夜叉意思是勇健、轻捷。其中金刚夜叉为佛寺山门的守护神。

乾闼婆为香神和乐神，以香气为食，能凌空作乐。飞天即由此而来。

阿修罗身形极其高大，好胜、喜斗，曾与释帝大战而败，被收为护法神。

迦楼罗为金翅神鸟，两翅张开有三万多里，喜食龙肉，临终毒发，引火自焚，死后其心成为释帝髻中的宝珠。

紧那罗意为人非人，似人而头上生角，是八部中的歌神。

摩罗伽大蟒神，人身而蛇首，也是八部中的乐神。

鉴 真

鉴真是唐代的一位高僧，他和玄奘很有相似之处，他们对佛教发展和中外文化交流都作过重大贡献。不同的是，玄奘去"西天"取经，鉴真却东渡日本，传播佛典，成为日本佛教律宗的大师。

鉴真世称过海大师、唐大和尚，俗姓淳于，生于公元688年，死于763年。

14岁时受父亲信佛影响,在扬州大云寺出家。当时中国佛教的一大宗派——律宗创立不久,鉴真在扬州、长安等地,先后得到律宗嫡传大师道岸、弘景的传授,并受了大戒。他以渊博的知识,刻苦的努力,对佛教三藏(经、律、论)都作了研究。到45岁的时候,已成为著名的授戒大师,门徒达4万余人。

唐玄宗天宝元年(742),鉴真接受日本留学生荣睿、普照的邀请,准备去日本传播戒律。从此,他开始了东渡传经的经历。

中国和日本虽说一衣带水,但在一千多年以前,没有先进的交通工具,渡海有很大困难和危险。他第一次出发是在公元743年3月,因风浪阻挡,未能成功。后来的两年中又渡过3次,都没有成功。公元748年6月,鉴真开始第五次东渡。船从扬州出发,不料刚到南通狼山港,就遇到大风浪,一停将近两个月。随后到了舟山群岛附近,又突然起了风暴,船只失去控制,随海浪飘泊了14天,竟漂到了海南岛的西南角。又一次失败了15年以后,当鉴真最后一次东渡时,他已是一个双目失明的65岁老人,但他仍然率领十余人,毅然登程。尽管又遇到了狂风大雨,海面上不辨东西南北,但终于到达日本。从应邀发愿开始,历时12年,经受挫折5次,先后有36人付出了生命,鉴真始终不屈不挠。第二年,鉴真在奈良东大寺建筑戒坛,传授戒法,后来被日本天皇授予"传灯大法师"的称号。公元761年,日本政府又规定:任何人如果没有在东大寺等三个大寺受戒,便不能取得僧籍。鉴真还在奈良新建一座佛寺,以收容更多来学的僧徒,这就是著名的唐招提寺,鉴真后来就逝世在这个寺的云房。

藏传佛教

这是中国佛教的另一支,因其主要在藏族地区形成和发展而得名(俗称"喇嘛教")。佛教于公元7世纪吐蕃赞普松赞干布(617—650)时代由汉地和尼泊尔传入西藏。松赞干布崇信佛教,建寺译经,开始了所谓"前弘期佛教"。但佛教与西藏固有的本教间斗争激烈。佛教在赞普赤松德赞时期得到很大的发展,而在9世纪中叶,朗达玛赞普则兴本反佛,佛教受到极大的打击,"前弘期佛教"终止。经过了100多年,到10世纪末期,佛教在西藏地区复兴,所谓"后弘期佛教"开始,佛教终于取得了对本教的胜利。但在与本教数百年的斗争中,也吸收了本教的若干教义、仪式和神祇,形成了具有明显西藏地方特点的佛教。藏传佛教在发展中亦形成许多教派,早期有宁玛派(因该派僧人戴红色僧帽,俗称红教)、噶当派、萨迦派(该派寺院围墙上涂有象征文殊、观音和金刚手菩萨的红、白、黑三色花条,俗称花教)、噶举派(因该派僧人穿白色僧裙及上衣,俗称白教)等。13世纪后期,由于元代统治者的扶植,藏传佛教上层喇嘛掌握了西藏地方政权,逐渐形成了政教合一的局面。15世纪初,针对藏传佛教戒律废弛、信誉低落的情况,宗喀巴(1357—1419)大力进行宗教改革,创立了格鲁派(因该派戴黄色僧帽,亦称黄教)。以后,该派势力逐步扩大,在明清两代中央统治者的支持下，该派牢牢地控制了地方政权。自1542年开始，黄教采取活佛转世制度（又分为达赖和班禅两个系统）。藏传佛教的传播颇广，除藏族外，蒙古族、土族、裕固族、纳西族、羌族、普米族等也信仰它，并且流传到不丹、尼泊尔、锡金、蒙古和西伯利亚等国家和地区。

木　鱼

木鱼是佛教的一种法器，共有两种。最常见的一种是圆鱼形，大小不等，大者置于佛殿，小者置于佛案。二者均用硬木制成，中心挖空，和尚诵经时用木锤敲击它，使发出清脆的声音。其用途是便于掌握诵经节奏与调整音节。

另一种木鱼，悬挂在寺院斋堂附近，呈直鱼形，扁平而中空，又称作"梆"，敲击声十分响亮，是作为通知僧众进斋饭的信号之用的。和尚敲木鱼除了上述用途外，还有它更深一层的含意，就是"自警"。因为"鱼昼夜未尝合目，亦欲修行者昼夜忘寐，以至于道。"这里说得十分明白，佛教徒在修行中的这种"警众"与"自警"（不寐），乃是他们之所以敲木鱼的宗教内涵。

佛教胜地

布达拉宫：位于西藏拉萨市。布达拉为梵文普陀罗的意译，意为"佛教圣地"。是世界著名的古建筑之一，也是海拔最高的古建筑，是原西藏政教合一的传统中心，保存有数代达赖的灵塔和许多珍贵文物。

乐山：位于四川乐山县，著名的乐山大佛高71米，是世界上现存最大的弥勒塑像。

云岗石窟：位于山西大同市，开凿于北魏，是国内第一座由皇族主持开凿的大型石窟。

龙门石窟：位于河南洛阳市。龙门石窟保存了主要塑于北魏、唐的佛造像，被誉为"秀骨清像"，风靡当世。

麦积山：位于甘肃天水县。麦积山石窟保存有自西秦至明代的佛教壁画和泥塑造像。

敦煌：甘肃敦煌县境内保存有莫高窟、西千佛洞等佛教石窟。其中莫高窟历经从前秦到元代历朝的凿建，现存洞窟492个，壁画45万平方米，彩塑2400余身。是全国石窟之冠，也是世界闻名的艺术宝库。

道教的产生

道教是中华民族的固有宗教，其历史久长。但这一宗教产生于何时，迄今尚无定论，主要观点有如下几类：

第一，道教产生于西汉末年说。据《汉书·李寻传》："初，成帝时齐人甘忠可诈造天官历《包元太平经》十二卷。"有人论证道教经典《太平经》非一人所为，《包元太平经》正是《太平经》的雏形。上列《李寻传》还说，甘忠可曾以《包元太平经》"教重平夏贺良、容邱丁广世、东郡郭昌等"，因"假神罔上惑众"，被捕入狱至死。死后，其弟子夏贺良等"复私以相教"。可见，早在西汉成、哀之时，已有类似道教的传布活动了。另外，道教经书也自称《太平经》出现于西汉成帝时。《混元圣记》引佚《后汉书》云，汉成帝河平二年甲午，"老君降于琅琊郡曲阳渊，授于吉《太平经》"等等。

第二，道教产生于东汉说。详见《中国史稿》（郭沫若）、《中国史纲要》（翦伯赞）、《中国古代史》（刘泽华）及有关论著，他们或言"道教形成于东汉"，或说"东汉一代，道教各个派别正式成立"等等。

第三，东汉末年说。主要理由是东汉末曾有农民起义利用道教作为组织发动的形式。如《三国志·张鲁传》注引《典略》的一项记载："熹平（172—178年）中，妖贼大起：三辅有骆曜。光和（178—184年）中，东方有张角，汉中有……角为太平道，修为五斗米道。"但此说忽略了如下几点：①五斗米道的创始人为张陵，时间是顺帝年间。《后汉书·刘焉传》说："陵，顺帝时客于蜀，学道鹤鸣山中，造作符书，以惑百姓，受其道者，辄出米五斗，故谓之米贼。"②原始道教的经典《太平清领书》（即《太平经》），顺帝时便有人献之于朝廷。其中的部分文字也屡见于顺帝时君臣对答的文书中。

第四，东汉顺帝时说。持此说者，主要有《中国佛教史》（任继愈主编）和《宗教词典》。《道教发展史概说》（[日]常盘大定）与《道教史》（[日]洼德忠）也主此说。

道家与道教

学术界长期流行一种见解，认为老子、庄子为道家，这是一种误解。

老子是哲学家，不是宗教家，也未创立宗教。老子的著作是学术性的，不是宗教性的。

为了避免长期积累下来的观念含混，有必要把道家与道教严格区别开来。总括起来，有以下四点值得注意：

1. 先秦无道家，只有老子哲学、庄子哲学，以及与他们的哲学相应的老

学派、庄子学派。

2. 汉代的道家代表西汉时期融合各派的一种思潮，它以黄老清静无为思想为基础，包括儒、墨、阴、阳、名、法各家的部分内容。

3. 学术界习惯把老庄学派称为道家，是后起的一种学派分类观念。东汉时期严君平《老子指归》开始有了以老庄为道家的倾向。魏晋玄学早期"老庄"联称，后期"庄老"联称。魏晋以后，以老庄为道家的分类法得到承认，这个"道家"不同于司马谈的道家，乃属于哲学。

4. 道教是宗教。它有团体、教派、教义、宗教规范仪式、宗教组织、固定数量的信徒、固定的教派传授系统、共同信奉的经典、固定的传布地区等。以上这些特点，使它区别于道家，与儒、佛并称为三教。

初创道教的色彩

初创时期的道教实践方式大多属召神劾鬼之类，又多利用符箓、咒语来作法。所谓"符箓"，"符"是指神符，即天神授给方士的信符，形象多为箓文或图，有吞服治病，佩符神护两种作用；"箓"则是各种神灵的名册，方士以之为凭可依照天神的旨意"诏令天地万灵，随功役使"。后来道士召神劾鬼之时常把"符"与"箓"并用，故二者常合称"符箓"，《太平经》中曾记有"服开明灵符"、"佩星象符"、"佩五神符"等。《正一修真略仪》中有各种"宝箓"，如"破秽箓"、"长生箓"、"护身箓"、"斩邪箓"等等。咒语又称禁咒、神咒、神祝等，是指神的语言，道士以为念咒即可驱使幽冥之功曹。史称太平道张角"符水咒说以疗病"，"为符祝，教人叩头以思想过"，又称五斗米道张修等所行之法"略与（张）角同"。可见早期道教确是以符箓咒语召神劾鬼而为人们所认识的，因此说初创时期的道教带有很浓厚的原始巫教的色彩。

黄老道与道教

先秦道家后来演变为黄老之学，这种黄老之道，是以道家清静养生、无为治世为主，但汲取了阴阳、儒、墨、名、法各家的部分内容，已不完全是先秦的道家，而是被称为黄老术的新道家。后来，黄老养生之术演变为道教的修炼方术，奉黄老术的黄老道家便是道教的前驱。

道教的节日

道教把神仙诞辰的日子定为节日，每到节日来临，都要举行比较隆重的斋醮

（古代以酒祭神之礼）仪式，包括祭星与设道坛诵颂，有的节日还有热闹的庙会集市。

道教的节日很多，北京白云观每年最隆重的节日就有五次：正月初七和初八为香客拜奉本命之神日；正月初九为道教所尊奉的玉皇大帝圣诞日，每年这天都要在白云观举行祭祀以为纪念；正月十九日为"燕九节"，是纪念道教真人邱处机的诞生日；二月十五日为道教王老子诞生日，是为太上老君圣诞节；四月十四日是道教所奉吕洞宾降生日，传说唐贞元十四年（798）这一天，一只白鹤自天而降，飞入吕洞宾母亲的房中，此时吕母梦中亦见此景，醒后即生下吕洞宾。后来人们每以此日举行斋醮仪式，以志纪念。

道教各派还有一些节日活动，如：三月三日是王母娘娘的诞生日，俗称"蟠桃会"；三月十五日为张（道陵）天师圣诞；六月二十四日为关（羽）圣斋君圣诞；十二月十二日是王重阳祖师圣诞等等。

阴阳五行说与八卦

阴阳五行说与八卦最初跟道教毫无关系。它们是古代思想家对世界万事万物变化发展的一种解释。认为阴是暗，阳是明，所以月叫太阴，日叫太阳。由此引申开去，称正面、温暖、南方为阳，反面、寒冷、北方为阴。同时认为自然界由金、木、水、火、土五种元素构成，并且相生相克。阴阳五行说后来又发展为八卦，用一、——两个符号分别配成天、地、雷、风、水、火、山、泽八种事物。

后来道教把阴阳五行说与八卦拿了过去，构成自己的基本教义，并且用来说明社会生活的奥秘，把刚柔、动静、生死、往来、盛衰等一系列概念都纳入阴阳的意义中去。老子在《道德经》里就以此来说明自然界和人类社会的组成情况："万物负阴以抱阳。"道教还用八卦卦象和阴阳五行说来占卜，预示人们从生到死，事物从始到终的各种状态和结果。民间流行的看相、算命、求签、画符、念咒、看风水、择吉日等，都与阴阳五行说和八卦有关。

道教的发展

道教产生于东汉末年（约公元125年），到东晋、南北朝逐渐完备。当时出现了一批道教的重要人物，如南方的葛洪、陶弘景、陆修静，北方的寇谦之等。他们或是撰写系统的道教著作，宣扬道教理论；或是编写神仙谱系，把道教信仰的真灵、神仙分了若干等级；或是创立整套炼丹术和修炼方法，并在天文学、地理学、历史学，特别是医药上作出了重大贡献。经过这些人的努力，逐步形成了南天师道和北天师道两大派别，道教有了很大的发展。

唐朝皇帝姓李，与老子是同姓，于是有过一场攀亲的闹剧。头代皇帝李渊即位的第三年，就有人告诉李渊，说在羊角山看到一个骑白马的老头（老子），自称是李渊的祖宗，预言姓李的可坐一千年天下。李渊听了当然很高兴，当即在羊角山立了老君庙，第二年又赶到终南山去祭祀老子。以后，唐高宗李治，又尊老子为"太上玄元皇帝"，并下令各州都要建立道观，还把《道德经》列为科举考试的一个科目，创办了道教的学校。由于皇帝的支持，道教得到很大的发展。

宋朝的皇帝都信道教，尤其是宋徽宗赵佶，自称"教主道君皇帝"，信道到了入迷的程度，一时道教大盛。但到了北宋末年，道教威信下降。金元时代，道教再度振作，并又分成两大派别，这就是北方的全真派和南方的正一派。

全真派的创始人叫王重阳，手下有邱处机等七大弟子，后世称为"北七真"。邱处机率领18个弟子，经过4年的跋涉，公元122年见到了赫赫有名的成吉思汗。成吉思汗对他十分重视，封为"神仙"，拜为国师，叫他掌管天下道教，并派了千名骑兵，送他回到中原，大兴土木，建造道观。今天北京的白云观，据说是那时建造的，它是北方道教活动的中心。

正一派由五斗米道衍化而来，主要奉持《正一经》，它的活动中心就在龙虎山。元朝统治者对正一派也很重视；元世祖忽必烈曾召见三十六代天师张宗演，封为"辅国天师"，让他当上了江南道观的领袖。两派道士都以太上老祖和玉皇大帝为最高天神。

明朝以后，道教渐渐衰落，分化成民间秘密宗教，如八卦教、白莲教、红阳教、黄天教等。

道 藏

《道藏》是属于丛书性质的道教典籍的汇编。自东汉后期道教形成后，有关道教的经典图籍不断涌现。从两晋开始，有些道教学者陆续将耳闻目睹的道教典籍编成目录，并汇集成"藏"。《道藏》之名，则始于唐玄宗时。当时仿效《佛藏》，曾纂修《开元道藏》。五代至宋元时期，统治者亦曾组织力量，编校并刊行过五种《道藏》。现今依然存世的明代《正统道藏》和《万历续道藏》，共有5485卷。所收集的道书，沿用南朝道士陆修静订立的分类体系，按三洞、四辅、十二类来编排。其中还收录了部分诸子百家的著作。这部《道藏》，不仅是研究道教的原始依据，也是研究中国古代哲学、历史、文化乃至医学、化学、天文学、地理和药物学的重要资料。

炼制长生金丹

道教认为，凡人只要吃了金丹就能长生不死，然而这种金丹无法找到。战国时楚国、燕国的国工以及后来的秦始皇，都曾经派人四处寻访这种长生不死的仙丹，却没有一人能得到。于是一些道士便自己动手炼制金丹。

要炼成长生不死的金丹，原料必须永固不坏。草木类的药物，都容易坏，即使人参，火一烧就焦，水一泡就烂，自己都要"死"的药怎么能使人长生呢？像黄金、白银、汞、铅、砷一类东西，不怕腐蚀，"水火不入"，炼成丹才有作用，于是道士们把它们放在高温里熔炼。其实，金、银、汞、铅、砷等对人体都是有害的，好在用它们炼成的金丹价格十分昂贵，普通人吃不起，所以毒死的只是少数皇帝、大臣和贵族。北魏道武帝和明元帝父子、唐太宗李世民都是因服食金丹，不仅没有长生不死，反而被夺去生命。唐高宗也因服药中毒，五十几岁就眼睛昏暗，难理朝政。

服食金丹对人有害无益，炼丹却是一项有意义的化学实验活动。道士们应用了许多化学方法来炼制金丹，如用金属汞或氰化物水溶液溶解黄金，用砷（俗名砒霜）点铜生成砷白铜。今天还在使用的七星丹、紫金丹、红升丹，最早也是由炼丹道士发现的。《真元妙道要略》中的记载表明，世界上最早提炼出尿类固醇性的激素的人，也是道士。

太上老君与南华真人

一些道观的大殿正中供奉着三尊大神，这是道教的最高神"三清"。其中的道德天尊，又叫太上老君，《西游记》中把孙悟空关在八卦炼丹炉里，想把悟空烧成灰烬的，就是他。

"三清"中的太上老君是道教对老子的尊称，实有其人：老子姓李，名耳，楚国苦县（今河南鹿邑东）人。他是春秋时代的思想家，道家学派创始人，死后六七百年，又被道教尊奉为始祖，并受到历代统治者的青睐：汉桓帝曾在官中立黄老浮屠祠，并派宦官到苦县祭祀老子；唐高宗封老子为太上玄元皇帝；宋真宗又加封为太上老君混元上德皇帝，还用只有祭天时才演奏的"郊天乐"，来祭祀老子。

老子与道教实际并无关系，后来道教奉他为始祖有三个原因。一是他的《道德经》正合道教宗旨。二是老子出生年代早，捧他出来可以摆摆老资格，与佛教、儒家比个高低。道教的产生比佛、儒晚得多，但老子却比释迦牟尼、孔子大十几岁或几十岁。三是老子有许多神奇的传说，与道教的神仙说正相吻合。司马迁的《史记》就说，老子因为能够"修道"和"养寿"，所以活了一百六十多岁，或者二百多岁；并说老子晚年弃官出走，经函谷关，在那里写了五千多言的《道德经》，最后不知游历到哪里去了。道教在这个基础上，进一步加以神化，说老子生下来，有九条龙吐水为他洗涤身体，并且生下来就能行走，一步一朵莲花，共有九朵莲花。有这样一位了不起的人物当始祖，当然是最理想不过的了。

在道教尊奉的神当中，还有一位著名的历史人物，就是被尊为南华真人的庄子。庄子名周，字子休，宋国蒙（今河南商丘市东北）人。他是战国时代的哲

家，庄子学派创始人。他继承和发展了老子的理论。他描绘那些掌握了"道"的"真人"、"圣人"，可以不吃人间烟火，长生不老，逍遥自在，凌空飞游于四海之外。这些离奇幻想，后来成为神仙信仰的一个根据，庄子本人也被神化了。《真诰》说他在抱犊山中修炼，服下北育火丹，升天成了神仙。信奉道教的唐玄宗封他为南华真人。他的著作《庄子》也被称作《南华真经》。因为佛教有观音等四大菩萨，唐玄宗又把庄子和其他三人封为四大真人，使两者旗鼓相当。宋徽宗时，又加封庄子为微妙玄通真君。

玉皇大帝和王母娘娘

玉皇大帝和王母娘娘在道教供奉的众神当中，地位不是最高。道教最高神是"三清"，其次是"四御"，玉皇大帝只是四御中的第一位。不过在民间传说里，他们两位却是至高无上的天神。

王母娘娘原叫西王母，本是昆仑山一个原始部落的女酋长。《山海经》说她形状像人，豹尾虎齿，善于啸鸣，头发蓬乱，佩着玉制的首饰。到了战国时代，西王母成了一位得道的仙人或半人半仙的人王。她曾给羿长生不死之药，后被嫦娥偷吃。到了东汉，半人半仙的西王母又被说成是一个漂亮透顶的天仙；头上梳着太华髻，戴着太真晨婴冠，穿着黄金丝织成的衣服，脚穿凤纹鞋。这时她已经被认为是众女仙的头领了，同时也被尊为道教的大神。

西王母成了道教的大神之后，应该有一个丈夫，于是编造了一位东王公成为她的配偶。东王公理所当然成为男仙的头领，地位也一步一步升高，改称为玉皇大帝。西王母也改称为王母娘娘了。

八 仙

道教尊奉神仙，流传民间的"八仙"就是八位神仙，他们是：铁拐李、汉钟离、张果老、何仙姑、蓝采和、吕洞宾、韩湘子、曹国舅。其中有的在历史上确有其人，但经过民间传说和道家渲染，成了长生不老、神通广大的仙人；有的纯粹是道教编造出来的。

为了吸引道徒和群众，道教编织了大量神话人物，其中玉皇大帝、太上老君令人望而生畏，而"八仙"则"平易近人"。"八仙"在点化成仙之前，都是普通人，而且男女老少、娴静粗野、文士武将、富豪穷汉，一应俱全。他们又是传说中各行各业的祖师爷，如吕洞宾是理发业的祖师，铁拐李是乞丐的祖师。除蓝采和、何仙姑外，其余六人又都是道教各宗派的创始人。八仙还与人间百姓关系密切，他们有的仗义执言，抑富扶贫；有的游戏人间，奖善罚恶；有的行医济世，救死扶伤，都干着点化凡人、引渡成仙的善行。

八仙的事迹，唐代就已有记载，元明两代的杂剧中讲得更多、更详细。只是八仙究竟是哪几位，历代说法不一。但"八仙过海"的故事大都一样。故事说，三月十五日蓬莱仙岛牡丹盛开，白云仙长宴请八仙和五圣共赏牡丹。归途中经过东海，八仙各自拿出法宝显示神通。不料龙王的儿子抢走蓝采和的玉板，并把他拉下海去。八仙大怒，与龙兵搏斗，大获全胜，吕洞宾还用火葫芦烧东海。最后佛祖如来出面，把他们都请到灵山，经过调解，才消了怨气，重归于好。

三星高照

人们常用"福如东海、寿比南山"祝愿长辈幸福长寿。道教创造了福、禄、寿三星形象，迎合了人们这一心愿，"三星高照"就成了一句吉利语。

三星也是许多民间绘画的题材，常见福星手拿一个"福"字，禄星捧着金元宝，寿星托着寿桃、拄着拐杖。另外还有一种象征画法，画上蝙蝠、梅花鹿、寿桃，用它们的谐音来表达福、禄、寿的含义。

福星根据人们的善行施增幸福。古人认为岁星（木星）照临，能降福于民，于是有了福星的称呼。但道教另有一种说法。唐代道州有侏儒，唐德宗觉得有趣，命令每年要进贡几名作宫奴，供他观赏玩乐。道州刺史阳城认为这不合人道，便冒着犯上的危险，要唐德宗废除这项进贡。道州百姓感念阳城的恩德，奉他为本州的福星，以后又成为道教的福星了。

禄星掌管人间的荣禄贵贱，他的来历不太清楚，因为禄有发财的意思，所以民间往往借了财神赵公明的形象来描绘他：头戴铁冠，黑脸长须，手执铁鞭，骑着一头老虎。在道教的三星群像里，他却是一位白面文官。

寿星又叫南极老人，古人认为南极星可以预兆国家寿命的长短，也可给人增寿，成了长寿的象征。寿星鹤发童颜，精神饱满，老而不衰，前额突出，慈祥可爱。早在东汉时候，民间就有祭祀寿星的活动，并且与敬老仪式结合在一起。祭拜时，要向七十岁上下的老人赠送拐杖。

道教的大神——关羽

关羽信仰兴于宋，盛于明。宋徽宗崇宁二年，山西解州盐城池有水妖为害，乃遣三十代天师张继先召将缚之，继先投符盐池中，妖遂除。徽宗问所召何将，继先乃召关公神于殿左。于是封关羽为崇宁真君，不久，又追封为忠惠公。大观二年，又加封为武安王，并建关王庙于解州。

明代神宗时，封关羽为"协天护国忠义帝"，万历四十二年，又被封为"三界伏魔大帝神威远镇天尊关圣帝君"，并将其庙崇为武庙，与孔子的文庙相称。

关羽信仰本与道教无甚关系，但关羽生为大将，死后率鬼卒，当属道士可以

召劾调遣的鬼神，因降魔有功，屡显灵异而得到帝王的信奉和百姓的供奉，于是成了道教的大神。

被道教徒崇奉的吕洞宾

吕洞宾是道教供奉的北五祖之一，号纯阳子，自称"四道人"。道教经书说他曾受钟离权"大道天遁剑法，龙虎金丹秘文"，修得神仙之道。他曾"三人岳阳人不识"，"黄鹤楼头留胜迹"。时而化为贫者，时而化为乞丐、道人或卖药老翁，到处扶贫救困。每逢贪官恶霸，便加以戏弄、嘲讽。所到之处"宝剑光辉，扫人间之妖怪，四生六道，有感必孚"。他两袖清风，积功行善，慈悲济苦，方便度人，专打抱人间之不平，深受百姓赞誉。他改剑术为断烦恼、断色欲、断贪嗔；改金丹与黄白之术为内功。以慈悲度世为成道路径，对北宋道教发展影响甚大，在道教和民间中影响十分深刻。所以道教非常崇奉吕洞宾，并尊其为"大悲大愿、大圣大慈开启教祖师"、"纯阳演正警化孚佑帝君、兴行妙道天尊"。

被道教徒崇奉的邱处机

邱处机，道教北七真之一，全真龙门派的创立者。号长春子。19岁在宁海昆仑山修道，曾入磻溪六年，龙门七载，隐显莫测，抱道无穷。他所到之处，无不施财舍药，普济众生。特别是公元1219年元太祖成吉思汗在雪山诏聘他，他不顾80高龄，不畏山高路远，毅然前往。一路上行功累德，除霸安良，给北方人民留下了深刻印象。终于在1222年4月到达雪山，见到了成吉思汗。元太祖问他治国与修身之道，他主"治国要以敬天爱民为本，修身要以清心寡欲为要"等一席话，深得元太祖信服。之后太祖命他"掌管天下所有出家人"。使得道教全真龙门派不断发展壮大。他还撰有诗词集《磻溪集》、《鸣道集》，还撰有《摄生消息论》、《太丹直指》等炼养术道书，对道教兴盛发展有卓越贡献。所以道教对邱祖特别崇奉和敬慕。

中国著名道观

白云观：位于北京西便门外，是全真道三大祖庭之一，邱处机住持、羽化地，号称全真天下第一丛林。中国道教协会所在地。

永乐宫：位于山西芮城县，全真道三大祖庭之一，相传原为吕洞宾诞生地。

重阳宫：位于陕西户县，全真道三大祖庭之一，原为王重阳埋藏"遗蜕"之地。

太清宫：位于河南鹿邑城东，相传为老子故里。

中国道教名山

泰山：五岳之东岳，位于山东泰安县，为道教的第二小洞天，其岳神为天齐王，现保存有碧霞祠、岱庙、玉皇宫、斗母宫等。

衡山：五岳之南岳，位于湖南衡山县，道教的第三小洞天，其岳神为司天王。宫观有黄庭观、上清宫、降真观等。

华山：五岳之西岳，位于陕西华阴县，历来为道教修炼之所，道教的第四小洞天，其岳神为金天王，现存道观有西岳庙、玉泉院、东道院、王母宫等。

恒山：五岳之北岳，原在河北曲阳县，后改定山西浑源县，道教的第五小洞天，其岳神为安天王。曾为茅山派祖师茅盈修道处。

嵩山：五岳之中岳，位于河南登封县，道教名胜有中岳庙、鬼谷宅、白鹤观、仙游门、崇福宫等。道教的第六小洞天，其岳神为中天王。

武当山：位于湖北丹江口市。为道教敬奉的"玄天真武大帝"的发源圣地，被尊为"仙山"、"道山"、"七十二福地"，还是武当拳术的发祥地。著名宫观有紫霄宫、太和宫、南岩宫、复真观等。

崂山：位于山东青岛市。自古被称为"神仙窟宅、海上名山第一"，有"九宫八观七十二庵"之称，著名的有太清宫、神清宫、遇真宫、华楼宫等。

龙虎山：位于江西鹰潭市。是道教正一派天师道祖庭，天师张道陵修道之所，被尊为"仙灵都会"，著名道观有天师府等。

青城山：位于四川都江堰市，是中国道教的发源地，天师道发源地，宫观有天师洞、上清宫、建福宫等。

丰都"鬼城"

丰都位于长江之滨、四川境内。这是一个充满神奇怪诞传说的地方。这里既有仙人王方平、阴长生修道成仙的平都福地，又有北阴鬼帝考罚恶人、罪人的鬼城地狱。仙境鬼域，浑然一体；巫道儒佛，杂糅混同，传闻离奇，胜似《聊斋》。进入明清以后，尤其以鬼城地府享益中外，在中国民间及海外华人社会有着巨大的影响。

然而，一座活生生的人间山城，怎样成为"鬼城"的呢？这与丰都的地方历史与道教、佛教的传播有关。

从考古学上证明，丰都自西周以来已成为巴蜀氐羌族人的政治、经济中心之一。所谓"鬼诚"，是指这里为氐羌（鬼族）族的聚居地，当初并没有什么神怪的意思。

随着东汉张道陵创立道教，便给丰都增添了神奇的色彩。传说张天师在青城山降伏烁罗鬼国，"五部之鬼自受祖师誓约之后，归心正道已久。故张元伯以忠信立雷府直符，赵公明以威直充玄坛大将，余皆为丰都丑狱之酋长，皆不复为妖也"。这样一来，原先盘锯在四川西部的鬼王鬼师，有的成为张天师的直系部属，如财神赵公明，有的成为丰都鬼国的官吏。

那么，坐镇丰都的鬼帝究竟是谁？据东晋葛洪《枕中书》所言，所来却是张衡。这位张衡为张道陵之子，被道教尊为第二代天师。至于丰都老资格的神仙王方平，也被委派以鬼官之职，纳入道统。葛洪《神仙传》已经让王方平主管天曹，"一日之中，与天上相反覆者十数过，地上五岳生死之事，皆先来告王君"，忙得不可开交。紧接着，南朝道书《上清天关三图经》则直封他为丰都"主烩官"，专职人的寿命长短。

后来，丰都的"鬼气"越来越浓，自唐宋道教丰教北帝派的兴起，即以丰都鬼帝为神，编组了一套丰都鬼神体系，而且援引佛教阎罗王之说，为丰都鬼帝配制了十大阎王。其后又经历代文人的渲染，人们凭着对"阴曹地府"的种种设想，按照人间政权机构的模式，在丰都名山修建了大量的庙宇，使鬼城地府更加具体化。这样，由宋至清历时千年，鬼城地府终于演变得非常形象和无所不包了，成为中国民间信仰中阴曹地狱的所在地。

说到这里，尚需进一步追溯"鬼"的由来。中国上古社会的鬼，实则指西南、西北地区的氐羌民族。《山海经》说有一个鬼国，其为人"纵目"三眼，吃"黍"为生。从族源上讲氐羌与鬼国有关，氐羌族所信奉的巫教即称"鬼教"。由于张道陵创教吸收了巴蜀氐羌的巫教，信徒中有大量的氐羌人，无怪乎许多文献都直称早期道教为"鬼道"，道中首领为"鬼吏"，道徒教众为"鬼卒"、"鬼兵"，其道法为"鬼法"。不过，这里所说的鬼，实际上是人。南朝《度人经》在说到丰都鬼帝及其部属时指出："惟此鬼神，实与人等，并皆胎生"，他们"还来人间，与人婚宦商贩生业，一与人间"。这些都说明了丰都鬼城的由来与演变，是与地方史与道教的传播有着密切的关联。

财神赵公明

提起财神，人们总是把他与财富的多寡及美满富足的生活联系起来。中国最大的传统节日春节的一项重要活动，即迎财神。这种对财神的崇奉，主要是人们希冀财神保佑自己发财，以满足人的需求。

在道教俗神中，尊奉赵公明为财神，有一段复杂的过程。赵公明的传说起源很早，本为道教中神。道教称其为上天皓庭霄度天慧觉昏梵炁所化生。姓赵名朗，字公明。《搜神记》中说，上帝差三将军督鬼下取人命，赵公明即其中之一。梁陶弘景《真诰》称之为土下冢中直气五方神，可见魏晋至南北朝时，赵公明在道教中是被作为冥神、瘟神一类出现的。所以隋唐以后，赵公明又被列为五瘟神之一。至明代，《列仙全传》称赵公明为八部鬼帅之一，周行人间，暴杀万民，作恶多端，于是太上老君派张天师布龙虎神兵，前往歼灭，经过数番斗法，魔高一尺，道高一丈，赵公明等八部鬼帅终被降服。

赵公明祛其邪气、鬼气、瘟气，开始作为财神，当始于元明间的《三教源流搜神大全》。称赵公明终南山人氏，与钟馗是老乡。自秦时避世山中，虔诚修道。汉代张道陵天师人鹤鸣山精修时，收之为徒。并使其骑黑虎，守护丹室。张天师炼丹功成，分丹使赵公明食之，遂能变化无穷，形似天师。张天师命其守玄坛（即道教之斋坛），因之被天帝封为"正一玄坛赵元帅"，故又称其为赵玄坛。描绘其形象为：头戴铁冠，手持铁鞭，面黑而多须，跨虎。这是后世供奉财神赵元帅的典型图像，并有"黑虎玄坛"之称。此时的赵公明，身为正一元帅，手下有八王猛将、六毒大神，还有五方雷神、五方猖兵、二十八将等，不仅"驱雷役电，唤雨呼风，除瘟剪疾，保病禳灾"，而且有赐财功能，"买卖求财，公能使之宜利和合。但有公平之事，可以对神祷，无不如意。"自此，赵公明司财，使人致富的神能深入人心，备受欢迎，而其瘟君、鬼帅的面目，日渐淡薄。于是，道教将其与灵官马元帅、关羽、温琼合为四大天将，在建醮祭典中常设四将神像；道士请神作法时，亦必请四将。而供赵公明财神像，皆顶盔披甲，着战袍，执鞭，黑面浓须，形象威猛。周围常画有聚宝盆、大元宝、宝珠、珊瑚之类，以加强财源辐辏之效果。

此外，近代民间奉财神中，又有文、武财神之说，说者以殷代忠臣比干为文财神，又以春秋时期足智多谋的越国大臣范蠡为文财神；武财神除赵公明外，又说勇猛无邪的关公大帝为武财神，因为关公在人们心目中属于那种全能的大英雄、大神明，特别加上赐财护财的财神功能，对他来说是很容易的事情。

房中术

所谓房中术是指古代方士、道士节欲、养生保气之术。《汉书·艺文志》录黄帝、容成等八家，谓"乐而有节，则和平寿考；及迷者弗顾，所生疾而陨性命"。事实证明，纵欲过度，不能永年。古代帝王因为荒淫无度，大多享年不长。《后汉书·方术列传》有冷寿光、甘始等倡导此术。张陵、张衡、张鲁之时的道教业已吸收，名之曰"男女合气之术"。东晋葛洪《抱朴子》曾论及房中术。《隋书》、《新唐书》、《旧唐书》等的艺文志、医方类中均著录其书，可惜宋以后失传，使后人无法知道其内容。

内 丹

内，指身体内部；丹，指小而圆的精神意识的产物。内丹修炼术是集道教各种养生术以及中医藏腑经络学说而成的重要功法。内丹术分为筑基、炼精化气、炼气化神、炼神还虚四个阶段。把人的身体比做"炉鼎",把人体内循环运行的经络比做内丹修炼的通道,在人为的精神意识的严格控制下,利用体内元气的推动力量,使精、气、神凝为"丹药"。丹药炼成后,可以从脑户出入,化为身外之身,永世长存。

三 清

道教用语。既指天神所居的三处胜境,即在清微天的玉清圣境,在禹余天的上清真境,在大赤天的太清仙境,合称三清境;又指分别居住在上述三清境的三位至高神,即元始天尊(也称玉清大帝)、灵宝天尊(也称太上大道君、上清大帝等)、道德天尊(也称太上老君、混元老君、降生大帝、太清大帝等)。

城 隍

道教所供奉的神祇,由《周礼》腊祭八神之一的水(即隍)庸(即城)演化而来。是幽冥世界中的府、县地方之神。

钟 馗

传说故事中的人物。相传唐玄宗曾于病时梦见一大鬼追一小鬼,大鬼戴帽,穿蓝衣,袒露一臂,裹双足,捉住了小鬼,"刳目而啖之"。大鬼自称名钟馗,生前曾应武举未中,死后决心要消灭天下妖孽。唐玄宗梦醒而病愈。于是命画工吴道子将梦中所见画成图像。其记载可见沈括《梦溪笔谈》。旧时民间风俗,在端午节悬挂钟馗像,据说能驱除邪祟。

陈 抟

五代宋初著名道教学者。自号扶摇子。他在五代的乱世中,20余年间寄情山水,长住华山云台观。曾习睡功"锁鼻术",能一睡3年,或"多百余日不起"。周世宗曾赐予他官职,他没有接受。北宋建立,他认为天下大定,欢喜得从驴子上摔了下来。后宋太宗给他很高礼遇,赐号"希夷先生"。在思想上,他继承汉代以来的象数学说,并把黄老清静无为思想、道教修炼方术和儒家修养、佛教禅观会归一流，对宋代理学有较大影响。

道教的世界影响

道教是中国土生土长的宗教，主要在中国的境内流传。但随着中外文化的交流和华人移居海外，道教也远播海外，在世界产生了一定的影响。据调查统计，国外道教活动场所及传道士的分布情况如下：北美洲设道坛或庙 54 座，有传道士 25000 人；南美洲设道坛或庙 85 座，有传道士 27000 人；欧洲设道坛或庙 98 座，有传道士 29000 人；非洲设道坛或庙 54 座，有传道士 3400 人；大洋洲设道坛或庙 130 座，有传道士 9500 人；亚洲除中国外，有道坛或庙 636 座，信徒 93140 人。道教在海外的流传以亚洲尤其是东亚、东南亚为最盛。

近年来，海外道教界与中国道教界之间进行了许多友好交流，这种交流在目前有进一步加强的趋势。

基督教信仰的造物主——上帝

上帝是基督教所崇拜的至高神。新教借用了中国古典文献《尚书·立政》中"尊上帝"一语，将 GOD 译为上帝。而天主教则援据《史记·封禅书》中"八神：一曰天主，祠天齐"这句话，将 GOD 译作天主。基督教认为，上帝是世界万物的创造主，并且主宰和管理着世界，还对人类进行赏善罚恶。

基督教的经典《圣经》

《圣经》是基督教经书的汇集，是基督各派宗教思想的核心和指南。它分《旧约》、《新约》两个部分。《旧约》又名《约书》，原是古代犹太教的经书，形成于公元前 6 世纪至前 2 世纪之间。

《圣经》说，上帝曾和洪水遗民挪亚及其子孙订有盟约，以后不再加害于他们。但挪亚后裔越来越多，上帝担心他们人多心齐，无法控制，便设法变乱他们的语言，分散他们的住处，使他们难于交流。随后只和"上帝的选民"以色列民族立约，称为"永远的约"，条件是要选民尊奉上帝。《约书》的名称就是这样来的。基督教承袭《约书》的说法，宣称耶稣降世之后，上帝和人又重新订了盟约，增编了《新约》。《新约》形成于公元 1 世纪末至 2 世纪上半叶。

《旧约》包括《律法书》、《先知书》、《圣录》三部，汇集了约公元前 1300 年至前 100 年的资料。其中有关于宇宙和人类起源的神话故事，有关于巴勒斯坦及其邻近民族的重要历史故事，有关于道德准则和宗教条规的记载，有政论作品和哲学论文，有宗教诗和爱情抒情诗，有民间流传的寓言、格言、谜语、比喻，还有一些生造的历史故事等。

《新约》包括《福音书》、《使徒行传》、《使徒书信》、《启示录》四部。主要内容叙述耶稣的生平、事迹和言论，记录早期教会情况和传教活动，一些门徒所写的书信，所作的启示式预言等。

《圣经》曾被封建统治阶级用来作为奴役人民的重要精神工具，但是，它又是一部不可多得的古代历史资料，一部未经详尽考订的原始百科全书，具有相当高的研究价值。除了宗教以外，它的范围包括人类知识的各个方面。其中有些章节，也反映了古代社会不平等和人们渴望自由思想的。西方许多诗歌、小说、音乐、绘画、雕塑中，以《圣经》人物和故事为题材的作品，多得不胜枚举。

"三位一体"论

按照基督教的教义，统一宇宙万物的只有一个神，叫做上帝或天主。但它宣称耶稣既是上帝，又是上帝的儿子，这就有了矛盾。于是又用"三位一体"的理论来解释。认为上帝只有一个，包括圣父、圣子、圣灵三个位格。圣父生圣子，圣父与圣子相爱，共同发出圣灵（神秘的精灵）。圣母玛利亚就是感受了圣灵，还未结婚就生下耶稣的。

基督教认为三位一体是奥秘的启示，不可能靠理性来领悟，只能靠信仰来接受。三位一体，好比一个三角形，三只角合在一起成为一个整体，拆散了就构不成图形。这一教义增加了神秘色彩，使信徒感到上帝会以各种形态出现在自己身边，从而增加对基督教的信仰。

基督教有许多赞美诗，表现对三位一体的歌颂。其中有一首的大意是：早在天地还没有形成，圣父的恩德就已显现了出来；他创造了宇宙和日月星辰，使它们的光芒照亮了人间。圣父的儿子叫基督耶稣，他代替人民赎罪而献出了肉体；教徒们永远跟随圣子前进，就会生命茂盛、世界光明。圣灵代表圣父、圣子的精神，它引导信徒寻求真理，爱慕善良；靠圣灵的启迪内心感动，弃暗投明会有无限的前程。

救赎论

救赎论是基督教的教义之一，即阐述基督是如何完成拯救人类的使命的。

东部教派及东正教认为，人所以得到救赎，在于信徒身上的人性和神性的神秘结合。上帝为救赎人类而派遣其子"道成肉身"，降世为人，并使信仰他的人通过一种神秘的力量，使人性被神性所吸收。"基督成为人，使我们能成为神"。

西部教派天主教及新教则认为，基督的救赎能促使上帝和人之间的关系发生变化。但各派又存在着客观救赎论和主观救赎论之分。客观救赎论中，还有赎金说，胜魔说和满足说。基督把自己的牺牲当作一种赎金交给魔鬼，从而将世人从魔鬼的管辖下释放出来——这是赎金说。基督借助复活战胜了魔鬼，使魔鬼无法再统治世人，也得不到赎金——这是胜魔说。上帝为维护其尊严，要对犯罪而冒犯了他的世人加以刑罚，而基督作为上帝的儿子以其无罪之身代人受死，由此满足了上帝主持"公义"的要求——这是满足说。而基督舍己赴死，在世人中起到了榜样作用，感动了世人，使世人改变了对上帝的态度，通过忏悔罪过归向上帝，达到了神、人的和解，则为主观救赎论。

圣诞节的来历

每年12月25日是基督教的著名节日——圣诞节。圣诞节是纪念耶稣基督诞生的日子。也称"主降生节"。

现在，人们把圣诞节定在12月25日，而实际上，耶稣到底生于哪年哪月哪日，《圣经》中却没有任何记载，历史学家迄今也未研究出来结果。按传统说法，耶稣诞生于公元元年，但据历史文献记载，耶稣生活在罗马帝国希禄大帝（希律王）在位时代，而希禄死于公元前4年，这样就可肯定耶稣必生于公元前4年之前。而非公元元年。至于生于哪一天，更无历史记载，因此在基督教产生后的最初300年中，各地教徒在不同日期纪念他的生日。直到公元354年（一说336年），罗马教皇莱伯里乌斯下令以12月25日为圣诞日，庆祝日期才统一起来。

今天，圣诞节已从基督徒的宗教节日发展为西方普遍的民间传统佳节，这一天，不仅全国放假，联合国也要休假一天。至于庆祝活动，并不限于这一天，多数人从"圣诞前夜"（平安夜）开始延续到1月6日主显节。也有的国家，如挪威从21日，瑞典从13日开始，最长的是墨西哥从12月6日—1月6日。

除此之外，基督教还有其他一些节日。复活节是为纪念耶稣被钉死在十字架上三天后复活，日期在每年春分后第一次月圆后的星期日，一般都在三四月间。而升天节、显现节、圣灵降临节已不为多数教会所重视。

教 堂

教堂一词源于希腊语，意为"主的居所"。是基督教举行宗教仪式的建筑物与专用场所。

在基督教流传的最初阶段，教会主要是利用犹太教会堂或信徒的家来举行宗教会和礼仪的。到4世纪初期，随着基督教的国教化，才出现了专门的教堂。最早的教堂大多由宫殿改建或仿照宫殿式样建造。以后，教堂建筑形式先后出现过罗马式、哥特式、文艺复兴式等，东正教和其他东方教会还有拜占庭式等几种类型。20世纪中期，一些新独立的国家也建起了具有民族特色的教堂。现在欧美国家摆脱传统教堂格局的束缚，采用现代建筑艺术，设计出许多新颖、别致的教堂。

弥 撒

弥撒是基督教为纪念耶稣牺牲而举行的宗教仪式。

据《新约》记载，在耶稣宣传基督教的第三年，他预感到自己将要被捕受刑而死，于是在纪念犹太教逾越节的晚上，便和门徒共进最后的晚餐。在晚餐上，耶稣将无酵饼和葡萄酒分给大家，并暗示说："这（指无酵饼）是我的身体，为你们而牺牲的"，"这（指葡萄酒）是我的血，要为你们和众人而倾流"。在耶稣死后，门徒们为了纪念他，便经常举行聚会来重温耶稣留下的遗训，并举行分饼等仪式。后来教徒们将这两种宗教活动发展成一整套的宗教祭献仪式。在神学上，是重演耶稣那种以牺牲自己为救赎人类而祭献的行为，由此成了基督教会生活的中心内容。

弥撒在教会中，只能由神父和主教主持。而且东西派教会在做弥撒的具体形式上，也存在着区别。现在世界上大多数教会都用本民族语言和特色来举行弥撒仪式。而新教则大多仅仅保留圣餐礼，以示纪念。

基督教的主要礼仪、习俗

洗礼：基督教的入教仪式；行礼时，主礼者口诵规定礼文，给受洗人注水于额上或头上。也有将受洗人全身浸入水中的，称"浸礼"。

礼拜：基督教新教的主要宗教活动。该教认为耶稣是在星期日复活的，所以在该日举行礼拜。一般包括祈祷、读经、唱诗、讲道等内容。

祈祷：基督教特指向上帝（天主）和耶稣基督呼求、感谢、赞美等。祈祷方式分为：不出声"默祷"和出声"口祷"；个人单独进行的"私祷"和集体进行的"公祷"等。在新教内，举行出声的公祷时，一般有一位领祷人（常为牧师）主领祈祷，祷毕由全体参加者同声说"阿门"（"但愿如此"之意）。

圣餐：基督教主要仪式之一。天主教称圣体圣事，对其礼仪则称弥撒；东正教称圣体血；新教则称圣餐。据《新约全书》记载，耶稣受难前夕与门徒晚餐时，手持面饼和葡萄酒祝祷后分给门徒们吃，并称其为自己的身体和血，是为众人免罪而舍弃和流出的。该教根据这个故事，规定在举行"圣餐"时分食少量的饼和酒，作为纪念耶稣的仪式。

祝福：基督教在聚会、礼拜或弥撒结束前，由主礼人祈求上帝（天主）赐福给参加者所举行的简短仪式。新教多由牧师作一简短的随口祷告为大家求福。天主教、正教皆由神父宣读规定的祝福词。神职人员平时亦可为个人或某特定对象祝福。

婚配：指教徒在教堂由神父主礼，经教会规定之礼仪正式结为夫妻。仪式主要内容为：由神父询问男女双方是否同意结为夫妻；在双方肯定回答之后，主礼人诵念规定的祈祷经文，并对结婚双方祝福。

终傅：天主教和东正教"圣事"的一种。意为终极（指临终时）敷擦"圣油"。在教徒年迈或病危时，由神父用经过主教祝圣的橄榄油，敷擦病人的耳、目、口、鼻和手足，并诵念一段祈祷经文，认为借此赋恩宠于受敷者，减轻他精神上和肉体上的痛苦，赦免其罪过。

教名：在欧美各国，长期以来盛行基督教。婴儿出生以后，必须由父母抱到教堂接受洗礼，同时由牧师或神父予以命名，这种由牧师或神父取定的名字，就称为教名。教名与由父母给孩子取的名字是两回事，教名一般不在日常生活中使用。

教名经常采用基督教的天使、使徒和圣人的名字，例如约翰、彼得、保罗、约瑟、雅各等等。犹大也属教名，他原是耶稣的十二门徒之一，由于是他出卖了耶稣，西方人常用犹大当作叛徒的代称，在教名中自然没有用犹大来命名的了。在英语世界里，最普通的教名是约翰，最常用的是史密斯。

十字架

十字架是基督教的标志。教堂的尖顶竖着十字架，神甫的手里拿着十字架，许多教徒的脖子上挂着十字架，作祷告时也不停地在胸前划着十字……凡有基督教的地方，就必定有十字架。

十字架原是古罗马帝国残酷的杀人工具。按照拉丁文原意，十字架是叉子的意思。它用两根木料交叉而成，就像汉文的"十"字。古罗马要处死奴隶、革命者或没有公民权的外乡人，就把受刑者的双手平伸钉在横木上，双脚并叠钉在直木的下端，然后将木架竖起来，让受刑者活活地流尽鲜血，痛苦死去。当时罗马统治者用苛捐杂税来盘剥人民，人民处在水深火热之中，不断地举行武装起义：公元前73年到71年爆发斯巴达克奴隶大起义，失败后，六千多奴隶被钉死在罗马城大道的十字架上，十字架密如森林。公元66到70年爆发在巴勒斯坦全境的犹太人大起义，失败后，耶路撒冷尸横遍野，十字架上钉满了死人。因此，最早的十字架是血的凝聚，泪的控诉。

传说耶稣被处死的时候，也是钉在十字架上的。耶稣死后，他所创立的犹太教拿撒勒派信徒们，就拿十字架做了自己教派的信仰标志。这时的十字架，既是为了纪念耶稣，又是对当时统治者无言的声讨。后来，十字架的象征意义发生了根本的变化，成了圣洁的信物，福音的象征，被教徒们称为"十字架的福音"，就像佛教的念佛珠差不多了。划十字礼，则表示信仰、祈祷、献身或祝福。教徒在祈祷时还同时口念"阿门"，表示"真诚"的意思。

十字架作为徽号，式样很多。一般有四种类型，即希腊式的十字架，它是四臂等长的；拉丁式十字架，直杆的下端长于其他三臂；三出十字架，呈"T"形；斜置十字架，呈"X"形。划十字礼作为手式，也有大十字、小十字两种，前者上下从额头一直划到胸部，左右各划到肩头；后者则仅划在头部或胸部。

原罪说

《圣经·旧约全书》一开头就讲了上帝创造世界的故事，其中也有一段人类始祖亚当和夏娃不顾神的告诫，偷吃禁果，被逐出伊甸园的故事。《圣经》通过这个故事宣称：人类由于他们的始祖犯了"原罪"，这种罪孽要世世代代留传下去，后代人们即使刚出生的婴儿也是有罪的。

基督教的原罪说，是要让人们相信，世上一切苦难不是别人造成的，都是因为自己的老祖宗一开始就种下罪果，因此靠人类自己是无法摆脱的，只能依靠全能的救世主——上帝。基督教又宣称，仁慈的上帝已经派出他的独生子耶稣来拯救人类，耶稣的死是为人类赎罪。所以只有相信耶稣，才能赎回原罪，信教是永远得救的根源。原罪说是基督教的基本教义之一，也是吸收信徒的一个重要理论。

"世界末日"与"天国福音"

基督教宣布世界是上帝创造的，有朝一日世界也要终结。人们面临"世界末日"，耶稣会给你指明"天国福音"。

它宣扬"世界末日"到来时，所有的人都要接受上帝的最后审判。上帝是全知全能的，他对每个人的表现，了如指掌。如果虔诚地信仰上帝，遵守教规，时时做好事的，等于"救赎"了自己的罪恶，上帝就把他请到天堂去。在那里，黄金铺地，宝石盖屋，可以让人眼看佳景，口尝美味，耳听音乐，享受不尽幸福和欢乐。如果没有"救赎"，就会被发落到地狱里去。那里是一个无底深渊，到处有狂火烧人，蛇蝎咬人，让人在肉体和精神上受到无休止的摧残。魔鬼在这一天也会被扔到硫磺火湖中去。

历史上，曾有不少神学家宣布过某年某月某日就是"世界末日"，那一天或者是发生地震，地球大爆炸，或者是别的星球与地球相撞，整个世界会被撞成无数个碎片，或者发生世界核大战等等。但预言的日期一个个过去了，"世界末日"并没有出现。

按照基督教的说法，人类因始祖亚当、夏娃偷吃禁果而有了"原罪"，在现世中又会时时受到魔鬼的诱惑，又要胆战心惊地等待"世界末日"的来临，人的生活还有什么指望和乐趣！因此，它又向人们宣布了"福音"。《圣经》告诉人们；有八种人可以得到上帝的恩宠，获得幸福，称为"真福八端"。即：虔心的人必有天国；哀痛的人必得安慰；温柔的人必承受土地；慕义的人必得饱食；怜恤的人必蒙怜恤；清心的人必得见上帝；使人和睦的人被称为上帝的儿子；为义被逼迫的人有天国。这就是所谓的"天国福音"。

清教徒

清教徒，英文 Puritans 的意译，指英国加尔文派信徒。英国宗教改革中所建立的英国国教会，不再从属于罗马教皇，而以英王为教会的首领，但保留了天主教的主教制、重要教义和仪式。因此，国教会成为封建专制王权的重要工具。16世纪后半叶，随着激进的加尔文教在英国的传播，资产阶级和新贵族对国教会日益不满。16世纪60年代，清教开始作为国教内部的一个派别而出现，主张依照加尔文教"纯洁"国教会，清除国教会中的天主教影响，如废除主教制和圣像崇拜，减少宗教节日，反对贵族的骄奢淫逸，提倡"勤俭清洁"的生活等。"清教徒"即由此得名。16世纪70、80年代，清教徒人数激增，并脱离国教会，建立了独立的宗教组织。其内部事务由选举产生的长老管理。都铎王朝对清教徒大加迫害，迫使后来许多教徒移居北美与荷兰。16世纪末，清教徒分为两派，较为温和的称长老派，代表大资产阶级和新贵族上层的利益；较为激进的称独立派，代表中小资产阶级和中小新贵族的利益。清教徒所开展的活动，称为清教运动。英国资产阶级革命中的领导人，几乎都是清教徒。

宗教改革

指16世纪欧洲基督教国家的宗教改革运动，由此产生脱离天主教教会的新教教会。宗教改革首先在德国爆发。教士马丁·路德提出反对教会销售旨在搜刮民财的赎罪券的《九十五条论纲》，后又公开烧毁教皇通谕，并全面阐述其改革思想，创立了路德新教。宗教改革运动席卷西欧，瑞士、英国和法国相继爆发改革，其中加尔文及其教派在日内瓦建立了共和国，加尔文教成为西欧资产阶级反封建的理论武器。宗教改革动摇了天主教会的神权统治，改变了政教合一的局面，对人本主义的发展也起到了推动作用。

清教徒运动

16世纪中叶，英格兰国教会内部以实现加尔文主义为目标的改革运动。清教徒运动主张清除国教会内的旧制和繁冗仪节，提倡"勤俭清洁"的简朴生活。

它在社会生活的各个方面都对英语世界产生了深远影响，清教徒精神成为一种特定的生活方式。

梵蒂冈城国

罗马教廷所在地，简称梵蒂冈，位于意大利罗马西北部梵蒂冈高地，由中世纪所筑围墙构成边界，面积约 0.44 平方公里，是以教皇为君主，政教合一的独立主权国家。其公民约有一千人，均为在教廷工作的教士和修士。

教 会

一般指由信奉基督的教徒组成的集体，他们在一起参加崇拜聚会和礼仪。

教 皇

天主教会的最高元首。享有最高立法权、行政权、司法权，并有权就教义和伦理问题发布权威声明，制定或废止教会法规，创立教区，任命主教，管理传教事务等。教皇当选后即终身任职，但无权指定继位人。他有权指定人员组成教廷协助行使职权。教皇有超越国家管理教会的权力，但此种权力现已逐渐衰微。中国天主教会即摆脱了其政治干预。

主 教

《新约全书》中指对一定地区教会进行监督管理的人。在教会中传称为使徒的继位人。通常是一个教区的主管人。

异 端

基督教指一切违背正统信仰的言论、行为甚至思想。中世纪的宗教裁判所对其所认定的"异端"分子进行残酷迫害。

忏 悔

据传是耶稣为"赦免"信徒在领洗后对上帝所犯诸罪,使信徒重新获得上帝恩宠而亲自订立的。在忏悔(告解)时,教徒要向神甫或主教告之对上帝所犯的罪过,并表示忏悔;神甫或主教对教徒所告诸罪应指定补赎方法,并为其保密。

阿 门

希伯来文"真诚"之意。最早见于《旧约·民数记》,后来在《旧约》中多次使用,表示"诚心所愿"、"但愿如此"、"同意"等。因此,古犹太教在读经、讲经结束时,信众齐声说:"阿门"。基督教沿用了这个词作为宗教仪式的结束语,比如在祈祷时即用"阿门"作结束。

教 父

(1)古代基督教著述家的泛称,意为"教会父老",他们的著作大都对后世基督教义和神学有较深影响。(2)指基督教新入教者接受洗礼仪式的监护人。男称"教父",女称"教母"。一般由教会内虔诚而有名望的教徒担任。婴儿受洗时,他们代替受洗的教子(女)申明信仰。当教子(女)的父母没能尽到对儿童进行宗教教育责任的情况下,教父(母)有代行这项职责的义务。

修道院

是根据教会规定而供修道士们共同居住和活动的场所。拥有修道院的不是全体基督教徒,而只是他们中的一部分。欧洲的基督教修道院出现于封建时代。修道院神职人员有高低之分。高级神职人员大多出身于贵族家庭,掌握修道院的大权。各大修道院一般不但占有大量土地,而且设有学校。

复活节

是基督教纪念耶稣复活的重要节日。《新约全书》中说,在受难后的第三天,耶稣复活了，来到门徒们中间，告诉他们要相信基督的受难和复活，要他们去传"悔改赦罪"的福音，"使万民做我的门徒"。据此，教会规定，每年春分后第一次月圆后的第一个星期日为复活节，因此复活节的具体日期每年各不相同。西方国家的人们在这一天盛行互赠"复活节彩蛋"，因为鸡蛋象征着生命。

狂欢节

原欧洲民间节日。亦称"谢肉节"。因为教会规定，复活节前的 40 天为斋戒期，在此期间禁止肉食和娱乐，于是人们就乘斋戒期未开始之前举行各种欢宴跳舞，尽情作乐，并举行盛大的游行等。但此节日并不限于欧洲，拉美等其他信奉基督教的地区也十分盛行。如巴西的狂欢节就是世界上规模最大的狂欢节。

礼 拜

是新教的主要崇拜活动，内容包括祈祷、读经、唱诗、布道等。一般是星期日在教堂内举行，由牧师主礼，没有教堂的地方可在教徒家中进行；没有圣职人员的地方，也可推举一位教徒主领。

犹 大

《新约》中记载的耶稣的十二门徒之一。他为了 30 块银币，向罗马巡抚本丢·彼拉多出卖了耶稣。他与前来捉拿耶稣的罗马士兵约定，被他当众亲吻的就是耶稣。耶稣受难后，犹大负咎上吊而死。在西方，"犹大"成为了叛徒的代名词，而"犹大之吻"则指那些貌似亲切，实际暗藏阴谋的行为。

第一个神学家

保罗原名扫罗，他既是《圣经·新约》中的人物，又是基督教早期教会的创始人之一。

据《使徒行传》载，保罗出生于小亚细亚大数城，属于以色列族便雅悯支派的后代，早年时期曾在耶路撒冷读经习典，成为一个虔诚的犹太教徒和法利赛人。保罗和当时许多犹太人一样，对刚产生的基督教抱有敌意，他曾参加过迫害基督教徒的行动。在一次去大马士革搜捕基督教徒的途中，保罗忽然看见天空中有奇光,并听到耶稣在光中向他说话,嘱咐他停止所干的迫害行动。随后保罗双眼失明,三天不吃不喝静思冥想。第四天保罗重见光明后,转而信奉基督教,受了洗。从此保罗不顾犹太人的反对,在大马士革宣扬耶稣基督。

一开始,保罗的传教十分艰难。一方面他得躲避犹太人的杀害,另一方面他必须让受他迫害过的基督教徒重新认识他和信任他。他曾三次远途传教,不畏艰辛劳苦,足迹遍及小亚细亚、马其顿、希腊及地中海东部各岛,成了基督教第一个去外邦宣传基督福音的使徒。在犹太教徒眼中,保罗是一个叛教者,他们从未放弃对他的迫害。保罗曾被犹太当局捕捉关押,但在狱中他仍未停止工作,不断给教会给个人写信。出狱后,他又到各地传教,最后被残酷迫害基督教的罗马皇帝尼禄处死。

保罗在外传教期间,给各地教会写了许多书信,具体地解答了他们提出的各种问题,并通报了各地初期教会发展的情况。保罗的所有书信不仅是《新约》的重要组成部分,也是基督教教义、教规、神学的重要依据,是研究早期基督教思想史的重要文献。

保罗在演讲和书信中所表现出的思想大致可分三个方面。第一是基督论。为了让更多的外邦人信奉基督,保罗对耶稣的事迹进行了理论性的概括。在他的讲道书信中,基督形象占有至高的地位。正是因为保罗,"基督"不只是一种称号,而成为真正的名字,信徒与基督溶为一体。第二是因信称义。所谓因信称义,是指信仰是人能得到救赎的能与上帝交往的必要条件。保罗宣传要靠上帝的恩惠,信奉基督,才能洗涤自身的罪恶,而赦罪得救。他的这个核心思想与犹太教传统的恪守律法而称义的思想是针锋相对的。第三是期望、等待、行善。保罗深信世界末日即将来临,他热切地期望和等待着在那一天里与主耶稣相会并永远与主同在。因此,他号召基督教徒在末日到来之前,应多行善事,要顺从上帝。另外,保罗是犹太人,从小深受犹太文化的影响,因此,保罗的思想中还具有许多犹太文化的特征。他坚信《旧约》是上帝启示的,犹太人是上帝拣选的子民,《旧约》中的摩西五经是上帝所晓谕的律法。尽管保罗后来认为基督徒不必拘守这些律法,但他确信,犹太人的历史延续在基督的一生中。

保罗的思想对基督教产生了深远巨大的影响。他是基督教当之无愧的第一位神学家。

基督教在中国的传播

基督教最早传入中国,是在唐太宗在位时期。公元635年,叙利亚人阿罗本经波斯(今伊朗)到我国长安(今西安),进行传教译经,受到了唐太宗的礼遇。三年后,建立教寺,称波斯寺,后又称大秦寺。随后又逐步向全国各地发展。公元781年还立了"大秦景教流行中国碑",景教是我国对基督教的称呼。这块高2.36米、宽1.86米、厚0.25米的石碑,现藏于西安陕西省博物馆中。碑文计汉文 1780 字，并有古叙利亚文的题名，对基督教传入我国的活动作了具体的记载。

"景教"在我国传播了 210 年以后，在唐武宗灭佛时受到牵连，教士 2000 余人被逐。此后基督教在中原地区趋于绝迹，但在契丹、蒙古等地继续流行。直到 13 世纪，随着蒙古军西征，很多基督教徒被编进蒙古军中，不少蒙古官吏、士兵也信奉了基督教。元朝与罗马教廷还有信使往来。

随着元朝的灭亡，基督教在我国又一次隐退。直到 16 世纪初，葡萄牙教士开始来我国传教。16 世纪中叶，葡萄牙殖民者强占我国澳门以后，教士又随着进入澳门。公元 1582 年，著名的意大利传教士利玛窦来到我国，先后从广州肇庆到达北京。他先以"西天竺僧"名义申请来华，后又以儒生面目出现，重点活动于士大夫当中。利玛窦等人用数学、天文、历法、地理等知识开拓人们的眼界，传播教义。明朝礼部尚书、著名科学家徐光启就是经利玛窦启发入教，并成了天主教传播的支持者的。到清康熙年间，全国已有 28 个城市建立天主教堂，教徒达 11 万人。

鸦片战争以前，帝国主义就不断派遣传教士来我国，他们中一些人披着宗教外衣，刺探情报。鸦片战争以后，腐败的清王朝与帝国主义签订了许多丧权辱国的不平等条约。在这些条约保护下，大批传教士进入我国。有一些传教士胡作非为，引起我国人民的不满，发生了一系列反对外国传教士的事件。

图文珍藏版

世界百科全书

张明林 编

第二卷

辽海出版社

教育体育

教 育

教育的起源

劳动起源说的代表人物有前苏联教育家米丁斯基和凯洛夫等。关于教育的起源，教育史上主要有以下几种说法：

第一种是生物起源说，该学说认为，人的教育活动来源于人的本能。大自然的动物界为了生存和繁衍，把生存的"经验"和"技术"传递给小动物，这便是教育的最初表现形式。人类社会的教育活动也是继承了动物界的教育形式，只不过在方法和形式上有所创新。因此，教育从根本上来说就是一种生物现象。生物起源学说的代表人物有法国社会学家利托尔诺和英国教育家沛西·能等。

第二种是心理起源说，该学说认为，人的教育活动起源于儿童对成年人行为的无意识模仿。这种学说从心理学的观点出发，根据原始社会没有学校、教师和教材，但是年幼的孩童依然可以获得生产技术和劳动经验这一事实，推断出教育应该起源于人们长期相处时的模仿，尤其是儿童对成年人的模仿，而且这种模仿是在无意识的情况下进行的。心理起源说的代表人物有美国教育家孟禄等。

第三种是劳动起源说，该学说认为，教育起源于人类的生产劳动。这种学说借用了恩格斯在《劳动在从猿到人的转变过程中的作用》的观点，指出教育在人类社会产生之初起就已经诞生了。一方面，教育起源于人类社会传递生产和生活经验的实际需要；另一方面，教育也起源于人类自身发展的需要。简而言之，教育就是人类社会发展需要和人的自身发展需要的和谐统一。

世界首个学生守则《弟子职》

《管子》卷十九《弟子职》，不仅是中国古代教育史上的第一个学生守则，还是世界上最早的校规学则。

《弟子职》作为学生应该遵守的规则，详细地陈述了学生起居、授课、用膳、洒扫、执炬、就寝、夜读等方面的基本要求和行为规范。清代洪亮吉认为《弟子

职》"乃古塾师相传以教弟子者",清代庄述祖也认为它是"古者家塾教弟子之法"。《弟子职》对后世教育教学的深远影响,由此可见一斑。

《弟子职》要求学生在道德修养上"温柔孝悌,毋教恃力,志毋虚邪,行必正直"。在它看来,学生是否具备良好的道德品质无疑是其学业发展和整个学校学风形成的关键。因此,《弟子职》总则中重点阐述了学生如何提高自身的道德品质,并指出这是求学的准则。另外,书中还论述了学生在课堂管理、待人接物、洒扫应对、饮食起居等方面应该怎样做到懂规矩、知礼节。这些分门别类的规定围绕总则进行阐述,目的就是提高学生的综合素质。

因材施教

因材施教是一项重要的教育原则和教学方法。

因材施教,语出《论语·为政》。从字面的含义理解就是,教师应当根据学生的实际情况和个性差别等进行有区别的教学,从而使每个学生都能获得相应的成长和发展。根据这种原则和方法,教师应该为学生提供具有针对性的教学方式。不仅如此,教师还应积极把握不同学生的学习风格,引导他们加强对自己的学习风格的认识,从而使其主动采取相应的学习策略,做到自主学习。

孔子在长期的教育实践中,很好地运用了这一教学原则,堪称因材施教的典范。例如,有一次课余时间,子路和冉有就相同的问题向孔子讨教,但孔子却给出了不同的答复。身旁有个学生见状十分不解,孔子便解释说子路和冉有的性格大为不同,所以要根据他们每个人的个性差异作出相应的教导。

有教无类

有教无类的意思就是说，不管贫富、贵贱、善恶、美丑，人人都可以接受一定的教育。

有教无类是中国古代大教育家孔子针对当时的教育现象提出的教育思想，语出《论语·卫灵公》。

中国在进入春秋时期之前，由于社会生产力极其落后，贫苦人家的子弟根本没有机会接受教育。当时整个社会的物质和精神财富都集中在少数奴隶主或达官贵人手中，这导致教育领域中出现了"学在官府"的现象。

到了孔子生活的春秋时期，周王朝日渐衰落，社会文化教育逐步下移，出现了"天子失官，学在四夷"的现象。同时，地方政治势力的发展和经济的繁荣，导致了一种新型的群体——士阶层的出现。这些无疑为私人办学创造了良好的条件。孔子正是从这时开始大力创办私学，希望通过教育培养人才，实现自己的政治理想。在确定教育对象的问题上，孔子一改以往的学术官守，认为任何人不分贵族与平民，不分民族和种姓，只要有学习的意愿，都可以入学接受适当的教育，这便是"有教无类"。

全世界第一所大学——稷下学宫

"稷下"就是指齐国都城临淄的稷门,为了巩固政治统治,齐国曾有几代国君在稷门创办学府,后来人们便称其为"稷下学宫"。

稷下学宫,又称稷下之学,是中国战国时期由田齐创办的高等学府。

稷下学宫在其鼎盛的时期曾云集了诸子百家的各个学派,包括儒、道、法、名、兵、农、阴阳等家,更有著名的学者先后到此设坛讲学,如孟子、邹衍、田骈、申不害、季真、尹文、荀子等。尤其是荀子,先后三次担任学宫的"祭酒",管理整个学宫的事务。

稷下学宫实行"不任职而论国事""不治而议论""无官守,无言责"的方针。凡是来到稷下学宫的学者,不论学术派别、思想观点、政治倾向以及国家民族、年龄资历等,都可以自由发表自己的言论和见解。另外,学者们还经常就国家政事问题进行辩论和诘难,相互影响,相互吸收,形成了"百家争鸣"的学术局面。可以说,稷下学宫是一座集政治咨询、实施教育和交流学术等多项功能为一体的高等学府。

中国私学的出现

中国古代的私学,是与官学相对而言的。

私学,又称私立学校,是以私人或私人团体的身份主持、管理的教育机构。在中国古代的教育中,私学占有十分重要的地位。关于私学的产生,可以追溯到春秋时期。当时各家学派纷纷开坛讲学,其中孔子创办的私学在规模和影响力方面都是最大的。

私学的产生与发展有着深刻的经济、政治和文化原因。经济上,当时铁器已被应用于生产劳动,社会生产力得到巨大提升,为更多的人从事精神生产提供了坚实的物质基础。政治上,由于奴隶社会的解体,原先的分封制已不能再适应新型的生产关系,郡县制成了能与之适应的新型社会制度,这就需要有一大批有文化、有道德的人投入社会管理。另外,彼时大大小小的诸侯国之间常年征战,为了称雄争霸,各诸侯也都竞相养士用士。文化上,随着官学的日益衰败,许多文化官吏为了谋生,纷纷走出宫廷,带着大量典籍流散到各地。原先的"学在官府"逐步变为"学在四夷"。在这种情况下,新兴的知识分子群体士阶层应运而生,为私学的产生提供了最基本、最直接的先决条件。

中国的科举制度

随着科举制度的演变,各个朝代的科举考试科目也各不相同。

科举制度是指中国历代封建王朝通过科举考试的形式选拔人才的一种制度。关于科举制度的产生,可以追溯到隋朝。隋朝以前,国家的官员一般采用九品中正制,直接从豪门贵族子弟中选拔。许多具有真才实学的人,由于出身卑微,根本没办法步入仕途。为了改变这种流弊,更好地招贤纳士,隋文帝决定采用分科考试的办法选拔人才。后来,隋炀帝直接设立了进士科,量才录用,这标志着中国古代科举制度的产生。在经过唐、宋、元等朝代的发展和完善以后,科举制度在明朝已经形成了一套完备的制度体系,总共分为四个级别:院试、乡试、会试和殿试。

隋文帝统治时期,科举仅有策问一科。到了隋炀帝统治时期,科举增加到十科。唐朝年间,科举考试的科目最多,设有明经、进士、明法、明字、明算诸科。明朝时，科举考试仅仅设立进士一科。清朝除了沿袭明朝的科举制度外，还设立了特制，如博学鸿词科、翻译科等。

另外，科举考试的形式也随着朝代的更替不断变化。唐朝时的科举考试主要有墨义、口试、贴经、策问、诗赋等形式，宋朝则主要是经义、策问和诗赋等，到了明朝，只剩下了经义一种形式。明朝的经义以"四书"文句为题，文章格式统一为八股文，而且解释必须以朱熹所著的《四书集注》为依据。

考卷弥封制度的由来

考卷弥封是指试卷上书写姓名的地方折叠起来或者用额外的纸张糊起来，以防止考生营私舞弊的一种方法。

关于考卷弥封制度的起源，可以追溯到宋朝时期。在宋朝之前的科举考试中，因为试卷前面写有考生的姓名、籍贯等内容，豪门贵族的子弟便可以通过自身拥有的特权或社会关系拉拢考官，从而在评选试卷时作弊。

宋太宗淳化三年（公元 992 年），为了端正考风考纪，初次实行了"糊名考校法"。这种方法将考生试卷上的姓名、籍贯等内容封糊上，试卷经过评选，决定录取后再行拆封，核实姓名和籍贯等。通过实行这种方法，科举考试中的营私舞弊现象大为减少。1033 年，宋仁宗"诏诸州，自今考试举人，并封弥卷首"。

从此，考卷弥封制度就被广泛实行于各种级别的科举考试中。

中国古代的胎教

古代的胎教特别重视父母的言行，从受孕开始，让胎儿在最纯洁的状态下受到潜移默化的影响。

说起胎教，中国古代就已经有了这方面的理论。具体说来，胎教包括以下几个方面：

谨寝室，即节制甚至戒绝夫妻的性生活。古人认为，怀孕期间的性生活对于胎儿的发育和健康都是不好的。而且如果想培养出品行高尚的后代，就更加需要做到这一点。

戒淫声，即不要听淫乱不堪的声音和噪声。古人认为，戒淫声有助于胎儿形成温和的性情。

杜邪色，即不要看异常的事物或者参与恶劣的活动。比如，古人坚决不要孕妇观看奇丑之物，更不能参与打架斗殴、互相谩骂等不雅行为。与之相反，孕妇要经常观看美好的事物形象来影响胎儿的发育。

正言行，即一言一行都要留心注意，符合常规礼仪。古人认为，孕妇"割不正不食、席不正不佳、弹琴瑟调心神、和性情、节嗜欲、庶事清净"，所生之子才会"贤明、端正、寿考"。

此外，中国古代的医圣孙思邈也研究过胎教，并总结了六项胎教原则：谨慎起居、调节饮食、调理情志、慎对寒温、节制房事、戒酒避毒。

柳馨远的实学主张

后人将柳馨远尊奉为朝鲜李朝实学派的创始人。

柳馨远，字德夫，号磻溪，是朝鲜李朝的哲学家，实学派的创始人。柳馨远一生致力于从事学术研究和社会改革活动，著述颇丰，但流传下来的并不多，现仅存有《磻溪随录》26卷。

柳馨远反对儒家学者"空理空谈"，认为必须经过"学、问、思、辨"才能达到"穷理"，即认识到事物的客观规律。在他看来，凡是不能被经验和事实证明的东西，都是不值得信任的。因此，他特别主张"笃行之事"，认为万事万物

的规律只有经过人们的直接经验或依靠明白无误的研究才能获得。从这一哲学观点出发，柳馨远提倡知识分子应该研究对实际生活有用的学问，抛弃那些对人民日常生活没有任何益处的"空谈"。

苏格拉底的"产婆术"

在西方教育史上，苏格拉底的"产婆术"是最早的启发式教育。

"产婆术"即苏格拉底法，是先哲苏格拉底创立的一种教学方法。这种教学方法采用师生问答的形式，主要包括讽刺、"助产"、归纳和定义等步骤。

讽刺是指在教学的过程中，教师通过提问和讨论的方式，逐步揭露出学生认知中存在的矛盾，以此来代替直接将正确的知识和思想告诉学生。

"助产"是指在揭露学生认知矛盾的基础上，进一步启发、引导学生，使学生通过自己的思考得出正确的结论。

归纳和定义，是指引导学生得出正确的结论后，再由个别推向一般，由具体导向普遍，从而使学生掌握明确的定义和概念。

这种教学方法被苏格拉底称为"产婆术"。苏格拉底通过这个比喻，意在表明自己是为思想"接生"的"产婆"。

古罗马著名教育家昆体良

昆体良认为,教育应该激发儿童的兴趣。他反对当时罗马盛行的体罚,要求教师对儿童实行激励教育。

昆体良是古罗马时期的教育家、律师,同时也是皇家委任的第一个修辞学教授。他出生于西班牙北部。幼年时代,昆体良跟随父亲来到罗马求学。在那里,他接受了雄辩术的教育。后来,昆体良回到西班牙担任教师。公元68年,应罗马皇室的邀请,昆体良来到罗马担任修辞学教授。通过总结教学经验即自身取得的成就,昆体良写成了《雄辩术原理》一书,成为了古代西方第一部系统论述教学方法的专著。

在《雄辩术原理》中,昆体良详尽阐述了教育教学方法等理论。按照昆体良的教育思想,罗马教育应该以培养雄辩家为主要目的。他认为,一个理想的雄辩家首先必须是一个道德高尚的人。在他看来,儿童身上具有无限潜能。一个人的天赋固然很重要,但后天的教育才是一个人成长发展的关键。另外,昆体良还认为,作为一名优秀的雄辩家,必须具备渊博的学识,因此他特别重视文法教育。这里所说的"文法"就是音乐、作文、诗歌、数学等。

在教学过程中,昆体良非常看重对学生记忆能力的培养。他曾说过:"对一个雄辩家来说,记忆力是头等重要的,它可以通过练习得到加强和发展。"他要求孩子在入学之前就要背诵一些优美的诗篇。孩子入学之后,教师更要想法设法锻炼他们,让他们的记忆力进一步增强。

为了培养优秀的雄辩家,昆体良设置了两个教育阶段:

第一阶段是家庭教育。昆体良认为,幼儿教育是雄辩家教育的基础。这个时期可以从德行和知识两个方面对幼儿进行教育。需要注意的是,由于幼儿教育是在家庭中进行的,父母、保姆和家庭教师都是幼儿的教育者,他们的一言一行都会影响到幼儿的成长。因此,教育者必须是道德高尚、言行端正的人。

第二阶段是学校教育。昆体良认为，学校教育更适合儿童的成长。他反对传统的聘请家庭教师的做法，主张应该让儿童尽早进入学校。在他看来，学校里的学生人数众多且集中，这样的集体生活有利于儿童相互竞争，尽早培养他们的社会意识。此外，学校教育还能锻炼、加强儿童在众人面前说话的能力和勇气，这是良好的雄辩家必不可少的基本素质。

除此之外，昆体良还对这两个教育阶段应该采取的教学原则和方法提出了独到的见解。具体说来，就是主张因材施教，量力而为。虽然每个儿童都有接受教育的能力，但他们每个人都有自身的差异。在教学过程中，教师应该善于发现学生的不同情况，针对不同的学生采用不同的教学方法。

七艺

关于七艺的起源，可以追溯到古希腊时期。

七艺全称为"七种自由艺术"，是指中世纪西欧早期大学里的七种主要学科，即文法、修辞学、辩证法、算术、几何学、天文学和音乐。

古希腊哲学家柏拉图曾经根据"体操锻炼身体，音乐陶冶心灵"的原则，把学生所学的学科分为初级和高级两类。初级学科分为体育和音乐，后者除狭义的音乐、舞蹈外，还包括读、写、算等文化科目。高级学科包括算术、几何学、音乐理论和天文学。

柏拉图创立的这些学科传到罗马后又得到了进一步发展。罗马教育家昆体良将其扩展为文法、修辞、音乐、算术、几何学、天文学、辩证法、历史、法律和医学等多个学科。后来这些学科被基督教会加以改造，成为进行神学教育的重要科目。西班牙塞维利亚主教伊西多将文法、修辞和音乐定名为"三学"，将算术、几何学、天文学和辩证法定名为"四学"。至此，七艺学科终于全部确定下来了。

巴黎大学的建立

13世纪，巴黎大学的自由学风使得上万名学生慕名前来。

巴黎大学是法国一所著名的学府。巴黎大学的历史可以追溯到公元9世纪末期。那时，巴黎大学还只是巴黎圣母院的一个教会学校。12世纪初，著名学者阿培拉德开始管理这所教会学校的事务。此后，该校的规模不断扩大，学风越来越好。

从 1108 年到 1139 年这 30 年间，法国著名经院哲学家阿伯拉尔多次来到这所学校讲学。阿伯拉尔思想新颖，见识过人，还大力倡导自由讨论的学风。当时，法国宗教势力强大，人们的思想被牢牢禁锢在教会的教条和信仰中。阿伯拉尔所倡导的自由讨论学风吸引了大批青年学生前来就学听讲。

1180 年，法国国王路易七世正式为这所教会学校颁布了"大学"的称号。1261 年，学校正式改名为"巴黎大学"。

博洛尼亚大学的创立

博洛尼亚大学是欧洲最古老的大学，被人们誉为欧洲"大学之母"。

博洛尼亚大学创建于 1088 年。当时的博洛尼亚是意大利北部著名的商业城市。在这座城市中，过往的商客络绎不绝，时常会发生一些商务纠纷，诉讼案件特别多。与此同时，新兴的市民阶层和国王的权利不断提升，他们对教会的专制统治越来越感到不满。为了更好地维护自身的权利，他们开始四处寻求法律理论上的支持。在此基础上，11 世纪的博洛尼亚便成了人们研究、学习法律的中心。

后来，一些对法律感兴趣的学者纷纷来到这里，仿照城市手工业行会的组织模式自发联合起来，建立了一所法律学校。1158 年，政府正式承认了博洛尼亚大学的合法地位。此后，随着学校规模的不断扩大，博洛尼亚大学又增设了医学、神学、哲学等学院和科目，逐渐发展成为一所举世闻名的综合性大学。

牛津大学

牛津大学于1167年成立于英国的牛津市，是英语世界中最古老的大学。

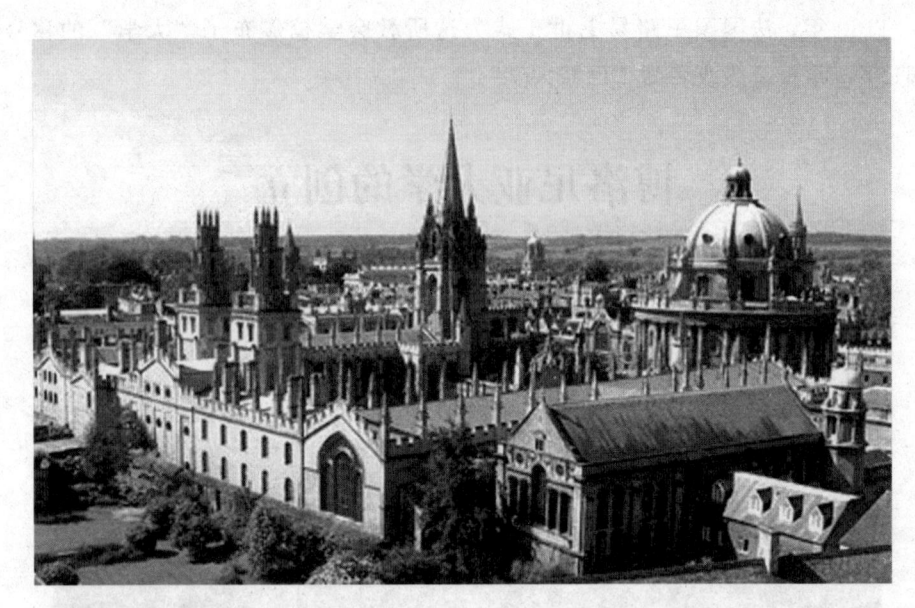

牛津大学的历史可以追溯到1096年。当时牛津市虽然还没有正式的教育机构或组织，但是已经有学者开始在那里设坛讲学。后来，法国的巴黎大学和欧洲其他学校陆续建立，很多英国人出国求学。

1167年，英国国王与法国国王发生不和，双方进行了一场激烈的争辩。事后，法国国王将在巴黎大学求学的英国人遣送回国。当时，英国国王亨利二世在牛津建立了一所宫殿。为了得到国王的庇护，从巴黎归来的学者纷纷来到牛津，在那里进行经院哲学的研究与讲学。周边求学者在得知这件事以后，也慢慢聚集到牛津。

12世纪末期，牛津被人们称为"师生大学"。1201年，牛津大学诞生了第一位校长。其后，牛津大学迅速发展，并凭借自身的优势从罗马教皇那里获取了一张特许状。现在，牛津大学已经发展成为举世闻名的综合性大学之一。

剑桥大学

剑桥大学所处的剑桥是一个英格兰小镇，镇上有一条河流经过，人们称之为"剑河"。河上面建了一座大桥，人们称之为"剑桥"。

剑桥大学于1209年创建于英国的剑桥镇，它最早是由一批从牛津大学分离出来的老师建立的。剑桥大学的大部分学院、研究机构、图书馆和实验室都分布在河流沿岸地区。

剑桥大学的成立是由一次冲突引发的。牛津大学成立以后，学生们的生活放荡不羁，经常扰乱当地城镇居民的正常生活和休息。不仅如此，学生们吃喝玩乐时总是赊欠当地百姓的钱款，为后来的冲突埋下了伏笔。

1209年，牛津大学与当地居民发生激烈冲突，有学生被居民们打死。后经过国王出面调停，冲突才得以平息。在此次事件中，牛津大学有一部分教师带领他们的学生迁移到东北方的剑桥镇，并在那里自发成立了剑桥大学。从此以后，剑桥大学和牛津大学便展开了长达数百年的竞争。

伟大的教育家夸美纽斯

夸美纽斯是捷克著名的教育家，西方近代教育理论的奠基者。

1592年，夸美纽斯出生于一个贫困的磨坊主家庭。早年的生活经历使他奋发图强，努力学习，成为了捷克兄弟会的牧师，并担任兄弟学校的校长。夸美纽斯在长期的求学经历和教育实践中掌握了新颖的教育理念和教学方法，并编写了许多教育著作，如《大教学论》、《母育学校》、《泛智学校》、《世界图解》等。

夸美纽斯教育思想的核心是泛智论。在《大教学论》一书中，他开宗明义地讲道："要把一切知识教给一切人。"夸美纽斯认为，人人都应当并且可以接受教育。他说，世界上找不出一个人的智力衰弱到不能用教化去改进的地步。人之所以成为人，就是因为他在适当的年龄接受了教育。因此，夸美纽斯主张每个人都要广泛学习知识。

在教育的目的上，夸美纽斯认为，一方面教育使人为未来的生活做好准备，另一方面教育应该使人认识和研究世界上的一切事物，培养人的各种能力和道德品质。在他看来，教育具有重大的作用，除了改造社会、建设国家以外，还能发挥个人的天赋，使人们不断完善自身。

在教育实施方面，夸美纽斯认为，一切教育活动必须坚持适应自然的总原则。为此他提出在教学过程中，教师必须坚持六项基本原则：直观性原则、自觉性和积极性原则、系统性原则、巩固性原则、量力性原则和因材施教原则。

在教育管理方面，夸美纽斯首先提出建立统一的学制。他把人从出生到24岁划分为四个阶段，即婴孩期、儿童期、少年期和青年期。根据人在每一时期的身心发展特点，夸美纽斯分别设置了四种对应的学校：母育学校、国语学校、拉丁语学校和大学。为了让学校能更方便地进行管理和教学，夸美纽斯主张实施学年制管理，要求按照学年进行招生和学生升级工作，并规定统一的开学和放假时间。为了提高教学效率，夸美纽斯还创造性地实行班级授课制，并从理论上阐明了班级授课制的优越性。

义务教育的历史

义务教育具有强制性、免费性和普遍性等特点。

义务教育是指根据国家的法律规定，适龄儿童和青少年必须接受的国民教育。国家、社会和家庭应该积极配合，提供相应的条件保证青少年义务教育的顺利实施。

义务教育不是从来就有的，它是一个国家政治、经济发展到一定程度的产物。16世纪初，宗教改革运动在欧洲大陆兴起。新教国家为了推行宗教教育，开始广泛设立学校，主张适龄儿童必须接受一定的教育。

1619年，德意志魏玛邦规定，家中凡是有6到12岁的子女，父母必须将其送到学校接受教育。如果父母没有照做的话，政府将会强制父母执行。这项政策是世界上最早的义务教育规定。

此后，随着工业革命的发展，各种生产对劳动者的素质要求越来越高。19世纪70年代，英、法、美等资本主义国家先后开始实施义务教育。进入20世纪以后，世界各国纷纷意识到，综合国力的增强与国民素质的提高密切相关，而义务教育的实施在一定程度上可以提高国民素质。因此，全世界大部分国家便开始积极推行义务教育。

哈佛大学

哈佛大学位于美国波士顿附近的剑桥城，前身是剑桥学院。

哈佛大学是美国第一所综合性大学，也是美国著名的私立大学之一，以培养研究生和从事科学研究为主要目的。

1636年10月28日，马萨诸塞州殖民地议会通过一项决定，每年拨款400英镑，在波士顿附近仿照英国剑桥大学建立一所殖民地学院。由于筹建人中有不少来自英国的剑桥大学，他们便把殖民地学院所在的城镇叫做剑桥镇，建立的殖民地学院叫做剑桥学院。1638年，这所学院招收了第一届学生，总共9人。

1638年9月14日，牧师兼伊曼纽尔学院院长J.哈佛去世。他把生前的720英镑积蓄和400多本图书一起捐赠给了剑桥学院。这些资金和图书，对于刚刚起步的剑桥学院来说，无疑是一笔巨大的财富。为了纪念哈佛先生，马萨诸塞州殖民地议会将这所学校的名字改为哈佛学院。后来，随着教授职位的不断增加，各类学院逐步成立，哈佛学院便改名为哈佛大学。

哈佛大学的历任校长都坚持学术自由、学术自治和学术中立的原则。现在，哈佛大学已成为了拥有10个研究生院，40多个科系，100多个专业的综合性大学，在全球享有极高的声誉。

耶鲁大学

哈佛大学以研究生教育著称，威廉玛丽学院以本科生教育著称，耶鲁大学则双管齐下，在研究生教育和本科生教育两方面都成绩不菲。

耶鲁大学位于美国康涅狄格州纽黑文市，创建于1701年，是美国历史上继哈佛大学和威廉玛丽学院之后的第三所大学。1638年，北美康涅狄格州成了英国的殖民地。多年后，英国殖民者将那里的一个海湾建设成为繁荣的纽黑文新港。为了让欧洲的文明传播到美国，牧师约翰·达文波特在抵达纽黑文新港后，提议建立一所大学。虽然他的提议最终没有得到落实，但是这一想法却影响了当地许多人。

1701年，在一批公理会传教士的强烈要求下，康涅狄格州法院同意建立一所教会学校。同年10月，教士们推荐哈佛大学毕业的亚伯拉罕·皮尔逊担任第一任校长。第二年，教会学校招收到第一名学生。此后，相继有18名学生在这所教会学校获得学士学位。

最初，学校没有固定的房舍，学生们都散落在康州的六个城市学习。1716年，这所教会学校统一迁到纽黑文市。1718年，英国东印度公司的高层官员伊

莱休·耶鲁向这所教会学校捐赠了价值563磅12先令的货物、417本图书，以及英国国王乔治一世的肖像和纹章。为了感谢耶鲁先生，学校改名为"耶鲁学院"，以后随着学校的发展，改名为"耶鲁大学"。

莫斯科大学

莫斯科大学是俄罗斯历史最悠久的大学，也是公认的世界名校。

莫斯科大学的全称是国立莫斯科罗蒙诺索夫大学，建立于1755年。

18世纪初，俄罗斯帝国开始创办高等教育。1724年，彼得一世创立了俄罗斯第一所综合性大学。但是由于种种原因，这所大学后来关闭了。当时，罗蒙诺索夫已经成了俄罗斯的知名科学家。他在看到这种情况以后感到十分担忧，并多次提出要在莫斯科重建大学的设想。与此同时，俄罗斯宫廷宠臣伊凡诺维奇·舒瓦洛夫也萌生了创建一所大学的想法，并想亲自管理这所大学。罗蒙诺索夫抓住这一有利时机，于1754年草拟了一份建立莫斯科大学的方案。这一方案经由舒瓦洛夫转交给女皇伊丽莎白·彼得罗夫娜，很快得到了最高统治者的认可。1755年1月12日，女皇颁布了创办莫斯科大学的法令，并于4月26日举行了莫斯科大学开课仪式。

莫斯科大学创建以后，首先设立了哲学系、法学系和医学系三个科系。所有

进入大学的学生都必须先在哲学系接受一定程度的基础教育，之后才能转入法律系或医学系，当然也可以继续留在哲学系学习。与同时代的西欧大学不同，当时的莫斯科有专门的教育机构培养神职人员，因此莫斯科大学便没有设立神学系。

20世纪70至80年代是莫斯科大学最繁荣的发展阶段。截止到现在，莫斯科大学已经拥有22个系，9个科研学院，300多个教研室，450个实验室，12个教学科研站，7个科研所，4个天文台和高尔基学术图书馆、计算机中心以及其他教育机构，前后培养出了8位诺贝尔奖获得者，成为了世界知名的综合性大学。

由于莫斯科大学的创办主要归功于俄国科学家罗蒙诺索夫。1940年，在罗蒙诺索夫逝世150周年之际，莫斯科大学改名为国立莫斯科罗蒙诺索夫大学。

主日学校

18世纪末期，主日学校问世。

主日学校，又称星期日学校，是英、美等国家为了让贫困民众的孩子接受一定的教育而开设的学校。由于它在每周的星期日开课，人们便称其为"星期日学校"。1780年，英国人罗伯特·瑞克斯在英格兰设立了一所简陋的主日学校。在这所学校里，孩子们不仅可以学会读书、写字，还能获得一定的宗教教育。后来，罗伯特·瑞克斯的这种做法迅速传到英国的其他地方和美国。19世纪前叶，主日学校盛行于欧美各国。主日学校在固定的主日礼拜之前、之间或之后进行宗教教育，招生对象主要是儿童。有时，主日学校也为成年人开设课程。

幼儿园的诞生

世界上第一所幼儿园诞生于1840年，前身是"发展幼儿活动本能与自我活动的机构"。

世界上第一所幼儿园的创建者是德国著名教育家福禄贝尔。

福禄贝尔认为，儿童内在生命力的成长和自我教育的形成，必须依靠一定的教育。基于这样的教育理念，他于1837年在德国的布兰肯堡创办了一所试验学校，专门招收3到7岁的幼儿。

最初这所试验学校的名称为"发展幼儿活动本能和自我活动的机构"，招收了附近村舍的40名幼儿。后来，试验学校还成立了"游戏与作业教育所"。在这所试验学校中，福禄贝尔亲自为儿童设计了一系列游戏活动，并把劳动教育作为一项重要的教学内容渗透其中。

经过了为期几年的教育实践，福禄贝尔的学前教育试验取得了显著的成果。1840年，福禄贝尔将这所专门的儿童教育机构改名为"德国幼儿园"，这标志着世界上第一所幼儿园的诞生。

学分制的由来

一个学生如果想要申请学术性学位，如学士学位、硕士学位或博士学位，就必须完成一个最低限度的学分数量。

学分制是以选课为核心、教师指导为辅助、通过学分和绩点来衡量学生学习质量的教学管理制度。"学分"是用来计算学生学习量的一种单位。

一个学生在课堂或者实验室从事某种学术工作，并且连续进行一个学期，这样积累起来的学习量就相当于一个学分。不过，一个学分的学习量不包括学生与教师或者同学进行的课外讨论，以及学生为了准备考试而从事的与教学没有直接关系的其他学术活动。

19世纪末，美国哈佛大学率先实行学分制，之后世界各地的大学纷纷效仿。学分制与导师制、班建制合称为三大教育模式。

艾宾浩斯遗忘曲线

透过遗忘曲线，人们可以了解记忆和遗忘的规律，从而根据自身的条件想办法提升自己的记忆力。

德国心理学家艾宾浩斯经过多年的研究发现，人们在经过一段时间的学习之后，大脑的遗忘进程就开始了。这种遗忘呈现出一种显著的特征，最初的遗忘速度最快，随着时间的推移，遗忘的速度越来越慢。整个遗忘的过程是不均匀的。由此艾宾浩斯认为，人的记忆力的保持和遗忘是时间的一个函数。艾宾浩斯根据相关的实验结果，将这组函数用曲线的形式表现出来，这就是艾宾浩斯遗忘曲线。

竞技体育

奥运会的诞生

奥运会每隔四年举行一次,现在已经成为了全世界最受瞩目的体育赛事之一。

奥运会,全称奥林匹克运动会,是国际奥林匹克委员会举办的综合性体育项目运动会。

奥运会的诞生可以追溯到古希腊时期。那时候,为了祭祀宙斯,古希腊各个城邦会定期举行体育竞技活动。与此同时,各城邦之间经常发生战争。为了增强战士们的体魄,提高军队的整体实力,各个城邦也需要经常召开运动会。在这些运动会中,规模最大的就是在奥林匹亚举行的运动会。

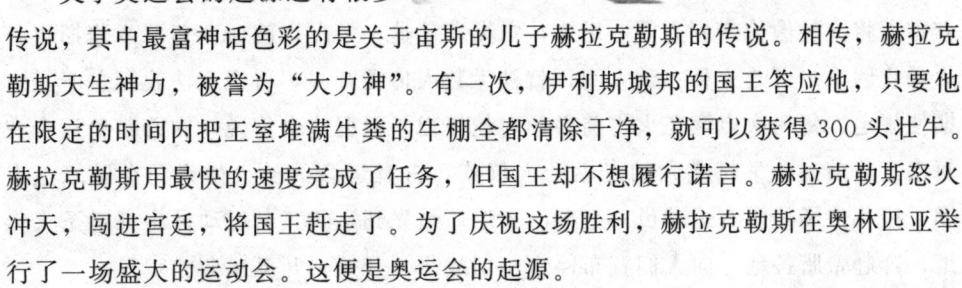

关于奥运会的起源还有很多传说,其中最富神话色彩的是关于宙斯的儿子赫拉克勒斯的传说。相传,赫拉克勒斯天生神力,被誉为"大力神"。有一次,伊利斯城邦的国王答应他,只要他在限定的时间内把王室堆满牛粪的牛棚全都清除干净,就可以获得300头壮牛。赫拉克勒斯用最快的速度完成了任务,但国王却不想履行诺言。赫拉克勒斯怒火冲天,闯进宫廷,将国王赶走了。为了庆祝这场胜利,赫拉克勒斯在奥林匹亚举行了一场盛大的运动会。这便是奥运会的起源。

第一届古代奥运会诞生于公元前776年,当时全希腊的参赛选手和老百姓齐聚希腊南部的奥林匹亚。此后每四年都会举行一次奥运会,截止到公元392年,已经举行了293次奥运会。当时的奥运会竞赛项目主要有:战车、短跑、铁饼、标枪、格斗、角力等。获胜者可以得到橄榄枝做成的花冠,这在当时被看成是最

高的荣誉。当时的奥运会有一项规定：所有运动员必须裸体参加比赛。因此，女子是不允许参加和观看比赛的。

奥运圣火

奥林匹克圣火起源于古希腊的神话传说。

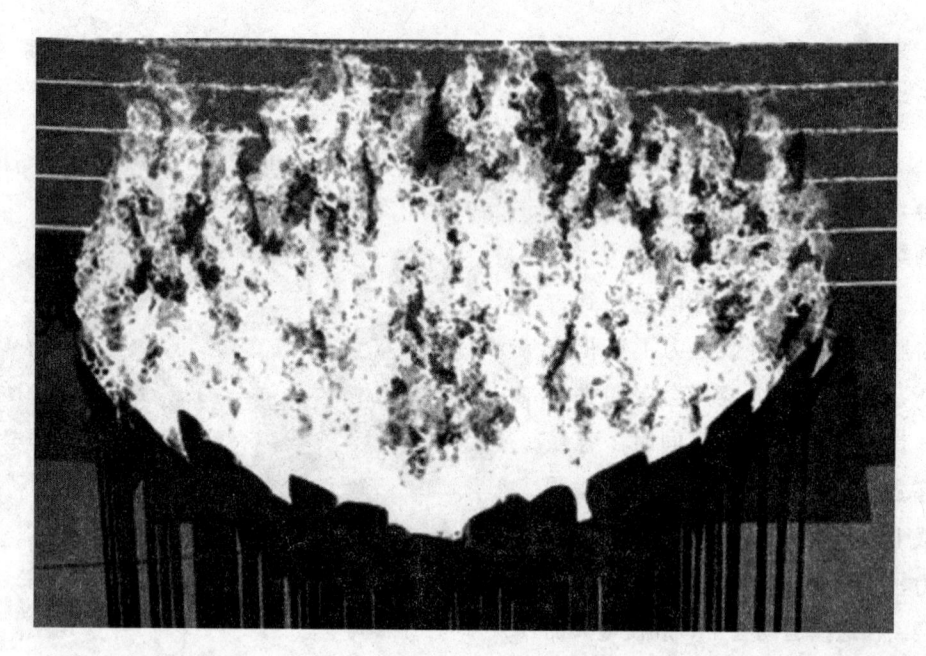

在奥运会举办期间，主体育会场燃烧的火焰就是奥林匹克圣火。它象征着光明、团结、友谊、和平和正义。相传，为了解救饥寒交迫的人类，普罗米修斯背着宙斯将火种偷偷带到人间。后来，宙斯获悉这一情况，就命令普罗米修斯再将火种收回来。可是火种一到人间，就被无数人传播开去，再也无法收回。于是宙斯便规定，每一次点燃圣火之前必须向他祭祀。根据这个传说，古希腊奥运会在每次开幕前都会举行盛大的点燃圣火仪式。古奥运会的圣火由祭司在圣坛上点燃，接着在场的所有运动员一起奔向火炬。最先到达的三名运动员将高举圣火火炬，奔赴希腊各地，向人们宣布停止一切战争，开始召开奥运会。

与古奥运会相比，现代奥运会增加了圣火火炬接力和手持火炬赛跑。现代奥运圣火传递起源于1936年的柏林奥运会。那一年，人们在希腊古奥林匹亚的遗址赫拉神庙前采集圣火，随后开始火炬传递的活动。1964年，冬季奥运会也开始了圣火的采集和传递活动。

现代奥运圣火一般在奥运会开幕前的几个月，在希腊奥林匹亚的赫拉神庙前点燃。首席女祭司在神庙前朗诵致太阳神的颂词，然后用凹透镜聚集太阳光芒，随着温度的不断升高引燃圣火。接着，女祭司端着一个火盆，将圣火带到古代奥运会场内的祭坛，并点燃在那里等候的第一名火炬手的火炬。随后，奥运圣火将向举办奥运会的城市传递。

女子正式参加奥运会的时间

女子正式参加奥运会始于1900年在法国举行的第二届现代奥运会。

1896年，第一届现代奥运会正式举行。古希腊只允许男子参加奥运会，女性一直被排斥在奥运会的大门之外。1900年，当第二届奥运会在法国举办时，素以开放著称的法国人第一次打破2000年来不允许女子参加奥运会的规定，派出了4名女运动员参加奥运会比赛。

在得知这一消息后，英国和美国也分别派出了3名女运动员，波西米亚派出了1名女运动员。对于东道主的这种做法，国际奥委会并未提出异议。就这样，11名女运动员第一次出现在了现代奥运会的赛场上。在这届奥运会上，英国女运动员库珀在网球单打决赛中打败法国选手，成为了第一个现代奥运会的女子冠军。

首届冬季奥运会

冬季奥运会最主要的特征是在冰天雪地的环境中进行各种冬季运动项目。

冬季奥运会，全称冬季奥林匹克运动会。它是国际奥林匹克委员会主办的世界性冬季项目运动会。与奥林匹克运动会一样，冬季奥运会每隔四年举行一次，不过与奥林匹克运动会中间间隔了两年。

20世纪初期，某些冰上运动如滑雪、滑冰、冰球等项目在欧美各国迅速普及。在这种情况下，现代奥运会的创始人顾拜旦首先提议将冰雪运动项目单独放在一起，举行冬季奥运会。但是直至20世纪20年代，这个提议才终于变为现实。

1908年，在第四届夏季奥运会上第一次增加了花样滑冰比赛项目。1920年，国际奥委会在第七届夏季奥运会上又增设了冰球比赛项目。由于比赛对环境的要

求，这两个项目被迫提前在夏季奥运会开幕之前的4月份举行，此举延长了奥运会的举行期限，消耗了大量的人力、物力和财力。鉴于此，在第七届夏季奥运会结束后，国际奥委会决定把冰雪项目正式从奥运会项目中分离出去，单独举办冬季奥运会。

1924年，法国夏蒙尼市承办了一次名为"冬季运动周"的运动会。1926年，国际奥委会正式将其更名为第一届冬季奥林匹克运动会。一开始，冬季奥运会与夏季奥运会在同年同一国举行。1928年，冬季奥运会与夏季奥运会开始在不同的国家举行。1994年，冬季奥运会与夏季奥运会开始间隔2年交叉举行。

亚运会的诞生

第二次世界大战结束后，亚洲许多国家先后获得了民族独立和解放。随着人们生活水平的日益提高，因战争中止的运动会又开始举办。

亚运会即亚洲运动会，是亚洲地区规模最大的综合性运动会。它由亚洲奥林匹克理事会的成员国轮流承办，与奥运会一样，每四年举办一次。

亚运会的前身是远东运动会，于1911年由菲律宾体育协会发起。此后，远东运动会每两年举办一次，分别在菲律宾的马尼拉、中国的上海和日本的大阪轮流举行。1937年，日本侵华战争爆发，已经举行了10届的远东运动会就此

中止。

　　1948年，在伦敦奥运会举办期间，为了推动亚洲各国体育运动的发展，印度体育界领导人古鲁桑迪主张创办亚洲运动会。为此，他邀请了13个亚洲国家和地区的代表召开亚洲运动会的筹备会议。这次会议起草了亚洲运动会的章程和有关文件，并决定于1949年2月在印度新德里举行第一届亚洲运动会。

　　1949年2月，亚洲各国体育代表齐聚新德里，正式成立了"亚洲业余体育联合会"，后又改名为"亚洲运动会联合会"。1981年，亚洲运动联合会改名为"亚洲奥林匹克理事会"，并一直沿用到今天。第一届亚洲运动会由于印度国内的原因，一直推迟到1951年3月才举行。第一届亚运会只有489人参赛，但到第八届亚运会时，参赛总人数已经超过了4000人。

运动员犯规为何举左手

　　举左手起源于古代西方的一种司法制度。

　　在参加体育赛事的过程中，我们经常会看到运动员举起左手，表示自己出现犯规的行为。那么，为什么犯规的运动员要举起左手呢？

　　古代西方，凡是触犯法律并被逮捕的犯人都会被打上一个记号。他们的左手通常会被刺上明显的标记，这样大家就会知道，这个人曾经做过违法的事情并被判罪。这种做法普遍流行之后，法院的法官在审判案件时，总是先要被告人举起左手，并且五个手指一定要伸直，看看他以前是否有过犯罪记录。后来，体育赛事也借用了这种做法。运动场上的运动员举起左手，表明自己在比赛中犯规。

兴奋剂的起源

通过使用药物增加体力或者减少生理疼痛的方法，可以追溯到古希腊时期。

兴奋剂，是对在国际体育比赛中严禁使用的物质与方法的统称。世界反兴奋剂机构每年都会公布一份国际赛事中禁止使用的物质和方法清单，被人们称为禁用清单。

从20世纪60年代开始，国际上将禁止使用的物质和方法统称为Doping。这一词汇起源于荷兰语"dope"，原来的意思是指非洲人酿造的一种具有兴奋作用的酒，通常在宗教仪式上使用。后来，随着赛马比赛的兴起，"dope"指骑手经常给赛马使用的一种鸦片麻醉混合剂。早期的体育运动员为了提高比赛成绩，服用的药物大部分具有兴奋作用，国际上便一直使用兴奋剂这个称呼。此后，其他类型的药物陆续出现，虽然它们之中有很多都不具有兴奋作用，有的甚至还有抑制作用，但对于这种禁止使用的物质，人们仍然沿用原来的称呼。

在公元前3世纪的古奥运会上，为了提高比赛成绩，运动员会服用一种能引起幻觉的物质。在之后的体育赛事中，人们对运动员的这种做法视而不见。直到1960年的罗马奥运会，人们才开始关注兴奋剂事件。在那一届奥运会上，丹麦自行车运动员詹森在比赛途中猝死。经过尸体解剖，人们发现他的血液中含有大量的苯丙胺。这是一种强烈刺激运动神经的药物。此后，又有30多位运动员在比赛中因服用兴奋剂药物致死。

1962年，国际奥委会通过了反对使用兴奋剂的决议。1999年2月，世界反兴奋剂大会成立"反兴奋剂局"。现在，世界范围内的反兴奋剂斗争已经取得了明显的成效。

奖牌、奖杯和锦标的由来

现代的体育赛事都要给优胜者颁发相应的奖牌。

奖牌，就是发给各种体育赛事中优胜者的一种奖励或证明。它一般由金属制作而成，分为金牌、银牌和铜牌，分别颁发给第一名、第二名和第三名。

奖牌不是从来就有的。在最早的体育赛事中，优胜者的奖品是一个用橄榄枝或者桂枝编织而成的"桂冠"。在1896年的第一届奥运会上，优胜者获得的奖品就是这样的"桂冠"，这种情况一直持续到了1907年。那一年，国际奥委会在荷兰海牙召开执委会，正式做出授予奥运会优胜者以金牌、银牌和铜牌的决议。这项决议在1908年召开的第四届伦敦奥运会上正式开始实施。

从1924年第八届巴黎奥运会起，国际奥委会进一步做出了颁发奖牌的补充决定。该决定明确指出：奥运会优胜者除了获得奖牌外，还要授予获奖证书。一、二、三等奖的奖牌直径不得小于60毫米，厚度为3毫米。金牌和银牌都用银制作，含银量不得低于92.5%。金牌的表面还要镀金，不少于6克纯金。这些新规定从1928年的第九届阿姆斯特丹奥运会上开始实施，并沿用至今。

奖杯是体育赛事中颁发给优胜者的杯状奖品。古希腊的体育精神历来强调速度、力量、高度和技巧，在比赛中获胜的人被认为是超群绝伦的英雄。为了奖励优胜者，人们会为他斟上最好的美酒。因此，奥运会的奖杯形状就是一个放大的酒杯。

关于奖杯的起源，还有一种说法。根据西方历史的记载，英国有个叫爱德华的国王被人杀害。他在接过别人的一杯酒时，只顾仰身喝酒，不料背后有人向他刺了一刀。这个变故使英国人在宴会上形成了这样一种传统。只要主人用酒杯为来宾们敬酒，接过酒杯的人连同他身旁的人都要站起来。这时，饮酒的人被周围的人团团围住，以示保护。这种在宴会礼节中使用的酒杯，被人们称为"爱杯"，并成为一种专门献给上等宾客的礼物。后来，人们将"爱杯"赠送给体育赛事中的优胜者，表示热烈的祝贺。现代的奖杯就是从"爱杯"发展而来的，其形状还保留着原有的特色。

锦标最早出现在公元前3000多年的中国商周时代。那个时候，它仅仅指代一种射箭运动。到了唐代，锦标才正式成为体育赛事获胜的一种标志。赛龙舟是唐朝最大的体育赛事之一。在以往的朝代中，赛龙舟的目的纯粹是为了纪念伟大的爱国诗人屈原。但在唐代，赛龙舟却成了一种特色竞赛活动。为了给参赛者排名，人们特意在水中插上一根长竿，并悬挂着鲜艳的彩锦，称为"锦标"或者"彩标"。第一艘夺取锦标的参赛龙舟就是最终的获胜者，因而赛龙舟又被人们称为"夺标"。从那时起，"标"就成为了冠军的指代。

田径运动的由来

田径运动是现代奥运会的主要参赛项目。

田径运动是径赛、田赛和全能比赛的全称。以高度和远度计算成绩的跳跃、投掷等项目，由于是在广阔的空地或者原野中举行的，因而叫做"田赛"；以时间计算成绩的竞走和跑步等项目，由于是在田径场的跑道或者场外规定的道路上举行的，因而叫做"径赛"。

在远古时代，人们为了维持生存，获得生活资料，必须经常和大自然和野兽进行搏斗。在搏斗期间，人们不得不持续奔跑，或是跨越各种障碍。当人们面临野兽袭击时，最简便的方法就是利用脚下的石块向野兽投掷。这些在生存竞争中不断重复的动作，经过人们长时期的总结和发展，逐渐形成了走、跑、跳和投掷等各种技能。随着社会的发展，这些动作技能演变成了现代体育运动的比赛项目。

公元前776年，古希腊召开了第一届奥林匹克运动会。从那时起，田径运动就被列为正式比赛项目之一。1896年，希腊举办了第一届现代奥运会。在这届奥运会上，田径类的走、跑、跳跃、投掷等项目被列为奥运会的主要参赛项目。

跳　远

跳远是最古老的竞技项目之一。

跳远，又称急行跳远，是田径运动的一个跳跃项目。它由助跑、起跳、腾空和落地等动作组成。运动员在指定的赛道上助跑，跑到起跳板时开始起跳，并腾空向前冲去，然后落在沙坑里面。需要注意的是，起跳板处有一条边沿线，运动员不能超越那条线，否则就算违规。最后，运动员以跳的长度决定成绩的名次。

在公元前708年的古奥运会上举办了世界上第一次正式的跳远比赛。那个时候的跳远设备十分简陋，仅用一条门槛当做跳板。在门槛的不远处，有一片疏松的土地，后来改为沙坑。18世纪末期，跳远被法国教育家古特姆斯和雅安列为锻炼身体的重要项目之一。两位教育家在他们的教育著作中，详细地介绍了跳远运动的设备以及训练方法。

现代跳远运动发源于英国。1827年，英国举行了第一次职业田径比赛。威尔逊以5.41米的跳远长度，成为世界上第一个被记载跳远成绩的人。1901年，英国运动员奥康纳在都柏林召开的赛事上取得了7.61米的成绩。这是世界上第一个跳远比赛的世界纪录，后被国际业余田径联合会于1912年追认。1931年，日本运动员南部忠平第一次采用"挺身式"技术，以7.98米的成绩刷新了世界纪录。1935年，美国运动员欧文斯用蹲踞式技术把世界纪录提高到8.13米。之后，男子跳远的世界记录不断被刷新。目前，男子跳远的世界纪录保持者是美国的迈克·鲍威尔，他的成绩是 8.95 米。

1948 年，在伦敦召开的第 14 届奥运会上，第一次开设了女子跳远项目。从此以后，许多优秀的女跳远运动员源源不断地涌现出来。

铅球为何重 7.257 千克

从诞生之日起，铅球就成了赛场上大力士的宠儿。

铅球是世界田径赛上的传统体育项目。1896 年，铅球成为第一届现代奥运会上投掷比赛的正式项目。很多人都知道，铅球的标准重量是 7.257 千克，可是为什么它的重量会是这样呢？这需要从铅球的历史说起。

1340 年，世界上第一批炮兵在欧洲出现。当时，他们的大炮使用的炮弹是个球体，并且是用钢铁铸成的。每个炮弹的重量为 16 磅，也就是 7.257 千克。在不开战的日子，军队生活枯燥无味，一点乐趣都没有。为了改变这种现状，炮兵们想出了一个法子。他们在无聊的时候就相互推送炮弹，以此为乐。经过长时间的演变，这种玩耍炮弹的游戏逐渐成为了田径运动会的一个体育项目。

后来，人们发现，这种钢铁铸造的圆球体积过大，运动员抓握起来十分不便。于是，人们便将其改为在铁壳里灌铅的铅球，重量依旧为 7.257 千克。由于铅的密度远远大于铁，相同的重量的铅球体积自然比铁球小很多，这样运动员在投掷铅球时就方便多了。

飞碟的演变史

飞碟运动可分为双向飞碟、多向飞碟和双多向飞碟三类。

奥运会飞碟运动隶属于射击项目。

双向飞碟的靶场为扇形，分别设有 8 个射击位置，比赛场地的两端各有一个高、低抛靶房，房间内设有抛靶机。比赛时，抛靶机向固定方向抛出不同高度和角度的碟靶，每次抛一靶或者双靶。6 名运动员为一组，每个运动员从 1 号射击位置开始，射完规定的靶数后进入下一个位置。8 个射击位置总共射 25 个靶子，这是一轮比赛。在比赛的全过程中，男子共射 125 个靶子，女子共射 75 个靶子。1968 年，双向飞碟正式成为奥运会的比赛项目。

多向飞碟的比赛场地为长方形，设有 15 台抛靶机，每 3 台为一组。在比赛的过程中，每台抛靶机抛出距离、高度和方向各不相同的碟靶。运动员以 6 人为一组，轮流进入 5 个射击位置。每一碟靶运动员可以射击 2 次，第一发没有射中，可以再射第二发。每个运动员各射 25 靶为比赛的一轮。男子共射 125 个碟靶，分两天比赛。女子共射 75 个碟靶，一天之内结束比赛。1900 年，多向飞碟以男、女混合项目的形式被正式列入奥运会比赛中。1996 年，奥运会正式设立男子项目。2000 年，奥运会正式设立女子项目。

双多向飞碟的比赛场地与多向飞碟相同。比赛时，只选取 7、8、9 号中间位置的抛靶机。抛靶机一次抛出双靶，其抛出距离、高度和方向各不相同。运动员以 6 人为一组，轮流进入 5 个射击位置。每一轮比赛，男子各射 25 个双靶，女子各射 20 个双靶。全部比赛将进行 6 轮，并于一天之内结束。1996 年，双多向飞碟项目被列入奥运会的正式比赛中。

背越式跳高的诞生

背越式跳高产生于 1968 年的第 19 届奥运会。

背越式跳高，又称"福斯贝利式跳高"，是急行跳高的姿势之一。运动员在助跑 8 到 12 步的过程中，先是沿着直线跑，再沿着弧线跑，用距离横杆较远的腿起跳。离开地面后，运动员保持伸展的姿势向上跃起，并在挥动腿和手臂的同时，加速身体绕着纵轴旋转，使得身体背对横杆，形成杆上弓背姿势。等到过杆后，运动员的背部自然落到垫子上。

来自美国的跳高运动员福斯贝利，在1968年的第19届奥运会上采取了与众不同的方式，用弧线助跑、背向横杆的背越式技术过杆，以2.24米的骄人成绩获得男子跳高冠军。当时，人们将这种技术称为"福斯贝利式"，后来又称为"背越式"。从那以后，背越式跳高受到了人们的普遍关注，这项跳高技术也被跳高比赛中的大部分运动员所采用。

马拉松赛的由来

目前，中国比较知名的马拉松赛事有北京马拉松、厦门国际马拉松、上海国际马拉松和大连国际马拉松等。

马拉松是一项考验耐力的长跑运动，距离为42公里195米。世界上每年举办的马拉松比赛超过800个，大型的赛事通常有数以万计的人参加。

公元前490年，波斯帝国大举进犯希腊雅典，妄图吞并整个希腊半岛。波斯大军当时横渡爱琴海，在雅典郊外的马拉松平原登陆。危急时刻，雅典一方面派出军队到马拉松平原，准备迎接战争，另一方面派斐力庇第斯赶往斯巴达城求助。斐力庇第斯是当时雅典的一位长跑能手。他日夜奔跑在路上，用了一天多的时间就到了200公里之外的斯巴达城。然而，斯巴达人却没有答应他的请求。斐力庇第斯无奈之下又返回了马拉松平原。

雅典人在得知斯达巴人不愿提供援助的消息后，决定依靠自己的力量打退来犯的波斯大军。公元前490年9月12日，雅典以少胜多，在马拉松平原大败波斯大军。为了把胜利的消息尽快传到雅典城，统军将领米太亚再次派长跑能手斐力庇第斯赶回雅典送信。

当时，雅典人民正在城内焦急地等待。斐力庇第斯为了能尽快让人们获知胜利的消息，拼命地奔跑。当跑到雅典城的中央广场时，斐力庇第斯激动地喊了一句："我们胜利啦！"接着，他就倒在地上累死了。

为了纪念马拉松战役的胜利和斐力庇第斯的英雄事迹，在1896年举行的第一届奥运会上，奥运会之父顾拜旦采取了法国历史学家米歇尔·布莱尔的建议，设立了一项长跑比赛，赛程就是当年斐力庇第斯从马拉松平原跑到雅典的路线，这便是最早的马拉松比赛。第一届马拉松赛的距离大概为40公里，1908年的伦敦奥运会将马拉松赛的距离设定为 42.195 公里。此后，国际田联便将这一距离设定为马拉松的标准距离，并沿用至今。

障碍跑

障碍跑起源于英国。

障碍跑，是指一种将长跑与跨越障碍相结合的田径竞赛项目。最初，人们在野外举行越野跑。后来，有人提议将越野跑的赛道搬到田径场上。于是，田径场上就出现了篱笆、栅栏、水坑等人工设置的障碍物。1837 年，英国的乐格比高等学校创立了一种名叫"障碍跑"的田径项目。此后，这项运动在英国迅速传开，并传到了其他国家。

1900 年，第二届奥运会将障碍跑正式列为比赛，分为 2500 米和 4000 米两个项目。从 1904 年的第三届奥运会开始，障碍跑的距离正式确定为 3000 米，一直沿用到今天。

障碍跑不但要求运动员具备长跑的耐力和技术，还要具备跨越障碍的能力。正式的障碍跑项目共设有 35 个障碍，其中有 7 个障碍是跨越水池。运动员跨越障碍的方法有两种：一是直接跨栏法，一是踏上跳下法。

竞　走

竞走与跑步的最大区别在于，前者永远不会出现"腾空"现象。

竞走是从日常步行的基础上发展起来的一项田径运动。它要求运动员的支撑腿必须伸直，由单脚支撑过渡到双脚支撑。运动员的一只腿向前迈的时候，在脚跟接触地面之前，后蹬腿的脚尖不得离开地面。

竞走起源于英国。1867 年，英国举行了第一次竞走比赛。到了 19 世纪末期，这项运动在欧洲其他国家逐步盛行起来。1908 年，奥运会将竞走列为正式比赛项目。从 1961 年起，每年都会定期举行卢加诺杯竞走比赛，这项比赛后来发展成了世界杯赛。

运动员在竞走比赛的过程中，身体躯干会自然伸直或者稍微向前倾斜，两只胳膊屈肘约 90°，在身体两侧前后摇摆，并配合下肢的动作和步伐，以此来平衡身体。运动员在竞走时最好保持重心向前，沿着直线运动。如果出现大幅度的上下起伏或者左右摇摆，不但会妨碍运动员提高竞走速度，还会过度消耗运动员的体能。

竞走运动员在比赛中第一次犯规时，裁判员会举白旗给予警告。如果第二次犯规，裁判员将会举起红旗，直接取消运动员的比赛资格。

赛马的起源

赛马这种体育项目的产生可以追溯到古希腊时期。

赛马是一种比赛骑马速度的运动项目。赛马诞生后，虽然形式不断变化，但基本上都以速度竞赛著称。

诗人荷马在他所著的史诗《伊利亚特》中描述了用战马牵引战车进行比赛的场景，被认为是关于赛马运动的最早记述。不过，后来考古学家在小亚细亚的石碑铭文中发现，在特洛伊战争爆发的几百年前，亚述的国王就已经有了专业的驯马师。

公元前7世纪，古奥林匹克运动会上第一次出现了赛马比赛。在竞技赛场上，四驾马车在没有人驾驭的情况下驰骋在赛道上。大概过了40年，由骑手驾驭的赛马比赛才正式出现。

在古罗马帝国的全盛时期，赛马运动受到了广大民众的青睐。此时的赛马运动不仅形式多样，而且出现了正规的比赛规则，比如关于起跑道的规定，关于禁止给马匹使用兴奋剂的规定等。

14世纪的法兰西流行私人赛马比赛，由组织者提供一定的奖金。后来，这种比赛被公开的赛马活动所取代。

拳击溯源

这种运动项目在两个人之间进行，是对参赛者体力、心理和技术等多种素质的考验。因此，拳击被人们誉为"勇敢者的运动"。

拳击是一项在一个正方形的绳围场地中，两个人佩戴专用的柔软手套，在一定的时间和规则下进行对抗性搏击的竞技体育项目。拳击运动分为业余的和专业的两种。这两种拳击在比赛的规则和方法上都有显著的区别。奥运会和亚运会的拳击比赛都属于业余拳击。

关于拳击的起源，可以追溯到原始社会初期。那时，为了生存，拳击成了人们保护自身的生命财产安全的主要方法。《英国大不列颠百科全书》中记载："公元前40世纪，幼发拉底和底格里斯两河流域发现拳击的遗迹。"在古埃及人的象形文字记录中，人们发现了被当做拳击保护工具的"皮绷带"。

公元前17世纪左右，拳击运动经由地中海的克里克岛，传播到古希腊诸城邦。公元前688年，在第23届古奥运会上，拳击被列为正式的竞赛项目。此后，拳击运动在奥林匹克运动会上占据着越来越重要的地位。公元前616年，第41届古奥运会设立了青少年拳击比赛项目。

古奥运会上的拳击项目比赛没有时间和局数的限制，运动员也没有按照体重划分等级。比赛时，运动员赤手空拳，相互击打。除了咬、抓握和踢打外，可以使用任何攻击动作，击打的部位可以是除了腰部以下的任何地方。这时期的比赛带有浓重的野蛮色彩，运动员主要依靠自身的耐力和勇气取胜。

公元394年，罗马皇帝西奥多雷斯下令禁止一切拳击运动。此后，拳击作为一种自卫活动只在民间继续流传，没有公开的比赛活动。公元8世纪，查理曼大帝执政，法庭上产生了一种名叫"斗审"的新制度。该制度规定，平民百姓之间的诉讼案件无法裁决时，可以采用拳击比赛的方法决出胜负。这种制度促进了拳击运动在民间的进一步传播。

1200年，由于许多青年都在决斗中丧命，传教士圣贝纳丁便决心恢复拳击，用以代替斗剑。不过，与古罗马时代的拳击不同，圣贝纳丁采用了新的比赛工具和规则，使得拳击成为了一种锻炼身体的运动项目。这种改良后的拳击运动很快流传到各地。

16世纪，拳击运动传播到英国。经过将近100年的发展，拳击运动在英国盛行起来。18世纪初，英国出现了有奖拳击比赛。著名的英国拳击选手詹姆斯·菲格连续11年保持冠军的地位，并成立了世界上最早的拳击学校，成为现代拳击运动的始祖。菲格去世后，他的徒弟约翰·布劳顿组织了拳击俱乐部，制定并推广了世界上最早的职业拳击运动比赛规则，即"布劳顿规则"。从此以后，拳击运动走上了正常发展的轨道。布劳顿因此被后人称为"拳击之父"。

1839年，在"布劳顿规则"的基础上，英国又颁布了新的伦敦拳击锦标赛规则，并于1880年成立了英国业余拳击联合会。第三届现代奥运会召开时，拳击运动被列入正式比赛项目。之后，1912年的斯德哥尔摩奥运会再一次取消拳击运动。1920年奥运会之后，拳击运动重新返回奥运体坛。

"拳王"阿里

1996年，阿里被选为亚特兰大奥运会开幕式的火炬手。1998年，阿里荣获联合国和平信使奖。

"拳王"阿里原名卡修斯·马塞勒斯·克莱，1942年1月17日出生在美国肯塔基州路易斯维尔。

阿里是一名黑人，他小时候生活的地方实行种族隔离制度，对他产生了巨大的影响。早在少年时代，阿里就希望通过自己的努力改变业已存在的种族歧视。

12岁时，阿里开始在当地的一家健身房练习拳击。经过6年的刻苦训练，阿里在1960年初举行的业余拳击比赛中取得冠军。接着，阿里被选为美国代表队队员，参加了1960年的罗马奥运会，并获得了自己职业生涯中唯一一枚奥运会金牌。

1964年，阿里击败了当时的拳王利斯顿，成为世界重量级拳击冠军。

1965年，阿里再战利斯顿，仅仅花了1分42秒的时间就将对手打倒在地。经过这次比赛，阿里的声名迅速传遍世界拳坛。

20世纪60年代中后期，越南战争爆发。越战期间，阿里拒绝服兵役，并在媒体上公开发表反战宣言。1967年，阿里被判入狱，后经保释出狱，但是却被吊销了拳击执照。尽管如此，阿里仍然坚持在美国境外参加拳击比赛。1978年，

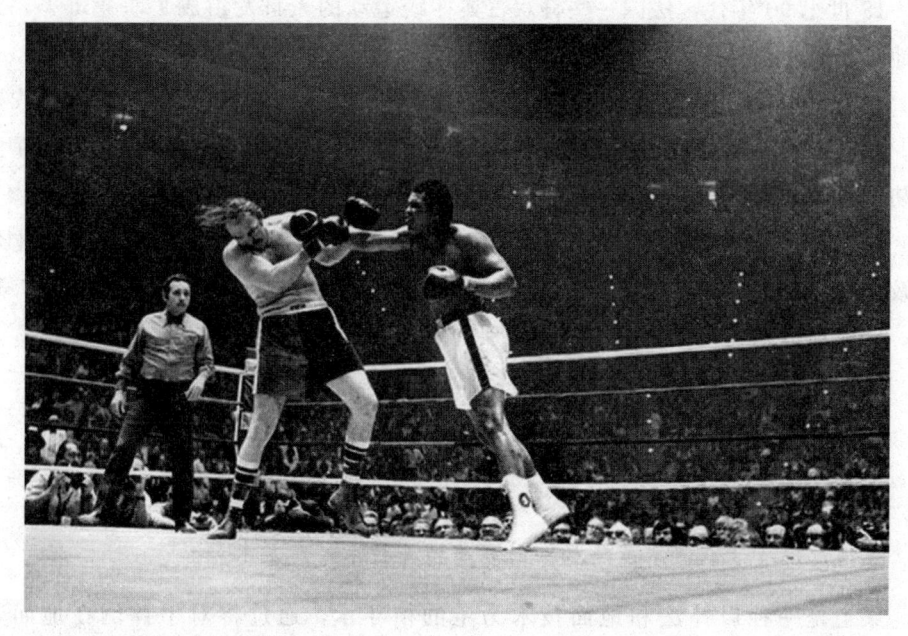

他第三次获得世界重量级拳击冠军。

在阿里的职业拳击生涯中，他总共参加了 60 场比赛，胜出 56 场。他的拳击动作灵活多变，往往在险要关头出奇制胜，给人留下了深刻的印象。

摔跤的起源和发展

与古典式摔跤相比，自由式摔跤的技术更为复杂。

摔跤，是指两个人按照一定的规则，使用各种技术、技巧和方法相互搏击，最终一方将另一方彻底摔倒的一种运动项目。它是重竞技运动项目之一，被认为是世界上最早的竞技体育运动。

作为世界上最古老的格斗技术之一，摔跤有着悠久的历史。关于摔跤的起源，可以追溯到古希腊时期。相传，古希腊神话英雄捷谢伊从雅典女神那里得到了摔跤运动的规则和技术。之后，他便开始在希腊当地开展摔跤运动，这项运动很快在希腊盛行起来。

公元前 2 世纪末，罗马帝国与古希腊发生战争。希腊战败，罗马人成了希腊的统治者。罗马人将本国的摔跤和希腊的摔跤有机结合起来，形成了一种希腊罗马式摔跤。由于这种摔跤诞生于希腊古典时期，所以被人们称为古典式摔跤。古典式摔跤形成以后，很快就传播到了欧洲各国和其他地区。

18世纪90年代，法国一些喜欢古典摔跤运动的人自发组成了职业班子，到各地巡回演出，摔跤运动由此成了一种比赛项目。

之后，在古典式摔跤运动的基础上，又出现了另一种新式摔跤——自由式摔跤。参赛选手不但可以用手臂抱住对方的下肢，还可以用腿将对方绊住。19世纪初，英国人为自由式摔跤制定了明确的规则。自由式摔跤在英国正式成型。

1912年，第5届现代奥运会在瑞典斯德哥尔摩举行。在此期间，国际业余摔跤联合会正式成立，规定古典式摔跤和自由式摔跤正式成为国际比赛项目。其后，这两项运动在世界范围内蓬勃发展起来。

柔　道

柔道起源于古代日本武士的一种空手搏斗技术——柔术。

柔道是一种以摔法和地面技术为主的格斗术，通过将对手摔倒在地而分胜负。

1638年，日本人创建了柔术。经过长期的发展演变，日本人将柔术与外国的武术相结合，发展出一系列的踢、打、摔、拿等技术。

1882年，日本东京帝国大学学生嘉纳治五郎融合当时各种柔术流派的精华，创立了以投技、固技、当身技为主的现代柔道。同时，他还创建了第一个训练柔道运动员的讲道馆。在日本的历史上，从战国到德川时代，人们一直将柔道称为柔术。现在所使用的"柔道"一词，是从"日本讲道馆柔道"简化而来的。嘉纳治五郎去世以后，讲道馆的后继者对柔道进行了大刀阔斧的改革。

20世纪50年代，柔道发展成为世界范围内的体育运动项目。1964年，在日本东京举行的奥运会上，柔道正式成为奥运会的比赛项目。

作为一种竞技项目，柔道是奥运会上唯一一个允许选手使用窒息或者扭脱关节等手段制服对方的项目。在比赛过程中，柔道要求选手通过"锁臂""扼颈"等动作，将对方摔倒或者压制在地，直到对方认输为止。因此，这项运动不但是对选手身体力量的考验，更是对选手动作技术和心理素质的考验。

跆拳道

关于跆拳道的起源，可以追溯到朝鲜半岛的三国时代。

跆拳道是运用手脚技术进行角逐的一项韩国传统体育运动。它由品势、搏击、击破、特技和跆拳舞等组成。跆拳道以腾空、旋踢脚法著称，其中又以脚法为主，占到整体运动的四分之三。跆拳道有 24 套路数，另外还有兵器、擒拿、摔锁、对拆自卫术等 10 余种基本功夫。

20 世纪 50 年代，韩国崔泓熙创造了"跆拳道"一词，使其内涵风格得到最终的统一和规范。跆，是指用脚踢；拳，是指用拳头打击；道，是指一种艺术方法，侧重对礼仪的修炼。跆拳道作为韩国的一项武术，有着深厚的武道精神。它以"始于礼，终于礼"为基础，此外还兼有"廉耻""克己""忍耐"和"百折不屈"等含义。

跆拳道运动以腿法为主，并用拳脚。选手进行对决时，腿法多使用后腿进攻。动作的速度和力量是衡量跆拳道击打效果的一个重要标志。常用的步法有：前进步、后退步、后撤步、跳换步。选手在出手前要调整好呼吸。出手时，选手会发出洪亮的喊声，用以张扬自己的气势。

跆拳道划分有不同的级位和段位。其中，实力和综合素质最强的选手列于黑带段位。黑带段位分为一段至九段。前三段是新手段位，四段至六段是高水平的段位，七段至九段只授予学识渊博并对跆拳道的发展作出巨大贡献的人。

相　扑

作为一项与摔跤类似的体育运动，相扑在秦汉时被人们称为角抵。从南北朝到南宋时期，人们将其称之为相扑。

相扑，是指两个人在土表进行角力的一种格斗运动。如果其中一个人将对方扳倒或者推出土表外，那么他就是最后的优胜者。

大约在唐朝时，这种运动传入日本。公元 695 年，日本开始举行相扑赛。公元 728 年，相扑运动走进日本的贵族生活。此后，日本设立了"相扑节"，并制定了专门的比赛规则，定期举行"相扑节会"。从17世纪开始，日本出现了职业相扑运动。1909年，日本将这一运动定为"国技"。

现在，相扑在日本依然是一项受人欢迎的传统体育运动。比赛的时候，两个选手赤身裸体，只有下身穿着特制的丁字兜裆，在直径为4.55米的圆形土表上互相纠缠在一起，奋力相抗。

相扑手首先必须具备足够大的气力，在日本又被人们称为"力士"。当然，仅仅具有气力是不够的，相扑手还得学会高超的技巧，这才是决定比赛胜负的关键因素。相扑的技术分为推、摔、捉、拉、闪、按、使绊等。比赛时，相扑手使用身体的颈、肩、手、臂、胸、腹、腰、膝、腿、脚等部位，再结合各种相扑技术进行角逐。相扑手按照比赛的成绩分为十个级别：序之口、序二段、三段、幕下、十两、前头、小结、关协、大关和横纲。最高级别是横纲，获得这一级别的相扑手将享有终身荣誉。

相扑的裁判共有6个人，手持折扇的"行司"担任主裁判，其余5人分别坐在正面、东面、西面和裁判席上担任副裁判。在比赛的过程中，相扑手的脚一旦踏出土表之外，哪怕仅仅是脚趾或者脚后跟出界都算输。在土表之内，除了脚底能够接触地面，身体的其他任何部位都不能接触地面，否则就算输。如果两个选手都出了土表，最先接触地面的人算输。

相扑的比赛规则十分严格。相扑手不能抓对方腰以下的任何部位，不能抓、揪对方的头发和耳朵，也不能拧、打、踢、蹬对方。如果选手犯规的话，将会被裁判驱逐出场。

举重漫谈

举重的起源，可以追溯到古希腊罗马时期。

举重是一项古老的体育运动。

在古希腊，为了增强体力，人们发明了一种举石头的锻炼方式。在古罗马，统治者为了训练军队的士兵，专门制造出一种器械。这种器械由一根木棍和石头组成。按照军队的训练要求，士兵们每天都要举起在两端绑有石头的木棍。每块石头大概有举重人头部的1.5倍大小。后来，人们又将石头换成了重量相当的铃铛。为了防止铃铛在举重过程中发出刺耳的响声，人们便把铃铛中间的击锤去掉，这就是后来所说的哑铃。最初举重的哑铃形状粗糙，重量也比较轻。人们在进行这项运动的过程中不断改善其外形，增加其重量，逐渐将其发展成为现代人所喜欢的杠铃。

现代举重运动起源于18世纪的欧洲。19世纪中后期，现代举重运动在西方国家兴起。1880年，德国和奥地利先后成立了正规的举重俱乐部，并形成了一定的规模。1887年，维也纳举行了一次举重比赛，这是世界上最早的有历史记载的举重比赛。1891年，首届世界举重锦标赛在伦敦皮卡迪利广场举行。19世纪90年代初，第一个举重和摔跤国家联合会登记注册。1892年，纽约的一份杂志《时代精神》公布了第一份业余举重世界纪录。

1896年，举重被列入第一届现代奥运会的正式比赛项目。那时候的举重比赛不按照运动员的体重分级，只是划分为单手挺举和双手挺举。直到1920年举行的第7届奥运会上，举重比赛才开始按照运动员的体重分级。这为现代举重比赛进入正轨奠定了基础。在1924年的奥运会上，举重改为单手抓、挺举和双手推、抓、挺举五种。1928年的奥运会取消了单手举，保留了双手举的三种形式。1972年的奥运会取消了举重比赛中的推举。此后，举重比赛成为奥运会的固定比赛项目。2000年，悉尼奥运会的举重比赛第一次为女子敞开了大门，并设立了7个级别的赛事。

网球的由来

17世纪到18世纪，网球运动成了法国贵族之间进行赌博的一种方式，引起了很多纠纷，法国国王下令禁止网球运动。

网球运动，分为室内网球和室外网球两种。关于它的起源，有几种说法。有一种说法认为，网球起源于爱尔兰，由10世纪一种用手掌击球的游戏演变而来。另一种说法认为，网球起源于12至13世纪的法国。当时教堂的传教士为了消磨时间，经常在走廊上做一些用手掌击打球的游戏。最初他们是对着墙击球，后来又改成两个人对击，并在中间悬起一条绳子。为了保护手掌和提高击球的效率，他们戴上了一种特殊的手套，并改用木板的板面击球。球在绳上来回穿越，法语叫做"tennz"，英语叫做"take it, play!"意思是"截住它，击回去！"现在网球的英文单词"tennis"即来源于此。这种在法国颇受欢迎的游戏，被认为是老式室内网球的雏形。

这项运动在当时十分流行，法国上至王公贵族，下至黎民百姓都十分喜爱

它。15世纪时，原先的球拍改造成了穿弦的拍子。16世纪末期，法国人盖伊·福布特制定出第一套网球比赛规则，使得老式网球发展成为法国的国球。

大约在1358年至1360年间，这种深受法国人欢迎的运动传入了英国。当时的英国国王爱德华三世率先在宫廷内建造了一个室内球场。很快，这种运动便风靡于英国的贵族阶层。于是，网球运动便有了"贵族运动"的称号。

1793年9月29日，在英国的《体育运动》杂志上，第一次出现了"场地网球"的叫法。1873年，在羽毛球运动的启发下，擅长打老式网球的英国少校沃尔特·克洛普顿·温菲尔德设计了一种名为"司法泰克"的网球运动。它在户外的草坪上进行，无论男女都可参加。这种新式的"草地网球"运动就是现代网球的起源。同年，温菲尔德还出版了一本《草地网球》的书，对自己改进的网球运动进行宣传和推广。

1875年，英国成立了全英网球运动俱乐部。该俱乐部建造了世界上第一个网球场，并于1877年举办了一次全英草地网球男子单打锦标赛。这就是后来举世闻名的温布尔登网球赛。

1874年，一位观看英国网球比赛的美国女士玛丽·奥特布里奇回国后将网球、网球拍和规则带回了美国。接着，这项运动迅速风靡全美。网球的场地由最初的草地改为沙地、水泥地、柏油路等，其名称也由"草地网球"变为了"网球"。

羽毛球小史

1992年，羽毛球成了现代奥运会的正式比赛项目。

羽毛球运动是一项隔着球网，使用球拍击打带有一圈羽毛的半球状软木的室内活动。

其实，早在距今2000多年前的中国和印度等国，就已经出现了一种类似羽毛球运动的游戏。那时候，这种游戏在中国被称为打手毽，在印度被称为浦那。

14世纪末15世纪初，日本又出现了一种新型的游戏。人们将樱桃大小的木球插上美丽的羽毛当做球，在宽敞的场地上由两个人拿着木板作为拍子来回抽打。19世纪70年代，在英国格拉斯哥郡的伯明顿，有个叫鲍弗特的公爵，他有一回在自己的庄园开办游园会。当时，印度已经沦为英国的殖民地。几个刚从印度回来的退役军官将印度的浦那游戏介绍给了鲍弗特公爵。这种游戏不但具有强烈的趣味性，还能锻炼身体，在伯明顿游园会上很受欢迎。之后，这种游戏便在英国的上层社会迅速传开。而伯明顿的英文单词"Badminton"便成了英国人对羽毛球运动的称呼。

乒乓球七大奖杯

1934年，第八届世界乒乓球锦标赛在法国巴黎举行，这次比赛增设了女子团体赛项目。

世界乒乓球锦标赛共设有男子团体、女子团体、男子单打、女子单打、男子双打、女子双打、混合双打7个项目。每个项目都设有专门的奖杯，这便是乒乓球七大奖杯。

其中，男子团体冠军将获得"斯韦思林杯"。1926年12月，在首任国际乒联主席伊沃·蒙塔古的母亲斯韦思林夫人的图书馆里举行了一次国际乒联全体会议。会上，斯韦思林夫人捐赠了一个大奖杯作为男子团体赛的优胜奖杯。这就是"斯韦思林杯"。

女子团体赛的优胜者将获得"考比伦杯"。法国乒协主席马塞尔·考比伦捐赠了以他的名字命名的奖杯，作为女子团体赛的优胜奖杯。

在1929年举行的第三届世界乒乓球锦标赛上，英国运动员弗佩里获得了男子单打冠军。当时的英格兰乒协主席伍德科先生以弗佩里所在的乒乓球俱乐部的名称命名捐赠了一个奖杯——"圣·勃莱德杯",作为男子单打比赛的优胜奖杯。

1931年,第五届世界乒乓球锦标赛在匈牙利首都布达佩斯举行。匈牙利乒协主席吉·盖斯特先生以他的名字命名捐赠了一个奖杯——"盖斯特杯",作为女子单打比赛的优胜奖杯。

1947年,第14届世界乒乓球锦标赛在巴黎举行。伊朗国王以伊朗国名命名捐赠了一个奖杯——"伊朗杯",作为男子双打比赛的优胜奖杯。

1948年,第15届世界乒乓球锦标赛在伦敦举行。当时的国际乒联名誉秘书韦·杰·波普以他的名字命名捐赠了一个奖杯——"波普杯",作为女子双打比赛的优胜奖杯。

混合双打冠军的优胜杯由原捷克斯洛伐克乒协秘书赫杜塞克先生捐赠,后来人们便以他的名字为奖杯命名,即"赫杜塞克杯"。

所有的冠军奖杯采取流动制,获得冠军的选手将自己的名字或者国家刻写在奖杯上,并可以保留至新一届世乒赛举行之前,当新的比赛开始时必须交还。

排　球

排球运动起源于美国。

排球是一种隔网对打的球类运动项目。比赛时,双方分别占据球场的一半,双方队员用手将球从网的上空打过去。

1895年,美国马萨诸塞州霍利约克市的体育工作人员威廉·摩根创立了排球运动。那个时候,美国的橄榄球、篮球等运动日益盛行。摩根发现篮球运动和橄榄球运动太过激烈,经常发生一些身体性对抗,而其他运动项目的运动量则有些不足。为此,他试图寻找一种运动量适宜,具有一定的趣味性,并能带动更多人参与的运动项目。当时,网球运动在美国开展得如火如荼,摩根从这一运动中得到启示,将网球网挂在篮球场上,模仿网球的打法,隔着网对网球进行拍打。不过,由于篮球场地面积有限,打过来的球落地以后再回击很容易出界。为了消除这些不便之处,摩根改变了打网球的规则,规定在球落地之前必须进行回击。另外,他还扩大了网球的体积,逐步发展成了现在的排球。

体　操

现代体操项目的由来，可以追溯到古希腊时期。

体操，是一种借助徒手或者器械完成一系列动作，由评判人员根据动作的质量、难度、编排和完成情况等给以评分的运动。"体操"是对所有体操项目的总称，而不是单指具体哪个项目。

根据目的和任务，体操可以分为基本体操和竞技性体操两类。

基本体操是指动作和技术都比较简单的一类体操，其主要目的在于强身健体，因而成为了深受大众喜欢的一种体育运动。常见的项目有广播体操和各种预防职业病的健身体操。

竞技性体操是指动作复杂，技术难度大，并具有一定风险性的场地竞赛项目。竞技性体操包括竞技体操、艺术体操、健美操、技巧和蹦床五项运动。其中，竞技体操男子项目有自由体操、鞍马、吊环、跳马、双杠、单杠6项，女子项目有跳马、高低杠、平衡木、自由体操4项。竞技体操的历史十分久远，现在人们说的"体操"通常都是指"竞技体操"。

强健的体魄和发达的肌肉是古希腊人一直追求的目标，为此，他们发明了许多锻炼身体的方法，体操就是其中一种。后来，古希腊体操运动中的许多动作被西方国家采纳，并被收录到学校的体育教材中。

18世纪末期，德国的古茨穆茨和雅恩在原有的吊环、鞍马、单杠项目之外，又加设了双杠、吊绳和吊杆等项目。古茨穆茨还在原有器材的基础上改革了木马、跳箱等器材的设计。古茨穆茨对德国体操的发展作出了巨大贡献，后人称其为"德国体操之父"。

继德国之后，瑞典、捷克等国也形成了本国的体操学派，不仅对体操进行了分类，还在解剖学与生理学的研究基础之上发明了肋木、横木、体操凳、绳梯等体操器具。

花样游泳的发明

花样游泳将艺术性、技术性和力量性融为一体，有"水中芭蕾"的美誉。

花样游泳，是指由游泳、技巧、舞蹈和音乐编排而成的女子体育项目。

在正式比赛中，女选手们在10个裁判的关注下完成推举、旋转、弯曲等常规动作，与此同时要始终保持脱离池底进行表演。除此之外，女选手们还必须在不呼吸的情况下进行动作伸展，并且表情要保持轻松自在。

关于花样游泳的发明，可以追溯到20世纪初期的欧洲。1920年，柯蒂斯第一次把跳水和体操的翻滚动作编排在一起，并将这一系列动作在水中进行表演。很快，这种表演成为了两场游泳比赛中间的娱乐节目，受到观众的好评。

1930年，这种由柯蒂斯创立的水中表演先后传到了美国和加拿大。人们在原有的动作编排上又加入了舞蹈和音乐的元素，使得动作的节奏更加明快。

1934年，在美国芝加哥举行的万国博览会上，花样游泳第一次进行正式的表演，并取得了巨大的成功。1937年，世界上第一家花样游泳俱乐部在考斯特成立。1942年，花样游泳成为美国业余体育联合会的正式比赛项目。1952年，花样游泳正式成为奥运会的表演项目。1956年，国际游泳联合会承认了花样游泳的地位。1973年，第一届世界花样游泳锦标赛顺利举行。1984年，在洛杉矶举行的第23届奥运会上，花样游泳成为了一项正式比赛项目。

世界上最早的足球运动

作为中国古代的一项体育运动，蹴鞠有白打、直接对抗、间接对抗三种形式。

中国的蹴鞠被认为是世界上最早的足球运动。蹴，就是用脚踢；鞠，就是一种皮制的球。蹴鞠诞生于春秋战国时期的齐国都城临淄，距今已有2300多年的历史。

在蹴鞠比赛中，队员分为左军和右军，分别站在球门的两边。按照比赛规则，每一军的队员分为球头、正挟、副挟、左竿网、右竿网、着网、骁色、散立等角色。球头的职责是将球度过球门网中的洞即"风流眼"，而其他角色要尽最大努力不让球落地，并为球头进球创造最为便利的条件。

所谓"白打"，是指用脚踢球的花样动作，并将这些动作串联起来。队员们进行白打的时候，需要用到头、肩、背、胸、膝、腿等身体部位，使"球终日不坠"。古代蹴鞠踢球的花样称为解数。用肩、胸、背、头控制球的时候，叫做上截解数；用膝盖、腰部、腹部控制球的时候，叫做中截解数；用小腿、脚面、脚踝、脚尖、脚跟等部位控制球的时候，叫做下截解数。虽然白打主要体现队员各自的控球技术，较少有对抗性，但是在正式比赛的时候队员往往需要使出浑身解数。

所谓"直接对抗"，就是双方队员的身体直接接触、对抗，就像战场上的斗争一样激烈。这种打法在汉代比较盛行。可是在中国的传统文化中，占据统治地位的儒家思想一直强调"中庸"与"和"，人们相互之间讲求谦恭谨慎，反对争强好胜，于是到了唐朝，蹴鞠运动的对抗性变得极为弱小了，出现了间接对抗赛。

所谓"间接对抗"，是指双方中间隔着球门，在球不着地的前提下，将球度过球门网中"风流眼"。间接对抗赛可以进行三局或者五局，一局叫一筹。如果球落地了，就算输了一筹。如果球度进了"风流眼"，就算赢了一筹。间接性对抗失去了双方激烈的竞争，使蹴鞠成了一项表演性的体育活动。明清时期，蹴鞠运动完全丧失了竞技性，沦为了一项娱乐活动。到了清朝中期，蹴鞠运动就彻底消亡了。

世界杯的起源

世界杯每4年举行一次，只要是国际足联的会员国都可以报名参加。

世界杯，又称国际足联世界杯，是当今世界上最高水平与最高规格的足球比赛。

关于世界杯的起源，可以追溯到1928年。那一年，国际足联为了奖励获胜者，特别邀请巴黎著名的首饰设计师弗列尔设计并铸造了一个雕像。整个雕像由纯金制成，高30厘米，重1800克。雕像模型是古希腊神话中胜利女神尼凯，她身穿长袍，双手伸直，捧着一个大杯。国际足联规定，这个奖杯是流动奖品，每一届杯赛的冠军都可以将其保留4年。为了奖励新的世界冠军，奖杯的拥有者必须在每届杯赛前将其交还给国际足联。如果一个球队3次取得世界冠军，那么它将永远保留这个奖杯。

1970年，在第9届世界杯赛上，巴西队率先取得了3次世界冠军，就此成为了一支可以永远占有世界杯的球队。1971年5月，国际足联按照意大利人加扎尼亚设计的"大力神杯"，重新铸造了一个世界杯。该杯高36.8厘米，重6.175公斤，主体部分由4.97公斤的纯金制成，其构造、价值与珍贵度等都堪称无与伦比。

1974年，德国取得了第10届世界杯赛的冠军，获得了"大力神杯"。在这一届世界杯赛上，国际足联提出了新规定，任何一个国家无论取得多少次冠军，都不能永远占有此杯。因此，大力神杯便成了当今世界足球赛中的最高奖励和荣誉。

金球奖和金靴奖

在1958年举行的世界杯上，法国的方丹共射进13个球而获得金靴奖。一直到现在，他依然是单届比赛中进球最多的射手。

在世界杯足球赛的奖品中，除了有冠军杯外，还有金球奖和金靴奖。与冠军杯颁发给球队不同，金球奖和金靴奖将授予在比赛中表现最为突出的球员，二者因此成为了世界杯赛中最重要的个人荣誉。金球奖和金靴奖的奖杯造型与冠军杯不同，是由三个金属支柱托起一个金色的足球或者一只金色的足球鞋，放置在一个具有三层环绕的底座上。

1982年，在西班牙举行的世界杯赛上，开始由新闻媒体评选金球奖。这一年的意大利前锋罗西成了获得金球奖的第一人。1986年，马拉多纳因率领阿根廷队夺冠而获取金球奖。2002年，德国的卡恩第一次以守门员的身份获得此项殊荣。

金靴奖是奖励给历届世界杯进球最多的球员。1930年，阿根廷的斯塔比尔成为世界杯历史上第一个获得此项奖励的球员。

黑　哨

黑哨问题通常都与政治、经济问题密切相关，其中经济因素更是导致黑哨产生的最主要原因。

黑哨是指在足球比赛中，裁判员做出了有违公平性原则的裁决。具体表现为，裁判员因在赛前收取贿赂或者受到他人指使，违背公平、公正执法的裁判原则，通过在比赛中故意误判、错判或者漏判来主导最后的比赛结果。

红　牌

红牌的起源与1966年的世界杯赛有着密切的关系。

红牌是指在一场足球比赛中，当一个球员严重犯规时，裁判员就会举起红牌，示意其迅速离开球场。如果一名球员在一场比赛中已经获得过一张黄牌，那么在后续比赛中又因为犯规获得第二张黄牌时，裁判同样会勒令其退出赛场，因为两张黄牌就相当于一张红牌。第一种情况被称为"直接红牌罚下"，第二种情况则被称为"两黄等于一红下场"。

1966年的世界杯上，英格兰队与阿根廷队在进行四分之一决赛时，场上有很多球员忘了自己已被裁判警告过，在后续比赛中依然做出违规行为，甚至导致比赛场面失控。面对这种情况，英国足球裁判肯·阿斯顿从指示交通的红绿灯中得到启发，发明了红、黄牌制度。1970年举行的世界杯赛正式采用了阿斯顿的建议，这对足球运动的健康发展起到了巨大的推动作用。

AC 米兰队

经过多年的发展，AC 米兰队已经成为当今世界上最伟大的球队之一。

AC 米兰队，原名"米兰足球和板球俱乐部"，是由意大利的阿尔弗雷德·爱德华兹于 1899 年 12 月 16 日在杜诺德宾馆的一个房间里成立的球队。

AC 米兰队成立之初，恰值足球运动迅速普及的时期。很快，AC 米兰队就成了当地最受欢迎的足球俱乐部。1905 年，俱乐部正式更名为"米兰足球俱乐部"。1906 年和 1907 年，AC 米兰队连续两年获得意大利全国锦标赛冠军。20 世纪 50 年代，瑞典球星和乌拉圭球星加盟 AC 米兰队，带领该队四次获得联赛冠军。60 年代，"金色神童"里维拉登的球技与教练内利奥·洛科的球场战术，为 AC 米兰队赢得了世界性的声誉。在意大利的足球运动史上，AC 米兰队成为继热那亚球队之后第二支取得全国冠军的球队。

1979 至 1980 年间，AC 米兰球队因彩票舞弊事件被降为乙级俱乐部。之后，在新任俱乐部主席贝卢斯科尼的不懈努力下，AC 米兰队将当时著名的荷兰"三剑客"——范·巴斯滕、里杰卡尔德和古利特收归旗下，创造了另一个传奇时代。

在 20 世纪 80 年代后半期的各种足球赛事中，AC 米兰队大获全胜，取得了骄人的成绩。不久，荷兰"三剑客"因为受伤或转会相继离开了 AC 米兰队。但是，法国国脚帕潘和丹麦国脚劳德鲁普的成功加入，又使 AC 米兰队获得了 90 年代早期赛季的"三连冠"。

进入 21 世纪以后，AC 米兰队在欧洲冠军联赛和意大利甲级联赛中一直保持着骄人的战绩。截止到 2011 年，AC 米兰队总共获得了 7 次欧洲联赛冠军，5 次欧洲超级杯冠军，2 次欧洲优胜者杯冠军和 4 次洲际杯、世俱杯冠军。在意大利国内赛事中，AC 米兰队获得了 18 次意大利甲级联赛冠军，2 次意大利乙级联赛冠军，5 次杯赛冠军和 6 次意大利超级杯冠军。

皇家马德里队

皇家马德里队是当今欧洲乃至世界足坛最成功的足球队之一。

皇家马德里队即皇家马德里足球俱乐部，又称马德里足球会，中文简称皇马，于 1902 年 3 月 6 日成立于西班牙首都马德里。2000 年 12 月 11 日，皇家马德里队被国际足球联合会评为"20 世纪最伟大的球队"。2009 年 9 月 10 日，皇家马德里队被国际足球历史和统计联合会评为"20 世纪欧洲最佳俱乐部"。

皇家马德里队的前身是天空足球俱乐部，由一群青年学生于 1897 年创建。1902 年 3 月 6 日，马德里足球俱乐部正式成立。1920 年 6 月 29 日，为了推动足球运动在马德里的发展，时任西班牙国王的阿方索十三世将"皇家"一词加于俱乐部名称之前。从此以后，马德里俱乐部正式改名为皇家马德里俱乐部。

1905 年，皇家马德里队首次夺取了由西班牙王室举办的西班牙杯足球赛的冠军。在之后的 3 年时间内，皇家马德里队又连续夺冠，成了西班牙国内一支实力强大的球队。

1928 年，皇家马德里队因队伍实力被削弱，在西班牙甲级联赛的前几个赛季一直无缘夺冠。在 1931 年至 1932 年的赛季中，皇家马德里队引进守门员查莫拉，第一次获得了甲级联赛的冠军。然而，在接下来的 20 多年的时间内，皇家马德里队一直都无缘再次摘得联赛冠军的桂冠。

20 世纪 50 年代初期，皇家马德里队大量引进各国的足球好手，并因此取得了骄人的战绩。从 1955 年开始，皇家马德里队接连获得了 5 届欧洲冠军杯比赛的冠军，这一纪录至今仍没有一支球队可以打破。

20 世纪 70 年代，皇家马德里队又 5 次获得了联赛冠军。80 年代初期，皇家马德里队落入低谷。之后，皇家马德里队又引进了墨西哥和阿根廷的球星，实力大增，并获得了1985年和1986年的欧洲联盟杯冠军。进入90年代以后，皇家马德里队的发展之路虽然并不平坦，但在1996年之后仍然获得了3届欧洲冠军杯赛的冠军，被国际足联评为"20世纪最佳球队"。

球王贝利

1980年，贝利被欧美多家报社记者评为"20世纪最杰出的运动员"。

贝利，巴西球员，20世纪最伟大的足球明星之一，被人们誉为"球王"。在长达22年的职业足球生涯中，他参加比赛1364场，共射进1282个球。他曾先后4次带领巴西队参加世界杯赛，分别获得第6届、第7届和第9届世界杯冠军。直到现在，他仍是世界上唯一一位夺得过三届世界杯冠军的球员。

贝利1940年10月23日出生于巴西特雷斯科拉索内斯镇的一个贫困家庭。他的真名叫埃德森·阿兰蒂斯·多·纳西门托，家人都习惯叫他迪科。很小的时候，贝利就开始赤脚踢球。由于没有钱买足球，他就用旧布、烂袜子包成一个球。就是这样的简陋足球，在他的脚下发挥出了无比强大的威力。当地店铺的橱窗经常被他踢出的球砸碎，因此店铺老板们都称他为"贝利"，意思就是"一个令人讨厌的家伙"。

13岁的时候，贝利代表当地的少年队踢球，带领该队连续3年在市级比赛中获得冠军。很快，他的能力就被桑托斯队发现了，并于1956年受到邀请，加入该队。在当年的比赛中，贝利为桑托斯队射进32个球，成为该队最年轻的射手。

1957年，贝利加入国家队，很快就为巴西捧回了第一座世界杯。他在之后的足球生涯中，几乎取得了国际足坛上的一切成就。1977年10月1日，贝利参加了美国宇宙队为他举办的告别赛，结束了自己的足球生涯。

1987年6月，贝利荣获国际足联金质勋章。1999年，他被国际奥委会评选为"世纪运动员"。2000年，国际足联授予他"世纪球员"的称号，2004年又向他颁发了"国际足联百年球员奖"。

足球场上的"上帝"马拉多纳

1997年，37岁的马拉多纳宣布退役，结束了自己的足球生涯。

迭戈·阿曼多·马拉多纳，阿根廷前足球运动员，也可说是足球史上最优秀且最具争议的球员。马拉多纳在球场上的位置居于前场，擅长使用左脚过人、传球和射门。他的盘带技术和突破能力给世人留下了深刻的印象。他的射门技术变化多样，得分能力远非一般球员所能比拟，因此被人们称为足球场上的"上帝"。

1960年10月30日，马拉多纳出生于阿根廷首都布宜诺斯艾利斯的维拉-菲奥里托区一个贫困家庭。11岁时，马拉多纳在阿根廷青年人俱乐部的少年队中崭露头角。14岁时，他进入青年人俱乐部一队。在之后的五年时间内，马拉多纳参加了166场比赛，总共进了116个球。

1976年，马拉多纳第一次代表阿根廷国家足球队对阵匈牙利。1978年，马拉多纳代表阿根廷打败了前苏联，获得了世青杯冠军。1982年，马拉多纳第一次打进世界杯决赛周，但并没有取得好成绩。这一年，马拉多纳正式加盟西甲豪门巴塞罗那。1983年，马拉多纳带领巴塞罗那队打败皇家马德里队，捧得了西班牙国王杯。第二年，马拉多纳转会到意甲的那不勒斯，从此走向职业生涯的巅峰。他先后赢得了意甲联赛冠军、意大利杯、欧洲联盟杯和意大利超级杯。他曾凭借自己在球场上的精彩进球两次获得意甲金靴奖。

1986年，马拉多纳带领阿根廷队征战世界杯，并取得了冠军。在四分之一决赛时，阿根廷对阵英格兰。马拉多纳所进的两球，被人们称为"一半天使，一半魔鬼"。尤其是他的第二个进球，更在2002年被评为"世纪最佳进球"。

贝克汉姆

贝克汉姆是当今世界上最受欢迎的足球运动员之一。

大卫·罗伯特·约瑟夫·贝克汉姆，英格兰足球运动员，前任英格兰代表队队长，曾效力于曼联、皇马，现效力于美国洛杉矶银河队。他曾于1999年和2001年两度获得世界足球先生亚军。

1975年5月2日，贝克汉姆出生于英国伦敦东区。早在幼年时代，贝克汉姆就成了曼联的球迷,并因在学校球队中的出色表现,被送往巴塞罗那参加足球训练。7岁时,贝克汉姆加入父亲执教的业余儿童球队,并一度帮球队取得了96场不败的骄人成绩。

1988年,贝克汉姆接受了曼联队主教练的签约邀请。1991年,贝克汉姆成为曼联队的训练生。第二年,他正式成为该队的职业球员。同年,贝克汉姆和队友们为曼联队赢得了青年杯冠军。

1996年8月17日,在曼联对阵温布尔登的比赛中,贝克汉姆在中线附近一脚吊射进球,宣告了贝克汉姆时代的来临。这一进球后来被评为"英超10年最佳进球"。同年,贝克汉姆进入英格兰国家队,并凭借神奇的任意球和精准的长传成了英格兰国家队的主力。

1998年,在法国世界杯赛上,贝克汉姆用自己最擅长的任意球打进了自己在世界杯上的第一个进球。从此,贝氏弧线球让球迷们永远记住了他的名字。然而,在随后的比赛中,贝克汉姆却遭遇红牌,退出了世界杯赛。

1999年,贝克汉姆为曼联队赢得了联赛杯、足总杯和冠军杯,从而迅速走出了世界杯的阴影。在2001年的世界杯预选赛上,贝克汉姆凭借自己擅长的一个任意球帮助英格兰进入了决赛圈。在2002年的世界杯赛上,贝克汉姆以一粒点球绝杀阿根廷。可惜后来英格兰队遭遇了巴西队,贝克汉姆的世界杯梦再次中止。不过,贝克汉姆在此次世界杯赛上的突出表现依然受到了广大球迷的好评。

2007年,贝克汉姆脱离皇家马德里队,加入了美国洛杉矶银河队。

"外星人"罗纳尔多

罗纳尔多是世界上唯一效力过皇家马德里、巴塞罗那、国际米兰、AC米兰四大豪门的球员。

罗纳尔多,全名罗纳尔多·路易斯·纳扎里奥·达·利马,巴西球员,世界杯金球奖和金靴奖的得主,曾3次被评为"世界足球先生",多次荣获"最佳射手""最佳球员"等荣誉称号。

1976年9月22日,罗纳尔多出生于巴西里约热内卢的本托-里贝罗区。14岁时,罗纳尔多加入了克鲁塞罗队。此后,他为该队踢了60场比赛,进球共计58个。1994年8月,罗纳尔多加入荷兰的埃因霍温队。在32场联赛中,他为埃因霍温攻入30个球,也为自己赢得了最佳射手的称号。

1996年，罗纳尔多转入巴塞罗那。在西甲联赛中，他出场37次，进球34个。赛季总共出场49次，进球47个。在效力于巴塞罗那期间，罗纳尔多有一记连过6人的长途奔袭。这种情况让在场的老罗布森不禁失声赞叹："我觉得罗纳尔多不属于我们这个星球，他太不可思议了！"罗纳尔多的"外星人"称号由此得来。

1997年，罗纳尔多转入国际米兰。他凭借着自己的突出表现，先后两次获得世界足球先生的荣誉称号。2011年6月7日，巴西国家队和罗马尼亚国家队举行了一场友谊赛。在这场比赛中，罗纳尔多以替补的身份上场，用最后一场比赛告别了自己曾为之奋斗十多年的"桑巴军团"。

篮球的发明

当时由于冬天室外天气寒冷，无法进行正常的橄榄球、棒球等运动，詹姆斯·奈斯密斯就从当地的一种儿童游戏中得到启发，发明了一种新型运动，从而有效地解决了冬天无法开展室外运动的问题。

篮球是把球投入到悬挂在高处篮筐的一种球类运动，比赛有两支球队参加，每支球队出5名队员。在比赛的过程中，每支球队的队员要想法设法将球投进对方的篮筐内，并有效地防守住自己的篮筐，阻止对方进球或者得分。

篮球运动是由美国马萨诸塞州菲尔德基督教青年会训练学校教师詹姆斯·奈斯密斯博士发明的。

那时候，家家户户都有桃园，备有许多桃筐。寒冬时节，孩子们经常做用球投桃筐的游戏。在这种游戏的基础上，詹姆斯·奈斯密斯将两只篮筐悬挂在健身房内的栏杆上，距离地面大约3.04米。然后，他用足球作为比赛工具，向篮筐内投球。每投进一个球得一分，最后以分数的多少定胜负。刚开始，篮筐是封闭式的底部，每次投进去的球都必须重新取出来。为了方便比赛，他将封闭式的篮筐改为开放式的铁筐，以后又改为铁圈下面挂网。

1893年，近似现代的篮板、篮圈和篮网问世。时人将这种游戏称为"奈斯密斯球"或"筐球"。后来，奈斯密斯将其定名为"篮球"。

美国职业篮球联赛

NBA现任总裁大卫·斯特恩从1984年开始担任美国国家篮球协会总裁,在他的努力下,NBA被打造成为了北美四大职业体育联盟之一。

美国职业篮球联赛,俗称NBA,全称为"National Basketball Association",于1946年6月6日成立,是美国第一大职业篮球联赛。美国职业篮球联赛成立之初叫BAA,即全美篮球协会,1949年改名为国家篮球协会即NBA,并一直沿用到现在。

NBA的运动员都是自由球员,分为受限制的和非限制的两种。非限制的自由球员可以随意加入其他球队,母队没有任何权力阻止该球员的行为,而受限制的自由球员必须服从母队的安排。

美国的篮球赛事分为全明星赛、NBA季后赛和总决赛MVP。全明星赛从1951年3月2日开始举行,每年由观众和教练选出24名职业篮球运动员分别代表东西部联盟进行东西部对抗赛。NBA于每年11月第一个星期的星期二开始举行正式赛季,分为常规赛和季后赛两部分。参加常规赛的每支球队都必须完成82场比赛,一直到第二年的4月份结束。每一个赛区的冠军和东西部联盟的前8名将进入季后赛。与采取循环赛制的常规赛不同,季后赛采取七战四胜制,总共分为四轮,最后一轮比赛为总决赛。

"帽子戏法"

关于"帽子戏法"的产生,可以追溯到1858年的板球比赛。

帽子戏法,原来是指舞台表演中的一种魔术,演员从帽子里变出3只鸽子。现在它已成为足球比赛的一个用语,指球员在同一场比赛中连续进球3次。这种球技与魔术师变戏法一样,令人感到无比惊奇,因而被人们称为"帽子戏法"。

在1858年的板球赛中,有个叫斯蒂芬森的板球手连续击中门柱三次而得分。他因此获得了一顶帽子作为奖品。

19世纪70年代,在英国举行的板球比赛中,凡是进入球场观看比赛的球迷都必须脱帽,以示对场上运动员、裁判和观众的尊敬。后来,如果赛场上的选手连续投出3个球,并将对方队伍中的3名球员淘汰出局,裁判就会授予该选手一顶帽子。该选手在赛场上演的就是后来所说的"帽子戏法"。

从那以后,"帽子戏法"被广泛应用于体育赛事,尤其是在足球比赛中。在1958年举行的世界杯半决赛中,贝利一人连续进球3次,率领巴西队顺利打败了法国队。在后来的《贝利自传》中,贝利描绘了这场比赛,并将这一章节的题目命名为"帽子戏法"。

现在"帽子戏法"不仅被用在体育领域,还被用来指代连续3次获得成功的事件。

盖 帽

这种动作技术在中国被称为"火锅"。

盖帽是篮球比赛中的一个技术术语。它是指进攻人投篮出手时,防守人在空中设法将对方的来球打掉的动作。

盖帽的具体过程如下:在篮球比赛的过程中,参赛选手原地跳起,试图用单手或者双手将篮球投进对方的篮筐。在他将球投出的一瞬间,球离开他的手,在空中迅速飞越。这个时候,防守的选手跳起身来用手臂封堵,将来球有效地拦截,使之无法得分。

"飞人"乔丹

乔丹将NBA文化普及到了全球,成为了NBA历史上第一位拥有"世纪运动员"称号的篮球明星。

迈克尔·乔丹,美国NBA著名篮球运动员,公牛队中的巨无霸,被人们称为"空中飞人"。在职业篮球生涯中,乔丹创造了后人无法超越的辉煌记录,是全世界公认的最优秀的篮球运动员。

迈克尔·乔丹,1963年2月17日出生于纽约市的布鲁克林。他在北卡罗莱纳的威明顿度过了自己的童年,接着进入北卡罗莱纳州雷尼中学学习。

最初,迈克尔·乔丹的梦想是成为一名棒球巨星。读中学时,他的棒球、篮球和橄榄球都很出色。高中四年级,乔丹入选麦当劳全美队,并成为篮球比赛历史上得分最高的高中生。

从1986年的赛季开始,迈克尔·乔丹改写了NBA有史以来的得分记录。他在比赛中拿下了 37.1 的场均分，并在此后的 7 年中始终保持着 30＋的得分。不仅如此，他还连续 9 场得分 40＋，并在一场比赛中连续得到 23 分。这些成绩刷新了 NBA 球员的新记录。

在同年的全明星赛中，迈克尔·乔丹获得了灌篮大赛的奖杯，第二年他继续卫冕冠军。在 1987 至 1988 年赛季中，乔丹获得了最有价值球员、最佳防守员和全明星 MVP 等奖项。不过，在此后的赛季中，迈克尔·乔丹所在的公牛队接连遭遇挫败，这种情况直到 1991 年赛季才宣告结束。

在 1991 年赛季中，迈克尔·乔丹带领队友们成功夺冠，并获得了他个人的第 6 个有价值球员奖杯。此后连续 2 年，公牛队都取得了赛季冠军。2003 年，迈克尔·乔丹正式宣布退役。

棒球的发明

棒球运动的历史十分悠久。

棒球是一种以棒打球的体育运动项目。它具有较强的集体性、对抗性，被人们称为"竞技与智慧的结合"。

在公元 700 年的希腊和印度神庙的浮雕和石碑上，随处都可以找到用木棒打球的图案，中国古代也有类似的球类运动，但是现代棒球的发明权却一直没有定论。一部分人认为，它是由英国人发明的，理由是棒球运动起源于英国的"圆场球运动"，英国孩子经常用一根木棒和球进行这种运动。还有一部分人认为，棒球是美国人的专利。1905 年，美国成立了"棒球起源调查委员会"。该委员会经过调查得出结论：棒球是由阿布纳·德布尔迪于 1839 年在纽约的库柏斯镇发明的。现在，这种说法已被人们普遍接受。

1845 年，美国的"纽约人棒球俱乐部"制定出最早的棒球运动规则。1846

年6月19日，纽约九人队接受了"纽约人棒球俱乐部"的邀请，在新泽西州按照新制定的规则进行了第一场棒球比赛。

冰上曲棍球趣闻

冰上曲棍球是由地面上的曲棍球运动演变而来的，最早起源于加拿大。

冰上曲棍球，又称"冰球""卡尔文球"或"班迪球"，是一种运动员手持球棍在冰场上进行集体性对抗的体育运动。在比赛的过程中，运动员将技术、平衡能力和体力集于一身。为了获取分数，运动员会进行高速滑行和冲撞，这使得冰上曲棍球成了一种令人无比兴奋的集体项目。

1855年，加拿大金斯顿开始流行一种冰上游戏，参与这种游戏的人脚上绑着冰刀，手中拿着曲棍，在冰冻的湖面上追逐着打击用圆木片制成的圆球。在湖面上设有由两根竖起的木杆构成的球门，参加游戏的人只要把球击打进球门即可。这就是现代冰上曲棍球运动的前身。后来这种游戏经由驻扎在加拿大的英国士兵带到北美，并迅速传播开来。

1860年，加拿大的冰上曲棍球运动开始用橡胶做成的盘形冰球。1870年，加拿大麦基尔大学的一部分学生开始组织冰上曲棍球比赛，并制定了"麦基尔规则"。该规则明确指出，用现在的冰球取代橡胶冰球，并将每支参赛队伍的人数定为9人。

1875年，在加拿大蒙特利尔的维多利亚冰场上举行了第一次正式的冰上曲棍球比赛。1885年，加拿大成立了第一个全国性的冰球组织"加拿大业余冰球联合会"。该组织将参加比赛的每支队伍的人数减少到7人。这一年，在安大略湖成立了一个由4支球队组成的冰球联盟。

1895年，美国约翰霍普斯金大学和耶鲁大学进行了一场冰上曲棍球比赛。1903年，美国成立了第一个全国性职业冰球联盟，加拿大和美国的球队及球员都是该组织的成员。后来，这一组织的规模不断扩大，于1910年正式改名为北美职业冰球联盟。

橄榄球溯源

橄榄球的形状与橄榄十分相似，因此在中国被称为橄榄球。

橄榄球，原名拉格比足球，简称拉格比，是英、美、澳等国家一种比较盛行的球类运动。

关于橄榄球的起源，可以追溯到19世纪的英国。在英格兰中部的沃里克郡有一个叫拉格比的城镇。1823年的一天，拉格比学校正在举办一场足球比赛。在球场上，有个叫威廉·韦伯·艾利斯的学生严重失误，将一次有利的进球机会白白浪费。当时，他站在比赛场中感到十分懊恼，便突然拿起脚下的足球，抱在怀中迅速向对方的球门冲去。这一举动虽然违反了规则，但在场的观众却看得津津有味。从这以后，拉格比学校的足球比赛中经常会有人抱着球跑向对方的球门。慢慢地，足球场上的这种行为在当地流传开来。后来，一些热爱运动的体育人士经过不断研究和改良，最终将其发展成为一种新型的体育运动——橄榄球。

手球发展史

1976年，女子手球被列为奥运会的正式比赛项目。

手球是一项融合了篮球和足球运动的混合运动。在比赛过程中，参赛选手需要用手去打球，这一点跟篮球运动一样。

19世纪末期，一种类似于手球运动的游戏首先在捷克斯洛伐克、德国和丹麦等国出现。1917年，德国柏林的体育教师海泽尔专门为女子设计了一种新的集体游戏。这种游戏规定，选手们不能进行身体方面的接触，只能用手传递或者接抛球。1919年，德国柏林的另一位体育教师舍伦茨改进了海泽尔发明的集体游戏，提出了一项新规定：持球的选手在传球之前可以跑3步，并且传球之前可以有身体接触。1920年，手球比赛有了正式的竞赛章程。最初，参加比赛的每支球队各有11人，后又改为7人。1925年，德国与奥地利举行了第一次国际手球比赛。之后，首届世界男子手球锦标赛和首届世界女子手球锦标赛分别于1928年与1957年举行。1936年，男子手球被列为奥运会的正式比赛项目。

拉拉队的由来

关于拉拉队的起源，可以追溯到原始社会时期。

拉拉队即以团队的形式出现，队员们通过舞蹈、口号、跳跃等动作技术，配以音乐、服装、队形变化等要素，为某个正在参加比赛的团队鼓舞呐喊。

原始社会时期，出外打猎的战士胜利归来时，人们都要列队欢呼，为他们举办最热烈的庆祝活动。

现代意义上的拉拉队则始于19世纪末期的美国。1898年冬天，美国的大学校园内正在举行一场激动人心的橄榄球比赛。参赛的一方是明尼苏达大学，为了指挥现场的观众为母校加油助威，明尼苏达大学的尊尼·康贝尔便站在观众席面前高呼脍炙人口的鼓励口号，这些口号使得赛场上的球员一下子振奋起来。尊尼·康贝尔由此成为了美国历史上第一位拉拉队队长，他喊出的某些口号一直流传至今。20世纪70年代，除了担负为学校橄榄球和篮球比赛加油助威的任务外，拉拉队还将其鼓舞士气的方式推广到了学校的其他运动项目中。1978年，哥伦比亚广播公司第一次通过电视向全美转播学校拉拉队赛事。至此，拉拉队开始作为一项严肃的运动为人们所接受。

极限运动

极限运动是以成型的运动项目为基础，并结合人们游戏或生活中的某些兴趣爱好和特长，经过长时间的演变逐步发展而来的。

极限运动是对难度较高、挑战性较大的组合运动项目的统称。与一般的竞技体育项目一样，极限运动追求的也是"更高、更快、更强"的超越精神。不过，它更加强调个体的参与和娱乐精神。

极限运动的概念有广义和狭义之分。广义上的极限运动是指那些非奥运会项目但挑战性极高的运动，比如蹦极、攀岩、悬崖跳水等。狭义的极限运动仅指大型极限运动会中包含的成型项目，比如极限摩托车、极限轮滑等。

根据比赛时间的不同，可以将极限运动划分为夏季项目和冬季项目两大类。其中，夏季极限运动的项目比较多，主要有难度攀岩、速度攀岩、空中滑板、高山滑翔、滑水、激流皮划艇、摩托艇、冲浪、水上摩托、蹦极跳、滑板U台跳跃赛和街区障碍赛等。

极限运动的比赛时间较为短暂，选手的表演一般每一回合只有60秒，每人仅限两个回合。选手在短短的比赛时间内，不仅要利用现场的设施完成自己的动作，还要力图使得自己的表演具有较高的难度性和观赏性。裁判会依据选手的动作和个人风格等因素进行评分。

蹦极的起源

1997年，蹦极运动传入中国。

蹦极，又叫机索跳，是近年来兴起的一项户外休闲运动。跳跃者站在大约40米以上高度的桥梁、塔顶、高楼或吊车上面，将一根橡皮绳绑缚在脚踝关节处，然后张开双臂，双腿并拢，朝下跳去。当跳跃者落到距离地面很近的地方时，由于橡皮绳的拉力作用，跳跃者会被橡皮绳拉起，随后又接着落下，如此反复直至橡皮绳的弹力完全消失为止。

关于蹦极的历史，可以追溯到公元500年前后。在西太平洋瓦努阿图群岛的一个部落里，有个土著妇女为了逃避丈夫的虐待，爬上高大的可可树，并用一种具有弹性的蔓藤绑住脚踝。为了防止丈夫爬上树来，妻子威胁他说，只要他执意上来，她就跳下去。蛮横的丈夫根本不予理会，直接爬上可可树。为了躲避丈夫，妻子就从树上跳了下来。没想到，丈夫也跟着跳下来了。结果，富有弹性的蔓藤挽救了妻子的性命，而那位残暴的丈夫却当场摔死。从那以后，跳跃者用蔓藤将脚踝绑缚并从高处跳下的活动便流传开来，成了当地的一种风俗。当年轻的男子从高处跳下时，就意味着他已经成年了。

后来，这种风俗流传到英国，成为宫廷中的一种表演活动。1979年4月1日，英国牛津大学冒险俱乐部的成员利用弹性绳索，从245英尺的克里夫顿桥上跳下，标志着现代蹦极运动的开始。

1988年，新西兰成立了世界上第一家商业性蹦极组织反弹跳跃协会。协会的发起人贺克特积极倡导蹦极运动，引起了很多人的关注。同年，约翰·考夫曼在美国成立了商业蹦极机构，并开创了大桥式蹦极、飞机式蹦极、热气球式蹦极等多种形式。现在，世界上很多国家都建立了蹦极运动基地。

滑雪小史

滑雪板是用木材、金属材料和塑料混合制造而成的。

滑雪，是指运动员将滑雪板安装在靴底，在雪地里进行速度、跳跃和滑降的竞赛运动。滑雪运动的关键要素是"立""板""雪"和"滑"。

滑雪竞赛可分为高山滑雪和北欧滑雪两种。高山滑雪有滑降、小回转和大回转3个项目，高山滑雪混合项目就是由这3个项目组合而成的。北欧滑雪有个人越野滑雪赛、男子接力赛和女子接力赛等。

滑雪的历史可以追溯到原始社会时期。那时，社会生产条件极其落后，人们将树枝垫在雪地上，以便能够在雪地上停留。渐渐地，为了能在恶劣的自然环境中生存、捕猎，人们又发明了滑雪板，代替在冰天雪地里行走。现在已知最早的滑雪板是北欧人和亚洲人在5000多年前发明的。

现代滑雪运动起源于斯堪的纳维亚国家。回转"SLALOM"就是一个挪威词语，意思是在倾斜的路面上行走。12世纪，滑雪运动由北欧传入英格兰。中世纪过后，挪威成了历史上第一个将滑雪纳入体育课的国家。19世纪初，滑雪作为一项娱乐活动，盛行于挪威南部。1850年，挪威人桑德·诺汉发明了一种近似现代滑雪板的滑雪器具。他设计出一种不容易松动的雪橇固定带，不但增加了滑雪器具的稳定性，还使滑雪运动中出现了一种新的转弯技术。

1860年，挪威在奥斯陆举行了第一届全国滑雪大赛，并于1861年成立了第一个滑雪俱乐部。1872年，美国在新罕布尔什州的柏林市成立了第一个滑雪俱乐部。1896年，奥地利的茨达尔斯基在原来的滑雪技术基础上，创立了一种能使滑雪板与滚落线成一定角度的新技术，从而更有效地控制了滑雪速度。20世纪初，奥地利人施耐德又发展出新的停止和转弯技术，并整理出版了一本滑雪手册《埃尔伯格技术》，详细介绍了一系列的滑雪规则和技术，奠定了现代滑雪技术的基础。

登山运动的由来

登山运动可以分为登山探险、竞技攀登和健身性登山三种类型。

登山运动是指在特定的要求下，运动员徒手或者使用专门装备，从低海拔地形向高海拔山峰进行攀登的一项体育运动。

登山运动起源于欧洲的阿尔卑斯山地区。18世纪中期，阿尔卑斯山脉以其复杂的山体结构，丰富的动植物资源，吸引了不少科学家的注意。1760年，日内瓦一位年轻的科学家德索修尔在阿尔卑斯山区考察时，对勃朗峰上的巨大冰川产生了浓厚兴趣，并尝试攀登。只可惜，德索修尔并没有攀登成功。

1786年8月8日，法国医生帕卡尔与石匠巴尔玛结伴，第一次登上了阿尔卑斯山的最高峰勃朗峰。第二年，德索修尔在巴尔玛的引导下，率领一支20多人的队伍成功登上了勃朗峰，并验证了帕卡尔与巴尔玛第一次攀登成功的事实。现代登山运动由此诞生。因为现代登山运动诞生于阿尔卑斯山地区，所以也被人们称为"阿尔卑斯运动"。

冲浪小史

古老的波利尼西亚酋长就是凭借着高超的冲浪技术，才在部落的民众之间树立起了巨大的威信。

冲浪是运动员以海浪为动力，利用自身的动作技巧和平衡能力，在大海中驾

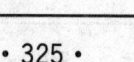

驭冲浪板、划艇等器具，在波浪中穿梭前行的一种水上运动。

冲浪运动起源于大洋洲的土著居民波利尼西亚人。这些岛屿四面环海，气候适宜，且天气晴朗的时候居多，这为当地人开展水上运动提供了得天独厚的条件。

1778 年，英国探险家库克船长在夏威夷群岛周围发现了冲浪运动。1908 年，冲浪运动传入欧美国家。1960 年，冲浪运动传入亚洲地区。第二次世界大战过后，塑料工业的新发展促成了塑料冲浪板的诞生，使得冲浪运动在世界范围内迅速传播开来，并成为了一种竞技性的比赛项目。

冲浪运动必须要选在有风浪的海滨中进行，只有这样才可以借助海浪的动力。一般情况下，1 米左右的海浪最适合冲浪运动，海浪的高度最低不得低于 30 厘米。在冲浪的过程中，运动员站立在冲浪板上，或者利用腹板、跪板、充气橡皮艇、划艇、皮艇等工具驾驭海浪。无论采用哪种设备，都要求运动员具备高超的动作技能和平衡能力，以及在深海中长距离游泳的能力。

滑板的发明

在滑板发明之初，这项运动也被人们看作是冲浪运动在陆地上的延伸。

滑板是极限运动的鼻祖。许多极限运动项目都是从滑板运动中演变而来的。目前，滑板运动已成为全球最"酷"的运动，深受广大青年人的喜爱。从事滑板运动的选手需要具备翻板，在滑杆、U 台带板起跳等高超技能。

19 世纪 50 年代，冲浪运动在美国西海岸风靡一时，可是由于受到地理环境和天气条件的制约，人们不能够随心所欲地进行冲浪。长期生活在南加州海滩的居民便从冲浪运动中得到启发，创立了更富自由度的滑板运动。他们将一块 0.25 平方米的木板固定在一个铁轮子上，这样世界上第一块滑板就诞生了。通过滑板运动，人们可以体验到与冲浪运动相似的感受。

一级方程式赛车的诞生

一级方程式赛车的历史可以追溯到 1894 年的世界首次汽车比赛。

一级方程式赛车，英文全称为 Formula One，简称 F1，是当今世界上最高水平的赛车比赛。

汽车诞生后不久，法国便于 1894 年举办了首届汽车比赛。这次比赛的起点是巴黎，终点是鲁昂，全程共计 80 英里。在比赛过程中，运动员可以在中途休息。

1896 年，法国汽车俱乐部举行了一次从巴黎到马赛的往返比赛。从 1897 年开始，法国的汽车制造商开始注重赛车大马力引擎的开发，并去掉车上的挡泥板，改变车座的软结构。在举办汽车比赛的同时，法国还建立了世界上最大的汽车工业，并凭借第一时代的赛车运动统治着赛车车坛。

19 世纪末期，一种"快速制胜"的比赛理念出现，世界各地的国家纷纷参与到汽车比赛当中。1904 年，世界汽车协会成立。为了保护车手和观众的安全，汽车协会不断对赛车加以规范，并制定出第一个"方程式"，对赛车的最小重量、最大重量、耗油量和汽缸直径等做出了严格控制。

1920 年，汽车倒后镜的发明使汽车比赛的赛场上出现了单座赛车。1948 年，法国的汽车比赛首次采用统一的规则（a formula），一级方程式赛车由此得名。1950 年，首届一级方程式赛车冠军赛正式举行。

翼装飞行

翼装飞行的历史最早可以追溯到 19 世纪 90 年代的极限跳伞运动。

翼装飞行，又叫近距离天际滑翔运动，是指穿着翼装的飞行者从高楼、高塔、大桥、悬崖、直升机等高处跳下，在空中进行无动力飞行的运动。一般情况下，飞行者的降落高度有限，需要在短时间内调整姿势和打开降落伞包。因此，翼装飞行具有极大的挑战性和冒险性，被人们称为"世界极限运动之最"。

喜欢跳伞的人发现，蝙蝠在飞行的时候可以将翅翼的扇动与翅翼的柔韧性结合起来，从而在空中悬停或者继续飞行。根据这一原理，人们设计出了一种翼装飞行服，由富有韧性和张力的尼龙材料制成。翼装最为重要的部分是冲压式膨胀气囊。当飞行者在空中降落时，空气迅速进入气囊，使得翼装充满气体，进而产生浮力。飞行者凭借浮力，在空中利用身体的移动来控制飞行的高低和方向。除此之外，飞行者还要戴一个特制的头盔。这个头盔里面设有 2 个 GPS 定位器，可以通过眼镜右下角的小屏幕第一时间告诉飞行者的速度和滑行率。另外，头盔的右边还有一个耳麦，可以通过声音告诉飞行者是否偏离航道，以方便其在空中作出适当的调整。

有氧运动

　　在运动之前，多吃一些富含氨基酸的食物，比如海鲜、豆腐等，这样可以较好地缓解肌肉在运动中产生的酸痛和僵硬。

　　有氧运动是指在氧气供应充分的情况下进行的体育运动，具体说来，就是人体在运动的过程中所需要的氧气与吸入的氧气量相等，达到生理上的平衡。有氧运动的运动时间一般在15分钟以上，运动强度为中等或中上程度。常见的有氧运动项目有步行、快走、慢跑、竞走、滑冰、长距离游泳、骑自行车、打太极拳、跳健身舞、跳绳、做韵律操、各种球类运动等。

　　评判一项运动是不是有氧运动，最重要的衡量标准是心率。有氧运动的心率保持在每分钟150次，这样人体中的血液可以供给心肌足够多的氧气，身体内的葡萄糖可以得到充分"燃烧"。因此，有氧运动的特点是强度低，节奏感明显，持续的时间比较长。长期进行有氧运动，可以增强肺活量和心脏功能，增加体内血红蛋白的数量，提高机体的抵抗能力。此外，长时间劳累的人如果进行有氧运动，便可以较快地恢复体能。

在从事有氧运动之前，人们必须做好充分的准备。在进行有氧运动前，喝一杯热饮，可以帮助身体提前预热。运动结束之后，不要忘记进行放松活动，这样可以避免身体拉伤。

五禽戏的发明

五禽戏刚开始流传时，并没有现成的文字记录。直到南北朝时期，陶弘景才在《养性延命录》用文字正式记录了五禽戏。

五禽戏又称"五禽操""五禽气功"，是中国的一种传统健身方法，主要包括虎戏、鹿戏、熊戏、猿戏和鸟戏。五禽戏是由中国东汉著名的神医华佗创立的。华佗通过模仿五种动物的动作和神态，经过系统的总结后，组合成了一整套严谨的动作路数。之后，他又在长期的口传身授过程中，逐渐将这一整套动作发展成为强身健体的五禽戏。

说起五禽戏的发明，还有一段传说故事。有一次，华佗在行医途中看到一个小孩子在来回荡悠门栓，并由此联想到了"户枢不蠹，流水不腐"这句古话。华佗认为，人的一切疾病都是由于气血不通畅导致的。只要人们经常活动，就能身体健康，减少疾病。于是，华佗便在古人锻炼身体的"导引术"基础上，模仿虎、鹿、猿、熊和鸟五种动物的动作，创造出一套动作路数，这就是后来所说的五禽戏。五禽戏能够强身健体、延年益寿，而且又简便易学，在当时深受广大人民群众的喜爱。

瑜珈的由来

经过5000多年的锤炼，终于形成了现代瑜珈这种让人获益匪浅的治愈体系。

瑜珈诞生于古印度时期，最初是一种通过帮助人们提升意识，进而充分发挥潜能的哲学体系。后来，人们在这种哲学体系的指导下，逐渐发明出一种可以改善人们生理、心理和情感的体育运动。瑜珈集哲学、科学和艺术于一身，数千年来已经成为了印度文化中的一个重要组成部分。

瑜珈起源于印度北部的喜马拉雅山一带。古印度的修行者在修炼身心时发

现，各种类型的动物都具有天然的治疗、放松、睡眠或者保持清醒的方法。一个身患疾病的人，如果可以有效地利用这些方法，就可以治愈自身的疾病。于是，修行者们便设法观察动物的各种姿势，并不断模仿，逐渐创立出了一系列有益于身心健康的运动方法。

还有一种说法认为，古代印度的高僧为了达到天人合一的至高境界，经常走进原始的森林，寓居在那里，整日进行冥想。高僧们生活在与世隔绝的环境中，从朝夕相处的生物身上领略了不少自然法则。他们将这些生物生存的法则运用到人身上，逐渐体悟到人的身体发生的细微变化。经过长期不断的体悟，高僧们懂得了怎样与自己的身体对话，从而产生了一整套维护和调理健康的方法。这种方法流传下来，成为了后世所说的瑜珈。

瑜珈之谜

"瑜珈"的意义是"结合"，指修行。它是印度的一种着重强调静坐、调息等修行方法的奇特功夫。今天，印度瑜珈所创造的奇迹已越来越引起全世界的瞩目，越来越多的科学家开始探讨瑜珈之谜。

印度报纸曾多次报道过印度"瑜珈"活埋后"起死回生"的奇事。

20世纪60年代末期，印度乌台浦尔土邦医科学校的医生在2米多深的地下挖了一个小墓穴，内仅放5公升蒸馏水用来湿润空气，然后将一名叫瓦斯米·萨蒂雅鲁尔蒂的人"活埋"了。令人疑惑不解的是，在墓外测量的人发现："活埋"2小时后，心跳快到难以置信的每分钟250次；第二天傍晚时，心电图竟然出现一条直线，瓦斯米的心脏停止了跳动，呼吸也停止了，这就是说，在临床上他死了。可是到了预定试验结束的第8天前半小时，也就是心跳停止160多小时后，心电图又奇迹般地划出了曲线，心跳记录每分钟高达142次！

8昼夜后，打开墓穴，水还剩下一半，而这位自愿"活埋"的瓦斯米，全身处于僵木状态，反应虽然迟钝，体温也由试验时的 37.2℃，降到了 34.8℃，但是，他又复活了！尔后，他全身剧烈颤抖近 2 小时，体温开始正常。当大家围观之时，瓦斯米却突然睁开眼睛，站了起来。众人既惊喜万分，又百思不解。

印度人巴罗多·巴柏年轻时当过兵，退役后皈依佛教，一心练习一种在印度已失传的古老的"瑜珈心法"，打坐时呼吸减慢，不饮不食，直到近似"休克"状态，停止呼吸。经过 10 年修炼，他自称练成了这种"旷世奇功"，并从 1980 年开始公开表演。起初，他把自己放在一个空箱子里，埋在地下 10 米深的地方。32 天后，当人们把他从地下挖出来时，竟安然无恙。最近，应日本的邀请，他将去日本表演。他将自己封闭在一个箱内，沉入到日本海底 100 米深处，20 天后，再让人拉上来。此举已惊动《健力士世界纪录大全》的工作人员，他们届时将赶到日本，对表演做如实记录，让更多的人知道这位在印度被尊为"圣者"的人。

若说"活埋"的最高纪录，要数印度圣僧巴巴呈·维达殊所创造的活埋 20 年的奇迹。

1967 年，巴巴呈·维达殊命令他忠实的追随者将他活埋地下。1987 年底，他的信徒遵照他的"遗嘱"又将他从不见天日的棺材里挖出来。奇迹发生了，这位圣僧不仅活着，而且容貌还和 20 年前一样，没有任何衰老的迹象。

活埋不死，这真是一种令人无法想像的神奇现象，现代医学对此又有何解释呢？

有人认为，作为印度瑜珈派八种养身法之一的"自我封闭"，跟我国的气功有类似之处。现代医疗仪器对练功者监测，发现他们静坐练功时，人体基础代谢率降低，血液循环加快，氧耗量减少，肺气内浓度增高，人的神经和肌体可得到充分休息。瑜珈功夫深的人，可以不同程度地用意识控制自己的心跳、血压和呼吸等。功夫愈深，自我控制能力愈强。但是"活埋"8 天、32 天、20 年，毕竟属于奇迹，是有待进一步探索的人身蕴藏的巨大潜力之一。

另外，有少数练瑜珈功的人能达到数日、数月以至数年不食，不下座，可以使呼吸达到"息无出入"，脉搏达到"六脉俱"的境界，这也不能不使人称奇。

有的行者，仰卧在地上，在下唇放一小撮潮湿的泥土，在泥土上播下几粒芥末的种子。不管是在酷暑之下，还是微有凉意的夜晚，行者一动不动、不吃不喝地等种子发出芽，直至长成一棵苗，从播下种子到长出一棵幼苗来，据说最少需要 4 天。

孟加拉印度教的行者阿加斯卡，一只手高举，手掌上放着棕毛，直至小鸟在手掌中筑巢，从1902年至1912年的10年间，他一直保持着这种姿势。

1984年，《北京晚报》登载一则消息：22年前，一个很瘦的印度教徒在印度西部的支特提村一家茶店外停下来，至今仍睡在那里。没有人知道他是谁，因为他从不说话，也似乎从不需要什么。他偶尔接受少许食物和水，但常常是不饮不食，也没有大小便。他从不离开那里，满是白胡子的脸上平静的表情也从不改变。当地人尊他为圣人，给他一个"满足之父"的称号。每日有许多人来看他，默默地围他而坐。附近一家医院的达斯医生说："这种现象在医学上无法解释。我15年来研究他多次，在夏日的骄阳下，冬日的严寒中，日日夜夜，他或坐或睡，总在那里。"22年来，时刻有人守在他跟前，他虽然一直露天而居，却从未有人见他生过病。

对于这种"瑜珈功"，印度医学界认为，那是一种人为冬眠术，如将此法推广，可极大地造福人类。

印度瑜珈的奇迹引起了世界性的关注，许多国家向印度政府提供各种先进的仪器设备，并派专家到印度专攻瑜珈。目前，世界上已有40多个国家成立了瑜珈中心，进行学术探讨。诺贝尔奖获得者J·塞勒克博士说："瑜珈已不再是占星者的巫术邪说，而是一门人类医疗保健的科学。"

然而瑜珈中的许多奥秘，对于我们来说还是未解之谜。

中国武术发展简史

作为一项中国传统体育项目，武术具有悠久的历史。

根据《现代汉语词典》的解释，武术又称为国术或武艺，是指把踢、打、拿、跌、击、劈、刺等动作按照一定的规律组成徒手的和器械的各种防守格斗功夫、套路和单势练习。

中国武术萌芽于原始社会的氏族公社时期。当时，各个部落之间经常发生战争。为了能在战场上取得胜利，各部落人民纷纷开始总结实战搏斗经验。有些厉害的拳脚动作被人们不断地模仿、传授，并在部落之间广为流传。

奴隶社会时期，出现了中国历史上第一个国家夏朝。为了维护统治和获取更多的领土，夏朝统治者将传统的搏斗经验加以规范，并广泛应用于军队训练中，使之更加实用化。至此，中国武术正式形成。

周朝时期，出现了一本重要的著作《周易》，又称《易经》。书中"易有太极，是生两仪，两仪生四象，四象生八卦"的思想奠定了中国武术深厚的理论基础。

春秋战国时期，战场上剑刃的使用以及剑术的发展极大地丰富了武术的内涵。

秦汉时期，盛行角力和击剑，手持器械的舞蹈也开始出现于宫廷的娱乐活动中。此时，武术虽然没有用于真实的搏斗，但在形式上已经具备了一定的套路。

唐朝开始实行武举制，进一步促进了武术的发展。

宋元时期出现了民间的武艺表演组织，不仅有单练，还有对练。

明清时期，武术得到了空前的发展。那时不仅流派林立，拳种多样，还形成了太极拳、形意拳、八卦拳等新式的拳种体系。

民国时期，为了适应时代的变化，武术成为中国近代体育的有机组成部分之一。1927年，南京成立了中央国术馆。1936年，中国武术队远赴柏林参加奥运会表演。

新中国成立以后，成立了中国武术协会，并建立了武术队。1985年，西安举办了第一届国际武术邀请赛，并成立了国际武术联合会筹委会。这标志着中国武术取得了突破性的发展。

1990年，武术第一次被列入亚运会竞赛项目。1999年，国际武联被吸收为国际奥委会的正式成员，这意味着在不久的将来，武术将会成为奥运会的竞赛项目。

太极拳的由来

太极拳深具阴阳的特性，符合人体和大自然的运动规律。

太极拳是中国一项传统的健身运动和武术项目。它是中国古人依据周易的阴阳原理、中医的经络学、道家的导引吐纳之术创造出的一套拳术。

太极拳在中国具有悠久的历史。关于它的起源，一直众说纷纭，总结起来大致有以下几种观点：

第一，陈家沟起源说。这种观点认为，太极拳是由明朝末年的陈王庭发明的。持这种观点的人在实地考察了河南温县，查阅了《陈氏家谱》等文字资料后得出了这一结论。因为现在流传的几种太极拳都与陈氏太极拳有着深厚的渊源，所以这种说法有一定的可信度。

第二，张三丰创拳说。众所周知，源自于中国古典哲学的"太极理论"是太极拳的理论根据。道家和道教作为"太极理论"的发起和传承者，理所当然地被人们关注和重视。其中，太极拳理论的集大成者张三丰一直被认为是太极拳的创始人。这一说法由来已久，并且得到大多数人的赞同。

第三，王宗岳创拳说。王宗岳首次运用易学的概念，并结合《周子全书》阐发拳理，写成了《太极拳论》一书。"太极拳"这一名称就是从此书中得来的。王宗岳第一次系统地论述了太极拳拳理，因此成为了部分人眼中的太极拳创始人。

漫话踢毽子

根据史料的记载，踢毽子最早起源于中国的汉朝时期。

踢毽子，俗称"打鸡"，是中国的一项传统体育活动。由于毽球携带方便，场地可以自由选择，踢毽子便成了一种颇受欢迎的运动。

据说，最早的踢毽子活动是从孩子们玩的一种游戏发展而来的。在古代的中国，人们经常请女巫驱鬼。孩子们看到女巫跳大神的动作觉得非常有趣，就模仿着她们的动作开始"踢鬼"。孩子们将鸡毛扎成一束，几个人围成一圈，你一脚我一脚地踢起来。大人们看到孩子们的这种游戏不但能够活动筋骨，还能驱赶鬼邪，便也积极参与到这项活动中来。

唐宋时期，踢毽子的活动逐渐兴盛。明朝时，人们开始举行正式的踢毽子比赛。清朝时期，这种比赛活动达到了鼎盛，而毽球的制作工艺和踢法也得到了长足的发展。

古代的中国人心灵手巧，他们将几根公鸡尾巴上的羽毛扎在一起，插在铜钱的眼里，再用布将铜钱紧紧缝住。这样，一个简单实用的毽球就做好了。在古代制作工艺的基础上，后世又发展出四种毽球的制作方法。不管哪一种制作方法，毽球始终分为底托和毽羽两部分。

毽球按照外观的尺寸大小，可以划分为大毽、中毽、花毽和毽球毽。大毽一般供初学者使用。中毽不仅可以用来比赛，还可以用于娱乐活动。花毽是这几种毽子中最漂亮的一种，具有很强的装饰性。毽球毽由于体积小，速度快，一般只用于竞技性比赛中。

跳绳的起源

关于跳绳的起源，可以追溯到唐朝时期。

跳绳就是一个人、两个人或者多个人使用一条、两条或者数条绳子，不断做回旋跳跃的运动。跳绳不仅能训练人的反应能力和耐力，还能帮助人们保持身体健康和协调性。跳绳运动需要用到的装备只有一条绳子和一双轻便的鞋子，对场地的要求也非常简单。在长期的发展过程中，跳绳已经成为了一项倍受人们青睐的体育活动。

唐朝时，人们将跳绳称为"透索"。南宋时期，跳绳的名称变成"跳白索"，又称"跳百索"。当人们跳起来时，绳子迅速飞转，在空中留下的影子就像有千百条绳子，"跳百索"这个称呼就是由此得来的。

起初，这种用于佳节庆祝的简单游戏只在庭院中进行，后来逐步发展为一种民间的竞技运动。到了清代，跳绳运动进一步发展，花样和动作较以往都有所进步。此时，跳绳被人们称为"绳飞"。民国时期，这项运动开始被人们称为"跳绳"，这个称呼一直沿用至今。

数理化学

数　学

十进制溯源

作为世界上最先进、最科学的计数法，十进制计数法对世界科技文化的发展发挥了不可估量的作用。

十进制计数法，全称十进制位值计数法，是我们日常使用最多的计数方法。该计数法是以 10 为基础的计数系统，包含两条原则，即"十进"和"位值"。"十进"原则是指满十进一；"位值"原则指同一个数字在不同的位置上所表示的数值各不相同，如"363"这个数字，左边的 3 表示 300 个 1，右边的 3 则表示 3 个 1。

在十进制计数法还未被世界通用之前，人类曾创造出多种计数方法，但这些计数法相较于十进制计数法都显得非常粗糙、繁琐，使用起来很不方便。例如，古希腊从一到一万的数字都是用希腊字母来表示的，有时字母不够用，还需要使用符号；古埃及所有的数字符号都是象形的，并且符号数量很少，从一百到一千万只有四个符号，从一到十只有两个数字符号；古埃及的计数法采用六十进位，这样导致人们进行计算的时候非常麻烦。

那么，使用便捷的十进制计数法是如何被人们创造出来的呢？原来，在上古时代，人们计数很不方便，便会使用身边的东西来帮助记忆，这样自然而然地就想到了自己的双手。双手有十根手指，因此人们就习惯于 1 数到 10。之后，这种通过双手十指计数的方法成了一种习惯，一代代流传下来，并在使用的过程中不断完善，渐渐形成了我们现在通用的十进制计数法。

十进制计数法最早起源于中国，据资料记载，大约最迟从商代开始，这种计数法就已经开始在中国使用了。

勾股定理的发现

勾股定理是一个基本的几何定理，它将代数的思想运用到解决几何问题中，是实现数形结合的重要工具。

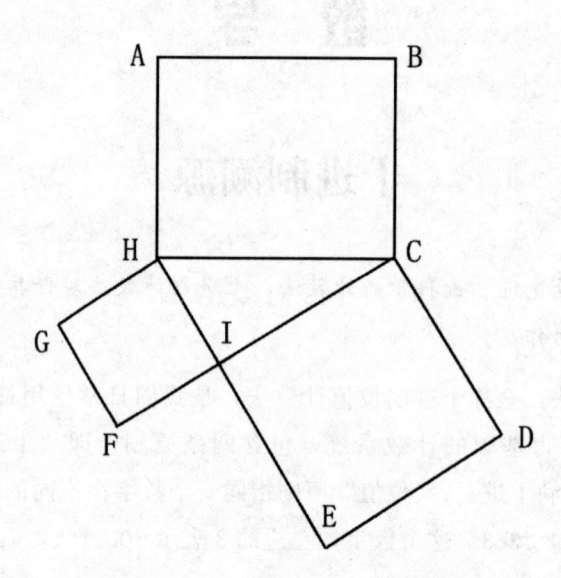

在任何一个直角三角形中,将两条直角边边长的平方相加,结果都等于斜边边长的平方。直角三角形的这一特性就叫做勾股定理。

勾股定理也称毕达哥拉斯定理,因为在西方,人们普遍认为,这一定理是古希腊数学家兼哲学家毕达哥拉斯于公元前550年首先发现的。据说,毕达哥拉斯发现并证明了这个定理后非常高兴,当即宰了一百头牛来庆祝,因此这一定理又被称为"百牛定理"。

实际上,最早发现这一定理的是中国人。公元前1100年左右,中国出现了一本名叫《周髀算经》的数学著作,其中记载了一段"勾三股四弦五"的说法,指的就是勾股定理。在中国古代,学者们称直角三角形中较短的直角边为"勾",较长的直角边为"股",斜边为"弦",勾股定理也因此得名。在这部书中,勾三股四弦五的说法出自一个商代的名叫商高的人口中,因此勾股定理也叫商高定理。这证明了中国发现并使用勾股定理比西方早了500多年。

黄金分割率

黄金分割非常具有艺术性、和谐性,被公认为是最具有审美意义的分割,0.618也是举世公认的最有美学价值的比例数字。

黄金分割率又称黄金率，是一种数学上的比例关系。把一条线段一分为二，使其与较长部分的比值等于较长部分与较短部分的比值，其比值是一个固定值，在小数点后面保留三位小数的近似值为 0.618。这种切割就叫黄金分割，这种切割的比例就是黄金分割率。

黄金分割的问题最先是由 2000 多年前的古希腊数学家欧多克索斯提出的。公元前 4 世纪，古希腊数学家欧多克索斯对这一问题进行了系统的研究，并建立了理论。后来，欧几里德在《几何原本》借鉴了欧多克索斯的成果，对其展开了更进一步的系统论述。

中世纪时，黄金分割被称为"神圣比例"，并有人专门为它著书立说。17 世纪时，黄金分割逐渐推广。19 世纪，黄金分割被广泛应用于建筑、文艺、工农业生产和科学实验中。

由于用这个比例来设计造型最容易引起美感，所以人们才称之为黄金分割。建筑师们为了让建筑物更和谐，更有美感，就特意让某些线条的比例符合黄金分割，古埃及的金字塔、巴黎的埃菲尔铁塔、古希腊的神庙建筑在造型中都蕴含着黄金分割。在绘画、雕塑、摄影等艺术创作中，作者在构图时，也都会把作品的主题放在画面的黄金分割点上。达·芬奇的《维特鲁威人》、《蒙娜丽莎》、《最后的晚餐》都是按照该比例来布局的。

欧几里得和《几何原本》

欧几里得认为，原来的几何知识只有经过系统地整理，成为一个完整的体系，才能适应社会发展的需要。

欧几里得是古希腊著名的数学家，《几何原本》是他最伟大的著作。这部著作不但使几何学的体系更加完整，更有条理，而且开创了欧氏几何这一全新的领域，为欧洲数学奠定了基础，欧几里得因此被称为"几何之父"。

其实，在欧几里得之前，人们已对几何学有所了解。几何学在公元前 7 世纪最早兴起在古埃及，后传到古希腊，由毕达哥拉斯学派传播开来。不过，这些几何知识非常零散，不成系统，各个定理与证明之间缺乏联系，无法自圆其说。

后来，随着社会经济的发展，农业的繁荣，特别是土地的开发利用，原来的几何知识已经不能适应社会需求了。欧几里得曾系统地研究过柏拉图数学思想中的几何学理论，在发现现有几何学知识的不足之后，他便下定决心要对那些零散的几何学知识进行整理。为此，他不远千里，特地来到几何学知识的发源地埃及，开展收集、整理工作。在埃及，他夜以继日地辛勤工作，一边收集前人的成果，一边尝试着把自己对几何学的见解记录下来。经过长年的艰苦努力，他终于完成了自己的传世著作《几何原本》。

《几何原本》全书共13卷，包含了5条公理、5条公设、23个定义和467个命题。每一个公理、公设和定义，都经过由简到繁的证明，这使得全书的结构非常紧凑，为后人树立了用公理化方法建立数学演绎体系的典范。另外，欧几里得在证明每个定理时用的都是公理，或是已经被证明的定理，这种方法被应用到科学中，对后世影响深远。

中国的算盘

到底是谁发明了算盘，现今已经无法确定。不过可以确定的一点是，中国很早就开始使用算盘了。

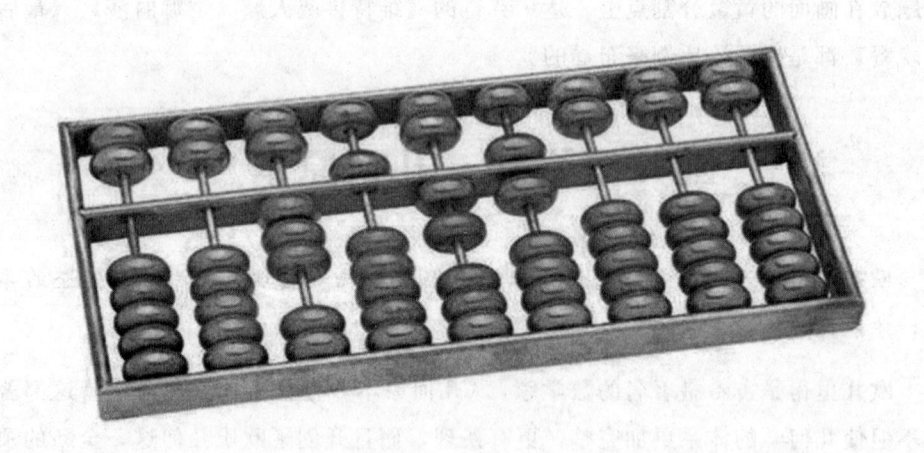

算盘是中国的一种传统计数工具，外形是一个长方形木框，中间有一横梁，横梁并排嵌有许多细杆，俗称"档"。一般有11档或13档，档上串有木珠，名为算盘珠。横梁将算盘分为上下两部分，上半部分每根档上串着两个算珠，每珠代表五；下半部分每根档上串着五个算珠，每珠代表一。算珠可在档上上下滑动，人就是通过用手拨动算盘珠来完成运算的。

东汉末年的数学家徐岳在《数术纪遗》中记载道："珠算控带四时，经纬三才。"珠算指的就是用算盘计算。

后来，算盘逐渐普及。到了明代，还出现了一部专门论述算盘应用的著作《算法统宗》。这部书不但载有算盘图样和珠算口诀，还举例演示了怎样按口诀在算盘上演算。

珠算口诀是人们在长期使用算盘的过程中总结出来的。用算盘计算，配合着这种简单易记的口诀，计算速度会更快。在进行一般的运算时，熟练使用珠算的人的运算速度甚至可以和计算器相比，这种优势在加减法方面更加明显。珠算既简便又快速，在计算器和电脑普及之前，算盘是中国各行各业中普遍使用的一种计算工具。

"小九九"的由来

"小九九"一词出自《九九乘法歌诀》。

现代我们所学的九九乘法口诀从"一一得一"开始，到"九九八十一"结束。但在中国古代，这个口诀却是倒着背的，开始就是"九九八十一"，到"二二得四"就结束了。因为口诀的开头就是"九九"，所以人们就用这两个字来代称《九九乘法歌诀》。

另外，由于《九九乘法歌诀》有计算的功能，人们便在原有的意思之外，将"小九九"引申出了第二个意思：形容人们为自己的得失精心算计、谋划的心理。多含有贬义，现常被人们用来讽刺别人的鬼主意。

分数的起源

分数是在度量过程中，应数学本身的需求而产生的。

把一个整体等分成若干份，表示其中一份或是几份的数，就叫做分数。

历史上，人类最早使用的数是自然整数。随着社会的发展，在度量和平均分配时，往往不能恰好得到整数，为了满足人们计数的需要，就有了分数。

据史料记载，中国是最早使用分数的国家，只是最初的分数并不是像现在这样表示的。《左传》中记载，春秋时期，大的诸侯国的城池不能大过周朝都城的三分之一，中等的不能大过五分之一，小的不能大过九分之一。这个记载证明中国使用分数比其他国家要早出 1000 多年。

继中国之后，印度也使用了和中国相近的方法表示分数，直到阿拉伯人发明

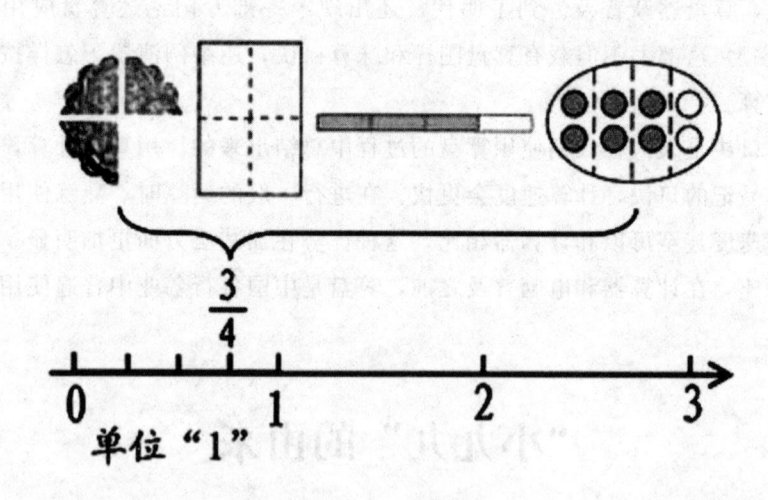

了分数线，现在使用的分数表示法才渐渐普及开来。

联立方程式的诞生

在西方，直到 16 世纪后，才出现记录一次联立方程式的数学书。

方程式是一种数学中非常常见的概念，指的是含有未知数的等式，如 x－8＝15，x＋y－z＝27 等。使等式成立的未知数的数值是方程式的解。要想求出方程式的解，方程式中有几个未知数就需要有几个方程联合起来。将含有几个相同未知数的方程式联合起来组成一组，就是联立方程式。

联立方程式体现了不同事物之间的复杂联系，不管是在科研中，还是在生产中的应用都很广泛。历史上最早列出联立方程式的是中国的《九章算术》一书。《九章算术》的成书时间大概是公元纪元前后，是中国古代的一部数学专著。这部书共分 9 章，收录了 246 个在生产生活中遇到的数学问题，其中第 8 章名为"方程"，专门谈了解联立方程式的问题。该章第一题为："今有上禾三秉（捆）中禾二秉，下禾一秉，实（谷米）三十九斗；上禾二秉，中禾三秉，下禾一秉，实三十四斗；上禾一秉，中禾二秉，下禾三秉，实二十六斗。问上、中、下禾实一秉各几何？"其中"秉"是指"捆"，"实"指谷米。这是一个三元一次联立方程式，用现代的方法记录就是：

3x＋2y＋z＝39

2x＋3y＋z＝34

x＋2y＋3z＝26

《九章算术》中在记录方程式时，不是像现在这样用符号表示未知数，而是用算筹罗列，每个方程式列一行，有几个未知数就列几行。因为按照这种方式排列算筹，形状就像方阵一样，"方程"一名便由此得来。书中对每道题都给出了解题步骤，上面的这个三元一次联立方程式求解用的就是现代常用的消元解法，利用等量关系减少方程中未知数的个数，求出方程式的解。

孙子定理

孙子定理出自中国古代一个非常有意思的数学游戏"孙子问题"。

孙子定理，又称中国剩余定理，指的是中国古代求解一次同余式方程组的方法。同余是数论中的一个重要概念，如果两个整数被同一个整数除，得到的余数相同，这两个整数即为同余。

"孙子问题"最早出现在成书于公元4世纪的中国数学著作《孙子算经》中。《孙子算经》下卷中记录了一道"物不知数"的题目："有物不知其数，三个一数余二，五个一数余三，七个一数又余二，问该物总数几何？"在现代数论中，这是一个一次同余问题。书中给出的解题方法为："三三数之，取数七十，与余数二相乘；五五数之，取数二十一，与余数三相乘；七七数之，取数十五，与余数二相乘。将诸乘积相加，然后减去一百零五的倍数。"后来，中国古代民间流传的一首"孙子歌"中唱道："三人同行七十稀，五树梅花廿一枝，七子团圆正半月，除百零五便得知。"其中，"七十稀""廿一枝"和"正半月"，分别是指70、21和15这三个数。《孙子算经》中没有解释这三个数的来历，不过，它们有一个共同特征，那就是除以3、5、7时，余数都为1。用这个方法就可以推算出这个题目的答案为23。

孙子问题中提到的数字很简单，但关键是解法，并且这种解法可以推广到一般情形，这就是现代数论中著名的剩余定理。只是在《孙子算经》中，并没有将这种解题方法作为一个定理来表述。

祖冲之推算出圆周率

圆周率的值很难求算，世界上有很多数学家，如阿基米德、托勒密、张衡等

图文版 世界百科全书

数理化学

· 345 ·

都对其进行过研究，但计算的结果均不尽如人意。

祖冲之是中国南北朝时期杰出的数学家、科学家，曾创立《大明历》，造出失传已久的指南车、水碓磨等机械，并有过多项发明创造，但其最杰出的贡献还是计算出了当时世界上最为精确的圆周率，世人因此尊称他为"圆周率之父"。

圆周率是指圆形的周长与直径的比值，这个比值和圆形面积与半径平方的比相同，是一个小数点后有无数位无规律数字的固定值，通常用π来表示。

在中国，秦汉以前的人曾用古率"径一周三"做为圆周率，不过这个圆周率的误差实在太大，实用价值不高。

到了魏晋时期，数学家刘徽在研究《九章算术》时，利用圆内接正多边形的方法，将π的近似值精确到两位小数，后人称他的方法为割圆术。

南北朝时，祖冲之父子借鉴了"割圆术"，用正24576边形反复演算，终于将圆周率推算到小数点后的第六位数，即3.1415926到3.1415927之间。和真正的π值相比，这个数值的误差小于8亿分之一。这个纪录直到1000多年后阿拉伯数学家卡西将圆周率小数点后的数字精确到17位后才被打破。

三角学确立

三角学起源于古希腊，最初并不是一门独立的学科。

三角学是在数学中专门研究平面三角形和球面三角形中边与角的关系的学科。三角学的主要应用是在测量上，同时也研究三角函数。

古希腊的天文学很发达，在进行天文观测时，需要研究天体运行轨道，于是古希腊人就开始研究球面三角形的边角关系。因此，最先发展起来的是球面三角学。

虽然希腊、印度、阿拉伯数学中都有和三角学相关的内容，但大都是为了适应天文观测的需要，所以对三角的研究一直是天文学的附属品。例如，公元150

年左右，古希腊学者托勒密在其著作《天文学大成》中初步发展了三角学。这段时期，人们已经掌握了球面三角形两边之和大于第三边，等边对等角等定理。

到了13世纪，阿拉伯数学家纳西尔丁在著作《横截线原理书》中，开始把三角学独立于天文学之外，看成是数学的一个分支。

15世纪，德国人雷格蒙塔努斯完成了著作《论各种三角形》。在欧洲，这是第一部将三角学从天文学中独立出来的数学著作。全书共5卷，前2卷研究的是平面三角学，后3卷研究的是球面三角学。这段时期，出于测量上的实际需要，三角学的研究开始转入平面三角形。

16世纪，法国数学家韦达在《应用于三角形的数学定律》中，对平面三角进行了系统地论述。三角函数、解三角形和三角方程是平面三角学研究的主要内容。

韦达创造代数符号

韦达从事数学研究只是出于个人爱好，却对数学发展作出了巨大的贡献，被誉为"代数学之父"，并成为了16世纪最杰出的数学家之一。

代数符号是数学符号的一种，可细分为线性代数符号、关系代数符号、逻辑代数符号等。第一个有意识地系统引进代数符号的是法国数学家韦达。

韦达出生于法国的普瓦图，他当过律师、政客，也曾在法国与西班牙作战时帮助政府破译敌军密码。

韦达最重要的贡献是创造了大量的代数符号，并将其系统地引入代数中；用字母来表示未知数、乘幂，讨论了方程根的各种有理变换；阐述并改良了三、四次方程的解法，推进了方程论的发展。《应用于三角形的数学定律》、《分析五章》和《论方程的识别与修正》是他的主要著作。

解析几何的诞生

1617年，荷兰奥伦治公爵的军队里来了一名22岁的博士生，他就是伟大的数学家笛卡尔。

笛卡尔刚开始的时候是一名军人，但对数学非常迷恋，尤其想碰一碰古希腊几何三大问题。说起这三大问题，还有一个很古老的传说：

大约是2300多年前，古希腊的第罗斯岛上，一场可怕的瘟疫正在蔓延，人们生活在死亡的恐怖之中。他们来到神庙前祈求："万能的神啊，请赐予我们平安吧！"谁知神庙里的主人欺骗这些可怜的人们说："我忠实的信徒们，神在保佑着你们，只要你们把上供的正方体祭坛，在不改变原来形状的情况下，把它的体积增大到原来的两倍，神就会高兴，就能免除你们的灾难。"

濒于死亡的人们听后立即去改造神的祭坛；他们把祭坛的每边长扩充到原来的两倍。但神庙的主人看后说："这哪里是原来的两倍，这是原来的八倍了。神不高兴啊！"

人们听后赶忙拆了重建，他们把体积改成了原来的两倍，可形状却是一个长方体。神庙的主人训斥道："该死的信徒们，你们怎么把祭坛的形状改变了呢，这不是戏弄神吗？当心还有更大的瘟疫！"

惊慌失措的人们急忙去找著名的学者柏拉图，把希望寄托在这位大智者的身上。谁知柏拉图和他的学生们无论怎么用码尺和圆规去画，也同样找不到正确的办法。于是，立方倍积问题便成了一道几何难题。

后来，希腊人又碰到了把一个已知角分成三等份和化圆为方问题（即求一个正方形，使它的面积等于一个已知圆的面积）。

从此，立方倍积、三等份角、化圆为方这三个问题一直困扰着世世代代的数学家，不少人为此呕心沥血，穷毕生精力也找不到答案。这样一直延续了2000年。

笛卡尔认真总结前人的大量经验教训后猜想，古希腊三大几何难题，采用尺和规作图的办法，是不是本来就作不出呢？应该另找一条道路才是。

1621年，笛卡尔与数学家迈多治等朋友来到巴黎，潜心研究数学问题。

1628年，他又移居资产阶级革命已经成功的荷兰，进行长达20年的研究。这是他一生最辉煌的时期。

一天，疲惫不堪的笛卡尔躺在床上，望着天花板思考着数学问题。突然，他眼前一亮，原来，天花板上有一只蜘蛛正忙碌地编织着蛛网。那纵横交错的直线和四周的圆线相交叉一下子启发了他。困扰他多年的"形"和"数"问题，终于找到了答案。他兴奋地爬了起来，迫不及待地把灵感描绘出来。他发现了这样的规律，如果在平面上画出两条交叉的直线，假定这两条直线互成直角，那么就出现四个90度的直角。在这四个角的任一个点上设个位置，就可以建立起点的坐标系。

这个发现的基本概念简单到近乎一目了然，但却是数学上的伟大发现。它就是建立了平面上点的作为坐标的数（X、Y）之间的一一对应关系。进一步构成了平面上点与平面上曲线之间的一一对应关系。从而把数学的两大形态——形与数结合了起来。不仅如此，笛卡尔还用代数方程描述几何图形，用几何图形表示代数方程的计算结果。于是，创造出了用代数方法解几何问题的一门崭新学科——解析几何。

解析几何的诞生，改变了从古希腊以来，延续两千年的代数与几何分离的趋向，从而推动了数学的巨大发展。虽然，笛卡尔在有生之年没有解开古希腊三大几何问题，但他开创的解析几何却给后人提供了一把钥匙。

1837年，数学家万芝尔首先证明了，立方倍积和三等份角两个问题，不能用尺和规去完成。

1882年，林德曼又证明了化圆为方的问题也不能用尺和规来完成。

他们的证明，都是应用了解析几何的原理。

解析几何的重大贡献，还在于它提供了当时科学发展迫切需要的数学工具。17世纪资本主义迅速发展，天文和航海等科学技术对数学提出了新的要求。例如，要确定船只在海上的位置，就要确定经纬度；要改善枪炮的性能，就要精确地掌握抛射体的运行规律。所有这些，涉及到的已不是常量而是变量。

笛卡尔还是一位哲学家，他用他的科学唯物主义来反对封建神学和经院哲学。他的哲学思想影响了整个17世纪。他的著作很多，除数学方面的《方法谈》之外，还有《形而上学的沉思》、《哲学原理》、《论世界》。

1650年，笛卡尔逝世。

费马大定理的发现

这个难解的谜题曾吸引并且难倒了无数的智者和数学家。

费马大定理，又名费马猜想，是法国业余数学家费马留给后人的一个数学谜题："当n＞2时，不定方程 $x^n+y^n=z^n$ 没有正整数解。"

费马，全名皮埃尔·德·费马，出生于法国一个殷实的商人家庭。他的父亲专门请了两个家庭教师在家里对他进行系统教育。费马小时候学习非常努力，而且他本人相当聪明，各科的成绩都很不错。考大学时，他接受父亲的意见，选择了法律专业，毕业后成为了一名律师。

　　费马对数学充满浓厚的兴趣，在工作之余常看一些古希腊的数学名著，还不时做些题目，进行数学研究。在阅读古希腊数学家丢番图的著作《算术》时，他曾在第11卷第8命题旁写道："一个立方数分成两个立方数之和，或一个四次幂分成两个四次幂之和，或者一般地将一个高于二次的幂分成两个同次幂之和，这是不可能的。关于此，我确信已发现了一种美妙的证法，可惜这里空白的地方太小，写不下。"

　　费马在几何、微积分、概率论、数论等方面都有着不俗的成就。他去世后，他的儿子着手整理他生前的研究资料，想要将他的工作成果出版，于是就发现了上面这道写在《算术》书上的谜题。

　　费马已经找到了这道题的证明方法，但没有记录下来。许多数学家受此激发，试图去证明这个猜想。德国佛尔夫斯克特甚至宣称，在他逝世后的100年内第一个能将该定理证明出来的人将会得到10万马克的奖金。虽然有不少人递交他们的证明，但并没有人能真正证明出来。直到300多年后，一个名叫德鲁·怀尔斯的英国数学家和他的学生理查·泰勒才将这道谜题证明出来了，并在证明中运用了许多超越费马那个时代的新知识。

微积分的创立

　　微分和积分的思想古已有之，公元前3世纪，古希腊数学家阿基米德就用隐含着积分学的思想解决了球和球冠面积、旋转双曲体的体积和螺线下面积等问题。

　　微积分是数学的一个基础学科，研究的是高等数学中的微分、积分，以及相关的概念和应用。极限、微分学、积分学及其应用是这门学科的主要内容。微分学是研究变化率的，积分学则提供了一套定义和计算面积、体积的通用方法。

　　极限理论是微分学的基础，中国春秋时期的庄周所著的《庄子》，以及三国时期刘徽提出的割圆术，都提到了典型的极限概念。不过，微积分真正成为一门独立的学科，是17世纪才发生的事。

17世纪，随着社会科学的发展，出现了很多亟待解决的问题，比如运动中的即时速度问题、曲线的切线问题、函数的最大最小问题，以及求球面围成的体积、物体的重心等问题。这一时期，为了解决这些问题，众多著名的物理学家、数学家和天文学家，比如法国的费马、笛卡儿，英国的巴罗，德国的开普勒，意大利的卡瓦列利等，都进行了大量的研究，提出了很多理论，这些共同促成了微积分的创立。

17世纪下半叶，英国大科学家牛顿和德国数学家莱布尼茨总结前人成果，把求积这个微分学的中心问题和切线这个积分学的中心问题联系起来，各自在自己的国家创立了微积分。最初这门学科也被称为无穷小分析，因为牛顿和莱布尼茨是以直观的无穷小量为出发点建立微积分的。后来数学中又出现了分析学这一分支，正是以无穷小分析为源头。不过，在研究微积分时，牛顿和莱布尼茨的侧重点并不相同，前者侧重于运动学，后者则侧重于几何学。

到了19世纪初，法国科学家柯西等认真研究了微积分理论，创立了极限理论。其后，德国数学家维尔斯特拉斯使得这一理论更加严谨，构成了微积分的基础。从那以后，微积分逐步发展起来。

"＋、－、×、÷"的发明

"＋、－、×、÷"是数学中常用的运算符号。

这四个符号，最早出现的是"＋"号，"－"号和"×"号都是在"＋"号的基础上被人们创造出来的。

"＋"号产生于16世纪，发明者是德国著名的数学家魏德美。魏德美非常擅长计算，专门为政府计算征收税金的税率，以及商人把钱借出和借入时的利息。在运算符号被发明出来之前，人们只能用数字来计数，却无法表示出演算的过程。这给魏德美的工作带来了很大的麻烦。为了简化当时的计算方法，魏德美进行了废寝忘食的研究。有一天，他自言自语道："在横线上加一竖，就可表示增加的意思。'＋'，你就叫加号吧！"

加号研究出来之后，魏德美很快又创造出了第二个运算符号，他说"从加号中拿掉一竖就是减少的意思。好，'－'，你就叫减号吧！"就这样，"＋"和"－"诞生了。

"＋"号和"－"号虽然是由魏德美创造出来的，但是真正将它们推广开来的，是法国的毕耶塔。毕耶塔在他撰写的一本关于代数方面的书中第一次提出用"＋"号和"－"号来表示加法运算和减法运算，并被人们接受。

17世纪中期，英国数学家欧德莱发明了"×"号。欧德莱认为乘法是加法的一种特殊形式，因此就把"＋"扭转45度角之后得到的"×"定义为乘号。

"÷"号也是在17世纪被发明出来的，它的发明者是瑞士数学家哈呐。哈纳认为，除法是将一个数分解出来，于是他便利用了一条横线将一个完整的东西切开的寓意，创造了"÷"号。

复变函数的蓬勃发展

复变函数论创立于18世纪。

当一个函数的自变量为复数时，这个函数就是复变函数。复数是指能写成a＋bi这种形式的数，其中a和b是实数，i是虚数单位。一般情况下，负数是不能开平方的，但是人们在解二次、三次代数方程的过程中却出现了负数开平方的情况。开始人们不能理解，后来随着数学的发展，这类数变得越来越重要，于是便有人将它定义成复数。与复变函数相关的理论就叫复变函数论。复变函数论主要是研究复数领域内的解析函数，因此复变函数论又叫做解析函数论。

最初，法国数学家达朗贝尔写了一篇关于流体力学的论文，其中提到了由复变函数的积分导出的两个方程。到了1774年，欧拉也在他的一篇论文中提到了这两个方程，因此后人就把它们叫做"达朗贝尔－欧拉方程"。

19世纪，柯西和黎曼在研究流体力学时，对上述两个方程做了更详细的研究，因此"达朗贝尔－欧拉方程"也被叫做"柯西－黎曼条件"。这一时期，复变函数得到全面发展，迅速成为数学界的王者。在当时的数学家眼中，复变函数论被誉为数学中最有内涵的分支，有人盛赞它是抽象学科中最和谐的理论之一。

20世纪初，瑞典数学家列夫勒、法国数学家庞加莱等都对复变函数做了大量的研究工作，拓宽了复变函数论的研究领域，使这门学科得到进一步发展。后来，这一理论还深入到数学领域的其他许多分支，对概率论、微分方程、积分方程、数论等学科的发展都曾发挥过作用。

不仅如此，复变函数在其他领域也得到了广泛应用。比如在物理学上，计算点对应有物理量的一个区域——稳定平面场的问题，用的就是复变函数。又如俄国的茹柯夫斯基将复变函数论和流体力学、航空力学结合起来，在设计飞机时，解决了飞机机翼的结构问题。

无穷大与无穷小

无穷大与无穷小都是一个函数或变量。

无穷大是指在某个变化过程中自变量的绝对值可以无限增大的函数或变量，无穷小是指在某个变化过程中自变量的绝对值可以无限减小的函数或变量。

无穷大按大小可以分为二级无穷大、一级无穷大和零级无穷大三个等级；无穷小按大小可以依次分为高级无穷小、等价无穷小和低级无穷小三个等级。

无穷大与无穷小都是可以比较大小的，并不是所有的无穷大与无穷小都是相等的。没有最大的无穷大，也没有最小的无穷小。最大的无穷大是没有尽头，最小的无穷小无限接近与0。在无穷小中，0是唯一的特例。0虽是一个常数，不是变量，但也属于无穷小。

画法几何

这一理论是机械制图的投影理论的基础。

在工程和科学实践中，经常需要先将空间的形体展示在平面上，画法几何研究的就是用图形在平面上表示空间的形体，解决空间几何问题的理论和方法。其主要研究对象是多面正投影图，另外也包括展开图、投影变换、截交线等。

当人们修建房子或其他建筑物时，需要先将它们画在图纸上，然后根据图纸的式样来施工。但是，平面的图形是二维的，空间形体却是三维的。画法几何研究的就是，制定一些规定，采用一些方法，使平面上的图形可以正确表示空间上的形体，这就是图示法。

另外，将空间的形体展示在平面中以后，空间中实际存在的几何问题，也要用这些平面的图形来解决，比如，工程师往往会根据地形图设计道路和运河线路，并计算需要在哪里开挖。也就是说，根据平面图形解决空间形体上的几何问题也是画法几何的研究对象，即图解法。

画法几何这门学科是由法国学者G·蒙日创立的。1799年，他发表了《画法几何》一书，其中提出了以多面正投影图表示空间形体的方法，这就是画法几何的理论基础。后来，各国的学者又提出了投影变换、轴测图等理论和方法，使这门学科越来越充实。不过，中国早在 1103 年的宋代就出现了李诫所著的《营造法式》一书，其中的建筑图与几何规则基本相符，只是这种画法在当时并没有形成理论。

"数学王子"高斯

高斯与阿基米德、牛顿、欧拉并称为人类历史上"最伟大的四位数学家"。

高斯，全名卡尔·弗里德里希·高斯，德国数学家，近代数学的奠基人之一，被誉为"数学王子"。

高斯很小的时候就表现出了异于常人的数学天分。3 岁时，他就能指出并改正父亲借债账目上的错误。9 岁时，他就能用很短的时间计算出自然数从 1 到 100 的求和。10 岁时，他已经独立发现了解决等差数列求和问题的方法。11 岁时，他又发现了二项式定理。15 岁时，高斯进入布伦兹维克的卡罗琳学院，开始研究高等数学。在此期间，他独立发现了数论上的"二次互反律"、算术几何平均和质数分布定理。

1795 年，18 岁的高斯进入德国著名的哥廷根大学深造。同年，他发明了正十七边形的尺规作图法，并于第二年出版了《正十七边形尺规作图之理论与方法》一书。这种作图方法的提出对人类数学的发展意义非凡，解决了一个困扰数学界长达 2000 多年的难题。22 岁时，高斯完成了博士论文，被授予博士学位。

高斯的研究几乎囊括了数学的所有领域，如数论、代数学、非欧几何、复变函数和微分几何等。另外，他还开辟了许多全新的数学研究领域。他很重视数学在实际中的应用，把数学的研究方法应用到了天文学、大地测量学和磁学的研究上，并发明了最小二乘法原理。

不管是研究方法、研究风格，还是具体成就，高斯都称得上是 18 世纪末 19 世纪初世界数学界的顶梁柱。

数的来历

原始社会，人类在狩猎、种植、捕鱼、采集等活动中，要与野果、鱼、木棒、石头等打交道，久而久之，人们便有了多少、数量的意识。这种对数的认识往往与实物联系在一起，如用"月亮"代表"1"，用"眼睛"、"耳朵"、"鸟的翅膀"代表"2"。这是由于只有一个月亮，人有两只眼睛两只耳朵、鸟有两只翅膀的缘故。原始人还认识到一个苹果和一头羊各是一个个体，三棵树和三把石斧都是三个个体的一堆等，这就是最初的数的概念。

最早用来计数的是手指、脚趾，或小石子、小木棍等。表示1，2，3，4个物体，就分别伸出1，2，3，4个手指，遇到5个物体便伸出一只手，10个物体伸出两只手。当数目很多时，就用小石子来计数，10颗小石一堆就用大一些的一颗石子来代表。中国古代用的是木、竹或骨制成的小棍，称为算筹。但是，大多数的原始人遇到大一些的数目，往往无法区分。

用手指、脚趾、石子、小木棍等来计数，难以长时间记录一个数字。因此，古人发明了打绳结来记数的方法，或者在兽皮、树木、石头上刻划记数。这些记号，慢慢就变成了最早的数字符号（数码）。

现在通用的数码是印度—阿拉伯数码，用十进位制来表示数。用0，1，2，…9十个数码可表示任一数，低一位的数满10后就进到高一位上去。这种十进制，现在看来简单而平常，可它却是人类经过长期努力才演变成的。如在古埃及，数码记号是这样的：

古埃及3，4，5的写法

一个数中若某位数超过1时，就要将它的符号重复写若干次。如345就要写成如上图，写更大的数则是一大串符号了，这样运算当然十分困难。古希腊人也需要27个字母互相组合，才能表示100以内的数目，非常不便。

除了十进制以外，还有五进制、二进制、三进制、七进制、八进制、十二进制、十六进制、二十进制、六十进制等。经过长期实际生活的应用，十进制终于占了上风。

数的概念和数码、进位制的出现和发展，都是人类长期实践活动的结果。

虚　数

"虚数"这个名词，听起来好像"虚"，实际上却非常"实"。

虚数是在解方程时产生的。求解方程时，常常需要将数开平方。如果被开方数不是负数，可以算出要求的根；如果是负数怎么办呢？

譬如，方程 $x^2+1=0$，则 $x^2=-1$，$x=\pm\sqrt{-1}$。那么 $\sqrt{-1}$ 有没有意义呢？在很久之前，大多数数学家认为负数没有平方根。到了16世纪中叶，意大利数学家卡尔丹发表了《大法》这一数学著作，介绍了三次方程的求根公式。他不仅讨论了正根和负根，还讨论了虚数根。如解 $x^3=15x+4=0$ 这一方程时，依据他的求根公式，会得到：

$$x=\sqrt[3]{-2+\sqrt{-121}}$$ 其中 $\sqrt{-121}$ 就是负数的平方根。卡尔丹写出了负数的平方根，但他认为这也仅仅是形式表示而已。说明他对负数平方根的性质并不了解。1637年，法国数学家笛卡尔开始用"实数"、"虚数"两个名词。1777年，瑞士数学家欧拉开始用符号 $i=\sqrt{-1}$ 表示虚数的单位。而后人将实数和虚数结合起来，写成 a+bi 形式（a、b 为实数），称为复数。

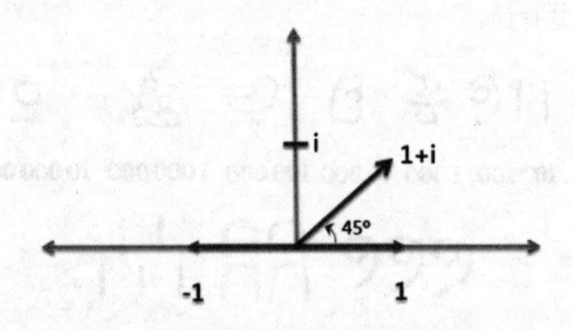

由于虚数闯进数的领域时，人们对它的实际用处一无所知，在实际生活中似乎也没有用复数来表达的量，因此，在很长一段时间里，人们对虚数产生了种种怀疑和误解。笛卡尔称"虚数"的本意是指它是虚假的；莱布尼兹在公元18世纪初则认为："虚数是美妙而奇异的神灵隐蔽所，它几乎是既存在又不存在的两

栖物。"欧拉尽管在许多地方用了虚数，但又说一切形如$\sqrt{-1}$、$\sqrt{-2}$的数学式都是不可能有的，纯属虚幻的。

欧拉之后，挪威一个测量学家维塞尔，提出把复数a+bi用平面上的点（a, b）来表示。后来，高斯提出了复平面的概念，终于使复数有了立足之地，也为复数的应用开辟了道路。现在，复数一般用来表示向量（有方向的数量），这在水力学、地图学、航空学中的应用是十分广泛的。虚数越来越显示出其丰富的内容，真是：虚数不虚！

阿拉伯数码的故乡

阿拉伯数码是现在国际通用的数码，不论你走到哪个国家，随便翻开一本数学书，你也会在完全陌生的文字中，看到一连串你非常熟悉的数字符号"0、1、2、3、4、5、6、7、8、9"。

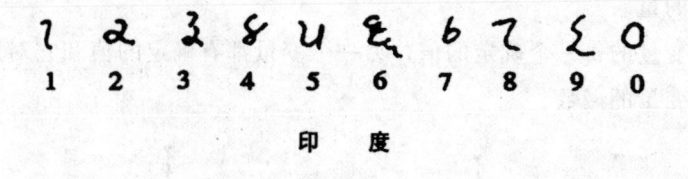

印度

阿拉伯

很多人都以为阿拉伯数码是阿拉伯人发明的，其实这是个历史的误会，阿拉伯数码主要是古代印度人民的天才创造。

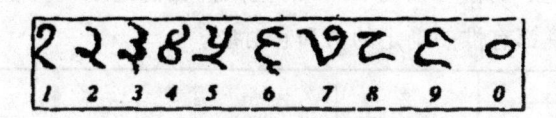

早期的阿拉伯数字

古代印度创造过灿烂的文化，对人类文明史有很大的贡献。印度数学广为人知的成就是创造了现代的10进位制记数法，这种记数法所用的数码就是现在被称为"阿拉伯数码"的通用数码。

古印度数码由于每笔均可以一笔连书，便于书写，因此，当公元6世纪印度确立了使用这种数码的 10 进位制记数法后，很快便传入了阿拉伯地区。印度数码传入阿拉伯后，并未及时被阿拉伯数学家所注意，在较长一段时间里，他们用阿拉伯字母代替希腊字母，采用希腊记数法记数，到了 12 世纪前后，印度记数法才被阿拉伯普遍使用，并发生了形体变化。

与此同时，印度记数法通过阿拉伯人而传入西班牙、意大利、法国和英国。欧洲人以为它是阿拉伯人发明的，于是就称它为阿拉伯数码。

函 数

在某一过程中可以取不同数值的量，叫做变量。在这一过程中保持一定数值的量，叫做常量。表示常量的数叫做常数。

例如：一台抽水机每秒钟抽水 30 千克，那么抽水总量 y 和时间 x 之间有下面的关系：y＝30x。x，y 都可以取不同的数值，都是变量，30 千克在抽水过程中保持不变的量。

对于自变量的每一个确定的值，另一个变量都有确定的值和它对应，这样的变量叫做自变量的函数。

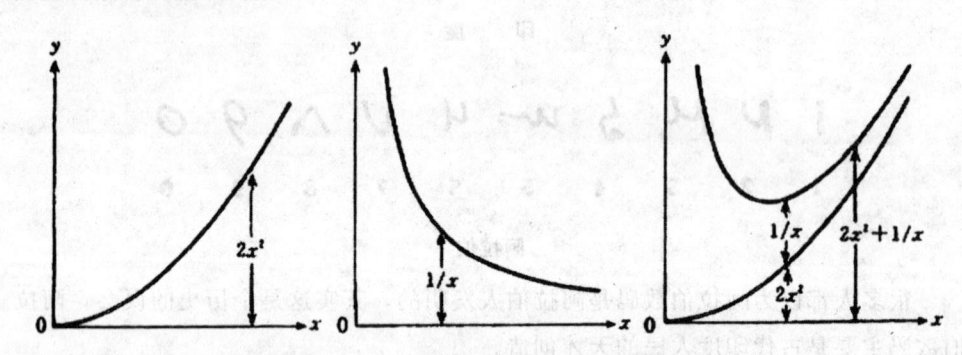

如上例：时间 x 的值可以在 x≥0 的范围内任意选取，对于 x 的每一个确定的值，抽水总量 y 都有惟一确定的值和它对应。

x（小时）	1	2	3	4	5	……
y（千克）	30	60	90	120	150	……

x 是自变量，y 是 x 的函数。

如果 y 是 x 的函数，一般可以记作：y＝f（x）。

自变量的取值范围叫做函数的定义域。

在小学数学教材中渗透函数知识。

y＝x＋5（一次函数）

y＝6x（正比例函数）

y＝$\frac{k}{x}$（反比例函数）

y＝x^2（二次函数）

陈氏定理

　　1742年，德国数学家哥德巴赫发现了这样一个问题：每一个大于4（或者等于4）的偶数都是两个质数的和。例如：4＝2＋2，6＝3＋3，8＝3＋5，10＝5＋5，12＝5＋7，14＝7＋7，16＝5＋11，18＝5＋13，20＝7＋13……哥德巴赫对许多偶数进行了检验，都说明这个推论是正确的。但是，自然数是无穷的，是不是这个论断对所有的自然数都正确呢？还需要从数学理论上加以证明。他于是写信告诉当时著名的瑞士数学家欧拉，要求欧拉对这一事实从理论上加以证明。后来欧拉复信哥德巴赫，表示他相信这一推测，但他无法证明，因为没有证明就不能成为一条规律，只能是一种猜想。人们就把哥德巴赫提出来的问题称为"哥德巴赫猜想"，简称为"1＋1"。此后，很多人都企图证明这一推测，可是直到19世纪末，对这一猜想也还不能从理论上去全面证明它，但也没有发现这个猜想的任何例外而能推翻它，"哥德巴赫猜想"成了世界上的著名难题之一，有人称它为"皇冠上的明珠"。

　　20世纪以来，"哥德巴赫猜想"引起了世界上许多著名数学家的兴趣。我国著名数学家华罗庚，早在30年代就对这个猜想问题进行了研究，取得了一定的成果。1938年，他证明了几乎所有偶数都能表示成两个质数的和，也即哥德巴赫猜想几乎对所有的偶数成立。1949年以后，我国一些年轻的数学工作者推进了"哥德巴赫猜想"问题的研究成果。1956年，王元教授证明了每一个充分大的偶数都可以表示为一个不超过3个质数的乘积和一个不超过4个质数的乘积的和，即为"3＋4"问题。1957年王元教授又证明了"2＋3"问题。1962年，潘承洞教授证明了"1＋5"问题。王元教授证明了"1＋4"问题，至此，"哥德巴赫猜想"的研究取得很大进展。1966年，数学家陈景润在这些研究的基础上，经过刻苦钻研，证明了"1＋2"。这就是说，每一个大偶数都能够表示为两个数的和，其中一个是质数，另一个或者是质数，或者是两个质数的乘积。例如，18

=3+3×5，20=5+3×5，24=3+3×7，42=7+5×7，80=3+7×11……取得了当今世界上关于"哥德巴赫猜想"这个难题研究中最好的成绩。

陈景润的"1+2"的研究成果于1973年发表后，引起世界数学家的重视，被世界称誉为"陈氏定理"。

幻　方

公元前2000多年，夏禹治水，据说从洛水中浮起一只大乌龟，它的背上有个奇特的图案。后来人们就称它为"洛书"。实际上，它就是将1～9这九个数排成纵行、横行各有3个数，并使同一行、同一列和同一对角线上的每三个数的和都是15。汉朝徐岳写的《数术记遗》中，就讲到一种"九宫算"的图形，宋朝著名数学家杨辉把它称为"纵横图"，国外叫做"幻方"。

关于"九宫"的填法，杨辉在《续古摘奇算法》一书中，有这样四句话："九子斜排，上下对易，左右相更，四维挺出。"

意思是：先将1～9九个数依次斜排，然后将上1与下9两数对调，将左7与右3两数对调，然后将四面中间的数（2、4、6、8）向外挺出就成功了。

如图：

我们需要的不只是记住方法，还要研究填写的一般规律。

将1～9九个数填在九宫格内，要使横、竖和对角线上三数的和都等于15。

可以看出：1＋9＝10，2＋8＝10，3＋7＝10，4＋6＝10。它们之中的每一个数加5，都等于15，可判定中心方格里填5。

接着想，先填横、竖行呢，还是先填对角线呢？当然先填对角线好，因为对角线中都有5。填好对角线上的数，外沿的横、竖行中就填好了两个数，以后的数就容易填写。

在对角线上填成对的奇数（1、9；3、7）呢？还是填成对的偶数（2、8；4、6）呢？如果填成对的奇数，则外沿的横或竖行中，为使和是奇数15还得再填一个奇数（奇数＋奇数＋奇数＝奇数），这是不可能的，因为奇数已经用完。所以对角线上应该填写成对的偶数，然后在外沿的横、竖行中填写奇数就容易多了。

在杨辉的书中。对四阶幻方的填写方法为："以下十六子依次递作四行排列，先以外四角对换，一换十六，四换十三；后以内四角对换，六换十一，七换十。"

其实，依次排四行后，三换十四，二换十五，五换十二，九换八，也可以得

到横、竖行和对角线上四个数的和是 34 的要求，你不信的话，可以试一试。根据填写幻方的规律，你能不能举一反三，并在实践中有所创新。

13	9	5	1
14	10	6	2
15	11	7	3
16	12	8	4

依次排四行

4	9	5	16
14	10	6	2
15	11	7	3
1	12	8	13

外四角对换

4	9	5	16
14	7	11	2
15	6	10	3
1	12	8	13

内四角对换

模糊数学

数学是研究物质运动变化的数量关系和空间形式的一门科学。它在各种运动变化中抽象出数量关系和空间形式加以研究，为各门学科的研究提供有力的工具，为其发展起到了重大的推动作用。然而，现代数学研究的数量关系和空间形式都是非常精确的。现代数学的基础是集合论，集合论中的集合概念，是非常明确的。例如，全体自然数所组成的集合 N，意义非常明确。一个数 a，要么在这个集合里，要么不在这个集合里，即 a∈N，或 a∉N。有且只有一种情况成立，即"非真即伪"，"非此即彼"。再如，平面内一个圆的内部全体总点所成的集合 S，对平面上点 A 来说，A 在 S 内，即 A∈S，或 A 不在 S 内，即 A∉S 是明确的。然而，在我们日常生活中，有一些概念是模糊不清的。如一个班级的高个子同学。这个概念不清楚。身高多少才算高个子呢？再如，"这在很大程度上反映了事物本质"等等，究竟多大程度呢？这是不具有集合论中要求明确的条件，所考虑的对象也不可能要有非此即彼的严格性。把这种现象称为模糊现象。研究这种模糊现象是有意义的，在现实生活中，完全用明确的方法考虑问题，是不可能的，有时，也是不必要的。假如要你去找一个人，告诉你他是个高个子，胖胖的，有大胡子，你就能找到。用不着把精确的数字都告诉你，身高多少体重多少，有多少根胡子。因此，产生了一种研究"模糊现象"的数学方法——模糊数学。它是 1965 年由美国加利福尼亚大学控制论专家 L·A·扎德首先提出来的。二十多年来，这一学科获得了异常迅速的发展，它有一套完整的理论基础，其推导都是非常严密的。所以模糊数学并不模糊，它在生产实践中有广泛的应用。

物 理

湿度计溯源

湿度计最早出现于中国的汉朝初期。

湿度计是一种测量周围气体湿度的仪器。湿度表示的是气体中的水蒸气含量，分为绝对湿度和相对湿度。绝对湿度是指气体中的水蒸气净含量，单位为克每立方米。相对湿度是指气体中水蒸气含量与相同状态下气体中水蒸气达到饱和状态时的水蒸气含量的比值，表示方法为 RH（%）。

《史记》中记载了一种天平装置，天平两边分别放有土和木炭。《淮南子》一书对这种装置进行了说明：当天气干燥时，木炭轻，天平就往土那边倾斜；当天气潮湿时，木炭变重，天平就往木炭这边倾斜。这是对空气湿度的最早测量。

欧洲最早的湿度计出现于 15 世纪，一个意大利人发明了一种测量湿度的方法。这种方法和中国使用天平装置的原理相同，在天平一端放一团干燥的棉花，然后在另一端放上相同重量的砝码。当棉花吸收了空气中的水蒸气之后就会变沉，天平就会往棉花这边倾斜。根据棉花吸收水蒸气的多少，可以测定空气中的水蒸气含量。

现在使用的湿度计有毛发湿度计、干湿球湿度计、氯化锂湿度计等，其原理各不相同，但测量的都是相对湿度。

比重计

由于比重计在不同液体中所受的浮力不同，根据液面所到达的比重计刻度，即可测定液体的密度。

比重计是一种测量液体密度的仪器，由一根密闭的玻璃管组成，玻璃管的一端呈泡状，里面装有水银或铅粒，另一端粗细均匀，上面标有刻度。

比重计的测量原理是阿基米德定律和物体在液体中的浮动平衡。测量液体密度时，将比重计呈泡状的一端向下，竖直插入液体中。由于泡状一端较重，比重计可以稳定地浮在液体中，即使受到干扰，也能自动恢复竖直状态。

比重计一般有两种，一种叫重表，用来测量密度大于1的液体，一种叫轻表，用来测定密度小于1的液体。重表的最小刻度为1，位于比重计刻度线的最上端，往下依次是1.1、1.2、1.3……将这种比重计放入水中时，刻度1位于水面处，其他刻度全部位于水面以下。所测液体的密度越大，比重计上浮越多，刻度值越大。轻表的最大刻度为1，位于比重计刻度线的最下端，往上依次是0.9、0.8、0.7……轻表在水中时，比1小的刻度全部位于水面以上。所测液体的密度越小，比重计下沉越多，刻度值越小。在测量液体密度时，应先判断出液体的密度是大于1还是小于1，然后再选择相应的比重计。

钟表发展简史

人类早期使用的计时工具有日晷、滴漏等，但这些并不能称为真正的钟表。

中国东汉时期，张衡造出了漏水转浑天仪，可以说是最早的机械钟。这种浑天仪利用类似于齿轮的装置，把浑象和计时用的漏壶连在一起，让漏壶滴出来的水带动浑象均匀旋转，一天可以转一圈。

到了北宋时期，苏颂主持建造了一个水运仪象台，其结构类似于现在的钟表，并且可以报时，日均误差只有一秒。在水运仪象台中，苏颂第一次运用了擒纵机构，现在人们都认为这一机构是钟表运转的心脏。

12世纪之后，中国的钟表技术传到了欧洲，欧洲的钟表业随即发展起来。1350年，意大利人丹蒂制造出一个机械打点塔钟。这种塔钟结构比较简单，误差也比较大，指针只有一根时针。

16世纪初期，德国的亨莱思用钢法条取代了重锤，制造出具有冕状轮擒纵机构的比较小巧的钟表。

伽利略发明了重力摆之后，荷兰的惠更斯于1657年将重力摆应用到钟表中，发明了摆钟。之后，他又将胡克发明的游丝应用到调速机构上，取代了钟摆，使得钟表的体积大为缩小，成为可以携带的袋表。

1660年，英国的胡克制造出后退式擒纵机构，并用其取代了冕状轮擒纵机构。这一时期的钟表发展一直都集中在擒纵机构的改进上，继后退式擒纵机构之后，又相继出现了锚式擒纵机构、工字轮擒纵机构、静止式擒纵机构、自由锚式擒纵机构等。这些擒纵机构的出现，使得钟表的精密度越来越高。18世纪后期，英国的阿诺德发明了精密表用擒纵机构，精密机械表由此产生。

到了20世纪初，随着工业的发展，生产钟表的成本越来越低，且产量大幅增加，使得钟表在普通大众中间逐渐普及开来，成为了人们日常生活的必备物品。后来由于电子工业的兴起，逐渐出现了交流电钟、电机械表、石英电子表等将机械和微电子技术相结合的钟表，其精度也变得越来越高。

显微镜的诞生

显微镜是随着人们对透镜的研究和认识诞生的。

早在公元前1世纪，人们就已经对球形透明物体的放大效果有所认识。后来，玻璃透镜问世，人们逐渐对透镜的放大规律产生了兴趣。16世纪末期，荷兰一位名叫詹森的眼镜商人制造了最早的显微镜。这个显微镜结构简单，由一个凹镜和一个凸镜组成，工艺比较粗糙。虽然詹森制造出了显微镜，但是他并没有意识到这种仪器的价值，没有利用它做出什么有意义的事。因此，他的这项发明也没有得到世人的关注。

17世纪中期，荷兰商人列文虎克对透镜产生了兴趣，开始自行学习透镜磨制技术。1665年，他磨制出了一个直径只有3毫米的透镜，将其安装在一个观

· 365 ·

察装置中，制成了简单的显微镜。由于列文虎克磨制镜片的技术很高超，这个显微镜能将物体放大很多倍。于是，他便利用自己制成的显微镜成功发现了微生物，成为世界上第一个用显微镜进行微生物研究的人。

牛顿发现万有引力定律

牛顿被认为是人类历史上最伟大的科学家之一。

牛顿的理论和发现为后来物理学的发展奠定了坚实的基础。他最大的贡献就是发现了万有引力定律和三大运动定律。

牛顿发现万有引力定律据说是源于一个突发的灵感。有一次，他在苹果树园散步时，忽然有一颗苹果砸到了他头上。他随即开始对苹果下落的问题进行思考，从而想到了苹果和地球之间的引力。然后，他通过大量的计算发现了著名的万有引力定律。这个故事流传很广，有些人认为它过于传奇，不像是真的。

1687年7月5日，牛顿在他发表的《自然哲学的数学原理》一书中，对万有引力定律进行了阐述。他认为宇宙中存在着一个最普遍的法则：任意两个质点都会产生相互的吸引力，这个引力的方向沿着两质点之间的连线，其大小与两质点质量的乘积成正比，与它们距离的平方成反比，并且这个力跟两个质点的化学性质、物理状态和中介物质没有关系。

富兰克林揭开雷电之谜

富兰克林是美国著名的科学家、发明家和政治家，他在很多方面都取得了卓著的成就。

富兰克林在电学上的最大贡献就是发现了雷电的秘密。

1746年，富兰克林在波士顿看到了一个电学实验。一名英国学者利用能够存储电荷的莱顿瓶和一些玻璃管做了一个很有意思的电学实验。富兰克林对此产生了浓厚的兴趣。此后，他开始进行电学方面的研究。他在自己家中做实验，探索电荷的各种性质，解释了电荷产生的原因。

有一次，他的妻子不小心打翻了莱顿瓶，立刻被瓶中闪出的一道火光击中，倒在地上。富兰克林受到这个现象的启发，想到了天上的雷电。当时人们还不清楚雷电是怎么回事，他们认为雷电是上帝在发怒，其性质与实验中的电是不一样的。富兰克林经过一番推证，认为天上的雷电和实验室里用到的电是相同的，为此他还发表了一篇文章，但是没有人相信他。

为了证明自己的设想，富兰克林决定做一个大胆的实验。他做了一个特别的风筝，风筝上绑着一个金属棒，下面连着金属线，在金属线的末端绑了一把铜钥匙。在一个雷雨天，他跑到野外放起了风筝。风筝飞上天后不久就被雷电击中了，富兰克林把手放到钥匙附近的时候，明显感觉到了被电击的麻木感。之后，他将风筝引下来的雷电导入了莱顿瓶中，存储起来，以供实验之用。在后来的实验中，富兰克林证明了自己的假设，天空中的雷电和实验室里产生的电的性质是完全一样的。

避雷针的发明

这种鱼尾形的铜瓦，就是避雷针的雏形。

避雷针是用来防止建筑物遭受雷击的一种装置，一般安装在建筑物顶端。

中国很早就有了避雷针的雏形，在唐代《炙毂子》一书中记载了这样一件事：汉朝时的柏梁殿因雷击引发了火灾，后来有人建议在屋顶放一块鱼尾形状的铜瓦，这样就可以防止雷击。

17世纪的法国旅行家戴马甘兰在他的《中国新事》中也提到了中国早期的避雷装置。那时在中国建筑物的屋脊两头，都有一个向上仰起的龙头装饰，龙嘴里含着一根金属制成的舌头，金属舌头上连接着一根很细的铁丝，细铁丝一直通到了地下。这就是中国古代通用的避雷装置，和现代的避雷针很相似。

现代避雷针是由美国科学家富兰克林发明的。他一直对雷电有着浓厚的兴趣，在研究雷电的过程中想到既然摩擦发出的电能够通过金属尖端被吸收掉，那么雷电当然也可以，如果在建筑物顶端安装一种带尖的金属装置，就可以通过尖端吸收，将雷电引到地下。后来，他把这个想法付诸实践，在建筑物的顶端绑了一根大铁棒，铁棒与建筑物之间绝缘，然后用一根金属线连接铁棒和大地。实验证明这种装置十分有效，现代用于建筑物的避雷针就此诞生。

安培趣闻

安培是一个工作非常认真的人，有很多关于他的趣闻传说。

安培是法国著名的科学家，他在电磁学方面作出了突出成就，电流的度量单位就是以他的名字命名的。

有一次，安培在街上散步，突然想起了一个还没有解决的问题，就开始边走边思考。这个问题需要一些演算，但是他手边并没有工具，突然他发现前面有一块"黑板"，便拿出随身携带的粉笔在上面演算起来。后来，那块"黑板"开始向前移动，安培就跟着它往前走。"黑板"越走越快，安培最后实在追不上了，才不得不放弃演算。原来，那块"黑板"是一辆马车的后壁。路人看到安培这个样子，都乐得直不起腰来。

安培随时都处于思考的状态。他从家里去学校，路上要经过塞纳河。有一次他边走边思考，在经过塞纳河时，随手捡了一块鹅卵石放进口袋里。走了一会儿，又掏出来扔到了河里。到学校后，他从口袋里掏出怀表打算看时间，结果发现怀表变成了鹅卵石，原来真正的怀表已经被他扔进塞纳河了。

安培在家的时候，因为经常有人过来拜访，他的工作很容易受到干扰。于是，他就写了一张"安培不在家"的字条贴在门上。后来有一次他出门回来，发现门上贴着的这张字条，说了句"原来安培不在"，就转身走了。

载人热气球的升空

人们很早就开始了对热气球的研究，如早期的孔明灯和天灯等。

热气球是利用比气球外空气密度低的气体产生升力，从而达到飞行目的的工具。18世纪，法国的造纸商蒙戈菲尔兄弟从碎纸屑在火炉中升起的现象中得到启发，开始利用纸袋进行热气球的研究。

1782年，蒙戈菲尔兄弟做了一个热气球，但是这个热气球只能飞到房顶的高度。1783年6月4日，蒙戈菲尔兄弟又做成了一个直径为10米的热气球，这个气球是用布制成的，布的接口处用扣子连接。他们用这个热气球在莱昂纳广场做了一次表演。气球中搭载了一只鸡、一只鸭子和一只羊，气球下面点着了一些木头和草，在热空气的作用下，气球升了起来，在空中飞行了1英里多。

9月19日，蒙戈菲尔兄弟在凡尔赛宫门前为皇族和巴黎市民进行了一场热气球表演。这次热气球飞到了400多米的高度，在空中飞行了8分钟，最后成功降落在了3公里之外的森林中。

这一年的11月21日下午，蒙戈菲尔兄弟在巴黎穆埃特堡进行了世界上第一次载人热气球飞行。这次飞行的热气球载着一名乘客穿越了半个巴黎，在空中飞行了25分钟才降落。

库仑定律

库伦根据万有引力定律的描述，认为两电荷之间的作用力也与电荷质量和距离有关。

库仑定律是关于电磁场的一个基本原理，说明了电荷之间的作用关系。在真空中的两个电荷之间存在作用力，这个作用力与两个电荷所带电量的乘积成正

比，与两个电荷距离的平方成反比，其作用方向与两个电荷之间的连线平行，并且同种电荷相斥，异种电荷相吸。这个定律是法国科学家库伦在实验中总结出来的。

库仑在1785年做了扭秤实验。他在一根很细的金属丝下面悬挂了一根秤杆，秤杆一端挂着一个金属小球，另一端挂着一个跟小球质量相等的物体，以保持平衡。然后，他在金属小球的旁边放了一个同样的金属球，并使其固定。接下来，他让两个金属球都带上了电荷。在电荷作用下，悬挂的秤杆发生旋转，使得悬挂的金属丝发生了一定角度的扭转。库伦控制着金属丝上面连着的旋钮，让秤杆上的金属小球回到了原来的位置。通过旋钮转过的角度，可以判断出扭矩的大小，从而计算出两个金属球之间的作用力的大小。

通过这个实验，库伦验证了自己的想法。不过在这个实验中，他用的是同种电荷，对于异种电荷，这个实验是不适用的。库伦据此设计了一个电摆实验，来测定异种电荷之间的作用力。结果发现，同种电荷与异种电荷之间的作用力大小是相等的。

伏特电池的发明

伏特是受到伽伐尼的青蛙实验的启发，产生了发明电堆的念头。

伏特电池是意大利物理学家伏特在1800年发明的，在早期被称为"电堆"。

伽伐尼在1789年做了一个实验，用铁棒把青蛙吊起来，然后用铜丝接触青蛙的肌肉，青蛙会因此发生抽搐。当时，伽伐尼对这个现象并未在意，他认为这只是青蛙身体内的"动物电"在发挥作用。然而，伏特却对这个现象产生了兴趣。伏特在研究中发现，导电物体可以分为两大类：一类是金属物体，另一类就是液体，也就是我们今天所说的电解液。两种不同的导体进行接触，会产生电势差。这种电势差很微弱，但是如果

把电势差叠加起来，就能产生很大的电势差。青蛙的身体抽搐其实是因为导体接触产生了电，并非是"动物电"造成的。

1800年，伏特根据电势差叠加的思想，设计了一种装置。将锌板和铜板用布片隔开，叠在一起，然后浸在酸性溶液中，连入回路，产生了电流。这种装置实验成功后，伏特将其命名为"电堆"，也就是电池组。这种电堆就是早期的电力来源，后来的电池就是在此基础上发明的。人们为了纪念伏特的这一发明，还将电压的单位命名为伏特。

阿伏伽德罗提出分子论

19世纪初，人们对分子还没有认识，只对原子有一些研究。

阿伏伽德罗是意大利科学家，他一生都在研究化学和物理学中关于原子的理论。他最大的成就是提出了分子论，也就是阿伏伽德罗定律。

英国化学家道尔顿在1808年发表了原子论，对原子进行了阐述。第二年，法国化学家吕萨克提出了一个假说，认为在相同的温度和压力下，相同体积的不同气体所含有的原子数量是相同的。他本以为这一假说是对道尔顿原子论的支持，但道尔顿却对这个假说表示反对，他认为不同气体的原子大小是不同的，那么相同体积的气体也就不会含有相同数量的原子。并且还有一个实验可以对此进行反证，就是一个单位体积的氧气和一个单位体积的氮气反应，会生成两个单位体积的一氧化氮。双方各执己见，互不相让。

阿伏伽德罗在分别研究了双方的理论之后，提出了自己的观点。他在1811年发表的一篇名为《原子相对质量的测定方法及原子进入化合物的数目比例的确定》的论文中，第一次提出了分子的概念。他认为单质和化合物在游离的状态下能够独立存在的最小单位是分子，分子是由多个原子组成的。同时，他对吕萨克的假说进行了修正，认为在相同的温度和压力下，相同体积的不同气体所含有的分子数量是相同的。这就是阿伏伽德罗的分子论，不过，这个学说在很久以后才得到科学界的承认。

道尔顿提出原子学说

在化学变化中，原子保持着稳定的状态，而相同种类的原子的特性也是相

· 371 ·

同的。

19世纪初期，英国科学家道尔顿提出了原子学说，认为物质是由原子组成的，原子是物质世界的最小单位，是单一、独立、不可分割的。

其实人们很早就开始了对原子的猜想，随着科学技术的进步，到了18世纪后期，人们逐渐对原子有了一些认识，但尚未形成针对原子的专门理论。在法国科学家普罗斯特提出了定比定律之后，道尔顿又展开了相关的研究，提出了倍比定律，这促成了他的原子理论的形成。

1803年，道尔顿根据手中掌握的一些资料，计算出了一部分原子的原子量。不久之后，他在曼彻斯特的"文学和哲学学会"上，第一次正式阐述了自己的原子论，并向人们公布了他所计算出来的原子量。

安全灯的发明

瓦斯是一种非常容易爆炸的气体，当瓦斯在空气中达到一定浓度时，遇到明火就会爆炸。

安全灯是一种在矿井中使用，可以避免引起气体爆炸的照明用灯。这种灯的发明者是英国科学家戴维。

19世纪初期，英国北部有很多煤矿，煤矿中充斥着许多瓦斯气体。而当时煤矿中照明用的都是蜡烛，因此发生了很多瓦斯爆炸事故。一些煤矿老板找到戴维，请他发明一种不会使瓦斯爆炸的照明灯。戴维答应了他们的请求，开始致力于研制矿井用安全灯。

在对瓦斯气体进行研究的过程中，戴维想到了一些解决问题的办法。他把一些细管子伸到灯里，以输送灯火燃烧所需要的空气，同时细管子也可以把瓦斯气体从灯里面排出来。当管子足够细的时候，灯火就不会导致外面的瓦斯爆炸。之后，他又用一个网眼很小的金属网代替玻璃罩，罩在火焰上。戴维发现瓦斯气体在进入金属网以后就会燃烧，但是火焰不会蔓延到金属网外面，因而也就不能引燃外面的瓦斯。另外，这个金属网还有散发热量的作用，这样一来，瓦斯就不会爆炸了。通过一系列实验，戴维终于确定了这种灯的安全性，并将其应用在了矿井中。

布朗运动的原理

布朗运动就是指悬浮的微粒一直做无规则运动的现象。

1827年，苏格兰植物学家布朗在对花粉进行研究时发现水中的花粉微粒和其他微粒都在做不间断无规则的曲线运动。后来，人们就把微粒的这种运动称作布朗运动。在发现布朗运动之后的很长一段时间内，人们都不知道这种运动的原理究竟是什么。此后又一位名叫德耳索的科学家提出，微粒的布朗运动是由于受到了周围分子的不平衡撞击而产生的。

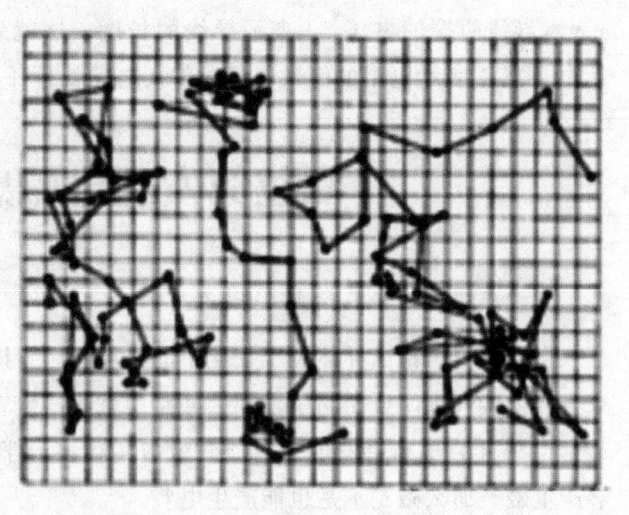

爱因斯坦运用分子运动论原理，对布朗运动进行了分析，找到了布朗运动的本质。悬浮的微粒会不断受到周围分子的撞击，这种撞击是随机的。当微粒的体积足够小的时候，这种随机撞击就会产生不平衡。当微粒受到的某个方向的撞击比较强时，其运动轨迹就会发生改变。在分子的不间断撞击下，微粒便一直不间断地做着无规则运动。

欧姆定律的发现

在欧姆生活的年代，人们对电阻还没有明确的概念，只对电导率有所研究。欧姆定律指的是电路中电流、电压和电阻三者之间的关系，即导体中的电流与导体两端的电压成正比，与导体的电阻阻值成反比。用公式表示为 I＝U/R，其中 I 表示电流，单位是安培；U 表示电压，单位是伏特；R 表示电阻，单位是欧姆。

1825 年 7 月，欧姆用一种电流扭力秤装置对不同金属的电导率进行了测量。测量结束后，欧姆想到可以将电路中的电流作为研究对象，来测定它与其他电路参量的关系。之后，欧姆便用一些横截面积相同但是长度不同的金属线进行研究，把它们分别接入电路进行测量，通过改变条件来对比实验数据。最后，欧姆得出了一条关系式：x＝q/（b＋l）。

1826 年 4 月，欧姆发表了一篇论文。在论文中，他将原来的关系式改写为 x＝ksa/l。在这个式子中，x 表示电流，k 表示导线电导率，s 表示导线横截面积，a 表示导线两端的电压，l 表示导线的长度。这就是最早的欧姆定律的表达式，其中 ks/l 就表示电阻的倒数，经过替换之后就是开始提到的欧姆定律公式。

法拉第发现电磁感应

这一原理是法拉第在 1831 年发现的。

电磁感应是指当导体位于变化中的磁场时，导体两端会产生感应电动势，如果将导体接入到闭合回路中，那么回路中就将产生感应电流。

1820 年，奥斯特发现了电流磁效应。很多科学家据此开始探索，既然电能够产生磁，那么磁是不是也能产生电？

1831 年 8 月，法拉第也进行了相关的研究。他在一个铁环的两端分别绕上了线圈。其中一个线圈接入没有电源的闭合回路中，并在下面平行放置了一个磁针，另一个接入了装有电源的回路，并在回路中设置了开关。他发现，当闭合开关时，磁针会发生偏转，断开开关以后，磁针就向反方向偏转。很明显，没有电源的闭合回路中产生了感应电流。之后，他又设置了变量，进行了一些定性研究。通过反复试验，他发现能使回路产生感应电流的情况总共有五种：变化的磁场、变化的电流、运动的磁铁、运动的恒定电流、在磁场中运动的导体。然后，法拉第便将这些能使回路产生感应电流的现象称为电磁感应。

在进一步研究的过程中，法拉第又发现，感应电流是由感应电动势产生的，就算导体不构成回路，导体两端依然存在感应电动势。

焦耳定律

焦耳定律是一个实验定律，是焦耳在电学实验中发现的。

焦耳定律是指电能和热能的转化关系，它是英国物理学家焦耳在1841年发现的。焦耳定律的具体内容是：电流通过导体所产生的热量与电流的平方成正比，与导体的电阻成正比，与通电时间成正比。焦耳定律的数学公式是$Q=I^2Rt$，其中Q表示热量，单位是焦耳；I表示电流，单位是安培；R表示电阻，单位是欧姆；t表示时间，单位是秒。这个公式适用于所有电流热效应的计算。

焦耳在用电阻丝给水加热的时候发现，设置不同的参数，电阻丝产生的热量就不一样，水的温度也就不同。他决定对其展开定量研究。通过大量的实验，焦耳最终发现了焦耳定律。焦耳定律为电路照明设计、电热设备设计和计算电力设备的发热提供了依据。

在纯电阻电路中，以焦耳定律的公式为依据，还能推导出其他的计算电路热量的公式。但是需要注意的是，焦耳定律的公式适用于所有电路，而推导出来的公式只适用于纯电阻电路。

麦克斯韦的电磁情缘

麦克斯韦最突出的就是他的电磁场理论，首次将电学、磁学和光学统一了起来。

麦克斯韦是英国著名的物理学家，他的主要研究方面包括电磁理论、光学、力学等。

麦克斯韦大约是从 1855 年开始进行电磁学研究的。他通过钻研法拉第在电磁学方面的理论，得出了法拉第的理论是正确无误的这样一个结论，因而他想要用自己在数学方面的优势为法拉第的理论提供数学方法研究，以便将法拉第的思想用精确的数学方式表达出来。

麦克斯韦对当时的科技学说进行了全面系统的研究。不久之后，他就发表了三篇关于电磁场理论的论文。第一篇是 1856 年的《论法拉第的力线》，第二篇是 1862 年的《论物理的力线》，第三篇是 1864 年的《电磁场的动力学理论》。在这几篇论文里，他用完美的数学形式将前人的成果表达了出来。

在这几篇论文的基础上，麦克斯韦还预言了电磁波的存在，并且认为电磁波只有横波。通过计算，他发现电磁波的传播速度和光速是相同的，从而得出了光是一种电磁波的结论。这一理论将电、磁和光统一了起来。

1873 年，麦克斯韦发表了《电磁理论》一书，对电磁场理论进行了全面系统的阐述。这一理论是经典物理学重要的基础理论。

赫兹证实无线电波的存在

通过实验，赫兹证明了电磁波是横波，并且具有反射、折射、衍射等特性，与光的特性类似。

赫兹是德国物理学家，他第一次证明了无线电波的存在，对电磁学的发展作出了巨大的贡献。人们为了纪念他，便将频率的国际单位命名为赫兹。

19 世纪 60 年代，麦克斯韦发表了关于电磁波的基础理论，但在当时并没有得到验证。1887 年，赫兹通过实验验证了麦克斯韦的理论。他根据麦克斯韦的电磁波理论，设计了一个能发出电磁波的仪器，然后利用检波器检测其发出的电磁波。他证明了无线电波的直线传播速度与光的速度是相同的。此外，他还发现电磁场方程可以用偏微分方程，也就是通常所说的波动方程表达。麦克斯韦方程也因此得到完善。

1888年1月，赫兹发表了名为《论动电效应的传播速度》的论文，阐述了他在实验当中的发现，震惊科学界。无线电波的应用因此飞速发展起来。

液晶的发现

液晶分为热致液晶和溶致液晶，现在的液晶物质种类已经超过了1万种。

液晶是一种应用于显示技术的高分子材料。它的性质十分特殊，在某一温度范围内，它会呈现出液体状态，但是又有固体结晶的光学性质，具有很高的应用价值。

1883年，奥地利的植物生理学家莱尼茨尔对胆固醇进行了研究。他在加热胆固醇苯甲酸酯的时候，发现这种物质在熔化时的表现比较异常。当他把胆固醇苯甲酸酯加热到145℃时，发现其虽然熔化为液体，但并不是透明的，而是稍显浑浊，并带有一些色彩。然而，根据化学理论，纯净的物质在熔化后应该是透明的才对。于是，他又将其加热到了175℃，结果发现这种物质又发生了变化，颜色消失，变成了透明的液体。当他将其稍微冷却之后，色彩又出现了。

莱尼茨尔对这种现象不是很理解，便找到了德国物理学家雷曼，请求对方给予解答。雷曼用一台带有加热功能的显微镜对这种物质进行了观察，之后又在显微镜上加了偏光镜重新观察了一遍，但是他也弄不明白这到底是怎么回事。一开始，雷曼将这种物质称为软晶体，后来又改名为晶态流体，最后将其命名为流动晶体。

在后来的研究中，人们将这类物质称为液晶，将莱尼茨尔和雷曼称为"液晶之父"。在液晶刚被发现时，人们并不知道它的用途，到了20世纪60年代，液晶才被应用于显示技术。

伦琴发现X射线

X射线的发现纯属偶然，来自于伦琴做的一个与X射线毫无关联的电学实验。

伦琴是德国的实验物理学家，他在物理学上作出的最大贡献是发现了伦琴射线，即 X 射线。

1895年11月8日晚，伦琴正陷于对如何保证一个电学实验的精确性的沉思中，他一边思考一边将各种电学仪器用锡纸和硬纸板包裹起来，并接通电源进行了一次尝试。然而，意想不到的事情发生了，当他接通电源后，阴极管释放出来的某种能量让一块涂有氰亚铂酸钡的屏幕亮了起来，并使一块被严密封闭的底片曝光了。伦琴敏锐地注意到了这一点，他认为，阴极管一定释放出了某种具有能量的射线。由于不知道这到底是什么射线，伦琴便将其命名为"X射线"。

在发现X射线后，伦琴又做了几次实验，希望揭开X射线的秘密。但他最终只得到了这样的结论：这种射线可以轻易地透过厚厚的书本、木板和小于15毫米厚的铝板，只有铅板和铂板可以阻挡这种射线的传播。

后来有一次，天已经很晚了，伦琴还在实验室研究X射线。他的妻子很不放心，就来实验室看他。当伦琴看到自己的妻子时，他突发奇想，示意妻子用手盖住用来曝光的底片。当妻子将右手放到底片上时，奇迹发生了，她右手的骨架被清晰地投射到后面的底片上，她手上戴着的戒指也在底片上呈现出一圈黑黑的阴影。

1896年1月5日，伦琴在柏林物理学会会议上展现了他用X射线拍下的照片，X射线被发现的消息很快引起了人们的关注，并迅速传遍了全世界。伦琴作为X射线的发现者，获得了1901年的诺贝尔物理学奖，他也是第一个获得诺贝尔物理学奖的科学家。

塞曼效应的发现

在量子力学中，塞曼效应才得到了完整的解释。

塞曼效应是指在化学和物理学的光谱分析中，原子的光谱线在外磁场中出现分裂的现象。这一现象是由荷兰物理学家塞曼发现的。

1896年，塞曼在对钠火焰的光谱进行研究时，发现其谱线出现了加宽现象。后来，他的老师洛伦兹对这个现象进行了解释。这种加宽现象其实是谱线发生了分裂，因为电子有轨道磁矩，其方向在空间中的取向是量子化的，当受到外界磁场的作用时，能级就会发生分裂，从而使得光谱的谱线分裂成间隔相等的三条谱线，其间隔相当于一个洛伦兹单位。这一发现使得塞曼和洛伦兹两人共同获得了1902年的诺贝尔物理学奖。

在后来的研究中,又有人发现,有些光谱并不是分裂成间隔相等的三条线,有时会多于三条,而且其间距也有大有小。当时人们无法解释这种现象,于是就将这种现象称为反常塞曼效应,而把塞曼原先发现的现象称为正常塞曼效应。

无线电之父

由于在无线电应用方面作出了巨大贡献,马可尼于 1909 年获得了诺贝尔物理学奖。

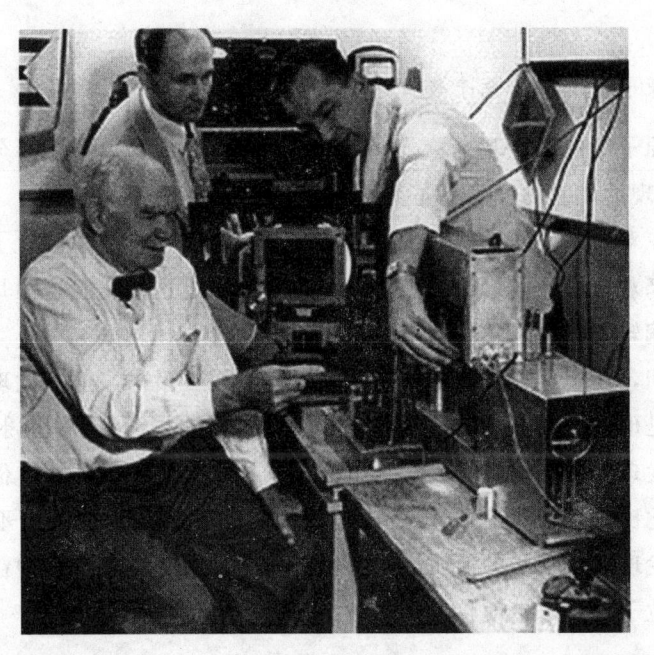

意大利工程师古列尔莫·马可尼是世界上第一个使用无线电发送跨越大西洋的信号的人,他被人们称为"无线电之父"。

在赫兹验证了无线电波的存在之后,马可尼就开始了对无线电的研究。他最初做的无线电实验是在家里的楼上安装无线电发射装置,在楼下安装一个与电铃相连接的检波器。当检波器接收到楼上发出的无线电信号时,电铃就会发出响声。这个实验获得了成功。之后,马可尼对实验装置进行了改进,以便能够在更远的距离之外传输信号。

1896 年,马可尼用自己研制成功的通讯装置做了演示,这种装置可以在 14 公里以外传输信号,已经有了初步的应用价值。马可尼获得了这项发明的专利权。之后，他成立了一家公司，开始研究无线电的应用。1899年，法国政府向马可尼发出请求，叫他建立穿越英吉利海峡的无线电通讯。当年，马可尼就完成了这项工程。

1901年12月，马可尼利用自己改进的装置在英格兰和加拿大的纽芬兰之间进行了横跨大西洋的无线电通讯，传输距离达到了3500多公里。这一实验的成功标志着无线电的应用进入了全球互通的时代。从此，无线电的发展真正步入了实际应用的阶段。

电子的发现

不同的原子，其中的电子数目也不同。

电子是原子中的一种基本粒子，带有一个单位负电荷，质量十分小。电子是在1897年发现的，它的发现者是英国物理学家汤姆生。

汤姆生在对阴极射线的研究中发现了电子。当时，汤姆生设计了一个电场偏转实验，用来观察阴极射线的偏转。之前也有人做过这种实验，但是因为没有观察到射线的偏转，便得出了阴极射线不带电的结论。

实验初期，汤姆生也没有观察到阴极射线偏转。后来，他才发现是由于真空度不够，于是他便采用了当时最先进的真空技术，最终使得阴极射线发生了偏转。汤姆生发现，阴极射线是由带负电的粒子构成的。通过计算，他又发现这种粒子的荷质比比氢离子的荷质比大1000多倍。其后，汤姆生又用不同的材料做这个实验，发现射线粒子的荷质比始终保持不变。这就说明，这种粒子是原子中的一种基本粒子。汤姆生便将这种粒子命名为"电子"。

量子论的发展历程

量子论是从20世纪初发展起来的。

量子论是解释微观物理世界基本规律的理论，它为固体物理学、原子物理学、核物理学和粒子物理学打下了理论基础，与相对论一同构成了现代物理的两大基础。量子论是研究微观粒子的基础理论，能为原子结构、原子光谱、元素性质、光理论等都提供理论支持。

1900年，普朗克最先提出了能量子概念。他在研究黑体辐射规律时，在经

典物理理论中很难找到合理的解释，因此引入了这样一个概念。这个概念的引入为量子论的发展奠定了基础。

爱因斯坦在后来的光电效应实验中，发现了与经典物理有悖的地方，于是提出了光量子假说。同时，他将能量子的概念成功运用到了固体比热的问题研究中。这是量子理论的第一次成功应用，为以后的量子理论指出了一条发展道路。

1913年，玻尔将量子化概念运用到原子核模型中，提出了自己的原子理论，并运用这一理论合理解释了氢光谱。

这十几年是量子理论的初步发展时期，在玻尔之后的十年内，量子理论的进展一直十分缓慢。

直到1923年，德布罗意首先提出了物质波理论，用波粒二象性来解释粒子束的各种特性，才为量子理论打开了新局面。

1925年，薛定谔在之前的量子理论的基础上，运用数学方法提出了电子的波动方程，并开创了波动力学。差不多在同一时间，另一位科学家海森伯提出了一种矩阵方法，对量子波动理论进行计算。后来有几位科学家先后对海森伯的矩阵方法进行改进，使其成为了完整的量子理论系统。这个矩阵理论系统与薛定谔的波动力学是一样的，二者被科学界统称为量子力学。量子论也由此成为了一门系统完整的学科。

超导的研究历程

中国所获得的最高超导临界温度目前为153K左右。

超导就是某种导体处于某一温度时会突然失去电阻的现象。处于超导状态的导体称为超导体，要达到超导状态，一般需要非常低的温度。

1911年，荷兰科学家昂内斯在实验中发现，水银在冷却到开氏温度4.2K，也就是摄氏温度−268.98℃的时候，会突然失去电阻。之后，他又用很多金属和合金进行实验，发现了相同的特性。于是，昂内斯便将这种异常的导电状态称为超导态。

1932年，霍尔姆和昂内斯都发现了超导的另一个特征。将两块处于超导状态的金属放在一起，中间只隔着一层非常薄的氧化物，这时即使没有外加电压，这两块金属中也有电流流过。这种结构被称为超导结。

1933年，荷兰的迈斯纳和奥森菲尔德一起发现了超导体和磁场之间的关系。当金属处于超导状态时，会将磁场排斥在超导体外，这个现象被人们称为"迈斯纳效应"。1935年，德国的伦敦兄弟又提出了超导的电动力学理论。

1950年，美国人巴丁和美籍德国人弗鲁里赫同时对超导电性提出了解释。他们认为超导电性是由电子和晶格振动之间的相互作用产生的。不久，巴丁、库柏和斯里弗又提出了超导电量子理论，用电子对能隙的理论成功解释了超导现象，这一理论被人称为"巴库斯理论"。1961年，美籍挪威人贾埃瓦通过铝制隧道元件，直接观测到了电子对能隙，从而为"巴库斯理论"提供了实验证明。

1962年，剑桥大学一位年轻的实验物理研究生约瑟夫森对能隙进行了研究，发现在超导结中，电子对可以穿透氧化层而形成直流电流。当外加一个电压时，超导体中还会产生交流电流。这两种现象分别被称为直流约瑟夫森效应和交流约瑟夫森效应。这两种效应的发现为电子对运动提供了依据。

到了20世纪70年代，人们根据"迈斯纳效应"，开始研究将超导应用于交通工具的技术，也就是磁悬浮技术。为了让超导体更有实用价值，科学家们不断寻找在较高温度下可以获得的超导体。1986年，科学家柏诺兹和缪勒发现了超导临界温度为30K的钡镧铜氧化物。之后，超导临界温度更高的物质不断被发现。

爱因斯坦提出广义相对论

广义相对论在天体物理学中有很多应用，为多种天体理论提供了依据。

广义相对论是爱因斯坦于1916年提出的理论，它利用几何语言，将引力描述成弯曲的时空的曲率。

19世纪末，经典力学和电磁理论都已渐趋完善，有些物理学家认为物理学的发展已经走到了尽头。然而，有人在利用"伽利略变换"进行光的传播等问题的研究时，又发现了一些无法解释的矛盾，使得人们对旧有的一些观念产生了怀疑。1905年，爱因斯坦提出了狭义相对论。他在这一理论中建立了新的时空观，描述了接近光速的高速物体的运动规律。狭义相对论为物理学的发展提供了一条新的道路。

1912年，爱因斯坦发表了一篇论文，讨论了如何用几何语言来描述重力场。1916年，爱因斯坦建立了引力场方程，用来描述时空曲率与时空中的物质和能量的关系，同之前的理论一起形成了完整的广义相对论。广义相对论是将经典力学和狭义相对论综合起来的理论，经典力学和狭义相对论都是广义相对论的特殊情况，一种是物质处于低速运动状态，一种是物质处于高速运动状态。

广义相对论解决了很多经典物理解决不了的问题，并且得到了实验和实际观测的验证。

激光的起源

激光是由受激发射的光放大产生的辐射。

1916年，爱因斯坦最早提出了激光的理论。他认为原子中的电子处在不同的能级上，当处在较高能级上的电子受到某种光子激发时，会由高能级跳跃到较低的能级，同时辐射出光子，其性质与激发用的光子相同。在某种条件下，一些比较弱的光甚至能激发出比它本身更强的光。这种现象就叫"受激辐射的光放大"，也就是激光名字的由来。

1958年，美国科学家肖洛和汤斯在做实验时发现，当灯泡上的光照在某种晶体上时，这种晶体会发出比较明亮的光，而且发射出来的光不会发散。在看到他们发表的关于激光的论文之后，很多科学家都对激光产生了兴趣，还有不少人

设计了激光实验，但是最终都失败了。

1960年5月15日，美国科学家梅曼制造出了第一束激光，其波长为0.6943微米。7月7日，梅曼又制造出了世界上第一台激光器。他使用了一块含有铬元素的刚玉，其实就是人们常说的红宝石，在其表面镀上反光镜，然后又打一个小孔，使得光可以从这个小孔里出来。其后，他利用闪光灯照射刚玉，刚玉中被激发出红色的光，这些光通过小孔射出，便产生了一束红色的激光。这种激光能使物体表面产生很高的温度，可应用到很多方面。

大物理学家卢瑟福

卢瑟福是最早对核物理进行研究的人，被称为"原子核物理学之父"。

卢瑟福是英国著名的物理学家，他在原子结构和放射性等方面的研究中成就卓著，被认为是20世纪最伟大的实验物理学家。

卢瑟福第一次确认了放射性是由原子内部发生的变化造成的，并指出放射性会使一种原子变化为另一种原子，从而打破了人们固有的原子不变观念。这一发现将人们引领到了核物理这个全新的领域。之后，卢瑟福做了物理学"最美的实验"之一——α粒子散射实验，他根据这个实验提出了原子的核式结构模型。1919年，卢瑟福在α粒子轰击氮核的实验中发现了质子，并测定出质子带有一个单位正电荷，具有一个单位质量。

在提出了核理论之后，卢瑟福又找到了引发核反应的方法，即用粒子或γ射线来轰击原子核，引起原子衰变。这一方法很快被应用到了核技术当中。随着核技术的发展，卢瑟福的科研成果的应用范围越来越广，他本人在世界上的影响力也越来越大。

原子物理学

现代原子物理学的基本理论主要是由德布罗意、海森伯、薛定谔、狄里克莱等所创建的量子力学和量子电动力学。它们与经典力学和经典电动力学的主要区别是：物理量所能取的数值是不连续的；它们所反映的规律不是确定性的规律，而是统计规律。

应用量子力学和量子电动力学研究原子结构、原子光谱、原子发射、吸收、散射光的过程，以及电子、光子和电磁场的相互作用和相互转化过程非常成功，理论结果同最精密的实验结果相符合。

微观客体的一个基本性质是波粒二象性。粒子和波是人在宏观世界的实践中形成的概念，它们各自描述了迥然不同的客体。但从宏观世界实践中形成的概念未必恰巧适合于描述微观世界的现象。

现在看来，需要粒子和波动两种概念互相补充，才能全面地反映微观客体在各种不同的条件下所表现的性质。这一基本特点的另一种表现方式是海森伯的测不准原理：不可能同时测准一个粒子的位置和动量，位置测得愈准，动量必然测得愈不准；动量测得愈准，位置必须测得愈不准。

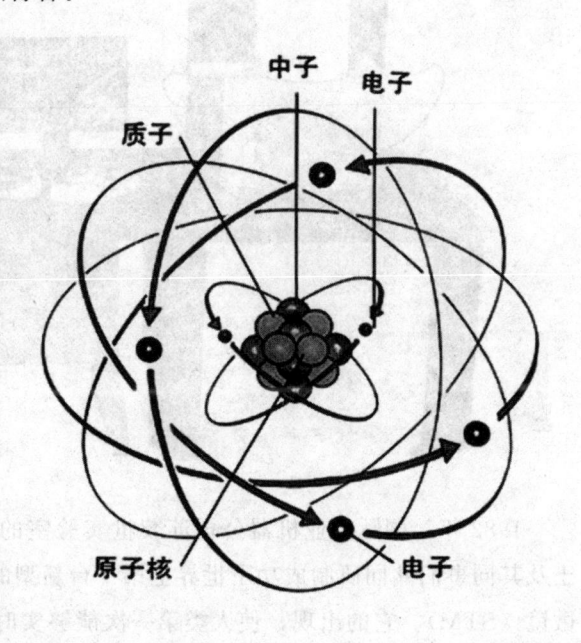

量子力学和量子电动力学产生于原子物理学的研究，但是它们起作用的范围远远超出了原子物理学。量子力学是所有微观、低速现象所遵循的规律，因此不仅应用于原子物理学，也应用于分子物理学、原子核物理学以及宏观物体的微观结构的研究。量子电动力学则是所有微观电磁现象所必须遵循的规律。直到现在，还没有发现量子电动力学的局限性。

微观世界的揭秘者——电子显微镜

电子显微镜的诞生,人们可以通过它看到细胞内部极为细小的结构,可以在分子的基础上研究生命的奥秘,由此还产生了一门重要的现代新学科——分子生物学。电子显微镜是现代科学技术进步的成果,也是推动现代科学技术不断发展的有力工具。

1982年,国际商业机器公司苏黎世实验室的葛·宾尼博士和海·罗雷尔博士及其同事们共同研制成功了世界上第一台新型的表面分析仪器——扫描隧道显微镜(STM)。它的出现,使人类第一次能够实时地观察单个原子物质表面的排列状态和与表面电子行为有关的物理、化学性质,被国际公认为20世纪80年代世界十大科技成就之一。为此,1986年,宾尼博士和罗雷尔与发明电子显微镜的鲁斯卡获得了诺贝尔物理学奖。

夸克模型

基本粒子如此之多,难道它们真的都是最基本、不可分的吗?近40年来大量实验实事表明它是有内部结构的。

1964年盖尔曼（生于1929年）提出了夸克模型，认为介子是由夸克和反夸克所组成，重子是由三个夸克组成。他因此获得1969年诺贝尔物理学奖。1990年，弗里德曼、肯德尔和泰勒因在粒子物理学夸克模型发展中的先驱性工作而获得诺贝尔物理学奖。1965年，费曼、施温格、朝永振一郎因在量子电动力学重整化和计算方法上的贡献，对基本粒子物理学产生深远影响而获得诺贝尔物理学奖。温伯格和萨拉姆等以夸克模型为基础，完成了描述电磁相互作用和弱相互作用的弱电统一理论。他们因此获得1979年诺贝尔物理学奖。目前统一场论的发展正向着把强相互作用统一起来的大统一理论和把引力统一进来的超统一理论前进，并且这种有关小宇宙的理论与大宇宙研究的结合，正在推动着宇宙学的发展。

粒子研究的强力工具——高能加速器

高能加速器是核物理学和粒子物理学研究的强有力工具和现代化实验手段。它采用人工方法加速带电粒子，以产生高速度、高能量的新粒子。为什么需要高能量的粒子呢？这是因为在核物理学和粒子物理学研究中，需要深入到基本粒子的内部，才能探求其秘密。高能加速器的原理，就是使带电粒子在电场中获得能量而加速，再用磁场约束其运动轨道，根据实验的需要进行有效的控制。它的原理虽然简单，但技术十分复杂。

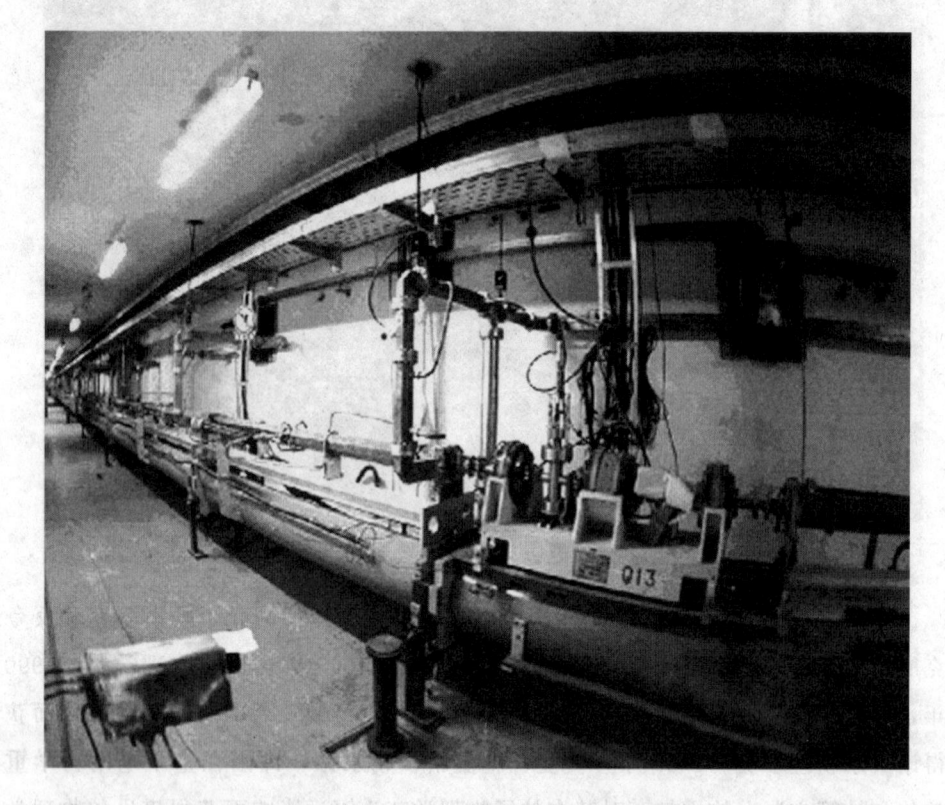

超导电性的广泛应用

在工业领域，超导电性也有着广泛的应用，遍及电能、电机、交通运输、空间技术等各个方面。例如，美国、日本、法国、前苏联等国家都进行过超导电机和超导磁流体发电的试验。还有许多国家都试图将超导磁体用作变控热核堆的等离子体约束磁场等。在交通运输方面，日本最先设计出超导磁悬浮列车，时速可达到500公里/小时，并且样车已在东京—大阪间进行了表演。在空间技术领域，虽然人们应用超导磁体的起步时间不长，但有许多设想已经得到实现，如超导磁体轨道、火箭内磁力系统、宇宙辐射用磁分析器等。

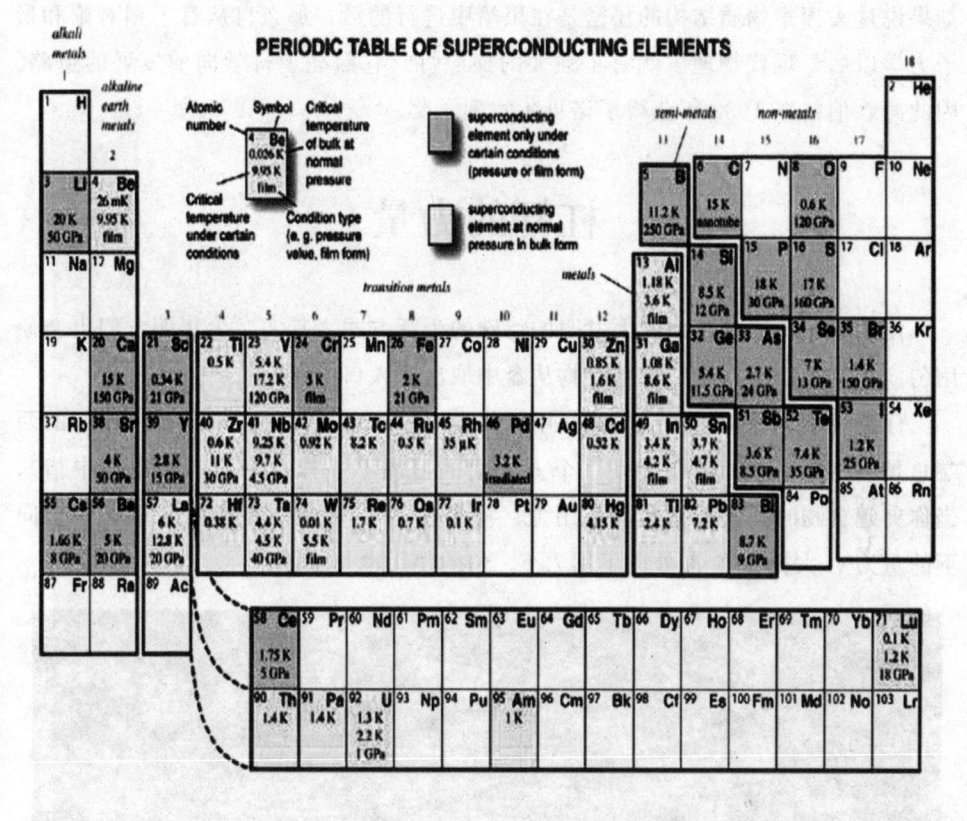

量子力学的创始人——海森伯格

海森伯格（1901—1976）是德国物理学家，量子力学的创始人。量子力学，是研究微观粒子运动规律的理论，是现代物理学的基础理论之一。物质都是由原子构成的，但原子并不是物质的最小单位，原子是由一个原子核和围绕核运动的若干个中子构成的。其中原子核还由若干个质子和中子构成。从现代科学水平看，中子、质子都属于构成物质的基本粒子。据最新统计，已经发现的基本粒子就有300种以上。对于物质结构的层次，由于出现了量子力学，才使人们的认识随着科学的研究不断加深。

海森伯格对原子论和核子论的创新见解引起了学术界的瞩目。后来，他又进行了一系列的研究。

如果说过去探索物质结构的秘密是在黑暗中进行的话，那么自从有了相对论和量子力学以后，现代物理学就有了强大的探照灯，它照亮了科学向前发展的道路。因此海森伯格在1932年获得了诺贝尔物理学奖。

杠杆的力量

使用筷子吃饭这是中国人发明的特殊的生活方式。其实，少年朋友们也会使用勺。为什么筷子、小勺能把食物从盘中取出送入口中呢？

仔细观察、分析筷子或勺的使用，你会发现，在使用过程中，筷子或勺的两端总是以你的中指为轴在转动（个人使用的习惯不一样，有的不一定是中指），当你夹起食物时，大拇指在向下用力。筷子在O点转动，食物在B端有一个向下的重力G 大拇指在A处向下用力F。勺的使用也是如此。

像筷子这样能绕固定点转动的硬棒叫杠杆。杠杆是人类最早使用的简单机械。

杠杆绕固定点O转动，固定点O叫支点。A点和B点都是力的作用点，B点叫阻力作用点，A点叫动力作用点。支点到力的作用线的距离叫力臂。如图4所示。支点到阻力F_B的距离L_2叫阻力臂。支点到动力F_A的距离L_1叫动力臂。

杠杆的应用十分巧妙，作用十分巨大，只要一根硬棒，找一个支点，就可以把一块巨石、或一个重物撬起来，移动位置。

古希腊有一位科学家叫阿基米德，是一位了不起的物理学家和数学家，他曾经对杠杆的原理和作用进行过系统的研究，是世界上系统研究杠杆最早的人，他说："假如给我一个支点，我就能撬动地球"。

功过昭彰的共振

1906年的一天，一支沙俄的军队迈着整齐的步伐，通过彼得堡封塔河上的爱纪毕特桥，突然桥身断裂，造成桥毁人亡的悲剧。事后调查表明，桥本身相当坚固，军队的总重量也不会把桥压垮。那么，大桥究竟是如何断裂的呢？原来是共振造成的。

先做一个小实验，AB为一根绷紧的细线，上面悬挂着a、b、c三个单摆。摆c悬线与a长度一样，所以a、c自由振动时的固有频率相同。现在推动c摆锤让它振动起来，在c的影响下，a、b摆锤也都振动起来，振动的频率都与c摆的频率相同。但a摆的振幅远比b大，这是由于a摆与c摆的固有频率相同，a摆与c摆的"合拍"使振幅增加，也就是说a与c之间发生了共振。一般来说，当外力的振动节拍和物体本身的固有频率的节拍相同或相近时，物体就会产生强烈的振动，叫做共振。上面谈到的那支沙俄军队，就是由于队伍行进的步伐十分整齐，频率正好等于桥的固有频率，和桥产生共振，导致大桥断裂。

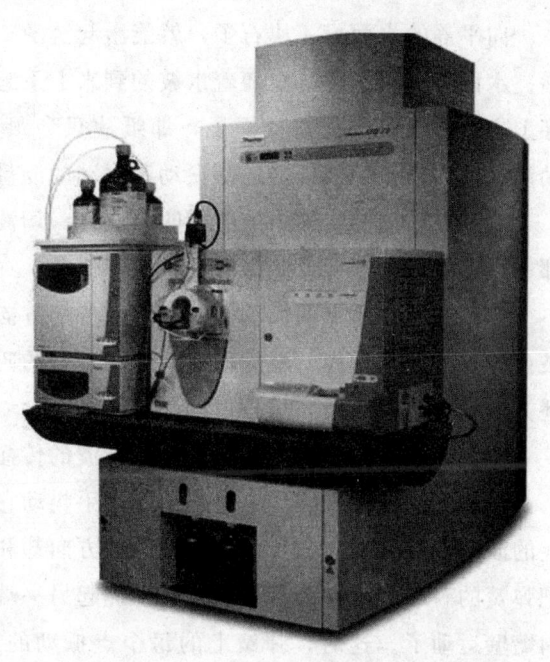

为了避免发生破坏性的共振，世界各国都有一条不成文的规定：大队人马要便步过桥。建造铁路桥梁时，绝对不能让桥梁的固有频率与车轮撞击接轨处的振动频率相近。制造火车车厢时，也要使车厢下弹簧的固有频率远离车轮撞击接轨处的振动频率，以防车厢共振，使乘客免受颠簸之苦。登山运动员禁止高声说话，避免由于空气的振动引起雪层共振而发生雪崩。

尽管共振像幽灵一样带来灾难，但在更多的场合却是我们的朋友。人的耳朵之所以能"听音"，全在于人耳中有精巧绝伦的共振系统；地震仪是利用机械共振制成的。在近代科学技术中，共振既是探索宇宙的威力巨大的武器，又是打开物质微观世界大门的金钥匙。

千变万化的声波

声音是靠介质来传播的。声源发生振动以后，就引起了它周围的介质发生相应的振动，最后，以声波的形式向四面八方传播。

声波的传播形式是千变万化的。

向平静的水面投一块石子，就能激起涟漪，并引起一圈圈的水波不断向外传播。水面上漂浮的树叶会随着水波的到来上下起伏，却不会漂走。如果在绳子上穿上一个小纸片，你抖动绳子，那纸片只会跟着上下波动，而不会随波往上游动。这证明，机械波传播的是振动和振动的能量，而不是物质本身。

振动在它周围物体中的传播叫做波。一切波都是由振动引起的。最初振动的那一点，是波的起源，叫做波源，也叫振源。

按照介质中质点的振动方向和波的传播方向之间的关系，把波分为横波和纵波。质点的振动方向与波的传播方向相垂直叫横波，质点的振动方向与波的传播方向相同的叫纵波。

让我们来做一个简单的实验，判断波的传播方向。

在墙上的钉子上拴住一根绳子，用手抖动它，这时绳子的质点上下振动，绳上的波沿水平方向向前传播，而振动的方向却和波的传播方向垂直，是横波。再把弹簧的一端固定在墙上，用一只手提起另一端，轻轻一推。弹簧圈一疏一密地向墙壁运动了。这时，弹簧上的每个点振动的方向和波的传播方是相同的，是纵波。

在抖绳子的实验中，我们还会看到相邻的凸起之间有一个凹下去的部分。那凸起的部分叫波峰，凹下去的部分叫波谷。两个相邻波峰中点之间（或两个相邻波谷中点之间）的距离，就叫一个波长。

纵波的波长是指2个相邻密部中心之间（或者两个相邻疏部中心之间）的距离。

波传播的速度叫波速。

那么，浩瀚的海洋世界又是如何呢？

碧波万顷、表面平静的大海下面可是一个喧闹的世界。科学家们把类似话筒的水听筒放到大海里，坐在船上可以听到各种各样的声音。

"叽叽"，"叽叽"，鸟儿怎么跑到了海下？原来，那是小青鱼的歌声；"咚咚"，"咚咚"，谁在敲小鼓？不，那是驼背鳟鱼在寻找同类……从示波器上还可以看出，海底不但有声波，还有次声波和超声波。

鱼类的声音并不是从喉咙里发出的，它们没有声带。鱼类发声主要靠鱼鳔的振动或者靠牙齿、鳍条、骨头的摩擦。鱼声往往是鱼类求偶或集群的信号。渔民们发现，领头鱼发出一声呼唤，众鱼就会靠拢过来。

渔民们也正是利用声音来诱捕鱼的。他们在渔船上敲鼓，大黄鱼听到鼓声就会靠拢过来。现在科学家们正在研究各种有效的"唤鱼器"，一按电钮，某种鱼群就会招之即来。

固体传声又有什么特点呢？19世纪的科学家经过研究，首先发现了表面声波。

1885年，著名的英国物理学家瑞利在理论上指出，声波在固体表面传播时，会出现一种奇妙的表面声波。表面声波是在固体表面上传播的声波，它既不同于横波，也不同于纵波，而是两者的合成。

1990年，英国地震学家根据地震仪获得的记录，证实地震时地表面确实存在这种奇异的波，并且把它命名为瑞利波。表面声波有许多种，瑞利波只是表面声波的一种模式。

尽管人类对声波的研究已经有几百年的历史，表面声波技术却是最近几十年才兴起的。1965年，美国科学家怀特发明了一种仪器叫"叉指换能器"。这种仪器可以使电信号产生表面声波，也能使表面声波产生电信号。从此，表面声波技术就在广播电视、通讯、雷达、电子计算机等各项技术中大显身手了。

声波的传播有一个过程。如，我们把左耳朵贴在铁轨上，当你左耳听到传来的轰轰声时，右耳什么声音也没听到。你站起来好一段时间后，才听到远处火车的轰鸣声。

第一次测定声音在空气中的传播速度是1738年进行的。几位法国科学家把2门大炮架在相距27千米的两个山头上。甲山头上放炮时，乙山头上的人测量出从看见炮的火光到听到炮声所经历的时间。乙山头上放炮时，甲山头上的人用同样的方法测量时间。实验结果是，从甲到乙和从乙到甲的声速都是一样的，是337米/秒。

后来又做了许多次实验，证明声波在空气里的速度和声音本身没有关系。炮声和叫声，高音和低音，声速都是一样的。但是，空气温度不同，声速就有变化了。－30℃时声速为313米/秒，100℃时声速386米/秒。温度越高，声速越大。

大约气温每升高 1℃，声音速度就要增加 0.6 米/秒。在 20℃的空气里，声波的速度是 344 米/秒，现在常说的声速就是指这个速度。

精确的实验还证明，各种气体中的声速是不同的。在同样状态下，气温为 0℃时，二氧化碳中的声速是 259 米/秒，氢气中的声速是 1284 米/秒，氧气中的声速是 316 米/秒，水蒸气中的声速是 494 米/秒。

掌握了声速的规律，就可以用它来计算距离了。有经验的战士，能根据炮火的火光和声响来估计出大炮的距离。

声波在不同介质里的速度是不同的，声波在不同介质里传播时衰减的情况也是不同的。

第一次测定声音在水中的传播速度，是 1827 年在瑞士日内瓦湖上进行的。在一只船上，实验员向水里放下一个钟，敲钟时，使船上的火药同时发光；在另一只船上，另一实验员向水里放下一个听音器，他测量从看到火药的闪光到听见钟声所经过的时间。根据两船间的距离就可以求出水中的声速是 1450 米/秒。这个速度大约是空气中声速的 4 倍。

人们经过反复测试，还发现水中声速也受温度影响。温度每升高 1℃，水中声速大约增加 4.6 米/秒。一般情况下，海水中的声速是 1500 米/秒，约是大气中声速的 4.5 倍。

各种液体中的声速也不尽相同。在 20℃时，纯水中的声速是 1482.9 米/秒；水银中的声速是 1451 米/秒；甘油中的声速是 1923 米/秒；酒精中的声速是 1168 米/秒；四氯化碳液体中的声速是 935 米/秒。由此可见，声音在液体中传播大都比在大气中传播快得多，这与液体中的分子比较紧密有关。

科学家们经过反复测定发现，声波在固体中用纵波和横波两种形式传播，这两种波的波速也不相同。例如：在不锈钢中，纵波速度是 5790 米/秒，横波速度是 5000 米/秒。在用铍做成的棒内，声波的纵波速度达到 12890 米/秒，是大气声速的 38 倍。

声波传播不论快慢，在遇到障碍物时，都会发生反射，反射时遵循一定的规律。这一规律被广泛地应用于医学、科技、军事等方面，特别是为建筑学解决了不少难题，带来了奇特的艺术效果。

如天坛回音壁，就是巧用声音凹面反射的建筑艺术品。

还有这么一个历史故事。一个听觉不好的国王总是听不清大臣的上奏。后来有位工匠献了一张图，说只要照着这张图来盖一座新王宫，国王坐在宝座上就能听清站在远处的大臣的说话声。国王按照他的图纸修建了新王宫，果然听清了大臣的上奏。

与这个故事同用一个原理的还有英国伦敦的圣保罗大教堂，它也是采用了聚声技术。在教堂里，不论在哪里轻轻说话，远处的人都能听清。

声波的反射还能产生一种混响的效果。我国建筑学家根据这个原理，巧妙地使人民大会堂具有极佳的音响效果。

击此彼应的共鸣

做一个关于"自鸣杯"的小实验。

将两个相同的高脚玻璃杯放在桌子上，两杯相距两厘米，分别向两个杯子里加入相同多的水。用湿手指慢慢摩擦一个杯子的口，会产生很响的嗡嗡声；这时，另一只杯子也会产生相同的声音。这种现象就叫"共鸣"。

物体的共鸣是由共振产生的。所以，要揭开共鸣之谜，先得从共振入手。

一个物体，当它振动起来以后，不再对它施加外力，任其自然，这种振动就叫自由振动，也叫固有振动。物体在自由振动时，它的频率是一定的。这个频率就叫这个物体的固有频率。

声源的振动世界如此。用筷子敲一下玻璃杯，玻璃杯发生了自由振动，我们听到了响声。敲一下鼓，打一下锣，都会引起它们的自由振动，鼓声和锣声都是自由振动发出来的。

这说明，物体自由振动时的固有频率是由它本身的各种条件决定的。固有频率不受外力影响，不管作用于它的外力是小是大，它的振动频率总是一定的。

当然，也有一种跟自由振动不同的受迫振动，它受策动力的作用产生有规律性的变化。如缝纫机的针头上下振动，孩子在床上跳动引起的床板振动，都是属于受迫振动。

共振是物体经常发生的现象，在很多场合下是有害的。让我们来看一看几则关于共鸣和共振的小故事。

我国唐代《刘宾客嘉话录》里，记载了这样一个有趣的故事：洛阳的一座古庙里，某和尚房间里的一个磬，敲击时可以发出悦耳的声音。但这个磬经常不敲却自鸣，和尚很害怕，反复琢磨也找不出原因来。

后来，和尚把磬锁在一间空房子里，它仍然不敲自鸣。和尚百思不得其解，竟因此吓得大病一场。他的朋友曹绍夔听说后，特地去看望他，问明了事由，就仔细研究起来。他发现当寺院敲钟时，磬也响起来了，而且每次自鸣都出现在庙里敲钟的时候。

第二天，曹绍夔用一把锉刀在磬上锉了两下，说句："善哉，善哉。"那磬就不再自鸣了。和尚问其道理，曹绍夔笑道："此磬与律合，故击此彼应也。"这就是共鸣。

19世纪中叶，在法国里昂附近有一座102米长的桥，一队士兵以整齐的步伐走在桥上。突然桥由于发生共振而倒塌，士兵们落入水中。在这次事件中，死亡226人。以后，部队过桥都不许齐步走，只许便步走。

共振在很多场合是有害的，必须设法防止。例如，有经验的人挑水的时候，总是把两头的绳子放长一些，这样挑起来要稳定些，同时还要在水面上放一片木板。放长了绳子可以使担子的固有频率变小，与人肩头摆动的频率错开；加上木板防止了水和肩头摆动发生共振，避免水溅到桶外。

再如，火车轮和车轨缝相撞时也可能引起共振。在制造火车时必须考虑到车厢下弹簧的固有频率，防止发生共振。冲床、汽锤和各种机械在工作时都有一定的频率，工程师在设计厂房和安装设备时，也应当采取措施，避免发生共振。

但是，我们也可以变害为利，让共振来为我们服务。

在煤矿工业里常用共振筛来分煤炭和碎石。还可以利用共振破冰，为船舶开道。我国科技人员还利用共振原理，研究出了木材切削新工艺和新设备，等等。

利用物体共振产生共鸣原理制成的乐器，更是比比皆是。

共鸣的现象早就被古代科学家注意到了。2300多年前的庄子，就讲过调瑟时发生共鸣的现象。他说，在清静的房间里调瑟上的do弦，别的do弦也动了；调mi弦，别的mi弦也动。这是因为"音律相同的缘故"。

人们正是利用这种音律相同的原理制造乐器的。

中国民间乐器二胡，构造很简单，由一个木柄，两根弦和一个琴筒组成。琴弦是二胡的发声体，它们通过弹拨或摩擦而振动发音。但是弦很细，与周围空气的接触面积很小，再强烈地振动，也搅动不了多少空气，所以它发出的声音也不会很强。

但是，把弦的振动通过琴码传给蒙皮，再引起腔体里空气的振动，情况就不同了。蒙皮与空气的接触面很大，蒙皮一振动能搅动许多空气，这样就把声音"放大"了。二胡下边的蒙皮和腔体，就是共鸣箱。当共鸣箱体的固有频率和弦的频率合拍时，就发生共鸣。

乐器的共鸣箱不仅有放大作用，而且兼有改善乐器音色的作用。例如，音箱的固有频率在低音范围，演奏到某些音调时，由于共鸣的作用，泛音可以很强，使音色优美动听。在这方面，充分显示了中国人民的聪明智慧。

回音壁

北京的天坛，以它宏伟庄严的建筑艺术而闻名世界，吸引游客的还有那令人称奇的回音壁和三音石。去过天坛的人，都会为它奇妙的传声现象而惊叹不已。

我们知道，平时说话时，相距五六米就听不清楚了。而站在天坛回音壁围墙的一侧轻声说话，围墙另一侧的人也能听得一清二楚，他们之间足足有50多米远呢！还有奇怪的事情呢，如果站在回音壁中心的三音石上拍一下手，你可以听到连续两三次的拍手声。为什么会产生这些奇妙的传声现象呢？

这是回声在帮忙！三音石正好是在回音壁围墙的圆心上，在三音石上发出的

声音会均匀地传播到围墙的各个部分，并被围墙反射回来。反射回来的声音又都经过圆心，所以在三音石上可以听到很响的回声。反射后的回声，经过圆心后，又继续沿着圆的半径传播，当它们碰到了对面的围墙又会被反射回来，于是，我们就听到了第二次、第三次回声。

天坛回音壁的砖墙坚硬光滑，是一个很好的声音反射体。当人们在围墙的一侧甲处讲话时，声音沿着围墙传播到 1 点，又从 1 点反射出来，沿着围墙传播到 2 点，再依次传播到 3 点、4 点等位置，最后到达回音壁另一侧的乙处。由于砖墙对声音的吸收很少，所以声音在围墙上被不断反射，不像在空气中传播时容易散开、减弱，从甲处发出的声音虽然已经传播了很远的路程，到达乙处时，听起来还很清楚，而且声音好像就是从邻近的丙处传来的。

透镜原理

透镜是用玻璃做成的，有的中间厚边缘薄，叫凸透镜；有的中间薄边缘厚，叫凹透镜。

照相机、幻灯、投影机、放映机、望远镜、放大镜、显微镜等等，全都有透镜在里面。

垂直于凸透镜镜面而通过其中心的直线，叫凸透镜的光轴。

凸透镜把平行于主轴入射的光会聚到一点，这一点叫焦点。

焦点到透镜的距离叫焦距。焦距越短的凸透镜，它的折光本领或会聚光的本领也越强。

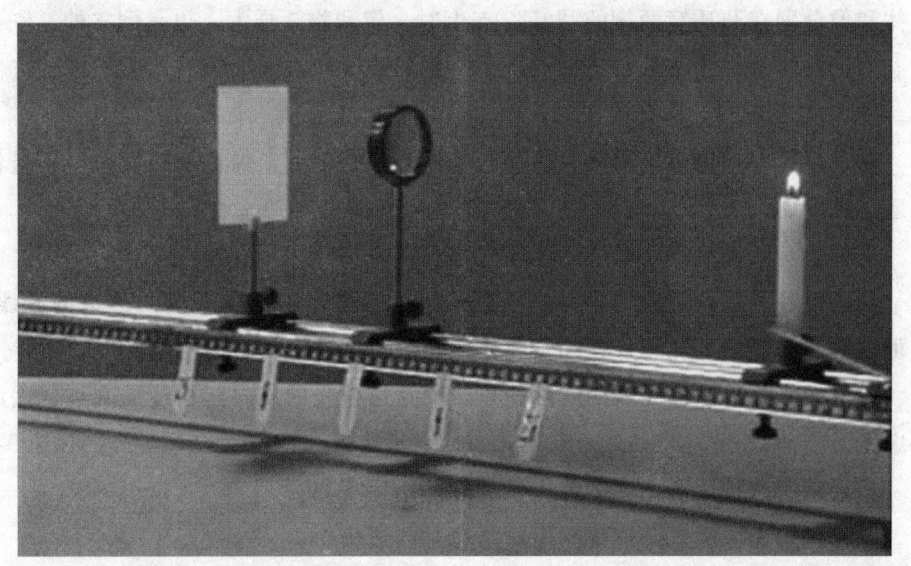

光线沿着凹透镜的主轴射来，通过凹透镜以后会发散开来。这些散开的光好像都是从光线射入那一侧的一个发光点发出来的一样，这一点叫着凹透镜的虚焦点。是发散光线的反向延长线的交点。

凸透镜会聚光，凹透镜发散光。

它们成像有什么规律呢？

在凸透镜的主轴上离凸透镜一定距离的地方放一个物体，如蜡烛；在凸透镜的另一侧，也在轴上垂直于轴放一个白色的纸屏。

来回慢慢地移动纸屏或蜡烛的远近位置。在某一位置时，可以看见纸屏上显示出蜡烛的清晰的像。

移动纸屏，只是在适当的位置才能在纸上看到烛焰清晰的像。这说明烛焰各点发的光并不是在任意处会聚的。

实际上这决定于烛焰放在什么地方。改变烛焰的位置时，需要同时改变纸屏的位置，才能在纸屏上看到烛焰的清晰的像。

这样，我们得出：当物体离凸透镜较远时，纸屏要放在凸透镜另一侧靠近它的焦点处，才能在屏上看到清晰的像。

不过，这时的像是倒立的，比原物体要小一些。

把物体逐渐移向凸透镜时，要想总在纸屏上看到清晰的像，需要把纸屏向远离凸透镜的方向移，好像物体把它的像向远处推似的，不过像移动得比物体移动得慢。

物体从很远处移动到"2F"点（即距凸透镜中心为两倍焦距那一点）时，像只在对侧从焦点处移到对侧的"2F"点处。像总是比物体小，也总是倒立的。当物体和像分别在凸透镜两侧的"2F"点上时，像和物一样大，也是倒立的。

当把物体进一步移近凸透镜时，另一侧形成的像被继续向远离凸透镜的方向推。物体从"2F"点移到焦点时，像被从对侧"2F"点一直推到很远处。

在这过程中，像总比物体大，而且物体离焦点越近，像也变得越大，不过像总还是倒立的。

这种由实际光线会聚形成的像叫实像。

如果眼睛放在凸透镜的另一侧向凸透镜内看去，即接受透过凸透镜的光线，则可以看到凸透镜的光线好像是从物体所在一侧的一个较大的物体发出的一样。

这里的像并不是以光线的实际交点，而是透射光的反向延长线的交点，因此是虚像。

凸透镜的这种用法，就是放大镜的原理。

照相机的镜头就是凸透镜。幻灯片也是凸透镜。

立体电影的原理

立体电影为什么能使你产生立体感觉呢？

在日常生活中，人看东西有立体感，那是人有两只眼睛的缘故。

两只眼睛相隔6～7厘米的距离，面前的物体在两只眼睛的视网膜上分别成的像略有差别。

一只眼睛是辨别不出远近距离的，你闭上一只眼睛，用另一只眼睛看物体，就很难判断物体的确切位置。

普通的照片，看起来觉得是立体形象。这是人从经验中得知的，同一个物体，在远处时看起来小，移近时看起来大的缘故。这是大脑对相片上物体的大小对比经"理解"后产

生的印象，不是真正的立体视觉。

要想从相片上得到真正的立体感，就需要拍摄立体照片。

这就需要用两个照相机，使它们的镜头中心的距离和两眼间的距离相等。这两台照相机同时拍照，就会拍到两张略有差异的照片，就和两眼内视网膜上成的两幅略有差别的像是一样。

观察时将左右两张照片并排放置，再通过左右两个镜筒分别用左眼看左照片，右眼看右照片。

这样人就会产生真正的立体感。这种看照片的装置叫实体镜。

立体电影便是根据这一原理制造出来的。

光电效应

去一些大商场，当你走进大门时，门就会自动打开；当你进门以后，它又自动关闭了。

为什么呢？

因为使用了光电管。

光电管是一个抽成真空的玻璃泡。泡中央支有一个金属圈和外边相连，是光电管的阳极。在玻璃泡后壁上涂有一层光敏金属，是光电管的阴极，也有导线通到外边。

管的前壁是透明的，当光射到阴极表面的时候，能从光敏金属表面释放出电子。这电子受电源所加电场力的作用飞向阳极，流出光电管形成电流。

因为光电管是一种把光转变成电流的装置。光敏金属在光的照射下释放电子的现象，叫光电效应。

这时所释放的电子形成的电流叫光电流。

光电管除了"真空光电管"外，还有半导体光电管。它是用半导体晶体做的。体积可以很小，但功能相同，光照上去就能产生电流。

还有一种用光来改变电流的装置叫光敏电阻。

光照上时，它的电阻会大大减小，从而使电路中的电流大大增加。

自动门旁就安有一个光电管，它接受着从门的另外一边射来的光线，因此光电管电路中老是有电流流着。

这电流通到一个电磁铁的线圈内，使电磁铁具有磁性而总吸引着一个控制电键使它打开。电键控制开门电动机的电流。

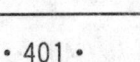

电子

光电效应

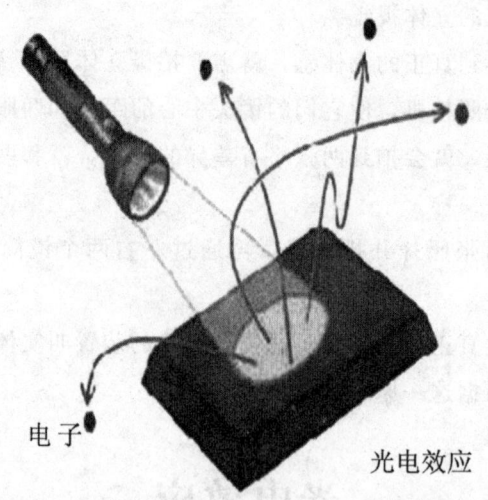

门关着门电流是断的，电动机处于静止状态，人一走近自动门，就把射向光电管的光线挡住了，光电管电路中就没有电流，电磁铁就没有吸力了。

控制电键就合上接通电动机电路，电动机就开始转动，也就把门打开了。

走进门以后，光线又射入光电管，电动机就又不转了，而自动门就由弹簧的作用自动关上了。

光电管的另一个常见用途是电影放映机中的光声转换。

这种转换利用了光电流随入射光的强弱而增大或减小的规律：光强时，光电流大。

电影胶片的一侧有一条延续的"声迹"，这声迹各处的明暗不同。产生如下：

拍电影时，声音在麦克风转换成强弱随声音变化的电流。这电流通到一个灯泡内，灯光的强弱就由这电流控制，因而光的强弱随声音变化。强度不断改变的光被导向拍摄中的电影胶片边上的声迹位置上，就使胶片声迹部位感光。

这样，声迹的明暗就和原来的声音对应。

由于声音和动作画面是同时拍摄的，所以声音也和相关的动作的记录完全配合了。这拍摄声迹的过程是由声到电到光的转换过程。

电影放映机中有两个灯泡：一个是强光灯泡，照射胶片上的画面，在银幕上显示出图像；一个是较小的灯泡，专门照射胶片旁边的声迹的。

在声迹的对面就安装了一个光电管接收透过声迹的光线，光线的强弱按声迹的明暗变化。射入光电管就产生与声迹变化相应的电流。

电流再通过扬声器就使喇叭发声了。

由于声迹是原来拍摄时录制的，所以现在扬声器发出的声音也就和原来的拍摄现场的声音完全一样了。

这整个放音过程是由光到电到声的转换过程，和拍电影时的录音过程恰好相反。

光电效应，就是光照射到金属表面上时能从金属表面发射出电子的现象。

实验得出：光射到金属表面上时释放出来的电子的动能随入射光的频率增大而增大。紫光射到金属表面上所释放的电子的动能，就比红光射到同一种金属表面上所释放的电子动能大。

对于一种金属，要叫它释放电子，入射光的频率必须大于某一定的频率。频率小于这一频率的光照射时，无论光多么强，都不能使这种金属释放电子。

这种光电效应和入射光频率有关的事实，用波动说法完全不能解释。因为波的能量和振幅有关，和频率没有关系。

激光是什么

激光是实现受激辐射的新型光源。按英语的缩写，国外称激光为"LASER"，因此，翻译成中文，有"莱塞"和"镭射"等谐音。

为了统一新技术的名称，1964年由著名科学家钱学森命名，这就是现在统一用的"激光"。

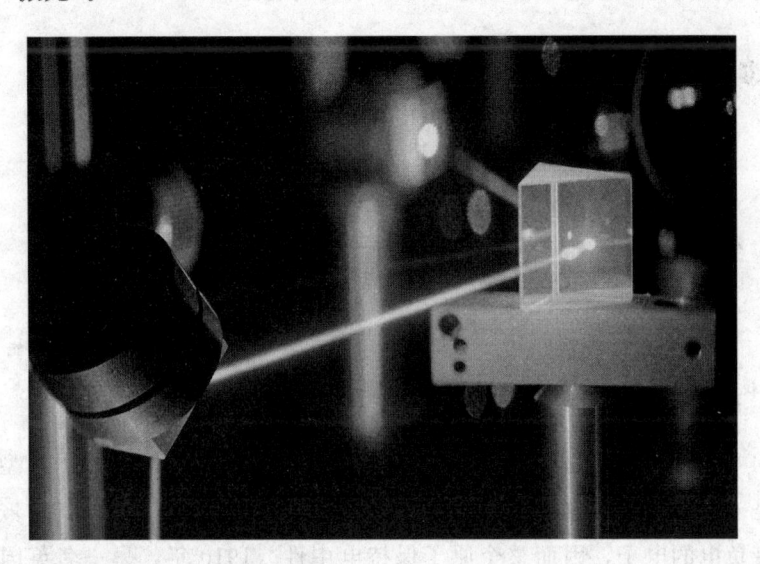

目前有激光应用的八大科研课题：
（1）新型激光器件的研制；
（2）激光引发核聚变；

（3）军事激光和激光武器；
（4）激光通信；
（5）激光化学和同位素分离；
（6）信息存贮和处理；
（7）激光的工业应用；
（8）激光医学和激光生物学。

原子世界

原子论是古希腊哲学家提出的一种重要思想。按希腊语，"原子"一词就是不可分割的意思。后来，罗马人卢克莱修用这样的诗句来表达：

物体或者说物质要素，
都是由原始粒子集合而成；
虽有雷霆万钧之力，
要破坏物质要素也不可能。

随着电子的发现和对放射性现象的深入研究，人们终于在 20 世纪初抛弃了原子不可分割的陈旧观念，开始思考原子结构问题。

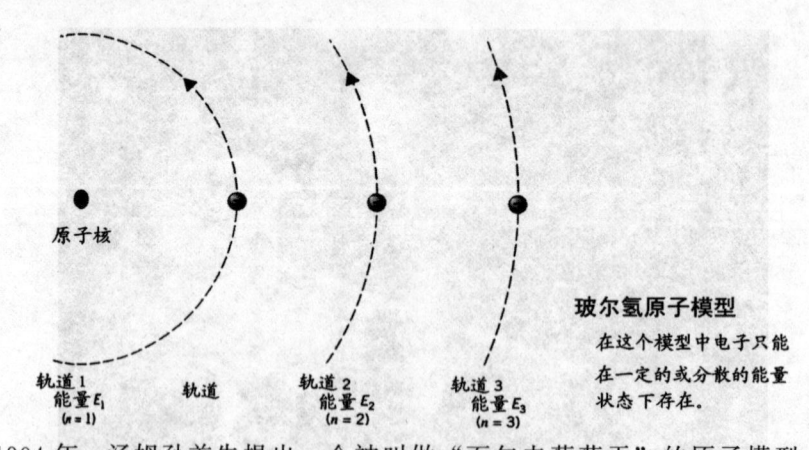

玻尔氢原子模型
在这个模型中电子只能在一定的或分散的能量状态下存在。

1904 年，汤姆孙首先提出一个被叫做"面包夹葡萄干"的原子模型。他认为原子是一个小球，球内平均分布着质量很大、带正电荷的物质，其中嵌着质量很小、带负电的电子，因而整个原子保持电中性。1910 年，另一名英国物理学家卢瑟福和其助手在研究 a 粒子的散射时却发现了意想不到的事实。他们用 a 粒子作炮弹去轰击金属铂片，按卢瑟福的预料，由于 a 粒子的质量比电子质量大七千多倍，它在轰击铂原子时应该一冲而过。但实验结果却表明，在射向铂原子的八千到一万个 a 粒子中，会有一个 a 粒子被原子反弹回去（形成散射）。这好比对一张纸射出一发炮弹，结果被弹了回来一样不可思议。卢瑟福认为原子内部必定存在一个原子核，这个核的体积只有整个原子的 100 万亿分之一，但它却集中了整个原子质量的 99.00%；电子在原子核外的空间里绕原子核旋转，就好像地球绕太阳运行。这就是卢瑟福建立的原子结构的行星模型。

后来的实验进一步表明，核外电子的运动很特别，它不像行星绕着太阳旋转一样有固定的轨道，而是既像声波、水波一样具有波动性，又像子弹一样具有粒子性。因此，1913 年丹麦物理学家玻尔依据当时的实验又提出了一种新的原子模型，后经索末菲等人的修正和改良，终于成功地解释了元素周期律和其他原子现象，从而为人们进一步探索原子世界内部的奥秘打开了大门。

温室效应

地球上工业化程度越来越高，消耗的能源也越来越多。目前主要的能源是煤和石油等生物化石燃料。这些燃料在燃烧过程中，要向大气中释放出大量的二氧化碳。另一方面，地球上人口的迅速增长，又要消耗掉大量的森林资源，环境污染还加剧了海洋生物的死亡。生物的大量毁灭又进一步加速了大气中二氧化碳的积累。因此，多年来科学家向全世界发出警告，要防止在地球上发生温室效应，人类不能愚昧地毁掉自己美丽的星球。

什么是温室效应呢？

我们都见过玻璃花房和塑料菜棚，房外是冰天雪地，房内却温暖如春。

太阳光中的可见光透过玻璃、塑料，被花菜和其他物体吸收，将光能转变为热能，使房间里增温变热，以热的形式贮存起来，假如没有玻璃挡住，这些热会很快地以红外线辐射的形式回到空间中去。但红外线是不容易穿透玻璃的，所以玻璃花房中的热量便在里面积累起来，这便成了温室。这种由于玻璃对可见光十分透明，对红外线很不透明，而得到多余热量的效应，称为温室效应。

地球大气层几乎完全是氧气、氮气和地球表面增温变热时所释放的红外线，都是十分透明的，也就是说都能穿透过去。但是，目前地球大气里还含有 0.03% 的二氧化碳，它对可见光是透明的，然而二氧化碳会极多地吸收红外线。这就意味着，当大气中有大量二氧化碳存在时，它就会阻止热量从地表散发出去，结果，热量便积累起来。所以二氧化碳正像温室的玻璃一样，使地球产生了温室效应。相反，当大气中的二氧化碳含量降低时，地球就会慢慢地变冷。据科

学家估计，如果目前大气中的二氧化碳浓度增加一倍，即从 0.03% 增加到 0.06%，那么，这一点点"微小"的变化就足以使地球的总温度上升 3℃，从而会使地球上的冰川融解。反之，如果大气中二氧化碳含量减少一半，那么地球温度就会下降到足以使冰川面积扩大 3 倍。

20 世纪以来，地球人盲目地砍伐森林，破坏环境，无休止地燃烧石油和煤，使地球大气中的二氧化碳含量已经增加了大约 15%，到 2000 年可能再增加 10%。这样，大气中的二氧化碳将会由 0.03% 上升到 0.04%，按这一速度计算，由二氧化碳增加而引发的温室效应，会使地球平均温度每一百年升高 1.1℃。那么地球上的冰川将在几百年内全部融解为水体，所有沿海大城市都将会沉入海底。这是一件多么可怕的事啊！愿我们地球人类珍惜自己创造的文明，不要愚蠢地破坏自己居住的环境了。

立体声

立体声为什么会产生使人如临其境的奇妙音乐效果呢？我们知道，人之所以能够准确地辨别声波的方向和位置，是由于用两耳听声音的缘故，即所谓"双耳效应"。人的两耳不仅存在一定距离，而且接受声波的方向也不相同。当一个声源发生的声音传来时，左右两只耳朵会感觉出声音的强弱不同和时间上的差别。比如从右边传来的声音，右耳先听到，而且右耳听到的声音比左耳听到的要强一些。人们称这些差别为时间差和声级差（强度差）。人们就是利用这些差别来判断声源的方位。

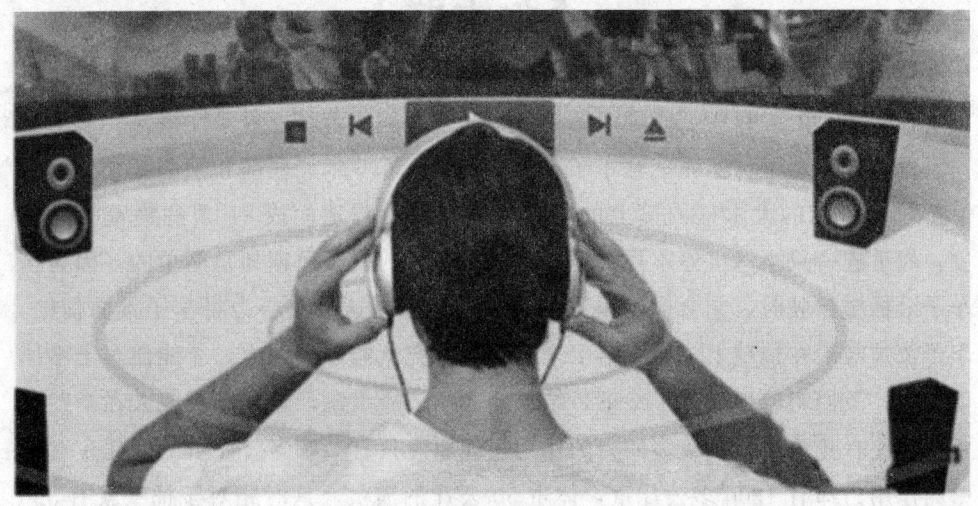

　　立体声在录制时，放置间隔一定距离的左右两个话筒，从而得到代表左右声音的两路电信号，然后把这两路电信号通过两个声道分别进行加工处理，再用一种叫"调频"的方式调制发射，因而这种无线电波中也就会有两路电信号。调频立体声广播接收机也具有两个声道的信号放大处理系统，以及两个或两组完全相同的放声系统。所以当接收到调频立体声广播时，立体声接收机的左右两个放声系统就能同时发出两个声道，传送出来有着"差别"的两路声音。由于"双耳效应"，人们似乎觉得声音不是从两只扬声器中传出，而是从现场中传来，使人犹如身临其境。

　　听立体声有讲究：1. 要把控制左右两个扬声器音量的两个电传器调到适中位置，使左右音响平衡；2. 左右扬声器的距离与收听者的距离形成一个等边三角形，这是收听效果的最佳位置。便携式收音机的扬声器在机身左右，距离近，人离机身近些效果好。颇受欢迎的一套"音乐中心"，带有收音机、立体声电唱机和两个独立的音箱，音箱可随房间大小灵活安放在最佳位置和方向。便携式收录机也由原来的扬声器固定式，开始逐渐流行为两个扬声器可随拆随装的组合式；3. 用立体声耳机，可获得极满意的立体声效果，它可不受外界嘈杂声音的干扰，声音层次分明，音响深邃，让人完全沉浸在音乐的境界之中。

　　近年来新出现的数字收音机和激光唱机，立体声效果更是绝妙无比。

飞车走壁

在一般人的心目中，飞车走壁是一个非常惊险的节目，危险性很大。

所谓飞车走壁，实际上是车子飞驰在一个高 8.6 米，底部和顶部直径分别为 9 米和 11.6 米的大木桶内壁上的特技表演。别看与地面成 81°角的桶壁峻峭陡立，似乎连一只小鸟也停不住。但表演这个节目的科学原理却是简单的。因为当车子沿桶壁行驶时，它会产生很大的离心力，正是这股离心力将车子推向桶壁，车子像被吸附在桶壁上一样不落下来。那么，究竟需多大的力，才能使车子不掉下来呢？我们粗略地估算了一下，结果使人吓了一大跳，原来车子或人在桶壁上要受到比自身重量大 6 倍多的力的作用。即原先只有 200 多公斤重的摩托车对桶壁的作用力却有 1200 多公斤重，体重 50 公斤的演员，这时相对于桶壁就有 300 多公斤重了。即使车子动力万一失灵，由于惯性作用车子也会在呈喇叭形的桶壁内慢慢滑行而下。

强大的离心力可以使飞车走壁化险为夷，获得成功，但它同时又是一道摆在演员面前的巨大障碍。身体素质一般的人是很难承受得了如此严重的超重状态的。要知道宇航员在飞离地球表面时所受到的重力也不过如此而已。何况演员还要在超重状态下做着各种轻松自如的动作。这里，我们不妨打这样一个比方，演员们实际上等于在一个重力比地球大 6 倍的星球上表演各种动作。在地球上用 1 公斤重的力就能拿起的东西，在这个星球上得花 6 公斤重的力。因此，无论是轻轻地举一下手臂，抬一下腿，还是用手推一下排档，在地面上都是很轻巧的动作，但在走壁的飞车上，这一举一抬就犹如力举百斤了，每个演员都感到肩膀上似乎站着两三个人那么沉重。

这种超重状态对演员还会产生很大的生理影响。在强大的离心力作用下，人体的血液会往下半身沉，初练飞车走壁的演员，往往会因脑部缺血而出现双眼发黑的暂时失明现象。就是训练有素的老演员，表演结束时也会感到四肢发沉。但是，当演员从飞车上下来，又回到正常的重力状态时，他们感觉似乎又像从地球上来到引力只有地球六分之一的月球一样，浑身轻飘飘的，如释重负，全身都松弛了。演员每天表演6场，要多次经受这样的生理变化，没有很好的体质，坚强的意志，是很难忍受的。

为了保障演员的安全，人们还想出了不少措施。为了防止车被抛出木桶，人们在桶壁近顶端的地方画了一道粗大的红线，并醒目地画出了几个向下的箭头，这就是所谓警戒线，它告诉演员不能超过此线，不然车有被抛出木桶的危险。与此同时，桶壁上自上而下共钉有6排板钉，这些板钉既起到使木桶牢固作用，又起了行车的路标作用。演员就是遵循着前面的"路标"在桶壁上飞车的。尤其当四辆摩托车同时在桶壁上你追我赶，上下翻飞，彼此交叉行驶时，为了避免发生撞车事故，演员除了要用眼看前面的"路标"外，还要用耳朵倾听扩音器所播出的音乐。音乐伴奏的每一个节拍，构成了向上或向下，加速或减速的指令信息，演员们就是按这音乐的旋律在桶上"龙飞凤舞"的。

声　障

早期的飞机都是用螺旋桨作推进器的。这种飞机可以达到每小时700多公里的速度，比汽车要快得多。可是人们还不满足，声音1小时就可以"跑"1200公里，飞机能不能追上声音呢？为了达到这一目的，人们设计了一种新式的飞机，这种飞机不用螺旋桨推进，而是靠向后喷射大量高压气体产生的反冲力向前飞行，这就是大家熟知的喷气式飞机。第一架喷气式飞机的速度一下子提高了很多，以后经过不断改进，可以达到每小时975公里。在这场人类同大自然的赛跑比赛中，看来飞机要超过声音了。

然而意想不到的惨事发生了。当试飞的喷气式飞机速度继续增大时，突然发生了一阵雷鸣般的巨响，一眨眼，正在飞行的飞机被炸得粉碎，好像撞上了一座大山似的。科学家对这件怪事作了深入的调查研究，终于找到了凶手——空气，是空气墙把飞机撞碎了。

原来一切物体，包括飞机在内，在空气中运动时，都会给前面的空气以一定

的压力，使物体前面的空气压紧，形成一架肉眼看不见的"墙壁"。物体运动速度越大，这垛"墙"越坚固（密度增大）。

这么说，人人都得担心碰上这垛墙了。绝不是！因为空气墙总是以声音的速度往前跑的，只要在低于声音的速度范围内运动，就不可能追上它。只是对于一架想要超音速飞行的飞机或其他物体来说，那就势必要碰上空气墙，发生前面那样的惨案。人们把空气的这种作用称为声障。

那么，能不能克服声障？难道人类制造的飞机永远甘心落后于声音？不，科学家找到了一种办法，把飞机的外形改一下，使机身做成纺锤状的，两头尖、中间粗，再把飞机的两只翅膀尽量朝后掠，飞机就可以顺利地穿过空气墙了。

今天，一些先进的喷气式飞机的速度已达到了声速的两倍，甚至三倍于声速的程度。在这场与声音赛跑的竞赛中，人类胜利了！

次声波

次声波和超声波一样，也是人耳朵听不见的声音。所不同的是：强大的超声波传播几百米后就精疲力尽，以至完全消失；次声波在传播过程中，能量却损失很少，因而跑得既快又远。1883年，印尼克拉克脱火山爆发产生的次声波，绕地球跑了三圈，持续了108小时。1960年，智利大地震发出的次声波竟传遍了全世界。

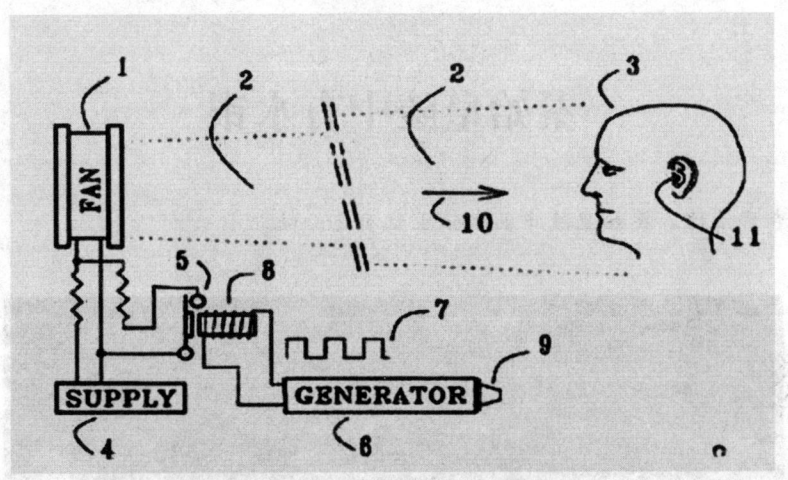

在海洋、地层等光和无线电波几乎"寸步难行"的领域，次声波却能出入自由。正因为它有这种特性，所以可以用来勘探埋藏很深的矿藏，测定同温层中冷热空气团的分布，检查运转着的机器的隐患。还可以用来进行海啸、风暴、火山爆发、磁暴等自然现象的预报。高灵敏度的次声探测器，还可用来监视火箭发射和核试验。目前，用这种方法已能"听"到1500公里外阿波罗宇宙飞船的火箭发射，也能测知5000公里外地震的发生。

人体也在时刻不停地向四周发射次声波。心脏每分钟跳动70次，发出每秒振动1.2次的次声波；肺部每分钟呼吸18次，发出每秒振动0.3次的次声波。血管的胀缩，胃和肠的蠕动，以及其他器官的活动，都会发射出不同频率的次声波，它们像广播电台一样，用不同频率向外播音。因此，医生可以用特殊的次声波"收音机"收听人体中各种播音，了解它们的工作情况，做出正确的诊断。

次声波在农业生产中，还有一套耐人寻味的本领呢！二十几年前，科学工作者曾做过试验：在农作物试验的温室旁边，安装一个低速电动机，让它每天早晨空转一小时，花卉开放得早。这说明，电动机空转时产生的次声波，能促进农作物生长。

化 学

秦始皇陵中有水银

据专家估计，秦始皇陵中的水银至少有100吨。

秦始皇陵是秦始皇的地下陵寝，里面放有秦始皇的棺椁和大量的陪葬物品。考古人员发掘的秦始皇陵，有170米长，145米宽，35米高，相当于一个巨大的地下皇宫。在《史记·秦始皇本纪》中有这样的记载，说是在秦始皇陵中，"以水银为百川江河大海，机相灌输，上具天文，下具地理"。

从历史记载中可以看出，秦始皇陵中应该有大量的水银，并且这些水银的分布代表了中国的江海湖泊。考古人员在对秦始皇陵进行地质探测之后，发现陵寝内的水银含量有明显异常，东南、西南方向含量多，东北、西北含量少，这与我国的水利分布很相似。有些学者把陵寝内的水银分布图与秦始皇统一中国后的疆域图进行比较，发现其相似度非常高。根据专家的说法，在陵寝中灌水银，一方面是为了模拟江海湖泊，另外一方面，由于水银的隔热性能好，还有杀菌的作用，可以防止陵寝内物品的腐烂。除此之外，因为水银有毒，还可以防止盗墓者偷盗。

中国的印染技术发展史

印染技术是一种对布料进行加工的方式，使其着色或者带有图案。印染的主要工艺流程有练漂、染色、印花、整理等。

中国是印染技术出现比较早的国家。在原始时期，人们就已经掌握了初步的印染技术，可以用赤铁矿粉末把麻布染成红色。到了封建时期，印染已经成为一项专门的工作，在宫廷中有专门负责印染的工作人员。随着印染技术的不断提高，印染的色彩和品种也在不断增加。

秦汉时期，印染技术就已经发展到了相当高的水平，出现不少比较精致的印染产品。在长沙马王堆汉墓出土的文物中，就有以印花和彩绘相结合的装饰品。这种装饰品的加工制作十分精良，显示了发达的印染技术。在当时的西南地区一些少数民族中间还出现了蜡染技术，其原料主要是蜂蜡和虫白蜡，制作出来的布叫做阑干斑布。由于当时中国已经统一，各民族之间的技术交流很频繁，蜡染技术很快传到了中原地区，并得到了一定的发展。

魏晋时期，中国已经出现了染缬技术，再加上原有的绞缬和夹缬等技术，使得中国的印染业发展到了新的高度。在唐代，这些印染技术得到了广泛的传播与发展。

宋朝时期，民间出现了一种替代蜡染的印染技术，就是把石灰和豆粉调成浆，用其代替蜡进行印染，并且使用桐油竹纸来印花，用这种工艺制作出来的布就叫蓝印花布。蓝印花布在明清时代已经流行开来，到民国时期更是成为民间的

主流布料。

中国古代的印染技术一直处于世界前列。1834年，法国人发明出了印花机，印染工艺从此进入了机器时代，手工印染的地位逐渐被取而代之。

玻璃镜的诞生

在玻璃镜发明之前，人们使用的一般都是铜镜，但是铜镜照出来的效果并不好。

世界上第一面玻璃镜是在意大利的威尼斯诞生的，发明者是一对姓达尔卡罗的兄弟，他们是意大利的玻璃工匠。

1508年，达尔卡罗兄弟研制出了第一面实用的玻璃镜。他们把锡箔覆盖在玻璃上，然后再倒上水银。由于水银是一种液态金属，可以溶解锡，于是锡和水银就混在一起成了一种粘稠的银白色液体。这种液体可以很紧密地贴在玻璃表面，具有相当好的反光性。就这样，世界上第一面实用的玻璃镜诞生了。

用水银制作玻璃镜的技术传到法国以后，人们发现水银玻璃镜的成本太高，而且水银有毒，于是就发明了利用银镜反应制成的银面玻璃镜。这种玻璃镜的反光效果比水银镜子要好很多，并且制作简单，成本也低，因此一直流传到了现在。

培根创立现代实验科学

培根有很多著作留世，其中最重要的是《新工具》一书。

培根是英国哲学家和科学家，他立足于唯物论，指出科学的任务应该是认识自然世界和其中的规律。他以这种科学的方法观为基础，创立了现代实验科学。

培根认为科学应以实验定性和归纳为主，反对亚里士多德的逻辑演绎法，以及当时的经院哲学和神学。他发展了物质本源思想，认为世界是由物质构成的，物质有运动的特性。他主张把文化知识从经院哲学中解脱出来，对知识进行改造，让人们以事实经验为基础，获得对自然界规律的认识。同时，他还提出了经验归纳法，主张从实验和现实材料出发，经过分析比较得出正确的结论。这就是他的科学方法观。

培根倡导进行科学实验，从对现实世界的实验和研究中得到知识。培根所提出的实验归纳的方法，一直是后代科学家进行科学研究的基础方法。后来，马克思将培根称为"英国唯物主义和整个现代实验科学的真正始祖"。

托里拆利发明水银柱气压计

托里拆利是意大利物理学家，他的主要成就是发明出了水银柱气压计。

托里拆利的水银柱气压计是在研究一个实际问题时发明出来的。当时的水泵制造商在制造水泵时，打算把水压到12米高，但是不管怎么改进，水泵也只能把水压到10米高。于是，托里拆利便开始对此进行研究。他利用的工具是水银和一根1米长的玻璃管。把玻璃管的一端密封住，然后在里面灌满水银，倒插入一个装满水银的盆子里。这时，玻璃管中的水银就会下降到76厘米的高度，而在管子上部形成一段真空，这段真空被命名为托里拆利真空。

托里拆利在后来的实验中还发现，不管怎么增加玻璃管的长度，甚至让玻璃管倾斜，管子里面的水银柱的垂直高度总是保持在76厘米。他据此产生了一个想法：利用水银柱的高度来测量大气压。1644年，他与人合作制成了世界上第一个水银柱气压计。

质量守恒定律的发现

这一定律最先是在化学界中发现的。

质量守恒定律是自然界中普遍遵循的一个原理，即在任何反应中，反应前物质的质量总和，与反应后物质的质量总和是相等的，无论任何反应，都不能使物质消失，而只能改变物质的结构和形态，所以这个定律也叫做物质不灭定律。1756年，俄国化学家罗蒙诺索夫做了一个化学实验。他把锡条放在一个密闭的容器内进行煅烧，反应后生成了白色的氧化锡。当他测量容器和里面的反应物的质量时，发现反应前和反应后的总质量是一样的。之后他又进行了多次实验，最后的结果无一例外都是这样的。于是罗蒙诺索夫就推断，在化学反应中，物质的质量是不变的。他的这一理论起初并没有得到人们的重视。直到1777年法国科学家拉瓦锡做了个一模一样的实验，得出了相同的结论，这个定律才得到了大家的认可。但是这个定律是否正确，要通过精度很高的实验来证明，而当时的技术条件还无法达到化学界所认定的精度。

到了 20 世纪，实验技术水平有了很大提高。1908 年，德国化学家朗道耳特做了一次精度很高的实验，发现在容器和反应物的总质量达到 1 千克时，反应前后的质量差不超过万分之一克。这完全在化学实验的误差范围之内。1912 年，英国化学家曼莱也做了一个精度极高的实验，同样验证了这一定律。从此，科学界一致承认了质量守恒定律。

氢气的发现

氢气是世界上已知密度最小的气体，其密度是 0.0899g/L，只有空气密度的 1/14。

氢气最早是由英国化学家卡文迪许发现的。在卡文迪许发现氢气之前，很多科学家都曾为获取氢气做过一些实验。例如 16 世纪，瑞士一位名叫帕拉塞斯的医生曾就铁屑接触到酸时产生的气体做出了相关的描述。17 世纪，比利时化学家海尔蒙特也在机缘巧合下与这种气体发生过近距离接触，可惜他并未将其收集起来。与海尔蒙特同处 17 世纪的英国化学家波义耳曾经收集过这种气体，却未曾对其进行深入研究。最终，卡文迪许成了最早收集氢气，并对其性质做出深入研究的第一人。

卡文迪许利用铁、锌和稀硫酸、稀盐酸发生作用，制造了氢气，并将其收集起来。经过一系列的研究，他得出了很多结论：第一，用固定数量的某种金属与足量的酸发生作用，就会得到固定数量的氢气；第二，氢气与空气混合之后，点燃就会爆炸；第三，氢气不同于当时已知的各类气体，它能与氧气发生化合作用，形成水。

1766年，卡文迪许将自己的实验结论写成一份题为《人造空气实验》的报告，上交给英国皇家学会。这成了氢气被发现的标志性事件。

此后，卡文迪许继续对氢气展开深入研究，证实了氢气虽然远远轻过空气，但其本身仍然是有重量的。他还通过相关的实验推断出了氢气的密度。在氢气被发现之前，化学界一直把水当成一种元素。卡文迪许却成功地证明了水其实是氢和氧的化合物，从而推翻了这种已经延续了数千年的谬误。

尿素的合成

尿素最常用的功能是用作植物的氮肥，因为它里面含有氮。

尿素又被称为碳酰二胺、碳酰胺、脲，是动物蛋白质代谢后的产物，一般会在哺乳动物的肝内合成，然后被排到体外。尿素通常呈白色晶体状或粉末状，是一种有机化合物，主要组成元素有碳、氮、氧和氢。

1773年，伊莱尔·罗埃尔首次发现了尿素。1828年，德国化学家弗里德里希·维勒在一次实验中将氰酸氨与硫酸铵进行了人工合成。他原本打算合成氰酸铵，却在无意中合成了尿素。尿素就此成为了第一种通过人工合成无机物质得到的有机化合物，具有重大的科学意义和历史意义。

在人工合成尿素之前，科学上一直认为无机物和有机物之间存在根本性的差异，无机物无论如何都不可能合成有机物。至于有机化合物，只能在动物体内自己形成，无法通过人工作用获得。但是尿素的人工合成却打破了这一传统认识，从而揭开了人工合成有机物的大幕，也促进了有机化学的诞生。

氧气的发现

氧气的中文名称是清朝的徐寿起的，他认为氧气是维持生命的，就将其称为"养气"。后来在统一名称时，又将"养气"改为了"氧气"。

氧气是空气的基本成分之一，无色无味，是一种助燃气体。氧气也是人体维

持各项生命机能所必须的气体。

氧气最早是由中国南陈的炼丹家马和发现的。马和在炼丹时观察了各种可燃物在空气中燃烧的情况，然后提出了空气成分的理论。他认为空气的组成很复杂，主要是由阳气和阴气组成的，而且阳气要比阴气多很多。在燃烧的过程中，阴气被消耗掉，阳气则基本没有变化。他还认为，在青石和火硝等物体中有阴气存在，当它们被加热时，就能释放出阴气。其实马和所提到的阴气就是氧气，而阳气、青石和火硝，就是指氮气、氧化物和硝酸盐。

1774年，英国化学家普里斯特利里和他的助手用加热氧化汞的方法制得了纯氧，并发现氧气助燃和维持呼吸的性能。当时，他们把氧气命名为"脱燃素空气"。

瑞典科学家舍勒也用加热氧化物的方法制得了纯氧，并且比普里斯特利里早一年，但是他的论文发表得比较晚。

1775年，拉瓦锡也用加热氧化汞的方法制得了纯氧，并将其命名为oxygene，意思就是"酸的形成物"。

普里斯特利里、舍勒和拉瓦锡三人被共同认为是氧气的发现者。

火药的发明

火药起源于中国唐朝，是由当时的炼丹家发明的。

火药是中国古代的四大发明之一，是一种黑色或棕色的易燃物质。在被引燃之后，火药会迅速燃烧并释放出大量的热，常被用于军事，作为发射药或者爆炸物。火药的主要成分为硝石、硫磺和木炭，其中硝石的主要成分是硝酸钾。

中国古代的炼丹家在炼丹的过程中经常使用硫磺、砒霜等有毒物品。在使用这些物品之前，他们通常要先处理一下，以降低或者消除它们的毒性。炼丹家把这种处理方法称为"伏火"，其中"伏"就是降服的意思。

唐代的孙思邈是一位名医，同时也是一位炼丹家，他记录了自己发明的"丹

经内伏硫磺法"：取硝石和硫磺各二两，研成末后放入罐子里，把罐子放进一个深度和罐子高度相当的地坑里，罐子四周用土填平。然后把三个没有虫蛀的皂角点燃，放进罐子里，让硝石和硫磺起火燃烧。等不再燃烧的时候，就炒一些木炭，当木炭消耗了三分之一的时候，就可以灭掉火，将几种物质混合，完成伏火。

后来有个名叫清虚子的人用马兜铃代替皂角进行伏火，也有同样的效果。马兜铃和皂角中都含有碳素，在跟硝石和硫磺混合后很容易起火。在关于炼丹家的记载中，出现了很多因伏火不慎而导致失火的情况，当时炼丹家已经意识到这种配方的混合物很容易燃烧，并告诫其他人注意防火。后来，这种配方传到了军事家手中，由他们制成了军事用的火药。

定比定律的发现与证明

这一定律是由法国科学家普罗斯特于1799年提出的。

定比定律又叫定组成定律，就是说所有的化合物，不管它的来源如何，组成它的元素的质量都有一定的比例关系。

17世纪末，人们在对化学实验进行定量分析的时候，就已经发现了反应物和产物之间有一定的比例关系。18世纪中期，许多科学研究者已经开始接受并利用这一规律。在此基础上，普罗斯特对这种比例关系进行了系统和精确的研究，并在1799年正式阐述了定比定律。他指出，由两种或两种以上元素组成的化合物，其元素的质量比是一定的，不会增多也不会减少。

普罗斯特发表的定比定律与另一位科学家贝托雷的理论正好相反，在当时引发了很大的争议。普罗斯特与贝托雷展开了争论，但是由于当时的化学实验精度有限，定比定律的验证出现了很大的偏差，不能很好地证明普罗斯特的理论。后来，化学实验技术发展到了一定的高度，比利时分析化学家斯达终于在极为精密的实验中得出了精确数据，证明了普罗斯特的定比定律的正确性。

蜡烛的由来

蜡烛最早起源于原始时期的火把。

蜡烛是一种很常用的照明工具，主要成分是石蜡。石蜡是一种白色固体，密度较小，不溶于水，质地柔软，很容易熔化。在点燃蜡烛时，石蜡固体受热熔化，然后汽化成石蜡蒸气，最后燃烧形成火焰。

原始时期，人们把脂肪一类的东西涂在树皮上，绑在一起点燃，就形成了一个照明火把。公元前3世纪，出现了一种蜜蜡，这种蜜蜡和今天的蜡烛很相似，可以说是蜡烛的雏形。当时很多寺院都养有蜂，用来自制蜜蜡。在古代，蜡烛是一种很珍贵的东西，民间很少有用蜡烛的。

到了19世纪，大部分蜡烛还是用动物油脂制成的。这样的蜡烛燃烧时会产生黑烟，并且有难闻的气味。1809年，法国化学家舍夫勒尔收到了一家纺织厂的邀请，请他分析一种软皂样品的成份。他从油脂开始研究，发现在各种油脂中，脂肪酸的含量都达到了95％，另外的5％是在皂化过程中形成的甘油。他由此想到了蜡烛所用的油脂，因为里面含有甘油，所以在燃烧时会产生黑烟和难闻的气味。如果用硬脂酸作为蜡烛的成分，就不会产生黑烟和气味了。

据此，舍夫勒尔开始和另外一位科学家吕萨克共同研究这种蜡烛。1825年，两人制造出了石蜡硬脂蜡烛，并取得了专利。之后，这种蜡烛便开始大规模普及开来。

有机分析方法的形成与发展

有机分析主要包括对有机化合物的纯化、分离，以及化合物结构的鉴定。

有机分析是化学当中的一门分支学科，指对有机物进行的定性和定量分析。其中，有机化合物的纯化、分离通常使用的方法为色层分析，包括薄层色层分析、管柱色层分析、高效能液相层析等，化合物结构鉴定主要采用紫外光－可见光吸收光谱、质谱、红外光谱和核磁共振光谱等方法。

有机分析出现于19世纪初，当时人们对有机化合物的了解不是很多。吕萨克、贝采里乌斯、李比希等人在前人的研究基础上建立了对有机物中的碳、氢元素的定量分析方法。后来，杜马又建立了氮的分析测定方法。从这以后，有机分析才成为一门学科，并逐渐发展起来，得到了人们的重视。

到了20世纪，分析有机化合物所使用的仪器越来越先进，有机分析也取得了很大进步。普雷格尔创立了有机化合物微量分析法，使得在元素分析和有机官能团的分析中，只使用毫克量的物质就能得出准确结果。后来，人们又相继建立了电泳法、谱分析法等研究方法，各种色谱、质谱分析仪器不断涌现，有机分析方法也不断得到完善。

倍比定律的提出

后来，另一位科学家贝采里乌斯做了一些实验，取得了比较精确的实验数据，进一步验证了道尔顿的倍比定律。

如果两种元素在化合时可以生成不同的化合物，在不同的化合物之间，一种元素的质量相同，那么另一种元素的质量会成简单的整数比，这个定律就叫做倍比定律，是由英国科学家道尔顿提出来的。

1803年，道尔顿分析了碳的两种氧化物。在这两种氧化物中，碳与氧的质量比分别为5.4∶7和5.4∶14。他发现两种氧化物的含氧量之比为1∶2，便由此产生了倍比定律的基本思想。同时为了对自己的原子学说进行佐证，他又开始着重对倍比定律进行研究。

1804年，道尔顿在研究沼气的成分时发现，在其中的两种碳氢化合物之间存在着倍比定律，即当两种化合物的含碳量相同时，氢的含量之比为1∶2。不久之后，道尔顿正式提出了倍比定律。

火柴的发明

在现代火柴发明之前，有很多利用易燃物进行引火的工具都具备了现代火柴的雏形。

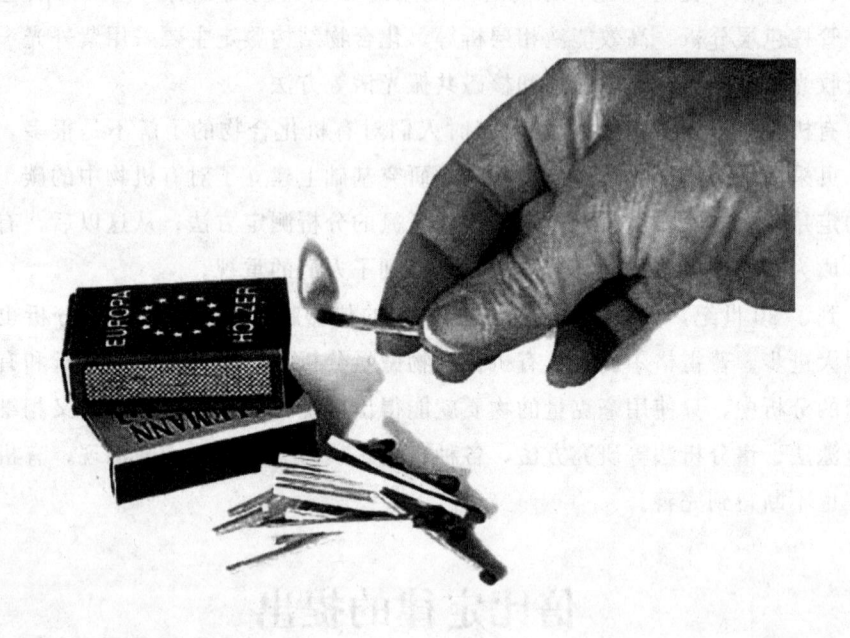

火柴是一种很常用的取火工具，它利用的是摩擦生热原理，让发火物体在摩擦中达到燃烧点，产生火焰。

火柴的最早记录出现在公元6世纪的中国，当时中国正处在南北朝时期，北齐因连年战争缺少火种，一些宫女便发明了一种引火工具，可以说是早期的火柴。

1826年，英国人沃克发明了最早的具有实用价值的火柴。他将氯酸钾和三硫化锑粘在一根小木棍的端部，用作引燃药剂，然后将其装在一个小盒子里，盒子内侧粘有砂纸。使用的时候，将小木棍一端的药剂在砂纸上用力摩擦，就能燃烧起来。

1831年，法国人索里亚用白磷制成了火柴。这种火柴虽然使用起来很方便，但是白磷易燃，并且含有剧毒，十分危险。1855年，瑞典人伦德斯特伦研制出了一种新的火柴。这种火柴用氯酸钾和硫磺等混合物作为引燃物，把红磷涂在火柴盒的外侧。使用的时候，只需将引燃物在红磷上轻轻摩擦就能起火，非常方便，并且由于红磷的燃烧点高，安全性很好。这种火柴就是现在常用的安全火柴。

染料的人工合成

合成染料在发展初期，主要以苯胺为原料。

染料分为天然染料和合成染料两大类。天然染料主要是从动植物中获得的，合成染料主要是从煤焦油中提取，然后经过化学加工而成的，因此又叫"煤焦油染料"。与天然染料比起来，合成染料具有色泽鲜艳、不掉色、可以大量生产等优点，因此得到了广泛应用。

1842年，法国化学家霍夫曼在对硝基苯进行还原反应实验时制成了一种新物质，这种物质被命名为苯胺。1856年，霍夫曼的学生帕金打算从煤焦油中提取用来治疗疟疾的药物奎宁。在实验中，他没有得到奎宁，却意外得到一种黑色的粘稠物体。他在用酒精清洗这种黑色物体时，得到了一种很漂亮的紫色液体。布片浸入到这种液体中，很快就会被染成紫色，而且这种颜色不会被洗掉或者晒掉。这种物质就是一种合成染料，叫做苯胺紫。之后，帕金申请了专利，并开设工厂，开始正式生产合成染料。

在之后的研究中，人们又逐渐发现了多种合成染料，包括碱性品红、苯胺蓝、碱性蓝、醛绿、碘绿等。到了19世纪后期，合成染料工业已经发展成为有机合成方面的一项主要产业。

凡士林的发明

凡士林学名叫石油脂，是从石油中提取出的一种胶状物质，其发明者是美国化学家切森堡。

1859年，人们在美国的宾夕法尼亚州发现了石油。切森堡听说之后就来到油田，想看一下石油究竟是什么样的。在观察石油的过程中他发现，油田的工人们经常收集一些钻井台边上的黑色胶状物，听说这些胶状物能加速伤口愈合。切森堡取了一些回去化验，并将其提纯，最后得到了一种透明的胶状物。他发现这种物质是一种高分子化合物，无色无味，并且很难与其他物质发生化学反应。为

了验证这种物质是否真的能加速伤口愈合，他在自己腿上割了一个伤口，然后把这种物质涂在伤口上。结果证明这种物质确实让他的伤口愈合速度加快。之后，他把这种物质命名为凡士林，并申请了专利。

凡士林除了能加速伤口愈合外，还有很多其他作用，如润滑、绝缘、防锈、防水等。根据用途的不同，凡士林也可以分为很多类，如普通凡士林、医用凡士林、化妆用凡士林、工业凡士林等。

凯库勒环状碳链理论的确立

不过，人们在此后的研究中发现，苯环里的碳原子之间并非是单键和双键交替连接，而是一种介于单键和双键之间的平均的化学键。

环状碳链理论是指在苯分子中，六个碳原子是单键和双键交替相连的，最后形成一个闭合的环状结构。这种环状碳链结构是由德国化学家凯库勒提出的。

1825年，苯被人们发现了，之后有很多人开始对苯进行研究。1833年，有人确定出苯分子的经验式，即一个苯分子中含有六个碳原子和六个氢原子，但是没有指出苯分子的具体结构。

随后，凯库勒也对其展开了研究，并于1865年提出了环状碳链理论。他认为苯分子中的碳原子组成了一个闭合环状结构，碳原子之间以单键和双键交替连接，每一个碳原子上连接着一个氢原子。根据凯库勒自己的说法，他是在一次做梦的时候，梦到很多原子排列成一条蛇的样子，然后这条蛇盘旋起来，蛇头咬住了蛇尾。凯库勒从中得到启示，提出了苯的环状结构。

元素周期表的创立

通过元素周期表，人们可以推测出与某一元素相邻的其他元素的主要性质。

元素周期表是按元素的原子序数对元素进行排列的一张表格，它是1869年由俄国科学家门捷列夫创立的。

19世纪中期，人们对化学元素的认识还不是很系统，对元素之间的规律和内部联系也不是很清楚。门捷列夫在教授化学课程时发现了这一问题，他决定展开这方面的研究。他先后到多个地方进行探访和考察，收集资料。

在对元素间的性质和原子量规律做出系统研究之后，门捷列夫编制出了一张元素周期表，其中元素的顺序是根据原子量排列的。根据元素周期表，门捷列夫成功预测了当时未发现的一些元素以及它们的性质。同时，他还指出当时所测得的某些元素的原子量存有误差。在后来的研究中，人们证实了门捷列夫的预测。

元素周期表问世后，人们又不断对其进行补充完善，将新发现的元素添加进去。伦琴在对原子序数进行研究后指出，元素周期表的排列基础应该是原子序数，而不是原子量，这一发现使元素周期表变得更加严谨。

元素周期律和元素周期表

元素周期律和元素周期表，揭示了元素之间的内在联系，反映了元素性质与它的原子结构的关系，在哲学、自然科学、生产实践各方面，都有极为重要的意义。

在哲学方面，元素周期律揭示了元素原子核电荷数递增引起元素性质发生周期性变化的客观事实，从自然科学上有力地论证了事物变化从量变到质变的规律性。元素周期表是元素周期律的具体表现形式，它把元素纳入一个系统内，反映了元素间的内在联系，破除了曾经认为元素是互相孤立的形而上学观点。通过元素周期律和周期表的学习，可以加深对物质世界对立统一规律的认识。

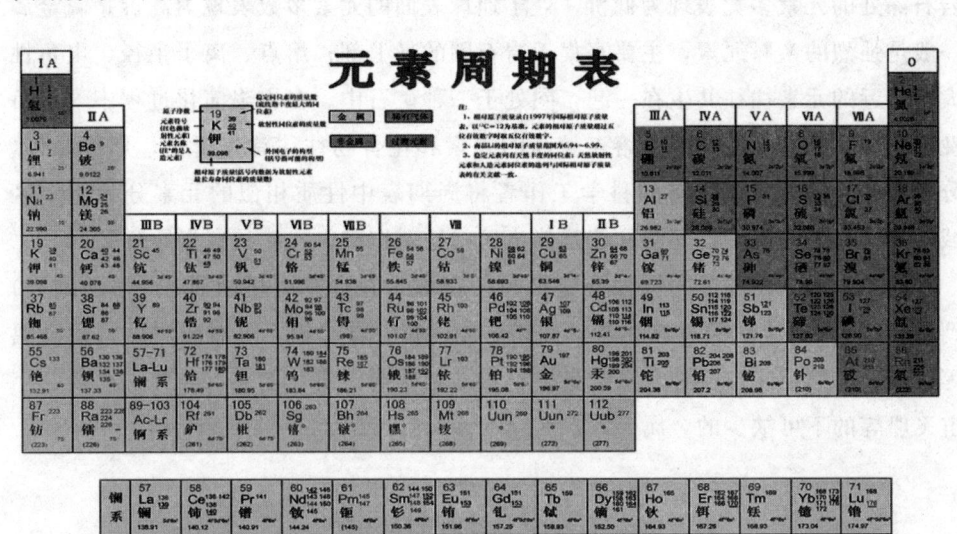

在自然科学方面，周期表为发展物质结构理论提供了客观依据。原子的

电子层结构与元素周期表有着密切关系，周期表为指导发现新元素、合成新元素，预测新元素的结构和性质提供了可靠的线索。元素周期律和周期表在自然科学的许多部门，首先是化学、物理学、生物学、地球化学等方面，都是重要的工具。

在生产科研的应用上，由于在周期表中位置相近的元素其化学性质亦相似，这就启发人们在周期表中一定的区域内寻找新的物质。诸如：

①半导体材料都是周期表里金属与非金属接界处的元素，比如：Si、Se、Ge、Ga等。

②催化剂的选择：人们在科研和生产中，已发现过渡元素对许多化学反应有良好的催化作用，过渡元素的催化作用与它们的原子的d轨道未充满电子有关。于是，人们努力在过渡元素（包括稀土元素）中寻找各种优良催化剂。比如：石油化工方面，像石油的催化裂化、重整等反应，广泛采用过渡元素作催化剂；用铁、镍熔剂作催化剂，使石墨在高压和高温下转化为金刚石；特别是近年来发现少量稀土元素，能大大改善催化剂的性能。

③农药多数是含As、Cl、S、N、P等元素的化合物。

④矿物的寻找：地球上化学元素的分布与它们在周期表中的位置有关。科学研究和科学实验发现：原子量较小的元素在地壳中含量较多，原子量较大的元素在地壳中含量较少；奇数原子序数的元素较小，偶数原子序数的元素较多。处于岩石深处的元素多数表现为低价，处于地球表面的元素多数表现为高价；碱金属一般是强烈的亲石元素，主要富集于岩石圈的最上部；熔点、离子半径、电负性大小相近的元素往往共生在一起，同处于一种矿石中。在岩浆演化过程中，电负性小的、离子半径较小的、熔点较高的元素和化合物往往首先析出，形成晶体，分布在地壳的外表面。有的科学工作者将周期表中性质相似的元素分为十个区域，并认为同一区域的元素往往是伴生矿，这对探矿、找矿具有指导意义。

⑤耐高温、耐腐蚀的特种合金材料的制取：在周期表里从ⅢB（第三副族）到ⅥB（第六副族）的过渡元素，如铬、钼、钨、钛、钽，具有耐腐蚀、耐高温等特点。它们是制造特种合金的良好材料，是制造飞机、坦克、导弹、火箭、宇宙飞船等的不可缺少的金属。

波尔多液的发现

波尔多地区盛产葡萄，并以葡萄酒闻名。

波尔多液是一种无机杀菌剂，为天蓝色胶状悬浊液，其中含有铜元素。波尔多液有很好的附着性能，当它被喷洒在植物表面时，便会附着在上面，通过与植物分泌的酸性物质化合，产生一定量的铜离子。铜离子在进入病菌细胞之后，可以破坏病菌的蛋白质结构，并影响细菌的新陈代谢，从而达到杀菌的目的。

波尔多液因最初出现在法国的波尔多地区而得名。1878年，波尔多的葡萄作物遭到了霉叶病的侵袭，当时的农药都不能控制这种植物病，很多葡萄园陷入了困境。一个名叫米拉德的人在经过某座葡萄园时，发现这座葡萄园并未受到霉叶病的袭扰。经过询问他才得知，原来葡萄园的主人为了防止路人偷吃葡萄，便在葡萄树上撒了一些由石灰与蓝矾混合而成的药物。事实证明，这种药物可以有效地防治霉叶病。随后，这种农药便流传开来，并被命名为"波尔多液"。

霓虹灯的发明

霓虹灯在现代城市中很流行，多用于户外装饰，或者作为商铺的招牌，可以美化城市夜景。

霓虹灯是一种可以发出各种鲜艳颜色的光源。根据不同的需要，可以在灯管内充入不同的低压惰性气体，然后在灯管两端施加高压电场，就可使灯管因冷阴极辉光放电而发光。

惰性气体的霓虹现象是由英国化学家拉姆赛发现的。1898年，拉姆赛打算做一项实验，以验证某种惰性气体是否导电。他把这种气体充入真空玻璃管中，然后在玻璃管两端插入两个金属电极，并将两个电极连接在高压电源上。接通电源之后，拉姆赛发现这种气体不但导电，而且能发出十分好看的红光。拉姆赛把这种惰性气体命名为氖气。随后，他又对其他惰性气体进行实验，发现这些惰性气体能发出不同颜色的光。氦气发黄光，氩气发蓝光，氪气发深蓝色光，氙气发白光……充有这些气体的灯管所发出来的光就像天上的彩虹一样美丽，于是人们就把这种灯称为"霓虹灯"。

现在的霓虹灯不仅颜色好看，还能根据不同的需要制成不同的形状和图案。利用一些控制技术，还可以使霓虹灯不停地闪烁。

电解法

在化工品生产中，电解法还可以用来进行电镀、抛光等工艺制作。

电解就是物质因导电而发生化学变化的过程。电解法都是通过电解质实现的，电解质就是在水溶液中或者熔融时能够导电的化合物。电解质之所以能够导电，是因为电解质中存在能够自由移动的阴阳离子。在电流的作用下，电解质中带电的阴阳离子发生迁移，并得到或者失去电子，成为中性的原子或者分子。

一种物质能否电解，关键看它是不是电解质。有一些物质溶于水后虽然能够导电，但是那是因为它溶于水后发生了化学反应，反应产物才是能够导电的电解质，所以该物质本身并不能算做电解质。要判断一种化合物是不是电解质，主要看它的化学键。电解质都是离子型化合物或者强极性共价键化合物，非电解质都是弱极性或者非极性共价键化合物。

在电解过程中，使用的电极分为惰性电极和活性电极两种。惰性电极包括金、铂、石墨等，这些物质不活泼，在电解时不容易发生化学反应。活性电极包括铁、铜、锌等活泼金属，这些金属的还原性较强，在电解时会发生氧化反应。电解时，阴阳两极的反应产物是不同的，阴极离子由于得到电子而发生还原反应，阳极离子由于失去电子而发生氧化反应。

电解法在工业上的应用很广泛，很多通过常规方法无法实现的氧化还原反应，都可以通过电解法来实现。像一些氧化性或者还原性极强的单质，用普通的置换反应无法制得，只能通过电解使其在熔融状态下还原或氧化出单质。在冶金方面，电解法还是一种十分有效的精炼金属的方法。

居里夫妇发现放射性元素

1895 年 7 月 25 日，皮埃尔·居里与玛丽·居里结婚，两人开始共同从事科学研究。

皮埃尔·居里是法国物理学家，曾发现了"居里定律"。他的妻子玛丽·居里也是著名的科学家，原籍波兰华沙。

1896 年，贝可勒耳发现了铀的放射性。这一发现引起了居里夫人的兴趣，她开始对放射性进行研究。在研究沥青铀矿的过程中，居里夫人发现，铀矿的放射性比纯粹的铀化合物要高好几倍。于是她断定，沥青铀矿中肯定含有放射性比铀高的元素。皮埃尔·居里在得知妻子的推断后，觉得这是一个很重要的发现，便开始和妻子一起进行研究。不久之后，两人发现，在沥青铀矿中除了铀之外，还有两种未被发现的放射性元素，其中一种为钋，另一种为镭。

随后，居里夫妇开始在极为艰苦的环境下提炼纯净的钋和镭。1903 年，居里夫妇共同获得了诺贝尔物理学奖。

同位素的发现

质谱仪诞生后，人们终于证实了同位素的存在。在此之后，同位素不断被发现。

同位素是指一种元素的不同原子，它们含有相同的质子和电子，以及不同的中子。每一种元素都有放射性同位素，但是有些并不稳定。在自然界中，大部分元素都有稳定的同位素，目前发现的有 300 多种。一种元素的同位素具有相同的化学和物理性质，只是放射性和原子量不同。

1910 年，英国化学家索迪提出了一种猜想，认为每一种元素都有同位素，这些同位素应该是在元素周期表的同一个位置。不久之后，有人在测定铅的原子量时，发现不同来源的铅原子具有不同的原子量。

1912 年，英国科学家汤姆生利用一种叫做磁分离器的仪器，对氖气进行分析，却得到了两条抛物线。这两条抛物线分别代表不同的氖原子，一种的原子量是二十，另一种是二十二。这是人类第一次发现稳定的非放射性同位素。

核中有一个质子

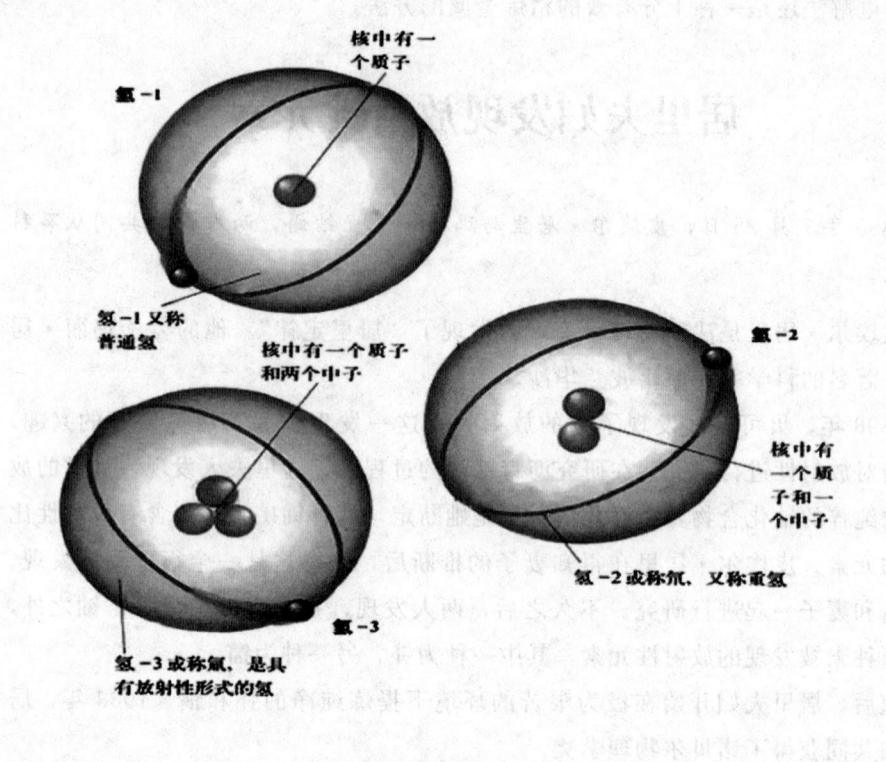

氢-1

氢-1 又称普通氢

核中有一个质子和两个中子

氢-2

核中有一个质子和一个中子

氢-2 或称氘，又称重氢

氢-3

氢-3 或称氚，是具有放射性形式的氢

化学元素的发明

　　1778年12月17日，戴维出生于英国康沃尔郡彭桑斯镇的一个木刻匠家庭。戴维的家乡依山傍海，风景绮丽。然而，他的家庭却并不富裕，后来，三个弟弟和一个妹妹相继出世，家庭经济入不敷出。

　　幼年的戴维和他的伙伴们一样，顽皮、散漫，对学校的功课不感兴趣。在老师的眼里，他没有任何出众的地方。他的小学老师柯里顿是一个脾气古怪的人，特别嗜好揪孩子们耳朵。小戴维的耳朵常常被他揪得火辣辣的，痛得钻心。

　　有一次，柯里顿老师看见小戴维的耳朵上粘了一大块胶泥，就斥问他是怎么回事。戴维大声回答说："报告老师，这是为了怕我的耳朵被你揪烂。"结果引起了同学们的哄堂大笑，柯里顿老师也拿他毫无办法。

　　后来，戴维干脆不上学了，整天到处闲逛，荒废了许多的宝贵时光。戴维16岁那年，父亲因病去世，留下1300镑的债务，这在当时可是一笔不小的数目。家里的生活变得越来越艰难，这使戴维不得不自谋生路。

　　他到了镇上医生波拉斯那儿当学徒，帮助配药和包扎。那时候，药品大多要现配，这里面有好多戴维不明白的道理，他开始感觉到自己知识的贫乏。他买了一些书，利用空余时间开始自学。

这时恰好有个青年化学家来到彭桑斯镇养病，他就是大名鼎鼎的蒸汽机发明家瓦特的儿子。戴维很快和他交上了朋友，小瓦特领戴维参观安装在康活尔郡的瓦特发明的第一台蒸汽机，给他讲蒸汽机的做功原理。小瓦特知识的渊博使得戴维很惭愧。

戴维给自己订了周密的自学计划，课目有：神学；地理学；职业必读——植物学、药学、病理学、解剖学、外科学和化学；逻辑学；语言——英语、法语、拉丁语、希腊文、意大利文、西班牙文和希伯来文；物理学；力学；修辞和讲演术；历史；数学。

书籍给他引路，他的头脑却没有被限制在书本里。戴维利用手头能找到的一些日常用具和药房里现成的酸、碱一类药品进行实验，以判断学到的理论是否正确。因为没人指导，实验常常引起爆炸，波拉斯医生忍无可忍，把他解雇了。

经过四个月的钻研，戴维对热的本质提出了自己的独特见解。当时，人们有一种错误的看法，认为热是一种物质，好像水一样，可以从温度高的地方流到温度低的地方。戴维对定点表示怀疑，他运用自学到的物理知识，设计了一个巧妙的实验。

让两块冰互相摩擦，得到融化的水。两块冰温度一样，并没有温度高的东西挨着冰块，这使冰融化为水的热是从哪里来的呢？戴维用这个实验证明摩擦能够产生热，热不是物质，而是一种运动的形式。这个简明的著名实验，后来编进了各种教科书。

戴维的名声渐渐大起来，这个美丽的小镇上几乎人人都知道这个勤奋自学、大胆实验的青年。后来，他被牛津大学的化学教授贝多斯看中，当上了贝多斯新建立的气体研究所的实验室主任。这时，戴维还不到20岁。

戴维自己动手制备各种气体，从纯净的氧气到剧毒的氟化氢。他认为研究化学一定要亲身体验，教科书上记载的化学物质的颜色、气味和滋味，他都是要闻一闻，尝一尝，复验一遍。有一次，他吸入4夸脱的氢，几乎窒息。

戴维的这种鲁莽而冒险的实验有一次终于获得了报偿。他觉得氧化亚氮有剧毒的说法根据不足，便亲自制备这种气体，一边做一边吸，仔细体会切身的感受，吸着吸着，竟变得兴奋起来，哈哈大笑，手舞足蹈，原来的牙痛也意外消失了。

戴维给这种气体取名为"笑气"，把它介绍给外科医生做麻醉剂用。直到今天，笑气在医院里仍在使用。尽管在当时，笑气更多地只是被当作一种迷幻药，在那些穷极无聊、无所事事的人们当中，举行笑气晚会竟一时风靡起来。

戴维的名字也随着这种异乎寻常的神秘气体在英国和欧洲迅速传播开来。不久，英国皇家学院院长朗福德伯爵请戴维到伦敦，在新设立的高级试验室里担任教授，主持科学讲演。这位英俊的年轻人娓娓动听的出色讲演在伦敦社交界获得巨大成功。

在戴维生活的时代，人们热衷于寻找这样一个问题的答案：我们这个千变万化世界究竟是由多少种最简单的物质构成的呢？人们到处搜集稀奇古怪的矿石、矾土、臭水和污浊的臭气，用火烤，用酸浸，用碱泡……直到再也分不出新东西为止。

当时，在拉瓦锡提出的元素表里，只记载着 33 种，而且连石灰、苦土（氧化镁）、重土（氧化钡）、矾土（三氧化二铝）和硅土（二氧化硅）都包括在内。那时候的元素表里，混进了很多假元素，而许多真正元素却没有列入。

就在这时，伏打电池发明了。对新鲜事物特别敏感的戴维马上联想到：既然电流能使死青蛙的大腿抽搐起来，能将水分解成氢和氧两种气体，那么，电流不是也可以用来分解各种物质，从中发现新元素吗？

他在钾碱的水溶液里通上电流，得到的结果却和电解水一样：放出氢气和氧气。他试了一次又一次，发现无论是酸、碱还是盐，它们的水溶液通电之后，结果都相同，这是为什么呢？戴维苦思冥想着。

终于，戴维断定，这是水在捣乱，必须先除掉水。可是，又要像水一样能流动，电解才能顺利进行。于是，戴维动手电解钾碱，可是，当时的伏打电池力量太弱了，电解没有成功。必须对伏打电池进行改造。

戴维的电学实验十分出色。1805 年他成功地生产出电弧。1806 年他获得拿破仑为在电学上创造出最好成绩者而颁发的奖金，尽管英国当时与法国正处于交战状态，但戴维毫不犹豫地接受了。他认为政府之间可以交战，科学之间却没有交战。

接着他便着手建造有 250 多块金属板的电池组，这在当时是首屈一指的。1807 年 10 月 6 日，戴维用这个有强大电流的特大电池对钾碱进行电解，只见阴极周围冒出水银般的小亮珠，燃发出淡紫色的火焰，有的还发出噼噼啪啪的爆炸声。

于是，戴维得到了一些从未见过的银白闪亮的金属，用小刀很容易切开，比水轻。戴维把这种新金属投进一盆水里，它贴着水面冒出许多细小的气泡，吱吱作响，变成无数闪光的金属小球，窜来窜去，像是荷叶上的露珠在滚动。

戴维欣喜若狂、手舞足蹈，把实验台上的玻璃仪器都震翻了。成功了！从草木灰里发现了新元素——钾！戴维用力捶了自己一拳，喊道："戴维，你真棒！"他在当天的实验记录上写下一行引人注目的字："出色的试验！！！"

一个星期后，戴维又从苏打里电解得到一种白亮如银、柔软如蜡的新金属，和钾十分相像，是一对孪生的脾气急躁的烈性金属。戴维给这种金属起名叫钠。钾和钠的新奇特性，使伦敦轰动了。老教授们纷纷向他表示热烈的祝贺，请柬和鲜花向他涌来……戴维成了科学上的明星。他即兴赋诗一首："物质既不灭，人心不死；心物化为一，永存定无疑……"

戴维这两项成功实验的意义是非同寻常的。电和化学的结合，给化学插上了翅膀，产生了巨大的飞跃。不久，几乎当时所有的著名化学家，柏采留斯、卡文迪许、盖·吕萨克、泰那尔、维勒……都钻研起化学和电的结合来。

戴维并没有以此为满足。接下去他在1808年又从石灰里得到钙，从苦土里得到镁，从锶矿石得到锶，从重晶石得到钡。这4种元素是从碱性矿土里发现的，是碱土金属的主要成员。戴维几乎发现了整个碱土金属家族。

戴维继续马不停蹄地进行他的实验。在实验室里，他一会儿安装仪器，一会儿又穿插着加热某种药品，往往在一天里指挥助手同时进行数十项试验。药品弄脏了他的衣服，常常顾不上换洗，就匆匆套上一件干净衣服赶快去做科学讲演。回到实验室又接着工作。

戴维在化学上取得的成就是巨大的，在不到两年时间里，连续向世界宣告发现了7种新元素，然而，他就是不肯接受道尔顿的原子学说。戴维的密友沃拉斯顿是一位可堪信赖的原子学家，曾力图说服他，但没有成功。

1812年，戴维受封为爵士，并结了婚。由于他长期习惯于用嗅觉和味觉来鉴别新的化学药品，导致慢性中毒，身体状况恶化。也就在这一年，在一次三氯化氮的爆炸中他的眼睛被炸伤。戴维不得不停止了工作，带着助手去欧洲大陆养病。

当时，英法之间仍在交战，但法国的化学家们热烈地欢迎戴维。在那儿他又一次见到了朗福德伯爵。在欧洲养病期间，戴维和各国著名的科学家交流经验、探讨学术问题，作了许多次精彩的科学讲演和化学实验表演。

戴维在欧洲参观煤矿，见到工人使用明火照明，往往引起积聚的煤气爆炸，造成重大的伤亡事故。1815年他回国后发明了"戴维灯"，灯的四周围是金属丝网，灯外的爆炸性气体就不会点燃了。从此，井下矿工就能比较安全地从事生产了。

戴维拒绝把这个发明列入专利，因为他不愿意从这样一个人道主义的发明上牟取暴利。不过，当后来别人提出对此项发明享有优先权的时候，他勃然大怒，据理力争，维护自己应得的权利。1818年，戴维因其为矿业所作的贡献被晋升为从男爵。

戴维还让他发现的电弧为人类服务。他把它改造为电弧灯，这一尝试后来到爱迪生时期终于被充分应用。除此以外，戴维还是第一个记录下铂的催化能力的人。

1820年，戴维担任了英国皇家学会的主席。他在伦敦的科学讲演吸引了成千上万的男女听众。前座和正座总是被那些有钱的上流人物购去，而一般听众只买得起便宜的边座票。在边座听众中有一个书店学徒，他就是后来著名的电学家法拉第。

戴维发现法拉第才识过人，就约他谈话。他警告法拉第说："科学是位刻薄的主妇，要求给以他服役的人付出极大的劳动，而支付的报酬却很微薄。况且，实验常常引起爆炸……"法拉第回答说："……我追求科学，科学工作本身就是一种报酬啊！"

戴维被深深地感动了，破格录用法拉第做助手。后来，法拉第在电磁学上作出了巨大的贡献，在科学上的成就甚至超过了戴维。因此，人们今天谈论起戴维来，总是说法拉第是戴维所有发现中最伟大的发现。

1823年以后，戴维大部分时间是在国外度过的。1829年，戴维死于瑞士。他在遗嘱中留下了一笔基金，用来奖励每一年度作出重大发现的化学家，戴维奖章成了英国科学界的最高荣誉奖章，荣获过这一奖章的有居里夫妇等著名科学家。

放射性元素

1896年，在法国物理学家贝克勒尔的实验室里，发生了一件怪事：抽屉里的一卷包得好好的照相胶片，莫名其妙地感光了；旁边的一瓶荧光物质——硫化锌，也"无缘无故"地射出浅绿色的光芒。

这是谁在捣蛋？

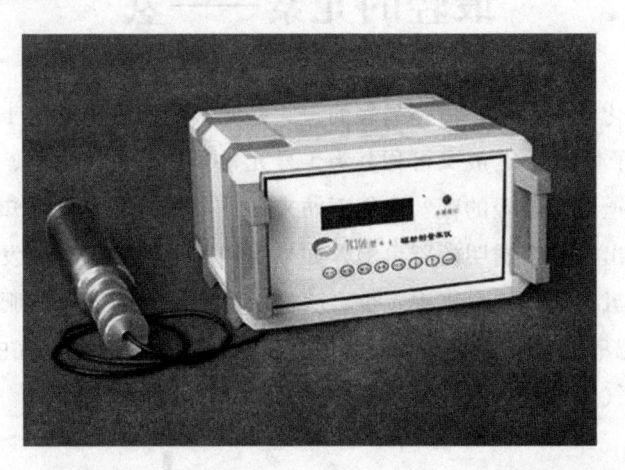

贝克勒尔像大海捞针似的开始寻找原因。最后，他的视线落到了抽屉里的一瓶黄色晶体上。谜底终于解开了！经过研究，贝克勒尔发表了他的论文：这种黄色的晶体——硫酸铀酰钾，具有一种奇妙的性质：它能发出看不见的射线，使照相胶片感光，使荧光物质发出荧光。

贝克勒尔的研究引起了居里夫人的注意。她与丈夫彼埃尔·居里经过艰苦工作，终于在1898年发现了两种新的元素——钋与镭，它们能够发出比铀更强的放射性射线。于是，人们把铀、钋、镭等能自发放出射线的元素叫做放射性元素。不久，一些天然的和人造的放射性元素，随着科学技术的发展也逐渐被人们一个个地发现。

放射性元素发出的看不见的射线是非常厉害的，当它的强度超过一定程度时，能杀死细胞、损害身体。贝克勒尔自己就吃过"苦头"：一天，他出去讲演，顺手把一管镭盐装在口袋里。可是，过了许多天以后，在曾靠近镭管的皮肤上出现了红斑，原来是镭的射线灼伤了他的皮肤。彼埃尔·居里为了探索放射性元素的秘密，曾拿自己的一个手指做实验：让手指受放射性射线照射，起初发红，随后就出现了溃疡与死肉，经过几个月才完全痊愈。居里详细地记述了这一切。

除了镭以外，现在人们常用钴－60、碘－132、磷－32等放射性元素的射线，来治疗肿瘤病。人们还利用这些放射性元素作"示踪原子"：如果内服或注射极少量的放射性元素，这些射线就能透过身体的表层组织，向外边的"放射性射线指示器"报告它在什么地方。于是，医生就可以知道，你什么地方有病变。放射性物质不仅能用来治病，还可用在生产上，例如示踪原子可以用来测定炼钢过程的时间、合金的结构、水管检漏、勘探地下水等等。

最轻的元素——氢

在众多的化学元素中，氢是最轻的。它是元素周期表中的第 1 个元素（原子序数为 1，原子量为 1），故又可称其为 1 号元素。氢是一种无色、无臭和无味的气体。怎样知道它是最轻的呢？我们不妨来做一个实验，大家都知道，用肥皂水和竹管可以吹出一个个透明的肥皂泡。如果我们用金属锌和盐酸发生反应，就会产生氢气。把氢气通入肥皂水中，也会吹出肥皂泡，充满氢气的肥皂泡和普通的（充满空气）肥皂泡有一点不同，那就是充满氢气的肥皂泡在空气中上升得更高。这就是因为氢气特别轻，它只是空气质量的 1/29。

H 1

HYDROGEN

人们利用氢气特别轻这个特性，用它来充气球和飞艇，例如曾经号称世界上最大的飞艇劳斯·安极立司号的里面充填的就是氢气。1924 年 10 月，劳斯·安极立司号飞艇从德国出发，航行了 81 个小时，航程 8000 多公里，最后到达美国。因为氢气容易着火和爆炸，很不安全，现在已经用比氢重 4 倍的氦代替。氦是惰性气体，不会着火。现在，人们只利用氢气球进行高空气象探测；在节日里放飞五彩缤纷的氢气球以点缀节日气氛。

氢气球为什么会爆炸呢？这是因为氢气能和空气中的氧气发生剧烈化学反应，化合成水。爆炸就是剧烈的伴随光和声音的化学反应。纯净的氢气（即不混杂空气时）是可以安全贮存的。

除了氧以外，氢气还能与许多非金属元素化合，如生成硫化氢，也可以与金属元素化合，生成金属氢化物，例如氢与金属钠化合，形成了氢化钠。

氢是宇宙中蕴藏量最丰富的化学元素。繁星灿烂的银河系，包括太阳和它的行星，就是在 120～150 亿年前由蕴藏量最丰富的氢元素逐渐演变而来的。即在高于 7×10^6 K（绝对温度）时，氢的原子核发生聚变反应，变成氦的原子核，然后再由氦原子核变为碳原子核和氧原子核，以至于其他许许多多的化学元素。因此，氢往往被认为是化学元素的起源。

尽管氢在宇宙间的含量特别多，但它在地壳中的蕴藏量并不很丰富，按其丰度只能排行第9位。在地球上氢主要以化合物的形式（如水、碳氢化合物、碳水化合物）存在。游离状态的氢气比较集中的地方有两处：一处是在火山爆发时喷出的气体中；另一处是天然气中。在大气中，氢气含量少于1%，大多是各种有机化合物（包括动、植物体的腐败产物）分解所产生的。

在当今世界上，能源成为人类关注的重大问题。纵观世界能源状况，所利用的主要是石油、煤炭和天然气。它们的蕴藏量毕竟有限，随着世界经济的发展，将被逐渐耗尽，有面临枯竭的危险。石油、煤炭和天然气的燃烧产物给自然界带来严重的环境污染，还给地球带来温室效应，影响生态平衡。

为摆脱世界性的能源危机，科学家们开始探索氢能源。氢作为能源的优点有：(1) 氢的储量丰富，仅利用海水产生的氢气所能提供的能量将比地球上所有化石燃料大9000倍；(2) 氢气燃烧以后生成水，它对环境不造成任何污染，因此氢有"无污染能源"的美称；(3) 从广义的角度来说，氢能还包括氢的两种同位素（氘和氚）发生核聚变以后释放的能量，它比氢释放的能量要大得多。

由于氢气是一种无污染的能源，所以首先在汽车行业中试用。氢发动机汽车是1970年开始研制的，从1980年起，日本的研制工作一直领先于欧美。1982年，国际氢能源协会在美国洛杉矶召开国际氢汽车行车距离比赛，日本武藏工业大学研究小组制造的"武藏5号"氢发动机汽车，用80升液氢，行驶了400公里。1990年，武藏大学在日产汽车公司协助下，推出了以氢为燃料，时速可达125公里的新型汽车。现在，美国和德国也正在研制使用氢气为燃料的小型客车。

现在，各国还在研究将氢气用作飞机燃料。1988年4月，前苏联的一架图154喷气式客机，采用液氢和天然气组成的混合燃料，成功地进行了一次飞行试验，虽然只飞行了21分钟，但却是一次有益的尝试。1990年，前苏联便在国际航空航天技术博览会上展示了第一架以氢为动力的飞机。

氢一共有三种同位素，它们是氕、氘（又名重氢）和氚（又名超重氢）。这三种同位素的原子核含有相同的质子数，都是1，但是所含的中子数却不相同。氕原子核中不含中子，氘原子核含有1个中子，氚原子核含有2个中子，因此它们的质量数分别是1、2和3。在天然的氢气中，氕占99.984%；氘只占0.016%；氚的含量更少，氚大部分是由宇宙射线中的中子和质子轰击上层大气

· 437 ·

中的氮而形成的。

氕和氧的化合物称为重水，在原子核反应堆中用作减速剂。这是因为重水能使核反应产生的中子减速，受控制的中子再去引发其他铀原子裂变，使原子核反应才能持续进行，反应堆才能正常运转。否则裂变失控将发生原子爆炸。

近年来，氘和氚已经成为引人注目的元素，这是因为它们的原子核在高温下可以聚合起来，并放出大量的热能。通常把这一反应称为热核反应，它放出的热能比原子核裂变反应（即原子弹和原子核反应堆所发生的反应）大 10 倍。

在地球上，第一次利用热核反应的是氢弹。氢弹里面其实没有氢，里面装的是氘和一颗原子弹。当原子弹爆炸后，它所产生的能量把氘加热到非常高的温度，从而引发了热核反应。

现在，科学家正在积极地研究能够人为控制的热核反应，希望它能够把热量慢慢地释放出来，称为"受控热核反应"。

大气中最多的元素——氮

在地球的表面有一层厚厚的大气层，这层大气供各种生物消耗，同时也保证了水分、热量不会大量散失。正是因为有了这层大气，才使得这个星球上能够有生命存在。大气主要包括氮气和氧气，其中氮气占空气总体积的 78%。

14
N
NITROGEN
7

常温下氮气并不活泼，这使空气含量保持了相对的稳定性。从分子结构的角度来讲，每个氮分子是由两个氮原子组成的（N_2），这两个氮原子间通过一种强烈的相互作用连接在一起，在常温下，这种作用力很难被破坏。但如果外界提供能量，如高温或者放电的条件，就足以破坏这种分子内的强烈的相互作用，这时一个氮分子变为两个氮原子（$N_2 \Rightarrow 2N$），就很容易发生化学反应了。高温下氮气可以与多种金属化合；镁条可以在氮气中燃烧；高温、高压、催化剂存在的条件下氮气可以直接与氢气化合成氨气。有闪电的时候，氮气可以与氧气直接化合生成一氧化氮，这一反应被称为自然界的固氮过程，利用这个反应可以为人类造福；闪电时生成的一氧化氮遇到空气中的氧气马上转化为二氧化氮，二氧化氮溶于雨水形成稀硝酸，随大雨倾泻到地面与土壤中的矿物质反应，形成可溶性的氮肥，可以直接被植物吸收利用。方程式如下：

$$N_2 + O_2 \xrightarrow{放电} 2NO$$

$$2NO + O_2 = 2NO_2$$

$$3NO_2 + H_2O = 2HNO_3 + NO$$

据估计，地球上每年由"雷电合成"的氮肥有4亿多吨，这正是农谚所说的"雷雨发庄稼"。

自然界"制造"的氮肥还是不能满足人类对氮肥的大量需求。20世纪初，各国科学家纷纷致力于对"人工固氮"过程的研究。怎样才能把资源极丰富的氮气转变为易被植物吸收利用的化合物呢？很显然，实现这个方案很不容易，因为无论通过高温还是放电来破坏氮的分子结构，在大规模的工业生产中都是不现实的。经历了无数次失败之后，终于，德国化学家哈伯于1909年用锇作催化剂合成了氨，当时产率很低，后经改进发展为工业化生产方法，1911年建成了世界上第一座合成氨工厂，开始大规模生产氮肥，为提高农作物产量作出了极大贡献。氨氧化之后还可以得到硝酸，进而得到炸药、染料、塑料等，使化学工业大大向前迈进了一步，1918年哈伯因为这一杰出贡献获得了诺贝尔化学奖。但是，正如历史告诉人们的：科学是一把双刃利剑，哈伯用他的聪明才智效忠于德国，利用这一研究成果制造了大量烈性炸药，为德国发动第一次世界大战提供了强有力的条件。第一次世界大战期间，哈伯又指导德军首次使用了毒气武器。他这种愚忠于祖国的行为遭到了各国科学家和世界人民的指责。

经常使用的氮肥有硫铵 [$(NH_4)_2SO_4$]、碳铵 [$(NH_4)_2CO_3$]、硝铵（NH_4NO_3），都属于铵盐。铵盐有三个共同的特性：加热易分解；易溶于水；能与碱反应放出氨气。所以在使用的时候一定要注意，不要放在高温的地方；不要让肥料受潮；不能和不成性肥料一起使用。

硝酸是一种强氧化性的强酸，有一点化学知识的人都知道：硝酸与金属反应时一般不放出氢气，就是因为硝酸有强氧化性。将硝酸和盐酸按照1∶3的摩尔比配成溶液称为"王水"，"王水"的氧化性更强，甚至能溶解金、铂这类非常稳

定的金属。浓度很高的硝酸有一个特性,易分解,方程式为:

$$4HNO_3 \stackrel{\triangle}{=\!=\!=} 2H_2O+4NO_2\uparrow+O_2\uparrow$$

因此可以用浓硝酸作火箭发射剂的燃料添加剂。

氮还是构成有机物的重要元素,在作为生命基础物质的蛋白质中,氮是必不可少的。人通过饮食摄取动植物蛋白,经消化后重新合成人体蛋白质、补充到血液、肌肉和脏器中。如果没有氮元素,由碳、氢、氧只能构成水和糖,而不能组成肌肉、皮肤、血液、毛发等等。可以说,氮是生命的基本元素。

最活泼的非金属——氟

氟是最活泼的非金属元素,它几乎能同所有金属和非金属元素发生化学作用。它在冷暗处就能同氢发生剧烈的反应而爆炸,生成非常稳定的氟化氢。在通常情况下,它就能使水迅速分解放出氧气。它与同族元素——氯、溴、碘的性质极其相似。因此,在过去很长一段时间里,人们有时似乎发觉了它,但又不能单独地获得它(性质太活泼了)。它那时有时无、时隐时露的身影不知捉弄了多少化学家。此外,氟对人和植物有很大的毒害,被氟或氟化氢熏过的树木,很快就会枯萎死亡,而且永不复生。氟和氟化氢能穿过人的皮肤渗入骨骼,与骨质中的钙反应生成氟化钙,使人的骨头遭受腐蚀,痛不欲生。因此,人们常把氟同骷髅联系在一起,令人毛骨悚然。

但是,许多化学家为了研究氟,仍将个人生死置之度外。其中有的因之抱病,有的甚至献出了生命。英国著名化学家戴维因研究氟而受毒害,一连病了几个月;爱尔兰的乔治和托马斯兄弟,在研究氟的实验中,发生了爆炸,毒气四溢,托马斯几乎丧命,乔治卧病3年。比利时的鲁耶特和尼克雷继续乔治兄弟的研究,试图单独制得氟,结果两人都以身殉职。

药店学徒出身的亨利·摩瓦桑,是法国人,他在巴黎药学院得到著名化学家弗雷密的培养,从1884年开始对氟化合物进行研究。氟,如同猛虎一般向他扑来。剧毒的气体曾四次使他在实验室中毒倒下,但他无所畏惧,每次都不等痊愈就继续实验。终于,在1886年6月26日,摩瓦桑排除了一切危险,揭开了氟元素的神奇面纱,实现了有史以来第一次单质氟的分离。至此,自然界中最桀骜不驯的元素被征服了。由于这位年轻的助教对氟的发现和尔后的一系列对氟的研究,1906年,他荣获了诺贝尔化学奖。

19
F
FLUORINE
9

摩瓦桑因长期接触氟和氟化氢等毒物，不久即失去了自己的健康，牙齿一个不剩地脱落，头发也全部掉光，骨疼使他彻夜难眠，他说："氟至少夺去了我10年的生命。"但是，他丝毫不感到惋惜和悲观，他自豪地说："我无法用语言来描述我曾经体验过的如此强烈的愉快，抓住每一个难得的机会，在处女地上耕耘……最大的快乐不在于占有什么、享受什么，而在于追求什么、开辟什么……"

最古老的金属——铜

在古代，最早炼出来和用来制造工具的金属是铜。存在于自然界的天然铜称为自然铜，它是以游离（单质，非化合物）状态存在于自然界的金属铜，常常夹杂在铜的矿物中，是紫黑色的。铜在地壳中的含量比较少，在金属中含量排第17位。铜主要以化合物的形式存在于各种铜矿中，常见的有黄铜矿、辉铜矿、赤铜矿、孔雀石等。

纯铜是紫红色有光泽的金属，所以称为紫铜或红铜，用来制造电线或电器设备的零件的铜都是纯铜。铜不但导电性和传热性好，而且延展性特别好，黄豆粒大小的铜块，就可以拉成2千米长的细丝。铜是不活泼的金属，在常温下和干燥的空气里，不容易生锈。

铜的质地比较软，因此，使用中一般多用铜合金。铜和锡（有时也含铅、铝、铍等）组成的合金称为青铜，它的熔点比纯铜和纯锡都要低，因此容易铸造工具。但它的硬度却比铜和锡都高，可以制造质量高的工具和兵器。

铜和锌组成的合金称为黄铜，它的用途比青铜大得多，那大大小小的枪弹和炮弹的弹壳都是用黄铜铸造的。再看那交响乐团里各式各样闪闪发光的管乐器，乃至钟表和仪器上的许多零件，也都是用黄铜加工而成的。黄铜还有一个优点，

64

Cu

COPPER

29

随着其中含锌量的不同,可以有深黄、浅黄、红黄、金黄等各种漂亮的颜色。

铜和镍组成的合金称为白铜,外观白亮而有金属光泽,用来制造工艺品、医疗器械和光学仪器。

娇嫩的金属——铯

该不是弄错了吧?金属不就是那些锃亮夺目、银光闪烁、铜头铁脑、冷冰冰、硬棒棒的家伙吗?怎么谈得上娇嫩呢?

其实,没弄错,这是确确实实的事情。金属家族中还真有一位娇娇滴滴、嫩艳可人的"小姐"呢,它就是铯。

133

Cs

CESIUM

55

说它娇,铯的熔点只有 28.5℃,比人的体温还低。如果你想把它放在手心上瞧个仔细,它会像冰块掉进热锅似的,很快就会熔化成一颗银白色的液滴,在手心上荡来滚去,好像是荷叶上滚着的水珠。它还怕见阳光,烈日之下,它会骨酥筋软,瘫成一摊稀泥。

道它嫩,那更是恰如其分。铯比石蜡还软。你见过厨师用刀削面的情景吗?你不妨拿把刀削起铯来试试,只要你手艺不赖,也准能做出薄软的"削面"来。

只是你可没机会像艺高胆大的厨师们玩得那么潇洒,使那削面在空中翻飞跳跃,飘飘悠悠落入水中,令人目不暇接。一旦铯片飞入空中,便会自动发火,发出玫瑰般的紫红色的光辉。若让它飘入水中,就更精彩了,它会像炸弹一样在水中开花,并且燃烧起来。由此看来,铯虽然娇嫩,但并不是闭月羞花的千金小姐,性格还是很活泼开朗的哩。

为了对付这个表里不一的调皮鬼,平时只好把它浸在煤油里"看护"起来,这样它才老实些。

地壳的基础——硅

谁要是给我讲起石英,我脑子里就想起这个故事。有人给我看过很多的东西:照在太阳光底下像泉水般冰凉的透明的球体,杂色而美丽的玛瑙,多色而有光泽的蛋白石,海岸上纯净的沙,把熔化的石英做成像蚕丝那样的细丝或耐热的容器,美丽的琢磨过的水晶,神秘而奇特的碧石,变成了燧石的木化石,古代人粗糙地加过工的箭头,这一切东西不管我怎样去刨根问底,人们都这样回答我:这一切都是由石英和在成分上和石英近似的矿物组成的。这全部都是硅元素和氧元素的化合物。

28
Si
SILICON
14

硅的符号是 Si。它是自然界里除了氧之外分布最广的元素。自然界里从未发现过游离的硅,它总是和氧化合在一起,形成 SiO_2,这叫硅石,也叫硅酐,又叫二氧化硅。

平常一说起"硅",最容易联想到燧石,许多人从小就很熟悉燧石这种矿物:它非常硬,用铁敲打就冒出火星,从前的人用它来取火,后来把它放在燧发枪里引燃火药。

但是燧石这种矿物并非化学家所说的硅,而只是硅的一种不很重要的化合物。至于硅的本身，却是一种奇妙的化学元素，它的原子在我们周围的自然界里分布非常广，工业上也需用它。

一切生命的基础——碳

你们有谁不知道闪烁着各种光泽的贵重的金刚石，灰色的石墨和黑色的煤炭？这3种东西在自然界里只是形状不同，实质是同一种化学元素——碳。

碳在地球上的含量比较起来不算多，它仅占地壳总质量的1%。然而它在地球化学上起的作用非常大：没有碳就没有生命！

活的物质里都有碳，有一门化学就是专研究碳的，我们现在也来了解一下这种元素的历史吧。

12
C
CARBON
6

从现在我们所能研究到的角度来看，碳的生命史上的第一个阶段是熔化的岩浆。这种熔化物在地下深处和在岩脉里冷却成各种岩石，碳在这些岩石里有时候会聚成片状或球状的石墨，有时候形成贵重的金刚石晶体。但是大部分的碳都在岩体凝固的时候跑掉：有的形成容易飞散的烃和碳化物从岩脉升上来，聚集成石墨（例如斯里兰卡就有这样生成的石墨），有的同氧气化合成二氧化碳，升到地面上来。

我们知道，万能的硅酸在地下深处是不会让二氧化碳生成碳酸盐的。事实上也的确是这样，在我们所发现的各种火成岩里面，没有一种重要的矿物是含有二氧化碳的。可是火成岩会把二氧化碳机械地截留在岩石的缝隙里面（正像截留含氯的盐类的溶液那样），留在这种空隙里的二氧化碳分量很多——多到是我们大气里所含的五六倍。

不仅在活火山的地区里，甚至在第三纪早已熄灭了的死火山地区里，地下都常有二氧化碳喷到地面上来；或者跟别的易于逸散的化合物在一起聚成气流，抑或跟水混在一起形成碳酸矿泉。

人们利用这种矿水来医病，因此在这种矿泉的附近开设了许多疗养院和水疗院，比如在高加索便是这样。二氧化碳在这种水里是过饱和的，因此水面上经常有二氧化碳的气泡冒出来，使人看了觉得水仿佛在沸腾似的。

碳的化学性质很特别。在所有化学元素里面，只有碳能够跟氧、氢、氮和别种元素生成多种多样的化合物。碳所生成的这类化合物叫做有机化合物，很多种有机化合物又能生成极其多样的、复杂的蛋白、脂肪、糖、维生素和许多种其他的化合物而含在生物体组织和细胞里面。

由于碳能够生成无数的化合物，结果就产生各种各样极其繁多的动植物品种，目前世界上的动植物至少有几百万种。

可这并不是说，碳是活的有机体——也就是地球化学上所说的活物质的主要成分。碳在活物质里只占到 10% 左右，活物质的主要成分是水，大约占 80%，剩下的 10% 左右是其他化学元素。

既然生物体有摄取养料、发育和繁殖的能力，就会有很多的碳参与着活物质的生活作用。你们也看见过好几次了吧：春天池塘水面上慢慢长起一层绿色的水藻和其他植物，到夏天这些水藻长得最旺，而在快到秋天的时候就变成暗褐色沉到池底里，于是就生成了含有机物很多的底层污泥。后面还要讲到，这样的淤泥正是煤和植物淤泥——"煤泥"的开端，"煤泥"能够用来制合成汽油。

动物呼吸的时候要呼出很多的二氧化碳。

植物吸取二氧化碳，这是二氧化碳在活物质内部循环的第一步。正是绿色植物的叶子，在光的照射下抓住了二氧化碳，把它变成复杂的有机化合物。这个作用叫做光合作用，参与这个作用的是光，还有植物体里面称为叶绿素的一种绿色物质。俄罗斯天才的科学家季米里亚捷夫（К. А. Тимирязев）第一个阐明了自然界里光合作用的伟大意义，他对这个作用进行了详细的研究。由于光合作用，全世界的植物在一年中带走空气里大量的二氧化碳。但是空气里的二氧化碳含量不会降低，因为水里和动物体组织都不断地分解出二氧化碳补充到空气里去。

光合作用的结果就生成了大量的有机物——植物体组织。植物用作动物的食料，确保了动物的生存和发育。假如再考虑到石油和煤也都是腐烂的生物体变成的，那么植物吸收二氧化碳这个作用在地球化学上的伟大意义就更清楚了。从地球化学的效果来看，地球上再也没有比植物的光合作用更重要的作用了。

化学工业的原动力——硫

硫是人类最早知道的化学元素之一。地中海沿岸许多地方都有硫，古代希腊人和罗马人不可能不去注意到它。每次火山爆发都带来大量的硫，那时人们把二氧化碳气和硫化氢气的臭味认为地下的火山神活动的标志。早在公元前几世纪，人们就注意到西西里大硫矿里所产的晶莹剔透的硫的晶体。尤其引起兴趣的是这种石块会燃烧生成窒息性的气体。就是这点不平常的性质使当时的人以为硫是世界上基本元素的一种。

也正因为这一点，使得古代的自然研究者，尤其是炼金术士，特别重视硫的作用，他们一讲到火山活动的过程或者山脉和矿脉生成的经过，都要强调硫这种元素所起的作用。

32
S
SULPHUR
16

在炼金术士看来，硫的性质同时也很神秘，他们眼看硫一燃烧就生成新的物质，所以他们认为硫一定是哲人石的一个组成部分，他们正在拼命炼这种哲人石，想用人工方法制造金子，但是结果令他们失望。

地下深处的确含有大量的硫，硫冷凝的时候析出好多种挥发性的化合物，各种金属和硫、砷、氯、溴、碘的化合物。火山喷出物的气味各异，譬如意大利南部的喷气孔喷出的窒息性气体，或者像勘察加半岛上火山爆发的时候形成云雾状的二氧化硫气，我们都可以依据气味辨认出来。硫不但可以生成气体喷出来，它又能溶解在地下水里，还能在地下裂缝里构成矿脉。硫和砷、锑和别的同伴一齐住在挥发性的热溶液里，在那里生成矿物，人们从很久以前起就知道从这类矿物里开采锌和铅、银和金。

硫在地球表面上生成的暗色的、不透明的、光亮的多金属矿石，还有各种辉矿类和黄铁矿类矿石，要受到空气里的氧气和水的作用。硫的化合物受到这些化学作用，就生成新的化合物，硫被氧化变成二氧化硫。此种气体我们很熟悉，划火柴的时候就有它的气味。它和水生成亚硫酸和硫酸。

　　通过这一类的化学变化，黄铁矿类矿石的巨大的晶体氧化以后析出硫和硫化物，它们破坏了周围的矿层，和较为稳定的元素化合，最后生成石膏或者别的矿物。应当指明的是，黄铁矿类矿床和开采天然硫的地方生成的硫酸是有破坏性质的。

　　硫是化学工业的基础。如果要把需要用硫的所有工业技术部门都列举出来很不容易。我只能举出最重要的几个工业技术部门，但是就从这些例子也可以看出，工业上没有硫是不行的。

　　硫的作用是制造纸、赛璐珞、染料、好多种药物、火柴，提炼和精制汽油、醚、油类也需要它，制造磷肥、明矾和别的矾类、钠碱、玻璃、溴、碘也离不开它。没有它就不容易制造硝酸、盐酸和醋酸，所以从19世纪初年起硫在工业发达史上起了如此大的作用，那是完全能够理解的。造出炸药需要硫酸，黑色火药也有硫，所以在火器上离不了硫。

巩固的象征——钙

　　化学家和物理学家告诉我们，钙在门捷列夫的元素周期表里占有特殊的地位，它的原子序数是20。这就是说，钙原子中心有一个核，核里面是十分微小的粒子——质子和中子，核外面有20个游离的带负电荷的小粒子，这即是我们所说的电子。

　　钙的原子量为40，它属于门捷列夫表的第二类，也就是在这个表从左起的第二直行里。钙在它的化合物里，需要两个负电荷来生成稳定的分子。用化学家的话来说，钙的化合价是+2。

　　你们看，刚才我说过的20、40这两个数字都是能被4除尽的。这类数目在地球化学上十分重要。在日常生活中我们也知道，如果我们要让随便一个东西站稳，我们就要用能被4除尽的数。例如，桌子有4条腿。普通能够站稳的物体，一切建筑物，总是对称的，它们的左一半和右一半正好相等。

　　跟钙原子有关系的数是2、4、20、40，这也是表明钙原子的性质十分稳定，我们简直还不知道需要摄氏多少亿度的高温才能破坏这个由一个原子核和绕核迅

Ca
70
GALLIUM
31

速旋转的 20 个电子所构成的稳固的结构。随着天体物理学家逐渐明了整个宇宙的结构，钙原子在宇宙里起的重大的作用也越来越明朗。

瞧，这是日蚀时候的日冕。连肉眼都看得见太阳外层巨大的日珥，炽热的、飞快的奔跑着的金属小颗粒被抛掷到几十万千米高，这当中钙起着重要的作用。现在我们的天文学家已经会用完善的方法来探明行星际充满着什么东西。在各个分散的星云当中，整个宇宙的广大空间都贯穿着疾驰的轻元素原子，这当中又是钙和钠起着同样重要的作用。

宇宙间还有些小颗粒，它们服从引力的定律，经过了复杂的路线，向我们的地球飞过来。它们落在地球上成了陨石，这里钙又起着重大的作用。

就拿我们的地球来说，在地壳生成的复杂过程之中，在我们的生活方面和工业技术的进展方面，也想不出还有什么别的比钙更重要的金属。

还在熔化的物质在地球面上沸腾的时候，重的蒸气逐渐分离而形成大气层的时候，最先的水滴刚刚凝聚而造成巨大的海洋的时候，钙和它的朋友镁早就是地球上非常重要的两种金属——镁也跟钙那样坚固，也是双号的元素（原子序数是12）。

那时候的各种岩石，无论是流在地面上的，或者凝结在地下深处的，里面都是钙和镁起着特殊的作用。大洋的底部，特别是太平洋的底部，到目前还铺着玄武岩层，钙原子在玄武岩里占的地位很重要，而我们明白，我们的大陆便是漂在这样的玄武岩层上，这层玄武岩好像凝成了特别的、薄薄的一层皮壳，盖在地下深处熔化物的上面。

据地球化学家计算，地壳的成分按所占质量百分比来说，钙占 3.4%，镁占 2%。地球化学家认为，钙的分布的规律和钙原子本身的奇妙的性质是密不可分的，和它所含的电子个数是双数、它完善的结构的出奇的稳定性是分不开的。

地壳刚一长好，钙原子立刻走上复杂的旅行路程。

在那个远古时代，火山爆发的时候涌出大量的二氧化碳。那时候大气里充满了水蒸气和二氧化碳，形成沉重的云层，包围在地球的四周，破坏地球的外层，把当时地球上炽热的物质卷在原始狂怒的风暴里。这样就开始了钙原子旅行史上最有趣的阶段。

钙和二氧化碳反应形成稳定的化合物。碳酸钙在二氧化碳超量的地方溶解在水里，被水带走，等后来失去二氧化碳的时候，它又沉淀出来变成白色的结晶粉末。

厚厚的石灰岩地层就是这样生成的。凡是地表上的冲积土堆积成粘土的地方，就生成泥灰岩层。地下灼热的物质剧烈地运动着，侵入了石灰岩层，热的蒸气把石灰岩烧烫到摄氏好几千度，把石灰岩变成洁白的大理石山丘，傲然屹立的山顶和白雪打成一片。

可是也有某些碳的化合物复杂地结合起来，生成了最初的有机物。这类凝胶状的物质有点像黑海的水母，后来变得越来越复杂；它们又慢慢得到了新的性质——活细胞的性质。伟大的进化规律，为生存而奋斗，为向前进化而斗争——这一切使这类物质的分子变得愈来愈复杂，使它们的分子发生新的结合，而它们根据有机世界的规律，又出现了新的性质。于是世界上渐渐地有了生命……先是暖和的海洋里的单细胞生物，然后是较为复杂的多细胞生物，这样一步步地进化下去，地球上最终有了最完备的生物体——人。各种生物在它逐渐生长变复杂的过程里，始终在为使它本身长出稳固结实的体质而进行斗争。柔软脆弱的动物体往往抵抗不住敌人，随时会被敌人毁坏和消灭。动物在它们逐渐进化的历史过程中，越来越需要保护它们自己。它们的软体要用一层穿不透的皮壳包起来，像盔甲似的，或者身体的内部需要一个架子，就是我们所说的骨骼，好把柔软的身体支在坚硬的骨架上。而生物进化的历史告诉我们，钙在供应坚硬结实的物质上起了重要的作用。最初是磷酸钙参与到了贝壳里，在地质史上发现的初期的小贝壳，就是由磷灰石这种矿物质形成的。

然而这样来取得钙并不太可靠，生命本身也需要磷，而地球上并非到处都有足量的磷可以供给生物去制造坚硬的贝壳的。动植物发展的历史指明，假如用不大会溶解的别种化合物——蛋白石、硫酸锶和硫酸钡去制造它们的坚硬的部分，就会有利得多，而最为合适的是碳酸钙。

的确，磷也是很需要的。一方面，各种软体动物和虾，还有一些单细胞生物，普遍地用碳酸钙造起坚固的外壳来；而另一方面，地面上动物的骨架部分却开始用磷酸盐来制造。人或者一些大动物的骨头含的是磷酸钙，这种磷酸钙在质地上和我们开采的磷灰石相当相近。碳酸钙也罢，磷酸钙也罢，起着巨大作用的还是钙。惟一的不同是：人的骨头含的是钙的磷酸盐，而贝壳主要是钙的碳酸盐。

钙聚集在海底的贝壳里和别种海洋动物的骨骼里，达到几十万种形式。这些动物死掉以后留下来的形态各异的遗骸堆成碳酸钙的一座一座的坟墓，这就是新的岩层的开端，未来的山脉的雏形。

在今天，我们赞扬着装饰建筑物的各种颜色的大理石，欣赏着发电站里的灰色或白色大理石造的漂亮的配电盘，或者我们去到莫斯科地下铁道站，沿着谢马尔金斯克产的像大石似的黄褐色石灰石台阶走下去，——在这些时候我们都不可能忘记，所有这些大块的石灰石就是由微小的活细胞聚集而成的，是通过复杂的化学反应，把游散在海水里的一个个钙原子捕捉在一起，再把它们改制成结实的晶体的骨架和纤维质的，这类含钙的矿物即为方解石和文石。

但是我们知道，钙原子的旅行并未到此结束。

水又把钙原子冲散，让它溶解，复杂的水溶液里的钙离子又一次在地壳里旅行起来，有的时候就留在水里，形成含钙很高的所谓硬水，有的时候遇到硫化合成石膏，有的时候又结晶成千奇百怪的钟乳石和石笋，生成复杂而奇幻的石灰岩的山洞。

再往下就到钙原子旅行史上的最后一站，人捉住了钙。人不仅使用各种纯净的大理石和石灰石，并且还把它们放在石灰窑里和水泥工厂的高炉子里煅烧，让钙和二氧化碳分开，这样就制得大量的石灰和水泥，没有这两样产品就谈不到我们这水泥工业。

在药物化学、有机化学和无机化学上非常复杂的各种作用当中，也处处有钙在起着重大的作用，在化学家、技术家和冶金学家的实验室里有钙在决定着作用的过程。然而这些在如今已经不算什么。钙在人的周围非常多，人还可以让这种稳定的原子云参与比较细致的化学反应；人在钙的身上耗了好几万千瓦的电力；人不但让石灰石里的钙原子脱离开二氧化碳，还让钙和氧断绝联系，制得了纯粹的钙，它是有光泽的、明亮的、柔软而有弹性的金属，在空气里会燃烧，结果外面覆上一层薄膜，成分和石灰一样。

人利用钙原子，就正是利用它特别乐意和氧化合的性质，利用钙原子和氧原子间联系得特别稳定和紧密的性质。人把钙原子加在熔化的铁里，人不再用名目繁多的复杂的去氧剂，不再用一系列费事的方法来去除对铸铁和钢有害的气体，而是把钙原子放在马丁炉和鼓风炉里，迫使钙原子去担任这项工作。

于是钙原子又再次迁移起来，它的金属颗粒刚闪亮不久，很快又变成复杂的含氧化合物，变成在地球表面上较为稳定的化合物。

现在你们知道了吧，钙原子的历史要比我们想象的复杂得多。要再找一个元素，在大自然里走的道路比钙更加曲折复杂，在我们地球的起源史上起的作用比钙更大，同时在工业上比钙更加重要的，实在不容易。

不要忘记：钙是宇宙间最活跃的原子之一；钙在世界上生成各种晶体结构的可能性是无限的；人既然会利用这类活动的原子来制造新的而且也许是空前结实的建筑上和工业上用的材料，那么人一定还会得出更多的发现。

铁与铁器时代

铁不但是我们周围自然界里最重要的元素，而且是文化和工业的基础，它是战时的利器，又是和平劳动的工具。打开门捷列夫的元素周期表，再也找不出来一种元素，对于人类的过去、现在和将来的命运有像铁这么重要的。

公元前三四千年前，人类就开始去掌握这种金属，从那时候起的人类全部历史，都是为铁而奋斗的历史。可能是人最初捡到天上落下来的石头——陨石，就用陨石加工做成制品，如我们今天看到墨西哥的阿芝特克人、北美洲的印第安人、格林兰的爱斯基摩人和近东地区的居民所有的那种制品似的。难怪古代阿拉伯人传说铁产在天上。埃及土人干脆把铁称为"天石"；阿拉伯人重复埃及人的古代传说，说天上的金雨落在阿拉伯的沙漠上，金子在地面上变成银子，随后又变成黑色的铁——这是对于那些要想独占天上恩赐的部落的惩罚。

铁在很长时间里得不到普遍的应用，因为要从矿石里炼出铁来并非易事，而天上掉下来的陨石又很少。

只有在公元后 1000 年这段时期里，人才学会了从铁矿里炼出铁来；于是文化史上的铁器时代便代替了青铜器时代，一直延续到今天。

各民族像找金子似的找铁，他们探求铁的斗争在复杂的历史生活上始终起着重要的作用；然而无论是中世纪的冶金学家，还是炼金术士，都没能真正地掌握铁，人真正掌握铁还仅是从 19 世纪开始的，这以后铁才逐步变成工业上最重要的一种金属。随着冶金工业的发展，鼓风炉代替了手工业式的小规模的熔铁炉，兴起了像马格尼托哥尔斯克那样看着叫人惊奇的巨大的冶金工厂，它的生产量有好几千吨。

铁矿成了每一个国家的主要资源。储藏量几十亿吨的洛林铁矿成了资本家掠夺的对象，成了战争的根源。我们知道，在 19 世纪 70 年代，德法两国就曾经为

了独占莱茵河流域储藏量几十亿吨的铁矿而进行过战争。

瑞典在北极圈里有有名的基鲁纳铁矿，矿石质地很好，一年的开采量有1000万吨，英国和德国在争夺这个铁矿上有过许多故事。我们知道俄国的铁矿是逐步发现和开采起来的，最先是在克列伏罗格和乌拉尔，以后又找到了库尔斯克地磁异常区的极其丰富的铁矿。

苏联有很多铁矿，这些铁矿奠定了苏联工业的基础，炼出铁来建造铁轨、桥梁、机车、农业机器和别种和平劳动的工具。

在战争的年代里，把铁制成炮弹和炸弹，一次战役发射出去的铁有时候相当于整个铁矿。例如，第一次世界大战当中的凡尔登战役（1916年），结果把整个凡尔登堡垒一带变成了一个新的"铁"矿。

为了钢铁而进行的斗争，逐渐促使现代的冶金工业走上了新的发展道路。

铁和普通的钢常常被新的优质钢代替了，在钢里面加入几千分之一的稀有金属，如铬、镍、钒、钨、铌制得的合金比普通的钢坚韧。

为了改善铁的特性，为了改变铁所起的化学反应，人们在巨大的鼓风炉里和铸铁车间里还解决了为多产铁的一个重大问题。要知道，铁会从人手里逃走。它不是金子，金子可以放在保险箱里和银行里保存起来，它的损失很微小。可是铁在地球表面上，在我们周围的环境里，却不像金子那样老实；我们都知道，铁的表面是很容易蒙上一层锈。只要拿一块湿润的铁放在空气里，它很快就锈迹斑斑；如果铁皮的房顶不涂油漆，那么一年工夫房顶就会烂成一个个的大洞。我们从地底下找出来古代铁制的武器，像枪、箭、盔甲，都氧化成了红褐色的氢氧化物；这些铁锯所以变质，也是由于受自然界化学定律的统一支配：铁受到空气里的氧气作用，就会氧化。于是摆在人们面前有一个非常重大的任务——如何保护住铁，不让它受氧气的作用。

像我刚才讲过的，在铁里面增添某些物质可以改良铁的性质，人还想出办法来让铁镀上一层锌或锡，把铁做成白铁或马口铁；把机器上的重要部分镀上铬和镍，或者涂上各种涂料，用磷酸盐来处理铁。人想了各种各样的办法来防止铁受氧化作用，防止铁受我们周围的湿气和氧气的侵蚀。必须说明，防止铁生锈并不是很容易做到的。人现在还在研究新的方法，研究怎样来利用锌和镉，寻找锡的替用品。自然界里的化学反应是自发的，因此人从地球内部开采出来的铁越多，钢铁工业越发达，那就越要注意保护铁不让它生锈。

保护铁——这句话听起来多么可笑，我们周围的铁不是很多吗？在刚刚举行的国际地质会议上，地质学家计算了世界上铁矿的储藏量，一致指出将来铁会发生短缺，他们预言，再过 50～70 年，全世界铁矿就要枯竭，那时候人只有用其他种金属来代替铁。他们还说，在建筑、工业和生活上能够用混凝土、粘土和沙来代替铁。时间已经过去不少，按说铁矿干涸的日子已经逼近了，可是地质学家却不断发现新的铁矿。在苏联，铁矿的储藏量可以完全满足工业上的需要，而且新的铁矿陆续地被发现，现在还看不出这种发现什么时候会停止。

铁是宇宙里最重要的元素之一。我们在一切天体上看到铁的光谱线，它在灼热星体的大气里发着光，我们也看见铁原子在太阳表面上疾驰着，铁原子每年还朝着我们的地球掉下来，这就是细微的宇宙尘以及铁陨石。在美国的亚利桑那州，在南非洲，在苏联的中通古斯卡河流域，都掉下过天生的大铁块，含有宇宙里最重要的金属。地球物理学家证实，整个地球中心都是夹杂着镍的铁，而我们的地壳就是铁外面蒙上的一层玻璃似的矿渣，就像鼓风炉炼铸铁的时候流出的矿渣一样。

可是工业上既取不到宇宙里天然的大铁块，也不能从地下深处开采出铁来——我们的生活和工作局限于薄薄的一层地面，我们的钢铁工业对于铁矿储藏量的估算也只能到地下几百米为止，因为目前的采矿业只能开采到这样的深度。

地球化学家也给我们揭开了铁的历史。他们说，地壳的本身就含有 4.5％的铁。我们周围的所有金属，只有铝才比铁多。我们知道，铁含在最初凝结的岩浆里，这种岩浆凝结以后即是橄榄岩和玄武岩，它们埋在地下很深的地方，是最重和最初凝成的岩石（硅镁层）。

大家知道花岗岩（硅铝层）里含的铁不多，花岗岩呈白色、粉红色、绿色、这正表示铁在花岗岩里的含量较低，但是地球表面上由于复杂的化学反应，还是汇集了不少的铁矿石。一部分铁矿石在亚热带形成，那里热带的雨季和晴朗炎热的夏天互相交错着。那里还是能在水里溶解的物质都从岩石里被水冲走，而大量聚集起铁和铝的矿层。

我们知道，北部地区，像苏联的卡累里亚，每年春季涨大水，水里富含有机物质，把各种岩石里含的大量的铁冲到湖沼里，湖沼里有一种特殊的铁菌，铁菌作用的结果，铁就成豌豆粒那样大小或者更大的块，积淀下来……所以在湖沼里，在海水深处，在长期的地质年代中就形成了铁矿。勿庸置疑，动植物的生活对于铁矿的生成也是经常发生影响的。

刻赤大铁矿便是这样生成的；克列伏罗格和库尔斯克地磁异常区的大铁矿大概也是这样生成的。

克列伏罗格和库尔斯克的铁矿很早就由古代的海水沉积起来，这时候地底深处的热气还来得及改变它的构成。因此我们在那两处见到的铁矿，不是像刻赤那里的褐铁矿，而是变黑了的矿石——镜铁矿和磁铁矿。

铁的旅行不止于陆地的表面。虽然，海水里含铁很少，说海洋里几乎完全没有铁，也不算过分。但在特殊的、例外的情况下，在海洋里和浅水的海湾里也有铁的沉积物，也有大片的铁矿层，这类铁矿在古代的海洋沉积物里经常发现。苏联著名的乌克兰罗普尔、刻赤和阿雅特各地的铁矿都是这样形成的。而在陆地的表面上，在河川湖沼里，随处都有铁在旅行，所以植物就可能经常找到这种重要的元素，植物假如没有这种元素就会活不下去。

如果一盆花得不到铁，那你就会看到，花就很快褪色，失去香味，叶子也发黄和枯萎起来。活细胞仗着生气勃勃的叶绿素才可发挥全部力量，它吸收二氧化碳里的碳而把氧气释放给空气，如果没有铁就不能有这样重要的叶绿素，因为铁是形成叶绿素的必要条件。

铁就是这样在地球上，在植物里，在生物体里完成它的旅行，而在人的血液里的红血球是这种金属旅行的最后一站，如果没有铁，那就没有生命，更不用说和平劳动了。

制造罐头的金属——锡

锡是很普通的金属，好像一点也不出名。尽管我们常用，然而我们在日常生活上很少提到它。

这种金属替人类服务,却并不用它自己的名称。青铜、马口铁、焊锻、巴驷合金、活字合金、炮铜、锻箔、"意大利"粉、漂亮的搪瓷、颜料等等——这些物品花样繁多,都很有用,然而许多人根本不知道,这些物品的最重要成分都是锡。

这种金属的性质很奇妙,十分特别,有几点性质到现在还搞不清是什么缘故,在地球化学上还没有得到详尽的解释。

119
Sn
TIN
50

锡的源头是地底下升上来的花岗岩岩浆,这种岩浆里含有大量的硅石,就是一般所说的"酸性"岩浆。当然并不是一切酸性岩浆里都有锡,所以我们到今天还不清楚,锡跟花岗岩的关系受着什么规律的束缚,为什么有些花岗岩里有锡,而另一些看来是一模一样的花岗岩里却没有锡。

还有一个有趣的问题:锡是重金属,但是甭看它重,它却不像其他许多种重金属那样沉在岩浆的底部,而是浮在岩浆的面上,因而它总是留在花岗岩体的最上层,这是为什么呢?

原因是这样的:岩浆里熔解着多种的蒸气和气体,这些气态物质很容易飞散,当中起着很大的作用的是卤素——氯和氟。我们根据实验知道,锡跟这两种气体即使在室温下也能化合。在岩浆里,锡跟氯和氟反应生成了极容易挥发的化合物——锡的氟化物和氯化物。正是由于当时锡是在气体状态的化合物里,所以它能够跟硅、钠、锂、铍、硼等等元素的挥发性化合物一起向上踏出一条路,一直跑到在凝固着的花岗岩体的表层,甚至会跑出花岗岩的范围,钻到花岗岩上面其他种岩石的裂缝里去。

到了花岗岩的上面以后,由于物理化学条件有所改变,锡的氟化物和氯化物便跟水蒸气进行反应。于是锡就离开了把它带上来的氟和氯而跟水里的氧化合在一起，如此的生成物已经不是气态的物质，而是有光泽的固体矿物——锡石，这就是工业上提炼锡的主要矿石。在生成锡石的同时，有时候还生成许多其他的重要的矿物，如黄玉、烟晶、绿柱石、萤石、电气石、黑钨矿、辉钼矿等。

花岗岩岩浆里挥发性的卤化物可以生成很大的锡石矿床，但在不久以前我们知道，这并不是锡石矿床的惟一成因。这些挥发性化合物升到花岗岩的面上以后又经过一段时期，也就是在最后一部分花岗岩岩浆凝固的时候，也能够生成锡石。在那个时候，岩浆里的水蒸气都冷凝成了液态的水，把好多种金属的化合物——主要是硫化物都从岩浆发源地引了出来，带到很远的地方去。这种作用过程中有许多点我们到现在还不很清楚。但是我们知道，岩浆里的锡也可以像这样随着硫一起出来。值得注意的是，这里硫的作用也仅仅是把锡携带出来；锡一出来，就像前面抛开了卤素那样把硫抛掉，却跟氧进行化合，这样生成的仍然是它自己最乐意生成的那种矿物——锡石。

我们知道，还有好多种矿物也都含锡，但是所有这些矿物都十分少见，有几种更是特别稀少，因此它们在工业上的价值是根本谈不到的。以前也罢，现在也罢，锡石始终是提炼锡的惟一的矿石，它的成分是 SnO_2，纯净的锡石里面大约含锡 78.5％。

锡石多数是黑色的或黄褐色的矿物。如果是黑色的，那就是因为它含有铁和锰等杂质。偶然也有蜜黄色或红色的锡石，至于五色的就十分稀少。通常锡石的晶体非常小，由于锡石的硬度大，化学性质稳定，比重也大，所以它在花岗岩风化的时候不易被破坏，也不被分散，而是跟其他重的矿物一起聚集在花岗岩被破坏的地方，在河床里或海岸上，有时候还形成含量丰富的冲积矿床。

因此锡石主要不是从它的"原生矿床"里，而是从它的"次生矿床"——冲积矿床里开采出来的。

锡石开采出来以后，开始都要进行选矿，也就是去掉它所含的多种杂质，然后才进行熔炼。这就是利用燃料里的碳把锡还原出来。锡石里的氧跟碳化合变成二氧化碳溜掉，剩下的就是金属锡。

从锡石里提炼出来的纯净的锡是柔韧的银白色（比银的光泽稍稍暗些）金属，有延展性。锡可以制成极薄的薄片，这一点是很特别的，锡的熔点是231℃。

锡还有许多独特的性质。大家知道锡会"喊叫"，就是说把它弯曲的时候能够发出特有的响声。另外还有一个奇异的性质，它对寒冷的感觉非常灵敏，这个特点是决不能忽视的。锡一受冷就会"生病"。这时候它就由银白色慢慢变成灰色，体积逐渐增大，同时开始破裂，而且常常碎成粉末。锡的这种病很严重，就是所谓"锡疫"。许多很有艺术价值和历史价值的锡器，都因为得了这种"病"而损毁掉。有病的锡还会把这种病传染给没有病的锡。幸亏"锡疫"是可以治疗的。就是把有病的锡再熔化一次，然后使它缓慢地冷却。如果这一操作（主要是冷却过程）做得十分仔细，那么锡就能恢复原形，恢复它原来的性质。

在远古时代，正是锡有力地推动了人类文化的进步。人在很久以前就认识了锡。人学会用锡比利用铁早得多：在公元前五六千年的时候人还不会熔炼铁，可是已经会熔炼锡了。

纯净的锡是柔软而又不结实的金属，不利于制造用品，但是在铜里面掺上10％的锡，便制成一种金黄色的合金——"青铜"，它的质地优质：比纯净的铜硬，极容易浇铸、煅打和加工。如果我们把锡的硬度定做5，那么铜的硬度就是30，而铜跟少量的锡炼成的合金——青铜的硬度是100～150。青铜的这些性质使人类有过一个时期广泛地应用它，考古学家甚至特别划出了一个历史时代，叫做青铜器时代，那时候所使用的劳动工具、武器、生活用品和装饰品大都是用青铜造的。当时人们是怎样发现这种不错的合金的，这一点我们现在还不知道。可以假定，当时人们不断地熔化混有锡的铜矿石（我们现在也可以找到铜和锡的这种"复合"的矿石），最后终于关注到了铜和锡的混熔的结果，这样就懂得了这种合金的用途。

古代提纯金属的方法很粗糙，利用现代精密的分析方法，可以把古代金属里所含的许多种微量的杂质（元素）逐个检查出来。知道了它里面含的杂质，有时候就可以推测出来，古代人是在什么样的矿里开采出铜和锡来制这件器皿的。假如历史学家或考古学家能够考证说明，某一件青铜器就是在它出土的地方制得的，那么地质学家和地球化学家就应该马上在这个地区里勘探锡矿。这样就很可能很快找到早已被人遗忘了的锡矿。

锡跟铅、锑等等金属也都能生成质地优良的合金。

合金是现代技术上的奇葩，是起着"魔术"变化的世界。两种或者多种金属熔化在一起的时候，这些金属的原子就改变搭配的方式而产生种种"奇迹"，前苏联科学家早已研究并且解释了这些现象。由于合金内部的分子结构有了变化，合金的性质就和它所含的任何一种金属的性质都不同。例如，由柔软的金属熔成的合金的硬度，常常是出人意料。

锡跟铅的合金叫做巴弼合金，在巨大的、精密的仪器和机床里面，如果有钢轴转动得非常快，为了防止它出问题，就要用到巴弼合金。所以这种合金又称作

· 457 ·

"减摩合金",因为它非常不容易磨损(拿术语来说,就是摩擦系数很低)。它在技术上的意义是极大的:它可以大大地延长贵重机器的使用年限。

锡可以"焊接"别种金属,这个性质也很重要;我们技术上应用的所谓"焊镴"——锡跟铅和锑的合金,即利用锡的这个性质的。

锡在印刷业上的用途或许还不是每个人都了解的。锡是所谓"活字合金"里的主要成分,利用活字合金能够浇成铅字,浇成"铅版"。

白色的氧化锡粉末通常叫做"意大利粉",用它来修磨白色的和多色的漂亮的大理石,就能把大理石的表面磨得像镜面一样光亮,这是用任何别的物质所办不到的。

锡的很多种的化合物都广泛地用在化学工业上和橡胶工业上,用在印花布工业上,用在毛和丝的染色上,还可用来制造搪瓷、釉药、有色玻璃、金箔和银箔;至于锡在军事工业上的极其重大的意义,那更不必说了。

20 世纪的金属——铝

铝是最有趣的化学元素之一。说它有趣,不只是因为它在短短几十年里面,在我们的日常生活中、技术上、国民经济的一些最重要部门里起了非常巨大的作用;不只是因为这种轻金属跟镁在一起可以用来制造强大的飞机,而是因为它的特性,特别是它在地球化学上所起的作用。铝这种金属,尽管文明的人类直到不久以前才初识它,然而它却是最重要而又分布最广的化学元素之一。

27

Al

ALUMINUM

13

我们大家都很清楚,在各个期里由于岩块的风化和破坏而生成的粘土和沙的下面,有一层包着整个地球的岩石地层,也就是通常所说的地壳。

这层岩石很厚，它的厚度不会小于几百公里，而根据最近的推算，可能还比这个要厚得多。从这一层再深入下去，就逐渐转到另一个地层，那就是含铁和其他金属的矿层，再下去，到最后就是地球中心，那儿显然是一个铁核。

包着地球外表的岩石在地面上生成巨大的隆起部分，就是大陆或洲。在这些凸出的大陆上又隆起更凸出的褶皱，就是长条的山脉。

组成大陆和山脉的基础的这层地壳，是由铝硅酸盐和硅酸盐构成的。不言而喻，就能知道铝硅酸盐的成分是硅、铝和氧。这就是为什么这层地壳常叫做"硅铝层"的原因。

硅铝层的主要成分是花岗岩，拿其所占质量百分比来说，含氧大约 50%、硅 25%、铝 10%。可见，铝在地球上的分布量，在所有化学元素里占第 3 位，在全部金属元素里占首位。铝在地球上含量比铁还多。

铝、硅和氧是构成地壳的最主要的元素，这 3 种元素在这层岩石里生成了多种多样的矿物。这些矿物里的原子都排列得很有规则：1 个四面体，要不 1 个硅原子在中央，要不 1 个铝原子在中央，4 个氧原子老老实实地分布在 4 个角上。

可见，除了硅氧四面体以外还有铝氧四面体。而且铝在这些四面体里起着双重的作用：或者像其他金属似的，分布在各个硅氧四面体的当中来把这些四面体连结起来；或者在有几个四面体里就有着硅的位置。

以下就是硅和铝的四面体互相搭配的图形，搭配的结果生成了含在地壳里的多种多样的重要矿物，这些矿物总称铝硅酸盐。初看，铝、硅和氧的原子搭配成的这个复杂的图形像是精美的花边，或者毯子的花纹。要用 X 射线才能确定出来这些图形，X 射线仿佛给矿物的内部结构照了像。

请回想一下，我们小的时候觉得石头多么枯燥无味，可是现在我们钻进石头的内部去看看它的结构，这幅图画又是多么复杂。

一些铝硅酸盐分布得非常广。这只要说一下长石这类矿物就够了，地壳里有五成以上就是长石。花岗岩、片麻岩和另一些岩石里都有长石，这些岩石像石头造的盔甲似的披在整个地球的外面，还在地面上凸起成高大的山脉。

由于长石在千百万年里不断地进行风化，结果地面上形成了大量的粘土，粘土含铝 15%～20%。地面上随处可见粘土，而铝又是在粘土里发现的。因此，有过一个时期甚至把铝叫做"粘土素"。确实，用这个名称来称呼铝很不习惯，所以后来把这个名称稍稍改变——把氧化铝叫做矾土。

粘土的成分十分复杂，从它里面提炼出铝来相当困难，幸亏自然界里含铝的物质不止粘土一种。矾土里就有大量的铝，矾土是铝和氧生成的天然化合物。这

种化合物在自然界里有多种多样的形态。

自然界里有一种无水的氧化铝（Al_2O_3），这种矿物叫做刚玉，它异常坚硬，而且还非常漂亮。各种矾土的透明度各不相同，这是因为它们除了含铝和氧以外还夹杂极微量的染色物质——铬、铁、钛，这类有色的矾土都是上等漂亮的宝石。同样是矾土，里面掺上了微不足道的一点杂质，就可以使矾土的颜色变得多么丰富多彩啊！这些就是闪着鲜艳色彩的红宝石和蓝宝石，人们自古以来就喜爱着这两种宝石。关于这些宝石还产生了多少故事啊！古代人已经学会使用不太纯净、不透明的、褐色的、灰色的、浅蓝色的和浅红色的刚玉晶体，刚玉的硬度只比金刚石稍低。

利用刚玉能够加工各种坚硬的材料，包括制造刀具、武器、机床和机器用的各种钢。

刚玉的小晶体里混入了磁铁矿和别的矿物，就形成大家都很熟悉的"金刚砂"。朋友们，我想你们都不止一次地用金刚砂去磨过铅笔刀吧！

当然，从刚玉里提取金属铝也很方便，只是刚玉本身的价值太高，在自然界里的产量又很少。

从远古时代起，早在人类刚开始有文化的那个时候，从石器时代一直到今天，人们始终在广泛地使用着花岗石、玄武石、斑岩、粘土以及由铝硅酸盐生成的别种岩石，利用它们来建造整座城市，建筑房子，加工艺术品和器皿，烧制陶瓷器。

但是几千年来，人从未想到过铝这种金属的一些宝贵而奇异的性质，从来没有想到过躲在这些石头里的这种金属。

在自然界里铝从未生成金属状态，它一直是和别种元素生成很多的化合物，这些化合物在性质上和外表上跟金属铝完全不同。

人们进行了顽强的努力，才得到了这种奇异的金属，才使这种金属有了生气。

最开始是在125年前左右，有人提炼出来了少量的有银色光泽的金属铝。当时谁也没有想到，它在人类生活上会起如此重大的作用，况且它的制备又非常困难。直到19世纪初，科学家用电解法制铝成功，他们在高温下电解熔化的铝的化合物，铝就在阴极上析出来，被埋在一层渣滓下面。这样提炼出来的铝是纯净的银色金属，所以当时称它为"粘土里提出来的银"。

后来工厂也用这个方法制铝，于是铝的用途就飞快地扩展起来。铝的颜色跟银的差不多，但是铝的性质实在奇怪得很。

现在已经不是从粘土里来提取纯净的氧化铝。自然界对我们提供了一种复合的铝矿石，是含水的氧化铝（矾土的水化物），生成一水硬铝石或三水铝石。这两种矿物通常跟铁的氧化物和二氧化硅混在一起，并且生成粘土状的或石头似的矿层——铝土矿，这种矿主要含在滨海沉积物里。

铝土矿含有大量的氧化铝（50%～70%），是工业上制铝用的主要原料。前苏联化学家研究并且掌握了一种新的方法来把希宾山所产的矿物——霞石（$Na_2Al_2Si_2O_8$）转化成氧化铝。蓝晶石页岩含有 50%～60% 的氧化铝，白榴石和钠明矾石也含有氧化铝，目前科学家正在试验从这些矿物里提炼出氧化铝来。可是到目前为止，除了霞石以外，这些矿物还没有一种能代替铝土矿的。

金属铝的提炼要经过两步独立的步骤。第一步是先把铝土矿进行十分复杂的处理，从里面提炼出纯净的无水氧化铝——矾土。第二步是把氧化铝置在特制的电解槽里拿来电解，这种电解槽里放着石墨板。

把矾土粉末和冰晶石粉末混合好以后就放在电解槽里。一通入很强的电流，槽里就产生高温（大约 1000 摄氏度），冰晶石很快熔化，矾土也就熔融在冰晶石里面。接着，矾土受到电流的作用就电解成铝和氧。通过的时候，槽的底部就是阴极，熔化的铝就在阴极上面聚集起来。槽底有一个特制的能够开关的出口，能够让铝流出去流到模型里去，液态的铝在模型里就冷凝成银色光泽的铝块。

在 100 年前要制取这种白色的轻金属是一件不简单事情，因此那时候 1 磅铝值 40 个金卢布。如今由于利用巨大的水力来发电，铝也就可以大量地制取了。

铝的一些性质众所周知。它是一种非常轻的金属，质量只有铁的 1/3。铝的延展性极大，而且相当坚韧：可以抽成丝，也可以压成极薄的片。铝的化学性质也很奇特。一方面，它好像不怕氧化，这一点我们看了锅、罐等等铝制的器皿就能知道；但是另一方面，铝跟氧的亲和力又非常大。这种好像自相矛盾的性质，俄罗斯伟大的化学家门捷列夫早就指出过。问题是在于，银色光泽的铝刚一提炼出来，很快在空气里蒙上一层没有光泽的氧化铝的薄膜，这层薄膜可以防止铝继续受到氧化。并非每一种金属都有这种自卫能力。例如谁都知道，铁的氧化物——铁锈，就丝毫不能防止铁受到进一步的氧化：因为这层氧化物太松脆，很容易让空气和水钻过去。反过来，包着铝的这层氧化物薄膜却十分致密有弹性，是铝的可靠的保护层。

铝一受热就跟氧气剧烈化合而变成氧化铝，同时放出大量的热。铝燃烧时放热的这个性质，在技术上可用来从其他金属的氧化物里提炼那种金属，办法就是把金属铝的粉末和那种金属氧化物混在一起。这种方法称为铝热法，金属铝在这种作用过程当中从别种金属的氧化物里夺取氧而使这些金属还原出来。

如果你把氧化铁的粉末跟铝粉混在一起，再用镁条来点燃这种混合物，你就会亲眼看见氧化铁和铝发生剧烈反应，放出大量的热，这时候的温度会高达 3000 摄氏度。在这样的高温下，被铝还原出来的铁为液态，而生成的氧化铝就像渣滓似的漂在铁的表面上。人们就利用铝的这种活泼的特性来制取某些难熔的而在技术上很有价值的金属。

钛、钒、铬、锰和另一些金属就是用这种办法来提炼的。由于在使用铝热法的过程当中温度升得很高，因此氧化铁和铝的混合物（所谓铝热剂）就能够用来焊接钢铁。你们大概都见过怎样焊接电车的铁轨吧，铝热剂一燃烧，液态的铁就流到两段铁轨接头的地方，而把它们焊接在一起。

像铝这样在很短的时期里面就很快地飞黄腾达起来的元素，实在少见！

铝很快地走进了汽车工业、机器制造业和其他的工业部门，在许多地方代替了钢铁。军舰制造业正因为用铝而发生了一个很大的革命，譬如用铝就可以建造"袖珍战舰"（这种战舰只有轻巡洋舰那样大，但是有大型战舰的威力）。

人已经学会了从天然产的矿物里大规模地提炼这种"银"的方法。"粘土里提出来的银"使人能够彻底征服天空。

制造坚固的飞艇、机身、机翼或者全金属飞机，铝或者含铝的轻合金是首选材料。

铝在这门新的工业里得到了非常广泛的应用，我们眼看着这门工业在迅速地发展起来。

我们看看天空里的飞机就会想起来，不计发动机，飞机的材料中有 69% 是铝和铝的合金，即使飞机的发动机里，铝和镁这两种极轻的金属也占到 25%。

铝在重工业上的需求量非常大，有些火车车皮差不多完全用铝来制造，铝在机器制造业尤其是航空工业上用得非常多，为了制造铝丝和电气工业上的零件，每年也要使用几十万吨的铝。

但是所有这些还不能全部说明这种金属的用途。

铝的用途我们还能够说出几种：探照灯上的反射镜，炮弹和机关枪子弹带上主要的零件，照明弹、燃烧弹里所用的铝粉和氧化铁的混合物。我们还可以联想人造结晶矾土（电刚玉、刚铝石）的重大意义，现代这种物质就是用前面说过的那种铝土矿来制造的，它们用做研磨料，主要是用在金属加工上。

纯净的氧化铝掺上一点染色物质以后让它结晶，我们就得到非常漂亮的红宝石和蓝宝石，这种人造的宝石不论在硬度上和美观上都不比天然产的逊色。这种宝石不怕磨损，所以它们的主要用途是在精密仪器里用做支承关键部分的"钻"，例如用在钟表、天平、电表、电流计等等仪器里面。

我们把很细的铝粉涂在铁的表面上，就能得到一种特殊的不会生锈的铝铁片。细的铝粉还可以用来制造精美的石印油墨。在不久以前，木板画这种民间艺术的作家还很重视铝粉，木板面上擦了油，随后用柔软的蛹似的东西把铝粉撒在板面上。这样，板面上就形成了华丽的、有银色光泽的底子，最后艺术家可以在这个底子上画出千奇百怪的复杂花纹来。

为什么我们说铝是 20 世纪的金属呢？

因为铝有优良的性质，它的用途在逐年增大，它的储藏量又是巨大的，所以我们有充分的理由相信，现在人类使用铝的情形正像过去人类使用铁的情形一样。

再过几百年以后，也许后人将称我们这个时代做铝器时代了！

金属之王——金

我们翻开人类在曲折的发展道路上使用黄金的历史，就会找出许多值得注意的、有教育意义的问题。从人类文明的摇篮时期开始一直到帝国主义战争为止，许多次战争，占领整个大陆，各民族之间的无休止的争斗，犯罪和流血，——这一切都和金有连带关系。

在斯堪的纳维亚古事记的传说里，金子起着重大的作用。雾童族的斗争就是为让世界从金子的魔力和统治里解放出来的斗争。用莱茵河的沉金打的戒指，象征着万恶的开端。西格弗里德为了让世界摆脱金子的统治，为了打倒天国诸神，不惜牺牲了自己的生命。

古希腊的叙事诗里有一个传说，讲述亚哥船上的勇士到科尔希达去找金羊毛的故事。他们来到黑海附近（现在的格鲁吉亚）采集羊毛，这里的羊皮上盖着一层金沙，他们从龙的手里把羊皮夺过来。

在古希腊的神话和古埃及的文献里，可以找到地中海上为争夺黄金而挑起战争的记载。所罗门王建造著名的耶路撒冷寺院的时候，为了获得大量黄金，曾经好几次入侵俄斐古国。历史学家为了考证这个国家究竟在哪里，费了不少力气也没有考证出来，忽而说它在尼罗河源头，忽而又说是在埃塞俄比亚。有些学者指出，"俄斐"这个字就是"财富"和"黄金"的意思。

金在古代人的思想里占着很重要的地位。炼金术士用太阳的记号来代表金。

那时候在南斯拉夫文、德文、芬兰文里，金这个字的字根都有 r、3、O、π4 个字母，在印度文和伊朗文里，这个字的字根有 A、Y、P3 个字母，因此拉丁文的金字是"Aumm"，这即为现在金的化学符号 Au 的来源。

语言学专家做了大量研究，为的是弄清楚金的名称和确定其字根。他们研究的目的是想找出根源，弄清楚古代世界上什么地方有金。有意思的是，埃及象形文字里"金"这个字就像一块头巾、一个口袋或是一个木槽，这很容易使人想到淘沙取金的方法。

金有不同的色泽和品质。埃及的金的来源是沙，古埃及有许多记载都详细地记载沙金的位置。埃及西北部有不少地区产金，在红海沿岸，在尼罗河流域古代花岗岩风化下来的砂里，尤其是在柯塞尔地区也有金。古代文献里标着许多产金的地点。阿拉伯沙漠和努比亚沙漠都有古代淘金的矿坑。公元前二三千年的时候就已经有许多金矿了。

在比较后期的记载里，许多历史学家对于金矿都有很好的描述。有些文献还说到金和闪亮的白色岩石在一起，那显然是石英矿脉了，有些古代的著作家不清楚石英矿脉，误以为它是大理石一类的东西。那时候已经知道金子的价值和开采方法等等。

15 世纪发现了美洲，这在金的历史上是光辉的一页。西班牙人从美洲运来大量黄金，都是用暴力掠夺来的，于是金潮泛滥了欧洲。

18 世纪初期（1719 年起），巴西的沙地发现丰富的沙金。到处都开始了"黄金热潮"，很多国家也勘探起金矿来。18 世纪中叶，俄国叶卡德琳堡（现在的斯维尔德洛夫斯克）附近的石英矿里首次发现了金的晶体。100 年以后，1848 年，美国有一个重大发现：在遥远的西部——落基山脉再往西，几乎到了太平洋沿岸，有一个约翰·苏特在当时还未开发的加利福尼亚发现了金矿，然而后来苏特竟由于贫困死去了。

探金家都奔往加利福尼亚去，成群结队地坐着牛车到西方去寻求新的命运。不到50年以后，阿拉斯加半岛的克朗戴克也找到了金矿，这块地方是帝俄政府用便宜得出奇的价格卖给美国的。我们从杰克·伦敦的小说里知道，人们在克朗戴克地区为了寻找黄金费了好大力气。现在还保存着一些"黑蛇"的照片，人们翻过雪山的山顶和北极的荒芜的山地开拓出道路，在那些道路上是车水马龙的人流，他们肩上担着或用小雪橇拉着各自的工具，满怀着从山上驮回黄金来的希望。

1887年在南非的德兰士瓦首次发现了沙金。虽然这个富源是布尔人发现的，但是它并没有给他们带来好运。经过了长年的流血战争以后，英国人最终占领了这块地方，并且几乎杀光了爱好和平的布尔人。现在德兰士瓦的产金量占全世界产金量的一半还多。另外澳大利亚也产金。

19世纪20年代初期，在著名的阿尔丹河一带又发现了更大的富源。

人类寻找黄金的历史就是这样逐步展开的。现在已经开采出来的黄金在50000吨以上，几乎有一半存在银行里，银行存储的金子价值超过10^{10}金卢布。技术上的革命使金的产量逐年增大，不但含金量多的富矿可以开采，连含金量不多的贫矿也能够开采了。

探金的方法开始是用简陋的手工业方式，用勺子和盆冲洗，后来改用"美国槽"冲洗，勘明加利福尼亚金矿以后，这种"美国槽"就在全世界流行了。

后来改用水力法淘金，即用强力的水柱冲洗，然后让细小的金属溶解在氰化物的溶液里；最后又研究出从很硬的岩石里取金的方法，在大的选矿厂里就运用这种最完善的方法从岩石里取得金子。

人们千方百计地贮存黄金，把它锁起来，存在国家银行的牢固的保险库里，而运输黄金的船都是用军舰护航。现在用黄金做成货币来流通早已取消了，因为它太容易磨损了。

人类在过去几千年来采得的金，还未到地壳里含金量的$1/10^6$。可是人们为什么把金当做偶像来崇拜，把它看成主要的财富呢？勿庸置疑，金有许多优良的特性。金是"贵金属"，就是说它的表面不起变化，能够保持光泽，不溶解在一般的化学药剂里。只有游离态的卤素，例如氯气，或是由3份盐酸和1份硝酸混合而成的王水，还有一些有毒而不常见的氰酸盐，才能溶解金。

金的密度很大。它和铂族金属都是地壳上最重的元素，它的密度大到19.3克/厘米^3。要它熔化还不算难，只要热到比1000摄氏度再高一点的温度就行了，可是它很不容易气化。要使金沸腾，得加热到2600摄氏度。金质地柔软，容易煅打，它的硬度不比最软的矿物的硬度高，用指甲能在纯金上划出印痕来。

化学家可以非常精确地测出金来。在 10^9 个别种金属的原子里只要有 1 个金原子，化学家都可以在实验室里找到它（也就是测定到 $1×10^{-10}$ 克）。这样少量的物质在现代的技术条件下是不能用任何天平称量得出来的。

金在地壳里的含量不算少，可是它是分散着的，目前据化学家估算，地壳里金的平均含量大约是地壳的 $5/10^{10}$。要知道，银不是比金便宜得多吗？可是地壳里银的含量只比金多 1 倍！金在自然界里到处都有，这件事情很值得注意。太阳周围炽热的蒸气里有金，陨石里也有金（只是比地球上的少），海水里也有金。据最近的精确测试，海水里含金 $5/10^9$，也就是每 1 立方公里的海水含金 5 吨。

金藏在花岗岩里，汇集在熔化的花岗岩岩浆的最后一部分里，钻进灼热的石英矿脉里，在那里跟硫化物，特别是和铁、砷、锌、铅、银的硫化物，在比较低的温度——大概是 150～200 摄氏度下一起结晶出来。这样就生成大堆的金。等到花岗岩和石英矿脉一崩裂，金就变成沙金，因为它很坚硬，密度又大，所以它聚集在沙的下层。在地层里循环的水溶液对于金差不多不起什么化学作用的。

地质学家和地球化学家花了许多时间和精力才弄清楚金在地球表面上的命运。精确的研究告诉我们，它在地球上是飘忽不定的。

金不但由于机械作用被磨成极其微小的颗粒，然后被河流大量冲走，金还能部分地溶解在水里，尤其是南方河流里含氯很多的水里，以后金重新结晶，或是跑进植物机体里，要不落到土壤里去。依据实验知道，树根会把金吸收到木质纤维里。几年以前科学家证实，玉蜀黍粒里含有相当大量的金。有几种煤的灰里含金更多，1 吨煤灰里含的金能达到 1 克。

可见金在被人提取出来以前，在地壳里经历过非常复杂的道路。尽管人类为了取得黄金而费了 2000 年以上的思考，尽管有些炼金厂的规模非常庞大，可是我们对于这种金属的属性，对于它的全部历史并不完全清楚。我们对于分散着的黄金的命运知道得犹为可怜，我们只知道黄金的旅行史上的个别细节，还不能把这些环节连成整条的一条链条。矗立的山脉和花岗岩的断崖受水侵蚀，金随着水流进海洋，以后又怎么样呢？彼尔姆海在乌拉尔沿岸堆积了丰富的盐、石灰石和沥青的沉积物，然而海里的金消失在什么地方了呢？

不寻常的金属——钛

钛是一种不寻常的金属材料，它兼有质量轻、强度大、耐热、耐腐蚀和原料丰富五大优点，所以人们抱着莫大的希望，把它叫做"未来的金属"。

钢铁、铜、铝这些常用的金属材料，它们虽然各有优点，可是往往只有"一技之长"，总有不少缺陷。例如：钢铁的强度大，但是太重，又容易生锈；铝很轻，却不耐高热。钛可是个"多面手"，它的密度只有钢铁的一半，却和钢铁一样强韧，它不生锈，熔点又高。

48

Ti

TITANIUM

22

把钛算做"稀有"金属，真有点冤枉。地球表面十公里厚的地层中，含钛达千分之六，比铜多 61 倍！随便从地下抓起一把泥土，其中都含有千分之几的钛。世界上储量超过 1000 万吨的钛矿并不稀罕。钛几乎可以说是"取之不尽，用之不竭"的金属。

现在，让我们来看看这位"多面手"的本领吧！

让飞机飞得更快

最初发明的飞机，飞行速度比汽车快不了几倍。后来，制造出越来越快的飞机，有一种飞机只要一刻钟就能够从北京飞到上海，而坐火车要走一天！

飞机飞得快些，在军事上的价值是不言而喻的。所以，近年来各国都在努力制造更快的飞机。

要让飞机飞得更快，得过许多技术关，其中有一个重要的难关就是机翼发热问题。

飞机飞快了以后，机翼上的空气受到压缩，放出很多的热来，使飞机表面的温度急剧增高。飞行速度是声音速度三倍的飞机，它的表面温度大约能够达到摄氏五百度，有发出暗红色火光的煤块那样热。所以有些航空工程师开玩笑说：飞机翅膀上可以炒鸡蛋吃！

过去的飞机多用铝制造，铝虽然很轻，但是不耐热，就是个别比较耐热的铝合金，一到摄氏二三百度也会吃不消。至于说用铝来制造耐得住摄氏五百多度的飞机翅膀，那就跟想用马粪纸造汽车一样荒唐！

很明显，必须有一种又轻又韧又耐高温的材料来代替铝。钛恰好能够满足这些要求。所以，近年来军用飞机和民用喷气飞机都用钛做材料。这样，飞机就可以飞得又快又远。

钛还用来制造坦克、降落伞、潜水艇和水雷等武器的部件。

宇宙空间显神通

钛的另一个更重要的用途，是制造火箭、导弹和宇宙飞船。

这些"上天"的机器，对材料的要求非常严格，必须又轻又强韧。因为在起飞和降落的时候，它们要跟空气摩擦，会使材料受到"烈火"的考验；到了宇宙空间，是摄氏零下一百多度，在这样低的温度下，鸡蛋也会冻得和石头一样硬，所以要求材料必须在严寒中不发脆。钛正好能够满足这些要求。它的密度只有钢铁的一半，强度却比铝大三倍还多，在摄氏四五百度的考验下满不在乎，冷到摄氏零下一百多度也还有很好的韧性。

因此，钛已经成为制造火箭、导弹、人造卫星和宇宙飞船的重要材料。

镭的发现

居里夫人 1867 年 11 月 7 日生于俄国占领下的波兰首都华沙。她的父亲是华沙高等学校的物理学教授，母亲是闻名遐迩的钢琴家。她从小秉承父母聪明好学的家风，对科学实验有浓厚的兴趣。中学毕业后，她曾给人当过家庭教师。1891 年在巴黎继续深造，获得两个硕士学位。学成后，本打算回国，但是当她同法国年轻物理学家皮埃尔·居里相识后，又改变了计划。1895 年，她与皮埃尔结婚，1897 年生了一个女儿。

居里夫人在抚育女儿的同时，还孜孜不倦地进行学习，她在一篇试验报告中了解到法国物理学家贝克勒尔发现了一种"铀射线"（朋友们称之为"贝克勒尔射线"）。这一发现引起居里夫人极大兴趣。射线放射出的力量是从哪里来的？这种放射的性质是什么？她把这个问题当作她博士论文的一个课题来进行研究。

1898 年，经过丈夫皮埃尔多次向理化学校校长申请，校方才同意居里夫人用学校那间破旧、阴暗潮湿的贮藏室作物理实验。在这里他们每次把 20 多公斤的废矿渣放入冶炼锅里溶化，又连续几小时不停地用一根粗大的铁棍搅动。在那间阴冷的小屋里，居里夫人以她严谨的治学态度，进行有条不紊的实验。她发现捷克斯洛伐克有一种沥青铀矿，放射性强度比预计的强度大得多，她知道，自己找到了一种新的元素。于是她和丈夫紧张地工作起来，终于在 1898 年 7 月找到了比纯铀放射性还强 400 倍的一种放射性元素。居里夫人为了纪念她的祖国——波兰，就给这个新元素定名为"钋"（波兰的意思）。

1898 年 12 月，居里夫人又根据实验事实宣布，她发现了第二种放射性元素，这种新元素的放射性比钋还强，她把这种元素定名为"镭"。可是，当时谁也不敢确认她发现的这种新元素。因为按化学家的传统观念，一个科学家在宣布他发现新元素时，必须拿出实物来，并精确地测出它的原子量。而居里夫人手里既没有镭的样品，也没有它的原子量。

为了让同行们看到真实的样品镭，居里夫人需要在藏有钋和镭的沥青铀矿里去提炼，而当时这种矿物很昂贵。对于生活本来很清贫的居里夫妇来说，无法用足够的钱去购买。

经过无数周折，奥地利政府决定馈赠一吨残矿渣给居里夫妇，并答应若他们将来再需要的话，可以在最优惠的条件下供应。于是，居里夫人有了原料来源。他们夫妻夜以继日地在小屋里提炼，从 1898 年一直工作到 1902 年，整整 4 年时间，经过几万次的提炼，处理了几十吨的矿石残渣，他们终于得到了 0.1 克的镭，测定出它的原子量是 225，镭宣告诞生了！

居里夫人以《放射性物质的研究》为题，完成了博士论文。1903 年，她获得了巴黎大学物理学博士学位。之后，她与丈夫双双获得诺贝尔物理学奖。人们称她为"镭的母亲"。居里夫妇证实了镭元素的存在，使全世界都关注起放射性现象，掀起了一股放射性物质的研究和应用热潮。镭的发现在科学界爆发了一次真正的革命，动摇了传统物理学观念。

由于长期接触放射性元素，居里夫人得了严重的贫血症。1906 年，皮埃尔·居里因车祸去世后，居里夫人克制了巨大的悲痛，仍然坚持对放射性物质的研究，并撰写了《放射性通论》一书。令人惊奇的是，1911 年，她又一次获得诺贝尔物理学奖，成为世界上惟一两次获诺贝尔奖的女性。

居里夫人是一个无私而高尚的人。1906年丈夫皮埃尔去世后,她把与丈夫千辛万苦提炼出来的镭,无偿赠送给了治癌实验室。当时,那些镭可值100万法郎。亲友们为此责备她,劝说她应该改善一下生活,或把这些财产留给女儿。居里夫人却说,我希望女儿长大后自己谋生,我要把精神财富留给她,让她走上正确的人生之路。

令世人钦佩的是,居里夫人的女儿伊伦·约里奥,果然不负母亲厚望,她也走上了一条科学研究之路。在与丈夫合作研究了核裂变之后,她发现了人工放射的物质,并第一次制造出了人造同位素。因此,伊伦也获得了诺贝尔物理学奖,成为世界上惟一一对母女二人获诺贝尔奖者。

1934年,67岁的居里夫人终因劳累和疾病去世了。临终时,她留下遗嘱,不要人们为她举行葬礼,她希望埋到巴黎郊区丈夫的墓旁,她要永远和皮埃尔在一起,人们含泪满足了她的愿望。

铂的抗癌机理

黄金和白银,是贵重的金属。从"黄金"两字中取一个"金"字,从"白银"两字中取一个"白"字,合起来叫"白金",这才是更贵重的金属。

"白金",这是老百姓的叫法,买东西都那么说:"这个白金戒指重多少克。"而在化学教科书中,它的名称是"铂"。铂的质地也很软,伸延性好,像黄金一样,能打制成首饰,不过铂比黄金重,与同体积的水相比,黄金是水的重量的19倍多,而铂却是21倍多。

在实验室里,常用铂来制作耐高温的容器,比如坩埚、蒸发皿等,更多的是用来做催化剂。一在厚壁玻璃瓶里,装进氢气和氧气,这两种气体会长期和平共处,不发生化学反应,只要投进一小片铂,只听得"嘣"的一声响,发出火花,氢和氧迅速结合,化合成水,瓶壁上出现了水珠。

铂的身价那么贵,主要是储量稀少,每年的产量只有20吨,它是18世纪才被发现的。这里,要提到一个发生在20世纪的故事。1978年9月,伦敦街头,随着一声枪响,一个保加利亚人倒在地上。遇刺的保加利亚人立刻被送进著名的圣詹姆斯医院进行治疗,子弹射进他的大腿,没有伤及要害,伤口没有发炎,没有溃烂,看来没有生命危险。4天后,遇刺的人竟莫名其妙地死了,医生感到有点意外,就对遗体进行检查,发现那不是一颗普通子弹,是被毒液浸渍过的铂铱子弹。毒液要了他的命,铂抑制了细菌的繁殖,避免了通常的伤口感染,同时掩盖了子弹带有毒液的危险，使医生误以为一切正常，断送了遇刺者的性命。

从这个故事里，我们得到了一个信息：铂有抑制细菌生长的作用。美国的巴内特也通过实验发现了这种现象，用铂作为电极，通电以后，细菌就停止了生长。是不是电流的作用呢？不是。因为停电以后，铂附近的细菌照样停止生长，无疑是铂单独的作用。

这是化学家遇到的一个新问题，铂的化学性质不活泼，怎么会影响细菌的正常生活呢？有一种解释说，铂虽然不活泼，但是在生物体内或溶液内会形成微量的铂络合物，这些络合物会干扰细菌的新陈代谢，细胞不能分裂、生长和繁殖。

既然铂在生物体内会形成络合物，那就进行动物实验，通过实验去寻找答案。一实验又获得一个新发现，有些铂络合物不仅对细菌有抑制生长的作用，对恶性肿瘤——癌也有显著的作用。

恶性肿瘤、癌细胞可出现在许多器官，一旦形成癌症，就威胁着人的生命。我们知道，人的身体每天都会有新的细胞出现，正常细胞的生长，是长得快还是停止生长，受到许多因素的制约。比如，脚上出现伤口，那里的细胞会加速生长，修复伤口；一旦伤口愈合，就转入正常状态，绝不会无限制，不停顿地生长。

癌细胞就不同了。癌细胞可以是由正常细胞转变而成，现在还弄不明白的是一些什么隐性因素促成了这种转变。癌细胞是一些不受控制、无法约束的细胞，会不断复制自己，不停顿地生长，形成肿瘤。癌细胞无限制地生长，人的身体是受不了的，常常危及生命。

能抑制癌的铂络合物有一种简称为顺铂，它是1个铂原子，2个氨基和2个氯原子组合而成，是许多铂络合物中的佼佼者，当做药物应用时，能治疗多种癌症。

这又是化学家必须面对的一个问题，顺铂并不复杂，只不过是一种简单的化合物：二氨二氯化铂。

为什么这种简单的化合物能治癌，疗效显著？

要回答这个问题有点难。药物在人体内发挥作用，人眼是看不见的，无法知道这种简单的化合物在人体内面对细胞的时候，怎么区分正常细胞和癌细胞，怎么发挥作用，只能从产生的效果来分析原因。

有人认为，铂化合成络合物以后，已不是单纯的金属，而以金属粒子的面貌向癌细胞转移，而且具有溶脂性，破坏了癌细胞，因而具有抗癌性。

还有一种说法更为明确，说铂本来可作为催化剂使用，那就不仅能催化类似氢和氧化合成水这样的化学反应，也能催化机体内生化反应，这就促进了正常细胞的生长，抑制了癌细胞的繁殖。癌症的产生正是癌细胞毫无控制地生长，抑制了正常细胞的生长，有了顺铂，总算恢复了正常秩序。

最新的说法更为诱人，认为顺铂具有孙悟空钻进铁扇公主肚子里那样的本领，深深地侵入癌细胞的内部，与那里的 DNA 结合，破坏了 DNA 的遗传信息，无法复制出新的癌细胞，制止了癌细胞的生长，从失控状态变成受到管制，再也不能任意扩张了。

这些说法还没有结论的时候，又产生另外一个问题，顺铂有毒性。为了减少毒性，研究人员对顺铂做了改进，用有机胺去替代铂络合物中的氨，结果新的铂络合物疗效不减，毒性却大大降低，这又是为什么呢？

不锈钢和铬的发现

钢铁是现代工业的宠儿，宏伟的工业化计划需要各种钢材——不锈钢、结构钢、工具钢、滚珠轴承钢等等，它们大多含有铬。

不锈钢的发现是很偶然的。1913 年，英国科学家布里尔在研制合金时，制得一种铬铁合金成品，因性能不符合标准，就把它抛在一边。过了一段很长的时间，废品堆里的不少金属已被锈蚀得千疮百孔、面目皆非了，而独独那块被抛弃的铬铁合金却依然故我，完整无恙。布里尔十分惊奇，把它拣回去重新研究，终于制成了最早的不锈钢。

为什么不锈钢特别耐腐蚀呢？原来，铬在潮湿的空气中很稳定。当接触到强氧化剂浓硝酸时，首先在金属表面形成一层致密的三氧化二铬薄膜，阻止进一步被氧化。合金中添加铬，也会形成这种稳定的薄膜，阻止电化学腐蚀。在钢中加进 12% 以上的铬（有的含铬 17%～19%，含镍 8%～13%），就得到不锈钢。这种钢的含碳量要求低于允许的最小含碳量（0.1%）。因为过多的碳会形成碳化物，在钢的晶粒边界析出，从而降低铬在晶粒内部的含量，使钢难以抵抗酸和氧的作用。

不锈钢具有很好的韧性和耐腐蚀性。人们曾做过试验：用重量都为 20 克的不锈钢和普通碳素钢各一块，放进稀硝酸中煮上一天，取出称重，结果普通碳素钢重 13.6 克，而不锈钢却重 19.8 克。在常温下，不锈钢同空气、水蒸气、海水、酸、碱等接触，耐蚀性很好。因此，汽车工业普遍地采用不锈钢来造内燃机零件；化学工业用不锈钢来制造各种管道、反应塔等防腐设备；造船工业用不锈钢来制造轮船、汽艇和潜水艇的船身。在日常生活中，人们常同不锈钢打交道。手表，全钢的表带和表后盖都是用不锈钢做的；半钢的，表后盖是不锈钢做的，而表壳是用其他金属做的。现在，茶杯、饭锅、蒸锅，也有用不锈钢制的。医疗器械，如手术刀、剪、注射器、针头等，大多是用不锈钢做的。人们常说的镀"克罗米"，其实就是镀铬。

在合金中，加进数量不同的铬，可以制造出各种不同用途的合金。滚珠轴承钢坚硬而耐磨，这种钢含 1% 的碳、1.5% 的铬。铬钢中含有 25%～30% 的铬，可以经受 1000℃ 的高温。这种钢做的零件，受热后也不起"鳞皮"。镍、铬和铁的合金，可以制成良好的加热元件，如果再加进钴和钼，能耐 650℃～900℃ 的高温，可用来制造涡轮机的叶片。钴、钼和铬的合金，对人体无害，可用于外科的修补材料。一种以锰、铬和锑合金为主的材料，它的磁性可随温度的改变而变化，普遍应用于自动装置中。

轮船外壳长期浸在海水中，往往受到腐蚀。1969 年，日本的一艘 5 万吨级的矿石船，因船身腐蚀断裂而沉没。因此，各国科学家纷纷进行研究耐海水腐蚀的钢材。我国研制了一种铬铝的合金钢，耐海水腐蚀性能比普通碳素钢高一倍。国外研制的铬硅合金钢，能在金属表面形成硫酸盐膜，也很耐腐蚀。

铬的化合物三氧化二铬，颜色绚丽。在氧化铝中添加一定量的氧化铬，就可人工造出光彩夺目的红宝石来。氧化铬还用于制造拖拉机发动机摩擦零件。当氧化铬燃烧时，形成了细小的颗粒，它们飞落在汽缸的内壁和其他摩擦表面上。在摩擦过程中，把所有粗糙的地方都磨平抛光，使零件紧密地吻合。录音磁带表层的颗粒，用氧化铬替代氧化铁，录音质量显著提高了。

铬耐大气腐蚀的特性是金属王国中出类拔萃的。科学家曾经试验在金属表面上镀铬，遇到不少困难，花了75年时间才得到解决。1920年，人们发现，只有六价铬才能生产出符合要求的铬镀层，它开始用于电解液中。六价铬有毒，现已开始用三价铬代替它。根据不同的要求，镀层厚薄也不同。汽车、摩托车和自行车的外部零件上，镀层厚度在0.1毫米以下，而用于装饰美观的镀层，如眼镜架、钟表表面、手表带、门把手、车灯、照相机架，镀层薄到0.0002—0.005毫米。在一些炮筒、枪管内壁，镀铬层很薄，可是当发射了千百发以后，镀层仍然存在。

镀铬层还另有妙用。镀铬的聚苯乙烯比不镀铬的塑料耐用，它不受磨损、弯曲和冲击等的影响。用这种材料做零件，使用寿命也长。用薄的镀铬层来保护金刚石，那些有细小氧化裂纹的天然金刚石，仿佛披上了一件碳化铬的"铠甲"，从而得到了双重的效果：既可使金刚石做的刀具、钻头更耐用，又可使金刚石变得更硬。

强大的核能

第二次世界大战后期，美国将两颗原子弹投到日本广岛和长崎，造成数十万人死亡和城市毁坏的严重破坏力，是数百万颗普通炸弹所无法达到的。原子弹为什么有这么大的威力呢？

我们知道，普通化学反应释放的能量，主要是将原子保持在分子中的力，这种力仅同原子核外围的电子结构（特别是最外层的价电子）有关，当两个或两个以上的原子组成分子时，各个原子核外的电子运动状态和分布发生一定变化，把合拢在一块的所有原子核都笼罩包围起来。由于化合物分子的能量总是低于组成它的各个原子的能量之和，所以这些原子外围电子重新组合的过程会放出能量来，这部分能量称为化学结合能，像燃烧、氧化等化学反应所放出的能量也主要是原子核外电子变化的能量，即化学能。

类似的把质子、中子紧密结合在一起的力称为核力，它克服了质子之间的库仑排斥力，形成坚实的原子核。当质子和中子组成原子核时，也会放出能量，所以原子核的能量总是低于组成它的中子和质子能量之和，这部分能量就是核结合能。

由于质子和中子等核子相互作用比原子核外电子相互作用强大得多，所以核反应释放的能也就比化学反应释放的能大得多。根据理论计算，1公斤混合好的

氧和碳发生化学反应生成一氧化碳会放出 920 千卡能量，而 1 公斤混合好的氧原子核和碳原子核发生核反应聚合成硅原子核，则可放出 140 亿千卡的能，是化学反应释放能的 1500 万倍；又如，1 公斤梯恩梯分解约释放 1000 千卡能，而同样重量的水银发生核裂变则释放出 100 亿千卡的热量，是化学释放能的 1000 万倍。实际测得相同质量核反应能是化学反应能的几百倍，例如，1 公斤铀－235 原子核裂变释放的能相当于 3000 吨煤燃烧的能量；1 公斤铀裂变产生的爆炸威力相当于 2 万吨梯恩梯的爆炸威力。

　　这么大的核能是从哪里来的呢，科学家们发现它是由质量转化来的。通常原子核的质量都小于组成它的质子和中子质量之和，即质量亏损，亏损的质量变成了原子核能。根据爱因斯坦质能关系式可以算出核反应能的大小。例如，重原子铀核裂变有 0.1% 质量转化为能，1 公斤铀裂变则产生 1014 焦耳能量；而轻原子氢核聚变为氦时有 0.5% 转化为能量。

　　1954 年，苏联建成世界上第一座核电站，虽然它的发电功率只有 5 千瓦，但是开辟了人类和平利用原子能的新纪元。紧接着，美国、英国和法国也相继建造了核电站，到 20 世纪 80 年代中期，全世界有近 30 个国家的约 400 个核电站营运发电，装机总容量达 2.5 亿多千瓦。专家们预言，今后，核电在世界能源中所占的比重将越来越大，它是一种最有前途的能源。

　　从环境保护的角度来看，核电是一种最干净的能源。普通火力发电厂以煤为燃料，它燃烧生成大量二氧化碳加剧了温室效应；石油燃烧除二氧化碳外还有氧化氮和二氧化硫等有害气体，不仅污染空气，而且还能造成酸雨。核电站利用核

反应堆释放的能量，使水变成高温蒸汽推动汽轮机旋转，再推动发电机发电。核反应堆使用的燃料铀，裂变的最终产物是钡和氪，这一过程几乎不产生有害气体和烟尘。因此，正常运转的核电站很少对环境造成污染。前不久，国际原子能机构总干事布利克斯告诫说，如果世界既想满足能源需要又不威胁自然环境，就必须更多地使用核能。

从经济的角度看，核电是一种廉价的能源。虽然核电站基建建设投资很大，但是燃料和运行费用很低，因此，核电站功率越大越经济，一般都要在100万千瓦以上。早期核电站由于功率很小，成本很高，到了20世纪80年代，核电成本已经比一般火力发电低30%左右。普通火力发电站仅燃料煤的运输就要花费不小资金，而核电站使用的燃料体积小、重量轻，储存和运输都很方便。据计算1公斤铀裂变放出的能量相当于2700吨煤燃烧放出的能量。正因如此，核电站可以建造在运动的装置上，如核电驱动的舰船等。

从燃料资源看，核电站燃料铀在地壳里是一种相当普遍的元素，平均每吨岩石中约含2克铀，比黄金多几百倍，只是比较分散，现已勘察有开采价值的铀矿储量有几百万吨。海洋中含铀更多，有数十亿吨，从海水中提取铀的方法也已研究出来。还有元素钍等，也可以做核电站的燃料。如果通过轻原子核聚变，则会产生更大的能量，1公斤重氢聚变可获得8000万千瓦时的能量，海洋中重氢足够人类使用数亿年。

铜镜千古不锈的原因

早在4000多年以前，我们的祖先就已用青铜做镜子了。从青铜时代的商周一直到宋、元、明时代，铜镜作为一种日常生活用品，得到了广泛的使用。

中国古代的铜镜中，以战国、汉、唐时的铜镜最为精致。其中有些铜镜精品，表面呈装饰性和反光强的白亮状态，耐腐蚀性很强，经历了几千年岁月的腐蚀，仍然不会生锈，光可照人，鉴人毫发。过去的古董商人称这类铜镜为"水银沁"、"水银青"镜等。

对于"水银沁"铜镜的白亮和千古不锈的罕见现象，国内已议论了将近400多年，国外对它的研究也有半个世纪的历史。虽然人们意识到"水银沁"现象可能是经过某种表面处理而获得的，但对其本质、形成原因和制作工艺则诸说不一，一直也没有复制出来。直到1986年10月，我国的科学工作者经过2年多的努力，终于把"水银沁"铜镜千年不锈之谜大白于天下。

通过科研人员对铜镜的元素分析，弄清了"水银沁"镜体为铜锡铅的三元合金，其成分和一般铜镜相同。铜镜镜面和镜体的化学成分不同，镜面上有一层富锡层，含锡量达60%左右，高出镜体1倍多。镜面除富锡外，还有一些含量高于镜体或镜体没有的某些金属元素。镜面的富锡层极薄，仅几十至几百毫米。富锡层上还有一层锡的氧化物透明薄膜，并且，镜面的耐腐蚀性明显大于镜体。

通过检测，研究人员终于明白了"水银沁"铜镜表面白亮，千古不锈的原因。古代工匠在制镜时，采用某种表面处理工艺，使其表面形成富锡层，抛光后镜面呈白色略带灰黄色（锡青铜随含锡量的增加，颜色会由黄变白），所以可鉴人毫发。富锡层在空气中逐渐被氧化，表面会生成致密的、微晶态的、以二氧化锡为主要成分的透明膜，它的耐蚀性十分优良。只要这层膜不受破坏，就可以保护铜镜内部金属不受腐蚀，千年不锈。

铜镜千年不锈谜底揭开后，古代铜镜表面处理技术究竟是什么？仍然为专家学者所关注。我国的科研人员根据东汉"水银沁"铜镜面有磨抛的痕迹，推测古代制镜可能采用了"磨镜药表面处理"技术；又根据《镜镜冷痴》一书中的"磨镜药亦汞锡为之"一语，以及东汉"水银沁"铜镜镜面除富锡外，还含有其他元素的线索，成功地配制了一种含这些元素的白灰色磨镜药粉剂，用毡团沾取磨镜药摩擦复制镜，其表面果然白亮如银了。经检验，复制镜的表面形貌和状态与东汉"水银沁"铜镜相同。

人体的原子裂变

现在，如果有人告诉你，在每一个人的身体里，也有一些放射性元素的原子在不断地发生着裂变或衰变的话，你会感到惊讶吗？

这倒不是一句耸人听闻的话，而是确确实实的事实。曾经因发现放射性元素而获得诺贝尔奖金的美国科学家西博格在他的著作里就这样写道："事实上，在人类的身体里就可以找到衰变中的天然放射性元素。我们身体平均每分钟要经历几十万次放射性裂变。"譬如，在人体内存在数量最多的放射性同位素钾－40，每分钟要裂变411000次，占第二位数量的碳－14，每分钟可裂变193000次。

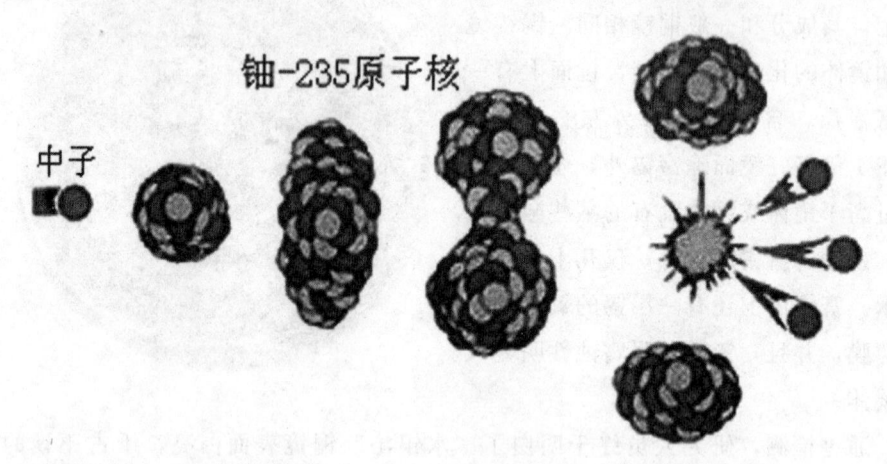

铀-235原子核
中子

这究竟是怎么回事呢？

原来，构成我们人体的元素中，含有极少量的天然放射性元素。我们知道，凡是放射性元素，无论它在任何时间、任何地方，都会按照它们固有的"寿命"（半衰期）的长短，不断地进行着裂变。当它们发生裂变时，就会产生各种粒子而放出射线来。那些存在于人体内的放射性元素，自然也同样地一直在进行着这种裂变。因此我们的身体还是个小小的放射源呢。

那么，人体里的这些放射性元素从哪里来的？为什么能够继续不断地进行裂变？这对人体健康又有什么影响呢？

人体里的放射性元素是从外界吸收进去的。生活环境中的放射性元素来源又是多方面的。

首先，由于空气中存在着各种放射性元素，像氡、氢－3、碳－14等等。其次，天然放射性元素在地壳中的含量虽然不多，但分布却很广泛，遍地皆是，各种岩石、矿物中都有存在。更重要的来源是食物，因为植物会从空气、水分和食料中摄入这些放射性元素，然后，再随食物而进入我们的体内。至于动植物内各种放射性元素的含量多少，则随它们的种类和生活环境不同而有差异。

但由于人们生活环境的不同或习性的差异，不同地区居民所摄入的放射性元素含量也就不同。像生活在北极地区的爱斯基摩人，比其他地区要高出5～10倍；又如沿海地区那些以海鱼为食物的人，他们的摄入量也比一般地区为高。

空气中吸入的放射性元素，也因所处于环境不同而有差异。如长期停留在室内，尤其是生活在通风不良或受到污染的空气中的人们，他们的摄入量就要比生活在新鲜空气中的人多。

放射性元素既然在人体内也会发生裂变而放射出具有一定能量的粒子，那么，它是否可能对人体产生什么危害呢？这就要看各种不同的情况而定了。各种放射性元素在人体内的积累有一个最大的容许量，在这个限度内，不会对人体造成损害。如以铀来说，这个最大容许量为7000微克，而人体内铀的积存量一般只有50微克，所以不会造成什么危害。如果超过了限度，情况就不一样了。如果有人吸入或食用了被放射性物质严重污染的空气或食物，以致摄入了过量的放射性元素，自然也会致病的。

有趣的是，据当前有些放射性生物学研究的结果，认为在一定范围内的小剂量放射性元素所产生的电离辐射，对生物体非但无害，而且还可能因其轻微的刺激作用而促进了生物体的新陈代谢，增进活力，从而产生有益的影响。所谓"氡泉浴"就是一个例子。

人工合成胰岛素

胰岛素是什么东西呢？在人和动物的胰脏里，有一种形状像小岛似的细胞。它分泌出一种激素，叫胰岛素。胰岛素很重要，它能调节体内糖的代谢及促进脂肪和蛋白质的合成代谢。如果胰岛素分泌不足，人体血液中的含糖量就会增加，使大量糖分从尿中排出，形成糖尿病。在医学上，胰岛素是治疗糖尿病的特效药。

为什么要合成胰岛素呢？因为胰岛素是一种蛋白质。蛋白质的种类很多，如蚕丝、鹿角。动物的毛、皮是蛋白质，人的头发、指甲、肌肉也是蛋白质，很多激素和毒素等都是蛋白质。人体中大约有几千种蛋白质。

蛋白质与生命现象之间有着极为密切的联系。蛋白质是生物体的主要组成物质之一，是生命活动的基础。有生命的地方，就有蛋白质；有蛋白质（未解体）的地方，就有生命。深入研究蛋白质，可以揭开生命的奥秘。所以，用人工方法合成蛋白质，具有重大意义。

但是，蛋白质的构造非常复杂，这是由多种氨基酸结合而成的高分子化合物。要想合成蛋白质，必须知道蛋白质的分子结构。20世纪50年代末，中国科学家在决心攻克人工合成蛋白质的堡垒时，选择了牛胰岛素作为突破点。因为当时牛胰岛素的分子结构是惟一为人们已知的蛋白质分子结构。

牛胰岛素与人胰岛素的分子结构极为相似，都是由51个氨基酸组成的。其中50个氨基酸的成分、顺序都相同，只是最后一个氨基酸不同。

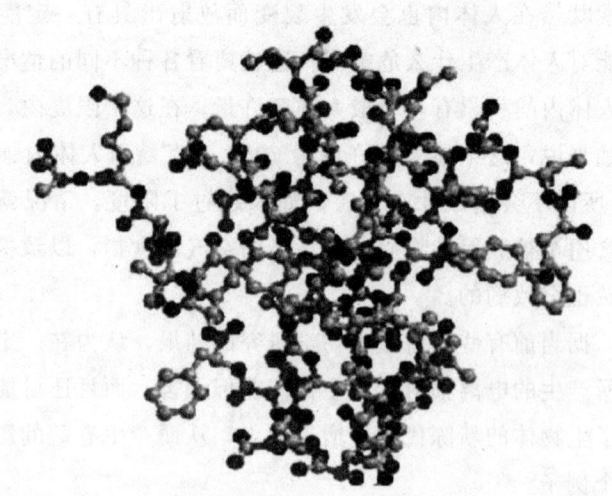

牛胰岛素的分子是两条分子链组成的，一条叫A链，一条叫B链。A链由21个氨基酸组成，B链由30个氨基酸组成。两条分子链由两对硫原子连在一起，A链中还有自己的一对硫原子。一个牛胰岛素分子，共含有777个原子。

组成蛋白质的氨基酸有20多种，每种氨基酸都按照非常严格的秩序排列。在合成牛胰岛素时，每加上一种氨基酸都要经过好几步化学反应。所以，牛胰岛素要经过近200步合成，有一步失误都不行。

1965年9月17日，中国科学院生物化学研究所用人工方法合成的牛胰岛素在世界上首次获得成功。这项科学成就，在国际上引起极大轰动。人们把人工合成牛胰岛素与我国成功发射人造地球卫星，制成原子弹、氢弹合称为中国的三大科学成果。

近年来，我国科学家还抽提、结晶了鸡、乌风蛇和鲢鱼的胰岛素，合成了二十九肽的结晶胰高血糖素，在合成蛋白质方面取得了一个又一个新成就。

能测知年代的同位素

埃及的考古学家在离尼罗河不远的山上，发现一座非常古老的谷仓，从谷仓里找到了一些小麦，经科学方法测定，这些小麦大约是六千多年前留下来的。这是用一种放射性同位素碳—14测定小麦"年龄"后才知道的。

科学家发现，一棵树、一片草叶、一只蜜蜂，以及人体中的一点肝脏、一片指甲，在每6×10^{12}个碳原子中一定有一个是碳—14原子。这种原子每分钟能放出16个β粒子，自己则转变成碳的其他同位素。假如生物（植物或动物）活着，

碳－14原子则衰变多少就能补充多少，总保持一定的数量。假如有人砍倒了一棵树，这棵树死了，就不会再补充不断减少的碳－14了。可是，原来的碳－14原子还在继续衰变。要知道，从活树上碳－14原子每分钟放射16个β粒子，逐渐地"衰变"，到只能每分钟放射8个β粒子，经历这样一个"半衰期"，需要5730年。因此，几千年后人们发现了这棵被砍倒的树，锯下一块木头，将它加热变成炭，从中取出1克，用放射性探测器测出它每分钟能放射的β粒子个数，经过计算，就会确知这棵树究竟是在什么时候被砍倒的。埃及考古学家就是用这种方法测知小麦的"年龄"的。

用放射性测定年代的方法，是很有用的。我们说五千年前地球上已有了人类，他们会用火、会砍树、会制作草鞋。这也是通过碳－14原子测定的。据考证，很久以前，有些印第安人曾经做了一些草鞋，留在一个山洞里。在他们返回山洞之前，火山突然爆发，堵住了洞口。这个山洞现在被考古学家发现了，他们用放射性碳－14测定这些草鞋是在9600年前留下的。这里可能有些误差，但一般总是在9400年到9600年前这段时间里留下来的。

分　子

把一滴红墨水滴在一杯水中，可以看到红颜色不断向四周扩散，很快整杯水变成淡红色；晾着的湿衣服不久就干了；放在衣箱中的"卫生球"，是一种叫"萘"的物质做成的，它会逐渐变小，而箱中的衣物都有它的气味。这些现象都是分子运动的结果。原来，水、萘等物质，都是由很小很小的分子组成的，分子是保持物质性质的最小单位，所以又称它为最小的物质。

自然界中的水，无论是海水、河水、井水，还是雨水，都是由相同的水分子聚集而成的。冰雪则是固态的水，它是由水分子按一定规律排列而形成的。水分子很小很小，喝一瓶汽水，大约要喝进8亿亿亿个水分子。单个的水分子，就是一般的显微镜也观察不到。

分子永远处在不停的运动中。红墨水中含有红色的染料，这种染料的分子在水中自由扩散，于是水杯中的水都成为红色的了。湿衣服上的液态水分子扩散到了空气中，衣服就干了，这种现象叫蒸发。固体卫生球的萘分子也能一个个飞入空气中，这种现象叫"升华"。萘的升华，使卫生球越来越小，而萘分子充满了衣箱各个角落，使蛀虫无处藏身。

鼻子能够闻到气味，也是由于物质的分子接触到鼻中的神经细胞。各种不同的分子对嗅觉神经的刺激不同，感觉到的气味也不同。警犬在执行任务时，就是用鼻子不断捕捉罪犯遗留下来的某些分子而追踪罪犯的。有些昆虫能分泌特殊的物质，这些物质的分子随风飘散，在几十里外的同类昆虫用触角收集到这种分子，就会赶来相聚，真比拍电报还灵。

分子式

化学家已发现109种元素，这些元素的原子，以不同的方式结合就产生各种各样的分子。世上万物都是由这些分子组成。例如，水是由水分子组成的，水分子是由一个氧原子和二个氢原子组成。如果用文字来表达物质的组成，不但非常麻烦，而且各国文字不同，很难统一。自从有了化学分子式，世界上就有了统一的化学词汇，如水用 H_2O 表示，就简单多了。

这种化学王国的统一词汇，是许多年研究的成果。现在，我们可以方便地书写物质的分子式了。单质的分子式，是在组成这种单质的元素符号右下角标上原子的个数。如氮气——N_2，氧气——O_2，铜——Cu。

假如是化合物，只要事先知道组成这个化合物一个分子中各原子的个数，然后依据正价原子在前，负价原子在后的原则，分别标上数字即可。如，水分子为 H_2O，生石灰为 CaO，盐酸为 HCL。

有了物质的分子式，成千上万种物质，都可以简洁明了地表示出来，而且全世界通用，学习也更方便了。

"半导体之母"——锗

1886 年，德国化学家温克勒尔用光谱分析方法发现了一种"类硅"元素，给它取名为"锗"。锗的原文意思是"德意志"。锗的性质既像金属，又像非金属，被称为"半金属"。在导电方面，锗不如一般金属，却优于一般非金属，被称为"半导体"。

锗是浅灰色的金属，却具有一些非金属性质。锗晶体里的原子排列跟金刚石相似；它像金刚石那样硬而脆。

锗在地壳中的含量约为一百万分之七，比金、银、铂要多得多。由于锗分布很散，没单独的矿床，属于稀散金属，在自然界，主要的含锗矿有锗石、硫铜铁锗矿、硫银锗矿等，在闪锌矿和煤矿里也含有锗。工厂的烟道灰里，每吨往往含有 1 千克～10 千克锗。现在，我国各地工厂普遍使用烟道除尘技术，一方面可以洁净环境，另一方面又可从烟道灰中炼出锗来，一举两得。

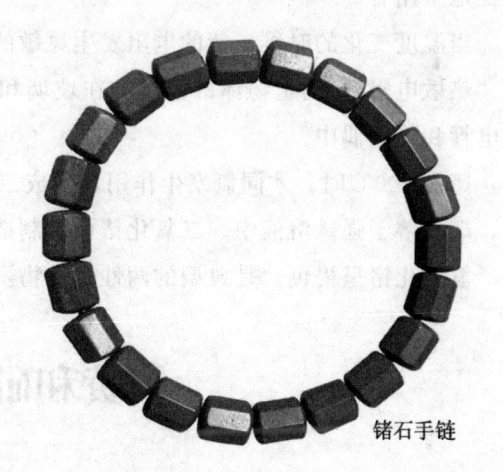

锗石手链

在锗发现后的半个世纪里，它一直没有受到人们的重视；当然也就谈不上应用它了。

人们发现，锗具有优良的半导体性能，特别适合做半导体材料。可是，锗用做半导体，纯度必须保持在 99.99% 以上，否则就不可能实现大批量的工业生产，晶体管的发明也将成为泡影。1948 年，贝尔电话实验室的科学家蒂尔制出了第一锭锗单晶。

1952 年，贝尔电话实验室的青年科学家浦凡创造了"区域熔化"方法，巧妙地解决了锗材料提纯的问题。实际生产中常用几个高频感应线圈排成一长串，产生一列互相隔开的熔区。它们经过锗锭一次，就相当于几次提纯，使效率大为提高。

浦凡用 6 个熔区经过锗锭，使它的纯度在 99.9999999% 到 99.99999999% 之间。现在，人们又制得纯度高达 11 个"9"的纯锗，这个纯度相当于在 1000 亿个锗原子中，只混进了一个杂质原子。这在人造材料提纯历史上是个奇迹。

从20世纪40年代到60年代，由于半导体的发现和应用，开辟了电子器件微型化的道路，是电子技术一大飞跃。锗成为制造半导体器件的主要材料，用来制造晶体管、整流管（二极管）和晶体放大管（三级管）。锗晶体管体积小，构造简单，耐震动和撞击，耗电省，成本低，寿命长。

到了20世纪60年代，由于硅材料的快速发展，在制造半导体器件中又出现了硅半导体。它体积更小，效率更高，寿命更长，因此锗只能退居第二位了，由于锗的某些性能仍比硅优良，仍保持着半导体领域里的一定地位。在电子计算机、雷达、火箭、导弹、导航控制设备、电子通讯以及自动化设备中，锗还是被广泛地应用着。

当温度变化的时候，锗的电阻发生灵敏的变化。人们利用锗的这种特性来制造"热敏电阻"，测量物体的温度。在玻璃和石英上涂一层锗，制成电阻，用于光电管和热电偶中。

锗在700℃时，才同氧发生作用，生成二氧化锗。它是白色的，几乎不溶于水，却易溶于强碱溶液中。二氧化锗可以制造透明而折射率很强的玻璃。

氢氧化锗呈褐色，是典型的两性化合物：溶于强酸、也溶于强碱的溶液。

雄黄和砒霜

在地壳中，砷的含量约为百万分之一。在自然界，砷常常以硫化物形式存在于地壳中。砷的最重要的矿物为砷硫铁矿、毒砂、雄黄和雌黄。将这些矿物同空气隔绝加热，就可制得砷。

据说，中世纪时，德国炼丹术士马格纳斯首先制得纯净的砷。其实，我国很早就发现和利用砷的化合物了。古代的炼丹术士制造长生不老药时，常常以雄黄、雌黄为原料。

雄黄和雌黄都是硫和砷的化合物，燃烧时发出一种臭蒜味，在空气中扩散，能使人中毒。雄黄和雌黄，往往共生在一起，人们称它们为"矿物鸳鸯"。雄黄又叫鸡冠石，化学成分为硫化砷，颜色桔红，结晶大多呈粒状，性质柔软，晶面光泽，呈钻石状；雌黄又叫铅黄，化学成分为三硫化二砷，结晶多呈片状或柱块状，性质柔软，表面有珍珠状光泽。

雄黄的用途很广。我国人民端午节喝雄黄酒，将雄黄水遍洒住宅，用来消毒。在医药上，雄黄可用做强心剂、消肿剂的原料。在油漆内加上雄黄，涂在木

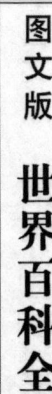

器上面，可以杀虫防腐；喷在船壳上，可以避免海蚧寄生。雄黄还可用做颜料，制造蚊香、鞭炮、烟花。

砷是钢灰色的结晶固体，具有金属光泽，是一种类金属的非金属元素。砷具有成酸和成盐基的性质，被称为中性元素。砷有三种同素异形体：灰砷、黄砷和黑砷。它们除了颜色、形状等物理性质有差别外，化学性质却完全相同。

砷在水和空气中都比较稳定。它不同稀酸作用，却能用浓硫酸、王水等作用。在高温下，砷还能同硫、氯、氟、氧等反应，生成砷的化合物。

砷同氢气反应，生成砷化氢，这是一种无色剧毒的气体。砷不溶于水，在空气中加热，会燃烧生成三氧化二砷，这是一种白色的粉末或晶体，人们叫它"砒霜"、"白砒"或"白砷"。它的毒性很大，人服了 0.1 克后就会中毒死亡。据说，古代的"鸠酒"，便是放了砒霜的酒。

20 世纪初，非洲流行着一种昏睡病，这是由锥虫引起的。人得了这种病，往往昏睡死去。人们制成一种砷的有机化合物——胂，也叫"六〇六"。它是治疗昏睡病和梅毒病的良药。

砷的化合物大多有毒，必须注意储存和防护。

遇到急性砷中毒，可服用一种新鲜的悬浮状的氢氧化亚铁来解毒。每 5 分钟服用一调羹，直到呕吐停止。

在工业上，砷也有许多用处。在铅里加进 0.5％ 的砷，使铅的硬度增强，可用来做弹丸。砷和镓合成的砷化镓，能在高温和高频下工作，制成的大功率半导体器件，已在激光发生器中应用。

千层纸——云母

云母是工业上非常重要的一种材料，特别是电气工业。由于云母不导电，绝缘性能良好，在电容器、变阻器、电子管、加热器、电熨斗、发电机里，都有它的踪影。

在自然界里，云母到处可见。地壳里蕴藏着丰富的花岗石，花岗岩就是由石英、长石和云母组成的。可是，花岗岩里的云母颗粒很小，很难从花岗岩中分离出来。

云母的俗名叫"千层纸"，它由许多一层层的极薄、坚韧、富有弹性的薄片组成。这种层与层之间结合力很小的层，可以撕成更薄的鳞片。

在地壳中其他矿物里，有时也分布着个别的大云母或它们的聚集体。云母晶体的长度越长，它的价值就越高。在西伯利亚的楚斯克曾经开采到一块重达1吨的大云母晶体。在印度，有一块直径长达3米的圆形薄片，是从一块巨大的云母晶体中"切下"的。

云母有好多种：白云母、黑云母、金云母、锂云母、铁锂云母、蛭石。它们都可以"切成"薄片，供人们研究、利用。它们的外貌各有千秋，工业价值也各有不同。

云母的化学成分很复杂，都是属于硅酸盐类矿物，其中大部分是铝的硅酸盐。云母的晶体常呈假六方片状，而集合体是鳞片状，它们都有玻璃光泽，具有弹性。

白云母像无色的玻璃，具有极好的绝缘性能。俄国在伊凡雷大帝和以后的一些时期，在莫斯科房屋的窗户上装的不是玻璃，而是从白海沿海和西伯利亚采集来的云母片。所以欧洲人称呼云母"莫斯科威特"。白云母的耐热性好。膨胀系数小，300℃时才开始膨胀。它还有另一个重要的特性——电阻大。50微米厚的白云母能耐电压5000多伏特。白云母是硅酸铝钾盐，是天然云母中最好的一种。

金云母像金黄色的鱼鳞，也有极好的电绝缘性能，电阻也大，50微米厚的金云母耐电压4000伏特。金云母是硅酸铝镁盐，同白云母的差别在于，金云母由3个镁离子代替白云母的两个铝离子，又增加了两个氟离子。金云母是热稳定性很好的一类云母。

黑云母是黑色、深棕色或深绿色的，但是在加热和剥离成片状时，它就呈金黄色。黑云母是铝镁铁盐，常用于电气工业，在农业和生物学方面像蛭石那样派用场，而在金色和青铜色的颜料生产中作用更大。

锂云母和铁锂云母在工业中也是很有价值的矿物。

蛭石在拉丁语中的意思是"蠕虫"。这个古怪的名字是怎么来的呢？原来，这种云母同别的云母不同，它加热到250℃—350℃时，不仅体积膨胀好多倍，结晶水也随着挥发出来，闪烁着金黄和银白色的光辉，使云母弯曲成"蠕虫"一般。

蛭石在工业上应用很广。煅烧过的蛭石粉碎以后，可做建筑材料的填充物。有一种用蛭石同水泥、焦油、沥青或水玻璃混合成的蛭石混凝土，每一立方米的重量不超过400千克，非常轻，是良好的隔音、隔热材料。在建筑工业上，蛭石还可用做金色的装饰品；在橡胶、塑料和颜料中也可掺进蛭石填料。

蛭石在农业上也有用场。将蛭石粉撒到地里，可以改善土壤结构，保护植物根系不受冻害。蛭石还可用来做人造土壤，植物的根很容易吸收这种土壤里的营养成分，使植物茁壮成长。

工业上需要的大而薄的云母，在自然界不可多得。云母又是易碎的，在"剪裁"云母片时，往往产生了许多小而碎的云母片。能不能把这些云母片碎屑做成大的成块的云母片呢？

现在，人们已用人工方法合成了大块的、轻薄的氟金云母。这种人造金云母，在绝缘性、热稳定性等方面都超过天然云母，它是透明、坚韧而又柔软的矿物，还耐高温。

科学家用一种所谓"矿物酸"在高温高压下处理磨细的云母，结果形成了像塑料一样多气孔的物质，称为"硅塑料"。这种新型材料继承了云母光亮的外表和优良的绝缘性。用它制成的产品，既可隔音，也可以隔热。此外，它还具有一种同云母不同的性能，就是把它加热到1000℃时，会释放出氧和水，但冷却时又可以重新吸水。如果在原料中加进碳、锆、钛、钽、铌等，会出现新的特性产品。含碳15％的"硅塑料"，叫碳塑料，变成了导体。在橡胶中加进了一些碳塑料，橡胶也由绝缘体变成导体，可用来做抗静电的汽车皮带。

真空管的发明

在电子技术的发展史中，真空管是一项伟大的发明。

1883年，美国发明家爱迪生对电灯进行改良试验时，在灯丝附近误封入一根金属丝，结果发现，灯丝上的电流可以传导到金属丝上。这就是人们所说的爱迪生效应。这一工作中的小小失误却导致了真空电子管的诞生。

1904年，英国电气工程师约翰·弗莱明利用爱迪生效应，在灯泡里装置了一个筒形金属片（阳极），把灯丝（阴极）包围起来。当阳极为正电位时，能吸引炽热阴极发射出的电子，因而出现电流；反之，当阳极为负电位时，将排斥电子，这时就没有电流。弗莱明把这一发明叫作热电子阀。交流电经过热电子阀的整流后；变成了单方向流动的电流。由于在一个真空灯泡内有两个电极，所以人们把它叫做真空二极管。

1906年，被美国人称为"无线电之父"的福雷斯特在真空二极管的两个极之间封接了一块小锡箔作为第三个电极。他发现，第三极能有效地控制从阴极发射向阳极的电子流。他用一个由铂丝构成的栅网状电极代替锡箔（栅极），他高兴地发现，只要加在栅极上的电压有微小变化，阳极电流就立即出现较大幅度的变化。于是，世界上第一个能放大电信号的电子器件——真空三极管诞生了。真空二极管和三极管的发明为收音机和电视机的发明，以及无线电的发展奠定了基础。

医药生物

医 药

鸦片溯源

公元前 3400 年,两河流域居民已开始大面积种植罂粟,他们将罂粟命名为"快乐植物"。

"鸦片"俗称"大烟",由罂粟果实的汁液烘干制成。罂粟的原产地在南欧和小亚细亚,多见于北半球的温带和亚热带地区。罂粟的果实割开果皮之后,会流出白色的汁液。汁液烘干后所得固体物质即为鸦片。

鸦片有生鸦片和熟鸦片之分。生鸦片表面干而脆,内里柔软有粘性,多呈黑色或褐色,被做成块、饼或砖状,气味浓重,食之味苦。熟鸦片是煮熟、发酵后的生鸦片,常被包装于薄布或塑料纸中,多呈棕色或金黄色。熟鸦片表面光洁柔软,手感滑腻,气味香甜。吸食鸦片者所吸鸦片均为熟鸦片。

罂粟作为鸦片的母体,早在新石器时代就已出现。在公元前 4000 年的瑞士新石器时代遗址中,考古学家发现了罂粟种子及其果实留下的痕迹。考古学家根据痕迹判断,这些罂粟应为杂交品种。

公元前 500 年,希腊人发现了罂粟的药用价值,可安神、止痛、忘忧。他们将罂粟的花与果实榨成汁,当作药物使用。公元前 300 年,这种"榨汁鸦片"已成为古希腊的常见饮料。公元前 200 年,古希腊名医加仑将鸦片可以治疗的疾病种类全都记录下来。在他的记录中,鸦片可治目眩、耳聋、中风、弱视、咳嗽、忧郁症等诸多疾病。

公元前 139 年,汉朝使者张骞出使西域,将鸦片带回中国。公元 3 世纪时,鸦片已被中国名医华佗当作麻醉剂使用。

公元 6 世纪初,阿拉伯人将罂粟带到波斯。

公元 667 年,唐朝史料中出现了进口鸦片的记录。在记录中,鸦片被称为"阿芙蓉"。8 世纪,"药材"罂粟从印度传入中国民间。

此外,"鸦片"还被称为"罂粟粟"。"罂粟粟"是公元 973 年出版的宋书《开宝本草》对"鸦片"的称呼。书中,"罂粟粟"的意思就是"罂粟结的蒴果"。

中国针灸发展史

针灸是中医学中一个很重要的部分,是中华民族宝贵的文化遗产,有着悠久的历史。

针灸是中医的一种医疗手段,包括针法和灸法。针法是将针刺入患者的某些穴位,利用转、提等特定的手法,治疗患者的疾病。灸法是将艾绒等物质点燃,熏烤穴位处的皮肤,从而达到治疗疾病的目的。

根据考古发现的文物就可以看出,针法起源于中国的石器时代。那时,人们发现用尖利的器物来刺身体的某些部位时,可以减轻疾病和疼痛。人们据此发展出了早期的针具:砭石。后来,随着生产力的发展,针具也在不断进步,逐渐出现了青铜针、铁针、银针等。

灸法的出现是在人类学会使用火之后。在用火的过程中,人们发现身体的某些部位被火熏烤以后,可以减轻疾病带来的疼痛,于是便发展出对身体进行热熨的方法。开始时是使用兽皮包一些烧热的石块或砂土,后来发展成为燃烧艾叶。由于艾叶在灸法治疗上有诸多优点,逐渐成为灸法治疗的主要原料。

在中医学的不断发展中,针灸疗法也逐渐得到完善。战国时期产生的医学典籍《黄帝内经》系统地论述了针灸疗法,并完整地描述了人体的经络系统。其中的《灵枢经》更是记载了丰富的针灸理论,成为了针灸学的核心内容,因此也被称为《针经》。

宋代的针灸学家王惟一还专门制作了两个铜人模型,在上面刻了人体的所有经络腧穴,以供针灸教学之用。这极大地促进了针灸医学的发展。

到了明代,针灸疗法发展到了繁荣时期,出现了大量关于针灸疗法的学术典籍,将针灸理论发展得更为深入。

不过,针灸疗法在清朝却走向了衰落。清朝皇帝甚至曾经下旨,禁止医生使用针灸疗法。

中华人民共和国成立之后,针灸医学又逐渐兴盛起来。很多医学学者重新开始研究针灸疗法。现在针灸已经成为临床医学上一种很重要的疗法,并且和现代科技结合起来,发展出了多种新疗法。

"西方医学奠基人"希波克拉底

希波克拉底是古希腊著名的医生,是西方医学的奠基人,被西方人尊称为"医学之父"。

希波克拉底出生于古希腊的小亚细亚科斯岛,他的父亲也是一名医生。希波克拉底子承父业,从小跟随父亲学医。他在年轻时就已经掌握了很高超的医术。父母去世后,他开始四处游历,向当时的很多名医学习医术。

在希波克拉底生活的年代,古希腊宗教盛行。人们生病以后多采用巫术或祈祷的办法来治病,很多病人因为得不到及时的治疗而死去。希波克拉底反对这种宗教治疗,他崇尚科学,提出了对多种疾病的治疗方法。

一次在集市上,他看到一个人突发癫痫。当时旁边的僧侣说这人是得了神病,要用祈祷的方法来治疗。希波克拉底却说,这人患的是癫痫,病因在于脑。他的观点与现代医学的观点吻合。

还有一次,希波克拉底遇到巫师正用念咒的方式给一个骨折的人治病。他提出,治疗骨折应该对断骨进行牵引,使断骨复位,咒语是无效的。他提出的这种治疗骨折的方法十分合理,后人为了纪念他,便把用于牵引断骨的臼床命名为"希波克拉底臼床"。

希波克拉底还曾提出体液学说。他认为人体是由体液组成的,包括血液、粘液、黄胆和黑胆四种体液,人的体质不同就是因为这四种体液的组合不同。他提倡用发展的眼光去看待疾病,应根据病人的个人情况和生活环境对其进行饮食治疗,并辅以药物治疗。

希波克拉底曾经撰写了一部《箴言》,记录了他对医学和人生的很多观点和言论。他在其中对于医务道德的阐述,成为了后来的医务工作者遵守的规范。20

世纪中期，世界医协大会根据他所阐述的这段话，制定了国际医务人员的医务道德规范。

扁鹊开创中医学的先河

扁鹊曾编纂了《扁鹊内经》九卷和《扁鹊外经》十二卷，这些都是很重要的医学典籍，可惜未能流传于世。

扁鹊是中国春秋战国时期的名医，本名叫秦越人，由于他医术高超，人们就用神话中的神医"扁鹊"的名字来称呼他。扁鹊一生游走行医，人们很难确定他的籍贯，一种说法认为他的籍贯是勃海郡，也就是今天的河北任丘，还有一种说法认为他的籍贯是齐国卢邑，也就是今天的山东长清。

扁鹊少年时曾跟随长桑君学医，擅长妇科、儿科、外科、五官科等各科。他总结出了望、闻、问、切这四种诊断方法，开创了中医学的先河。望，就是观察病人的脸色；闻，就是通过病人说话、咳嗽等声音来判断病情；问，就是通过询问来了解病人生病的过程，以及病人现在的感受；切，就是切脉，通过脉搏来诊断病情。这四种诊法全面奠定了中医治疗的基础。

根据史料的记载，扁鹊在望诊和切诊的应用方面非常高明。他在见蔡桓公时，通过观察蔡桓公的面色就能判断出蔡桓公的病到了什么程度。在给人们认为已经死亡的虢太子治病时，扁鹊通过诊脉判断出虢太子的情况为尸蹶，是阴阳脉失调所致，并最终治好了虢太子的病，人们都称他能起死回生。司马迁在《史记》中称，扁鹊是第一个将诊脉应用于临床诊断的大夫。

扁鹊在治疗疾病时，通常都是采用综合疗法，即将针刺、热熨、汤药等方法结合起来使用，使患者尽快恢复健康。除了内科以外，扁鹊还很精通外科手术。在实施手术时，他还使用了药物麻醉的方法，让病人感觉不到痛楚。

扁鹊不但医术高超，而且医德高尚，他为人谦虚，并不恃才自傲。他一生收了很多弟子，将自己的医术无私地传授给他们。

集合巫术和医术的《阿闼婆吠陀》

直到今天，阿育吠陀医学仍有很高的实用价值。

《阿闼婆吠陀》是一部祈福驱邪的咒语集，是古印度吠陀本集之一。吠陀的意思就是"知识"，阿闼婆应该是某个婆罗门家族的名字。

《吠陀》是印度婆罗门教的圣典，其中包括了古印度时期的宗教、礼仪、巫术、哲学、科学等方面的内容。《吠陀》由《梨俱吠陀》、《娑摩吠陀》、《耶柔吠陀》和《阿闼婆吠陀》四部组成，其中《阿闼婆吠陀》成书最晚，大约完成于公元前600年左右。《吠陀》的成书时期被称为古印度的吠陀时期，因此《阿闼婆吠陀》完成的时期也被称为后期吠陀时代。《阿闼婆吠陀》使用的是吠陀梵语，这是一种比印度梵语更为古老的语言。

《阿闼婆吠陀》中记载了很多咒语，大都表现的是人们祈福消灾的愿望。《阿闼婆吠陀》诅咒的对象有很多都是常见的疾病，包括发烧、咳嗽、癫疮、水肿、黄疸等。

除了巫术之外，《阿闼婆吠陀》中还记载了大量的医术，其中有70多种疾病的名称，并有其对应的治疗药方。《阿闼婆吠陀》附属的阿育吠陀是印度重要的医学体系，曾对世界上大多数医学体系都产生了影响。阿育吠陀意为生命的科学，提倡的是健康的生活方式，认为人和自然界应该和谐共处，人生病时，就是这种和谐被打破了，若要恢复健康，就应该通过自然界的产物来重建和谐的关系。

阿育吠陀所记载的医疗方法，对人体所处的环境和病人自身的状况非常重视，其治疗手段通常是以调节饮食为主，兼有对草药的利用。阿育吠陀还很重视人体内部的平衡，提倡健康的生活方式和独处的环境。

最早的病历

病历不但对病人的诊治有很大作用，而且有助于医生总结临床经验，在医学研究上占有很重要的地位。

病历是对患者病情的发生、发展以及医生对病人的诊断、治疗等过程的记录，同时也包括通过对资料的整理分析而为病人建立起来的健康档案。

世界上最早的病历产生于古希腊。公元前6世纪，在古希腊的伯罗奔尼撒半岛上有一个小村子，村子里有一座医神阿克勒庇俄斯的神像。当时很多人都来这里膜拜，祈祷自己或亲人能早日恢复健康。后来，祭司就专门腾出一间屋子，为来此祈祷的病人治病，并且把病人的个人信息和病情以及诊断治疗情况记录下来，这样就形成了世界上最早的病历。

中国最早的病历出现于汉朝，创始者是汉朝名医淳于意。淳于意在治病的过程中发现，如果光靠病人的描述和医生有限的记忆力，会给治疗带来不小的困难。于是他想到，在治病的过程中，将病人的情况以及诊治过程记录下来，以备查证，这样就不会因记忆错误产生误诊。同时，他还把治愈的病例和死亡的病例记录下来，为之后的治疗提供借鉴。淳于意把自己所做的记录称为"诊籍"，也就是中国最早的病历。

体育疗法溯源

随着医学的发展，体育疗法在现代医学中的地位越来越重要。一般的医疗手段通常都会配以体育疗法，以提高病人的恢复能力。

体育疗法简称体疗，是一种作为医疗辅助手段的体育活动。在对疾病的预防以及临床和康复治疗中，人们经常利用有针对性的体育活动来抵抗疾病或者恢复身体的各项机能。使用体育疗法的通常都是一些老年人、慢性病患者以及身体有残疾或者正处于康复期的患者。针对不同的疾病和患者，需使用不同的体育活动。体育疗法的运动量一般都比较小。

中国人民对体育疗法的认识很早。几千年前，人们就已经开始利用体育运动来预防或者治疗疾病。在中国古代的文献中，有很多关于体育疗法的记载，当时人们将体育活动作为养生的重要手段，所使用的活动方法一般都是深呼吸、模仿动物的动作等。到了春秋战国时期，产生了用于治疗疾病的引导术。之后又出现了多种用来治病或者强身健体的体育疗法，例如五禽戏、八段锦、太极拳等。

中国古代的人体解剖

在《黄帝内经》中，有多篇专门记录解剖学知识的文章，详细论述了人体的结构知识。

人体解剖在医学上占据着非常重要的地位，它在中国有着很悠久的历史，在司马迁的《史记》中，记载了一位名叫俞跗的上古名医，他对人体的结构十分了解，并且掌握了高超的人体解剖技术。虽然这项记录的真实性还有待核实，但是起码可以证明，在西汉时期，人们就已经掌握了很丰富的人体解剖学知识。

中国最早记录人体解剖的医学典籍是《黄帝内经》，其中的《灵枢·经水篇》中首先出现了"解剖"一词。

宋朝时期，广西的官府处死了欧希范等56名犯人，并将欧希范的尸体解剖。画工宋景在对解剖后的尸体进行仔细观察之后，绘制出了一幅《欧希范五脏图》。这是最早的人体解剖图，可惜已经失传。参与这次解剖的推官吴简对其进行了描述，并指出欧希范的右肾比左肾的位置偏低。通过解剖，吴简还纠正了一些当时流行的对人体的错误认识。

《神农本草经》

受炼丹思想的影响，书中还把一些含有剧毒的矿物药列入了上品药，如雄黄、水银等，认为它们有延年益寿的功效，适宜长期服用，这无疑是对读者的误导。

《神农本草经》是中国现存的最早的药物学专著，诞生于东汉时期。《神农本草经》并不是一个人写成的，而是由秦汉时期很多医药学家搜集、整理而成的，其具体编纂者已经无从考证，所谓的作者神农氏只是一个托名而已。由于书中记载的大部分都是植物药，所以便以本草经为名。

《神农本草经》系统总结了当时中国的中草药，并提出了一些药物学理论和药物的配伍规则。全书共分3卷，记录了365种药物，其中植物药252种，动物药67种，矿物药46种。这些药被分为上、中、下三品，按照"君臣佐使"的理论来划分。其中上品为君，有120种，主养命，没有毒，可以长期服用；中品为臣，有 120 种，主养性，有些有毒，有些无毒，有补养和治病的功效；下品为佐使，有 125 种，多半有毒，主要用来治疗疾病。

《神农本草经》中还详细记录了药物的产地、性质、制作和使用，并提出了"七情合和"的药物使用原则。"七情"就是指"单行""相须""相使""相畏""相恶""相反""相杀"七种药物配伍情况，根据不同的情况使用不同的配伍原则。如果不按这些规则使用，就会影响药物的使用效果。另外，药物的剂型对药物的使用效果也有影响，丸、散、汤等剂型适用于不同的药物和病症，乱用的话就会削弱药物的作用。这些理论对中医药的发展产生了很大影响。此外，书中还记录了一些药物的特殊疗效，如麻黄平喘、常山治疟等。

由于受到时人思想认识的限制，《神农本草经》中也有很多不足的地方。比如其中收录了 365 种药物，是为了对应一年的 365 天，而当时发现的药物不止这些。

"医中之王"阿维森纳

阿维森纳是阿拉伯著名的医生，同时他也是一位哲学家和自然科学家。

阿维森纳生活在 11 世纪左右，他的著作多达 200 多种，其中在医学方面最著名的就是《医典》，阿维森纳也因此被人们称为"医中之王"。

《医典》大概成书于 1011 年到 1013 年之间，全书共分为 5 卷，总计约 100 万字。书中记载的内容十分丰富，囊括了解剖学、治疗学、药物学、卫生学和营养学等方方面面，被认为是西方古典医学最权威的著作。在第一卷中，阿维森纳首先论述了医学方面的一些基本概念和理论，阐述了人体的基本构造以及人和环境的关

系。然后，他又对疾病进行了分类，根据不同的患病部位把疾病分为脑科、内科、神经科、外科等，并论述了各种疾病的病因及治疗方法。在第二卷中，阿维森纳记录了600多种药物，并对它们的性质和作用等进行了详细的描述。第三卷讲述了病理学，列举出多种疾病的致病原因。第四卷提出了对一些流行病的预防措施，以及人体卫生和保健的注意事项。第五卷是各种治疗疾病的方法。

《医典》这部书通过吸收当时各个方面的医学成果，对当时的医药理论进行了系统阐述。这部内容丰富的医书在欧洲流传甚广，到了17世纪仍被西方人民视为医学经典。

世界上最早的麻醉剂

华佗发明的麻沸散，比西方出现的麻醉剂早1600多年，不过麻沸散的配方早已失传，人们已经无法得知麻沸散的具体配制方法。

麻醉剂是一种可使人体全部或部分失去知觉的药物，在利用手术或其他方法进行治疗时，使用麻醉剂可以达到无痛的目的。世界上最早的麻醉剂是中国东汉末年的名医华佗发明的麻沸散。

在华佗之前，就已经出现了有麻醉性能的药物，不过都是用在战争或暗杀等用途上。华佗对这些药物进行了研究，并从人的醉酒状态中得到启发，发明了麻沸散，并将其应用到外科手术上。

对于一些患病部位比较深，无法使用针灸或汤药治疗的病人，华佗就让其用酒冲服麻沸散。等病人失去知觉以后，华佗再对其施行外科手术，切除或者清理患病部位，使病人恢复健康。华佗也因利用麻沸散施行手术，而成为最早进行全身麻醉手术的人。

世界首部系统的法医学专著《洗冤集录》

清朝时期，《洗冤集录》被翻译成多国文字，传播到了全球很多地区。

《洗冤集录》是世界上现存第一部系统的法医学专著，作者是中国南宋的法医宋慈。

宋慈是福建建阳人，曾多次任提点刑狱之职。宋慈为官清廉，刚正不阿，任职期间经常处理刑狱案件。他对待案件十分严肃，认为检验是审理案件的关键环

节。在进行检验的过程中，经常要用到法医学的知识。宋朝当时的法医学知识已经相当丰富了，出现了多部法医学著作。宋慈在这些著作的基础上，结合自己在勘验方面的实际经验，编著了一部系统的法医学著作，取名为《洗冤集录》。

《洗冤集录》全书分为 5 卷，53 目，共计 7 万字左右。书中首先列出了检验人员所应遵守的原则和事项，之后又详细论述了尸体检验、现场勘查、鉴定死伤原因、中毒的解救办法等内容。书中通过列举案例，详细讲解了自缢与假自缢、自杀与他杀、火死与假火死等的区别，并说明了各类猝死的外部表现。

官员在办案时可能遇到的各种各样的情况在《洗冤集录》中基本都能找到相关的记载，这部书因此成为了当时乃至以后历朝历代的官员办案必备的法医书籍。后来，中国境内还出现了很多根据《洗冤集录》编写的法医学著作。

黑死病侵袭欧洲

在随后的几个世纪里，欧洲又间歇性地爆发了几场比较大的瘟疫，如 1629 年的意大利瘟疫、1665 年的伦敦大瘟疫、1720 年的马赛瘟疫等，造成了大量欧洲人死亡。

14 世纪 40 年代，欧洲爆发了一场大瘟疫，这场瘟疫导致 2000 多万欧洲人死亡。感染瘟疫的人都有一个显著特征，就是身体会因为皮下出血而产生黑斑，所以这种病便被人们称作黑死病。

黑死病最早出现于 1338 年，出现地是中亚的一个小城。1340 年前后，黑死病传播到了印度。不久之后，这种疾病又向西传播，沿着古代的商道传播到了俄罗斯东部。此后，黑死病在俄罗斯肆虐了多年。

1345 年，蒙古人进攻非洲的港口城市卡法。由于很久都没能攻下，蒙古人

便开始向城内抛掷黑死病人的尸体,致使卡法城内瘟疫流行。城中居民大部分死亡,还有一部分逃亡到地中海地区,将黑死病也带到了那里。

从1348年开始,西班牙、希腊、意大利、法国、英国、瑞典等欧洲国家都相继爆发了黑死病。由于当时尚无有效的办法可以医治黑死病,所以大部分患者都会在3天之内死亡,只有极少数的人能够幸存下来。黑死病的蔓延使得当时欧洲的很多城市陷入萧条,劳动力严重缺乏,经济发展举步维艰。直到1352年之后,黑死病的蔓延才渐渐缓和下来。

19世纪末期,人们发现了引发鼠疫的病原体。由于鼠疫的症状与黑死病的症状十分相似,因此学界普遍认为,黑死病就是一种腺鼠疫,其病原体是一种鼠疫杆菌。

李时珍与《本草纲目》

为了完成这部药物学巨著,李时珍足足花费了29年。

《本草纲目》是中国一部药物学巨著,其编纂者是明朝的李时珍。这部书在医学上的影响力非常大,被人们称为"东方药物巨典"。其中收录了药物1892种,药方11096个,并且附有大量的药物插图。《本草纲目》集成了中国人民过去在药物学方面取得的成就,并对以往药物学书籍中的错误进行了修正。

李时珍是湖北蕲州人，他的父亲是一名医生。李时珍在科举失败后，就跟随父亲开始学医。李时珍学习刻苦，很快就成了一名医术精湛的医生，并且进入了太医院。

在行医的过程中，李时珍阅读了大量书籍，发现以往的药物学书籍上有很多错误，经常出现把两种药当成一种药，甚至把有毒药当作无毒药的错误记载。鉴于此，李时珍决定对当时的药物学书籍进行修订。他在太医院待了1年之后便辞职回家，开始进行《本草纲目》的编写。

在编写《本草纲目》的过程中，李时珍经常到各地考察，以便真实记录药物的形态、性质等。另外，他还经常向他人请教，以保证自己的记录没有错误。在考察过程中，李时珍通过自己的亲身实践，修正了以往医书上的许多错误认识。在进行了长期的实地考察之后，他又参阅了800多部书籍，对书稿进行了3次修订，最终写成了长达190多万字的《本草纲目》。

血液循环理论的创立

血液循环理论是由英国医生哈维提出的。

血液循环就是指血液在心脏的推动下按照一定方向在身体中往复循环流动。在哈维之前，人们对人体内部构成并没有形成科学的认识。亚里士多德曾说人体内部充满了空气，这种错误的认识统治了人类的思想几百年。后来古罗马神医盖伦提出，人身体里流动的是血液，这一说法比亚里士多德的思想要先进。但是，盖伦认为血液在人体中流动之后就会消失在人体周围，这显然是错误的。16世纪，比利时医生维萨里和西班牙医生塞尔维特都对盖伦的说法提出了反对，塞尔维特认为血液在人体的心肺之间进行小循环。

哈维成为医生之后，也开始研究人体的血液。他总结了以往科学家的研究成果，决定用实验的方式来研究血液流动。他首先对动物进行解剖，发现血液是由心脏流出的。然后他又用分别控制动脉血管和静脉血管的方法，判断出了血液的流向。最终他得出结论：血液是由心脏出发，经动脉血管流向全身，然后由静脉血管流回心脏。为了证明自己的结论对人体同样适用，他还找人做了一些实验，用扎紧手臂血管的方法来验证血液在人体中的流向。

1628年，哈维把自己创立的血液循环理论写进了《心血运动论》一书，并公开发表。近代生理学由此产生。

输血小史

布伦戴尔发明了一种重力输血器，这种输血器被沿用了1个世纪左右。

输血是在临床上常用的一种应急和治疗措施，主要针对贫血或失血患者。输血时可以根据情况不同输入不同的血液组分，一般包括全血、白血球浓缩液、血小板浓缩液、洗涤红血球等。输血可以迅速为患者补充所缺少的血液，但是在输血时应注意，要输血型相匹配的血液，如果血型不匹配，就会对患者造成危害。另外，输血并不是绝对安全的，虽然在输血之前会进行检测，但是任何形式的输血都有可能引发感染。

输血的发展以血液循环理论为基础。1628年，英国医生哈维在自己的论文中提出了血液循环理论。在这一理论的驱动下，人们想到了用向血管内注射药物的方法快速治疗疾病。1665年，英国医生劳尔用狗做了输血实验。他把因失血而濒临死亡的狗的静脉同一条健康狗的动脉用鹅毛管连接起来，将健康狗的血液输入到失血狗的体内。最终，失血狗恢复了健康。这次实验证明了输血的作用。1667年，法国一位御医用输血的办法治疗了一名精神病患者，不过他用的是羊血，结果最终导致病人死亡。此后，人们有很长时间都不敢再用输血疗法。

1818年，英国医生布伦戴尔第一次采用人血为患者进行输血治疗。他总共

为10名患者进行了治疗，但其中只有4例没有死亡。由于受到当时的科技水平的限制，人们还不能解释为什么输血会导致病人死亡。

1900年，奥地利科学家兰茨泰纳发现了血液可分为不同的血型，这就解释了为何有些人在输血之后会产生不良反应，甚至死亡。1940年，兰茨泰纳又和他的同事一起发现了Rh血型，使得输血的安全程度进一步提高。

伦敦大瘟疫

伦敦大瘟疫是发生在英国本土的最后一次大规模鼠疫。

1665年到1666年间，英国伦敦爆发了一场大瘟疫，整个伦敦有十多万人死于这场瘟疫。后来经过确认，发现瘟疫中传播的疾病是淋巴腺鼠疫。这种病是由鼠疫杆菌造成的，该病菌通常由跳蚤携带传播。

当时人们认为鼠疫是由荷兰传入的，因为英国与荷兰一直有商船往来，而荷兰的阿姆斯特丹刚刚发生了鼠疫。伦敦码头地区因有阿姆斯特丹的商船往来，很快就爆发了鼠疫，许多社会底层的工人都感染了瘟疫。当时伦敦对这些人并不重视，直到1665年4月12日才有了对这次鼠疫的第一份记录，记录中的感染者是一位名叫丽蓓嘉的女性。

几个月之后，瘟疫就已传播到了伦敦城区，居民们纷纷到外地逃难。英国国王查理二世逃到牛津，大部分商人也选择了逃离，伦敦城内已经很少有商业活动了。只有一些尽职的官员和牧师、医生选择留在伦敦，帮助那些患者和生活在社会底层的民众。

瘟疫流行时期，英国政府采取了不少应对措施，但是由于人们对这种疾病认识不足，很多措施都发挥不了作用，有些甚至会起反作用。

当时人们认为疫病是通过空气传播的，政府便下令让市民在市区中每日燃烧大火，以杀死空气中的病菌，同时焚烧一些有强烈气味的物质，以消灭病菌，但这些方法并没有阻止瘟疫的蔓延。当时市政府还认为猫和狗是瘟疫传播的源头，于是下令捕杀猫狗，结果却使老鼠的数量大增，加速了瘟疫的传播。

这段时期，疫情开始蔓延到伦敦周边地区。当瘟疫传播到一个名叫亚姆的小镇上时，镇上的居民主动进行隔离，阻止了瘟疫的继续传播。

后来，冬天到来，疫情的传播速度变缓。1666年9月2日，伦敦发生了一场大火，持续烧了四天四夜。大火过后，瘟疫也在伦敦消失了。有些人认为是这场大火消灭了瘟疫，但是也有人认为瘟疫的消失和大火无关，因为当时的疫情已经趋向于绝迹，并且当时的疫情大都集中在郊区，而大火是在伦敦市中心发生的。

催眠术的起源

印度医生曾把催眠术作为麻醉剂，对催眠后的病人实施截肢手术。

催眠术是一种采用引导、暗示等方法，使受术者进入一种类似于睡眠的特殊意识状态的心理诱导技术。

催眠术最早出现在18世纪的欧洲，起初包含着一些骗人的因素。当时有一个名叫弗朗茨的德国医生声称，自己发明了一种能治疗各种怪病的奇方。他的治疗方法就是让病人身处幽暗的灯光环境中，然后播放一些轻音乐，通过向病人传输一种"气流"，使病人进入催眠状态，从而治愈疾病。后来证明这种方法并不像他说的那样有效，但他却是第一个发现通过引导可以对他人意识施加影响的人。后来，英国眼科医生詹姆斯将这种方法应用在了治疗当中，并发明了英文的"催眠"一词。

19世纪，催眠术曾引发了很多人的研究兴趣。到了20世纪初期，催眠术逐渐受到人们的冷落，只有很少人还在继续这项研究。

第二次世界大战时期，人们又开始关注催眠术，因为催眠术对于治疗战争带给人们的心理疾病很有效。

20世纪后期，一些实验心理学家开始对催眠术进行研究，使得催眠术进入了一个全新的发展阶段。

体温计的发明

使用完成后，应该拿着体温计的上端用力甩动，使管内的水银回到液泡内，其他的温度计则不能这样甩动。这也是体温计有别于其他温度计的一个重要方面。

体温计又叫医用温度计，是用来测量人体温度的仪器。它的一个主要特点就是可以记录所测量的最高温度。

体温计的液泡中装有水银，在靠近液泡的地方有一个很窄的曲颈。测量体温时，液泡中的水银受热膨胀，在管内的位置上升。当水银与体温达到热平衡时，管内的水银将处于恒定位置。外界温度降低后，水银体积收缩，但由于曲颈的阻断，管内的水银无法再回到液泡内，只能保持在原来的位置，这样就可以在较低的温度下观察测得的最高温度。

体温计是在温度计的基础上发明的，温度计的发明者是意大利科学家伽利略，他在1592年制成了世界上第一支温度计。17世纪初期，意大利科学家桑克托里斯对温度计进行改进，把温度计做成了弯曲的蛇形，其液泡一端可以用嘴含住，以测量体温。这是世界上第一支用于测量体温的温度计。1714年，华伦海特制成了一种水银体温计，他把体温计的刻度范围设定为冰点到人体的温度之间。不过这种体温计体积比较大，使用起来很不方便，因此没有得到推广。后来有人把体温计的刻度范围改为人体的温度范围，即35度到42度，同时使温度计的体积大为缩小，体温计才在全球范围内普及开来。

牛痘接种法的诞生

英国史学家纪考莱曾经把天花称为"死神的忠实帮凶"。

天花是一种传染性很强的烈性传染病，是由天花病毒引起的。天花病毒的繁殖速度很快，可以在空气中传播，因此很难预防。感染了天花的病人死亡率非常高，即使能够幸存下来，也会留下满脸麻子，或者患上其他并发症。天花无法用药物治疗，只能通过接种疫苗的方法进行预防。接种牛痘是一种十分有效的预防措施，这个方法是由英国的琴纳发明的。

刚开始时，人们用接种人痘的方法来预防天花，但是这种方法会带来很大的痛苦，甚至有时会危及人的生命。后来人们发现，挤奶女工的皮肤都非常好，她们之中很少有人会生天花。于是，当时就流传着这样一种说法：挤奶女工通常会感染牛痘，而感染了牛痘的人就不会再得牛痘或者天花。琴纳在得知这个说法以后，就开始到农场进行调查，最终证实，凡是得过牛痘的人，就不会再得天花。

琴纳由此想到用接种牛痘的方法来预防天花。之后，他做了几次试验，都获得了成功。他发表了论文《一次天花牛痘的因果调查》，将自己的想法公之于众，但是人们并不接受他的想法。后来他又出了一本书，名叫《关于牛痘病因与效果的研究》。他在书中列举了自己所做的实验，并详细介绍了牛痘接种法的操作过程。渐渐地，有一些医生开始采用牛痘接种法预防天花。由于这种预防措施取得了非常好的效果，牛痘接种法迅速普及。

帕金森综合症

帕金森病的患者一般为中老年人，随着年龄的增长，发病率逐渐增加。其病情发展缓慢，早期症状并不是很典型。

帕金森综合症简称帕金森病，原名叫震颤麻痹，是一种在中老年人群中常见的慢性疾病，属于中枢神经系统退化性失调，可以引起多种功能障碍。帕金森病是英国医生帕金森在1817年发现的，帕金森病的名字也由此而来。

帕金森病的临床症状一般表现为三大类：一是节律性震颤，一些患者在处于静止状态时，会发生不自主的颤抖，一般发病都是从一侧的手指开始，然后向身体的其他部位蔓延，不同的患者震颤频率和幅度都不一样；二是运动障碍，一般表现为随意运动困难，动作缓慢吃力，严重的患者在起身时会出现几秒至几分钟的全身不动，医学上称作"冻结发作"，在做重复运动时，病人的动作幅度会逐渐减小，如写字时会越写越小，有些患者会出现语言障碍，饮食困难；三是强直，也就是肌肉僵硬，一般表现为肢体活动吃力，面部表情僵硬。有些病人还可能出现植物神经功能紊乱、忧郁、痴呆等症状。

目前帕金森病的发病原因尚不明确，一种普遍的看法是大脑中的黑质细胞和纹状体发生变性，导致指挥肌肉活动的多巴胺减少，引起活动障碍。

听诊器的由来

听诊器有很多类型，根据听诊的部位不同可以选择不同的听诊器。

听诊器是医疗上经常使用的一种诊断仪器，可以帮助医生听清身体各个部位活动的声音，主要由拾音部分、传导部分和听音部分组成。

听诊器是由法国医生雷奈克发明的。1816年9月13日，雷奈克为一位心脏部位疼痛的年轻女子做诊断。由于这名女子身体比较肥胖，一般的敲诊方法很难起作用，而如果雷奈克把耳朵贴在女子的胸口听心音，又会被视作不礼貌。

这时，雷奈克忽然想到了小时候玩的一种游戏，就是用木杆来传递声音，用固体传递声音可以使声音听起来更加清楚。雷奈克随即用纸卷成一个圆筒形状，一端放在耳朵上，一端贴在病人的胸口上，这样就可以很清楚地听到病人的心音。随后，雷奈克让人制作了一根空心木管，并将其中间断开，用螺纹连接，这便是世界上第一个听诊器。

在后来的实践中，雷奈克又对听诊器进行了改进，把橡皮管连接在一个喇叭形的象牙管上，形成了单耳听诊器，从而提高了听诊的效果。

1840年，英国医生卡门又对雷奈克的单耳听诊器进行了改进。拾音部分采用一种中空的镜状圆锥，传导部分为两根软橡皮管，听音部分是两个耳栓。这种听诊器为双耳听诊器，可以更好地进行听诊，直到现在仍在普遍使用。

血压计的发明

血压是血液在血管内流动时作用于血管壁的压力。

血压计是测量血压高低的一种仪器。一般测量血压都有两个数值，一个是收缩压，一个舒张压。收缩压就是心脏收缩时血液对血管壁的压力，此时血压最高；舒张压就是心脏舒张时血液对血管壁的压力，此时血压最低。

1628年，提出血液循环理论的英国医生哈维在做动脉实验时发现，血液在血管里流动时是有压力的。1733年，一位名叫海耶斯的牧师制作了一种简单的测量血压的仪器。他在一根长玻璃管的末端连接了一根金属管，然后把金属管插入马的颈动脉中，马的血液立刻流到了玻璃管中。在动脉血压的压力下，马的血液在玻璃管中形成了一道血柱，并且伴随着马的心跳节奏，血柱高度会升高或降低，平均高度为270厘米。

1835年，尤利乌斯发明了一种不切开动脉就能测量血压的仪器。他用一根水银柱来感应人体脉搏的跳动，水银柱会随着脉搏的跳动升高或者降低。但是这种仪器制作粗糙，测量结果很不准确。

1860年，法国科学家马雷制成了一种血压计。他利用放大原理将脉搏的跳动放大，然后将这种跳动记录在纸上，形成一条轨迹。

1896年，意大利科学家罗奇发明了一种用充气袖带测量血压的血压计。将袖带内充入空气之后，袖带可以使血液停止流动，然后在刻度表上读取袖带感应到的血压。同时医生还配有一个听诊器，可以听被测者的脉搏跳动。这便是现在普遍使用的血压计。

图文版 世界百科全书 医药生物

"微生物学之父" 巴斯德

其实，在巴斯德之前就有人提出过细菌学说。巴斯德非常支持这种学说，还通过大量实验对其进行论证。

巴斯德是法国的微生物学家和化学家，他创立了微生物生理学，被人们称为"微生物学之父"。

巴斯德在对发酵进行研究的过程中发现，发酵是在某种微生物的作用下进行的，还有一些微生物会对发酵过程产生不好的影响，使得正在发酵的饮料等物品变为劣质品。这些微生物通过饮品进入人体之后可能会引发疾病。巴斯德据此发明了巴氏消毒法，用来消灭这些会对人体产生不良影响的微生物。

巴斯德在对炭疽进行研究的过程中发现，炭疽是由一种细菌引起的，也就是炭疽杆菌。同时，他还发明了一种弱株炭疽杆菌。他通过在牛身上做实验，证明这种弱株炭疽杆菌非但不会对牛产生致命威胁，相反还能使牛对正常的炭疽杆菌产生免疫力。巴斯德发明的这种方法很快被应用到其他疾病的治疗上。

在细菌学说流行起来以后，巴斯德又对狂犬病展开了研究。他发现狂犬病的病原体经过反复传代之后，其毒性就会降低。当时巴斯德并不知道这种病原体是病毒，只认为它是一种可以透过细菌滤器的"过滤性的超微生物"。之后，他据此发明出了狂犬病疫苗，救治了很多被狗袭击的人。

注射器的历史

注射器是一种向人体内注射药物的器具，其发明者是法国的普拉瓦兹。

公元3世纪，中国汉代医学家张仲景在他编写的《伤寒论》中记载了一种用小竹管向肛门内灌输药物的方法。这种小竹管叫做灌肠器，是注射器的雏形。

15世纪，意大利人卡蒂内尔提出了注射器的原理，但是并没有制作出注射器。其后，法国的军队外科医生阿贝尔设想出一种活塞式注射器，不过也没有付诸实践。到了17世纪60年代，德国出现了关于静脉注射的理论，一些医生开始根据这一理论用动物膀胱为人体进行注射。但是由于这一方法会引发很多并发症，很快就被人们放弃了。

在注射器之后的发展过程中，出现了用于治疗胎记的针筒，针头也被独立发明出来。1853年，法国的普拉瓦兹和苏格兰的亚历山大将针筒和针头组合起来，发明了真正实用的注射器。普拉瓦兹发明的注射器是用白银制作的，容量有一毫升，内部有一根带有螺纹的活塞棒。亚历山大用这种注射器为人体注射吗啡，用来治疗睡眠障碍。

后来，英国人弗格森制作了一种玻璃注射器，医生在进行注射时可以看到注射器内的药物。为了降低交叉感染的风险，此后又出现了塑料注射器。这是一种一次性注射器，用完之后就可以扔掉。目前人们所使用的注射器大多为塑料注射器。

国际红十字会

红十字国际委员会每4年都会召开一次红十字与红新月国际大会，《日内瓦公约》的所有缔约国都会参加会议，因此《红十字国际委员会章程》在国际上也有一种准法律效力。

国际红十字会是一个国际性的慈善救援组织，在全球范围内都很有影响力，很多国家都对其地位进行了立法保障。国际红十字会成立于1863年2月9日，总部设在瑞士的日内瓦，其使命是为在战争或者暴力冲突中受到伤害的人提供人道主义援助和保护。

国际红十字会的创立者是瑞士银行家亨利·杜南。1859年，杜南在途径意大利的伦巴底时，亲眼目睹了索尔弗利诺战役的战况。他发现在战役中受伤的士兵通常都得不到基本的照顾，情况十分凄惨。于是，他便将自己的所见所闻写成了一本书，取名为《索尔弗利诺回忆录》，并自费出版。然后，他发起号召，希望索尔弗利诺人民能成立一个民间性质的中立组织，对战争中的伤兵进行救援。1863年，杜南和其他几人共同成立了"救援伤兵国际委员会"，这便是国际红十字会的前身。

1864年，红十字运动传播到了欧洲12个国家。同年，这些国家在日内瓦签署了《改善战地陆军伤者境遇之日内瓦公约》。1875年，救援伤兵国际委员会正式改名为红十字国际委员会，并将杜南的生日5月8日定为"世界红十字日"，红十字会符号由瑞士国旗的颜色翻转而成，为白底红十字。由于十字是基督教符号，伊斯兰国家便改变了红十字会符号，在奥斯曼帝国采用了红新月标志，在波斯帝国采用了狮子和太阳标志，这两个符号都获得了国际红十字会的承认。

国际红十字会现在已经是三大国际组织之一，在80多个国家和地区设立了办事机构，总共有员工1万多人。在发生武装冲突时，红十字国际委员会可以对红十字与红新月会等组织的活动进行协调，从而对冲突中的被关押者、伤病人员和平民提供人道主义援助。国际红十字会同时也是国际人道法和《日内瓦公约》的发起者。《日内瓦公约》对国际红十字会的任务进行了说明。由于《日内瓦公约》是一个在国际上有法律约束力的条约，适用于全世界，因此国际红十字会的使命也就成了一项法律职责。

对于不适用《日内瓦公约》的国内暴力事件的处理，《红十字国际委员会章程》做出了相应的补充。

"医学泰斗"科赫

1905年，科赫因自己在病菌方面的研究成果获得了诺贝尔生理学和医学奖。

科赫是德国细菌学家、医生，他开创了病原细菌学，被人们称为"医学泰斗"。

科赫的主要成就在传染病研究方面。他首先发现了传染病是由病原细菌感染造成的。为了对细菌进行研究，他发明了用固体培养基培养细菌的方法，并以此培养和分离出了炭疽杆菌，发明了预防炭疽病的接种方法。之后，他又发现了结核杆菌，并提出这种细菌是引起结核病的病原。接下来，他又接连发现了霍乱弧菌、伤寒杆菌等一系列病菌，并提出了预防霍乱的方法。他还发现腺鼠疫是经由老鼠和跳蚤传播的，人们据此很快控制住了腺鼠疫。

为了推进人们对病菌的研究，他还提出了很多细菌研究的基本原则和技术，其中比较突出的就是科赫法则，具体包括：第一，这种微生物要在患病动物体内能找到，而在未患病动物体内找不到；第二，这种微生物可以在病患体外被培养和分离；第三，培养出的微生物可以感染健康动物；第四，在受感染的动物体内能再次分离出这种微生物。

老年痴呆症

老年痴呆症都是进行性发展，发病年龄大多集中在60岁到70岁之间，发病率随着年龄的增加而增加。

老年痴呆症又叫阿尔茨海默病。1907年，德国医生阿尔茨海默首次发现了老年痴呆症。这是一种能够致死的神经退行性脑变性疾病，其临床表现一般为记忆和认知能力不断退化，日常生活的自理能力不断下降，并且伴随着多种行动障碍和精神方面的症状。

老年痴呆症的发病原因目前还不清楚，其起病过程隐匿，病情发展缓慢。主要的病理改变是脑细胞大量死亡、皮质弥漫性萎缩、神经元减少、神经元纤维缠结等。对老年痴呆症的确诊通常要等患者死后才能进行，因为要对大脑进行解剖才能发现脑组织中的各种变化。病人在患上老年痴呆症之后，通常还可以存活8到10年。

老年痴呆症通常都以预防为主，主要方法有经常锻炼，平时多练习用脑，吃一些补脑的食品，另外还可以喝一些咖啡、茶等饮料。目前的研究表明，老人多吃含维生素D的食物，多晒太阳，都可以帮助预防老年痴呆症。

阿司匹林的发明

由于阿司匹林发挥作用较快，药效稳定，并且很少有不良反应，因此应用十分普遍。

阿司匹林是一种比较常用的解热镇痛抗风湿药，主要用于感冒、发烧、头痛、关节痛、风湿病等病症，另外它还具有抗血小板凝集的作用。

阿司匹林的成分为乙酰水杨酸，它是由水杨酸乙酰化制得的。1853年，法国化学家热拉尔利用水杨酸和醋酐合成了乙酰水杨酸，但当时这项成果并未得到人们的重视。1898年，德国化学家霍夫曼再一次合成了乙酰水杨酸，并且用其为自己的父亲治疗风湿关节炎，效果非常好。1899年，在德莱塞的建议下，乙酰水杨酸被应用到临床治疗上，并且由他取名为阿司匹林。

目前公认的阿司匹林的发明者是德国的霍夫曼，不过还有一位犹太化学家艾兴格林在其中发挥了重要作用。霍夫曼合成乙酰水杨酸是在艾兴格林的指导下完成的，采用的完全是艾兴格林的方法。不过，在向外界公布成果时，霍夫曼却说是自己发明了阿司匹林。因为艾兴格林是犹太人，当时德国的纳粹统治者也肯定了这种说法，并将艾兴格林关进了集中营。后来的史学家在查阅档案之后，发现了这段历史，认可了艾兴格林在阿司匹林的发明过程中占据的重要地位。

维生素的发现

人体如果缺乏维生素，就会出现一些特异性病症，叫做维生素缺乏症。

维生素也叫维他命，是维持机体生长活动所必需的微量有机物质。维生素有很多种，主要分为脂溶性维生素和水溶性维生素两大类。

在3000多年前的古埃及，人们就发现了某些食物能够治疗夜盲症，但当时人们并不知道这究竟是食物中的什么物质在发挥作用。这便是人类对维生素的早期认知。

在航海业鼎盛时期，很多船员要长期在海上航行，他们中的很多人在航海途中因患上坏血病而死亡。1747年，英国海军的军医林德经过研究得出了一个结论，建议船员们在长时间航行时多吃些柠檬。后来的实践证明这个方法确实非常有效。

1897年，艾克曼发现，只吃精磨的米很容易患上脚气病，改吃糙米就能治疗脚气病。于是，他便从糙米中提取出了这种可以治疗脚气病的物质，并取名为"水溶性B"。1906年，人们发现食物中含有一些人类必需的物质，但是含量很少。1911年，波兰科学家冯克对从糙米中提取的治疗脚气病的物质进行鉴定，发现这是一种胺类，随后，他便将其取名为维他命。在此之后，人们又发现了多种维生素。这些维生素共同组成了一个大家族，目前已知的高达几十种。

弗莱明发现青霉素

1945年，弗莱明、弗洛里、钱恩三人共同获得了诺贝尔奖。

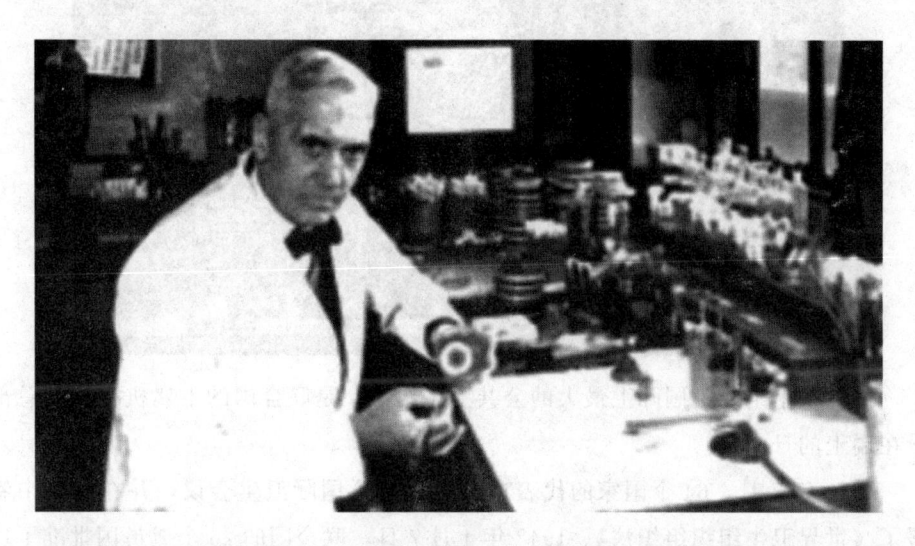

青霉素是一种抗生素，其成分有青霉烷，可以通过破坏细菌细胞壁，从而达到杀菌的目的。青霉素是由英国细菌学家弗莱明首先发现的，它是人类发现的第一种能够治疗疾病的抗生素。

青霉素的发现源于一个偶然的失误。1928年夏天，弗莱明去外地度假，但是忘记了实验室里的培养皿中还培养着细菌。三个星期过后，他回到了实验室，发现在一个培养着金黄色葡萄球菌的培养皿中长出了一团青绿色的霉菌，但在霉菌的周围并没有生长出金黄色葡萄球菌。弗莱明用显微镜对其进行观察，发现霉菌周围的葡萄球菌都已经被溶解了，这说明这种霉菌的分泌物中有抑制金黄色葡萄球菌生长的物质。

在后来的研究中，弗莱明发现这种霉菌是点青霉菌，于是他便将点青霉菌分泌出来的杀菌物质称为青霉素。不过，弗莱明并未找到一种提取高纯度青霉素的方法。后来他把自己培养的点青霉菌提供给英国病理学家弗洛里和生物化学家钱恩。最终，这两人发明了一种冷冻干燥法来提取青霉素。

世界卫生组织

每年的4月7日为"世界卫生日"。

世界卫生组织是国际上最大的公共卫生组织，是联合国的下属机构，其总部设在瑞士的日内瓦。

1946年7月，64个国家的代表在纽约召开了国际卫生会议，并在会议中签署了《世界卫生组织组织法》。1948年4月7日，联合国的26个成员国批准了这项法规。6月24日，世界卫生组织正式成立，并召开了第一次世界卫生组织大会，其成员国目前有193个。

世界卫生组织在国际上的主要职能有三个：一是促进各种流行性疾病和地方性疾病的防治，二是为公共卫生和疾病治疗等事项提供并改进相关的教学和训练，三是推动各种生物制品的国际标准的制定。

世界卫生组织的最高权力机构为世界卫生组织大会，大会每年在日内瓦召开一次，讨论工作报告、组织预算、接纳新会员等事项。大会设立了一个执委会作为大会的执行机构，执委会由32名卫生领域的专家组成。

生 物

细 胞

很多微生物只有一个细胞，这种生物被称为单细胞生物；而高等动物和植物则是有很多细胞组成的，被称为多细胞生物。

细胞是构成生命体最基本的单位，非常微小，不借助显微镜仅凭肉眼无法看见。不同的细胞形态各异，但结构大致相同，主要由细胞质和细胞核构成，表面有一层薄膜覆盖。动物的细胞和植物的细胞大同小异，动物细胞质中一般都有中心体，而植物细胞中没有；植物细胞质膜外有细胞壁，细胞壁中常有质体，体内有叶绿体和液泡，还有线粒体。

拿人来说，全身上下有200多种细胞，总数量在40至60亿之间。其中最大的细胞是成熟之后的卵细胞，而最小的细胞是血小板。细胞有运动和繁殖的能力，但是寿命往往很短，比如血液中的白细胞寿命只有几个小时，肠粘膜细胞的寿命为3天左右，肝细胞寿命达500天，而脑与骨髓里的神经细胞寿命可以长达几十年。人体内每时每分都有数以万计的细胞死去，又有数以万计的细胞诞生。

英国物理学家、生物学家罗伯特·虎克被认为是第一个发现细胞的人。虎克没有接受过正式教育，当过店员，开过布店，后来成为一名政府小职员，但是他从小喜欢动手磨制透镜，并用自己磨的镜片观测细微的物体。1665年，虎克从透镜下面观测到了一些他自称为"小房子"的物体，并绘制了结构图，后来证明那就是细胞。

生物催化剂——酶

比如说，肠胃要想消化食物，必须依靠酶将食物分解成为小分子，营养才能被人体吸收。

酶是生物体内的一种生物催化剂，主要成分是蛋白质。酶在生物体内依靠细胞生存，同时它决定着细胞的生老病死，通过影响细胞，从而影响生物的新陈代谢、营养和能量转换。消化、吸收、呼吸、运动这些活动都离不开酶，都是在酶的催化作用下完成的。

酶是一种催化剂，如果没有酶，生命就像是一个没有力气的长跑运动员，坚持不了多久便会倒下。同样道理，生物体内的酶越多，质量越好，他身体的各项机能也会越好，身体也就越健康。多数疾病的根源就在于酶的缺失和损伤。

酶有很多种，拿哺乳动物来说，它体内的酶就有上千种，其中一部分被称为胞内酶，主要是溶解于细胞质中的酶，以及其他位于细胞内部的酶；还有一部分被称为胞外酶，主要是指一些在细胞内部合成之后分泌到细胞外面的酶。

酶是20世纪才被人们发现的，但是对它的研究早在很久之前就开始了。1783年，意大利科学家斯帕兰扎尼设计了一个实验，他将一块肉用金属包裹好，让老鹰连同金属包装一块吞下去，过段时间之后他发现金属包装完好无损，而里面的肉不见了。于是他推测，胃液中肯定含有一种能把肉消化的物质，但他不知道是什么。1836年，德国科学家施旺揭开了这个谜，他在胃液中发现了一种消化蛋白质的物质。直到1926年，美国科学家萨姆纳提取出一种酶的结晶，并证明这种酶主要由蛋白质构成，酶才被人们真正认识。后来人们陆续知道了其他种类的酶，它生物催化剂的功能也被发现。

神奇的生物电

18世纪末，有人用青蛙做实验，第一次证明了生物体内带电。

早在2000多年以前，人类就通过一种身上带电的鱼发现了"生物电"。进入20世纪以后，人们先后用不同方式测得了动物身上的电流，促进了"电生物学"的诞生和发展。到了20世纪60年代，人们已经能利用计算机清晰、精确地观测到生物电，并将它广泛应用到医学中。

生物身上怎么会带电？生命过程中的能量转换、神经传导、光合作用等活动，实质上都是电子的传递过程，因此生物体内会存在电。简单说，当生物受到外界刺激，并将这种刺激通过神经传回大脑，大脑迅速做出反应，通过神经下达指令，这个过程中通过神经来回传递的信息就是生物电。

生物电的存在非常普遍，含羞草受一点点刺激就会立刻收缩，就是因为生物电，生物电消失之后它的叶子会重新舒展开。人体内生物电也无处不在，眨眼

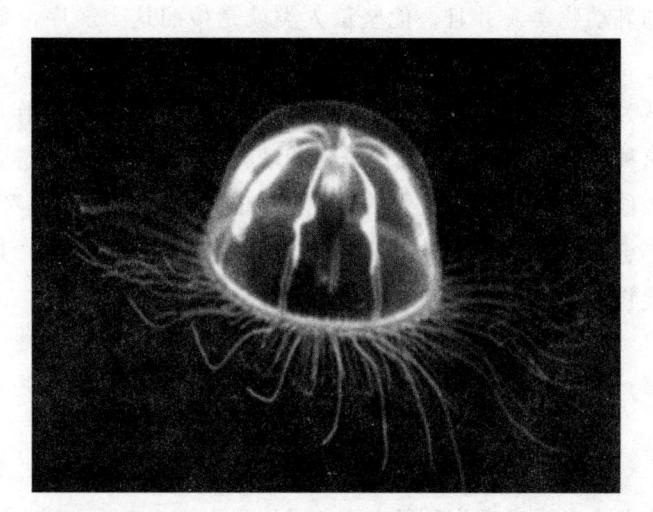

睛、脉搏跳动，甚至动脑子想问题的时候，都会产生生物电。生物电最明显的要属一些海洋生物，它们甚至可以通过体内的生物电来捕猎，南美洲有一种鱼，瞬间发出的生物电可以杀死一头牛。

生物的一举一动都会产生生物电，并且不同强度的活动产生不同强度的生物电，人们抓住这一特征，根据对生物电的观测，推断生物机体是否正常。比如，心电图、脑电图便是用生物电来观测人的心脏和大脑是否正常；当一个人心脏停止跳动时，医生会用带电的心脏起搏器来刺激心脏，让它重新跳动。除了医学上的广泛应用之外，在仿生、信息控制、能源等领域，生物电也发挥着越来越重要的作用。

拉马克学说

1809年，拉马克出版著作《动物学哲学》，系统地提出了生物由低级向高级进化的理论。

法国生物学家拉马克是进化论的奠基人，他认为高等生物是由低等生物进化而来的，生物会通过体内进化的动力来改变自身，以适应环境的改变，并且这种改变可以遗传给下一代。这种生物进化学说被称为拉马克学说，比达尔文提出进化论要早几十年。

我们生活的地球上生物种类繁多，千姿百态，为什么会有这么多种生物？它们之间存在什么关系？是什么造成了它们的不同？这些问题一直被人们所思考。拉马克将脊椎动物分为四类，并且排列了它们进化的顺序，依次是鱼类、爬虫类、鸟类、哺乳动物类。并且，他坚信人类就是按照这个顺序由低级动物进化而来。

拉马克认为，生物进化的过程非常漫长，对进化起最大催化作用的是外界环境的改变，这种改变会刺激生物体内进化的动力，人类驯化和家养也会使一些生物发生变异。他还提出了两条重要的进化理论：一是"用进废退"，意思是经常使用的部位不会退化，而没有作用的部位会慢慢退化掉；还有"获得性遗传"，是指生物后代将会遗传上一代已经进化好的部分。

居维叶的灾变论

自从诞生之日起，灾变论和渐变论之间的争论就从未停止过。

19世纪初，地壳会运动和物种会变化这两种观点已经被大多数科学家接受，但是有人认为这种变化是突然发生的，也有人认为这种变化是逐渐发生的，前者的理论被称为灾变论，后者的理论被称为渐变论。具体来说，灾变论认为地球之前经历了数次巨大灾难，每一次灾难都将地球上所有的生物毁灭，之后新的生物出现，周而复始；渐变论认为地球上的地壳运动和生物进化经历了一个漫长的过程，是逐渐日积月累地变化的，而非突然遭受了什么灾难。

法国古生物学家、解剖学家居维叶是灾变论的代表人物。他通过观察巴黎盆地的沉淀层，发现不同地层中有不同的生物化石，并且不同地质层的生物之间没有明显的进化痕迹。由此他判断那些生物死于一场灾难，可能是火山爆发，可能是地震，并且这些灾难不是小范围的，而是在很大范围之内，甚至是全球性的。灾难过去很长时间之后，这些地方又会出现新的，与原先不同的生物，直到它们也遇到一场大灾难，然后被埋入地下。只有这样，才能解释为什么同一个地方不同的地质层中出土的生物化石会不同。

居维叶于1825年出版了《地球表面灾变论》，全面地阐述了自己关于灾变论的观点。他甚至判断地球之前经历了4次大的灾难。居维叶使灾变论在欧洲有了很大的影响力。

渐变论的代表人物是著名的博物学家、生物学家达尔文，他所提出的生物进化论就是渐变论最好的证明。后来相信渐变论的人越来越多，但还有一部分人坚持灾变论。

蛋白质

如果一个人体内缺乏蛋白质，便会肌肉萎缩、免疫力下降、贫血，如果是儿童，则会停止发育，智力降低。

蛋白质是一种有机化合物，是维持生命的基础物质，可以说没有蛋白质就没有生命。人体内的每一个细胞中都含有蛋白质，占人体总重量的16%～20%。早在18世纪，就有科学家开始研究蛋白质，当时他们从蛋清、血液、纤维素、小麦中发现了一种相同的生物分子，这种生物分子很独特，如果用酸处理，它们会产生凝结或絮凝。1838年，荷兰化学家格利特·马尔德对已知的蛋白质进行了元素分析，发现它们具有相同的实验公式。马尔德的合作者永斯·贝采利乌斯将这类生物分子命名为"蛋白质"。

人体内的蛋白质分很多种，性能各异，但主要都是由不同的氨基酸组合而成的。不同种类、不同数量的氨基酸按照不同的排列方式组合，会形成不同的蛋白质。蛋白质主要的构成元素是碳、氢、氧、氮，其中碳占50%，氢占7%，氧占23%，氮占16%，其他硫、铁、锌、铜、硼、锰、碘、钼等占很小比重。

食物内的蛋白质进入胃之后，会在胃液消化酶的作用下被水解成氨基酸，这些氨基酸被吸收进人体内之后，重新组合成蛋白质。蛋白质在人的体内不断新陈代谢，不断产生，又不断转化为能量被消耗。对少年、老年、孕妇来讲，补充足够的蛋白质至关重要。奶、蛋、鱼、肉、大豆中都含有高蛋白。

"遗传学之父"孟德尔

1909年，丹麦植物生理学家、遗传学家约翰森正式将孟德尔遗传定律中的遗传因子称为"基因"。

遗传学是专门研究基因的结构、功能及其变异、传递和表达规律的学科，由奥地利遗传学家孟德尔创立，他也因此被称为"遗传学之父"。

人类早在原始阶段就懂得驯化动物和种植作物，并且在这个过程中学会了改良品种。中国古代著名学者贾思勰在他的《齐民要术》中就记载了很多品种的瓜果蔬菜，还记载了嫁接技术和杂交技术。关于第一代和杂交之后获得的下一代之间的遗传性，很多人都做过研究，试图找出遗传规律，都没有成功。但到了19

世纪中期，孟德尔解决了这个难题。

孟德尔是奥地利人，除了是一位遗传学家之外，还是一位神学家。他曾经在维也纳大学接受过物理、化学、数学、动物学和植物学的教育。1856年至1863年，孟德尔先后进行了8次豌豆杂交试验，通过人工授粉的方式，将高矮不同的品种进行杂交，最终孟德尔将实验结果写成论文，发表在《植物杂交试验》上。在这篇论文中，他首次提出了遗传因子，以及这种遗传因子的显性和隐性特征，并阐明了自己发现的遗传规律，此规律后来被称为孟德尔定律。这篇论文奠定了遗传学的基础。

但在当时这篇论文没有引起重视，人们认为他得出结论凭借的是经验，而非理智。直到1900年，荷兰的弗里斯、德国的科伦斯和奥地利的切尔马克三位科学家分别用豌豆、玉米、鸡、小鼠、豚鼠做实验，证明了孟德尔定律的正确性，孟德尔遗传学奠基人的身份得到了确立。

华莱士线

人们一直在努力找出一条区分亚洲和大洋洲动物特性的界限，这些努力都是在华莱士线的基础上展开的，或修改，或延伸，并且这些延伸或者修改的分界线都是以贡献者的名字来命名的，比如韦伯线、里德克线、赫胥黎线等。

华莱士是英国博物学家，几乎与达尔文同时提出了相对论，但他不像达尔文那样是基于长时间的观察和积累，而只是根据见闻联想到的，所以在进化论上他的知名度不能与达尔文相比。但是，他在另外一个领域具有更大的影响力，那就是开创了动物地理学，最有代表性的就是以他名字命名的一条生物地理分界线——华莱士线。

1860年，在东南亚马来群岛考察动物的华莱士发现，亚洲和大洋洲之间存在一个过渡区，这个过渡区内的动物由大洋洲动物的特征开始向亚洲动物的特征过渡，并且非常明显，两个相距不到30海里的岛屿，鸟类品种的差异竟然超过50％。这个过渡区被人们称为华莱士区。华莱士又详细划定了一条虚线，从位于爪哇岛以东的巴厘岛和龙目岛间起，向北经加里曼丹岛和苏拉威西岛间，到菲律宾群岛以南的海面为止。这条线以西的动物呈东南亚特性，而以东的部分呈新几内亚特性。这条线被科学界称为华莱士线。

达尔文提出生物进化论

1859年，英国博物学家达尔文正式提出并论证了进化论。

在古希腊时期，进化论的观点就已经存在了，当时人们认为一些动物可能是另外一种动物进化而来的，但大都是一些零星的猜测，没有形成完整统一的理论。

1835年，26岁的达尔文跟随英国海军的舰船开始了历时5年的环球航行。这次航行中他收获很大，在南美洲大陆、太平洋的小岛上，他到处观察、记录、搜寻化石，当旅行结束的时候，他总共做了1700多页笔记，涉及到动物学、植物学和地理学，并制作了5000多个动植物标本。

回到英国之后，达尔文开始着手整理和研究自己的发现。他首先肯定了地质均变说，相信地壳变化和动物进化经历了漫长的时间，是一步步完成的；再者，他否定了当时关于不同物种有不同祖先的说法，认为不同物种是同一祖先沿着不同路径进化而来的；最后，认定进化的动力是"物竞天择，优胜劣汰"。

1859年，另外一位博物学家华莱士在印尼群岛上做研究，它发表了一篇关于进化论的文章，观点与达尔文的进化论观点相似。迫于竞争压力，达尔文将自己的研究和观点整理成书，仓促发表，取名为《物种起源》。要知道，虽然《物种起源》有将近16万字，但这只是达尔文关于进化论论述的一个纲要而已，后来他出版了很多著作来论证进化论。《物种起源》从出售之日起便引起了轰动，支持和反对的人展开了旷日持久的争论。

首倡优生的人

随着医学科技的进步，优生学也有了很大发展，有些国家把优生定为国家的基本政策。

优生的意思就是健康遗传，其提出者是英国的人类遗传学家高尔顿。

高尔顿在遗传学方面很有研究，他创立了遗传决定论，认为人的思想的发展是由遗传基因决定的，人的发展过程就是这种遗传基因进行自我展开的过程，而生长环境只对这个过程起到促进或延缓的次要作用。

高尔顿始终坚持人的能力都是由基因决定的。1883年，高尔顿在遗传决定论的基础上首次提出，可以通过有选择的婚姻，来减少人类的不良遗传基因以及先天弱质的婴儿的出生，从而提高人类基因的品质，使得人类群体的整体品质达到优良。

1960年，美国遗传学家斯特恩把优生学进行细化，分为预防性优生学和进取性优生学，通过各种方式来增加优良个体，减少不良个体。

虹膜识别技术

在人类最早为罪犯采集生物识别特征的时候，其中就包括虹膜的采样。

虹膜识别技术是一种类似于指纹、DNA识别技术的生物识别技术，它因为在方便性和精确性方面的优势，越来越得到人们的重视。

我们从外面观测眼球，白色的部分叫巩膜，约占30％；最中心为瞳孔，约占5％；巩膜和瞳孔之间的部分即是虹膜，约占65％。虹膜包含了丰富的人体信息，其中的腺窝、褶皱、色素斑等错综复杂，具有相当的唯一性。同时，虹膜在人两岁左右定型之后就不会再发生变化，非常稳定。这种唯一性和稳定性是虹膜识别技术的基础。那么，虹膜识别技术到底有多精确呢？两个不同的人虹膜相似75％的可能性是百万分之一，虹膜完全相同的可能性是10的52次方分之一，远远高于指纹和DNA。

1991年，美国洛斯阿拉莫斯国家实验室研制成功了第一个自动虹膜识别系统，虹膜识别技术变得方便，得到了普及。作为最精确的生物识别技术，虹膜识别技术将成为未来这一领域发展的主流，在个人安全、海关进出口、保护商务机密、电子商贸等方面，都将会得到利用和重视。

血型

　　血型的发现不仅解决了输血的问题，还为免疫血液学、免疫遗传学等学科的开创奠定了基础，在人类学、遗传学、法医学、临床医学等学科都有广泛的实用价值。

　　据记载，17世纪80年代，有位英国医生为一位生命垂危的年轻人输羊血，救了他一命，其他医生纷纷模仿，结果统统失败，很多病人因此丧生。19世纪80年代，一位北美医生为病危的产妇输送人血成功，保住了产妇的性命，很多医生进行模仿，结果仍然不理想，只有极少数获得成功。直到1900年，奥地利维也纳大学病理研究所研究员卡尔·兰德施泰纳发现了血液的奥妙：并非所有人的血液都是一样的，按照不同血清和不同红细胞之间的组合，人的血液可分为A型、B型和O型三种，后来他的学生又发现了AB型。1930年，兰德施泰纳因为在研究血液方面的贡献获得了诺贝尔生物医学奖。

　　狭义上讲，血型是指根据红细胞抗原在个体间的差异对血液进行的分类；广义上讲，血型是指根据血液各部分抗原在个体间的差异对血液进行的分类，因为除了红细胞之外，白细胞和血小板之间也存在抗原差异。血液一般被分为A型、B型、AB型和O型四种，除此之外，还有Rh阴性、MNSSU型、P型和D缺失型等其他血型，但是极为稀少。并非所有血型之间都可以相互输血，如果血型不合，会导致血液中红细胞凝结，堵塞血管，影响血液循环，进而影响到身体各组织的机能，严重者会死亡。AB型血的人被称为万能受血者，他们可以接受任何血型的血液输入。O型血的人被称为万能输血者，他们可以输血给任何血型的人。尽管如此，输血最好在同一血型之间进行。

激素

　　激素可以通过调节蛋白质、糖和脂肪的代谢，为生理活动提供能量，促进细胞的分裂和发育，保证肌体各部分正常发育，还可以通过与神经系统密切配合，满足内外环境对肌体的需要。

　　激素的英文名字叫Hormone，音译为荷尔蒙，是一种通过血液循环或者组织液起传递信息作用的化学物质，由高度分化的内分泌细胞合成，并且可以直接分泌到血液中。激素的分泌极其微量，相当于一克的十亿分之一，但是非常重要。

激素对肌体起非常重要的调节作用，它不参加具体的代谢过程，只是通过调节各种组织细胞的代谢活动，从而调节代谢和生理过程的速度和方向，使人体从容应对外界的变化。这种调节的范围非常广泛，涉及到肌体的代谢、生长、发育、繁殖、性别、性欲和性活动等方面。

激素按照化学结构分为四大类：类固醇，如肾上腺皮质激素、性激素；氨基酸衍生物，如甲状腺素、肾上腺髓质激素；肽与蛋白质，如下丘脑激素、垂体激素、胃肠激素；脂肪酸衍生物，如前列腺素。

1901年，日本科学家高峰让吉发现牛的副肾中有一种可以调节血压的物质，并将其提炼出了晶体，起名为肾上腺素，成为世界上最早的激素晶体。1902年，英国生理学家斯塔林和贝利斯发现了"促胰液"，这是一种从小肠粘膜上分泌出来的，可以刺激胰腺分泌胰液的物质。后来，两人将这种数量少，可刺激某个器官做出反应，有生理调节作用的物质起名为"激素"。

巴甫洛夫与条件反射

巴甫洛夫对条件反射的研究逐渐得到了生物学界的认可，对生理和医学领域来讲意义重大。

伊万·巴甫洛夫是俄国著名的生理学家，他在19世纪末进行了著名的条件反射生理实验，为日后开创条件反射学奠定了基础。

巴甫洛夫发现狗在吃东西的时候会流口水，其实这没什么，不过是一种本能的反应，但他又发现，狗只要一看见食物就会流口水，不一定非得是吃食物的时候，也就是说，视觉的刺激也会让狗做出本能的反应。巴甫洛夫设计了一个实验，他每次喂狗吃肉之前都要先摇铃铛，时间一长，只要他一摇铃铛，哪怕没有给狗喂肉，狗也会流口水。巴甫洛夫将直接喂肉带来的刺激称为无条件刺激，无条件刺激带来的反射称为无条件反射，而铃声带来的刺激是条件刺激，条件刺激带来的反射被称为条件反射。

无条件反射是先天具备的，而条件反射是后天培养的。经过不断的实验，巴甫洛夫得出结论：反射分两类，条件反射与无条件反射，外界刺激与本能反应之间如果是固定关系，那么做出的就是无条件反射；如果不是固定关系，而是需要特殊条件的刺激，那做出的反射就是条件反射。对于高等动物来说，条件反射主要通过大脑两个半球的皮层来实现，而无条件反射主要有皮层下的神经组织来实现。很多时候，条件反射和无条件反射之间是紧密联系的。无条件反射是条件反射的基础，并且具有遗传性，巴甫洛夫据此推断，条件反射也可能具备遗传性，成为后代身上的无条件反射。

摩尔根发现遗传基因

基因理论的创立，将胚胎学和进化论之间用遗传学联系了起来，推动了细胞学的发展，并将遗传学的应用拓展到生物学、医学和其他领域，影响重大。

美国生物学家、遗传学家摩尔根在孟德尔遗传学的基础之上，开创了现代遗传学中的"基因理论"，创立了基因学说。他揭示了染色体是基因的载体，并且染色体能控制基因的遗传，在基因突变、重组和交换过程中也作为最基本的单位存在。摩尔根因为对基因的研究获得了1933年的诺贝尔生理医学奖。

摩尔根的基因理论是基于大量生物实验的基础上得来的，其中最著名的是果蝇实验。1910年5月，摩尔根让实验室中的一只白眼雄果蝇与一只红眼雌果蝇交配，得到了1240只幼果蝇，全部是红眼的。摩尔根又让一只白眼雌果蝇同一只正常的雄果蝇交配，得到的幼果蝇中雄性全部是一只眼红一只眼白，而雌性则全部是红眼。摩尔根据此判定，果蝇身上决定眼睛颜色的基因与决定性别的基因之间关系紧密。摩尔根在接下来的研究中共从果蝇身上发现了4对染色体、100个不同的基因。

1911年，摩尔根正式提出了"染色体遗传理论"。他还发现染色体可以自由组合，但是染色体上排列的基因是不能自由组合，这种关系被摩尔根称为基因的"连锁"，并据此建立了遗传学的第三定律——连锁交换定律。1928年，摩尔根出版了《基因论》，全面阐述了基因这一遗传学基本概念。

人体生物钟

了解"人体生物钟"有助于人们在生活中和工作中选择合适的行动时机。

人的身体会随着昼夜更替出现规律性的变化,比如天亮的时候就会醒来,这种规律被称作"生物钟",受生物钟影响的不仅仅是睡眠,还有体温、脉搏、血压、氧耗量、激素的分泌水平等。20世纪初,德国柏林的医生威廉弗里斯和奥地利维也纳的心理学家赫乐曼斯沃博达经过观测、统计,得出了人体体力、情绪的波动周期分别为23天和28天。20年后,奥地利教授阿尔弗雷德观测出了人的智力波动周期为33天。人们将体力、情绪、智力的周期变化合称为"人体生物三节律",也被称为"人体生物钟",简写为PSI,是体力(Physical)、情绪(Sensitive)、智力(Intellectual)三个单词的英文缩写。

无论是体力、情绪还是智力,都有高潮期和低潮期。很多运动员的最好成绩都是在体力高潮期取得的,因为这期间人的肌肉收缩、生理反应、身体各部分之间的协调能力都处于最佳状态;处于情绪高潮期的时候,人一般会神采奕奕,精神焕发,处于低潮期的时候则会莫名地无精打采;智力高潮期大脑一般会比较活跃,记忆力、判断力、分析能力、决策能力都很强。

褪黑素

除了影响睡眠之外,褪黑激素对人的衰老、免疫、肿瘤方面都有影响。

褪黑激素主要是由哺乳动物和人类的松果体产生的一种胺类激素。人的第三脑室后壁上有一个豆粒大小的组织,名叫松果体,1960年,科学家勒纳从松果体上分离出了一种胺类激素,由于这种激素能使一种产生黑色素的细胞发亮,加上它是羟色胺的衍生品,所以人们将黑色素的英文名字 melanin 与羟色胺的英文名字 serotonin 组合到一起,为这种胺类激素取名为 Melatonin,中文名叫褪黑激素。

经过研究发现,除了松果体以外,哺乳动物的视网膜、副泪腺也能产生少量的褪黑激素。褪黑激素在人体内的含量极少,但是作用却极大。因为褪黑激素是松果体在光神经控制之下转化而成的,所以褪黑激素的分泌多少、是否正常将会影响到一个人对昼夜节奏的判断,影响最大的便是睡眠质量。

褪黑激素在夜间的分泌量是白天的510倍，所以人会在夜里睡眠休息，凌晨2点至3点是褪黑激素分泌量最大的时候，这也往往是人睡眠质量最好的时候。幼儿的褪黑激素分泌量是最高的，到了青春期会下降，到了老年之后还会下降，因此人们常说小孩子的睡眠质量是最好的。

基因工程

基因工程同细胞工程、蛋白质工程、微生物工程、酶工程等一样，都是生物工程的一个分支。

基因工程是通过分子生物学和微生物学的方法，将来自不同母体的基因按照预先设计好的方案，人工合成DNA分子，然后导入活细胞，以达到改变原有物种遗传特性，开发新品种的一种技术。基因工程的理论基础是分子遗传学，也被称为基因拼接技术、DNA重组技术。

迄今为止，基因工程已经在从细菌到家畜的几乎所有非人生命物体上做了实验，并取得了成功。在医学上，基因工程已经被广泛的应用在糖尿病问题的解决上，由于用于治疗糖尿病的胰岛素都来自于一种细菌，只要在细菌的DNA中插入可产生胰岛素的基因，那么，细菌就可以自行复制胰岛素。在农业上，现在美国大约有一半的大豆和四分之一的玉米都是转基因的。但农业上的转基因技术的运用也一直是人们争论的焦点，支持者认为，转基因的农产品更容易生长，产量高，有助于减缓世界范围内的饥荒；但也有一部分人担心转基因产品的安全性，认为食用转基因产品会对人体产生危害，而且转基因植物的种植也有可能会破坏周围环境的生态平衡。

微生物学家阿尔伯

内森斯、史密斯和阿尔伯于1978年共同获得了诺贝尔生理学和医学奖。

阿尔伯·维尔纳，瑞士微生物学家，1978年诺贝尔生理学和医学奖获得者，一生中最主要的贡献是发现了"限制酶"及其分子在遗传学方面的应用。

阿尔伯出生于1929年6月3日，曾经在苏黎世瑞士联邦工学院、日内瓦大学和南加利福尼亚大学接受教育。30岁开始担任大学教师，后来成为微生物学教授。当时有人发现噬菌体可以侵蚀细胞，造成细胞变异，同时自己也会变异。

阿尔伯进行了进一步的研究，通过大量实验和研究，他发现当噬菌体侵蚀细胞的时候，细胞会释放出一种物质，这种物质会将噬菌体杀死，从而起到保护自己的作用。阿尔伯将这种物质称之为"限制酶"。在经过更多的资料收集和验证之后，阿尔伯公开宣布了自己的发现，并且论证了限制酶与噬菌体之间的相互作用。这项成果后来得到了进一步发展，另外两名科学家内森斯和史密斯在阿尔伯的研究基础上进一步挖掘，直接推动了重组DNA技术的问世。

左撇子是否更聪明

斯佩里荣获1981年度诺贝尔生理学奖。

英国科学家对胎儿进行超声波扫描证实，人成为"右撇子"或者"左撇子"的倾向，在胎儿发育初期形成。美国癌症研究所专家克拉尔通过研究认为，人体内存在某种基因，能够控制人的偏手倾向，使得人们更习惯于使用右手或者左手。

在对大脑结构的研究中，美国神经生理学家斯佩里发现，人的大脑两半球对肢体的运动是交叉控制的，即左半球控制右侧肢体的运动，右半球控制左侧肢体的运动。他还进一步指出，人的左脑具有语言概念、数字分析、逻辑推理等功能，右脑具有音乐、绘画、空间几何、想象等功能。正常人的活动，一般都是左脑和右脑既有分工、又有合作的综合结果。

在斯佩里研究的基础上，其他的科研人员进一步指出，人的左右脑经胼胝体相连接。左右脑之间的神经信息通过胼胝体传递，左撇子人的胼胝体比右撇子更为发达。由于左撇子的人多使用左侧肢体，因而他的右脑接受的刺激相对多一些，使得他做事时更倾向于用右脑进行思维。相比较而言，左撇子人的知觉、空间感和把握全局的能力比右撇子人更强一些。不过，当人们处理简单的语言问题时左脑比较活跃，欣赏音乐时右脑比较活跃，而当遇到一些较为复杂的问题时，人们的左右大脑往往都积极参与，互相配合。在具体的科学试验中，科学家并没有发现右脑具有特别神通的证据。左右脑的功能虽然存在客观的差异，但又因人而异，不能笼统地说"左撇子比右撇子更聪明"。

黄曲霉素

如不连续摄入，黄曲霉素不会在人体中积蓄，往往一周后会通过呼吸、排泄等方式排出体内。

20世纪60年代，英国发生了一次大规模的火鸡死亡事件，死亡火鸡超过10万只，死亡原因被认定为饲料遭到了污染。经过进一步研究，人们发现饲料中来自巴西的花生粕是罪魁祸首，并从被污染过的花生粕中发现了黄曲霉素。

黄曲霉素是黄曲霉和寄生曲霉的次生代谢产物，主要出现在一些气候湿热地区的食物、饲料中。迄今为止，被发现的黄曲霉素共有12种，分别是B1、B2、G1、G2、M1、M2、P1、Q、H1、GM、B2a和毒醇，它们的化学结构都十分相似，其中B1的毒性和致癌性最强，M1和M2主要存在于牛奶中。黄曲霉素毒性极强，主要危害到人类或者动物的肝脏，严重时会导致肝癌甚至死亡。1993年，世界卫生组织将黄曲霉素定性为一级致癌物质。

黄曲霉素的存在十分普遍，尤其是在土壤和各种坚果、植物种子中，如花生、核桃、玉米、大米、小麦、豆类等。此外在肉制品和乳制品中也经常发现黄曲霉素，热带和亚热带地区发现黄曲霉素的几率要比其他地区高很多。普通的烹饪加工不能破坏黄曲霉素，至少需要280℃的高温才能将其破坏。

克隆技术

克隆技术是人类在生物科学领域取得的重大突破。

"克隆"是英语"clone"一词的音译，意思是生物体通过无性繁殖形成基因完全相同的另外一个个体，简称"无性繁殖"。

在现代生物学里，克隆技术经历了三个发展阶段：第一个阶段，克隆微生物，主要是克隆出基因相同的细菌；第二个阶段，克隆生物技术，主要是指DNA克隆；第三个阶段是克隆动物，这也是最关键的阶段，是指用一个细胞克隆出一个基因相同的动物。最早提出克隆技术设想的是德国胚胎学家汉斯·斯佩曼，之后，不断地有科学家对此进行研究。20世纪80年代，有人用哺乳动物胚胎细胞进行克隆取得成功，但是用的毕竟是胚胎细胞，胚胎细胞本身是通过有性繁殖得来的，细胞核中既有父亲的基因，又有母亲的基因，所以说这种克隆不属于严格意义上的无性繁殖。1996年7月5日小羊"多利"的诞生，标志着克隆技术无性繁殖的真正实现。多利的生命从孕育到诞生，没有父亲的精子参与。人们先是从一个绵羊身上提取了卵细胞，然后将其中的遗传物质排出，使它成为一个空壳。人们又从另外一只母羊身上提取了一个乳腺细胞，将其中的遗传物质抽出，注入到之前的卵细胞空壳中，得到了一个拥有遗传物质的卵细胞，当这个卵细胞被培育成胚胎之后，再植入一个母羊的子宫中，最后通过分娩，多利来到了世界上。随着多利的出生，克隆技术取得了重大突破，人们又相继成功克隆了猕猴、猪、牛、猫、鼠、兔、骡、鹿、马、狗、猪等动物。

　　克隆技术的应用非常广泛，在农业和畜牧领域可以改良品种，培育出更多优良的畜牧品种和和果树等经济作物品种，提高人们收入；医疗方面克隆技术的应用也非常广泛，比如，可以通过从患者身上提取细胞，培育皮肤，然后植回患者身上，避免了异体植皮带来的风险，等等。但是克隆技术一直饱受道德舆论的质疑，因为理论上人们已经有了克隆人类的技术能力，而这种通过无性繁殖得到的人类有悖伦理，目前世界上也没有一个国家法律允许克隆人类。

人工染色体

　　人工染色体在克隆大片段DNA、制作基因组图谱、分立基因、分析基因组序列等方面起着关键作用。

　　人工染色体是指人工制作的具有天然染色体基本功能单位的载体系统。简单说来，就是利用DNA体外重组技术，将天然染色体的基本功能单位分离，并重新连接，新得到的就是人工染色体。天然染色体基本功能单位包括复制起始点、着丝粒和端粒。每一项功能各司其职，复制起始点能保证染色体复制，着丝粒能保证染色体分离，端粒能封闭染色体末端，防止与其他断裂端粘合，保证染色体的稳定。

　　人工染色体包括酵母人工染色体、细菌人工染色体、P1派生人工染色体、哺乳动物人工染色体和人类游离人工染色体等。酵母人工染色体简称YAC，是所有人工染色体中能克隆最大DNA片段的一种，能保持基因组特定序列的完整性，缺点是一些克隆不稳定。细菌人工染色体简称BAC，这种染色体以细菌F因子为基础构建，特点是比较稳定，比酵母人工染色体容易分离。P1派生人工染色体简称PAC，以P1噬菌体为基础构建，主要用于克隆真核基因组DNA。哺乳动物人工染色体简称MAC，从哺乳动物细胞中分离得出，应用广泛。人类游离人工染色体简称HAEC，是以人类EB病毒为基础构建，在未来可能会成为基因治疗的重要载体。

双歧因子

　　双歧杆菌和双歧因子现在仍然属于生物界和医学界最新的研究课题，有很多谜团还没有解开，同时也有广阔的前景值得人们期待。

双歧因子是人们对能促进双歧杆菌增生的物质的统称。最早发现双歧因子是源自对婴儿肠道菌群的研究，人们发现，人工喂养的婴儿肠道中的双歧杆菌要比母乳喂养的婴儿少9%，原因是人的乳汁中含有一种名为N—乙酰—D的葡萄糖物质，这种物质能促进婴儿肠道中双歧杆菌的繁殖增生，这也是人类最早发现的双歧因子。

双歧杆菌是一种革兰氏阳性杆菌，最早被发现于母乳喂养婴儿的粪便中，因为这种杆菌末端分叉，所以被称为双歧杆菌。双歧杆菌对人体健康非常重要，尤其在保护婴儿肠道方面，能保护婴儿肠道不被感染。随着年龄的增长，人体内的双歧杆菌会逐渐减少，到了老年，几乎消失殆尽。正是因为双歧杆菌如此重要，所以能促进双歧杆菌繁殖增生的双歧因子受到了人们的格外重视。

研究发现，组成双歧因子的物质不仅在人的乳汁中存在，在很多天然物质中也存在，但将它们加工成双歧因子却是非常困难，因为人的双歧杆菌主要存在于小肠的末端和盲肠、结肠内，如果想把加工制作的双歧因子送到那里，必须要经过胃和小肠前段，而胃和小肠前段分泌的胃液具有破坏性，起到了拦截作用。

干细胞

干细胞的发育受多种因素影响，但是人类已经掌握了体外分离、培育干细胞的技术。

干细胞是一种多潜能细胞，会在需要的时候分化成多种功能细胞，具有多向分化潜能和强大的自我复制能力，是形成哺乳类动物各种组织器官的原始细胞，并且可以再生人体的各种组织器官，被称为"万用细胞"。

干细胞从外型上看都差不多，一般是圆形、椭圆形，细胞核较大。按照干细胞所处的发育阶段，可以分为胚胎干细胞和成体干细胞。若按照功能来分类，可分为全能干细胞、多能干细胞和单能干细胞。胚胎干细胞是全能干细胞，具有独立发展成个体细胞的能力，可以分化成为几乎全部组织和器官；多能干细胞和单能干细胞都属于成体干细胞，发育等级要比全能干细胞低，只能发展成为特定的细胞和组织。

干细胞对人体的重要性不言而喻，例如造血干细胞，这是人们最熟悉的一种干细胞，它存在于人的脊髓中，也有极少量存在于循环血液中。造血干细胞源源不断地向人体提供血细胞,一旦造血干细胞出现问题就会危及人体生命,可能导致白血病。

双胞胎之间的心灵感应

因为基因相似度非常高,再加上相同的生活环境,同卵双胞胎之间容易出现"心灵感应"。

双胞胎可以分为两类,一类是同卵双胞胎,一类是异卵双胞胎。由同一个受精卵发育而来的叫同卵双胞胎,相反,由不同的受精卵发育而来的被称为异卵双胞胎。每89个孕妇中,就有一个怀的是双胞胎;但是每250个孕妇中,才会有一个怀上的是同卵双胞胎。异卵双胞胎之间的相似度与普通兄弟姐妹的相似度一样,因为他们只有50%相同的基因;而同卵双胞胎之间的相似度非常高,不仅是外貌几乎一样,性格、爱好、思维方式都非常接近。

有的双胞胎之间除了上述的相似之处以外,会有同样的小动作,比如讲到同一个问题的时候会打同样的手势;走路的时候,摆手的姿势和幅度,以及手心朝向都是相同的。还有一种情况,双胞胎两人不在一个地方,但是两人的情绪起伏会相似,好像一方受到了另一方暗示一样。更有甚者,双胞胎会在考试中考出一模一样的分数,令人不得不相信他们之间存在着"心灵感应"。国外有专家对双胞胎进行过多年的跟踪观察,发现同卵双胞胎之间的智力非常接近,比异卵双胞胎要高出25%。从遗传学上面讲,同卵双胞胎基因相似度高,而基因相似决定了脑神经中蛋白质结构的相似,从而使得他们看上去那么像是一个人。当然,生命中还有很多人们未知的领域,一些事情我们可能还在"门外",并未接触到真相。

生化

随着科学技术的发展进步,生物化学的研究方法也越来越先进,比如现在主要运用的方法有光谱分析、同位素标记、X射线衍射、电子显微镜等。

生化是生物化学的简称,是生物学的一门分支学科,是一门通过研究生命物质的化学组成、结构和生命活动中产生的各种化学变化的学科。简单来说,生物化学是用化学的理论和方法来研究生命的学科。生物化学早期主要研究生命整

体，后来逐渐细化到研究生命中的各个组织和细胞，更为精细，比如对一些生物大分子（蛋白质、核酸等）结构和功能的研究分析。

生物化学有多种分类方式，如果按照研究的生物对象不同，可以分为动物生化、植物生化、微生物生化、昆虫生化等；如果按照研究的具体组织不同，可以分为肌肉生化、神经生化、免疫生化、生物力能学等；如果按照研究的不同内容，可以分为蛋白质化学、核酸化学、酶化学等；按照研究的对象属于有机物还是无机物可以分为有机生化和无机生化。生物化学对于细胞学、微生物学、遗传学、生理学等学科具有非常大的影响力，尤其是在人体新陈代谢、能量转换、遗传、神经传导、激素、免疫、条件反射等方面的研究成果，让人们对人体本身有了更准确的认识。生物化学本身是一门跨界学科，它对化学和生物学都有很大的影响，同时它还同其他学科融合产生了一些新的学科，比如生化药理学、古生物化学、化学生态学等，广泛涉及到医学、农业、工业、国防等领域。

种群

影响种群自然平衡的因素很多，比如其他种群入侵、遭遇捕食者、传染病、恶劣天气、污染，等等。

种群是指在一定空间范围内同时生存的同种生物所有个体的集合，比如说一个鱼塘中生存的某一种鱼是一个种群，一片树林中的某一种树也是一个种群。种群是一个非常重要的概念，在进化论中，最小的进化单位就是种群。

并非同一种类生活在一起就叫种群，严格上来讲，种群有四大特征：首先是数量上，所谓种群必须有很多个个体组成，一只狮子不能叫种群，一棵树也不能称为种群。另外，出生率、死亡率、迁入率、迁出率，这些都是研究种群的重要数据，而这些数据无疑是建立在种群的数量之上的；其次是空间上，只有将种群控制在一定的区域内，才有研究的意义和条件。再者，空间范围的要求是为了保证种群个体之间的基因关系；第三，并非同一种动物生存在同一空间中就算是一个种群，他们需要交配和繁殖，它们的基因必须具有相似性，必须共用一个基因库；基因正是区分不同种群的根据。当然，基因也是会发生改变的，这要取决于它们的生存环境和进化过程；第四，系统特征，种群是一个系统，具有自我调节和修复的能力。

种群在自然中一般处于一个相对稳定的状态，种群之间也会保持一种平衡，一个种群不可能无限制地扩张,也不会没有缘由的消失,这种平衡状态被称作自然平衡。

植物分类法

比如牵牛花就属于植物界被子植物门双子叶植物纲,水稻属于植物界被子植物门单子叶植物纲禾本目。

地球上存在的植物现在已经知道的就超过25万种,形态各异,所以要想对植物进行研究,首先需要做的就是给这些植物分类。于是,便有了植物分类学的存在。

植物分类的主要依据是这些植物的自然性质、分布范围、相互之间的亲缘关系,以及起源和进化。最终人们根据国际植物命名法规,将植物分为12个主要的等级,等级单位分别是:界、门、纲、目、科、族、属、组、系、种、变种、变型。

如此一来,纷繁复杂的植物界变得十分清晰,每一种植物都能找到自己的位置,植物分类法大大方便了人们认识、研究和利用植物。

向日葵为什么"向日"

在古印加帝国,向日葵是太阳神的象征。

"向日葵"又名"望日莲",因花盘常向太阳而得名。向日葵英文名"sunflower"虽有"向日"含义,但词义中"花盘如太阳"的含义更浓。

向日葵花盘并不是时时刻刻向着太阳的。从发芽到盛开的时间段,向日葵的确向太阳。白天,向日葵的花盘和叶子随太阳旋转。这种跟随并不是即时跟随,向日葵花盘旋转的速度落后太阳转速48分钟。太阳落山后,向日葵花盘回转,直到凌晨3点左右,才重新朝向太阳升起的方向,等候太阳。花盘盛开后,向日葵就不再跟随太阳转了。盛开后的向日葵,花盘固定朝向东方。花盘朝东,因为向日葵花粉怕高温,不能接受正午阳光直射。接受早晨阳光的直射则不同,日升于东,刚好烘干向日葵夜晚凝聚的露水。

很多人认为,向日葵向日不仅为赢得光照,还跟花盘本身的重力作用有关。向日葵体内有种生长素,这种生长素很奇妙,遇光照则跑到背光一面,背光才生长。太阳从东方升起时,向日葵东部得到光照,于是生长素跑到向日葵花盘西

侧。西侧花茎生长快，东侧花茎生长慢，因而向日葵花茎向东弯曲，花盘朝东。太阳在空中缓慢移动，日照方向也随之改变。向日葵花盘方向跟着太阳转，由东向西，全是这种奇妙生长素在发生作用。

这种生长素还有一个特点，只能从上端转移到下端，不能从下端转移到上端。太阳落山后，导致生长素分布不均的光照作用消失，于是上端生长素纷纷移到下端。花茎向地一侧的细胞开始分裂、生长。花茎挺直起来，直到第二天一早，再开始一轮新运转。

花盘成熟后，花茎组织从幼嫩走向衰老，生长素含量越来越少，因而不再受光照控制。成熟花盘朝东则是因为，夜晚花盘直立后，早晨最先接受东方阳光的照射。花茎中残存生长素缓慢生长一段时间后停止生长，此时，太阳已略转向南方，花盘随之转向。之后，花盘便一直保持生长停滞时的角度：东偏南约三四十度。

树木年代学

常人都知道从树木的年轮中可以看出一棵树的寿命，其实年轮承载的信息量远不止这么简单。

树木年轮的形成一方面受本身基因的影响，另外一方面受外界环境影响，因此，通过对树木年轮的研究，测得其中的同位素和重金属元素，可以得知当地多年来环境的变化。可以说树木的年轮是一部当地的环境史。随着近代环境破坏越来越严重，人们更加重视利用树木年轮来研究当地环境变化，当地水文变化，并依靠这些变化判断当地可能面对的地震、泥石流、滑坡等地质灾害。有专门的一门学科便是通过研究树木年轮的生长特性来研究当地环境，这门学科即树木年代学。

枫叶为何会变红

下过霜之后，叶绿素已经基本消失殆尽，红色就显了出来，中国古诗中就有这样的诗句："停车坐爱枫林晚，霜叶红于二月花。"

枫树的叶子会在秋天变红，枫树多的地方枫叶变红还会成为一道风景。所有树叶中都含有叶绿素，树叶利用叶绿素来吸收光，进行光合作用，将光转化为树木所需的养分。叶绿素本身也是一种色素，所以树叶才会呈现出绿色。除了叶绿素之外，树叶内还有一些其他颜色的色素，一般有黄色、红色、橙色等，它们不能像叶绿素一样进行光合作用，但是可以吸收光，并将光传递给叶绿素，起着传输带的作用。因为这些色素含量太少，远不及叶绿素，所以平时不被发觉。但是到了秋天，随着天气转冷，树叶停止制造叶绿素，并且树叶上原有的叶绿素开始分解，这样其他色素的颜色就逐渐体现在了叶子表面上，树叶开始变黄、变红、脱落。枫叶里面含有的红色色素很多，所以秋天会变红。

无土栽培

因为耕地越来越紧缺，水资源日益匮乏，环境问题越来越突出，所以各国都将无土栽培列入了重点发展和扶持的行业。

无土栽培的意思是指用别的东西代替土壤栽培植物。植物之所以生长在土壤中主要是因为土壤中有它们需要的各种养分，人们将这些养分配制成营养液，通过别的方式使植物吸收，便可以让植物不依赖土壤生存，这便是无土栽培的理论。

几乎所有农作物和蔬菜都可以进行无土栽培，实践证明，很多农作物和蔬菜无土栽培都要比常规的种植方法要产量高。因为无土栽培能照顾到不同作物需要的不同养分，在作物的不同生长阶段，不同发育时期，所配置的营养液也是不一样的，以保证它们充分发育。无土栽培技术的关键也在这些营养液的配置上面，保证植物一直处在一个营养满足的状态。

无土栽培的方法有很多种，有基质栽培、水培、雾培等。基质栽培是被普遍推广的一种无土栽培方式，需要将植物的根系固定在一种基质中，同时将营养液也输入到基质中，以此完成营养液的传输。最初的基质是岩棉，好处是成本低，可重复利用，坏处是岩棉被证实不易分解，可能危害环境，目前基质正在经历从无机向有机转化的过程。水培是指将植物的根系直接与营养液接触，最初人们是将植物根系完全泡在营养液中，这样容易造成根系缺氧，后来这一点得到了改善，人们用营养液循环接触植物根系，既保证营养和水分的供给，又能保证根系不缺氧，水培法适合那些根系发达的植物。雾培也称气培，是指将营养液压缩气雾状，然后隔一段时间往植物根系上喷一次，这种技术还不太成熟，并且成本太高，目前仍处于实验室阶段。

无土栽培技术听上去是一种高科技，其实这种技术早在 19 世纪就有人开始使用，到了 20 世纪 30 年代，无土栽培被正式用在了农业种植方面，时至今日，已经成为一种重要的种植方法。

柿子的功效

柿树除作为果树栽培外，还成了绿化造林用树以及常见的观赏用树。

柿子是柿树的果实。柿树原产于中国，属落叶乔木。柿树高大，最高可达20米；树皮黑灰，树冠呈卵形；叶面阔，深绿，椭圆形；花色黄白。柿果扁圆，10月成熟，熟后颜色多为桔黄或桔红色。柿果大小不一，小柿直径仅2厘米，大柿直径达10厘米。柿果重量从100克到350克不等。若细分，柿可按色泽分为红柿、黄柿、青柿、朱柿、乌柿、白柿等种类，按果形分为圆柿、长柿、方柿、葫芦柿、牛心柿等种类。中国华北大盘柿、山东莲花柿、陕西鸡心黄柿、杭州方柿等品种都是较有名的柿种。

柿子营养价值很高，含有丰富的蔗糖、葡萄糖、果糖、蛋白质、胡萝卜素、维生素C、瓜氨酸、碘、钙、磷、铁，人一天吃一个柿子，摄取的维生素C，基本上就能满足一天需要量的一半。不过柿子中大量的单宁酸会影响身体对铁质的吸收，所以不宜多吃。

在中国，柿子在很早之前就被用来入药，《本草纲目》中记载："柿乃脾、肺、血分之果也。其味甘而气平，性涩而能收，故有健脾涩肠，治嗽止血之功。"柿子中含有丰富的糖分、果胶和维生素，有良好的清热和润肠作用，是慢性支气管炎、高血压、动脉硬化患者的天然的保健食品。新鲜柿子的含碘量很高，能够防治地方性甲状腺肿大。同时，柿蒂、柿霜、柿叶也均可入药。

19世纪，柿子从中国西传至法国和地中海沿岸各国，之后传入美国。现在，日本、韩国、巴西等国都成了柿子的主产地，柿子品种已达1000多个。世界上柿果产量最高的国家仍是中国。

山楂的妙用

经常饮用山楂茶，对于治疗高血压具有明显的辅助疗效。

山楂是种落叶灌木，多生于山谷或灌木丛中，枝干褐色，果可食。山楂果小，呈球形，顶端有凹陷，外表呈棕色或红棕色。山楂有酸、甜两种。甜山楂果皮粉色，个小，口味甜。酸山楂种植较广泛，常见品种有普通山楂、大绵球、歪把红、大金星等。其中，普通山楂是最早的山楂品种。

普通山楂个小，果肉硬，既可入药，又可做罐头；大绵球个大，成熟后果肉绵软，可直接食用；歪把红因果把略歪而得名，常被用来做冰糖葫芦；大金星味酸，成熟后果实上有点状物。

一说到山楂，人们首先想到它能助消化。其实，山楂除了消食外，还有很多功效。山楂营养丰富，几乎含有水果的所有营养成分，特别是有机酸和维生素C的含量较高。山楂还有很高的药用价值，山楂能健脾胃、治疗高血压等疾病。近年研究发现，山楂中含有一种叫牡荆素的化合物，具有抗癌的作用。对于患有消化道癌症的人，若出现消化不良时，可以用山楂、大米一起煮粥食用，这样既可助消化，又可起到辅助抗癌的作用。同时，山楂干还可以用来泡茶，不仅味道甘酸适口，爽醇香美，还可以帮助消化、扩张血管、降低血糖、降低血压。

菊花种种

常闻菊花香还可缓解感冒、头痛。

菊花是观赏花卉，草本植物的一种。菊花品类众多，多数原产于中国。早在3000多年前，中国就已经开始了对菊花的栽培，清末明初时，传入欧洲。

菊花花茎多为嫩绿或褐色，叶为卵形或长圆形，叶缘有锯齿。菊花颜色众多，有红、白、黄、粉、橙、紫雪、青淡绿等多种颜色。菊花不仅颜色多，样式也多，既有单瓣菊花又有重瓣菊花，既有球形菊花又有扁形菊花，既有空心菊又有实心菊花，不一而足。

现在，世界上野生菊属植物有30多种，而栽培种的菊花类型品种很多，世界上的品种已逾万。菊花种类多样，分类方法也多样。中国宋代的刘蒙在他的著作《菊谱》中，按颜色将36个菊花品种分成了三类：黄色17个品种，白色15个品种，另有4个品种为杂色。还有些分类法按菊花植株的高矮分：1米以上为高，0.5到1米为中，0.2到0.5米则为矮。按照菊花花期，人们将菊分为春菊、夏菊、秋菊、冬菊、"五九"菊等不同种类。按花的直径，花朵直径在10厘米以上的被称为大菊，6到10厘米的被称为中菊，6厘米以下的被称为小菊。另外，还有以花瓣形状分菊花的分类法，按瓣型分，菊花有平瓣、管瓣、匙瓣三类。三类中各有不同的小类别，这种分类法又可分出十多个类别。

菊花不仅有观赏价值，还有药用价值。菊花酒可养肝明目缓衰老，菊花粥可清心去燥，菊花茶可润喉解酒，菊花糕可去火。菊花被捣碎，塞入枕中，可缓解失眠症、高血压；菊花被装入纱布袋，做成护膝后，可治疗关节炎。

"凌波仙子"水仙

现在，水仙有很多新品种仍在培育中。

水仙又名金银台，草本植物，是中国传统名花之一，在中国已有1300多年的栽种史。水仙叶长如带，清秀典雅，观赏价值较高，因养于水中而有"凌波仙

子"之名。

水仙喜光，常见于温暖、湿润地区。中欧、北非、地中海沿岸等地都是水仙的盛产地。中国较有名的水仙产地有福建漳州、厦门、上海崇明岛等。水仙花色多为白色，另有黄色喇叭水仙。喇叭水仙花色淡黄，叶色灰绿，茎叶扁平，呈线性，在欧洲栽培史悠久。19世纪末，中国引进了欧洲黄水仙。

中国传统水仙由多花水仙变种而来。除欧洲黄水仙外，水仙还有围裙水仙、仙客来水仙、三蕊水仙、红口水仙、丁香水仙等不同品种。19世纪起，荷兰、比利时等国对水仙品种做了大量改良，使水仙品种大增。2006年，中国培育出一种可开红、黄、蓝、绿等不同颜色花的彩色水仙。

芍药小话

芍药在中国有近5000年的栽培史，是中国栽培最早的花卉，有"花仙"、"花相"之誉。

芍药又名"将离草"，是著名草本花卉，常见于中国。

花卉芍药包括根、芽、茎、叶、花、果、种七部分。芍药花根由根颈、块根、须根三部分构成。根颈是三者中位置最靠近地面的部分，色深，生有芽。块根多为纺锤或长柱形，位置在根颈之下。块根外表粗壮，表面呈灰紫或浅黄褐色，内部呈白色。完整块根不生芽，断裂块根可生较小新芽。须根作用是吸收水分和养料，生于块根并可生长成块根。不同花根形状不同。按形状，芍药花根可分粗根型、坡根型、匀根型三类。

芍药花芽丛生，由根颈长出。花芽冬季潜伏，春季出土。初生花芽多为水红或浅紫红色，偶有黄色。花芽破土后，颜色逐渐加深，变为深紫红色。花芽是芍药花、茎与叶的雏形，初生时约长 2.5 到 4 厘米，芽外护有鳞片。芍药花芽按不同形状也可分三种类型：笔尖型、竹笋型和短圆型。

茎、叶、花都由花芽长成。芍药花茎为簇生，高 50 到 110 厘米。茎底较粗，为圆柱形。茎体或扭曲或直伸，向阳一侧颜色紫红。芍药叶前端长而尖，叶缘生有白色细齿。叶体多为椭圆、狭卵或被针形。叶向阳面呈绿、黄绿或深绿色，背阳面呈粉绿色。

芍药花多独开，有些品种两花或三花并开。原种芍药花色白，花盘如浅杯，花顶圆而钝；花瓣呈倒卵形，约有 5 到 13 枚；花蕊呈黄色，雄蕊数较多。经常年培育，芍药花种增多，出现了绿、黄、粉、红、紫、黑等不同花色。新花种花形不一，花瓣层叠，有上百枚之多。有些花种花瓣多达 880 枚。

芍药果多为纺锤、椭圆或瓶形，表面或光滑或有细毛。芍药种较大，色黑，多呈圆、长圆或尖圆形。芍药花茎柔弱，如无骨少女，故又有"没骨花"之称。

胎儿石化之谜

十月怀胎，一朝分娩，这是人所共知的。但生活中总有违反常规的事例发生。

据《东周列国志》记载：赵姬（即秦始皇的母亲）受孕后，十月满足，当产之期，腹中全然不动。……直到十二个月周年，方才产下一儿，取名嬴政，即后来统一中国的秦始皇。

英国的杰奎琳·哈多克怀孕达 398 天，于 1910 年 5 月 23 日生下一个女孩，体重只有 1.36 公斤。

尼日利亚有个叫弗洛伦斯·奥吉德纳的妇女，怀孕 4 年后生下一女婴。

我国贵州省普定县 24 岁妇女何定琼，怀孕 43 个月后生下一个男婴。

还有一个被称为"睡美人"的蒂娜·霍顿，她在母亲肚里呆了 13 个月，才呱呱坠地。

蒂娜的母亲说，在她怀孕四个月时，胎儿就停止生长。医生的判断是胎儿睡着了，说是一种胎儿冬眠。以后每一星期母亲都要去医生那里检查胎儿是否心跳正常。而当蒂娜在母亲腹中住了55周才出世后,她的情况和一般婴儿没有什么不同。

目前,医学上把怀孕期超过预产期两周以上才分娩的称为"过期产"。

然而,造成这种"胎儿冬眠"或"过期产"的原因,医学上尚无明确的解释。

在我们的生活中,不仅有"胎儿冬眠"的现象,而且有的胎儿甚至死不出世,这在医学上称为"胎儿石化"。

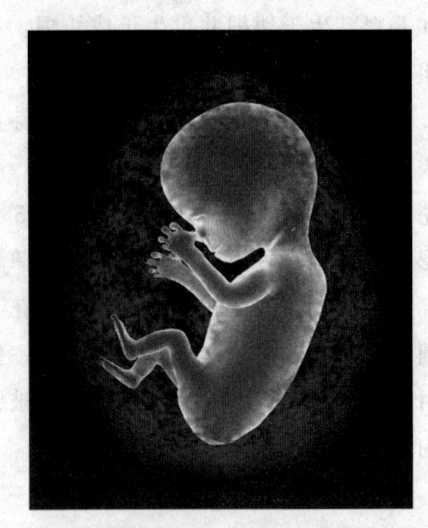

我国湖北省孝感县第二人民医院从一位病妇腹腔中取出一枚怀孕28年的胎儿化石。原来这位妇人28年前自觉怀孕,一直未生。28年后腹部突然剧痛,住院手术取出"婴儿"。这个"婴儿"有头部,脊椎和四肢,身长13厘米,重70克。

泰国有一位名叫娘通的70岁老妪,她生有9个子女,40年前她第10次怀孕,足月未产,医生误诊为寄生虫所致,她也就信以为真了。直到40年后因腹痛住院手术,方取出一个婴儿化石。这一奇闻不仅引起医学界的关注,还有两位商人要买这个婴儿化石供人参观,但遭拒绝。

已知怀孕最长的要算墨西哥的瓦伦瑞拉。她于1924年怀孕,一直未分娩,直到1985年去医院看病,医生用X光透视,才发现一个约900克重的胎儿已经干瘪,她怀这个胎儿整整61年,因她患有心脏病,没能做手术。

造成胎儿石化的原因尚待探索。

始祖鸟化石之谜

1861年,德国的内科医生卡尔·哈百林在巴伐利亚索伦霍芬附近的印板石石灰岩中采集到世界上第一件始祖鸟化石标本。它的外形很像添翼的爬行动物,具有羽毛、飞翼、"开放式"骨盆和三前一后的四足后趾等鸟类特征;但始祖鸟的肋骨无钩状突,而有牙齿、分离的掌骨和尾椎骨等爬行类特征。这个始祖鸟化石生物呈现出爬行类与鸟类之间的过渡形态,它一直被当作世界上最古老、最重要的鸟类化石,现收藏在英国伦敦自然博物馆。

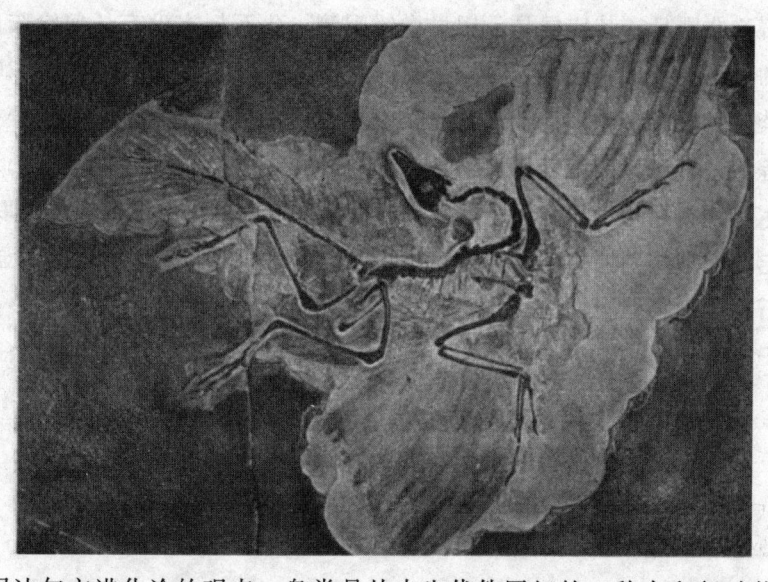

根据达尔文进化论的观点，鸟类是从中生代侏罗纪的一种古爬行动物进化而来。由于鸟类适应飞翔生活，骨骼脆弱，形成化石的机会很少，直接祖先尚未查明。始祖鸟化石的出土，为传统的动物进化理论提供了有力的证据。

但是，1985年英国加的夫考古学院的鸟类古生物学家F·霍尔和古物理学家C·维克拉马辛却对始祖鸟化石提出疑义，认为始祖鸟化石是伪造的，只不过是在标准的爬行动物骨骼上，人为地配上美丽的装饰羽毛而已。以色列物理学家L·史培纳在伦敦自然博物馆的支持下，拍摄了化石标本的照片，并刊登在当时英国的《摄影月刊》上。照片上清楚地显示出羽毛上下模型的叠影和羽毛下的涂胶痕迹。说明伪造者是在普通爬行动物骨骼上粘上羽毛，并翻模制作成的"始祖鸟化石"。霍尔和维克拉马辛在取样并仔细检测了化石标本后又提出证据：化石标本上的一道裂缝是用工具人为敲击的结果；翅膀化石部分的枝叶晶体与其他部分的截然不同；况且，化石骨骼没有龙骨突和胸骨，说明此种动物根本不会飞翔，这就从根本上违反了始祖鸟的概念——一支古爬行动物为了适应飞翔生活，前肢转化为翼，鳞片演化成羽毛。

霍尔和维克拉马辛的观点引起了古生物界的一场激烈的争论。许多科学家对此表示赞同，伦敦自然博物馆的A·查利基先生说，他简直不相信过去的古生物学家何以把鸟类的进化描绘得如此栩栩如生，也许伪造者正是利用人们急于揭示鸟类进化的紧张心理来达到一鸣惊人乃至流芳百世的目的。

最近，收藏始祖鸟标本的英国伦敦自然博物馆两栖类、爬行类、鸟类馆馆长A·克利格及其同事们，正式撰文反驳了霍尔和维克拉马辛的观点。他们认为始祖鸟化石绝非赝品，其依据是：用显微镜观测，化石标本没有任何涂胶的痕迹；标本上的一道裂缝几乎成直线，人工不可能敲击出这种形状，这是最基本的概念；用紫外线摄影检测，整个化石与枝叶部分的晶体结构和分布是完全一致的。克利格等人说，世界上许多科学家已不再对始祖鸟的真实性持怀疑态度。

霍尔与维克拉马辛却不理会这些反驳论据，他们要求从化石标本上取样重新进行测定，但却遭到博物馆的拒绝。克利格说，除非他们自己发现了明显的可疑点，化石标本不再钻孔化验，并一概谢绝外借。

由于博物馆对始祖鸟化石标本具有绝对的支配权，这场争论很难进一步深入下去。

恐龙之谜

早在2亿年前的中生代，地球的主宰是巨大的爬行动物——恐龙。它们的种类有250种之多，有的食植物，有的食肉，有的在水中游，有的在空中飞，还有的在陆上爬。它们中大的重达50吨，小的只有猫一般大。它们在地球上兴旺发达、传宗接代达16000万年之久。然而到了白垩纪和古新纪之交，亦即距今6500万年时，曾经不可一世的恐龙王朝却突然销声匿迹了。对于恐龙的灭绝，人们曾作过种种猜测，也曾从不同的角度进行探讨，其主要观点有以下几种：

"物种斗争说"：认为7000万年前，比恐龙更高等的哺乳动物已大量存在，哺乳动物对外界环境的适应能力以及生活能力都比恐龙强，尤其是哺乳动物常以恐龙蛋为食，这样在二者的生存竞争中，哺乳动物占了上风，恐龙逐渐走向衰亡。

"气候变迁说"：认为中生代，四季常春，气候温暖，适宜恐龙生息繁衍；而到了白垩纪晚期，整个地球发生了广泛的寒冷，恐龙皮肤裸露，缺乏调节体温的机制和保温的羽毛，同时因为脑量太少，行动迟钝，不能像其他小型爬行动物那样挖洞穴居，冬眠度寒，而最终走向了灭绝。

"大陆漂移说"：认为在恐龙生存的时代，地球的大陆只有一块，被称为泛古陆，气候温和，植物常青。但到了侏罗纪，从三叠纪末期即已开始缓慢割裂的两块古陆，发生了漂移，而大陆漂移导致造山运动、地壳变化以及环境和气候的变化，裸子植物逐渐消亡，为春天开花结果、秋冬落叶的被子植物所取代。食物的短缺以及气候的寒冷加快了恐龙走向灭亡的脚步。

"地磁变化说"：实验生物学证明某些生物的死亡与磁性有关，如细菌在低磁

场下 72 小时，其再生繁殖能力降低 15 倍；鸟类在低磁场下影响飞行能力；老鼠在低磁场下体内酶的活动能力发生强烈变化，从而影响其新陈代谢作用，使其寿命缩短。对磁场敏感的生物，在磁场发生变化时都可能导致灭绝。由此推论，恐龙的灭绝可能与地磁的变化有关，因为在地质历史时期的古地磁曾发生过多次变化。

"碰撞说"：认为在 6500 万年前，曾有一颗直径 7—10 公里的小行星坠落地球，引起大爆炸，把大量的尘埃抛入大气层，形成了遮天蔽日的尘雾，使植物因光合作用停止而普遍枯萎，地球上的生态系统为之崩溃，导致了恐龙灭绝。这一理论的依据是，在地中海、丹麦、意大利、西班牙、中国、新西兰、美国以及太平洋和大西洋的若干处沉积岩中发现铱的含量相当高，而铱在地球上的岩石中不多见，含铱量较高的是陨星和宇宙尘埃，通过对化石绝对年龄的测定，发现该铱层沉积的年代恰巧与恐龙灭绝的年代吻合。

"周期性灭绝说"：以美国的约翰·赛特考斯为首的古生物学家通过对地层中古生物化石的研究，发现生物大批死亡是有规律的，每隔 2600 万年发生一次，因此提出了生物周期性灭绝理论。美国的丹尼尔·瓦特还推测太阳有一颗叫尼米西斯的伴星，它沿着椭圆轨道以 2600 万年的周期运行，当它来到离太阳最近点时，能使彗星云的一部分落到地球上，从而引起生物灭绝。

"综合因素说"：古生物学家通过对采自法国比利牛斯山考维尔地区的一些恐

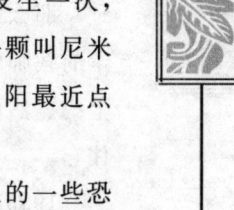

龙蛋的研究，发现有两种非正常的结构现象：一种是蛋壳加厚，这种加厚部分把原来那一层的微气孔道都掩盖起来，使壳体内外无法通气；另一种蛋壳则有变薄现象，即蛋壳尚未发育到应有的厚度就被恐龙排出了。而恐龙蛋壳变厚变薄的原因是某种外界因素突变引起内分泌失调所致。地质学家也发现，变异的恐龙蛋多埋藏在干湿、冷暖多变的复杂气候条件下形成的含有石膏、盐类沉积的红色岩层中，这说明当时的气候肯定对恐龙的生理刺激有不利影响。加上当时动物界的生存竞争也相当激烈，心理刺激随时会发生。所有这些，使恐龙体内的激素分泌失调，以致厚壳蛋或薄壳蛋经常产生，恐龙的繁衍受到影响，终于使它们逐渐走向灭绝。

关于恐龙灭绝的原因不止上述这些说法，但是每一个说法还都有其不完善的地方。经考察，某些小型的虚骨龙的脑重和体重的比值超过早期的哺乳动物，足以阻挡哺乳动物的竞争，这就使"物种斗争说"存有漏洞；"气候变迁说"又不能圆满地解释异常寒冷是怎样产生的；"大陆漂移说"本身就是一个悬而未决的谜，以谜释谜难免谜上加谜；而"碰撞说"迄今未发现碰撞在地面形成的环形山或环形抛生物，而且地层中高含量的铱又很可能是地下水搬运或是其他途径而在某地方汇集起来的；"地磁变化说"、"周期性灭绝说"、"综合因素说"又都是一种假说，缺少充分的依据。因此恐龙灭绝的真正原因还有待于人们的进一步探讨研究。

巨鱼之谜

喀纳斯湖位于阿尔泰山原始森林的喀纳斯自然保护区内，是我国惟一属北冰洋水系的内陆湖泊。

相传喀纳斯湖湖面常有一种怪现象：突起的巨浪腾空翻滚。有时在阳光的照射下还会呈现一片刺眼的红光，湖边的牛、马，也时常莫名其妙地失踪。据当地的居民讲，早在30年代，曾在湖中捕到过一条巨鱼，仅鱼头就尤如一口大锅。因而，人们推断，喀纳斯湖的怪现象是巨鱼在兴风作浪。

那么这种巨鱼究竟是什么鱼呢？它又到底有多大呢？为了弄清真相，新疆大学的教师曾用2个直径约20厘米的大钓钩以羊腿、活鸭等为饵料，希望巨鱼能上钩。然而他们只看到一条足有浮标三倍长的巨鱼从浮标旁游过，却未能捉住它。

1985年7月，新疆大学生物系向礼陔副教授带领的保护区考察队，又在喀纳斯湖发现了巨鱼，最大的鱼头几乎有小汽车那样大。同月24日，新疆环境保护科学研究所的一支考察队在湖面上发现了几个红褐色的圆点，起初以为是浮生植物，后用望远镜观看，发现竟是巨大的鱼头浮在水面，还露出一点背脊。据目测，最大的鱼头近1米宽，鱼体大约有10米，所有大鱼的总数近100条。

后来有人根据鱼的形态和特征判断巨鱼很可能是哲罗鱼。然而也有人提出疑议，认为哲罗鱼一般身长只有2米多，已捉到的哲罗鱼最重也不过50多公斤。尽管喀纳斯湖水面宽阔，湖水幽深，且有丰富的饵料，但也无法使哲罗鱼长到人们所见的巨鱼那样大。

1986年，考察队又派出直升飞机，对鱼群进行低空跟踪拍摄，获得了大量的珍贵资料。经专家论证，认为这种大红巨鱼可能是大型哲罗鲑，它系鱼纲、鲱形目、鲑科，属北方山地冷水性淡水鱼类，鱼体长度约12～15米，头部宽1.5米，估计重量在2～3吨。它是凶猛的食肉性鱼类，幼鱼以食小鱼为主，大的则觅食水面浮游的雁、野鸭等野生水禽，也吃湖中的大水鼠、水獭等，甚至吞食比自己体型小的同类。然而哲罗鲑是早已被人们认为绝迹了的鱼种，它为何会在喀纳斯湖生存繁衍下来，这还是一个有待探寻的谜。

另外，由于至今没有捉到一条喀纳斯湖中的巨鱼，因而有人认为，目前为巨鱼定性还为时过早。

天池怪兽之谜

蠢立在我国吉林省东南部中朝两国交界处的长白山，是一座多次喷发的中式复合火山。火山喷发的炽热岩浆冷却后堆积在火山口周围，形成截顶圆锥状的高大火山锥体。锥体中央喷火口，形如深盆，积水成湖，即闻名遐迩的火口湖——长白山天池。

天池水面海拔 2194 米，面积 9 平方公里，湖内最深处达 373 米，平均水深 204 米。它的水温终年很低，夏季只有 8—10℃。从科学的常规看，这里自然环境恶劣，地处高寒，水温较低，水草和浮游生物很少，水中不可能有大型生物。

然而，1962 年 8 月有人用望远镜发现天池水面有两个怪物互相追逐游动。1980 年 8 月 21—23 日，人们又再次目睹了水怪。21 日早晨，作家雷加等六人在火山锥和天文峰中间的宽阔地带发现天池中间有喇叭形的阔大划水线，其尖端有时露出盆大的黑点，形似头部，有时又露出拖长的梭状形体，好似动物的背部。9 点多钟，目击者们又一次见到三四条拖长的划水线，每条至少有 100 米长，这样的划水线，如果没有快艇的速度是不会形成的。翌日晨，五六只"水怪"又突然出现在远处的湖面上，约 40 分钟后才相继潜入水中。23 日，5 只怪兽又出现在距目击者 40 多米的水面，这回人们清楚地看到，怪兽头大如牛，1 米多长的脖子和部分前胸露出水面。水怪有黑褐色的毛，颈底有一白色环带，宽约 5～7 厘米，圆形眼睛，大小似乒乓球。惊慌的目击者边喊边开枪；可惜都未击中，怪兽潜水而逃。

以后，人们又分别在 1981 年的 6 月 17 日和 9 月 2 日再次目睹怪兽，《新观察》的记者还拍下了我国惟一的一张天池怪兽照片，证明怪兽确实存在。

然而，对天池水怪持否定态度的人认为：天池形成的时间并不长，最后一次喷发（1702）距今只有 279 年，是不可能有中生代动物存活的，况且池中缺少大型动物赖以生存的必要的食物链，无法解释这类大型动物的食物来源。

1981年7月12日，朝鲜科学考察团在池中发现一只"怪兽"，他们依据观察和摄影资料，判断"怪兽"是一只黑熊。而我国一位科学工作者提出质疑，认为人们所见的水怪与黑熊的形态有很大区别，且黑熊虽能游泳却不善潜水等，因此黑熊并不能解释"天池怪兽"之谜。

于是有人又提出"怪兽"很可能是水獭，水獭身体细长，又善潜水，可在水下潜游很远距离，它为了觅食而进入天池，被人们远远看见，加上光线的折射，动物被放大。于是成了人们传说中的"天池怪兽"。

还有一种观点认为，天池中常有时隐时现的礁石从水中浮现，也如动物一样有时露头伸出水面，有时沉入水中。还有火山喷出的大块浮石，它在水中飘浮，在风吹下也一动一动地在水面浮动，远远看去，也如动物一样在水中游泳。

难道许多目击者产生的都是同一错觉吗？如果不全是，天池怪兽又是什么呢？它又是如何演变来的呢？

大象墓地之谜

自古以来就有一种传说，大象在行将死亡之时，一定要跑到自己的坟地去迎接自己的末日。可以设想如果这种大象坟地真的存在，那里肯定会留下许多象牙。为此，经常有人为了得到象牙，冒着风险四处寻找大象的坟地，但至今仍没有真正找到。

大象坟地真的存在吗？人们对此将信将疑。最近有许多学者否认大象坟地的存在。他们认为发现大象墓地一说纯属为攫取象牙的偷猎者的捏造。这种说法正确与否且当别论。大象在临死之前，行动确实与往常不同，往往总要离开象群，步履艰难地在某个地方销声匿迹。但这个地方至今仍没被人发现过。

智猴之谜

在非洲南部和东南部的干旱地区，生活着一种名叫"山都"的猴子群，被当地人称为"智猴"。在分类学上，山都属于狒狒类，而且是最大的狒狒之一，体长可达90公分以上。由于它的尾巴十分细，吻部比一般狒狒短，所以又叫它"豚尾狒狒"和"短吻狒狒"。

山都与众不同之处在于它善于捕食、防御，最突出的要算它能用一种至今还未为人所知的神秘方法，去"发觉地下水"，然后用前肢挖掘出来供自己饮用。这一富有智慧的行为对它们生活在广阔的干旱地区是十分有利的。

　　早在40年代末、50年代初，英国著名猿猴学家哈米什·汉密尔顿教授等人在非洲考察时，就对山都能在十分干旱、炎热、缺少地面水的环境中生活而迷惑不解。经考察，他们终于发现了山都能找到离地面不太深的地下水源的本领。

　　然而，山都究竟靠什么来发觉地下水呢？在这方面，由于科学家们缺少观察和研究而没有找到答案。1957年，美国著名灵长类学家伊凡·T·桑德森在其著作《猴类王国》中只写下了这样一句话："山都是天生的探找水源者。"这显然未能揭开山都寻找地下水的谜底。我国著名灵长类学家刘成教授推测，山都可能是依靠自己特殊灵敏的嗅觉，去发觉离地面不太深的水源位置；在环境恶劣的野外生活中，出于生存的目的，山都找水的本领代代相传，久而久之就被强化了。

但是，也有许多动物学家提出不同意见。他们认为，狗能探矿，猪能发觉地下黑霉菌，这是因为矿和黑霉菌具有气味，所以狗和猪能通过鼻子嗅出来。而水是无味无色的液体，山都怎能凭嗅觉发觉地下水呢？看来，这一问题还有待于做进一步细致的研究。

"尼西"之谜

"尼西"是人们为尼斯湖中的怪兽所起的名字，意思是有趣的怪物。

尼斯湖位于英国著名的苏格兰大峡谷中，它深约210～293米，可以称得上苏格兰最深的淡水湖，它的全长为39公里，平均宽度为1.6公里，最宽处也不过2.8公里。它的四周长满了郁郁葱葱的树木。关于"尼西"的传说更使尼斯湖凭添魅力，每年都吸引着成千上万的游客。

最早目击的"尼西"事件发生在1802年秋，一个名叫亚历山大·麦克唐纳的农民，在尼斯湖边突然看见一只巨大的怪兽露出水面，用短而粗的鳍脚划水；距他只有45米。

而最早将目睹"尼西"的经历叙诸于报刊的是约翰·麦凯夫妇，那是1933年，《长披风信使报》载，他们亲眼目睹"一只巨兽在尼斯湖中昂首嬉水。"

1934年，伦敦的威尔逊医生拍摄了有史以来第一张"尼西"照片，尽管照片中仅有一个伸长脖子的小脑袋怪物，但它毕竟是证实"尼西"存在的第一份资料。

1936年有人拍摄了纪录"尼西"的第一部影片。

迄今为止，探索"尼西"踪迹取得最出色成果的是美国应用科学院赖恩斯和英国科学家斯科特领导的"尼西搜索小组"。他们于1972年在湖中放置了微音器控制的照相机，拍到了一个长约2米、呈扁平菱形的鳍——可能是"尼西"的脚。后来又将每隔72秒自动拍摄一次的照相机沉入湖中进行监视，于1975年6月20日凌晨4时32分，相机的第726张照片成功地摄下了"尼西"的全身照，然而第727张照片上，却什么也没有。

据有关部门统计，到目前为止，亲眼目睹过怪兽"尼西"的人已逾三千。

根据人们的描述及照片资料显示,"尼西"的形状是:又细又长的脖子,三角形的小脑袋,背部有驼峰,体长 15~20 米,全身黑色,行动迅速,活像一只翻倒的小船。

然而,"尼西"究竟是一种什么动物?对此人们却众说纷纭。

一些科学家认为,"尼西"很可能是出现在 1 亿 8 千万年前到 6 千万年前就灭绝了的古代爬行动物——蛇颈龙的后裔。远古时代尼斯湖与海洋相连,由于大陆的漂移,尼斯湖在最后一次冰河时期结束后,与大洋隔开,进入尼斯湖的蛇颈龙被封在环境幽静、食物丰富、缺少天敌的湖中,因而幸存下来并繁衍至今。威远中国上龙化石的发现,空棘鱼类、大熊猫等"活化石"的存在,土生土长的尼斯湖底栖鱼的发现等等,都从不同的角度佐证了上述观点。

然而反对上述观点的也大有人在。1982 年,英国自然博物馆的哺乳动物学家莫里斯·伯顿对尼斯湖怪物提出了质疑。他在《新科学家》杂志上撰文,认为尼斯湖怪兽是人们对正常事物产生错觉的结果。他说,在水中游嬉的水獭极有可能被人看花了眼,而以为是另一种怪物。1983 年,罗纳德·宾斯出版了《尼斯湖之谜解答》一书,试用人们对水獭、鸟、鹿等动物的幻觉和误会来解释人们在湖中所见到的怪物。1984 年,苏格兰的斯图尔特·坎贝尔也发表文章,认为轰动一时的 1934 年照片是一场骗局,照片上不过是一只水獭。

最近,英国《新科学家》杂志上发表了苏格兰电子工程师罗伯特·克雷格的文章,他认为尼斯湖根本没有什么怪兽,人们所看到的不过是浮在湖中的古代欧洲的赤松树干。其依据是，在苏格兰500多个湖中，只有泰湖、莫拉尔湖和尼斯湖中发现过水怪，而这三个湖的四周都长满了赤松树。他认为，大约是在冰河时期快要结束时，古老的欧洲赤松树沉入湖底，树干的一部分为泥沙所覆盖。由于湖水极深，压力很大，不断压迫着树干的表皮、软木层和形成层，使树干内的树脂排出来，在树干外表形成了一层坚固的外壳。外壳既防水又防腐。在此之前，树脂把渗入树干里的水分密封起来，在压力作用下树干里产生气体。这种气体不断膨胀，树脂继续外流，这样在树干外就形成一些凸起物。凸起物里充满了小气泡。这种进程不断地循环往复，凸起物终于变成了一种"浮箱"。于是长久沉睡于湖底的树干就浮到湖面。由于湖面压力小，树干往往会以极快的速度窜出水面，看起来就令人吃惊了。当树干通过凸起物释放出一些气体和化学物质后，便又沉入湖底。由于树干呈菱形，因而看起来像生活在泥沙中的动物；又因其细长，故看起来像根电线杆。目击者看见这种时浮时沉、奇形怪状的东西，就以为是某种怪兽。"尼西"就这样来到了自然界，引起好奇人们的极大兴趣。

然而事情并非如此简单。1986年夏天，由100多名科学考察人员组成的尼斯湖科学考察队，经过4个多月的实地调查，否定了上述解释。该考察队利用超声波定位仪对湖底进行搜索，发现在水深68米至114米之间的深处有个大型的动物在活动。科学家们认为，在这样深处，一般不会有大型的淡水鱼。考察队还利用水下声纳装置记录下水下动物发出的声音。他们发现，已记录下的声音中有种未知动物发出的声音。据此，考察队推测尼斯湖内有大型动物待查，并认为"怪兽是沉入湖底的古树，后受积累在内部的气体的压力而浮升到湖面上"的说法，是难以成立的。

从有人第一次目击"尼西"到现今，已有190年的历史。尽管人们锲而不舍地探寻"尼西"的踪迹，但除了拍到一些照片和收集到有关资料外，仍然没有获得一点实物证据。所以，尼斯湖究竟有没有水怪？是什么样的水怪？为什么尼斯湖有水怪？这还是有待探索的谜。

有的科学家开始训练海豚，寄希望于本领极高的海豚来揭开尼斯湖的千古奇谜。

英国成立了"尼斯湖现象调查协会"，悬赏一百万英镑，捉拿这个怪物，不管是活是死，只要证明它存在就行。

相信，终有一天，神秘的"尼西"将会真相大白。

海龟自埋之谜

1984年2月3日，在美国佛罗里达州的帕耳姆海滨，潜水员罗丝在20多米深的海底发现了将自己的整个躯体埋入淤泥，只露出一小块背甲的海龟。罗丝当时就用照相机拍下了这一情景。当罗丝试图把海龟挖出时，它却慢吞吞醒来，抖掉泥土，转身游了起来。不久，罗丝又发现了另外一只"自埋"的大海龟。与此同时，罗丝的同伴也发现了两只自埋的活的大雌海龟。

最近，在美国佛罗里达州东海岸的加纳维拉尔海峡，也有人发现了将身躯埋在淤泥下的活海龟。

这一奇特的海龟"自埋"现象引起了海洋生物学家们的注意，并纷纷做出了推测。

有人认为，海龟"自埋"是其冬眠的一种形式。但罗丝等潜水员所发现的海龟"自埋"只不过是一个短暂现象。据此，有人提出海龟"自埋"是冬眠的说法不够充分。

还有的科学家通过观察发现，在一些个体较大的雄海龟身上常常寄生着大量的藤壶，因而推断，海龟自埋是为了摆脱藤壶，使藤壶在淤泥中因缺氧而死去。然而，另一些科学家却指出，海龟自埋常常露出背部和尾部，所以寄生在这两部分的藤壶依然存活，所以，海龟自埋是为摆脱藤壶的说法也不足取。

接着，又有人提出了海龟自埋是其在冰冷的海水中自我取暖的推测。然而，根据罗丝的记录，海龟"自埋"的海底水深是 27.4 米，水温是 21.7℃，这就否定了上述推测。

那么，海龟"自埋"究竟是为了什么？海龟是否有埋得使人见不到的深度？海龟的"自埋"现象是偶然的还是经常发生的，对此，人们还没有更多的了解。

鲸集体自杀之谜

海洋中的集体"自杀"事件，主要发生在鲸鱼身上。据英国大英博物馆所作鲸类"自杀"记录统计，自 1913 年来，有案可查的鲸类搁浅"自杀"个体总数已逾一万。记录还表明，每种鲸类都有"自杀"身亡的例子。其中最大的一次是 1946 年 10 月 10 日，一群伪虎鲸凶猛地冲上了阿根廷马德普拉塔城海滨浴场，结果全部死亡。835 头伪虎鲸的庞大尸体布满了整个浴场！类似的现象在其他地方也出现过：1784 年，在法国奥捷连恩湾，30 多条抹香鲸搁浅身亡；1970 年，150 多条逆戟鲸冲上了美国佛罗里达州皮尔斯堡的沙滩，从此再也没有返回大海；1979 年 7 月 16 日，加拿大欧斯海湾的沙滩上，躺着 130 多条鲸的尸体；1980 年 6 月 30 日，又有 58 头巨头鲸冲上澳大利亚新南威尔士州北部海岸西尔·罗克斯附近的特雷切里海滩，做了亡命之徒……对于这些鲸类的集体自杀，人们想尽了拯救办法：渔民们驾着渔船，开足水龙头，想阻挡它们冲上沙滩；还用绳索、驳船企图把它们拖回深水，然而这一切努力都无济于事，被拉回深水的鲸在海域中回游了一会儿，又重新冲上了海滩。

除了鲸以外，还发现过大批乌鲗集体"自杀"事件。1976 年 10 月，在美国的科得角湾沿岸的辽阔的海滩上，突然涌来成千上万的乌鲗，它们前赴后继、勇往直前登上海岸集体"自杀"，尸体布满了沙滩，目睹者惊恐万分，无论采取什么办法都无能为力。然而事情并未结束。11 月，乌鲗集体"自杀"事件沿着大西洋沿岸往北蔓延。有时一天竟达十万只之多，这场乌鲗集体"自杀"事件一直延续了两个多月，直到 12 月中旬才戛然而止。

那么，究竟是什么原因迫使这些鲸、乌鲗等"自寻短见"呢？科学家们对这一悲剧性的谜非常感兴趣，然而至今尚无统一的解释。

上面所提的持续两个多月的乌鲗集体自杀事件使环境保护专家们想到了日本俣市的"狂猫跳海事件"，那些猫是由于水银中毒而集体跳海"自杀"的，于是解剖了乌鲗的尸体，结果并未发现什么异常的污染物质积聚，也没有什么疾病。

一些海洋学家认为，乌鲗"自杀"的原因可能与次声波有关；海洋中的次声

波是杀死海洋生物的"秘密武器"。可是，也有人对这种假说提出了怀疑：次声波到底是通过什么才对乌鲗肆虐的呢？在大西洋那么长的海岸线上，次声波为什么会持续那么长的时间呢？这个问题，至今还没人能说清楚。

对于鲸的集体"自杀"，说法则更多。有人认为，这是鲸追捕食物，无意中陷入了沙滩；也有的认为是鲸群受到了天敌的驱赶，以致慌不择路；更有的甚至认为是领头的鲸"神经错乱"，不辨深浅和方向，以致把它的追随者们领向了绝路。

美国帕萨迪纳市加利福尼亚州理工学院地球生物学家乔索菲·L·金斯彻维克认为，鲸类如同鸟类、鱼类一样，利用地球磁场来决定其迁徙途径。大多数种类迁徙时，似乎遵循于磁力低地而避开磁力高地；这可能是在于磁力低地较易循行长途。金斯彻维克及其合作者曾把史密森博物院一张记录美国东海岸212起鲸类搁浅"自杀"事件的地图跟美国地质调查局绘制的一张关于该地区域磁力地形图联系起来，惊奇地发现搁浅事件往往发生在磁力低地或极低地。因此认为鲸类是受磁力"低路"的影响，顺着这些磁力"低路"前进时搁浅在海滩上，并至死不回。

荷兰学者凡·希尔·杜多克在研究了133例鲸"自杀"事件后，发现鲸"自杀"场所多在低海岸、水下沙滩，或是淤泥冲积地带，或是延伸到海里去的海角附近；时间上则多半发生在海上有暴风雨的时候或之后。因此他猜测：由于鲸拥有精确的回声测位器官，在正常情况下它是不会陷入绝境的，只有在一些缓斜的浅海里，声波被散射或衰减，妨碍了鲸对回声的接收，导航发生了困难，特别是暴风雨的时候，汹涌的海水使海底的泥沙粒子泛起，更加恶化了回声测位的条件，甚至使鲸完全无法收到它发出的导航信号，于是分不清方向，导致陷入绝境。

日本宫崎医科大学的森满保教授，在1982—1986年先后解剖了八头自杀的鲸，发现是寄生虫致使其听神经发生了病变，因而他认为是寄生虫影响了鲸的耳朵功能，造成了悲剧。

美国生物学家拉·沃尔森指出，鲸类具有定向声纳系统，一头鲸鱼遇难，能通过定向声纳系统发出呼救信号，使其他同类迅速赶来，奋力相救，只要有一个同类没有脱险，其他鲸在任何情况下都不忍弃之离去。这是鲸类亿万年种群生活方式所造成的保护同类的本能。作为这一理论的最好例证，或许是1985年12月22日在我国福建省打水岙湾发生的12头抹香鲸集体"自杀"事件。当时正值涨潮，海民正在海面作业捕鱼，一头10多米长的抹香鲸被网围住，拚命翻滚吼叫，企图挣脱，终因被网缠住而动弹不得，与此同时，渔民发现二三海里外一群抹香鲸汹涌而来。鲸群在被捕抹香鲸周围游弋，并用身体隔网摩擦被围同伴，同时攻击渔船，相持3～4小时，海水退落，鲸群全部搁浅，但全部活着。奇怪的是待海水再次涨潮时，这群鲸仍不肯离去，人们用尽办法驱赶鲸群返回海洋，但毫无用处，直至退潮，12头抹香鲸全部毙命。

但是值得人们怀疑的是，人们不止一次地发现，当鲸受到其他鱼类的攻击而负伤，或是在捕获前垂死挣扎时，并没有看到过有同类前来救援。

迄今为止，鲸类"自杀"原因仍是众说纷纭，莫衷一是。

但是，人类拯救"自杀"鲸却有了先例。最近在纽约港的东部地区海岸，发现一头3～6岁、身长8米、体重近10吨的抹香鲸，它正处于垂死阶段。对它的粘液化验后，诊断为肺炎，科学家给它用了青霉素，并在它爱吃的乌贼里混入大量抗生素片，经过十天的抢救治疗，使它完全康复，终于重返大海。

候鸟迁徙之谜

候鸟迁徙一直是科学家们感兴趣的问题，所写的文章、著作也不少。然而，并非所有的问题都已昭然若揭，那众说纷纭、莫衷一是的解释和推测，仍然留给人们许多困惑。

在鸟的王国里并非所有的鸟都有迁徙的习性；据初步的统计，在已知的9000多种鸟类中，迁徙的候鸟有4000多种，而其余的都是留鸟。候鸟为什么要迁徙呢？它们从何时开始了这种习性呢？有科学家推测，在7000万年到200万年以前，地球上气候普遍温暖，没有严冬盛夏之别，鸟类都长久生活在它们的栖息地，后来在200～300万年前的第四纪冰川期，经过地壳升降运动，气候变冷，为了追求温暖和丰盛的食物而离开了它们生息的土地，被迫南迁。直至冰川消退，气候变暖，它们才又重返故乡，并把这种习性遗传给了后代成为本能。每到迁徙季节，候鸟体内就分泌出一种激素，发出了启程的信息。还有的科学家认为鸟类迁徙是为了繁殖，或是避开天敌等。总之，鸟类迁徙的真正原因还有待于探索。

令人惊叹的是，迁徙的候鸟有很强的识途定向能力。鸟类学家在候鸟的脚上戴上刻着放飞地点、年份和号码的环志对其进行观察，发现它们不仅能返回故乡，而且还能准确地找到旧巢址。那么，为什么候鸟在迁徙中不会迷航呢？有的人认为它们是靠视力定向，依靠它们对周围地形地物的观察、熟悉和记忆，来确定回飞路线。持这种观点的人，常以我国家燕沿海岸线北飞，然后顺长江、黄河等水系飞向内陆的飞行特点为依据。但是，视觉定向说只能解释鸟类的短距离回巢，而无法解释有些鸟类远距离的迁徙回巢能力。于是又有人提出了地磁场定向说，认为地球磁场是鸟类迁徙必不可少的"航标"。美国的研究人员在鸽子眼睛的上方发现了一小块自然界中常见的磁性物质，认为正是这种磁性物质充当了"指南针"的角色，引导鸽子准确地飞往目的地。但是自然界中并非所有的鸟都具有鸽子一样的磁性物质，它们又是如何辨别方向的呢？德国生物物理学家认为鸟的血液具有"指南针"的作用，因为血液的重要成分是铁原子，鸟儿在地球磁场的作用下，根据自己体内的某种"电流计"测出电动势的大小，并据此判断自己的航向的正误。但这种说法也只是一种推测，缺乏足够的依据。还有人通过实验提出了太阳、星辰导向说。实验是很有趣的。一是把一些迁移中的椋鸟捉住，放进笼里。起先它们仍按先前迁移的方向飞行，后来用镜子将太阳反射入笼，并不时地变换反射的方向，发现椋鸟也跟着改变飞行方向，从而说明鸟类是凭借太阳光飞行的。另一个实验是将每年秋天从北欧出发、沿东南方向飞经巴尔干半岛、跨越地中海、然后再沿尼罗河一直向南飞的百喉莺捉到笼中放进天文馆，结果是：当天顶出现北欧秋天特有的星座时，百喉莺便把头转向东南；当天顶出现巴尔干半岛南端的星空时，小鸟的头便转向南方，准备飞越地中海；当北非的夜空出现时，小鸟便朝正南飞。这说明鸟类夜间飞行时是靠天空中的星座定向的。对于鸟类迁徙识途定向的问题，还有人提出了别的假说，诸如热辐射定向，大气中次声发源地（海洋中巨浪、磁场巨变）定向等等，究竟什么是鸟类飞行不迷航的主要原因，这还有待于人们的进一步研究。

另外，鸟类长途迁徙中的能动力问题，也是人们没有弄清的课题。一般的候鸟在春秋迁徙时都要飞行几千里甚至几万里，在飞越海洋的过程中，它们几乎都不休息。是什么支撑它们完成如此艰难的航程，它们所用的"燃料"是什么？有的科学家证实，鸟类飞行所用的"燃料"是脂肪。氧化1克脂肪所产生的能量大约是氧化1克无水碳水化合物所产生能量的2倍。但是碳水化合物必须以水合物的形式存在。因此，对产生同样的热量要求来说，所需的碳水化合物大约要相当于脂肪的8倍，所以鸟类长距离迁徙之前，就必须在体内贮存适量的脂肪，作为飞行时的"燃料"。然而，体重轻、身体小的雀形目的鸟，它们没有贮存过多的脂肪，却飞越了千山万水。它们又是如何节约能源的呢？有人对鹬作过观察。鹬从加拿大的拉布拉多半岛不停地作越海飞行直到南美洲，行程约3850公里，到达目的地体重仅减轻56克，它对"燃料"的利用率比小型飞机高9倍，如果能揭开鸟类在飞行中节约能量的秘密，无疑对我们的仿生学是一大贡献。

蝮蛇的乐园探秘

在我国辽宁省旅顺西北的渤海中距老铁山角约30公里处，有一面积约1平方公里（长约1.5公里，宽约0.7公里）由石英岩、石英砂岩等组成的岛屿。这里地势陡峻，自西北向东南倾斜，海拔215.5米，多海蚀洞穴及灌木草丛。而且在这个岛上盘踞着成千上万的蝮蛇,因而,人们把它称为蛇岛,亦称小龙岛。

蛇岛以蝮蛇的数目众多而闻名中外。的确,当你踏上蛇岛,你就会发现,无论在树干上或草丛中,也不论在岩洞里或石隙内,处处有蛇。它们蜷伏着,爬行着,有的张口吐舌,露出一副凶相。这些蛇会利用各种保护色进行伪装,它们倒挂在树干上就像枯枝,趴在岩石上又似岩石的裂纹,蜷伏在草丛间活像一堆牛粪。

这种蝮蛇别称"草上飞"、"土公蛇",是爬行纲蝮蛇科的一种毒蛇,长60～70厘米,大者可达94厘米;头呈三角形,颈细,背灰褐色,两侧各有一行黑褐色圆斑,腹灰褐,具黑白斑点;多生活于平原较低山区,以鼠、鸟、蛙、蜥蜴等为食。我国除西藏、云南、广东、广西尚未发现外,其他各地均有分布,而惟独蛇岛盛产。目前,据统计,蛇岛上的蝮蛇有14000多条,并且每年增殖1000条左右。人们不禁要问,在这弹丸之地的孤岛上为什么栖息着这么多的蝮蛇?为什么它们的种类是那样的清一色?这种情景在世界上也是独一无二的。

我国科学工作者经过考察研究后认为,蛇岛特殊的地理位置为蝮蛇的生存和繁衍创造了良好的环境。

蛇岛面积虽小,但和台湾岛、海南岛等岛屿的形成基本一样,都是第四纪时从大陆分离出去的"大陆岛"。在地质构造、岩石性质、植物种数等方面,蛇岛和旅顺、大连地区的情况差不多。岛上的石英岩、石英砂岩和砂砾岩中,有许多大大小小的裂缝。这些裂缝既能蓄留雨水,又为蝮蛇的穴居提供了良好的场所。

其次，蛇岛位于暖温带海洋中，气候温和湿润，每年无霜期达180多天，是东北最暖和的地方，对植物生长和昆虫、鸟类繁殖极为有利。特别是该岛处于候鸟南北迁徙的路线上，同山东荣城、江苏盐城、上海崇明岛等候鸟栖息地连成一线。每当春秋两季，过往的候鸟有几百万只，树木茂密的蛇岛便是它们"歇脚"的好地方。由于蝮蛇有一套上树守株"逮鸟"的本领，它的鼻孔两侧的颊窝是灵敏度极高的热测位器，能测出0.001度的温差，因而只要有鸟停栖枝头，距离1米左右，蝮蛇都能准确无误地把它逮住，成为一顿美餐。"植物——昆虫——鸟雀——蝮蛇"，构成了蛇岛的生物链。

还有，岛上土壤相当深厚，土质结构疏松，水分丰富，宜于植物生长和蝮蛇"打洞"穴居。蝮蛇生性畏寒，洞穴为它们提供了越冬的条件。同时，岛上人迹罕至，也没有刺猬等蛇类的"天敌"，对蝮蛇的繁衍非常有利。蝮蛇是一种卵胎生的爬行动物，繁殖力较强，母蛇每次可产10多条小蛇。在生得多、死得少的情况下，蝮蛇日益繁盛。

如果说蛇岛为什么有这么多蛇的上述分析基本可信的话，那么，为什么这些蛇竟是清一色的蝮蛇却还是个疑谜。

有人认为，蛇岛面积很小，可供蛇类吞食的东西有限，捕食鸟类也并不容易，往往还会遭到老鹰的袭击，对于那些食性较窄、自卫能力弱的一般蛇类来说，难以在岛上生存。而蝮蛇的食性相当广，猎食和自卫能力都很强，在长期的自然演化中，蛇岛逐渐成为单一的蝮蛇的天下了。

但也有人对此不以为然，他们认为，蛇岛周围海域共有五个小岛，地理环境和气候条件差不多，为何其他四个岛上没有蝮蛇，惟独蛇岛上有这样多的蝮蛇呢？看来，这个谜还有待于科学工作者进一步努力，才能最终探明其中的奥秘。

放电现象探秘

在世界上许多国家都发现了奇怪的放电现象，这种放电现象都造成了一定的破坏。可是对这种奇怪的现象，至今还没有一种令人满意的解释。

早在1817年1月的一天，在美国绿山山脉的许多地方的上空大气层里可以看到一种发光现象。这种发光现象很像蜡烛火焰，往往出现在向上突起或带尖的物体上方空间。正在行走的人会突然看到自己头部周围环绕着这种光，或被比阳光弱的光团包围着。当地的人们只要举起自己的手，好像光就从手指发出。

1894年12月的一天，美国怀俄明州拉腊米堡地方也发生了一次奇异的放电现象。那天上午10点左右，下起了一阵罕见的暴风雨，一直延续到下午7点。风力最大的时候，许多坚固的建筑也都毁于一旦。在暴风雨大作的时候，许多地方都能明显地感受到电流的存在。有些用铁丝绑的篱笆都着了火，没用铁丝绑的篱笆则安然无恙。有的牛因触到了带电的篱笆而被电死。有人因碰到金属上而受到了电击，好几个月都不能恢复正常。

1964年3月3日，亚利桑那州的图森市也遭受了两场罕见的暴风雪的袭击，同时也发生了一种更为罕见的放电现象。在整个下雪过程中，在这座城市的上空不断出现一种短暂的"闪光"现象，每次间隔的时间大约为15～30秒。这次放电有许多奇异的特征，它是一种单一出现的短暂"闪光"现象，不像通常闪光那样往往伴随着一种忽隐忽现的闪动，不像普通闪电进行得那样激烈、迅猛，也看不出它们与周围笼罩着的一片黑暗阴影形成界限分明、强烈的对比。另外，当这种闪光出现时，没有听到过一次雷声，同时也没有发现它与无线电中出现的静电干扰两者之间有任何关系。这种闪光是从一些在地面上或十分接近地面的地方产生的，它照亮了飘落的雪花和周围的云层。

1971年5月11日，在美国新墨西哥州东南白沙的一片石膏岩沙丘地带，人们也发现了一次有趣的放电现象。这一天狂风大作，正当强风把沙石漫天吹起的时候，从沙丘顶部一直往上到它上面几米的上空这样大的范围内，都可看到电火花现象出现。这些电火花沿着直线向上延伸，看不出有任何分岔现象，通过仪器看到，这时有非常剧烈的电场梯度变化，其变化量的极性有正向的，也有负向的。

对这种奇怪的放电现象，人们做出了各种各样的解释。

对1971年新墨西哥州发生的那次放电现象，有人分析，是由于某些电流通过空间电荷管状区，引起空间电荷密度的相应突变而出现的。

对1964年发生在亚利桑那州的那次放电事件，有人做过这样的分析：在湿润的雪花上，存在着相互隔离，以小阱方式存在的电荷被带到地面，在这场暴风雨进入尾声的时候，最后把空间电荷耗尽了，便形成了这种放电现象。

要想对这种放电现象做出令人满意的解释，还需掌握更多的有力证据。

生物导弹探秘

在海湾战争中，爱国者与飞毛腿展开了一场导弹大战，令世人瞩目。导弹作为现代化战争中一种必不可少的武器，正日益受到更为广泛的关注。

也许你还不太知道，在医学工程中也有一种导弹，它利用高度的准确率将一枚枚载有杀死特定某种物质的药物，发射到预定的目标，执行这种特殊功能的载体，就是目前研究中的生物导弹。

战争所应用的导弹之所以能够准确地击中预定目标，是因为其弹头上装有一种先进的制导系统。据专家的报告，一枚优良的导弹能够在几千公里以外发射而击中预定目标，误差范围不超过15米。这种现代化的高精尖技术，遗憾地被用于屠杀生命上了。而生物导弹与之相反，是用于解救人类的生命。

对于生物导弹的制导系统的研究，是生物导弹作用大小的关键所在。我们知道，癌症是目前人类难以攻克的顽症，对于癌症的治疗目前所采用的无非是化疗和放疗，这两种治疗虽然对癌细胞有一定的杀灭作用，但是同时也有许多正常的组织细胞在治疗中被杀死，另外化疗药物随着血液循环抵达癌组织时，药物浓度已经很低了，产生不了有效的作用浓度。于是，人们想到能不能用什么方法来使病变局部的药物浓度提高而又不杀死正常的组织细胞呢？

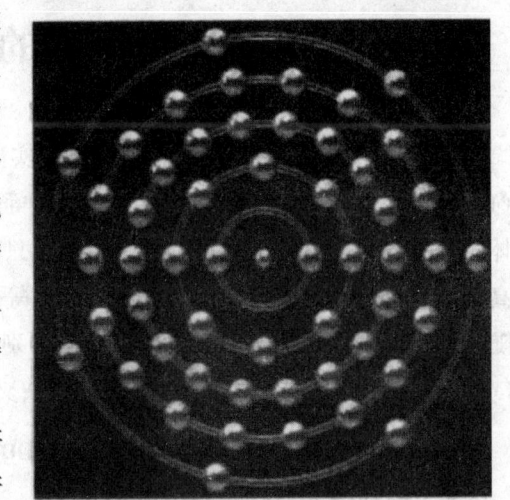

科学家们在研究中发现，如果将癌细胞从机体组织中提出一部分，将其移植

到裸鼠体内,然后多次繁殖,使癌细胞失去原有的生物活性,这时将其与抗癌药物相结合重新注入体内,奇迹出现了,这些载有抗癌药物的癌细胞具有极高的方向辨别力,进入体内后迅速地回到了原来癌细胞所生长的部位,并且将结合于其身上的抗癌药物也一同地带到了原有的癌组织中,这时抗癌药释放出来,有效地杀死了癌细胞。这些最初被提取出来的癌细胞,由于其减毒移植后仍具有较强的认亲性,因而是一种极为理想的导弹头。

这种实验目前已被应用到了临床。医学通过对胃腺癌的研究,制成了生物导弹,在临床上收到了良好的效果。但是目前却仍只是停留在胃腺癌的水平上,因为腺癌比起其他类型的癌细胞来说较为容易被培养分离。在针对其他癌细胞的生物导弹研究中,遇到了极大的困难。

生物导弹作为生物化学和医学领域中的一门新兴科学,已经受到广泛的重视,目前,国内外许多医疗科研单位都在积极研究,但是其提取、分离、结合载体等过程极为复杂,并且制作周期较长,还很难广泛地应用于临床。因此,对于这些方面的研究改进是我们今后努力的方向,希望人类在制造杀人导弹的同时,多多关注救人的导弹。

种豌豆得到的遗传定律

孟德尔定律是孟德尔根据豌豆杂交实验所提出的遗传学基本定律。包括:(1) 分离定律,一对同源染色体上的一对等位基因,在减数分裂时随着同源染色体的分离各自进入一个配子,即一个配子只含有一对等位基因中的一个。因此在高等生物经有性生殖产生的后代中,成对等位基因有一个随雌配子而来,另一个随雄配子而来。比如在豌豆中,D 和 d 分别是决定高茎和矮茎的一对等位基因,D 对 d 是显性。高豌豆 DD 和矮豌豆 dd 杂交,分离情况如下图:

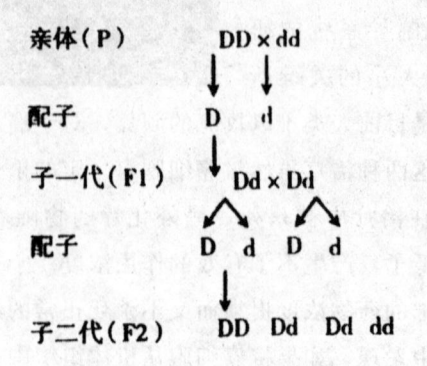

亲体(P)　　DD × dd
　　　　　　↓　　↓
配子　　　　D　　d
　　　　　　　↓
子一代(F1)　　Dd × Dd
　　　　　　　↙↘↙↘
配子　　　　D d　D d
　　　　　　　↓
子二代(F2)　DD Dd Dd dd

经过两代交配，F_2中基因型DD：Dd：dd的比例为1：2：1，出现了新的基因型Dd。在表型上，高豌豆和矮豌豆的比例为3：1。（2）独立分配定律（又称自由组合定律），非同源染色体上的两对或两对以上的非等位基因在配子形成过程中的分配彼此独立，由于雌雄配子的随机结合，子代的表型按一定比例出现各性状的各种组合。

DNA双螺旋模型

沃森－克里克模型就是由沃森和克里克提出的三维构型的DNA双螺旋模型。这个模型的特点是：

整个模型就像一个向右螺旋上升的楼梯，楼梯两边的"扶手"是由磷酸和脱氧核糖相间连接而成的。中间的"踏脚"则由嘌呤和嘧啶两种碱基通过一种弱的化学键——氢键相互连接。这样DNA分子实际上是由两条核苷酸单链所组成。这两条单链原子的排列方向互相颠倒，方向相反；但它们仍平行地围绕一条公共的轴旋转。由氢键结成的碱基对有两种类型：A≡T，G≡C；两条核苷酸链是互补的，一条链上的嘌呤与另一条链上的嘧啶配对，即A与T、G与C配对。一旦一条链上的碱基顺序确定后，另一条链上的碱基顺序也就可以确定了。

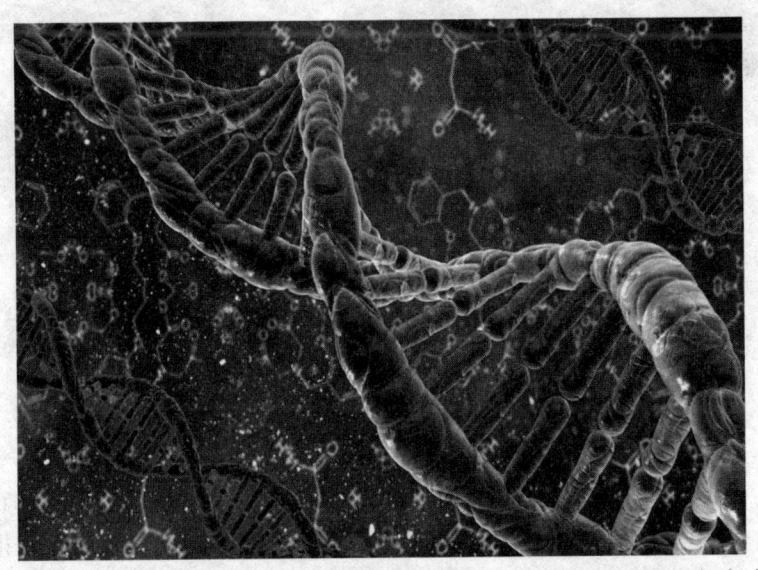

沃森和克里克在建立了DNA双螺旋模型后，又对DNA分子如何携带、传递遗传信息作了进一步的研究。他们发现，由于磷酸和核糖是简单地相间排列，所以DNA具有的奇妙的遗传信息就只能存在于两条多核苷酸的碱基排列顺序

上。因为碱基对是互补的，只要确定了一条单链的碱基排列顺序，另一条单链的碱基排列顺序按碱基互补规律就可以"复制"出来了。在DNA分子双螺旋模型中，氢键是一类非常特殊的键，其强度虽然足以固着碱基，但又是很弱的，很容易断开。DNA中所有其他的键都是很强的、永久性的和不能断裂的。这样，两条链就很容易分开。就在DNA双螺旋结构公布后几星期，沃森和克里克又在《自然》杂志发表第二篇名为《脱氧核糖核酸结构的遗传学意义》的文章，提出了DNA自我复制的假说，揭示了生物遗传的奥秘，这是他们导演的生物学革命又一壮丽的一幕。

植物登陆之谜

大家知道，地球上最早的生命是在海洋里，后来逐渐登上了陆地，陆地上才有了植物。可是，是哪一种植物最先登陆的呢？

有人认为最先登陆的是裸蕨类植物。其理由是这种植物有维管束，它可以把水分输送到植物体的各个部位，供叶片进行光合作用和蒸腾作用。他们把有无维管束作为判断是不是陆地植物的标准。持这种观点的科学家认为，自从裸蕨出世500万年以后，便朝着两个方向发展。一类是工蕨属挺水植物，在长期进化过程中，把光秃无叶的枝茎表面细胞突出体外，像突起的鳞片，逐渐变成小型叶的石松类植物和楔叶类植物。莱尼属植物是生长在沼泽地中的牛陆生植物，逐渐朝着大叶型方向演化，最后形成直蕨类植物和种子植物。

有人认为最早的陆生植物应该是苔藓。持这种观点的人认为，因为陆地上最早的植物比较原始，不一定非有维管束不可。尽管苔藓类植物的体内结构比较简单，输导组织不发育或不甚发育，但是，植物界从苔藓开始已出现颈卵器与精子器。这是一种保护生殖细胞的复杂的有性生殖器官。尤其是在颈卵器中能发育成幼态植物——胚，胚才是陆生植物特有的象征。

有人认为最早登陆的植物是藻类。持这种观点的人着眼于植物的光合作用。科学家们从藻类中已经发现叶绿素、岩藻黄素、藻红素和藻蓝素等多种光合色素，其中绿藻门类植物所含的色素种类及组成比例与陆地植物的光合色素比较一致，而且细胞内的贮藏物质也都是淀粉。由此推论，最先登陆的植物应该是绿藻门类。

以上种种假说，还都有不能自圆其说的地方，要想揭开最先登陆植物之谜，还需要有力的证据。

植物落叶之谜

随着阵阵萧瑟的秋风吹来，遍地是各种植物黄色的落叶。人们不禁要问，为什么植物会落叶？而落叶为什么多发生在秋天？科学研究认为，影响植物落叶的

条件是光而不是温度。实验也证明，增加光照可以延缓叶片的衰老和脱落；反过来，缩短光照时间则可以促进落叶。夏季一过，秋天来临，日照逐渐变短，便会满地黄叶。但是，仍有许多问题无法解释，既然影响植物落叶的条件是光照，那么，光照究竟又是通过什么机制在控制落叶？另外，常绿植物的落叶又是怎么回事？相信这些谜底将会随着科学的不断发展而被揭示出来。

跳舞草之谜

提起跳舞草，人们一定觉得很奇怪，人会跳舞，动物会跳舞，难道植物也会跳舞吗？会的。

在我国南方，有一种草叫长叶舞草，是多年生草本植物，属豆科山蚂蟥属，有一尺多高，在奇数的复叶上有三枚叶片，前面的一张大，后面的两张小。这种植物对阳光特别敏感，当受到阳光照射时，后面的两枚叶片就会马上像羽毛似的飘荡起来。在强烈的阳光下尤其明显，大约30秒钟就要重复一次。因此，人们把这种草又叫"风流草"和"鸡毛草"。

长叶舞草还有一位"姐妹"叫圆叶舞草，它的舞姿更敏捷动人。这种草分布在印度、东南亚和我国南方山区的坡地上。

除跳舞草之外，还有会跳舞的树。在西双版纳的原始森林里，有一种小树能随着音乐节奏摇曳摆动，翩翩起舞。当有优美动听的乐曲传来时，小树的舞蹈动作就娴娜多姿；当音乐强烈嘈杂时，小树就停止了跳舞。更有趣的是，当人们在小树旁轻轻交谈时，它也会舞动，如果大声吵闹，它就不动了。

这种草跳舞的奥秘是什么？这一直是植物学家探讨的问题。对这种现象，科学家们有各种不同的解释。有人认为这是由于植物体内生长素的转移，从而引起植物细胞的生长速度的变化造成的。也有人认为是由于植物体内微弱的生物电流的强度与方向变化引起的。这都是从植物内部找原因。也有人从外部找原因。有人认为，因为这种草生长在热带，怕自己体内的水分蒸发掉，所以当它受到阳光照射时，两枚叶片就会不停地舞动起来，为了躲避酷热的阳光，以便生存。这是为适应环境而锻炼出的一种特殊本领。也有人认为这是它们自卫的一种方式，是阻止一些愚笨的动物和昆虫的接近。

关于这种草跳舞的真正原因是什么，至今还没有一致的意见。

地衣之谜

在地球上，几乎到处都可见到地衣的足迹，种类很多，到目前为止，全世界被命名的地衣达26000多种。它的生命力极强，能够在其他植物不能生存的环境中生存，像高山峻岭、北极荒原、热带沙漠都可见到它的身影，就连冰天雪地的南极，也发现了400多种地衣。它们生存的条件也十分简单，既不需要土壤，也不需要栽培，可以在光秃秃的岩石上、砖瓦上、木头上、田野上，也就是在毫无生气的荒凉之地生长。所以，人们送给它许多美丽的称号："大自然的拓荒者"、"植物王国中的开路先锋"。

尽管地衣的种类这样多，分布这样广，可长期以来，人们对它们的生理现象并没有弄明白。起初，多数科学家认为地衣是一种藻类，也有的认为是菌类。直到1867年，地衣之谜才被瑞士——德国著名微生物学家西蒙·施文德纳揭开，后来，著名的真菌学权威狄巴利等人又对地衣的互惠共生现象做了全面描述。至此，人们对地衣才有了进一步的认识。

原来，地衣并不是一种植物，而是两种不同的植物亲密地、彼此互相依赖地生活在一起，生物学家把这称为互生现象。这两种植物的名字叫水藻和真菌。水藻是一种低等的绿色植物，在房后和枝干背阴处，以及潮湿的石头上都可以找到它。真菌就是蘑菇一类的植物。经过研究，科学家们认为，真菌已经失去了制造自身需要养料的能力，但却有吸收大量水分的能力。水藻的生存本领很大，只要把它放在潮湿的空气中，就能从空气中吸取它所需要的养料。可要把水藻放在干

燥的空气中，它就会枯黄。水藻这一奇特的本领正好弥补了真菌的弱点，它为真菌提供碳素营养。如果地衣的共生藻是蓝藻，它还能从大气中固氮，供自身及共生菌同化作用之用。而真菌又为水藻提供足够的水分、矿物质和保护。就这样，它们互相依靠，共同生活。正是由于这样一种互惠共生的关系，才使地衣具有如此之强的生命力和适应性。

这种观点具有很强的说服力，被许多生物学家所接受和认可。可是，后来人们通过现代化的手段对地衣进行了研究，发现互惠共生说有一个致命的漏洞：科学家们查明，水藻提供给真菌糖醇，却没发现真菌提供给水藻什么东西。说明互惠共生说难以成立。在1902年，苏联地衣学家亚历山大·伊莱金在施文德纳的"寄生假说"基础上，提出了"受控制寄生"的观点。1982年，美国克拉克大学生物学家弗农·阿曼特杰重新提出寄生假说，但这种寄生现象是受某种方式控制的，并被自然界中具有抗性的藻类所改变。

阿曼特杰经过实验发现，真菌只能与共球藻属中的某些种类形成初生地衣体，却不能同其他藻类形成地衣体。其他藻类的细胞会受到真菌的吸收或胞内菌丝充满而死去。阿曼特杰认为，所谓菌、藻共存是相对的。事实上，真菌比任何物质更容易杀死藻类，它们之所以会共存，是因为藻类对真菌能产生植物抗毒素或具有较高抗性的细胞壁，所以被杀死的速度较慢，使被杀死的和新生的藻细胞处于一种平衡的状态，并能不断为真菌输送养料。而那些对真菌没有足够抗性的藻类，就会被真菌杀死，因为被杀死的细胞与新生的细胞不能成比例。阿曼特杰得出结论说：藻类从真菌内并未得到什么好处，而且还不得不与真菌进行生命的抗争。他推论说，地衣也许是真菌遇到一些具有抗性的藻类，并依附其上，勉强发育出的一种特殊生物。

但是，坚持互惠共生说的观点，理由也是很充分的。人们发现，地衣中的藻类在光合作用中可使90％的碳得到固定，并转换成糖醇，可藻类一旦脱离真菌的影响，光合能力便大大降低，且停止分泌糖醇。这种发现，对寄生说是很不利的。

看来，对地衣的争论还远没有结束，揭开地衣之谜，还需要一定的时间。

生长素之谜

众所周知，一颗种子播下以后，就会萌芽生根，抽枝长叶，开花结果，最后成熟，收获新的种子。这就是种子植物的一个生活周期。植物就是这样周而复始、遗传变异地传宗接代的。

可是，植物为什么会生长，长期以来一直是个谜。早在20世纪30年代以前，人们只知道植物的生长是由细胞分裂和细胞体积增大而引起的。可是，是什么物质促进细胞分裂，使植物生长的呢？这个谜直到40多年前才被揭开。当时，植物学家是这样进行试验的：把正在萌发的燕麦幼苗的茎尖割下后，幼苗则停止生长；若把切下来的茎尖放上去，幼苗又继续生长。这说明茎尖影响着幼苗的生长。若把割下来的茎尖放在一块特制的琼胶块上，几小时后，只把放过茎尖的琼胶块套在被切茎尖的幼苗上，幼苗又能正常生长。更有趣的是，如果把这块琼胶放在幼苗切口的一侧，结果这一侧的生长加快了，使幼苗弯向另一侧。这也说明茎尖内存在着一种控制植物生长的化学物质，它能通过琼胶去影响植物的生长。

但究竟是一种什么物质呢？后来，科学家们从植物体内把这种物质提取出来，命名为"植物生长素"。现在，已经发现的植物生长素有3种：生长素甲、生长素乙和异生长素。

生长素在植物体内的含量极少，多集中于各生长部分的顶端。据介绍，七百万棵玉米幼苗的茎尖，只含有1毫克植物生长素。然而，它具有促进细胞分裂和增大、影响细胞分化、增强新陈代谢等作用。同时，植物生长素还有一个特点，如果浓度过大，反而会抑制植物的生长。

1984年，苏联科学家从油菜花粉中分离出一种新的生长素，命名为"百那希来脱"。经研究，这种新的植物生长素效力很高，如用它的极稀溶液来浸泡黄豆种子，可使黄豆生长速度提高一倍。用它喷洒萝卜、莴苣等蔬菜，平均亩产可增加15%～30%。

新的植物生长素虽然有无污染、效率高的优点，但从油菜花粉中提取，得到的数量甚微，无法大规模使用。人们期待着能够人工合成植物生长素，到那时就可以大规模使用了。

但是，要想人工合成植物生长素，首先得弄明白生长素促进植物细胞生长的机理是什么。可就目前来看，这一问题对科学家来说，还是个谜。

图文珍藏版

世界百科全书

张明林 编

第三卷

辽海出版社

天文地理

天文历法

宇宙的起源

简言之，宇宙就是天地万物的总称。

宇宙是由广袤的空间以及存在于其间的各种天体、弥漫物质构成。宇宙一直处于不断的运动和发展中，可以说，它是一个动态的物质世界。自从人类产生以来，无数哲学家和天文学家都在思考宇宙的起源问题。

关于宇宙的起源，主要有两种理论：一是稳态理论，一是大爆炸理论。稳态理论认为，宇宙不需要一个开端或者结束，物质总是以恰当的速度不断创生着，这一创生的速度与宇宙因膨胀而使物质变稀的效应相抵消。这样一来，宇宙中的物质密度总是保持不变。宇宙的这种状态从无限久远的过去一直延续到现在，并将继续保持下去。星系之间的空间不断膨胀，新的物质从中产生出来，宇宙在任何时候都保持这样的状态。后来宇宙背景辐射被人们发现，这一理论随即宣告破产。大爆炸理论是由俄裔美籍物理学家伽莫夫提出的，他认为，宇宙起源于一个单独的并且没有任何维度的点。这个奇点在时间和空间上没有一点尺度，但是却包含了宇宙的全部物质。后来在高温和巨大压力的作用下，这个奇点发生大爆炸，使得奇点中所包含的物质四散而去。接着，宇宙的空间不断膨胀，温度逐渐降低，便出现了宇宙中的星系和生命。20世纪20年代后期，哈勃发现了红移现象。20世纪60年代，阿尔诺·彭齐亚斯和罗伯特·威尔逊发现了"宇宙微波背景辐射"。这两个发现有力地证明了大爆炸理论，越来越多的人接受了这一理论。

太阳系的形成和演化

这些小天体包括小行星、柯伊伯带的天体、彗星和星际尘埃。

太阳系，是指以太阳为中心，并受到太阳引力约束的所有天体集合体。它包括8颗行星、已知的165颗卫星、5颗已经完全辨认出来的矮行星（冥王星、谷神星、阋神星、妊神星和鸟神星）和数以亿计的太阳系小天体。

依据星云假说，太阳系的形成和演化可以追溯到46亿年前的一小块引力坍缩。这一假说认为，46亿年前存在着一个数光年大小的分子云。后来分子云不断塌陷，大多数坍缩的质量凝结在分子云的中心，经过长期的发展便形成了现在的太阳。其余的部分摊平后形成了一个星盘，这就是后来的行星、卫星、陨星以及其他的小型太阳系天体。星云假说由18世纪的伊曼纽·斯威登堡、伊曼努尔·康德和皮埃尔—西蒙·拉普拉斯最早提出。20世纪50年代，人类进入太空时代。太阳系外新行星的发现，使得人们对这一假说产生了质疑。之后，天文领域内不断有新的发现。在此基础之上，人们提出了"大爆炸形成说"，以解释太阳系的形成和演化。

在大爆炸初期，黑洞的内核和外壳物质在此过程中发生裂变反应。在爆炸中形成的每一个碎片体积都不断膨胀，而它们之间又相互吸引。经过长时期的物理变化或者化学变化，它们最终合并在一起。在其自身质量不断增加的过程中，它们不断吸附周围的物质。当它们吸附到一个体积较大的固态物质后，彼此之间又产生一定的反引力效应。这样就形成了最初的行星和卫星系统。另外，在裂变过程中产生的大量气和气团，可以产生聚变物质。当聚变物质达到一定量的时候，在气团体积和内部压力的作用下，气团的核聚变反应产生。当核聚变反应逐渐冷却后，最终产生了恒星的雏形。再经过漫长的时间，恒星雏形与其他恒星不断合并，或者吸附周围的残余物质，使得自身的体积不断壮大，慢慢地形成今天的太阳。

五星会合周期的测定

我们在地球上看到的行星的运动，其实是行星公转与地球公转之间的复合运动。

相对于太阳来说，每一个天体都有自转和公转周期。太阳、地球和一个行星处于一个平面轨道的时间间隔，就是一个会合周期。五星会合周期，就是以太阳作为标准点，行星与太阳两次位于同一黄道平面的时间间隔。五星会合周期分为内行星会合周期与外行星会合周期。内行星连续两次上合或者两次下合的时间间隔，叫做内行星会合周期；外行星连续两次合或者冲的时间间隔，叫做外行星会合周期。

行星运动的会合周期 S，有两个计算公式：$1/S=1/T-1/E$（内行星）；$1/S=1/E-1/T$（外行星）。公式中的 E 是地球的近点年周期，为 365.2596 天。T 为行星的公转周期。水星和金星这两个内行星公转周期分别为 87.9693 天和 224.701 天，代入上述公式，可以算出水星和金星的会合周期分别为 115.93 天和 583.92 天。火星、木星和土星的公转周期分别为 687 天、4332.589 天、10759.5 天，代入上述公式，可以算出火星、木星和土星的会合周期分别是 779.93 天、398.88 天、378.09 天。

恒星世界

恒星的本质特征、演变、存在的时间和最终的命运，都取决于它最初的质量。

恒星，是指由炽热气体组成的，并且能够自己发光的球体或者类似球状的天体。恒星距离地球十分遥远，古时的人们认为它们是恒久不动的星体，便称它们为恒星。

以物质质量的比重来计算，恒星形成以后有 70% 的氢和 28% 的氦，此外还有少量的其他元素。大部分恒星的年龄维持在 10 亿至 100 亿岁之间。质量越大的恒星，其寿命越短。这是因为质量大的恒星核心压力大，产生的燃烧氢较多，从而加速了自身的消亡。目前观察到的最古老的恒星是 HE1523－0901，它的年龄大概是 132 亿岁。

由于恒星距离地球较远，除太阳之外，我们凭肉眼只能看到夜空中的一个光点。在大气层的作用下，那些光点在不断地闪烁着。太阳是我们所能看到的最大恒星，除此之外，我们能看到的最大恒星是剑鱼座 R。不同的恒星，其自转的速度也是不同的。关于这一点，人们可以透过分光镜或者追踪星斑来进行测量。越是年轻的恒星，它的自转速度就越快，有的在赤道附近甚至可以达到 100 公里/秒。而像太阳这样的恒星，在赤道附近的自转速度仅有 1.994 公里/秒。恒星表面的温度取决于核心能量的生成速率和恒星的半径。大质量的恒星表面温度可以达到 50000K，而像太阳这样较小的恒星表面温度只有几千度。

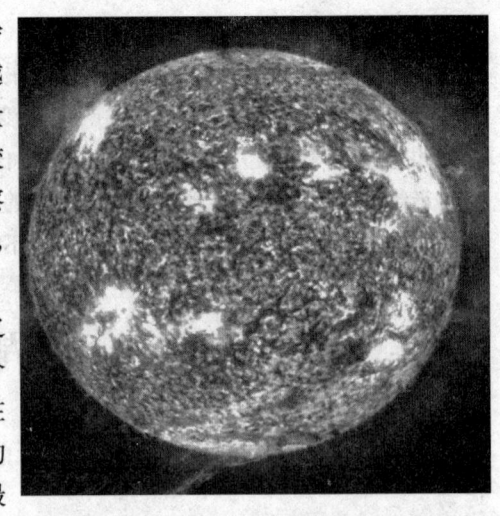

太阳活动

耀斑是太阳活动最为激烈的显示。

太阳活动，是指太阳大气层里一切活动现象的总称。它主要包括太阳黑子、光斑、谱斑、耀斑、日珥和日冕等。太阳黑子和耀斑是太阳活动的主要标志。太阳黑子是太阳强烈的磁场活动抑制对流，使得其表面出现了温度较低、颜色较暗的区域。

太阳活动时而强烈，时而微弱。一般来说，它出现的平均周期为 11 或 22 年。当太阳活动出现以后，会对地球的电离层、地球的气候、地球的磁场和航天活动产生不可忽视的影响。它们会扰乱地球上空的电离层，影响正常的无线电波运行；使得地球磁场发生紊乱，出现"磁暴"现象；对南北极高空的大气产生影响，使那里不断出现极光；改变正常的地球温度，使得局部区域发生严重的自然灾害。

阿里斯塔克斯"日心说"的创立

直到16世纪，哥白尼的《天体运行论》出现之后，阿里斯塔克斯才重新引起人们的注意。

阿里斯塔克斯，大约公元前310年出生于古希腊的萨摩斯岛。他是古希腊时期著名的天文学家、数学家，也是人类历史上有记载的第一位提倡日心说的天文学家。由于当时亚里士多德和托勒密理论的盛行，阿里斯塔克斯的"日心说"并没有得到人们的关注和理解。

关于阿里斯塔克斯"日心说"的文章都已经失传，后人通过在他之后的古希腊数学家阿基米德和古罗马历史学家普鲁塔克的描述中获知"日心说"的某些观点。阿基米德指出，阿里斯塔克斯认为太阳与固定的恒星不会运动，地球沿着圆形的轨道绕着太阳运行，而太阳则位于这一圆形轨道的中心。普鲁塔克在此基础之上，给出了更为详细的论述。他说，阿里斯塔克斯认为地球每天都要自转一周，使得我们看起来天空在围绕地球转动。此外，地球还沿着"太阳圆周"运行，这就是太阳黄道。此后的大多数学者认为，阿里斯塔克斯把地球看作行星后，认为其他的行星也围绕太阳运行。

星座的起源

目前，我们人类肉眼可以看到的恒星有6000多颗，每一颗恒星都可以归入到一个星座当中。

星座，是指在地球上投影位置相近的恒星组合。为了辨认天空中的星体，人们按照恒星的自然分布，将它们划分为不同的区域，并给每一个区域起了一个固定的名字。这样的话，每一个区域就是一个星座。

不同的星座，其亮星构成的形状或图形是不同的。人们根据这一点来辨认不同的星座。国际天文学联合会采用了一种精确的划分方

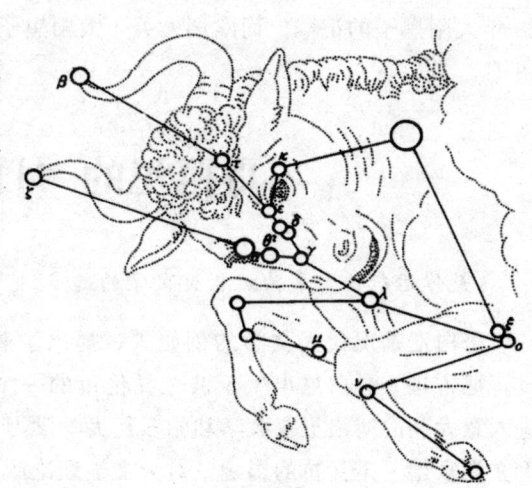

法，将天空划分成88个正式星座，从而使得每一颗恒星都有固定的星座。关于这种精确星座的划分，可以追溯到中世纪时期流传下来的古希腊传统星座。

大约在5000年以前的时候，美索不达米亚平原上的人们已经产生了20多个星座名称。之后，古巴比伦人继续划分天空的区域，不断提出新的星座。公元前1000年左右，古巴比伦人提出了30个星座。后来，古巴比伦人的星座划分方法传到古希腊人那里，又得到了进一步的发展和补充。公元2世纪的时候，古希腊天文学家托勒密总结当时的天文学成就，提出了48个星座，并编制了古希腊星座表。根据星座内的主要亮星位置，托勒密用假想的线条将它们连接起来，然后赋予其不同的人物或者动物形象。而这些动物或者人物形象大都取材于古希腊的神话故事，这便是现在星座名称的由来。

关于太阳黑子的最早记载

太阳黑子的温度远远低于太阳光球的表面温度，因而看起来是一些颜色较暗的斑点。

太阳黑子，是指发生在太阳光球上的一种太阳活动。它是太阳活动中最基本、最强烈的一种现象。一般认为，太阳黑子是太阳表面的一种炽热气体漩涡。

关于太阳黑子，历史上有很多国家做过记载。而最早的太阳黑子记载出自于中国。公元前140年左右成书的《淮南子》中有篇《精神训》，其中有"日中有踆乌"的描述。这应当是对太阳黑子的最早记载。不过，目前世界上公认的最早记载是中国的《汉书·五行志》，书中对太阳黑子的描述十分详细："河平元年……三月乙未，日出黄，有黑气如大钱，居日中央。"这是对河平元年即公元前28年太阳黑子的记载。而欧洲人关于太阳黑子的记载，最早是在公元807年8月19日。

哥白尼的"日心说"

《天体运行论》成为近代天文学的起点。

哥白尼是现代天文学的创始人，提出了著名的"日心说"。1473年2月19日，尼古拉·哥白尼出生于波兰托伦市的一个富裕家庭。23岁的时候，哥白尼进入意大利的博洛尼亚大学和帕多瓦大学学习。在此期间，他受到博洛尼亚大学天文学家德·诺瓦拉的影响，对天文学理论产生了浓厚的兴趣。当时的意大利是欧洲文艺复兴运动的策源地，哥白尼在那里接触了希腊天文学家阿里斯塔克斯的学说，相信并力图证明地球和其他行星都是围绕太阳运转这一观点。经过长期的计算和观察，哥白尼在 40 岁的时候正式提出"日心说"，并写作完成了《天体运行论》一书。在这本书中，哥白尼论述了地球如何围绕地轴自转以及地球和其他行星如何围绕太阳运动的事实。他通过观测所计算出的恒星年时间为 365 天 6 小时 9 分 40 秒，比现在的精确值相差约 30 秒；他算出的月球到地球的平均距离与现代的数值相差只有万分之五。这些科研成果和理论对后世的天文学家产生了极大的影响。

太阳风的发现

太阳风的发现，对人类了解太阳和其他天体有重大的贡献，它改变了科学家对行星际空间的看法，并得以解释很多现象，像"磁暴"、极光等。

太阳风，是指从恒星上层大气发射出来的超音速等离子体带电粒子流。它是一种连续的等离子体流，时速可以高达 200800 公里。太阳风由质子和电子等组成，这些基本粒子比原子的结构层次更低、更简单。在流动的时候，它们可以产生与空气一样的效应，因而人们将其称为太阳风。虽然太阳风的物质十分稀薄，但是它的速度远比地球上的空气流动要迅猛得多，是地球风速的上万倍。太阳风分为持续太阳风和扰动太阳风两种。扰动太阳风对地球的影响最大，可以引起地球的磁暴和极光现象。

西方最早注意到太阳风是 1850 年。当时，一位名叫卡林顿的英国天文学家在观察太阳黑子时，发现在太阳表面上出现了一道小小的闪光，它持续了约 5 分

钟之久。卡林顿以为自己碰巧看到有一颗陨石掉在太阳表面上。直到 1899 年，"太阳摄谱仪"出现，利用它能够观察太阳发出的某一种波长的光。这样，人们就能够靠太阳大气中发光的氢、钙元素等的光，拍摄到太阳的照片。结果表明，太阳的闪光和陨石毫不相干，那不过是炽热的氢的短暂爆炸而已。之后，天文学家们更加仔细地研究了太阳的闪光，发现在爆炸中，有一些炽热的氢会克服太阳的引力射入空间，而氢的原子核就是质子，因此太阳的周围应该有一层质子云。1958 年，美国物理学家帕克提出了太阳风假说，认为日冕外层的质子云会逃逸到空间中去，形成太阳风。在 20 世纪 60 年代，科学家通过卫星观测证实了太阳风假说。

太阳"黑子风暴"

每隔一段时间，太阳便要出现黑子，天文学家长期以来观察的结果表明这已经是无可争辩的事实了。前几年，太阳黑子与流行感冒的关系非常密切的观点更是使得太阳黑子成了一个受到普遍关注的问题。可是，直到今天，不但太阳黑子形成的原因仍然是一个谜，就连关于太阳黑子周期的各种说法也受到了种种质疑。

伽利略是最早发现太阳黑子之谜的伟大科学家，他是在 1610 年发现太阳黑子的。后来，通过进一步地研究表明，1610 年前后恰逢太阳活动的高峰期，这时太阳产生的黑子很多。

德国的天文爱好者施瓦贝是最早研究太阳黑子周期的人，他从 1826 年开始记录太阳黑子数，并绘出太阳黑子图。连续观测太阳黑子 43 年之后，施瓦贝发现，太阳黑子活动周期是 11 年，多时可以看到四五群黑子，少时连一个黑子都看不到。每过 11 年为一个周期，称作一个"太阳黑子周"。然而，当他把自己的研究结果公布于众时，却遭到人们的质疑，没有得到赞同。

然而，这并没有妨碍他的研究，在经过两个"太阳黑子周"的观测之后，他确信自己的理论是正确的。于是他又在 1851 年宣布了他的重要发现。此时，他的观点很快便受到了天文学家们的关注，同一年，德国著名天文学家洪堡在他的著作《宇宙》第三卷中，就采用了施瓦贝的研究结果。

正是这两位学者的伟大贡献，才使得太阳黑子的研究工作进入了一个崭新的阶段。为了对太阳活动和黑子变化周期排序，国际上规定，从 1755 年开始在那个 11 年称作第一黑子周。1987 年太阳黑子已经进入第 22 个黑子周。

20 世纪初，美国天文学家海尔又从另一个角度去研究太阳黑子，他主要研究太阳黑子的磁性。海尔的研究结果表明，太阳黑子具有极强的磁场。几年之后，他又发现黑子磁性并非静止不变的，而是在呈一个周期不断的变动，这种变

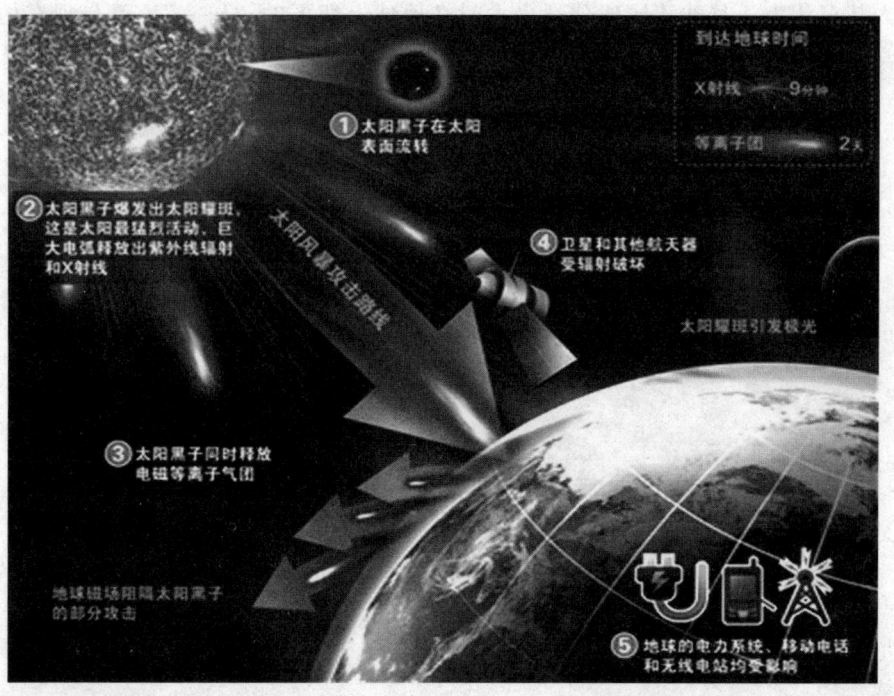

化竟与黑子周期相关。最后，海尔终于发现，黑子磁性变化周期是 22 年，恰好是黑子周期的 2 倍。为了纪念海尔的努力，人们将这个周期称作"海尔周期"，实际上，它就是太阳黑子的磁周期。考虑到黑子磁性变化，人们又认为黑子周期应为海尔周期。

施瓦贝和海尔的研究成果曾经统治了天文学界几十年。就在 19 世纪 70 年代，美国天文学家埃迪对 11 年的黑子周期提出了质疑。这一质疑自然要引起一场轩然大波。不过，尽管对太阳黑子周期有过多种说法，但是，到目前为止，仍然没有一种说法能够让人彻底信服。更深入的研究仍然在进行之中，那么，更有说服力的理论什么时候能够提出来呢？人们对此拭目以待。

月球起源之谜

关于月球究竟来自何方？它到底是怎样形成的？一直作为一个谜而留在人们心间。因和其他卫星相比，月球有好多奇异之处，让人难以理解。

分裂说。月球起源是个还没有解决的问题，存在好些假说。其中的一类被称为"分裂说"，认为月球是从地球分裂出去的。据称，在地球历史的早期，地球还处在熔融状态，自转得特别快，每 4 个小时左右就自转一周。地球赤道部分的物质逐渐隆起，由小而大，越来越大，也越来越高，最后终于脱离地球而被抛了开去，成为独立于地球之外的物质团。此物质团后来逐步冷却并凝聚成为月球，有人甚至认为，月球从地球分裂出去时在地球上留下的"伤疤"，就是现在的太平洋。

这确实是个很巧妙的构思，很引人入胜，可是它遇到了一些难以解释的困惑：

没有任何证据表明地球自转曾经达到过那么"疯狂"的程度。

从地球赤道被抛射出去的物质，由它凝聚成的月球，其绕地球运行的轨道应该是基本上在地球的赤道平面内，相差不会很大；现在的实际情况则是，月球绕地球运动的轨道与地球赤道之间相差颇大。

月球如果真的是从地球分裂出去的话，它的化学成分、密度等都应该与地球一致或差不多，可是事实上不是这样。譬如说：月球上的铝、钙等化学元素比地球上多得多，而镁、铁等则要少得多；地球的平均密度为5.52克/立方厘米，月球的平均密度却只有3.34克/立方厘米。

俘获说。"俘获说"是关于月球起源的另一种假说。假说的大意是这样的：月球原来的"身份"可能是环绕太阳运行的小行星，由于某种我们还不清楚的原因，它驶然接近地球，地球的引力"强迫"它脱离原来的轨道并把它俘获，成为自己的卫星。有人还提出这样的概念：这次俘获的宇宙事件，大致发生在离现在35亿年之前，俘获事件也不是一朝一夕完成的，全过程经历了约5亿年。

"俘获说"设想月球原来是太阳系内的一颗小行星，有它自己的运行轨道，这样的话，月球的化学成分与地球的不同，密度有差异，它的公转轨道与地球的赤道平面不一致，这些就都没有什么问题了。

不过，"俘获说"也有难以自圆其说之处。科学家们指出：一个天体俘获另外一个天体的可能性是有的，只是这种机会实在是太少太少了。即使发生这种情况，那也应该是一个很大的天体俘获一个小得多的天体。地球的质量是月球的

81倍，想要俘获像月球那么大的一个天体，那是远远不够的。说得明白一点，地球是不可能把月球那么大的一颗小行星俘获来作为自己的卫星的，至多只能改变一下那颗小行星的轨道罢了。

同源说。这里说的"同源"，指的是月球和地球是从同一块原始太阳星云演变而形成的，这是关于月球起源的又一种假说。那么，如何解释月球与地球在物质成分、密度等方面的差异呢？

主张"同源说"的人认为：形成月球和地球的物质虽是在同一个星云中，但两者形成的时间不同，地球在先，月球在后。原始太阳星云演化和发展到一定阶段时，由于尘埃云里面的金属粒子等物质已开始凝集和部分地集中。在地球和其他行星形成时，很自然地吸积了相当数量的铁和其他金属成分，并以此为其核心的主要物质。月球的情况则与地球不同，那时，原始太阳星云中的金属成分已大为减少，它只能吸取残余在地球周围的少量金属物质，因而主要是由非金属物质凝聚而形成。在这种情况下，月球物质密度还不到地球的2/3，那是理所当然的。

"同源说"与"分裂说"和"俘获说"一样，都能在一定程度上或多或少地解释月球的成分、密度、结构、轨道等基本事实，但都存在些需要认真予以解决的难题。

第四种假说是宇宙飞船说。这是由前苏联两位科学家瓦西里和谢尔巴科夫于1957年提出来的。该学说的提出远早于首次阿波罗载人登月（1969年7月21日）。他们认为，月球是宇宙中彼岸某角落中的一颗小天体，被外星人改造后，操纵着它来到地球身边，利用地球的引力再加上月球的人为原动力而固定在现有的轨道上。但为什么外星人将月球进行改造后，再送到地球身旁，是什么目的？前苏联两位科学家并未详说。在后来的UFO研究者认为，原来外星人将月球弄到地球身边来是控制地球不变轨，以保证太阳系的相对稳定。

月球的各种奇异特性，奇特的天文参数，空心，坚硬的外壳，月海金属，古老岩山等等，后来"阿波罗"载人登月探得的各种结果，都是否定前三种假说而有利于第四种假说。尽管第四种假说初听起来有点像天方夜谭。然而，科学和认识是无穷尽的，宇宙奥妙也是高深莫测的，不能因我们眼光的狭窄和认识上的肤浅和无知，就将科学真理视为迷信或邪说。地心说和日心说的经历不是最有力地说明此问题吗！月球，确实是一个神秘的世界，它上面的UFO现象，奇特的表现，确实给科学家们出了一道难解的谜题。这正如著名法国作家维克多·雨果曾用这样的语言描绘月球——"月球是梦的王国，幻想的王国"。

对科学家们来说，月球当然也是一个充满梦幻的世界。科学家们推测，月球不仅是开启地球以及众多宇宙之谜大门的钥匙，也是开启太阳系起源之谜大门的钥匙。那些待解之谜在人类登上月球之前就存在了不知多少岁月，直到今天，我们对月球的认识在天文学上仍无明显的进展，反而使科学家们陷入更深的困惑之

中。的确，比起实施"阿波罗计划"之间——无论是月球的起源及其自然环境，还是其构成——纵横交织在科学家面前的谜团，像难理的乱麻，现在更见头绪纷繁。但是，如果再结合 UFO 学的研究，结合考古学的研究，实行多学科联合攻关，相信月球之谜不久必将真相大白。总的来说，月球是被"操纵着"进入地球轨道的结论则更有说服力。如果再与碰撞说联系，能否可以想像月球当初被操纵进入月球轨道时不慎与地球擦而过，最后才调整到现在这种轨道上。如果是这样，后一种假说都有一定道理了。真相如何？还需再探，还需拿到更多的证据。

月球起源新说。包括"分裂说"、"俘获说"和"同源说"在内，关于月球起源的假说至少也有好几十种。尽管如此，科学家们仍然希望有更能说明问题的新假说提出来，因为像月球起源那样复杂的问题，牵涉到许多学科和很多方面，而新的假说可以作为我们研究问题的新的出发点，往往会给我们新的启示和新的线索，使我们对问题的认识更加深入、更加全面。

有关月球起源的一种新假说的主要观点是这样的：

月球原是环绕太阳运行的一颗小行星，一次偶然的机会使它不仅走向地球，而且与地球相撞。被撞"飞"的地球物质脱离地球，最后凝聚成为月球。在这次史无前例的猛烈撞击之前，组成地球的大部分铁和重元素，早已经沉落到地层的深处乃至核心，因此那些被撞"飞"的物质，主要是比较轻的元素。对地球来说，这次撞击带来的是地球的赤道被一下子撞"弯"了，而那些被撞出来的物质却仍然是在原先的位置上。这就能解释为什么月球不是在地球赤道平面内绕地球转的缘故。

要解决月球究竟是从哪里来的这么一个很重要的问题，看来还需要做大量的探讨和研究工作，不大可能在比较短的时期内获得比较彻底的解决。

月亮不是"独生女"。为什么地球不像木星、土星那样有庞大的卫星系统？即使比不上巨行星，可为什么还比不上比它小得多的火星？火星尚且有两颗卫星呢！

一些科学家也为此"不平"。他们认为，地球当初可能有过许多卫星。主张"俘获说"的阿尔文就是其中之一。他认为，在地球抓获月球之前，月球自己也是"子女"成群，有十来颗较小的卫星在周围绕转，可是当月球被地球俘虏之后，它在绕地球运动的过程中对这些原来的小卫星进行了"扫荡"，把它们一个个鲸吞殆尽。这些小卫星落入月球之内，变成一个个至今尚在的"月瘤"。

阿尔文的观点是否正确，目前很难下结论，因为 7 亿年前的地球及地球的天空状况，是不易找到观测依据的。何况，阿尔文提出的"俘获说"，本身还有待于继续论证呢。

10 世纪 80 年代，英国天文学家琼斯·朗库恩旧话重叙，提出了类似的观点：认为在数十亿年前，地球虽然只有月球一颗卫星，但月球本身并不孤单寂寞，因为它自己也有"子女"，大约有十来颗绕月球旋转的小天体。对于这种卫星的卫星，天文学家们还没有适当的名称来称呼它，所以这儿姑且称之为"小卫星"。朗库恩认为，这些"小卫星"的直径在 30 千米以上，但由于它们的轨道并不稳定，所以在距今 42~38 亿年间，一个个坠落到月面上，形成了一个个月海。小卫星的陨落使月球摇晃起来，当它再回到平衡状态时，自转轴就会有一定的变化。有趣的是，他的这种观点，从登月者取回的月岩研究中得到了一定的证实。

其实我们只要把"月亮"的概念稍稍扩大，不限定一定要是"冰清玉洁"的月轮这个球形的天体，那地球确实不止一颗卫星，而是有三个。其中另两个"月亮"不易见到，因为它们不过是两大团气体。它们与"脱罗央小行星"一样，与月球、地球构成了两个等边三角形：一个在月球前 60°，一个在月球后 60°，都处于"平动点"上。

这两个气体卫星是波兰天文学家科尔杰列夫斯基在 1956 年发现的。因为它们十分稀薄，所以只有到高山上，大气相当透明的情况下，才可见到两块朦胧的、微微发光的光斑。角直径不过几度。由于不易观测，所以，人们对它们的了解很少，连质量也没有测出呢！

这两个"气体月亮"以后会不会如几十亿年前的行星、卫星演化那样，慢慢收缩、凝聚成真正的小月球呢？从目前的条件看来，基本上没有这种可能了，因为当年促进行星、卫星形成的条件早已不复存在，至少那些用来形成星体的"原材料"已经寥寥无几，再也凝聚不起来了。这真像当初几百万年之前，猿类会逐渐演化为人，但今天的猩猩却永远不会再脱离动物界，其间的道理是一样的。

20 世纪 90 年代之后，随着计算机科学的神奇发展，不少科学家已可用来作太古时代的模拟试验。1997 年，日本东京大学和美国科罗拉等大学的研究人员通过几年的协力攻关，终于合作开发出了一种模拟"大碰撞"演化过程的计算程序。这样他们已可以让人们在荧屏上目睹四十多亿年前发生的那次严重"交通事故"的演变全过程。

他们仔细地调整各种初始条件，如碰撞的那个大星子的质量，当初的相对速度、碰撞的角度……不厌其烦地试验了 27 次，每一次都显示出地球在碰撞过程中所经受的磨难，相当多的物质与粉碎的星子在地球周围不断弥散开来，慢慢地形成一个绕地球的由气体、尘埃及碎块组成的环带——就像现在见到的土星光环那样，这以后则是凝聚为月球的过程，但研究人员惊讶地发现，有时最后形成的月球却是 2 个，它们一大一小，一近一远，相映成趣。而出现这种状况的可能性在 1/3 以上。当然最后的结果还是殊途同归，计算机告诉人们，这种"双月奇观"只有短短几百年时间，地球强大的引力使那个小而近的"月球"维持不了多久就会坠落消失。

这种模式的意义还可帮助人们探讨行星光环的起源和演化，因而受到了世界的关注。

月球发生过"月震"吗

在人类到达月球之前，科学家们认为"月球是一个死寂的世界"，但是自从"阿波罗"飞船宇航员降落月面，并在月面设置了几台地震仪后他们才知道，月球是一个极其"活跃"的世界，月震发生在我们无法想像的月球深处，震源在月面下 500～1000 英里处，这里离月球外壳已相当远了。

设在月面的地震仪曾多次记录到月震，科学家们把多数月震称为"微型月震"，根据月震记录，月球的活动和振动不仅多次反复发生而且有时强度还相当可观。莱萨姆博士解释说："当发生这种乱哄哄的微弱震动时，有时 2 小时发生一次，有时几天后才能平息下来。目前还不知道这种'成群'震动的震源在哪里。"

设在月面的地震仪还记录到 1～9 分钟内传来的高频振动，科学家们感到十分困惑，他们推测只能是月面的某一区域正发生移动，可是这种高频振动发生了多次且持续不断，科学家们的推测似乎并不对。直到今天成千次这种微震仍在发生，可以认为是一种自然现象，莱萨姆博士后来发现在这种振动中有一种独特的类型，它们发生在月球最接近地球的时候。他认为这是由于这时地球作用于月球引力增强，使月壳产生振动。

有意思的是，微型月震多发生在月面的裂隙上。所谓裂隙就是月面上延绵几百英里的窄而深的沟。不过有的科学家认为月面上并不存在什么裂隙。

莱萨姆博士指出，微型月震和月壳的振动现象与月球内部的热能并无直接关联，与其说是月面火山活动不如说是月壳的变动。这些微震中的大者也在里氏震级二级以上，而且震源深度不到 0.5 英里。

对月球进行的种种其他研究也表明，在月球的岩石和土壤下存在着一个金属层。在美国航空航天局有关研究机构召开的第四届月球科学研讨会的专门报告中提到，美国圣克拉拉大学物理学博士卡契斯·帕金与美国航空航天局艾姆斯研究中心的帕尔马·代亚尔和威廉·迪利将"阿波罗"12 号和 15 号设在月面的磁强计数据与"探险者"35 号获得的数据综合起来绘制了整个月球的磁带曲线。他们在一家专业杂志上撰文说："根据磁强计的测定，月球上有大量的铁。月球岩石并不是由非磁性物质构成的，而是由铁等强磁性物质构成的。这是一种游离态的铁。"这研究结果具有不可忽视的意义。他们说，与他们测量到的数值相一致的具有高导磁性的矿物。有一定强磁性的矿物及其化合物都未能发现，由此可以推测，相当于整个月球导磁性的游离态金属铁一类物质，以强磁性状态存在于月球内壳，而且含量可观。根据其他资料研究所获得的结果与此相似。

也就是说，紧挨着覆盖着月面的岩石的月面土壤有一个壳层，在这一壳层中

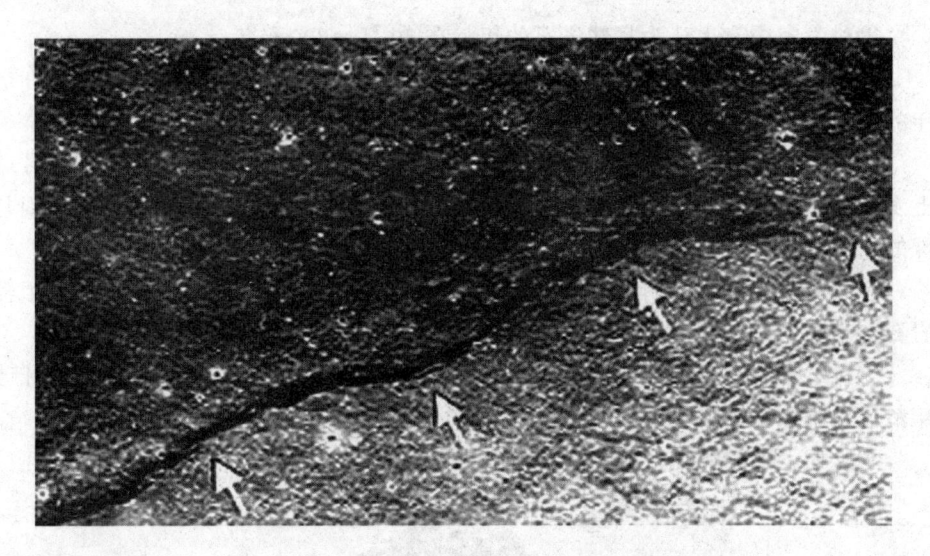

存在着为数极大的金属矿物,在权威的国际月球研究杂志《月球》上,1971年里曾刊载了三份研究报告,这几份研究报告都谈到月球内部的金属层,因而受到广泛关注。

在月球提供给我们的"暗示"中,有许多不曾被科学家们忽略的东西。月球不均衡的外观给地球上善动脑筋的科学家们这样的印象——月球内部似乎存在某种"强有力"的东西。在通过出访月球使我们了解许多事实之前,地球上的科学家曾预测月球上既有"压扁"之处也有"膨胀"部位。但是科学家们估计的月球"膨胀"程度大17倍。更加不可思议的是(当然科学家们现在还没弄明白)月球为什么能够维持住那么大的"膨胀"。前苏联科学家认为,月球内部奇怪而神秘的力来自坚固的金属质月球内壳。

到了科学家们寄予厚望的月球探测计划正式实施之后,事实仍使他们吃惊,他们已经知道月球上存在"膨胀",但是找不到"膨胀"部位在哪里。一位科学家扫兴地说:"地球之外的什么人似乎显得对月球十分关心。"

月球岩石年龄之谜

美国NASA,的专家坚持说月球岩石只有46亿年历史,与地球年龄类似。而其他方面的天文专家,天体物理学专家等化验后认为月球岩石的年龄远远大于地球,这就间接的证明月球不是起源于地球,也不是和地球同期的太阳系内的产物。二者结论相悖,又针锋相对。

说明月球事实上比地球古老很多,来自遥远的宇宙空间的证据有如下几个方面:

①科学家中有人认为月球岩石的年龄在 70 亿～200 亿年。

②美国 NASA 曾宣布过月球上确实存在比太阳系和地球古老的 10 亿～53 亿年的岩石。

③一位获得过诺贝尔奖、同时又是一位研究月球的权威科学家提出，在月球上发现的某种元素比地球上的古老得多，可是他无法解释这种元素是怎样来到月球的。

④研究月球的专家们说，年龄在 44 亿～46 亿年的月球岩石是"月球上年轻岩石"。

⑤科学家们在月球岩石标本中发现了大量的氩 40，因而得出结论说，月球年龄比太阳和地球的年龄大一倍，约为 70 亿年。

⑥月面上的砂砾比月面岩石显然古老 10 亿年。

当宇航员们将第一批月球岩石标本带回到地球供科学家们研究分析时，他们根本没有想到，月球不但比地球古老，而且比太阳系更古老。阿尔·尤贝尔说："与月球有关的物体古老而又古老……科学家们曾推测月球'当然'不会太古老，所以当面对一个如此古老的天体时，他们没有充分的思想准备。"

在实施"阿波罗计划"过程中，从月球上带回的月球岩石中，99％都比地球上 90％的最老岩石历史更悠久，有的科学家认为在这些月球岩石中有的比太阳还古老。第一位降落在月面静海的宇航员尼尔·阿姆斯特朗信手捡得的月面岩石其历史都在 36 亿年以上。要知道迄今为止科学家们在地球上发现的最古老的岩石是 35 亿年前的东西，这种岩石是在非洲岩缝中发现的。此后科学家们又在格陵兰岛上发现了更古老一些的岩石。这种岩石可能与月面静海的岩石一样古老，是 36 亿年前的东西。但是历史悠久的月球岩石的发现还仅仅是研究月球历史的开始，在宇航员从月面带回的岩石中有的还是 43 亿年前形成的，甚至还有 45 亿年前的。"阿波罗" 11 号飞船带回的月面土壤标本据说历史已长达 46 亿年。46

亿年正是太阳系形成的时候。不可思议的是这种月球土壤显然比它周围的岩石还要"年长"1亿年。

以上所述实际包含着更为惊人的事实。科学家们相信月海是月球最新形成的区域，那么月球的年龄比月海当然要古老。用科学记者理查德·路易斯的话来说就是："在地球上认为是最古老的岩石，在月球上却是新的类型。"这不令人吃惊吗？

前苏联的无人月球探测器也获得了与此相同的结论。根据对从月海带回的月球岩石的调查结果，它至少与太阳一样古老，是46亿年前就形成的。

陨石是星系形成的年代标本物。要想正确判断太阳系诞生时间的关键证明就是陨石（陨石有46亿年的历史）。而对月球岩石和土壤的研究表明，月球陨石更古老。对科学家们来说，难以理解的是，在月海发现的岩石确实是月球上的新东西。

理查德·路易斯分析说："陨石就是太阳系的'方尖碑'，它们的年龄是46亿年，是由一些极其原始的成分构成的，据悉是太阳系尚处在宇宙尘埃状态时凝聚成的。"如果在月球上发现更古老的陨石，这说明月球曾经不在太阳系呆过。

毫无疑问，月球给我们提出一个问题，月球原来并不是我们太阳系家族的成员。美国NASA几乎所有的科学家都固执地否定月球比地球的陨石（更不用说太阳系了）历史更久远。即使我们把更多的资料和证据摆到他们面前，有的科学家还是死死地抱着自己"正统"的观点不放。他们出自什么目的？不得其解。不过如果这些证据显示了另外的含意，即证实"月球—宇宙飞船"假说，那也是自然的事，并不在乎有人是否能够接受。

在实施"阿波罗计划"的初期，美国NASA的科学家们显然说过，月球的年龄是46亿年。与太阳系的年龄大致相当，但是也许比地球要古老。哈洛德·尤里博士也说过，无论我们如何强调地球年龄也是46亿年，这只不过是推测，还没有任何可资援引的证据。尤里博士是一位得出"根据确凿的证据，月球比我们的地球乃至太阳系都更为古老"这一结论的月球研究专家。直至今日，美国NASA都没有接受这种证据，因为它还顽固地坚持46亿年的"定论"。这里的奥妙，令人深思。

月亮上的神秘"建筑物"

月球是地球黑夜时的光明使者，那皎洁如玉的月光，笼罩着诗一般的气氛。自古以来，它激发了人们多少美丽的想象。嫦娥奔月、吴刚伐树、玉兔捣药，虽说"高处不胜寒"，却也"别有天地开"。然而，当代科学对于月球环境的了解，则会令古人大失所望的：这里是一个极端死寂和干燥的荒凉世界，布满了大大小

小的坑穴（环形山）；月球表面有日照的地方可达摄氏 127 度，夜晚则降到 -183 度。近年，有关宇宙探测器对于月球秘密的意外发现，使科学家们产生了种种怀疑和推测。

1969 年 7 月至 1972 年 12 月，在美国执行"阿波罗"登月计划的过程中，宇航员拍下了一些月面环形山的照片，从这些照片上看，环形山上分明留有人工改造过的痕迹。

例如，在戈克莱纽斯环形山的内部，可以看出有一个直角，每个边长为 25 公里；在地面及环壁上，还有明显的整修痕迹。更为独特的是有一座环形山，它的边线平滑，过于完整；环内呈几何图形，有仿佛是划出来的平分线，在圆周的几何中心部位，有墙壁及其投影。该山外侧有一顷斜的坡面，其形状有如完整的正方形，在正方形内有一个十字，把正方形等分成对称的各部分。

其实，有关月球的多种令人不解现象，在近 200 年间人类对月球的观测过程中，已被陆续发现。

1821 年底，约翰·赫谢尔爵士发现月球上有来历不明的光点。他说，这光点是同月球一起运动着，因而它绝不可能是什么星星。

1869 年 8 月 7 日，美国伊利诺斯州的斯威夫特教授与欧洲的两位学者希纳斯和森特海叶尔，观察到有一些物体穿越了月球，发现"它们仿佛是以平行直线的队形前进的"。

1867 年被天文学界宣布消失的静海的林奈环形山，在原消失地竟出现了一个白色的直径达 7 公里的奇异光环。有的学者提出，这种情形可能意味着有什么透明物质覆盖了某种基地。

1874 年 4 月 24 日，布拉格的斯切·里克教授，观察到一个闪着白光的不明物体缓缓地穿过了月球，并从那里飞出。

1877 年 11 月 23 日夜晚，英国的克来因博士和在美国的一批天文学家，惊愕地看到一些光点从其它环形山集中到柏拉图环形山中，这些光点穿越了柏拉图环形山的外壁，在山的内部会齐，并且排列成一个巨大的发光三角形，看来很像某种信号的图案。

1910年11月26日发生日蚀时，法国和英国的科学家分别观测到"有一个发光的物体从月球出发"，"月亮上有一个光斑"。据当年观测者的描述，日蚀过程中月亮上出现的物体形似现代的火箭。

1953年12月21日，英国天文协会月球部主任威尔金斯博士在广播谈话中透露：在月面的危海地区观察到了大量的"圆屋顶"；这些半圆形的"建筑物"呈耀眼的白色，它们中最小的直径也有3公里。

莫杰维耶夫博士说："我们完全不明白这是怎么回事，而我们也相信美国方面也和我们一样，无法解释这件事。"

惟一的推测，就是活动在地球之外的超级智能力量在月球上的出现与隐没。更多的线索，可能是为地球上的人们所想像不到的。

围绕地球的卫星——月球所出现的一系列无法解释的现象，科学界中的有识之士已警觉到：地外智能力量正在"使用"我们的月球。

狮子座流星雨

坦普尔·塔特尔彗星的运行周期是33.18年，因而狮子座流星雨大规模出现的周期约为33年。

狮子座流星雨，是指每年11月14日至21日从狮子座方向迸发出来的流星。其位置大概在东偏北一点，水平高度40°左右的天空区域。

关于狮子座流星雨的产生，可以追溯到一颗名叫坦普尔·塔特尔的彗星。这颗彗星在围绕太阳公转的时候，总是不断抛洒自身的物质。于是在它运行的轨迹上，便留下了许多细小的发光微粒。这些微粒分布并不均匀，在有的地方比较密集，在有的地方比较稀薄。密集的地方说明流星比较多；稀薄的地方说明流星比较少。当这颗彗星回归的时候，地球恰巧经过它释放颗粒最稠密的地区，因此人们便可以看到大规模的流星雨。狮子座流星雨的最大特点就是速度快，虽然流星群颗粒比较小，但是速度可以达到每秒钟71公里，是子弹初速的100倍。

甘德发现木星的卫星

中国科学家明确指出，甘德在公元前4世纪中期就已经观测到了木星的卫星木卫二。

甘德，中国战国时期楚国人，著名的天文学家，是世界上最古老星表的编制者和木卫二的最早发现者。主要有著作有《天文星占》8卷、《岁星经》等，他的这些著作与石申的天文学著作合起来称为《甘石星经》。不过，甘德的大部分著作已经遗失，只有少部分被《开元占经》等典籍引用。

唐代的《开元占经》第23卷记载说："甘氏曰：单阏之岁，摄提格在卯，岁星在子，与婺女、虚、危晨出夕入，其状甚大有光，若有小赤星附于其侧，是谓同盟。"这里的"岁星"指的就是木星，"小赤星"指的就是木卫二。甘德将它描述为浅红色的，这与现在观测到的木卫二的橙黄色基本一致。"同盟"指的是木星同附属于它的小星组成一个系统。木星一共有13颗卫星，"木卫二"是其中的一颗。过去人们一直认为，意大利天文学家伽利略于1609年用天文望远镜最先发现了木星的卫星。而早于伽利略近2000多年的甘德，在没有望远镜的条件下，借助肉眼就发现了木星的卫星。这真是天文学史上的一个奇迹。

登封观星台

登封观星台是中国现存的最古老的天文台，也是世界上最著名的天文科学建筑物之一。

登封观星台，位于中国登封市东南7.5公里，由元代天文学家郭守敬于1276年创建。

元朝初年，元世祖忽必烈刚刚统一中国，需要大力发展农业生产，他命令郭守敬等人进行历法改革。为了进行测量，郭守敬在全国27个地方建立了天文台和观测站，登封观星台就是当时的中心观测站。在这里，郭守敬经过18年的观测，于1218年成功地编制出世界上最早的历法——《授时历》。

登封观星台由台身与石圭、表槽组成。台身上小下大，台面呈正方形。台高约9.46米，从地面到观星台的最高点约为12.62米。在观星台的北面有两个对称的入口，台顶两端也设有两间小屋。从台底到台顶，有凹槽的"高表"。在凹槽的正北方是石圭，由36块青石铺成，用来测量日影的长短。观星台内保留了许多珍贵的天文仪器，有沈括浮漏、正方案、仰仪、景符和日晷等。

行星运动三定律的发现

开普勒的三大定律是天文学的又一次革命，它丰富和完善了哥白尼的日心说体系，并对经典力学的建立和牛顿万有引力定律的发现起着重要的指示作用。

行星运动三定律，又称"开普勒三定律"或者"开普勒定律"，是指在宇宙空间中行星围绕太阳公转所遵循的定律。这三个定律是由德国天文学家开普勒首先发现并提出来的，因而被称为"开普勒三定律"。

开普勒，1571年12月27日出生于德国的一个小市民家庭。17岁的时候，开普勒进入利安蒂宾根大学学习。由于他才华出众，后来在奥地利的一所大学任教。1600年，年仅30岁的开普勒给当时著名的丹麦天文学家第谷写信。在信中，开普勒向第谷倾诉了多年来对天文学的喜好，并陈述了一些自己的天文学研究成果。看完这个年轻人的书信后，第谷马上就写信邀请他来当自己的科研助手。很快，开普勒与第谷走在了一起。然而不到十个月，年迈的第谷就去世了。

1601年底，开普勒正式接管第谷的工作，并开始编制鲁道夫星表。起初，开普勒的研究重点仅仅放在完善哥白尼的"日心说"上。在讨论行星运行轨道的时候，开普勒发现第谷生前留下的观测数据与哥白尼体系、托勒密体系都不相符。这一点引起了开普勒的注意，他决心找出事实的真相，看看行星运行的轨道到底是怎样的。

第谷生前进行了20多年的观测，留下了宝贵的第一手科研资料和一份精密的星表。在认真分析这些资料的基础之上，开普勒从观测数据与理论数据差异最大的火星开始研究。按照传统的匀速圆周运动加偏心圆方法计算，他得出的结果总是与火星运行表不一致。经过长期的计算和反复设计火星运行的轨道，开普勒发现，哥白尼体系的匀速圆周运动和偏心圆轨道模式与火星实际的运行轨道不符。于是，他只好抛弃前人的理论，另行寻找新的几何曲线表示火星运行的轨道。他提出一个假设，认为太阳是火星运动轨道的焦点。火星运行的速度是不均匀的，因而它在近日点时速度快些，在远日点时速度慢些。这样他得出火星运行的轨道是个椭圆，太阳就位于其中的一个焦点上，并且太阳到火星的直径在一天内扫过的面积是相等的。他把这个结论运用到其他行星上，得出的结果与行星表上的数据是一致的。这样，开普勒发现了行星运动的"轨道定律"和"面积定律"。然而，开普勒不满足于此。他想找出一种适合于所有行星运行轨道的模式。经过9年的不懈努力，开普勒又发现了行星运行的周期定律，即所有行星围绕太阳公转周期的平方与它们的椭圆轨道的半长轴的立方成正比。

天王星的发现

在太阳系中，天王星的体积排名第三，质量排名第四。

天王星，是太阳系向外的第七颗行星，也是第一颗使用望远镜发现的行星。虽然凭借肉眼可以观测到它的亮度，但是由于它比较暗淡，长期以来没有被天文学家们发现。1781年3月13日，在索梅塞特巴恩镇新国王街19号的住宅庭院

中，英国天文学家威廉·赫歇尔爵士使用自制的望远镜对天王星进行了一系列的观察，他在自己的学报上记录着："在与金牛座成 90°的位置，有一个星云样的星或者是一颗彗星。"后来，威廉·赫歇尔将自己的发现提交给英国皇家学会。1783 年，法国科学家拉普拉斯证实威廉·赫歇尔的发现是一颗行星。由于他的发现，威廉·赫歇尔被提升为皇家天文学家，并获得柯普莱勋章。后来，人们用古希腊神话天空之神的名字为这颗新行星命名。

小行星带的发现

1923 年，发现的小行星数量达到 1000 颗，1951 年达到 10000 颗，1982 年达到 100000 颗。

小行星带，是指在太阳系中，介于火星和木星轨道之间的小行星密集区域。目前已经发现并编号的 120437 颗小行星中，98.5％的小行星都位于这一区域。加上没有被编号的小行星，火星和木星轨道之间的小行星数量估计可以达到 50 万颗，因此这一区域被人们称为"小行星带"。小行星带中主要有富含碳值的 C 型和含硅的 S 型两种小行星。小行星带的物质非常稀薄，智神星、婚神星和灶神星是小行星带内存在的最大三颗行星，平均直径超过 400 公里。另外，在主带中仅仅只有一颗被称为矮行星的谷神星，直径大约为 950 公里。除此之外，小行星带内都是尘埃大小的物质。

1801 年，在一次天文观测中，西西里和皮亚齐偶然发现了在 2.77 天文单位处有一个小天体，并把它命名为"谷神星"。1802 年，天文学家奥伯斯在同一区域内又发现了另外一颗小行星，将其命名为"智神星"。1807年，第三颗婚神星和第四颗灶神星先后在同一区域内发现。由于这些小天体与恒星很相似，威廉·赫歇尔便使用希腊语中的一个词根aster－（似星的）为其命名为"asteroid"，翻译成中文就是小行星。后来由于拿破仑发动战争，天文学家们中止了小行星带的发现。直到1845年，第五颗小行星义神星被发现。之后，新的小行星陆续被发现。截止到1868年，已经发现的小行星多达100颗。1891年，随着马克斯·沃夫率先采用天文摄影技术，人们更加迅速地发现小行星。

变星的命名规则

根据光变的起源和特征，变星可以分为食变星、脉冲星和爆发星三大类。

变星，是指星光亮度不断变化的恒星。在光学波段的物理条件和光学波段以外的电磁辐射下发生亮度变化的恒星，一般也被称为变星。

变星命名是指命名变星的方法和规则，一般采用拉丁字母和所在星座的名称结合命名。它是由阿格兰德在1844年创立的，与拜耳命名法相同。现行的变星命名规则有：

第一，已经实施拜耳命名法的变星，将不再重新命名；

第二，除此之外的变星，先按照字母R到Z的顺序命名；

第三，接续采用双字母RR、RS……RZ，然后是SS、ST……SZ，接下去是TT、TU……TZ，最后一直到ZZ。

第四，如果前面的都已经使用，可以使用AA、AB……AZ，BB、BC……BZ、CC、CD……CZ，依次类推，一直到QZ。但是，其中的字母J省略不用。

第五，使用字母进行排序的话，可以排列到第334颗变星。在此之后的变星用字母V和数字相结合的方式进行排序，依次为V335、V336……，直到无限。

需要注意的地方是，第二个字母不能在第一个字母的前面，就是说不能出现BA、CA、DA等字母组合。

地球自转的证明

傅科摆实验有力地证明了地球的自转运动。

16世纪的时候，"日心说"的创始人哥白尼提出了地球自转的理论。但是，这一理论直到19世纪才被法国的物理学家傅科证实。

傅科是法国的著名物理学家，1819年9月18日出生于法国巴黎。他早年曾

经从医，后来转而物理学方面的研究。1853年，傅科获得物理学博士学位，在巴黎天文台担任物理学教授。

1851年，在法国巴黎万神庙的圆顶上，傅科用亲自设计出的傅科摆证明了地球的自转运动。傅科摆主要由一根金属丝和一个铁球组成，作为摆长的金属丝长67米多，十分精细。在金属丝的上面悬挂着一个28千克、直径约为30厘米的铁球作为摆锤。

根据地球自转的理论，傅科提出地球上除了赤道以外的其他地方，单摆的振动面会发生旋转的现象。他将傅科摆悬挂在神庙的圆顶中央，使得它可以在任何方向自由摆动，下面放着一个直径为6米的沙盘和启动栓。如果地球进行自转运动的话，那么摆的振动面就会发生转动；如果地球没有进行自转的话，那么摆的振动面将保持不变。实验开始了。人们惊奇地看到，傅科摆每振动一次，摆尖在沙盘上就移动3毫米，而且每小时偏转11°20′，经过31小时47分后又重新回到原来的位置。傅科摆的扭转方向和速度正好符合巴黎的维度，即31小时47分自转一周。后来，这个实验又在巴黎天文台重新做，结论与之前的完全相同。

地球的秘密

我们通常认为脚下的地面，很实在很平稳；天空在头顶，很遥远很飘渺，天地对立。事实上，我们就在天上，且已经在太空中运行了几十亿年。

地球，就是我们正踩在脚下的行星。我们在上面生活，呼吸着它的空气，喝着地球表面的水，最最熟悉不过了。

当然，地面上的人们不可能一眼看出大地是球形的。只有当太空人乘坐宇宙飞船，飞出地球，才可以清楚地看到它是个圆球，如果飞到月球上或者更远的行星上，才能亲眼看到地球是个行星，在天空中绕太阳运动着。

在广阔无际的宇宙中，行星地球又恰似一颗微尘。地球的历史一般认为有46亿年，它在太空中运行几十亿年中，既受别的天体吸引（如太阳），同时又吸引别的天体（如月亮）；既受万有引力作用，又受离心力作用。互相保持着平衡在自己的轨道上有条不紊地运行着。整个太阳系，乃至整个宇宙组成一个看不见、摸不着的有机网络，地球就在网络中的一个网节上。

地球大小：半径 6378 公里，体积是太阳 1/130 万；

地球质量：$5.98×10^{24}$ 千克，质量是太阳 1/33 万；

地球自转速度：赤道上 465 米/秒；

自转周期：23 时 56 分；公转周期：365 日 6 时 9 分；

地球公转速度：30 公里/秒。

地球环绕太阳转一圈是 365 日多一点，是一个回归年，叫做一个地球年（水星一年 88 天，金星 224.7 天，火星 687 天），在这 365 天中，我们能看到星空斗转星移，同样的天空图景在一年后会再次重现。

地球同时又绕自己的轴心在旋转，自西向东每 24 小时转一周，这是地球上的一天，（水星一天 176 小时，金星 117 小时，火星 24.6 小时），我们观察到日、月、星东升西落，昼夜交替，面向太阳一面是白昼，背向太阳一面是夜晚。

地球斜着身体绕太阳公转。自转轴与公转轨道面的垂直方向有 23.5°的夹角，于是，太阳在一年中轮流在地球南北纬 23°之间直射，于是地球有了四季的变换。当太阳正对地球北半球直射时，就是北半球的夏季及南半球的冬季，反过来，当太阳直射南半球时，南半球转为夏天，北半球进入冬天。地球上大部分地区就有了春夏秋冬的更替、寒来暑往的变化，我们按得到太阳光的多少和昼夜的长短把地球分为热带、温带和寒带，我们中国绝大部分地区都在温带。

直到今天据我们所知，地球是惟一有生命的星球。与人类性命攸关的地球到底在哪些地方得天独厚呢？

八大行星中地球距离太阳不远不近。地球是从太阳往外数的第三颗行星。距太阳 1.5 亿公里，远近适中，吸收阳光适度，既不像水星、金星遭太阳炙烤，又不像外行星被太阳冷落；因而具有适宜的温度，成为孕育生命、繁衍生命的天然

图文版 世界百科全书

天文地理

温室。

八大行星中惟有地球携带生物所需的一切物质。大多数地球生物需要水和氧气，而地球恰好能自给自足。水覆盖了大半个地球，占 7/10，氧气和其他气体混合包围在地球四周，生物们可以随时取用。氧、水和食物不断更生循环，新陈代谢。物质供应便源源不断。

八大行星中，只有地球表面生机勃勃。如果一位外来的太空旅行者，他一眼就会看出，地球比任何邻居都有趣。外面云层翻卷，压强、温度、湿度瞬息万变，时而风雨交加、时而电闪雷鸣、时而又云淡风清。往里看，会发现地球是个潮湿的星球，水面占 71% 的地面，除此之外，就是岩石组成的陆地，占 29% 地面。陆地的平均高度比海平面高 840 米，最大的陆块叫做大陆。大陆表面万紫千红，两极有白皑皑的厚冰壳，赤道上绿荫荫的热带丛林，沙漠中黄沙漫漫，草原上碧草茵茵。降临地球，更会被形形色色的生命吸引住。面积约 5 亿平方公里，纵深约为 3000 米的生物圈，它像一层外衣紧紧包裹着地球，厚度虽只有地球的 1/4250，然而它对于生命却非同小可，绝大多数的植物、动物，包括人类，就在此栖息、繁衍、演绎着一个个生命的故事，地球因此而富有生气。

地球是人类的摇篮。所有的探测表明，尚没有发现哪里还有一个像地球这样适宜生命生存的星球，地球是宇宙中惟一的"绿洲"，我们在这片绿洲上生活，真是一大幸运！没有理由不好好保护它，并努力发展它。

今天探测器可以遨游太阳系外层空间，但对人类脚下的地球内部却鞭长莫及。目前世界上最深的钻孔也不过 12 公里，连地壳都没有穿透。科学家只能通过研究地震波、地磁波和火山爆发来揭示地球内部的秘密。一般认为地球内部有四个同心球层：内核、外核、地幔和地壳。

地壳实际上是由多组断裂的，很多大小不等的块体组成的，厚度并不均匀。大陆地壳平均厚约 30 多公里，海洋地壳仅 5～8 公里。地壳上层为花岗岩层，下层为玄武岩层。理论上认为地壳内的温度和压力随深度增加，每深入 100 米温度升高 1℃。近年的钻探结果表明，在深达 3 公里以上时，每深入 100 米温度升高 2.5℃，到 11 公里深处温度已达 200℃。

目前所知地壳岩石的年龄绝大多数小于 20 多亿年，即使是最古老的石头——丹麦格陵兰的岩石也只有 39 亿年；而天文学家考证地球大约已有 46 亿年的历史，这说明地球壳层的岩石并非地球的原始壳层，是以后由地球内部的物质通过火山活动和造山活动构成的。

地幔厚度约 2900 公里，主要由致密的造岩物质构成，是地球的主体。放射元素大量集中在此，将岩石熔化。故此层可能是岩浆的发源地。地核的平均厚度约 3400 公里，外核呈液态，可流动。内核是固态的，主要由铁、镍等金属元素构成。中心密度为每立方厘米 13 克，温度最高可达 5000℃ 左右，压力最大可达 370 万个大气压。

我们居住的地球，自诞生以来，已有46亿年的历史。在这漫长的岁月中，地球不断发展变化，逐步形成了今天的地球模样。

地球生命史也长达38亿年，人类则有二三百万年的历史。如果把地球46亿年的演化史比作24小时的话，人类的出现则只有半分钟，这时，我们会看到一幅十分奇异的演变图景。

在一昼夜的最初子夜时分，地球形成。

12小时以后，中午，在古老的大洋底部最原始的细胞开始蠕动。

16时48分，原始的细胞体发育成软体动物、海绵动物和藻类，然后，出现了鱼类。

21时36分，恐龙王朝到来。

23时20分，鳞甲目动物全部绝迹，地球是哺乳动物的天下。

只是到了23时59分30秒，才出现最早的猿人。

人类从原始蒙昧进入现代，在这一昼夜中只有1/4秒。

自然界在极漫长的时期逐步发展起来，人类在其过程中只占了短暂的一瞬间，我们对地球的了解是极其有限的。

事实上，地球是既古老又新鲜的。我们对他既熟悉又陌生。

地球的体积在膨胀。过去一直认为，地球的体积是1100亿立方公里。科学家最新研究表明，地球实际体积要比这个数字大，因为地球在不断地膨胀。地质学家在收集大西洋中脊东西两侧的大量资料时，看到了令人吃惊的一幕：大洋的底面在不断扩大！由于海底火山不断涌出熔岩形成新的地壳，海脊西侧的旧地壳便被向外推移过去，大西洋的东侧海底正在向东移动，西侧海底在向西移动——大洋底部在扩张！海底扩张，导致1910年魏格纳提出大陆漂移理论。他提出，所有大陆在很久以前都一度全部合而为一成超大陆，以后超大陆逐渐破裂，分离形成了北美大陆、格陵兰大陆和欧亚大陆大部分，以及南美大陆、非洲大陆、南极大陆和澳洲大陆。现在的大陆仅是我们地球外层几个巨大板块的最上面部分，板块的边界都是有着剧烈地质活动的地区，火山、地震频频发生，熔岩在这里从地球深处涌上来形成新地壳。两板块碰撞，那里便耸起高大的山脉，同时有强烈地震发生。由于海底扩张，影响地球内部的物质组成，地心的密度逐渐变小，而地球的体积愈来愈大。由于体积的增大，使它自转的速度也降低了。美国科学家威尔斯分析许多珊瑚虫化石，从这种生物坚硬甲壳上的年轮和生长线得知，在3.7亿年前，地球上的一年等于395天，而现在只有365天。据此推论，在2亿年前，恐龙统治着整个世界，当时一年有385天，当时一天仅为23小时。当第一批植物离开水向陆地生根时，距今约4亿年，那时一年有405天，一天只有21.5小时。在原始海洋拥有丰富的无脊椎动物，开始诞生有保护骨骼的脊椎动物时，是距今6亿年前的事，那时，一年不少于425天，一天长仅为20小时。

这应该又是地球每天时间变长的一个解释了，相信不久的将来，地球自转的

秘密会全部揭开。

不仅地球表面的气温在明显升高，而且地核的温度也在大幅度上升。

美国科学家通过金刚石和钴枪模拟地核压力的实验，得出：地核温度为6880℃，不仅较以前人们认为的2700～3700℃要高几千度，而且比太阳表面的6000℃还要高。同时，经实验表明，大陆漂移的动力热源也来自地核，而不是以前认为的地核上面的地幔。这给科学家研究地球运动的规律提供了新线索。

地球是个固体星球，地球往里面看，最外面是海洋下7.2公里、陆地上40公里的地壳。地壳下面是地幔，厚度约为2900公里，地幔下是地核，地核的压力惊人，所以温度虽高，仍然是固态。

新计算出的地核温度，让我们意识到地幔和地核之间就像有一个压力锅，绝大部分地核热量不能释放出来，但少量热气可以溢出通道，使地幔慢慢沸腾，整个地幔都在对流。

日本东京技术学院的一项研究称，地球的海洋将会在10亿年后完全干涸，地球表面的所有生物将会消失，地球的命运将同火星一样。

这项研究的负责人、东京技术学院地球及自然科学教授村山成德在研究报告中指出，海洋与大地板块正逐步下沉进地幔处。地幔是地壳中的疏松岩层，位于地球高热核心（地核）的外层。他说："根据目前水分消失速度加快的情况来看，地球表面的水大约将在今后10亿年内消失殆尽。"

村山说，这项研究报告以测量地表下温度的实验及2000项旨在计算沉积岩生成时间的学术工作为基础，从而作出有关结论。他指出，地表下100公里深的岩浆因地心逐渐冷却而降温收缩，每年把超过11亿吨水抽进地壳，但只有2.3亿吨被重新释放出来。

报告指出，从7.5亿年前开始，大量海水从外围流向地幔，导致今天这样大陆露出水面。报告称，这样就为大部分大陆为何在7.5亿年前都沉睡海底带来了新的解释。

如果上述理论正确，同时也就进一步解释了那段时期大气中氧的含量大大增加的原因。报告称，在石头上生活的制氧浮游生物，因大陆露出水面而暴露在空气中，释放出大量氧气进入大气层，而充沛的氧气则逐渐孕育出不同的生命形态。

然而村山指出，地球表面的水量自此不断减少，这种情况意味着这个星球上的生物最终将成为历史。

村山表示，所有在拥有水源的星球上生存的生命体，将无可避免地重复历史——在水分完全消失后走向"灭绝"。他表示，这种情况早已在火星上发生过。科学家们估计火星上曾有河流流动，但一直未能了解水源为何消失。

不过，地球终会干涸的"预言"绝不说明地球人类面临所谓"世界末日"。首先，10亿年实在是太漫长了，漫长得令当今世人无法想像；其次，以地球人类的高度智慧，相对于10亿年而言，人类在不到弹指一挥间即能在地球以外找到或创造新的定居点，目前人类所掌握的空间技术就已经描绘了这一蓝图。所以，哪怕真有那么一天地球不再适合人类生存，人类也早已在别的地方繁衍、进化、生息得更兴旺了。说不定，"火星人"也早就搬往别处了哩！

太阳从出生到今已50亿岁了，基本属于中年阶段。根据恒星演化阶段分析，50亿年后，太阳走过的路程将是：

太阳→红巨星（体积巨大）→白矮星（收缩发光）→黑矮星（不发光）

太阳从原始星云诞生到不发光的恒星残骸终其一生，大约要走100亿年的光景。

太阳衰亡过程中，质量越来越小，引力越减越弱。太阳系也就面临着散伙的结局。

太阳的末日当然意味着地球的末日。这不得不让我们顿生惆怅之情，尽管这是50亿年以后的事。

可能还会发生另一种"不能善终"的结局，就是太阳在中途遭遇灾变。太阳系的离散过程并非简单，它要走过的路可以说是曲折的，也可以说是"风云翻卷"的。大仙女座的星云距银河系190万光年，正以每秒125公里的速度和太阳系靠近，大约45.6亿年以后，会"碰在一起"。这两支天体大军，恐怕还有一拼，仙女座星云实力强劲，其可见光强度是太阳的20亿倍。

也许由于巨大的引力，俘虏了太阳系，在温度、运动大振荡以后，太阳系成为绕另一个星系转动的恒星系统。

也许，两军对垒，两败俱伤，它们的尘埃合二为一，于是东山再起为新的大星系。

以上都是我们的推测，不管怎样，现在的我们是看不见那一幕的。

我们和太阳系所巡游的宇宙空间，不仅创造了我们，而且使我们生存。尽管我们无法预知这样的巡游将向何方，但相信人类的后代能创造更高的文明，能渡过航程中的急流险滩。即使太阳灭亡，相信人类的后代能驾驭整个地球或是在宇宙空间找到新的绿洲，到达胜利的彼岸！

天文学家在1999年7月1日出版的著名科学杂志《自然》中撰文称，在遥远的宇宙边缘，存在着一些不为人知的与地球环境相似的行星，它们被称为"失落的世界"。

科学家们相信，这些行星在太阳系形成初期被摒出太阳系，从而成为宇宙中的游魂野鬼。它们的气候适和而且湿度足够，足以支持生命的存在。

美国加州技术学院行星科学家史蒂文森表示，尽管这些地球的"孪生兄弟"没有像太阳那样的恒星为它们提供热力，但它们的表面很可能有厚厚的氢气层，氢气层中蕴藏着由行星天然放射作用所发出的热量，并使这些微热得以长期保存。

史蒂文森说，这些"被逐者"从太阳系形成过程中所获取的热力，即使经过几百亿年也不会冷却。

史蒂文森强调，科学家们的这一新发现并不是简单的推想，而有一套完整的理论体系。早在数十年前，天文学家们就认为星际空间存在"被逐"的天体，这些天体是太阳系产生时的"副产品"。

在太阳系形成时期，与地球质量大致相同的天体被认为往两种方向发展，一是撞出像木星那样的大行星，二是被更大的行星的万有引力弹射入太空。

史蒂文森关注的是那些被大行星的万有引力拉入太空的天体，这些天体是在数百万年前被掷出太阳系的，也就是在太阳系于大约45亿年前合并之后。

因为在太阳系形成过程中的那一阶段，太空中很可能充满了氢。因此，被释放的行星就可能被氢包围，从而使它们能保留大致与地表相同的温度，甚至使它们也有海洋存在。如果没有阳光，像地球这样的行星内部的放射活动就会使温度只上升到绝对零度之上一点，但是厚厚的氢气层却能防止内热逃逸，从而使被"放逐"的行星保持温暖舒适。

液态的水被认为是与地球生命类似的生物存在所应有的条件，但不是绝对条件。史蒂文森说，那些"被逐"天体上面也可能有火山及闪电，从而使其表面温度可以支持生命，并维持生命长久存在。此外，在这些行星的大气层中，除氢以外还很可能含有甲烷和阿摩尼亚。这一切与40亿年前地球开始有生命的环境相似。

不过，史蒂文森指出，由于这些星球获得的能量只等于地球的1/5000，因此就算有生物存在，它们也会较为低等。

史蒂文森这样描绘这些星球上的景象："那里并不完全是冰冷黑暗的世界，频繁的火山爆发所喷出的红色岩浆使整个大地呈暗红色，而天空中则布满红云，你在这里可能看不到美丽的星空。"

"失落的世界"理论问世后，引起了极大的争议，因为史蒂文森的论点目前基本上不能得到证实。那些遥远的孤星如果存在的话，也只能发出极少的放射热能或无线电波，以目前的技术而言，地球上的科学家根本无法观察到它们。

地球内部结构之谜

怎样才能了解地球内部的情况呢？最好的办法，就是钻到地球里头看一看，就像法国科幻小说作家凡尔纳写的《地心游记》那样。可惜科幻小说毕竟代替不了现实，到目前为止，人们还没有能力自由自在地钻到地球中心去活动。

按照目前的科学技术水平，我们采掘的矿井，最深能达到一两千米。我们的钻井一般深度也只有三五千米。为了特殊的目的打的超深钻井，最大钻探深度也不过12000米左右。

可是，地球的半径有多少呢？足有六千三百多千米！对于六千多千米半径来说，一两千米、最多十千米的深度，就像我们吃苹果时，用刀子划破了的薄薄的苹果皮。苹果皮自然不能代替整个苹果，所以我们今天的的确确无法清楚地知道地心深处到底是什么。

当然，人们也不是对地球一无所知。因为地球总是每时每刻在活动。人们运用已经掌握的知识，对许多来自地下深处的信息进行分析判断，可以推测出地下大概的情形。

地球上的火山活动告诉人们，地下有炽热的岩浆。人们还根据已经流到地球表面上的岩浆，把地下的岩浆分成含硅酸盐比较多的酸性岩浆和含硅酸盐比较少的碱性岩浆。但是，岩浆来自于地下并不是很深的地方，最多也不过几十到几百千米。那么再深的地下是什么呢？

科学家们又找到另一种了解地下情况的武器：地震。

我们知道，一年之内地球上大震小震不断。地震时产生的地震波可以在地下传播很远。地震波在地下传播时，传播速度与地层深度有一定关系。人们发现，地球内部有两个引起地震波变化的深度。一个在地下33千米处，一个在地下2900千米处。在33千米深处，地震波传播速度突然加速；到地下2900千米深处，地震波速度突然下降。

为什么地震波传播速度会发生变化呢？原来，地震波传播速度的快慢与通过的物质状态有关。如果是在固态物质中传播，速度就低；如果在液态物质中传播，速度就快些。据此，科学家判断，在地表33千米以内，一定是固态的物质，就是我们可以看得见的各种各样的岩石，科学家称这一层为"地壳"。由33千米到2900千米，地震波速度与在地壳内的传播速度相比明显加快。科学家推断，这里可能存在着一种近似于液态的岩浆物质，科学家称这一层为"地幔"。当地震波传到地下2900千米以下，一直到地心，地震波再次减慢。于是科学家推测，这一部分可能又变成固态物质，科学家把它称为"地核"。就这样，地球划分出地壳、地幔、地核三个圈层。

打个比方，地球就好比一只鸡蛋，有蛋壳、蛋清和蛋黄三部分。虽然谁也没有亲眼看到地幔和地核到底是什么模样，但是，这种判断是有充分的科学根据的，因此，得到科学界的普遍认可。

人们早就知道，地下温度较高，每往下100米，地温要增加3℃。到15千米以下，温度增加速度变慢；到了6300千米的地心，地温要达到3000℃以上。不但地下的温度特别高，而且压力还特别大。有人估计，如果以地面大气压做标准，地心的压力要达到300万个大气压以上。当然，这些数据都是科学家们的推测，不一定那么准确，但是，地下是一个高温高压的环境大概不会有问题。

再一个问题要回答的是，地球内部都是由什么元素组成的。

今天，我们在地球上已经发现有一百零几种元素。实际上，这些元素在地球里并不是平均存在的。有的元素特别多，有的元素特别少。以地壳（地壳研究得比较清楚）为例，氧、硅、铝、铁、钙、钠、钾、镁、氢、钛这10种元素占去了地壳99％以上。其余的八九十种元素只不过占1％以下。在上面提到的10种元素中，氧的含量最多，占地壳总量的近一半。其次是硅，占地壳的1/4强。再次是铝，占地壳的1/13。这3种元素占去了地壳总量的80％。

那么，地壳以下都有些什么东西呢？是不是与地壳的元素分配完全相同呢？应该承认，我们对地下的物质组成知之甚少。人们大致可以这样估计：在地幔层，氧和硅的含量会比地壳有所减少，铁与镁的成分有所增加。在地核部分，大概铁与镍有明显增加，所以有人把地核又叫做"铁镍核心"。

所有这些说法都没有得到进一步的证实，只停留在假说阶段。

地球的水源之谜

浩瀚无垠的海洋似乎是永远也不会干涸的。但是，海水为什么不会干涸？大海里的水为什么总是那么多呢？

据估计，全世界海洋的总水量有13.7亿立方千米。如果把所有的水集中起来做成一个"水球"，这个水球的直径可达1400千米。

茫茫的大海中这么多的水是从哪里来的呢？

一般的说法是，大海中的水归根结底是从它"自身"来的。每年，从海洋的表面有1亿多吨的水蒸发到天空中去，这些水蒸气的绝大部分仍然在大海上空变成云再化为雨，最后又降回大海中，而水蒸气中的一小部分变成雨雪后降落到陆地上，流进江河湖泊，再顺着江河又流回海洋。大海中的水就是这样不断地循环往复，当然就不会有干涸的一天。

那么，大海中的水最初又是怎么有的呢？

许多学者认为，这些水是地球本身固有的，即海洋中的水是与生俱来的。早在地球形成之初，地球水就以蒸气的形式存在于炽热的地心中，或者以结构水、结晶水等形式存于地下岩石中。

那时，地表的温度较高，大气层中以气体形式存在的水分也较多。后来，随着地表温度逐渐下降，地球上到处是狂风暴雨、电闪雷鸣，呼啸的浊流通过千川万壑汇集到原始的洼地中，形成了最早的江河湖海。地球在最初的5亿年，火山众多且活动频繁，大量的水蒸气及二氧化碳通过火山口喷发出来，冷却之后便渐渐形成河流、湖泊和海洋，即所谓的"初生水"。

可是，随着火山研究的深入，科学家们发现：火山活动所释放的水并非所谓的"初生水"，而是新近溶入地下的雨水，这无疑是对"地球之水与生俱来"理论的挑战。

为了寻求地球水的渊源，人们把目光投向了宇宙。

1961年，科学家托维利提出的假说令人耳目一新：地球上的水是太阳风的杰作：太阳风即太阳刮起的风，但它不是流动的空气，而是一种微粒流或带电质子流。

根据托维利的计算，从地球形成至今，地球已从太阳风中吸收了多达17亿亿吨的氢量，若把这些氢和地球上的氧结合，就可产生153亿亿吨水。这个数字与现今地球上水的总量145亿亿吨十分接近。但是，有人却提出质疑：若光靠太阳供给而自身没有来源的话，地球不可能维持现有的水量。

那么，地球之水究竟来自何方呢？美国荷衣华大学的天体物理学家路易斯·弗兰克和由他率领的研究小组独辟蹊径，提出一个惊人的新理论：地球上的水既不是来自地心，也不是来自太阳风，而是来自于外太空的冰彗星雨。

该研究小组提出：不仅是地球上的海洋，而且太阳系其他行星和卫星上的水，都有可能来自迄今为止还未观测到的由冰组成的小彗星。1981年，美国发射了一颗观测地球大气物理现象的"动力学探索者"1号卫星。在分析卫星发回地面的数千张观测资料时，细心的弗兰克发现：在桔黄色的卫星图片背景上总有一些黑色的小斑点，或者说是"洞穴"，弗兰克称之为"大气空洞"。这些"洞穴"的直径一般有十多千米，个别的甚至达四五十千米。它们存在的时间很短暂。每个小黑斑都是突然出现，大约2～3分钟后又消失得无影无踪。

从1981年到1985年，在大约2000小时的观测期里，弗兰克共观测到30000个类似的黑色斑点。这些小黑斑是什么东西？

在对大气中所有数量充足的分子——作具体的分析研究后，科学家们发现：只有水分子才能吸收频带足够宽的波长而呈现黑色。这使他们确信，卫星照片上的黑斑是由于高层大气中存在着由大量分子聚集而形成的气体水云所造成的。

弗兰克将他们的观测结果同彗星联系起来进行研究后认为，小黑斑现象最合理的解释是许多小彗星不断地把水从高层注入大气。由大量的冰块及少量尘埃微粒混合而成的彗星，在刚接近地球时，是一个直径约为20千米的冰球，然后在地球引力作用下破裂、融化，并被太阳光汽化形成较大的水汽球或是绒毛状的

雪，后来化作雨降至地面。其中的一部分则进入大气，形成彗星云团。卫星照片上的小黑斑就是这些彗星云团。

不久，在六百多千米上空，弗兰克又发现了带状发光物，即含水破碎物留下的"尾流"。而这一高度又恰好是此类彗星可能徘徊的地带。这似乎又为弗兰克的观点提供了证据。

这一理论为一些未解之谜提供了解释。例如，偶尔有大量的小彗星倾泻而下，造成地球气候剧变，从而使恐龙及其他一些物种灭绝。小彗星理论还能解释火星上似乎是水作用形成的河道等等迄今无法解释的问题。又如在 1990 年的一天，一块冰体从天而降，落在中国江苏省无锡梅村乡。根据弗兰克的小彗星理论，我国专家经潜心研究后认为，此冰块就是来自彗星。

"君不见黄河之水天上来，奔流到海不复回"。这是一千二百多年前，唐代大诗人李白充满幻想色彩的吟诵之作。倘若弗兰克的新理论是正确的，那么诗人所言或许就是事实。并且，从天上来的，又岂止黄河之水呢？

针对弗兰克的小彗星理论，美国科学界引发了一场异常激烈的争论。科学家们虽然没有对卫星图像上的那些黑点或带状物表示异议，却不同意弗兰克作出的这些水将全部降落到地球上的解释。

然而不久后，美国弗吉尼亚技术大学和约翰逊航天中心的科学家们联手打开了一块陨石，结果竟在里面发现了少量的盐水水泡！毋庸置疑，这一发现是对弗兰克彗星理论强有力的支持。

据负责这项研究的科学家米切尔·佐伦斯基介绍，这块陨石是 1998 年坠落在美国得克萨斯莫纳汉斯的两块陨石中的一块，并在发现后 48 小时之内被送到约翰逊航天中心，在一个空气已被过滤的净化室里被打开后，科学家们惊奇地发现陨石里布满奇怪的紫色晶体，化验的结果让人震惊：竟然是盐！进一步分析后，结果令科学家们目瞪口呆：这些神秘的盐晶体里竟然有水！

科学家们因而认定：这些水绝不可能来源于地球，其惟一的来源就是产生陨石的天体或者包含盐分冰体的彗星。

地球之水是从天上来吗？对于小彗星是否为地球带来过大量降水这一论断，科学家们正在不断地观察，不断地试验。

然而我们不应该忘记，地球虽然多水，却是一个缺水的星球。我们固然知道，地球上有大约 14.5 亿立方千米的水，每一立方千米为 10 亿立方米，这是一个大得惊人的数量；我们也固然知道，如果把这些水全部均匀地铺在地球表面上，地球的平均水深可达到 2800 米，地球真可称作是"水球"。但是我们仍然说地球是个缺水的星球，这是为什么呢？

因为地球上绝大部分的水是不适合人类使用的，海洋虽然是个巨大的天然水库，约占地球总水量的 94%，但因海水含盐太高（每公升含盐量 35 克），故不能为人类直接利用。

在人类居住的陆地上约有 2800 多万立方千米的淡水，约占地球总水量的 2%。在这些陆地水中，有冰川 2400 万立方千米，又占地球淡水总量的 85%。由于冰川在自然界的特殊地位，开发起来十分艰巨。陆上比较容易开发利用的淡水资源是地下水、淡水湖泊、土壤水和河流，共有 400 多万立方千米，只占地球总水量的千分之三。而且由于这些水在地区上的分布很不均匀，所以很多国家的水资源十分贫乏。越来越多的人类和越来越严重的生态环境的破坏，使地球面临缺水的挑战。

哈雷彗星发现史

哈雷的预言得到证实，人们为了纪念他，就把这颗彗星的名字命名为"哈雷彗星"。

哈雷彗星，是指每 76.1 年就环绕太阳运行一周的周期彗星。它是人类第一颗有记录的周期彗星。英国人哈雷首先测定出这颗彗星的运行轨道，并准确地预言其回归的时间，后人便用他的名字命名这颗彗星。

1965 年，哈雷担任英国皇家学会的书记官，开始研究彗星。从 1337 年到 1698 年的彗星记录中，他特别挑选了 24 颗进行研究。经过一年左右的时间，哈雷计算出了这 24 颗彗星的运行轨道。在整理这些彗星运行轨道的时候，哈雷发现 1531 年、1607 年和 1682 年出现的三颗彗星，其运行轨道十分相似。经过仔细的研究，哈雷还发现，由于木星或者土星的引力所致，使得这三颗彗星经过近日点的时刻相差仅有一年。如果没有其他因素的影响，哈雷推断这三颗彗星应该是

同一颗彗星。为了进一步证实他的想法，哈雷又继续进行了大量的探索，并发现1456年、1378年、1301年、1245年一直到1066年，历史上都有这颗彗星出现的记录。面对这一有趣的发现，哈雷兴奋不已，投入到了更大范围的彗星测量与研究中。在50岁的时候，哈雷预言1682年出现的那颗彗星将会在1758年底或者1759年初再次回归。后来哈雷去世，这颗彗星正如他所预测的那样在1758年底出现，并被一位业余的天文学家观测到。

古埃及的太阳历

古埃及人长期生活在尼罗河畔，河水对他们的生活产生了极大的影响。

古埃及的太阳历，是古埃及人在公元前3000年左右，根据尼罗河的河水上涨和天狼星的变化规律，经过长期的观察和总结，制定出的人类历史上第一部太阳历。

每年的6月15日前后，尼罗河都会洪水泛滥。当尼罗河的潮头来到开罗的时候，恰好这一天太阳和天狼星同时从地平线升起。当洪水退去后，农田里留下了一层肥沃的淤泥。11月份左右，人民开始播种。经过辛勤的劳作后，3月至4月的时候就是他们收获的时节。尼罗河的洪水泛滥周期总是365天，形成了一个固定的规律。于是，古埃及人把6月15日定为尼罗河泛滥日，并把这一天作为新的一年的开始。根据尼罗河的涨落时间和农作物的生长规律，古埃及人将一年分为泛滥、播种和收割三个季节。每一个季节有4个月，一共12个月，每月有30天。每年年末剩下的5天称为"闰日"，古埃及人把闰日当做一种节日。这样计算下来，全年共有365天。古埃及的太阳历与现在的阳历相比，每年要少6个

小时。这样的话，每过 4 年就会相差一天，每隔 120 年就会相差一个月。

八卦的起源

《易经》中记录了六十四个卦象，但是没有明确的图像。

八卦，是中国古代的一套具有象征意义的符号。用"—"表示阳，用"— —"表示阴，用三个这样的符号组成八种不同的形式，就是八卦。八卦当中的每一卦代表一定的事物。乾卦代表天，坤卦代表地，坎卦代表水，离卦代表火，震卦代表雷，艮卦代表山，巽卦代表风，兑卦代表泽。这八个卦象相互搭配组合形成六十四卦，表示天地间的自然现象和复杂人事。

基于对宇宙的形成、地球和月亮的自转关系以及人生哲学的认识，中国古人在长期的实践中，不断思考与总结，逐渐形成了八卦。八卦最早出现于西周的《易经》。

四 象

四象，来源于中国古代的星宿信仰。

四象，是指中国古代把东、北、西、南四个方向的七宿想象成为四种动物的形象。在中国的传统文化中，四象是指青龙、白虎、朱雀和玄武，分别代表东、

西、南和北四个方向。

在春秋时代的《易经》中指出："易有太极，始生两仪。两仪生四象，四象生八卦。"两仪即阴阳，阴阳衍生出四象。四象即少阴、少阳、太阴和太阳，可以引申为四方、四季等情况。青龙居东，春之气，少阳主之；朱雀居南，夏之气，太阳主之；白虎居西，秋之气，少阴主之；玄武居北，冬之气，太阴主之。按照五行的理论，四象是指木、火、金、水，它们是一个互生互长的过程。水是阴气的极点为太阴，变化为木，即水生木；木是阳气的上升为少阳，变化为火，即木生火；火是阳气的极点为太阳，变化为金，即火生金；金是阴气的上升为少阴，变化为水，即金生水。中国传统的方位是以南方为上方，与现代的北方为上方不同。所以，中国古代描述四象方位的时候，又会说左青龙（东），右白虎（西），前朱雀（南），后玄武（北），以此与五行方位即东木西金、北水南火相呼应。

60进位制的由来

60进位制的小数计数法很早就应用于天文历法领域，一直沿用到今天。

古代人在生产劳动中为了研究天文和历法，创设了60进位制。通常来说，历法需要很高的精确度，而时间的单位"小时"和角度的单位"度"相对来说比较大，因此必须对它们的小数单位进行精密的研究。古代人发现，为了便于计算和研究，小时和度的小数单位必须成为自身的整数倍约数。而以1/60作为单位，

正好符合这一特性。比如，1/2 等于 30 个 1/60，1/3 等于 20 个 1/60，1/4 等于 15 个 1/60……

在数学中，通常把 1/60 的单位叫做"分"，用符号"′"来表示；把 1 分的 1/60 单位叫做"秒"，用符号"″"来表示。有些数字用 10 进位制表示的时候是无限小数，而用 60 进位制表示的时候就是一个整数。

二十四节气溯源

关于二十四节气的起源，可以追溯到春秋战国时期。

二十四节气，是中国古代订立的一种反映太阳运行周期的历法，用来指导中国古代的农事生产活动。中国古代是一个农业社会，需要严格按照太阳运行的情况安排农事。所以，在中国农历之外，又增加了一种单独反映太阳运行周期的"二十四节气"。自古以来，中国的农业生产活动主要集中在黄河流域的中原地区，因而"二十四节气"也是以这一区域的气候和物候为依据建立起来的。

春秋战国时期，人们已经制定出仲春、仲夏、仲秋和仲冬四个节气。东周时期，人们提出日南至和日北至的概念。创作于战国后期的《吕氏春秋》记录了"十二月纪"，其中就有立春、春分、立夏、夏至、立秋、秋分、立冬、冬至八个节气名称，后来成为二十四节气中最重要的几个节气。秦汉时期，人们根据月初、月中的日月运行位置和天气、动植物生长等自然现象，把一年分为二十四等份，并给每一等份取了一个名称，二十四节气完全确立。公元前104年，邓平等人制定《太初历》，第一次把二十四节气订于历法，并明确了二十四节气的天文位置。

古人划分二十四节气的方法，主要依据太阳在黄道上的位置，把一年划分为24个相等的段落。当太阳垂直照射赤道的时候，黄经为零度，此时的太阳位于春分点。从春分点开始，太阳每前进15度计为一个节气。当太阳运行一周后又回到春分点，这叫做一回归年，共计360度。太阳每经过15度所需要的时间相等，因而二十四节气的公历日期每年大致相同。

星期的由来

古巴比伦人创设的星期制后经犹太人传入古埃及，又由古埃及传到古罗马。公元3世纪之后，星期制广泛传播到各国。

星期，又称周或者礼拜，是当今社会制定工作日和休息日的依据。一个星期为七天。

星期，最早来源于古巴比伦。公元前7至6世纪，古巴比伦人便有了星期制。他们根据月亮的周期变化，将一个月分为4周，每周7天为一个星期。与此同时，他们还建立了七星坛祭祀星神。七星坛分为七层，每一层都有一个星神掌管每周中的一天。按照祭坛从上到下的次序，这七个星神分别是日、月、火、水、木、金、土七个神。因此，一周中的每一天都以一个神来命名。太阳神主管星期日，称日曜日；月亮神主管星期一，称月曜日；火神主管星期二，称火曜日；水神主管星期三，称水曜日；木星主管星期四，称木曜日；金星主管星期五，称金曜日；土星主管星期六，称土曜日。

阳历2月为何只有28天

阳历的纪年，是以地球环绕太阳公转一周所需要的时间长度作为依据的。

地球围绕太阳公转一周需要的时间是365天5小时48分46秒，这就是阳历的一年。但是人们发现，把这些时间编排到历法上时，遇到一个麻烦。如果每月按 30 天计算，一年 12 个月只有 360 天，与地球公转一周的时间相差 5 天；如果每月按 31 天计算，一年 12 个月就有 372 天，超出地球公转一周的时间 6 天多。

为了消除这种麻烦，古罗马的统治者儒略·恺撒于公元前 46 年编制了一套新的历法。新的历法规定，只要是单数月份，每月按 31 天计算，称为大月；只要是双数月份，每月按 30 天计算，称为小月。但是，双数月份中的 2 月例外，平年为 29 天，闰年为 30 天。这就是历史上有名的《儒略历》。按照这种历法编排，全年平年有 365 天，闰年有 366 天，与地球公转一周所需要的时间相差不大。

公元前 27 年，奥古斯都·恺撒继承王位。在他主政期间，再一次主持修改了历法。奥古斯都的生日在 8 月份，而他征服埃及和结束国内战争的时间也在 8 月份。为了显示自己的威名，奥古斯都用自己的名字"August"为 8 月份命名。接着，他将《儒略历》中属于小月的 8 月改成大月。为了避免 7、8、9 连续三个月都是大月，他又将 9 月和 11 月改为小月，将 10 月和 12 月改为大月。这样一来，全年就有 7 个大月，4 个小月，外加 1 个 2 月。按照《儒略历》的计算方法，遇到平年的时候，全年天数为 366 天；遇到闰年的时候，全年天数为 367 天。为了使得全年天数总数接近地球公转的时间，奥古斯都又将 2 月份做了变动，规定平年时候为 28 天，闰年时候为 29 天。

闰年、闰月和闰秒

闰秒的调整在每年的 6 月或者 12 月的最后一天的最后一秒进行。

闰年，是指为了纠正人为规定的历法与地球实际公转周期不符合的弊端而补上时间差的年份。一般来说，闰年全年共有 366 天，1、3、5、7、8、10、12 月为大月，每月为 31 天，4、6、9、11 月为小月，每月为 30 天，2 月为 29 天。

闰月，是指一种历法置闰的方式。在亚洲国家，为了协调回归年与农历年的矛盾，农历每逢闰年的时候便增加一个月。具体来说，每 2 到 3 年置 1 闰，19 年共置 7 闰。在特殊情况下，闰月还指闰年中包含闰日的月份，即公历闰年的 2 月。

闰秒，是指为协调世界统一时间和世界时之间的差异而设立的。一般来说，为了确保世界统一时间与世界时相差不会超过 0.9 秒，在需要的情况下会在世界统一时间内加上正或者负闰秒。

· 619 ·

九九歌趣谈

关于"九九"的说法，可以追溯到南北朝时期。

中国农历有"九九"的说法，利用人们对天气的感觉和物候现象来计算时令。计算的方法是从冬天的冬至日开始，第一个九天叫做"一九"，依次类推，一直到第九个九天即"九九"，这个时候表示冬天的结束和春天的到来。

南北朝时期，老百姓从冬至日算起，经历九九八十一天就熬过了冬天。宋代时期，人们开始将"九九"的说法编成九九歌。明朝时期，九九歌在老百姓中间广为流传。不过，每个朝代的九九歌版本和内容不尽相同。现在较为流行的几种九九歌，都是从明朝时期流传下来的。

明代《五杂俎》中记载了当时的一首九九歌："一九二九，相逢不出手；三九二十七，篱头吹觱篥；四九三十六，夜眠如露宿；五九四十五，太阳开门户；六九五十四，贫儿争意气；七九六十三，布纳担头担；八九七十二，猫犬寻阴地；九九八十一，篱笆一齐出。"这种版本的九九歌说法较为详细。不过，这本书还记载了另外一个比较简单的版本："一九二九，相逢不出手；三九四九，围炉饮酒；五九六九，访亲探友；七九八九，隔河看柳。"这种说法不但通俗易懂，还朗朗上口，易于记诵。

此外，明代有本专门记载北京风物的《帝京景物略》。书中记载的九九歌与前文又有所不同："一九二九，相唤不出手；三九二十七，篱头吃觱篥；四九三十六，夜眠如露宿；五九四十五，家家堆盐虎；六九五十四，口中出暖气；七九六十三，行人把衣单；八九七十二，猫狗寻阴地；九九八十一，穷汉受罪毕，才要伸脚睡，蚊虫蛰蚤出。"

公元、世纪和年代

第一世纪从公元 1 年到公元 100 年，以此类推，20 世纪是从 1901 年到 2000 年。

公元，全称为"公历纪元"，是一种国际通用的纪年体系。这种纪年体系把耶稣基督诞生的那一年定为公历元年。公元用大写英文字母"A. D."表示，意思是天主的生年。公元前则用"B. C."表示，意思是基督以前。"公元"产生于 6 世纪时期。那时候，基督教大为盛行。为了扩大教会的影响，教徒们总是千方百计地把一些事情附庸在基督教上。公元 525 年，有个叫狄欧尼休的僧侣为了推算"复活节"的日期，提出以耶稣诞生的那一年作为纪元起点的主张，得到教会的强烈支持。以后罗马教皇制定格里高利历时，继续沿用这种纪年法，一直延续到今天。

世纪，是指从被100整除的年代或之后一年开始计算的纪年法，通常一个世纪就是指连续的100年。

年代，是指将一个世纪划分为10个阶段，其中每一阶段有10年。一个世纪为100年，那么按照每10年一个阶段进行划分，依次分别叫做00年代，10年代，20年代，30年代……90年代。

夏令时小史

俄罗斯从2011年3月27日开始，永久实行夏令时，不再调回时间。

夏令时，又称"日光节约时制"或者"夏令时间"，是一种人为规定的地方时间制度，以最大限度地节约能源为目的。在夏季，一般天亮得比较早。为了减少照明量，充分利用白天的光照资源，人为将时间拨快一小时。目前，世界上共有110多个国家和地区夏季实行夏令时。

最早提出夏令时思想的是美国的本杰明·富兰克林。在担任美国驻法国大使期间，富兰克林发现，法国人上午10点起床，晚上直到深夜才入睡。1784年，富兰克林致信法国《巴黎杂志》。在信中，富兰克林提议法国的人们应该早睡早起，这样每年可以节约6400万磅的蜡烛。由于当时世界没有统一的时区划分，富兰克林没有明确提出要实行夏令时。1907年，为了能够节约更多的能源，利用充足的时间训练军队的士兵，英国建筑师威廉·维莱特正式向英国国会提出实行夏令时的设想。然而，议会最终没有采纳威廉·维莱特的建议。

1916年，德国率先实行夏令时。紧接着，英国和法国先后实行了夏令时。1917年，俄罗斯第一次实行夏令时，并于1981年成为一项常规制度。1918年，美国开始实行夏令时，但是第一次世界大战之后随即取消。1942年，美国在第二次世界大战期间又实行夏令时，一直持续到第二次世界大战结束。1966年，美国重新实行夏令时。1976年以后，欧洲大部分国家都已经实行夏令时。中国于1986开始实行夏令时，但是由于东西部时区差异过大，于1992年停止实行。

世界统一时间

中国大陆、中国香港、中国澳门、中国台湾、蒙古国、新加坡、马来西亚、菲律宾以及西大洋洲的时间与世界统一时间均相差＋8。

世界统一时间，又称协调时间、世界标准时间或者国际协调时间，简称UTC。世界统一时间是以原子时秒长为基础，在时刻的计算上尽量接近世界时的一种时间计量系统。国际原子时精确到每日数纳秒，而世界时精确到每日数毫秒。为了改变这种不统一的局面，一种新的被称为"世界统一时间"的时间标准于1972年产生了。不过，世界统一时间与世界时还是会出现误差。为了将这种误差限制在0.9秒以内，位于巴黎的国际地球自转事务中央局在每年的6月30日、12月31日的最后一秒钟进行调整。按照实际的需要，调整的方法通常是在世界统一时间内加上正或者负闰秒。世界统一时间系统广泛应用于互联网和万维网的标准中。

国际日期变更线

以国际日期变更线为界，从东向西越过，日期要增加一天；从西向东越过，日期要减去一天。

国际日期变更线，是指1884年国际经度会议确定的将180度经线作为划分地球"今天"与"昨天"的分界线。由于180度经线穿越一些国家或地区，为了避免同一国家或地区出现两种不同的日期，因此实际的日期变更线不穿越任何国家，是一条折线。

地球每天都要自转一周，被太阳光照射的球面一半是白昼，一半是黑夜。白昼和黑夜的交界地带是清晨和黄昏。地球每时每刻都在进行着自西向东的自转，因而清晨、白昼、黄昏和黑夜也在不停地由东向西地移动，并在固定的地方重复出现。地球上的每个地方都以自己所看到的太阳位置作为"一天"的标准，而把相应的地球另一面的经线作为该地的"日期变更线"。于是，全球便出现了无数条"日期变更线"。而国际日期变更线的确定，避免了这一混乱情况的出现。

挂历的由来

关于挂历的起源，可以追溯到古罗马时期。

挂历，是由黄历、日历和年画逐步发展而来的，是历书与年画完美结合的产物。过去每次过年的时候，家家户户都要买几张年画贴在家中。但是，这一张年画一挂就是一年，没有多少变化和新意。而挂历则不同，每个月都有不同的画面，给人以一种持久的美感。因此，挂历从产生起就受到人们的青睐。

古罗马时期，有一批专门以放债为生的人。为了维持生活，他们每个月定期去借债的人家里收取一定的利息。有时候，借债的人多了，为了防止遗漏借债人还本付息的相关信息，他们便在一个专门的本子上记录下来。这种记录的本子是以月份为单位，按照日期以此排列，并在后面附有一定的记事栏，使用起来十分方便。很快这种记事的方法传到其他行业，并日渐流行起来。

到了1884年，香港著名的商人摩藻泉经营了一家糖厂。为了促进商品的销量，摩藻泉特意邀请设计师设计出一种类似海报的"月份牌"。这种月份牌的画面精美，内容多是花卉、吉祥人物等欢庆的图像。只要购买商品的人，都可以免费获得一份"月份牌"。这种方法实施以后取得了很好的效果，并被其他厂家纷纷效仿。

经过长时间的发展，"讨债本"和"月份牌"逐步发展成为现在的挂历。

大预言家诺查丹玛斯

诺查丹玛斯，原名米歇尔·德·诺特达姆，法国籍犹太裔预言家，精通古希伯来文和古希腊文。他在著作《百诗集》中，因预言了不少重要的历史事件和创造发明，而被人们称为大预言家。

诺查丹玛斯，1503年12月14日出生于普罗旺斯的一个医生家庭里。诺查丹玛斯全家曾经信奉犹太教，但是在诺查丹玛斯9岁的时候，全家皈依天主教。之后，父母又改信新教。不过，尽管家庭的宗教信仰发生改变，但是幼小的诺查丹玛斯深受犹太神秘文学的影响。从小，他与祖父生活在一起。在祖父的教导下，他学会了拉丁语、希腊语、希伯来语、数学以及天体占星术等。在众多的学习内容中，诺查丹玛斯对占星术产生了浓厚的兴趣，并在祖父去世后一直从事占星术的学习和研究。

1538年11月，诺查丹玛斯在萨朗与安努·蓬萨尔结婚。婚后，诺查丹玛斯过上了稳定的生活，并潜心研究玄学。1547年，《神秘埃及》一书在里昂出版。通过阅读这本书，他获得了极大的灵感和无穷的幻想力。从1550年起，他每年都要编制一套年历。1555年，他完成了《百诗集》的第一部《诸世纪》，由一百首诗组成，预言的时间从他所生活的时代一直到世界末日。预言集的语言十分晦涩，大多用法语、普罗旺斯方言、意大利语、希腊语和拉丁语等写成。除此之外，预言集中所涉及到的内容，不是按照时间的顺序来写的，而是故意将其打乱。

诺查丹玛斯的预言集出版后，成功地预测了当时法国国王的王妃及其子女的命运。这在法国乃至欧洲引起了轰动。之后，法国大革命的胜利以及希特勒的上台，都可以在他的预言集中找到根据。虽然，大多数学者认为他预言集中的诗体预言模糊不清，描写太广泛，预言应验存在运气的成分，但《百诗集》仍备受重视，经常被拿来与《圣经密码》等有名的预言作品相比较，而且出版之后，这部诗集直到现在仍十分畅销。

天文望远镜的发明

现代天文学能够取得如此辉煌的成就，在很大程度上要归功于天文望远镜的发明者。

天文望远镜，是一种观测天体的重要工具。众所周知，没有天文望远镜的诞生，就没有现代天文学的迅猛发展。

天文望远镜诞生于1609年，由意大利天文学家伽利略发明。伽利略·伽利雷，1564年2月15日出生于意大利的比萨城。17岁的时候，在父亲的安排下，伽利略来到比萨大学学习，成为医学系的一名学生。然而，伽利略的兴趣不在医学。他对数学、物理等学科均抱有浓厚的兴趣。多年之后，伽利略在帕多瓦大学任教。1609年6月，伽利略获悉了一个惊人的消息，说是荷兰的眼镜商利帕希制作了一个特殊的镜片。通过这种镜片，人们可以清楚地看到肉眼无法看到的遥远事物。很快，一个远在荷兰的学生给伽利略写了一封信。在信中，学生大致向他描述了那种特殊的镜片装置。眼镜商将两片透镜放置于一个管道中，并调整透镜的位置就可以看清远方的事物。看完这封信后，伽利略深受启发，在实验室里开始设计一种更为精良的望远镜。他利用凸透镜和凹透镜的成像原理，制造出了一个口径42毫米的望远镜。经过不断地调试，这个望远镜可以看到几千里之外的东西。世界上第一架天文望远镜便诞生了。通过天文望远镜，伽利略发现到了许多天体。他的发现有力地证实了哥白尼的日心说，促进了近代天文学的进一步发展。

格林尼治天文台

埃里第一次利用"子午线"测定格林尼治时间，使得格林尼治天文台成为当时世界上测时手段最为先进的天文台。

格林尼治天文台，于1675年创建于英国伦敦泰晤士河畔的皇家格林尼治花园，是世界上著名的综合性天文台。17世纪的时候，英国航海事业获得空前发展，海上航行急需精确的经度指示。1674年，乔纳·摩里爵士向国王查理二世提议，应该为军械署的测量工作建设一个天文台。于是，国王查理二世任命约翰·弗兰斯蒂德在伦敦格林尼治建造天文台。1675年8月10日，国王查理二世下令安放奠基石，格林尼治天文台的创建工程正式开始。天文台修建完工后，国王查理二世设立皇家天文学家职位，由约翰·弗兰斯蒂德担任。约翰·弗兰斯蒂德上任后，致力于校正天体运动星表和恒星位置的工作，并负责测量正确的经度。

格林尼治天文台建成后，乔纳·摩里爵士用自己的私有财产为天文台捐赠了关键性的仪器和设备。其中，最重要的捐赠是两台时钟。这两台时钟安放在天文台的主室。每台都有13英尺长的钟摆，每4秒钟摆动一次。每结束一天，时钟仅有7秒钟的误差。1835年以后，在天文学家埃里的领导下，格林尼治天文台的设备得到有效更新和扩充。

1884年，国际经度会议在华盛顿召开。在这次会议上，确定了以格林尼治天文台埃里中星仪所在的经线作为全球时间和经度计量的标准参考线，又称0°经线或者本初子午线。之后，世界各国出版的地图都以这条经线作为地理经度的起点，并以格林尼治天文台作为"世界时区"的起点。

第二次世界大战以后，伦敦成为世界著名的工业城市。随着伦敦大气环境的日益恶化，严重妨碍了格林尼治天文台的观测工作。1948年，格林尼治天文台迁往英国东南沿海的苏塞克斯郡的赫斯特蒙苏堡。迁移后的天文台仍叫格林尼治天文台。因而，现在的格林尼治天文台并不在0°经线上，本初子午线仍然以格林尼治天文台旧址所在的经线为准。

第一个称量地球的人

亨利·卡文迪许成功地运用自己创设的扭秤，测量出万有引力常数，并推算出地球的密度和质量。

亨利·卡文迪许，英国化学家、物理学家，被后人称为"第一个称量地球的人"。

亨利·卡文迪许，1731年10月10日出生于法国尼斯。1742年，他就读于英国伦敦附近的海克纳学校。1749年至1753年，卡文迪许在剑桥彼得豪斯学院求学。之后，他在父亲的实验室做助手，进行了大量的电学和化学研究。在牛顿发现万有引力定律后，他是第一测出引力常量的科学家。

牛顿认为，万有引力定律中的引力常数 G 不受物体的形状、大小、地点和温度等因素的影响而变化，是一个普遍适用的常量。根据牛顿的这一想法，卡文迪许决定采用扭秤法测量引力常量。最初，卡文迪许所使用的扭秤是英国皇家学会的米歇尔神父制作的。米歇尔神父曾经和卡文迪许一起讨论过，如何利用扭秤测量地球的密度。后来这项工作还没有来得及开展，米歇尔神父便去世了。这架实验设备在神父去世后几

经周折，最终落到卡文迪许的手里。为了测量引力常量，卡文迪许根据自己的实验需求对原先的实验设备进行了有效改造。通过利用改造后的扭秤，卡文迪许成功地测量出引力常量的数值。这一数值与现在的公认值仅有百分之一的误差。之后，卡文迪许又经过多次实验，推算出地球的平均密度是水的密度的5.481倍，最终计算出了地球的质量。

提丢斯－波德定则的来历

实际上，这条规则最早是由德国的一位中学教师戴维·提丢斯于1766年发现的。波德在此基础之上，经过进一步的总结和计算才正式提出来。

提丢斯－波德定则，简称"波德定律"，是一个揭示太阳系行星运行轨道的规则。1772年，德国的天文学家波德写了一本名叫《星空研究指南》的书。在书中，他总结并发表了一条关于太阳系行星距离的规则。波德取0、3、6、12、24、48……这样的一组数据，每个数字加上4再除以10，就是各个行星到太阳距离的近似值。波德还运用这条定则计算了已经知道的几个行星到太阳的距离：水星到太阳的距离为（0＋4）÷10＝0.4天文单位；金星到太阳的距离为（3＋4）÷10＝0.7天文单位；地球到太阳的距离为（6＋4）÷10＝1.0天文单位；火星到太阳的距离为（12＋4）÷10＝1.6天文单位。人们惊奇地发现，按照定则计算出的结果，确实与现有行星到太阳的距离相符合。如果真是这样的话，下一个行星到太阳的距离应该为（24＋4）÷10＝2.8。但是在那个位置上，当时人们并

没有发现任何天体。提丢斯和波德不相信这一位置上是空白的,于是他们呼吁天文学家们积极寻找这颗行星。一直到 1801 年,意大利一处天文台宣告发现了一颗新天体,这就是后来的"谷神星"。它到太阳的实际距离为 2.77 天文单位,与 2.8 天文单位很接近。但是,与波德所说的不同,谷神星是一颗很小的行星。接着,人们陆续在火星和木星的轨道之间发现了很多其他的小行星,这就是后来的"小行星带"。1846 年和 1930 年,海王星和冥王星分别被人们发现。但是,这两颗行星的实际距离并不符合提丢斯－波德定则,并且差距很大。因此,对于提丢斯－波德定则的修正,还有待于进一步讨论。

金刚石之谜

金刚石一直被人们视为"矿石骄子"。早在 5000 年前,人们就已经知道有金刚石了,在《圣经·旧约》的《出埃及记》和《以西结书》中,对金刚石那迷人的光泽赞叹不已;印度古代的杰作《吠陀经》、《剌马耶耶》和《摩呵波罗多》,更是对金刚石那奇异的晕色啧啧连声。在希腊语中,"金刚石"一词就是"不可战胜"、"不可摧毁"的意思。古代的人们以其充满热情的想像力,认为金刚石的非凡性质是一切自然创造物中最完美无缺的象征。一块晶莹的石头竟然有那样出奇的硬度和耐久性,人们感到不可思议,它那闪烁出迷幻异彩的本领尤其令人神往。世界上许多民族更是奉它做自己的神灵,并且冠以极其崇高的头衔,尊之为"宝石之王"!

然而,关于金刚石的化学成分,以及它的出处,一直是科学界长期争论不休的问题。

历史上一些知名科学家几乎都揣测过金刚石那些扑朔迷离的化学成分。古希腊大哲学家培多克利斯说金刚石是由 4 种元素(土、气、水、火)组成;而按照印度科学家的说法,它构成的要素是 5 种,即土、水、天、气和能。1704 年,牛顿对此作了系统的研究,指出金刚石的可燃性。而罗蒙诺索夫更预言,金刚石之所以非凡坚硬,乃是由于"它是由紧密联结的质点组合而成的"。到了 1772 年,法国化学家拉瓦哥将一颗金刚石加热使之燃烧,结果发现,它燃烧时所产生的气体就是二氧化碳!虽然拉瓦哥已经指出金刚石和碳的关系,然而却不敢作出看来多么滑稽——把高贵的金刚石与"低贱"的碳相比的最后结论。24 年之后,即 1796 年,英国化学家耐特才作出金刚石是纯净的碳的结论。

至于金刚石来自何方,在科学界更具争议。

最初人们大多认为金刚石来自地下的矿石,因为早期的金刚石多采自砂矿床。1870 年在南非开普省北部找到世界上第一个原生金刚石矿床,该地即以当时英国殖民大臣金伯利勋爵的名字来命名,这就是后来的金伯利城。地质学家在矿区发现，金刚石的成矿母岩是一种无论矿物成分和性状都不同一般的非常特殊的岩石，称其为金伯利岩，它最早是由英国人路易斯在1887年提出来的。后来人们在世界各地相继发现了一些在形状和矿物组成等方面与金伯利岩相似的岩体，并且认识到金伯利岩是原生金刚石矿床的惟一成岩母矿。这是一种基质不含长石的偏碱性超基性岩，主要成分为橄榄石，多具角砾状或斑状结构，因此又名角砾云母榄岩，岩体通常呈漏差别形的岩筒（又名岩管或火山颈）或脉状岩石。根据金伯利岩所含的高压矿物推测，金伯利岩浆形成于上地幔，在高压条件下沿着地壳的深入断裂向上运移。由于它饱含高压气体（水及二氧化碳等），当上升而压力骤减时，体积迅速膨胀，在地下产生火山爆发。爆发后岩浆胶结碎屑物质充填火山颈，遂形成金伯利岩筒。

曾经有人说，金刚石是由金伯利岩浆夺去邻近的碳质岩石的夹杂块形成的；也有人认为，金刚石是由金伯利岩和另一种榴辉岩一起从地壳深处带上来的。现在大部分人确信，金刚石就是由金伯利岩本身所含的游离碳，在剧烈上升和发生爆炸的整个岩浆活动过程中，也就是在高温高压条件下结晶形成的。因为人类在实验室中，利用极高的温度和压力，已经成批量生产出人造金刚石。前苏联科学院地球化学实验室采用同位素分析方法证明，金刚石不仅能在150公里以下的地幔上生成，也能在地下10公里的地壳里生成。只要岩浆通过地壳上部岩管时，通道出现狭窄的小孔。由于这一缩颈现象，压力会突然从不超过2万大气压猛增到100万大气压，这样，岩浆碳就会变成金刚石。

20世纪70年代末至80年代初，美国乔治亚大学的加迪尼等人，测定了美国阿肯色州金刚石的气—液包裹体，竟然发现其中含有类石油的烃类物质（即由碳和氢构成的有机化合物），如甲烷、乙烯、甲醇、乙醇等。它们转而认为金刚石的形成与地球深部的烃源有关。1981年，索尔博士在日本召开的第18届国际宝石学会议上，进一步阐述了二者之间的内在联系。他推测地球内部有丰富的烃源，烃气在超基性的金伯利岩浆中易于保存。当金伯利岩浆向上涌溢时，挥发性的烃气就向地表表层扩散，而残熔的碳素则缩在金伯利岩浆中，并因压力、温度的急剧变化而结晶形成金刚石。

但是，1988年，人们有了一个意外的发现，使上述观点受到了怀疑。这一发现就是，俄国学者叶罗费巴夫和拉钦夫首次在石质陨石中找到的浅灰色的金刚石细粒。不久，在石质陨石中也发现了金刚石。陨石中为什么会有金刚石，也一

直是科学家们探索的课题。最初认为这些金刚石是陨石中所含的碳质，因与大气摩擦和地面撞击产生的高温高压而造成的。近年，美国国家自然史博物馆得到一块来自南极大陆亚兰高地冰盖中的铁陨石，在把它切片时，也找到了一个金刚石晶体的包体。他们猜测这块陨石原是小行星的碎片，而其中所含的金刚石晶体，则是在它陨落之前，并且是在好几百万年前小行星带中的两颗小行星发生碰撞时形成的。由于小行星碰撞时的速度非常大（时速约数万公里），产生的冲击压力足以使自然碳转变为金刚石。

美国芝加哥大学的刘易斯和沃特等人，在研究1969年坠落于墨西哥等地的4块陨石时，意外地发现了无数非常细小的金刚石粉末，其中还含有微量的具有特殊比例的同位素的氙气。经过测定，显示出它们的年龄比太阳系还大，均生成于45亿年以前，从而表明金刚石的生成与陨石相互间的撞击或坠落与地球都没有关系。这几位科学家由此推翻了因地球内部的高温高压促进生成金刚石的传统说法。他们大胆提出，自然界的金刚石，大概都是在几十亿年前，由一颗红巨星——即垂死的"恒星"的毁灭过程形成的。那里的富氢和高温特别有利于碳气浓缩成金刚石。在那个阶段，红巨星将增援大量气体，而这些气体将膨胀和冷却，使碳这类物质冷凝并结晶。千百年后，在红巨星最后爆炸成超新星时，它将喷射高速离子，包括带电的氙原子，这些氙原子将追上逃逸的金刚石颗粒并埋在其中。在宇宙中形成的金刚石，其数量可能是惊人的。后来，这些金刚石参与了太阳系的演化，难怪在地球和陨石中都能寻到它们的踪迹。

美丽的金刚石究竟是来自天上还是地下呢？真是令人难以捉摸的谜。

宇宙的黑洞之谜

在宇宙空间中，有一个神秘的区域，不管什么物体只要进入这个区域便会消失得无影无踪，而且连光也休想从那里逃逸出来，它就像一个饥饿的无底洞，永远也填不饱，因此又有人把它叫做"星坟"。这究竟是一个什么样的地方呢？

早在1798年人们就对黑洞有了认识。法国著名数学家拉普拉斯认为，如果一个天体的密度或质量达到一定的限度，我们就会看不到它了，因为光没有能力逃离开它的表面，也就是说，光无法到达我们这里。不过，黑洞引起科学家们的普遍关注，还是在爱因斯坦的广义相对论公布之后。人们根据爱因斯坦的理论，就黑洞存在的条件及形成原因等问题进行了探索。直到1973年科学家们测到一束来自天鹅座的X射线后，才真正打开了人们探测黑洞的大门。经研究，这是一颗明亮的蓝色星体，同时，它还有一颗看不见的伴星，质量要比太阳大10～20倍。

几年之后，科学家们根据这些强射线找到了X射线的真正发射源，这是一颗

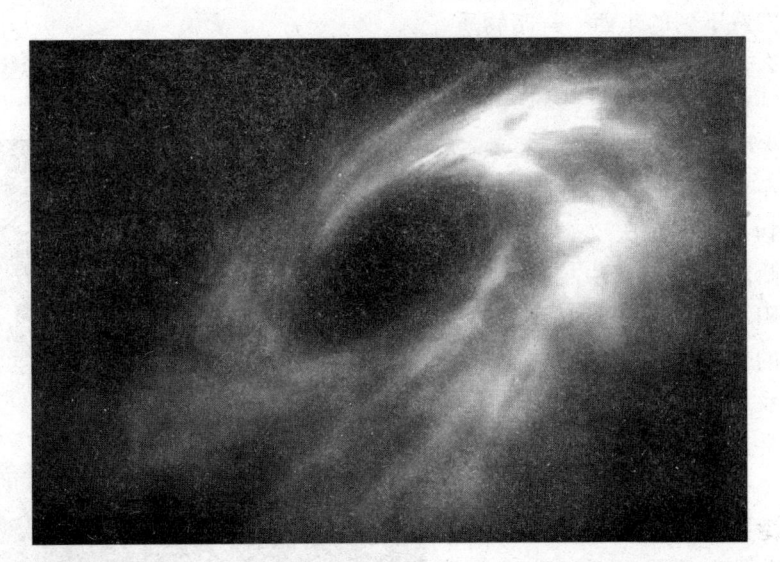

伴星，其质量是太阳的 5～8 倍，但人们看不到它所在的位置。到目前为止，这是黑洞最理想的"候选人"。

关于黑洞的成因，人们的解释也不尽相同。有人认为，恒星在其晚年因核燃料被消耗完，便在自身引力下开始坍缩，如果坍缩星体的质量超过太阳的 3 倍，那么，其坍缩的产物就是黑洞；也有人认为，黑洞是在超新星爆发时一部分恒星坍毁变成的；还有人认为在宇宙大爆炸时，其异乎寻常的力量把一些物质挤压得非常紧密，形成了"原生黑洞"。

自始至今，虽然人们还没真正捕捉到黑洞，但人们对黑洞的存在却是确信无疑的。1999 年 6 月，一些天文学家通过测量太阳系运行的轨道，获得了更多的证据证明银河系中心存在一个"超大"黑洞。他们利用射电望远镜阵列组成的精确的测量设备进行观察，发现太阳系以每秒 217 千米的速度围绕银河系中心旋转，运行一周需要 2.26 亿年时间。人们发现位于银河系中心被称为人马座 A 星的这个星体的质量至少是太阳质量的 1000 倍，而且很可能还要大得多。

神秘的宇宙暗物质

茫茫宇宙，奥秘无穷无尽。夜晚，我们可以用肉眼观测到月亮和许多发光的星星，晴朗的天气还可以看到火星等行星。有时，流星和拖着长长尾巴的彗星也来拜访地球这个孤独的兄弟。

然而，1933 年的一天，瑞士天文学家茨维基惊奇地发现，室女星系团诸星系根据其运动求出的质量与根据其光度求出的质量相差很远，前者是后者的 10 倍，出现了质量短缺现象。于是科学家们便根据这种现象推测，宇宙中存在着大

量的我们看不到的东西——暗物质。

那么，这些存在着的大量暗物质究竟是什么呢？英国一位天文学家研究认为，有三种可能。

首先是极暗弱的褐矮星。有人分析，在太阳附近就存在着相当数量的暗物质。美国天文学家巴柯就曾在太阳附近的天空中拍摄到质量不到太阳一半的心型褐矮星。根据此种星的数目推断，它们总共可能有银河系"失踪"质量的一半左右。许多科学家认为，这类似小恒星的"尸骸"，小恒星在不能发光后就演变成了这种类似褐矮星的暗物质。

其次是在很早以前，由超大恒星演化到死亡阶段形成的巨大质量的黑洞，黑洞的质量相当于太阳质量的200万倍。

最后是奇异电子。欧洲核子研究中心的物理学家霍夫曼博士推测，有四种属于暗物质的微子：光微子、希格斯微子、中微子和引力微子，而星系外围庞大的星晕即由这些特殊粒子构成。

对于宇宙暗物质，也有人持否定态度。美国一些科学家用最新方法测定星系的质量，发现求得的结果比采用星系运动学的方法求出的质量大得多，所以他们认为这些质量短缺是由星系群的膨胀引起的，所以没必要假设在星系团内存在着大量暗物质以提供额外的引力来保持其动力学平衡状态。

当然，由于人类探测宇宙的科技在不断地向前发展，暗物质之谜现在还不是下最后定论的时候。相信通过科学家的继续努力，这个谜底迟早会呈现在人们面前。

太阳系产生之谜

一种猜想认为，最初，整个太阳系都是一片混沌状态，在这种混沌状态之中，只存在一种物质，这种物质便是星云。原始的这种星云是一种气态物质，这种气态物质非常灼热。它迅速旋转着，先分离成圆环，圆环凝聚后形成行星，凝聚的核心便形成了太阳。这就是著名的"康德—拉普拉斯假说"，是200多年来众多的太阳系学说中的一种。

自从宇宙学正式成为一种学问以来，关于太阳系的起源问题，一直都没有一种最权威的说法能够使绝大多数人信服。到今天，随着人们提出的一种又一种假说，关于太阳系的起源问题，已经有 40 多种说法了。"康德—拉普拉斯假说"只不过是其中比较有代表性的一种，这种说法又被称为星云说。

星云说在当时受到了普遍的拥护和认同。后来，随着人们认识的不断变化，星云说越来越受到质疑。不过，近年来，美国天文学家卡梅隆的一种说法又使得星云说重新受到了世人的关注。卡梅隆认为，太阳系原始星云是巨大的星际云氤出的一小片云，这一小片云起初是在不断的自转，同时又在自身引力的作用下不断收缩。慢慢地，它的中心部分便形成了太阳，外围部分变成星云盘，星云盘后来形成行星。

这一观点由于受到了许多世界顶级天文学家的重视而倍受世人的关注。我国天文学家戴文赛、前苏联天文学家萨弗隆诺夫、日本天文学家林忠四郎等人就是这一观点的拥护者。然而，不可否认的是，星云说无法解释太阳和各行星之间动量矩的分配问题，这一缺陷使得大家对星云说始终抱着一种怀疑的态度。

于是灾变说便应运而生，在本世纪初，英国天文学家金斯把灾变说推到了一个前所未有的高度，使得这种学说很快引起了人们的注意。金斯提出，行星的形成，是一颗恒星偶然从太阳身边掠过，把太阳上的一部分东西拉了出来的结果。太阳受到它起潮力的作用，从太阳表面抛出一股气流。气流凝聚后，变成了行星。

除此之外，还有星子说等著名的宇宙理论。

后来杰弗里斯提出了恒星与太阳相撞说，他的这一假说，在天文学领域足足引领了 30 多年。

最近几年，堆尔夫森对灾变说的最新解释又使得人们开始把注意力集中到灾变说上来了。堆尔夫森认为，形成行星的气体流是从掠过太阳的太空天体中抛射出来的。不过这种说法马上就因为天文学家们的另一项发现而摇摇欲坠，天文学家们经过计算后认为，气体中的物质在空间弥散开来之后，不会再产生凝聚现象。这就意味着灾变说的核心在理论上是站不住脚的。

在这种情况下，"俘获说"似乎更使人着迷。最早提出这一假说的是前苏联科学家施密特来。他认为，当太阳某个时候经过气体尘埃星云时，把星云中的物质"据为己有"，形成绕太阳旋转的星云盘，并逐渐形成各个行星及其卫星。

然而这种假说在德国的魏扎克、美国的何伊伯那里又有了两个变种。

看来，各种假说都不是无懈可击的，各种假说都有一定的道理。究竟是哪一种假说更合理，恐怕还不是人类一时能够回答出来的。

金星之谜

金星由何来？金星表面有水吗？金星有过卫星、大海吗？

金星是天空中最亮的星星，仅次于太阳和月亮。在空中，金星发出银白色亮光，璀璨夺目，因而有"太白金星"之说，西方人认为爱与美的女神"维纳斯"就住在金星上。金星最亮时，亮度是天空中最亮的恒星——天狼星的10倍。

金星如此明亮的原因有两点。一方面，是因为它包裹着厚厚的云雾，近层云雾可以把75%以上的光反射回来，反射白光的本领很强，而且对红光反射能力又强于蓝光，所以，金星的银白光色中，多少带点金黄的颜色。另一方面，金星距离太阳很近，除水星以外，金星是距太阳第二近的行星，它到太阳的距离是10800万千米，太阳照射到金星的光比照射到地球的光多一倍，所以，这颗行星显得特别耀眼明亮。

金星比地球离太阳近，绕日公转轨道在地球的内侧，这点与水星很类似。但金星的轨道比水星轨道大一倍，所以，金星在天空中离太阳就要远些，容易被看到。金星被我们看到时，它与太阳距角可以达到47°。也就是说，金星在太阳出来前3小时已升起，或者在太阳下落后3小时出现在天空。这样很多地区的人很容易见到它。在我国古代，当它在黎明前出现时，叫做"启明星"，象征天将要亮了；而当它在黄昏出现的时候，叫做"长庚星"，预言长夜来临了。"启明星"、"长庚星"就是金星，往往是晚上第一个出现和清晨最后一个隐没的星星。

在伽利略以后的几个世纪中，人们渐渐发现金星与地球有很多近似之处，一度被当作地球的"孪生姊妹"，站在太阳系外看这两个星球，确实可以一眼看出两者有许多共同点：

	金星	地球
大小	半径6073千米	6378千米
密度	5.26克/厘米3	5.52克/厘米3
表面重力	是地球的88%	
大气层	全部被浓云包围	部分地区有云层

按理说，轨道与地球并列，距离又很近的金星，是最方便地球上的人们观察的，然而，金星被厚厚的大气遮得严严实实，就像罩着厚厚的面纱，一点缝隙都不露，终日不肯以真面目示人。地球上的人们看来看去，产生了很多猜想，甚至推测金星上可能存在生命。

宇航时代的开始，意味着金星神秘时代的结束。美国和前苏联前后发射二十多个金星探测器，频繁地对金星大气和金星表面进行控测。

首先是前苏联的"金星1号"，这是人类历史上发射的第一艘金星探测飞船，在1961年2月12日升空，但并不成功。

首度成功观测金星的是美国的"水手2号"，于1962年8月27日升空，同年12月14日，通过了距离金星34830千米的地方探测金星。

首次在金星大气中直接测量的是前苏联的"金星4号"，于1967年10月18日，打开降落伞，降落于金星大气中。

首次软着陆成功的是前苏联的"金星7号"，它于1970年12月15日，降落于金星表面，送回各种观测资料。

前苏联从1961年开始，直至1983年，共发射飞船16艘，除少数几艘失败外，大多数都按原计划发回不少重要资料。

美国在1962年发射"水手2号"以后，又在1978年5月20日和8月8日先后发射"先驱者金星1号"和"先驱者金星2号"。其中"先驱者金星2号"的探测器软着陆成功。至此，美国也先后有6个探测金星的飞船上天。

金星神秘的面纱——大气首先被人们所认识。

金星的天空是橙黄色的。金星的高空有着巨大的圆顶状的云，它们离金星地面48千米以上，这些浓云像硕大无比的圆顶帐篷悬挂在空中反射着太阳光。这些橙黄色的云是什么呢？原来竟是具有强烈腐蚀作用的浓硫酸雾，厚度有20～30千米。因此，金星上若也下雨的话，下的便全是硫酸雨，恐怕也没有几种动植物能经得住硫酸雨的洗礼。金星是个不毛之地。

金星的大气又厚又重。金星的大气不仅有可怕的硫酸，还有惊人的压力。我们地球的大气压只有一个大气压左右，在金星的固体表面，大气压是95个大气压，几乎是地球大气压的100倍，相当于地球海洋深处1000米的水压。人的身体是承受不起这么大的压力的，会在一瞬间被压扁。

金星的大气中主要是二氧化碳。二氧化碳占了气体总量的96%，而氧仅占0.4%，这与地球上大气压的结构刚好相反，金星的二氧化碳比地球上的二氧化碳多出1万倍，人在金星上会喘不过气来，一会儿就被闷死。这里常常电闪雷鸣，几乎每时每刻都有雷电发生，让你掩耳抱头，避之不及。

金星是真正的"火炉"。地球上40℃的高温已经让人受不了，但金星表面的温度高得吓人，竟然高达460℃，足以把动植物都烤焦，而且在黑夜并不冰冻，夜间的岩石也像通了电的电炉丝发出暗红色光。金星怎么会有这么恐怖的高温呢？这也是二氧化碳的"功劳"。白天，强烈阳光照射下，金星地表很热，二氧化碳具有温室效应，也就是说，大气吸收的太阳能一旦变成了热能，便跑不出金星大气，而被大气挡了回来，二氧化碳活像厚厚的"被子"，把金星捂得严密不透风，酷热异常。再加上金星的一个白天相当于地球上58天半，吸收的热量更是越聚越多，热量只进不出，从而达到了460℃的高温，比最靠近太阳的水星白昼的温度还要高（水星约430℃）。

温室效应使金星昼夜几乎没有温差，冬夏没有季节变化。因而金星上无四季之分。

其实，地球上也有温室效应，只不过地球大气中二氧化碳只有3.3％，所以地球温室效应远不如金星的强烈。但是，就是这么点二氧化碳，就可使地球的平均温度达到17℃。近年来，工业污染加剧，致使地球上二氧化碳有增加的趋势，地球的气候也逐渐有变暖的趋向，严重时，两极冰川融化，海平面上升，一些陆地将被淹没。这该是地球上引起高度重视的问题，因为我们不想成为第二个金星。

金星上如此恶劣的环境，是以前的人们不曾想到过的，这位曾经是地球的"孪生姊妹"的金星，一旦面纱撩开，即刻让人们对金星上存在生命的幻想破灭了。

不过，人们头脑中还有一丝希望，那就是，金星上有水吗？

金星有很少量的水，仅为地球上水的十万分之一。这些水分布在哪里呢？由"金星13号"和"金星14号"探测表明，在硫酸雾的低层，水汽含量比较大，为0.02％，而在金星表面大气里只有0.002％含水量，金星表面找不到一滴水，整个金星表面就是一个特大的沙漠，在每日的大风中尘沙铺天盖地，到处昏昏沉沉。

金星地表与地球有几分相似。金星因为有大气保护，环形山没有水星、月球那么多，地形相对比较平坦，但是有高山。山的高度最大落差与地球相似，也有高大的火山，延伸范围广达30万平方千米。大部分金星表面看起来像地球陆地。不过，地球陆地只有十分之三，其余十分之七为广大海面。金星陆地占六分之五，剩下的六分之一是小块无水的低地。至今金星表面未发现有水。

金星与地球有与地球相似的大小、质量和密度，同时还有含水汽的大气。所以，人们推测，金星上可能有大海，如果有大海的话，就可能有生物存在。尽管在20世纪70年代，前苏联的"金星号"系列飞船在金星着陆，推翻了有大海的假说。尽管金星有与地球相似的地貌，平原、峡谷、高山，可人们对金星寻海并不死心，到20世纪80年代，这个问题又被重新提了出来。

重新提出这问题的是美国科学家彼拉·詹姆斯。他认为大海存在过，后来又消失了。分析原因，一种可能是太阳光将金星水气分解为氢和氧，氢气团重量轻而纷纷背叛金星。第二种可能是，在金星早期，它的内部曾散发像CO那样还原的气体，由于这些气体与水的相互作用，把水分消耗掉了。第三种可能是，由金星上大量的火山爆发，大海被炽热的岩浆烤干了。还有一种可能是，水源来自金星内部，后来又重新归还原处。

美国密执安大学的科学家多纳休等人，在彼拉克·詹姆斯的基础上，又提出新看法。他们认为，太阳早年不像这样亮和热，辐射热量也少30％，那时金星气候就不像现在这样热了。有适宜气候，大海应运而生，生物有可能在大海繁衍生息。可后来，太阳异常的热起来，加上金星一天等于地球117天的缓慢运转，经不起烈日的酷晒，金星上的大海被烤干了。

后来有不同看法提出。美国依阿华的科学家弗里克认为，根本不存在大海，观测表明，金星大气层是不断进入大气层的彗星核造成，彗核成分是水冰。至今，金星大海仍是个未解之谜。

金星另一个问号是卫星哪去了？在太阳系的67颗卫星中，水星、金星没有卫星，不过金星曾有过卫星。那是1686年8月，法国天文学家、巴黎天文台第一任台长卡西尼宣布发现金星卫星，并推算这颗卫星的直径为金星直径的1/4即1500千米，类似于地球、月亮的比例，当时卡西尼已发现了9颗卫星，结果金星的卫星又轰动一时。

很多人就这颗卫星的位置、亮度、轨道、半径、周期进行研究，在1764年，就有发表观测金星卫星的文章。

后来观测技术进步了，却再也没发现金星的卫星，是失踪了吗？怀疑和简单否认是不客观的。

假如有卫星，哪里去了？什么时候、又是什么原因？这又是金星的第二个谜。

水星之谜

地球到月球的距离是38万千米，地球与水星最靠近时也有7700万千米，而水星跟月球差不多大小。难怪人们传说，哥白尼临终前最大的遗憾就是：一辈子没有看到过水星。

水星是离太阳最近的行星。它到太阳的平均距离只有5800万千米，这个距离只有地球到太阳距离的2/5。太阳光用8分多钟跑到地球上来，而只用3分钟多一点就可到水星表面了。

水星离太阳这么近，我们很难清楚地看到这颗最靠近太阳的内行星，连专业天文学家也经常看不到水星。

我们知道，水星的轨道在地球轨道的内侧，每88天围绕太阳运行一周。在地球上看水星，水星总是在离太阳不远的地方转来转去，就好像太阳母亲身边最离不开的小孩。水星和太阳形影相随，在天空中的角距离总是很小，最大时绝不

图文版 世界百科全书 天文地理

会超过28°，这就是说，在最好的情况下，从地球上看水星，水星只能在东方太空比太阳早升起一个半钟头，或在西方比太阳迟下落一个半钟头。此时此刻，太阳的光辉映衬着天空，水星被淹没在曙暮的天光里，难得露出自己的身影。

其实，水星常常很亮，有时与天空中最亮的天狼星不相上下，但同太阳的晨光余辉相比，未免黯然失色了。

水星的大小在太阳系行星里排在倒数第二，直径只有4880千米，甚至比不上大行星的某些卫星，比如木卫三（直径5276万千米），土卫六（直径5120千米）都要比它大。水星比地球的卫星——月球（直径3476千米）大不了多少，但是比起月球到地球的距离却远多了，月球到地球距离是38万千米，水星与地球最靠近时，距离达到7700万千米。

水星非常小，又总是靠近太阳，我们要见到水星比较难。要看到水星，只有当水星与太阳的角距离达到最大时，太阳在地平线以下，天色昏暗，而水星恰好在地平线以上的时候，我们才有机会看到它。这样的机会一年中，只有很少的几次，当水星非常难地恰好从地球和太阳之间通过时，我们有可能在太阳圆面上见到这个小小的行星，人们给这种现象取了个好听的名字——水星凌日，这种情形，每一世纪大约出现12次。

水星的行踪难觅，从地球上对它进行研究自然难以奏效。在地球上，用最好的天文望远镜观测水星时，只能分辨出水星上750千米大的区域，看不清水星表面的细节。曾经有人认为水星自转周期与公转周期一样，始终以同一面朝向太阳。但是，直到20世纪60年代，天文学家用射电望远镜对水星进行了雷达探测，观测结果清楚表明，水星自转周期是59天，是公转周期88天的2/3，换句话说，水星每绕太阳转两周，绕自己的轴线转三周，这种运动形式多么和谐！

水星上没有大气，太阳近距离地灼烤着水星，以9倍于给地球的光和热倾注于水星上，使水星面向太阳的一面，最高温度可达到400℃左右，岩石中的铅和锡都会被太阳光熔化析出，更别说生命的存在了，这里是太阳系最热的地方之一，黑墨般的天空悬挂着巨大的太阳，比地球上看到的太阳大8倍，四周寂静无声，简直像一座炼狱。别以为水星只是个滚烫的星球，有时候又冷得吓人。在水星背向太阳的一面，由于没有大气起调节温度的作用；温度下降极为迅速；温度多在零下163℃以下。不可能有生命在水星上生存。

由于水星太靠近太阳了，在地球上是看不清楚水星真面貌的。

1973年11月4日，美国宇航局成功地把"水手10号"送上了飞向水星的旅程。在1974年3月和9月、1975年3月，"水平10号"3次掠过水星表面，最近时距离只有300千米，拍摄了大量照片，再用电视发回地球，一幅又一幅清晰生动的画面向人们展现未曾看到也未曾料到的水星景象。人们发现，在1974年3月的那短短几天里，我们对水星的认识比以前整个人类历史积累起来的知识的总和还要多。

乍看上去，水星非常像我们的月球。

水星表面和月球一样，到处凹凸起伏，大大小小的环形山星罗棋布，悬崖峭壁耸立，长长峡谷幽深，随处可见绵延的山脉、辽阔的平原和盆地。远远看去，和月球没有什么两样。

仔细检查"水手10号"所拍的照片，科学家们还是发现了水星和月球地貌的差别。

首先，比较环形山密布地区，水星多环形山地区，中间有不少平坦的山间平原，这在月球上基本看不到，月球表面上密布的环形山是一个叠一个，彼此之间根本不存在平地。科学家认为，这是由于水星和月球表面引力不同的缘故。同地球引力相比，月球表面引力是0.16，水星上表面引力为0.38（把地球的表面引力取作1.00。如果一个人在地球上重量是50千克，到月球上重8千克，到水星上重19千克）。由于环形山都是遥远的过去由无数陨星碰撞形成的，受撞击溅出的火星物散落面积因引力大小而不同，水星上抛射物散落面积小，二次撞击后所形成的环形山紧挨着初次撞击所形成的环形山周围；而在月球表面上，二次环形山就可以远远分散在6倍大的面积上。由此，水星上未被撞击的古老平原不容易被环形山全部占据，而是间或存在于环形山之间。

其次，水星表面到处都有不深的扇形峭壁，称为"舌状悬崖"，高1~2千米，长几百千米，这些悬崖被认为是巨大的褶皱，但在月球表面是绝对看不到的。水星上最高的陡壁达3千米，延伸数百千米。例如北极附近的维多利亚悬崖。

除了反映水星地形上的特征以外，"水手10号"还发现水星有一个磁场，虽然地球磁场比它强上100倍，但水星上确实存在类似于地球的双极磁场，且比金星和火星的磁场强多了。这一点纠正了在1974年以前的观念，人们一直以为水星由于自转缓慢不会有磁场。

水星周围有磁场，就意味着水星必定有一个铁质的内核，只有这样，水星才会有永磁场。科学家计算出铁质内核的直径为3900千米，竟和月球大小相似。因为水星密度很大，它的体积只有地球的5%，所以水星这个铁质内核该是很巨大很坚硬的。

不管水星和月球外貌多么相似，两者却有非常大的差别。月球是没有磁场也

没有铁质内核的。水星的内核却与我们地球相似。

我们在照片上看到水星表面最大的地形特征是盆地，直径约 1300 千米，四面高出周围平原达 2 千米的山峦，这个盆地在水星表层北纬 30°、西经 195°的地方。每当"水手 10 号"飞越该盆地时，水星正好运动到它的轨道上的近日点，这个盆地恰好处在日下直射点，温度骤升，成为水星最热的地方，也是太阳系所有行星表面最热的地方。人们给它取名为"卡路里盆地"。"卡路里"在拉丁语里的意思是"热"。热盆地貌似月球上的"月海"，因此也有人称它为水星上的"海"。

看到水星的名字，人们脑海里总会产生这样的联想：水星上面有水吗？水星和水有何关联呢？

很早以前，日、月和五颗行星能被肉眼观测到。它们在天空移动而且明亮，能发出连续不断的光，而那些遥远的星星，看来位置稳定，闪闪烁烁。我们的祖先，就给了日、月、五颗行星以特殊的位置，想像它们是主宰物质世界神灵的化身或是天神的住地。在西方，古罗马人看到水星绕太阳公转一周的时间最少，运行得最快，所以把希腊神话中一个跑得最快的信使"墨丘利"的名字给了水星。在中国，古时盛行阴阳五行说，把宇宙简化成阴阳两大系统，揭示自然万物的构成变化，"阴阳者，天地之道也。"

为反映阴阳两大系统的动态变化，又引伸出金、木、水、火、土五行的相生相克、互相承接或制约，"阳变阴合，而生水、火、木、金、土。"宇宙万物是统一的，天、地、人也是三位一体。总之，任何事物的构成变化都可以用阴阳五行说来解释。在天，就为日月星；在地，就为珠玉金；在人，为耳目口。

于是，日月的名字分别又叫太阳、太阴，五大行星又可以用五行来表示，就有了现在的水星、金星、火星、木星、土星的名称。它反映了炎黄子孙特有的智慧和思维方式，是东方的精神文化之花。难怪法兰西有句格言："结论取决于观点"。行星的名字，可以反映当时的观点，流传到现在，成为人们习惯的称呼。

从现代天文观测事实上，水星上有水吗？

"水手 1 号"对水星天气的观测表明，水星最高温 427℃，最低温 −173℃，水星表面没有任何液体水存在的痕迹。就算是我们给水星送去水，水星表面的高温会使液体和气体分子的运动速度加快，足以逃出水星的引力场。也就是说，要不了多久，水和蒸气会全部跑到宇宙空间，逃得无影无踪了。

水星上的大气非常稀薄，大气压力不到地球大气压力的一百万亿分之一，水星大气主要成分是氮、氢、氧、碳等。水星质量小，本身吸引力不能把大气保留住，大气会不断地向空中飞逸，现在的稀薄大气可能靠了太阳不断地抛射太阳风来丰充。从成分上，也有相似的系统，太阳风的大部分成分就是氢、氮的原子核和电子。

从水星光谱分析来看，水星有点大气，但大气中没有水。这已是普遍公认的事实了。

然而，宇宙的奥妙无穷，常会有人们意想不到的事发生。没有液体水，没有水蒸气的水星，却"发现了冰山"。

1991年8月，水星飞至离太阳最近点，美国天文学家用27个雷达天线的巨型天文望远镜在新墨西哥州对水星观测，得出了破天荒的结论——水星表面的阴影处，存在着以冰山形式出现的水。

冰山直径15～60千米，多达20处，最大的可达到130千米。都是在太阳从未照射到的火山口内和山谷之中的阴暗处，那里的温度在-170℃。它们都位于极地，那里通常在-100℃，隐藏着30亿年前生成的冰山。由于水星表面的真空状态，冰山每10亿年才溶化8米左右。

天文学家是这样解释水星冰山形成的：水星形成时，内核先凝固并发生剧烈的抖动，水星表面形成褶皱——高山，同时火山爆发频繁，陨星和彗星又多次相冲击，水星表面坑坑洼洼。至于水是水星原来就有的，还是后来由陨星和彗星带来的，看法上还有许多分歧。

虽然，水星有水的说法尚待证实，但有水就有生命。美国科学家们的新发现，引起学术界的浓厚兴趣。

火星人面石、金字塔之谜

我们从1976年美国"海盗"1号飞船发回圣多利亚多山的沙漠地区上空的照片上，可以清楚地看到，在一座高山上，耸立着一块巨大的五官俱全的人面石像，从头顶到下巴足足有16公里长。脸心宽度达14公里，与埃及狮身人面像——斯芬克斯十分相似。这尊人面石像似仰望苍穹，凝神静思。在人面像对面约9公里的地方，还有4座类似金字塔的对称排列的建筑物。

从此，火星"斯芬克斯"便成了爆炸性消息。科学家对人面像究竟是如何出现在火星的问题，依然非常谨慎，认为这不过是自然侵蚀的结果，由一些自然物质凑巧地形成的，或者是自然物体在光线影响下及阴影的运动造成的。但是，仍有很多人相信"火星人面"是非自然的，他们宜称，用精密仪器对照片进行分析，发现人面石像有非常对称的眼睛，并且还有瞳孔。霍格伦小组认真分析对比认为，最有说服证据的是"对称原理"，一个物体正因为符合绝对对称后才证明其出自人手，而非自然天成。五角大楼制图和地质学家埃罗尔托伦同样说："那种对称现象自然界根本不存在。"人们继续对这些照片研究，又有许多发现，火星上的石像不止一座，而有许多座，并且连眼、鼻、嘴，甚至头发都能看得很清。金字塔同样有许多座。在火星的南极地区，美国科学家发现有几何构图十分方正的结构体，专家们称之为"印加人城市"。在火星北半球的基道尼亚地区，

在类似埃及金字塔东侧发现奇特的黑色圈形构成体。还有道路及奇怪的圆形广场，直径1公里。道路基本完整，有的道路在修建时特意绕过坑坑洼洼。在火星尘暴漫天的条件下一般道路在5000～1万年内消失无影。估计建成时间不会太长，研究者将火星上金字塔与地球上金字塔作比较，认为两者相似，火星金字塔的短边与长边之比恰恰符合著名的黄金定律，肯定和地球上建立金字塔过程中运用了相同的数字运算。只是火星上的金字塔高1000米，底边长1500米，地球上最高的第四朝法老胡夫的金字塔才高146.5米，不过也相当于40层高的摩天大楼了。但它在火星金字塔面前却相形见绌。火星照片上那些奇特的图像都集中在面积为25平方公里的范围内。

专家们估计，人面像、金字塔有50万年历史了。50万年前的火星气候正处于适合生物生存的时期，因此他们推断，这很可能是火星人留下的艺术珍品。甚至可能是外星人在火星上活动所留下的杰作。

事隔20年后，在火星轨道上进行测绘任务的美国"火星观察者"太空飞船又飞越了"火星人面"区域拍到了更为清晰的照片。与1976年相比，这次的图片将"火星人面"放大了10倍，并是在逆光中拍摄的。它像什么呢？

负责"观察者"号太空飞船任务的科学家，加州科技学院的阿顿·安尔比断定是自然形成的图案。他说："它是自然岩石形状，只是一片独立的山地，只不过是峰峦沟谷在光线的影响下形成了'人面'"。并说，这种现象坐在飞机上的任何人都会遇到，从华盛顿到洛杉矶的飞机上就可以看到很多像那样的景色，而非人工建筑。地理学家也认为，形成"人面"的山上和阴影部分只不过是光线变化所致，也很可能是几百万年来气候变化的偶然结果。

但是，仍有很多人坚持"火星人面"是非自然的。科学家马克卡罗特是"行

星科技研究学会"的成员,他指出,人脸的比例十分真实。还说:"这不是一张夸张搞笑的脸,也不是张笑脸,它的口中有牙齿,眼眶中有瞳孔。"通过计算机放大处理后,眉毛及头巾上的条纹也都清晰可辨,"人面"看上去更像人工建造的了。卡罗特也承认这只是偶然的证据,卡罗特说,这不是有力的证据,但可以积少成多,由弱变强,我们想了解更多。

火星上有生命吗

　　一位天文学家接到了一家报纸编辑的电报,内容是:"请用100字电告:火星上是否有生命?"

　　这位天文学家回电说:"无人知道!"并且重复了50遍。

　　这件事情,发生在人类对宇宙的探索之前。后来,到了1965年7月,美国宇航局首次成功发射的"水手4号"太空探测器,近距离地飞过了火星,并且向地球发回了22帧黑白图像。这些图像显示,这颗神秘的星球上布满了令人恐惧的深坑,并且显然和月球一样,是个完全没有生命的世界。以后数年中,"水手6号"和"水手7号"也飞过了火星,"水手9号"对火星做了环绕飞行。它们向地球送回了7329幅照片。1976年,"海盗1号"和"海盗2号"进入了长期轨道的飞行,在这期间,它们发回了6万多幅高质量的图像,并且将一些登陆车组件放在火星表面上。

　　到1998年初,尽管当时人人都热衷于写作,但对"火星上是否有生命"这个问题的回答,却依然仅仅可能一直是"无人知道",不过,科学家们手头上已经掌握了更多的资料,并且对这个问题形成了一系列见解。

　　火星的外表虽然伤痕累累,但有许多科学家认为:火星地表之下,有可能生

· 643 ·

存着最低级的、类似细菌或病毒的微生物有机体。另一些科学家虽然感觉到火星上现在根本不存在生命，但并不排斥这样一种可能性：在某个极为遥远的古老时期，火星可能曾经出现过"生物繁盛"的时代。

这些争论的范围不断扩展，其中的一个关键因素就是：从作为陨石到达了地球的火星碎片或岩石当中，是否找到了一些可能存在过的微生物化石，是否找到了生命过程的化学证据。这个证据，必须连同对生命过程进行的那些肯定性试验结果，一同被认定下来——"海盗号"登陆车就曾经进行过此类试验。

探索火星上的生命的故事中，存在着诸多令人困惑的因素，其中包括美国宇航局发表的官方结论：1976年，"海盗号"对火星的探测"没有发现任何有说服力的证据，表明火星表面存在着生命"。

但是，吉尔伯特－莱文却不能接受这个说法，他是参与"海盗号"计划的主要科学家之一。他进行了"放射性同位素跟踪释放"实验，而这个实验则显示出了准确无误的积极读数。他当时就想如实公布这个结果，但是，美国宇航局的同事们却阻止了他。

1996年，莱文博士对此评论说："他们提出了一些解释来说明我的实验结果，但那些解释没有一个具有说服力。我相信，今天的火星上存在着生命。"

看来，莱文的同事们之所以阻止他公布自己的实验结果，是因为他的试验与另外一些试验得出的负面结果相对立，而那些试验是一些更年老的同事设计的。

"海盗号"上的质谱分光仪并没有探测到火星上的任何有机分子，这个事实受到格外的重视。不过，莱文后来证明：这个探测器上的质谱分光仪的工作电压严重不足——在一个标本里，它的最小灵敏度是1000万个生物细胞，而其他正常仪器的灵敏度却可以下降到50个生物细胞。

1996年8月，美国宇航局宣布，他们在编号ALH8400的火星陨石中，发现了微生物化石的明显遗迹。只是到了这个时候，莱文才受到了鼓舞，公布了自己的实验结果。美国宇航局公布的证据，有力地支持了莱文本人的观点，即这颗红色星球上一直存在着生命，尽管那里的环境极为严酷："生命比我们所想像的要顽强。在原子反应堆内部的原子燃料棒里发现了微生物；在完全没有光线的深海里，也发现了微生物。"

英国欧佩恩大学行星科学教授柯林·皮灵格也同意这个观点，他说："我完全相信，火星上的环境曾一度有利于生命的产生。"他还指出：某些生命形式能够生存在最不利的环境中，有些能够在零度以下相当低的温度中冬眠；有的试验证明，在150℃高温里也有生命形式存在。你还能找到多少比生命更顽强的东西呢？

火星上冷得可怕——各处的平均温度为－23℃，有些地区则一直下降到－137℃。火星上能供生命生存的气体极为匮乏，例如氮气和氧气。此外，火星上的气压也很低，一个人若是站在"火星基准高度"上（所谓"火星基准高度"，是科学家一致确定的一个高度，其作用相当于地球上的海平面），他感受到的大气压力相当于地球上海拔3万米高度上的压力。在这些低气压和低温之下，火星上即使有水存在，也绝不可能是液态的水。

科学家们认为，没有液态水，任何地方都不可能萌发生命。假如这是正确的，那么，火星过去和现在存在着生命的证据，就必然非常明显地意味着：火星上曾经充满过大量的液态水——我们将看到，有无可辩驳的证据能够证明这一点。火星上的液态水后来消失了，这也无可置疑。但是，这并不意味着任何生命都不能在火星上存活。恰恰相反，最近一些科学发现和实验已经表明：生命能够在任何环境下繁衍，至少在地球上是如此。

1996年，一些英国科学家在太平洋海底四千多米的地方进行钻探，发现了"一个欣欣向荣的微生物地下世界……（这些）细菌表明：生命能在极端的环境里存在，那里的压力是海平面压力的400倍，而温度竟高达170℃"。

研究海底三千多米处的活火山的科学家也发现了一些动物，它们属于所谓髭虎鱼属动物，聚居在布满各种细菌的领地上，而那些细菌则在从海床上隆起的、沸腾的、富含矿物质的地幔柱上，繁茂地生长。这些动物通常只有几毫米长，样子很像蠕虫，而在这里，其尺寸畸形发展成为巨大的怪物，样子使人联想到神话中的蝾螈，那是传说生活在火里的一种大虫子或者爬行动物。

髭虎鱼属动物赖以生存的那些细菌，其模样也几乎同样古怪。它们不需要阳光来提供能量，因为没有阳光能够穿透到这样的深海下面。但它们却能利用"从海底冒出来的、接近沸腾的水的热量"。它们不需要有机物碎块作为营养，而能够消化"热海水中的矿物质"。这样的动物被动物学家归入极端变形的"自养生物"类属，它们吃玄武岩，以氢气为能量，并且能从二氧化碳中提取碳元素。

科学家们的报告声称：

另外一些自养生物被发现于海底 3000 米处，那里惟一的热源是岩石的热量……在 113℃的高温中能够发现这些生物……在酸流中也能发现这些生物；在苯和环乙酮等物质的有害环境中，在马里亚纳海沟 11000 米的深海里，都能够发现这些生物。

可以想像，火星上有可能存活着这类生物，它们也许被封闭在了 10 米厚的永久冻土层当中。人们认为，火星地表下面存在着这种永久冻土层，它们也许已在火星悬浮的大气里存在了无比漫长的时期。

在地球上，休眠的微生物被琥珀包裹了数千万年而保存下来。1995 年，美国加利福尼亚州的科学家曾经成功地使这些微生物复活，并把它们放在了密封的实验室里。另外一些有繁殖能力的微生物有机体，已经从水晶盐当中被分离了出来，它们的年龄超过了两亿年。

在实验室中，细菌孢子被加热到沸点，然后被冷冻到 -270℃，这个温度范围正是星际太空间的温度变化范围。等温度条件一好转，这些细菌孢子立即恢复了生命。

同样，有些病毒即使在此类生物组织外面没有活力，也能够在细胞中被激活。在其休眠状态下，这些可怕的小生物（其身体比可见光的波长还短）可以说几乎是永远不死的。经过仔细检查，科学家发现它们都极为复杂，并具有由 1.5×10^4 个核苷组成的基因组。

随着美国宇航局对火星的继续探索，科学家们相信，火星和地球之间存在交叉感染的情况是极为可能的。的确，早在人类开始太空飞行时代以前很久，可能已经发生过这种交叉感染的情况了。来自火星表面的陨石落到地球上，同样，有人认为因小行星的撞击而从地球"飞溅出去的"岩石有时也必定会到达火星。

可以想见，地球上的生命孢子本身就有可能是由火星陨石携带过来的——反之也是如此，生命孢子也可能被从地球上带到火星。阿德莱德大学的保罗·戴维斯教授指出：

对地球上的生命来说，火星并不是一个特别有利于生存的地方……然而，地球上发现的一些细菌物种依然能够在火星上生存下来……如果生命在以往遥远的年代里曾在火星上牢牢地扎根和发展，那么，当其生存条件逐步恶化的时候，生命也就有可能逐步地适应其更为严酷的环境。

火星上到底有没有生命？也许，直到人类的脚印踏上火星之前，它永远不会有一个明确的答案……

金星城市废墟之谜

1988年，前苏联宇宙物理学家阿列克塞·普斯卡夫宣布：发现于火星上的"人面石"同样也存在于金星上。

据人类目前所知，金星的自然环境比起火星来要严酷得多。金星表面温度可达到近摄氏500°，它的大气层中含有90％以上的二氧化碳，空气中还经常落下毁灭性的硫酸雨，特大热风暴比地球上12级台风还要猛烈数倍。从1960年到1981年以来，美苏双方共发射近20个探测器，仍未认清浓厚云层包裹下的金星真面目。

对于金星秘密的最重要发现，是由前苏联科学家尼古拉·里宾契诃夫在比利时布鲁塞尔的一个科学研讨会上披露的。1989年1月，苏联发射的1枚探测器穿过金星表面浓密的大气层用雷达扫描时，发现金星上原来分布有2万座城市的遗迹。

起先，科学家们见到这些传回地球的照片，以为上面出现的城市废墟可能是大气层干扰造成的幻像，或是飞船仪器有问题。但经过深入分析后，他们发觉那的确是一些城市遗迹，由一种绝迹已久的智能生物留下来的。

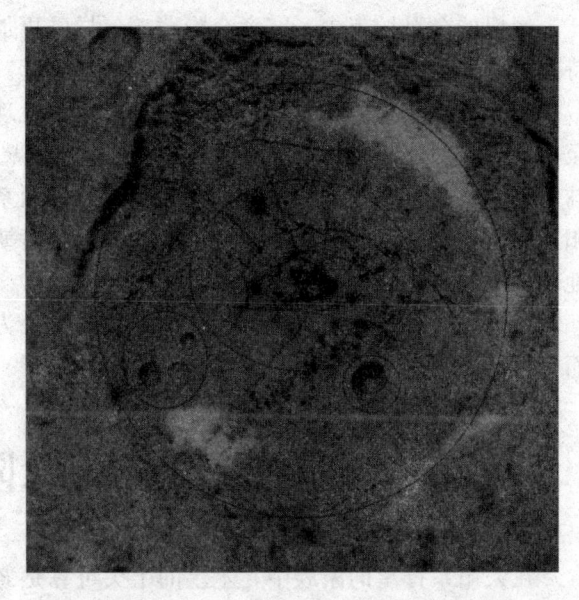

里宾契诃夫博士在会上说："那些城市全散布在金星表面，如果我们能知道是谁建造它们就好了……并留下了一个伟大文化遗迹证明它。"

这位前苏联科学家具体介绍说："那些城市以马车轮的形状建成，中间的轮轴就是大都会所在。根据我们估计，那里有一个庞大公路网将它们所有城市连接起来，直通向它的中央。"他说："那些城市皆是倒塌状态，显示出它们已建成有一段极长的日子……目前那里没有任何生物，所以最保守的估计，就是那里的生物已死了很久。"

由于金星表面的环境太坏，派宇航员到那里实地调查根本就不可能。但里宾契诃夫博士表示说，苏联将不惜代价，用无人探险飞船去看清楚那些城市面貌。

美国发射的探测器也发回了有关金星废墟的照片。经过全面的辨认，那2万座城市遗迹完全是由"三角锥"形金字塔状建筑组成的。每座城市实际上只是一座巨型金字塔，全部没有门窗，估计出入口可能开设在地下；这2万座巨型金字塔摆成一个很大的马车轮形状，其间的辐射状大道连接着中央的大城市。

研究者认为，这些金字塔式的城市可昼避高温，夜避严寒，再大的风暴也奈何它不得。

联系到火星上发现的作为警告标志的垂泪的巨型人面建筑——"人面石"，科学家们不得不把金星与火星看成是一对经历过文明毁灭命运的"患难姊妹"。据推测，800万年前的金星经历过地球现今的演化阶段，应该有智能生物存在。但由于金星大气成分的变化，使二氧化碳占据了绝对优势，从而发生了强烈的温室效应，造成大量的水蒸发成云气或散失，最终彻底改变了金星的生态环境，导致生物绝迹。

倒塌的金星城市中，究竟会隐藏着怎样的更加难以捉摸的秘密呢？这只有等待人类未来的实地探测了，但愿这一天并不遥远。

迄今为止，人们在月球、火星、金星上都发现了文明活动的遗迹和疑踪。甚至在距离太阳最近的水星的阴面发现过一些断壁残垣。金字塔式的建筑则使地球、月球、火星、金星构成一种互为联系的文明系统；这就使人有理由相信，太阳系的文明发展史绝非起源于地球，它的鼎盛时期已出现于地球之前，而延续到地球这里的，将是太阳系文明的终结史。

不过，这丝毫不妨碍世世代代的地球人类去为创造一个全新的黄金般的文明而努力，这毕竟只是太阳系中独存的文明硕果了。

木星会成为太阳吗

在太阳系行星的家族中，木星的个头可算是老大哥，它的体积和质量分别是地球的1320倍和318倍。此外，它还有个与众不同的特点，它有自己的能源，是一颗发光的行星。在人们的认识中，行星不具备发光能力，是靠反射太阳的光线而发光。近些年来，人们通过对木星的研究，证实木星正在向周围的宇宙空间释放巨大的能量，它释放的能量，是它从太阳那里所获得的能量的两倍，说明木星的能量有一半来自它的内部。木星与太阳有着很多相同点，大有取而代之之势，那么，木星会成为第二个太阳吗？

科学家根据"先驱者"10号和11号飞船探测的结果表明，木星是由液态氢所构成的，它同太阳一样，没有坚硬的外壳，它所释放的能量，主要是通过对流形式来实现的。

前苏联科学家苏奇科夫和萨利姆齐巴罗夫在1982年发表论文认为，木星的核心温度已高达28万℃，正在进行热核反映。木星除把自己的引力能转换成热

能外，还不断吸取太阳放出的能量，这就使它的能量越来越大，且越来越热，并保证了它现在的亮度。观察表明，由于木星向周围空间施放热能，已融化了它的卫星——木卫一上的冰层，其他三颗卫星——木卫二、木卫三和木卫四仍覆盖着冰层。

就木星的发展趋势来看，很可能成为太阳系中与太阳分庭抗礼的第二颗恒星。据研究，30亿年以后，太阳就到了它的晚年，木星很可能取而代之。

也有人认为，木星距取得恒星资格的距离还很远，虽然它是行星中最大的，但跟太阳比起来，又小巫见大巫了，其质量也只有太阳的千分之一。恒星一般都是熊熊燃烧的气体球，木星却是由液体状态的氢组成。尽管木星也能发光，但与恒星相比，又算不得什么了。所以有人说，木星不是严格意义上的行星，更不是严格意义上的恒星，而是处在行星和恒星之间的特殊天体。

土星的六角云团

美国国立光学天文台的科学家们在研究"旅行者2号"发回的土星照片时，发现了一个奇怪的现象：在土星的北极上空有个六角形的云团。这个云团以北极点为中心，没有什么变化，并按照土星自转的速度旋转。

关于土星北极六角形云团，并不是"旅行者2号"直接拍到的，因为它并没有直接飞越土星北极上空。但它在土星周围绕行时，从各个角度拍下了土星照片。天文学家们把那些照片合成以后，才看清了北极上空的全貌，也才发现了那个六角形云团。

土星北极上空六角形云团的出现，促使科学家们不得不重新认识土星。美国国立光学天文台的戈弗雷前不久测出土星的自转周期是 10 小时 39 分 22.082±0.22 秒，这就是根据"旅行者1号"和"旅行者2号"拍摄的土星北极上空的六角形云团的特征而计算出来的。在这之前，则是根据它的周期性射电来探测的。

戈弗雷发现，土星北极的六角形结构是由快速移动的云团构成的，尽管如此，它还是很稳定。戈弗雷说："这种对应使人们觉得六角形和同样速率的内部自转全然不像是一种巧合。这种表面特征和行星的内部不知有什么联系。"

美国宇航局戈达德空间研究所的阿林森和新墨西哥州大学的毕比认为，土星六角形云团是罗斯贝波，这是一种特殊类型的波，它也会在大气和地球海洋出现大尺度稳定波运动，罗斯贝波具有很长的波长。在土星上，这种波相对于土星的自转来说，是稳定的，并被嵌在一个窄的、以每秒100米的速度向东喷发的喷流中。六角形云团至少被一个椭圆形涡漩摄动而向南移，这个涡漩的直径大约为6000千米。但是，土星的"行星波数"为什么呈六角形，现在还没有一个令人满意的解释。

天王星上的原始生物

美国科学家惊奇地发现天王星竟然有一个强大的磁场，一个残余的天气系统以及一批围绕它运行的月亮。

美国的"航海者2号"无人驾驶太空船，在离地球18亿英里的太空，拍回了大批照片，初步揭开这个星球的神秘面貌。

最初的一些照片发现天王星最少有14个月亮，直径从20英里到1000英里不等。这些月亮表面满是坑和浮水。

天王星表面上的云状物原来是永不静止的蓝绿色大海，急速流动的氦和氢造成了强风，吹过结冰的海洋。磁场的发现证明天王星有一个炽热的轴心，并产生强大的电能，造成类似地球的极光。

天王星是太阳的第七个行星，1781年才被天文学家发现，但在"航海者2号"发回照片前，科学家对这个遥远的行星所知的非常有限。在这里，阳光要比地球弱350倍，气温大约是摄氏零下360度。以地球时间计算，天王星环绕太阳一圈要84年。

"航海者2号"和"航海者1号"是1977年一起升空的，已经到过木星和土星。后来一号太空船离开太阳系，"航海者2号"继续飞去天王星，1987年1月24日最接近这个行星，大约离表面不足170万英里。

现在知道天王星上有水、碳氢化合物和有机气体。一般人最感兴趣的是这个星球有没有生物呢？因为地球开天辟地的时候，也是先有这三种东西。早在1979年，航海者发现木星也有月亮。到1981年，又在土星的月亮上发现类似地球大气层的有机物，天文物理学家说在这种情况下，有原始生物是有可能的。

科学家另外感到迷惑的是，木星、土星和天王星却是灰云和冰组成的光环。科学家认为，如果能够研究出这些光环的来历，也可以研究出我们居住的地球的来历。科学家最少还要用几年时间，才能分析和研究完"航海者2号"在六个小时内所拍回的照片，到时可能会有惊人的发现！

天王星、海王星之谜

一百多年以前，认为土星便是太阳系的边界。直到1781年，天王星被发现后，太阳系的疆域才又向宇宙深处延伸了。天王星、海王星和冥王星是太阳系迄今为止所知道的最遥远的 3 颗行星，由于它们距离太阳均超过 30 亿公里以上，一般人难用肉眼看到它们，所以也是发现得最晚的 3 颗行星。不过，如果你眼力特别好，还要选一个晴朗无月的夜晚，可以依稀地看到天王星。

天王星距太阳 28.8 亿公里，距地球 27.3 亿公里，太阳光线到达天王星需要 2 小时 38 分钟。天王星最大半径为 2.5 万公里，体积为地球的 65 倍，质量为地球的 15 倍。

天王星是颗蓝绿色的星球。这是因为大气中由氢和氦构成的烷云层吸收红光的缘故。

天王星的卫星在太阳系里异乎寻常，在大卫星上有众多的陨撞击坑——环形山，还有大量剧烈复杂的地壳构造断层。天王星的运行姿态也十分独特，一般的行星，都是侧着身子绕日运动，而天王星却是躺在它的轨道内旋转的，就跟保龄球滚球道上的情况差不多。

美国"旅行者 2 号"在 1986 年首次飞临天王星，它收获很丰富。

①天王星也有强大磁场，与土星、木星、地球一样，磁场扭曲歪斜，磁场强度只有地球的 1%。

②天王星有许多巨大环形山——天王星表面有许多类似月球环形山的巨大环形山，它的大卫星上也有明显的断层区和山谷，这说明，天王星曾遭流星强烈袭击。

③天王星有"电辉光"现象——土星也有过，天王星也发现有辉光现象，不过"电辉光"的特征与地球极光大不相同。

海王星和冥王星这两颗星不是首先被天文学家看到的，而是先被科学家计算出来，然后"按图索骥"，在茫茫星海中大海捞针一般搜索出来的。1846 年，海王星被捕捉到了，又过了大半个世纪，冥王星才在 1930 年露面。所以，这两颗行星又有了"笔尖下发现的行星"之称，显得与众不同。

海王星半径约 2.46 万公里，是地球体积的 57 倍、质量的 17 倍。

1989 年 8 月"旅行者 2 号"来到了海王星，带回给我们的信息是前所未有的，海王星也是非常美丽的。它有 4 个光环和 1 个尘埃壳，周围有 8 个卫星环绕，大气中存在云和风暴。

海王星的大气中，有三个显著的亮斑和二个暗斑，一个大黑斑。大圆卵形的暗斑直径大约 1.28 万公里，类似木星红斑，看上去犹如黑眼睛，因此称为"大黑斑"。

海王星最耐人寻味的是它的其中两颗卫星"海卫 1"和"海卫 2"。"海卫 1"直径 2720 公里，表面温度在零下 240℃以下，是太阳系中迄今所知最冷天体。

"海卫 1"最令人感兴趣的要数它的类似羽状物的暗条纹。所有羽状物皆指向东北。科学家认为是背风处风蚀的结果，或者是"海卫 1"南部因春天到来，极冰消融，地表下的氮沉积物在迅速膨胀。

"海卫1"已经是科学家注目的天体之一。

"海卫2"就小得多了,直径400公里。"海卫2"奇特之处在于轨道和亮度。它的轨道是扁长椭圆,偏心率达到0.75,比所有其他卫星轨道都显得更扁,近时只距海王星140万公里,远则可达970万公里。

"海卫2"的亮度在1987年7月的一次测量中在8昼夜内变化34次,实在显得扑朔迷离。

地理气象

爱斯基摩人

格陵兰地区的爱斯基摩人多数都已经移居城镇。

爱斯基摩人是生活在北极圈附近的土著居民，主要分布范围在格陵兰、加拿大北部、美国阿拉斯加、俄罗斯白令海峡一带。

约1万年前，一部分中国北方人从白令海峡进入美洲。这些人就是爱斯基摩人的祖先。因而，爱斯基摩人的形体、生活习惯与同时代的亚洲人有很多相似之处。爱斯基摩人身材较矮，黑头发黄皮肤，躯干较大，四肢短小，面部扁而宽，颧骨突出。他们使用火，养狗拉雪橇，住木屋、石屋或雪屋。生活在沿海地区的爱斯基摩人捕鱼为生，生活在内陆地区的爱斯基摩人则狩猎为生。

猎物是爱斯基摩人的主要生活来源。他们食用猎物的肉，用猎物毛皮做衣服，用猎物骨牙制作器具，用猎物油脂燃火照明、烹饪。这也是爱斯基摩人之所以被称作"爱斯基摩人"的原因。"爱斯基摩人"是印第安人对他们的称呼。印第安人与爱斯基摩人一直有摩擦，所以用带贬义的"爱斯基摩人"，即"吃生肉的人"称呼他们。爱斯基摩人自己并不认同印第安人对他们的称呼，自称为"因纽特人"，即"真正的人"。

在西方人眼里，爱斯基摩人分东部爱斯基摩人和西部爱斯基摩人两种。东部爱斯基摩人居住在北美洲北极地区的东部和中部，西部爱斯基摩人居住在阿留申群岛、阿拉斯加西北部，以及加拿大西北部的麦肯齐三角洲一带。西部自然资源比东部丰富，所以西部爱斯基摩人的物质、文化水平要高于东部。

爱斯基摩人在北极圈内生活了几千年，自给自足，不接触外来事物也不被外人所知。16世纪，西方狩猎者踏足北极圈，发现了他们。那以后，白人文化影响了爱斯基摩人原本的生活方式。爱斯基摩人开始使用现代渔猎工具，乘汽艇渔猎，买卖毛皮。

吉卜赛人

吉普赛人在自己的文化方面也很有特色，尤其是衣着方面，色彩明亮鲜艳，被称作"波西米亚风格"。

吉普赛人在不同地区有不同的称呼，英国人称他们为吉普赛人，法国人称他们为波希米亚人，西班牙人称他们为弗拉明戈人，俄罗斯人称他们为茨冈人……吉普赛人这个称呼源自一场误会，最初欧洲人认为他们是埃及人，后来"埃及"逐渐音变为"吉普赛"。其实吉普赛人源自印度西北部，是一个游牧民族。

公元10世纪，吉普赛人离开印度西北部，经过阿富汗、波斯、亚美尼亚、土耳其等地向欧洲迁徙，也有很多人在沿途定居下来。14世纪，吉普赛人到达巴尔干半岛。到了16世纪，吉普赛人已经遍布欧洲各地，甚至是北欧非常寒冷的地区。也有一些吉普赛人经过中东到了非洲。吉普赛人为什么离开故乡，至今无人知晓。

吉普赛人一般不做农民，也不做牧民，他们喜欢过游荡的生活，自然无法从事农耕或者放牧。吉普赛人中的男人一般会做一些贩卖牲口的生意，再或者当驯兽师、乐师等，一般是一些手艺活；而女人则从事占卜、卖药、杂耍等工作，甚至是行乞。到了今天，吉普赛人已经迁徙到世界各地，尽管如此，他们还是保留了自己民族的一些生活方式，以至于会让人很容易认出他们。比如他们还是喜欢过流浪生活，但也懂得与时俱进，他们开着带有大篷的卡车到处走，从事着一些贩卖之类的工作，或者做些小生意，驯兽师和占卜仍旧是他们的传统行业。

印第安人

印第安人的祖先是亚洲人。

印第安人是美洲土著居民，主要分布在南、北美洲。印第安人族群复杂，难以被分类。通常，人们把除爱斯基摩人以外的美洲原住民统称为印第安人。

两万多年以前，部分亚洲人穿过白令海峡抵达美洲，在美洲幅员辽阔的土地上居住下来，建立了自己的生活、社会制度。横跨白令海峡移民美洲的亚洲人不只一批，前前后后有过很多批。这些亚洲人背景不同、抵达美洲的时间不同，到达美洲后，他们选择的居住地点、生活方式、建立的社会制度也各不相同，因此，虽然同样生活在美洲，但他们并不是一个统一的部族。

经两万多年的迁移、发展，印第安人遍布美洲全境，分化出了很多不同的民族。这些民族使用不同的语言，有不同的生活习俗，建立了不同的文化。玛雅人、印加人、阿兹特克人等都是其中的成员。然而无论如何分化，印第安人的外貌始终保留着亚洲人的特征：深肤色，宽脸庞，高颧骨，又硬又直的头发，不那么浓密的体毛。15世纪，美洲印第安人总数已达1400万到4000万，使用的方言超过1200种。

15世纪末以前，印第安人并没有一个统一的称呼。1492年，哥伦布抵达美洲大陆时，误把美洲当作印度。他将美洲土著居民称为"印度人"，并把这个称呼带回了欧洲大陆。后人发现哥伦布的错误时，这个称呼已经广为人知。于是，人们便把哥伦布的称呼沿用下来。为了区别印第安人与真正的印度人，欧美国家把印度人称为"东印度人"，把印第安人称为"西印度人"。称呼传入中国后，中国人为避免混淆，直接把印第安人的英文名"Indians"音译为"印第安人"。

世界最古老的地理书《山海经》

《山海经》内容不局限于地理方面，还涉及到物产、神话、巫术、宗教等各方各面，被称为千古奇书。

类

《山海经》为中国先秦时期的古籍，是世界上最古老的一本地理书。《山海经》成书时间不详，但不晚于西汉早期，因为司马迁的《史记》中就有关于这本书的记载。

《山海经》原书总共有22篇，由于年代久远，现存18篇，包括《藏山经》5篇，《海外经》4篇，《海内经》5篇，以及《大荒经》4篇。《藏山经》主要讲述了各地的山川河流，动植物和矿藏；《海外经》主要讲述了海外各国的异国风情；《海内经》主要讲述了海内的风土人情，但是多有神话性质，比如长着一只眼的人，长着九根尾巴的狐狸等；《大荒经》中主要是神话，后来流传的关于大禹治水、女娲补天、盘古开天辟地、夸父追日等中国古代神话，都是源自《山海经》。

斯特拉博的《地理学》

《地理学》是西方古代地理学方面的一部巨著，几乎记录了当时西方所知道的一切地理学知识。

斯特拉博是古罗马著名地理学家、历史学家，公元前64年生于小亚细亚的阿马西亚，公元23年去世。他先后游历过希腊、小亚细亚、意大利、埃及和埃塞俄比亚，最有代表性的作品是人文、地理著作《地理学》。

直到去世前不久，斯特拉博才完成这本巨著《地理学》，全书共17卷，其中前两卷为绪论，介绍了数理地理和自然地理的一些知识，并对前人的地理学知识做了一番点评，提出了地理学应该遵循的一些原则；其余15卷中主要描述了各地的自然景观、风俗民情、特产等，其中8卷写的是欧洲，6卷写的是亚洲，1卷写的是非洲。这本书是斯特拉博在前人的基础之上完成的，不过他不同于前辈，只是记录一个地方的地势、气候、动物、植物，而是将这些自然因素联系起来，分析它们之间的关系。这本书中有很多创举，比如第一次对海岸进行了分类，研究了地表下沉和上升的原因，尼罗河每年泛滥的原因是什么，河流入海口为何会形成三角洲，沙漠中为什么存在绿洲，等等。

这本著作大部分被保留了下来，可惜的是遗失了专门记载非洲的第7卷。

普林尼撰写《博物志》

普林尼，全名盖乌斯·普林尼·塞孔都斯，古罗马时期著名的博学家，代表作是百科全书式著作《博物志》。

普林尼于公元23年出生于意大利北部的一个奴隶主家庭，少年时期来到罗马求学，后来进入军队，在日耳曼行省担任骑兵军官。在日耳曼的这段时间里，普林尼到处搜集当地的语言和历史资料，多次到各部落去拜访，被称为第一个真正了解日耳曼的罗马人。回到罗马之后，普林尼一边从事律师工作，一边写书。后来维斯帕西安努斯成为了罗马帝国皇帝，普林尼得到重用，被派往西班牙、高卢、北非等地区负责财务工作。

公元77年，普林尼出版了自己的巨著，37卷的《博物志》。这是一本记录古代

自然知识的百科全书，内容涉及到天文、地理、动物、植物、医学等科目。全书共 2500 个章节，光是引用过的作者就将近 500 位，引用过的著作超过 2000 本。普林尼原文复述了很多其他著作的观点，缺乏考证，但为后人研究当时的自然科学提供了宝贵的资料。普林尼的思想是符合基督教精神的，尤其是他坚持人类是世界的中心，所以《博物志》也得到了基督教的认同，并因此得以很好地流传下来。据统计，此书出版后 1500 年时间里，共出过 40 多版。

《博物志》出版两年后，也就是公元 79 年，意大利著名的维苏威火山爆发，普林尼为了近距离观察火山喷发的情况，同时救助灾民，乘船赶往火山所在地，最终因为吸入火山喷发出的含硫气体被毒死。

赖尔的《地质学原理》

达尔文对赖尔的《地质学原理》赞叹说："读完每一个字，我心中充满了钦佩之感。"

赖尔是 19 世纪英国著名的地质学家，地质学渐进论的奠基人，在地质学发展史上，贡献突出。

赖尔 1797 年生于苏格兰，1814 年进入牛津大学学习，开始学的是数学和古典文学，后来改学法律。在牛津大学学习期间，他对地质学产生了浓厚的兴趣，因此选修了地质课，还参加了学校里地质小组的课外活动，从而对地质学有了进一步的认识。这些实践为他从事地质学研究奠定了很好的基础。大学毕业后，赖尔放弃了和所学专业对口的律师工作，以极大地热情投入到了地质学的研究中。

当时，地质学界对地层和岩石形成的原因存在两种对立的理论，即"水成说"和"火成说"："水成说"认为地球原本是在海里，海水短时间里不断地结晶、沉淀形成了地球上的岩层；"火成说"则认为地球本身具有内热，内部是熔化的岩石，当这些熔岩浆喷出地表后，便冷却下来，固化，岩层是在一系列这样的活动中逐渐形成的。

赖尔对这两种理论做了深入地研究和了解，发现两种理论结论不同，研究方法也很不同，"水成说"是从现在推导过去，"火成说"则是从过去推导现在。最初，在他的老师贝尔的影响下，赖尔更偏向于"水成说"的观点，认为过去的地

质力量现在不一定还存在；而现在的地质力量过去一定有，所以，要了解地球过去的发展，只能透过现在还在起作用的地质力量。

后来，赖尔经过长达10年的野外游历，搜集了大量的第一手地质资料，并进行了更深入的研究后，对"水成说"产生了怀疑，并逐渐产生了地球历史渐进的思想。在此基础上，他综合利用以前各学派的理论，最后形成了一个严整的理论，就是地质演化"渐进论"。

1830年5月29日，赖尔的主要论著《地质学原理》第一卷出版，里面正式提出了地球演化的渐进论：地球的演化和地质的变化，是一个缓慢的，长期积累的过程。他明确提出岩层地壳上升或者下降是地球内力和外力相互作用的结果，它不是什么超自然的力量作用形成的，也不是因为巨大的灾变造成的，而是因为像水流、温度、风、火山、地震等最平常的自然力，在漫长的时间里逐渐形成的。

赖尔一生都在完善修改这本书，第一卷出版以后，又经过多次修改，于1833年出版了第三卷，到1873年《地质学原理》共出版了11版，直到他1875年2月22日去世前，还在修订第12版。

这部著作中的"渐进论"为近代地质学的研究奠定了科学的理论基础。

指南针的问世与发展

因为水的摩擦力远远小过盘子，所以指南鱼的指向比司南要准确得多。

指南针即一根能在地球磁场的作用下始终指向南方的磁针，它是中国古代的四大发明之一，最早出现于战国时期。当时的指南针就是司南。司南是用天然磁矿石雕琢而成的，外形像一把勺子，被放置在一个表面光滑、刻有方位的地盘上。

指南针发展到北宋时期，又出现了一种更为先进的指南鱼。当时中国百姓已经掌握了制造人工磁体的技术，便用磁化的薄铁片做成了一种鱼形的指南工具，便是最早的指南鱼。指南鱼问世后，经过反复改进，最终发展成为一种放置在水里指明方向的工具。这时的指南鱼已经变成了一条用木头雕刻而成的鱼，鱼腹中用蜡封存着一块天然磁铁，南极对准了鱼头的方向，鱼嘴中还插着

一根针。当指南鱼被放到水中时，鱼嘴中的针便会指向南方。

在此之后，中国百姓发现把钢针放在磁石上不断摩擦，就能制造出磁化的钢针，可以指示方向。他们据此制造出的指南针，便是我们通常所说的指南针。

中国人民最早发明了指南针，也最早将指南针应用到了航海中。在此之前，船员在海上只能依靠观测太阳和星象来辨别方位，一遇上阴雨天，很容易就会迷失方向。北宋时期，指南针首次被应用到航海中。明朝时期，郑和在指南针的帮助下完成了七次远航，完成了人类航海史上的一大壮举。

南宋时期，指南针经由阿拉伯地区传入欧洲各国，这对欧洲航海事业的发展起到了巨大的推动作用。

地动仪的发明

地动仪，是中国汉代科学家张衡于公元132年发明的一种确定地震的仪器。

张衡生活的东汉时期，各地频繁发生地震。从公元92年到公元125年间，就发生了26次较大的地震。每次地震造成江河泛滥、房屋倒塌的悲惨局面。在地震中，许多老百姓家破人亡，流离失所，过着一种凄惨的生活。为了掌握全国的地震动态，张衡长年进行研究，于公元132年发明了候风地动仪。

地动仪用青铜制成，形状貌似一个大酒樽，顶部有一个隆起的圆盖，中间直径最大的地方可达八尺。地动仪的内部中央有一根铜质的柱子，柱子旁边设有八条通道，沿着通道设有巧妙的机关，一直延伸到外面的龙头。地动仪共有八个龙头，每个龙头的嘴里含着一颗铜珠，龙头下方是铜制的蟾蜍。只要任何一个方向有地震发生，这个方向上龙头嘴里的铜珠就会落入蟾蜍的口中。凭借这一点，人们就可以确定哪个方向上发生了地震。

公元138年二月的一天，张衡的地动仪正对西方的龙嘴吐出了铜珠。按照地动仪的设计原理，应该是西部发生了地震。但是，当时的洛阳没有一点震感。于是，许多人都对张衡的地动仪产生了怀疑。可是没过几天，便传来了远在洛阳一千多里之外的金城、陇西一带发生大地震的消息。由此可见，张衡的地动仪达到了一定的精确程度。

地磁偏角的发现

世界上最早发现地球地磁偏角的人是中国北宋时期的科学家沈括。

地磁偏角是指地球表面任一点上磁子午圈与地理子午圈之间的夹角，也就是地理南北极连线与地磁南北极连线交叉构成的夹角。

11世纪末，北宋的沈括在自己的著作《梦溪笔谈》中就记载道："方家以磁石摩针锋，则能指南，然常微偏东，不全南也。"大意是：用磁石摩擦钢针也能指南，但是常常会略微向东偏，不全是指向南方。这便是世界上关于地磁偏角最早的记录。因为地磁极是不断变动的，所以地磁偏角也是不断变动的，变动大小也有不同，经过多年观察，沈括得出了"常微偏东，不全南"的结论。在西方，发现地磁角的人是航海家哥伦布，比沈括晚了400年。1702年，英国人哈雷发表了第一幅大西洋磁偏角等值图。

七大洲

南美洲有世界上最大的冲积平原，亚马孙平原；还有世界上最大的高原，巴西高原。

地球表面的陆地根据地形、气候、种族和文化被分为七大洲，分别是亚洲、非洲、欧洲、北美洲、南美洲、大洋洲和南极洲。

亚洲是面积最大的一个洲，共有4400万平方千米，约占世界陆地表面的29.4%，人口也居世界第一，约占地球总人口的60%。亚洲3/4的面积是高原和山地，地势中间高，四周低，境内有世界最高峰珠穆朗玛峰，也有世界上海拔最低的死海。

非洲是世界第二大洲，面积约占世界陆地表面的20.2%，人口居第三位。非洲地形主要可以分为三部分，北边是世界上最大的沙漠，撒哈拉沙漠，沙漠以南是一片开阔的高原，中部有刚果盆地，东边有一条纵贯南北，长约6000公里的大峡谷——东非大峡谷。

欧洲面积位居第六位，只占世界陆地总面积的6.8%，但是生活着世界总人口的13.4%，是人口密度最大的一个洲。欧洲地形以平原为主，平均海拔只有300米左右，是世界上海拔最低的一个洲。

北美洲面积约有2400万平方千米，占世界陆地总面积的16.2%。北美洲的地形非常分明，西部为高大的山系，包括洛基山脉、内华达山脉，以及其他南北纵向并列的山脉，中部以平原为主，比如密西西比平原，而东部则是平缓的高地，主要有阿巴拉契亚山脉和拉布拉多高原组成。

南美洲是世界第四大洲，地势西高东低。西部多为高大山系，如安第斯山脉，这是世界上最长的一条山脉，全长 9000 多公里。东部平原与高原相互交错，平原多为冲积平原。

大洋洲是世界上面积最小的一个洲，仅有 900 万平方公里，人口占全球人口总数的 0.5%，大洋洲主要由澳大利亚大陆、新西兰南北二岛，以及众多岛屿组成，澳大利亚大陆西部主要为高原，中部为平原，东部为山地，畜牧业发达。

南极洲面积 1400 万平方公里，是世界上平均海拔最高的一个洲，平均海拔达到了 2350 米，光是地表的冰层平均厚度就达到了 2000 多米。除了一些科考队员居住在那里之外，没有其他居民。

四大洋名称的由来

北冰洋的英文名字 Arctic 还有一层含义，这个词语源自希腊语，意思是"正对大熊星座的海洋"，这也是古希腊曾经对北冰洋的称呼。

四大洋是指太平洋、大西洋、印度洋和北冰洋，每一个洋的名字都有自己的来历。

太平洋是世界上最大、最深的洋，面积超过 1 亿 5000 万平方公里，平均水深超过 4000 米。太平洋的名字与伟大的航海家麦哲伦有关，1519 年 9 月，葡萄牙航海家麦哲伦率领船队离开西班牙塞维尔港口，横渡大西洋，希望能找到一条通往印度和中国的航线。船队先是到达巴西里约热内卢，然后一路向南，发现了麦哲伦海峡。麦哲伦海峡环境非常险恶，不仅有狂风巨浪，还到处分布着暗礁，等通过麦哲伦海峡之后，船队中只剩下了三艘船，船员损失过半。但是麦哲伦没有放弃，船队经过 3 个月的航行从南美洲抵达菲律宾群岛，这三个月海面风平浪静，队员们都感叹："真是一个太平洋啊！"于是美洲、亚洲、大洋洲之间的这片广阔的海域就被称为"太平洋"。

大西洋是地球上仅次于太平洋的第二大洋。在古代中国，人们习惯将雷州半岛至加里曼丹岛（位于马来群岛中部）作为界限，以东称之为东洋，以西称之为西洋。这也是为什么中国人以前称日本人为东洋人，称欧洲人为西洋人。明朝神宗时期，利玛窦来到中国，在朝见皇帝的时候，就曾称自己是小西洋以西的大西洋人，小西洋是指印度洋，大西洋则是指今天的大西洋。后来利玛窦翻译了一本世界地图册，并命名为《山海舆地全图》，其中也有大西洋这个称呼，于是这个称呼流传下来，至今未变。

印度洋是世界第三大洋，面积约占地球海洋面积的 20%。印度洋最早被称

为"厄立特里亚海",古希腊地理学家希罗多德曾经在其名著《历史》中将这个名字记载到地图上。到公元1世纪,罗马地理学家第一次使用"印度洋"这个名字。1497年,葡萄牙航海家达·伽马向东航行,寻找印度,将这片海域统称之印度洋,1515年欧洲绘制的世界地图上把这片水域称为"东方的印度洋",再后来的地图上去掉"东方的",只保留"印度洋",逐渐被人们认可。

北冰洋是所有大洋中面积最小的一个,不到太平洋的1/10,位于地球最北端。1650年,北冰洋被正式划为独立的大洋,当时的名字叫大北洋。1845年,伦敦地理学会将其改名为北冰洋,单从字面意思理解,这个大洋位于地球最北端,同时被冰雪覆盖。

美洲的命名

亚美利哥将自己在南美洲的见闻写成了《海上旅行故事集》一书,引起了很大的轰动。

美洲是亚美利加洲的简称,这个名字的来历是为了纪念一位名叫亚美利哥·维斯普奇的意大利航海家。

亚美利哥前往美洲的时候,哥伦布已经发现了美洲大陆,但他并不知道自己发现的是一个新大陆,而误以为自己发现的是印度。1499年,亚美利哥跟随一支船队寻找前往印度的新航线,他们沿着哥伦布航行过的路线从欧洲一路向西,最终到达了南美洲东北部的沿海地区。亚美利哥在当地做了详细的考察,并且绘制了当地地图。回到国内之后,亚美利哥不仅描绘了当地的风景和人文,还宣布那是一块之前没有被发现的新大陆,这一宣布颠覆了欧洲多年以来对地球的认识,人们将这一新大陆以亚美利哥的名字命名,并简称为美洲。再后来,"亚美利哥洲"被改为"亚美利加洲",起初亚美利加州仅仅指南美洲,后来成为南北美洲的统称。

亚马孙河名称的由来

亚马孙河起源于秘鲁,流经7个国家之后注入大西洋,每年的水流量占全球河流注入海洋总水量的1/6,是名副其实的大河。

亚马孙河是世界第二长河,全长6440公里,流域面积705万平方公里,面积约占南美洲大陆总面积的40%,是世界上流域面积最广的河流。

亚马孙河名字的来源说法不一,最普遍的一种说法与16世纪西班牙探险家弗朗西斯科·德·奥雷利亚纳有关。奥雷利亚纳是第一位探测亚马孙河的欧洲人,他于1535年移居秘鲁,1540年带领一支探险队深入丛林,寻找一种香料。在丛林中穿行了几个月之后,食物已经所剩无几,这支探险队一分为二,奥雷利亚纳带领其中的57人顺水而下,寻找食物。最终他们顺着河流来到了亚马孙河,他们没有返回去,而是继续沿着亚马孙河航行,当他们途中遇到了当地印第安人时,受到猛烈攻击,其中一个印第安母系氏族部落给他们留下了深刻的印象,他们联想到古希腊神话中勇猛的女斗士亚马孙人,于是便将这条河命名为亚马孙河。1542年8月,这支探险队成功抵达亚马孙河河口,之后他们为这条河取的名字便流传了开来。

中东、远东和近东

"远东"、"中东"、"近东"三个词最早是在16到17世纪期间出现的。

葡萄牙、西班牙、荷兰、英国和法国等西欧资本主义国家为了扩张领土,以西欧为中心,按照距离西欧的远近,把整个东方分成了远东、中东、近东三个区域。

远东,是距离西欧较远的亚洲东部地区,包括中国、日本、朝鲜以及苏联的太平洋沿岸地区,有时候也包括东南亚各国。

中东,这种称呼使用最多,但其范围也很模糊。过去,中东只包括伊朗和阿富汗;现在,则泛指西亚地区,以及欧、亚、非三洲的交界处,但一般不包括阿富汗。中东有狭义和广义两种说法。狭义上,中东包括除了阿富汗之外的整个西亚地区,伊朗、以色列、叙利亚、塞浦路斯、伊拉克、科威特、巴勒斯坦、沙特阿拉伯、阿拉伯联合酋长国以及非洲的埃及等共 18 个国家和地区；广义上，中东还包括北非和东非的一些国家。

近东在过去指位于巴尔干半岛的阿尔巴尼亚、希腊、保加利亚、罗马尼亚、南斯拉夫等国家，以及地中海沿岸的亚洲国家，如土耳其、叙利亚、黎巴嫩等，和东地中海岛国塞浦路斯，北非的埃及和利比亚。

第一次世界大战后，南斯拉夫、阿尔巴尼亚、希腊、保加利亚和罗马尼亚不再属于近东，而被列入到东南欧或南欧范围。现在，国际上很少再用"近东"一词了。

哥伦布发现新大陆

直到 1506 年去世，哥伦布一直以为自己发现的是印度。

哥伦布于 1451 年出生于意大利热那亚，是一个普通工人的儿子，他自幼热爱航海和探险，尤其是在读了《马可·波罗游记》之后，对遥远东方的印度和中国充满好奇。他相信地球是圆形的，认为自己从大西洋出发一定可以到达印度和中国，他决定筹集经费，开辟这条通往东方的新航线。没有人相信哥伦布会成功，还有国家担心他开辟新航线之后会影响本国的海上贸易，所以没人给他提供经费，就在哥伦布绝望的时候，西班牙王后决定资助他航行，并说服了西班牙国王。

1492 年 8 月 3 日，哥伦布带着西班牙国王写给中国皇帝和印度君主的国书，率领船队从西班牙的港口出海。这支船队由三艘大船组成，一路向西驶去。经过 70 多天的航行，1492 年 10 月 12 日，船队发现了陆地。哥伦布误以为自己到达了印度，其实不过是今天中美洲加勒比海地区的巴哈马群岛而已。次年，哥伦布率领船队回到西班牙，接下来的几年内，他又先后几次到达南美洲。另外一位意大利航海家亚美利哥经过研究，发现哥伦布发现的并不是印度，而是一个之前没有被记录的大陆，后来人们根据亚美利哥的名字，将这片大陆称之为"亚美利加洲"，简称美洲，但最早发现美洲大陆的人是哥伦布，这一点已经成为共识。

南极洲的发现

时至今日，不光是探险家，科学家们也纷纷前往南极做科学考察，在那里建立考察站。

南极洲是七大洲里最后发现的一个大陆，因此也叫第七大陆，面积大约1400万平方千米，在七大洲里排第五位。南极洲包括东南极洲和西南极洲。东南极洲包括南极高原、维多利亚地、南极点等，位于西经30°到东经170°之间。西南极洲包括南极半岛和亚力山大岛等，位于西经50°到160°之间。南极洲由环绕南极的大陆、岛屿和陆缘冰组成，平均海拔2350米，是世界上最高的大陆，也是世界上最寒冷、风力最强、最多风的陆地，具有"白色荒漠"的称号，因此人类至今无法在南极洲生存。

环境如此恶劣，人类又是怎么发现了这座"白色荒漠"呢？这要归功于18世纪以来的探险家和科学家们。

1738年到1739年之间，法国人布韦航海时来到南极附近，发现了一个岛屿，并用自己的名字来命名这个岛，就是如今的布韦岛。

1772年开始，英国人库克为了寻找南极大陆乘帆船南下，在航行了3年8个月，绕南极一圈后，虽曾几次进入南极圈，但很遗憾，终是没有发现陆地。

1819年，受沙俄政府的派遣，东方号与和平号两艘船在别林斯高晋的率领下，围绕南极航行了两年多，也只发现了两座岛。

南极洲真正被人发现是在1820年左右，发现者是一些猎人，他们是为了猎取海豹才打到南极洲的。这之后，航海家、探险家才陆续到达这片"白色荒漠"。

1823年到1841年，先是英国的威德尔到达南纬74°15′，成为当时到达的最南端，接着法国人迪尔维尔想要突破这一纪录未成，但发现了一座岛屿，并以他的妻子阿德雷的名字给这座岛屿命名，以自己的名字给这座岛屿周围的海域命名；1841年，英国人罗斯驱船南下，寻找他预测的南磁极，但受冰障所阻，止步于罗斯湾。

1908年，英国人沙克尔顿朝南极进发，在还差180公里到达南极点时，因为补给不足，不得不返回。1909年，莫森、戴维德和麦凯首次抵达当时的南磁极——南纬72°24′，东经155°18′。1911年，挪威人阿蒙森带领探险小组终于到达了南极点。

从18世纪到第一次世界大战以前，人类用帆船、狗拉雪橇等方式去南极探险。第一次世界大战以后，人类在南极的探险开始借助机械设备、飞机等方式。

库克海峡的发现

库克海峡沟通了南太平洋与塔斯曼海，是海上交通、贸易的要道。

库克海峡位于新西兰南岛和北岛之间，南北长205公里，东西宽23～144公里，平均水深128米。

库克海峡得名于英国著名航海家詹姆斯·库克。库克是一位普通农民的儿子，凭借自己努力成为一名优秀的船长，同时是一位伟大的探险家，几乎航行过太平洋上的所有水域，对太平洋地区地理学贡献很大。其实早在1642年，荷兰探险家艾贝尔·塔斯曼就已经发现了新西兰，并将其命名为"New Zealand"，意思为"新大陆"，不过他没有发现南北岛之间的海峡，而是错将那里当成了一个海湾。1768年，库克接到皇家命令，让他重新去考察新西兰，随即库克率领船队出发。1769年10月，库克率领船队到达新西兰，他沿着逆时针方向围着新西兰南岛和北岛转了一圈，发现了两岛之间存在一条海峡，于是后人将这条海峡命名为库克海峡。

第一个到达北极的人

北极地区人烟稀少，千百年来，常住的只有原著民爱斯基摩人。

北极，是地球自转轴的最北端，也就是北纬 90°的那个点，处于北极圈北纬 66°34′北部的区域叫做北极地区。

北极地区包括北冰洋、边缘岛屿、北极苔原和最外侧的泰加林带，总面积有 4000 多万平方公里，可以说是不折不扣的冰雪世界。北冰洋的海水终年结冰，中央已经持续结冰 300 万年，是永久性的海冰。在地球上，这里是唯一的白色海洋。北极地区气候常年寒冷，冬季，这里永远见不到太阳，太阳始终在地平线以下；夏季，太阳持续几个星期不落。

谁是第一个登上北极的人呢？大多数认为，美国探险家罗伯特·皮尔里是第一个到达北极的人。但事实上，第一次登上北极的人是美国探险家马特·亨森，他是罗伯特·皮尔里的好朋友。

1909 年 4 月 6 日，马特·亨森和罗伯特·皮尔里两人先后登上北极，根据罗伯特·皮尔里的记载，马特·亨森到达北极比他早 45 分钟，但是由于马特·亨森是黑人，在当时黑人是受到歧视的，他的这次探险成果被忽略了。直到 1944 年，美国国会才承认了马特·亨森是第一个登上北极的人，并授予他国家奖章。

经线和纬线

经线和纬线是人们虚构的线，现实中并不存在。

古人在织布的时候，把竖着的线称之为"经"，横着的线称之为"纬"。为了确定一个地方的坐标，人们在地球仪或世界地图上画出一根根横着的线和竖着的线，分别被称为纬线和经线。不同位置的经线和纬线有自己不同的度数，这样一来，地球上每一个位置都可以用经线和纬线的度数定位。

1884 年的一次国际会议决定，将通过英国格林尼治天文台原址的那条经线称为 0°经线，也叫本初子午线，这条线以东为东经，以西为西经，因为地球是球形的，所以东经和西经各有 180°，并且东经 180°和西经 180°是重合的，被称作

180°经线。而纬线则以赤道为 0°纬线，赤道以北为北纬，以南为南纬，北纬和南纬各有 90°，南极点和北极点便分别位于南纬 90°和北纬 90°。

公元前 334 年，著名地理学家尼尔库斯跟随亚历山大东征，他一路上不断考察和搜集资料，为自己绘制世界地图做准备工作，他偶然发现，沿着一条线往东走，经过的区域在季节和昼夜长短方面基本相同，于是他便把自己行走过的地方用一条直线连接了起来，成为世界上第一条人工标记的纬线。后来亚历山大图书馆馆长埃拉托斯推算出了地球的周长，并绘制了一幅带有 6 条纬线和 7 条经线的世界地图，经纬线由此诞生。

非洲国界线为何大多是直线

在殖民者入侵之前，非洲是没有国界的。

国界线是国家与国家之间的界线，一般分为自然边界和人为边界。自然边界通常用山脉、河流、湖泊等自然实体作为标志，因此一般是不规则的。人为边界则是人为划分的，包括数理边界和文化边界。在非洲国家大多数的国界线是笔直的直线，这主要是人为的原因。

非洲分布着大面积的草原和沙漠，地形单一，缺少作为自然边界的河流、山川等。另外，非洲地广人稀，居住在那里的主要是游牧部落，为了生存他们要不断地迁徙，边界对他们没有任何意义。

19 世纪，欧洲殖民者入侵非洲，各殖民国家根据自己的意愿肆意瓜分非洲，非洲被划分成 50 个国家。1885 年，英、法、德等殖民大国召开了柏林会议，在谈判桌上，他们在地图上用红笔按照经、纬线划分了非洲的边界，比如北纬 22 度的一部分就是埃及和苏丹的边界线，而南纬 22 度的一部分是纳米比亚与博茨瓦纳的边界线，另外，也有按照几何方法用曲线或是直线划分的国界线。这种简单粗暴的划分方式使得很多部族的聚居区一分为二，但是殖民者根本不理会非洲部族众多，信仰、语言、习惯等方面的差异，非洲就这样被肢解了。在非洲，只有少数国家的国界线是以自然的河流山脉为边界线的。据统计，在非洲，有 44％的国界线是按照经纬线划分的；30％的边界是用直线或曲线划分的，只有剩下的 26％是用河流、湖泊、山脉作为边界的。

由此可见，非洲国家的边界线并不是两个国家经过协商划定的，而是第三方国家用简单粗暴的方式，强行介入划分而成的，因此非洲的国界线大多是直线。第二次世界大战后，非洲国家陆续独立，但是当初欧洲殖民国家规定的边界已经形成 100 多年了，且也发挥了作用，因此就保留了下来。

大陆漂移说的确立

大陆漂移说是 20 世纪初由魏格纳提出来的。

大陆漂移说是解释地壳运动、海陆分布、演变的学说。大陆漂移，指的是大陆和大陆之间，大陆和大洋盆地间的大规模水平运动。按照大陆漂移说的观点，在中生代之前，地球上只有一块巨大的大陆，即泛大陆或联合古陆，中生代之后，地球受到某种巨大作用力的影响，这块大陆开始分裂，做大规模的水平移动，逐渐形成了现在的海陆分布。

魏格纳是德国地球物理学家、气象学家、天文学家，出生于柏林，从小的理想就是探险。为此，考入柏林洪堡大学时，他特别选择了攻读气象学，并在 25 岁时，以优异的成绩获得了气象学博士学位。第二年，他终于如愿以偿，跟随著名的丹麦探险队来到了格陵兰岛考察。

1910 年，魏格纳在翻看世界地图时，突然发现，大西洋两边海岸的轮廓非常相似，欧洲和非洲的西海岸的大陆突出的部分，正好可以和南北美洲东海岸大陆凹进去的部分合起来，凑成一个整体。这使得魏格纳大受启发，开始思考大陆漂移的可能性，并着手搜集地质资料，为大陆漂移查找证据。

1912 年，魏格纳在翻看资料时，偶然看到一篇名为"证明大西洋两岸远古动物化石的相同或相似性"的文献。文章里说大西洋两岸发现了相同或十分相似的蛇化石，但蛇是不可能渡过大西洋的，于是作者由此推断很久以前在大西洋两岸之间有一条路桥。魏格纳对这篇文献印象非常深刻，但是他不同意大西洋两岸之间曾经存在路桥的假说，因为没有任何科学的证据能够证明路桥是怎么消失的，这件事使魏格纳对大陆漂移的假说更加有信心。经过搜集大量的地质学资料，结合各学说的理论进行深入研究，总结出了他所发现的所有支持大陆漂移说的证据，在 1912 年一次地质学会议上，魏格纳发表演说，正式提出了大陆漂移的假说。

当时，人们普遍接受的是地壳构造固定论的思想，即认为地槽和地台的运动是地壳运动的基本形式，地台是固定不变的，运动的只有地槽，而且地槽只会上下运动，不会发生水平运动。因此，魏格纳大陆漂移假说一提出，就在地质学界掀起了轩然大波。老一辈的地质学家不承认这一学说，耶鲁大学古生物学名誉教授查理·舒克特认为，魏格纳提出的大陆漂移假说只是一个梦，还称魏格纳是一个门外汉，完全不懂地质学。在一片反对声中，魏格纳继续为他的理论搜集证据。为此，他又两次去格陵兰考察，测出格陵兰岛和欧洲大陆之间的距离正在以每年约 1 米的速度变化。1930 年，魏格纳率领探险队四次登上格陵兰岛考察。第四次考察时，魏格纳失踪了，直到 1931 年 4 月，人们才在冰河里找到他的尸

体。在魏格纳逝世后的几十年里，大陆漂移说依然没有得到认可。

1968年，法国地质学家勒比雄提出大陆板块学说，即太平洋板块、欧亚板块、印度板块、非洲板块、美洲及南极板块。这些板块通过分离、会合和平移的相对运动，相互拉张、挤压和摩擦，形成了我们现在看到的样子。板块学说解决了大陆漂移说的动力问题，使得大陆漂移说得以确立。

第一条国际航线的开辟

1913年11月29日，法国人罗朗德·加罗斯驾驶飞机穿越地中海到达非洲，这是人类首次用飞机在短时间内实现法国到非洲的飞行。

飞机发明以后，越来越多的人希望用这种快捷的交通方式旅行，但是在当时，还没有一架客用飞机。

1919年2月8日，从法国巴黎到英国伦敦的航线开通了，这是世界上第一条国际航线。国际航线的成功开辟，对各国国际交流、贸易往来等政治、经济方面起到了促进作用，也为人们留学、出国旅行等方面提供了更加方便、快捷的交通方式。

世界首次环球飞行

道格拉斯公司为美国制造了大量的运输机，被人们称为"美国头号国防承包商"，在世界民用飞机史上也有很高的地位。

世界首次环球飞行，是由美国道格拉斯公司制造的 4 架 DWC 飞机完成的。DWC 飞机的主要特征是：发动机功率为 294000 瓦，机体重 3.7 吨，双翼双座，着陆装置是可以交替使用的滑轮和浮艇。四架 DWC 飞机分别是："西雅图"号、"芝加哥"号、"波士顿"号和"新奥尔良"号。

1924 年 4 月 6 日，四架飞机同时从西雅图市起飞。当飞到阿拉斯加上空时，"西雅图"号因故障停飞了，其余三架继续前进。三架飞机穿越太平洋、亚欧大陆，7 月 14 日平安抵达巴黎。这次飞行中，"波士顿"号也因故障退出了环球飞行的队伍，"芝加哥"号和"新奥尔良"号继续飞行，并于 15 日飞越英吉利海峡。

1924 年 9 月 28 日，"芝加哥"号和"新奥尔良"号越过大西洋顺利抵达起飞地点西雅图。这次飞行行程 44312 千米，用时 176 天，其中有 371 小时 7 分是在飞行，着陆了 57 次，是世界上第一成功的环球飞行。

人类首次登上世界最高峰

人类首次到达珠穆朗玛峰顶峰的时间是上午 11 点 30 分整，在顶峰停留了 15 分钟。

1953 年 5 月 29 日，人类第一次登上了世界最高峰珠穆朗玛峰。创造这个奇迹的有两个人，分别是新西兰人艾德蒙德·希拉里和他的向导尼泊尔舍巴人诺吉。

攀登珠穆朗玛峰这个探险活动，是由英国的一个登山队组织的。这支登山队由约翰·哈恩特率领，全队共有 12 名登山运动员和 27 名当地向导。登山队分成两个小组，试图分别征服珠穆朗玛峰的顶峰。但是，由于地势险峻很难实现目标，只有第二组的艾德蒙德·希拉里和诺吉登上了顶峰。

人类何时首次横穿南极大陆

第二次世界大战后，各国开始在南极地区建立科学考察站，陆续有 10 多个国家在南极大陆四周设立了 140 多个考察站。

美国和法国联合发起穿越南极大陆的活动，并组织了一支国际横穿南极大陆考察队，想要创下人类历史上第一次徒步横穿南极大陆的记录。这支考察队由中、美、苏、英、法、日本各派一名人员组成。这次考察的目的是为了发扬多年来各国在南极考察活动中所遵循的"合作、和平与友谊"的精神，呼吁人们关爱地球上这最后一块原始大陆。

1989年7月底，这支考察队从南极半岛的顶端出发，开始了他们的充满艰难险阻的征途。一路上到处是冰雪掩盖的暗沟，有的深达数十米，考察队员只能一边用雪杖击碎坚冰探路，一边小心翼翼地前行。如果遇上暴风雪，就根本看不清前面的路，一天只能走两三公里。

1989年8月3日，考察队到达南极的乔治王岛，并在这里拍照合影，然后继续前进。1990年3月3日，在历时7个多月，徒步行进5984公里后，考察队终于到达了前苏联和平站，完成了人类第一次横穿南极大陆的探险。

世界地质公园

目前，全球已选出88家世界地质公园。

世界地质公园是联合国教科文组织选出的，一种兼具自然景观和人文景观的自然公园。

联合国教科文组织提出以下6点，以便于人们对世界地质公园有更清楚的认识：

1. 受所在国的独立司法机构管理。所在国政府有义务对公园进行有效管理。

2. 要有一定数量的地质遗址，具备稀缺性和特殊性，要有历史和文化价值，有明确的边界，足够大的面积，能给当地的经济带来利益。

3. 要以公园管理的方式对地质遗址进行保护，并保证其可以持续为经济发展服务。

4. 对于其他各种地质遗迹的保护方法具有借鉴作用。

5. 有利于社会文化、环境的可持续发展，能够促进当地文化的发展，使得居民更加热爱自己的居住区。

6. 可以作为学科研究、环境教育、可持续发展教育等方面的教材。

联合国教科文组织计划自 2000 年起，要选出超过 500 个符合世界地质公园要求的地质景观，加强保护。

世界各国的别称

中国：丝绸之国、玉石之国
日本：拉链王国、地震之邦、酒徒天堂、樱花之国
泰国：万佛之国、白象之国、黄袍佛国
缅甸：佛塔之国、稻米之国
老挝：印度支那屋脊
马来西亚：锡和橡胶王国
新加坡：东方直布罗陀、狮城、花园城市国家
菲律宾：椰子之国
印度尼西亚：千岛之国
文莱：东南亚的科威特
马尔代夫：印度洋上的明珠、无猫之国、宫殿之岛
斯里兰卡：东方十字路口、印度洋的珍珠、宝石之国、红茶之国
印度：孔雀之国
尼泊尔：亚洲山国、寺庙之国、神秘山国
瑞士：欧洲乐园、巧克力之国、钟表王国、博物馆之国
奥地利：音乐之邦、中欧花园
德国：香肠之国、酒花之国、音乐之国、褐煤之国
瑞典：欧洲锯木场
挪威：渔业之国、半夜太阳国、万岛国
荷兰：郁金香王国、风车之国、花卉之国
葡萄牙：软木之国
西班牙：旅游王国
冰岛：冰火之国
芬兰：千湖之国
卢森堡：红土之国、钢铁王国、千堡之国、世界第七大金融中心
塞浦路斯：黄铜之国、爱神之岛

· 675 ·

加拿大：枫叶之国

美国：篮球之国

哥伦比亚：拉丁美洲的门道、黄金之国

哥斯达黎加：美洲花园、南北美洲野生动物的桥梁

萨尔瓦多：火山国

墨西哥：白银之国、玉米的故乡、陆上桥梁、仙人掌之国

牙买加：森林和泉水之国

古巴：世界甘蔗园

格林纳达：香料之岛、太阳之岛、海上仙境

委内瑞拉：石油之国

秘鲁：玉米之国

巴西：咖啡之国、足球王国、人种的大熔炉

玻利维亚：南美洲的帕米尔、南美洲屋脊、锡之国、捧着金饭碗的国家

阿根廷：白银之国

智利：铜矿之国、海角之国

坦桑尼亚：丁香之国、剑麻之乡

斐济：南太平洋的十字路口

突尼斯：欧洲的钥匙、橄榄之国

摩洛哥：磷酸盐王国

利比亚：沙漠之国

埃及：金字塔之国、千塔之国

苏丹：火炉国、风暴国、世界火炉

埃塞俄比亚：高原之国、非洲屋脊、东非水塔

塞拉利昂：钻石之乡

赞比亚：铜矿之国

塞内加尔：花生之国

尼日尔：沙中之国

肯尼亚：人类的摇篮、东非十字架、东南亚米仓

瑙鲁：磷酸盐之国、无土之邦

加蓬：木材之国、绿金之国

刚果：中非宝石、世界原料仓库

安哥拉：非洲宝石

津巴布韦：南部非洲粮仓

索马里：非洲之角、乳汁之乡

贝宁：油棕之国

喀麦隆：龙虾之国

扎伊尔：中非宝石、原料仓库
马拉维：水乡之国
卢旺达：千丘之国、非洲的瑞士、常春之国
科摩罗：香岛
莫桑比克：腰果之乡
毛里求斯：印度洋门户的钥匙
圣马力诺：袖珍国家、国中之国
马耳他：地中海心脏
阿尔巴尼亚：山鹰之国
保加利亚：玫瑰王国
马其顿：众湖之国
列支敦士登：世外桃源
巴哈马：加勒比的苏黎世
巴巴多斯：珊瑚之国、西印度群岛的疗养院
厄瓜多尔：赤道国
乌拉圭：紫色国家、遍地牛羊的国家
苏里南：林铝之国
锡金：山顶之国
孟加拉国：黄麻之国、池塘之国
科威特：石油之国、金色的国家
也门：宫殿之国
阿拉伯联合酋长国：油海七珍
澳大利亚：骑在羊背上的国家、坐在矿车上的国家
新西兰：畜牧之国、绿色花园之国

泥石流

除了自然原因，人类对大自然的不合理开发也会导致爆发泥石流。

在山区的斜坡或是地势险峻的深沟大谷中，堆积的松散的沙石等大量固体物质，在吸收了大量的雨水或是冰川积雪融化的雪水后，因为重力引发山体滑坡，就会形成带有大量泥沙和碎屑物质的特殊洪流，这就是泥石流。

泥石流通常会突然爆发，在短时间内高速前进，势头非常凶猛。因为洪流中含有大量沙石等固体物质，因此有极大的破坏性，往往会冲毁公路、铁路、城镇、村庄，造成人畜伤亡，给农作物、林木带来毁灭性打击，造成巨大损失。

泥石流的形成必须具备三个条件：一、地势陡峭，且有深沟大谷，便于积累

水和固体物质；二、上游积攒了大量的碎屑固体物质，因此泥石流常发生于地壳活动频繁、地表岩石破碎、容易崩塌的地区；三、泥石流的重要组成部分是水，那些松散的固体物质是在水的激发和运动下形成洪流的，一般情况下，暴雨、持续性降雨、冰雪或山川融水是泥石流的水源。因为暴雨和冰川融汇具有季节性和周期性，因此，泥石流通常也具有这两个特性。

近年来，人为因素引发的泥石流越来越多。可能引发泥石流的人类活动包括：不顾后果的挖掘，在修建铁路、公路及其他工程建筑时，破坏了山体表面，使土壤松动，当遇到暴雨或是持续性降雨时，就可能引发泥石流；工程中的废弃沙石、渣土等胡乱堆放；还有就是人类的滥伐乱垦，由此造成水土流失严重，山体疏松，容易崩塌、滑坡，引发泥石流。

地震的震级和烈度

随着震级的降低，地震的破坏性也逐次降低。

地震是一种自然灾害。由于地壳快速释放能量，造成地表振动，并且以地震波的形式向四周辐射，这就是地震。目前，世界通用的衡量地震规模标准主要是震级和烈度。

震级是用来划分地震强度的，主要依据是地震时地震仪测定的地壳活动释放能量的大小，通常用字母 M 表示。单次地震释放的能量越大，震级就越高。目前国际上通用的是里氏地震规模划分法，这种方法是 1935 年美国地震学家查尔斯·弗朗西斯·芮希特和宾诺·古腾堡共同提出的。在里氏划分法中，震级的最高级别为 10。以里氏规模为标准，地震可以分为弱震、有感地震、中强震、强震和巨大地震。震级小于 3 的地震，人一般感觉不到，叫弱震；震级大于等于 3 并且小于等于 4.5 时，震中附近的人会有些感觉，叫有感地震；大于 4.5 级且小于 6 级的地震叫中强震，这种地震已经具有破坏性了；震级大于等于 6 级的地震叫强震；震级大于或等于 8 级的称为巨大地震。在世界范围内，震级在里氏 4.5 以上的地震可以监测到。历史上，强度最大的地震发生在 1960 年 5 月 22 日 19 时 11 分南美洲的智利，震级高达 9.5。

地震烈度是衡量同一次地震，在不同地方造成的破坏程度的标准。一般震级、震源深浅，距离震源的远近，地面状况和地层构造等都会影响烈度的大小，仅从震源和震级与地震烈度的关系来说，震级越大震源越浅，地震烈度也就越大。一般情况下，距离震源最近的地区，遭受的破坏最严重。地震从震源地区向四周扩散，距离震源地区越远，地震烈度越小。因此，一次地震只有一个震级，却会有很多的烈度。

里斯本大地震

里斯本大地震催动了现代地震学的诞生，人们开始用科学方法研究地震。

里斯本大地震是世界上目前已知破坏性最大的一次大地震，发生于 1755 年 11 月 1 日早上 9 时 40 分，震中位于葡萄牙圣维森特角之西南偏西方约 200 千米的大西洋中，据估计震级达到 9 级。当时地震持续了 36 分钟，导致里斯本市内出现了一条约 5 米宽的巨大裂缝，幸存的人们冲向码头，海边的水慢慢退去，约 40 分钟之后海啸席卷而来，最大浪潮达到 15 米，地震中幸存的人和建筑再次受到重创。地震之后引发了大火，持续 5 天才被扑灭。除了里斯本以外，葡萄牙南部其他一些城市也破坏严重，甚至英国、法国、荷兰的港口都出现了不同程度的破坏，海啸甚至传到了中美洲。

  里斯本大地震造成了巨大的损失，里斯本有9万人在地震中死去，占整个里斯本人口总数的1/3，85%的建筑在地震中被损毁，其中不乏著名的景点，如里斯本大教堂等。原本一些建筑躲过了地震和海啸，但没有躲过随后的大火。地震发生的时候葡萄牙国王约瑟一世正好不在里斯本，躲过一劫，葡萄牙首相很快做出了应急措施，先是将大火扑灭，尸体海葬，然后立起十字架，警告一些人不要趁火打劫，最后挑选有体力的市民将瓦砾运出里斯本城。后来，里斯本制定了重建计划，并在一年时间内建起了一座新城。里斯本对葡萄牙影响巨大，地震之后葡萄牙国力大降，逐渐滑出了殖民地强国的行列。

火山

  据统计现在地球上已知的死火山有2000多座，活火山有523座，其中68座位于海底。

  火山是指地下岩浆穿过地壳，到达地面，然后伴随有水汽和灰渣一起喷发出来之后形成的一种特殊结构的山体，多为锥形。在地下深处存在着大量高温液体，岩石往往会被融化为岩浆，这些岩浆会慢慢上升，聚集成为岩浆库，往往那些正在上升隆起的山脉底下容易形成岩浆库，因为山脉上升会减小对底部的压力。等岩浆库里面的压力大于顶端岩石的压力，这些岩浆便会冲破阻力，沿着山脉隆起形成的裂缝喷发出来，形成火山。

  火山爆发的时候能喷发出多种物质，既有固体、液体，也有气体。固体一般包括岩块、石屑、火山灰，液体主要是火山岩浆，气体包括水蒸气、碳、氢、氮、氟、硫等，含有剧毒。不仅如此，火山爆发还会产生一些放射性物质，影响磁电，让导航仪失灵。多数火山的形状都是盾状或者锥状。岩浆喷发出来之后，伴随着降温会逐渐冷却，最后变为火山岩，多数岩浆会堆积在火山口周围，慢慢向四周流淌，最终形成锥形的火山口，如著名的日本富士山；也有的岩浆流动性很强，能流到很远的地方，这种情况下火山一般不会太陡峭，但是会非常巨大，呈盾状，如夏威夷的冒纳凯亚火山。那些只在史前有过喷发，人类历史时期没有再喷发过的火山被称为死火山，相反的被称为活火山。

火山主要分布在地球的地壳断裂带上，其中多数集中在环太平洋地震带和印度尼西亚向北经喜马拉雅山至地中海地震带上。

世界最高的火山

阿空加瓜山有一个绰号叫"美洲巨人"，"阿空加瓜"在当地语言中的意思是"巨人瞭望台"。

阿空加瓜山是世界上海拔最高的火山，是一座死火山，位于阿根廷门多萨省西北端，临近智利边界，高6960米，是南美洲安第斯山脉的第一高峰。

亿万年前，当地第三纪沉积岩层褶皱被抬升，岩浆开始涌出，火山爆发，之后成为死火山，也就是阿空加瓜山。阿空加瓜山主要由火山岩组成，山顶较为平坦，山的东侧和南侧被冰雪覆盖，雪线高达4500米，积雪最厚处达90米，形成了多条冰川；山顶西侧降水较少，所以没有积雪，且遍布温泉，成为著名的疗养和旅游地。

堰塞湖

冰川消退时，挟带的沙石等碎屑物质，在地面堆积成洼地或是堵塞河床积水形成的湖泊，叫冰碛湖。

堰塞湖是指由于火山喷发后的熔岩流、冰川作用下形成的冰碛物，或是地震活动导致的山体崩塌、滑坡等堵塞河道而形成的天然湖泊。堰，是一种低矮的挡水建筑；塞，是填充、堵塞的意思。由火山喷发后的喷发物质和熔岩流堵塞河道形成的湖就叫熔岩堰塞湖。

位于中国黑龙江省牡丹江市的镜泊湖，是典型的熔岩堰塞湖，也是中国最大的熔岩堰塞湖。镜泊湖东西狭长，最宽的地方可达6公里，南北向长45公里，

水面面积 95 平方公里。湖水总量约 16 亿立方米，深度落差很大，南面最浅处只有 1 米，北面最深处可达 62 米。这里是中国北方著名的风景区、避暑和疗养胜地，国家级重点风景名胜区，有"北方的西湖"之称。

镜泊湖在新生代第三纪中期时是一个断陷形成的谷地，曾是牡丹江上游的古河道。到了大约 1 万年前的第四纪晚期，湖盆北部断裂，部分陷落，形成了和如今相似的湖盆底部。后来，这一带发生火山喷发，大量喷发物质和附近溢出的玄武岩混合起来，形成一道玄武岩堤坝，堵塞了牡丹江及其支流，就形成了如今的镜泊湖。

位于瑞士西南部和法国东南部之间的日内瓦湖，是世界著名的冰碛湖。日内瓦湖湖身为弓形，形状好似一弯新月，总长 72 公里，最宽的地方约 8 公里，湖面面积 580 平方公里。湖水为东西流向，瑞士和法国约各占一半，法国称其为莱芒湖。这座湖是阿尔卑斯山区最大湖泊，湖畔及周围地区气候温和，环境优美，是有名的游览胜地。

日内瓦湖是罗纳冰川形成的。在第四纪冰期，罗纳冰川消溶形成罗纳河。冰川携带的砾石在埃克昌泽地区沉积，阻断了罗纳河的河道，河水便汇集成湖，也就是日内瓦湖。

然而，并不是所有的堰塞湖都可以形成旅游、疗养胜地。因为，那些堵塞河道的物质在侵蚀、溶解等自然力的作用下是会发生变化的。一旦这些堵塞物遭到破坏，蓄积的湖水便会冲出形成洪水灾害。特别是，地震后形成的堰塞湖，因为水源不断流入，会导致水位不断上升，当水位高过湖堤，就会形成洪灾，破坏性非常大。

世界五大"死亡谷"

美国的"死亡谷"是北美洲最热、最干燥的地区。

美国、俄国、意大利、中国和印尼五个国家各有一个骇人听闻的"死亡谷",它们就是世界著名的五大"死亡谷"。

美国的"死亡谷"位于加利福尼亚州与内华达州相接的群山之中。这条谷长约 225 千米,宽度很不均匀,窄的地方有 6 千米,宽的地方达 26 千米,总面积 1400 多平方千米。山谷两侧都是悬崖峭壁,地势险恶。山谷里气候炎热,常年不下雨,气温曾经有连续 6 个多星期超过 40 摄氏度的纪录。这一带还分布着死火山,对人类来说,这个山谷是个名副其实的"死亡谷"。1949 年,曾有一支队伍因为寻找金矿迷路,误入谷中,结果绝大多数人死在了里面,只有极少数逃了出来。那些逃出来的人没过几天也都相继死去。但是,对动物来说,这里却不失为一个天堂,谷内生存着 200 多种鸟类,近 20 种蛇类和十多种蜥蜴。

和美国的"死亡谷"相比,俄国的"死亡谷"就小多了。它位于堪察加半岛的克罗诺基山区,长约 2 千米,宽也就 100 米到 300 米之间。这个山谷就不把人和野兽区别对待了,只要进来,就一律别想出去。山区的一位守林人曾看见一只大狗熊闯进山谷里去寻找食物,谁知,刚进去就一下栽倒在地死了。说来奇怪,在这座山谷的不远处有一个村子,村子和死亡谷之间并没什么防护,可是村民的生活似乎没受什么影响。

意大利的"死亡谷"坐落在那不勒斯和瓦维尔诺湖附近,是个风景秀美的地方。本来它是一座原始森林,各种野兽都靠在其中觅食为生。但是,不知是什么原因,每年山谷中都会有数万只野兽死亡,因而它也被称为"动物墓地"。不过,这座死亡谷对人类还是十分友善的,科学家和动物学家们曾多次进入山谷,考察动物死亡的原因。虽然至今都没有找到答案,但他们都安然无恙。

中国的"死亡之谷"又称黑竹沟,位于四川峨眉山中。这座山谷非常凶险,不管是动物还是人,进去后就必死无疑,因此进口处人称"鬼门关"。当地人把这座山谷称为南林区的"魔鬼三角洲",很少有人敢进去。但是,那些进去动物和人为什么会死,是怎么死的,至今仍是个谜。

印尼的"死亡谷"位于爪哇岛上,是 6 个大山洞,因此准确点儿说应该是"死亡洞"。在爪哇岛上有很多类似的山洞,这 6 个是最大的。山洞里有股神秘而强大的引力,不管是动物还是人,只要一靠近就会被吸进去,再无生还的可能。没人知道这 6 个山洞到底有多大、多深,不过,据说那里面堆满了人和动物的尸骨。

世界三大瀑布

尼亚加拉瀑布有"世界七大奇景之一"的美誉。

世界三大瀑布为：非洲维多利亚大瀑布、南美洲伊瓜苏大瀑布和北美洲尼亚加拉大瀑布。

维多利亚瀑布在非洲赞比西河的中游，赞比亚与津巴布韦的交界处。瀑布宽1700多米，最高108米，年平均流量大约每秒934立方米。水流在瀑布处落下时，发出巨大的声音，有"霹雳之雾"之称。维多利亚大瀑布包括主瀑布、魔鬼瀑布、东瀑布、虹瀑布、新月形的马蹄瀑布五部分。主瀑布处于整个瀑布的中央，高122米，宽约1800米，落差约93米，是流量最大的部分；最壮观的是位于主瀑布西侧的魔鬼瀑布，水流下深渊时，发出巨大的声音，让人不敢接近；主瀑布东侧依次是马蹄瀑布、彩虹瀑布和东瀑布。值得一提的是彩虹瀑布，这段瀑布因常常会出现彩虹而得名，在月光皎洁的晚上，还会形成美丽的月虹。

尼亚加拉瀑布位于加拿大与美国的交界处的尼亚加拉河中游。尼亚加拉河中有座高特岛，把瀑布分成了两部分，霍斯舒瀑布和亚美利加瀑布。霍斯舒瀑布靠近加拿大，高56米，脊线曲曲折折，长约670米；亚美利加瀑布临近美国，高58米，宽320米。尼亚加拉瀑布气势宏伟，湍急的水流从50多米的高处垂直跌落时，发出雷鸣般的声音，让每个来此观光的游人无不为之震撼。

伊瓜苏瀑布位于巴西和阿根廷的交界的伊瓜苏河，是一个马蹄形瀑布。瀑布高82米，宽4000米，年平均流量大约每秒1756立方米，到11月至3月的雨季，最大流量可达到每秒一万多立方米。瀑布的源头就是上游的伊瓜苏河，河水由北向南流，再转向东流去，由于弯度过大，东边的地势低很多，河水遇到悬崖突然泻入深渊，就形成了这个大瀑布。

海底峡谷及其成因

　　海底峡谷顶端的平均水深大约 100 米，底端的平均水深约 2000 米，深的可以达到三四千米。

　　海底峡谷是海底横剖面呈 V 字形的一种地形。这种地形主要分布在大陆坡和陆架上，小部分靠近海岸线。因为弯弯曲曲的谷轴两侧有许多分支，很像陆地上的峡谷，因此这种地形被称为海底峡谷。

　　关于海底是如何形成这种类似地面的峡谷的地形，目前主要有两种说法：

　　第一种说法认为，海底的峡谷和陆地上被河流侵蚀而形成的河谷很相似，但是注入大海的河水，没有那么大的力度，可以切割海底陆地，因此海底的峡谷是被淹没的陆地的河谷。这些峡谷在陆地上时，被河流切割而成，后来地壳受力下沉，海平面上升，淹没了河谷，成为海底峡谷，比如，地中海地区科西嘉岛的海底峡谷，就可能是这样形成的。但是，有些海底峡谷在海平面下几千米处，海平面不可能升高得这么快，因此这种说法不能解释所有海底峡谷的成因。

　　第二种说法认为，海底峡谷是在浊流的侵蚀下形成的。这一说法是 R.A. 戴利于 1936 年首次提出的。根据这一说法，深海里的峡谷可能是受到海底浊流的冲击而形成的。河水流入海洋时，携带着大量的沉积物，这些沉积物和海里的水流汇合后，形成强烈的浊流，对海底进行冲击，从而形成了海底峡谷。目前，人们并没有在峡谷中发现强大的浊流，但是很多证据间接证明了这一观点，比如在峡谷的顶部、谷壁、谷底等处发现了流痕，有砂砾不时向下游移动，谷底发现了浅水生物和陆地植物的残骸等。这种说法可以解释大多数海底峡谷的形成。

百慕大魔鬼三角海域

　　有人称百慕大三角是"地球黑洞"，也有人称它是"魔鬼三角"。

　　在大西洋中西部，以百慕大群岛、波多黎各岛和弗罗里达半岛为三个顶点的一个三角形区域，就是人们说的百慕大三角海域。

　　百慕大三角面积大约有 400 万平方公里。这里常年有漩涡、台风和龙卷风，有世界著名的墨西哥暖流，最高流速达到每 24 小时 190 千米，还有波多黎各海沟，深 7000 米以上，最深达到 9218 米。

1880年到1976年期间,在百慕大三角海域发生过158次失踪事件,至少有2000人在这里失踪。这些事件发生的都很突然,而且事后都没有留下任何痕迹,因此无法查清楚原因。

1918年3月,美国一艘巨型货轮"独眼"号,船长542英尺,船上有309名水手,装满了锰矿砂,在渡过百慕大三角时神秘失踪了。当时天气很好,不存在翻船的可能,如此巨大的货轮竟然没有留下任何踪迹。

1945年12月5日下午,由5架飞机组成的美国19飞行队,在百慕大三角区域按训练计划飞行时神秘失踪了,飞机上有5名驾驶员和9名无线电员。当天晚上7点27分,前去救援的一架飞机在升空23分钟以后发生爆炸,飞机上的13名工作人员全部遇难。

1948年12月27日22点30分,美国一架大型民航班机从旧金山出发,经过百慕大三角上空,地面曾听到机长惊讶地说:"怎么了?为什么都在唱圣诞歌?"次日凌晨4点30分,机场接到飞机上发来的电讯称:已经接近机场,准备降落了。机场方面也做好了接受着陆的准备,可是这架班机却始终没有着陆。飞机在发出电讯以后就消失了,班机上的工作人员和乘客也不知去向。

死 海

死海是全世界最低的地方,因此被称为"世界肚脐"。

死海位于约旦和巴勒斯坦的交界处,长67公里,宽18公里,面积达810平方公里,水面海拔负422米。

其实,死海并不是海,而是一个咸水湖,而且是世界上最咸的湖。它水中的盐分高达30%,是一般海水的8.6倍。在含有如此高浓度盐分的水里,一般生物是无法存活的,因此死海里除了细菌和水藻,没有任何鱼儿和水生物,不但如此,就连湖岸以及周边陆地上都寸草不生。死海也由此得名。

死海可以说是动植物的地狱,不过却是人类的天堂,湖水中的高盐分使得水体的比重高于人体的比重,因此任何人掉进死海里都不会下沉。不仅如此,经常在死海中浸泡,还能治疗关节炎等慢性疾病。另外,死海海底的黑泥富含矿物质,是天然的护肤佳品。

关于死海的形成有一个古老的传说。远古时,死海所在的地方本是一个村庄,先知鲁特就生活在这里。村子里的男子们拒绝接受鲁特的劝导,恶习不改。上帝见他们如此难以教化,决定给他们些惩罚,于是暗中告诉鲁特于特定的一天带着一家老小离开村子,还告诫他,离开后无论如何不要回头。到了那一天,鲁特按照上帝的吩咐离开村子,可是他的妻子因为好奇忍不住回头看了一眼,只见一片汪洋瞬间淹没了村庄。就这样,原来的村子变成了死海。这位妻子不听上帝

告诫，当即变成了一个石头人。现在，这个石人依然矗立在死海附近的山坡上，扭着头看着死海。死海的水不能喝，周围也不能种庄稼，这是上帝给那些冥顽不灵的人的惩罚。

当然，这是人们对死海的形成没有清晰的认识时，产生的一种猜测。事实上，死海是在自然界的变化中形成的。约旦和巴勒斯坦之间有一条南北走向的大裂谷，死海位于这条大裂谷的中间，约旦河的河水源源不断地汇入其中。河水富含矿物质，流入死海后，水分蒸发，矿物质却留了下来。时间一长，矿物质越积越多，就变形成了如今这个世界上最咸的咸水湖——死海。

爱琴海传说

爱琴海的海岸线非常曲折，岛屿众多，大大小小共有约2500个，因此又被称为"多岛海"。

爱琴海位于希腊半岛和小亚细亚半岛之间，是地中海的一个海湾，南北长610千米，东西宽300千米，比波斯湾要小一些。

关于爱琴海的命名一直有很多说法，有的说因为一座叫爱琴的古城，有的说因为一位葬身海中的亚马孙女王，她就叫爱琴，还有一种说法是为了纪念跳海自尽的爱琴国王。关于最后一种说法还有一个古老的传说。

相传，很久之前，在爱琴海一个叫克里特的岛上有位叫米诺斯的国王。他是天神宙斯与人间一名叫欧罗巴的女子所生，因为遭到天后赫拉的排挤，流落到克里特岛，长大后成了该岛的国王。后来，米诺斯的儿子去雅典游玩，被人给害死了。为了向雅典人报复，米诺斯请求父亲宙斯给雅典人民降下灾祸。于是，雅典连年灾荒，瘟疫横行。为了结束灾难，雅典人只好向米诺斯求和。米诺斯同意求

和，但条件是要雅典人每年送 7 对童男童女到克里特岛才行。原来，在克里特岛上有一座迷宫，迷宫深处养着一只人身牛头的怪兽，它除了人肉什么都不吃。那 7 对童男童女就是给怪兽吃的。

　　为了结束灾祸，雅典答应了米诺斯的条件。此后，每年到进贡童男童女的时候，雅典的百姓们都非常害怕，生怕自己的孩子被送去喂怪兽。雅典国王爱琴的儿子忒修斯决心替人民消除祸患，去杀掉那头怪兽。临行时，忒修斯和父亲约定，如果他成功杀死怪兽，返航时会把船上的黑帆换成白帆，父亲看到白帆，就知道他的儿子得胜归来了。

　　忒修斯来到克里特岛后，得到国王的女儿阿里阿德涅公主的倾慕。公主知道忒修斯的来意，便送给他一把剑和一个线团，帮助他斩杀怪兽，走出迷宫。

　　忒修斯进入迷宫后将线球的一端拴在迷宫的入口处，接着一边放开线团，一边走向迷宫深处。他找到怪兽后，奋力拼杀，最终将它杀死，接着又顺着线走出了迷宫。完成使命后，忒修斯赶紧带着阿里阿德涅公主启航回国。在海上航行了几天后，忒修斯一行人终于看到了自己的祖国，他们欢呼雀跃起来。可是，忒修斯太高兴了，完全忘记了跟父亲的约定，没有把黑帆改成白帆。

　　爱琴国王思念儿子，每天在海边翘首企盼。这天，他看到了归来的船，发现上面挂的是黑帆，以为自己的儿子已经牺牲。他难以抑制悲痛的心情，竟跳海自杀了。忒修斯归来后，听说父亲跳海死了，不禁悲痛万分。后人为了纪念爱琴国王，就将他跳入的那片海命名为爱琴海。

大陆漂移假说

20世纪以前，海陆位置固定论一直是地学界的主导思想，即人们一向认为海陆的变迁都是在原地垂直升降的，海洋和大陆的基本轮廓和相对位置是一成不变的。1915年，德国气象学家魏格纳在《海陆的起源》一书中提出大陆漂移理论，从此使海陆位置固定论失去了原有的地位。

年轻的魏格纳在对地球仪的仔细观察中，发现南美洲的东海岸和非洲西海岸的轮廓十分相似，而且这两个海岸在对应的位置上能找到对应的山脉，对应的矿山，后来，他又搜集了许多古气候、古生物的证据，认为大约3亿年前，地球上只有一块陆地，陆地周围是一片广阔的海洋。由于地球自转的离心力，使原始的大陆产生了裂缝。地球在不停地由西向东的旋转中，美洲陆块渐渐落后了，日久天长，形成了今天的大西洋。

然而，大陆漂移理论刚问世时，就遭到了许多地质学家的反对，直到20世纪50年代，古地磁学的兴起以及后来放射性同位素的发现，才为大陆漂移提供了可靠的证据。各大洋中间海岭两侧的古地磁异常带，以及正向和逆向带都呈对称分布；两侧岩石的年龄也大致对称排列，而且离海岭越近越年轻，越远年代越老；再者，海底岩石年龄一般不超过2亿年，这比大陆岩石年轻得多。

今天的人们对大陆漂移说不再怀疑了，但对造成大陆漂移的原动力却有种种推测，莫衷一是。

大陆漂移的动力何在？有人提出了地幔对流的假说，认为地球犹如一只尚未煮熟的鸡蛋，地幔就是还能流动的蛋清，正是流动着的地幔物质提供了大陆漂移的动力。然而，地幔如何流动呢？地质学家发现，它处于一种"对流"的运动状态。所谓对流，简言之，就是物质的一种循环流动。举例来说，一壶水在加热过程中，就存在对流：直接加热点上的水，因升温而向上流动，然后再向四周流散开去，同时四周的水再向加热中心涌来，如此周而复始，形成了壶中水的对流。与此相仿，处于高温熔融状态的地幔物质也是这样。

地质学家发现，在世界各大洋洋底的中部都有一列巨大的山脉，称为"大洋中脊"，恰似洋底的脊梁；中脊的最高处都有一条巨大的裂谷，这正是地幔物质的出口处。当熔融的岩流从裂谷中溢出时，低温海水使它冷却凝结，形成新的大洋壳，分布在中脊的两侧，还未溢出的岩流则在洋壳下"兵分两路"，向中脊两侧运动，同时，"驮"着新的洋底一起移动；当"驮"到大陆与大洋交界处的海沟时，固体洋壳就"俯冲"下去，重新成为地幔的"成员"。这就是地幔对流的模型，它成功地充当了大陆漂移理论中的"牛顿"。

然而，有些科学家对这种作为大陆漂移说、海底扩张说以及板块构造说基础

2亿年前　　9000万年前

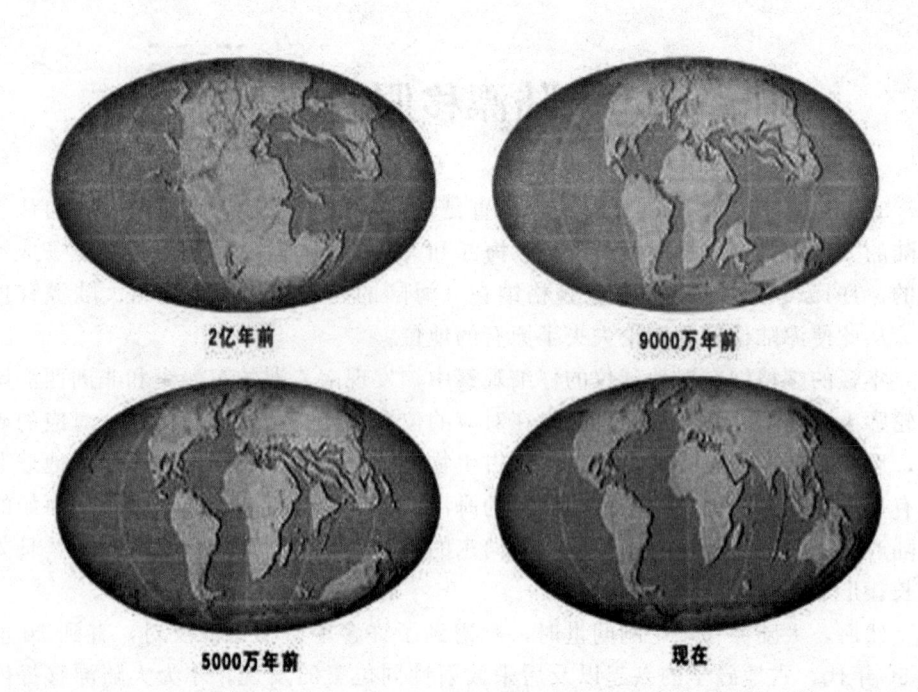

5000万年前　　现在

的地幔对流模型颇为怀疑。他们认为，在该模型中，洋中脊和上升岩流是相互依存的，洋中脊是上升岩流的出口，有上升岩流的地方才有洋中脊。实际上，地质学家发现洋中脊并不是连续分布，而是形成阶梯的形状。令人费解的是，上升岩流怎么可能严格地随阶梯形的洋中脊转向呢？此外，洋中脊也不是固定在上升岩流位置，而是在自由移动着。譬如，非洲板块几乎被洋中脊包围，由于海底不断扩张，使得非洲板块不断增大，两侧洋脊的距离正在变大。对地幔对流模型威胁最大的要数阿留申海沟了，科学家发现那里的洋中脊正在俯冲进入海沟，这简直不可思议。那里的洋底探测表明，从洋中脊到海沟，洋壳岩石的年龄越来越小，这分明是发生了洋中脊的俯冲，这与传统的模型恰好背道而驰。

这些反常现象预示着，以往的地幔对流模型并非完美无缺，大陆漂移的动力源之谜尚未完全揭开，它期待着新的地幔对流模型的诞生！

"厄尔尼诺"现象揭秘

在圣诞节前后，南美的秘鲁和厄瓜多尔沿海的表层海水常常会出现增暖现象，当地人把这种现象称为"厄尔尼诺"，即西班牙语"圣婴"的意思。在"厄尔尼诺"现象发生的时候；海水增暖往往从秘鲁和厄瓜多尔的沿海开始，接着向西传播，使整个东太平洋赤道附近的广大洋面出现长时间的异常增暖区，造成这里的鱼类和以浮游生物为食的鸟类大量死亡。由于，海水增温，也导致海面上空大气温度升高，从而破坏了地球气候的平衡，致使一些地方干旱严重，另一些地区则洪水泛滥。这种现象大约每隔3～5年就会重复出现一次。

据统计，20世纪60年代以来，地球上曾多次发生"厄尔尼诺"现象，1982～1983年间出现的"厄尔尼诺"现象，是20世纪最严重的一次，全世界大约死去了1500万多人，造成的经济损失高达上百亿美元。最近的一次"厄尔尼诺"现象发生在1990～1991年间，这次损失虽然没有上次那么严重，但也给全球带来了很多的灾难，像我国长江中下游地区的水灾，南部非洲和菲律宾的严重干旱，美国得克萨斯州和墨西哥沿岸的大部分地区的异常潮湿，等等。

为什么会出现这样的反常现象？许多科学家都进行了深入的研究，提出了各种各样的观点。

有人从自然现象上找原因。他们认为是由于太平洋赤道信风减弱，造成了"厄尔尼诺"现象。还有一些人认为是由于西太平洋赤道东风带的持续增强，造成了太平洋洋面西高东低的局面，才形成了"厄尔尼诺"现象。也有人认为，由于东南和东北太平洋两个副热带高压的减弱，分别引起东南信风和东北信风的减弱，造成赤道洋流和赤道东部冷水上翻的减弱，从而使赤道太平洋海水温度升高，形成了"厄尔尼诺"现象。

还有人从地球的运动方向上找原因。持这种看法的人认为，"厄尔尼诺"现象的出现，与地球自转速度大幅度持续减慢有关，一般出现在地球自转由加速变为减速的时期。这是因为当地球自转速度大幅度减慢时，赤道附近的海水或大气便可获得较多的向东运动量，引起赤道洋流或赤道信风的减弱，进而引起赤道东太平洋冷水上翻的减弱，这就造成了赤道东部和中部太平洋大范围海表温度异常增暖的"厄尔尼诺"现象。

关于"厄尔尼诺"现象的成因，能有这么多种说法，说明至今还没有一种具有绝对说服力的权威观点，还需做进一步的研究和探讨。

冰期形成之谜

所谓冰期，是指地球历史上大规模的寒冷时期。在这个时期里，不仅地球的两极和高山顶上有冰川分布，就是一些纬度较低的温带地区和低矮山岭上，也分布着许多冰川。地球的历史告诉我们，全球各地在地质历史中曾发生过三次大冰期，即震旦纪冰期、碳纪—二叠纪冰期和第四纪冰期。而每次大冰期又是由许多小冰期组成的。最近的一次大冰期是 70 万年前开始的，至今已发生过 7 次小冰期，每次持续时间为 9 万年之久，而两次冰期之间总是伴随着大约 1 万年长的温暖的间冰期。

科学家们推测，第 7 次冰期在 1 万年前就已结束，我们目前正生活在第 7 次温暖的间冰期末尾，再过 5000 年，我们居住的地球又将进入一次小冰期，那时整个地球将重新银妆素裹，全球的每个人都会生活在类似今天南极的冰天雪地之中。

面对这一预言，人们难免会问：为什么地球上会出现寒冷的冰期呢？对此，科学家提出了许多假说予以解释：

首先进行推测的是德国地质学家希辛格尔。他在 1831 年提出，第四纪冰期的出现与第三纪的造山运动有关。后人发展了他的观点，认为冰期的发生是由于造山运动所造成的海陆分布不同。在造山运动以后，地球上出现了一些高耸的大山，为山岳冰川的形成创造了条件。山的升高和冰雪堆积的增厚，还使山区附近的气候发生变化，气温下降，并逐渐扩展影响到全球，使整个地球的平均温度下降，导致冰期出现。反之，当造山运动平静后，山地受到侵蚀，高度不断降低，海水有可能侵入大陆上被削平的低洼地区，使其成为浅海。因为海水的热容量较大，能贮存较多的热量，所以当海洋面积扩大并积蓄较多热量之后，气候开始逐渐转暖，出现了间冰期。一旦造山作用重新发生，山脉再次升高，冰期便又重新来到。

但是人们很快发现，造山运动剧烈的时期与冰期并不完全吻合。

1896 年，瑞典地球物理学家阿列尼乌斯提出了植物可能是产生冰期的祸首。他认为空气中二氧化碳若增加到现在含量（0.03％）的 2—3 倍时，地球的年平均温度就会升高 8—9℃。据此可以解释第三纪的温暖气候。温暖的气候和二氧化碳含量的高浓度，促使植物大量繁殖。但是，植物大量繁殖的结果，又使二氧化碳大量消耗，使其在空气中所占的比例下降。当它降低到现在含量的一半时，就会使地球的年平均温度下降 4—5℃，足以导致中、高纬度地区广泛发育冰川，产生冰期。冰期的出现又会减缓植物生长，从而使二氧化碳的含量逐渐恢复正常。于是气温又逐渐升高，冰川消退，出现间冰期，植物又开始繁盛起来，为另一次冰期的到来准备了比较充分的条件。

但是，历史上植物十分茂盛时期之后，并没有出现冰期，相反在 6.7 亿年前的古代，生物运动没有现在繁盛，却有震旦纪大冰川的出现。因此上述说法缺乏充分依据。

为了弥补这一说法的不足，有人提出了尘幔说，认为：由于地球上火山的猛烈喷发，大量的火山灰尘给地球撑起了一把尘埃大伞，张起了一道尘幔，于是，阳光就再也照不到地球上了，冰期由此而生。然而，造山运动也是火山极盛时期，但并不是每次造山运动后都有冰期接踵而来。

1920 年，南斯拉夫塞尔维亚的天体物理学家米兰柯维奇提出了天文说，认为地球上所以有周期性的冷暖变化，根本原因在于地表受到的太阳光热不均匀，而造成受热不均匀，无非是地轴的偏斜、地球的颤动以及地球本身是椭圆的，在围绕太阳转动时有近日点和远日点之差……

目前这一天文假说成为当前最受拥护的冰期成因假说。但这一假说也并非完美无缺，它充其量只能解释一个大冰期中的冰期与间冰期的交替，而没能回答整个大冰期产生的原因。

近年来，在探索冰期形成机制的各种理论中，又出现了一个新的假说，认为，地球冰期的发生与太阳率领它的家族通过银河旋臂的时间有关。

我们的银河系是一个漩涡状星系，它具有 4 条旋臂。根据星系旋臂形成假说，太阳及其家族在绕银河系核旋转时，每隔二亿多年就要通过一次旋臂。而在旋臂里星际物质比较密集。因此有人认为，当太阳通过旋臂时，大量星际尘埃的存在使星际空间的透明度减小。太阳辐射出来的光和热受到星际尘埃的反射和折射，到达地球表面的能量有明显的削弱，就使地球的年平均温度下降，冰期发生。这一理论的重要证据是，地球上三次大冰期发生的间隔时期，正好与通过旋臂的时间吻合。

但是，旋臂附近的星际空间是否果真有那么多星际尘埃，却是令人怀疑的。而且这一假说是建立在另一假说的基础上。

因此，尽管人们长期以来不断地探讨冰期的成因，也有了许多科学假说，但这仍然是悬而未决的地学之谜。

神奇的龙卷风

龙卷风是一种可怕的风暴，虽然在世界各地都有发生，但在美国出现的次数最多。1954年，美国小城达文港下了一场蔚蓝色的夜雨。在许多国家还经常发生这样的事：晴朗的日子里，天上突然撒下许多麦粒和橙子；有时又会随雨滴落下青蛙和鱼……这些看起来不可思议的现象，其实都是龙卷风的恶作剧。

龙卷风若发生在水面，称为"水龙卷"；如发生在陆地上，则称为"陆龙卷"。龙卷风外貌奇特，它上部是一块乌黑或浓灰的积雨云，下部是下垂着的形如大象鼻子似的漏斗状云柱，具有"小、快、猛、短"的特点。水龙卷直径25～100米，陆龙卷直径100～1000米。其风速到底有多大，科学家没有直接用仪器测量过，但根据龙卷风在其所经过的区域内做的"功"来推算，风速一般每秒50～100米，有时可达每秒300米，超过声速。它像一个巨大的吸尘器，经过地面，地面的一切都要被它卷走；经过水库、河流，常卷起冲天水柱，有时连水库、河流的底部都露了出来。同时，龙卷风又是短命的，往往只有几分钟或几十分钟，最多几小时，一般移动几十米到10千米左右便"寿终正寝"了。全球平均每年发生龙卷风上千次，使数万人丧生，其中美国出现的次数占一半以上。1974年4月3日，在美国南部发生了一场龙卷风，风速从每小时100海里加大到300海里，卷走了329人，使4000多人受伤，2.4万个家庭遭到不同程度的损失。亚洲、欧洲和大洋洲也是龙卷风多发地区。世界各国对龙卷风的研究都很重视，但龙卷风之谜一直未能彻底解开。

龙卷风的形成一般与局部地区受热引起上下强对流有关，但强对流未必会产生龙卷风。前苏联学者维克托·库申提出了关于龙卷风成因的一种新理论：当大气变得像"有层的烤饼"时，里面很快形成暴雨云——大量的已变暖的湿润的空气朝上急速移动，与此同时，附近区域的气流迅速下降，形成了巨大的漩涡。在漩涡里，湿润的气流沿着螺旋线向上飞速移动，内部形成一个稀薄的空间，空气在里面迅速变冷，水蒸气冷凝，这就是为什么人们觉得龙卷风像雾气沉沉的云柱的原因。但在某些地区的冬季或夜间，没有强对流或暴雨云，龙卷风却也经常发生，这又怎么解释呢？

并且龙卷风还有一些"古怪行为"，使人难以捉摸：它席卷城镇，捣毁房屋，把碗橱从一个地方刮到另一个地方，却没有打碎碗橱里的一个碗；吓呆了的人们常常被它抬向高空，然后又被它平平安安地送回地上；有时它拔去一只鸡一侧的毛，而另一侧却完好无损；它将百年古松吹倒并捻成纽带状，而近旁的小杨树连一根枝条都未受到折损。

人们对龙卷风的形成及后果进行了多年的研究，但还有很多谜底没有揭开。

死亡谷之谜

在世界上一些人迹罕至的地方，隐伏着若干让人谈虎色变、不寒而栗的死亡之地，鸟类、爬行动物或人类都无法进去，如进去，往往立即死亡。人们把这些地方称为"死亡谷"。对这种奇特的自然现象，许多科学家曾长期进行研究和探索，有的"死亡谷"头上笼罩的面纱已被彻底揭开，如前苏联勘察加半岛克罗诺基自然保护区内的"死亡谷"，是由于那里积聚了足以使人窒息的毒气——与碳酸气和硫化氢同时发生作用的剧毒挥发性氰化物。我国昆仑山内的"魔鬼谷"是由于隐藏丰富的磁铁矿而造成频繁雷击所至。而埃及西部沙漠之中的"死亡谷"，却是众多的蚁狮所为。但世上仍有许多"死亡谷"，至今还是无法揭晓的奇谜。

在美国加利福尼亚和内华达州毗连地带，有一个"死亡谷"，它长 225 公里，宽 6 至 26 公里，面积 1408 平方公里。山谷两侧悬崖峭壁，山岭绵延。这里的气候极端炎热干燥。1848 年，一队外来移民误入谷地，迷失方向，大都葬身谷底，连尸体都找不到。1949 年，美国一支勘探队冒险进入"死亡谷"，几乎全部死亡，其中有几个人侥幸脱险爬出，过后不久也不明不白地死去。后来，又有不少人前去探险，结果也屡屡身亡。最令人难以理解的是，这个被死神统治的地方，竟是飞禽走兽的"极乐世界"。据初步统计，这里繁衍着 230 多种鸟类，19 种蛇类，17 种蜥蜴，1500 多头野驴，还有各种各样、多如牛毛的昆虫，草本植物随处可见。究竟是什么原因会威胁人的生命，却不伤害这些飞禽走兽？人们至今疑

惑未解。

据美国科学家考证，"死亡谷"在非常遥远的古代经历了多次沧海桑田的变化，才演变成今天奇特的面貌。距今约3000万年前，由于这一带地壳运动频繁，埋在地下的岩层受到两侧重压力的挤压，褶成弯曲状，有的地方隆起突出，成为高地或山岭，有的地方凹下，成为河流或盆地。"死亡谷"就是一狭长形的闭塞盆地。以后气候渐变炎热干燥。到距今约2000万年前，地壳再次发生剧烈的褶皱和断裂，沿着断裂地带形成了一条深达1200多米的大断层。很厚的沉积物把大断层覆盖了，长时期以来没有被人们发现。有些学者推测，一些人误入"死亡谷"，迷失方向，可能是踏进大断层上面的沉积物而掉入大断层的深渊中导致死亡的，所以连尸体也不见了。

"死亡谷"里有丰富的卤素矿、硼砂矿等。有些学者认为，可能在谷底某一部位地下藏有某种至今尚未查明的剧毒矿物元素，当人们靠近这种矿物时，就会中毒死亡。这只是一种猜测，尚难定论。

"死亡谷"也不是绝对的禁区，有些人却能安然无恙地通过"死亡谷"，未发生过意外。在"死亡谷"边缘一些怪石林立、峰岭险峻的地段，已辟为自然奇景区，向游人开放。

美国科学家认为，这个"死亡谷"是一个不寻常的自然之谜，要彻底查明一部分人进入谷地死亡的原因，还有待今后进一步深入探索和研究。

在印尼爪哇岛上有一个死亡之洞，位于一个山谷中，共由六个庞大的山洞组成。令人惊奇的是，据说不论是人，还是动物，只要站在距洞口6～7米远的范围之内，就会被一股无形的力量"吸"进去。一旦被吸住，使出浑身解数也无法脱身。因此，洞口附近已堆满了各种动物和人的尸骨残骸。死亡洞为何有生擒人兽的绝招？被它吸住的人和动物是慢慢饿死，还是中毒而死？迄今都无人能作出回答。

有趣的是，意大利那不勒斯与瓦维尔诺湖附近也有两个死亡谷。它们与上述的美国死亡谷恰好相反。它们不会危害人类的生命，但却经常威胁着飞禽走兽的生存。据科学家统计，在该两地，每年死于非命的各种动物多达 3600 多头。所以意大利人称它为"动物的墓场"。至今，人们也无法解释它们的死因。

罗布泊之谜

罗布泊位于新疆塔里木盆地东部，同失踪了的楼兰古城一样，是一个充满神秘氛围的地方。近百年来有关罗布泊是否是游移湖的论争，又牵动着地学界那么多人的心弦，使之成为一个引人入胜的自然之谜。

酷热、干旱、风沙、雅丹（陡崖）、盐壳阻拦着人们向罗布泊接近，多少年来一直被称为"死亡之路"。历史上曾有许多中外学者试图冲破层层阻碍穿越大沙漠，完成对罗布泊的考查，然而成功的人并不多。就是仅有的几次成功的考察，还在罗布泊的确切位置上产生了很大的分歧。

最先引起罗布泊是游移湖争论的是俄国探险家 H·M·普尔热瓦尔斯基，他在公元 1876 年曾到罗布泊考察，他发现罗布泊位于塔里木河口的喀拉和顾境内，比我国地图所记的位置还要往南，大约有纬度 1 度之差。而且，他所见到的湖泊是淡水湖，芦苇丛生的大沼泽地，聚集着成千上万的鸟类。而北罗布泊（即中国地理文献所记载的罗布泊）的水都已干涸，变成盐滩，十分荒凉。

普尔热瓦尔斯基的观点发表后，在国际地学界引起了争论。

德国的李希霍芬持反对意见，他认为普尔热瓦尔斯基所考察的也许并非是中国清朝地图上的罗布泊，真正的罗布泊还在普氏考察的北部。

以后英国的斯坦因、瑞典的斯文赫丁等先后到罗布泊地区考察，认为争论的双方都没错，而是罗布泊游移到喀拉和顺去了。从此就有了罗布泊是游移湖的说法。斯文赫丁还推测了罗布泊游移的原因，是由于进入湖中的河水（塔里木河）挟带大量泥沙，沉积在湖盆里，而使湖底抬高，导致湖水往较低的地方移动。过一时期后，被泥沙抬高露出的湖底又遭受风的吹蚀而降低，这时湖水又回到原来的湖盆中，罗布泊像钟摆一样，南北游移不定，而且游移周期可能为 1500 年。

1923 年，为普尔热瓦尔斯基和斯文赫丁所发现的罗布泊突然消失，成为沙漠，鸟儿飞走，芦苇枯死，那些靠打鱼为生的渔民和居民也离开了芦苇编成的小屋，迁往他处。原来，罗布泊又戏剧性地回到了它以前呆过的老地方，即古代地图上所标的位置。

到了 1930 和 1931 年，瑞典、中国勘察队来到中国地图所标的罗布泊，发现

那里水面长约 188 公里，宽 50 公里，深 5 米，大约有 2000 平方公里。1945 年，罗布泊水面又扩展为 3000 平方公里。1959 年，中国科学院新疆综合考察队在罗布泊北岸考察时，还见到烟波浩淼、水鸟成群的情景。他们还曾泛舟湖上，甚至抓到了一条大鱼。

但 1964 年，罗布泊开始干涸。1973 年，美国大地卫星对该地区拍照，证实罗布泊已完全干涸。

而我国地学工作者认为，造成罗布泊干涸的原因，是人类经济活动水体重新分配的结果，即河流上游的农垦，引水灌溉，造成了罗布泊水源枯竭，而并非是罗布泊游移他处。

1980 年，我国的科学考察队又两度穿越罗布泊，对那里的地貌和古水系作了详细的考察。考察队队长夏训诚在考察报告中写道："罗布泊最低处为 778 米，喀拉和顺最低处为 788 米，相差 10 米，水往低处流，不可能发生罗布泊倒流喀拉和顺的现象。塔里木河和孔雀河下游入湖口处，河流包含泥沙较少，短时期内不会产生大量泥沙堆积，抬高湖底地形，而使水往较低地方流去。这次考察中我们看到，干涸的湖底皆为坚硬的盐壳，用钢锤都很难敲碎，不易产生风的吹蚀作用，而使湖底重新降低。我们还在干涸的罗布泊湖盆中，进行钻探取样，这些样品通过孢粉和年代测定表明，湖底沉积物不同层次都有香蒲、莎草等水生植物孢粉的分布，说明历史时期罗布泊一直是有水停积的，湖水从未离开过罗布泊。根据碳 14 年代测定结果，湖底沉积物 1.5 米深处，为 3600 年左右的沉积。说明 3600 年以来，湖泊的沉积作用一直在进行着，而不像斯文赫丁推测 1500 年左右就会形成 10 米以上的沉积物。实地考察测量和现代航测资料证明，罗布泊是游移湖的提法是不符合实际情况的，罗布泊水体从未发生倒流入喀拉和顺的现象。"

以上的考察，使我们初步了解了罗布泊的奥秘，但还不能说已经完全找到了答案，如果再进一步追溯包括塔里木河与罗布泊的景观变化，就需要我们做更细致的科学研究。

神灯之谜

在吴川黄坡镇，多会听人说起三柏长坡的"神灯"，在大雨将至雷鸣电闪的晚上，时有神灯悠然而出，按一定路线出游。还说在某年某日一个闷热的傍晚，将一个失言冒犯了它的人当场击毙在番薯地里，有名有姓，言之确凿。无独有偶，远在清代，传说浙江姚江东岳神庙附近，每当天气骤变之夜，常有"神灯"出现。

一位气象工作者也曾观察过"神灯出游"，并作了如下详细的记载：1962年7月22日傍晚，在泰山玉皇顶，天气骤变，在一阵雷鸣电闪中，一个直径约15厘米、足球般大小的殷红色火球，从窗缝潜入室内时，把窗户的木条撕裂。它以每秒2至3米的速度在室内轻盈地游荡，大约经过3至4秒钟之后，又从烟囱逸出。在即将离开烟囱之际突然爆炸消失，爆炸使烟囱削去一角，爆炸产生的气浪，使室内的暖水瓶胆震为碎片。1989年4月3日晚，当晚电闪雷鸣，一个比拳头稍大的红色火球，猛然击碎窗户玻璃，窜入湖南隆回县一户农民卧室，在床上飞舞滚动，老夫妇顿时感到手脚麻木灼热。之后，火球穿堂过室，在8个房间都留下了大小不等的碰撞痕迹。火球后游到他儿子的房间，将他儿子、儿媳和一岁半的孙女烧为灰烬，床上的衣服被席全部烧毁，而床框、床脚却完好无损，更为奇怪的是，放在床边的大立柜，外表无任何损坏痕迹，而柜内所有衣物杂品全部化为灰烬。

目前对于这种号称为"神灯"的球状闪电还没有令人满意的解释，已有的解释有如下几种：有的科学工作者认为，球状闪电是由化学过程引起的。在线状闪电中，由于闪电通道里的空气温度很高，使空气中的水分分解成氢气和氧气，在某些条件下，闪电通道裂成几块，组成一团含氢气和氧气的气团。当高温冷却到3500度时，氢气和氧气又化合成水，并释放出巨大的能量，类似爆炸。也有的气象学家指出，球状闪电所以能存在那么长时间，是因为它吸收了线状闪电时产生的超短波辐射。当它把这部分能量迅速地释放出来的时候，就会发出光和热。

球状闪电十分罕见，出没时间不定，存在时间又短促，很难对它进行系统的观测和实验。但可以相信，这个自然之谜一定会被科学家揭开。

极光之谜

在地球上，人们经常会看到一种奇异的光，因这种光经常发生在南北两极，所以，人们便叫它"极光"。古时候，由于人们无法解释这种现象，便产生了种种离奇的传说，就连现代人，每当看到奇形怪状的极光，也会感到惶恐不安的。尽管今天人们用宇宙飞船、探空火箭以及其他科学仪器进行研究，也仍然未能彻底揭穿极光的全部奥秘。

就人们所观察到的极光现象，有各种各样奇特的形状。有的极光像探照灯光束，从地平线上升起。早在1883年8月的一天，有人在英国伦敦以南的沿海一带，就发现了一次这样的极光。当时，在东北方向的地平线上，升起了一束亮光，光线越来越亮，向上作放射状，地平线附近还有几朵远处的层积云与它交错。1837年，有人在多伦多湾和安大略湖之间的一个小岛上，看到从东方水平线向上直射到天顶的一道白色强光柱，光亮稳定，并很慢地整体向西运动，一直占据着从地平线到天顶的空间，先是上部逐渐消失，然后整体消失。还有的极光则呈弧状，跨越整个天空入由地平线的一端到另一端。1903年8月21日，有人在纽约的北部一带就发现了这样一次奇异的极光。当时人们看到，有两道明显的光弧横贯天空，在天顶附近以大角度互相交叉，其中一条是银河，一条就是光弧。这条光弧宽约为6个满月并列那样，从西略偏北伸到东略偏南。这条光弧持续了大约半个多钟头，形状和亮度都没什么变化。有些地方呈弯曲波浪状，有几处完全断开，也有的地方仅断开极窄的间隔。还有的极光呈流星状穿过天空。1882年，就曾有人报道过这样一次极光。它缓慢地升起，移向天顶，并越过天顶，逐渐从月亮的上边穿过，降向西方，同时逐渐减小和减弱，在达到地平线时消失。其样子像个长纺锤。其实，极光的形状还有多种多样，这里举的，不过是几种比较典型的。

极光的颜色可谓色彩斑斓，五颜六色。有时呈绿色，有时呈橙黄，有时则鲜红，有时则几种颜色不断变换着，或者像垂下的一道道祖母绿色的帷幕，镶着大红的穗子，或者是无数色彩缤纷的光束，时而光耀夺目，时而熄灭不见。怪不得极光会吸引那么多的观光者。

但是，当极光出现的时候，也会给人们的通讯联络带来一定影响，它会使无线电短波遭到破坏，电报和电话受到严重干扰，罗盘指示紊乱。

对这种奇异的极光现象，科学家们有各种各样的解释。

俄国科学家罗蒙诺索夫认为，是高空稀薄大气层里的大气放电造成的。他曾做过这样一次实验：他把一只玻璃球中的空气抽出大部分，然后在球内造成放电现象。这一实验证实了他的推测，他说："在空气极其稀薄的玻璃球内，随着放

电，不断发出闪光。"后来，又有许多人重复过罗氏的实验，也都得到了相同的结果。这种实验，证明了极光是一种放电现象。但极光之谜还远未揭开。比如，极光为什么多发生在两极？是哪种粒子引起高空空气发光的？发生在多高的高空？为什么极光的形状千奇百怪，并不断变换着花样？因此，有人便把寻找极光答案的目光转向太阳。

有人分析，极光可能和太阳黑子活动有关。有人发现过这样一种现象，当一个大黑子经过太阳中心的子午线时，在20至40小时以后，地球上一定会发生极光。这是因为太阳在产生黑子时，由黑子区抛出强大的带电粒子流——质子和电子。当这些由太阳远道而来的客人到达地球高空的稀薄大气层时，就和大气中的气体相撞，这些气体的原子和分子就会发出光来。这一过程大约发生在100～900公里的高空中，有时还要高些。这种现象之所以会发生在两极，是因为地球本身是个大磁石。像所有磁体一样，周围环绕着磁场，这磁场使太阳送来的粒子流飞向两极地区，因为地磁的两极非常接近地理上的两极。在太阳喷发的带电粒子流非常强烈的年份，在极区以外的一些地方也常能观察到极光。

比萨斜塔之谜

在意大利西北部的比萨古城，有一座誉满天下的奇景——比萨斜塔，著名的物理学家伽利略还在此塔做过实验。

比萨斜塔始建于公元1173年，历经200年，分3次才于1370年全部竣工。塔身分8层，全部用大理石砌成，总重量约14553吨，高54.5米。

比萨斜塔建成后，塔顶中心点已经偏离了垂直中心线2.1米，而且随着时间

的推移，其倾斜度还在不断加大，到 1986 年，塔顶中心点偏离垂直中心线已近 5 米。那么比萨斜塔为何会倾斜呢？对此许多学者进行过研究，但提出的假设和推测却有很大分歧。

有些学者认为，建筑此塔时，意大利建筑师运用建筑上预应力结构的原理，已预先考虑到当时地形和风向等自然环境的特点，有意使塔的重心向南倾斜，而建成了一座斜塔，以此显示自己杰出的建筑才华。几百年过去了，虽然该塔不断倾斜，却一直未倒塌，并且塔壁上连一个裂缝也没有，足以说明建筑师的功力。

然而，另一种观点与上述说法正好相反，认为造成塔倾斜的原因，是由于建筑师在建塔选择基地时对当时的地质情况不熟悉，建造在由粘土和砂土组成的冲积层的松软地基上，在塔的重荷下，造成塔身的不均衡下沉，出现了倾斜现象。

还有些学者认为，在斜塔下面可能有好几条地下水脉，比萨市民长期在这里吸取生活用水，这就加速了地基的脆弱性。塔身倾斜度之所以继续不断地增加，就是因为地下水位下降、压力不断减弱的缘故。

以上诸种原因，谁是谁非还无有定论。

从 1918 年起，科学工作者开始对比萨斜塔进行观测。在塔的一层放置了许多检测仪表，每天，塔的摇晃、侧移运动及塔内属地震学上的振动，都被记录下来。观测结果发现它 40 年里平均每年倾斜 1.1 毫米；从 1959～1969 年的 10 年间平均每年倾斜了 1.26 毫米；而 1979 年 6 月～1980 年 6 月的 1 年里就倾斜了 1.4 毫米。

然而，到了 1982 年，该塔只倾斜了 1 毫米，倾斜速度已明显减慢，往后的倾斜度仅 0.027 毫米，几乎停止了倾斜运动。为什么会出现这种现象？是已倾斜到了头？还是地层起了变化？以后还会不会再大幅度地倾斜？这一系列问题，目前尚难作出准确的结论。

在比萨斜塔究竟能屹立多久这个问题上，科学家们也有各不相同的推测。

根据比萨大学教授杰罗·杰里原来的测定，认为如果按每年倾斜 1.4 毫米的倾斜率推算，大约到 2003 年或 2004 年，这座斜塔就会倒塌。

有些学者预测，如果以每年加大 1.25 毫米的速度继续倾斜，很可能再过三四十年，此塔就会倒塌。

但有些学者却不同意上述预测。他们认为，此塔倒塌的时间不会来得这么快，据他们估计，如果以平均每年倾斜 1 毫米的倾斜率推算，那尚需再经过 2000 年的时间才能倒塌。

还有些学者认为，该塔永远不会倒塌，今后不会再继续向南倾斜了。例如西德一位工程师认为，从现在情况来分析，该塔不是倾向倒塌，而是倾向于来回晃动。

至于他们的看法正确与否，目前难以断定，有待今后长期验证。总之，比萨斜塔的寿命究竟还有多久？迄今仍是无法揭晓的一个谜。

舍戈蒂陨石之谜

1865 年，一颗陨石坠落在印度比哈尔邦舍戈蒂附近。这块陨石呈三角形，大小约 18×11 厘米，具有黝黑色的熔壳，是一块和普通石头并无多大区别的石质陨石。因此，没有引起人们的任何兴趣和注意。

几十年过去了，随着陨石科学和光学显微镜研究方法的发展，人们才注意到，这是一块奇特的、几乎是独一无二的陨石。

我们目前发现的陨石大致有三类：铁陨石、石陨石、石铁陨石。舍戈蒂陨石的组成物质属于石陨石，但是，它却是一种非常奇特的、没有球粒的无球粒陨石。无球粒陨石在世界范围内发现的数量有限，除此之外，还有 1962 年在非洲尼日利亚托加米附近坠落的一块陨石和不久前在南极冰原上找到的一些陨石。

舍戈蒂陨石不仅矿物成分和结构特征酷似地球玄武岩，而且化学成分也有些类似。这使得有些人怀疑，它会不会就是一块地球岩石。但是，人们确实看到了它的坠落，而且同位素研究发现，它含有一些宇宙成因的短寿命放射性同位素。

可是，这种罕见的舍戈蒂陨石又是从哪个天体飞来的呢？

最初人们猜测，它可能来自火星与土星之间的小行星带。持这种观点的人认为：在太阳系形成的早期，这个小行星带上可能存在一个或几个月球般大小的行星，后来由于碰撞或其他我们还不知道的事件，使它们破裂形成小行星带。这些大小不等的小行星在运行过程中，又因互相碰撞进一步碎裂和偏离轨道，当受到

其他天体的吸引而坠落时，便成为陨星或陨石。但是，对舍戈蒂陨石及其他辉玻无球粒陨石的研究证明，它们不可能来自火星与土星之间的小行星带。

于是又有人猜测，辉玻无球粒陨石可能来自月球。他们设想，当月球火山爆发或因巨大陨石轰击而引起月面岩石抛射时，有可能使部分石块获得大于每秒2.4公里的初速度，并逃离月球引力的控制，进入月—地空间，尔后又受到地球的吸引，坠入地球。然而，更详细的研究却否定了这一猜测。因为月岩也和许多陨石一样，具月贫氧的特征。从年龄值上也存在疑问。再者，月球是地球的近邻，如果它确曾有过初速度达到每秒2.4公里的喷发，那么很难想象，仅有少数几块飞石坠落到地球上来。

除了小行星带和月球之外，舍戈蒂陨石有没有可能来自太阳系里其他的固态天体——类地行星和卫星呢？

就目前所知，木卫一是太阳系中最活跃的固态天体之一。但是，已知木卫一表壳物质中含有较高的硫，这与辉玻无球粒陨石的组成情况显然不同。水星和其他体积较小的卫星，都是早就固结了的天体，不可能生成只有不到11亿年年龄值的辉玻无球粒陨石。而金星的大气密度相当地球大气密度的100倍，它所产生的阻力将阻止金星表面物体逃逸。

那么只剩下火星是舍戈蒂陨石及其他辉玻无球粒陨石的最大可能的来源地。火星的质量只有地球的1/10多一点，因此物体从火星上逃逸的速度仅需5公里/秒，而且它的大气非常稀薄，仅为地球的1/100，故而阻力很小。尽管如此，逃逸速度还是太大了，即使最强烈的火山爆发恐怕也不会抛射出每秒5公里的高速石块。为了克服这一困难，人们设想，由于在火星的土层下可能存在一个冰层。因此，当它受到巨大陨石轰击时，巨大的冲击能不仅会使火星表面岩石四散飞射，而且还会使冰层瞬息汽化。水汽迅速膨胀的压力将使飞射的石块获得额外的动力，把飞散的进度提高到每秒5公里以上，以致有可能逃脱火星的引力，成为在太空中漫游的不速之客。

根据"海盗号"飞船的探测资料，火星上的岩浆活动延续了很长时间，甚至近期还可能有活动，完全有可能形成年龄值小于11亿年的岩石。陨石的轰击则随时可能发生，这就为从火星上分离出年轻的陨石块创造了可能的条件。

"海盗号"飞船还提供了火星土壤的化学成分。如果考虑到土壤中可能捕获了多余的火山喷气，并将这部分气体予以消降以后，我们可以看到，火星土壤的化学成分与辉玻无球粒陨石的化学成分是非常接近的。

据此种种，人们认为火星最有可能是舍戈蒂陨石的母体。

事实是否真的这样？看来，这个疑谜的最后揭晓还有待我们对火星地质更详细的研究。

狗头金之谜

众所周知，黄金是一种比重很大的金属，它在地壳中的含量很少，而且多以砂金形式存在。所谓砂金，是指含金的岩石在受到风化作用破坏后，金矿物以碎屑状或胶体态经过搬运沉积，蕴藏富集在地表浅部或河床的松散砂砾层当中而形成的。砂金矿床中的金颗粒一般都很细小，肉眼不易看到。据有关部门统计，砂金颗粒的直径多在 0.03～0.07 毫米之间，有的可大至几个毫米。

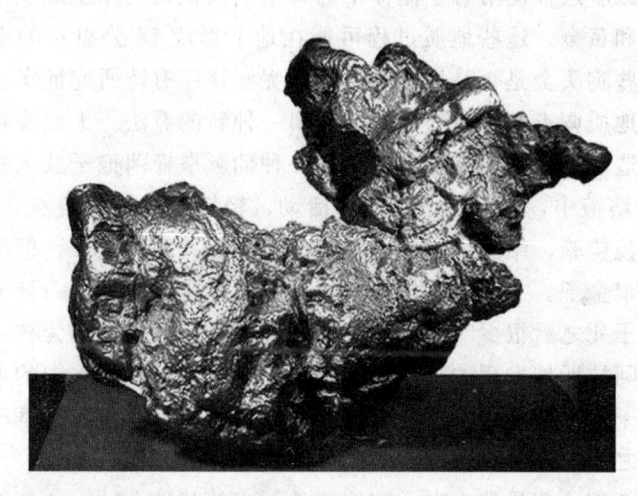

但是，在淘金的过程中。人们偶尔也发现了几百克、几公斤甚至几十公斤重的天然大金块，俗称狗头金。如 1983 年 6～7 月，在我国湖南益阳连续发现几块大金块，最大的重 2.16 公斤，最小的重 1.515 公斤，另外一块重 940.8 克，含金量均在 94％以上。类似的天然大金块还见于黑龙江呼玛（1982 年，重 3.4 公斤）、青海雅沙图（1983 年，重 3.53 公斤）。1985 年，四川白玉县发现一块重 4.125 公斤的狗头金，1986 年又采得一块重达 4.8 公斤的大金块，这是解放以来我国所发现的最大的自然金块。而据 1981 年 3 月 10 日香港《新晚报》报道，当年的澳大利亚维多利亚州西北的韦德伯恩附近发现的一块天然大金块，重量达 27.2 公斤，价值超过 100 万美元。历史上最大的狗头金，是 1872 年 10 月 10 日在澳大利亚新南威尔士的砂金矿中掘获的，重约 285 公斤！

这种自然金块的形成原因，至今尚无定论。传统看法认为，巨大的狗头金是产于原生金矿中的大块山金，在风化破碎时被分离出来，继而又被洪水或冰川机械搬运到低洼处沉积而成。但奇怪的是在开采原生金矿时，从来没有找到过大金块。再说这样重的金块通常被流水搬运的路程不会很远，然而事实上它们离原生金矿却有相当长的距离。同时狗头金的外形不规则，表面也凹凸不平，又可见到次生凸起，内部有的具同心环带，外表还常包有一层黄褐色金膜，有的外部还有树枝状的结晶体，多数没有经过长距离搬运的痕迹，说明它们可能就是在原地生成的。有人认为，可能是广泛分布的腐植酸，溶解原生金矿中的微粒金，经流水冲刷进入河溪中，或者是砂金矿床中的一些微细金粒被溶解。它们在适当河段又因物理、化学条件的急剧变化停顿下来，不断沉淀吸附在较大金颗粒的表面，日积月累逐渐长大而成大金块。

最近，加拿大一支研究古代地震断层的考察队发现地震能震出黄金来。这支考察队发现这些断层发生地震以后，出现了好像起"安全阀门"作用的断裂。这个过程排放出高得不正常的流体压力。在流体通过断裂网涌出后，压力就减小了。这种压力减小过程使溶解于流体中的大量二氧化碳气体由此发生了化学变化最后形成石英和黄金。这些地质过程可能在地下形成14公里长的丰富的黄金矿脉。那么，那些狗头金是否是地震震出来的呢？这还有待研究证实。

最近美国地质调查局的研究人员又提出一种新的看法：天然金块可能是由某几种土壤细菌造成的。他们在实验室中把一种仙影拳杆菌孢子放入每升含氯化金1000微克的水溶液中，以模拟大自然的活动，轻轻搅动这种溶液36小时后，用扫描电子显微镜检验，结果发现细菌接触金溶液后就不再生长，但所有的孢子表面上都开始积聚金子。"接触时间越长，积聚的金越多。而且一旦金晶体开始生长，金块的孢子死之后很少时间内还会继续增大。以这些细菌为核心，最终形成的块金就跟在阿拉斯加发现的一样。他们认为，这是由于流水中的可溶金即金离子，与细菌孢子表面发生化学结合，从而形成"生成晶体金"的基础。他们建议把这种金块称之为"细菌金块"。

不过这些新理论都是建立在金能溶于地下水的基础上的，这似乎也与传统的认识相矛盾。因为过去认为金是"百金之王"，不怕火炼，也绝不会溶于水中；金是自然界最稳定的物质之一，它仅溶于王水、硒酸等极少数几种溶液中。但新理论的支持者提出，当地下水温度较高并含有其他一些物质时，金能少量溶于水。据报道，最近在日本希塔金矿，钻机在500米深处发现含金高达228克/吨的热水。这一事实给狗头金成因的探索又带来了新的争论：金在什么条件下能溶于水？什么条件下又能集聚成大金块？……揭开这些谜，将有助于增加黄金的开采量，所以地质学家仍在孜孜以求其中的答案。

环境交通

环 境

生态平衡

　　一般越复杂的生态系统调节修复能力越强，越简单的生态系统修复调节能力越差，越容易遭到破坏。

　　大自然是由动物、植物、微生物、土壤、水分、空气、光等许多元素组成的，每一种元素并非独立存在，元素之间相互依赖，相互制约，关系紧密，它们之间相对平衡的状态便被称作是生态平衡。严格意义上讲，一定时间内生态系统中生物与生物之间，生物与环境之间通过各种流动、交换、相互作用，达到的一种相互适应，协调统一的状态便是生态平衡。

　　当生态处于平衡状态时，系统内部能量、物质的输入与输出，生产者、消费者、分解者之间一定处于稳定状态。所谓的稳定状态不是指一成不变，而是变化在合理的范围之内。当系统中某一元素出现剧烈波动，超出合理范围，既有可能损害生态平衡，形成连锁反应。比如，曾经有一段时间人们围捕草原上的狼，因为这些狼会偷袭牧人的羊群，但是他们忽略了狼也会捕食田鼠和野兔，在大肆捕狼之后的几年里，田鼠和野兔疯狂破坏草原牧场，让牧民承受了更大的损失。这便是典型的破坏生态平衡，生态平衡遭到破坏的结果便是威胁其他生物的生存，甚至威胁到人类的生存，而生态平衡是否遭到破坏最明显的表现便是物种数量和规模是否相对稳定。

　　生态系统具有自我调节和修复能力，但是只能控制在一定的范围内，生态系统遭到破坏很容易，但想恢复到平衡状态则很难。就目前的情况而言，对生态平衡起破坏作用的主要是人类的生产和生活行为，主要表现在三个方面：一是大规模侵占自然环境，如开垦土地和城市化运动；二是过分掠夺自然资源，如砍伐森林，无节制抽取地下水；第三是排泄有毒废气、废水和废物，如使用剧毒农药、汽车尾气等。

雨后的空气为何很清新

　　人体吸入少量的臭氧之后会刺激神经，变得兴奋，让人感觉神清气爽。

人们往往会在雨后感觉空气清新凉爽，其中主要有四个原因：

首先，闪电会将空气中的一部分氧转化为臭氧，臭氧的结构中比氧气多了一个氧原子，少量的臭氧不会有臭味，相反，它具有氧化能力，有漂白和杀菌的作用能够净化空气。

第二，雨水能够冲刷掉空气中的尘埃等悬浮物，空气中存在很多悬浮物，主要是灰尘杂质，但是肉眼无法观测到，当空气中的水汽凝结成雨滴的时候，会将这些悬浮物杂质粘附在表面，然后一同降下，如果下雨的时候你用容器接一些雨水，然后就会发现里面沉淀了很多杂质，雪水也一样，可以说降雨就像是有人给天空洗了一次脸，所以雨后会干净清新很多。

第三，下雨之前空气中水汽增多，气压下降，让人感到闷热，下雨的时候水汽会凝结成雨滴，这个凝结过程会吸收部分热量，导致气温降低，这也是为什么雨后会觉得凉爽的原因。

第四，下雨前的气温和环境会让人身体不适，所以人们会急切盼望下雨，等雨水过后，人们首先从心理上会觉得清新舒适，这算是一种心理暗示和条件反射。雨后空气清新自然，适宜人们外出散步、活动。

瑞雪兆丰年

不过这个谚语有很强的地域性，对于北方来说瑞雪兆丰年，但是对于南方地区来说，降雪无异于灾难，因为当地的农作物不抗寒，有的农作物甚至会被冻死。

中国有句谚语叫"瑞雪兆丰年"，意思是冬天的雪预示着明年会有一个好收成，这样的说法并非毫无根据。

首先，雪有保温功能，因为雪花之间有非常多的空隙，其中充满了空气，而空气的传热性非常差，能保证外面的寒冷空气不会到达地表，同时减少土壤中热量的外散，覆盖在大地上的雪就像穿在人身上的棉衣一样，能很好地保护农作物过冬；第二，雪有积水的功能，雪会慢慢融化，这就为农作物提供了水分，同时，等天气转暖，雪花会融化成水，灌溉大地，可以说，覆盖在农作物上的雪花相当于一个水窖；第三，雪花可以为农作物添肥，雪水中含有很多氮化物，每一升雪水中，含有氮化物7.5毫克，是雨水的5倍，并且这些氮化物能很好地被农作物吸收，所以下一次雪就相当于施了一次氮肥；最后，雪水融化后会冻死害虫，雪有保温功能，不仅是农作物，一些害虫也是受益者，它们会藏到地表之下过冬，但是，当天气转暖，雪融化的时候，会吸收热量，这时候躲在土壤下面的害虫就会被冻死，这样第二年危害农作物的害虫就会相对减少。

综合上面提到的这些原因，瑞雪兆丰年完全是有科学依据的。

湿地的功能

湿地不分咸水淡水,不分自然形成还是人工形成。

湿地是指暂时或者长久被水覆盖的区域,包括水深不超过2米的低洼地区、土壤中含水分较多的草甸地区,水深不超过6米的沿海地区,以及各种沼泽地、湖泊、河流、河口三角洲、湿草原,等等。

湿地同森林、海洋并称为地球三大生态系统,作用非常重要,被称作"地球之肾"。湿地对于自然环境和人类生存的作用非常大,主要表现在:一是很多野生动植物生存的家园,尤其是水禽,虽然湿地面积仅占地球地表面积的6%,却为20%的物种提供生存环境,对于保护野生动植物,保持地球物种的多样性至关重要。二是为人类提供食物以及其他物质,食物包括水产品、畜产品,以及农产品,其他物质包括水能、芦苇、木材、药材等。还有很多湿地被开发成为旅游地,为当地人增加收益。三是水分调节,湿地在蓄水、防洪抗旱、补给地下水、维持地域水分平衡方面起到重要作用,就像一块海绵,涝的时候能吸水,旱的时候能供水。四是对野外水资源起到净化作用,尤其是沼泽地,能将水中携带的农药、工厂污水中的有毒物质过滤和沉淀,净化水质,改善被污染的水环境。五是调节大气组成部分,湿地的水资源以及丰富的植物群落能够吸收二氧化碳,释放出氧气,调节大气,促进循环。此外,湿地还能调节局部的小气候,有湿地的地区一般降雨充沛,空气清新。

湿地对地球和人类至关重要,但是近些年由于人类对自然环境过度开发,土地荒漠化越来越严重,湿地面积正在逐年缩小,保护湿地已经成为摆在人类面前的一个刻不容缓的问题。

"红色幽灵"赤潮

引起赤潮的浮游植物和细菌一般包括一些大型海藻，以及一些单细胞植物等。

赤潮也被称作"红潮"，是指在特定条件下，海水中的浮游植物、细菌爆炸式繁殖增长，然后高度聚集在一起，使海水发生颜色变化的一种生态现象。赤潮是一种有害的海洋生态遭破坏的现象，虽然被称作"赤潮"，但并不代表每次赤潮都是红色的，根据引起赤潮的生物种类不同，赤潮也有可能是黄色的、绿色的、褐色的，还有一些赤潮不会引起海水颜色上的变化。

因为赤潮危害性极大，所以人们也称赤潮为"红色幽灵"。研究表明，世界上4000多种海洋藻类中，有260多种会形成赤潮，而其中70种会产生毒素，这些毒素会导致鱼类等海洋生物死亡，会被积攒到海洋生物体内，最终进入人的体内。此外，大量聚集的赤潮覆盖海面，影响鱼的呼吸，使鱼类窒息而死，常常会给沿海的渔民带来巨大损失。

发生赤潮需要具备一定的条件，其中最大的因素便是人类向海水中无节制地倾泻工业、生活污水，使得海水富营养化，为一些藻类爆炸式繁殖提供了养分。海洋污染已经成为赤潮发生的首要原因，日本是发生赤潮最严重的国家，中国近年来也屡次遭受赤潮危害，解决这一问题的当务之急便是停止海洋污染。

生态入侵

每年应对外来入侵生物，世界各地都要拿出大笔经费，农业要为此付出巨大的损失，应对外来入侵生物已经成为各国需要面对的一个普遍问题。

当人类有意或者无意将一种生物引入到原本不存在这种生物的地区，因为环境适合，缺乏天敌，造成了疯狂繁殖扩张，并且威胁到了当地的环境和其他生物的生存，这便是生态入侵。生态入侵最典型的例子要属澳大利亚的兔子，原本澳大利亚没有兔子，欧洲人将兔子引入澳大利亚之后，兔子开始疯狂繁殖，破坏草场，从而影响到了当地的畜牧业，最后政府不得不出面控制兔子的数量。原本挪威没有帝王蟹，当人们将帝王蟹引入到自己渔场中之后，才发现这种肉食动物在当地没有天敌，极大地威胁到了当地渔业资源。

生态入侵的根源在于物种的引入，其实这是一项很正常的事情，我们生活中的很多动植物都是从其他地区引入的，比如玉米、小麦、甘薯、番茄等，但确实

有一些生物会破坏当地的生态平衡，造成生态入侵。除了人为的引入之外，其他造成生态入侵的传播途径还有：自然传播，主要指靠风传播植物种子，以及动物的自然迁徙；贸易传播，指不同地区贸易行为过程中不小心携带传播物种的行为；游客传播，是指一些旅游者从旅游地带回的一些动植物物种。

很多人意识不到生态入侵的危害性。生态入侵会破坏当地物种的多样性，导致当地一些物种灭亡，因为当地生态系统原本处于平衡状态，外来物种若是具有生存优势，就会抢走一部分当地物种的生存资源；还有，外来物种入侵可能破坏当地的生态环境，比如有的植物对土壤和水分要求很高，当它们疯狂繁殖的时候，会大量吸取土壤中的水分，造成当地土壤沙漠化；有的外来动植物身上还携带着病菌，而当地人之前没有接触过，身上没有抗体，非常容易被感染。

物种灭绝

世界自然保护联盟公布的数据显示，地球上 1/4 的哺乳动物、1200 多种鸟类以及 3 万多种植物面临灭绝的危险，地球上生物多样性受到挑战。

物种灭绝是指某种动物或者植物从地球上消失，不复存在。就当前而言，物种灭绝的速度正在加快。单是亚洲来讲，就出现了 1905 年日本倭狼灭绝、1916 年新疆虎灭绝、1937 年巴厘虎灭绝、1948 年亚洲猎豹灭绝、1972 年台湾云豹灭绝，等等。

有的科学家将物种灭绝视为正常的进化现象，从目前得到的生物化石可以知道，此前地球上已经经历过几次大的物种灭绝，其中最有名的要属恐龙灭绝，甚至有人认为，当初地球上存在的99％的生物都灭绝了。引起物种灭绝的原因很多，可能是发生了大的地质灾难，如火山爆发，行星撞击地球等；也可能是气候发生变化，无法适应；或者是因为食物链中断，食物短缺等原因。除了自然因素之外，人类活动造成的生态破坏、环境污染、侵占野生动物生存空间等，也是生物灭绝的非常重要原因。

岩石风化

城市中的岩石建筑受到酸雨和被污染过的空气影响，产生的主要是化学变化。

风化是外界对地壳表面的一种破坏活动，岩石风化是指岩石在太阳辐射、大气、水、生物等的破坏下出现分裂、破碎、演变的现象。引起岩石风化的原因有很多，既有气温冷暖变化，也有水的腐蚀作用，还有风等其他外力因素。

岩石风化按照性质不同大致可以分为三类：一是物理风化，主要是指岩石不离开原地，因为热胀冷缩或者其他原因分裂或者破碎，只产生物理变化，不改变化学成分；二是化学风化，主要是指岩石受到一些酸、二氧化碳、水等腐蚀产生的风化，这种风化往往会有新的矿物质产生，因此被称作化学风化；三是生物风化，主要是指一些附生在岩石上的植物，尤其是海底的菌类、藻类植物，它们从岩石中汲取养分，同时向岩石排泄有机酸，这都会加速对岩石的化学风化。

温暖潮湿的地区，岩石风化主要受降雨、水汽、附生植物作用影响，多是化学风化。而在炎热干旱的沙漠地区，岩石风化主要受高温和风的影响，多是物理变化。风化现象与剥蚀现象往往相辅相成，岩石被风化后下一步往往会被剥蚀，然后裸露出新的岩石，继续被风化，剥蚀掉的岩石往往会变成沙子，被风和雨水带到远处，或形成大漠，或沉淀于河底，或成为沃土。

土地荒漠化

中国是遭受荒漠化危害最严重的国家之一，停止过度开垦、砍伐、放牧，保护生态环境，已经成为刻不容缓的事情。

荒漠化是指由于气候变化以及人类不合理的经济活动等原因，致使干旱、半干旱以及一些具有干旱灾害的半湿润地区的土地发生退化的现象。简单来说，荒漠化就是指土地退化。

土地荒漠化的原因主要有两个，一是气候原因，二是人为原因。土地荒漠化主要发生在干旱、半干旱地区，这些地区本身气候干燥，降水很少，生态很薄弱，极易遭到破坏，这是土地荒漠化的基础。人为因素主要是指过度开荒种田、过度放牧、破坏森林植被、破坏草原牧场，这些行为破坏了当地的生态平衡，再加上当地原本就干旱、少雨、多风，地表在没有植被保护的情况下很容易被侵蚀，然后开始蔓延，最终导致荒漠化。

土地荒漠化已经成为全球环境问题中最严峻的一个，因为它直接威胁到人类的生存。迄今为止，全球面临荒漠化危险的土地面积已经超过地球陆地面积的1/4，有超过十几亿人口受到直接威胁，每天被荒漠化的土地面积相当于整个爱尔兰的国土面积，有人预测未来的几十年间地球上超过1/3的耕地将被荒漠化。

臭氧层空洞

臭氧层是地球的保护层，可以吸收绝大部分太阳紫外线，此外还会影响到地球气候。

臭氧是大气中的一种微量气体，主要集中在平流层 2025 千米的高空，这个空间也被称为臭氧层。20 世纪 70 年代，英国科考队员通过观测，首次发现南极上空的臭氧层变得非常薄弱，尤其是每年的 910 月。美国科学家利用卫星进一步观测到，南极上空的臭氧层出现了椭圆形的空洞，空洞面积相当于整个美国的国土面积，后来人们又发现北极上空同样出现了臭氧层空洞。

关于臭氧层出现空洞的原因有很多种说法，有人认为太阳活动是主要原因，太阳风射来的粒子流被地球两端的磁场吸引，集结在南北极上空，破坏了那里的臭氧分子；不过，更多的人认为臭氧层空洞的出现并非天灾，而是人祸，人类大量使用氟利昂作制冷剂，氟利昂中的氯分子在进入大气层中之后，与臭氧发生化学反应，反复破坏臭氧分子，稀薄了臭氧的浓度，造成了臭氧层空洞。

臭氧层遭到破坏之后，太阳照射到地球表面的紫外线将会增加，对生态环境和人体本身的健康都有很大的损害。研究表明，大气中的臭氧每减少1％，照射到地面的紫外线就增加2％，而人类患皮肤癌的几率就增加3％，由此可见，臭氧层空洞将直接威胁到人类的安全。为此，世界上的主要工业国已于1987年正式签署《蒙特利尔公约》，要求逐步减少生产、使用危害臭氧层的化学物质。

噪声污染

噪声会影响大脑神经系统，引发头疼、神经衰弱等疾病。

物理学上来讲，噪声是指发声体做无规则震动，发出不同频率、不同强度、无规律、杂乱无章的不和谐声音；生理学上来讲，一切对人们生活、工作、休息造成影响的声音都可以称之为噪声，这种噪声对人造成影响的行为即是噪声污染。

噪声的来源很广泛，来自车辆、船舶、地铁、火车、飞机等交通工具的噪音被称为交通噪音，这种情况主要出现在城市中，人们在城市的大街上走一段时间就会觉得耳朵里嗡嗡响。另外还有来自工厂生产的噪音，主要是生产时设备发出的声音，受干扰的群体一般是居住在工厂周围的居民。每当有新的工地开工的时候，各种建筑机械的声音就会此起彼伏，加上现在很多工地都是24小时开工，所以周围的人往往不胜其扰，这种噪音被称为工地噪音。还有一些其他噪音，如邻居开大功率音响、隔壁半夜练习小提琴等。

噪音污染同大气污染、废水污染一样，也会给人体带来伤害，首先是人听觉上的伤害，长期处于嘈杂的环境，人的耳朵就会疼痛，严重者会引发噪声性耳聋，突然出现的巨响甚至会震破耳膜，让人完全失去听力。除了身体上的伤害之外，噪声还会影响人的睡眠质量，导致注意力不够集中，工作效率下降。噪声对动物的伤害要远比人类大得多，巨大的声响甚至会直接将一些鸟类吓死。有研究表明，长时间处于噪声污染下的建筑物质量也会受到损害。可见噪声污染已经影响到了人类生活的方方面面。

光污染

当一个人长期处于闪烁不停的灯光环境中时,生物钟会受到干扰,同时很多鸟类和昆虫类也会受到干扰。

无论是什么光,只要影响到了自然环境,影响到了人类的正常生活、工作、休息,给人们造成视觉上的障碍,有损人体的健康,我们都可以将其称之为光污染。

光污染按照不同类型的光源,主要可以分为三大类:一是白亮污染,主要是各种城市玻璃幕墙、白色釉面的瓷砖、磨光的大理石等明晃晃刺眼的光,尤其是玻璃幕墙,能反射太阳90%的光,瞬间让人视力降低,头晕目眩,长期在这种环境下工作还会造成食欲不振、失眠、身体乏力等症状。第二类是人工白昼,主要指晚上闪烁的人工广告灯、霓虹灯、灯箱等,其中有的光很强,可以在夜空中射出很远。第三类被称作彩光污染,主要是指歌舞厅等室内环境中的黑光灯、旋转灯、荧光灯等,黑光灯会产生强烈的紫外线辐射,时间长了会导致牙齿脱落、白内障,甚至是白血病和皮肤癌,而旋转灯和荧光灯则会干扰人的神经系统,使人头晕目眩、恶心呕吐,严重者还会神经衰弱。

除了上面提到的这几种光污染之外,其他还有激光污染、红外线污染、紫外线污染等。光污染已经成为人们日常生活中不可避免的一项烦恼,它对人体的伤害主要集中在眼睛和神经上,所以人们应该注意防止各种光污染对健康的危害,避免过长时间接触污染。管理者可以加强城市规划和管理,减少光污染的污染源,一些工作场所如果需要接触红外线和紫外线,要做好防护工作,个人平时出门的时候也要多注意,将光污染的损害降到最低。

大气污染

大气污染对人类和社会危害极大。

国际标准化组织(ISO)对大气污染有专门的定义:由于人类活动或自然行为引起某些物质进入大气中,在一定的时间内,这些物质呈现出足够的浓度,危害到了人体的舒适、健康和福利,或者对环境造成了污染,这种现象便是大气污染。通俗地说,只要使空气质量变差的行为都是大气污染。

大气污染并非全部是人为的行为,比如天气干旱或者雷电使得森林发生大火,大火浓烟会造成大气污染,火山喷发的时候大量火山灰会升入大气层,会造成一定的大气污染。但是，主要的大气污染还是由人类造成的，主要有工业废气排放、汽车尾气排放、取暖燃烧煤炭等。迄今为止，人们发现的大气污染物已经超过上百种，主要分为两大类，一类是气溶胶状态污染物，主要包括粉尘、烟液滴、雾、降尘、飘尘、悬浮物等；另一种是气体状态污染物，主要包括二氧化碳、氮氧化物、碳氢化物、光化学烟雾和卤族元素等有害气体。随着人类社会不断工业化，大气污染越来越严重，甚至连南极和北极也受到了大气污染的影响。

对于人体健康来说，大气污染能让人产生严重的生理不适，严重的大气污染，如化工厂有毒物质泄露会让人急性中毒，立即死亡，还有一些大气污染若长时间接触会加大患癌症的几率。大气污染对农业的影响也非常严重，最典型的莫过于酸雨，酸雨不仅影响农作物生长，还会污染土壤，并通过土壤污染地下水；一些城市建筑物也会受被污染的大气和酸雨腐蚀，减少寿命；大气污染还会影响到全球的气候，比如温室效应。

白色污染

白色污染最初只在城市出现，但现在已经不受地域限制，甚至农村因为垃圾处理设施不完善，受白色污染更严重。

白色污染是人们对难以降解的塑料垃圾造成的环境污染的一种俗称，因为塑料垃圾以白色塑料袋最为常见，所以被称为白色污染。

塑料垃圾主要以食品包装、泡沫塑料填充包装、快餐盒、农用地膜为主，主要成分包括聚苯乙烯、聚丙烯、聚氯乙烯等。塑料在发明之初广受人们欢迎，因为它方便携带，看上去还卫生，后来人们逐渐认识到这种人工合成的物质基本上不可分解，若是在野外自己分解掉，至少需要200年，要是同其他垃圾一起深埋地下，1000年也分解不了。并且，埋在地下的塑料时间长了还会污染地下水，对周围环境造成危害。看似一烧了之是最好的处理方法，但是焚烧塑料将会产生大量黑烟，给环境造成二次污染，尤其是燃烧塑料释放出的二噁英，已经被认定是毒性最大的有害物质，二噁英接触到土壤会危害农作物，接触到人类则会对肝脏和脑组织造成伤害。

无论是从保护人类健康的角度出发，还是从节约资源的角度出发（生产塑料的原材料是石油，而石油是非可再生资源），都应该加强对白色污染的治理。首先塑料产品是可回收利用产品，做好垃圾分类，不要随便丢弃；其次，寻找其他替代产品，逐渐减少对塑料产品的依赖。

二次污染

　　对环境造成第一次污染的污染物也被称为"原生污染物",由于这些污染物的来源比较容易查找,物理反应和化学反应比较简单,所以相对要好治理一些。

　　二次污染是指污染源进入环境中造成污染之后,经过物理作用、化学作用或者生物作用,生成新的污染物,对环境再次造成污染。

　　二次污染中的污染物被称为"次生污染物",是在第一次污染中物理反应和化学反应的基础之上,再次进行反应,对环境和人体的危害要比一次污染大得多,并且因为反应过程复杂,无源可循,比较难治理。例如,无机汞化合物进入水中之后会造成一次污染,而化合物会同水中的微生物发生反应,产生甲基汞化合物,造成二次污染;二氧化硫被排入大气中之后产生一次污染,当二氧化硫与水蒸气结合,变成酸雨的时候,便形成了二次污染;汽车尾气排放会对环境造成一次污染,尾气中的烃类化合物会在阳光作用下发生光化学反应,生成臭氧等多种强氧化剂,进而对大气造成更严重的二次污染。

可降解塑料

　　随着现代科学技术的发展,可降解塑料的优势会越来越明显,最终取代传统塑料,彻底消除白色污染。

　　可降解塑料是指比较容易在自然环境中降解的塑料,消除了塑料难以降解,成为白色污染的缺陷。添加剂是生产可降解塑料的关键,这些添加剂主要有淀粉、改性淀粉或其他纤维素、光敏剂、生物降解剂等,目的是降低塑料的稳定性,增加分解性。

　　按照添加剂和降解原理的不同,可降解塑料可以分为四大类:一是光降解塑料,主要是在塑料中添入光敏剂,依靠阳光照射分解塑料。这是最早的添加剂,缺点是降解程度受天气和日照影响较大;第二类是生物降解塑料,主要靠微生物进行分解,塑料最后会降解为低分子化合物,目前这种技术被广泛应用到食品包装、农业生产和医药包装领域;第三类是结合了光降解和生物降解的综合降解技术,集聚了两者的优点;第四类是水降解塑料,用完之后扔到水里会被溶解,目前主要应用于医疗领域。

　　可降解塑料可以减少环境污染,但也有自己的不足之处,如稳定性不够,有的不能被太阳直晒,有的不能接触水;再有就是需要消耗更多的资源,添加剂是一方面，可降解塑料不可再回收也是一方面。因为传统习惯、稳定性、方便性、价格因素、环保意识的原因，传统塑料仍然是人们的第一选择，这也为可降解塑料的发展提供了更大的动力。

热岛效应

降低热岛效应可以采取的措施有：增加城市绿化面积；尽量将生产性企业迁出城市；减少私家车上路，多乘坐公共交通工具；修建环城河道等。

因为城市中建筑密集，路面多为柏油路或者水泥路，所以会比郊区更容易吸热，也更容易储存热量，这些热量会以城市为中心，向四周的空气中辐射，这种同一时间内城市温度高于周边温度的现象被称为热岛效应，因为城市就像是被热气包围的一个小岛一样。

造成城市热岛效应的原因有很多：第一是城市里面修建了大量人工建筑，如混凝土结构的大楼、柏油马路等，它们比郊区的土壤、草地更能吸收热量；第二是城市集聚了众多人口，他们说话、走路、开车等工作、生活行为都会产生巨大的热能，这一点在郊区和农村是不存在的；第三是城市中植被、水面太少，没有足够多能吸收、消耗热能的渠道；第四是城市中工业生产、交通运输压力大，排放到大气中的污染物比较多，进一步加剧了城市热岛效应。

热岛效应使得城市每年夏天都要消耗大量电力来降温，同时热岛效应使得空气中的污染物都积聚在城市上空，除非遇到强烈的冷空气，否则不会散去，会对生活在城市中的人们身体健康造成损害。高温会使人们感到情绪烦躁、精神紊乱，甚至中暑，如果是持续高温，心脏病、脑血管和呼吸疾病的发病率都会上升。

温室效应的产生

温室效应已经成为全球性的问题，各国也一直努力合作，控制向大气中温室气体的排放量，挽救地球。

温室效应是指由环境污染引起的地球表面变热的现象。造成温室效应的主要原因是人类向大气中排放温室气体，尤其是二氧化碳。现代社会工业化程度越来越高，工业生产和人们生活会消耗掉大量煤炭、石油和天然气，排出大量二氧化碳。二氧化碳是一种可以吸热和隔热的气体，过多的二氧化碳包围在地球周围，地球产生的热量便无法发散出去，结果便是造成地球表面温度升高。当然，温室气体不仅包括二氧化碳，还包括氟氯烃、甲烷、低空臭氧和氮氧化物气体等。

温室效应最直接的后果是全球变暖，而全球变暖会导致南北极冰川融化，致使海平面上升，很多岛国和一些沿海地势低洼地区将受到威胁。全球变暖还会导致异常恶劣天气出现，近些年全球极度高温和极度低温天气屡屡出现，其中一个原因便是全球气候变暖，极端天气还会带来台风、海啸，给沿海人们造成极大损失。全球气候变暖会加剧干旱、半干旱地区的旱情，加剧土地沙漠化，沙漠不断扩张，耕地不断减少，威胁着人类的生存。还有研究表明，南北极冰川中隐藏着许多史前病毒，它们或对动物或对植物有害，南北极冰川若是融化，这些病毒很可能袭击地球上的生物。

水资源危机

随着地球人口的迅速增长，工业农业的不断发展，人类对水资源的需求越来越大，水资源短缺现象越来越严重。

因为水资源短缺引发的影响正常生产、生活的供水危机被称作是水资源危机。水资源危机通常指的是淡水资源，地球上的水资源总量是稳定的，如果利用不合理或者被浪费掉、污染掉，可利用的水资源就会越来越少。

水资源短缺会影响人们正常的生活秩序，尤其是城市地区，人们不得不限时供水；还会影响到工农业生产，因为水资源供应不足导致停工停产，农作物干旱得不到灌溉，每年都会造成巨大损失；一些缺水地区为了解决水资源短缺问题，不断加大地下水开发力度，导致地下水位逐年下降，地表下陷；水资源的短缺甚至可能引发战争，历史上因为争夺水资源多次引发国家与国家、地区与地区之间的争斗。

要想解决水资源短缺的问题，首先要树立节约用水的意识，认识到水资源是有限的，认识到水资源短缺的危害，建立起一种危机意识；第二，要合理使用水资源，拒绝污染和破坏，水会蒸发到大气中，然后再通过降雨落到地球表面，是一个循环过程，前提是不要污染；第三，提高水资源的综合利用，尽量一水多用；最关键的还是要开发水资源，尤其是海水资源，地球上不缺水，缺的是淡水，如果掌握了操作简单、成本低廉的海水淡化技术，地球上水资源短缺的问题

基本上就解决了。

水俣病

公害病是指由于人类活动造成环境污染，从而引起的地域性疾病。世界上最知名、最典型的公害病是水俣病。

水俣病是由于人和动物食用了含有有机水银的鱼类等海产品，从而引发的一种综合性疾病。

水俣是日本的一个地名，位于日本九州岛熊本县，从1953年开始，当地陆续有人患上了怪病，病初的表现是口齿不清、走路不稳、表情痴呆；到了后期，病人会失明、失聪、失去触觉、全身神经不受控制，最后身体极度扭曲，嚎叫着死去，非常惨烈。最初人们不知道这是什么病，于是称之为水俣病。经过调查分析，人们找到了水俣病的病因，那就是他们食用了被污染过的鱼类、贝类，以及其他海产品。当地多家化工厂将含有甲基汞的工业废水排入海中，污水中的甲基汞在鱼类体内积攒，人类食用了这些有毒的海产品之后，毒素便被吸收到了体内，等毒素积攒到一定的量，人体便会患病。有超过半数的人患病后三个月内死亡，孕妇患病后腹中的胎儿也会受到影响，多数一出生便是弱智。

水俣病为人类敲响了警钟，公害病已经严重威胁到了人类的健康。公害病一般具有四大特征：一是由人类污染环境所致；二是通过食物等其他介质进入人体；三是流行时间较长，可以长达数十年；四是往往会遗传，影响下一代。除了水俣病之外，全球还发生过多起公害病，其中日本最为严重，如因为大气污染发生的"四日市哮喘";因为食用受污染稻米发生的"痛痛病"等。

环境科学的兴起

早期的环境科学主要侧重于自然科学和工程技术的研究,而近些年则偏向于社会学、经济学和法学等社会领域。

环境科学是通过物理、化学、生物等多种学科综合研究人类社会发展和环境演化,寻求人类发展与保护环境之间有机结合的综合性科学。

环境科学是一门综合性的跨界学科,它不仅仅研究自然环境,还研究人类社会,所以几乎运用到了所有的学科知识,包括生物学、化学、物理学、医学、工程学、数学、社会学、经济学、法学等。

环境科学的研究范围非常广泛,大到经济发展与环境保护之间的和谐并存,小到人们生存环境中的每一个细节,这与环境科学所承担的研究任务是分不开的。环境科学的主要任务有:研究全球环境变化的规律,包括变化的方向和对人类造成的影响;研究人类与自然环境之间的关系,包括自然究竟提供给人类多少可利用的资源,以及人类行为对自然会造成多大的影响,哪些是可以修复的,哪些是不可以挽回的;制定详细的标准,保证人类对自然的影响保持在一定范围内,同时治理人类已经对自然造成的破坏;研究一切人与自然之间关系的细节,寻求人类与自然和谐并存的途径。

环境科学本身是一门跨界学科,后来与其他学科交叉综合,诞生出了许多新的学科,比如有属于自然科学方面的环境地学、环境生物学、环境化学、环境物理学、环境医学、环境工程学;属于社会科学方面环境管理学、环境经济学、环境法学等。

交 通

火车的诞生

在火车早期的发展过程中，功劳最大的是英国人斯蒂芬森，他被后人称为"火车之父"。

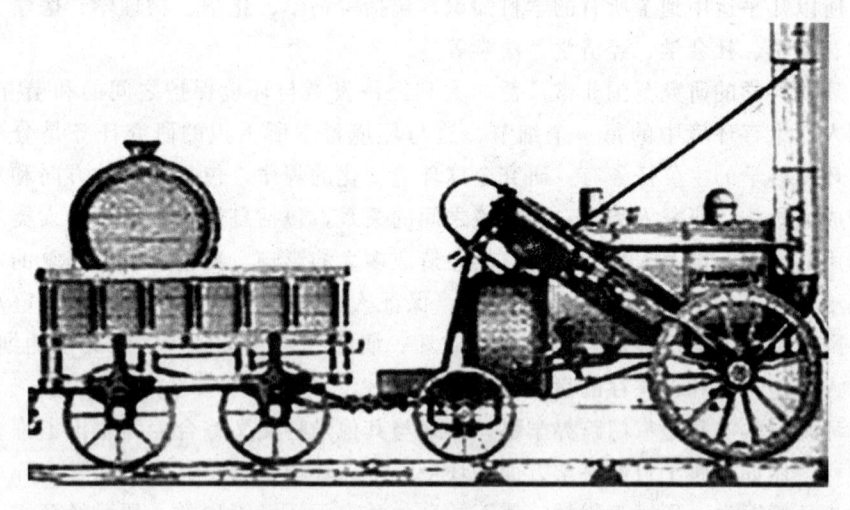

16世纪中期，英国的钢铁工业蓬勃发展起来，采矿业随之变得越来越兴盛。当时，为了将大量铁矿石从矿山上运送下来，人们便发明了可以承载斗车的铁路。1804年，英国一位名叫德里维斯克的采矿技师发明了全世界第一辆可以在铁路上运行的蒸汽机车。因为这种机车是使用煤炭或木柴做燃料的，所以人们便称呼它为"火车"。

斯蒂芬森的父亲是一名矿工，在父亲的影响下，斯蒂芬森从小就对蒸汽机产生了浓厚的兴趣。成年之后，斯蒂芬森开始亲自制造蒸汽机。在成为一名采矿工程师后，他又开始制造蒸汽机车。1814年，斯蒂芬森制造的首辆蒸汽机车"布鲁克"号问世。"布鲁克"号总共有8节车厢，承重30吨，速度为每小时6.4公里。此后，斯蒂芬森对蒸汽机车不断进行改良。与此同时，他又奉命开始在英国主持铁路的修建工作。

1829年，利物浦通往曼彻斯特的铁路即将开通，英国政府宣布将在该铁路上举行一场机动车行驶大赛。斯蒂芬森决定用自己改良过的蒸汽机车参加这场比赛。当时，人们对蒸汽机车的了解不深，只觉得它是一只体型庞大，会发出惨叫的钢铁怪兽。斯蒂芬森希望通过此次比赛向人们证实蒸汽机车并非大家想象中那样，它其实是一种能为人类造福的先进交通工具。

比赛开始后，斯蒂芬森驾驶着蒸汽机车一鸣惊人。在场的很多高官登上这辆蒸汽机车，想要亲自体验一下风驰电掣的感觉。然而，当蒸汽机车行驶到中途停车休息时，却发生了意外。一位名叫哈斯基逊的议员下车散步，忽然从旁边的一条铁轨上驶来另外一辆蒸汽机车，将他撞倒在地。斯蒂芬森当即驾车火速将他送到附近的医院抢救，可惜哈斯基逊的伤势太重，最终不治身亡。他也因此成为了世界上第一个在火车事故中丧生的人。

1830年，利物浦通往曼彻斯特的铁路正式通车。从这时开始，英国的铁路事业迅速发展壮大起来。仅仅过了10年，英国国内的铁路总长度就已经达到了4000公里。1879年，德国西门子公司研制出了全世界第一辆电力机车。1894年，德国人又研制出了全世界第一辆燃油机车。此后，火车不断发展，直到现在依然在世界各国的运输业中发挥着重要的作用。

富尔顿发明蒸汽机船

18世纪，就有人研制过用蒸汽驱动的船，结果以失败告终。

19世纪初，美国工程师富尔顿总结前人的经验和教训，发明了全世界第一艘蒸汽机船。

富尔顿从童年时期就萌生了这样一种念头：要制造一艘不需要人力驱动就可以前进的船。成年后，他花费了9时间，终于在1803年制造出了一艘蒸汽机船。

只可惜这艘船在法国塞纳河中试航时被暴风雨毁坏了。

此后，富尔顿在瓦特的支持下，重新开始研制蒸汽机船。1807年，他制造的"克莱蒙脱"号蒸汽机船在美国的哈得逊河中试航成功，这便是人类历史上第一艘以蒸汽为动力的轮船。

莱特兄弟发明飞机

"飞行者1号"是全世界第一架完全依靠自身动力飞行的飞机。

莱特兄弟是世界航空业的先驱，他们发明了全世界第一架实用飞机，并于1903年12月17日试飞成功。

莱特兄弟的本职工作是制造和修理自行车，工作之余，他们最大的爱好就是飞行研究。1891年，有"滑翔机之父"之称的德国飞行家奥托·李林塔尔试飞滑翔机成功。消息传到美国，莱特兄弟立志要以李林塔尔为榜样，制造出先进、实用的飞机。1896年，李林塔尔在试飞的过程中出现意外，为人类的航空事业献出了自己的生命。不过，这件事并没有使莱特兄弟打消进行飞行研究的斗志。此后，他们在研究的过程中更加深入、审慎。经过多年的刻苦钻研与探索，莱特兄弟终于在1903年研制出了"飞行者1号"，这便是世界航空史上的首架实用动力飞机。

在"飞行者1号"诞生之前，莱特兄弟自行制造了200多个机翼，进行了上千次滑翔飞行。在此期间，不断有飞行家在试飞过程中遭遇意外身亡，很多人据此对动力飞机的研制提出了质疑，但莱特兄弟却信念坚定地走到了最后。

莱特兄弟在"飞行者1号"上安装了他们自己发明的螺旋桨，还安装了一台功率为8.8千瓦的四缸发动机。

1903年12月14日，莱特兄弟驾驶"飞行者1号"进行了第一次试飞，结果飞机坠落到了沙滩上，试飞宣告失败，所幸未出现人员伤亡。1903年12月17日上午10点35分，莱特兄弟再度驾驶"飞行者1号"在美国北卡罗来那州一座小山坡上进行试飞。这一天，他们试飞了4次，第一次飞了12秒，飞行距离为36.58米，最好的一次飞了59秒，飞行距离为260米，飞行高度为3.8米，时速达到了48千米。在此次试飞活动中，现场有6名观众，他们还拍摄了相关的照片。

1906年，莱特兄弟在美国获得了飞机的发明专利权。1908年，法国政府高度赞扬了他们对世界航空事业作出的贡献。1909年，美国国会向他们颁发了荣誉大奖。

气垫船的用途

气垫船最主要的用途就是军事用途。

气垫船是一种非常特殊的船，它利用高压空气在船底和水面之间形成气垫，让船体升离水面，实现高速航行。

世界上最早的气垫船诞生于英国。20世纪60年代，气垫船被引入英国海军，开始在战场上发挥作用。

具体说来，气垫船可以输送登陆兵，还可以扫除水雷，冲破一些水上破障，可以用作一个武器运送平台，为反舰、反潜提供支援，还可以运送物资补给，在海上搜救伤员等。在越南战争期间，美国就开始大量应用气垫船，并取得了良好的效果。直到现在，气垫船仍是美国海军的一项重要军事装备。目前，俄罗斯拥有世界上最庞大的气垫船——Zubr级气垫登陆艇。

气垫船发展到现在，除了军用以外，也开始用于民间。例如，气垫船可以随处登陆，一些旅游岛为了方便运输，便购入了这种特殊的船只做运送工具。

磁悬浮列车的出现与发展

建造磁悬浮铁路的构想最早始于1922年。

磁悬浮列车的工作原理就是磁铁的同性相斥，异性相吸。在磁铁的作用下，磁悬浮列车能摆脱地球引力，悬浮在距离轨道大约1厘米的空中行驶。1969年，德国出现了全世界第一个磁悬浮列车的小型模型。1972年，日本也出现了这种模型。磁悬浮列车发展到1979年，时速已经达到了517公里，远远超过了普通列车的时速。

20世纪80年代，德国在柏林建造了磁悬浮列车系统，并于90年代初开始正式载客。其后，英国、日本、中国等也都出现了磁悬浮列车，并开始投入运营。不过，磁悬浮列车的普及仍有很长的一段路要走。

泰坦尼克号的沉没

另外还有一种说法，认为泰坦尼克号是因为铆钉断裂致使船身解体，最终沉没。依据就是泰坦尼克号上用于固定船身钢板的铆钉之中含有大量的玻璃元素，非常容易断裂。

1903年3月31日，北爱尔兰的哈南德·沃尔夫造船厂开始建造一艘空前豪华的客轮。第二年3月31日，这艘客轮终于全部完工，这便是举世闻名的泰坦尼克号。泰坦尼克号长269.06米，宽28.19米，净重量达到了21831吨，排水量更是高达66000吨。船上有891名船员，可以运载超过2200名乘客。

1912年4月10日，泰坦尼克号从英国的南安普敦港启程，开始了它的处女航。4月14日晚，泰坦尼克号行驶至靠近纽芬兰岛的北大西洋海域，附近风平浪静，没有出现任何异常。但是到了23:40，一位名叫弗雷德里克·弗利特的瞭望员忽然发现前方出现了一片阴影，大约有两张桌子那么大。他迅速敲响了警钟，宣布在正前方发现了冰山。第一副船长默多克马上下令引擎减速，同时改变航向。然而，这并没有使泰坦尼克号避开那座致命的冰山。在瞭望员发现冰山后仅仅过了37秒，泰坦尼克号就撞到了冰山上，右舷与冰山底端发生了猛烈的碰撞与摩擦，右舷前部吃水线以下的部分出现了一道长达93米的豁口，海水源源不断地涌进船舱。2小时40分钟之后，泰坦尼克号被北大西洋冰冷的海水吞没了。

失事之前，泰坦尼克号上总共有2208名船员和旅客，最终只有705人生还。其中头等舱的幸存率最高，为63％，二等舱次之，为43％，三等舱的幸存率最低，只有25％。泰坦尼克号的沉没令欧美各国震惊不已。1912年4月18日，船上的幸存者搭乘卡帕西亚号客轮抵达纽约港，码头上有大约3万人冒雨迎接他们。

迄今为止，泰坦尼克号已经沉没了100年，有关其沉没原因的争论一直没有停止过。最流行的说法是船上的工作人员在遇到冰山后判断失误才导致了沉船。当时船上的一副默多克下令引擎减速，并改变航行是相当愚蠢的。其实，他只要下令引擎减速，用船头撞向冰山就能保住船上所有人的性命。因为泰坦尼克号的船头部分非常坚固，即便撞到冰山也只会局部受损，不会导致整艘船下沉。然而，默多克的指示却让较为脆弱的船身撞到了冰山上，致使船身断折，全船沉没，酿成了举世震惊的惨剧。

近年来，科学家们又通过对泰坦尼克号水下残骸的考察提出了新的说法。他们对比了残骸中的金属碎片与现在的造船钢材，发现前者的韧性明显不足，在－40℃至0℃的环境中很容易就会断裂，因此泰坦尼克号的船身才会在撞上冰山后断折，最终沉没。原来，建造泰坦尼克号的工程师为了增加钢材的强度，便在其中加入了大量的硫化物，结果导致钢材在强度增加的同时，却失去了应有的韧性。

好望角航线史话

古代的腓尼基人曾经乘船环绕过非洲大陆，但只留下了传说。

好望角位于南非最南端，也是整个非洲最南端，大西洋和印度洋在此交汇。到了中世纪，葡萄牙人想要开辟新航线，掠夺海外财富，他们想到了非洲大陆南端，当时欧洲人对那里一无所知，甚至怀疑那里有没有人生存。1454年，欧洲人乘着三桅帆船沿非洲大陆一路向南，逐渐认识到了非洲大陆的物产丰饶。1487年，葡萄牙国王派出巴尔托洛梅乌·迪亚士，让他指挥一艘船继续向南。等他们到了南非南端，发现这里狂风大浪，波涛汹涌，船员们十分惊恐，纷纷要求返航，但是迪亚士坚持继续向前。这艘船穿过好望角，并向北航行了一小段之后，船员们因为疲惫和害怕不肯继续前行，迪亚士无奈，只得返航。回到里斯本之后，迪亚士报告了自己一路的见闻，并将南非南端称作"风暴角"，但是国王认为应该给那里起个寓意好一点的名字，于是称之为"好望角"，寓意转过这个海角，就能得到好运。

新航路的开辟

新航路是指15至16世纪，西欧各国在航海探险的过程中开辟的通向印度、美洲等地的航线。

15世纪，西方资本主义发展起来，黄金成了西欧各国进行对内和对外贸易的唯一支付手段。为了获得更多的黄金，西欧各国便将目光投向了东方。这段时期，东西方之间的传统陆路被土耳其人掌控，这使得东西方贸易几乎完全中断。为此，西欧各国开始想方设法，寻找通往东方的新航路。

当时，西欧的造船技术已经相当先进了，能够指引轮船航行方向的罗盘针也已由中国传入了西欧，再加上西欧地理学家绘制的先进的地图，这些都为新航路的开辟提供了物质保障。

1487年，葡萄牙人迪亚士在葡萄牙王室的支持下率领船队从欧洲出发，于第二年抵达了非洲最南端的好望角。

1492年，意大利航海家哥伦布在西班牙王室的支持下发现了美洲新大陆，同时开辟了通往美洲的新航路。

1497年，葡萄牙人达·伽马在葡萄牙王室的支持下率领船队绕过好望角到达印度，开辟了从欧洲到印度的新航路。

1519年，葡萄牙人麦哲伦在西班牙王室的支持下，率领船队开始环球航行。1522年，麦哲伦船队完成了此次航行，返回欧洲，证明了地圆学说的正确性。

　　新航路的开辟使世界开始连为一个整体，东西方之间的经济和文化交流随之增强。欧洲人开始在非洲、亚洲和美洲各地开展殖民活动，掀起了殖民掠夺的狂潮，欧洲的资本主义经济因此迅速发展起来。

詹姆斯·库克开创现代航海的先河

　　詹姆斯·库克是英国18世纪著名的航海家。

　　从1768年到1779年，詹姆斯·库克先后进行了三次远航，开创了现代航海的先河。

　　青年时期的库克曾在英国皇家海军服役7年，在此期间，他对北美东海岸等地进行了详细地勘测，并绘制了大量海岸线图，成了当时颇有名望的制图学家。从1768年开始，库克奉英国政府之命，为寻找南太平洋中的"南大陆"开始远航。

　　在1768年8月至1772年6月期间，库克完成了第一次远航。在此期间，他并没有发现"南大陆"。于是，从1772年7月开始，库克又进行了第二次远航。这一次，他率领的考察队进入了南极圈，确定在南半球并没有所谓的"南大陆"。1776年7月，库克开始了第三次远航，并一直航行到白令海峡，之后因冰山的阻挡，折返夏威夷。1779年2月，库克与夏威夷的土著人发生冲突，不幸丧命。其余队员继承了他的遗志，继续完成了此次远航。

　　库克去世后，留下了大量航海日志，其中记录着他在远航途中的行程，为时人提供了丰富而准确的航海资料。另外，库克还在长期的远航中找出了预防船员罹患坏血病的方法，对航海医学的发展意义重大。

中国古代造船小史

　　早在原始社会，中国境内就出现了一种名为筏子的小船，这是全世界最早的水上交通工具之一。

　　原始社会，百姓为了渡河，到更广阔的地域内获取更多的食物，便开始思考制造一种渡河工具。有人见到树叶掉入河中以后，就会漂浮在河面上，顺流而下。受此启发，人们便用整块的木材制造出了筏子。

　　到了商朝年间，中国人民已经掌握了木材加工技术，据此制造出了更为先进的木板船。

进入春秋战国以后，战事增加，还出现了水战，人们又开始设计制造战船。

秦朝和汉朝时期，中国的造船技术突飞猛进，船舶的规模不断膨胀，已经出现了可以远航至大海的巨型船舶。

汉朝结束后，造船术的发展趋缓，这种情况一直持续到了北宋初期。宋朝与元朝的内河航运空前繁荣，航海事业也因为指南针的应用获得了巨大的发展。从这时开始，中国的内河船和航海船逐渐形成了一定的制式。

明朝是中国造船业的巅峰时期，明朝的船舶种类繁多，数目庞大，技术先进。正因为如此，才会出现了郑和七次下西洋的人类航海壮举。

车轮的起源与演变

"轻撬"虽然比直接搬运要省力一些，但行进的速度终究还是不够快。

车轮大约诞生于6000年前，当时人类已经拥有了较为先进的武器和生产工具，获得的食物相较于以前要多得多。在将这些食物运回家的过程中，人们越来越觉得不堪重负。为了解决这个问题，很多人便开始苦思冥想。"轻撬"就是他们思考之后的产物。所谓的"轻撬"就是指用藤蔓将几根粗壮的树枝捆绑在一起，将沉重的食物摆放在树枝上面，滚动前行。还有一种"轻撬"是将一根木棒的一端扛在肩上，另外一端拖在地上，食物就吊在中间，拉动前行。

后来，人们发现圆滚滚的石头或木头滚动的速度总是快过其他形状的木石。人们据此用圆木制造了滚轮，用这种滚轮来运送食物就轻快多了。在使用滚轮的过程中，人们又发现每当运送的货物过重时，滚轮就会在重压之下断裂。为此，人们便开始在滚轮的表面包上一层坚硬的金属。

随着金属冶炼技术的发展，人们开始用金属制造车轮。橡胶出现后，人们又开始制造橡胶轮胎，在其中充上气，就是我们现在最常见到的车轮样式了。

独轮车

在近现代交通运输工具普及之前，独轮车是中国境内一种使用非常广泛的运输工具。

据说，三国时期的诸葛亮就是独轮车的发明者。不过，这一说法并不可靠，一般认为独轮车在三国之前就已经出现了，但独轮车的普及却是从三国时期开始的。

过去，独轮车在中国北方随处可见，几乎可以和毛驴媲美。中国古代的女子出嫁后回娘家，都会坐在丈夫推的独轮车上。

因为独轮车只有一个轮子着地，所以不管多么崎岖、狭窄的道路都能顺利通过，在盛产茶叶的丘陵地区尤其适用。

独轮车因其自身的特性，在不同的地区有很多不同的称谓。例如，中国西南地区习惯于将独轮车称为"鸡公车"，因为独轮车在行驶的过程中总是不停地叽叽作响。茶叶产区的百姓则习惯于称独轮车为"线车"，因为有独轮车行驶过的地面都会留下一条线形的轨迹。

马车小史

马车自问世后，就兼具运货和载人两大功能。

马车的历史大致可以追溯到公元前2000年，当时两河流域最早出现了马车。在古罗马帝国的兴盛时期，最流行的就是四轮马车。这种马车在罗马宽敞平坦的大道上行驶得异常平稳、迅速，运载量也相当大。后来，古罗马帝国没落了，原先的大道也因年久失修变得不便行走。为了适应这种变化，人们又制造出了对路况要求不那么高的两轮马车。

在马车的发展过程中，一批又一批更坚固、更舒适，运行速度更快的马车陆续出现，取代了原先的马车。在封建社会，皇室贵族都热衷于打造精美的私家马车。例如，1763年英国王室为英国国王量身打造的马车就号称是"史上最壮丽的马车"。

不过，当人类进入工业社会以后，马车的行驶速度就越来越无法满足人们的需要了。为此，人们开始研制一种全新的交通工具，以代替为人类服务了数千年的马车，这种交通工具就是火车。19世纪末20世纪初，伴随着火车的问世与普及，马车逐渐淡出了人们的视线。

轿子的历史

东晋画家顾恺之的《女史箴图》中描绘有西汉成帝和班婕妤乘坐轿子的情形。

图文版 世界百科全书

环境交通

　　轿子是中国古代一种非常特殊的交通工具。在秦朝统一六国之前，轿子就已经出现了。不过，在宋朝之前，轿子一直没有得到大规模的普及。通常情况下，只有帝王或是病弱的官员以及妇女才会乘坐轿子。

　　由于轿子对路况的要求远没有马车那么高，所以在地形崎岖的地方普及的速度要更快一些。例如，武则天在位期间，曾到万安山的玉泉寺一游。因为地势险要，官员们特意备好了轿子，准备抬武则天上山。

　　两宋时期，轿子空前普及。北宋画家张择端的名画《清明上河图》描绘了汴梁城中的繁华盛况，其中就出现了很多轿子。到了明朝中后期，就连一些小地主也都开始乘坐轿子。在明朝之前，除了皇室乘坐的轿子以外，一般的轿子都是两人抬，明清年间则出现了四人或八人抬的轿子。清朝统治者出台了这样一项规定：三品以上的京官在京城期间乘坐四人抬的轿子，出了京城就要乘坐八人抬的轿子；外省督抚可乘坐八人抬的轿子，其下属只能乘坐四人抬的轿子。明清时期官吏乘坐的轿子一般都被称为"蓝呢官轿"或是"绿呢官轿"，原因就是其轿帷都是统一的蓝呢或绿呢。

　　不同人乘坐的轿子有不同的名称，皇室乘坐的叫舆轿，官员乘坐的叫官轿，民间娶亲时新娘乘坐的叫花轿。中国古代的婚姻讲求明媒正娶，在迎娶正妻时要用八抬大轿。现在，轿子已经退出了中国人民的日常生活，但是"八抬大轿"这个词语却一直流传了下来，用来表示仪式隆重，态度诚恳，多数含有讥讽的意味。

公路发展史

到20世纪80年代初期，全世界共有公路总长约2200万公里，其中美国最多，约为637万公里。

公路就是指联接城市、乡村和工矿基地，主要供汽车行驶并具备一定技术标准和设施的道路。需要注意的是，中国古代诗文中出现的"公路"一词意思是公共交通的道路，与现在人们通常所指的公路并不一样。

早期的公路是用碎石铺成的，路面平坦，中间部分较高，方便排水。到了近代社会，出现了表面铺有沥青的柏油路，这是公路发展史上的一项重大突破。

全世界最早的公路出现于公元前3000年的古埃及，当时古埃及人民在修建金字塔的过程中为了方便运输建筑材料，便建造了公路。

公元前2000年左右，古巴比伦境内也出现了公路。

公元前27年，屋大维建立了古罗马帝国。在古罗马帝国的历史上出现了这样一句谚语："条条大路通罗马。"直到现在，这句谚语依然为世界各国人民所熟知，这并非空穴来风。古罗马帝国确实曾以罗马为中心修建了29条公路，形成了一个放射状网络，闻名全球。后来，古罗马帝国没落了，境内的公路年久失修，不复当年的盛况。

18世纪，工业革命正在英国境内进行得如火如荼。有个名叫马卡丹的人开始在英国主持修建公路，后来人们为了纪念他对英国公路事业作出的贡献，便以"马路"作为对公路的称谓。这种称谓一直延续到了现在。

20世纪20年代，由于汽车的普及，人们对于公路的要求日益增大，公路建设得到迅速的发展。到30年代，各工业发达国家公路网已逐渐形成。而伴随着汽车技术的不断发展，不断有速度更快的、载重量更大的汽车被制造出来，这对公路的质量提出了更高的要求，沥青路面和水泥混凝土路面的比重越来越大。德国和美国还分别于1931年和1937年开始修建高速公路。20世纪50年代以来，工业发达国家为了实现公路建设现代化，开始大规模修筑高速公路。

驿站漫话

驿站是古代专供官府传递文书的人或是来往的官吏中途住宿、补给、换马的处所。

中国是最早出现驿站的国家之一，大约有4000年的历史。

春秋时期，驿站发展到每两个驿站之间的间隔为 25 公里，正好相当于一个成年男子每天行进的路程。

秦始皇统一六国之后，为了加强地方治安，便建立了"十里一亭"的制度。那些正好位于交通线上的"亭"兼具传递公文的功能，被称为"邮亭"，本质上就是驿站。

汉朝年间，统治者做出了"三十里一驿"的新规定，并为驿站增加了接待往来官员的新功能。从汉朝初年开始，人们由原先的步行改为骑马传递文书，这样一来，工作效率就提升了好几倍。

唐朝统治时期，中国的外交事业空前繁荣，驿站每天需要传递的公文，以及出入驿站的官员人数不断增加，驿站的规模和数量随之膨胀起来。

在接下来的宋元明统治时期，中国的驿站继续发展。到了明朝末年，崇祯皇帝一度下令废除驿站。清朝建立后，驿站重新兴盛起来。

斑马线的起源

斑马线流传到世界各国，为减少各国的交通事故作出了巨大的贡献。

斑马线最早起源于古罗马时期。古罗马的庞贝城非常繁华，街道上的马车与行人络绎不绝，交通堵塞的事件时有发生，有时甚至还会出现交通事故。为了保护行人的安全，城内的百姓想到了一个好方法，将人行道和马车道分离，各走各的也就不容易发生碰撞了。不过，人们很快又发现这种简单的分离并不能让两条道路彻底分开，于是，人们便开始改进人行道，以防止马车越界。经过改进后的人行道变成了一块又一块凸起的石头，人们可以从上面跳着穿过马路，马车的车轮也可以从两块石头的缝隙中间穿过。这些石头被人们称为跳石，这就是斑马线的前身。

20 世纪 50 年代，英国人在跳石的基础上发明了一种人行横道线，这种白色的线条在路面上非常醒目，就像斑马身上的斑纹一样，所以便有了"斑马线"这样的称呼。

灯塔溯源

在人类的导航技术比较落后的年代，灯塔为无数船只指引了方向。后来，灯塔逐渐没落。但截止到现在，全球仍有 1500 个灯塔在发挥作用。

灯塔是地处海岸、港口或河道，用来指引船只航向的塔状建筑物。灯塔具有

为船舶护航照明的作用。在现代先进的导航系统出现之前，灯塔还能具有导航作用。另外，灯塔也一度被用作军事用途，在一些存有争议的海域，灯塔同样会被用来宣誓主权。

　　灯塔的历史长达数千年，早在公元前 270 年，埃及托勒密王朝的国王托勒密二世就命人修建了亚历山大灯塔。

　　公元 50 年，罗马人修建了很多座灯塔，组成了世界上最早的灯塔网络体系。继罗马人之后，阿拉伯人、印度人、中国人也陆续开始建造灯塔。

　　灯塔里的灯火一开始是用明火，后来改用蜡烛。1781 年，欧洲人用筒芯灯泡和抛物面反射镜取代了原先的灯火。美国人起初用鲸油做灯塔中的灯火燃料，19 世纪 50 年代，又将其换成了菜籽油，几年后又换成了猪油。进入 20 世纪以后，人类开始用电力和电石乙炔气来控制灯塔里的灯光，其后发展到使用达伦光，这样一来，灯塔便无须人力操控，可根据日出日落自行熄灭点燃。

亚历山大灯塔

　　如今，在亚历山大法洛斯岛上依然存有灯塔的遗址。

　　公元前 280 年，一艘埃及的大船从欧洲驶回本国，途径亚历山大港时，因光线太暗，不幸触礁。整艘船都被大海吞噬了，船上的船员和乘客无一幸免于难。这个消息传回埃及以后，埃及国王托勒密二世为了避免类似的悲剧再度上演，便决定在亚历山大港修建一座灯塔。这项工程从公元前 270 年左右开始，总共持续

了40年。最终建成的这座灯塔就是与古埃及金字塔齐名，名列世界七大奇迹的亚历山大灯塔。

亚历山大灯塔是用花岗岩和铜等建造而成的，整座灯塔高达135米，是当时世界上最高的建筑物。灯塔共分为四层：第一层高60米，表面呈方形，内部包含了300多个房间，可用来储存燃料，供工作人员休息；第二层高15米，表面呈八角形；第三层高8米，表面呈圆形，塔灯便置身其中；第四层是一尊高达8米的波塞冬的青铜雕像，波塞冬就是古希腊神话中掌管海洋的最高神。

公元641年，埃及被阿拉伯人征服。在此之前，亚历山大灯塔已经存续了接近1000年，期间，塔上每晚都会彻夜点灯，为往来的船只指引方向。这在人类历史上是前所未有的。由于当时电灯尚未出现，塔灯以橄榄油和木材作为燃料，每天都需要工作人员前去点燃并照料灯火。然而，在埃及被征服后，亚历山大灯塔的灯火便熄灭了。

公元700年，亚历山大发生了地震，灯塔的第三和第四层被毁。公元880年，灯塔被修复。1100年，亚历山大再度发生地震，灯塔遭到严重的毁坏，只留下了最底下的第一层。1301年、1435年，亚历山大又先后发生了两次大地震，已在亚历山大港口屹立了上千年的灯塔最终完全被毁。

船闸的发展

最早的船闸是由中国人发明的。

船闸是指用来保证船舶顺利通过航道上集中水位落差的厢形水工建筑物。在水位落差较大的河流上，以及潮差较大的入海口等都能见到船闸的身影。

公元前214年，正值秦始皇统治时期，他命人开凿了灵渠。由于灵渠的一些部位水位落差较大，为了让船只能在其中顺利航行，秦始皇便命人在这些部位建造了斗门，这就是最早的船闸——单门船闸。

公元984年至987年，正值北宋年间，中国人民在江苏的西河上建造了两座相距大约76米的斗门，它们共同组成了西河闸，这已经很接近现代的船闸了。

到12世纪，欧洲也出现了船闸，最早建造船闸的欧洲国家是荷兰。等到1481年，意大利境内也出现了船闸。

近代以来，随着河运的发展，世界各国的船闸无论是在技术还是数量上，都已经取得了长足的进步。

为何大多数国家的汽车都靠右行驶

英国在进行殖民扩张时，将本国靠左行驶的交通规则带到了各殖民地。

目前，世界上大多数国家的汽车都是靠右行驶的，例如北美、欧洲大陆上的各个国家，中国、巴西等。之所以会这样，还要从18世纪后期开始说起。当时世界上出现了大批用6匹或是8匹马拉的大型货车，马车夫坐在车的左侧，右手挥舞着马鞭指挥马车前行。当另外一辆马车迎面驶来时，马车夫为了避免两车发生摩擦、碰撞，就会很自然地将车赶到马路右侧。这样一来，两车的左侧车身就成了危险地带，而坐在马车左侧的马车夫正好可以将左侧看得一清二楚，审时度势，做出最恰如其分的避让。

从这时开始，很多国家的车辆逐渐习惯了靠右侧行驶。1792年，美国宾夕法尼亚州颁布了一项交通条例，明文规定本州的所有车辆全都要靠右侧行驶。时至今日，世界上大多数国家和地区都作出了右行的规定。也有不少国家的汽车是靠左侧行驶，例如英国。受其影响，印度、新加坡、中国香港等国家和地区的汽车都是靠左侧行驶的。

轮船发展简史

直到现在，轮船依然是世界各国的重要水上交通运输工具。

最早的轮船就是蒸汽船，这种船的外侧挂着一个大轮子，"轮船"一名就源于此。

以蒸汽机作为轮船前进动力的设想最早出现于1690年，但由于当时蒸汽机尚未进入实用阶段，这种设想最终只能停留在空想阶段。

1769年，一个名叫乔弗莱的法国人首次在船上安装了蒸汽机，以蒸汽来驱动船舶前行。只可惜受当时的技术条件限制，船的行驶速度极其缓慢。此后，乔弗莱不断对船进行改进，终于在1783年，研制出了世界上第一艘实用轮船，并正式开始下水使用。不过，这艘轮船只航行了半个小时，船上的蒸汽机就爆炸了。

1802年，英国人威廉·西明顿制造出一艘更为先进的轮船，并试航成功。

1804年，美国人约翰·史蒂芬森发明了全世界第一艘装有螺旋桨的轮船，于1807年试航成功。

1807年，美国人富尔顿制造了一艘名为"克莱蒙特"号的轮船，这是全世界第一艘蒸汽轮船。这艘轮船由一台72马力的蒸汽机驱动，排水量达到了100吨，平均时速达到了7.74公里。当年8月，"克莱蒙特"号轮船试航成功，富尔顿因此被誉为"轮船之父"。

1884年，英国人帕森斯发明了用燃油做燃料的汽轮机，从这时开始，轮船的动力装置由原先的蒸汽机变成了汽轮机。

此后，轮船的制造技术不断进步。

世界首辆汽车

世界首辆汽车诞生于1886年，其发明者是有"汽车之父"之称的德国人卡尔·本茨。

1872年，卡尔·本茨与人合作成立了专门生产建筑材料的奔驰工厂。当时德国的建筑行业很不景气，奔驰工厂的收益欠佳，很快就面临倒闭的危机。为了挽救工厂，卡尔·本茨开始研究利润极高的发动机。1879年12月31日，他研制出了全世界第一台单缸煤气发动机。在此基础上，他又开始研制汽车。

经过多年的实验，卡尔·本茨终于在1885年研制出了世界首辆汽车。这是一辆马车式的三轮汽车，现存于德国慕尼黑的汽车博物馆。1886年1月29日，卡尔·本茨凭借这辆汽车获得了"汽车制造专利权"，这一天后来成了世界公认的汽车诞生日。第二年，卡尔·本茨卖出了第一辆汽车，并成立了全球首家汽车制造公司——奔驰汽车公司，为现代汽车工业的发展作出了巨大的贡献。

车牌的颜色和编号

各个国家的车牌编号方法各异，以德国为例，车牌的前3个字母是车辆注册地的城市代码，后面的编号则由1～2位字母和1～4位数字共同组成。

汽车的登记号码、登记地区，以及其他基本资料都会在车牌上展现出来。不同类型的汽车，车牌的颜色和编号也各不相同。

以中国为例，大型民用汽车的车牌为黄底黑字，小型民用汽车则为蓝底白字。外籍汽车为黑底白字，其中大使馆的外籍汽车车牌上还额外标有红色的"使"字，领事馆的外籍汽车车牌上则标有红色的"领"字。汽车补用车牌为白底黑字，临时车牌为白底红字。学习车的车牌为蓝底白字，并在数字之前标有"学"字标志。教练车的车牌为黄底黑字，并在数字之后标有"学"字标志。民用汽车的车牌编号通常都是5位数字，从00001到99999不等。当编号超过10万时，就要引入英文字母，不过字母I和O除外，因为这两个字母的外形与数字1和0很相似，容易造成混乱。

欧洲各国的车牌都呈长条形状，且多为白底黑字，其中欧盟国家的车牌会在左侧添加一片蓝色，以区别于其他国家的车辆。

飞艇小史

直到现在，在各国的飞艇上依然可以看到这种"空气房"。

飞艇是一种轻于空气的航空器，艇内安装着特殊装置，可以推进和控制飞艇的飞行状态，因此有别于气球等浮空器。

飞艇最早诞生于1784年。当时，法国的罗伯特兄弟制造了一架长达15.6米的鱼形飞艇，若是在其中充满氢气，就可以产生1000多公斤的升力。在对这架飞艇进行试飞的过程中，罗伯特兄弟发现需要在飞艇的气囊上安装一个放气阀门。随后，他们据此对飞艇进行了改良。改良后的飞艇可以连续飞行7个小时，但其飞行速度仍有很大的进步空间。

罗伯特兄弟制造的飞艇需要用人工划动木桨来驱动飞艇前行，后来一种全新的人力飞艇在法国诞生。这架飞艇以螺旋桨取代了原先的划桨，从而大大提升了飞行速度。

此后，一个名叫卡奴·米亚的法国人又对螺旋桨进行了改进，在飞艇上安装了一种脚踏式螺旋桨，这使得飞艇的行进速度获得了进一步提升。

这段时期，罗伯特兄弟与一名法国教授合作，在飞艇上安装了一种名为"空气房"的气囊，实现了飞艇发展史上的重大突破。从这时开始，飞艇在升空的过程中便不需要为了防止气囊破裂安装放气阀门了。

1851年，蒸汽机开始应用于飞艇之中。1852年，世界上第一架以蒸汽为动力的飞艇问世。

1900年，有"飞艇之父"之称的德国退役将军齐柏林制造出全世界第一架硬式飞艇。与此前的软式飞艇相比，这种硬式飞艇无论是在规模还是性能，又或者是安全性上都有了巨大的提升。

飞艇发展到20世纪20至30年代，进入了"黄金时代"，当时世界上的各个大国都非常重视飞艇的发展，飞艇被大量制造出来，并被应用于战场上。

进入20世纪70年代以后，各国开始用安全性较高的氦气作为飞艇的新燃料。此后，飞艇的发展起伏不定。不过，近年来，飞艇又重新受到了各国的重视，并被广泛应用到各个领域。

自行车的发展史

斯塔利有"自行车之父"的称号。

世界上第一辆自行车诞生于1791年，其发明者是一个名叫西夫拉克的法国人。

1790年的一天，西夫拉克正在巴黎的街道上行走，忽然从背后驶来一辆四轮马车，西夫拉克急忙朝路边避让。但因为路面很窄，马车又很宽大，再加上前一天刚刚下过雨，街道上有很多水洼，西夫拉克根本就避无可避，结果被车轮溅了一身的泥水。西夫拉克由此想到，若是改造一下马车的结构，将其变成一种体型较小的交通工具，那么即便是在狭窄的道路上，也能避免发生今天这种尴尬的状况。回到家以后，西夫拉克马上开始做实验。第二年，他终于发明出一辆两轮小木车，这便是世界首辆自行车。这辆自行车的构造非常简单，连控制方向的车把都没有。直到1816年，一个名叫德拉伊斯的德国人才在自行车上安装了车把。

此后，英国人麦克米伦、法国的米肖父子、英国的雷诺等人先后对自行车进行了改进。1874年，一个名叫罗松的英国人制造出第一辆现代自行车。1886年，英国工程师斯塔利对自行车进行了全面的改进，车闸、车架、橡胶车轮等全都出自他的手。经斯塔利改造后的自行车已经与现在的自行车基本相同了。从这时开始，自行车逐渐在世界各地推广开来。

贝尔灯塔

史蒂文森作为工程的主要负责人之一，为贝尔灯塔的建造付出了巨大的心血。

贝尔灯塔是一座世界著名的灯塔，地处苏格兰安格斯海岸，周围有很多礁石。在贝尔灯塔建成之前，每当海水涨潮时，这里的礁石就会被淹没，船舶从附近经过时，很容易触礁沉船。为此，一位名叫史蒂文森的工程师于1800年向英国灯塔委员会申请在此处建立一座灯塔，可惜他的申请并没有获得批准。直到1804年，英国皇家海军的一艘军舰在附近海域触礁，酿成惨祸，英国灯塔委员会才决定采纳史蒂文森的意见。

1806年，贝尔灯塔正式动工。这项工程持续了4年，到1810年才宣告完成。期间，有多名工人死于暴雨和巨浪，史蒂文森承受着巨大的压力，坚持到了最后。

1811年，贝尔灯塔正式启用，远在55公里以外的人都能看到灯塔上的指示灯。从这以后，附近的海域再也没有发生过一起触礁事故。

红绿灯的来历

红绿灯也叫做交通信号灯，最早诞生于19世纪的英国。

19世纪，英国经常出现马车撞人的交通事故。为了减少这样的事故，英国人便发明了红绿灯。当时在英国的约克城中，女性穿红色的衣服就表示已婚，穿绿色的衣服就表示未婚。这为红绿灯的发明提供了重要依据。1868年，英国一位名叫德·哈特的铁路信号工程师制造了一盏高度为7米的红绿灯，这便是全世界第一盏交通信号灯。受当时的技术条件所限，这种信号灯的红绿转变只能依靠人工操作。每天都会有一名警察站在灯下，根据路上的交通状况确定亮红灯还是亮绿灯。不过，这盏煤气信号灯只用了23天就爆炸了，还导致操纵信号灯的执勤警察被炸死。英国人因噎废食，从此废除了信号灯。

1914年，美国出现了电气信号灯。此后，交通信号灯在美国各地推广开来。这段时期的交通信号灯依然只有红绿两种颜色，后来人们才在其中加入了黄色的信号灯。当时红绿灯之间的转换太过突兀，事先没有任何提示，稍有不慎便会造成不必要的事故。为此，有人想到在红灯和绿灯之间加入黄灯，作为红绿灯转换的提示。他的这一想法很快得到了有关方面的认同。

1918年，美国纽约出现了全世界第一盏红黄绿交通信号灯。其后，这种信号灯流传到了世界各国，为减少交通事故，改善各国交通发挥了重要的作用。

铁路轨距的来历

比标准轨距宽的叫做宽轨，比标准轨距窄的则叫做窄轨。

铁路轨距是指铁路轨道上两条钢轨之间的距离。1937年，国际铁路协会规定标准轨距为1435毫米。

要追溯轨距的历史，就要从古罗马说起。现在的标准轨距其实就是古罗马的战车宽度。古罗马的战车需要用两匹马来拉，而两匹马的臀部宽度加在一起正好是1435毫米。后来，这个标准传到了英国，英国马车的左右车轮之间的距离便被固定为1435毫米。当电车问世后，电车车轨也按照这个标准来修建，其后的铁路轨距也顺理成章地继承了这一标准。

现在全世界有60％的铁路轨距都是标准轨距，美国、加拿大、欧洲大多数国家、中国的大部分地区都是如此。中国台湾、日本、埃塞俄比亚、刚果等国家和地区均使用窄轨，印度、俄罗斯、巴基斯坦、阿根廷等国家则使用宽轨。为了让轨距不同的列车顺利行驶，一些国家和地区建造了双轨距铁路或多轨距铁路，即在铁路上铺设3至4条铁轨。

船用螺旋桨的发展

螺旋桨在轮船和飞机上应用得比较广泛。

螺旋桨是指依靠桨叶在空气中旋转，将发动机的转动功率转化成推进力的装置。

船用螺旋桨的历史最早可以追溯到1752年，当时瑞士一名物理学家首次在船上安装了螺旋桨。此前，船舶都是依靠明轮驱动。1804年，美国人斯蒂芬在自己制造的蒸汽船中应用螺旋桨进行试验，但由于技术条件不足，实验结果并不理想。直到1843年，螺旋桨才首次取代了明轮。这一年，美国建造了41艘用螺旋桨驱动的船。此后，明轮逐渐淡出了历史舞台，由螺旋桨取而代之。

摩托车的历史

摩托车已经成了现代地球文明的一大标志。

摩托车诞生于1885年,当时有一个名叫戴姆勒的德国人发明了一辆用单缸风式汽油机驱动的三轮摩托车,并取得了发明专利,这便是世界上第一辆摩托车。

早期的摩托车是木制的,无论是外形、结构还是性能都与现代摩托车有着很大的区别。早期的摩托车行驶速度非常缓慢,而且由于缓冲装置的匮乏,骑在上面非常不舒服。这样的摩托车很难大规模推广。

到了19世纪90年代,橡胶轮胎、滚珠轴承、离合器、变速器、避震系统、弹簧车座等装置陆续被引入摩托车中,使得摩托车在速度和舒适度上都产生了质的飞跃。一些工厂开始大量生产摩托车,将其推向市场。

进入20世纪30年代以后,摩托车的制造技术逐渐成熟,最快时速达到了150公里。这段时期,摩托车的应用已经不仅仅局限在交通运输方面,人们开始利用摩托车比赛,还将其应用到了战场上。

从20世纪70年代开始,摩托车的发展进入了鼎盛时期,无论是在造型还是性能上都大大优越于以往。

现在摩托车的身影遍布全球,很多国家和地区的警察都将摩托车作为巡逻的主要交通工具,摩托车的传统客货运输功能也依旧存在,此外还有很多摩托车被应用到各项竞赛中。

苏伊士运河正式通航

马克思曾盛赞苏伊士运河是"东方伟大的航道"。

苏伊士运河是埃及的一条重要航道,它沟通了地中海和红海,连接了大西洋、印度洋和太平洋,使得亚洲与欧洲之间的航程缩短了8000至10000千米。

早在古埃及时期,埃及法老就开始下令挖掘苏伊士运河。不过,运河的挖掘工程始终没有完成。大约在公元前250年,埃及法老托勒密二世组织国内的百姓再度开始了这项艰巨的工程,结果又一次遭遇了失败。

18世纪末期,拿破仑率军远征埃及,计划挖掘苏伊士运河。后来,拿破仑离开埃及,返回法国,这一计划就此耽搁下来。

法兰西第二帝国成立以后,法国政府获得了埃及总督的特许,于1858年12月15日成立了苏伊士运河公司,重新开始挖掘运河。

1869年11月17日,全长190公里的苏伊士运河正式通航。为此,法国与埃及两国都付出了沉重的代价,整个工程的花费是预算的两倍还多,另外还有很多技术和政治上的困难均需一一克服。

苏伊士运河建成后,一直为其他国家掌控。直到1956年,埃及才正式宣布将其收归国有。此后,苏伊士运河成为了埃及经济的"生命线",为埃及的经济发展做出了巨大的贡献。现在，每年通过苏伊士运河的船只总数高达1.8万艘，中东出口到欧洲的石油有70%都要经由苏伊士运河，这些都为埃及带来了高额的外汇收入。

计程车的出现

现在，计程车已经成为了人们出行的主要交通工具之一。

计程车最早出现于1907年的美国纽约。有关计程车的出现，有这样一个故事：

1907年初，美国一个名叫亚伦的年轻男子带着女友到百老汇欣赏歌剧。歌剧散场后，他找到一辆马车载自己和女友回家，但在问价时，马车夫却说出了一个惊人的数字，这个价格相当于平时车费的10倍。亚伦觉得难以接受，便跟这名马车夫发生了争执，结果被对方打了一顿。

这件事让亚伦非常懊恼，他开始思索怎样才能有效地避免类似事件的发生。不久之后，他终于想到了法子。他找一名钟表匠帮自己制造了一个计表器，安装在车上，这样一来就可以根据车行走的距离计费，从而避免了车夫漫天要价的情况。

当年10月，装有这种计表器的汽车开始在纽约街头运行，这便是最初的计程车。其后，世界各国都陆续出现了计程车。

高速公路

美国是全世界拥有高速公路最多的国家，高速公路的总里程已经达到了10万公里左右，占据了世界高速公路总里程的近二分之一。

1931年，全世界第一条高速公路在德国建成，并于第二年正式通车。从20世纪60年代开始，世界各国的高速公路迅速发展。截止到现在，全世界的高速公路总里程已经达到了23万公里以上，范围遍及全球的80多个国家和地区。

中国目前的高速公路总里程已经达到了8.5万公里，名列世界第二位。中国最早的高速公路出现在1978年的台湾。1988年，中国大陆的第一条高速公路正式建成通车。

名列世界高速公路总里程第三位的是加拿大。与别国不同的是，加拿大境内的高速公路上不设收费站和检查站，因为所有高速公路都是免费通行的。

目前，全世界最长的高速公路就是欧洲境内的环欧高速公路。该公路的起点

是波兰境内的拉格夫，终点是土耳其与伊朗交界处的戈尔布拉克，横跨捷克斯洛伐克、奥地利、匈牙利、前南斯拉夫、罗马尼亚、意大利、希腊等国家，全长1万公里。

"天上宫阙"——太空城

多少年来，人们梦想的"天上宫阙"，不久的将来就会成为现实，这就是太空城。

未来的太空城是圆环形的，远远看去，好像一个巨大的车轮。圆环的直径大约1600米，"轮胎"是空心的，内部直径为150米，是太空城的生活区。整座城市总面积约160平方公里，可供1万居民居住。

人在太空城中生活与在地球上相同。人们在那里不会像宇航员在航天站里那样飘在空中，而是结结实实地踩在"地上"。这是因为圆环每分钟绕着自己的中心轴慢慢旋转一周，使环的外缘产生了与地面重力相等的人造重力。不过，太空城的地面与地球不同，前后都向上翘起。人总感觉自己站在洼地中央，然而走起路来却如履平地。圆环的内缘是太空城的"天"，天上有一排排拱形的玻璃窗，上面安有镜片，它可以接收密封圆环外面巨大的凹面反光镜反射的太阳光，给太空城带来光明和温暖。

太空城设有工厂化的农业站。自动化农业站自动向农作物提供CO_2、水和肥料，农作物四季长青，为太空居民提供粮食、新鲜的蔬菜、美味的水果。这些农作物通过光合作用，吸收人和动物呼出的CO_2，制造人和动物需要的氧气，净化太空城内的空气，保证人们在这个世外桃源里自由地呼吸、生活。太空城中多余的热量通过太空城外的辐射板，向星际空间散发掉，以保证城市里寒暑适宜。

太空城的土地是人造的，中央是一条环形马路。马路两旁，绿树成荫，树林掩映着青砖红瓦。那里有宿舍楼、商店、咖啡馆、运动场，也有起伏的青山、潺潺的小溪和鲜花盛开的公园。

太空城里也有工厂。因为工厂排出的废水废气会污染环境，它们都设在圆环外面。环的中枢轴下方有一组"房屋"，那就是太空工厂。居民们乘电梯到天顶后，打开天窗，进入与中枢轴相通的辐射管，然后沿中枢轴去工厂上班。

建造太空城所需要的建筑材料，绝大部分可以从月球取得。从月球运送建筑材料要比从地球取材经济得多，因为月球引力只相当于地球引力的六分之一。

太空城是人类生活的理想"新大陆"，它为人类提供了新的生存空间。

高速自行车

未来的自行车时速可达 100 公里以上。在自行车专用高速公路上，骑上这种自行车，比乘小汽车还要快；但并没有消耗任何能源，只消耗骑车人的体力。

高速自行车的结构同传统的全然不同。它的外部用轻质的塑料风罩，将车身的一部分或者将车身完全包起来，使自行车具有流线型的外形。根据科学家试验，如果将整个车身罩在流线型外罩里，可以使车的阻力减少一半。也就是说，使一般人骑自行车的标准时速 16 公里提高到 32 公里。

高速自行车的第二项改进是车座。现在自行车的坐位在脚蹬的上方，骑车人向下踏动脚蹬时，所施加的力一般不会超过自身的重量。但是，骑赛车时，把腰弯下，用脚向下蹬踏，就能用上更大的力气。科学家根据这一原理，把高速自行车的车座装在与脚蹬等高的平面上，让人像半躺着一样踩脚蹬。这样，在脚蹬上不需格外多用力。高速自行车还像儿童用脚踏车那样，做成三个轮子或者四个轮子，使车辆稳定性更好。

现在正在研制的高速自行车，不仅使自行车具有以上三个特点，而且在车的结构上也下了功夫。比如采用整体式车架，蜂窝结构的碳纤维车身，使强度提高 5 倍，而重量只有原来的四分之一。美国一位宇航科学家曾经与人合作，设计出一种叫"维克多"的高速自行车，可乘坐两人，最高时速达 150 公里。轮胎内填充着弹性良好的发泡材料，缓冲的车座向上倾斜，外形光滑呈流线型，雨点也不会留在防风罩上。人们骑着这种自行车，不用消耗能源，舒适、安全，像乘坐小轿车一样疾驶如飞。

电动汽车和太阳能汽车

如何解决汽车的污染问题，是世人所关注的问题之一。尽管为减少汽车燃料消耗和排气污染采取了许多技术措施，但基本只是改良性质，治标而不治本。汽车还在不断增多，能源和环境问题日趋尖锐。采用新能源代替石油燃料的呼声也随之越来越高。

科学家们经过多年的研究和试验，近年来研制出了几种以新能源为动力的无污染车辆，尽管技术还有待完善，但毕竟给人们带来了希望。电动汽车和太阳能汽车便是这些处于试验开发阶段的车辆中的两种。

电动汽车是用车载蓄电池作为动力能源的汽车。作为一种新型的绿色交通工具，它具有零排放、低噪声、能源补充来源广等优点。但研制电动车的根本问题，一是要研制出高效能的蓄电池，二是要配置一种快速方便的充电系统。

在社会以及各国政府的关注下，各汽车制造商都进行了电动车的开发工作。我们有理由相信，性能更优越、实用性更强的新一代电动车将成为21世纪城市重要的交通工具。

太阳能汽车从某种意义上来说，它也是一种电动车。它们之间的区别只在于：一般的电动车所使用的蓄电池需要靠工业电网来充电，而太阳能汽车则带有一套专用的太阳能充电系统，包括随车电网和将太阳能转换为电能的光电元件。这些元件统称为"太阳能电池"。

研制这种带专用太阳能充电系统的太阳能汽车，现在看来已不再是一件异想天开的事，只要能研制出将太阳能转化为电能（太阳能电池）或热能（斯特林发动机）的装置就可以实现。在这种条件下，地球上一半的空间将有可能利用太阳的光能和热能，无论是北欧地区还是极地地带，利用太阳能汽车都是可行的，更不用说赤道附近地区了。

太阳能汽车成为国际汽车集团和整个科学界的主攻目标。日本一家公司已造出了第三辆太阳能汽车样车，车重150公斤，外形尺寸5.9×1.6×1.0米，车身外装有由2500片晶状硅片构成的太阳能电池，功率为1.4千瓦，该车时速可达100公里。专家们拟在下一个型号上装用镍—锌蓄电池，使车速提高到130公里/小时。在澳大利亚举办的汽车赛上，由美、德联合研制的太阳能汽车，平均时速已达110公里，现已进入商业开发阶段。

如果太阳能汽车的研制工作今后能继续保持当前的进展势头，那么我们可以断言，21世纪的陆上交通中，太阳能汽车将大显身手，占尽风流。

高级列车

　　高级列车通常采用各种先进的、舒适性和安全性能高的新型材料来制造和装饰车体内外设施。整节列车厢显得豪华气派，乘坐十分舒适。例如，流线型车体外壳用铝合金或不锈钢制成，地板以耐热阻燃塑料铺设，座椅由高级仿皮人造革、铝合金或玻璃钢制成，聚苯乙烯泡沫塑料及人造板制成的板梁混合结构的宽大行李架造型美观、坚固，等等。

　　车厢内部布局宽敞新颖，两侧的车窗采用通长的大幅面玻璃从外侧连成一片，视野开阔，光线充足。座席车厢内有可躺式旋转座椅，每排三个或四个座位，中间为走道。座椅的旋转角度可以任意调节，也可以由列车乘务员用电动按纽统一操作。每个座椅都附设有一个脚靠、一个报刊架和一个折叠桌，折叠桌平时藏在座椅的靠手内，旅客用餐时可拉出使用。有的高级列车在座席中还辟有独立的小型客室，供诸如吸烟旅客等使用，独立客室用透明幕墙同主客室隔开。

　　卧铺车厢通常采用包厢式格局，一般分成经济包间、豪华包间、家庭包间、公务包间等几种形式。经济包间通常设置两张铺位，内部还配备有衣柜、书架、小垃圾箱和厕所等设施；家庭包间则有四张铺位，并比经济包间多一间淋浴室；豪华包间通常只一张铺位，除了各种旅行设施外，还配备有酒吧、图书室、电

视、更衣室等高档生活、娱乐设施。

　　无论四季如何变化，高级列车内部所具有的完善的空调系统和通风设备使车厢里始终保持温度适宜、空气新鲜，且干湿度符合人体需要，让人时时感到舒适惬意。旅客上下列车可以通过高度可调的踏板畅通无阻，车门口还装有供晚间上下车使用的照明灯，旅客上下车时照明灯会自动开启。列车上还设有专供残疾人、妇婴等特殊旅客使用的服务设施，例如轮椅升降、哺乳、换尿布等各种器械。

　　此外，高级列车上的厕所已由目前的直排式改为集便式。这种集便式厕所粪便不外溢，厕所内清洁卫生，没有任何异味。集便器中的粪便将在列车到达终点后通过管道设施送到地面进行集中处理。之后用压缩空气或真空泵水流对厕所进行冲洗，或采用混有化学药剂的液体进行循环冲洗。

通讯与传媒

汗青、杀青和丹青

中国古代常用丹册记勋，青册记事，因此"丹青"也有史册的意思。

汗青，在汉语中是史册的意思。关于它的起源，可以追溯到造纸术发明之前。中国古人在写书记事的时候，总是要用到竹简。古人制作竹简的时候，先要选择上等的青竹，然后将其削成长方形的竹片。为了便于书写和防治虫害，将削好的竹片在火上进行烘烤。烘烤的时候，原本湿润的青竹片被烤得渗出了水珠，就像是出了汗一样。于是，人们把制作竹简的这道工序称为"汗青"。此后，由于古人们经常用竹简记载历史，刻录史实，人们便用它代称"史册"或者历史。中国古代南宋著名诗人文天祥的《过零丁洋》中，有一句名言："人生自古谁无死，留取丹心照汗青。"其中，"汗青"一词的含义就是史册或历史的意思。

杀青，是指人们手头进行的一项工作即将结束。关于它的起源，可以追溯到古人的校书。古人写书的时候，第一次写在竹简上，等到修改完善之后，便将其誊写在绢帛上。后来，人们便把书稿的校刻付印称为"杀青"。还有一种较为普遍的说法认为，由于没有纸张，古人把草稿写在表皮比较光滑的青竹上。遇到需要修改的地方，很容易将原来的字迹擦掉。于是，等到所有的稿子校对完毕，将青竹的表皮刮掉，露出竹白，再将字写在上面。这样一来，字迹吃入竹白，便很难将其擦掉。在这里，"杀"就是刮、削的意思。因此，后世的人习惯将著书定稿称为杀青。

丹青，原指中国古人作画时使用的丹砂和青䐉两种颜料。中国古代的绘画经常使用朱红色和青色，人们便将中国古代绘画称为"丹青"。由于这两种颜料的颜色不容易褪色，人们又用"丹青"比喻一个人的功绩卓著。

藏书印的渊源

藏书印可以印在目录页或者扉页的右下角，表示盖印的人曾经收藏过这本书。

藏书印，是指中国人戳盖在古籍上的藏书印章。藏书印的材料有铜、金、玉、石等。上面刻写的字数不多，有一个字，多个字，甚至是一首小诗或者一篇小短文。其字型有大篆、小篆、鸟虫篆、楷书或者隶书等。藏书印的形状也各式各样，有方印、套印、亚字印、六面印、葫芦印、琵琶印等。

关于藏书印的渊源，可以追溯到唐朝时期。唐太宗李世民在当政期间，曾经制作了一枚"贞观"印。到了宋朝时期，宋太祖有"秘阁图书"印。明清以后，私人藏书重视起藏书印的功效，并将这一风气在民间逐步推广、普及。私人藏书的爱好者们将藏书印盖在所收藏的书本上，既可以表示这本书的收藏历史，还可以反映收藏者的内在情趣。到了近现代，许多文人也都对藏书印有着独钟的情趣。

报纸发展史

最初的报纸不是纸质的，也不是印刷的，也没有固定的发行周期。

报纸，是指主要刊载新闻和新闻评论为主，以散页的形式印刷，不装订、没有正式封面的纸质出版物。现代社会的报纸有固定的名称，按照固定的周期面向社会大众连续发行。然而，从报纸的发展起源看，以前的报纸与现代社会的报纸是完全不同的。

公元前60年，古罗马政治家恺撒第一次将一张白色的木板公示给市民。在木板上面，记录了罗马市和整个国家近期发生的重大事件。这种形式的公告木板，便是世界上最古老的报纸。

1450年，德国人谷登堡在中国活字印刷术的基础上，发明了金属活字印刷技术。于是，报纸开始在西方以印刷的形式发行。1493年，罗马印刷了第一份报纸，报道了哥伦布发现新大陆的消息。那时候，报纸只有在重大事件

发生的时候才临时刊印，并不是每天都要发行。1609年，世界上第一份周报在德国出现。1615年，《法兰克福新闻》正式创刊。它有固定的名称、定期的发行时间，并且内容包括数条新闻，被后人视为第一张真正的报纸。1660年，世界上第一份日报在德国出版发行。1665年，英国的第一家报纸《牛津公报》第一次出现了"Newspaper"一词。等到欧洲资产阶级革命到来的时候，报纸已经在欧美各个国家普遍发行。

此外，在公元2世纪左右的时候，中国古代也出现了最早的报纸——邸报。邸报又称"邸抄"、"朝报"、"条报"、"杂报"，是朝廷用来传达文书和政治情报的公告性新闻。邸报的形式历经各个朝代，一直延续到清朝末期。明末清初，邸报普遍采用活字印刷。后来，西方的印刷技术传到中国，邸报便改用铅字版印刷。

记者的由来

记者作为一种职业最早是在意大利的威尼斯出现的。

记者，是指从事信息采集和新闻报道工作的人员。

16世纪的时候，随着资本主义萌芽的进一步发展，威尼斯成为当时欧洲的经济中心。各个国家的商人、银行家和新兴贵族等人员来到这里，从事各种各样的商务活动。为了谋取更多的经济利益，他们迫切需要掌握商品的原料产地、销售市场以及世界各地的交通、政治、军事等情况。于是，社会上便出现了一种专门收集各种信息的人。他们将有关的政治事务、市场物价、交通运输等最新的情况集中起来，以手抄卷或者刊印成书的形式公开出售。这种以采集和出卖新闻为生的人，便是世界上最早的职业记者。

1872年，中国的《申报》创刊，专门设立"访员"采访本地新闻。这种"访员"的称呼，就是后来所说的记者。在此之前，在中国的新闻机构中，编辑和记者没有严格的划分界限。1899年，《清议报》第7期正式出现"记者"一词，之后便普遍采用"记者"这种称谓。

杂志的起源

丹尼·笛福在伦敦创刊的《评论》是世界上发行的第一种介于报纸和杂志之间的定期刊物。

杂志，是指有固定刊名，以期、卷、号或者年、月为顺序，按照固定的周期

或者不定期地连续出版的印刷读物。杂志通常根据一定的编辑趋向，将一些作者的作品汇集成册并予以出版。按照固定的周期出版的杂志，被人们称为期刊。世界上第一种杂志是1665年在法国巴黎创刊的《学者杂志》。世界上第一本中文杂志是1815年在马六甲出版的《察世俗每月统记传》。

关于杂志的起源，可以追溯到欧洲工人阶级的罢工。"杂志"（Magazine）一词来源于法文"Magasin"，原意是指仓库的意思，后来引申为工人罢工时所使用的宣传手册。17世纪末期，为了有效地宣传自己的政治观点和主张，欧洲工人罢工时开始使用一种类似于报纸的宣传手册。这种宣传手册及时地记录并汇总了各方的意见，为工人罢工提供了明显的指示作用。以后，这种新型的宣传形式被罢课的学生以及战争中交战的双方采纳，用以宣传自身的政治主张。1665年，法国人萨罗在阿姆斯特丹出版了世界上第一本杂志《学者杂志》（Le Journal des Savants）。1704年，英国人丹尼·笛福在伦敦创刊《评论》，共发行九年。1731年，英国伦敦出版《绅士杂志》，"杂志"一词第一次被用来称呼刊物，后来一直沿用至今。马克思曾经在《莱茵报·政治经济评论》的出版启事中指出，杂志"能够广泛地研究各种事件，并且只谈论最主要的问题。杂志还可以详细而又科学地研究作为政治运动基础的各种经济关系"。

邮票的诞生

邮票的诞生，可以追溯到17世纪中叶。

邮票，是指由邮政机关统一发行，用于邮寄信件的邮资凭证。邮寄信件的人只要将邮票贴在信封上，经由邮局的盖章认定，就可以证明邮寄人已经付费。邮票一般由所在国家或地区的邮政机关统一发行，体现着一个国家或地区的主权归属。

1653年，维拉叶经法国国王路易十四的授权，获得了在巴黎地区开办邮政业务的权力。为了高效地开展邮政业务，维拉叶在巴黎各个城区设立了"小邮局"，并在街道上设立了邮政信箱。每天派邮递员按时收取、投递信件。为了方便写信人随时随地邮寄信件，维拉叶发明了一种名叫"邮资付讫证"的标签。用户只要到邮局买下这种标签，贴于信封之上，就可以放心地投入

信箱。邮局收到信件之后，将邮资付讫证撕下，然后把信件邮寄给收信人。这时的邮资付讫证，就是邮票的雏形。

1836年，为了简化邮政服务，奥地利人劳伦斯·柯世尔向政府提出创设邮票的建议。1835年，英国政府委托罗兰·西尔进行邮政改革。当时人们提出使用邮票的建议，已经为罗兰·西尔所采纳，于是他成为倡导使用邮票的第一人。那个时候，邮局按照邮件邮寄的路程远近和信件纸张数量的多少索取邮资。不同的路程和纸张数量，其邮资是不同的。如果邮寄的条件十分艰苦，还要额外收取邮资。对于普通民众来说，邮资是十分昂贵的。不过，英国的国会议员却有个特权，他们可以免费邮寄任何邮件。

1837年2月22日，罗兰·西尔出版了一本《邮政改革——其重要性与现实性》的著作。在这本书中，他提出只要在英国境内，重量低于0.6盎司的邮件一律只收取1便士的邮资，并且由寄件人提前支付。此外，他还提出用邮票提前支付邮资的设想。1839年7月22日，英国下议院通过了罗兰·西尔的改革主张。同年8月17日，维多利亚女王确认了此项改革方案，并决定从第二年的1月10日起开始实施。1840年3月，第一批邮票模板制作完成。4月15日，第一批邮票模板开始印刷，并于5月1日起正式发行。第一批邮票的面值为1便士，图幅为19 mm×23 mm，正面有小皇冠水印，没有铭记和齿孔，背面有水胶，统一用黑色油漆印刷，被后世的收藏家称为"黑便士"。这就是世界上的第一枚邮票。

首日封的历史

关于首日封的历史，可以追溯到世界上第一张邮票的诞生。

首日封，是指在新邮票发行的第一天，将其全套或者单张贴于信封之上。信封可以是特别制作的信封，也可以是纪念性的信封。最为关键的是，信封上面一定要加盖发行日的邮戳或者特别纪念邮戳。那种信封上既没有新发行的邮票，又没有加盖发行日的邮戳，不是真正意义上的首日封，只能称其为"空白首日封"。

当人们开始使用邮票邮寄信件的时候，首日封自然就产生了。1840年5月6日，英国开始使用"黑便士"进行信件的邮寄。这是世界上最早的首日封。不过，专门收集的最早首日封是1909年9月25日美国发行的赫德森·富尔顿2分邮票。当时有一位私营文具商，为了集邮，他专门用这张邮票制作了首日信封。1911年5月，英国发行第一枚乔治五世邮票时，出现了正式的首日封。1937年，美国为了发行首日封，专门刻制了"首日发行"字样的邮戳。进入20世纪40年代之后，欧洲国家如法国、德国、意大利、瑞典等国家开始使用"首日发行"字样的邮戳。

图文版 世界百科全书 通讯与传媒

传真机的发展历程

时至今日，传真机已经成了应用范围最广的通信工具之一。

世界上第一台传真机于 1843 年问世，比电话的发明要早 30 多年。传真机的发明者是一个名叫亚历山大·贝恩的英国人，他原先是研究电钟的，却在研究的过程中受到启发，发明了最早的传真机。

1850 年，英国发明家弗·贝克卡尔对原有的传真机进行了改进，制造出一种新型的滚筒式传真机。

1865 年，伊朗人阿巴卡捷发明出了实用的传真机，并将其带到法国各地进行展览。

1907 年，法国人爱德华·贝兰研制出了相片传真机。1913 年，他又研制出了手提式传真机，可以在新闻采访中应用。

1925 年，美国的贝尔研究所研制出了一种新型相片传真机，可以在传真的过程中保证相片的质量。就在同一年，彩色传真机也在美国问世。不过，这种传真机一直拖延到 20 世纪 80 年代中期才发展到可以实际应用的程度。

传真机虽然诞生较早，但是传真通信技术的发展却相对缓慢。20 世纪 20 年代之后，传真机终于开始走向成熟。

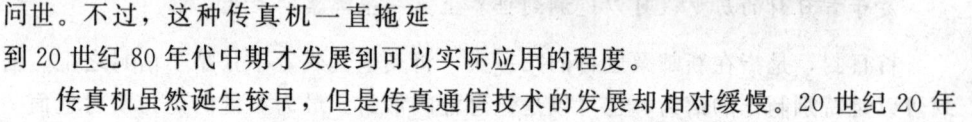

《纽约时报》

除了新闻报道，《纽约时报》中还有食品、旅游、文化、艺术等各种专题。

《纽约时报》是一份向全世界发行的日报，创刊于 1851 年 9 月 18 日，归属于纽约时报公司，出版地在纽约，创始人是乔治·琼斯和亨利·贾维斯·雷蒙德。《时报》原名为《纽约每日时报》，1857 年 9 月 14 日改名为《纽约时报》。

报纸创办之初，创始人亨利·贾维斯·雷蒙德希望能通过一份纯粹、公正的

报纸，打破当时纽约五花八门的新闻报道方式。1896年，报纸被阿道夫·奥克斯接手。奥克斯确立了《纽约时报》的新闻报道原则："力求真实，无畏无惧，不偏不倚，并不分党派、地域或任何特殊利益。"他将报纸的读者群定位为"严肃、庄重、富有教养的纽约精英阶层"。1896年10月25日，奥克斯在报纸上刊出"社训"："刊载一切适于发表的新闻。"1935年，奥克斯逝世，女婿索尔兹伯格成为继任社长。1969年，《纽约时报》成了一个集报纸、杂志、电视台、广播电台等传播媒介于一体的大型股份制公司。

1918年，《纽约时报》拿到了普利策金质奖章，获奖缘由是"全面而准确地报道了第一次世界大战"。《纽约时报》中的新闻报道，准确度非常高，被誉为"可靠的新闻来源"。报纸对美国政治界有着不容忽视的影响力。

《华尔街日报》

《华尔街日报》的座右铭是"正确使用真理"。

《华尔街日报》（The Wall Street Journal）是一家以财经报道为主要特色的综合性报纸。它的主要内容涵盖金融、商业等领域，成为美国乃至世界上影响力最大的日报。《华尔街日报》的前身是道琼斯公司编写的《致读者下午信》。随着公司规模的不断扩大，《致读者下午信》决定改为以"华尔街日报"命名的报纸

出版。1889年7月8日，第一份《华尔街日报》正式发行。《华尔街日报》自创刊之日起，一直秉承"独立办报"的理念，日报的每一位编辑都"不为广告或任何投机利益集团所控制"。

《今日美国》

《华尔街日报》、《纽约时报》和《今日美国》并称为美国三大报纸。

《今日美国》（USA TODAY）是美国唯一一份彩色版的全国性英文对开日报。它由艾伦·纽哈斯于1982年9月15日创刊，总部设于弗吉尼亚州的罗斯林，归属于全美最大的甘尼特报团。《今日美国》是美国发行量最大并被广泛谈论、引用的报纸。虽然美国的报纸已经大为普及，但是大多数报纸都只是地方性的新闻报道，无法满足人们在新闻、市场、金融、气象、娱乐、体育等方面的综合性信息需求。为此，创刊人发现并利用这一潜在市场，筹办了《今日美国》这份综合性日报。虽然《今日美国》的发行日期不长，但是它凭借自身的特点迅速跻身美国报界前列，成为美国历史上发行量增长速度最快的报纸。《今日美国》的特点主要有：第一，为了方便读者第一时间从单一报纸上获取美国以及世界各地的重大新闻，它特别开辟了"美国各地"和"世界新闻摘要"；第二，采用电视台预报天气的形式，第一次用

整版的彩色气象图预报全美50个州、100多个主要城市未来三天内的天气情况；第三，在新闻报道中配以彩色图片和图表，做到了图文并茂和最大限度的形象化；第四，报纸上的每一条报道言简意赅，尽最大限度地登载更多的内容。

明信片的来历

关于明信片的起源，可以追溯到19世纪的德国。

明信片，是指一种不用信封便可以直接邮寄的卡片。在这种卡片上，邮寄人可以写一些想要送给收件人的祝福语。明信片上有胶粘的或者印有官方的邮票标记。此外，封面上还有一张美观、雅致的图片，具有一定的艺术性和可收藏性。

1865年10月的某一天，德国有位画家在邮局里遇到了一件麻烦的事。他的朋友马上就要举行婚礼。为了表示庆祝，他特意在硬纸板上创作了一幅精美绝伦的画作。然而当他邮寄的时候，却发现没有一个信封可以装下这幅作品。这时，邮局有个工作人员向他提出建议，要他将收件人的姓名、地址等信息直接写在画作的背后，然后直接邮寄。没过几天，这封没有信封的画作寄到了他的朋友家里。就这样，世界上第一张自主创设的明信片诞生了。

1865年11月30日，在德意志邮政联合会议上，有人提出了可以邮寄不用信封的信件的建议。不过，与会的代表们没有通过这项提议。1869年，奥地利的一位博士发表文章，强烈建议开发并使用明信片。为了降低邮费价格，他又建议将明信片列为印刷品邮件。最终，奥地利邮政部门采取了他的建议。同年10月1日，世界上第一张明信片在奥地利首都维也纳正式发行。由于明信片简便实用，且邮资便宜，深受人们的青睐。在不到三个月的时间里，奥地利就邮寄了300多万张明信片。听闻这一消息后，德国、英国、美国、法国和瑞士等国家，也先后发行明信片。

1896年，中国第一套明信片由清朝统治者发行。1927年，中华民国交通部为纪念交通银行开业20周年，特别发行了一组明信片。这是中国第一次正式发行纪念明信片。1949年中华人民共和国成立后，中国邮政发行的明信片日益增多。

日本《朝日新闻》

《朝日新闻》是日本三大综合性日文对开报纸之一。

《朝日新闻》于1879年1月25日由木村滕、村山龙平在日本大阪创刊。《朝

日新闻》每天出版早报和晚报，内容多涉及世界性新闻事件。

关于《朝日新闻》的刊名起源，可以追溯到中国唐代的欧阳询书法。《朝日新闻》创刊之时，筹备委员中有几位是当时日本的书法家，对于欧阳询的书法，他们非常仰慕和尊崇。于是，在为报刊起名的时候，他们在欧阳询的《宗圣观记》中选出"朝""日""闻"三个字，并用双钩法将其描成"填本"。但是，《宗圣观记》中没有"新"字，他们便用"亲"和"析"字剔除"木"后，合成"新"字。这样便有了"朝日新闻"这四个报头字。

《朝日新闻》创刊之初，其规模不大，仅仅是当时日本的一个小报机构。民权运动爆发后，《朝日新闻》开始涉及政治等领域，具有了大报和小报的特征。后来由于政治原因，《朝日新闻》只是独立报道新闻事件，不作任何评论，并向国内外派驻记者。1888年7月，《朝日新闻》进驻东京，并买下东京的《觉醒新闻》，发行《东京朝日新闻》。1889年，大阪的《朝日新闻》改名为《大阪朝日新闻》。1935年2月10日，《朝日新闻》先后进驻九州和名古屋，分别成立了西日本本社和名古屋本社。1940年9月1日，《朝日新闻》在各地出版的报纸统一刊名为《朝日新闻》。

在发展壮大的过程中，《朝日新闻》始终面向各地基层读者，不断改革，发行具有地方特色的版面。截止到1930年，《朝日新闻》实现了一县一版的地方版格局。改版后的《朝日新闻》除了在综合版面统一编排重大消息外，其他的地方版则安排相应的地方消息，具有鲜明的地方特色。

普利策奖

到 20 世纪 70 年代末期，普利策奖已经成为美国新闻界的一项最高荣誉。

普利策奖，又称普利策新闻奖。根据美国报业巨头约瑟夫·普利策的遗愿，该奖项于 1917 年设立。普利策生前留下遗嘱，死后将财产捐献给哥伦比亚大学，以创办哥伦比亚大学新闻学院、设立普利策奖。

每年的春季，普利策奖由哥伦比亚大学的评奖委员会开始评定。每一年的 4 月份，是公布获奖名单的时间。5 月份的时候，哥伦比亚大学校长为获奖者颁奖。普利策奖的奖金为 7500 美元。获奖的报社将得到一枚普利策金牌，而获得公共服务贡献奖的新闻报道没有奖金。

普利策奖的评奖项目主要有新闻界和创作界两类。新闻界的获奖者可以是任何国籍，但是获奖作品必须是在美国的周报或者日报上发表的。除历史奖外，创作界的获奖者必须是美国公民。普利策奖的奖项有新闻奖和文学艺术奖。其中，新闻奖主要有：公共服务奖、报道奖、社论奖、漫画奖、批评评论奖、通讯奖、特写奖、新闻摄影奖等。文学艺术奖主要有：小说奖、戏剧奖、诗歌奖、美国历史作品奖、自传或传记奖、非小说作品奖。除此之外，普利策奖还颁发一项音乐作曲奖和两项特别奖。

广播的诞生

世界上第一座领取执照的广播电台，是美国匹兹堡的 KDKA 电台，于 1920 年 11 月 2 日正式开播。

广播，是指通过无线电波或者导线传送声音的新闻传播工具。通过无线电波传送声音的称为无线广播；通过导线传送声音的称为有线广播。广播具有传播迅速、功能多样、感染力强等优点，成为世界上最受欢迎的新闻媒介之一。

关于广播的诞生，可以追溯到 20 世纪初期。1906 年的圣诞节前夕，在美国的纽约市，费森登和亚历山德逊设立了一个小广播站，并尝试进行历史上的第一次广播播音。他们选择两段笑话、一支歌曲和一支小提琴独奏曲作为这次播音的内容。当时，拥有接收机的人数并不算多。尽管如此，人们还是三三两两地接收到了他们的播音。1908 年，在巴黎的埃菲尔铁塔上，美国的弗雷斯特进行了一次广播。这次广播的内容被当地的一家军事电台和马赛的一位工程师顺利收听到。1916 年，弗雷斯特在布朗克斯新闻发布局设立了一个广播站。后来为了试

验，他在这里播放了总统选举的消息。然而，当时能够收到的人数还是比较少。在此后的一段时期内，无线电的使用在人们生活中得到进一步普及。与此同时，更加精密的发射机和电子接收管相继被人们充分利用。在此背景下，广播事业得到了迅速的发展。

1920年6月15日，英国的马可尼公司举行了一次特殊的音乐会。这次音乐会采取了一种崭新的音乐会组织形式——无线电-电话音乐会。音乐会开播后，法国、意大利、挪威、希腊等国家的人们可以清晰地收听到。这次无线电-电话音乐会的顺利闭幕，标志着世界性广播事业的开始。

1920年11月2日，美国威斯汀豪斯公司成立KDKA广播站。在康德拉的指导下，广播站播出了第一个节目。由于事关总统竞选，这次广播节目播出后，取得了巨大的社会反响。1922年，英国和法国先后成立广播公司。这使得欧洲的广播事业得到空前发展。直到今天，世界范围内的广播事业还在发展中。

《福布斯》杂志

《福布斯》与《财富》《商业周刊》《经济学人》齐名，为世界四大财经杂志。

《福布斯》杂志是福布斯集团旗下的一本财经杂志，是如今全球最知名的财经杂志。杂志创办人是贝蒂·查尔斯·福布斯。

福布斯是一名苏格兰记者。20世纪初，他来到纽约，成了一名财经记者。1917年，他独立创办了《福布斯》杂志。杂志专门报道商业新闻，是美国历史上第一本纯粹的商业新闻报道杂志。那时，商业杂志中常罗列一堆枯燥乏味的商业数据。福布斯摒弃了这样的新闻报道方式，独辟蹊径，在杂志中关注企业的掌舵者。

《福布斯》杂志创办至今，杂志的报道风格、定位一直没有改变。它以"关注实践和实践者"为口号，重视创新，倡导企业家精神。《福布斯》杂志中的新闻，简明扼要，立场鲜明，具有较强的前瞻眼光，报道方式不拘一格。

明确的定位、独特的报道、深刻的见解，使《福布斯》杂志的市场影响力远高于其他财经杂志。杂志中列出来的财富排行榜，更是成了人们眼中的经济潮流风向标。

华纳兄弟

华纳兄弟的电影制作公司是美国电影史上的第三家电影公司。

"华纳兄弟"是"华纳兄弟娱乐公司"的简称。"华纳兄弟娱乐公司"是全世界最大的电影、电视制作公司,总部位于美国纽约以及加利福尼亚州的伯班克。华纳兄弟旗下有华纳兄弟影业、华纳兄弟电视制作、华纳兄弟动画制作、华纳兄弟游戏、DC漫画、CW电视网等几大子公司。

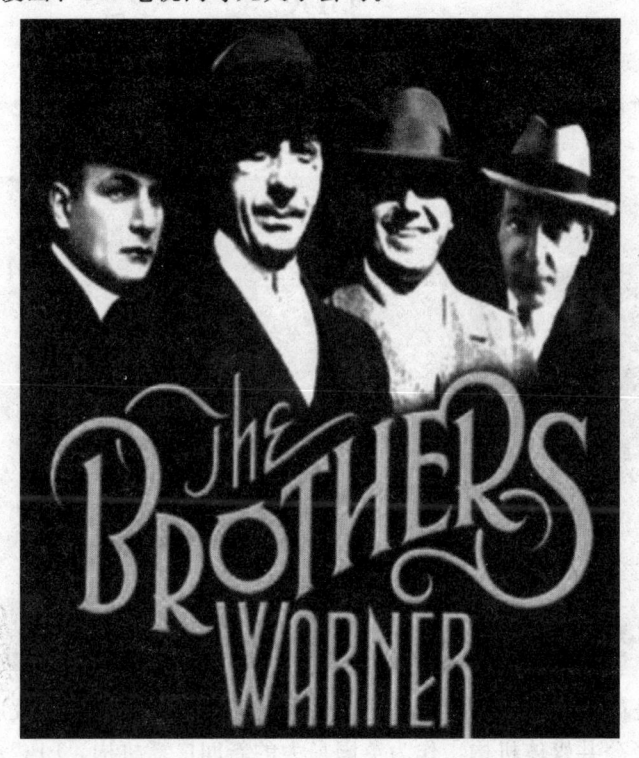

公司以"华纳兄弟"为名,是为了纪念四位创始人,犹太裔兄弟哈利·华纳、亚伯特·华纳、山姆·华纳和捷克·华纳。1903年,华纳兄弟开始从事电影放映生意,并建立了自己的电影院。一年后,他们成立了自己的电影发行公司——这就是"华纳兄弟"的前身。第一次世界大战期间,这个电影发行公司开始制作电影。1918年,华纳兄弟在好莱坞日落大道成立了电影制片厂。

华纳兄弟的电影制作公司历史悠久程度仅次于派拉蒙电影公司和环球影业。1927年,"华纳兄弟"发行了电影史上第一部正式的有声电影《爵士乐歌星》。这部电影的发行,使"华纳兄弟"成了电影史上第一个制作、发行有声电影的公司。凭借拍摄有声电影,"华纳兄弟"成了好莱坞规模最大的电影公司之一。之后，公司又拍摄了大量的歌舞电影、黑帮电影、历史电影和战争电影。

20世纪50年代，电视兴起，威胁电影。为抵抗电视的冲击，1953年，"华纳兄弟"拍摄了3D电影《恐怖蜡像馆》，大获成功。1954年，"华纳兄弟"开始往电视领域发展。1995年，"华纳兄弟"联手芝加哥论坛报业，成立了以青少年为目标消费群的WB电视网。90年代末，"华纳兄弟"将小说《哈利·波特》改编成电影，电影风靡全球。进入21世纪以后，"华纳兄弟"开始与其他电影公司合作，共同投资、发行电影。

BBC

在英国新闻媒体的发展历史上，BBC曾经是唯一一个电视、电台广播公司。

BBC，是英国广播公司的简称。它是由英国政府资助，但在政府管辖之外独立运营的一个公共媒体机构。作为英国最大的新闻广播机构，BBC向全球提供书籍出版、报刊、英文教学、交响乐团和互联网新闻等服务，被认为是全球最受尊敬的媒体之一。

关于BBC的起源，可以追溯到20世纪20年代。为了建立一个覆盖英国的广播传输网络，促进全国广播事业的发展，马可尼、英国通用电气公司、英国汤姆森休斯敦等几大财团于1922年出资成立了BBC。虽然BBC受助于英国政府，但却由独立于政府之外的监管委员会负责管理。监管委员会有12人，都是社会各领域内的有名人士。他们统一由英国首相提名，英国女王委任。后来，BBC获得英国皇家特许状，由理事会全权负责公司的运作。1922年11月14日，BBC的第一个电台2LO在伦敦开始广播。第二天，5IT、2ZY分别在伯明翰、曼彻斯特开始广播。1932年,BBC公司设立了第一个向英国本土以外地区广播的电台频道——BBC帝国服务(BBC Empire Service)。1938年,BBC阿拉伯语电台开播,这是BBC的第一个外语频道。第二次世界大战结束后,BBC已经用英语、阿拉伯语、法语、德语、意大利语、葡萄牙语和西班牙语7种语言向全世界进行广播。后来,这种世界性的广播服务演变成BBC全球服务(BBC World Service)。

在广播服务迅猛发展的同时,BBC电视播送服务也在逐步探索中。1932年,苏格兰工程师约翰·罗吉·贝尔德与BBC公司进行合作,着手尝试电视播送的试验。1936年11月2日,BBC公司进行第一个电视播送,这也是世界上第一个此类性质的服务。后来,第二次世界大战爆发,电视播送服务中断。1946年,BBC公司重新恢复电视播送服务。1967年9月30日,BBC公司开始了音乐播放服务。1983年,BBC公司率先开播了早餐时间广播服务。1991年,BBC公司正式开启全球新闻服务电视频道。1998年8月,BBC国内频道开始采用卫星播送。

美国《时代周刊》

《时代周刊》的口号:"《时代周刊》好像是由一个人之手写出来给另一个人看的。"

《时代周刊》又叫《时代杂志》,是一份美国新闻杂志,《时代周刊》创刊于1923年3月3日,创刊地是纽约,创始人是亨利·卢斯和布里顿·哈登,发行公司是时代华纳。杂志创办宗旨是"使'忙人'充分了解世界大事",注册商标为大写的英文单词"TIME"。

这本期刊是美国第一份用叙述性文体报道时事的大众性期刊。期刊中设有多个栏目，内容涵盖了经济、法律、体育、宗教、艺术等社会生活的各个层面。期刊有 5 个版本，美国国内版、美国国际版、欧洲版、亚洲版和南太平洋版。欧洲版在伦敦出版，告诉人们欧洲、中东、非洲和拉丁美洲发生的事件；亚洲版在香港出版，讲述亚洲的新闻事件；南太平洋版则在悉尼出版，内容是澳大利亚，新西兰和太平洋群岛发生的新闻。

《时代周刊》对于新闻的报道多是叙述性、解释性的报道，报道的深刻度与详尽度是电视、广播、报纸等其他传播媒介难以匹敌的。《时代周刊》的一大特色是，将一周内发生的重大国际新闻汇聚到一起，加以分类，挖掘出事件的背景材料，解释、分析给人看。国际事件发生时，《时代周刊》会发表自己的主张；新闻事件过去后，《时代周刊》又会对事件做详细的追踪报道。

《时代周刊》的出现，打破了新闻界报纸、广播的垄断局面。如今，《时代周刊》已经成了世界知名品牌，全球最具代表性、最有影响力的新闻刊物之一。

工业农业

1840

工 业

重工业和轻工业

有一种较特殊的工业部门，修理业。修理行业种类繁杂，因而以所修产品类型分"轻重"：若所修产品属重工业，则该类型为重工业类型；若所修产品属轻工业，则该类型为轻工业类型。

重工业和轻工业同属于工业。工业指对开采品、农产品进行加工、再加工的生产部门。不同工业类型从事的加工、再加工活动不同，于是有了轻工业、重工业之分。

轻工业指生产生活消费品，从事手工工具制作的工业。轻工业分两个种类：以农产品为原料的轻工业和以非农产品为原料的轻工业。两个种类的不同在于，前者的基本原料为农产品，工厂对农产品进行直接或间接的加工，出产成品；后者则以工业品为基本原料。以农产品为原料的轻工业包括食品、饮料制造业，纺织、缝纫业，造纸、印刷业，皮毛制作业，烟草加工业等。以非农产品为原料的轻工业包括合成纤维制造、手工工具制造等行业。

重工业之"重"，既体现在地位上，又体现在生产方式上。重工业是掌控国家经济命脉的工业，工业产品是国民经济各部门中重要的生产资料。重工业分三类：采掘工业、原材料工业和加工工业，三者呈步步递进的关系。采掘工业指开采自然资源的工业，如矿产开采、煤炭开采、石油开采等。原材料工业，顾名思义，生产原材料的工业。原材料是国民经济各部门维持运转的基本材料，由采掘工业产品加工而成。较常见的原材料工业类型有金属冶炼工业、石油加工工业、化工原料制造工业、煤炭加工工业等。加工工业则指对原材料工业产品进行再加工的工业。化肥、农药制造工业，机械制造工业等工业部门都属于此类。

玻璃发展史

玻璃的使用范围越来越广泛，成了生活中处处可见的物品。

玻璃是一种固体混合物，无色、透明、易碎，主要成分为二氧化硅。玻璃用途广泛，最主要的用途是用作建筑物门窗，既隔风又透光。

火山喷发后，酸性岩浆凝结，结成的固体就是最早的玻璃。公元前3700年，古埃及人发明了烧制玻璃的技术。他们将人工烧制的玻璃做成各种器皿和装饰品。公元前1250年，古埃及出现玻璃作坊。作坊可以生产红色玻璃，还可以制作饰品、香水瓶等玻璃容器。在当时的古埃及，玻璃是种稀有物品，价格昂贵。

与古埃及玻璃同时出现的是腓尼基玻璃。腓尼基玻璃的制作方法，是腓尼基商人在地中海沿岸的贝鲁斯河沙滩上偶然发现的。当时海水落潮，商船搁浅在沙滩，于是船员上岸，搬木柴生火。沙滩上有些被他们称为"天然苏打"的固体碳酸氢钠。船员们随手捡了几块"天然苏打"，支在锅下，开始做饭。饭后，他们忽然看到，沙滩上多出一些亮晶晶的东西。船员们仔细研究后发现，原来这些晶体是沙滩上的石英砂和"天然苏打"发生化学反应凝结成的。这些晶体就是玻璃。

公元4世纪，罗马人开始用玻璃做门窗。到17世纪，玻璃已经成了生活中常见的物品。现在我们使用的玻璃，是由石英砂、长石、纯碱和石灰石为原料烧制而成的。

洗衣粉的问世

到现在，洗衣粉已经成为每个家庭必备的洗涤用品。

洗衣粉是一种合成洗涤剂，主要成分为表面活性剂，添加有具有不同作用的助洗剂，如磷酸盐、硅酸盐、酶等。

在洗衣粉发明之前，人们洗涤衣物等一直使用的是肥皂。20世纪初的时候，人们发现了表面活性剂的作用，开始将其应用于污渍的处理。1907年，德国汉高公司以硼酸盐和硅酸盐为主要原料，首次制造出了洗衣粉。由于洗衣粉去污能力强，而且携带和使用都很方便，很快就发展起来。20世纪40年代，人们从石油中提取出了一种叫四聚丙烯苯磺酸钠的物质。这种物质的去污能力很强，人们把它加入到洗涤剂当中，制成了洗衣粉。含有这种物质的洗衣粉适用于很多类型的纺织物，并且在各种水质中都表现出了很好的去污效果，很快成为人们常用的去污产品。

后来，随着化学工业的发展，人们又发现了更多的具有不同效果的助洗剂，并将其加入洗衣粉中，使得洗衣粉具有了多种功能。

人造纤维

人造纤维可用于制作装饰品、衣着用品、香烟过滤嘴等。

纤维细而长，是一种高弹性物质。纤维用肉眼观察不到，直径只有几微米到几十微米，长度是直径的几十倍。纤维分两种，天然纤维和化学纤维。人造纤维是化学纤维的一种。

人造纤维又称再生纤维，是用含天然纤维的物质加工而成的纤维。含天然纤维的物质有木材、甘蔗、芦苇、大豆等。纤维原料不同，原料加工成的人造纤维也不同。人造纤维可分人造丝、人造棉、人造毛三种。

光导纤维的由来

在未来社会，光导纤维必将为人类提供更多更好的服务。

光导纤维是一种透明玻璃纤维，具体可分为内芯和外套两层，其中内芯的折射率要高于外套。光从光导纤维的一端射入之后，会在内芯与外套的界面上形成多次全反射，最后从另外一端射出。

1870年，英国物理学家丁达尔在英国皇家学会的演讲厅中当众做了一个证明光的全反射原理的实验。其后，人们便据此制造出一种玻璃纤维，当光线沿着一定的角度进入纤维内部时，就会沿着弯曲的玻璃纤维前进。这就是最早的光导纤维，因其能传输光线而得名。

光导纤维具备传输量大、损耗低、体积小、重量轻、抗干扰能力强、保真度高、工作性能可靠、成本低廉等优点。在现代社会中，光导纤维的应用越来越广泛，电话线、宽带、激光器、内窥镜等都有光导纤维的存在。

煤的发现和使用

煤炭已经成了真正的"工业粮食"。

煤由古代植物遗体演变而成。植物遗体被埋在地下，经年累月，发生了复杂的生物、物理和化学变化，最终变成了一种固体可燃物，这就是煤。有关煤的发现，年代最久远的文字记录出现在著作《石史》中。《石史》是古希腊学者泰奥

弗拉斯托斯的著作，创作于公元前300年，著作内记录了煤的性质和发现地点。

古中国、古希腊和古罗马都是最早使用煤的国家。公元前1世纪，古罗马人已懂得用煤生火。中国西汉时期，人们已开始用煤饼炼铁。在中国古代，煤有很多别称，如石涅、石墨、石炭等。明朝医学家李时珍在医学著作《本草纲目》中，将各种名称统一为"煤"。

18世纪，蒸汽机出现，煤作为生产燃料，开始被应用于工业领域。煤炭储量丰富，易开采，很快成了工业生产、人民生活中的主要燃料。煤炭开采推动工业发展，围绕煤炭派生出了很多新兴工业类型，如采矿、冶金、化工等。在化工领域，煤炭不是工业燃料，而是工业原料。人们将煤放在真空环境中，加热使之分解，提炼出煤焦油。煤焦油再分解，可以成为制作香料、化妆品的原料。煤可用多种化学方法加工，用不同加工法制作出来的产品各不相同。从煤中提炼出来的焦炭可冶金；在中国，煤还是生产化肥的原料。

煤炭中含有很多稀有元素和放射性元素，如锗、铀、镓等。这些元素是原子能工业中不可或缺的元素，元素还可被用于制作半导体。现在，冶金、纺织、食品、交通运输等行业都消耗着大量的煤炭。

天然气

作为一种洁净安全的能源，天然气在人们的生产、生活中发挥着巨大作用。

天然气是一种气体燃料，无色无味，由古生物化石转化而成，主要成分是甲烷。相比煤炭、石油，天然气是一种较晚发现、较晚使用的能源。天然气燃烧时，极少产生对人体有害的物质，燃烧后也不会产生废渣、废水，是一种安全、干净的能源。

天然气可用作燃料。天然气发热量大、价格实惠，是家庭生活中的首选燃料。在工业领域，工厂也常用天然气取暖、加热锅炉。如今，无论在工业生产还是在家庭生活中，天然气都取代煤，成了最常用的化学燃料。

天然气可用于发电。天然气被发现以前，发电多用煤。然而煤不可再生，开发过多会造成能源紧缺。用天然气发电，既能缓解能源紧缺，又能减轻环境

污染。

　　天然气可用作工业原料。全世界百分之八十的国家以天然气为原料，生产氮肥。天然气污染少、成本低，是制作氮肥的首选燃料。

　　天然气可做汽车用油。以石油为原料的汽油，燃烧时会排放大量的尾气，污染环境，危害人们健康。以天然气为汽油原料，不仅更安全，而且更有利于环保。

　　此外，天然气经化学加工可变为一种新型工业燃气。这种燃气，燃烧时温度达 3400℃，使用方便且安全。新燃气在钢材、造船等行业，常被用在工业切割、焊接、烤校等工作中。

铁矿石

严格说来，铁矿石只是那些含有经济价值铁元素的矿石。

　　铁矿石，顾名思义是指含铁的矿石。铁矿石是一种天然矿石，是生产钢铁的主要原料。天然矿石中有很多元素。矿石被磨碎后，经一步步选取，最终选出铁元素。这些含铁元素的矿石，就是铁矿石。理论上，矿石只要含铁，就可以被称作铁矿石。但从工业或商业角度来说，铁矿石中铁的成分必须要有利用价值，能被锻造成钢铁。

　　自然界中的铁都是以化合物形式存在的，比如氧与铁的化合物氧化铁，氢、氧与铁的化合物氢氧化铁，碳酸与铁的化合物碳酸亚铁等。铁矿石种类很多，常被用来炼铁的几种有磁铁矿、赤铁矿、褐铁矿和菱铁矿。

　　磁铁矿中的铁是以氧化铁的形式存在的。这种矿石呈黑色，经长期风化作用后会变成赤铁矿。赤铁矿中的铁也是氧化铁，样貌如名，呈暗红色，是铁矿石中最主要的一类。赤铁矿又分很多小类，如镜铁矿、赤色赤铁矿、粘土质赤铁矿、云母铁矿等。小类的划分是以矿石内在结构为标准的。

褐铁矿中的铁是氢氧化铁，矿石多为土黄或棕色。褐铁矿名下有两种分支铁矿，针铁矿和磷铁矿。两种矿石的分类也以内在结构为标准。菱矿石中的铁是碳酸亚铁，矿石青黑色，内含相当多的镁元素和钙元素。

世界铁矿资源较多的国家和地区有南非、北美、中亚、澳大利亚、俄罗斯、巴西、印度等。

荷兰风车

风车可称是荷兰的"国家商标"。

荷兰有"风车之国"的美誉。虽称"风车之国"，现在的荷兰人却已很少使用风车，就连荷兰本地人若想观赏风车，都要到风车博物馆或风车村保护区，才能欣赏到真的风车。

古代，荷兰本地缺乏动力资源，于是人们开始考虑使用其他动力能源。1229年，荷兰人发明了第一架风车。这架风车并不是真正的"风车"，它靠人力推动，用于碾磨谷物。后来，人们开始用马力驱动风车。再后来，用水力驱动的"水车"出现。

荷兰濒临大西洋，地处西风带，一年四季西风不停。荷兰人想到了开发风力资源，以风力代替人力和水力，于是，真正的"风车"诞生了。风车以自然风力为动力，既不怕能量耗尽，也不怕产生污染。风车出现后，很快普及全国。人们改进风车技术，开始用风车加工大麦、切割原木、制作纸张。

在荷兰，最大的风车风翼长20米，车有好几层楼高。这么大的风车，作用就不是碾谷物、加工大麦了。荷兰地势低洼，近四分之一的土地在海平面以下。海水涨落，侵蚀荷兰土地。人们用大风车排水、吸水，使土地免于沉陷。有一句话曾在欧洲广为流传："上帝创造了人，荷兰风车创造了陆地。"

到了20世纪，工业兴起，蒸汽机、内燃机等动力机器相继出现，依靠原始风力的古老风车慢慢被淘汰了。然而荷兰人并没有忘记风车，他们将每年5月的第二个星期六定为"风车日"。"风车日"这天，荷兰风车齐转，举国庆祝。

生铁冶炼史

中国是生铁冶炼技术出现较早的国家。

生铁是一种铁碳合金，可以用铁矿石经过冶炼获得，根据生铁中碳的形式不同，其用途也不同，分为炼钢生铁、铸造生铁和球墨铸铁等几种类型。生铁的铸造性能十分好，并且硬度高、耐磨，应用比较广泛。但是生铁的延展性能不好，不可以进行锻造。

在春秋晚期，中国已经出现用高温液态还原法进行生铁冶炼的技术，并将生铁应用于兵器和农用工具的制造。铁器的出现，使得社会的生产力得到很大提高。

由于生铁比较脆，在一些方面的应用受到了限制，于是中国古代又出现了使生铁软化的技术，使得生铁的性能得到提升。到了西汉时期，出现了"百炼钢"技术。这种技术是将铁反复锻打，使得铁中的杂质减少，颗粒细化，从而大大提高铁的品质。西汉中期的时候，又出现了炒钢技术。让生铁处于半液体状态，然后进行搅拌，使得其中的碳含量达到要求。这种技术使得钢的品质进一步得到了提升。

南北朝时期，中国出现了灌钢法。这种方法是将生铁和熟铁放在一起进行冶炼，使得钢的产量和质量都有很大改善，很大程度上促进了社会生产力的发展。到了明朝，灌钢法又进一步发展为苏钢法，使得钢的品质再一次提升。

在 16 世纪之前，中国的生铁冶炼技术一直是出于世界前列的。在工业时代到来之后，生铁冶炼也逐渐转向了工业生产。

钢

有人说，钢是"现代生活的物质基础"。

钢由生铁煅烧而成。生铁煅烧次数越多，钢的精度越高。钢的主要成分是铁与碳，此外还有硅、锰、硫、磷等。钢与钢的区别，就区别在钢内硅、锰、硫、磷等元素的成分构成中。这些微量元素中，任何一种元素的成分改变，都会使钢的性能发生变化。

人们学会用铁矿石炼生铁后，不久就学会了用生铁炼钢。就性能来说，钢远好于生铁。然而当时技术条件有限，钢的产量也有限，所以钢的应用范围也并不宽广。工业革命后，人们将钢铸成不锈钢去味皂出售。不锈钢去味皂是一种特殊钢块，用法如肥皂，但从不变小。它不能除污，但能去臭。一双沾满腥味的手，用这种去味皂洗30到40秒之后，腥味全无。去味皂保质期为半年，半年后失效。

18世纪钢材史上，虽曾有去味皂风靡一时，但钢材仍不普及，因为当时的炼钢法成本高、效率低。19世纪，贝氏炼钢法出现后，钢材冶炼技术才有了重大发展。现在，钢材已经成了我们生活中不可或缺的材料。它价格低廉、性能可靠，在建筑、制造等行业被广泛使用。

转炉炼钢法的发明

随着平炉炼钢法的产生，转炉炼钢法逐渐被取代。

转炉炼钢就是不利用外部能源，仅依靠铁液本身的热量和铁液组分间的化学反应产生的热量，而在转炉中完成炼钢的方法。其主要原料是铁水、废钢和铁合金。转炉炼钢有很多种方法，按其耐火材料可分为酸性和碱性，根据气体吹入部位可分为顶吹、底吹和侧吹，按照吹入气体的不同，还可分为空气转炉和氧气转炉。目前使用比较广泛的是碱性氧气顶吹和顶底复吹转炉，这两种方法的生产速度比较快，而且产量大，成本低。

1856年的时候，德国人贝斯麦发明了底吹酸性转炉炼钢法。从此之后，近代炼钢方法开始发展起来。但是由于底吹酸性转炉炼钢法不能去除钢中的硫和磷，并没有发展起来。1879年，托马斯发明了底吹碱性转炉炼钢法。不过这两种转炉炼钢法都对生铁成分的要求比较高，发展受到很大限制。

到了1952年，在奥地利出现了氧气顶吹转炉炼钢法。这种方法使用氧气作为吹入气体，使得钢的质量有了很大提高，并且这种炼钢法速度快，成本低，很快就得到了发展，成为主流的炼钢方法。在此之后，转炉炼钢法不断得到改进，其生产效率也越来越高。随着现代炼钢技术的发展，炼钢的工艺流程发生了很大变化，转炉法已经成为新流程中的一个环节。

现代工厂体制的开创者
——理查德·阿克赖特

理查德·阿克赖特是英国企业家，现代工厂体制的开创者。

1732年，理查德·阿克赖特生于英国普雷斯顿的一个贫困家庭。他早年曾做剃须师兼假发师学徒。18岁时，他离家去了博尔顿，继续以剃须为生。理查德·阿克赖特结过两次婚，第二任妻子为他带来一小笔钱。有了这笔钱，理查德·阿克赖特放弃剃须工作，开始从事头发生意。他向女孩购买头发，自己将头发调成不同的颜色，然后卖给假发师，从中赢利。1768年，理查德·阿克赖特发明出水力纺纱机（发明由来不明）。次年，他申请专利，取得了专利证，有效期14年。

1771年，他建立了水力纺纱厂，主要纺织棉纱，成为世界上第一个使用机器的纺纱厂。厂中有5000多名工人，实行12小时工作制。理查德·阿克赖特建厂之初，花了大量的时间选厂址、制定章程。最终，他制定出了既能保证工作效率，又让工人感到合理的规章制度。建厂后，他改进了自己的纺纱机。1790年，他又将蒸汽机引进了工厂。

后人评价理查德·阿克赖特时，通常称他为"高效管理原则的先驱者"。在1961年出版的《18世纪的工业革命》一书中，作者保罗·曼多称，理查德·阿克赖特既不是工程师也不是商人，而是将两者合为一体的"大企业创造者、生产组织者、人群领导者"。

世界工厂

毋庸置疑，英国就是18世纪的世界工厂。

世界工厂指能为世界市场提供大批量工业品的生产基地，通常指某个国家。

一个国家要想成为世界工厂，首先必须拥有一大批的工业企业，生产能力、市场份额在世界同类型企业中占据领先地位；其次，这些工业企业的生产经营活动要能左右世界市场的供求关系、发展趋势。

纵观工业发展的历史进程，18世纪，英国人率先完成了工业革命。英国工厂中，机器生产代替了手工生产，工作效率大为提升。英国人积极发展工业，开创了新的工业产业类型。这一世纪，英国殖民地遍及全球，英国工业品输向世界各地。

19世纪后期，美国崛起。在从19世纪下半叶到20世纪中叶的近100年时间中，美国钢铁、汽车、飞机制造、军事装备、医药、机械、化工等工业行业发展迅速。在这些行业中，美国无论生产规模还是出口份额都居世界前列。作为世界工业品市场的重要供给国，美国就是这100年中的世界工厂。

20世纪下半叶，日本成了技术密集型产品的生产、出口大国。日本原以重化工业为出口主导产业，20世纪60年代起，开始大力发展电子产品。日本汽车、家用电器、半导体等机械、电器、电子产品作为主导出口产品，大量销往世界各地。20世纪80年代，日本转型成功，成了新晋世界工厂。

石油开发史

至今，内燃机仍以石油为主要燃料。

石油也称原油，是一种可燃液体，高浓度，性黏稠，棕黑色，产于地底深处。

最早开采石油的是中国人。中国人用钻头钻油井，从油井中采油。钻头被固定在竹竿上，可伸至地下1000米。油采出后，人们用石油生火，蒸发盐卤，制作食盐。最早的油井出现在公元4世纪。10世纪时，人们改进技术，以竹竿为管道连接油井和盐井，用油更方便。

除古中国外，很多西方国家也发现了石油的价值。公元8世纪，巴格达以石油为原料，生产沥青，铺设街道。公元9世纪，阿塞拜疆人从油田中提取原油，生产轻石油。阿塞拜疆首都巴库的油田中，每天能开采出上百船石油。此外，古波斯人的史料中也有以石油为药和燃油照明的记载。

石油被发现之初，名字不叫"石油"。在古中国，人们称石油为"石漆"、"石脂"、"猛火油"；古代西方则称石油为"发光的水"、"魔鬼的汗珠"。公元977年，中国人所编类书《太平广记》中最早出现"石油"一词。11世纪，中国科学家沈括在《梦溪笔谈》中，正式将这种油命名为"石油"。

现代石油开采始于19世纪。开采早期，所采石油多用作油灯燃料。1861年，世界首座炼油厂在巴库建立。当时，世界上百分之九十的石油都产自巴库。20世纪，内燃机出现，情况改变。那时起，石油开始被用作内燃机燃料。现在，石油除用作燃料外，还被用于工业生产、交通运输中，成了常见的工业生产原料、运输驱动能源。

世界十大油田

现在全世界已开发油田 41000 个，其中 42 个是超巨型油田。

油田即产油田。产油田多分布在盆地中，田内通常有一个或多个油藏。

全世界最大的十个油田是位于沙特阿拉伯东部的加瓦尔油田、东北部的萨法尼亚油田，位于科威特东南部的大布尔甘油田，位于委内瑞拉东部的博利瓦尔油田，位于伊拉克南部的鲁迈拉油田、北部的基尔库克油田，位于俄罗斯伏尔加—乌拉尔油区的罗马什金油田、西西伯利亚油区的萨莫洛特尔油田，位于阿拉伯酋长国中西部的扎库姆油田和位于阿尔及利亚东北部的哈西梅萨乌德油田。

加瓦尔油田有"世界第一大油田"之称，油田储油 107.4 亿吨，年产量达 2.8 亿吨。所产石油通过输油管道运往腊斯塔努拉油港，再从油港运往世界各地。加瓦尔油田产油量约为波斯湾地区石油总产量的三分之一。萨法尼亚油田储油 33.2 亿吨，所产部分石油也通过腊斯塔努拉外运。

大布尔甘油田储油 99.1 万吨，石油多为轻质油，含蜡量少，凝固点低，便于运输。油田年产量约 7000 万吨，通过米纳艾哈迈迪油港运往各地。博利瓦尔油田石油则多为重质油。油田储油 52 亿吨，年产量约 100 万桶。

鲁迈拉油田储油 26 亿吨，是伊拉克产量最高的油田。伊拉克一半以上的石油都是鲁迈拉油田所产石油。石油经三个港口运往各地。基尔库克油田储油 24.4 亿吨，所产石油多通过地中海东岸港口出口海外。

俄罗斯萨莫洛特尔油田是俄罗斯最大的油田，产量仅次于加瓦尔油田。油田储油 20.6 亿吨，年产油 1.4 亿吨。罗马什金油田是俄罗斯第二大油田，储油 24 亿吨，年产量约 1 亿吨，所产石油多为中质与重质油。

扎库姆油田油井多为自喷井，储油 15.9 亿吨。油田所产石油含蜡少，质量高，多用于出口。哈西梅萨乌德油田地处撒哈拉，所产石油质量也较高，也多用于出口。

第一台摩擦起电机

这种起电机在后来的静电实验中被广泛应用，发挥了十分重要的作用。

静电现象在日常生活中随处可见，其原理就是各类物质的原子核对电子的束缚能力各有不同，因此每种物质得失电子的本领也各不相同。例如金属的电子就很容易丢失，因而金属很容易导电，但绝缘体就刚好与之相反。不过，利用高

温、摩擦、强电力等却可以使原本不易丢失的电子发生改变，从而使绝缘体转变成导体。根据这样的原理，德国人盖利克于1660年发明了全世界第一台摩擦起电机。这台起电机是用硫磺制成的，外形像一个地球仪，可以转动。人在用干燥的手掌摩擦球体时，就能得到电。

等离子发电机

现在，中国、印度、澳大利亚、欧盟等国家和地区都在积极研究等离子发电机。

"等离子发电机"又名"磁流体发电机"，是一种发电设施。发电机发电原理如名，通过磁场与导电物的对流发电。导电物多为气体或液体，发电时，将带电气体或液体快速喷入磁场，磁场与带电流体间发生反应，从而发电。

最简单的磁流体发电机是开式磁流体发电机，由发电通道、燃烧室和磁体三部分组成。燃料在燃烧室燃烧，产生高温气体。气体产生后，在化石燃料内加入钾盐与钠盐。两盐遇化石，易电离。部分电离子进入发电通道。通道内有喷管，迫使离子加速运动。离子在加速中产生高温，速度达1000米/秒，温度达3000摄氏度。高温高速带电气体进入磁场，与磁场作用，产生电流。这就是等离子发电法。

等离子发电不同于火力发电。火力发电时，燃料燃烧产生废气，废气中含二氧化硫，二氧化硫污染空气。等离子发电机中，发电所用燃料燃烧得较充分。燃料中会添加可与硫化合的材料，使硫被回收利用，不致被直接排入空气中，造成污染。世界上第一台等离子发电机产生于1959年，由美国阿夫柯公司制造。

机床发展简史

现在，大大小小的全自动工厂遍布世界各地。机床不再需要被人工操控，工件加工、机械生产的所有工序，机床都可以流水线的形式自动完成。

"机床"又称"工具机"或"工作母机"，是生产机器的机器。

最早的机床出现在公元前2000年左右，由树木和绳索做成。绳索一端系于树枝上，另一端结一套圈。工件系在绳索上。工作时，脚踩套圈带动树枝运动。树枝运动产生弹力，弹力迫使工件旋转。手握贝壳或石片，以石贝为刀削切工件。中世纪，机床改进，以弹性杆棒代替树枝，但原理未变。

15世纪出现了制作武器用的炮筒镗床，以及制作钟表用的齿轮加工机床和

螺纹车床。其中，炮筒镗床靠水力驱动。17世纪，中国出版的《天工开物》一书中，记载了一种可切割玉石的磨床。1775年，英国人威尔金森制造出一台靠水轮驱动的汽缸镗床。1797年，英国人莫兹利改造机床结构，使机床可以自动传输道具、削减工件。这一变革是机床史上的重大历史事件，莫兹利因此获得了"英国机床工业之父"的称号。

19世纪，机床种类大增，用于纺织、运输、军事等领域的各类机床相继出现。电动机问世后，机床开始使用电动机发动。20世纪，为适应精度更高的工件生产，人们又研制出了自动机床、组合机床等各种不同类型的机床。20世纪中期，机床进入数控时代。工件加工、道具更换等工作信息被存储在电子计算机中，机器靠计算机发送指令，自动运转加工。

1968年，英国茂林斯机械公司研制出一条用数控机床组成的自动生产线，这是世界上第一条自动生产线。20世纪70年代中期，自动化车间出现了。

记忆金属

记忆金属的可塑性很强，非常容易被弯曲，将变形后的记忆金属加热或冷却到某一温度时，它会恢复成原来的形状。

记忆金属又叫形状记忆合金，是一种具有复原性的金属。

记忆金属之所以有复原性，是因为记忆金属有两种稳定状态，在不同的温度下它会处于不同的稳定状态，这两种稳定状态的分界温度叫做记忆金属的变态温度。每一种记忆金属都有自己的变态温度。在变态温度以上时，记忆金属可以有一个稳定的形状，当它被加热到变态温度以下时，可以被随意弯曲，但是当温度恢复到变态温度以上，记忆金属又会恢复到它原来的形状。

记忆金属的这种记忆效应可以分为三种。一种是单程记忆效应，即某些记忆金属在低温变态温度以下变形，加热到变态温度以上后恢复原状，只在加热过程中有恢复能力；一种是双程记忆效应，即某些记忆金属在加热和冷却过程中，均有恢复能力；还有一种是全程记忆效应，即某些记忆金属在加热后恢复高温时的形状，冷却后会变为和高温时形状相同而方向相反的状态。

记忆金属最早是在1915年，由一名美国人发现的，当时发现金－镉合金有这种记忆效应，但是并没有引起注意。1953年，又发现铟－铊合金有记忆效应。1963年，当人们发现镍－钛合金有记忆效应之后，才开始重视这种记忆金属，加强对它的研究。此后人们发现的记忆金属越来越多，其应用范围也越来越广，在诸多领域起着特殊作用。

不锈钢的发明

人们把布雷尔利称为"不锈钢之父"。

不锈钢是一种在一般情况下不易生锈的钢，可以耐空气、水等弱腐蚀介质和酸、碱、盐等化学腐蚀介质的腐蚀。其中通常将耐弱腐蚀介质腐蚀的称为不锈钢，耐化学腐蚀介质腐蚀的称为不锈耐酸钢。不锈钢的性能取决于其中掺入的合金元素，一般根据不同的应用场合而选择不同的合金元素。

不锈钢是在第一次世界大战时期发明的，发明者是一名叫做布雷尔利的英国冶金科学家。由于当时正是战争时期，枪支需求量很大，而当时所使用的枪支的枪管很容易生锈，十分不耐用。布雷尔利收到请求，要研制一种不容易生锈的钢铁，来制作枪管。布雷尔利在一次试验中，把铬元素掺入了炼钢的材料中，炼制出了一种十分明亮的钢。但是这种钢十分脆，不适于做枪管，于是布雷尔利把这些钢扔到了垃圾桶里。

一段时间以后，布雷尔利无意中发现，垃圾桶中的那些钢仍旧很明亮，并没有生锈。布雷尔利经过研究发现，正是其中掺入的铬元素使得这种钢不易生锈。布雷尔利把不锈钢介绍给了一家餐具厂，使得不锈钢开始进入人们生活。

聚乙烯的生成史

聚乙烯的性能决定于它本身的结构和分子密度，生产方法不同，聚乙烯的分子密度也就不同。

聚乙烯是一种高分子聚合物，由乙烯聚合而得。聚乙烯无毒无臭，有很好的耐低温性能，可以耐多种酸腐蚀，绝缘性能优良。这种材料的化学性质稳定，在工业上用途很广泛，主要用于制造容器、管道、薄膜等塑料制品。

1933年，英国卜内门化学工业公司最先用高压法制得了聚乙烯。经过六年的发展，这种方法被应用到工业生产中。1953年，德国的齐格勒发现，在较低的压力下，通过使用适当的催化剂也可生成聚乙烯。两年之后，这项技术被赫斯特公司应用于工业生产。在此期间，美国菲利浦石油公司利用中压法合成了高密度聚乙烯。1977年，美国联合碳化物公司和陶氏化学公司分别用低压法合成了一种低密度聚乙烯，叫做线型低密度聚乙烯。这种聚乙烯兼有低密度聚乙烯和高密度聚乙烯的某些优良特性，而且生产耗能低，因此发展迅速。

到目前，大部分公司都在采用低压法合成聚乙烯，中压法只有菲利浦公司仍在使用。低压法的改进一直都是集中在催化剂上，第一代催化剂是钛化合物，但是这种催化剂的催化效率很低。到20世纪60年代时，发展为第二代催化剂，以镁化合物为载体，大大提高了催化效率。70年代，第三代催化剂诞生，不但提高了催化效率，而且简化了聚乙烯的生产过程。

联合国工业发展组织

现在，工发组织在雅典、米兰、巴黎、东京、维也纳、伊斯坦布尔、北京、首尔等地都设有分支机构。

"联合国工业发展组织"简称"工发组织"，是联合国多边技术援助机构，为帮助发展中国家加速工业化进程、协调各国工业发展而成立。组织成立于1966年，总部在奥地利维也纳。组织成立宗旨是"通过开展技术援助活动和工业合作，促进发展中国家和经济转型国家的经济发展、工业化进程"。为实现这一宗旨，组织制定了一系列方案。方案围绕提高发展中国家经济竞争力制定，内容涉及政府、机构和企业三个层次。

工发组织由大会、工发理事会、方案预算委员会、秘书处几部分构成。大会是组织最高权力机构，每2年召开一次由全体成员国参加的全会。工发理事会是组织常设决策机构，会中有53个理事国，理事国从成员国中选出；理事会每年召开两次常会。方案预算委员会附属于理事会，协助理事会的工作，每年召开一次会议。秘书处有一名总干事和三名执行干事，另有其他工作人员；秘书处任务是处理组织日常事务。

工发组织内有工作人员600多名，成员172个，在36个国家设有代表处，在13个国家设有投资促进处。

材料科学的形成

材料是人类用来制造机器、构件、器件,以及其他产品的物质。

按照材料的物理和化学属性,可以将其分为金属材料、无机非金属材料、有机高分子材料和复合材料四大类。而材料科学就是一门研究材料的组织结构、性质、生产流程和使用效能,及其相互之间关系的应用科学。

材料科学这门学科最早形成于20世纪60年代,起因就是苏联在1957年成功发射了人类历史上第一颗人造地球卫星,震惊全球。美国从此开始高度重视先进材料的应用,在国内成立了十几个材料科学研究中心。在此基础上,材料科学逐渐成型。

合成橡胶

合成橡胶是人工合成的高分子聚合物,具有很高的弹性,所以也叫合成弹性体。

橡胶在民用和工业上的用途都很广泛,是制造一些机械工具的必需原料。橡胶分为天然橡胶和合成橡胶两大类,天然橡胶的性能比较全面,合成橡胶的性能一般不如天然橡胶全面,但是在某些方面比天然橡胶的性能要优良。

合成橡胶品种繁多,有很多分类方法,如按生产过程、成品状态、用途分类等。生产合成橡胶的原料叫做单体,单体分子通过聚合作用生成橡胶。利用单体生成合成橡胶的过程一般分为单体精制、聚合和后处理三步,其中精制通常有精馏、清洗、干燥等方法,聚合主要有乳液聚合和溶液聚合两种方法,后处理包括从聚合物中提取出最终成品的一系列步骤。

人类早就开始使用天然橡胶,在19世纪30年代,美国人古德伊尔将其进行硫化后,制得了有实用价值的橡胶材料。1845年,出现了橡胶轮胎,合成橡胶开始受到人们重视,合成技术和橡胶种类不断得到发展。两次世界大战期间,由于军事上对橡胶的需求,使得合成橡胶得到了迅速发展。到20世纪70年代,合成橡胶已经基本取代了天然橡胶,被应用到了生产生活的各个方面。

拖拉机的发明和发展

柴油内燃机被使用至今。

农业机械产生以前，人们靠人力和畜力从事农耕活动。19世纪，蒸汽机发明，人们开始考虑将蒸汽机引入田间，以机械力代人、畜力。19世纪30年代，农田中出现蒸汽机牵引车辆。蒸汽机牵引车辆有个不足：田中泥土松软，蒸汽机入田后，要么将土压实，要么陷在土中，根本无法劳作。1851年，英国人想出办法：将蒸汽机放在田头，用钢丝绳牵引犁铧翻耕土地。方法效果显著，被人们视作"农业机械化的开端"。

后来，人们改进蒸汽机制造技术，发明了小型蒸汽发动机。蒸汽发动机可被安装在车辆上，直接牵引农业机械。这时，真正的拖拉机才问世。1856和1873年，法国人阿拉巴尔特和美国人帕尔文分别发明了蒸汽拖拉机。这种拖拉机又昂贵又笨重，使用时需要被多人操作，根本不适合个体农民耕种自家土地。1889年，美国查达发动机公司制造出一台以汽油为动力能源的拖拉机。汽油被灌在内燃机内，内燃机燃油，发动机器。内燃机比蒸汽机灵活，便于操作，很快取代蒸汽机，成了拖拉机的主要驱动装置。20世纪，内燃机拖拉机陆续出现在英国、德国、匈牙利、瑞典等国。这些拖拉机中，内燃机内的汽油被换成了柴油。

拖拉机分两种，履带式和轮式。早期拖拉机用铁轮。铁轮笨重，易陷车。19世纪30年代，人们把用木头和橡胶做的"履带"套在轮外。这种"履带"使用不便。1901年，美国人伦巴德制作出一条较实用的履带。1904年，工程师霍尔特将伦巴德履带用于拖拉机制作中，制造了世界上第一台履带式拖拉机——"77"型蒸汽拖拉机。"77"拖拉机问世后，大获成功。20世纪中期，拖拉机已经成了北美、西欧、澳大利亚等地农场中的主要动力。之后，拖拉机传入东欧、南美、非洲和亚洲，在世界范围内得到了普遍的推广。

太阳能电站

太阳能电站中有一些电池组件装置，装置专用于能量转化。

太阳能是一种洁净可再生能源。太阳能电站的作用就是将太阳能转化成电能。

世界上第一座太阳能电站是法国奥德约太阳能电站。电站成立后，发电功率只有 64 千瓦。但它历史意义重大，因为后来的太阳能电站都是以它为原型设计建立的。1982 年，美国建成了一座太阳能电站。这座电站并不是一座发电站，而是一座中间试验电站。

世界上最大的太阳能发电站在中国甘肃敦煌西部的沙漠中。这座太阳能电站是中国第三个太阳能电站，前两座电站分别在内蒙古鄂尔多斯和上海崇明岛。

农 业

水稻家族

水稻用途广泛。除去壳为米，做成米饼、米粥、米线等食物外，还可酿酒，制糖，做工业原料。

水稻是一种粮食作物，原产于亚洲热带。水稻栽培史可追溯至14000到18000年以前。在中国道县玉蟾岩，考古学家曾发现世界上最早的古栽培稻。中国水稻多产于南方。北方虽有栽种，但并不常见。北方水稻多沿河栽种，中国最北部的水稻产地是黑龙江呼玛。

水稻种类繁多，分类方法也多种多样。按不同的分类法，水稻可分为早稻、中晚稻；籼稻、粳稻；糯稻、非糯稻等几种不同类型。目前可知水稻已超14万种，中国科学家袁隆平发明了杂交水稻，被人们称为"杂交水稻之父"。现在，科学家们还在不停研发新的稻种。因而，世界上到底有多少个水稻品种，这个数字着实难以估算。

水稻从中国传至印度。中世纪时，欧洲人将水稻引入欧洲。现在，水稻已遍及除南极洲以外的其他六大洲。东亚日本、朝鲜半岛，东南亚，南亚，美洲中部，大洋洲和非洲部分地区都有水稻栽种。其中，东亚和东南亚地区的水稻产量最高。

水稻去壳称"稻米"。"稻米"即"大米",是人类主食之一。全世界百分之九十五的人都在食用稻米,世界上最大的稻米出口国是泰国。20世纪末,世界水稻种植面积达1.45亿公顷,稻米年产量已达4000亿公斤。

小米史话

中国小米的集中种植地在黄河流域,如山东、河北、东北、西北等省份和地区。

小米由粟脱壳而成,又称粟米。粟是一种草本植物。粟米粒小,直径只有1毫米,故名"小米"。小米原产地在中国,是中国常见粮食作物。中国最好的小米产自陕北,山西沁县所产黄小米是中国最有名的小米。

小米种类繁多,既有糯性小米又有粳性小米。两者差别在于,糯性小米米粒比粳性小米粘性高。中国俗语称:"粟有五彩。"两种小米各呈不同的颜色:糯性小米谷壳多为红色、灰色,粳性小米谷壳则多为白、黄、褐、青色。此外,小米还有橙、紫、黑等多种颜色。通常,谷壳颜色越浅,小米质量越高。除山西沁县黄小米外,山东金乡金小米、山东章丘龙山小米、河北桃花米和陕北米脂小米也都是中国著名的小米品种。

小米营养丰富,含蛋白质、脂肪及维生素。小米熬粥是最常见的吃法。小米粥香甜,营养价值很高,人称"代参汤"。中国北方很多妇女,产后用小米粥加红糖调养身体。除熬粥外,小米还可酿酒、制糖。中国最早的酒就是以小米为原料酿成的。小米茎叶可做饲料,喂养牛马。

小米原是野生"狗尾巴草",经中国人选育驯化而成粮食作物。小米耐寒、喜暖,适应性强,可在贫瘠山地种植。中国栽种小米已有8000多年历史。因历史悠久,中国发展出了属于自己的"粟文化"。现在,世界各地栽种的小米都由中国引进。世界小米栽种面积约10亿亩。其中,中国种植面积最广、产量最高。

漫谈玉米

玉米营养价值较低,既可做人类食物,又可做牲畜饲料,还可做工业原料。

玉米又称苞米,是世界上产量最高的粮食作物。玉米植株高约1到4.5米,茎直,杆如圆筒。玉米叶窄而长,对生,边缘呈波浪形。每株玉米约有叶15到22片。

玉米原产地在南美洲。早在7000年前，美洲印第安人就已人工种植玉米。1492年，哥伦布到达美洲新大陆，发现了玉米。1494年，他将玉米带回西班牙。从那以后，玉米被广泛种植于欧亚各国。16世纪中期，玉米传入中国。18世纪，玉米传入印度。现在，玉米成了仅次于小麦和水稻，种植面积排世界第三位的粮食作物。

美国是世界上最大的玉米生产国，其次是中国，再是巴西、墨西哥和阿根廷。玉米有很多种类，按颜色可分黄玉米、白玉米、黑玉米、糯玉米、杂玉米几类。黄、白玉米即种皮颜色分别为黄、白色的玉米。黑玉米较特殊，米粒中含黑色素积淀物，因而颜色乌黑。糯玉米有粘性，杂玉米则是黄、白、黑三色混杂的玉米。

玉米粒是生产酒精和烧酒主要原料；玉米杆可造纸；玉米叶可编织；玉米穗可做燃料；玉米茎不仅可做牲畜饲料，还可制作沼气。

棉花小史

乌兹别克斯坦因盛产棉花而被称为"白金之国"。

棉花产于亚热带，是世界主要农作物之一。公元前5000到前4000年，印度河流域出现了最早的人工栽种棉花。后来，棉纺织品传入地中海沿岸地区。公元1世纪时，阿拉伯商人把棉布带到了意大利、西班牙等欧洲国家。公元9世纪，棉花种植法被摩尔人带入西班牙。15世纪，棉花传入英国，之后又被英国人带到了北美殖民地。

棉花是种子纤维植物，根据纤维长度和外观可分三大类：纤维细长的棉花、中等长度的棉花和纤维粗短的棉花。纤维细长的棉花包括海岛棉、埃及棉、蓖麻棉等，这类棉花产量较低，价格较高，多用于制作高级纺织品。纤维中等长度的棉花有美国陆地棉等。纤维粗短的棉花则多用于制作棉毯等廉价织物。

棉花可制成多种规格的织物。早在 15 世纪以前，中美洲原住民就已懂得使用棉花纺织衣物、制作棉毯。中世纪时，棉花是欧洲北部最主要的进口物资。欧洲北部人原用羊毛纺织、制作衣物，他们最早听说棉花是"种植"出来的时候，还以为棉花是一种从树上长出来的羊。所以，在德语中，"棉花"一词含义为"树羊毛"。

棉花传入中国是在公元 3 到 6 世纪。传入后，棉花多被植于边疆。直到 13 世纪，棉花才被推广至中国内陆。棉花传入前，中国只有可填枕褥的木棉，没有可织布的棉花。公元 9 世纪，阿拉伯旅行家苏莱曼曾游历中国。他在中国看到的棉花，被作为一种观赏用"花"，种植在花园中。14 世纪，棉花已成中国最主要的纺织原料。15 到 17 世纪，明朝统治者鼓励种棉，出版了大量讲解种棉技术的书籍。明人宋应星所著《天工开物》中记载："棉布寸土皆有"，"织机十室必有"。那时，棉纺织品已遍布中国各地。

中国是世界上棉花单产量最高的国家。除中国外，世界上产棉量较高的国家还有美国、印度、埃及、乌兹别克斯坦等。

播种机的诞生

用播种机撒种，作物呈直线排列，使田中杂草更易被发现、被拔除。播种机出现的直接结果是田中作物长势更好，收成更高。

播种机是一种种植机器，专用于播撒种子。有些播种机只能播撒一类种子，因而人们将所播作物种类冠在机名前，以为播种机命名，如牧草撒播机、玉米穴播机、谷物条播机、棉花播种机等。

播种机问世前，农民播种时，从田地一头走到另一头，边走边用手撒播种子。这种播种方法播种不均匀，有些地方撒种较多，有些地方撒种较少。为实现均匀撒种，公元前 3500 年，美索不达米亚人发明了一台撒种机器。机器是一台内置窄管的小箱。播种前先用犁开沟，播种时，箱沿沟行，即可均匀播种。

公元前 1 世纪，中国已出现播种用具"耧"。耧既是开沟机器，也是播种机器。使用时，牲畜在耧前牵引，人在耧后把扶，边开沟边播种。耧播种原理与现代播种机原理类似。至今，这种播种方式在中国北方旱作区仍见使用。

1636 年，希腊人制作了欧洲第一台播种机。这种播种机播种仍不够均匀，工作时常将种子撒在播种线以外。1701 年，英国农民杰斯洛·图尔改进播种机，

在机中安入弹簧装置，使播种机撒种时均匀、连续，并沿直线撒播。从那以后，播种机才真正有了高效率。

中国茶叶

现在，茶与咖啡、可可并列，成为世界三大饮品之一。

茶叶由茶树叶子加工而来，是一种可用开水泡饮的饮品。茶树最早出现在中国西南部云贵高原、西双版纳一带。

中国茶叶原做药用。据说三皇五帝时，医祖神农氏遍尝百草，误中药毒，口干乏力。他正坐在树下休息时，几片树叶偶然飘落在他面前。他习惯性将树叶放入口中。不想，叶入口后，他很快身体舒畅，轻松起来。这个故事记录在东汉著作《神农本草》中。最开始，人们将嫩茶叶当作蔬菜食用；水煮大茶叶，以茶汤为药。后来，茶叶变成皇家御用的珍贵食品。唐朝时，中国茶文化开始成型。

汉字"茶"最早出现在唐朝中期的《百声大师碑》和《怀晖碑》中，碑刻于公元806到820年。"茶"字出现以前，人们以"荼"字代"茶"字。"荼"原意为"苦菜"，当时人们对茶了解不够，仅因茶味略苦而将其归入苦菜一类。唐人开始以茶为饮。盛唐时，茶饮遍及中国各阶层，很多文人雅士将茶融入诗词歌赋中。人们不再以水煮茶熬茶汤，开始以更简便的方式，将沸水直接冲入干制茶叶中得茶汤。这一时期，中国出现了世界上第一本完整的茶书《茶经》。

茶叶此后传入朝鲜、日本等东亚国家，以及中亚、西亚等地区。16世纪以后，茶叶传入欧洲，被誉为"东方赐予西方最好的礼物"。

"绿色的牛乳"大豆

大豆可制成软硬不同的豆腐。早在几千年前，中国、日本和朝鲜就已以豆腐为食。现在，欧美人也开始以豆腐代替奶制品。

大豆是豆科植物的一种。植物称"大豆"，植物种子也称"大豆"。种子呈椭圆或球形，含丰富蛋白质，是制作豆制品、压制油制品、制作调味料的常用原料。

大豆是世界主要豆类之一，原产地在中国云贵高原。中国栽种大豆已有5000多年历史。中国大豆由野生大豆改良驯化而来，经长期培育，发展出不同的种类。按生育期长短，大豆可分12类。按颜色，大豆可分黄豆、青豆、黑豆等类别。

中国有6000多种大豆，按地域可分为北方春大豆、黄淮流域夏大豆、长江流域夏大豆和秋大豆。这几个类别名称也是中国大豆的几个集中产区名。北方春大豆产于东北三省，黄淮流域夏大豆产于黄淮平原，长江流域夏大豆产于长江三角洲，秋大豆则产于南部各省。其中，东北三省和黄淮平原是中国最大的大豆产区，也是中国大豆产量最高的两个地区。此外，广东、广西、云南南部也是中国大豆主产区。

1804年，大豆传入美国。20世纪中期，大豆已成为美国南部和中西部的主要农作物。大豆含高蛋白，营养丰富又廉价，有"绿色的牛乳"之称。

甘蔗的传播与分布

古巴、泰国、澳大利亚、墨西哥等是世界主要的甘蔗生产国。

甘蔗原产地在印度，多种于亚热带及热带地区。甘蔗中富含糖分、水分、维生素、脂肪、蛋白质等营养成分，可用于制作酒精、酵母、味精、柠檬酸等。甘蔗含糖量大，是制作蔗糖的主要原料。

中国是世界蔗糖主要生产国之一。公元前8世纪，甘蔗传入中国南方。先秦时，中国人称甘蔗为"柘"。"柘"由甘蔗梵文名音译而成。汉朝时，汉人改甘蔗名中的"柘"字为"蔗"字。公元6世纪，伊朗国王将甘蔗引入伊朗。公元8到10世纪，甘蔗已传播至埃及、伊拉克、伊比利亚半岛、西西里等地。10到13世纪，在中国南部、中南半岛和南洋群岛，甘蔗已成为常见农作物。当时的真腊、苏吉丹等国已开始用甘蔗制糖。15世纪，葡萄牙、西班牙人入侵印度，将甘蔗带到了美洲。

如今，甘蔗已遍布世界各地，出产甘蔗的国家和地区已超过 100 个。世界各国中，甘蔗种植面积最广的是巴西，印度其次，中国第三。

烟草的传播

最早的烟草出现在美洲。

烟草是一种草本植物，有 60 多个品种，但是能用于制作烟丝的品种只有一两个。烟丝多以红花烟草制成，另有少部分以黄花烟草为原料。

原始美洲人采集植物时，常无意识地将一种植物叶子采摘下来，放入嘴中咀嚼。这种叶子刺激性强，可提神，帮助人恢复体力。美洲人采此叶成了习惯，慢慢地，咀嚼此叶成了一种嗜好。

在有关人类使用烟草的记载中，年代最早的记载被发现于墨西哥南部。在墨西哥南部一座神殿的浮雕中，有一幅浮雕雕刻着玛雅人头裹烟叶，口叼长烟管烟袋，在祭祀中吹烟、吸烟的场景，这座神殿建于公元 432 年。此外，美国也曾发现古印第安人吸食烟草的痕迹。古印第安人居住过的洞穴中，遗有烟草和吸剩的烟灰。考古学家考证出，这些烟草残余物应为公元 6 世纪中期所遗。

印第安部落是世界上最早栽培烟草的部落。1492 年，哥伦布抵达美洲新大陆时，曾亲眼看见印第安人吸食烟草。跟随哥伦布航海的西班牙人潘氏在《个人经历谈》中记述了相关场景，这是有关印第安人吸食烟草的最早文字记录。1536 年，探险家嘉蒂成为继哥伦布之后，又一个目睹印第安人使用烟草情形的探险者。他将自己所见情景详细记录了下来：印第安人脖中挂有牛皮袋或管状空心石头、木头。他们将烟草放在太阳下。烟草干后，他们揉碎干烟草，将其放在管子一端，点火使其燃烧。他们从管子另一端吸食烟雾，烟雾进入他们体内，之后再从嘴、鼻孔中冒出。记载中，印第安人称，吸食烟草可使他们温暖、健康。

1558 年，葡萄牙航海者将烟草种子带到葡萄牙，烟草随即传遍欧洲。1560 年，法国驻西班牙大使让·尼科发现烟草有药用价值。他将烟草当成药物，寄回法国。几百年后，化学家们才得知，被让·尼科误以为药的物质是尼古丁。尼古丁不仅不能保健康，而且对人体有极大危害。世界上第一个发现烟草的商业价值，并大面积种植烟草的人是英国官员约翰·罗尔夫。1612 年，约翰·罗尔夫开始在英国殖民地弗吉尼亚广种烟草，并将所产烟草送进市场，从事贸易。1563 到 1640 年间，烟草入中国。明朝方以智在其著作《物理小识》中，首次提出中文"烟草"之名。

1776 年，美国独立战争期间，美军统帅华盛顿曾呼吁民众，以烟草代钱，支援美军。第二次世界大战时期，美国总统罗斯福将烟草列为重要作物，宣布烟

草种植者可缓服兵役。

白菜的起源

现在，白菜的种植已遍及世界各地。

白菜原产于中国北方，由芸薹演变而来。白菜菜根粗大，色浅；花淡黄；叶宽，柔软，呈莲座状。白菜叶与花茎均可食用。

中国古代，白菜名为"菘"。有关白菜的最早记录出现在三国时期。三国《吴录》记载："陆逊催人种豆、菘。"当时，白菜种植并不普及。隋唐时期，白菜已成为中国常见蔬菜。宋朝诗人曾作《进贤初食白菜因名之以水精菜》一诗，诗中第一次出现"白菜"一词。明朝以前，白菜多种于长江流域太湖地区。明清时期，白菜在北方推广普及开来。18世纪中期，中国北方白菜产量已超过南方。19世纪，白菜东传至日本，西传至欧美。

白菜有大白菜、小白菜两种，较常见的是大白菜。西方人称大白菜为"北京品种白菜"。这种白菜菜叶层层叠叠，裹成圆柱状；叶体宽大，呈绿色，茎为白色。大白菜种类较多，按形状分可分散叶型、花心型、结球型和半结球形几种。大白菜多产于中国北方，小白菜多产于中国南方。南方大白菜多由北方引入，常见品种有雪里青、乌金白等。

土豆小史

17世纪土豆传到中国，由于土豆喜欢在高寒地带生长，所以很快在中国的内蒙古、河北、山西、陕西北部地区得到普及，并成为贫苦人民的主要食物。

土豆是茄科茄属一年生草本植物，块茎可以食用。土豆俗称非常之多，仅在中国就有地蛋、山芋、地瓜、山药蛋、土豆等不下十几种叫法；在国外也有地豆、地梨、地苹果等很多称呼。由于土豆命名混乱，植物学家给了它们一个统一的名字——马铃薯。

土豆原产于南美洲安第斯山一带，最早由印第安人栽培。16世纪时，西班牙人将土豆带到欧洲，英国人在与西班牙人的海战中得到了土豆的种子，土豆被带到了英国。英国是一个适合土豆生长的国家，土豆在这里被人们广泛种植，土豆更是爱尔兰人赖以生存的主要粮食作物。1840年欧洲曾爆发过土豆晚疫病，致使完全依赖土豆的爱尔兰人遭受大饥荒，有至少100万人死于饥饿。

番茄趣闻

现在，番茄经人们选育、培植，已分化出很多不同品种。

番茄又名西红柿，是一种多汁浆果。果实呈扁圆形，色深，味甜汁多，既可生食又可熟食。番茄种植面积较广，遍及亚洲、欧洲和美洲，美国、中国、俄罗斯、意大利等国都是番茄的主要生产国。

番茄原产于秘鲁和墨西哥，原是一种野生果，被当地人称为"狼桃"。南美传说，狼桃有毒，因而无人敢食。很长一段时间，"狼桃"都只是一种观赏性植物。16世纪，一位英国公爵到南美旅行，发现番茄，很喜爱，于是将它带回英国，作为爱情的礼物献给女王。从那以后，番茄就有了"爱情果"之名。

番茄名声虽有好转，但仍被视为有毒物。17世纪，一位法国画家尝试吃掉了一个"有毒"的"狼桃"，发现番茄不但无毒，而且味道可口。18世纪，意大利厨师率先将番茄做成菜肴，端上餐桌。番茄味美，富含维生素C、维生素A、叶酸、钾等营养成分，既可补充人体所需营养元素，又有美容功效，深受人们喜爱。番茄所制番茄酱、番茄汁，如今已成为人们餐桌上常见的调味品。

按形状分，番茄有圆形、扁圆形、长圆形、尖圆形等不同种类。按颜色分，番茄又有大红番茄、粉红番茄、橙红番茄和黄色番茄等类型。

芋艿的品种

芋艿原产于印度，现在多植于中国。

芋艿又称"芋头"，是一种草本植物。芋艿叶状如卵，叶柄长而肥，颜色多为绿色或紫红色。芋艿既可栽于水田中，又可植于旱地中，在高温湿润的环境中长势较好，不耐旱但耐荫。中国珠江流域、长江流域、台湾省等省份和地区芋艿种植较集中。

芋艿品种主要有4种：红芋、白芋、九头芋、槟榔芋。红芋因发红芽而得名，芋皮较厚，呈褐色。白芋发白芽，芋体形态、芋肉口味与红芋类似。九头芋质量比红芋、白芋略高，肉质较滑。槟榔芋是芋艿品种中质量最高的品种，可直接食用，芋味香浓，有"香芋"之称。

有关"芋艿"一名的由来，有个广为人知的故事。明朝，日本人时常袭击中国东南沿海，百姓叫苦不迭。明朝将领戚继光领命反击，旗开得胜。中秋时，戚军遭日军偷袭，被围困，粮草断。士兵在被围困处挖到很多野芋艿，于是煮而食

之。芋艿味美，然而士兵不知其名。戚继光说："很多士兵在此遇难，就称它为'遇难'吧。"慢慢地，"遇难"被人们叫转了音，变成了"芋艿"。

"水晶明珠"葡萄

汉朝时，张骞将葡萄引进中国，从那以后，葡萄在中国被广泛栽种。

葡萄是藤本植物，是世界上最古老的植物之一。葡萄果实为浆果，呈圆形或椭圆形。数果为一串，果串挂于藤上。在所有水果中，葡萄出现的年代是最早的。古生物学家曾发现距今 650 多万年的葡萄叶、种化石。有学者说，早在 23000 万年到 6700 万年前，地球上就已经出现类似葡萄的植物了。

很早以前，人们就已开始栽种葡萄。考古学家考证出，小亚细亚里海和黑海一带是最早出现人工培育葡萄的地区。7000 年前，葡萄传入阿拉伯和北亚。南高加索、中亚、叙利亚、伊拉克等国家和地区也出现了人工培育的葡萄。

葡萄营养价值很高，皮厚多汁，颗粒饱满，既可做成葡萄干、葡萄汁，还可酿成葡萄酒。世界上最早用葡萄酿酒的国家是波斯。

葡萄有多个品种，不同品种果色不同。多数葡萄果色为青色或紫色，此外还有白色、红色、褐色、黑色等不同颜色的葡萄。世界上有上千种葡萄，若根据果实用途分，可分酿酒葡萄和食用葡萄两种；若根据原产地分，可分为东方品种群和欧洲品种群两类；若根据栽培品系分，可分为欧洲品系和美洲品系两类。在中国，"无核白"、"牛奶"、"黑鸡心"等传统葡萄品种属于东方品种群，"玫瑰香"、"佳丽酿"等品种则属于欧洲品种群。

葡萄还有另外一个名字——"提子"。这个名字来源于中国的广州，当地人称红色葡萄为"红提"，青色葡萄为"青提"，黑色葡萄则为"黑提"。后来，中国从美国引进了红地球葡萄,"提子"就成了这种葡萄的专称。此外,因葡萄果色艳丽、状如明珠,人们也用"水晶明珠"称呼葡萄。

杏

土耳其是全世界杏制品的最大生产国。除土耳其外,中国和中东地区也是杏制品的主要产出地。

杏原产地在中国,常见于温带地区。杏树高大,开白花,叶色深绿,呈心形。杏果为圆形或长圆形,状如桃,色橙黄。杏树寿命长,可活 100 多年。世界上杏产量最高的国家是西班牙,伊朗、叙利亚、意大利等国也都是杏的盛产国。

公元前 3000 年起,中国人就已开始大量栽培杏树。杏有 10 个品种,中国植有其中 9 个品种。10 个品种经长期培育、演化,派生出近 3000 个不同的种类。按果实用途分,杏可分 3 大类:肉用型、仁用型、兼用型。肉用型是杏果的主要类型,品种包括金太阳、红丰杏、新世纪杏等。仁用型果肉较少,果仁较大,果仁常被用作食物或药物。兼用型以榛杏为代表,榛杏中较著名的种类有红金榛、沂水丰甜榛杏等。

18 世纪,西班牙传教士将杏带到美国加利福尼亚。1879 年,美国杏已达 11 个品种。现在,杏树已栽遍全世界。杏可入药,有生津止渴、清热解毒之效。杏肉不仅可生食,还可做成杏干、杏脯等加工食品。杏仁可榨油,还可用于制作涂料、化妆品、香皂等生活用品。杏木坚硬、色红,可被做成家具,雕成工艺品。杏叶可做饲料,杏壳可烧成活性炭。此外,杏树还可防风固沙,保护环境。人们常将杏树植于路边,既有助于城市绿化,又具观赏价值。

柑橘简史

现在,柑橘已遍布世界 135 个国家和地区,年产量、种植面积均居水果之首。

柑橘是常绿乔木或灌木,原产于中国与韩国。树高两米,枝干细小。树叶长约 4 到 8 厘米,叶状如长卵。树春季开花,花色黄白;秋季结果,果略扁,呈球形,直径 5 到 7 厘米,颜色橙黄或橙红。

柑橘的栽培,要追溯到 4000 多年以前。公元前 21~前 17 世纪,中国江苏、安徽、江西、湖南等地已将柑橘作为贡物,上贡给朝廷。1471 年,柑橘从中国传入西班牙。1665 年,柑橘被传入美国。世界柑橘产量最高的国家是巴西,其

· 801 ·

次是美国，再次是中国。此外，墨西哥、西班牙、伊朗、印度、意大利等国也都是柑橘盛产国。

　　柑橘含大量维生素及胡萝卜素，既可生食，又可做成果汁饮用。柑橘汁是世界上最受欢迎的果汁之一。

西瓜名称溯源

　　西瓜是夏季常见水果，果实中含大量水分，果味甘甜，可祛热解渴，被人们誉为"天然白虎汤"。

　　西瓜原产非洲，是一种藤蔓状植物。植物叶如羽毛，果实属假浆果一类。其果硕大，表皮光滑，内有果瓤，果瓤多汁。西瓜表面常见黄色或绿色花纹，果瓤多呈红、黄两色，偶有白色。

　　西瓜在中国之所以被命以"西瓜"名，原因众说纷纭。有人说，西瓜是中国古代部落首领神农氏尝百草时发现的。此瓜汁多果肉稀，故被命名为"稀瓜"。"西瓜"一名其实是"稀瓜"的讹传名。还有人说，"西瓜"之所以称"西瓜"，是因为这是从西域传入中国的瓜。4000多年前，埃及人开始种西瓜。后来，西瓜种植地北移，从地中海一带进入北欧。再后来，种植地南移，进入亚洲。约公元4到5世纪时，西瓜从西域传进中国，故而有了"西瓜"之名。

　　中国多数人信"西域传入"说。明科学家徐光启在著作《农政全书》中记录："西瓜，种出西域，故之名。"与徐光启同时代的医学家李时珍在医学著作《本草纲目》中也记录道："按胡峤于回纥得瓜种，名曰西瓜。"据《本草纲目》载，西瓜又名"寒瓜"，明时已被种于中国南北各地。

西瓜品种繁多，古时已分青、绿两种皮色，红、白两种瓤色。不同种类西瓜种子颜色也不同，古时已有红、黄、白、黑等多种籽色。

闲话板栗

板栗富含维生素、淀粉、蛋白质、脂肪等多种营养成分，被人们称为"千果之王"。

板栗原产中国，多见于北半球温带地区，多数为落叶乔木，少数为灌木。板栗在中国有2000到3000年的栽培史，是中国最早人工栽培的果树之一。栗树高约20到40米，常种于山地、丘陵或河滩地带。树结坚果，可食用。栗果颜色紫褐，外有黄褐色绒毛，果肉呈淡黄色。

中国板栗品种分两类，南方栗和北方栗。北方栗果小肉糯，栗中以明拣栗、尖顶油栗、明栗等品种较为著名。南方栗果大肉粳，常见品种有魁栗、浅刺大板栗、九家种等。美国原产美洲栗曾遭传染病侵袭，几近灭绝，因而现有品种是从中国、日本引进的板栗杂交种。世界主要板栗品种有中国迁西板栗、欧洲栗和日本栗。此外，板栗还有丛生栗、茅栗、珍珠栗等不同种类。

板栗既可生食又可炒食，还可磨成粉制作糕点。板栗可补肾，人称"肾之果"。常吃板栗可预防冠心病、高血压、动脉硬化等疾病，还可治疗口腔溃疡、口舌生疮等顽症。板栗各部分都有药效：栗壳可治反胃，树皮可清丹毒，树根则可治疗偏肾气。

"维生素之王"

中国大枣多产于河北、河南、山东、山西、四川、贵州等地。

大枣又名"红枣"，原产于中国，是中国"五果"之一，中国有4000多年的枣树种植史。经长年摸索，中国已培育出多种不同的大枣品种，如山西黄河滩枣、哈密大枣、金丝小枣、新郑大枣等。

大枣多呈椭圆或圆形，一端凹陷，一端略凸，色暗红，有光泽。枣长2到3.5厘米不等，横切面直径在1.5到2.5厘米之间。枣皮薄，果肉呈黄棕色，味甘甜，肉质松软饱满如海绵。果肉内有果核，核坚硬，如纺锤，两端尖且锐。

大枣富含维生素、蛋白质、脂肪等营养成分，既可生食、熟食，又可入药，有养血安神、健胃脾之功效。大枣维生素含量在世界果品中位居前列，人称"维生素之王"。

椰子

现在，椰树种植已遍及亚洲、非洲、美洲、大洋洲沿海和内陆的 80 多个国家和地区。

椰子是椰树的果实，长于椰叶根部。椰子串生，每串有果 10 到 20 个，每棵树结椰果十几串。椰果多为椭圆形或卵形，未成熟时呈青绿色，成熟后呈淡黄或褐棕色。椰果长约 15 到 25 厘米，重约 1500 到 2000 克；果壳坚硬厚实，壳内果肉白如玉。

椰子是热带树种，原产地在亚州东南部和中美洲。中国至今已有 2000 多年种椰历史，海南岛是椰树的集中种植地，素有"椰岛"之称。

椰子既可食用又可入药。椰肉可益气祛风，椰汁可消暑解渴，椰壳可治杨梅疮。海南人常用椰子制作椰子饭。椰子还可做成菜肴，如椰子炖鸡、琼州椰子盅等。此外，椰树用途也十分广泛，有"宝树"、"生命木"之誉。椰木坚硬，可制作家具，用作建筑材料；椰叶可燃、可编；椰壳可制作乐器。

中国梨的品种

中国梨树栽培普遍，栽培史已超 4000 年。

梨是水果，发源地在亚洲东部。中国、日本、朝鲜都是亚洲梨的原产地。中国梨品种繁多，有蜜梨、白梨、红梨、鹅梨等不同种类。中国梨种中，最著名的是安徽砀山酥梨。砀山酥梨果实饱满，颜色黄亮，甘甜多汁，酥脆爽口，声名远扬。2010 年，砀山县因盛产酥梨而被吉尼斯世界纪录选为"中国酥梨第一县"。

除安徽砀山外，山东烟台，河北保定、石家庄、邯郸一带，陕西高平、原平，辽宁义县、绥中、阜新等地也都是梨的盛产地。此外，新疆库尔勒香梨，四川雪梨，烟台、大连西洋梨，洛阳孟津梨等品种也是中国较有名的梨种。梨树遍及中国南北各地。在中国，梨园面积仅次于苹果园和柑橘园，居第三位。

苹果传播史

苹果原产地在中亚。

苹果树是落叶乔木，叶椭圆，边缘有锯齿，花色白中带红。苹果结圆果，果实甜中带酸，营养丰富。苹果果实是常见水果，多为红色，也有黄色与绿色。

中亚有一个苹果品种——塞威士苹果，这个品种是如今世界上所有苹果品种的母种。2000年前，苹果从中亚传到世界各地。西汉时，苹果从新疆传入中原地区。这种新疆苹果被中原人称为"绵苹果"，因为苹果既不脆甜又不多汁，果肉内水分含量很低，苹果储藏期也很短。

公元前1000年，以色列有了人工培育的苹果。继以色列人之后，罗马人也开始栽种苹果。美洲新大陆被发现后，欧洲人将苹果带到了美洲。在美洲，苹果又出现了很多新品种。日本明治维新时期，日本人从欧美引进了苹果。欧美的苹果品种进入亚洲后，很快取代中国"绵苹果"，成了亚洲最常见的苹果品种。之后的100年中，苹果相继进入大洋洲、非洲，最终遍布世界。

现在，世界苹果年产量已达3200万吨。欧洲人常用苹果制作苹果酒和白兰地，全世界的苹果中，有四分之一被做成了苹果酒。不同地区的苹果品种不同，日本有富士系苹果、乔纳金苹果；美国有布瑞本苹果、恩派苹果；澳大利亚有粉红佳人苹果、澳洲青苹果；新西兰有太平洋玫瑰苹果、嘎拉苹果；韩国有秋光苹果、甘红苹果等。

荔枝和龙眼

现在，人工栽培龙眼已遍及世界各地。

荔枝、龙眼与香蕉、菠萝并称"南国四大果品"。

荔枝是常绿乔木，常见于亚热带，原产地在中国南部。荔枝树高约10米，最高可达20米；主枝灰黑色，旁枝褐红色。荔枝花小，花色淡黄或绿白，气味芳香。荔枝结圆果，果皮鲜红，有鳞状突起；果肉半透明，凝脂状。

中国荔枝栽培史可追溯至秦汉时期。中国古代，荔枝名为"离枝"，意思是"离枝即食"。唐宋时，荔枝栽培兴盛一时。唐朝，荔枝已成为进贡贡品。中国南部地处亚热带，适合荔枝生长。在中国海南和云南的热带森林中，人们曾先后发现野生荔枝。10世纪，荔枝传入印度。17世纪，荔枝被引入越南、马来西亚、缅甸等东南亚和南亚国家。之后，美洲、非洲、大洋洲等地也先后引进了荔枝。

荔枝有60多个品种，中国广东、福建等地所产品种质量最高。广东有品种三月红、玉荷包，福建有品种状元红、兰竹等。此外，四川所产大红袍荔枝和楠木叶荔枝也是荔枝中的著名品种。

龙眼又名"桂圆"，原产地在中国南部和西南部，广东、广西两省最常见。龙眼树高，生长缓慢，叶小花白。龙眼春季开花，八月果熟。中国古代称八月为"桂"，龙眼果圆，故名"桂圆"。龙眼果实略小于荔枝，果皮呈青褐色，果肉呈浆白色。龙眼果核黑红，裹于果肉中。

龙眼在中国的栽培史可追溯至汉代。魏晋南北朝时，龙眼已成为贡品。宋朝，龙眼广种于泉州，是中国龙眼的主产地之一。除泉州、两广外，中国福建、台湾、海南、云南等地也有龙眼种植。

技术发明

中国枕头的发展

睡觉枕枕头会比不枕枕头感觉舒服。

枕头是再普通不过,但必不可少的生活用品。现代医学研究表明,人类的颈部存在四个生理弯曲,当人平躺下来的时候,枕头能很好地保护颈部的生理弯曲,让人觉得舒适。

中国新石器时代的先民就会用石头或茅草制作简易的枕头。战国时期,枕头的使用已经非常普及了。1957年在河南信阳发现的一座战国古墓中,考古学家发现了一个用竹子制作的枕头。把枕头当成陪葬品,可见枕头已经成为了当时人们生活中必不可少的生活用品。宋朝时期,枕头已经成为人们生活中非常重要的一部分,司马光就曾经做过一个"警枕"来激励自己。明朝时期,人们对枕头的关注程度又有了提高,出现了"药枕"。李时珍在《本草纲目》中有这样的记载:"苦荞皮、黑豆皮、绿豆皮、决明子,……作枕头,至老明目。"

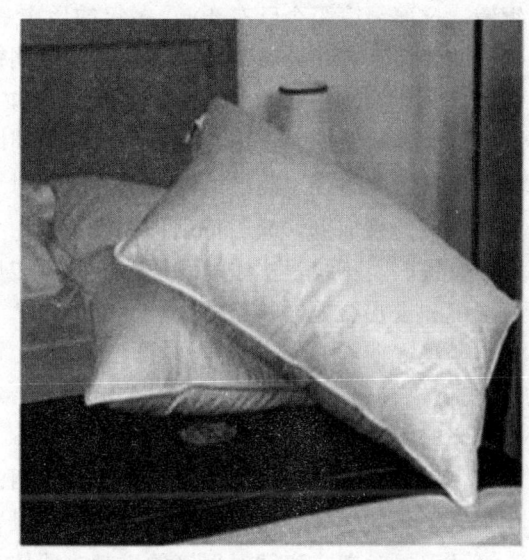

到了现代,枕头不再仅仅是一件日常用品,它是被人们赋予了更多功能,比如有能去火的"荞麦枕",能解暑的"竹枕",适用于婴儿的"米枕",以及适用于老年人的"漆壳空心枕"等。

中国铜镜小史

西汉时期的铜镜承袭了战国铜镜的风格,背面主要以蟠螭纹、云雷纹、鸟兽纹做装饰。

中国的"监"和"鉴"字都有镜子的意思,这两个字可以说就是中国铜镜的发展史。"监"和"鉴"这两个字的上半部分是相同的,如果仔细看的话就会发现，这两个字的上半部分很像一个低头俯瞰的人的眼睛，而不同的是两个字的下半部分。

在远古时期，人们还没有使用金属的能力，就用石盆即皿接一盆水，然后临水照镜，这就是"监"的由来，也是最早的镜子。《说文》中关于"监"的描述："监可取水于明月，因见其可以照行，故用以为镜。"到了青铜器时代，铜盆开始出现，监字底下的皿字也换成了金字，"鉴"字出现了。《说文》金部中有记载："鉴，大盆也。"《尚书》、《国语》等先秦著作中都有"鉴于水"的说法。

随着青铜器的大量使用，青铜的冶炼技术大幅度提高、合金技术的出现，人们逐渐掌握了铜镜的制造技术。中国出土的最早的铜镜是齐家文化时期的一面小铜镜，这面铜镜距今已有4000多年的历史。商周时期的铜镜多以素镜为主，即铜镜的背面没有花纹做装饰。春秋时期是铜镜发展的黄金时期，这一时期的铜镜在商周时期的风格上有了新的发展。比如，铜镜产生之初是只有圆形没有方形的，到了春秋时期，出现了方形铜镜；商周时期的铜镜背面纹饰多以阳纹勾勒为主，春秋时期出现了阴纹透雕技法。战国时期是中国铜镜的大发展时期，主要表现在铜镜的纹饰上。战国初期的铜镜纹饰，出现了云雷纹地花叶镜、四山纹镜、五山纹镜、菱花纹镜、蟠螭纹镜等，到了中后期，又出现了蟠螭四叶纹镜、蟠螭菱形镜和云雷纹地蟠螭连弧纹镜。

西汉末期至东汉初期，铜镜已经成为了一种商品，在出土的两汉铜镜里，"王氏做镜"、"朱氏明镜快人意"、"田氏做镜四夷服"等"商标"已经频频出现，可见当时铜镜买卖之热闹。

三国两晋南北朝时期的铜镜大多沿袭西汉铜镜的制造风格，除了在铜镜纹饰中加入了年号之外，这个时期的铜镜几乎没什么发展。到了唐朝，铜镜进入了一个新的发展时期。唐朝对铜镜的贡献主要体现在三个方面：一是制镜材料与以往不同；二是磨镜技术也大有发展；三是背面纹饰也变得多种多样。首先是制镜材料，到唐朝时期，铅和锡产量已经大幅度提高。在铜镜中，铅锡合金的比例已经占到了30%，青铜降到了70%，有研究表明这个比例用于制造铜镜最为合适。二是磨镜技术，明朝人刘基的《多能鄙事》中有记载，唐朝人的磨镜药物的主要成分为水银、锡、白矾和鹿角灰等，据说用这种药物磨镜可以使镜面清晰发亮，历久弥新。三是铜镜背面的纹饰，唐朝的铜镜纹饰不拘泥于两汉以来呆板、对称的构图风格，出现了散点式、独体式、旋转式、满花式等风格。在纹饰内容上，蟠螭纹、云雷纹已经过时，取代它们的是当时人们的风俗习惯、神话传说、历史故事等。

到了宋辽金时期，铜镜制造已经没有什么创新，多以仿古为主。这时期的铜镜纹饰内容以故事为主，代表吉祥的双鱼纹饰和童子攀枝纹饰镜很受欢迎。自明朝开始，铜镜就渐渐被玻璃镜取代了。

"木工祖师"鲁班

由于鲁班发明的这些东西给土木匠们带来了很大的便利，所以人们将鲁班奉为土木行业的开山之祖。

鲁班是中国古代非常著名的发明家，被人尊称为"木工祖师"。

鲁班姓公输，名班，因为出生在鲁国，被后人称为鲁班。相传鲁班一生有很多的发明创造，但他的最重要的发明还是在"土木工程"领域，正因为他在这个领域作出的突出贡献，所以搞土木的人都将鲁班作为祖师爷。

鲁班出生的时候正值春秋战国之交，那时战争频繁，需要各种各样的人才，鲁班作为那个时期的杰出人物发明了很多东西。比如《墨子·公输班》中记载的"云梯"；《物原·道原》中记载的农具碾子和辅首，辅首就是门上安装门环的底座；《墨子·鲁问》中记载的兵器"钩强"等。除此之外，他发明了很多土木工匠们使用的工具，比如锯、凿子、磨石、刨子、墨斗以及《鲁班经》中记载的测量工具鲁班尺等。

大科学家阿基米德

阿基米德发现了凸透镜的聚光原理，并在战争中运用这一原理，成功地烧毁了敌人的战船。

阿基米德是古希腊著名的科学家，生活在公元前3世纪。他的科学成就主要体现在数学、天文和物理方面。

阿基米德在数学方面的论述流传下来的有十多种，其中多为几何方面的学说，有《论球和圆柱》、《抛物线求积》、《论锥体和球体》、《圆的度量》、《论螺线》等著作。在《圆的度量》中，阿基米德提出了π的取值范围，他也因此成为第一个将π的值限制在一个误差范围之内的人。他还在图形的求积方面有很多论述，曾证明球的表面积等于球的大圆面积的四倍，球的体积是一个以球大圆为底、球半径为高的圆锥的体积的四倍，等等。他还求解出很多种复杂曲线图形的面积，以及复杂曲面物体的表面积和体积。

在天文学方面，阿基米德曾经以水为动力制作出了一个天象仪，用来预测各种天象，十分准确。此外，他还提出地球是圆的这一学说，并指出地球在绕太阳旋转。他的这个学说比哥白尼的"日心说"还要早上1800多年，但遗憾的是，他当时并没有对这方面多加研究。

在物理学方面，阿基米德发现了浮力原理，这个原理据说是他在检验国王王冠的真假时发现的。他还首先提出了杠杆原理，曾利用这个原理，成功拖动了一艘大船。

伞的发明

中国最早的伞是罗伞，即伞面是用绫罗做成的。

关于伞是由哪个国家发明的，主要存在两种传说：一种是由埃及人发明的，埃及人为了遮挡地中海地区的阳光，便发明了伞；另一种是由中国人发明的，发明人为鲁班的妻子云氏，发明的原因是为了遮挡风雨。《玉屑》中记载，鲁班在乡下干活时总是碰上下雨的天气，为此，鲁班在沿途建造了一些亭子，等遇到下雨可以在亭子里避避雨。但是，亭子不能移动，只能暂避一时。于是，鲁班的妻子为了能让鲁班在途中不至于淋雨，就自己制造了一个有把手的伞骨，再在上面缝上了一块布，由此世界上第一把真正意义上的伞就诞生了。

到了唐朝，中国造纸业已经相当发达，这时出现了纸伞，人们还用桐油浸泡纸伞做成了防雨的桐油伞。纸伞出现后，辗转流通到了世界各地。

椅子的由来

中国最早的椅子就是胡床。

汉魏以前，中国人无论是席地而坐还是在家待客，都认为跪姿是最合乎礼仪的，箕踞（两脚张开，两膝微曲地坐着）是不礼貌的行为。所以在汉魏以前，中国还没有产生椅子的土壤。不过，在汉朝时"椅子"其实早就存在了。

在汉武帝时期，由于"丝绸之路"的开通，西域的一些物品开始流入中国，其中有一样东西就是胡床。由于胡床类似于现代人的马扎，人坐在胡床上，动作类似箕踞，所以胡床在当时的中国并不受人们欢迎。东汉末年，汉灵帝非常喜欢胡人的东西，京城的富商大贾们相继效仿，致使东汉末年胡风大盛。《后汉书》中记载："汉灵帝好胡服、胡帐、胡床、胡坐、胡饭……京都贵戚皆竞为之。"东汉灭亡后，胡床再次受到人们的冷落。

到了西晋末年，胡风再次在中国兴起，胡床也在中国得到了大范围的推广。到了隋朝，胡床依然盛行，但隋朝人并没有将胡床进行创新，那时的胡床依然类似于现在的马扎。

到了唐代，胡床的样子发生了很大的变化，最主要的是胡床开始有了靠背，并首次出现了"椅"一词。"椅"字或"倚"字在唐朝时有"车靠"的意思，是马车上供人倚靠的围栏。唐人将胡床加上围栏后，"椅"字便成了胡床的新称呼。

造纸术的改进

最原始的纸，古籍上称之为赫蹏或方絮。

造纸术是中国古代四大发明之一，很早的时候就已经出现了。古时候人们养

蚕织丝，在处理丝的过程中会产生一些残留的丝絮，这些丝絮积累起来，会形成一个小薄片，把它晾干就能进行书写。

西汉初年的时候，造纸术就已经出现了，主要是用麻纤维布作为原料。这个时期造出来的纸还很粗糙，表面也不光滑，不适于书写。东汉时期的蔡伦，为造纸术的改进作出了卓越的贡献。他在之前造纸术的基础之上，改用树皮作为造纸原料，制浆原料也由石灰水改为了草木灰水。其工艺流程主要分为四步：第一步，利用蒸煮的方法，使树皮在碱液中脱胶，变为分散的纤维；第二步，将长纤维切断并帚化，成为纸浆；第三步，纸浆渗水变成浆液，然后捞浆，使纤维交叉成为湿纸；第四步，将湿纸晾干。在蔡伦以后，这种工艺流程就固定下来，即使是现在的湿式造纸法，与那时相比也没有根本变化。由于蔡伦的改进，纸张的质量大为改善，其产量也有提升，逐步取代了竹简、布帛等书写工具。

到了隋唐时期，造纸使用的原料范围逐步扩大，很多带有纤维的事物都可以用来造纸。竹子造纸是其中比较成功的一项改进，这项技术标志着造纸术的重大技术突破，表明当时的造纸术已经发展到了很高的水平。到了封建时代后期，造纸所使用的工艺越来越多，纸张的质量也得到大幅度改善，各种类型的纸纷纷涌现出来。

毕昇发明活字印刷术

活字印刷是印刷术发展过程中的一次重大改进，使得印刷技术得到快速发展。

印刷术是中国古代四大发明之一，在文化发展史上占有很重要的地位。

活字印刷是中国北宋时期的毕昇发明的。他用胶泥制成形状一致的模块，在模块的一端刻上突起的反体单字，然后将其烧硬，作为单字模块。排版的时候，使用一块带有边框的铁板，在上面撒一层蜡、纸灰和松香的混合物，然后将用到的单字模块按顺序放进铁板，整块铁板排满了，就完成了一版。然后用火烘烤铁板底部，使得铁板上的混合物熔化，再用一块木板把模块压平。当铁板上的混合物冷却凝固之后，一个版型就制作成功了。印刷的时候，在版型上刷上墨，将纸盖在上面，稍用力一压，就可以在纸上印刷出清晰的文字。

这种活字印刷还可以进行连续印刷，在一个版型进行印刷的时候，就排下一个版型，对于经常用到的字，可以多刻几个，以方便不同版型的需要。当版型用完之后，就可以将其用火烘烤，使铁板上的混合物熔化，将单字模块从版型上拿下来，实现重复利用。

毛笔小史

毛笔是中国人的传统书写工具。

中国人用毛笔写字由来已久。在商代的甲骨文上就已经有用手握笔的象形文字出现，这就是后来的"聿"字，这个字是"笔"字的前身。但是，商代的"毛笔"只是刷子或类似的东西，还不能称之为笔。到了春秋战国时期，人们使用的毛笔就已经和现在的毛笔差不多了。1958年，河南信阳长台关出土了一只战国时期的毛笔，这支毛笔与现代人用的毛笔已经很相似了。现在人用的毛笔的笔头是塞在中空的竹管中，用胶水固定的。长台关出土的这支毛笔的笔头却是夹在劈开的竹子上，用绳子和生漆固定的，可见战国时期的制笔技术还没有达到现代人的水平。

据传说，发明这种笔的人并不是文人，而是秦国著名大将蒙恬。公元前223年，秦国和楚国之间发生了战争。秦国大将蒙恬带着士兵进攻楚国，双方你来我往，一时难分胜负。为了能让秦王及时了解战场情况，蒙田不得不写大量的战报。秦国那时候还没有毛笔，大臣们上的奏疏战表都是用竹签蘸着墨水写成的，用这种方法写字非常慢，这让蒙恬很是苦恼。不过，聪明的蒙恬很快就解决了这个问题。一次打猎回来时，蒙恬打到几只野兔，顺手拖着往军营走，兔子的尾巴蘸着血迹在地上拖出了一条长长的痕迹。蒙恬看到后突发奇想，觉得如果用兔子的尾巴蘸墨写字，写起字来不就更方便了吗？于是，他将兔子尾巴切下来塞进竹管中，再用生漆将兔子尾巴固定住，现代毛笔的雏形就诞生了。有了这支毛笔后，蒙恬写起战表来快多了，这种制笔技术也沿袭了下来。

到了汉代，制笔技术已经有了很大的发展，出现了在笔上刻字、镶嵌等装饰工艺。此外，汉代还出现了关于毛笔制作工艺的专著《笔赋》。汉代人非常喜欢毛笔，他们有一个"簪白笔"的习惯，就是将没用过的毛笔当成发簪，别在头发上，以便随时取用。

到了元明清时期，中国的制笔技艺有了长足的发展。制作笔头的原料已经发展到几十种之多，其中兔毛、狼毛、胎毛、猪毛笔较为出名。制作笔杆的材料也多了起来，除了传统的竹子外，树木的枝干也可以做笔杆，另外象牙、牛角、金银珠宝甚至玻璃水晶都能来制造笔杆。制笔工艺在明清时期发展到了顶峰。到了现代，由于钢笔、圆珠笔等新的写字工具的出现，使用毛笔的人越来越少，毛笔制造技术便停滞不前了。

铅笔小史

铅笔是一种常用的书写用具，书写非常方便，且字迹容易擦除，很得人们青睐。

1564年，在英格兰的巴罗代尔，人们发现了石墨矿。矿里产出的石墨能在纸上留下很黑的痕迹，比铅在纸上留下的痕迹还要明显，人们就把石墨称为"黑铅"。当时的牧羊人经常用这种石墨在羊身上做记号。有些人受到启发，开始使用条状石墨进行书写和绘画。但是这种石墨条很容易折断，并且会把手弄脏。1761年，德国化学家法伯发明了一种方法。先用水冲洗石墨，将其变成石墨粉，然后把石墨粉跟硫磺、锑、松香等混合，再将混合物做成条状。用这种方法做出来的书写工具不会很容易折断，也不会弄脏手，这就是最早出现的铅笔。

18世纪末，拿破仑命令法国化学家孔德在法国寻找石墨矿，并制造铅笔。但是法国的石墨矿并不多，而且质量不是很好。于是孔德在石墨中掺进了粘土，然后进行烧结，这样制造出来的铅笔十分好用，而且根据石墨中掺入粘土的多少，还可以改变铅笔的硬度和黑度，在书写时产生不同的效果。

后来，美国工匠门罗制造出一台能切木条的机器。他用这种机器在木条上切出凹槽，然后把铅笔芯放在凹槽中，把两个木条对在一起，进行粘合，就形成了现在人们使用的铅笔。

派克笔的来历

乔治·派克发明派克钢笔的主要动力是来自于修钢笔给他带来的苦恼。

派克笔的发明者是美国威斯康星州一位叫乔治·派克的电报学老师。

乔治·派克不仅是老师，同时也是一个钢笔中间商。当时教师的工资非常微薄，乔治为了补贴家用，不得不帮约翰·霍兰的钢笔公司向他的学生推销钢笔。约翰·霍兰钢笔公司的钢笔有很多质量问题，所以学生们的钢笔很容易坏，坏了的钢笔都由乔治·派克来修理。坏钢笔修理多了，乔治·派克产生了自己生产钢笔的想法。

乔治·派克有丰富的机械制造经验，经过多次努力，他终于设计出产出品质优良的钢笔，并称它为"幸运环"牌钢笔。后来，"幸运环"钢笔更名为"派克"钢笔。乔治·派克于1888年成立派克公司，他认为只有"使产品更臻完善，人们才会购买"，在这一理念的指引下，派克钢笔最终享誉全球。

圆珠笔的来历

圆珠笔一般使用比较稠的油墨，不易发生渗漏，并且使用时间比较长，使用起来很方便。

圆珠笔是一种十分便利的书写工具，被世界各地的人们广泛使用。它的笔尖上带有可以自由旋转的金属圆珠，在书写时，圆珠通过与纸面的摩擦而转动，将笔芯内的油墨带出，在纸上留下书写痕迹。

圆珠笔最早出现是在 1888 年，是一个名叫约翰的美国记者设计出来的。但是，当时这种笔并没有推广开来。之后，英国和德国先后出现过类似的书写工具，但是因性能不好而没有发展起来。

1943 年，匈牙利记者比罗制造出了实用化的圆珠笔。他观看报纸的生产过程时发现，报纸所使用的油墨可以在瞬间就干燥，不会产生污痕。于是他把与之相类似的油墨应用到自己设计的笔中，在笔的前端安装一个可以自由旋转的金属球，让油墨可以匀速流出，并且金属球还可以防止油墨变干。之后，他为这种笔申请了专利，并开始进行生产，使其商品化。由于圆珠笔比当时所使用的钢笔性能更好，所以很快就在世界上流行起来。

脚踏纺车的问世

脚踏纺车的出现，节省了劳动力，提高了劳动效率。

纺车是古代纺纱工具，通常有一个驱动轮和一个纱锭。脚踏纺车以手摇纺车为基础发展而成，多为三锭。

脚踏纺车出现的时间尚不可考。公元 4 到 5 世纪，中国东晋画家顾恺之画过一幅画，画上有辆脚踏三锭纺车。这是现存最早的脚踏纺车记录。宋朝刻本《列女传》中也有一幅画，画上有位正用脚踏三锭纺车纺纱的女子。

元朝史料中，有关纺车的记载较多。元朝人王祯所著《农书》中，记载了两种不同的脚踏纺车。一种纺车名叫木棉纺车，纺棉用；另一种纺车名叫小纺车，作用是加工麻线。明人徐光启《农政全书》记载：操作纺车时，左手持棉筒，右手捻棉线。棉线捻成缕后，绕为线团。

熨斗溯源

中国人使用熨斗的时间应该在商朝以前。

据记载，16世纪时，一个荷兰裁缝最先发明了熨斗。他将烧红的铁片放进一个大的铁盒中，铁盒加热后就可以熨衣服了。但是这并不是熨斗的源头，熨斗起源于中国。

在12世纪以前的宋朝就已经有了关于熨斗的记录，柳宗元有一篇著名的散文——《钴鉧潭记》，钴鉧就在古代就是熨斗的意思。不过，这也不一定是熨斗的源头。

《隋书》中有这样一则记载：有一个叫做李穆的人为了讨好隋文帝，送给了他一件礼物，这件礼物就是熨斗，并说："愿执威柄以熨安天下也。"可见熨斗在当时也可以作为一件刑具，这让人想到了制造炮烙之刑的商纣王。晋人皇甫谧在他的著作《帝王世纪》中记载："纣欲作重刑，乃先作大熨斗，以火熨之，使之举手辄烂，与妲己为戏笑。"可见商纣王的炮烙之刑的灵感应该是来源于熨斗。

"近代科学之父"伽利略

伽利略被称为"经典物理学的奠基人"。

伽利略是著名的物理学家、天文学家和哲学家，被人们称为"近代科学之父"。

伽利略在科学上的贡献有很多，其中包括力学、热学、天文学、相对性原理等方面。在力学方面，他把科学实验和数学方法相结合，提出了很多力学定律。他曾提出摆的等时性定律，揭示重力和重心的本质，确立自由落体定律。对于每一个学说，他都用数学方法加以推算。在对重力的研究中，他还提出了加速度的概念，使得重力研究进入了定量研究阶段。他还曾对惯性定律进行过描述，为牛顿发现运动定律打下了基础。此外，他还对材料的结构与力学性能之间的关系进行过研究。

在热学方面，伽利略最早发明了温度计。这种温度计用的是敞口玻璃管，利用水面升降来判断温度高低。不过，由于受环境影响较大，它的误差也比较大。这种温度计在伽利略学生的手里得到了改进。

在天文学方面，伽利略是第一个利用望远镜进行天文观测而取得丰硕成果的人。他通过观测，发现月球表面是凹凸不平的，太阳会自转并且会出现黑子，银河系的构成，金星木星的盈亏以及木星有四颗卫星。同时，他还推翻了传统的地心说。

此外，伽利略还在惯性原理的基础上，提出相对性原理。他认为力学规律在一切惯性系统中都是等价的，在一个惯性系统内部，无法通过力学实验确定这个惯性系是静止的还是运动的。他还第一次提出了惯性参照系。

伽利略还提出了将事物理想化的实验方法，这种方法很大程度上促进了物理学的发展。

三次科技革命

在人类历史上，先后发生了三次重大的科技革命。

第一次科技革命开始于18世纪60年代，当时英国已经发展成为全世界最大的殖民帝国，国内的资本家利用海外贸易和殖民掠夺积累了大量的资本，开始在国内大肆进行圈地运动。很多失去土地的农民被迫受雇于资本家，变成了工人。

1764年，英国一名纺织工人发明了珍妮纺纱机，第一次科技革命就此拉开了帷幕。在此次科技革命期间，瓦特改良了蒸汽机。此后，蒸汽机被广泛应用到工业生产和交通运输中，这成为了第一次科技革命的重要标志。19世纪初，富尔顿发明了蒸汽机船。随后，史蒂芬森改良了蒸汽机车，人类的交通运输事业由此进入了一个全新的阶段。

第一次科技革命使人类步入了机器时代，社会生产力获得了巨大的提高，很多国家就此走上了资本主义发展道路。一些发达国家开始进行大规模的殖民扩张，最终建立起遍布全球的殖民体系。此次科技革命的起源地英国成了当时世界上的头号强国，其次是法国。

第二次科技革命开始于19世纪70年代。当时资本主义制度已经在世界范围内确立下来，资本主义世界体系初步形成。第二次科技革命的重要标志是电力的广泛应用。除了电力之外，在此次革命期间，还出现了很多其他的科技成果，例如内燃机、汽车、飞机、无线电报、电话等。

经过第二次科技革命，生产力获得了进一步提升，垄断组织逐渐形成，各个主要的资本主义国家开始进入帝国主义阶段，并加紧对外扩张，最终形成了遍布全球的资本主义世界体系。这段时期，西方列强经常为殖民地瓜分不均发生冲突，很多新兴的资本主义强国如德国等迫切希望重新瓜分殖民地。随着时间的推移，这种政治经济发展不平衡引致的矛盾越来越尖锐，最终引发了第一次世界大战，此前的世界格局因此发生了改变。

第三次科技革命开始于第二次世界大战结束后，当时世界各国对高科技有着极为迫切的渴求，在此基础上，一场以原子能技术、航天技术和电子计算机技术

的应用为标志的科技革命便轰轰烈烈地开始了。

在此期间，世界各国的生产力都得到了极大的提升，第三产业在全球的比重逐渐上升，人类由工业社会进入了信息社会，开启了崭新的"知识经济时代"。各国之间的联系越来越密切，经济全球化成为了世界经济发展的大势所趋。在这种情况下，发达国家与发展中国家之间的差距却进一步拉大。可以说，发展中国家在得到巨大的发展机遇的同时，也面临着前所未有的挑战。

飞梭的发明

在飞梭出现之前，梭子需要两个人配合才能使用。

梭子是指织布机上载有纤子并引导纬纱进入梭道的机件。1733年，英国钟表匠约翰·凯伊发明了飞梭，利用一条特制的绳索带动织梭，纺织工人只要拉动绳索便能自如地操纵飞梭。使用这种飞梭，一个人就能独立织布，不仅提升了织布的效率，而且增加了布的宽度。

1760年，约翰·凯伊的儿子对飞梭进行了改进，纺织工人的织布效率获得了进一步提升，这使得用来织布的棉纱越来越供不应求。不久，珍妮纺纱机的问世解决了这一矛盾，第一次工业革命就此开始。

珍妮纺纱机问世

珍妮纺纱机的出现为英国人建立大型织布厂提供了技术保障，第一次工业革命就此拉开了序幕。

1764年的一天，英国兰开郡一个名叫哈格里夫斯的纺织工人晚上回家时不慎踢翻了妻子正在使用的纺纱机。纺纱机倒地之后，原先横置的纱锭变成了竖置，但整台机器仍在运转。哈格里夫斯由此想到改进纺纱机，在其中安放数个纱锭，将它们全都竖立摆放，然后用纺轮带动它们一起运转，便可以大大提高纺纱的效率。哈格里夫斯马上将这个想法付诸实践，发明了珍妮纺纱机。

珍妮纺纱机中有8个纱锭，与此前只有1个纱锭的老式纺纱机相比，工作效率提高了8倍。当时由于飞梭的出现，使得英国纺织工人的织布效率迅速提升，对棉纱的需求量大增。珍妮纺纱机的出现正好满足了这种需求。

此后，哈格里夫斯不断对珍妮纺纱机进行改进，截止到1784年，纺纱机中的纱锭已经达到了80个。仅仅过了4年，英国境内便已出现了2万台这样的纺纱机。

缝纫机的发明与发展

在第一次工业革命期间，纺织工业迅速发展，这对缝纫机的问世起到了巨大的促进作用。

1790年，英国人圣·托马斯发明了世界上第一台手摇缝纫机。这台缝纫机可以用来缝制皮鞋。从这时开始，手工缝制逐渐被机械缝制代替。

1841年，法国人蒂莫尼亚发明了一种新式缝纫机，机针上带有钩子。蒂莫尼亚向巴黎陆军军服厂提供了80台这样的缝纫机，在提高工厂工作效率的同时，也让很多工人失去了就业机会。蒂莫尼亚因此遭到了工人的报复，不得不外逃避难。

1851年，美国人梅萨特·胜家成立了一家缝纫机制造公司。此后，该公司先后发明了脚踏式缝纫机和电动机驱动缝纫机，为缝纫机的发展作出了巨大的贡献。

瓦特改良蒸汽机

公元1世纪，古希腊数学家希罗发明了汽转球，这便是人类历史上的第一台蒸汽机。

1764年，瓦特在修理一台纽可门蒸汽机的过程中发现纽可门蒸汽机的效率非常低。从此，瓦特开始苦思改良蒸汽机的方法，并于第二年设计出了一种带有分离冷凝器的蒸汽机。从理论上来说，这种蒸汽机的性能要远远比纽可门蒸汽机优越，然而在制造样机的过程中，瓦特却因为资金不足，难以使改良后的蒸汽机达到预期的效果。

后来，瓦特得到了一位名叫罗巴克的企业家的资助，利用3年多的时间制造出了第一台合格的改良蒸汽机，并获得了相关的专利。此后，瓦特又不断对这种蒸汽机进行改进，在其中加入了大量的新发明，如汽缸外设置绝热层、行星式齿轮、平行运动连杆机构、离心式调速器等。1790年，瓦特终于研制出了第一台现代意义上的蒸汽机，其效率是纽可门蒸汽机的3倍多。

此后，经过瓦特改良的蒸汽机被广泛应用到工业生产中，变成了"万能的原动机"。人们还据此制造了蒸汽机船和蒸汽机车等，使得人类的交通事业发生了巨大的变革。人类从此进入了崭新的"蒸汽时代"。

打字机的发明

改进后的打字机很快流行开来，成为广泛流行的办公室工具。

打字机是一种用来代替人工书写的工具，可以提高文字的录入速度。打字机上有键盘，通过键盘输入字母，每按一个键，打字机就会在纸或者其他东西上打印出该键对应的字母。同时，通过打字机的移动装置，可以使纸向左移动一个字母的位置，从而为下一个字母的打印做好准备，使得打印能够连续进行。

在18世纪时，人们为了录入更快捷方便，就一直在研究打字机。曾经有不少人研究出来过打字机，但是都没有什么实用价值。1808年，意大利人佩莱里尼·图里制造出了世界上第一台比较成功的打字机。这台打字机是图里为他的女朋友发明的，因为他的女朋友是一个盲人。有关这台打字机的资料并没有流传下来，它的结构和模样也就无从得知，不过用这台打字机打出的信件至今依然收藏在意大利勒佐市的档案馆里。

19世纪60年代，美国人肖尔斯和格利登合作研制一种给书籍自动印刷页码的机器。格利登想到，可以让机器同时在书页上打字，于是肖尔斯开始按这个思路研制，最后研制出了第一台实用的打字机。这种打字机的效果很好，打字清楚，还有移动纸的装置。不过，它也存在着一些缺点。它的结构比较复杂，体积很大，键盘上的键有78个，大、小写分开，操作起来很麻烦。而且，由于设计问题，打字的时候看不到打出来的字，也就无法发现错误。

后来，约斯特对打字机进行了改进，使得一个键能分别打出大小写字母，从而减少了按键的数量。同时他还改装了打字机结构，使得打字的同时能够看到打出来的字。

电报的发明

在电报出现之前，人类历史上从未出现过用电实现的通信方式。

电报是以电流或电磁波为载体，通过编码和相应的电处理技术帮助人类实现远距离信息传输的一种通信方式。

电报最早出现在19世纪30年代，当时发明电报的技术条件已经齐备，人们对电报的需求也十分迫切。在这样的情况下，英国人库克和惠斯通于1837年发明了有线电报。就在同一年，美国人莫尔斯发明了莫尔斯电码，用"莫尔斯电码"来完成信息的传递。莫尔斯因此被称为"电报之父"。

"莫尔斯电码"的实质就是用一些时间长短各异的电脉冲信号来表示不同的字母、数字和标点。1844年5月24日，莫尔斯利用"莫尔斯电码"从华盛顿向64公里以外的巴尔的摩发送了全世界第一份电报，电报的内容是圣经中的一句话："上帝创造了何等的奇迹。"

起初，电报只能实现陆地通讯。之后，在海底电缆的支持下，又出现了越洋电报。进入20世纪以后，人类又开始利用无线电发电报。到了今天，电报业务已经覆盖了全球绝大多数地区。

洗衣机发展史

日本是全世界洗衣机生产技术最领先的国家，不仅将洗衣机自动化，还研制出了很多新型洗衣机，如电机直接驱动式洗衣机、新水流洗衣机等。

洗衣机是一种洗涤衣物的清洁电器。世界上第一台洗衣机出现于1858年，由美国人汉密尔顿·史密斯发明。这台洗衣机的主装置为一个圆筒，桶内有一根直轴，轴上装有桨状叶子；洗衣机外装有曲柄，柄与直轴相连。摇动曲柄，直轴转动，即可洗衣。这种洗衣方法费力又伤衣，未被广泛接纳。

1859年，德国出现一种搅拌式洗衣机。机中有个搅拌器，搅拌器是一根捣衣杵。捣衣杵上下运动，搅拌衣服。1874年，美国人比尔·布莱克斯发明了一种手摇洗衣机。洗衣机主体为木筒，筒中有6块木叶。机外有手柄，机内有齿轮。手柄摇动带动齿轮转动，齿轮转动可使筒内衣服翻转。

蒸汽机出现后，蒸汽动力被广泛使用。美国人将蒸汽动力用于洗衣机制造中，并于1880年发明了蒸汽洗衣机。蒸汽洗衣机功能有二，蒸汽洗涤和蒸汽烘干。之后，水力洗衣机、内燃机洗衣机等其他动力洗衣机相继问世。1910年，

美国人费希尔研制出一台以电为动力的洗衣机,这是世界上第一台电动洗衣机。1922年,美国玛塔依格公司改造洗衣机构造,改拖动式为搅拌式,完善了洗衣机的结构。

此后,世界各国争相研制新式洗衣机。英国出现了一种喷流式洗衣机。1955年,日本人在喷流式洗衣机基础上,研制出波轮式洗衣机。从那以后,洗衣机的三种基本形态:波轮式、滚筒式和搅拌式基本成型。20世纪60年代,日本研制出半自动洗衣机。70年代,日本人以波轮式洗衣机为基础,研制出了全自动洗衣机。

"发明大王"爱迪生

到现在为止,爱迪生所创造的发明专利数的世界纪录仍没有人能打破。

爱迪生是美国著名的发明家,被人称为"发明大王"。他和他的公司员工们共有2000多项发明专利,其中在他自己名下的就有1500多项,包括在美国、法国、英国等多个国家的专利。

爱迪生在1868年10月获得了自己的第一项专利,是投票用的"投票计数器"。之后他的发明便不断增多。1881年,他的发明达到了高峰期,这一年他申请的专利共有141项,差不多不到三天就会有一个发明。

爱迪生的发明为人类文明的进步作出了卓越贡献,他最重要的发明应该算是白炽灯了。白炽灯发明出来以后,人类进入了光明时代,因此爱迪生被称为"光明之父"和"现实中的普罗米修斯"。此外,他的重要发明还有留声机、碳粒电话筒、电影放映机、同步发报机等一系列对人类生活有着重大影响的事物。

留声机的发明

1877年12月6日，爱迪生的助手约翰·克卢西制造出了第一台留声机样机，并用它录制了爱迪生唱的《玛丽的山羊》。

留声机是一种放音装置，发明于1877年，发明者是爱迪生。留声机的发明与爱迪生对生活现象的敏锐观察有着密切联系，留声机的发明灵感来源于电话。

贝尔是电话的发明者，但他发明的电话灵敏度不高，通话双方必须要大喊大叫才能进行清晰的交流，因此人们并不喜欢电话这种通讯方式。爱迪生却对贝尔发明的电话很感兴趣，他组织了大量的专家，决心对贝尔的电话进行改进。在调试炭精送话器时，由于爱迪生的听力不好，他便用一根钢针对送话膜片的震动进行检测。当钢针触动膜片时，他惊奇地发现，随着他说话声音的高低，送话器也会发出同样频率的颤音。爱迪生敏锐地察觉到，这一现象背后一定有原因，他左思右想，突然有了"如果反过来，使短针颤动，能不能复原出声音"的想法。

爱迪生依据自己的想法，进行了四天四夜的实验，终于在"储存声音"的核心技术中取得了突破，并最终发明了留声机。1877年8月15日，爱迪生让自己的助手克瑞西按他设计的图样做出来一个怪机器，这个机器由大圆筒、曲柄、受话机和膜板四部分组成。机器做好后，当爱迪生告诉他的助手说，这是一台"会说话的机器"时，他的助手根本就不相信。爱迪生并没有理会他助手的质疑，而是将一张锡箔卷到刻有螺旋槽纹的金属圆筒上，并把指针放到了上面，然后一边摇动留声机的手柄一边对着受话机唱道："玛丽有只小羊羔，雪球儿似一身毛……"唱完后，他将指针重新放回他唱歌前放置的位置，并再次摇动手柄，这时留声机里传出了同样的声音，爱迪生的助手听到留声机发出的声音后被惊得一句话也说不出来了。

这台"会说话的机器"的诞生很快在全世界引起了轰动，舆论将爱迪生誉为"科学界的拿破仑·波拿巴"，将留声机誉为19世纪最让人振奋的三大发明之一。

世界上第一台柴油机

柴油机在世界范围内得到了广泛的应用，狄赛尔也成了享誉全球的"柴油机之父"。

柴油机就是通过燃烧柴油来获取能量的发动机。与汽油机一样，柴油机的工作循环也要经历进气、压缩、做功和排气这四个行程。不过，柴油与汽油相比，粘度更大，更不容易蒸发，且自燃温度更低，因此柴油机气缸中的混合气不是点燃而是压燃的。另外，柴油机的功率很大，在节约能源、减少二氧化碳的排放方面具有汽油机等热力发动机不具备的优势。现在欧美很多发达国家都开始使用先进的小型高速柴油机作为新型汽车的动力装置。

世界上第一台柴油机诞生于1892年，其发明者是德国人鲁道夫·狄赛尔，德语中的"柴油"一词就是从他的姓氏演化而来的。狄赛尔在早年的工作中深深感觉到，蒸汽机的效率十分低下，难以满足社会生产的需要，便萌生了开发高效内燃机的念头。由于当时欧洲的石油稀缺，狄赛尔就开始利用植物油进行相关的试验。点火性能不佳的植物油让狄赛尔不得不摒弃前人研制的点火式内燃机，改用压缩方法点燃内燃机中的油料。

1892年，狄赛尔将自己研制出的全世界第一台实用柴油机呈现在世人面前，并获得了相关的专利。这种柴油机对燃油的质量要求不高，最重要的是其功率较大，耗油量较低。其后，狄赛尔又不断对柴油机进行改进。1897年，世界上第一台能够安全运转的狄赛尔柴油机诞生，其功率达到了14瓦，远高过此前的蒸汽机和其他类型的发动机。

最早的唱片

录音技术在人们的娱乐生活中发挥着重要作用。

唱片，是一种音乐传播的介质统称。其物质形态主要有早期的钢丝唱片、胶木78转唱片、黑胶唱片和CD光盘等。

最早的唱片可以追溯到录音技术的发明。19世纪末期，美国发明家爱迪生创造了世界上第一台留声机。与此同时，美国还出现了机械钢琴。这种钢琴由一种特殊的纸带操纵。纸带上面带有打孔，人们只要将其放在机械钢琴上，就可以欣赏到各个名家的钢琴曲。这种新型技术的发明，使得越来越多的人关注音乐，促进了现代音乐的产生。在此期间，传统的民歌逐渐被流行音乐取代，为了更好地传播流行音乐，德裔美国工程师埃米尔·玻里纳在爱迪生的录音技术之上，发明了一种新型的音乐传播媒介——唱片。唱片中间有两个孔，播放音乐的时候，唱针由里向外转动。唱片的一面录有音乐，另一面贴有文字说明卡等内容。当时的唱片由于技术性限制，转速非常快，每一分钟可达78转。因此，每一张唱片最多只能录三分钟的音乐或歌曲。78转唱片诞生以后，极大地促进了流行歌曲的传播。78转唱片播放时，不需要使用电力，只要人工上弦即可。自产生之后，这种唱片迅速在美国流行起来，尤其是在缺少电力的南方地区。

激光唱片

　　激光唱片记录的密度较大，重放音质好，体积小，且容易保存，因此它成为音频信号的主要载体。

　　激光唱片，简称为"cd"，是指利用激光束扫描和光电转换，实现语言和音乐重复播放的唱片。激光唱片分为 ddd、add、AAD 三类。在各类唱片的名字中，第一个字母是指录音方式。其中，A 是指模拟录音，D 是指数字录音。第二个字母是指处理方式。其中，A 是指模拟方式处理，D 是指数字方式处理。第三个字母是指压制方式。所有的激光唱片都是数字格式，因而最后一个字母都是 D。

　　激光唱片直径为 120 毫米，单面录音，可以播放 1 个小时的立体声节目，其动态范围为 90 分贝。激光唱片上的声迹是由激光束按照信号编码刻录的小坑和坑间平面组成的。这些小坑和坑间平面分别代表二进制的 0 和 1。当唱片播放的时候，激光束重新扫描并获得新的二进制数码，在放音设备的协助下，将声音重新播放出来。

录音机小史

　　关于录音机的历史，可以追溯到留声机的诞生。

　　录音机，是指将声音记录下来重新播放的机器。磁性材料具有剩磁特性，可以将声音信号有效地记录下来，并可以随时重复播放。根据这一原理，人们发明了录音机。一般而言，家用录音机大多数为盒式磁带录音机。

　　1877 年，美国发明大王爱迪生成功制造了世界上第一台留声机。说话声音的快慢高低，可以引起电话传话器膜板的不同震动。只要采用某种技术，就可以将这种震动还原成说话的声音。根据这一设想，爱迪生进行声音重发问题的研究。1877 年 8 月 15 日，爱迪生制造出了一台"会说话的机器"，这就是后来所说的录音机的雏形。1888 年，美国的史密斯发表了一篇论文，讲述了如何利用磁性材料的剩磁特性进行录音。这篇论文的发表，为录音机的发明奠定了理论基础。1898 年，丹麦科学家鲍尔森利用磁性储存声音的原理发明了钢丝录音机。1907 年，鲍尔森又发明了钢丝录音机的直流偏磁法。这一新的突破，使得录音机走入了人们的日常生活之中。但是这一时期的录音机由于使用一根金属指针作为记录针，去接触钢丝的表面，总是出现录音不均衡的现象。之后，美国的无线电爱好者马文·卡姆拉斯用完整的磁性圈作为磁头，并用钢丝穿过磁性圈，使两者保持相等的距离。然后，他利用钢丝周围的空气间隔进行录音。这一做法极大地改进了录音的效果，促进了录音机的广泛使用。1935年，德国科学家弗劳·耶玛发明了代替钢丝的磁带。第二年，他又将铁粉涂在纸袋上，用以代替钢丝和钢带，这就是磁带的前身。到了第二次世界大战末期，马文·卡姆拉斯发明了现代磁带，使得录音机真正流行起来。

蚊香的起源

蚊香是一种驱赶蚊子的物品，其点燃所产生的味道可以将蚊子赶走或者熏死。

蚊子一直是人们很讨厌的一种昆虫，自古人们就在探索如何驱除蚊虫。在中国宋代的文献记载中，出现了早期的蚊香，包括南宋时期的用中药制作的驱蚊棒。19世纪中期，一名西方学者游历到浙江地区，发现了当地居民使用的一种蚊香，于是将其配方带回欧洲，引起了一些昆虫学家的注意。

1885年，日本的上山英一郎收到一份礼物，是南斯拉夫产的除虫菊，这种除虫菊可以驱赶一些昆虫。上山英一郎想到把除虫菊制成粉末，撒在农作物上驱除昆虫，但是没有成功。后来他和一名线香制作者合作，制成了一种棒状蚊香。不过这种蚊香燃烧时间短，加长的话又容易折断。上山英一郎根据妻子的建议，把蚊香制作成了螺旋状，解决了长度问题。后来又是根据他妻子的建议，采用铁丝网来干燥蚊香。1902年的时候，上山英一郎发明的蚊香正式上市。后来经过成分上的改造，成为了现在所用的蚊香。

空调的发明与普及

空调已经成了很多家庭的必备家电之一，为人类的生产和生活提供了巨大的便利。

人类很早就学会了制暖，但是在制冷方面却没有取得什么突破性进展，这种情况一直延续到了1851年。这一年，法国人斐迪南·卡雷发明了世界上第一台氨吸收式冷冻机，美国人约翰·戈里获得了制冰装置的专利权。至此，人类终于找到了降低空气温度的方法。接下来，人们开始研究怎样才能控制空气的湿度。1902年7月17日，美国人威利斯·哈维兰·卡里尔发明了世界上第一台空调，终于解决了空气湿度的控制问题。

当时，卡里尔正在一家生产供暖系统的公司做工程师，公司委派他到布鲁克林一家印刷厂完成一项重要的任务。原来1902年的夏天天气又湿又热，这家印刷厂的油墨总是不干，以至于颜料渗漏，纸张膨胀，对印刷效果造成了严重的影响。于是，印刷厂老板便想请卡里尔帮忙设计一种机器设备，可以调节空气的温度与湿度。

为此，卡里尔设计了一种方法：在供暖管道中灌入冷水，不断循环，结果他成功降低了空气的温度，但对降低湿度却没有多少效果。卡里尔为此苦思冥想，最终发明出了既能调节温度，又能调节湿度的空调。1906年初，卡里尔取得了空调的专利权。可惜这项重要的发明并没有得到公司老板的重视，怀才不遇的卡里尔选择辞职，开办了一家属于自己的空调公司。

20世纪20年代，一到夏天，各家戏院就会因为天气炎热而生意惨淡。为了解决这一问题，1925年，纽约的里沃利大剧院要求卡里尔为其安装中央空调。由于剧院面积庞大，需要安装的空调设备总重量达到了133吨。卡里尔亲自上阵，指挥监督这项工程，最终取得了良好的效果。在此之后，又有300多家戏院安装了卡里尔公司出产的空调。

1928年，卡里尔为美国白宫安装了空调，这在当时引起了巨大的轰动。然而，卡里尔并没有就此满足。20世纪30年代末期，他特意为办公楼设计的"导管式空气控制系统"获得成功。在此基础上，空调陆续进驻美国各地的办公大厦。

接下来，卡里尔又开始为制造家用空调而努力。然而，由于当时空调的成本太高，体积太大，根本无法适用于普通家庭。卡里尔为此付出了巨大的心血，但最后还是以失败告终。1950年，卡里尔去世，几年后，家用空调终于在空调市场上出现了。从这时开始，空调逐渐走向了普通家庭。

最早的吸尘器

1901年8月，布斯在取得吸尘器的专利后，开了一家吸尘器公司。

吸尘器是家庭常用的一种除尘工具，其工作原理是由电动机带动叶片旋转，使得容器内产生负压力，将尘土吸入容器内，从而达到除尘的效果。

1901年，美国的一种箱式除尘器到英国伦敦展出，英国土木工程师布斯观看了除尘器的示范表演。这种除尘器是利用强大的风力，将尘土吹进容器中。布斯看到有很多尘土并没有被吹进容器，觉得这种工具的效果不是很好。之后，他在这种除尘器的基础上，想到了用吸尘的方式来除尘。他制作了一种吸尘装置，利用大功率气泵，将空气吸入一根软管里面，灰尘也会跟随空气一起被吸入，然后用布袋将灰尘过滤掉。这就是最早出现的吸尘器。

布斯使用的吸尘器是用汽油发动机带动真空泵吸尘，这种吸尘器的体积很大，不便于家庭使用，后来才发展出适合家庭使用的小型吸尘器。

冰箱的历史

冰箱的主要功能就是使食物保持新鲜，或者使室内保持凉爽。

冰箱是一种制冷设备，它能维持较低的温度，使食物或者其他东西保持在低温状态。

在中国古代的时候，人们就已经对冰加以利用。在《周礼·天官》中，介绍了一种装冰的容器"冰鉴"，这可以说是最原始的冰箱了。在清朝的时候，产生了很多木胎冰箱，大多用红木等木料制成，制作精良，可以同时为食物保鲜和为人提供冷气。

17世纪中期，美国出现了"冰箱"一词，人们开始将冰用于食物的保鲜。美国内战结束之后，一些货车开始利用冰进行冷藏。到19世纪末期，已经有家用的冰箱在市场上销售，同时出现的产品还有冰柜。那时人们刚开始对冰箱的隔热和冷循环有所研究。

1910年，美国产生了世界上第一台压缩式制冷的家用冰箱，开始将电力用作冰箱制冷的能源。之后，电冰箱的研究取得很大进展。1925年，出现了家用吸收式冰箱。1927年，全封闭式冰箱在美国通用电气公司研制成功。1931年，制冷剂氟利昂被研制出来，用于冰箱制冷。从此之后，电冰箱逐渐成为家庭常备电器。

贝尔德发明电视机

贝尔德，全名为约翰·洛基·贝尔德，英国电器工程师，世界上第一台电视机的发明者。

贝尔德出生在苏格兰海伦斯堡的一个牧师家里，从小就表现出过人的天赋。从格拉斯大学毕业后，贝尔德当上了一家电力公司的负责人。

1923年的一天，有朋友告诉贝尔德关于远距离发射和接收无线电波的事情，这对他的启发很大。之后，他开始了用电传送图像的实验。为此，他特意收集旧收音机、霓虹灯管、扫描盘、电热棒、可以发电的磁波灯和光电管等物品，拼装了一套实验设备。1924年春天，贝尔德用他的实验设备成功发送了一朵十字花的图像。虽然接收器距离发送地只有3米，但是这为他继续研究提供了很大动

力。1925年10月2日，贝尔德在实验室发明了一种新装置。这种设备可以将光线转化为电信号。1926年1月26日，英国皇家科学院的研究人员应邀观看了贝尔德的发明。贝尔德成功地将放映成果展示给世人，这一天被后人称为电视诞生的日期。1928年，贝尔德成功地通过无线电波传输影片。按照他的设计，这部影片以电波的形式从伦敦出发，被纽约的接收器顺利收到。1929年，贝尔德发明了"有声电视"，并被电视台播放。1930年，他提出了"彩色电视系统"的设想。这一设想的提出，指导了他以后的实验方向和目标。1941年12月，经过不懈的研究和实验，"彩色电视系统"的设想终于实现。

电视机的发明

你可能不会相信，世界上第一台电视机的设计图是在教室里的黑板上描述出来的，并且，它的设计者竟是一位16岁的美国中学生菲罗·法恩斯沃斯，当时是1922年。到1929年他申请专利时，同时申请的还有一个美国人弗拉基米尔·兹纳金。但根据美国专利法先发明为先的原则，裁定菲罗为第一个发明电视机的人。

有趣的是，第一台电视机的问世是在1925年，而发明人是美国工程师贝尔德。

正像任何一项重大的发明都是几代科学家不懈努力的结果一样，电视机的发明也经历了一段艰苦的过程。

1873年，爱尔兰的威廉·史密斯在历史上首次发现光电现象以后，人们发现了光电效应（物质在光的照射下释放电子的现象），又发明了能实现光电转换的电子管——光电管，为电视技术的诞生创造了条件。

1883年，德国工程师尼普科夫提出了串联传输图象的方法。他巧妙地解决了把图像和景物分解成为一个个象素的问题。他制作了一个圆盘，在周边按螺旋形开若干小孔，圆盘转动时便对图象进行顺序扫描，再通过硒光电管进行转换，这就是尼普科夫圆盘。

贝尔德对尼普科夫圆盘进行了改进，成功地制作了机械式电视收发装备。他在经济十分困难的条件下，以茶叶箱做电视机座，以饼干箱制成投射灯屏蔽盒，尼普科夫圆盘用纸片剪成，透镜是花4便士买来的廉价品，用玩具马达作为动力机械。经过3年的试验，1925年1月27日，他在伦敦英国科学研究所进行了发射和接收的公开实验。虽然这套装置映出的画面仅有2英寸高、1英寸宽，分辨率也只有30行线（约等于如今电视的1/10），但他用极简陋的装置取得这样的成果，已足以令世人震惊了。

最早的电视机只有黑白两色。彩色电视机是1936年由匈牙利工程师戈德马克发明的。

诺贝尔奖的由来

人们为了纪念诺贝尔，每次颁奖时间都定在诺贝尔去世的时刻，也就是12月10日的下午4点半。

诺贝尔奖是根据瑞典化学家诺贝尔生前的遗嘱设立的。该奖共设有五个奖项，分别为物理学奖、化学奖、生理或医学奖、文学奖、和平奖。1968年，瑞典国家银行提供资金，增设了诺贝尔经济学奖，与其他五个奖项同时颁发。

诺贝尔是瑞典斯德哥尔摩人，曾经因发明了硝化甘油炸药而闻名。他除了是著名的科学家外，还是一名优秀的企业家。他一生获得了350多项发明专利，并将这些发明应用于生产实践，在20余个国家开设了100多家公司和工厂，资产遍布世界各地。诺贝尔在1896年12月10日逝世，他在逝世前曾留下遗嘱，要求利用自己的所有资产作为基金，把基金每年所得的利息和投资收益用作奖金，奖励那些在上一年度为人类作出重大贡献的人。

诺贝尔奖在1901年首次颁发，之后除了因战争中断，每年颁发一次。

手机发明史

到目前为止，手机已经发展到了 4G 时代。

手机，又称移动电话、手提电话、携带电话，早期还有"大哥大"的俗称。手机分为智能手机和非智能手机。智能手机的主频高，运行速度快；非智能手机的主频比较低，运动速度较慢。

关于手机的发明，可以追溯到 20 世纪初期。1902 年，在美国的肯塔基州默里一间乡下住宅内，内森·斯塔布菲尔德制作出了第一个无线电话装置。这种无线的、可以移动的电话是手机的最早雏形。1938 年，应美国军方的要求，贝尔实验室成功制造出世界上第一部"移动电话"。1973 年 4 月，美国摩托罗拉公司的工程技术员马丁·库帕发明了第一部现代手机，此后被广泛应用于人们的实际生活中。马丁·库帕由此享有"现代手机之父"的美誉。

20 世纪 80 年代，摩托罗拉公司推出了第一代民用手机。这种手机的天线很长，电池也比较大，被人们俗称为大哥大或者砖头。第一代手机的功能有限，只能进行一般的语言通话。1996 年至 1997 年间，第二代手机产生了。与第一代手机相比，第二代手机增加了数据接收功能。2009 年，第三代手机诞生。除了接收数据的速度有所提升外，第三代手机还能够在全球范围内实现漫游，并能提供多种信息服务。

微波炉的发明

微波炉是一种用微波加热食品的家用电器，其中的微波是一种电磁波。

微波炉的工作原理是，磁控管在通电后会连续产生电磁波，电磁波被传导到烹调腔内，并在可旋转搅拌器的作用下均匀地分布到烹调腔各个位置，对放在烹调腔中的食物进行加热。

微波炉的发明者是斯本塞。他原本是一名海军退役军人，1939 年退役后进入雷声公司，主要负责生产电子管。因为第二次世界大战中德国对英国本土不断进行轰炸，英国不得不将正在进行的磁控管研究迁移到美国，斯本塞也因此有机会接触到了这一领域。磁控管能产生大功率微波能，斯本塞发现微波能会使周围物体升温。有时候，他身上带着的食物，就会被微波融化掉。这促使他产生了发明微波炉的念头，并获得了雷声公司的大力支持。就这样，几个星期后，一台利用微波来加热食物的炉子便诞生了。1947 年，第一台微波炉被摆上商场货架。

1965年，斯本塞联手福斯特对微波炉进行改造，造出了价格更低、实用性更强的微波炉，使得微波炉逐渐走入人们的厨房中。

眼镜的由来

保护眼睛用的眼镜一般有防风镜、太阳镜等，用来防止眼睛受到外界伤害。

眼镜分视力矫正眼镜和保护眼睛用的眼镜，均由镜片和眼镜架组成，其中镜片是一种光学器件，镜片不同，眼镜的用途也就不同。视力矫正眼镜是一种常见的视力矫正工具，可以使人看东西更清楚，一般分为近视镜、远视镜、散光镜和老花镜四种。

眼镜的具体发明者，现在还不是很确定，但眼镜发明的时间，一般公认为是在13世纪。有一种说法是，英国的培根很想帮助人们提高视力，一次在花园散步的时候，发现水珠能将叶脉放大，于是想到用凸透镜来放大字体，制造出了放大镜，随后发展成为眼镜。也有人说眼镜最早出现在意大利的佛罗伦萨，是一名叫做阿尔马托的光学家和一个叫斯皮纳的人发明的。还有人根据意大利旅行家马可·波罗的记载，认为眼镜是由中国人发明的。

第一架消色差折射望远镜

折射望远镜是一种视野宽广，具有高对比度和高清晰度的望远镜，它使用透镜做物镜，利用屈光成像。

1608年，荷兰出现了全世界第一架实用的折射望远镜。随后，开普勒对这种望远镜进行改进，制成了开普勒望远镜，并将其引入到天文观测中。当时人们为了缩短折射望远镜的透镜焦距，只能选择增加镜片的厚度，这使望远镜出现了严重的色差。

针对这一问题，1733年，英国人切斯特·穆尔·霍尔发明了世界上第一架消色差折射望远镜，其与先前的望远镜最大的不同就是利用冕牌玻璃和火石玻璃来做物镜。这两片特殊的玻璃，有效地避免了折射望远镜的色差问题。

摄影术的发明

早在2000多年以前，中国古人就发现了小孔成像的原理。

摄影术，是指使用某种专门设备进行影像记录的技术。一般而言，摄影术涵盖动态摄影和静态摄影两个方面。摄影术的发明，可以追溯到16世纪的照相暗盒。欧洲文艺复兴时期，人们发明了一种名叫照相暗盒的简单成像设备。这种设备无法产生照片，只是利用小孔成像的原理将屋外的景物投射到黑暗的屋内墙壁上。紧接着人们又发现，硝酸银等物质具有感光的性能。1826年，法国的工匠尼埃普斯发明了一种沥青拍摄法。他将融化的沥青涂抹在金属板上，利用暗箱的曝光，拍摄了一张街景照片。尼埃普斯去世后，他的朋友达盖尔在他的基础之上，于1837年发明了一种银版摄影法，又称达盖尔摄影术。达盖尔摄影术非常实用，很快法国将其专利权买下，并于1839年8月19日正式公布。后来，这一天被定为摄影术的诞生日。1841年，英国人威廉·亨利·福克斯·塔尔伯特发明了卡罗式照相法。从此，人们可以利用多次被复制的胶片。1851年，英国人阿切尔发明"湿版摄影术"，开启了现代摄影术的大门。与以往的摄影术相比，湿版摄影术拍摄所需的时间更短，从而大大提高了摄影术的拍摄效率。

彩色胶片的出现

胶片又叫做菲林，诞生于100多年前，最早的胶片是黑白胶片。

彩色胶片的历史最早可以追溯到1860年，当时有一位名叫马克斯韦尔的英国科学家发现分别用红色、绿色和蓝色的滤镜为一个物体拍摄3张黑白底片，然后将这3张底片制成幻灯片，再搭配相对应颜色的滤镜，呈现出来的3个影像重叠起来就会显现出物体本来的颜色。

1868年，法国人迪奥隆提出了系统的彩色摄影方法，但是由于当时的条件有限，这一方法最终只能停留在理论阶段。

1906年，全色胶片问世。用这种胶片拍摄出3张物体的底片，然后利用幻灯片将影像重合，就能实现彩色摄影。不过，由于这种摄影方法非常复杂，且耗资不菲，在当时并未引起多大的反响。

1907年，最早的实用彩色胶片"天然彩色片"在法国诞生。这种胶片的表面覆盖了一层淀粉微粒，以实现彩色摄影的效果。不过，这种彩色胶片仍有很大的缺陷，其中最主要的就是曝光时间太长，画面太暗。1912年，德国人在胶片中加入彩色显影剂和成色剂制成了一种全新的彩色胶片。在此基础上，美国柯达公司于1936年研制出了含有能感应红、绿、蓝三色光的三层乳剂涂层"柯达彩色片"，并形成了一个著名的彩色胶片品牌。

3D 电影的起源

2009年，由美国导演詹姆斯·卡梅隆拍摄的《阿凡达》成为有史以来制作规模最大、技术最先进的 3D 电影。

3D 电影，又称"立体电影"，是指将两个影像重合起来，利用人双眼所具有的视角差和会聚功能进而产生三维立体效果的电影。观看 3D 电影时，观众们必须戴上立体眼镜。

关于 3D 电影的起源，可以追溯到 1839 年。那一年，英国科学家查理·惠斯顿爵士发明了一种立体眼镜。人有两只眼睛，其成像的原理是不同的。根据这一点，查理·惠斯顿爵士创设立体眼镜，使得戴上它的人能够看到立体的图像。1922 年，世界上第一部 3D 电影《爱情的力量》诞生。这部电影向观众们展示了早期的电影立体效果。1952 年，被人们称为史上第一部真正的 3D 长片的《非洲历险记》上映。尽管其内容没有受到好评，但是观众们还是争先恐后地去体验立体效果。1953 年，3D 恐怖电影出现，使得 3D 技术的发展进入了一个新的阶段。1954 年，美国导演希区柯克拍摄的《电话谋杀案》成为 3D 电影中的经典。1962 年，中国天马电影制片厂拍摄了中国第一部 3D 电影《魔术师的奇遇》。1985 年，世界第一部 3D 动画长片《魔晶战士》上映。2005 年，迪士尼动画片《鸡仔总动员》采用新型的投影技术，消除了观众在看 3D 影片时容易产生的视觉疲劳。

全息摄影

全息摄影发展到现在，在信号记录、计算机存储、生物学与医学研究、军事技术等领域均得到了广泛的应用。

全息摄影是一种新型的摄影技术，普通摄影记录的只是物体面上的光强分布，不包括物体反射光的位相信息，因此得到的图像缺乏立体感，但全息摄影却将与物体有关的全部信息都记录了下来。

在进行全息摄影时，要用到两束激光，其中一束直接射向感光底片，另外一束在经被摄物反射后再射向感光底片，与前一束光在感光底片上交叠在一起。因为两束光的强度和位相关系均有所区别，所以全息摄影便将物体的反光强度与位相信息完整地记录了下来。这样拍摄出来的照片便形成了与被摄物一模一样的三维立体图像。

1947 年，英国物理学家丹尼斯·加博尔首次发现了全息摄影的原理。不过，由于当时激光尚未出现，全息摄影很难付诸实践。1960 年，全世界第一台激光器问世。此后，全息摄影迅速发展起来。

数码相机的发展

　　数码相机，又称数字式相机，英文简称为 DC，是一种利用电子传感器将光学影像转换成电子数据的照相机。

　　1951 年，宾·克罗司比实验室发明了录像机，这种新式的机器可以将电视转播中的电流脉冲记录到磁带上。1956 年，录像机投入生产链中，并被人们广泛使用。一种新型的电子成像技术随之产生。进入 20 世纪 60 年代，由于宇宙中存在着大量辐射，美国宇航局只能接收来自太空探测器的微弱信号。像这样的模拟信号，科学家们没有办法将其转化成清晰的图像。1970 年，美国贝尔实验室发明的 CCD 图像传感器有效地解决了这一问题。这种特殊的图像传感器就是数码相机的雏形。冷战时期，美、苏两个超级大国在军事科技领域展开了激烈的竞争。这一时期，数码图像技术得到迅猛发展。1974 年，柯达实验室电子研究中心工程师赛尚主持"手持电子照相机"的发明实验。1975 年，第一台原型机诞生。这台特殊的 CCD 传感器成功获取了一张黑白图像，并将其记录在盒式音频磁带上。随之，世界上第一张数码照片产生了。从 20 世纪 70 年代末到 80 年代初，柯达实验室产生了 1000 多项与数码相机有关的专利。1989 年，柯达推出了第一台商品化数码相机。1991 年，东芝公司推出 40 万像素的数码相机。1998 年，富士胶片公司推出首款 150 万像素的数码相机，佳能与柯达公司合作开发了第一款装有 LCD 监视器的数码单反相机。1999 年，100 多种 200 万像素的轻便型数码相机进入世界各地市场。

世界科技名人

　　生物进化论被恩格斯誉为 19 世纪自然科学的三大发现之一。

　　阿基米德因发现了阿基米德定律，即物体在液体中所受到的浮力大小等于该物体排开的液体的重力，被后人称为"力学之父"。另外，他还发现了杠杆原理，并用几何方法对很多杠杆命题加以证明。而他在数学方面最主要的成就就是找出了几何体的表面积和体积的计算方法。

　　张衡制造了全世界最早的天文仪器浑天仪，以及探测地震的仪器地动仪，并首次解释了月食的真正成因，为中国乃至全世界的天文学发展作出了突出贡献。

祖冲之是世界上第一个将圆周率的计算推到小数点后 7 位的数学家，另外他还首次推导出了球的体积计算公式，并对当时中国的历法进行了改进。

哥白尼创立了日心说，将天文学发展为一门独立的学科，并完成了传世巨著《天球运行论》，拉开了当代天文学，同时也是现代科学的序幕。

伽利略公开支持哥白尼的日心说，并对其进行了论证。他还改进了望远镜，并将其引入天文观测中，以至于当时流传着这样一句话："哥伦布发现了新大陆，伽利略发现了新宇宙。"除此之外，伽利略还为牛顿理论体系的建立奠定了基础。

牛顿可说是人类历史上最伟大、最具影响力的科学家，他在自己的著作《自然哲学的数学原理》中用数学的方法阐明了万有引力定律和三大运动定律。另外，他还发现了光的色散原理，并发明了反射式望远镜。在微积分的发明过程中，牛顿发挥的作用同样不可小觑。

达尔文最大的成就是写成了《物种起源》，创立了生物进化论。

居里夫人一生致力于研究放射性现象，发现了镭和钋两种天然放射性元素，被人们称为"镭的母亲"。1903 年和 1911 年，居里夫人先后两次荣获诺贝尔奖。

爱因斯坦创立了相对论和质能方程，并解释了光电效应，推动了量子力学的发展，为现代物理学奠定了基础。1921 年，爱因斯坦荣获诺贝尔物理学奖。

斯蒂芬·霍金曾与彭罗斯共同证明了奇性定理，还独立证明了黑洞的面积定理。他是当代最重要的广义相对论和宇宙论家，被世人誉为继爱因斯坦之后世界上最杰出的理论物理学家。

电子计算机的产生与发展

2008 年，云计算成为了一个流行概念，计算机的云计算时代就此拉开了帷幕。

电子计算机是一种能够按照程序自动、高速处理海量数据的现代化智能电子设备。电子计算机的产生与发展是 20 世纪人类最重要的科技成就之一。

世界上第一台电子计算机诞生于 1946 年，是由美国宾夕法尼亚大学的"莫尔小组"研制而成的。这台名为 ENIAC 的计算机体型庞大，占地总面积达到了 170 平方米，总重量更是高达 30 吨。它每秒钟可以执行 5000 次加法或 400 次乘法运算，速度是人工运算的 20 万倍。

1956 年，新型的晶体管电子计算机问世，这种计算机的运算速度获得了很大的提升，体积也缩小了很多，只要几个大柜子就足以装下它了。

1958 年，集成电路计算机问世，这种计算机的体积更小，速度更快，还出现了操作系统，可以同时运行多种程序。

从计算机诞生一直到大规模集成电路计算机问世，这便是计算机发展的第一

个阶段——大型主机阶段。在此期间，计算机技术日臻成熟。

从20世纪60年代开始，计算机的发展就进入了小型计算机阶段，原本庞大的主机被缩小，高昂的造价随之降低。这段时期，一些中小企业也开始使用计算机。

20世纪70至80年代是微型计算机阶段，经过二度缩小的计算机开始走向普通家庭，个人计算机市场逐渐扩大。

1964年，IBM和美国航空公司联合建立起全球第一个联机订票系统，计算机从此进入了服务器阶段。

1969年，互联网在美国出现，这标志着计算机进入了互联网阶段。

计算机语言之父——尼盖德

2002年8月10日，尼盖德辞世。

克里斯汀·尼盖德是奥斯陆大学的教授，因发展了计算机编程语言而被誉为"计算机语言之父"。

1926年，克里斯汀·尼盖德生于奥斯陆。1956年，他毕业于奥斯陆大学，并拿到了数学硕士学位。从那以后，他将毕生精力用于计算机计算和编程的研究中。1961到1967年，尼盖德在挪威计算机中心从事编程语言的开发工作。

2001年，尼盖德和同事奥尔·约安·达尔共同获得计算机协会颁发的图灵奖。获奖理由是：java、c++等编程语言将被广泛用于个人电脑、家庭娱乐装置中，而他们的工作为这两种语言的普及打下了良好的基础，"他们的工作使软件系统的设计和编程发生了基本改变，可循环使用的、可靠的、可升级的软件也因此得以面世"。

此外，尼盖德还发展了 simula 编程语言，为 ms－dos 和因特网的使用奠定了基础。他对计算机语言发展趋势的深刻认识、他对计算机业作出的卓越贡献，为他赢得了极高的国际声誉。

CPU

CPU 与内部储存器、输入/输出设备构成计算机的三大核心部件，由此可见它的重要性。

CPU，Central Processing Unit 的简称，又称中央处理器，是指一台计算机的运算和控制核心。CPU 由运算逻辑部件、控制器部件、寄存器部件等构成，其工作原理可以分为提取、解码、执行和写回四个阶段。

运算逻辑部件执行多种任务。系统中的定点或浮点的算术运算操作、移位操作和逻辑操作都是它的主要任务。此外，它还承担地址的运算与转换。控制器部件负责发出执行各种操作的控制信号。它的结构有两种：一是以微存储为核心的微程序控制方式，一是以逻辑硬布线结构为主的控制方式。微存储保持微码，每一个微码对应于一个最基本的操作。中央处理器将指令译码后，按照一定的节拍执行这些由微码组成的微操作，这样顺利完成一条指令的执行。逻辑硬布线控制器是由随机逻辑组成的。当中央处理器将指令译码后，通过不同的逻辑门组合，逻辑硬布线控制器发出不同序列的控制时序信号，从而完成每一条指令中的各个操作。寄存器部件包括通用寄存器、专用寄存器和控制寄存器。通用寄存器分为定点数和浮点数两类，其作用是保存指令中的寄存器操作数和操作结果。当需要执行特殊操作的时候，专用寄存器就是所需要的寄存器。控制寄存器的作用是保持某些指针，或者指示机器执行的状态。它有处理状态寄存器、特权状态寄存器、条件码寄存器、处理异常事故寄存器和检错寄存器等。

LCD 的起源

现在，LCD 已经步入千家万户，成了很多人每天都要接触的对象之一。

LCD 是 Liquid Crystal Display 即液晶显示器的简称。与传统的 CRT 显示器相比，LCD具备机身薄、体积小、低耗电、完全不发热、低辐射、画面柔和等优点，并因此得到了广泛的普及。

LCD最早诞生于20世纪，但是奥地利科学家早在19世纪末期就发现了液晶。液晶就是一种兼具液体的流动性与晶体的排列性的物质，也就是液态的晶体。液晶的分子排列会因电场的作用发生变化，使液晶本身的化学性质受到影响，这便是电光效应。20世纪，英国科学家根据电光效应发明了全世界第一块LCD显示器。

1973年，LCD第一次被应用于电子设备中。此后，LCD开始创造商业价值。

几代人的杰作——钟表

随着人类生活节奏的加快，目前钟表已成为人们工作生活中不可缺少的东西。

现在钟表世界五彩纷呈，机械表、电子表、石英表在生活中随处可见。然而，是谁发明了现代钟表呢？

人类早期的计时器有圭、日晷、漏和火闹钟等，这些都是以天文现象和流动物质（如水、流沙等）的连续运动来计时的。我国东汉时期张衡制造的水运浑天仪和宋代苏颂设计制造的水运仪象台，可以说是机械钟的祖先。

现代精确而便于携带的钟表，是几代人共同完成的杰作。第一台结构简单的机械打点的塔钟，是1350年由意大利人丹蒂制造的。它的发明，对以后机械钟表的研制奠定了基础。1500—1510年，德国的亨莱恩首先用钢发条代替重锤，创造了冕状轮擒纵机构的小型机械钟，将钟表的研究推进了一步。1657年，荷兰人惠更斯把重力摆应用于机械钟上，发明了摆钟。1660年，英国的胡克发明游丝，并用后退式擒纵式机构代替了冕状轮擒纵机构。1675年，英国的克莱门特制成了最简单的锚式擒纵机构，这种机构一直在简单摆钟式挂钟内沿用。现代叉瓦式擒纵机构是1765年由英国人马奇发明的。1775～1780年，英国人阿诺德又创造出更精密的擒纵机构，从而使钟表的精确度和稳定性都有很大提高。

纵览全球的地球仪

小小一个地球仪，上面绘满了山川河流、国家城市、海洋陆地、交通航线等，把五彩缤纷的世界呈现在人们眼前。因此，手拿一个地球仪，便可以纵览全球，"周游世界"。可是，你知道世界上第一个地球仪是谁发明的吗？

公元 14、15 世纪，人类开始重视地理研究，认识世界、了解世界成为当时人们最关心的事情。随着探险活动的开展，人类的足迹越走越远，所到过的地方越来越多，而更多的未知的世界还在等待人们去认识，去探索。人们对地理、天文、航海等方面的研究越来越深入，对地图的需求也就十分迫切。15 世纪早期，中国的郑和 7 次远航，绘制了《郑和航海图》。1459 年，威尼斯僧人毛罗·弗拉编制了第一张世界地图。德国航海家、地理学家贝海姆是第一个用黄铜星盘替代早先用的木质星盘的人，他还用星盘来测定日、月、星辰的高度，以此推算时间和纬度。1490 年，在画家格洛肯东协助下，他开始设计地球仪，1492 年制作成功，这是世界上已知的最早的地球仪。由于这是最早的地球仪，因此它对几内亚海岸绘制得并不正确，亚洲东岸也放在了美洲东岸的位置上。虽然这个地球仪错误很多，远远称不上精确，但它为人们提供了许多有益的设想，对制图与推动世界航海事业的发展起了重要的作用。

科学研究的重要工具——显微镜

一个小男孩正在好奇地摆弄着一大堆镜片。他拿起这块照照，又拿起那片看看，还把两片镜片重叠起来看呀看的。要知道，他的父亲是个眼镜制造商，当然有很多很多的眼镜片够他玩的。

一天，他把两片大小不同的凸透镜重叠在一起观察物体。当两个透镜片移动到一定距离时，他发现，原来很小的物体，突然变大了许多倍。他把这一发现告诉了父亲，引起了父亲的注意。在父亲的帮助下，他把这两块透镜固定在直径不同的两个用铁制成的圆筒上，并使小圆筒能在大圆筒内自由滑动，用以调整两个透镜间的距离。于是，第一台显微镜就这样诞生了。

这个小孩就是荷兰光学家詹森，当时的时间是 1590 年。

现在米德尔堡科学协会仍然保存着这样一架显微镜。它由一个双凸透镜和一个双凹透镜组成。前者为物镜，后者为目镜。镜筒大约长 7 厘米，直径约 0.8 厘米，放大率还不到 10 倍。它虽然原始简陋，却帮助人们看到了另外一个世界。

首先利用显微镜作出重大科学发现的是荷兰生物学家列文虎克。他借助显微镜第一个发现了细菌，同时还发现了红血球、滴虫，并描述了动物的精子，对微生物学的发展作出了重大贡献，也使显微镜真正进入了科学的殿堂，成为科学研究的重要工具。

"千里眼"的实现——望远镜的发明

在中国古代神话中,有"千里眼"、"顺风耳"的故事。然而它毕竟只是人们的想象。随着望远镜的发明,使"千里眼"的神话变成了现实。

望远镜是 1608 年由意大利斯兰米德尔堡的眼镜商汉斯·李波尔赛发明的。有一天,李波尔赛坐在商店的柜台前,发现商店前有两个小孩,手中拿着几块凹凸镜,在观看教堂上的风标,好象发现了什么,十分高兴。于是他走出商店,也拿起两片凹凸镜,学着小孩的样子观看起来。他突然发现,教堂上的风标被放大了许多。这时,李波尔赛十分兴奋,他立即跑回商店,把两块凹凸镜装在一个筒子上,世界上第一架望远镜就这样奇迹般地诞生了。

1609 年 5 月,正在威尼斯的意大利科学巨匠伽利略得知了这一消息,他深知这一发明的重要意义,便立即动手,在一天之内就制成了一架能放大 3 倍的望远镜。他又继续努力,在年底前又制造出了一架口径为 4.4 厘米,长 1.2 米,能放大 33 倍的望远镜,这就是世界上第一架天文望远镜。伽利略就是利用这架望远镜,观测到了许多天文现象。后来,经过开普勒、牛顿、赫歇尔、马克苏托夫以及雷伯等几代科学家的努力,反射望远镜、折射望远镜、射电望远镜等相继问世,使人们的目光延伸到了宇宙。

蒸汽机的发明

200 多年前,一项伟大的发明曾引起了 18 世纪的伟大革命,这就是蒸汽机的发明。

蒸汽机是把蒸汽的能量转化为机械动力的机械。早在 2000 多年以前,希腊人赫伦就曾制造过一个以水蒸汽为动力推动小球转动的装置,但没有什么实用价值。1696 年,英国科学家萨弗里研制成世界上第一台实用的蒸汽提水机。他将一个蛋形容器充满蒸汽,然后关闭进汽阀,在容器外喷淋冷水使容器内的蒸力冷凝形成真空,然后打开进水阀,井底的水受大气压力作用经进水管吸入容器中。此时关闭进水阀,重开进汽阀,靠蒸汽的压力将容器中的水经排水阀压出。这样反复循环,可连续排水。

萨弗里的蒸汽机奏响了现代工业革命的先声,但也存在着不安全、功率小、吸水深度不超过 6 米等缺点。英国技师纽科门和他的助手考利对萨弗里的蒸汽机进行了重大改造,于 1705 年发明了大气式蒸汽机。

在蒸汽机的发明史上,占有重要位置的是英国仪器修理工瓦特。他于 1765

年开始对钮科门的大气式蒸汽机进行改造，于 1769 年取得了发明单动式蒸汽机的专利权。他继续试验研究，1781 年又完成了双动式蒸汽机的发明，成为公认的蒸汽机的发明者。

蒸汽机的出现推动了机械工业甚至全社会的发展，并为汽轮机和内燃机的发展奠定了基础。

听诊器的发明

世界上第一次名符其实的听诊方法，是由法国医生雷奈克创造的。在此之前，医生要检查病人的心脏只有把耳朵靠近病人的胸部去听，使许多妇女对此感到很羞怯。

1816 年的一天，雷奈克在为一位患心瘤的妇女检查心脏时，由于病人太胖，无法听到心跳声。他灵机一动，突然想起声音经过空中管道时会增大，便用一张纸卷成管状，一端放在病人心脏部位，然后倾听纸管的另一端。他听到了比过去听过的要明显得多的心跳声，他为自己的发明感到非常喜悦。为了更方便地使用这种方法诊断病情，他自制了一个木质的听诊器。在多次试验的基础上，发现最适合做听诊器的材料是各种轻质木材或藤。从此以后，听诊器便成了诊断心肺部等疾病的一种重要工具。

1819 年雷奈克出版了自己的专著《间接听诊法》。在书里，他详细地记述了诊断时水泡音与轻罗音——经由听诊器所得的心与肺的声音的详况。他还仔细地将各种诊音分类，并以临床观察和解剖为根据，对各种声音做了解释。雷奈克的听诊器后来经过奥地利人斯科达的改进，变成了更为方便适用的双耳听诊器，现在已经普遍应用于世界各地，成为内科医生行医最重要的工具之一。它的发明，对帮助诊治内科疾病，尤其是心脏病、肺病等一直在发挥着很重要的作用。

照相机的发明

照相机是一种光学仪器。它的发明，也经过了几代人的努力。

早在公元前 400 年，我国古代学者墨子在其《墨经》中就有针孔成像的记载。13 世纪，在欧洲出现了利用针孔成像原理制成的暗箱。人们可以在暗箱里观看映像或描画景物。1550 年，意大利的卡尔达诺将双凸透镜装在了原来针孔的位置上。1558 年，意大利的巴尔巴罗又在卡尔达诺装置上加上光圈，使成像清晰度大为提高。1665 年，德国的约翰章制作了一种小型可携带的单镜头反光映像暗箱。但当时没有感光材料，这种暗箱只能用于绘画。

1822年夏天，法国化学家、物理学家涅普斯在自家的庭院里，拍摄了世界上第一张照片。这种照片需要曝光8个小时，晒在约3×2.8厘米的涂有感光沥青的锡基底板上。1839年，法国人达盖尔制成了第一台照相机。它由两个木箱组成，把一个木箱插入另一个木箱进行调焦，用镜头盖作为快门来控制长达30分钟的曝光时间，拍摄出了非常清晰的图像。

电话的发明

电话的发明距今只有120年的时间。它的发明人是美国发明家贝尔。贝尔1847年出生于英国，23岁时移居美国。他继承了父辈的事业，从事聋哑人教育和聋哑语言的研究。1873年的一天，贝尔正在从事一项试验，他想利用人说话时的声波通过空气振动一根簧片，簧片又带动铅笔在纸上划出轻重弯曲不同的线条。可是多次试验都不能如愿，划出的线条乱成一团，毫无规律可循。他愤怒极了，大声地吼叫着。然而他却获得了一个意外的发现——每当他通、断电路时，线圈都会带动簧片发出"嘶嘶"声，而且"嘶嘶"声还会伴随着他的叫喊声发出高低不同的变化。一种灵感闪过他的心头：把说话的声波转化为声波，传送到需要的地方，再还原为声波……于是，他开始了电话机的研究。他从头学习了电磁学和机械学，并专程到华盛顿向物理学大师约瑟夫·亨利请教。1874年，贝尔结识了年轻的电气技术师华生，两个人开始了共同的研究。

1876年3月10日，贝尔和华生各在一个房间里调试着机器，突然一滴硫酸掉在贝尔赤裸的腿上，贝尔惊呼："华生，快来呀，帮帮我！"然而他们没有想到，这竟是有史以来通过电话传递的第一个信息。

"好！成功了！成功了！"贝尔这边的机器里也准确地传出了华生的声音。从此，电话机正式诞生了。

电灯的发明

美国著名发明家爱迪生，一生完成了2000多项发明，被人们称为发明大王。他的许多项发明，都促进了社会文明的发展，其中电灯的发明，更为世界带来了光明。

1879年，爱迪生决心研制一种既简便又价廉的电灯供大家使用。他看到，电流把耐热材料烧到白热化的程度可以发出明亮而不刺眼的光束，便决定把主攻的方向对准白炽灯。通过实验研究，他取得了一些进展，可唯一的不是就是作为灯丝的那一节材料不好找，因为这段材料必须有很高的熔点，才能既白炽化又不会被烧断。他试用了 1600 多种不同的耐热材料和 6000 种植物纤维，结果都不理想。后来他在实验中发现，真空对白炽灯的寿命极为重要。便把棒状、管状的灯管改进成玻璃球状物，把各种耐热材料放进玻璃球内，再用抽气机把球内抽成真空，接通电流，选择其中成绩最好的，谁知成绩最佳的是价格昂贵的白金丝，但其寿命也只有一两个小时。他不灰心，继续试验。有一次，他偶然发现，被炭化了的棉纱在经过严格地抽气处理后，能发挥出高于白金 1 倍的高熔点的优越性。又几经试验，1879 年 10 月 21 日，他试制的棉纱灯足足亮了 45 个小时，棉纱丝电灯终于诞生了。成功并没有使爱迪生停步，他继续寻找比棉纱更坚固耐久的材料。1880 年，他制成了炭化竹丝电灯，使用寿命高达 1200 小时。

今天使用的钨丝灯，是 1904 年奥地利人亚历山大·尤斯特和弗兰兹·哈那曼发明的。钨丝灯比竹丝灯强 3 倍，是在白炽灯的基础上改进的成功之作。

商业经济

商 业

中国最早的商品标记——幌子

幌子在中国具有悠久的历史，是中国古老的商品标识，具有很强的实用价值和审美价值。

幌子是中国古代店铺表明所卖商品，从而吸引顾客的形象性的标识。

中国古代的店铺没有橱窗，店铺老板会在门前悬挂或者摆放招牌，以便让别人知道店铺里卖的是什么。不过，古代社会大部分百姓都不认识字，为了让顾客更加方便判断店铺所经营的商品，店铺老板就会把象征商品的形象化标识挂在店铺门前，这就是幌子。

幌子大约有几种类型：

一、直接用实物做幌子，把店铺经营的物品挂在店铺门口，使顾客一目了然。有的店铺经营的商品实物太大，就以实物的一部分当幌子。

二、用实物模型做幌子。很多店铺经营的商品非常小，悬挂实物根本无法引起顾客的注意。为了招揽顾客，店铺老板就会做一个实物的模型挂在店铺外。

三、用灯具做幌子。这种方式在夜市里经常使用。

四、用含有暗示作用的物品做幌子。这种暗示性的物品必须具有鲜明的特征，能够使顾客看到幌子后可以立即想到店铺所卖的商品。

五、用商品的附属物做幌子。有些时候，店铺里的商品无法挂出来，店铺的老板只好用与商品密切相关的物品来做幌子。

除此之外，还有以白旗或者文字牌匾做幌子的。

商人的由来

商人是中国人对做买卖的人的称呼。

据《诗经商颂》记载："天命玄鸟，降而生商。"意思是说，帝喾的妃子简狄，因为吃了玄鸟而生下阏伯，阏伯就是商部落的始祖。商部落随着农牧业的发展而不断壮大，他们生产的东西除了日常所用之外，还有了富余。阏伯的六世孙王亥发明了牛车，他把多余的货物装在牛车上，赶着牛羊，到其他部落去换取他们需要的物品。其他部落的人便把商部落的人称为商人，这个称呼也就一直沿用下来。

不同国家商人的习俗

不同的国家,商人有不同的习俗。

在生意场上,当与不同国家的商人做生意时,一定要知道对方的习俗,并予以尊重,这样才能够顺畅地沟通,取得成功。

在欧洲,瑞士商人和德国商人到别人家里做客或看望朋友时,都会送上鲜花。瑞士商人会送一两束,但不会送三束,因为三束鲜花是送给情人的。德国商人不会送红玫瑰,因为红玫瑰同样是送给情人的。希腊商人喝酒时不能一口气把杯子里的酒喝干或者剩下多过半杯酒,那样做会被看作不尊重对方。在挪威,如果客人对主人的招待感到满意,就应该在第二天送给主人一份礼物以示感谢。西班牙商人在饭店吃饭时,经常会吹口哨来招呼服务员,这种做法是无可厚非的。

澳大利亚商人喜欢在小酒馆里谈生意,不过在吃饭之前,他们会讲清楚如何支付饭钱。

如果与东南亚国家的商人谈生意,切忌跷起二郎腿,将鞋底面向对方,因为他们十分反感这种做法。

南美国家的商人在谈判时喜欢穿深色的衣服,并且会准时赴约。对当地的政治问题,他们避而不谈。

总之,不同国家和地区的商人都有各自的习俗,在与他们交往之前,一定要对他们的习俗有所了解。

商　标

商标是现代经济的产物,主要由文字、数字、字母、图形、三维标志等组合而成。

商标是一种显著的标志,能够让消费者分清某些商品或服务是哪个企业生产或提供的。

古代的工匠们在制作艺术品或者实用物品时,都会印上他的签字或者"标记"。随着时代的发展,这些签字或者"标记"就逐渐演变成了现在的商标。

商标必须向工商管理部门注册,才能够正式生效。注册成功后,就表明注册人可以享受标明商品或服务的专用权,他也可以把商标的使用权转让给别人,以获得回报。经过正式注册的商标会受到法律保护,这既保障了商标注册人的利益,也可以防范一些使用不正当方式竞争的企业或个人,使用相似的商标来销售假冒伪劣产品。

一般来说,商标具有以下六个特征:一、商标只能在商品或服务上使用,不能与商品或服务分离；二、商标由文字、字母、数字、图形、三维标志和颜色混合组合；三、商标应具备显著的特征，有利于消费者辨认；四、商标是具有价值的无形资产；五、商标具有独占性；六、商标是商品或者服务参与市场竞争的工具。

雪崩效应

雪崩效应通常被应用在技术和商业领域。

雪崩效应是指一个很小的信息变化，在传递过程中被逐渐放大，最终导致发生很大变化的现象。这个名词的来源是高山上的雪崩，在积雪很厚的山顶上，虽然表面上没什么问题，但是有时一个小小的举动，也许会引发积雪层发生断裂，从而导致大规模雪崩的爆发。

在加密算法中，明文或者密钥的少量改变，有可能会引起密文的大量改变。在太阳能电池技术中，也有雪崩效应。在一些半导体纳米材料中，一个光子可以激发出两个到三个电子，即所谓的雪崩效应。这种材料可以大大提高光电转换的效率，加速了太阳能电池的发展。

在商业中，当人们把一些产业的结构打破，重新进行组合时，可能就会引起连锁反应，促使整个产业体系发生巨大变化，从而让整个体系崩溃甚至消失。这也被称为雪崩效应。

闲话夜市

夜市就是夜间从事商业活动的市场。

在中国盛唐时期，夜市就已经出现了。王建的诗《夜看扬州市》，就特意提到了夜市："夜市千灯照碧云，高楼红袖客纷纷。"宋朝的商业比唐朝更发达，那时候杭州和开封都是有名的商业城市。南宋时，杭州成为都城，并改名为临安。那里拥有上百万人口，商业非常发达，街上有很多店铺，早市和夜市都非常热闹。

到了现代，夜市更为常见。在中国的很多城市，夜市已经成为百姓生活文化的重要代表之一。夜市上的商品种类繁多，既有衣服、食物、杂货、电器零件，也有快餐或者小吃。

夜市可以分为观光夜市、商圈夜市、流动夜市等多种类型。观光夜市是地方政府为了吸引游客，经过详细地规划设计而兴建的夜市。商圈夜市是在商业圈里承租店面，或者利用自家的地方卖东西而形成的夜市。流动夜市是商贩在特定的日期，利用市区的空地，或者在市郊经营而形成的夜市。

跳蚤市场的起源

跳蚤市场是欧美等西方国家对旧货地摊市场的别称，它的起源可以追溯到19世纪80年代。

据说，1884年，巴黎政府发现市区内堆放着大量废弃物，破坏了市容整洁，就命令大量以捡破烂为生的贫民把市区里的废弃物搬到市区外。那些贫民看到废弃物里有些东西还能够使用，就自发地把能使用的物品捡出来，之后再卖给需要的人。他们把捡到的东西后集中起来卖，因此很快就形成了一个固定的集市。这个集市就被称为跳蚤市场。有人说，之所以把它称为跳蚤市场，是因为市场里面的人像跳蚤那样多。还有人说，这个市场上卖的东西已经被使用过，上面有很多跳蚤，因此把这个市场称为跳蚤市场。

"薪水"的历史起源

其实，"薪水"这个词早在中国古代就已经出现了，不过，它的意思是"打柴汲水"。

中国人现在经常用"薪水"来称呼工资。

在魏晋南北朝时期，"薪水"这个词除了它的本义"打柴汲水"外，也逐渐发展成日常花销的意思。据《南史·陶潜传》记载：陶渊明看到他儿子无法供给日常开销，就送给他一个仆人，帮助他打柴汲水。

从唐朝开始，朝廷开始用货币的形式支付官员的俸禄，并称之为"月钱"、"月给"、"月薪"等。到了明代，朝廷将官员的俸禄改为"柴薪银"，意为帮助官员解决日常花销。现代人每个月领取工资，这与古代官员的"月薪"、"月钱"十分相似，因此便称工资为"薪水"。

小费的由来

小费的由来，最早可追溯到18世纪的英国。

小费是客人为了感谢服务人员而给予他们的报酬，多出现在服务行业中。

相传18世纪时，伦敦一家餐厅的老板，把一个写着"保证迅速服务"的碗放在餐桌上。如果客人掏出硬币或者小额钞票放到碗里，就能得到周到而快速的服务。人们认为这就是小费的起源。

随着时代的发展，给服务员小费这种行为流传到了世界各地。有些时候，如果不给服务人员小费，不但无法获得周到的服务，还被遭到白眼，甚至受到侮辱。

大约在 100 年前，西方一些人认为，给小费是一种不良风气，为此，他们号召人们不要继续这样做。可是，很多服务人员就是靠小费生活的，客人也都知道这种情况，所以他们仍然继续这样做，今天已经成为西方服务业的重要组成之一。

青年旅馆的由来

青年旅馆具有"安全、经济、卫生、隐私、环保"的特点，受到了大量年轻人的喜爱。

德国教师理查德·斯尔曼经常带领学生骑自行车、步行到乡间漫步。他一向主张所有的学生都应该走出校门，去见识一下外面的世界。一次，他又带领着学生外出旅行。让他始料不及的是，大雨不期而至。为了避雨，他们躲到了一个乡间学校里，后来又在那里度过了一整夜。

理查德·斯尔曼整夜都没有睡觉，他想来想去，觉得应该建立一个专门的旅馆，为青年人提供住宿。此后，他找到相关部门，不厌其烦地讲述修建青年旅馆的好处。经过不懈的努力，他终于获得了成功。

1912 年，世界上第一个青年旅馆问世了。一年后，青年旅馆的数量有了大幅度提升，达到了 83 家，床位达到了 2.1 万个。

1932 年，国际青年旅舍联盟成立，世界青年旅舍的总量达到了 4000 多家，床位达到了 3500 万个，国际会员超过 400 万人。

陶瓷之路

唐宋时期，中国出口的陶瓷品种有唐三彩、越窑青瓷、橄榄釉青瓷、邢窑白瓷、长沙窑彩绘瓷等。

陶瓷是陶器和瓷器的总称。中国早在原始社会的新石器时代就发明了陶器。随着生产力的提高，陶器的质量也有了很大提高。到了战国时期，工匠已经在陶器上雕刻花鸟和纹饰了。这一时期，铅釉得到了运用，它使得陶器表面更加光滑，同时也具有了一定的光泽。汉代时，陶器上釉已经非常普遍了。

从公元 8 世纪开始，中国的陶瓷开始出口国外。到了宋朝，陶瓷出口进入到鼎盛时期。这是中国陶瓷出口的第一个阶段。这一阶段，中国的陶瓷出口到了东非的坦桑尼亚、肯尼亚；南亚的印度、巴基斯坦和斯里兰卡；东南亚的菲律宾、印度尼西亚、马来西亚、泰国和新加坡；东北亚的日本和朝鲜。

这一阶段，陶瓷出口主要依靠海上交通。交通路线共有两条：一、由广州出发前往东南亚各国，或者出马六甲海峡，进入印度洋到波斯湾；二、从明州（今宁波）或扬州、泉州出发，经过朝鲜到达日本，或者直抵日本。

中国陶瓷出口的第二个阶段是宋元时期到明朝初年。这一阶段，出口的国家地区为西亚和南亚的大部分国家，东南亚、东北亚的所有国家，非洲东海岸各国及内陆的津巴布韦；出口的陶瓷主要品种有耀州窑瓷、定窑瓷、磁州窑瓷、吉州窑瓷、建窑黑瓷、浙江金华铁店窑仿钧釉瓷、景德镇青白瓷、龙泉青瓷、釉下黑彩瓷、青花瓷及福建、两广一带生产的青瓷。

这一阶段的航线主要有到东南亚、东北亚各国的航线，以及通向波斯湾等地的印度洋航线。

中国陶瓷出口的第三个阶段是明朝中晚期到清初的200多年，这也是中国陶瓷出口的黄金时期。这个阶段，陶瓷出口量非常大，最多时每年可以出口数百万件。出口的国家主要有日本、朝鲜、东南亚及欧美各国，出口的陶瓷主要为安溪青花瓷、广东石湾瓷、福建德化的青花瓷和白瓷、景德镇的彩瓷和青花瓷。

这个阶段的航线主要有两条：一是从厦门、福建漳州等地到菲律宾的马尼拉，之后横跨太平洋到达墨西哥的阿卡普尔科港，再从墨西哥城沿陆路抵达大西洋岸港口韦腊克鲁斯港，最后乘船到达欧美各国；一是从广东、福建沿海港口西到达非洲，绕过好望角后沿着非洲西海岸到达西欧。

香槟集市

香槟集市是12世纪至14世纪欧洲著名的国际贸易集市。

12世纪初期，西欧出现了很多大小不一的集市。在这些集市中，最大的当属香槟集市。香槟集市的出现，与香槟伯爵有着密切的关联。

香槟伯爵是法国加洛林王朝时的一个贵族，他的领地位于连接西班牙与德意志的两条交通要道的交叉点上，紧挨着罗退林几亚、佛兰德、德意志等地。得天独厚的地理位置使得这里成为了著名的商业中心，既有从佛兰德运来的呢绒，从英国运来的羊毛，也有从低地国家和斯堪的纳维亚运来的其他货物。

香槟伯爵本人也为香槟集市的繁荣作出了很大贡献。他在领地内的四个城市轮流举行六个集市，每个集市至少持续六周时间。一个地方的集市结束后，为了方便商人运转货物，他还规定下一个集市在要一两周后举行。香槟集市的组织工作也做得非常到位，专门设立了集市法庭来解决各类纠纷。

香槟集市在13世纪后半叶进入全盛期，它极大地促进了西欧商品货币经济的发展。进入14世纪后，香槟集市开始走向衰落。这是因为：首先，香槟伯爵的领地受到了法国国王腓力四世的控制，法国国王强制推行财政措施，向商人征收高额赋税，使得商人们无利可图。其次，1337年，英法百年战争爆发，香槟伯爵的领地受到了战争的影响，无法保障商人们的安全。再次，随着从意大利到北欧的海上商路的开通，陆路商运逐渐被取代。此外，随着生产力与商业的发展，商业交易的形式发生了改变，在集市上交易的方式受到了其他交易方式的冲击。

超市的发展

超市最早出现在美国的纽约。

超市是超级市场的简称，指以顾客自选方式经营的大型的综合性零售商场。

1930年，美国的经济非常萧条，迈克尔·库仑根据他多年的食品销售经验，开设了金库仑联合商店。它就是世界上第一家超市。当时美国商店的毛利达到25%～40%，而金库仑联合商店的毛利只有9%。迈克尔·库仑知道，只有大量进货才能够保证商品以低廉的价格出售，为此，他以连锁的方式，在很多地方开设分店，从而大大降低了商品进货价格。

金库仑联合商店是世界上第一家采用自助式销售的商店，并受到了广泛认可。此后，大量商店采用这种方式销售，超级市场便如雨后春笋般出现。20世纪五六十年代后，超级市场在世界范围内得到了迅速发展，经营的范围也从各种食品扩大到家用电器、服装、家具、玩具、家庭日用品等。

1978年，北京市海滨区一家超级市场正式开始营业，它是中国第一家超级市场。由于受到消费观念的影响，当时在超级市场买东西的几乎全是外国人。现在，中国已经完全接受了这种消费方式，超级市场也已经遍布中国的大街小巷。

手工业行会的出现

成立行会是为了排除同行竞争。

中世纪的欧洲，城市手工业者生存较艰难，上有封建领主的勒索，下有同行间的竞争。为巩固力量、提高地位，他们决定联合起来，组成行会。

手工业行会会员多为城中的手工业匠师。匠师有自己的作坊、生产工具，帮工和学徒，是个小生产者。帮工的地位在匠师以下，要积累两到三年的工作经验才可升为匠师。成为匠师后，他们才能成立自己的作坊，加入行会。学徒地位又在帮工之下，要经三到五年的学徒期才能成为帮工。匠师本人既是劳动者又是剥

削者,对帮工与学徒都有不同程度的剥削。行会领导机构由会员选举。

为实现匠师间的权益均等,行会制定了很多章程,如控制原料供应,控制产品数量、质量和价格,控制匠师、帮工和学徒的人数等。对于行会来说,排除竞争的目的是实现行业垄断。为取得垄断地位,行会另设规章:城中行会所属行业匠师必须入会;行业技术、产品价格均由行会掌控;依附政治,以保障自身利益。

手工业行会成立初期,对城市手工业的发展起到了一定的推动和保护作用。然而发展到后期,制度中出现些许不公,造成了很多内外矛盾。从16世纪开始,欧洲各国的行会制度先后解体。

西欧重商主义的产生

重商主义反映了资本原始积累时期商业资产阶级的利益。

重商主义,也叫"商业本位",是西欧在资本主义原始积累时期的一种经济理论。

15世纪时,西欧的社会生产力得到了很大发展。到了15世纪末期,西欧的封建主义生产关系逐步瓦解,资本主义生产关系开始出现。土耳其人占领君士坦丁堡后,将西欧国家通向东方的陆路贸易道路封锁起来,这就促进西欧国家寻找新的通商路线和新的市场。

新兴的资产阶级在利益的驱使下,极度渴望去寻找还没有被发现的黄金和土地。在这样的背景下,葡萄牙人和西班牙人发现了美洲新大陆以及通往东方的航线。西欧各国均受到了新大陆和新航线的刺激,开始对外进行殖民活动,开拓了一个世界性的市场。这使得资本主义生产关系在西欧获得了飞速发展。由于商业资本的发展,小商品生产者出现了两极分化的现象,这使得西欧国内市场得以统一,同时也促进了世界市场的形成。

商业资本的发展使得一些国家建立起封建专制的中央集权制。为了满足资产阶级的利益,维护封建统治,这些国家开始运用国家力量来促进商业资本的发展。为此,很多国家都推出了支持商业资本的政策。随着这些政策的出台,从理论上阐述这些经济政策,成为了迫切的需求。在这种前提下,重商主义便产生了。

日本的锁国令

为了巩固幕藩体制,江户幕府产生出了锁国的念头。

自 16 世纪中叶开始，西班牙、葡萄牙、荷兰等西欧强国，纷纷派人去日本传教、从事贸易活动。自从葡萄牙传教士圣方济各·沙勿略来到日本传教后，很多日本人信奉了天主教。江户幕府执政后，开始推行"禁教令"，逼迫日本的天主教信徒改变信仰。

后来，很多天主教信徒因对禁教令不满而爆发了岛原之乱。在第三代将军德川家光的统治时期，日本开始正式推行锁国令。到了江户时代中期，一艘英国轮船伪装成荷兰轮船驶入长崎，逼迫长崎奉行所里的职员为其提供水、食物和柴薪，在得到这些物品后就离开了，这就是有名的"费顿号事件"，长崎奉行松平康英因为这件事而切腹自杀。这使得江户幕府极为气愤，下达了"异国船打退令"，命令日本军人发现外国船只靠近日本本土后立即发动攻击。"费顿号事件"使得江户幕府产生出了完全锁国的想法。

从 1633 年到 1639 年，日本江户幕府先后五次发布了锁国令。

第一次锁国令于 1633 年 2 月发布，全文共有 17 条，主要对日本船只出海进行了限制。1634 年 5 月，江户幕府再度发布锁国令，其内容与第一次完全相同。第二年 5 月，江户幕府再度发布锁国令，严禁所有日本船只出海，严禁身处海外的日本人归国。

1636 年 5 月，江户幕府第四次发布锁国令，其内容与前三次大同小异。1639 年 7 月，江户幕府再度发布锁国令，禁止葡萄牙船只进入日本，只允许荷兰和中国的商船到长崎进行贸易活动。

在此后 200 年里，日本一直推行锁国政策。直到 1853 年，日本政府在美国战舰的逼迫下，才放弃了锁国政策。

买办

"买办"这个词是葡萄牙人的义译，原意指的是采买人员，中文将其翻译成"买办"。

买办是指在 1800 年至 1910 年间，帮助欧美国家与中国进行双边贸易的中国商人，其本质是经纪人。

清朝初年，买办专门指为外商提供服务的中方管事或者采购人员。随着外商在中国的商业活动越来越频繁，他们便专门雇佣一些中国人担任代理人或者中间人，这些代理人或中间人也被称为买办。

在鸦片战争前，广州经营对外贸易的公行为了给外商提供服务，就专门设置了买办。那时的买办主要分为两大类：一类是商馆买办，他们在外商商馆中帮助外商管理现金及总务；一类是商船买办，他们主要负责为停泊在澳门、黄埔水域的外商船只采买食品及物资。

鸦片战争之后，买办的性质发生了巨大的变化。他们为了追求利益，帮助西方国家在政治和经济方面侵略中国。他们除了管理钱财之外，也经常参与商品交易，还经常代表洋行到中国内地进行采买、销售等业务。公行被取消后，买办阶层就成为了中外贸易的中间商。有些买办成为了外国侵略势力的代言人，依靠非法手段富了起来，成为大买办。到了民国时期，为了不让中国人痛恨这些买办，外商把他们称为"华经理"或者"中国经理"。可是，无论称呼怎样改变，那些买办都没有改变外商高级雇员的本质。

世界顶级奢侈品品牌LV

LV（路易·威登）是世界顶级奢侈品品牌，由法国的路易·威登在1854年创立。

路易·威登本来是法国皇后乌婕妮的裁缝。乌婕妮皇后喜欢旅行，她把很多衣服装在旅行箱里，但是，旅行箱总会把她的衣服弄得皱巴巴的。路易·威登发现了这个问题，在离开宫廷后便在巴黎开了一家皮具店，主要经营平顶皮衣箱。此后，他扩大了皮具店规模，用实用的设计理念为上流社会人士提供服务，开创了路易·威登这个世界顶极奢侈品品牌。

在路易·威登树立品牌形象的过程中，经常有人用这个品牌制造假货。为了解决这个问题，路易·威登的儿子乔治·威登在产品上印制了著名的"LV"商标。从此之后，路易·威登这个品牌有了更大的知名度。

路易·威登从问世之初就定位于皇室和贵族市场，经过一个多世纪的发展，路易·威登扩大了经营范围，涉足皮鞋、珠宝、传媒、手表、时装、饰物、箱包等多个领域，在国际时尚行业占据顶端地位。

时尚品牌香奈儿

香奈儿是可可·香奈儿于1913年在巴黎创造的时尚品牌，一直是奢华、高贵的代名词。

1883年，可可·香奈儿出生于法国的索米尔。她自小进入修女学校学习，并在那里学到了很多针线方面的技巧。1910年，香奈儿在巴黎开了一家女帽商店。她发现当时的女士们已经对带有饰边的帽子感到厌烦了，便运用娴熟的针线技巧，制作了很多款式简单，让人百看不厌的帽子。此后，香奈儿扩展了经营领域，开始进军高级服装定制市场。1914年，香奈儿又增开了两家时装店，而享誉世界的时尚品牌香奈儿便就此诞生。

除了时装之外，香奈儿也经营香水。1921年推出的Chanel No 5香水，成为了香奈儿最赚钱的产品。

1971年，可可·香奈儿去世。德国设计师卡尔·拉德菲尔德成为了香奈儿品牌的掌门人。在他的努力下，香奈儿时装受到了越来越多世界各地爱美女士的喜爱。

运动品牌阿迪达斯

阿迪达斯（adidas）是德国著名的运动用品制造商，它的创始人为阿道夫·达斯特。

阿道夫·达斯特是一名运动员，这个身份让他非常了解运动员的需求。此外，他还拥有灵活的头脑和出色的手艺，这也正是他开创阿迪达斯运动用品王国的重要原因。怀着"为运动员设计制作出最合适的运动鞋"的梦想，从1920年开始，达斯特开始设计制作运动鞋。他制作的运动鞋受到了大量运动员的喜爱，一些运动员穿着他的运动鞋在奥运会上取得佳绩，这也使得他的运动鞋受到了广泛的关注。

1948年，达斯特在人们的支持下，创立了阿迪达斯这个运动品牌。凭借多年的制鞋经验，达斯特发现，在鞋的侧面缝上三条线，可以使运动鞋更加符合运动员的脚型。因此，他在制作运动鞋的时候，就在鞋的侧面加上了三条线。从此之后，三道杠就成为了阿迪达斯的商标。

阿迪达斯之所以能够获得成功，与达斯特的大儿子霍斯特·达斯特有着密切的关系。霍斯特是一个行销和大众传播方面的天才。他发现促销活动可以让运动品牌的形象深入人心，于是，当澳大利亚墨尔本举行奥运会时，他亲自去了墨尔本，大力宣传阿迪达斯的品牌形象。此后，他又在世界范围内设立了行销网络。这些措施使得阿迪达斯的名声越来越响亮，人们越来越喜爱这个品牌。

美孚石油公司

艾克森美孚公司共有8.6万名员工，业务范围涉及全球200多个国家和地区，每年销售大约2800万吨石化产品。

19世纪80年代，美国探明的石油储量非常丰富，但是由于受到原始的石油冶炼方法的影响，石油的产量非常低，而且用起来并不安全。约翰·洛克菲勒发现了这个问题,决定出资建立炼油厂,做冶炼石油的生意。他找到了曾与他一起工作过的维修工塞缪尔·安德鲁,并成功地将其说服,于不久后正式建厂冶炼石油。他们冶炼出来的石油质量明显强于其他公司的石油,因此生意非常红火。

在此后的20年里,这个固定资产只有1000美元的小炼油厂竟然发展成了拥有9000万总资产的"美孚石油公司"。

1999年,美孚石油公司和艾克森石油公司合并为艾克森美孚公司。如此一来,这个公司就成为了世界上最大的石油公司,同时也是世界上最大的非政府石油天然气生产商和销售商。

壳牌公司的创立

荷兰皇家壳牌集团是世界主要的石油、天然气、石油化工生产商,也是世界第二大石油公司。

1890年,获得荷兰女王特别授权的荷兰皇家石油公司成立。当时世界上最大的石油公司是美国的标准石油。为了与标准石油竞争,荷兰皇家石油公司于1907年与英国壳牌运输和贸易公司合并为控股制的荷兰皇家壳牌公司。荷兰占有该公司60%的股权,英国占有40%股权。

合并后的壳牌公司设有石油、天然气、煤炭、有色金属、化工产品等14个分部,石油和石化燃料的生产、销售都处于世界领先地位。

现在,荷兰皇家壳牌公司的业务扩展到了全世界145个国家和地区,拥有12万员工,天然气和石油的产量分别占世界总产量的3.5%和3%。

飞利浦电气公司的发展

飞利浦电气公司是1891年在荷兰成立的一家公司,主要以生产照明、家庭电器和医疗电器为主,是欧洲最大的电子跨国公司,也是世界上最大的电子公司之一。

1891年,杰拉德·飞利浦和安东在荷兰的埃因霍温创建了以生产碳丝灯泡为主的飞利浦公司。在此后的数年里,飞利浦公司发展相当迅速,很快就成为了欧洲最大的碳丝灯泡生产商之一。

1914年,飞利浦公司的第一个研究实验室正式成立,在收音机技术和X射线方面实现了创新,从而促进了公司的发展。1918年,飞利浦公司生产出了医学X光射线管。到了20世纪中期,它又发明了电动剃须刀,并在晶体管和集成电路等领域有所突破。1963年，飞利浦公司生产的卡式录音机正式问世。两年后，它又生产出世界上第一个集成电路。

20世纪70年代，飞利浦推出了很多新产品，为节能灯的问世作出了很大贡献，还发明了光学电讯系统、激光唱盘和镭射影碟。1983年，飞利浦推出了压缩光盘。

20世纪90年代，飞利浦公司进行了战略调整，缩小了业务范围，简化了公司结构。这一措施收到了良好的效果，它也因此一直运营良好。

通用电气公司的成立

通用电气公司是美国一家提供技术和服务业务的跨国公司。

通用电气公司的前身是托马斯·爱迪生于1876年创立的爱迪生电气公司。1892年，爱迪生电气公司与汤姆森—休斯顿电气公司合并为通用电气公司。

1911年，通用电气吞并了国家电灯公司，开始创办照明业务。第一次世界大战结束后，通用电气成为了无线电方面的龙头企业，并于1919年成立了美国无线电公司。

通用电气公司成立后，先后吞并了很多国内企业，此后又扩展到海外，合并了西班牙、法国、德国、英国、意大利、瑞士、比利时等国家的电工企业，成为了规模庞大的跨国公司。

雷诺汽车公司发展史

进入21世纪后，雷诺公司与日本车厂日产合作，成立了雷诺—日产联盟。

1898年，法国人路易·雷诺和他的兄弟马塞尔·雷诺、费尔南·雷诺创立了雷诺汽车公司。公司成立后，路易负责汽车的设计和制造，马塞尔和费尔南负责公司的经营。马塞尔和费尔南发现，赛车是提高雷诺汽车品牌知名度的一个好办法，为此，他们参加了赛车比赛。1903年，马塞尔在参加一次比赛时意外身亡，此后，路易不再参赛，但他们的公司并没有放弃赛车活动。

雷诺公司生产的汽车因为在大奖赛上夺冠而倍受瞩目。后来，费尔南因为身体原因退出了公司，这使得路易一人掌管了雷诺公司。

雷诺公司不仅制造普通的汽车，同时也制造货车和巴士。第一次世界大战爆发后，它扩大了经营范围，开始制造军用飞机和坦克，并因此而得到了飞速发展。第一次世界大战结束后，雷诺公司成为了法国第一大私人企业。

·861·

第二次世界大战爆发后，雷诺公司为纳粹生产卡车。这件事使得路易·雷诺被抓了起来，并在狱中去世。第二次世界大战结束后，法国政府接管了雷诺公司，将其变成了国营汽车公司。

随着时代的发展，法国政府认识到，国营的方式会制约雷诺汽车的发展。为了让它得到更大的发展，法国政府开始大量出售公司的股份，使它转型为民营汽车公司。不过，法国政府仍然控制着雷诺公司15.7%的股份。

福特汽车公司成立

1908年，世界上第一辆为普通百姓而生产的汽车——T型车问世，它正是福特汽车公司的产品。

1903年6月16日，亨利·福特与11位合伙人递交了成立汽车公司的申请，并获得通过。几个星期后，一个加拿大顾问便从福特汽车公司买走了一辆A型汽车。1913年，福特公司开发出了世界上第一条汽车生产流水线，这使得亨利·福特被称为"为世界装上轮子的人"。

福特汽车公司旗下拥有众多知名汽车品牌，如林肯、路虎、马自达、阿斯顿·马丁、水星等。除此之外，它还拥有全球最大的赫兹汽车租赁公司、世界最大的福特汽车信贷和汽车服务品牌。

大众汽车股份公司的创建

大众汽车公司创建于1937年，是德国最大的汽车生产集团。

1937年，"Gesellschaft zur Vorbereitung des Deutschen Volkswagens mbH"成立，它就是大众汽车的前身。1938年，大众汽车公司开始在沃尔夫斯堡建厂，改名为"Volkswagenwerk GmbH"。

第二次世界大战结束后，大众汽车公司因为帮助德国纳粹生产军用汽车而被英国政府接管。在伊万·赫斯特少将的管理下，大众公司生产了大量甲壳虫汽车。1950年，大众公司的生产线得到了扩充，Type 2投入生产。到1972年，大众共生产出15007034辆甲壳虫汽车，打破了福特汽车公司Model T车型创造的世界纪录。1973年，采用四轮驱动和水冷四缸引擎的帕萨特开始投入生产。第二年，大众又生产出了Golf汽车。此后，大众汽车公司进入飞速发展阶段，为人们提供了越来越多的车型。

目前，大众汽车公司共有近30万名员工，每年能够产销600万辆汽车，名列世界十大汽车公司之一。

丰田汽车公司概况

丰田汽车公司是日本最大的汽车公司，也是世界十大汽车工业公司之一。

丰田汽车公司的创始人为丰田喜一郎。丰田喜一郎就读于日本东京帝国大学工学部机械专业。毕业后，他前往欧美地区，考察了那里的汽车工业。返回日本后，他在"丰田自动织布机制造所"设立了汽车部，从此正式进军汽车领域。

第二次世界大战后，丰田汽车公司生产的皇冠、花冠、光冠等汽车大受好评，后来生产的雷克萨斯、克雷西达等豪华汽车也很受消费者青睐。

丰田汽车公司的产品除了汽车外，还有纺织机械、机床、农药、纤维产品、钢铁、建筑机械、家庭用品等。

从2008年开始，丰田公司开始逐渐取代通用汽车公司，成为全世界第一大汽车生产厂商，在世界汽车产业中占据着重要地位。

雀巢公司发展史

雀巢公司是全世界最大的食品制造商，也是全世界最大的跨国公司之一，其总部设在瑞士日内瓦湖畔的沃韦。

19世纪中期，瑞士一位名叫亨利·内斯特莱的食品技术员在奶粉中加入果糖和营养剂，发明了一种全新的婴儿奶粉。喝这种奶粉长大的婴儿都非常健康，这让内斯莱特大受鼓舞，于1867年创立了一家奶粉公司，这便是后来享誉全球的雀巢公司。值得一提的是，雀巢公司其实是以内斯莱特的名字Nestle命名的，但是因为雀巢的英文单词Nest和Nestle的词根相同，而且雀巢公司的商标图案又是一个鸟巢，所以就有了"雀巢公司"这样的中文翻译。实践证明，这种翻译方法既生动又易记，雀巢公司的产品很快就打开了中国的市场。

1905年，雀巢公司与一家美国人开办的食品公司合并。1949年，一家瑞士公司收购了雀巢公司，改名为现在的雀巢食品公司。

经过100多年的发展，雀巢公司现在已经在美国、德国、日本、中国等80多个国家和地区开办了400多家工厂，其产品种类也由最初的一种扩充到现在的数十种，其中最著名的莫过于雀巢咖啡。1994年，雀巢咖啡的品牌价值就达到了115.49亿美元。2010年，雀巢公司的销售额达到了1097亿瑞士法郎，纯利润高达342亿瑞士法郎。

麦当劳发展简史

麦当劳在中国开设的餐厅总数已经超过了1000家，预计在2013年将达到2000家。

1940年，理查德·麦当劳和莫里斯·麦当劳两兄弟在美国加利福尼亚州的圣贝纳迪诺成立了一家名为"Dick and Mac McDonald"的餐厅，后来风靡全球的麦当劳餐厅就是在此基础上建立起来的。1948年，麦当劳兄弟将"快速度服务系统"引入餐厅，今天人们所说的快餐厅就是对实施这种快速服务的餐厅的简称。

1955年，全球首家麦当劳餐厅在美国伊利诺伊州的德斯普兰斯正式成立，成立者就是"Dick and Mac McDonald"的行政总裁雷·克洛克，他于1960年正式将餐厅改名为"McDonald's"。1961年，雷·克洛克从麦当劳兄弟手中收购了这个品牌。其后，麦当劳迅速发展起来。

1962年，麦当劳卖出了第10亿个汉堡。1972年，麦当劳的资产总值达到了10亿美元。1980年，麦当劳在香港成立了第1000家餐厅，营业总额也突破了10亿美元。1984年，麦当劳卖出了第500亿个汉堡。1988年，麦当劳成立了第10000家餐厅。2002年，麦当劳卖出了第1000亿个汉堡。截止到现在，麦当劳已经在全球120多个国家和地区开设了32000多家餐厅，名列快餐连锁店之首。

1990年，麦当劳进入中国市场，在深圳开设了首家麦当劳餐厅。

经 济

货币的历史

目前世界上流通的货币是以纸币为主。

货币就是在交易活动中固定地充当一般等价物的商品。它是随着商品交换的发展而产生的，具有价值尺度、流通手段、支付手段、贮藏手段、世界货币的职能。

人类在最初的时候是用物物交换的方式来进行交易的，但是有时候这种物物交换不能满足双方的需求，于是就出现了把稀有物品作为一般等价物来进行交换的方式。这些稀有物品就是最初的货币，包括贝壳、羽毛、宝石等。

经过长期的发展，一些金属逐渐取代了其他物品成为货币。由于金属作为货币比较容易保存，而且在自然界中不容易大量获得，遂发展成为主要的货币。当时作为货币的金属主要有比较稀少的金、银和冶炼比较困难的铜，还有一些地区使用过铁作为货币。初期的金属货币都是成块的，在使用时先要验成色，然后再称重量，使用起来很麻烦。后来逐渐发展出了形状大小都固定的金属货币，使得金属货币使用起来变得很方便。

在贸易的不断发展中，金属货币的缺点也逐渐显现出来。在长时间的流通中，金属货币很容易磨损，因而造成大量金属流失。于是，人们开始使用纸币来代替金属货币。相对于金属货币来说，纸币制造的成本比较低，而且不怕磨损。于是随着经济的发展，纸币逐渐取代了金属货币。

随着信息科技的发展，又逐渐发展出了电子货币。电子货币主要是指利用贮值卡或者计算机进行交易活动，在使用和携带上都很方便。但是目前电子货币在使用上还不是十分安全，需要进一步对其保障措施进行完善。

铜钱上方孔的来历

在秦朝以后的2000多年时间里，除了王莽发行的刀币以外，其他朝代发行的铜钱中间都有一个方孔。

中国封建社会时期流行的货币大多为铜钱，铜钱也被称为"方孔钱"，或者戏称为"孔方兄"。

为什么铜钱中间都有一个方孔呢？关于这个问题有两种说法。一种说法认为铜钱做成圆形，并且中间留方孔，是为了应和古代中国人天圆地方的观念；另一种说法认为，铜钱中间留方孔是由当时的钱币制造方法决定的。当时制造铜钱都是采用熔铜铸造的方法，这样制造出来的铜钱边缘总是不整齐，为了保证铜钱的大小一致，就要用锉刀对铜钱进行修整。假如对铜钱一枚一枚进行修整的话，费时又费力。于是有人想出一个方法，在铜钱中间开一个孔，把一百多个铜钱穿在一根木棍上，可以一次性完成修整。但是圆孔的铜钱在木棍上容易转动，于是人们又把铜钱的孔做成方形，以方便修整。

纸币的出现

在社会经济发展的过程当中，金属货币经常满足不了流通的需要。

纸币是指以纸张等柔软物品制造的货币，通常由国家发行并强制使用。纸币本身不具有价值，因此不能直接行使货币的价值尺度职能。世界上最早使用纸币的国家是中国，这种纸币是北宋时期四川成都的"交子"。

在北宋初期，四川使用的货币是铁钱，这种钱的价值很低，但是分量很重，使用起来极为不便，十分不利于经济发展。于是四川成都出现了一些专门为携带大量货币的商人保管现钱的"交子铺户"。铺户把存钱人交来的钱保管起来，然后在一张楮纸上写明存放的金钱数额，交由存钱人保管。当存钱人需要用钱时，就可以用这张楮纸来领取现金，并支付一定的保管费。当时人们把这种写有金钱数额的楮纸叫做"交子"。但是这时的交子还不能称为货币。

在经济发展过程中，交子开始流行起来，很多地方开设了交子铺。后来在一些贸易中，有人直接用交子来支付货款，并且这一做法流传开来，使得交子初步具备了货币的性质。有一些铺户发现了交子的这种作用，便开始印制有统一格式的交子，并向市场发行。但是当时交子的发行并没有得到政府的认可，而且政府还一度想要取缔交子。不过后来政府发现了交子在经济发展中的作用，便开始规范交子的发行，使交子合法化。

1023年，宋朝政府在益州设置交子务，专门指派官员负责交子的发行。当时发行的纸币称为"官交子"，这也是世界上最早的由政府发行的纸币。

纸币上的水印

目前的纸币上通常都有水印图案，用以防伪。

水印是一种在纸上做出的标记，就是指在造纸的过程中，通过改变纸浆纤维密度，而使纸上呈现出的明暗图案。

水印最早出现在13世纪的意大利，是由意大利的匠人们发明的。他们在造纸时把一些图案刻在抄纸帘上，这样做出来的纸上就会出现凹凸纹路，呈现出抄纸帘上所刻的图案。那时的水印一般都用于秘密联络，并且很少有人知道水印的作用。后来欧洲的纸币流通中出现了一些假币，于是人们开始将水印用于纸币防伪。1772年，德国首先将水印应用到萨克森纸币的制造上，作为技术上的防伪标识。

在现代发行的大面额纸币上，通常都会有防伪水印。真币的水印图案清晰，并且富有立体感。如果纸币上的水印出现模糊，那就可判断其为假币。

最早的银行

银行是一种金融机构，主要办理储蓄、汇款、贷款等业务。

最早的银行业起源于古代欧洲的货币兑换业，当时的货币兑换组织负责为商人兑换货币，后来又开始为商人保管货币，并承担结算、汇款等业务。在货币兑换组织手里拥有了大量资金之后，便开始进行贷款业务，最终发展为银行。

世界最早的银行诞生在意大利。1580年，威尼斯银行成立，成为世界上第一家银行。在此之后，德国、荷兰等国的一些城市先后建立了银行，银行业开始在世界范围发展起来。

阿姆斯特丹银行的建立

除了进行货币业务外，阿姆斯特丹银行还参与贵金属贸易。

阿姆斯特丹银行成立于1609年，是一家公有银行，主要负责储蓄和汇兑业务。

17世纪初期，荷兰经济发展迅速，但是货币的混乱给荷兰的经济造成了很大的影响。在这种情况下，荷兰建立了一家用于稳定货币体制的银行，也就是阿姆斯特丹银行。这家银行可以为客户提供安全的货币业务，并且可以让客户很方便地对自己的账户进行管理。由于具有这些优点，阿姆斯特丹银行很快成为受到当地商人青睐的银行。

由于阿姆斯特丹银行储备有多种货币，因此可以比其他金融机构提供更加方便和快捷的服务，很快成为国际上的贵金属贸易中心。正是由于阿姆斯特丹银行在金融上的这种重要作用，荷兰在17世纪的世界贸易中总是处于优势地位。

加利福尼亚金矿的发现

美国政府大规模向西部铺设铁路，到1857年，铁路总长增加了1.5倍。

加利福尼亚是美国西部的一个州，土地面积广阔，人口众多。由于历史上发生的淘金热，加利福尼亚被称为是"黄金州"。

1848年的一天，加利福尼亚一个建造水渠的工人在作业时，突然发现水里有豌豆一般大小的东西在闪闪发光，经过鉴定这种东西就是金子。在以后的1848年到1849年期间，想要淘到金子的美国人从四面八方云集到加利福尼亚，这就是历史上的淘金热。

在19世纪，黄金占据着国际贸易乃至世界金融体系的主导地位。当时，美国的黄金产量并不高，1847年，只有4.3万盎司，而且大部分不是从金矿中开采出来的。加利福尼亚发现金矿以后，美国的黄金产量在1848年就翻了十倍，达到48.4万盎司，1849年产量再次翻番为193.5万盎司。到1853年，美国的黄金产量已经超过了314.4万盎司。黄金产量迅速增长，使美国迅速成为世界上出产黄金的主要国家。

在黄金的带动下，美国的经济迅速发展。1854年，美国的财政收入比1844年增加了一倍多；到1856年，生铁产量比1850年增加了14倍，煤产量也增加了1倍多。

绿背纸币运动

绿背纸币运动发生于19世纪70年代，是美国农民为反对货币紧缩而发起的运动。

在美国南北战争时期，美国政府由于货币不足，便由国会通过了一项《法币法》，要求发行 1.5 亿的绿背纸币，规定这些纸币不可以兑换金银货币，并且不能用于支付关税和政府债券利息。绿背纸币发行之后，很快引起通货膨胀，物价上涨。当时使用绿背纸币的大部分都是美国北部的农民。

南北战争结束之后，美国政府打算收回绿背纸币，改由新的国民银行体系来发行纸币，并且颁布《恢复硬币支付法》，规定了绿背纸币和新纸币以及金属货币的兑换比例。但是这一政策遭到了美国农民和农场主的反对。随着美国工业的发展，农业规模也逐渐扩大起来，并开始使用机械化工具，于是农场主需要更多的信贷来维持农业生产，而农民希望增发绿背纸币来提高农产品价格。

此后，农民和一些劳工为了维护绿背纸币而展开斗争，发起了绿背纸币运动，并组建起了绿背党，在大选中争取发行绿背纸币的权力。1873 年，美国发生银行恐慌和经济紧缩，导致人们越发需要绿背纸币。1875 年，《恢复硬币支付法》获得通过，但是绿背纸币主义者通过斗争，还是保住了绿背纸币。1879 年，《恢复硬币支付法》开始正式实施，绿背纸币运动逐渐衰落下去。

日本第一劝业银行的成立

第一劝业银行总部设在日本东京，是世界上最大的商业银行，起源于日本的第一银行和日本劝业银行。

第一银行是日本最古老的银行，成立于 1873 年 7 月，由三井兑换店和小野兑换店共同出资建立。第一银行最初经营的业务主要是纸币的发行和政府的财政收支，到 1896 年发展成为商业银行。之后经过一系列合并，最终成立了帝国银行，成为日本最大的银行。

日本劝业银行成立于 1897 年 8 月，属于特种银行，主要是为工业部门的企业提供长期低息贷款。

第一银行在 1948 年脱离了帝国银行，之后于 1971 年和日本劝业银行进行合并，成立了第一劝业银行。到 1986 年的时候，第一劝业银行的资产额已经达到世界第一位。

法国农业信贷银行的建立

法国国家农业信贷金库属于官方机构，直接受农业部和财政经济部的管辖。

法国农业信贷银行是法国最大的银行，属于半官方的农业信贷机构。这个银行经办的主要业务包括对农民发放农业生产贷款、对地方公共事业贷款、对家庭住房贷款等,此外还包括个人创办农场等对农业发展有利的事业的贷款。

法国农业信贷银行最早建立于1920年8月。1885年,法国为了解决农民短期资金周转困难的问题,建立了农业信贷地方金库。1920年,在地方金库和地方信贷合作公司的基础上,建立了国家农业信贷管理局,这是法国农业信贷银行的最早的名字,1926年改名为国家农业信贷金库,1947年才最终定名为法国农业信贷银行。

法国农业信贷银行总部设在巴黎,其内部结构呈金字塔形,最上面是国家农业信贷金库,中间有94个区域金库,最下面是3000多个地方金库。

国际货币基金组织

国际货币基金组织是世界两大金融机构之一,成立于1945年12月27日,总部设在美国华盛顿。

成立国际货币基金组织的决议是在1944年确定的,该年在美国的布雷顿森林举行了联合国赞助的财金会议。7月22日,参加会议的各国在成立国际货币基金组织的协议上签了字。1945年12月27日,协议的条款被正式实施。1946年5月,国际货币基金组织正式组建起来,并于1947年3月1日投入运作。

国际货币基金组织是联合国的专门机构,在经营上是独立的。其主要职责就是监督各国之间的货币汇率以及贸易情况,并提供相应的技术支持和资金支持,以及维持国际上的金融秩序。在这些问题上,国际货币基金组织采取的主要方法就是利用一个常设机构来为国际货币间的问题提供解决办法,促进成员国的经济发展,维持成员国之间货币汇率的稳定,消除国际贸易之间的障碍,并且在一定的条件下,为一些成员国提供资金,保证其正常发展。

汇率产生的原因

由于世界上各种货币的价值不同,所以在进行货币兑换时要规定一个兑换比率。

汇率是一国货币兑换其他国家货币的比率,又叫做汇价或者外汇行市。

汇率产生的基础就是货币代表一定的价值,因此不同的货币之间可以进行价值对比,并产生一个比值关系。汇率并不是固定不变的,而是根据具体的情况进行上下浮动。影响汇率的因素一般有货币兑换时的供需关系、两国之间的相对价格水平、商品生产、关税等。

在实行金本位制度的国家，其汇率一般比较好确定，即根据各自货币的含金量多少来确定。而在实行纸币本位制度的国家，由于纸币的法定含金量往往不能代表其真正价值，因此出现了两种汇率。一种是官方汇率，即由国家货币机构来规定汇率，外汇交易都要按照这个汇率来进行。一种是市场汇率，即汇率是跟随外汇交易的供求变化而变化的。

分期付款小史

分期付款一般都是用在购买一些生产周期较长并且费用比较高的商品等方面。

分期付款是在进行商品或劳务交易时实行的一种付款方式，通常是买卖双方事先签订协议，买方先交付一部分款项，然后根据货物交付情况分期交付货款。

分期付款的做法出现于第二次世界大战之后，当时的日用商品和劳务等交易首先使用了分期付款的方式。之后随着经济的发展，工业和农业在扩大生产规模时，通常都需要大量资金来购买设备等生产资料，于是在银行信用的基础上，一些原材料和大型设备的购买行为也开始实行分期付款的方式。

分期付款方式发展到现在，通常是由银行和供应商联合为消费者提供的。先由银行提供给消费者购买物品所需金额的贷款，消费者向供应商支付了货款之后，由供应商为消费者提供担保，双方承担起不可消除的债务连带责任。目前分期付款已经是国际上比较流行的一种付款方式。

世界银行发展简史

世界银行会为自己的成员国提供比较优惠的贷款，同时会提出一些对国家建设有利的要求。

世界银行指的是国际复兴开发银行，这是一个国际组织，与国际货币基金组织并称为世界两大金融机构。

世界银行是联合国的一个专门机构，是在1944年7月的雷顿森林会议上与国际货币基金组织同时产生的。1945年12月，世界银行正式成立，并于1946年6月开始投入运行。1947年11月，世界银行成为联合国的一个下属机构。世界银行在建立之初，是为帮助在第二次世界大战中遭受破坏的国家重建家园。目前它的任务变为了帮助一些发展中国家脱离贫穷，为其工农业、教育等方面的发展提供资助。

在国际金融管理上，世界银行和国际货币基金组织起着相互配合的作用，国际货币基金组织主要负责解决金融问题，而世界银行主要负责经济的发展和振兴。加入世界银行的国家，必须首先是国际货币基金组织的成员国。

信用卡的诞生

信用卡最早起源于美国，是由一些百货、餐饮等商店发放的。

信用卡是一种信贷服务用的卡片，卡片持有者在消费时可以采用非现金支付的方式进行交易，等到了还款日期的时候再结账。信用卡一般是一张长方形的塑料卡片，由银行或者发卡公司根据用户的信用度进行发放。

早期，美国的一些商店为了招揽生意，就选择一定范围内的顾客，给他们发放一种信用徽章。徽章持有者可以凭此在这些商店中赊购物品，然后约定好还款日期，到期还款。

正式的信用卡是在1950年出现的。美国商人麦克纳马拉某一天在饭店就餐的时候，发现自己忘记带钱包了，当时又不允许赊账，只好打电话叫妻子送钱过来。这件事之后，麦克纳马拉就产生了一个想法，可以建立一个信用卡公司，使人们能够赊账消费。1950年，麦克纳马拉与朋友合作，在纽约创办了一家"大来俱乐部"。这个俱乐部可以为会员们提供一种卡片，会员持有卡片就能赊账消费。之后，一些银行也开始发行信用卡，这种做法流传到了世界各国，得到普遍认同。

亚洲开发银行的成立

亚洲开发银行是由联合国亚洲及太平洋经济社会委员会赞助成立的，但是它不隶属于联合国。

亚洲开发银行是一个区域性的金融机构，主要任务是帮助亚洲和太平洋地区的发展中的成员国脱离贫困。

1963年12月，第一届亚洲经济合作部长级会议在菲律宾首都马尼拉召开，由联合国亚太经社会主持，会议上通过了建立亚洲开发银行的决议。1965年11月，在马尼拉召开了第二届亚洲经济合作部长级会议，会议上通过了亚洲开发银行章程。次年的8月22日，银行章程开始生效，并于11月在东京召开理事会，宣布亚洲开发银行正式成立，并将银行总部设在马尼拉。12月19日，亚洲开发银行正式投入运行。

亚洲开发银行的成员主要是亚洲和太平洋地区的国家,另外还有一些欧洲和美洲国家。该银行对亚太地区发展中成员的援助主要采取的是贷款、投资、技术支持等方式,在基础设施、能源、教育等方面促进其发展。

非洲开发银行

建立非洲开发银行的目的是为了促进整个非洲社会以及经济的发展。

非洲开发银行是一个区域性的国际开发银行,是非洲地区内最大的政府间开发金融机构。

1963年7月,在喀土穆召开的非洲高级官员及专家会议和非洲国家部长级会议上,会议代表们通过了建立非洲开发银行的决议。一年之后,非洲开发银行正式宣布成立。该组织的最高决策机构是理事会,理事会成员由每个国家委派一名,通过每年举行的会议来决定银行的事项。

自动取款机

在设定密码时,本来巴伦想要设置成六位密码,但是他的妻子说只能记住四位密码,因此他所发明的自动取款机便采用了四位密码。

自动取款机是一种能够办理存取款、转账、查看账户信息等业务的机电装置。持有银行储蓄卡或信用卡的用户在办理这些业务时,可以不必去银行办理,而是在自动取款机上自行办理。

自动取款机是英国人谢泼德·巴伦发明的。有一次他在去银行取钱的时候,银行已经关门了,此时的巴伦就产生了发明自动取款机的想法。之后他无意中想到,自动售货机可以自动出售巧克力,只要把其中的巧克力换成钞票,就是自动取款机了。于是他将这个想法跟英国巴克莱银行的总经理说了,总经理认同了他的观点,并支持他制造这种机器。

经过一年的努力，巴伦制造出了自动取款机。由于当时没有银行卡，客户需要使用一种经过化学加工的支票来取钱，把支票放入取钱的抽屉里，输入密码之后，取款机的另一个抽屉就会打开，里面装有十英镑钞票。

1967年6月27日，伦敦北郊的一家巴克莱银行分行安装上了世界上第一台自动取款机。

欧元简介

有些欧盟国家虽然满足条件，但是出于自身利益的考虑而没有加入欧元区。

欧元是在欧盟中的17个国家中流通和使用的货币。这17个国家分别为德国、法国、芬兰、荷兰、希腊、奥地利、比利时、爱尔兰、卢森堡、葡萄牙、西班牙、意大利、斯洛文尼亚、塞浦路斯、马耳他、斯洛伐克和爱沙尼亚。

欧元是从2002年1月1日起开始正式流通的，欧元区成员国原先所使用的货币在两个月后停止流通。有一些不是欧盟成员的国家因为原先使用欧元区国家的货币作为本国货币，因此也跟随欧元区国家开始使用欧元。

欧元是在建立欧洲经济货币同盟的基础上出现的。1991年12月，在荷兰的马斯特里赫特召开了欧洲共同体首脑会议，会议上起草了《欧洲联盟条约》。1992年2月7日，欧共体的12个成员国签订了这份条约，确定发行欧元作为统一货币。发行统一货币的目的就是促进欧盟内部资本的自由流通，建立起一个统一市场，同时协调各国政策，扩大欧洲议会的权力。

对于加入欧元区的国家，有着非常严格的限制，其标准就是财政赤字在GDP的3%以下，国债/GDP占比保持在60%以下，这两条必须同时满足才可以加入欧元区。

色诺芬的《经济论》

色诺芬在这部书中首先提出了经济一词，其意思为家庭管理。

《经济论》是古希腊最早的经济学专著，其作者是古希腊哲学家、历史学家色诺芬。

《经济论》是一部语录体著作，体现了色诺芬主要的经济观点。这部书共分为两个部分。其中在第一部分里，作为哲学家苏格拉底的学生的色诺芬，以苏格拉底的口吻讲述了自己对经济的认识。他认为农业是一个国家的基础，对国家经济来说十分重要，并且他还阐述了如何有效地管理自己的财产。他在第二部分中

表示，妇女的本职工作就是做好家务，并且应该在女子的学习中加入家务训练。

色诺芬十分拥护自然经济，并且主张奴隶主对奴隶进行更有效的剥削。他在经济上的主要观点就是重视农业，提倡社会分工。色诺芬还根据市场上的供需变化，认识到供求关系会影响到社会劳动的分配，但是由于受到时代的局限，他无法进行更深入的解释。另外他还认识到了货币在经济中的作用，提出了商业在经济发展中的必要性。

亚当·斯密与《国富论》

《国富论》被认为是现代政治经济学研究的起点。

亚当·斯密是英国经济学家，生活于18世纪，是创立经济学的主要人物，他的代表作《国富论》的发表标志了经济学的诞生。

亚当·斯密出生在苏格兰的法夫郡，他的父亲与他同名，是一名海关监督。在父亲去世后，斯密一直都跟随母亲生活，终生未娶妻子。他在1768年的时候开始写作《国富论》，该书全名为《国民财富的性质和原因的研究》。1776年，《国富论》出版，引起了很大反响，在整个欧洲和美洲都受到人们追捧，人们将他称为"现代经济学之父"和"自由企业的守护神"。1790年7月17日，亚当·斯密逝世。

亚当·斯密的主要经济观点都体现在《国富论》中，在此书中，他总结了之前的经济方面的学说，第一次提出了系统而全面的经济学说。《国富论》的主要思想就是自由市场实际上有一种自我调节机制，就像一只无形的手一样在掌控着市场。在这部书中，亚当·斯密反驳了重商主义的那种强调储备贵金属的观点，也驳斥了重农主义的土地是财产的主要来源的说法。他强调了劳动的重要性，并提倡劳动分工，认为劳动分工会大大提高生产效率。

《国富论》的影响很大，最终使得经济学成为了一门独立的学科。

古典经济学的发展

西斯蒙第的学说为法国古典经济学划上了句号。

古典经济学又叫古典政治经济学、资产阶级古典政治经济学，是在17和18世纪比较流行的经济学派，其创始者是亚当·斯密，主要代表人物有大卫·李嘉图、托马斯·马尔萨斯、约翰·穆勒等。古典经济学派的主要观点就是经济规律决定价格和要素报酬，并且价格是配置资源的最有效的办法。

古典经济学最早起源于大卫·休谟的相关著作，之后亚当·斯密的《国富论》全面奠定了古典经济学的基础。在《国富论》中，亚当·斯密批判了重商主义的一些观点，为资本主义经济学建立起一个完整的体系。

大卫·李嘉图是斯密的忠实追随者，他继承并发展了斯密的观点。他在劳动价值论和分配理论上对古典经济学进行了完善，发展出一些与亚当·斯密的思想有所不同的观点，有人把他的思想称为"李嘉图革命"。古典经济学至此在英国得以完成。

布阿吉尔贝尔是法国古典经济学的创始人，他通过对当时社会经济制度的观察，写出了《谷物论》、《论财富、货币和赋税的性质》等文章。在这些著作中，他提出了许多有价值的经济学原理，包括自由竞争、劳动价值论等。布阿吉尔贝尔的理论为法国古典经济学的发展奠定了基础。

西斯蒙第的理论主要是针对资本主义中的各种矛盾，他是对经济危机的必然性进行论证的第一人。

萨伊及其庸俗政治经济学理论

萨伊是法国经济学家，生活于18世纪后期及19世纪前期，创立了法国资产阶级庸俗政治经济学。

萨伊生于法国里昂，少年时从商，在学校学习期间接触到了亚当·斯密的经济学说。在法国大革命期间，萨伊支持当时的大资产阶级，后来又开始反对革命。1803年，萨伊出版了《政治经济学概论》一书，这部书是他最主要的著作，书中对亚当·斯密的自由贸易思想进行了宣扬。在之后的生涯里，萨伊又出版了多部著作，大部分是关于政治经济学的。1832年11月15日，萨伊在巴黎去世。

萨伊抛弃了亚当·斯密经济学说中的部分科学观点，而将其中的部分庸俗观点抽出来进行论述，形成了庸俗政治经济学。庸俗政治经济学只论述了资本主义生产制度中的表面现象，而没有触及到其根本，并且否定了劳动价值论和剩余价值论。在《政治经济学概论》中，萨伊把自己的政治经济学观点分为财富的生产、财富的分配和财富的消费三部分，建立起政治经济学的三分法。另外他还提出效用价值论，否定了资本主义剥削，并把资本主义生产方式看作是符合规律的生产方式。

在萨伊之后，很多资产阶级经济学家对其思想进行了继承和宣扬，最终发展成为庸俗政治经济学体系。

《资本论》

《资本论》指出了人类社会的发展规律，也指明了无产阶级的发展方向。

《资本论》是马克思从1867年开始发表的一部著作，这部著作深刻揭露了资本主义生产的本质，被誉为"马克思一生最伟大的主要理论著作"。

《资本论》采用的是历史唯物主义观点，通过对资本主义生产方式的分析，来发现资本主义的本质规律。通过对资本主义基本矛盾的剖析，《资本论》将其产生、发展的过程系统地表述了出来，从而发展了唯物主义辩证法。马克思还第一个将经济和历史联系在一起，通过对经济过程的分析，发现了经济周期。

《资本论》把逻辑法、辩证法和认识论等方法结合起来，对资本主义社会的矛盾发展做了深刻分析，最终推断出资产阶级专政必然被无产阶级专政所取代的观点。

恩格尔系数

这一系数是由德国统计学家恩格尔提出的。

恩格尔系数是指，在个人消费总额当中食品消费所占的比重。

在19世纪中期，恩格尔对比利时的不同家庭的消费情况进行了调查，并对其消费结构进行了研究，最终得出了一个规律：一个家庭的收入越少，那么这个家庭的总支出中，食物支出所占的比例越大，当家庭收入增加之后，这个比例就会变小，对于一个国家来说也是如此。这个规律就被称作恩格尔定律。在恩格尔定律的基础上，恩格尔又提出了恩格尔系数，也就是定律中这个比例的大小。

在使用恩格尔系数时，根据不同的情况而应该注意几个方面。一是恩格尔系数适用于长期范围，时间越长也就越准确，当时间较短的时候，恩格尔系数会有一定的波动。二是在不同的国家和城市之间进行比较时，由于不同地区之间的福利、物价等方面有所不同，因此在比较时应注意对其进行调整。第三就是不同地区的消费习惯是不同的，食物在人们消费观念中的重要程度对恩格尔系数也有一定影响。

熊彼特经济周期理论

熊彼特经济周期理论是美籍奥匈帝国经济学家熊彼特提出的一种经济周期运动的理论，该理论的研究是以技术创新为基础的。

1939年，熊彼特在其发表的《经济周期》一书中提到了这一理论，认为对经济周期的分析可以分为"纯模式"或者"二阶段模式"分析和"四阶段模式"分析两个步骤。在"纯模式"经济分析当中，外界因素被排除在外，当一种创新出现时，就会引起大规模投资行为，致使经济高涨，在这种投资机会消失之后，经济便陷入衰退，这样循环成为一个周期。在"四阶段模式"分析中，熊彼特加入了资本主义经济运行的现实因素，将经济周期分为"繁荣"、"衰退"、"萧条"和"复苏"四个阶段。经济在进入衰退期后，并不能立刻恢复平衡状态，而是转入萧条期，经济会遭到破坏，之后才慢慢开始恢复，转入复苏阶段。

熊彼特认为资本主义发展历史中，同时存在着三种经济周期，它们分别是康德拉季耶夫长周期、朱格拉中周期和基钦短周期。他还认为，在一个长周期中，存在着8个中周期和16个短周期。

宏观经济学的产生与发展

微观经济学研究的是机构或个人在社会经济中所应采取的措施，及其对社会经济的影响。

宏观经济学就是利用国家总体经济上的统计概念来对经济规律进行分析的一门经济学分支学科，与微观经济学相对。宏观经济学的研究对象是国民经济的总的活动，主要是就业水平和国民总收入等。

宏观经济学最早起源于法国经济学家魁奈的《经济表》和英国经济学家马尔萨斯的"人口论"，其中魁奈的《经济表》第一次对资本主义生产的总过程进行了分析。1933年，挪威经济学家弗瑞希首次提出了宏观经济学的概念。1936年，凯恩斯发表了《就业、利息和货币通论》，对国民总收入和总体就业水平进行了分析，之后宏观经济学便迅速发展起来，并成为经济学当中一个独立的理论体系。

重农学派的起源

重农学派重视自然秩序，把农业当做一切社会收入的基础和社会财富的来源，并提倡保障个人财产和个人经济自由。

重农学派是在18世纪中后期兴起的法国经济学派，属于古典政治经济学的一个学派。

重农学派的创始人是法国经济学家魁奈，他提出了"纯产品学说"，认为财富就是物质，只有农业才可以增加财富，工业只能改变财富的形态，而无法增加财富。他还在此基础上对社会的经济体系进行了研究，并用一种抽象的图表说明了生产和消费中的资产流通。魁奈所制订的经济表是他的整个经济理论的体现，为重农主义奠定了基础。

后来，魁奈的学生和追随者对魁奈的理论进行研究和发展，形成了有完善理论体系的重农学派。1776年，亚当·斯密在《国富论》中把他们的学说称为"农业体系"，在进行汉语翻译时便把这个学派称为"重农学派"。

边际效用学派

边际效用学派是在19世纪70年代初出现的。

与传统经济学相对立，边际效用学派把人的欲望和欲望的满足作为其研究的对象，认为社会经济就是人的欲望和社会资源之间的关系。

边际效用学派的创建者是三个独立提出自己经济主张的经济学家，他们分别是英国的杰文斯、奥地利的门格尔和法国的瓦尔拉斯。1871年，杰文斯发表了《政治经济学理论》，在其中提出"最后效用程度"的理论。同一年，门格尔发表了《国民经济学原理》，提出物品的价值取决于对人的欲望中最小欲望满足的效用。之后的瓦尔拉斯发表了《纯粹政治经济学纲要》，在其中提出了"稀少性"价值论。这几个人虽然各自的表述不同，但是他们的基本观点都是相同的。1884年，维塞尔发表的《经济价值的起源及主要规律》一书中，把他们提出的效用称为"边际效用"。此后，这个概念便一直被人们沿用。

边际效用理论提出后，在19世纪八九十年代得到了很大发展，并逐渐成为一套完善的理论体系，而且其应用领域也被扩大。边际效用学派在发展的过程中，逐渐分为两个支派，一个主张利用数学方法来表述边际效用，一个主张利用心理分析方法来描述边际效用。但是不管哪个支派，都是利用边际效用理论来对抗古典经济学中的劳动价值理论，后来又被用来对抗马克思主义中的劳动价值理论。

新剑桥学派

新剑桥学派是现代凯恩斯主义的一个分支学派，与新古典综合派相对立。

新剑桥学派的主要理论是以客观的价值理论为基础的，其目的就是通过改变现存的资本主义分配制度来调节就业和通货膨胀的问题。

新剑桥学派是在与新古典综合派的论战中产生的。在凯恩斯主义出现之前，新古典综合派的代表人物都曾在剑桥担任过教授，因此这一学派又被称为"剑桥学派"。第二次世界大战之后，剑桥大学的琼·罗宾逊、卡尔多等人提出了与新古典综合派的理论完全相反的观点，由此发展出了"新剑桥学派"。

新剑桥学派的主要代表人物就是琼·罗宾逊和卡尔多，这两人也是学派的实际领导者。琼·罗宾逊在最初支持的是剑桥学派的代表马歇尔的理论，但是在凯恩斯创建凯恩斯主义之后，她便转向了凯恩斯主义，并且成为新剑桥学派的领袖。卡尔多也是凯恩斯主义的忠实拥护者，以资本主义的分配制度为研究对象。

凯恩斯主义

凯恩斯主义又叫凯恩斯主义经济学。

凯恩斯主义是以凯恩斯的著作《就业、利息和货币通论》为思想基础建立起来的经济学理论。

《就业、利息和货币通论》在经济学中的地位很高，它与马克思的《资本论》和亚当·斯密的《国富论》并称为欧洲资本主义世界三大经典经济学理论。这部书在发表之后不久，就被许多经济学学者所接受，并对其发展和完善，最终形成了凯恩斯主义。凯恩斯主义认为经济衰退的主要原因就是社会总需求的减少，总需求的水平就决定了生产和就业的水平，因此为了发展经济，国家应该实行扩张经济政策，通过增大需求来推动经济发展。

保险的起源

古巴比伦的第六代国王汉谟拉比曾经在《汉谟拉比法典》中写下了最早的保险条款，规定商队的货物骡马等遭受损失的时候，可以分摊补偿损失。

保险是一种商业行为，是指根据合同的约定，投保人向保险人支付一定的费用，当投保人因发生合同约定的事项而产生财产损失时，由保险人向投保人赔偿保险金，或者当被保险人达到约定的条件时，保险人向被保险人给付保险金。保险是一种合同行为，不但确立了双方的经济关系，也确立双方的法律关系。

世界最早的保险起源于古代的巴比伦王国。当时古巴比伦王国的国王曾让官员向民众收税，作为发生火灾时用来救济的资金。

在古代的其他一些地方，也曾出现过最初的保险形式，如古埃及的石匠用组织丧葬互助的方式来解决丧葬问题，古罗马士兵用集资的方式来补贴阵亡士兵的家属。早期的保险大部分都是这种互助补偿的形式。经过长期发展，保险的种类越来越多，并且在社会生活中起着越来越重要的作用。

失业保险

失业保险建立的基础就是失业保险基金，这是社会保险基金中的一个专项基金，由国家强制征收，用于为保险对象提供失业保险待遇。

失业保险是一种对因失业而暂时失去生活来源的劳动者提供物质帮助的制度，这项制度由国家立法强制实施，其资金来源是社会集中建立的基金。

失业保险是社会保障体系中社会保险的一部分，主要是为了保障劳动者在失业之后的基本生活。失业保险具有几个不同于其他保险的特点：一是普遍性，其覆盖范围很广，包括了大部分劳动者；二是强制性，它由国家法律规定，强制实施，在其覆盖范围内的人员都有缴纳保险的义务；三是互济性，其基金来源于社会，由国家、单位和个人共同承担，在使用时可以统一调度以达到互济的目的。

失业保险待遇主要包括失业保险金、医疗补助金、丧葬补助金、职业培训和职业介绍补贴等。其中最主要的是失业保险金，失业的劳动者在领取失业保险金的时候才可以享受到其他的待遇。各项待遇的标准，一般由地方政府规定。

彩票溯源

彩票起源于古罗马时期。

彩票也叫奖券，是由购买人自愿购买，并对是否获奖进行确认的凭证。发行彩票的目的主要是筹集资金。彩票的中奖机会均等，兼具娱乐性和竞争性。

古罗马有一种习俗，就是在大型节日或者举办活动之时，由国王向台下的观众抛投一些物品，以此来增加节日气氛，抢到物品的人就是获奖者。后来，罗马帝国的第一代皇帝奥古斯都利用节日来筹集资金，开始进行一些有博彩性质的娱乐活动。经过一段时期的发展，活动的奖品从普通的物品发展成为奴隶等极具诱惑力的奖品，使得人们对这项活动乐此不疲。与此同时，一些罗马商人开始利用彩票来推销自己的高价商品。

1530年，意大利的佛罗伦萨建立了世界上第一个正式的彩票发行机构。之后，彩票传播到其他国家，一些政府认为发行彩票对社会和政府都十分有利，便开始推广彩票并使其国有化，最后将筹集来的资金用于国家公共事业。18世纪的时候，彩票已经在很多国家合法化，并建立起了规范的彩票制度。

西班牙大胖子彩票

大部分西班牙人都会在电视机前收看开奖的现场直播，有些人甚至为此而专门请假。

西班牙大胖子彩票是西班牙的年终彩票大奖，一年开一次奖，是目前世界上最盛大的彩票活动之一。

西班牙大胖子彩票从1812年开始销售，每年的12月22日开奖，奖励丰厚，被人们称为"疯狂的圣诞"。这项西班牙的年终大奖吸引了很多人，大约有四分之三的西班牙人每年都会购买，有些外国人也会专门赶到西班牙购买彩票。大胖子彩票销售量十分大，而其销量的百分之七十会用来作为彩票奖金，因此也更激起了人们购买的欲望。

每年开奖的时候，开奖过程都要通过电视和广播进行现场直播，时间长达三个小时。摇奖的奖球被放在一个金色的大笼子中，由机器随机摇号产生。

漫话税收

税收体现的是国家和纳税人在一定的社会制度下的特殊分配关系。

税收是国家凭借其政治权利取得财政收入的一种方式，其实现方式为通过法律规定，利用收税工具来参与国民收入分配，强制并且无偿地进行征收。

税收是由政府来征收的，具有无偿性、强制性和固定性的特征。其中无偿性是指政府在向纳税人征税之后，不会向纳税人直接支付任何报酬或者代价，并且不再返还给纳税人。强制性是指政府是以社会管理者的身份进行税务征收的，在法律中规定纳税人必须依法纳税，如果不遵守法律规定的纳税义务，就将受到法律的制裁。固定性是指税务的征收标准在法律上有明确的规定，并且在一段时期内不会改变，征税方和纳税方都必须遵守。

税收分为国税和地税两大类，这两类税收又细分为很多种。税收主要应用于国家建设及社会发展，包括国防和军队建设、城市基础设施建设、科研教育、医疗卫生、赈灾救援、环境保护等领域。其主要职能有组织财政收入、调节社会经济以及对社会经济活动进行监督和管理等。

印花税的由来

印花税起源于17世纪，由荷兰首先开始征收。

印花税是以各种经济活动中签订的合同、证照等文件为对象所征收的税。

1624年，荷兰发生经济危机，政府的财政出现困难。统治者摩里斯为了提高政府收入，打算增加税收，可他又怕遭到人民反对，于是召集大臣商量，但是最终没有想出比较好的办法。最后荷兰政府开始公开征集意见，并重金悬赏。有人在对人们日常交易活动的观察中发现，人们平时所使用的契约、凭证等文件很多，如果对这些文件进行征税，税源会很广。而且以政府的名义对这些文件进行法律上的保障，人们也会愿意交纳这种税，而且税负不算重。最终，这种税收方案在应征方案中脱颖而出，并被定名为印花税。

荷兰开始征收印花税之后，效果非常明显。而且印花税的征收十分简单，很快在世界各国流行起来。

拉弗曲线

拉弗曲线是由美国供给学派经济学家拉弗提出的，但是并不是经过精心计算而得出来的。

拉弗曲线是一条描述税率与税收关系的曲线，为抛物线形。其代表的含义就是当税率为零和税率为百分之百时，政府的税收同时为零，在这之间的关系曲线有一个转折点，在转折点之前，政府税收会随着税率的增加而增加，在转折点之后，政府的税收会随着税率的增加而减少。

在20世纪70年代，盛行凯恩斯主义的国家在经历了一段繁荣之后，进入了经济停滞与通货膨胀并存的阶段，这种情况俗称"滞胀"。其后许多经济学家对这个问题进行了研究。

1974年，美国供给学派经济学家拉弗为了说服为美国总统福特担任助理的切尼实行减税政策，使其相信只有实行减税政策才可以摆脱滞胀困境，在一家餐馆的餐巾纸上随手画出一条抛物线，用其说明税率偏高的坏处。这条抛物线就是拉弗曲线，后来被人们戏称为"餐桌曲线"。拉弗的思想受到了《华尔街日报》副主编贾德的赞赏，贾德在报纸上对这一理论进行了宣传，使其很快得到各国政府的认同。

到了20世纪80年代，实行了减税政策的美国确实摆脱了滞胀的困境，但是出现了庞大的财政赤字，这也是拉弗曲线理论所带来的弊端。

耻辱的奴隶贸易

随着各个行业在殖民地的兴起，殖民者对劳动力的需求越来越大。

奴隶贸易是指从15世纪开始，欧洲殖民者将非洲黑人当做奴隶贩卖到美洲殖民地，并一直持续到19至20世纪的贸易。

随着新航路的开辟，大量欧洲殖民者在美洲建立起殖民地。起初的劳动力大多是从欧洲移民过来的白人，他们与企业主签订为期几年的合同，合同到期后就可以成为美洲的自由公民。后来白人劳动力已经远远不能满足殖民者的要求，于是一些殖民者开始在非洲劫掠黑人，将他们当做奴隶贩卖到美洲。

葡萄牙人是最早进行奴隶贸易的人，他们曾组织起"捕猎队"对黑人村庄进行偷袭，抓捕黑人奴隶。由于奴隶贸易利益巨大，随后英国、法国、西班牙等欧洲国家也先后加入这个行列。但是这种野蛮的行径往往会遭到非洲人的抵抗，于是一些殖民者改变了做法，他们在黑人部落之间挑起战争，然后趁机在部落中俘虏黑人奴隶。这种方法被欧洲殖民者使用了几百年。

殖民者在奴隶贸易过程中逐渐形成了固定的贸易方法，他们在欧洲出发时，先在船上装满用于交换奴隶的廉价物品和武器弹药等，行驶到非洲后用这些东西换取黑人奴隶，再驶往美洲，用奴隶交换大量金银财宝，然后运往欧洲。这一次行程下来，殖民者可以获得几倍的利润。

被贩卖的奴隶，通常会遭受非人的待遇。他们要脱光衣服，被人挑中后就在身体上烙上印记，然后被装上船。殖民者为了赚取更多的利润，往往把奴隶塞满整个船舱，奴隶们只能缩着身体挤在一起。由于环境恶劣，很多奴隶会在航海过程中感染疾病，可是，他们根本得不到治疗，就会被殖民者丢入海中。在整个贸易过程中，有相当一部分奴隶死于运输途中，即使能活下来，也要在美洲遭受残酷的奴役，大部分奴隶会在到达美洲后几年内死去。

吸血的东印度公司

这些东印度公司利用贸易掠夺了大量资源。

东印度公司是17到18世纪的一些资本主义国家为了掠夺印度等国的资源而成立的一种公司性质的组织。在历史上共出现了四家东印度公司，即英国东印度公司、荷兰东印度公司、丹麦东印度公司和瑞典东印度公司。

英国东印度公司成立于1600年，英国女王伊丽莎白一世向其颁发了皇家特许状。英国东印度公司在东印度展开贸易之后，很快垄断了当地的贸易市场，把当地出产的粮食和工业原料等资源大量运往英国。在发展壮大之后，英国东印度公司还在当地获得了军事权力和行政权力，在此基础上展开疯狂的殖民掠夺。该公司垄断了当地的鸦片和烟草贸易，强迫孟加拉的农民种植鸦片，然后贩运到中国等地，从中赚取巨额利润。英国东印度公司所进行的工业垄断贸易使得印度本土的手工业遭受到了灭顶之灾，很多手工业者流离失所，大量印度人因饥饿死亡。1858年，英国东印度公司解散。

荷兰东印度公司成立于1602年，其贸易势力延伸到了亚洲多个国家。为了垄断巴达维亚的丁香贸易，荷兰东印度公司竟然杀死许多当地的原住居民。该公司还在多个地区打败葡萄牙人，垄断那些地区的贸易，其触角已经延伸到了中国、日本、波斯、孟加拉等国。到1669年，荷兰东印度公司成为当时世界上最富有的公司。1799年，该公司解散。

丹麦东印度公司成立于1616年，其主要贸易地点在印度。这家公司只辉煌了一段时期，之后便衰落下去。1729年，该公司解散。

瑞典东印度公司出现的时间最晚，成立于1731年，是受英国东印度公司和

荷兰东印度公司的影响而成立的。这家公司在成立后逐渐发展成为瑞典最大的贸易公司，并一直经营到1813年。

最惠国待遇溯源

最惠国待遇最早是在11世纪出现的。

最惠国待遇又叫无歧视待遇，指的是两国之间订立条款，在通航、贸易、关税等方面给予对方优惠条件或某些特权，并且这种优惠或特权不低于现在或将来给予第三方国家的优惠或特权。

11世纪时，法国、意大利、西班牙等国的商人在其他国家进行贸易时，想要独霸当地的市场，便想办法排挤竞争对手。由于比萨等地的商人在当地的贸易中有特许权，于是西班牙等国的商人在不能打垮对手的情况下，便要求在当地市场享有和其他商人相同的竞争的权力。后来，一些当权者就颁布命令，允许这些商人和比萨等地的商人享有相同的特权。在进入15世纪之后，由于贸易的发展，一些国家之间开始订立一些有最惠国类型的条款。

18世纪后期，美国与法国签订了一项有条件的最惠国条款，就是受惠国需要做出和第三国承诺相同的承诺。19世纪时，这种有条件的最惠国待遇开始在欧洲流行起来，多数国家都采用了这种模式。1860年，英国和法国签订了第一份无条件的最惠国待遇条约。第一次世界大战之后，各国盛行贸易保护主义，经济危机更加剧了贸易保护的程度，使得无条件最惠国待遇受到限制。第二次世界大战之后，关贸总协定把最惠国待遇融入到国际贸易体制中，使得最惠国待遇成为了国际贸易的基础。

西欧封建城市的出现

西欧封建城市是在11世纪的时候，随着生产和经济的发展而出现的。

在西欧封建社会初期，随着罗马帝国的衰亡，早期的城市也逐渐衰落，生产力发展也变得缓慢。后来随着铁制工具的引入，生产力得到迅速发展，农业和手工业相结合，使得各方面的经济水平都有所提高。在发展过程中，手工业者的技术逐渐熟练，开始出现一些可以用来交换的手工产品。随着生产的发展，逐渐有一些手工业者从农业中脱离出来，成为个体商品生产者。

在手工业者和封建领主的对抗过程中，有些手工业者开始逃离封建庄园，以便找到合适的地方来销售自己的商品。而一些人多的地方，如港口、寺庙、关隘、城堡等地，逐渐成为手工业者的聚集地。之后，商业也随之在这些聚集地发展起来。在不断的发展壮大中，封建时期的城市出现了。由于这些手工业者经常遭到封建领主的追捕，于是政府下令，只要手工业者在城市中待够一年零一天，就可以成为自由人。这一政策更加促使了手工业者从封建庄园中逃离。

这些西欧的封建城市首先在意大利和法国南部发展起来，之后在莱茵河沿岸和尼德兰等地也出现了大量城市。到 11 世纪中后期，西欧地区已经出现了很多新的封建城市，一些旧的封建城市也发展壮大起来。

西欧的封建庄园

封建庄园内部实行独立经营，可以保证自给自足。

封建庄园是在西欧封建制度形成之后兴起的经济实体，是西欧封建社会的基本经济单位。封建庄园通常都是采用劳役地租的方式，由农奴为封建领主提供生活资料。

封建庄园的规模一般为一个或几个自然村，庄园内的生活设施主要有封建领主住宅、农奴住处、教堂、磨坊、仓库、面包房等。除了农奴住处外，其他的设施都是为封建领主服务的，农奴想使用的话就要付费。

封建庄园中的耕地分为封建领主自营地和农奴份地两部分，这些地都由农奴耕种，他们每周要在封建领主自营地上劳作三四天，其他的时间可以耕种自己的份地。封建领主自营地出产的东西都归封建领主所有，农奴的份地占庄园耕地的很小一部分，只够维持农奴生活。庄园内生产的东西很少同外界进行买卖，整个庄园形成一个封闭的经济单位，可以为封建领主提供足够的生产资料和生活资料，为农奴提供基本的生活用品。

当时的西欧封建庄园大多是以这种形式存在的，但是也有一些其他形式的庄园。有的庄园中只有封建领主自营地，也有的庄园中只有农奴份地，还有一些庄园采用的是农奴租种土地，向封建领主交纳地租的方式。但是不管采用何种方式，所有的土地都是由农奴耕种的。农奴对封建领主的依赖性很强，一直受到封建领主的奴役和剥削。

14 世纪的时候，商品经济发展起来，对以自然经济为主的封建庄园制度造成了很大冲击，封建庄园渐渐难以适应社会的发展。在黑死病席卷欧洲之后，劳动力严重缺乏，封建庄园难以继续经营，便改变了原来的生产方式，很多农奴得到了自由。之后，封建庄园制度逐渐瓦解。

银座溯源

银座这个名字起源于江户时代，意为银币铸造所。

银座是日本最繁华的一个街区，位于东京，以高级购物场所闻名。日本的银座与巴黎的香榭丽舍大道和纽约的第五大道被称为世界三大繁华中心。

1600年，德川家康在关原大战中取得胜利，之后便开始对现在的东京地区进行改造。1603年，他开始命人填海造地，在原来的旧城外形成了一个新区。1612年，德川幕府把银币铸造所迁移到了现在的银座所在地，之后便将此处命名为银座。

在银座迁到这里之后，匠人们便大批涌入，这个地区渐渐变得繁华起来。如今的银座有八个丁目，整个闹市区长达一公里。银座内有各种购物及娱乐场所，包括百货、工艺品店、餐饮店、夜总会等。在周末的时候，银座的主要道路会禁止机动车通行，只允许步行者进入，因此这里也被称为"步行者的天堂"。

华尔街小史

华尔街从百老汇开始，一直延伸到东河河岸。

华尔街是美国纽约市曼哈顿区的一条街道的名字。华尔街的地理范围并不大，但是它还有另外一个意义，那就是美国的金融中心。美国许多大的金融集团的经理处都设在这里，包括摩根财团、杜邦财团、洛克菲勒石油、纽约证券交易所等。目前华尔街所涉及到的金融网络已经遍及世界的每个角落，构成了一个庞大的金融帝国。

在早期，纽约是荷兰的殖民地。当时这个地方聚集了很多荷兰移民，被称为新阿姆斯特丹。17世纪中期，英荷战争爆发，英国开始攻打纽约的荷兰殖民者。荷兰殖民者为了抵御英军的进攻，修筑了一道土墙。后来，一条街沿墙形成，并得名"墙街"，华尔街是这个名字的音译。之后这道墙被推倒，不过华尔街的名字被保留下来。1664年，英军攻占了这个城市，并将其改名为新约克郡，简称为纽约，作为送给英国国王继承人约克公爵的礼物。

受荷兰资本主义精神的影响，纽约人也十分热爱商业，从而使得华尔街的金融业发展成为美国的金融中心。现在人们所提到的华尔街，已经不仅仅指这个地方，而是包括了华尔街所涉及到的金融网络。

汇票的发明

这种方式对买卖双方来说都很方便，便逐渐成为国际上使用比较广泛的一种结算工具。

汇票是在贸易中使用的一种信用工具，是由出票人签发，要求付款人在某一时间内向收款人或持票人支付款项的票据。

汇票属于一种委付证券，涉及到的当事人一般有三个，即出票人、付款人和收款人。出票人是指开出票据并保证票据兑换的人，是真正的债权人。付款人是指支付汇票指定款项的人，一般为债务人，在进行信用证支付时，为特定的银行。收款人是指接受汇票指定款项的人。

汇票是在国际贸易的发展中产生的。在进行国际贸易时，由于买卖双方通常距离比较远，并且使用的货币有所不同，结算起来非常麻烦。这个时候就需要一个比较有实力的中间人来进行担保，以使交易能够顺利进行。此时，银行开始介入国际贸易，作为贸易的中间人来进行担保。进口商通过银行向出口商进行担保，为出口商开出信用证，出口商到时向议付银行提供信用证之后，就可以提取货款。议付银行会开出汇票，然后开证银行根据汇票付款，并保证进口商能够提取到货物。

泡沫经济溯源

在现代经济中，由于金融市场的自由化发展，泡沫经济开始更为频繁地出现，并且其程度也更为严重。

泡沫经济是市场的一种经济状态，指的是市场中的资产价值超过了实体经济的价值，使得市场非常容易因缺少实体经济的支撑而失去持续发展的能力。泡沫经济一般是因为大量的投机行为而产生的，资产在缺少经济实体支撑的情况下，就像一个泡沫一样。当这种状态发展到一定程度，泡沫就会发生破裂，最终导致资产价值快速下跌。

泡沫经济一词起源于1720年的"南海泡沫公司事件"。当时在英国政府的支持下，南海公司垄断了对西班牙的贸易权。南海公司在经营过程中，曾大肆宣传其利润增长快速，使得人们十分热衷购买南海公司的股票。而过了一段时间以后，由于南海公司的实体经济不足以支撑这些高速增长的资产，最终导致经济泡沫破裂，其股价迅速下跌。

在"南海泡沫公司事件"之后，其他的一些地方也出现了经济泡沫现象，如荷兰的"郁金香事件"、法国的"约翰·劳事件"等。

南海泡沫事件

南海泡沫事件是发生于1720年的一次经济泡沫事件，泡沫经济一词就是从这个事件中得来的。

18世纪初期，英国社会由于个人资本增长，投资渠道不足，导致了大量闲散资金的出现。而当时在与法国的竞争过程中，英国政府发行了大量的政府债券，此时的英国政府急需恢复债券信用。在这种情况下，南海股份有限公司成立了。南海公司在成立后就认购了将近1000万英镑的政府债券，而英国政府则给予了南海公司某些商品的永久退税政策，并将南海的贸易垄断权交给了南海公司。

1720年，南海公司承诺购买全部国债，而政府需要逐年偿还这些债券。在这项交易通过后，南海公司的股价立刻大幅上涨，半年之内上涨了7倍。很多英国人争相购买南海公司的股票，其中包括英国国王和许多政府官员。在南海公司股票的带动下，英国所有股份公司的股票都成为人们的投资对象。

到了6月，为了遏制住英国公司经济泡沫的膨胀，英国国会通过了一项《泡沫法案》。法案颁布之后，许多公司被解散，股价随之下跌。这种效应不久就影响到了南海公司，人们开始纷纷抛售南海公司的股票，导致南海公司股价迅速下跌。至此，南海公司的经济泡沫终于破裂。1720年底，英国政府对南海公司的资产进行了清理，发现南海公司已经没有多少实体资本。很多投资者由于投入过多，在这次事件中遭受重创。

柯立芝繁荣

柯立芝繁荣是指在20世纪20年代美国经济快速发展的一段时期，当时正值柯立芝任美国总统，因此称为柯立芝繁荣。

第一次世界大战结束后，资本主义国家进入稳定的发展时期。美国经历了1920年到1921年的短暂的经济萧条后，开始逐步恢复生产，并渐渐走向繁荣。柯立芝在1923年到1929年期间任美国总统，他所实行的经济政策就是对工商事务不加干涉，并实行减税制度，同时采取贸易保护制度，收取高额关税。

在第一次世界大战期间，美国逐渐积累起雄厚的经济实力，并且控制了国际金融市场，为美国的发展打下了资本基础。战争过后，美国致力于发展科技，在工业生产上展开改革，使得美国工业科技快速发展起来。而欧洲资本主义国家由于战争的消耗，在财政上十分依赖美国，于是美国商人趁机大肆夺取海外市场，输出本国商品。在这段时间内，美国工业得到了迅速发展，每年的生产率增长都达到百分之四。

但是在工业发展的同时，其他方面的经济发展严重滞后，使得美国的经济发展很不平衡。因此这种繁荣并不是真正的繁荣，并且在之后引发了世界经济危机。

1929—1933年世界经济危机

经济危机是由生产能力过剩导致的，在资本主义发展过程中会出现周期性爆发。

世界经济危机是指世界范围内的经济发展在一个比较长的时期内出现负的增长率。1929年到1933年，爆发了一次世界性的经济危机。

20世纪20年代，美国经历了一个经济繁荣发展的时期，但是也加剧了资本主义的基本矛盾。这段时间里，美国生产能力大幅上涨，银行贷款也十分流行，导致许多资本家盲目扩大生产，同时股票投机活动的盛行，使得美国的金融市场十分不稳定。从1929年10月开始，纽约的股票价格大幅下跌，人们开始纷纷抛售手中的股票，虽然一些银行资金的注入使得股价短暂回升，但是没能阻挡股价整体下跌的形势。在很短时间里，纽约股市的损失就达到了两百多亿美元，很多人因此而破产。

很快，美国的经济危机蔓延到了其他的资本主义国家。首先是在经济上依赖美国的德国，紧接着英国、日本、法国等国都出现了经济危机。其工业生产大幅下降，大量企业倒闭，许多劳动人民流离失所，而大量的商品却被资本家销毁，政府信用也受到严重打击。其间，多个国家取消了金本位制度。

到了1933年，经济危机的高峰才渐渐消退，但是各国的经济仍旧处于萧条期，恢复缓慢。

石油危机

石油危机是石油价格对世界各国经济产生影响，最终导致的经济危机。

历史上曾发生过三次石油危机，这三次石油危机全部与石油输出国组织中成员国的政治动荡有关。石油输出国组织成立于1960年12月，组织掌握着国际石油价格的主导权，成员国有伊朗、伊拉克、科威特、委内瑞拉、沙特阿拉伯等。

第一次石油危机发生于1973年。1973年10月，中东战争爆发。石油输出国组织为打击以色列，于1973年12月宣布收回石油标价权，提高原油价格。油价猛涨，涨额是原价的两倍多。高涨的油价冲击发达国家的经济，引发了第二次世界大战后最严重的全球经济危机。这次石油危机持续三年，对美国、日本等工业化国家的经济产生了极大影响。

第二次石油危机发生于1978年，起因是伊朗政局改变，亲美国王巴列维倒台。这时，两伊战争爆发，影响石油产量。产量减少导致油价暴涨。1979年，原油油价为每桶13美元。到1980年，油价已升至每桶34美元。这次石油危机持续了半年多，直接导致了西方国家经济的全面衰退。

1990年8月，伊拉克攻占科威特。国际社会为惩罚伊拉克，对其实行经济制裁，导致伊拉克原油供应中止。国际油价因此飙升，最高时达每桶42美元。英国、美国等国家经济受其影响，1991年全球经济增长率大幅下降。国际能源机构不得不采取紧急措施，每天向市场投放250万桶储备原油；同时，沙特阿拉伯等国加速原油开采，石油价格最终得以稳定。这就是第三次石油危机。

苏联新经济政策的实施

新经济政策是苏联在1921年3月开始实行的一项经济政策，其目的是向社会主义过渡。

从1918年到1920年，苏维埃政权受到了协约国和国内反革命势力的双重挑战。这些挑战使得国内粮食和燃料供给困难，人民生活陷入困境。在这种情况下，苏维埃政权决定实施战时共产主义政策，由国家来调配所有的工作，按照共产主义原则来进行生产和分配。这种做法的思想基础就是不经过资本主义而直接过渡到共产主义，它在当时起到了很大作用。

1921年，战时共产主义政策已经严重限制了苏联经济的发展，并导致了经济危机，最终引发政治危机，爆发了农民起义和水兵叛乱。3月21日，俄共第十次全国代表大会决定实施新经济政策，以取代原来实施的战时共产主义政策。新经济政策的一项重要措施就是用粮食税来取代余粮收集制，另外还在一定程度上恢复了资本主义的发展，并且通过市场巩固了工人与农民之间的关系。

1928年，由于苏联国情发生了变化，新经济政策逐渐被废除。

洛克菲勒财团

洛克菲勒财团是美国著名财团，它的创始人是约翰·洛克菲勒。

1863年，约翰·洛克菲勒在克利夫兰开办了一家炼油厂。之后这家炼油厂不断发展壮大，在1870年扩组成为俄亥俄标准石油公司。不久之后，这家公司就垄断了美国的石油工业。约翰·洛克菲勒以石油业为基础，开始向金融业和制造业投资，并迅速发展起来，其总资产在25年间增长了700多亿美元。1974年，洛克菲勒财团的总资产达到了3000多亿美元，超过了摩根财团，成为美国财团之首。

洛克菲勒财团目前采取的是银行资本控制工业资本的形式，以大通曼哈顿银行为中心，通过一些金融机构来控制冶金、化学、汽车、航空等工业领域。目前，洛克菲勒财团的业务范围已经扩展到了美国国民经济的各个方面。

自由贸易政策的发展历程

自由贸易政策分为很多种，有单边、双边、多边等。

自由贸易政策就是指国家不干预进出口贸易，促使其自由竞争的制度。在实施过程中，主要的表现就是降低关税、减少征税商品种类等。

自由贸易政策是随着资本主义制度的发展而逐渐建立和发展的，但是在不同的时期其具体内容会有所变化。最早推行自由贸易政策的是英国。经历了19世纪的产业革命以后，英国经济实力大为增强，为了扩大本国商品的市场，英国开始在国际上推行自由贸易政策，包括通过武力手段来实施。到了20世纪初期，英国的经济实力下降，自由贸易政策也逐渐转变为贸易保护政策。第二次世界大战之后，美国崛起为经济大国，也开始推行自由贸易政策，并且使得原来的单边自由贸易政策转变成多边自由贸易政策。

　　1955年，世界贸易组织建立，自由贸易政策开始在全球范围推广开来。世界贸易组织所推行的自由贸易政策与之前的政策相比有所不同。首先表现为这一政策成为了一项国际制度，并且具有永久性；其次是自由贸易政策不完全排斥贸易保护，在国家发展的某一阶段，允许适当的贸易保护政策的存在；再次就是自由贸易政策所适用的范围由实物商品领域扩大到了金融和服务行业；还有就是自由贸易政策对世界贸易组织的成员国都具有约束力，所有成员都要无条件地接受这一政策；另外在政策的具体实施上也产生了一些变化。

　　自从世界贸易组织成立以来，自由贸易政策就成为了国际上的主流贸易政策，虽然有的国家在执行上会有一些偏差，但是自由贸易政策在国际上仍处于主导地位。

图文珍藏版

世界百科全书

张明林 编

第四卷

辽海出版社

政治法律

政　治

国家的由来

　　国家在人类社会中并非一开始就存在，而是慢慢形成的，也可以说是人类社会发展的必然结果。

　　国家是一定范围内的人民在共同语言、文化、种族或者历史的基础之上形成的共同体，国家有自己的领土、自己的人民和政府。

　　人类社会中存在着两种生产：一种是物质资料的生产，比如衣、食、住、行所需所用的物品，都是看得见摸得着的；另外一种是人类自身的生产，比如亲属关系、婚姻关系、传承与繁殖，等等。人类最初阶段，生产资料落后，维系群体和部落正常发展主要靠人类自身的生产，比如血缘、氏族等。但是，随着物质资料的迅速发展，人们开始大量使用生产工具，并且出现分工，这时社会结构开始出现变化，由生产资料决定的一种新的制度取代了原先由血缘、氏族维系的氏族制度，这种新的制度便是国家制度，国家由此出现。国家的出现过程同时是原始社会制度瓦解的过程，这其中物质资料的发展、社会出现分工、奴隶阶级的形成是国家出现的三个促成因素。当社会出现阶级对立，生产业和商业迅速发展，脑力劳动者和体力劳动者逐渐分离时，就会自然而然地需要出现一个有权威性的管理组织，那就是国家。

　　除了上面提到的，国家的起源还有其他不同的说法，具有代表性的有神权论、暴力论、契约论等等。神权论认为国家是神建立的，神在西方一般是指上帝，随着人类进入现代文明社会，神权论逐渐被人们抛弃；暴力论认为国家的产生更多的不是内部经济和生产发展的原因，而是外部的政治原因，尤其是战争；契约论认为国家是人们订立契约并共同遵守得到的结果，这种说法的代表人物有英国的洛克、法国的卢梭等。

警察和军队的作用

　　在古希腊语中，这个词语的意思是"秩序、社会稳定"。

　　"警察"一词源自希腊语，如今世界各国警察的职责大同小异，主要有执法、维持公共安全、保护公民生命和财产安全。警察对违反法律、法规的个人、组织有权利进行处理；对于危害到社会治安和公共安全的人有权利进行盘查、询问、带离现场；对方如果拒捕、使用暴力或者其他紧急情况下，警察有权利使用武器；即便不是在上班时间，遇到职责范围内需要处理的事情，警察也应当履行职责。

军队是指国家或者政府正规的武装力量，是国家政权的主要组成部分之一。军队一般包括海军、陆军、空军，一些发达国家还有导弹部队、电子部队等其他兵种。军队的首要职能是守护国土，防止和阻击外来的侵略行为；军队的第二个功能是主动出击，攻击敌人，保护自己的权益不受侵害；第三，军队是镇压国内暴乱，巩固政权稳定的工具。概括来说，军队是国家为了应对和实施战争，稳定国内政权而组建的暴力工具。在和平年代，军队还广泛参与到抗洪、抗震等救灾事项中去。

中央集权制度

公元前3世纪，秦国商鞅推行改革，将地方权力收归中央，奠定了中央集权制的基础。

中央集权制是一种将国家政权集中于中央政府，削弱地方政府实力的国家制度。这种制度最早产生于中国秦朝。

中国古代的战国时期，法家提出了中央集权制，法家代表人物韩非在著作中提出：社会动乱，地方势力割据时期，需要将权力集中到中央政府手中。秦朝成为第一个中央集权制国家，秦始皇统一中国之后，设立郡县制，统一度量衡，使秦国成为真正的中央集权制国家。到了隋朝，统治者将中央政府划分为三省六部制，明确了中央政府的职能划分，提高了行政效率，使中央集权制更加稳定。唐朝大力推行科举考试，使底层百姓有机会参政，消除了来自底层人民的不满。但是从14世纪开始，中央集权制开始逐渐向君主专制过度，明朝便废除了丞相与三省，到了清朝，权力更多集中到了皇帝手中。15世纪和16世纪，欧洲也纷纷建立起了中央集权制，一些国家虽然声称是联邦制，但中央政府权力明显高于地方政府，所以也是中央集权制。但是到了19世纪，民主制度对中央集权制造成了致命的冲击，一些国家放弃了中央集权制。

中央集权制有利有弊，中央集权政府可以迅速调动国家资源，有利于国家的统一和稳定，为国内创造一个良好的发展环境；缺点是容易造成贪腐和垄断，增加阶级对立，引起民愤。在生产资料落后，连年征战时期，中央集权制优势明显，而在和平年代，中央集权制则成为了社会发展的障碍。

圆桌会议的来历

圆桌会议的起源据说和英国亚瑟王有关。

圆桌会议是指与会者不分高低贵贱,平等、友好地进行协商的会议形式。之所以被称为圆桌会议,是指这种会议往往是围绕着一张圆桌而坐举行的,也可能用的不是圆桌,不过往往会被摆成圆形。圆桌代表平等,因为是围着坐的,所以不分上下,与会各方不用为谁该坐上座,谁该坐下座而发生争执。

相传公元5世纪时,英国的亚瑟王发现自己在同骑士们商讨国事的时候常会因为座次发生争执,人们习惯让身份最高的人坐中间,两边依次是身份第二和第三的人,以此类推,非常麻烦。亚瑟王想出一个办法,他找人制作了一张圆桌,开会的时候就和骑士们围着圆桌坐下,不分上下,圆桌会议便是得名于此。据说至今那张圆桌还保留在英国的温切斯特堡。第一次世界大战之后,国际会议非常繁多,为了保证不因座次起争执,国际会议一般会采用圆桌会议的形式,这一习惯沿用至今,已经成为国际间举行政治谈判的主要形式。

领事的由来

领事最早产生于中世纪中叶。

领事是指一国政府派驻外国某一城市或地区的外交官员。领事的职责主要包括促进派遣国与接受国之间关系的发展,保护本国公民和法人在该领事区内的正当权益,颁发护照和签证,担任民事登记员和公证人,处理有关本国公民遗产的事务等。

中世纪中叶,意大利的一些沿海城市中出现了早期的资本主义商品经济,那里聚集了很多商人,他们之间经常会发生一些商务纠纷。每当这时,这些商人就会请自己的同行来担当仲裁人。随着时间的推移,这种仲裁人的角色开始由固定的几个人担当,他们便是最初的领事。

后来,大批商人由意大利赶赴中东地区做生意,这些来自各个国家的商人很快又在中东发生了一系列商务纠纷。在这种情况下,他们的国家政府便派出官员赶到他们经商的国家,帮助调解纠纷。于是,首个官方领事就在中东地区应运而生了。在接下来的数百年间,领事的权限不断发生变化,最终发展到了现在的状态。

三级会议

三级会议制度诞生于12世纪。

三级会议是指法国中世纪的等级代表会议，一般会将参加会议的人分为三个等级：第一等级是教士等宗教人员；第二等级是官员和贵族；第三等级是普通民众。每个等级无论人数多少只可以投一票。三级会议没有固定的举行日期，往往是在国王需要寻求帮助，国家遇到困难的时候才会召开，比如需要征收新的税种时、需要发动战争时、领土分裂和合并时等。

12世纪时，封建制度已经不适应法国社会的发展，国家需要一种新的制度来实施统治。作为君主制的一个补充，三级会议应运而生，君主制是从上向下进行统治，而三级会议有从下而上反馈信息的作用。三级会议制度一方面是为君主制服务的，另一方面会对君主制形成一定的限制，国王不再拥有绝对的权利。三级会议有权监督政府，不过随着国王越来越独裁专政，三级会议的权利被逐渐削弱，甚至中间一度终止过175年。最后一次三级会议是路易十六于1789年组织召开的，也正是这次三级会议引发了之后的大革命，大革命之后，三级会议制度被取消。

三级会议对法国历史产生了深远的影响，尽管后期形同虚设，但它蕴含的民主精神成为后来议会民主的萌芽，为近代民主积累了宝贵的经验，后来的国民会议和制宪会议本质上都是对三级会议的继承。甚至可以说，法国三级会议是日后西方社会民主制度的起源之一。

大使馆与领事馆

例如，中国就在美国设立了1个大使馆和5个领事馆。

大使馆是一个国家在建交国的首都派驻的常设外交代表机关，通常由国家的外交部门直接领导。领事馆则是一国派驻在建交国某个城市的领事代表机关，受外交部门和所在国大使馆的双重领导。大使馆的职责范围遍及所在国的各个地区，领事馆则只负责所辖地区。大使馆在一个建交国只能设立一个，领事馆则可以设立多个。世界上最早的大使馆建于13世纪的意大利，那里也是现代外交的诞生地。

两院制的起源

一般来说，联邦制国家多采用两院制。

世界各国的议会一般会采用两院制或一院制，两院制是指议会分为上议院和下议院，在不同的国家，上下议院的称呼不同，参议院、联邦院都属于上议院，众议院、国民议会都属于下议院，上议院也被称为第一议院，下议院也被称为第二议院。实行一院制的议会一般会被称作国会、国民议会、众议院，甚至直接称之为议会。

两院制起源于14世纪的英国。爱德华三世在位期间，议会内部成员常有分歧，渐渐地，贵族和僧侣阶级成为一派，骑士和平民成为一派，这两派逐渐演变成为两院制中的两院，因此上议院也被称为贵族院，下议院也被称为平民院，简称上院和下院。

两院制和一院制各有利弊，孟德斯鸠就支持两院制，他认为这样可以起到互相牵制和监督的作用；而卢梭则支持一院制，他认为立法权不宜采用两院制共同执行。1787年美国建国时，便在国会中采用了两院制；法国起初采用的是一院制，1795年改为两院制，并一直延续至今。19世纪初建立起议会制的国家基本上都是采用两院制，但到了19世纪中期，一批新成立的国家纷纷采用一院制。到今天，采用两院制和一院制的国家旗鼓相当。

"弹劾"的由来

所谓有特权的人一般是指政府高级官员，或者法官。

弹劾是指当一些拥有特殊权利的人有违法行为时，人们对他所进行的政治审判。弹劾并非刑事审判，而是一种政治审判，如果对象被弹劾下台，往往会丢掉职位，至于是否需要接受刑事处罚，接受怎样的刑事处罚，则需要由刑事审判来裁定。刑事审判一般会在弹劾之后进行，如果弹劾失败，则一般不会进行刑事审判。三权分立的民主制国家不允许司法直接干涉政治，司法只能影响法律，然后通过法律影响政治，这是三权分立的根本，也是弹劾审判和刑事审判被分开的原因。

弹劾制始于14世纪的英国，1376年英国历史发生了第一起弹劾案，不过最初弹劾的对象可以是任何人，只不过后来慢慢演化为政府高官和王公大臣等重要人物。15世纪中期之后，弹劾被弃用。直到17世纪，议会才重新启用弹劾制，目的是用来教训那些躲在国王身边，受国王保护的小人和宠臣。18世纪末，英国逐渐废弃了弹劾制度。

现在，一些国家依旧保留了弹劾制，但很少使用。被弹劾的对象一般为法庭无权审判的对象，比如美国法律规定，总统、副总统、联邦法官和内阁部长等高级官员可以被弹劾。美国历史上就曾经三次弹劾总统。最高领导人往往对刑事案件有赦免权或者缓和定罪权，但他们没有权利对弹劾案行使赦免权和缓和定罪权。

外交的起源

值得一提的是，现代社会的外交活动主体必须是主权国家。

人类的外交活动早在几千年前就开始了。例如，中国春秋战国时期，各诸侯国之间就已经建立了外交关系。不过，这种外交并不是现代意义上的外交，现代外交始于文艺复兴早期的意大利。1455年，米兰首次向法国派遣了大使，从而开创了欧洲各国互相派遣大使的先河。到了16世纪末期，欧洲大国已经习惯了向别国派驻外交使臣。在法国大革命期间，欧洲的外交习俗遭到严重的破坏，拿破仑甚至以间谍罪为由逮捕了数名英国驻法外交官。

伴随着近代欧洲各国的殖民扩张，欧洲的外交习俗也被传播到世界各地，最终形成了今天的外交局面。在进行外交活动的过程中，各国必须坚持联合国的和平共处五项原则，即互相尊重主权和领土完整，互不侵犯，互不干涉内政，平等互利，和平共处。

三权分立制度

三权分立是民主社会建立的基础。

三权分立也被称为三权分治，是指政府的立法权、行政权和司法权相互独立，相互制约，以免出现权力滥用、相互包庇的事情。

三权分立的思想由来已久。在古希腊时期，这种思想就产生了，其目的主要是避免产生独裁者。若将过多权利集中在一个人或者一个部门身上，非常容易造成权利泛滥和腐败。不过，直到17世纪英国思想家洛克发表《政府论》，现代分权理论才算是正式创立。洛克将国家权力分为立法权、行政权和对外权，并认为这三项权利不能由同一行政机关主管，以保证相互监督。洛克认为立法权应交由议会，行政权属于国王，对外事务也由国王执行。法国启蒙思想家孟德斯鸠后来发展了"三权分立"理论，将国家权力分为立法权、行政权、司法权，这一理论通过《论法的精神》广泛传播，并得到了充分肯定，成为后来各国民主改革的理论基础。由于每个国家的国情不同，因此三权分立制度在不同的国家也略有差异。不过，它的根本精神是一致的，那就是立法权、行政权、司法权分属不同的政府机构，相互制约。

内阁制

　　在内阁制中，内阁需要对议会全权负责，因此内阁制又被称为议会内阁制。

　　内阁制是指由内阁负责行使国家行政权力的一种政体形式，与总统制相对立。总统制是由总统负责行使国家权力。

　　内阁制源自英国，前身是18世纪英国的枢密院外交委员会。内阁制的基础是议会制，往往议会中占多数席位的政党主席会担任内阁首相一职，首相有权利挑选人员组成内阁，挑选的标准当然是尽量与自己政见相同或者相似，内阁组建完毕之后需要得到元首的任命。虽然元首更多的是一种名义上的代表，没有行政

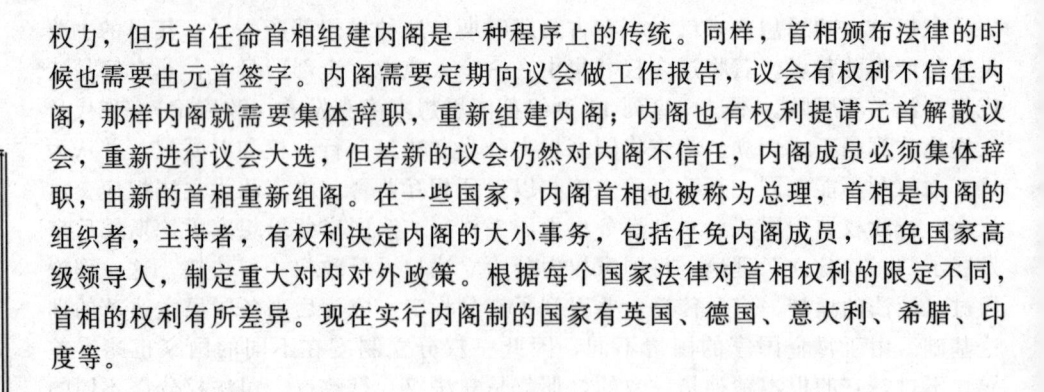

权力，但元首任命首相组建内阁是一种程序上的传统。同样，首相颁布法律的时候也需要由元首签字。内阁需要定期向议会做工作报告，议会有权利不信任内阁，那样内阁就需要集体辞职，重新组建内阁；内阁也有权利提请元首解散议会，重新进行议会大选，但若新的议会仍然对内阁不信任，内阁成员必须集体辞职，由新的首相重新组阁。在一些国家，内阁首相也被称为总理，首相是内阁的组织者，主持者，有权利决定内阁的大小事务，包括任免内阁成员，任免国家高级领导人，制定重大对内对外政策。根据每个国家法律对首相权利的限定不同，首相的权利有所差异。现在实行内阁制的国家有英国、德国、意大利、希腊、印度等。

君主制

古代的奴隶制国家和后来的封建制国家多实行君主制，现在的大多数国家过去都曾经实行过君主制。

君主制是指由君主担任国家元首的一种专制制度，君主制国家中君主具有无限权力，并且多为终身制和世袭制。君主是一个统称，包括皇帝、国王等。

君主制一般为世袭制，王位在一个家族内部传递，最多的情况是父亲传给儿子，或者哥哥传给弟弟，也有一些是叔叔传给侄子，极少数情况会传给外甥、女婿或者女儿。一般情况下，血缘关系越近，继承的顺位越高。君主制国家中，往往会制定详细的继承顺位，当元首退位，第一顺位的继承人会自动成为新的君主。关于女性是否能参与继位排序，历史上一直存在很大争议，因为在古代是父系社会，男权至上，女性基本上没有参政权，不过这种情况也有例外，比如著名的英国女王。有一种君主制被称作选举君主制，顾名思义，君主是选举产生的，其实这不过是世袭制的一种变异而已，因为选举人多来自同一个家族，前一任卸任之前就已经定好了自己的接班人，王位始终被垄断在一个家族内。

君主制虽然有助于政权平稳交接，有利于政局稳定，但专制所产生的垄断和腐败不能被人们接受，相对于把国家和人民的命运交给某个人，不如制定一个完备的制度，这已经成为共识。进入现代社会之后，许多国家都废除了君主制，不过也有一些王室被保留了下来，但他们只作为国家的象征，并不参政，比如英国王室、荷兰王室等。

君主立宪制

人们提到君主立宪制的时候，更多的是指议会制君主立宪制。

君主立宪制是指在宪政体制下，由一个世袭的君主作为国家元首，并且君主的权利受到法律限制的政治体制形式。由于不同地区的称谓不同,因此君主有国王、大公等。

君主立宪制是资产阶级与封建阶级在斗争过程中相互妥协的结果,君主得到了保留,并且依旧享有权利,但大多是一些象征性的权利,没有实权。君主立宪制一般分为两类,二元制君主立宪制和议会制君主立宪制。简单来说,在二元制君主立宪制中,君主虽然交出了立法权,但享有一定的行政权,君主任命内阁,内阁听从君主命令,议会负责制定法律,君主需要在法律范围内行事,但君主对法律拥有否决权。在议会制君主立宪制中,君主几乎交出了所有权利,行政权在首相手中,内阁也由首相来组织,君主只是国家的象征罢了。

英国是世界上最早的君主立宪制国家,一直延续到今天,国王和王室的权利在法律中有明确的限定,不得越界。现在很多国家依然采用君主立宪制,比如荷兰、比利时、丹麦、挪威、西班牙、卢森堡、瑞典、泰国、日本等国家。

最不发达国家

按照新的标准,截止到2011年,全世界最不发达国家有48个,其中拉丁美洲1个、大洋洲5个、亚洲9个、非洲34个。

1967年"77国集团"通过的《阿尔及利亚宪章》中第一次提出了"最不发达国家"这个概念。1971年联合国大会制订了衡量最不发达国家的三条经济和社会标准:一、人均国民生产总值在100美元以下;二、国内生产总值中制造业所占比重低于80%;三、人口识字率低于20%。

当时有24个联合国成员国符合这个标准,属于最不发达国家。后来联合国对最不发达国家的标准做出了几次修改和调整。1991年3月,联合国重新制定了最不发达国家的标准,包括四条:一、人均国内生产总值在600美元以下;二、人口不超过7500万;三、扩大的实际生活质量指数(包括预期寿命、人均摄取热量、入学率、识字率等)不超过47点;四、经济多种经营指数(包括制造业、工业就业比重等)不超过22点。

最不发达国家这个特殊群体,他们人口众多,超过全球人口的十分之一,但是经济不发达,人口平均寿命低,婴儿出生率、死亡率高,文盲比例高。为了帮助这些最不发达国家摆脱贫困,联合国先后于1981年和1990年两次在巴黎召开关于最不发达国家问题的会议,分别通过了《80年代新实质性行动纲领》和《90年代行动纲领》,通过进行援助、减免债务等手段帮助这些国家提高生活水平。但是,自然原因加上政治动荡、内战等原因,最不发达国家有不减反增的趋势,令人担忧。

政治学之父

马基雅维利是摆脱神学和伦理学，将政治和法律发展为独立学科的奠基者。

尼可罗·马基雅维利，意大利文艺复兴时期著名的政治哲学家，著有《君主论》、《论李维》等政治学名著，被称作"政治学之父"。

马基雅维利于1469年出生在一个没落的贵族家庭，他的父亲是一名律师。他几乎没有上过学，所有知识都是自学得来的。1498年，他出任佛罗伦萨共和国第二国务厅长官，负责外交和国防工作。1505年，他又成为了佛罗伦萨九人指挥委员会的秘书，并亲自带兵征战比萨，最终取胜。当时佛罗伦萨共和国与神圣罗马帝国、教会的关系非常紧张，马基雅维利到处游说，试图调解，避免开战，但最终战争还是爆发了。1512年，神圣罗马帝国的军队攻占佛罗伦萨，美第奇家族重新掌权，有人策划了推翻美第奇家族的叛变，马基维亚利意外地被卷入其中，结果被捕入狱，并在监狱中受尽了折磨。获释之后，马基雅维利选择隐退到乡间，专心写作，并在那里度过了余生。

马基雅维利一直主张统一意大利，建立起一个强大的中央集权国家。他认为共和制是最好的体制，但也存在弊端，比如没有集权制有凝聚力，要想统一意大利，君主集权制是最好的选择。他认为一切有利于君主统治的行为都是正当的，无论是欺骗、暴力，还是伪善，为了达到统治的目的，可以采用任何政治权谋，这种想法被称为"马基雅维利主义"。除了在政治学方面的成就之外，马基雅维利对西方法律思想的影响也很大。

惊世之作《君主论》

据说路易十四每天晚上必读《君主论》，拿破仑不仅读了这本书，还在上面写满了批注。

《君主论》是意大利政治哲学家马基雅维利最富盛名的作品。这部著作阐述了如何成为一个好的统治者,成为执政者非常喜爱的一本书。不过,书中有些观点过于偏激,引发了巨大的争议。

1512年,佛罗伦萨共和国灭亡,马基雅维利也因卷入一场阴谋叛变被美第奇家族关入大牢,并在牢中受尽折磨。在被关押的这段时间,他开始思考一个问题:君主应该如何执行统治,如何管理国家?他结合自己多年从政的经验,并且总结了佛罗伦萨共和国失败的教训,逐渐找到了答案。不过,狱中的条件不可能让他写出来,他只能藏在心里。后来马基雅维利躲过一死,重获自由。出狱后,他隐居乡间,专心著书,将自己的所思所想记录下来,最终写成了《君主论》。

在《君主论》中,马基雅维利主要论述了一个君主如何进行统治,如何稳固政权。他认为军队是国家之本,要想管理好国家,首先应该掌控军队;他认为君主必须了解自己的国家,要做到体恤民情,与民主有良好的交流和沟通。书中最具争议的观点是:君主要想稳定政权,必须在公众面前保持完美的名声,但私下可以用任何手段去完成自己认为合理的事情,只要是有利于统治的事情都是合理的。马基雅维利并不是一个冷血、残酷、漠视道德的人,在他心中,君主应该以国家利益为重,君主可以用任何手段去维护统治和国家繁荣,但是不允许为自己谋私利。同时,他也为采取"任何手段"制定了一个前提条件,那就是必须是短时期的、快速的、有效的。

《君主论》一经面世,立刻引起轰动,天主教会将其列为禁书,但政治家,尤其是统治者从中获得了深刻的启示。

《社会契约论》

《社会契约论》集中阐释了卢梭的民主思想,该思想为现代民主制度打下了坚实的基础。

《社会契约论》又名《民约论》,是法国思想家让·雅克·卢梭写于1762年的一本书。这本书共分四卷:第一卷讲社会结构与社会契约的形成,第二卷讲人民的权利问题,第三卷讲政府的运作形式,第四卷是有关几种社会组织的讨论。

卢梭提出,一个理想的社会应该建立人与人之间的契约关系,而不是建立人与政府之间的契约关系。他认为,统治者之所以能掌握权力,是因为被统治的人认可他手中的权力;而一个真正完善的社会体制,应该由被统治者的"公共意志"掌控。

他说,"人生而自由,但枷锁无处不在",因为人生活在社会契约中。在契约中,人们为获得契约自由而放弃了天生就有的自由。这是一种政治性平衡:只有每个人都将天然自由转让给集体,人类全体才能得到平等的契约自由。卢梭明确阐述:政府应该分成三部分,代表"公共意志"的主权者,主权者任命的行政官员和令"公共意志"得以实现的民众。主权者由人民根据"个人意志"投票产生,以确保主权者能真正代表"公共意志";若主权者违背"公共意志",则民众

可群起而推之。

《社会契约论》刚一出版就被禁，作者卢梭也不得不逃往英国。然而，书中提出的民主理论却在全世界广泛流传开，并间接导致了法国大革命的爆发。法国"自由、平等、博爱"的格言就是出自《社会契约论》。法国《人权宣言》中的"社会应为大众谋福利"、"统治权在人民手中"等内容，在精神上也与《社会契约论》一脉相承。

《人权宣言》

《人权宣言》的发表打破了君权神授的神话，资产阶级的天赋人权取代了君主为首的封建特权。

《人权宣言》全称《人权和公民权宣言》，是18世纪末法国大革命时期，为反对封建专制，表明资产阶级社会的基本原则而提出的一个纲领性文件。1789年8月26日，法国国民议会通过了这份宣言，后来还将它作为1791年宪法的前言。

《人权宣言》以美国《独立宣言》为蓝本，加入了当时启蒙学说和自然权论的观点，共有十七条，主要内容为：第一条：人人生而平等；第二条：每个人都有自由权、财产权、反抗被压迫的权利；第三条：主权的本原在于国民；第四条：自由就是指有权从事一切无害于他人的行为；第五条：法津仅有权禁止有害于社会的行为；第六条：法律面前人人平等；第七条：只有在法律规定的情况下才可以控告、逮捕、拘留他人；第八条：依法行事；第九条：任何人在被判定有罪之前，均为无罪；第十条：人民有宗教自由；第十一条：人民有言论和出版自由；第十二条：人权保障需要武装力量，但武装力量只能用于保障公民的权利和安全；第十三条：为保障公共设施正常运转，公民需要纳税，税额根据能力分配；第十四条：公民有权参与税务政策的制定；第十五条：社会有权监督公务人员的工作；第十六条：三权分立是制定宪法的前提条件；第十七条：个人财产神圣不受侵犯。

《人权宣言》的颁布实际上宣告了封建王权的结束，资产阶级政治制度上台。它还激发了各国人民以更大的热情投身于反封建斗争，推动了其他各国民主化的进程。

印度种姓制度

印度种姓制度是一种森严的等级制度。

印度历史上公元前18～前10世纪被称为前吠陀时期，公元前10～前6世纪被称为后吠陀时期，种姓制度就产生于后吠陀时期。

种姓制度根据人的社会地位和职业将人分为四个等级，分别被称作婆罗门、刹帝利、吠舍和首陀罗。婆罗门是第一等级，成员主要是僧侣，他们是印度地位最高的人，可以参与祭拜神灵，拥有与宗教有关的神权；刹帝利是第二等级，主要由贵族组成，他们负责国家的行政事务和军事事务，负责管理国家；吠舍是第三个等级，主要由雅利安平民组成，他们没有政治权利，不过可以自己选择种地、放牧、捕鱼或者捕猎，他们缴纳的税款是国家的主要经济来源；首陀罗是第四个等级，主要是被雅利安人征服的当地人，或者失去土地的农民，他们没有任何权利，其实就是奴隶。

种姓制度规定每一个等级都是世袭制，并且不同等级的人不允许通婚。世袭制导致了贵族永远是贵族，而奴隶永远是奴隶；不能通婚会保证不同等级之间的关系不会被打乱。除此之外，不同等级的人享有的法律保障也不同，婆罗门杀死首陀罗只需要赔偿一头牲口，而若是首陀罗辱骂婆罗门，则会遭受极刑，成为哑巴或聋子。就是这样残暴的种姓制度，在印度历史上延续了几千年，直到20世纪印度宣布独立之后才得以废除，不过留下的影响至今还在。

罗马元老院的建立

无论是罗马共和国时期还是罗马帝国时期，元老院都发挥着重要作用。

罗马元老院是古代罗马时期一个重要的国家议事机关，拥有立法权和管理权，同时还掌控着国家的财政大权、外交事务、宗教事务等。

元老院最初只是一个由很多家族统领参与的会议，起初只有100名成员，后来参加人数被增加到300名，成员也不再限于家族统领，很多前任的官员和奴隶主也有资格加入。恺撒在位期间，为了削弱元老院的权利，对元老院进行了改

革。他将元老院元老的数量从300名增加到900名，其中很多罗马公民和他手下的战士也成为元老，此举是想打破保守派对元老院的控制。经过改革，元老院的势力被削弱。等到了罗马帝国时期，政权越来越集中在皇帝手中，元老院的势力越来越不如从前，不过仍然发挥重要作用，是国家政治中不可缺少的一部分。公元前1世纪到公元6世纪，这段时间是元老院的衰退期，元老院最后一次有记载的议案是公元580年向君士坦丁堡派遣了两位使者。

元老院的身份资格并非终身制，如果违反了公共道德，身份有可能被检察官剥夺。元老身份的象征是元老指环，最早的元老指环使用铁打造的，后期改用黄金打造，同时他们在衣着上也有讲究，代表性的服饰是及膝长袍。

罗马行省制的确立

各行省修建的道路网，不仅方便出军作战，还促进了罗马与外界各种文化的交流，留下了"条条大道通罗马"的谚语。

古代罗马行省制是古罗马在征服的领土上建立起来的一种管理制度，目的是更好地统治、管理那些领土。行省制建立于公元前3世纪晚期，经过100年的发展，罗马建立了9个行省，并且随着领土的扩张，行省的数量不断增加，行省制度也不断健全。

行省制度由罗马元老院制定，一般需要明确该行省的管辖范围，行省内部设立城镇的数目，行省每年需要交纳的赋税和贡品，以及行省中的公民享有的权利。在罗马法律中，行省的土地属于国家所有，行省中的人只能租种土地，并且需要缴纳沉重的税负。行省中往往有1名总督，3名副总督，以及1名财务官。总督在行省中掌握生杀大权，是最高统领，一般出任行省总督的都是任期结束的执政官。恺撒执政时,对罗马的行省制进行了改革,提高了行省公民的权利,并给予行省自制的权利。公元前1世纪末,行省逐渐分为两类:一类直属皇帝管辖,皇帝会钦定总督,这些总督有军权;一类直属元老院管辖,元老院派出的总督没有军权,只有政权。罗马由共和国进入帝国之后,行省制度得到了进一步发展,行省公民的权利得到了进一步提升,行省的贵族开始进入统治阶层。

罗马行省制度随着罗马帝国的灭亡而消失,但是它对罗马共和国和罗马帝国产生了深远的影响。

执政官的产生

公元前8世纪起,古希腊城邦中展开了一场由贵族领导的废除王权运动。

古希腊时期,很多城邦的地方行政官被称作执政官。执政官可能由一人担任,也可能由数人担任。到了公元前8世纪中叶,贵族会议取代国王,成为国家真正的统治者。贵族会议的前身是由国王召集组织的一个议事机构,参与者均为贵族首领,贵族会议也被称为长老会议。当时的执政官都是由贵族会议选定的,标准是财产多少和地位高低。随着国王的权利被一步步削弱,军事、司法等大权逐步落到了执政官手中。最初执政官的任期没有限制,是终身制,后来任期改为10年,再后来逐渐降为1年,不过执政官任期结束后可以进入贵族会议,成为终身议员。这种制度保证了国家权力掌握在执政官和贵族会议手中,不会大权旁落。公元前594年,贵族梭伦对执政官的制度进行了改革,即著名的"梭伦改革",逐渐消除了贵族会议的权力垄断,之后执政官的任免又几经变化。到了公元前5世纪,执政官手中已经没有多少权利了。

罗马共和国权利最高的职务也被称为执政官,由选举产生,掌管国家军事、外交等事务,主持元老院会议,执行元老院会议通过的决议等;罗马帝国时期,执政官不再由选举产生,而是成为一个被委任的职务。

元首政治

元首制是披着共和外衣的君主制。

公元前28年,屋大维结束罗马共和国,开创罗马帝国,并称国家最高统治者为"元首"。这不过是他表面上忠于共和,实际中搞个人独裁的一个手段而已,这种统治形式被称作元首制。

屋大维在恺撒死后继位。公元前43年,屋大维与安东尼、雷必达达成协议,对罗马进行分治,后来屋大维先是解除了雷必达的兵权,又操纵元老院向安东尼宣战。公元前31年,屋大维打败安东尼,占领埃及,安东尼自杀,罗马全部掌

控在屋大维的手中。公元前30年，屋大维被封为罗马终身保民官。公元前29年，他又获得大元帅称号。公元前28年，屋大维获得"元首"称号，元首的意思是元老院首席元老，公民中第一公民。至此，罗马由罗马共和国进入到罗马帝国。

罗马帝国的元首集保民官、执政官、军事统帅等大权于一身，等同于国王或者皇帝，但是罗马共和国自称是共和国，忌讳国王、皇帝这些个人集权的称谓，所以选用了"元首"，其实本质上是一样的。不过，罗马帝国的元首制并没有排斥罗马共和国延存下来的元老院，法律还是必须经过元老院通过才能生效，元首也需要经过元老院批准之后才能上任，才算是合法的国家元首。

日本部民制

部民制是大和国生产力低下时不得已的选择，当经济、商业、生产发展到一定阶段后，部民制便显示出了它的局限性。

部民制是指公元4世纪末到7世纪初，日本大和国时期实行的一种奴隶制。部是指皇室或者贵族所拥有的奴隶的集体称谓，一般按照不同的工种和所属主人不同，会用不同的称谓来区分。比如，负责警卫工作的人被称为韧负部；负责烧制陶瓷的人被称为陶部；负责提供水产品的被称为海部；负责看守山林的被称为山部；负责种地的被称为田部，此外还有负责做饭的膳部；负责饲养的豚养部、马饲部等。所有部民中，以种地的田部人数最多，他们中既有外来的移民，也有战争中的战俘，还有一些传统的农民。很多部民名字之前会带一些贵族的姓氏，以表明自己所属的主人是谁，比如其中一些比较大的部有大仲部、苏我部等。

部民在当时是生活在最底层、地位最低下的人，但作用十分重要，因为他们是国家经济、农业方面的主要劳动力，也正是因为如此，在当时不准随意杀害部民，也不准买卖部民，但可以转赠。

公元592年，推古天皇继位，随即对国家着手进行改革，其中很重要的一项内容便是消除部民制，改为封建制。不过，出于皇室的需要，还是保留了少量的部民。部民制其实是一种变相的奴隶制，也有人认为是一种半家长半封建制，因为部民拥有一些自由，可以成家，而并非完全没有权利的奴隶。

日本平安时代

平安时代起于公元794年，结束于1192年。

平安时代之前是奈良时代。奈良时代末期，贵族阶层和僧侣势力大权在握，不断引发朝廷与贵族之间的斗争。恒武天皇为了削弱贵族和僧侣的势力决定迁都。公元784年，日本的都城正式由平城京迁往长岗，并在当地开始修建新都，经过十年的修建，公元794年新都建成，命名为平安京，寓意平安吉祥。这次迁都对日本历史影响重大，平安京在此后的1000多年里，一直是各朝的首都。人们将迁都作为划分时代的标志，日本由奈良时代跨入平安时代，平安时代的称呼来自新都城平安京。直到1192年，源赖朝建立镰仓幕府，平安时代结束，日本进入镰仓时代。

平安时代持续近400年，是日本历史上非常重要的时期，尤其是在文化发展方面。平安时代是古代日本文学的顶峰时期，同时佛教得到了极大发展，此外还有来自中国的儒学也备受推崇。也是在平安时代，日本逐渐终止了持续多年的向唐朝派遣使节和留学生的政策，开始发展自己的文化，形成了日本自己的文化风格。此外，平安时代中下层武士的势力不断增长，最终导致政权落入武士手中，日本进入幕府时期。

北欧海盗维京人

维京人登陆到格陵兰岛、冰岛、英国，并在这些地区定居下来。

维京人属于日耳曼民族的一支，生活在斯堪的纳维亚半岛上。维京人数量并不多，但是以敢于闯荡的开拓精神闻名于世，无论是近处的冰岛、格陵兰岛、爱尔兰、大不列颠，还是远处的美洲东北部、俄罗斯腹地和中东，都曾留下过他们的足迹，加上他们常常从海上发起攻击，所以被称作"北欧海盗"。

维京人分为三个阶层：头人、自由人和奴隶。他们的集体观念特别强，善于集体作战，同时民风彪悍，勇猛好斗。随着分工越来越细，生产发展迅速，维京人开始向外侵略，以便获取更多的市场和财富。维京人善于从海上发起攻击，他们水性很好，并且乘坐一种专门设计的小船，速度快、机动灵活，几乎从不会失手。因此，维京人逐渐成为了北欧地区著名的海盗。

起初维京人的活动范围主要在日耳曼、英国、法国沿海一带，但随着抢夺财物屡屡得手，他们的野心变得更大，不满足于偷袭式的攻击，而是向外侵略。他们先后攻打了卢昂、汉堡等一些大城市，曾经围困巴黎两年，逼迫法国不得不支付大笔赎金。

西欧的骑士制度

只有出身贵族的男子才能成为骑士。

骑士原本是指欧洲中世纪受过正式军事训练的骑兵。中世纪的欧洲多次出现动乱，统治者希望训练出一种全新的兵种，能在战场上占据绝对的优势地位，骑士便应运而生了。随着时间的推移，骑士逐渐演变为一种荣誉称号，他们属于贵族阶级的最底层，一般只能得到很小的一块封地。

一个男孩在成为骑士之前，需要经历14年的漫长训练。从7岁开始，他就要学习礼仪、学习游泳、投枪、击剑、骑术、狩猎、弈棋、诗歌这"骑士七艺"。一直等到21岁，他们才能被晋封为骑士。

在14世纪之前，骑士的晋封仪式十分复杂，耗资巨大。14世纪之后，仪式渐渐简化。此后，对骑士的资格要求也放宽了许多，很多出身平民阶层的人若是在战争中立下了大功，同样可以晋封为骑士。在英法百年战争期间，英法两国的统帅为了激励将士们英勇奋战，经常在战争开始之前晋封多名骑士。有一回，法军正在与英军对峙，忽然有一只兔子闯入了法军阵营，引来一片骚乱。法军统领误以为英军来犯，战争就要开始了，马上晋封了十多位骑士，这些骑士后来被人们称为"兔子骑士"。

骑士分为骑士与见习骑士两个级别。所有骑士的旗帜都是长方形的，但见习骑士的旗帜尾部有分叉，看上去就像燕尾。当见习骑士立下的战功足以使他们晋级时，上司就会剪掉他们旗帜上的燕尾，让他们升到骑士级别。

身为一名骑士，必须要是一名虔诚的基督教徒，效忠上帝与国王，同时必须遵循骑士精神。骑士精神最初的意思是马术，后来发展成为骑士阶层的精神守则，内容包括：保护老弱妇孺，为公义而战，对抗一切邪恶与不平之事，热爱自己的祖国，为保卫教会不惜牺牲自己的生命。

平等派的形成

平等派的成员主要是生活在社会底层的人，如店员、工匠、学徒工等。

平等派是指英国资产阶级革命中代表小资产阶级利益的激进民主派。

平等派的思想很早就在伦敦及其周边传播，1646年，它们从一个思想流派发展成为一个政治派别，并提出了自己的政治主张：英国应该建成一个共和国；废除王权、废除上议院，下议院由人民选举产生并享有最高权力；增加公民的选举权；减轻税负；消除垄断，实行自由贸易；将土地归还农民。1647年8月6日，克伦威尔领导的军队开进伦敦，驱散了长老派议员，但随后军中发生争议，独立派的高级军官们认为应该实行君主立宪制，选举权与资产挂钩；而广大士兵则推崇平等派思想，希望实行共和制，成年男人均享有选举权。一时双方争论不下。同年11月15日，平等派士兵在军队检阅中发动起义，但遭到了克伦威尔的镇压，起义失败。第二年，为了应对保皇党的反扑，独立派和平等派再次联合起来，并最终击败保皇党。随后，克伦威尔成为了新的掌权者，平等派的士兵相继在伦敦和牛津发动起义，但最终均以失败告终。再后来，平等派分裂，一部分人开始从宗教信仰中寻找寄托，一部分人则继续宣扬平等派思想，对后世激进民主思想影响很大。

欧文创建"新和谐公社"

欧文是空想社会主义的代表人物。

罗伯特·欧文于1771年5月14日出生在英国北威尔士牛顿城的一个贫困家庭里，十几岁就一个人到伦敦谋生，干过很多种工作。18岁那年，他有了自己的工厂，28岁的时候他有了一家更大的工厂。当时英国处于工业革命快速发展时期，资本家对工人的压榨非常厉害，两个阶层的矛盾非常严重。欧文决定做一个实验，看一看资本家和工人到底能不能和谐相处。他将工厂里工人的劳动时间从每天13、14个小时缩短到10个小时，禁止招募12岁以下的童工，取消惩罚制度，同时增加食堂、医院、学校等福利。结果，工厂的利润不但没有下降，反而有所上升，工人们也非常满意。1812年，欧文将自己的实验结果发表，同时提出取消私有制，建立公有制的合作社，以此来解决失业问题。

欧文一直坚信自己的想法可以实现，1824年，他变卖掉家产，带着家人迁往美国，决定在那里创办"新和谐公社"。他在美国南部买下了一块3万英亩的土地，并在很短的时间内和朋友们一起建成了一个"世外桃源"。这里环境优美，街道整洁，学校、医院、图书馆一应俱全，很多人搬进来居住，成为"社员"。新和谐公社根据年龄将社员分成很多组，每个组从事的劳动都是不同的，20岁以下的人基本不从事劳动，主要是学习知识；20~25岁的年轻人是公社的主要劳动力，工业、农业生产主要靠他们；25~30岁的人每天只需要从事2个小时的体力劳动，其余时间用来做研究工作；30~40岁的人主要从事管理类工作；40~60岁的人主要从事公关工作，比如接待游客；60岁以上的人负责一些司法工作。

虽然看似美好，但这种世外桃源的生活只维持了4年。公社里面的社员来自五湖四海，文化和信仰不同，矛盾不断。另外，公社的运转需要社员具备良好的素质，但现实是每个人都想尽快达到退休的年龄，逃避劳动，导致经常停工的状况。最后，由于消费的比生产的多，入不敷出，和谐公社在勉强维持4年之后就破产了。

美国联邦调查局

美国联邦调查局最神秘的部分就是特工。

美国联邦调查局，简称FBI，是闻名于世的重要情报机构，它成立于1908年7月26日，至今已有100多年的历史。

19世纪时，美国政府没有专门的侦查机构，常常雇佣私家侦探来负责非法犯罪的调查。1908年，美国西部的非法土地销售十分猖獗，总统西奥多·罗斯福为了调查这类罪行，特令司法部部长查尔斯·约瑟夫·波拿巴组建了一个侦查机构。这个被称作"调查局"的机构就是美国联邦调查局的前身。一直到1935年，调查局才正式更名为联邦调查局。

美国联邦调查局隶属美国司法部，由司法部长管辖。但是，对FBI直接行使职权的并不是司法部长，而是监察长。FBI主管由总统直接任命，任期是10年。主管旗下还包括副主管、助理主管和其他11个部门，如反恐部门、犯罪调查部门和信息技术部门等。

美国联邦调查局最基本的官方使命是调查违法行为来维护联邦法律，使美国免受恐怖组织和国外间谍的威胁，必要时协助其他执法机构的工作。FBI不能擅自起诉和执法，他们必须先将调查资料提交给司法部官员或者美国律师，由后者来决定是否采取行动。

不过，FBI在暴力犯罪、外国间谍活动、毒品组织犯罪等方面拥有最高优先权，其具体使命从成立之日起就始终处于不断变化中。比如在世界大战期间，FBI主要负责调查外国间谍，并在战后找出共产主义者。而911事件以后，追踪恐怖组织，打击恐怖主义，则又成为FBI的首要任务。

联邦调查局的特工允许随身携带武器，但武器使用必须服从相关法律的规定。只有当特工和其他人员的人身安全受到严重威胁时，才可以使用致命武器。特工如果要对犯罪嫌疑人进行监听，先要向法庭提交能证实犯罪行为的有力证据，其次能证明监听的必要性。没有得到法庭指令就擅自对嫌犯进行监听属于重罪。

美国中央情报局

美国中央情报局被外界称之为总统的"耳朵"。

美国中央情报局，简称CIA，于1947年建立，成立之初总部设在华盛顿地区，后来迁到弗吉尼亚州，是美国唯一一个独立情报间谍机构，隶属于美国国家安全局。美国中央情报局局长是由美国总统直接任命的，兼任总统和国会的情报顾问。

美国中央情报局在全世界布满监听站、广播设施、卫星，还有自己的特种部队训练基地，拥有大量特工和情报技术员。组织的人员都经过严格挑选和训练，他们大多拥有高学历或是某方面的专家。组织的人员、经费都受到严格保密。

它的主要任务是收集各国政府、军事、经济、个人等情报资料，向总统和国家安全委员会提供情报和分析报告，也负责美国境外的军事设备维护。

女权运动

到了19世纪，为妇女争取权利逐渐演变成了一项有组织的社会运动。

女权运动是女性为了争取性别平等，推动妇女权利、利益而发起的运动，是近代最具影响力的社会运动之一，同解放奴隶运动、消除种族歧视具有同样影响力。

自古以来，女性便是社会中的弱势群体，各项权利长期被剥夺。从18世纪的启蒙运动开始，女人的权利问题被人提出，并引起了广泛的讨论，成为一个社会问题。1848年，第一次女权大会在美国纽约州举行。人们将1980年之前的女权运动称之为"第一波女权运动"，之后的称之为"第二波女权运动"。第一波女权运动的重点是为女人争取各项权利，第二波女权运动的重点是强调妇女解放，尤其是在社会领域中的男女平等，女人不仅应该在家庭环境中享有权利，在公共领域中也应该享有权利。

女权运动最初阶段比较激进，甚至有人认为女人应该比男人享有更多的权利；运动方式也比较极端，甚至有人绝食。经过多年的发展，女权运动逐渐稳定下来，成为一项有组织有诉求的社会运动。多年的女权运动取得了很大的成就，无论是公共领域还是家庭环境中，女人的权利逐渐增多，但并没有达到男女平等，尤其表现在招工中的性别歧视。在很多地区，尤其是落后地区，女性的地位依旧很低，性别歧视和家庭暴力依旧很严重，争取妇女权利还有很长的路要走。

埃赫那吞改革

埃赫那吞改革对古埃及历史发展影响深远。

阿蒙霍特普四世是古埃及第十八王朝的法老，后改名埃赫那吞，他在位17年，期间强力推行宗教改革，立阿吞神为万神之神。

阿蒙霍特普四世之前的图特摩斯三世和阿蒙霍特普三世都推崇阿蒙神，正是那段时间，阿蒙神庙的僧侣集团势力越来越大。后来，阿蒙霍特普四世继位，他为了加强中央集权，打击僧侣集团和贵族集团势力，决定停止供奉阿蒙神，立阿吞神为主神。阿吞神也就是太阳神，是一个历史悠久，但一直不被重视的神。阿蒙霍特四世将它立为万神之神，后来更是成为了唯一的神。阿蒙霍特普四世下令关闭各地的阿蒙神庙，将庙里的一切财产全部充公，甚至连阿蒙的名字都不允许出现，因为他自己的名字中也有阿蒙，所以他自己也改名，新名字为埃赫那吞。因为当时的首都底比斯到处可见阿蒙神庙，于是埃赫那吞决定建一座新首都，废弃底比斯。新首都位于尼罗河东岸，名为埃赫太吞。此外，他还大肆修建阿吞神神庙，制作巨大的阿吞神雕像。

埃赫那吞改革是一场披着宗教改革外衣的政治改革，是统治集团内部一场争权夺利的政治斗争。虽然埃赫那吞沉重打击了阿蒙神神庙僧侣和旧贵族的传统势力，加强了中央集权，但是阿蒙神在埃及的影响根深蒂固，加上后来支持改革的军队和官僚奴隶主不再支持埃赫那吞，人民因为没有从中受益而不再对改革抱有热情，在埃赫那吞死后，他的改革很快被废除，以失败告终。

大流士改革

大流士因为这次改革成为影响世界历史的著名帝王。

大流士是公元前6世纪末5世纪初的波斯帝国国王。当时波斯帝国权力分散，经济落后，为此大流士在全国范围内进行了一场改革，加强中央集权，振兴经济，使波斯帝国成为当时最强大的帝国之一，这场改革被称为大流士改革。

改革的主要内容有：政治上，将全国划分为23个行省，每个行省设一个总督一个将军，两人地位平等，总督负责行政管理、司法、赋税等事务，将军负责军权；军事方面，将全国划分为5个军区，以方便管理，军队统一由波斯贵族领导，军队最高领袖是皇帝；经济上，发行全国流通的统一货币"大流克"，修建驿道，方便各地之间经贸往来，增加交流，重新制定税赋制度，规定每个省需要缴纳的税额，然后由包税人负责征收；宗教上将琐罗亚斯德教，即拜火教奉为国教。

在大流士改革的推动下，波斯帝国成为人类历史上第一个真正意义上的强大帝国，尤其是它先进的制度，非常具有开创性，无论是行省制、军区制、包税制，还是在货币发行、交通建设方面，都对后来的罗马帝国、阿拉伯帝国、拜占庭帝国产生了深远的影响。

梭伦改革

梭伦改革是古希腊历史上最重要的社会改革之一，不仅为日后雅典城邦的兴盛打下了基础，还为城邦民主制的建立开辟了道路。

梭伦于公元前640年出生在一个贵族家庭里。他经商多年，对当时贵族统治的专横残暴非常不满。公元前594年，他当选为雅典城邦的执政者，但是他并没有成为贵族既得利益集团中的一员，而是在经济、政治、社会领域全面推行改革。政治上，为了打破贵族身份的世袭制，梭伦重新定义了公民等级的标准，用财富多少取代了身份传承，将公民划分为四个等级，并且每个等级享有不同的权利。年收入约合500斗粮食的为第一等级，可以出任任何官职；年收入约合300斗粮食的为第二等级，可以担任财政官之外的其他职务；年收入约合200斗粮食的为第三等级，只能担任低级职务；年收入约合200斗粮食以下的，不能担任职务，但有权利参加公民大会和民众法庭。为了破除贵族会议对国家事务的垄断，梭伦恢复了以前的公民大会，公民大会有决定城邦大事、选举城邦领导人的权利，并且一切公民，无论贫穷还是富有，都有权利参加公民大会。民众法庭成为城邦中的最高司法机关，陪审员是通过抽签在各等级民众中随即选出的。此外，梭伦还制定了新的法典，新法典取消了很多酷刑，受到百姓欢迎。经济上，废除之前可以用人身抵押借债的行为，平民不用担心还不上债变成奴隶；此外，梭伦还花钱将由于还不上债而被卖到国外做奴隶的人赎买回来，赢得民心。另外出台了一系列鼓励工商业发展的措施，包括限制粮食出口，加大橄榄油出口，吸引工匠艺人来雅典定居，还改革货币，禁止厚葬，最关键的是承认公民的私有财产。

梭伦的改革在很大程度上改变了贵族专政的局面，使得雅典进入到政治民主、经济发达的辉煌时期，同时缓解了不同阶级之间的矛盾，保障了底层人民的生存。当然，梭伦改革也有自己的局限性：梭伦虽然消除了贵族在政治权利上的世袭制，但新标准是财产的多少，这样做只能得到相对的公平和民主，贵族相对平民还是享有更多权利。

格拉古兄弟改革

公元前133前122年间，古罗马在格拉古兄弟的领导下两次进行改革，主要围绕土地问题，这两场改革被统称为格拉古兄弟改革。

格拉古兄弟是指提比略·格拉古和盖约·格拉古，两人都是贵族出身，崇尚希腊的民主制度和人人平等的思想。提比略于公元前133年出任人民保民官一职，随即对土地垄断问题提出了改革法案。他在法案中建议，无论是谁，占有土地最多不得超过500犹格（约125公顷），此外每户中的长子和次子可以拥有不超过250犹格的土地，也就是说一户人家可以占有土地的上限是1000犹格，凡是超过的部分都要上交给国家；同时，法案还提议为没有土地的底层人员分配30犹格土地，他们可以把这些土地留给下一代，但不准转让，更不准出售。提比略的改革法案得到了底层民众的支持，但那些占有众多土地的贵族对此表示不满，他们不断阻挠法案通过。提比略为了继续贯彻自己的改革，提出担任下一任保民官。可是，在选举大会上，贵族阶级和提比略的支持者发生冲突，最终提比略在冲突中被打死。

公元前123年，提比略的弟弟盖约被选为保民官，他上任之后同样力推土地改革。盖约提出了自己的改革法案：土地改革政策延续提比略的政策；粮食方面，国库应该以低于市场价的价格向底层人民卖粮；修建道路，为底层人民提供工作机会；新设立的亚细亚行省交给骑士阶层管理，以消除骑士阶层的不满；在原有300名法官的基础上，再增加300名法官，原有的法官都是元老院的成员，新增加的法官来自骑士阶层。盖约的改革法案得到了底层人民和骑士阶层的支持。盖约在连任保民官后，继续推行改革，一方面继续扩张领土，开辟更多的殖民地，保障国家强大和有足够多的土地以供分配，二是给予拉丁人和其他意大利同盟地区的人民同罗马公民一样的公民权，这一点引起了元老院和罗马人民的不满，盖约也因此没有能够继续连任保民官。盖约下台之后，他推行的一些改革遭到废除，他本人也遭到了元老贵族的报复，最后自杀身亡。

格拉古兄弟改革从最初的土地改革发展到后期的全面改革，涉及到罗马社会的方方面面，一方面削弱了贵族阶级的统治，另一方面提高了底层人民和骑士阶层的地位，虽然两次改革均以失败告终，但其中的很多条款还是被保留了下来，推动了罗马历史的发展。

马略改革

马略改革是指公元前107年，罗马执政官马略针对当时罗马军队兵源匮乏等弊端进行的一次军事改革，对罗马历史的发展影响深远。

古罗马时期连年征战，如何保障兵源便成了一个大问题，最初的做法是执政官从符合条件的公民中征召。这种做法一直持续到公元前2世纪，当时士兵并非谁都可以当，必须符合一定的条件，比如身份、财产，以及能否自己配备武器等。随着战争越来越频繁，越来愈多的人进入部队参军，很多田地因为主人常年在外征战而荒芜，生活在社会底层的人越来越多，兵源越来越难以保障。在这个背景下，格拉古兄弟分别于公元前134年和公元前123年发起了两次改革，想要给底层人民更多的土地和权力，但均以失败告终。公元前118年，罗马与努米底亚国之间爆发朱古达战争，这场战争将罗马腐败的政治和落后的军事实力完全暴露出来，引起了骑士阶层和社会底层人民的强烈不满。他们将矛头对准贵族阶级，对贵族阶级内部轮流担任执政官的做法表示了强烈的愤慨，最后人民自己选举了新的执政官，也就是马略。马略上任之后，随即着手对军队展开了改革：

首先，将征兵制改为募兵制，不再对加入军队设定界限，公民可以自愿入伍，如此一来，一些原本没有财产和地位的无产者纷纷入伍，缓解了兵荒；其次，将士兵服役时间延长，原本罗马没有规定服役时间，一般战争结束后便解散，17 岁到 60 岁的公民都可能被征召，普通人在被征召 16 次之后便可以免除服役，骑兵为 10 次，马略将士兵的服役时间延长至 16 年；提高士兵的待遇，士兵因为服役无法进行农业生产，没有收入来源，马略规定国家向这些士兵发放薪水，并且等他们退役之后赠给他们一块土地；对军队编制进行改革，在原先的基础上增加了一个新的单位——"大队"，并且随之改变了原先的战术；最后，统一武器装备，之前士兵被征召需要自己配备武器，现在军队统一配备武器，大大增强了军队的战斗力。

马略改革为罗马解决了兵源问题，增强了军队的战斗力，使得罗马更加强大。但是，这场改革改变了军队的性质，军队不再效忠于元老院和国家，更多是效忠于军队首领，这为后来罗马历史上出现军事独裁者埋下了隐患。

后三头同盟的形成

这一分治计划是秘密制定的，后来得到了罗马公民大会的通过，尽管这与当时的共和精神相违背。

后三头同盟是指公元前 43 年，由屋大维、安东尼和雷必达组成的政治同盟。后三头同盟，是相对于公元前 60 年由盖恺撒、克拉苏和庞培组成的前三头同盟而言的。

古罗马在恺撒死后陷入动荡，没有一个强有力的领导人能稳住局面，这种局面催生了政治结盟。恺撒死后，屋大维成为他的继承者。虽然继位时年仅 18 岁，但是他有勇有谋，胸怀天下。安东尼与雷必达是恺撒生前重要的军队指挥官，背后有强大的罗马军团支持。公元前 43 年，三人结成政治同盟，约定对罗马进行分治，期限为 5 年。其中，屋大维负责非洲、西西里和萨丁尼亚地区；安东尼负责高卢地区；雷必达负责西班牙地区；东方被布鲁图和卡西乌斯占领的地区由屋大维和安东尼负责；意大利本土和罗马地区则由三人共同治理。

三人对罗马分治之后，开始显露独裁者的野心，上百名元老和上千名骑士遭到迫害。分治的第二年，屋大维联合安东尼征讨希腊，在腓力比战役中大获全胜，逼得布鲁图和卡西乌斯自杀。公元前 40 年，三人重新划分了分治的范围：屋大维负责意大利和高卢地区；安东尼负责东部地区；雷必达负责北非地区。但是，三人之间的和平很快被打破。随着势力不断发展壮大，屋大维于公元前 36 年剥夺了雷必达的军权和政权，并与安东尼东西对峙。公元前 32 年，屋大维与安东尼决裂，还以安东尼将国土赠与埃及女王为由，鼓动元老院将安东尼定为"全民公敌"。公元前 31 年，屋大维率军打败安东尼和埃及女王，占领埃及，逼迫安东尼自杀。至此，后三头同盟不复存在，屋大维成为一国之君，将古罗马从共和国带入了帝国时期。

戴克里先改革

戴克里先改革是指罗马帝国统治者戴克里先为加强专制统治而进行的一场改革。

戴克里先出生于伊利里亚地区的一个奴隶家庭，由于在军队中表现优异，不断得到提拔。公元284年，戴克里先已经成为了罗马帝国元首的亲卫队队长。这年罗马元首卡路斯亲自率领大军出征波斯，同行的还有皇帝的儿子努美利亚努斯。当时高卢地区发生叛乱，卡路斯派另外一个儿子卡里努斯带兵去镇压。卡路斯带军顺利征服波斯，但在班师回营的路上暴毙，死因不详。努美利亚努斯继承王位，成为新一任元首，但没过多久便遭人暗杀。近卫军长官极力掩盖此事，戴克里先站出来说，是近卫军长官杀死了努美利亚努斯，并将近卫军长官杀死。此时军中群龙无首，戴克里先被拥戴上位，成为元首。正在高卢平息叛乱的卡利努斯认为应该成为元首的是自己，于是带军与戴克里先作战，后被手下杀害。至此，戴克里先正式成为罗马帝国的元首。

戴克里先成为元首之后，逐渐稳定了国内外的局势。他认为罗马已经被连年的内战和外战拖垮，要想重振罗马昔日的辉煌，必须进行改革。

政治方面，他将罗马帝国一分为二，自己担任东罗马帝国的元首，同时任命马克西米安担任西罗马帝国元首，东西两个罗马帝国各自建一个新都，罗马不再担任首都；将元老院的权利限定在罗马城的范围之内，削弱元老院的权利。

经济方面，戴克里先取消了一些特权税，并将人头税和土地税统一起来，不再单独征税，既保证了公平性，又增加了税源；为了稳定经济局势，戴克里先制定了物价法，限定最高物价，同时增加新发行货币中的含金量和含银量，稳定货币价值。

军事上，削弱近卫军队长的权利，增加骑兵统帅、士兵统帅，防止军权掌握在一个人手中；此外，他还扩大了军队规模，将军队分为正规军和后备军。

戴克里先改革并没有将罗马帝国从混乱的局面中拯救出来，但是他的改革精神令人敬佩，同时他的改革对后来的一些改革起到了很大的示范作用，比如君士坦丁大帝推行的改革。

圣德太子改革

现在日本的钱币上还印有圣德太子的头像，这充分体现了他对日本的影响力。

公元592年，推古天皇继位，成为日本首位女天皇。推古天皇继位之初，便将兄长的儿子立为太子，也就是日本历史上著名的圣德太子。很快两人就发起了改革，对日本历史发展影响极大，因为圣德太子在里面发挥了重要作用，这次改革也被称为圣德太子改革。

这次改革的核心是加强中央集权，主要措施有：加强对佛教的支持，当时佛教虽然已经经由中国传到了日本，但是并未盛行，之所以这样做，不过是想把佛教当作自己的统治工具罢了；第二，修改官员制度，制定类似于中国科举选拔制的官位十二阶制，将任命官员的权利收归朝廷，同时规定选拔人才的标准是学识和能力，而非出身；根据中国儒家思想制定《十七条宪法》，这不是一部法律，而是约束官员的行为规范，主旨思想是皇权至上，官员上要效忠天皇，下要抚恤百姓；加强同中国的关系，学习中国的先进之处，虽然之前两国已经有了交往，但仅限于文化方面，这次改革之后，两国交往涉及到政治、经济、文化等社会的方方面面，在此后的近百年间，日本几乎将整个唐朝制度复制到了日本。

这次改革不算是很彻底，它更重要的意义在于引领了此后多次改革浪潮，为日本从奴隶制向封建制过度奠定了基础。

日本大化改新

大化改新最关键的是推动日本社会从奴隶制走进了封建制。

大化改新是指公元645年日本开始推行的一次社会改革，因为这一年是日本大化元年，所以这次改革也被称为"大化革新"。

大化改新之前，推古天皇与圣德太子曾经推行过一次变革，并且逐步确定了中央集权制。但是，那次改革并不彻底，贵族奴隶主势力依旧强大，到皇极天皇

在位的时候，大权旁落到贵族苏我虾夷父子手中。中大兄皇子与贵族中臣镰足看不惯苏我虾夷父子把持朝政，发动乙巳之变，杀掉了苏我父子。乙巳之变之后，天皇主动退位，中大兄皇子的叔叔登基，也就是后来的孝德天皇。孝德天皇登基的第二年，颁布《改新之诏》，宣布将进行改革，即大化改新。其主要内容为：

政治方面，废除奴隶主的世袭特权，将一切权利收归国有，官员也不再实行世袭制，而是由国家任命，同时重新进行行政划分，将中央划分为京师、畿内两部分，将地方按国、郡、里进行行政划分；经济方面，将土地从奴隶主和贵族手中收归国有，名义上全国土地都属于天皇，同时解放部民，他们不再是奴隶，并改称为公民；土地方面，效仿唐朝的均田制，年满六岁的公民可以分到土地，公民死后土地归国家所有，不允许私自转让买卖，农民种地要交税；军事方面，将全国兵权集权于中央，同时在地方设立兵团，实行征兵制。

这项改革历经几任天皇，前后持续近半个世纪，最终将土地、军权、官员任命权收归国有，加强了中央集权，促进了经济发展。

采邑改革

最先采用采邑制度的是法兰克王国的查理·马特。

采邑制是古代西欧地区普遍采用的一种分封制，是指将土地分封给贵族和骑士，以换取他们的服役和效忠。

公元735年，查理·马特将大部分土地分封给大臣和贵族。他的儿子继位之后，继续采取这一政策，并将受益对象扩大到立下战功的将军，采邑制在全国范围内得到推广和普及。不仅仅是法国，英国也开始效仿这种制度，威廉一世将土地分封给骑士，条件是一名骑士需要供养另外一名骑士，并且要向国王效忠。王公贵族、大臣和将领们分到土地之后，继续向下分封，分给自己的下属，而下属得到土地之后还会继续向下分，这样就形成了一种以土地为纽带的上下级的关系链，上级保障下级的安全，而下级则要向上级效忠和纳税。

分封制对当时的封建统治而言有益处，也有弊端。采邑制使得封建主阶级内部的关系更为紧密，无论是出于义务，还是得到更多分封的诱惑，骑士阶层为上级作战的时候更加卖命，国家战斗力大大提升；但是采邑制也造成了阶级分化越来越严重，一层层分封土地，使得社会结构变成了金字塔形，各阶层之间等级森严，尤其是生活在底层的农民，因为没有土地，不得不被牢牢钉死在金字塔底层。原本采邑制规定土地归国王所有，受封人一旦去世，土地就会被收回，但是，得到分封的人往往会千方百计把得到的土地变成世袭的私有财产，同时在自己的封地中可以自己制定法律，可以拥有自己的军队，俨然就是一个个小王国。也正是因为这个原因，国王成为了全国土地名义上的拥有者，并不掌握实际控制权，为以后社会动乱埋下了伏笔。

约翰王签署《自由大宪章》

1215年,英国国王被迫签署了这项法案,为日后君主立宪制奠定了基础。

《自由大宪章》也被称为《大宪章》,是用来加强和保障英国贵族资产阶级政治、经济利益,削弱英国国王权力的一项法案。

约翰在成为英国国王之后不断遭到封建贵族的反抗,这些贵族怀疑约翰为了争夺王权将自己的侄子囚禁并杀害,加上当时约翰与坎特伯雷大教主发生矛盾,英格兰因此受到教会处罚;最主要的是法国侵占了英国在诺曼地区的大部分土地,但约翰在夺回这些领土的作战中屡屡失败,不仅如此,还陆续丢掉了更多的国土。1214年,约翰再次败给了法军,加剧了封建贵族对他的不满。1215年,忍无可忍的封建贵族联合各方反对势力占领了伦敦,约翰国王成为傀儡。当年6月10日,封建贵族在伦敦集会,制定了《自由大宪章》,6月15日,约翰被迫在《大宪章》上签字。

《大宪章》的内容主要有:限制王权,保障教会、贵族、骑士的各项权利;国王不得随意增加税种;国王不得干涉封建贵族法庭的审判工作,不得随意逮捕、拘禁任何自由人,不得随意没收他们的财产;此外,还有一些保护商业自由之类的条款。其中最重要的一条是第六十一条,规定由25名封建贵族组成委员会,该委员会有权随时召开议会,有权对国王命令行使否决权,有权对国王使用武力,有权剥夺国王财产。这样的条款加到国王头上简直是一种侮辱,但是约翰国王在武力逼迫之下不得不签署这一条款。等封建贵族从伦敦撤离之后,约翰宣布废除《大宪章》,随即英国陷入内战。

1216年约翰国王病逝,年仅9岁的亨利三世继位,内战停止。亨利三世在位期间,三次签署《大宪章》,但每一次都删掉了一些条款,其中便包括第六十一条。1225年,亨利三世最后一次签署《大宪章》,那时《大宪章》仅剩37条。此后,《大宪章》逐渐成为了国家的一项法律,没有人能撼动它的地位。

《大宪章》为日后英国宪政奠定了基础。

萨伏那洛拉改革

萨伏那洛拉改革是指15世纪末发生在意大利佛罗伦萨的一场宗教改革，因为改革的领袖是吉洛拉谟·萨伏那洛拉而得名。

萨伏那洛拉于1452年出生在意大利东北部的弗拉拉，自幼就成为了虔诚的宗教信仰者。1481年，他来到佛罗伦萨修道院任职。当时教皇和教会的腐败，以及美第奇家族在佛罗伦萨残暴的统治让他感到非常不满，他曾多次发表演讲抨击他们。1494年，法国入侵意大利，美第奇家族投降，当时已经担任圣马可修道院院长的萨伏那洛拉觉得时机已经成熟，就率领民众赶走了美第奇家族，恢复佛罗伦萨共和国。他因为功绩卓著而成为共和国的领袖。

萨伏那洛拉想要把佛罗伦萨建成一个神权统治、生活简朴的国家。为此，他于1497年进行了一场宗教改革。改革的主要内容有：烧毁珠宝、华丽服饰等奢侈品，同时以伤风败俗为由，焚烧、禁毁世俗书籍和绘画，其中包括不少优秀的古典和人文主义作品，如《十日谈》、《巨人传》等；他还禁止人们演奏世俗音乐，禁止举行世俗歌舞会，只能听圣歌，参加宗教聚会；此外，他禁止人们阅读科学书籍，只同意学校开设文法、伦理和宗教课程；他认为自己直接接受上帝的启示，否定了罗马教廷的意义，称教皇亚历山大六世是"撒旦的使者"，在被开除教籍之后呼吁意大利贵族召开宗教大会，罢免教皇，但没有得到响应。

1498年4月，教皇和美第奇家族利用饥荒，煽动群众攻打圣马可修道院，萨伏那洛拉被俘虏。5月23日，教会以分裂宗教、伪预言家、异端狂想分子的罪名判处萨伏那洛拉死刑，随后在佛罗伦萨广场上将他烧死。萨伏那洛拉死后，人们对他褒贬不一，有人认为他是改革家，是人民领袖，也有人认为他是一个传统守旧者，思想迂腐、狭隘，阻碍了社会的进步。

尼德兰资产阶级革命

尼德兰因为沿海，经济繁荣，尤其是手工业、纺织业和造船业，在整个欧洲都十分有名。

尼德兰资产阶级革命是指1566年起在荷兰地区爆发一场资产阶级革命，同时也是世界上第一次取得成功的资产阶级革命，这次革命最大的成果就是荷兰共和国诞生。

尼德兰在荷兰语中是"低地"的意思，是莱茵河、马斯河、斯海尔德河下游以及北海沿岸附近地势低洼地区的总称。尼德兰地区聚集着很多城市，阿姆斯特丹是当地的经济中心。从16世纪开始，尼德兰地区就是西班牙王国的领土，但尼德兰人并不认同这个身份。尼德兰经济比较发达，已经进入资本主义，但西班牙国王仍旧在这里实行专制政策，对当地的资本市场破坏很严重。另外，他还在这里推崇天主教，打压其他教派，引起尼德兰人民的强烈不满。1565年，尼德兰贵族结成同盟，提交请愿书，要求召开三级会议，并取消宗教迫害，但这一要求被西班牙政府拒绝，次年8月，尼德兰地区便爆发了起义。

最初起义的参与者主要是工人和农民，天主教教堂和修道院成了主要被攻击的目标，教会的财产和契约也被没收。这次起义很快在尼德兰地区蔓延开来，无数座教堂被毁，人们要求政府承认新教徒的信仰自由。第二年，西班牙政府派出镇压部队，尼德兰起义部队打起了游击战，他们有的躲进了森林中，有的逃到了海上。1572年，尼德兰北方地区的多个城市同时爆发了起义，到第二年，起义军已经占领了七个省，并组建了自己的政府。西班牙派出的镇压部队遭到了尼德兰北地区人民的抵制，同时起义军越战越勇，政府军节节败退。同尼德兰北部地区不同，南部地区的贵族同西班牙之间有密切的贸易往来，那里的人也信仰天主教，他们宣誓效忠西班牙国王，并同政府军一道打击北方的起义军。

1581年，北方各省召开三级会议，宣布脱离西班牙统治，成立共和国，荷兰是这些省份中最具影响力的，因此共和国被命名为荷兰共和国。西班牙在镇压尼德兰革命的同时，接连同英法两国发生战争，但均以失败告终，其中英国打败了西班牙的"无敌舰队"，确立了自己海上霸主的地位，对西班牙影响很大。英法两国开始暗中支持荷兰，西班牙无心恋战，只好做出让步。1609年4月9日，西班牙与荷兰签订《十二年停战协定》，间接承认了荷兰共和国的地位，尼德兰资产阶级革命取得了胜利，荷兰因此成为世界上第一个资产阶级共和国。

阿克巴改革

阿克巴是印度莫卧儿帝国第三代皇帝，同时也是著名的政治和宗教改革家。

印度莫卧儿帝国第三代皇帝阿克巴在位期间，对莫卧儿帝国进行了全面改革，印度在他的改革之下达到空前的统一和繁荣。

1556年，年仅13岁的阿克巴登基，成为莫卧儿帝国的皇帝。当时的莫卧儿帝国政权不稳，北部大片国土被阿富汗人占领，阿克巴决定以武力收复领土。为此，他率领军队与阿富汗人交战。由于接连取得胜利，他的名声大振。到1562年，阿克巴已经摆脱监护人的协助，开始独自处理朝政和军事，成为一名真正大权在握的君主。为了巩固统治，阿克巴开始率军四处征战，历时近20年，不仅扩张了帝国的版图，还将周边的威胁全部铲除。随着帝国内部相对稳定下来，阿克巴展开了全面改革，涉及到政治、经济、法律、宗教、文化等各个方面。

政治方面：建立起君主专制的中央集权制；皇帝拥有最高权力；财政、军事、宗教司法、工商业领域各设一名主管大臣；将全国划分为15个省份，各地总督均由皇帝直接任命。

经济方面：着重进行税制改革，消除原先的土地包税制，根据土地等级将税收标准定为 4 个等级；消除了对异教商人的额外征税，全国实行统一税率；将土地从贵族手中收回；促进农业发展；统一货币和度量衡；促进商业贸易发展。

司法方面：实行司法独立，各省的法官均由中央大法官任命；慎重使用死刑，所有死刑需要经过皇帝批准；禁止官员凌驾于法律之上；法律要依循教法，但也要考虑到世俗民情。

宗教方面：消除各宗教之间的差别对待，宗教之间互不干涉，和平相处，允许信徒恢复原来的信仰；定期举行宗教活动，让各宗教学者在一起交流辩法。

文化方面：废除传统陋习，允许寡妇改嫁；禁止包办童婚；禁止索要高额嫁妆；禁止近亲结婚；禁止一夫多妻；提倡自由恋爱，等等。

十二月党人起义

列宁称这次起义的参与者为"俄国第一代革命者"。

十二月党人起义是指 1825 年 12 月，俄国资产阶级发动的一次夺权政变。因为发生在 12 月，所以起义者被称为"十二月党人"，这场起义称为"十二月党人起义"。

拿破仑建立法兰西帝国之后曾经派兵远征俄国，但被顽强的俄国人和恶劣的天气打败。在卫国战争中，一支由贵族青年组成的近卫军格外勇猛，他们逐渐接触到了先进的资产阶级民主思想，这也让他们认识到了俄国的专制制度是多么黑暗，其中一些人便策划着有一天能推翻沙皇。

卫国战争胜利之后，青年贵族成立了自己的组织，建立在北方的北方局和建立在南方的南方局是其中最大的两个。1822 年，北方局和南方局达成协议，组成南北协会，同时寻找机会，共同发动武装起义。这个机会一直到1825年才来到。这一年沙皇亚历山大一世去世，南北协会决定趁着新沙皇没有上任，发动政变。12月14日这一天，北方局的官兵们集结完毕之后向枢密院进发，不少沿途的群众也加入了进来。新上任的沙皇尼古拉得到消息后调集军队，包围了枢密院。之后起义军和政府军围绕着争夺枢密院展开激战，最终政府军凭借着大炮将起义军逼到涅瓦河畔，起义军死伤无数，起义失败。尽管起义前领导人突然被捕，尽管已经得知了北方局起义失败，南方局还是响应北方局发动了起义，起义军很快便被政府军打败。

法国二月革命

法国二月革命是指1848年2月法国人民为了推翻七月王朝发动的一场革命，因为这次革命发生在二月，所以被称作"二月革命"。

七月王朝是1830年人们发动七月革命推翻了波旁王朝之后建立起来的，由路易·菲利普执政。菲利普为人善良、谦和，被称为"平民国王"，但是缺乏决策能力，施政方面非常保守，尤其是对英国的软弱，一直被民众诟病。19世纪40年代，法国社会上掀起了对昔日拿破仑丰功伟绩的崇拜，更显得菲利普缺乏君王魅力。

基佐于1840年开始担任首相，辅佐菲利普执政。基佐担任首相期间，出售官职、乱批合同、高额借贷，大肆敛财，这段时期内法国国库赤字惊人，政府腐败成风。有人建议菲利普和基佐进行改革，平息民愤，但一向保守的菲利普拒绝了改革请求。不仅如此，菲利普制定了更严厉的控制措施，限制民众游行和集会的自由，加强了报纸的审核力度，此外还拒绝对意大利和波兰的独立运动提供支持，这些措施都增加了人们对七月王朝的不满。

1848年2月22日，一批工人和学生高唱《马赛曲》，冒雨在巴黎街头举行游行，呼吁政府实行改革，后来游行队伍包围了基佐的住所。菲利普没有意识到大祸临头，照例派出军队镇压，双方发生激烈冲突。这个事件成为了二月革命的导火索。为了支持这次革命，巴黎工人全体罢工，甚至政府军队也临阵倒戈，加入了起义军。菲利普意识到事情的严重性之后，连忙撤掉了基佐的首相职位，试图平息民愤，但为时已晚，因为人们想要推翻君主制，建立共和制。菲利普知道自己无力回天，不得不选择退位，七月王朝覆灭，二月革命获得了胜利。同年11月，法国资产阶级便建立起了法兰西第二共和国。

俄国废除农奴制

农奴制是一种变相的奴隶制，农奴们从没有停止过抗争。

19世纪初期，俄国同欧洲之间的贸易逐渐增多，尤其是在亚历山大二世执政时期，经济增长迅速。但是，俄国也面临着一个巨大的问题，即当时实行的农奴制严重制约了俄国经济的发展。当时欧洲各国正在实行工业革命，而俄国经济却还是以落后的农奴制为主。18世纪中期，几乎每隔几天就会有农奴发动起义。很多俄国贵族在与欧洲接触的过程中，也受到了思想启蒙，其中的民主主义者也在不断呼吁取消农奴制。1856年俄国在巴尔干半岛争夺战中战败成为了人民不满的导火索，亚历山大二世也意识到取消农奴制已刻不容缓。

1856年3月，亚历山大二世表示要对农奴制进行一场从上而下的革命。为此，他成立了农民事务秘密委员会，专门研究农民问题。1856年11月，沙皇颁布诏书，要求立陶宛三省成立贵族委员会，进行农奴制改革。但是这次改革的力度非常小，仅宣布农奴恢复自由，没有打破生产关系，农民为了土地，还会继续回到以前的生活中。对于沙皇的改革措施，贵族资产阶级表示欢迎，封建贵族漠不关心，而农民因为没有得到实际好处，继续选择起义。1858年，亚历山大二世加大了改革力度，规定农奴不仅可以获得自由，还会获得土地。这一次改革触动了封建贵族的根本利益，他们极力阻挠改革，经过无数次的争论和修改后，改变方案直至1860年10月10日才获得通过。

1861年3月3日，亚历山大二世正式颁布《关于脱离农奴依附关系的农民一般法令》以及废除农奴制的特别宣言，标志着俄国农奴制结束。

林肯解放黑奴

1860年，亚伯拉罕·林肯当选为美国总统。

林肯从小便对奴隶制深恶痛绝，从25岁当选为伊利诺斯州议员开始，他便到处发表演讲，批判奴隶制的罪恶和弊端。1854年，他在竞选副总统的演讲中说："我们将为争取自由和废除奴隶制而斗争，直至美国每一个人都是自由人为止！"很多人在他的感召下支持废除奴隶制。

实行奴隶制的庄园主要在美国南方，而南方的庄园主和北方的资产阶级对立很严重，林肯作为北方的代表在南方受到抵制。就在他当选总统的那年12月，

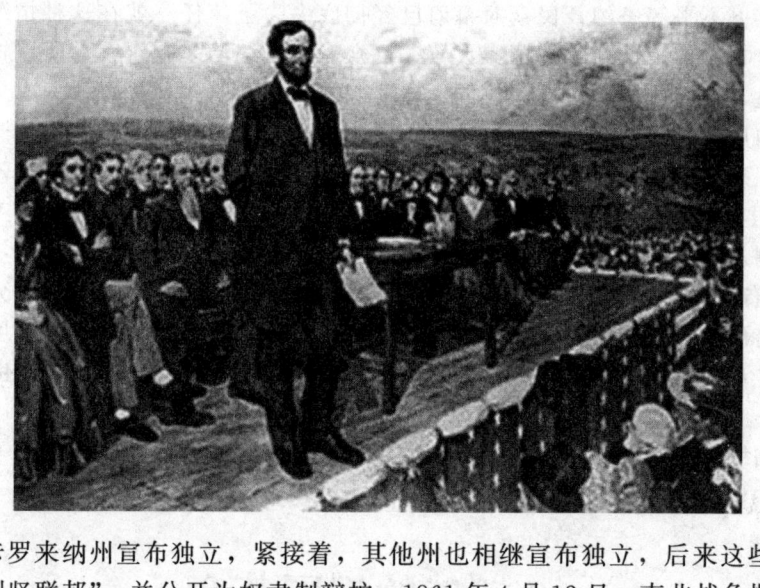

南方南卡罗来纳州宣布独立，紧接着，其他州也相继宣布独立，后来这些州组建成"美利坚联邦"，并公开为奴隶制辩护。1861年4月12日，南北战争爆发，战争之初北方政府军连吃败仗，处于劣势。

林肯意识到这场战争取胜的关键在于包括黑奴在内的人民，他于1862年5月颁布《宅地法》，规定一家之主或者年满21岁的守法公民，可以在缴纳10美元费用后登记领取不超过160英亩土地，如果连续种植五年以上，就可以拥有这块土地。这项措施极大地鼓舞了人民对北方政府军的支持，同时避免了广大西部地区落入南方庄园主手中。1863年1月1日，林肯颁布《解放黑奴宣言》，宣布美国各州废除奴隶制，获得自由的黑人奴隶可以参军。宣言一出，南方种植园中的黑人奴隶开始反抗，与北方军一起与南方军作战。从此之后，北方军在战争中逐渐占据上风，并最终于1863年4月3日打败南方军，统一全国，奴隶制度被正式废除。林肯也因此成为美国历史上最伟大的总统之一。

日本明治维新

因为改革发生时年号明治，所以这次改革被称为明治维新。

明治维新是指19世纪末日本发生的一次由上而下的改革，带有资本主义性质和全面西化、现代化的特点。

明治政府之前，德川幕府统治着日本，天皇只是幕府的傀儡，没有实权。当时的日本可谓是内忧外患，国内阶级矛盾严重，幕府将居民划分为不同的等级。伴随着资本主义萌芽的产生，人们对这种没有自由的等级制度越来越不满。1639年德川幕府下令闭关锁国，禁止外国人进入日本。但到了19世纪初期，西方国家用坚船利炮打开了日本国门，美、英、俄、法、荷等国家先后入侵日本，并强迫日本签下不平等条约，民众对幕府已经彻底失去了信任。就在这种情况下，明治天皇宣布复位，重新掌握国家大权。民众对幕府统治多有怨言，所以选择支持明治天皇，并组成倒幕军队，协同天皇一起消灭了幕府残余势力。

国内局势稳定之后，明治政府随即着手进行改革，即明治维新。鉴于当时国内四分五裂，明治政府颁布了"奉还版籍"、"废藩置县"等政策，将日本划分为3府72县，实行中央集权制；军事方面实行富国强兵政策，建立军火工业，实行征兵制，建立起一支现代化军队，同时模仿西方建立起警察制度；经济和管理上实行殖产兴业政策，即学习西方先进管理经验、生产技术，大力引进先进生产设备和科研仪器，同时，承认土地私有，允许自由买卖；文化上实行文明开化政策，建立现代教育制度，提高国民素质，培养先进人才，生活习惯上也向西方学习。

明治维新是日本历史上最重要的改革，使日本由一个落后的封建国家变成一个先进的资本主义国家，为资本主义在日本发展奠定了良好的基础。

1905年的俄国革命

1905年俄国革命被列宁称为十月革命的先驱和预演。

1905年俄国革命，是指1905年到1907年间发生在俄国境内的一次资产阶级民主革命。

20世纪初，为了维系摇摇欲坠的沙皇专制统治，俄国沙皇尼古拉二世对内压榨工农阶级，对外疯狂侵略扩张。全国上下对此怨声载道，阶级矛盾十分尖锐。1905年，沙皇军队在日俄战争中战败，俄国百姓对尼古拉二世政府的不满情绪更加高涨。一场民主革命一触即发。

彼得堡普梯洛夫工厂的工人们开始举行罢工，其他工厂也相继加入，罢工迅速席卷全国，声势非常浩大。各地工农兵们纷纷以罢工游行、恐怖袭击、武装起义等方式向沙皇政府提出抗议，要求改革和解放。沙皇政府出动大批军队对革命进行镇压，1907年，革命逐渐走向低潮，以失败告终。

这次革命虽然失败了，但仍然强有力地撼动了沙皇专制制度。1906年革命

期间，为了维护专制统治，尼古拉二世成立了国家杜马立法议会，制定了基本法，实施多党制。

凯末尔革命

第一次世界大战期间，奥斯曼土耳其追随德奥集团，以同盟国的身份加入战争，遭遇惨败。

第一次世界大战后，土耳其陷于内外交困的局面。一方面，土耳其苏丹政府在协约国的强权政治下，先后签订了《摩德洛斯协定》和《色佛尔条约》，土耳其面临空前严重的民族危机。另一方面，战时高昂的军费开支和战争导致的各种破坏，使土耳其的经济也濒临破产，民不聊生。

在此民族危亡之时，资产阶级领导人凯末尔为了捍卫国家独立，救亡图存，发起民族民主革命。历史上把这次革命称作"凯末尔革命"。

1919年5月，凯末尔着手建立统一全国的政治组织。同年9月，全国代表大会在锡瓦斯召开，会议成立了安纳托利亚和隆美利亚护权协会，选举凯末尔担任委员会主席。

1920年1月28日，由于凯末尔及其支持者占议会多数，奥斯曼帝国被迫通过了《国民公约》。该公约声明土耳其领土是完整不可侵犯的，并要求废除特权条约。1920年4月23日，凯末尔在安卡拉召开大国民议会，成立了国民议会政府，并于次年建立土耳其国民军。

1921年，土耳其国民军在两次伊诺努战役中成功击退希腊军队进攻。同年8月至9月，国民军又在萨卡里亚河战役中取得胜利，彻底粉碎了希腊军占领安卡拉的企图。随后，意大利宣布停止对土耳其的武装干涉，法国承认大国民议会政府的合法性。到1922年9月18日，在安纳托利亚的侵略军全部被国民军肃清。

协约国被迫与土耳其签订停战协议，并于1923年7月24日与土耳其签订《洛桑条约》，承认土耳其的国家独立主权和领土完整，重新确定了土耳其边界，废除其他国家在土耳其的特权。1923年10月29日，土耳其大国民议会选凯末尔为总统，宣布成立共和国。

俄国十月革命

第一次世界大战爆发后，俄国社会矛盾日益尖锐。

俄国十月革命爆发于1917年11月7日，是由俄国布尔什维克党领导的一次武装起义，革命成功推翻了资产阶级临时政府，并成立了人类历史上第一个社会主义国家。因为革命发生在俄历10月25日，故称"十月革命"。

1917年2月，俄国布尔什维克党领导俄国人民推翻了沙皇专制统治。起义的工人和士兵成立了彼得格勒工农兵代表苏维埃。但由于布尔什维克党的主要领导人大部分被捕入狱或者流亡国外，革命的果实被社会革命党人和孟什维克党篡夺，成立了资产阶级临时政府。不过，布尔什维克党凭借威望，仍然掌握了工农兵代表苏维埃。这样，俄国就出现了两个政权并立的局面。

1917年4月17日，布尔什维克党领袖列宁重返俄国，发表了著名的《四月提纲》，明确指出了革命的发展方向和具体计划，即从资产阶级民主革命过渡到社会主义革命。列宁的革命策略受到人民的广泛认可和接受。随后，布尔什维克党领导了四月示威、六月示威和七月示威，俄国无产阶级队伍日益壮大，革命形势日趋成熟。同年9月，苏维埃中央委员会做出武装起义的决定，并提出"全部政权归苏维埃"的口号。

1917年11月7日凌晨，武装起义首先在俄国首都彼得格勒打响，起义部队迅速占领了彼得格勒的各个战略要地。伴随着"阿芙乐尔号"巡洋舰的一声炮响，彼得格勒的工人和士兵攻入冬宫，逮捕了临时政府成员。当晚，列宁立即召开了第二次全俄苏维埃代表大会，宣布临时政府被推翻，俄国全部政权转归苏维埃。

11月8日，代表大会通过《和平法令》和《土地法令》，成立了第一届苏维埃政府——人民委员会，列宁当选为主席。世界上第一个社会主义国家诞生了。

卡德纳斯改革

卡德纳斯改革促进了墨西哥经济的恢复和发展，使民族资本掌握了国家的经济命脉，为墨西哥资产阶级民主制度的形成和发展奠定了基础。

卡德纳斯改革是指在1934~1940年间，墨西哥总统拉萨罗·卡德纳斯为了摆脱经济危机，实现政治现代化而实施的一系列资产阶级改革。

20世纪30年代，资本主义经济危机波及到墨西哥。墨西哥经济出现了严重的混乱：企业纷纷倒闭，失业率增高，生产急剧下降，社会矛盾日益尖锐。同时，经济危机又引发了新一轮的军阀混战。此时，墨西哥亟需强有力的改革来解决这些问题。

1934年7月，卡德纳斯当选墨西哥总统后，立即在墨西哥进行深入的社会改革。这次改革主要包括以下几个方面：

首先进行土地改革。政府把没收的土地分给农民，帮助农民成立合作农场，设立国家农贷银行扶持农民发展农业；其次，政府统一收回由外国垄断资本控制的铁路公司、石油公司，从而实现资产国有化；修订全国劳工法，促进工会发展。卡德纳斯政府还提出加强对文化教育事业的投入，普及教育，促进民族文化的传播。此外，巩固民主政体，打击军事寡头势力，也是这次改革的重中之重。

罗斯福新政

美国开创了国家干预经济的新模式，进入国家垄断资本主义时期。

1933年，为了摆脱资本主义经济危机，美国总统富兰克林·罗斯福施行了一系列社会经济政策，这些政策措施被统称为"罗斯福新政"。

罗斯福新政从金融体系开始入手。1933年3月9日，美国国会制定了《紧急银行法》，规定只有通过审查并领到执照的银行，才可以恢复经营。该法令实施一周，就有14771家银行复业，10797家银行被淘汰。其他金融政策也相继出台，比如禁止黄金进出口；放弃金本位制，通过美元贬值刺激出口等。

随后，美国国会还通过了《国家工业复兴法》。该法对企业的生产规模，工人的工时长短，以及产品定价等都做了明确的规定。因此，大企业的行业垄断有所收敛，中小企业迎来了发展的契机。

新政最重要，也最成功的一项措施是"以工代赈"。为了帮助贫民和失业者，罗斯福政府设立了很多工赈机关，这些工赈机关承包了不同的工程项目，为各行各业的失业人员创造了大量的就业机会。罗斯福还提出了一项针对失业青年的民间资源保护计划，使大批18到25岁的青年纷纷投入到防治水患、道路建设、水土保护等公共事业中。"以工代赈"不仅使失业人员重拾了生活的信心，也有效地加快了美国经济复苏的步伐。

罗斯福政府还制定了《保险法》，建立社会保障制度，从各个方面提高美国国民的福利。比如，工人退休后有养老保险，失业者有失业保险，子女年幼的母亲有补贴保险。

罗斯福新政实施后，美国的经济实力迅速恢复，资本主义制度得到调整、巩固和发展。

古巴革命

古巴独立战争后,古巴虽然摆脱了西班牙的殖民统治,但又成为美国的保护地,沦为半殖民地国家。

1952年,富尔亨西奥·巴蒂斯塔·伊·萨尔迪瓦在美国的支持下,成为古巴领导人。他上台后实行亲美独裁统治,引起了古巴人民的强烈不满。

1953年,菲德尔·卡斯特罗与劳尔·卡斯特罗建立了名为"七二六运动"的革命组织,为推翻萨尔迪瓦政权而奋斗。1957年,以安东尼奥·埃切维里亚为首的青年学生建立起三一三革命指导委员会,在拉斯维利亚斯省进行游击活动。1958年,古巴人民社会党组织的游击队,与三一三革命指导委员会及七二六运动的游击队合并在一起,组成一支实力强大的起义军。此后,在菲德尔·卡斯特罗等人的率领下,起义军将政府军主力消灭,又攻入首都哈瓦那,将萨尔迪瓦的政权推翻,取得了古巴革命的胜利。

布拉格之春

在此次苏联军事入侵事件中,西方国家并没有予以苏联太多的批评。

"布拉格之春"是发生于捷克斯洛伐克的一场政治革命运动。这是一次在国际历史上有着重大意义的政治事件,这场革命运动标志着东欧社会主义国家之间开始出现裂痕,是东欧发生剧变的前奏。

1968年,捷克斯洛伐克在杜布切克的领导下,渐渐显示出独立的倾向。杜布切克抛弃了旧有的社会主义传统,提出了"人性化社会主义"的政治改革运动,大致内容是:修正共产党的集权主义;以民主制为原则解决斯洛伐克问题;强调企业自身责任,进行经济改革;在外交政策上,在维持与苏联同盟关系的同时,也通过引进科学技术与西方国家进行经济合作。

在苏联看来,捷克斯洛伐克的政治改变是明摆的威胁,是对苏联领导地位的挑战,同时还会影响东欧社会主义国家政治稳定。因此,苏联决定对捷克斯洛伐克进行干涉。为此，苏联和华约各国在捷克斯洛伐克境内举行军事演习，通过从军事、政治上尽力阻止捷克的共产党体制解体。捷克考虑到苏联军队的压力，意识到革命的危险性，便在党中央委员会上表明了将坚持共产党的领导地位的态度，将在国民战线外的政治活动视为"反共活动"，这场革命运动才告终。

无政府主义

人类社会之初是没有政府的，随着国家的出现，政府也随之出现。

无政府主义是指包含众多哲学体系和社会运动的一种反政府、反统治、反权威，提倡自由、平等、自助的思想的集合。无政府主义主要的诉求是消灭政府以及其他政治、经济上起到统治关系的组织。

政府的作用有利有弊，无政府主义的思想也就随之诞生。无论是中国古代的道家思想，还是古希腊的一些哲学思想中，都包含了无政府主义的思想。公元前467年，古希腊戏剧家埃斯库罗斯在《七雄大战底比斯》中第一次使用"无政府"一词。古希腊被认为最早开创了哲学思想上的无政府主义；16世纪欧洲的再洗礼派教徒被认为是现代无政府主义的宗教先驱；在17世纪的英国内战中，温斯坦利带领一些农民开荒种田，建立起一种按需分配的公有制的生活方式，这个组织被认为是现代无政府主义的起点。

无政府主义并非不讲秩序，允许人们肆意妄为，它也有自己的原则：无政府主义讲究平等和民主，人人都有权利表达自己的诉求，并且这种民主表现在生活的方方面面中，因为反对不平等，所以说无政府主义同时反对种族歧视和性别歧视；自由集合的权利，无政府主义希望打破现实社会中僵硬的关系，允许人们自己选择自己想要加入的集体或者阶层；无政府主义者提倡相互协作，减少竞争，这样做能增加生产效率，提高品质，但不竞争不意味着不创新；无政府主义者提倡多样性，多样性才会有活力，但政府往往想让人接受一种统一的思想。无政府主义的实现需要公民具备相当高的素质，这是现阶段人们不具备的。尽管如此，无政府主义的很多思想和要求还是值得人们的重视，尤其是自由和民主思想。

社会主义的起源

18世纪时，知识分子和工人阶级不断批判工业化和私有制给社会带来的弊端，在这个过程中，社会主义的理论逐渐形成。

社会主义是一个经济和政治理论，主张将整个社会建设成一个整体，基于公众利益，共同拥有、管理和分配生产资料。关于社会主义的起源，主要有两种说法：

第一种说法认为，社会主义是一个存在了很长时间的观念，性质类似于理想国和乌托邦。古希腊哲学家柏拉图的名著《理想国》和托马斯·莫尔的著作《乌托邦》中描述的国家都带有社会主义的影子。第二种说法认为，社会主义的思想起源于法国大革命。法国大革命结束之后，人们将大革命与工业革命联系起来进行了研究，发现大革命中蕴含的意识形态和运动方式与社会主义是一个模式，都是想要通过激烈的社会变革和政治变革来实现民主、公平和正义。

18世纪时，有人试图建立一个脱离资本主义的社会主义公社，比如早期空想社会主义的代表人物罗伯特·欧文。再后来，马克思、恩格斯共同规划了共产主义制度的蓝图，社会主义成为变得更加科学。

共产主义

共产主义是一种思想，也是一种社会状态。

共产主义主张建立一个消灭私有制，实现生产资料公有制，消除阶级，人民各尽其能，按需分配的社会。在共产主义社会中，所有财产和土地都是公共财产，反对私有财产，反对任何特权，任何劳动之间没有高低贵贱之分，不会因为不同的工作享受不同的权利，所有产品都是按需分配。

科学共产主义认为社会主义分为两个发展阶段，初级阶段是社会主义，高级阶段是共产主义，通常所说的共产主义都是指高级阶段。共产主义者认为资本主义终将被共产主义取代，社会主义是中间的过渡阶段，并且这种发展不是以个人意志为转移的，而是社会发展的必然规律。不过，共产主义需要高度发达的社会生产力，以及具有极高个人素质和集体主义精神的个人，而这些条件在现阶段都不成熟。

恐怖主义的起源

恐怖主义起源于18世纪的法国。

恐怖主义是指恐怖组织或个人，为了达到某种目的，对非武装人员使用暴力或者用暴力相威胁。

法国大革命时期，雅各宾派执政后，很多反革命分子发动武装暴动，企图将雅各宾派赶下台。为了保住刚刚建立起来的资产阶级政权，雅各宾派决定采用红色恐怖主义消灭反革命分子。为此，雅各宾派在政治和经济领域推行恐怖政策：在政治方面，建立集权统治，加强对敌斗争；在经济方面，对日用必需品实行最高限价政策，坚决打击囤积居奇。

雅各宾派的恐怖主义政策，是一种"战时体制"，是在雅各宾派面对各种严重问题的情况下被迫采取的措施。后来，恐怖主义成为了政治团体实现其政治目标或具体要求的主张和行动，一直延续至今。

门罗主义

门罗主义的提出是美国涉外事务的转折点，不过由于当时美国的实力并不强大，门罗主义并未发挥什么作用。

1823年，美国总统詹姆斯·门罗发表了第七次对国会演说的国情咨文，其中首次提到了门罗主义。门罗主义的内容包括：欧洲列强不应再将美洲作为殖民地，不应再对美国、墨西哥等美洲独立国家的事务进行干涉；美国不会干涉欧洲各国的事务，也不会干涉欧洲各国与其现有的美洲殖民地之间的事务。

门罗主义是时任美国国务卿的约翰·昆西·亚当斯等人提出的主张。这一主张形成时，拉美各国的独立战争正进行得如火如荼。欧洲"神圣同盟"意图干涉其中，阻止各国独立。在这种情况下，美国提出了门罗主义，要求欧洲各国不再干涉美洲各国的事务，其实就是想将拉美发展成为美国的势力范围。

冷战开始后，美国再度提起了门罗主义。当时，地处拉美的古巴已经建立了社会主义国家。为了防止社会主义继续在拉美扩张，美国便在对拉美的外交政策中重新开始奉行门罗主义。

泛美主义

美洲国家在历史上一直寻求建立一个合作组织，共同抵抗侵略，争取独立。

泛美主义是指美洲各国争取民族独立、抵抗西方殖民者侵略的政治主张和运动。

早在18世纪末，南美独立运动先驱米兰达就曾经提出建立美洲大同盟，共同抵抗西方殖民者入侵。南美独立之父玻利瓦尔也多次提议建立美洲共和国联盟。1823年，美国总统门罗提出了著名的门罗主义，并发表宣言，不允许欧洲干涉美洲事务。进入19世纪之后，拉丁美洲各国纷纷掀起了独立运动，殖民者被赶出了美洲。泛美主义就是在这样的背景下被提出的，主要内容包括：美洲各国应该团结一致，赶走殖民者，争取民族独立；美洲各国应该在政治、经济、军事、社会等各方面展开合作；成立美洲国家联邦。

1889年至1890年，第一次泛美会议在美国华盛顿举行，大会决定成立美洲共和国国际联盟。这个联盟在1910年改称美洲国家组织。起初美国一直控制着这个组织，第二次世界大战前的8次泛美会议都是由美国人担任联盟总干事。不过，从20世纪后半期开始，美国的霸主地位逐渐逐渐动摇。

沙文主义

沙文主义源自于一位在拿破仑手下服役的士兵,他的名字叫做尼格拉·沙文。

沙文18岁入伍,之后随拿破仑南征北战,打了很多仗。他在军队中表现相当好,但开始时并没有引起拿破仑的注意。后来,他受伤达17次之多,面部因受伤严重毁容,身体也落下了残疾,拿破仑终于听到了这位英勇的士兵的名字,并亲自赠送给他一把荣誉军刀和300法郎作为奖励。沙文在得到奖励后非常激动,他不仅对拿破仑感恩戴德,而且狂热地崇拜拿破仑以武力征服其他民族的政策。人们就将沙文这种极端的、过分的爱国主义称为沙文主义。

沙文主义最早出现在法国一部名为"三色帽徽"的戏剧中,后来沙文主义被推而广之,扩展到描述对民族、性别的狂热崇拜上来,比如民族沙文主义、男性沙文主义、女性沙文主义等。

费边主义

费边主义主张采取渐进的方式对资本主义进行改良,使其成为社会主义。

费边主义是费边社会主义的简称,于19世纪后期开始在英国流行。

1884年,十几个知识分子创立了费边社。费边是公元前3世纪罗马的一位著名将领,他曾主张避免暴力方式进行改良,这也是费边社名字的由来。费边社成立之初并不出名,但思想家、活动家萧伯纳和韦伯的加入,使得费边社很快壮大起来。费边社的成员基本上都是知识分子,他们主张阶级之间进行合作,避免暴力,反对由无产阶级掌权;主张以民选的方式建立起地方自治机关,逐渐掌握公共事务的管理权力,循序渐进地改革,直至达到社会主义。恩格斯认为费边主义就是资产阶级想要通过立宪、避免革命的方式实现新社会主义。马克思批评费边主义害怕革命,这也是费边主义最主要的弱点。尽管如此,费边主义对英国政坛的影响还是非常大的,英国工党就是在费边主义者的帮助下成立的。直至今天,工党的很多举措还带有费边社的印记。

保守主义

保守主义通常被划分为文化保守主义、宗教保守主义、财政保守主义和经济保守主义四大流派。

18世纪末，保守主义才作为一种政治哲学形成于西方。在不同的历史背景和社会需求下，保守主义所表现出来的形态也有所不同。但是，无论形态如何多变，它的基本主张都是一致的，那就是尽量维持历史传统和社会现状。不过，保守主义并不反对进步和变革，只是不赞成过于激进的方式。

在保守主义者眼里，社会地位和贫富差距不是靠人力就可以改变的，社会矛盾只可减缓和调节，但无法根治。国家应该由才智卓越的精英来领导，只有这样，稳定的法律和社会秩序才能得以延续。

在英美等西方国家，现代的保守主义政党越来越青睐小政府和自由市场，他们通过对抗共产主义和极权主义来捍卫自己的利益。这给保守主义思想注入了更多新的意义。

机会主义

所谓机会主义，是指无产阶级工人运动或者无产阶级政党中出现的明显违背马克思主义的行为和思想。

机会主义有两种基本表现形式：一是右倾机会主义，一是左倾机会主义。右倾机会主义的具体表现一般为思想跟不上实际情况的变化，过于传统，过于保守，眼光不长远，不顾及大局。左倾机会主义一般会表现出一种悲观情绪，过于高估敌人的力量，同时对人民的力量不够自信，畏手畏脚，不敢斗争，甚至企图同敌人合作。如果说右倾机会主义是思想跟不上实际，那左倾机会主义者就是思想超越了实际，没有从实际出发，具有盲目性。左倾机会主义者一般急于求成，轻视敌人，轻视遇到的阻碍，激进、冒险。无论是右倾机会主义，还是左倾机会主义，都是违背马克思主义基本原则，没有做到从实际出发，思想与现实相脱节的表现，是方向不同的两个极端，本质上是一样的。

自由主义

自由主义是一种意识形态，是众多以自由为主要政治诉求的思想和流派的总称。

自由主义者相信"人之初，性本善"，因此要求政权放宽对个人的限制，给人以自治权。经过多年发展，自由主义者的诉求并不仅仅局限于个人自由，他们还要求法律公正、政府受法律监督、政治体制透明、贸易自由、私人财产受保护，等等。自由主义者非常重视公民的选举权和公正的选举制度，所以他们更倾向于共和制和君主立宪制，同时反对君主集权制、中央集权制、世袭制、政教合一的国家制度。

自由主义起初是非常单纯的，发展到今天，无论是什么样的政治派别，只要

支持自由主义的思想，便可以称为自由主义者。判断自由主义者的依据一般有以下几条：政治上，强调人权，信仰自由，保障隐私，个人拥有同统治者同样的权利，人人都有政治上的自由，有选举权，社会必须法制，体制应该为自由民主制，而非独裁；经济上，私人财产应该得到保护，契约关系得到保障，推行自由贸易，禁止贸易保护主义；文化方面，政权不允许干涉文艺创作自由，不准迫害持异见者，赌博、性交易合法化，允许堕胎，等等。

麦卡锡主义

"麦卡锡主义"是美国国会参议员麦卡锡发起的反共、反民主运动。

20世纪40年代末，"麦卡锡主义"波及到了美国政治、外交等各个领域。许多人因此遭受恶意的诽谤和迫害，麦卡锡主义也成为政治迫害的代名词。

约瑟夫·麦卡锡生于一个美国的普通家庭，1946年参加了美国威斯康星州的参议员的竞选，并成功当选为威斯康星州参议员。从此，他开始了荒唐的政治生涯。由于他行为不检点，并且有赌博和酗酒等恶习，导致他的名声一落千丈，被人民评为最糟糕的参议员。尤其是麦卡锡为杀害美国士兵的纳粹党辩护，更是在社会上引起一片哗然。

他为了保住在国会的位子，在美国前总统林肯的诞辰年纪念之日，发表了题为"国务院里的共产党"的演讲，大肆发布共产党侵入美国政府、共产党与政府暗中勾结等言论。麦卡锡的演说在美国掀起了一片舆论热潮，促使美国成立"非美调查委员会"，开始了所谓揭露和清查美国政府中的共产党的浪潮。麦卡锡煽动人们互相揭发，仅仅一年时间，麦卡锡的非美调查委员会就建立了大小将近600次的"调查"。许多演艺界和政界的人员被指控为向苏联透漏机密的间谍，因此受到迫害。随着时间的推移，麦卡锡的活动激起公众的反感。国务卿杜勒斯向总统表达了他的忧虑，在欧洲一些国家看来，美国正在麦卡锡的领导下走向法西斯主义。有人提出疑问，美国是麦卡锡说了算还是艾森豪威尔说了算？

终于在一次陆军听证会上，陆军部揭开了麦卡锡调查活动的阴谋，谴责了麦卡锡的种种违法行为和越权行为。在一片责骂声中，美国国会参议院通过决议，对麦卡锡进行谴责，并免去其非美调查委员会主席的职务。至此，麦卡锡主义宣告结束。

法西斯主义

可以说，法西斯主义就是一种极端的集体主义。

法西斯一词原本是"束棒"的意思，即一把斧头四周捆绑着多根木棍，这个标志在古罗马象征着权力与威信。法西斯主义即个人地位压制于集体之下的社会组织，这种集体可以是某个国家、某个民族、某个种族，也可以是某个社会阶级。在这种政治哲学中融合了社团主义、工团主义、独裁主义、极端民族主义、中央集权形式的社会主义、军国主义、反无政府主义、反自由放任的资本主义、反共产主义和反自由主义。

法西斯主义是西方经济大危机的产物。1919年，德国、意大利和日本都出现了法西斯组织。1920年4月，德国的法西斯组织德国工人党改名为德国国家社会主义工人党。1921年11月，意大利成立了国家法西斯党。第二年，意大利建立了法西斯专政。20世纪20年代末期，纳粹党成了德国的第一大党。1933年，希特勒上台，在德国建立了法西斯体制。这段时期，日本也建立了法西斯专政。当时除了德国、意大利、日本这三个主要的国家，西班牙、匈牙利、保加利亚、阿根廷等国也推行过法西斯主义，法国、英国、美国等国境内也出现过各种法西斯团体。20世纪30年代，各个主要的法西斯国家开始积极对外扩张，最终导致了第二次世界大战的爆发。

绥靖政策

英、法、美等国是绥靖政策最积极的推行者。

绥靖政策是一种对侵略不加抵制，一味姑息纵容，甚至以牺牲别国的利益为代价，对侵略者妥协的政策。

绥靖政策出现于第一次世界大战之后。当时，帝国主义国家一方面想要夺取世界霸权，削弱竞争对手的实力，另外一方面又想镇压人民革命，反对社会主义。在这种情况下，绥靖政策应运而生。具体表现为，扶持战败国德国，扶持日本，以防范苏联的进攻，镇压人民革命。

在进入20世纪30年代以后，德国、意大利、日本这三个法西斯国家对外扩张的野心已经昭然若揭，但英、法、美等国依旧坚持绥靖政策。1931年，日本悍然发动了九一八事变，侵占了中国东北地区。1935年，德国公然撕毁了《凡尔赛条约》，开始扩军备战。1935年10月，意大利对埃塞俄比亚开战。1936年3月，德军攻占了莱茵区。1936年8月，德国与意大利武装干涉西班牙。1937年，日本发动全面侵华战争。1938年3月，德国兼并奥地利。然而，这一连串事件始终未能撼动英、法、美等国一贯坚持的绥靖政策。

1938年9月，英、法、德、意四国首脑在慕尼黑召开会议，签订了《慕尼黑协定》，强行将捷克斯洛伐克的苏台德地区割让给德国。至此，绥靖政策终于到达了顶峰。

1939年9月1日，德军闪电入侵波兰。随后，英国与法国被迫对德宣战，第二次世界大战爆发，绥靖政策宣告结束。

托利党和辉格党

18世纪初，辉格党人一直在英国政坛占据优势，连续执政将近半个世纪，但到了18世纪中后期开始衰落。

1679年，英国议会举行会议，讨论詹姆斯公爵是否有权利继承王位，议员们展开了激烈的争论，互不相让，最后争论变成了讽刺和谩骂。那些反对詹姆斯公爵继承王位的人被对手讥讽为"辉格"，这个词源自苏格兰的凯尔特语，意思为"马贼"；而支持詹姆斯公爵继承王位的议员被对手讽刺为"托利"，这个词源自爱尔兰语，意思是"不法之徒"。后来，他们将对手的讽刺用于自称，渐渐发展成为了辉格党和托利党，他们的支持者分别被称为辉格党人和托利党人。

19世纪中期，英国工业发展、经济繁荣，代表资产阶级利益的辉格党上台，并逐渐发展为后来的自由党。18世纪末，汉诺威王朝建立，此后的半个世纪中托利党一直在台上。托利党原本代表英国贵族和上层人物的利益，但随着工业革命的到来，不得不转向代表资产阶级的利益，但相对于辉格党的自由主义，他们相对保守，最终发展为后来的保守党。

《共产党宣言》发表

马克思在布鲁塞尔的生活很艰辛，多亏有恩格斯的支持才勉强维持下去，但马克思没有终止革命理论的研究和参加革命活动。

1845年之前，马克思多次被驱逐，先是由他担任主编的《莱茵报》被查封，他被迫离开普鲁士，搬到了法国。后来，他又因为在《前进周刊》上面发表对普鲁士专制制度批判的文章，被法国驱逐出境，搬到了比利时布鲁塞尔。当时欧洲一个名叫"正义者同盟"的组织邀请马克思和恩格斯参加，在这两个人的宣传下，这个组织接受了共产主义思想，并将组织名称改为"共产主义者同盟"。1847年11月，共产主义者同盟召开代表大会，委托马克思和恩格斯起草一份同盟纲领。两人几乎天天在一起研究这份纲领，最终写出了《共产党宣言》，并于1848年2月24日在伦敦出版。

《共产党宣言》全文用德语写成，包括一篇引言和四章正文，出版之后很快有了德文、俄文、英文、波兰文、意大利文等版本。在《共产党宣言》中，马克思用唯物主义的方法阐述了历史发展的规律，指出资本主义必将走向共产主义，无产阶级是消灭资本主义，建设共产主义的主力军。宣言中还说，要想实现共产主义，必须有一个无产阶级领导的政党，必须通过无产阶级革命的手段。《共产党宣言》是共产主义运动的第一个纲领性文件，它的诞生标志着马克思主义的形成，标志着科学社会主义的形成，成为无产阶级行动的理论依据和思想武器。

印度国民大会党的成立

国大党的成立与当时英国的殖民统治关系密切。

印度国民大会党，简称国大党，是印度非常重要的一个政党，于1885年12月在孟买成立。

19世纪中期，印度工业逐渐发展，民族资产阶级形成。印度的工业生产完全依靠英国人提供资金、技术和设备，但是英国人只想把印度当作原材料供应地和产品销售市场，暗中一直在压制印度民族工业的发展。英国的这种压制和剥削导致印度人不满，多次爆发起义运动，引起了英国的恐慌。面对暴力革命，英国一方面进行武力镇压，另外一方面进行改良，试图将那些已经组织起来的群众运动从革命的道路上引导到改良的道路上。当时英国在印度的总督杜福林同退休官员休谟商讨了一个方案，将印度的资产阶级和社会精英组织起来，成立一个主张改良的政党。休谟出面四处游说，最终于1885年12月28日在孟买成功举行了国大党成立大会。

出席这次大会的多是各省民族资产阶级和资产阶级知识分子中的代表，也有一些大地主。大会上没有谴责英国，反而是肯定了英国对印度的帮助，最后通过了9项决议，要求民族自治，要求进行改革，在参议院中增加民选议员，减少军费，增加关税等。国大党成立的目的并不是要求民族独立，而是要求民族自治，以改良代替暴力革命，这些都表明了国大党资产阶级改良政党的性质。到后来，随着国大党反殖民地的立场越来越坚定，英国开始对其进行迫害。不过，国大党得到了印度人民的支持，并最终领导印度人民取得了民族独立。

法 制

《汉谟拉比法典》

《汉谟拉比法典》是世界上现存最早的保存较完整的成文法典。

《汉谟拉比法典》是公元前18世纪古巴比伦国王汉谟拉比颁布的一部法典。因为该法典是以楔形文字雕刻在一根玄武岩石柱上的，所以也被称为"石柱法"。

《汉谟拉比法典》具体可以分为三部分：序言、正文和结语。正文约占了全部篇幅的五分之四，其中包括282条法律条文，内容涉及刑事、民事、婚姻、继承、贸易、审判等方方面面。

《汉谟拉比法典》旨在维护奴隶主阶级的统治地位，里面到处充斥着不平等的法律条款。法典将人分为有公民权的自由民，无公民权的自由民和奴隶这三个等级，不同等级的人适用不同的法律，最低等的奴隶直接不属于人的范畴，不受法律保护。例如，一个人打瞎了奴隶的眼睛，只需向奴隶主赔偿奴隶的一半身价即可，不必承担任何刑事责任。

《摩西十诫》

《摩西十诫》是人类历史上继《汉谟拉比法典》之后的第二部成文法典。

根据《圣经》的记载，公元前1700年左右，犹太人在与迦南人交战的过程中接连溃败，不得不逃亡到埃及避难。到了公元前1300年，埃及法老拉美西斯二世为了修建宫殿，开始逼迫境内的犹太人做苦役。除此之外，他还下令将犹太男婴全部溺死。摩西当时刚刚出世，他的母亲冒着生命危险将他藏到尼罗河一个不透水的箱子里，避过了这一劫。

没过多久，埃及的公主来到尼罗河边，发现了摩西。善良的公主收养了摩西。摩西长大后，有一次见到一名埃及士兵正在殴打犹太人，便在一怒之下杀死了那名士兵。摩西自知犯下了大罪，就匆匆逃到了米甸，并在那里娶妻生子。

拉美西斯二世死后，埃及局势动荡，饱受压迫的犹太人打算乘机出逃。就在这时，摩西受到神灵的召唤，返回埃及，带着自己的族人离开了这里。

在出逃的途中，犹太人受尽了磨难，很多人因此失去了斗志，竟然产生了自原路返回的念头。为了鼓励族人，摩西便登上西奈山，向上帝求救。摩西在山顶上待了四十天，在此期间，上帝将自己对犹太人的告诫刻在石板上送给他，这便是《摩西十诫》。

《摩西十诫》体现了平等的"人神契约"精神。任何人都不能破坏这份契约，否则就会受到上帝的惩罚。犹太教就是摩西在此基础上创立的。

据说，摩西后来见到犹太人根本就不遵从《摩西十诫》，便愤而毁掉了刻有十诫的石板。上帝命令他又制作了一块相同的石板，摆放在犹太人的圣物约柜中。公元前6世纪，犹太王国被巴比伦人所灭，约柜与其中的石板就此不见了踪影。

监狱的产生

皋陶在世时是国家的司法长官，被后世的史学家和司法学家一致认为是"司法鼻祖"。

监狱作为国家的一大暴力机器，最早产生于奴隶制社会，是阶级和国家的必然产物。奴隶制社会诞生之初，身为统治阶级的奴隶主为了维护自身的统治，压制奴隶们的反抗，就制定了法律，建造了监狱。

中国最早的监狱相传是由皋陶建立的。皋陶是黄帝的后人，大禹曾想将自己的王位禅让给他，结果皋陶却先他一步去世了。皋陶首次采用了"划地为牢"的方法囚禁犯人，这就是中国最早的监狱，皋陶因此被后世尊为狱神。中国古代的狱官走马上任的第一天首先要做的就是参拜狱神，犯人在被关入狱中的第一天也要参拜。

到今天，监狱依旧作为国家的暴力机器存在于世界各国。

陶片放逐法

陶片放逐法实施到后来，被一些居心叵测的政治家利用，成了他们打击政敌的有力武器。

大约在公元前510年，雅典的政治家克里斯提尼创立了陶片放逐法，即雅典公民可以将不受欢迎的政治人物的名字写在陶片上，用这种方式来投票选出意图对雅典的民主制度造成威胁的人，并将其放逐。

每年的12月份，雅典的常务委员会都会召开会议，组织公民进行投票，投票地点在雅典的阿哥拉。投票时，雅典10个部落的公民会来到阿哥拉的投票地点，将自己认为理应受到放逐的政客的名字写在一块陶罐的碎片上，然后投进本部落的投票箱。若是总票数低于6000票，那么这次投票就是无效的，反之就是有效的，需要找出票数最多的那名政客，将其放逐10年。被选中的政客需要在10天之内启程，期间他没有为自己辩驳的权利。

公元前415年，雅典的平民运动领袖海柏波拉斯身陷党派斗争，遭到放逐，并在放逐地被谋杀。这一事件在雅典平民之中引发了巨大的轰动，陶片放逐法就此被废止。

中国刑法的由来

刑法是关于犯罪和刑罚的法律规范的总称。

在中国，刑法这个词汇最早出现在《国语》中："尧能单均刑法以仪民。"

中国的刑法最早起源于夏朝，最早的成文刑法典则出现在春秋时期的郑国。公元前536年，郑国大夫子产铸造了一尊青铜大鼎，将国家的法律条文铸在鼎身上，并将鼎放到闹市公之于众，这便是"刑鼎"。"刑鼎"问世堪称中国法制史上的一个标志性事件。

"公民"的定义与起源

"公民"是一个法律概念，与民主政治有着密不可分的关联。

"公民"就是指具有一个国家的国籍，并根据该国的法律规范享有权利和承担义务的自然人。

"公民"的概念最早起源于奴隶制的古希腊和古罗马。古希腊雅典已经有了"人民统治"的民主观念，当然这里的"人民"无论是在适用的范围还是在享有的权利方面，都不能与今天的公民同日而语。例如，同为雅典居民，女性、穷人和奴隶等就不包括在"人民"的范畴内。古罗马的公民被称为"市民"，除了奴隶之外，所有在罗马出生的男人都属于罗马市民。为了协调市民之间的关系，古罗马统治者还曾颁布"市民法"。

"公民"这个概念在欧洲进入封建社会之后就消失了。等到资产阶级革命胜利后，它才再度出现在公众的视野中。截止到今天，"公民"的概念已被广泛纳入世界各国的宪法中。

柏拉图的法律思想

柏拉图是古希腊伟大的哲学家。

柏拉图与自己的老师苏格拉底，学生亚里士多德并称为古希腊三大哲学家。柏拉图在法律方面有着独特的见解，他认为所有人的品性都分为善与恶两方面。如果善的部分比较强大，控制了恶的部分，那么此人就是自己的主人；反之，他便是自己的奴隶。当人性中恶的部分过分强大时，就需要法律发挥其约束力。法律象征着公义，是所有百姓的社会行为准则。

柏拉图眼中的理想国家就是将公民划分三个阶层，他们分别是卫国者、士兵与普通人民。其中最上层的卫国者便是国家的管理层，他们的主要任务就是监督国家法典的制定与执行。

陪审制度的渊源

到了现在，陪审制度在西方资本主义国家中已经成为一种非常盛行的审判制度。

陪审制度是指国家审判机关从公民中吸收陪审员参与审判刑事和民事案件的制度。陪审制度起源于古希腊和古罗马，在欧洲步入中世纪以后，该制度得到了少数封建国家的承袭。

在古希腊的雅典，执政官每年都会从国内年满30岁的公民中随机选出6000名陪审员，每起案件需要由其中500名陪审员共同审理。古罗马则由最高裁判官从上层社会中挑选出 300 至 450 人担任陪审员，每起案件由 30 至 40 名陪审员共同审理。

到了中世纪，德国继承了这种产生于奴隶社会的陪审制度，英国也逐渐形成了一种全新的陪审制度，但欧洲其他国家却始终未能将这种制度引入本国。直到进入资产阶级革命时期，陪审制度才开始在欧洲盛行起来。

17 世纪，英国资产阶级革命的领导人李尔本提出"由人民自由选举陪审官"。到了 18 世纪，法国的启蒙思想家孟德斯鸠也提出了用陪审官来代替职业法官的主张。他们的建议被很多资产阶级革命者采纳，后来便顺理成章地应用到欧洲各个新兴的资本主义国家中，并被很多国家一直沿用至今。

律师的由来

律师起源于古罗马。

古罗马统治者非常重视法律，要求国内的诉讼必须要按照法定手续进行。由于诉讼手续和法律条文都非常复杂，一般人难以应对，所以当事人便很有必要找一个熟悉法律的人来帮助自己。这类诉讼帮手就是最早的律师。古罗马对律师的要求比较高，律师需要接受修辞学和雄辩术的训练。不过，他们的社会地位也非常高，很多元老院的议员都曾兼任过律师，古罗马著名的政治家西塞罗就是当时律师之中的佼佼者。

律师这一职业发展到公元 5 世纪末期，终于成为了一个固定的行业。然而，随着封建社会的到来，律师制度逐渐在欧洲各国销声匿迹。就算有的国家还存有这种制度，律师的权力也受到了极大的限制，难以发挥原有的作用。直到欧洲各国进入资本主义社会以后，律师制度才再度盛行起来。

宪法的历史起源

中国现代的宪法概念是从西方资本主义国家传过来的。

中国春秋时期的史学家左丘明曾在《国语》中写道："赏善罚奸，国之宪法也。"这便是"宪法"一词的起源。

现代概念中的宪法就是公民与国家之间订立的契约，在国家的法律体系中占据着最高的地位，拥有最高的法律效力。可以说，宪法就是国家的根本法。具体说来，宪法就是指一个国家或地区，或自治地区，或联邦国家各个州的最基本法律。

宪法可以是成文的，也可以是不成文的。举例说来，英国的宪法就是由好几部成文法律和不成文的案例与习惯共同构成的。世界上第一部成文宪法是美国宪

法，形成于 1787 年的美国制宪会议。

《摩奴法论》

摩奴根据传统习惯与吠陀经编著的《摩奴法论》被后世誉为古印度婆罗门教的经典之作。

《摩奴法论》大约成书于公元前 2 世纪到公元 2 世纪，相传是由人类的始祖摩奴所著，但实际上此摩奴并非彼摩奴，此摩奴本是印度婆罗门教的一名祭司。

《摩奴法论》总共分为 12 章，2684 条，内容涉及风俗、礼仪、道德、教育、法律、哲学、宗教、政治、经济、外交、军事等方方面面。《摩奴法论》的第 1 章讲述了创世的神话故事，第 2 章到第 6 章讲述了婆罗门教徒在人生的四个阶段中的行为规范，第 7 章到第 11 章讲述了印度当时的法律和婚姻制度，第 12 章则讲述了因果报应和转世轮回。

《摩奴法论》对印度人民有着长达 2000 多年的影响力。时至今日，这种影响力依旧存在。现在无论哪个国家的历史学家在研究印度的历史与现状时，都不会忽视《摩奴法论》这一基本文献。

《查士丁尼法典》

作为罗马法的集大成者，《查士丁尼法典》的问世也标志着罗马法已经发展到了完备阶段，后来欧洲各国的法律都深受该法典的影响。

公元526年，东罗马帝国的皇帝查士丁尼大帝建立了一个由10名法学家组成的委员会，历时3年时间，终于在原有的罗马法的基础上编制了《查士丁尼法典》。公元529年，该法典正式颁布施行。

《查士丁尼法典》保留了罗马法中原有的维护奴隶主统治的内容，明确提出君权神授，从而肯定了皇权至高无上的地位，同时也维护了教会的利益。

《查士丁尼法典》系统搜集整理了自罗马共和时期一直到查士丁尼统治时期罗马所有的法律著作，是全世界第一部完备的奴隶制成文法。

《萨利克法典》

1384年，波兰女王在继承王位时宣布自己为国王，而非女王，就是为了避免《萨利克法典》带来的不良影响。

《萨利克法典》诞生于公元6世纪初，是由法兰克人萨利克部族中通行的各种习惯法汇编而成的。该法典的内容以刑法和程序法为主，也包含了部分民法。对于各类违法犯罪行为应该支付的赔偿金额，法典都做出了详细的规定，特别是对人身伤害、财产损害、盗窃等犯罪行为的赔偿规定。另外，该法典还明确指出，受害人在得到赔偿金后，必须要将其中的三分之一上交给王室。

《萨利克法典》对后世最深远的影响在于，它规定女儿没有继承土地的权利。后来，欧洲许多国家据此做出了女性无权继承王位的规定，欧洲有不少战争就是由此引发的。

休假制度的由来

休假制度最早起源于中国的汉朝。

汉朝时，统治者规定所有官员每隔五天就可以回家休息一天，沐浴更衣，这叫做"五日休"或是"沐日"。

到了唐朝，改成十天休息一次，叫做"旬休"。唐朝的休假不仅有"旬休"，还有其他法定节假日，例如中秋节放假三天，清明节放假四天。官员若是家中有急事，还可以请"急假"。每人每年的"急假"加起来不得超过60天。如果官员未能在"急假"结束当日返回销假，就会被罚款，情节严重者甚至会丢掉自己的乌纱帽。

西方的周末休假制在清朝年间传入中国，到了今天，这种制度已在中国境内广泛施行。

指纹鉴定溯源

中国是全世界公认的指纹鉴定的发源地。

根据史料记载，从唐朝开始，中国就出现了用指纹来辨别人的方法。唐朝的贾公彦被认为是提出这一方法的第一人，在德国人所著的《指纹鉴定》中也明确指出了这一点。

从现存的很多唐朝文书与契约中都可以看到当事人留下的指印。从这段时期开始，中国百姓逐渐习惯了用指印或是掌印代替自己在文书上的签名。这一方法后来还被引入了军队中，将士兵的指纹收集在册，以方便军队的管理。

到了宋朝，指纹鉴定开始应用到刑事案件的侦破中，在南宋"法医学之父"宋慈的著作《洗冤集录》中可以找到相关的记录。英国医生亨利·福尔兹是西方将指纹鉴定应用到侦破案件中的第一人。后来，法郎西斯·盖尔顿又在此基础上总结出了三大结论：指纹终身不变，指纹可以识别，指纹可以分类。后人据此创造了指纹分类法，并将其引入实践中。

在现代社会，指纹已成了人类"活的身份证"，被广泛应用到刑侦、金融和户籍管理等领域，为人类带来了巨大的便利。

中国退休制度溯源

"退休"这个词汇最早出现于唐朝。唐朝著名的文学家韩愈曾经写道:"退休于居,作《复志赋》。"

中国的退休制度起源于商朝年间。到了春秋战国时期,退休制度已基本成型。进入汉朝以后,终于完全成型。当然了,退休制度在中国古代仅限于官员,平民百姓根本没有适用于这种制度的权利。

从汉朝开始,退休制度一直是中国历朝历代官僚制度的重要组成部分之一。汉朝的法定退休年龄为七十岁,退休后的官员能定期得到相当于此前俸禄三分之一的退休金。到了唐朝,官员们的退休金大幅度上调,有的功臣在退休后甚至能拿到全俸。

宋元时期,退休制度在执行方面越来越松懈。宋朝有很多官员因为贪恋权势,即使到了退休年龄也不愿退下去。元朝直接明文规定重臣可以不退休。明清年间,官员的退休年龄从七十岁提前到六十岁,退休金以个人退休前官职的大小作为发放依据。

田柴科制

分发给官员的土地在官员死后就要归还国家,只有少数有功之臣才能得到世袭的土地。

公元976年,朝鲜半岛的高丽王朝开始在国内实施田柴科制,其中"田"是指农田,"柴"是指山林,"科"是指官员的品级。田柴科制就是在国内进行土地清查,将全国的农田与山林都收归国有,并登记在册,然后将其中的部分农田与山林按照官员的品级分发下去,其余的大部分土地则充当公田,由国家直接租给农民耕种。

田柴科制在实施之初有效地控制了官僚地主对土地的兼并,可惜在进入12世纪以后,这种制度逐渐被破坏殆尽,绝大多数土地又重新回到了那些大地主大官僚手中。

听证简介

听证即听取利害关系人意见的法律程序。

听证的程序如下：在行政机关做出某些决定前，首先听取当事人的陈述与申辩，然后由听证程序参与人就相关问题进行质疑与讨论，最后查明事情的真相。

听证这个法律术语最早起源于英国的"自然公正原则"。1215 年，英国政府在《自由大宪章》中指出，听证的基本精神就在于以程序公正保证结果公正。这段时期的听证只适用于司法审判，后来听证制度流传到美国，才开始扩展到其他领域。

1993 年，听证制度传到了中国，起初只是应用在价格听证中，后来中国的地方立法、行政处罚和国家赔偿等领域也相继引入了听证制度。

金玺诏书

神圣罗马帝国是德意志民族于 10 世纪在中欧与西欧建立的封建帝国。

金玺诏书又叫做黄金诏书，因诏书上盖有黄金印玺而得名。金玺诏书是神圣罗马帝国皇帝查理四世在 1356 年颁布的帝国法律。它将帝国的王权与教权之间近三百年的争执画上了句号，从此，罗马教皇不能再随意干涉神圣罗马帝国的王权。

1075 年，神圣罗马帝国皇帝亨利四世与教皇格列高利七世产生了激烈冲突。格列高利七世向来主张教权高于王权，亨利四世对此很不以为是，于第二年公开宣布废黜格里高利七世的教皇之位。然而，亨利四世此举并没有得到民众的支持，不久，格列高利七世将亨利四世开除教籍。

此后，国内很多诸侯都表示，若是亨利四世不能在一年之内恢复教籍，他们将剥夺他的皇位。亨利四世被逼无奈，只能来到格列高利七世的城堡外，在冰雪之中站立了三天，恳请教皇宽恕他的罪过。格列高利七世最终恢复了亨利四世的教籍，亨利四世因此保住了自己的皇位，但是两人之间的矛盾并没有就此结束。

1080 年，教皇与皇帝再起争端。亨利四世率军攻入罗马，格列高利七世外出逃亡，并在逃亡途中死去。此后，神圣罗马帝国的皇帝与罗马教皇一直冲突不断，直至 1356 年，金玺诏书问世，这种局面才宣告结束。

金玺诏书包括序言和 31 章正文，主要内容如下：神圣罗马帝国的皇帝由 7 位地位最高的选帝侯选举产生，这 7 位选帝侯包括 3 名大主教和 4 名世俗国王与诸侯；由选帝侯选举出来的神圣罗马帝国的皇帝不再需要罗马教皇的加冕；选帝侯有权监督帝国，他们在各自的领地内政治独立，并享有征税、铸币、盐、铁矿开采等国家主权与独立的司法裁判权。1806 年，拿破仑解散了神圣罗马帝国，选帝侯也失去了原有的意义，只是以一种荣誉爵位的形式保存了下来。

英国《航海法案》的颁布

美国独立战争的爆发就与这项不公正的《航海法案》有着密切联系。

1651年10月,英国议会通过了首个保护英国本土航海贸易垄断的法案《航海法案》。法案的内容包括:只有英国或英国的殖民地拥有或制造的船才能运送英国殖民地的货物;烟草、糖、棉花、靛青、毛皮等英国政府指定的殖民地产品只能贩运到英国本土或是英国其他殖民地;其他国家制造的产品不能直接运销英国的殖民地,在销往殖民地之前,必须先经过英国本土;限制殖民地生产和英国本土竞争的产品,例如纺织品。

《航海法案》颁布的目的在于保障英国本土的产业发展,打压与英国进行贸易竞争的欧洲各国,其中尤以荷兰为甚。然而,该法案在让英国获利的同时,又给殖民地人民带来了巨大的不便。

进入19世纪后,英国开始采用自由贸易政策,《航海法案》随即被废除。

《权利法案》的颁布

从这时开始,君主立宪制正式成为了英国的政体。

17世纪,英国在进行资产阶级革命的过程中保留了君主制。为了限制国王的权力,英国议会于1689年10月颁布了《权利法案》。该法案是英国资产阶级革命中最重要的法律文件,它一方面保障了议会的立法权、司法权、财政权和军权,另一方面限制了国王的实际统治权,从而为英国资本主义的发展扫清了障碍。至此,英国终于确立了议会高于王权的原则。

英国的《王位继承法》

迄今为止,英国历代的王位继承者中并未出现一名天主教徒。

英国的《王位继承法》颁布于1701年,是对《权利法案》的补充。《王位继承法》规定英国王位的继承不是由国王而是由议会决定的,议会在决定王位继承人时,最主要的依据就是长子继承权制度,即先男后女,先长后幼。具体说来,就是王位应由现任国王的长子继承,若是长子已经离开了人世,则由次子继承,依此类推。若是没有儿子,则由长女继承王位,然后再依次轮到其他女儿。除此之外,《王位继承法》还规定王位的继承者及其配偶都不能是天主教徒,这一规定与英国严禁宗教歧视的法律条文相矛盾。

孟德斯鸠与《论法的精神》

《论法的精神》是法国启蒙思想家孟德斯鸠的代表作，也是他影响最大的一部著作，被誉为"18世纪中叶以前最进步的政治理论书"。

孟德斯鸠生于1689年，早年曾专攻法律。1716年，孟德斯鸠继承伯父爵位，成为法院院长。任院长期间，他开始怀疑法律的公正性。1728年，孟德斯鸠辞职，潜心读书，游历各国。20年的阅读与游历生涯中，他为《论法的精神》收集了大量的材料。1748年，书籍出版，轰动世界。

《论法的精神》是一部政治理论书。书分三卷：第一卷是法的概述，着重讨论了法与政体的关系；第二卷论述法与政治权利的关系；第三卷则讲到了法与地理环境的关系。

在书中，孟德斯鸠提出了自由、法制、三权分立的主张，对当时的资产阶级产生了极大影响。这部著作结构完整、内容丰富，观点鲜明、逻辑严谨，直击统治阶级要害，引起教会及统治者的敌视。书出版后，一度遭禁。然而孟德斯鸠不畏强权，1750年再发新书《对＜论法的精神＞的辩护》，予以猛烈回击。

《论法的精神》被誉为"亚里士多德之后第一本综合性的政治学著作"，以及"那个时代最进步的政治理论书"，对世界各地的资产阶级革命都产生了巨大的影响。

《玉米法案》

《玉米法案》颁布后，英国的谷物价格很快就提升了不少。

《玉米法案》又叫做《谷物法》，它是英国政府在1815年到1846年间实施的一项限制谷物进口的法案。法案的具体内容是，当英国国内的谷物平均价格达到或超过了一定限度时，才能从国外进口谷物。

这项法案在限制谷物进口的同时，又鼓励谷物出口，从而最大限度地维护了英国地主阶级的利益。工人们提出了增加工资的要求，工厂主们也随即成立了"反谷物法联盟"，声称这项法案增加了工业生产成本，应当尽快废止。

在"反谷物法联盟"的努力下，英国政府最终于1846年废除了《玉米法案》。

《拿破仑法典》

《拿破仑法典》是资本主义国家最早的一部民法典，形成于法国大革命时期。

1799年底，拿破仑通过雾月政变夺权，成了法国的最高统治者。1800年，拿破仑命令法国四位出色的法律专家开始起草《拿破仑法典》。一年后，法典的草案完成。拿破仑又命令枢密院等司法机关对其进行审核、修改。

1804年3月21日，《拿破仑法典》正式在法国颁布实施。该法典总共收录了2281条法律条文，具体可分为三大部分：第一部分是人法，即对于民事权利的相关规定；第二部分是物法，即对于财产所有权以及其他物权的相关规定；第三部分是对取得各种财产所有权的方法的规定。

在《拿破仑法典》中，有三项基本原则贯彻始终：第一是自由平等原则，即所有已经成年的法国公民都享有平等的民事行为权利；第二是所有权原则，即保护个人的私有财产不受到任何侵犯；第三是契约自由原则，即确保所有具备法律效力的契约都能得到履行。

《拿破仑法典》确立了资本主义社会的立法规范。一直到今天，法国还在沿用这部民法典。另外，欧美各国的民法也深受该法典的影响。

军事战争

历代军事

马其顿方阵

马其顿方阵是一种早期欧洲步兵的作战战术。

在马其顿方阵出现之前，步兵在打仗时毫无章法可言，一片混乱。这样的军队即使人数庞大，在整齐划一的马其顿方阵面前也会变得不堪一击。

大约在公元前7世纪，方阵战术正式问世。伯罗奔尼撒战争结束后，马其顿国王腓力二世开始潜心研究方阵战术。他的研究成果最终被他的儿子亚历山大继承，并发展成为世界闻名的马其顿方阵。

公元前4世纪，马其顿方阵盛极一时。腓力二世借助它统一了希腊，亚历山大又借助它消灭了波斯帝国，建立了强盛的亚历山大帝国。

然而，马其顿方阵也有着致命的缺点：方阵的战斗力集中在前方，侧翼的力量则比较脆弱，一旦侧翼被攻破，阵内的士兵便只能任人鱼肉。

后来，叙利亚军队在与希腊对抗的过程中使用了马其顿方阵，结果被希腊人用罗马军团战术全歼。自此之后，马其顿方阵就在世界各地的战场上销声匿迹了。

骑兵的由来

骑兵是一种骑马作战的兵种。

虽然人类很早就学会了骑马，但是骑兵的出现却是很久之后的事了。最早的骑兵出现于公元前9世纪。那时候，部分亚述人已经开始骑马作战，但这只是极少数。在骑兵大量出现之前，骑兵承担的作战任务都是由战车承担的。不过，战车对地面的平坦度要求很高，而且制造战车的成本也不低，这些都严重妨碍了战车的普及。尽管如此，人们还是未能想到可以大规模地骑马作战。这段时期，马主要被用来拉战车，或是将士兵和武器运送到战场上。

西方的骑兵时代始于公元前333年。那一年，亚历山大大帝与大流士三世之间进行了伊苏斯战役。中国的骑兵正式成为一个兵种，始于春秋战国时期。公元前307年，赵武灵王效仿匈奴人在国内设立骑兵，中国的骑兵兵种就此诞生。

在人类进入热兵器时代以后，体积相对较大的骑兵很容易被火枪击中，因此逐渐退出了战场。现代社会，很多国家保留了少数骑兵，用于礼仪活动或是巡逻等，英国的骑警就是其中的典型。

漫话烽火台

在电报出现之前，烽火台一直发挥着重要的作用。

烽火台，即古代用烟火传递重要军情的高台，是当时一项重要的军事防御设施。

在中国古代，如果在白天遇到敌军入侵，就点燃狼粪生烟；如果在夜晚遇到敌军入侵，就点燃柴草生火。这种烟被称为燧，火则被称为烽。因此，烽火在古时候也叫做烽燧。

现在人们提到烽火台，首先想到的就是长城上的烽火台。实际上，早在长城出现之前，烽火台就已经问世了。西周的亡国之君周幽王，为博宠姬褒姒一笑，烽火戏诸侯的故事早已人尽皆知。可见，那时候就已经有了烽火台。

春秋战国时期，各诸侯国为了抵御别国入侵，修建了很多烽火台。烽火台分为方形和圆形两种，两座烽火台之间的距离一般都在10里左右。人们用城墙将这些烽火台连接起来，就形成了最早的长城。

根据史料记载，古时候的每个烽火台都要有5至10个人守卫，每天派出一个人时刻关注军情，一个人负责煮饭，其余人或是出去搜罗点燃烽火要用到的燃料，或是做一些修葺工作。

时至今日，烽火台的军事作用早已消失。中国最著名的长城烽火台和吐鲁番盆地的烽火台，已由军事防御设施变成了旅行观光胜地。

鼓、金、旗

鼓、金、旗在中国古代被称为"三官"，是当时战场上的指挥用具。

鼓，就是战鼓。战鼓在战争中主要有三大作用：报时、警示和鼓舞士气。相传，战鼓最早出现于黄帝与蚩尤作战时期。当时，黄帝在山上捕捉到一种似牛又不是牛的怪兽，用它的皮制成了八十面战鼓，敲起来鼓声如雷，声传百里。于是，后世便有了在战场上击鼓鼓舞士气的传统。

很多人以为金便是锣，但其实金是指钲，它是用铜制作的一种乐器，颜色接近于黄色。根据中国古书的记载，钲的外形像一只铃铛，柄是上下相通的。在战场上，钲的作用与鼓刚好相反。古代兵书中提到："闻鼓声而进，闻金声而退。"击鼓就表示要进攻，鸣金则表示要收兵。

旗就是旌旗，古代将领在战场上经常摇动旌旗指挥战士们作战。

"三官"应用于军事活动，最早可以追溯到中国西周年间。其中，《周礼》中已经出现了关于鼓、金、旗用于军事的相关记载。不过，随着现代科学技术的进步，鼓、金、旗已经逐渐从战场上退出了。

"三令五申"小考

这个词语最早出现于《史记·孙子吴起列传》中。

"三令五申"的意思就是再三向下级命令告诫。据《史记》记载，春秋时期的军事学家孙武，曾带着自己的著作《孙子兵法》前去拜见吴王阖闾。吴王为了试验孙武的兵法是否可行，便命令孙武训练宫中的180位美貌姬妾。

孙武将她们分成两支队伍，每支队伍各有一个队长。随后，孙武便命令她们向前向后，左转右转，可是这些女兵根本就不听从孙武的号令。孙武对她们三令五申，她们依旧不理不睬。于是，孙武便下令将两名队长处死。女兵们全都惊慌失措，再也不敢罔顾孙武的命令了。

从此，"三令五申"这个成语便流传了下来。

《孙子兵法》

孙武被誉为"兵圣"。

《孙子兵法》是中国春秋末年的军事家孙武所著的一本兵书。作为中国古代史上出现时间最早，保存最完整的军事巨著，《孙子兵法》深受中国历朝历代的军事家和政治家的推崇，并被翻译成外文，流传到世界各国。日本和朝鲜是最早受到《孙子兵法》影响的国家。时至今日，《孙子兵法》已经有了英文、日文、德文、俄文等不同的翻译版本，其影响力遍及全球。美国的西点军校和哈佛商学院都将其列入了学生的必读书目。

长 城

长城由东向西绵延上万华里，因而被人们称为万里长城。

长城，是古代中原地区为了抵御塞北的游牧民族入侵而修建的军事工程。长城与埃及金字塔齐名，被誉为中古世界七大奇迹之一。现存的长城遗迹，主要是修建于14世纪时候的明代长城。它西起嘉峪关，东到辽东虎山，全长8851.8公里，平均宽为4至5米，高为6至7米。1987年12月，中国长城被列为世界文化遗产。

关于长城的起源，可以追溯到中国的春秋战国时期。那个时候，为了抵御其他国家的入侵，各个诸侯国在各自的边境上修筑烽火台，并用城墙使之相互连接起来。这可能是中国历史上最早的长城。公元前221年，秦始皇统一中国。为了抵御北方匈奴的侵扰，秦始皇动用上百万劳工开始修筑长城。此后，各个朝代在秦长城的基础上进行修补或者添加。

长城的最关键部分是城墙。城墙的平均高度为7.8米，宽度为6.5米，随着地势的起伏或者缓急而有所不同。在地势比较陡峭的地方，城墙的高度就低一些；在地势比较平缓的地方，城墙的高度就高一些。城墙由外檐墙和内檐墙构成，其构筑方法主要有：版筑夯土墙、土坯垒砌墙、青砖砌墙、石砌墙、砖石混合砌筑等。其中，使用砖砌、石砌或者砖石混合砌的方法构筑城墙时，不同的地势有不同的方法。当地势的坡度比较小时，砌墙物与地势平行；而当地势坡度比较大时，砌墙物则使用水平跌落的方法砌筑。

举白旗溯源

举白旗，最早出现于中国秦朝末年。

在中国古代的两军交战中，如果其中一方打出了白旗，就意味着主动投降。另外一方在收到这一信息后，就要马上停止进攻，与之展开和谈。

秦朝末年，刘邦兵临咸阳城下，刚刚即位数十天的秦王子婴走投无路，便手举白色旗帜，出城投降。因为秦人以黑色来代表胜利，所以子婴便以与黑色截然相反的白色来代表投降。

西方人之所以也用白色来表示投降，是因为他们认为白色代表着一无所有、失败的意思。除此之外，白色旗帜还有一层意思，即对方可以在白旗上面画上他们的旗帜。

冠军原本是军事用语

"冠军"这个词汇一直为历朝历代沿用。

中国汉朝时期的史学家司马迁，曾在《史记》中写道："诸别将皆属宋义，号为卿子冠军。"这里的宋义是秦朝末年一位起兵反抗暴秦统治的大将军。当时，楚怀王封宋义为"卿子冠军"，这便是"冠军"一词的由来。可见"冠军"原本是一个军事词汇，意思是凌驾于诸军之上的将军。

西汉著名的大将军霍去病，曾被册封为"冠军侯"。唐朝设有"冠军大将军"这个官职。不过，冠军现在已经变成了一个体育词汇，其军事意义早已荡然无存。

军衔的由来

军衔制度使军人的出身退居其次，军人所立的军功才是最受重视的。

军衔，是区别军人等级的称号，诞生于15至16世纪的西欧。在此之前，世界各国的军队中只有官衔，并无军衔。

15至16世纪，法国和意大利等国家出现了大批由外国人组成的雇佣军。雇佣军中绝大多数都是平民百姓，他们以连队为基本单位，几个连队组合在一起就是一个团。在资本主义的发展过程中，等价交换等观念传到军队中，按照军人所立的战功大小规定他们的职位大小，便成了军中盛行的新制度，军衔制就是在此基础上形成的。

军衔制度大大激发了军人的作战积极性，提高了军队的战斗力。此后，军衔制从西欧流传到世界各国，一直沿用至今。

军礼的诞生

军礼由英国流传到世界各国，成了军队中通用的致敬方式。

有关军礼的诞生有两种说法：

第一种说法是军礼诞生于古罗马时期。当时古罗马帝国的骑兵们在骑马的过程中相遇时，为了向对方致敬，也为了表明自己的身份，避免不必要的冲突，都会将自己脸上戴的面甲摘下来，这便是最早的军礼。后来由于骑兵们不再戴面甲，这种军礼便演变成了脱帽致敬。到了 17 世纪，英国资产阶级革命的领袖克伦威尔，将致敬的方法由脱帽简化成手触碰帽檐，现代军礼由此诞生。

第二种说法是英国击败了西班牙的无敌舰队以后，女王伊丽莎白一世打算亲自为立功的将士颁奖。颁奖大会定下了一个规矩，领奖的将士不能平视女王，要用手挡住自己的眼睛。后来的军礼就是由这个遮挡眼睛的动作发展而成。

西点军校

西点军校曾与英国桑赫斯特皇家军事学院、俄罗斯伏龙芝军事学院和法国圣西尔军事专科学校并称为世界"四大军校"。

西点军校即美国军事学院，它是美国第一所军事学校，因地处纽约州的军事要塞西点而得名。

在美国独立之前，华盛顿命人在西点建造了一座堡垒。这座堡垒位于呈 S 型的哈德逊河的拐弯处，一旦在此处建立据点，便可以掌控哈德逊河的航运。美国独立后，华盛顿想在此处建立军校，但因受当时美国宪法的限制，未能如愿。直至 1802 年，美国的第三任总统杰斐逊才在此处建立了西点军校。

1802 年 7 月 4 日，西点军校正式开学。此时西点军校占地面积为 1800 英亩，第一期只收到了两名学生。时至今日，西点军校的面积已经扩充到 16000 英亩，每年都会有 900 多名学生从这里毕业。

西点军校发展到现在，校内的课程已经囊括了军事科、理工科与文科的各个科目。9·11 事件过后，学校又增设了反恐怖主义等课程。

在麦克阿瑟担任西点军校校长期间，他提出了"每一个军校学生都是运动员"的口号，对学生的体育锻炼予以高度重视。这样的传统一直沿袭到今天，每年的 6 月到 8 月，西点军校的学生都要到野外参加军训。

西点军校是无数人仰慕的名校，要想成为该校的学生，必须符合以下几个条件：第一，年龄必须在 17 至 22 岁之间；第二，必须是未婚的高中毕业生或是具有同等学历的士兵；第三，身高必须在 1.68 米至 1.98 米之间；第四，要通过相关的体检与考试；第五，要有政府高官的推荐。校方会在符合上述五个条件的考生中择优录取。在 1976 年之前，西点军校的学生一直都是清一色的男生，此后才开始招收女生。

西点军校以"责任、荣誉、国家"为校训，对学生进行严格的训练与管理。毕业后，学生会得到理学学士学位和陆军少尉军衔。西点军校的毕业生必须在军队中服役 5 年以上，还要服 3 年预备役。

在西点军校历届的毕业生中，1913 年的那一届无疑是最星光璀璨的。那一届总共有 164 名毕业生，其中出了 2 名五星上将，2 名四星上将，7 名三星中将，24 名二星少将，以及 24 名一星准将。美国第 34 任总统艾森豪威尔便是其中一名五星上将。

海军陆战队

海军陆战队是海军中负责渡海登陆作战任务的兵种。

海军陆战队是兵科中一个十分特别的分支，通常由陆战步兵、炮兵、装甲兵、工程兵和侦察通信兵组成，有些还包括航空兵。海军陆战队的存在就是为了应对海陆空三军联合作战。

世界上第一支海军陆战队是在美国独立战争期间诞生的。到了17世纪中期，为了满足对外扩张的需要，英国、俄国、葡萄牙、法国、西班牙等国也陆续成立了海军陆战队。第二次世界大战期间，各国的海军陆战队得到了迅速发展。在19世纪至20世纪的世界战争史上，海军陆战队一直发挥着重要的作用。

中国的海军陆战队最早出现于辛亥革命期间。中国人民解放军的海军陆战队则成立于1953年。

特种部队

现在中国已经出现了四大类特种部队，分别是陆军特种部队、海军陆战队、空军空降兵和武警特警。

特种部队是指一些国家为了实现某种特定的政治、经济、军事目的，或执行其他特殊任务，而在军队内部组建的部队。特种部队一般都由国家的最高军事指挥机关直接指挥和领导，其特点包括：编制灵活、人员精干、装备精良、机动快速、训练有素、战斗力强等。

特种部队需要承担的任务包括：袭扰破坏，敌后侦察，窃取情报，作战宣传，特种警卫，反颠覆、反特工、反偷袭、反劫持等。这些都决定了特种部队对战士的素质要求极高，不仅要体格健壮，头脑灵活，处事果决，受教育程度高，还要具备献身精神和一定的作战经验。在具备了这些条件以后，还需要接受极为严格的训练，内容涉及武器使用、心理素质、战略战术等方方面面，训练合格之后才能成为一名真正的特种部队战士。

1936年，世界上第一支特种部队在德国诞生。第二次世界大战期间，这支部队表现出众，其余各国也纷纷效仿，在本国成立了特种部队。

无限制潜艇战

无限制潜艇战是德国人在第一次世界大战期间提出的一种潜艇作战方式。

第一次世界大战时，德国把英国和爱尔兰周边海域划分为军事地带，凡是经过该海域的船只，一律击沉。德国潜艇不需要提前发出警告。不过，德国也在口头上一再强调，尽量避免击沉中立国的船只。

其实在第一次世界大战初期，德国人采用的是有限制潜艇战。但后来因为战事陷入僵局，德国又面临非常严重的经济危机，德国人便在1917年2月4日宣布实施"无限制潜艇战"。

这项战略实行初期，成效非常显著。仅仅2月份，协约国商船的损失就达到40万吨，到4月，损失量激增到50万吨。从商船上获取的物资源源不断地流入德国，解救了深陷经济危机的德国海军部。同时，大量船只被德军阻截，也对英国形成了十分有效的封锁。

协约国在受到重创之后，立即启动"船队护航体系"，商船损失比例逐渐降低。而反潜技术的迅猛发展彻底扭转了战局。一年后，协约国商船虽仍在减损，但其造船总吨位远远超过轮船损失量，从而攻破了德国的"无限制潜艇战"。

德国则因多次击毁无辜的中立国船只，引起很多中立国的不满，尤其是美国。这为德国在第一次世界大战中战败埋下了伏笔。

普鲁士与普鲁士精神

腓特烈·威廉说："我是君主，所以能为所欲为。"

普鲁士精神有个公式：专制主义加军国主义。普鲁士精神随普鲁士国家的发展而逐步成型。

普鲁士最早的统治者是霍亨索伦家族。10世纪时，霍亨索伦家族的领地只是瑞士北方索伦山上的一个城堡。1415年，神圣罗马帝国皇帝将勃兰登堡和选侯封号赐给了霍亨索伦家族的代表腓特烈一世。勃兰登堡人与临近的斯拉夫人之间战争不断，多年战争历练使勃兰登堡军队长于作战。

16世纪，勃兰登堡取得了波兰附属国东普鲁士的土地，成为勃兰登堡—东普鲁士选侯。1648年，借波兰新王登基之机，东普鲁士摆脱对波兰的附庸，独立出来。1701年，神圣罗马帝国皇帝将国王称号赐给选侯腓特烈一世。从那以后，东普鲁士统治者就从选侯变成了国王。1772年，东普鲁士又借瓜分波兰之机，得到了西普鲁士的土地。这样，东普鲁士、勃兰登堡和西普鲁士三块领地就组成了普鲁士王国。

普鲁士王国之所以能从小变大、从弱变强，是因为全国上下推行军国主义政策。在普鲁士，军队是立国之本，国家有一支常备军。选侯腓特烈·威廉在任时，大肆扩军，将普鲁士变成了一架军事机器。当时的普鲁士，士兵数目约为全国人口的百分之四。普鲁士人口在欧洲居第13位，士兵数目却居第4位。普鲁士国家财政收入的四分之三都用于建设军队。普鲁士军队中，军官可以随意鞭打士兵，所有士兵都盲目服从军官，常有士兵因不堪虐待而自杀。在普鲁士，军队是国家体制的灵魂,就连官僚系统都是靠军队的强制力量建立起来的。

选侯腓特烈·威廉成为普鲁士国王后,用治理军队的方法治理国家。经他治理,普鲁士成了一个权力高度集中的君主专制国家。普鲁士的社会生活中,军队纪律与专制等级无处不在。至此,普鲁士专制主义加军国主义的"普鲁士精神"完全形成。

武士道精神

武士道精神起源于日本。

"武士道"这个词汇最早出现于17世纪至19世纪德川幕府统治时期。武士道精神杂糅了多种思想,其中既有儒家的忠勇思想,也有禅宗"生死一如"的佛家思想,还有天皇信仰思想。

具体说来,武士道精神就是为君主毫无保留地献出生命的精神。为了效忠于君主,可以完全不顾及自己的性命。武士道的古典称谓叫做"叶隐",即武士要像树的叶荫一样,在无人处悄悄为君主奉上自己的性命,必要时一定要做到"毫不留念地死,毫不顾忌地死,毫不犹豫地死"。

水兵裤的起源

卡尔获救后,这种样式的水兵裤便开始流传开来。

水兵裤设计成女士裤子的样式，两边开衩，一入水便会自动脱下来；前面不开裆，没有扣子，裤腿可以在入水的刹那充满气体，只要将裤子的上下两头扎起来，便可以当成救生圈用。有关水兵裤的起源，还有这样一个故事：

1713 年，英国一艘军舰遭到突袭，被炮火击沉，船上的水兵全都掉进了大海。十多个小时以后，援军终于赶到。只可惜，这时候大多数落水的水兵都已经死了，只有一个名叫约翰·卡尔的水兵在漂流了 17 个小时后获救，帮助他幸运逃过此劫的就是他身上穿的裤子。

原来在出海之前，卡尔一直待在女友家中。有一天半夜，他忽然收到消息说要出海，便匆忙穿好衣服跑到了船上。后来他才发觉自己出门时太过慌张，竟然穿着女友的裤子出来了。

军舰被击沉时，卡尔为了逃生跳入水中，他身上的裤子一下子脱落了，里面充满了气体，漂浮在海面上。卡尔以此为救生圈，一直坚持到了救援人员到来的那一刻。

肩章的由来

肩章最早诞生于古代的欧洲。

古代欧洲的军人为了保护自己的双肩不被对手砍伤，便将两块铁板固定在肩上，这便是肩章的雏形。

在人类进入热兵器时代以后，这种金属制成的肩章便失去了原有的防御功效。但是，军人们依旧佩戴着它们，目的就是为了防止枪支磨损军装。

1763 年，法国的军队首次出现了用以区别军衔的肩章。从这时开始，肩章便被赋予了标识军人身份的作用。可以说，真正意义上的肩章直到这时才诞生。

随后，这种肩章流传到了欧洲各国。各国军队在肩章上绘制不同的图案，以此作为不同军衔和兵种的标志。肩章发展到现在，其形状主要有梯形、剑形、斜角形和矩形这几大类，上面的图案主要以条纹和星形为主。

海军帽上为何有两条飘带

现在各国的海军帽都会配有两条飘带。

海军帽上的两条飘带据说在过去是为了帮助海军测试风向，尽管现在已经有了先进的机器设备代劳，但这种传统的海军帽样式却保存至今。除此之外，还有一种说法：这两条飘带的存在是为了纪念英国的纳尔逊将军。19 世纪初，拿破仑率军与英国的海军交战。纳尔逊统领英国海军击败了拿破仑，但是纳尔逊本人却在战争中身受重伤，不治身亡。在他的葬礼上，海军战士们为了表达对他的敬

意，便在各自的海军帽后面挂了两条黑色的飘带。后来，这种海军帽的样式便流传下来。

军装为何大多是草绿色的

时至今日，世界上大多数国家的军装都变成了草绿色的。

在 19 世纪末期爆发的英布战争中，布尔人凭借 8.8 万的兵力重创英军的 44 万大军，尤其是在战争刚开始的阶段，英军接连失利，死伤无数。英军之所以会这样，与他们的红色军装脱不了干系。

英军与布尔人交战的地方多是南非的热带丛林，其中生长着很多绿色植物。英军身穿红色军装，在其中非常显眼，很容易被布尔人发现，沦为布尔人的靶子。与此同时，布尔人又将身上的衣服涂成了草绿色，潜藏在茂盛的丛林中，让英军难以发现。

英军在接连遭受多次重创之后，终于意识到这一问题。从此，英军便吸取教训，将红色的军装改成了草绿色，其他国家也纷纷借鉴。

头盔的来历

全世界已知的最早的金属头盔，是在中国出土的商朝青铜头盔，迄今为止已有大约 3000 年的历史。

头盔的历史最早可以追溯到远古时期，当时的原始人已经知道用椰子壳或是乌龟壳等硬物来保护自己的头部。后来，伴随着冶炼技术的产生与发展，人们又开始利用金属制造头盔，并将其应用于战争之中。

现代头盔诞生于第一次世界大战期间。当时参战的士兵由于头部没有遮挡，在战场上很容易被纷飞的弹片射中。有一回，德军对法军发动了突袭。一名法国士兵正在做饭，面对突如其来的炮弹，他在情急之下，随手拿起一口铁锅便扣在了自己头上。弹片打到铁锅上，马上就被坚硬的钢铁弹了下来，这名法国士兵因此幸运地避过一劫。这件事很快传到了一名法国将军耳中，将军由此产生了用钢铁制造头盔的念头。在他的授意下，一批能够抵挡弹片袭击的钢盔被制造出来，送到了法军战士手中。其后，美国与英国也为本国的军队配置了这种钢盔。

在两次世界大战中，钢盔发挥了极为重要的作用。根据统计，在战场上有四分之三的伤亡都是由纷飞的弹片造成的，这些伤亡在战士们佩戴钢盔以后可以有效避免。例如，在第二次世界大战期间，就有至少7万美国士兵因为钢盔的保护，避免了被流弹射杀的噩运。

大马士革钢刀

大马士革钢刀最具代表性的特征，是刀身上的花纹和刀刃的锋利性。

大马士革钢刀原产于印度，是一种表面有铸造花纹的乌兹钢刀。这种刀的制造技术后来被波斯人掌握，并制造出了世界三大名刀之一的大马士革钢刀。

大马士革钢刀周身布满花纹，有的似云卷云舒，有的如行云流水，看上去异常美丽。大马士革钢刀刀身上的花纹与它的铸造技术有很大的关系。这种制造技术，一直被古代波斯人当做秘密世代流传，刀的花纹之谜直到近代才得以揭示。原来，用来制作大马士革钢刀的材料是一种叫做结晶花纹钢的钢材。这种钢材被渗碳后,在钢材内部会出现两种不同的颜色。其中亮的部分是比玻璃的硬度还大的雪明碳铁,暗的部分则是沃斯田铁和波来铁。如此一来,明暗一对比就出现了大马士革钢刀上面的花纹。另外,古时候的波斯人喜欢在刀上喂毒,由于喂毒能使刀刃变得更黑,所以大马士革钢刀的花纹就更加明显,也更加漂亮。因此,这种钢刀便有了"大马士革的夜空"的美誉。

大马士革钢刀的铸造用到了纳米技术。德累斯顿技术大学的科研人员,曾把一段17世纪时的大马士革钢刀样本用盐酸分解。经过研究,他们发现钢刀里面不仅有极小的难以分解的碳化铁纤维,而且还有纳米碳管。这些极细小的纤维,可以使刀刃处形成微小的肉眼看不到的锯齿。由于这些微小锯齿的存在,使得大马士革刀非常锋利。每次使用大马士革钢刀,这些小锯齿都会在自己打磨自己,因此大马士革刀会越用越锋利。

手枪溯源

14世纪初,全世界最早的手枪在中国与普鲁士同时问世。

14世纪初,中国人民发明了一种手铳,即用铜制造的火铳。1331年,普鲁士的骑兵开始使用一种点火枪。这两种最早的手枪都需要在发射之前用引线点燃枪里的火药。

14世纪中期,意大利又出现了一种名叫"希奥皮"的手枪。前两种手枪可以说是手枪的雏形,"希奥皮"才是真正意义上的手枪。

到了15世纪,火绳式手枪诞生,使用这种手枪不必再点燃火药,单手便可以开枪射击。17世纪,燧发式手枪的问世,让火绳式手枪从此退出了历史舞台。

1835年,美国人塞缪尔·柯尔特发明了世界上第一支具有实用价值的左轮手枪。1892年,奥地利人发明了世界上第一把自动手枪。左轮手枪和自动手枪的问世,标志着现代手枪的诞生。

手枪发展到现在,基本可分为三大类型:左轮手枪、半自动手枪和全自动手枪。手枪体积小,重量轻,威力大,有效射程在50米左右,十分适合自卫,因此被世界各国的军人和警察广泛使用。

加农炮

14世纪时的加农炮的射击速度缓慢,准确度也不高。

加农炮是火炮的一种,在攻坚战中经常会用到。加农炮发射的仰角比较小,弹道低平,可以直接瞄准射击,发射速度非常快。

加农炮起源于14世纪,初期的加农炮一般由青铜铸造而成。加农炮在射击

时要用到数目庞大的火药，才能将重量高达 300 磅的炮弹发射出去。

15 世纪，欧洲共有三种火炮，加农炮就是其中一种。16 世纪前期，意大利人发现了炮弹以 45 度角发射时射程最大的规律，这对加农炮的发展产生了巨大的影响。16 世纪中期，欧洲人以长管炮取代了此前的短管炮。16 世纪末 17 世纪初，人们开始用药包式炮弹取代原先沉重的石弹。17 世纪，伽利略的抛物线理论和牛顿减小空气阻力的理论促使加农炮迅速发展。到了今天，加农炮又衍生出了多种类型，例如坦克炮、高射炮、航空炮等。

步枪发展简史

步枪最早出现于中国南宋时期。

中国南宋时期制造的竹管突火枪，是全世界最早的管形射击火器。在此基础上，又发明了金属管形射击火器火铳。

欧洲的步枪最早出现在 15 世纪初的德国。当时的步枪都是前装式滑膛枪，弹药由枪口直接填充进去。为了方便填充弹药，枪的沟槽都设计成直线形的。后来，又出现了螺旋形膛线步枪，也就是来福枪。来福枪中的膛线能够增加子弹的射程，提升射击的准确性。

1825 年，法国军官德尔文改进了来福枪，发明了长圆形子弹，以取代过去的圆形子弹。这段时期，步枪的弹药依然是从枪口填装的。19 世纪 40 年代，德雷泽步枪问世，这种后装式步枪终于结束了弹药从枪口装入步枪的历史。

1865 年，德国人毛瑟发明了最早的机柄式步枪毛瑟枪，这标志着现代步枪的诞生。至此，人类终于完成了从古代步枪发展到现代步枪的全过程。

护卫舰小史

第二次世界大战结束后,护卫舰开始朝着大型化、导弹化、电子化和指挥自动化的方向发展。

护卫舰是一种轻型水面战斗舰艇,其主要任务包括反潜、护航、巡逻、警戒、侦察、登陆支援作战等。在执行这些任务的过程中,护卫舰一般会借助导弹、舰炮、深水炸弹、反潜鱼雷等武器设备。

护卫舰最早出现于16世纪,当时的护卫舰其实就是一种三桅武装帆船。在西方列强对外扩张期间,又出现了一些规模较小的护卫舰,用以在殖民地附近海域巡逻、护卫。日俄战争结束后,俄国专门制造了一批护卫舰,这是世界上首批专用护卫舰。

第一次世界大战期间,协约国为了抵御德国的潜艇,制造了大批护卫舰。其中一些护卫舰,无论是规模还是速度,都已初步具备了远洋作战的水平。

第二次世界大战期间,德国的潜艇对反法西斯同盟国造成了巨大的威胁,各国的护卫舰因此迅速发展起来,其中尤以美国与日本的护卫舰最为先进。

刺刀的诞生与发展

随着刺刀的普及,长矛逐渐在战场上消失了。

刺刀,最早出现于15世纪的中国。16世纪中期,当时欧洲军队中产生了大量火枪手,火枪手每发射完一枚子弹,都要花费大约一分钟的时间装下一颗子弹。在此期间,为了保护火枪手的安全,很多士兵便手持长矛守在他们身边。

1640年,法官军官皮赛居发明了刺刀。1642年,皮赛居在率领法军攻打比利时的伊普尔时,在军中所有火枪手的枪上都安装了刺刀。如此一来,别的士兵便不必再用长矛守卫他们了。

这一时期的刺刀与枪支的连接不够牢固，甚至还会影响火枪手瞄准。针对这一情况，法国的陆军元帅德·沃邦于1688年发明了套筒型刺刀，将刺刀牢牢地固定在枪管外面。

19世纪的刺刀长达20寸以上，既可以装在枪上当刺刀，也可以拆下来当军刀。19世纪末，刺刀的长度缩短至20寸以下。现在的刺刀依旧是这个尺寸，不过第二次世界大战以后，刺刀的使用越来越少了。

西班牙无敌舰队

16世纪时，西班牙是欧洲最强大的海上王国。

16世纪，为了方便扩张和掠夺，西班牙建立了一支强大的海上舰队，战舰总数在全盛时期甚至超越了1000艘，这便是西班牙的"无敌舰队"。

西班牙人利用这支舰队在殖民地大肆搜刮，再将搜刮来的大批贵重金属运回国内。英国人知道后，也开始仿照西班牙进行殖民扩张，并做起了海盗的勾当，时常抢劫西班牙的运货船，这些都极大地损害了西班牙人的利益。面对这样的情况，西班牙国王腓力二世便想阴谋废黜英女王伊丽莎白一世，扶持苏格兰女王玛丽登上英国的王位。伊丽莎白一世知道后，当机立断处决了玛丽，腓力二世的阴谋就此破产，他决定诉诸武力。

为了逼迫英国向西班牙臣服，1588年，腓力二世派出强大的"无敌舰队"与英军开战。在兵力上处于劣势地位的英军却出人意料地击溃了"无敌舰队"。

当时西班牙军舰上安装的多为加农炮，射程短，威力强，英国军舰上安装的多为长重炮，射程长，威力弱。在交战的过程中，英军一直与对手保持一定距离，这样一来，便可以炮击对方的战舰，却不被对方的大炮所伤。另外，英军还准备了秘密武器——八艘燃烧的商船，船上装满了易燃物品。英军用这种秘密武器冲散了"无敌舰队"。最终，"无敌舰队"惨败。

此次战争过后，西班牙国力衰退，海上霸主的地位逐渐被英国取而代之。

地雷的发展史

中国是地雷的发源地。

地雷是一种爆炸性火器，在使用时需要将其埋入地表之下，或是直接设置在地表之上。中国南宋初年，就已经出现了最原始的地雷——铁壳地雷。当时，陕州的宋朝军队与来犯的金军交战，宋军将铁壳地雷埋在金军必经的路上，金军因此伤亡惨重，大败而归。

欧洲的地雷最早出现于15世纪，现代地雷则诞生于19世纪晚期。大约在1903年，俄国人发明了防步兵地雷，在日俄战争中发挥了不小的威力。在第一次世界大战期间，坦克首次出现在战场上，为了抵御这种庞然大物，德国人于1918年发明了防坦克地雷，并收到了良好的效果。这种地雷在第二次世界大战期间普及开来。

1938年左右，德国人发明了比先前的地雷威力更大的防步兵跳雷。1970年，德国人为了方便大范围布置地雷，又发明了火箭布雷系统。此后，苏联、美国、中国、法国等国家也先后研究出了火箭布雷系统。

时至今日，曾经在人类战争史上发挥重大作用的地雷已经被国际公约全面禁用。不过，这并没有让地雷从地球上彻底消失。据统计，现在全球地下埋藏的地雷高达1亿1千万颗，每年还有250万颗新地雷被埋下去。

火箭炮发展历程

欧洲各国从17世纪开始制造火箭。

火箭炮是指发射火箭的装置，其作用主要包括点燃火箭弹，确定火箭弹的初始飞行方向。火箭炮可以连续发出多发火箭，速度快，火力猛，在远距离大面积射击中能够发挥巨大的作用。

中国北宋年间，发明了世界上第一支火药火箭。在此基础上，又研制出了火箭炮。在明朝的书籍中，已经有了数十种火箭炮的记载，其中提到当时中国的火箭炮已经可以一次性发射几十支火箭，并可以连续发射两次。

1933年，全球第一门现代火箭炮诞生于苏联。在第二次世界大战初期，苏联军队利用火箭炮重创德军。到了1941年，德国也研制出了火箭炮。第二次世界大战结束后，火箭炮的发展日新月异。到了今天，火箭炮已经成了现代炮兵不

可或缺的武器。

手榴弹的发展

手榴弹在问世之初，并没有被应用于战场。

15世纪，欧洲出现了手榴弹，里面装有黑火药。到了17世纪中期，手榴弹才开始被部分欧洲国家用于野战。当时士兵要使用手榴弹，必须事先经过培训，成为专门的掷弹兵。

在20世纪初爆发的日俄战争中，手榴弹发挥了重大作用。第一次世界大战期间，手榴弹成了各参战国的必备武器。第二次世界大战期间，手榴弹发展迅速，燃烧弹、催泪弹等都诞生于这段时期。

20世纪中期，手榴弹又引入了电子引信，钢丝缠绕的半预制，钢珠全预制，以及塑料等非金属材料。手榴弹的发展由此进入了一个全新时期。

潜艇的历史

到了20世纪80年代末期，全世界已经有大约40个国家和地区拥有了潜艇。

最早的潜艇诞生于18世纪70年代。当时一个名叫布什内尔的美国人制造了一艘木制潜艇，可以在6米深的水下停留大约半个小时。1776年，美国人利用这种潜艇对英国的军舰发动了突袭，这在人类战争史上还是头一回。

潜艇刚刚问世时是用人力驱动的，后来开始用蒸汽驱动。一段时间过后，潜艇又开始以机械为动力，这才是真正意义上的现代潜艇。1863年，由法国人制造的"潜水员"号潜艇，用80马力的发动机驱动，可以潜入水下12米，潜航3小时。到了1886年，英国人又制造出用蓄电池驱动的潜艇，续航力差不多有80海里。

潜艇作为一种军事装备，却在问世近一个世纪以后才真正发挥作用。1864年2月，正值美国南北战争期间，南方军队用潜艇发射鱼雷，击沉了北方军队的战舰，这是潜艇自问世后，首次将战舰击沉。到了20世纪初，潜艇已经具备了一定的实战能力。

第一次世界大战期间，潜艇为各参战国所用，总共击沉了近两百艘战舰。第二次世界大战期间，被潜艇击沉的船只高达5300多艘。早在第一次世界大战中，各国就已开始重视反潜战。在第二次世界大战中,有上千艘潜艇被击沉。

第二次世界大战结束后,核动力成了潜艇的最新驱动力。1955年,全世界第一艘核动力潜艇在美国问世。大约在1959年,苏联也研制出了核动力潜艇。

机关枪的发展

机关枪是一种全自动,可以快速连续发射子弹的枪械。

18世纪时期,为了满足人们提升枪械发射速度的需求,机关枪出现了。1851年,全世界第一挺机关枪问世,它的发明者是比利时一位工程师。这种机关枪起初需要手动操作,后来改为手动曲柄操作。由于故障频发,这种机关枪在问世20年后就淡出了人们的视线。后来,一个名叫加特林的美国人发明了手摇式机关枪,并在美国南北战争中首次应用。

1883年,美国人马克沁发明了马克沁机枪,这是全世界第一挺将火药燃气作为能源的机关枪。马克沁机枪重达27公斤以上,理论发射速度高达每分钟600发。第一次世界大战期间,德军用马克沁机枪在一天内射死射伤的英军总人数接近6万。

马克沁机枪是一种重机枪,自从马克沁机枪问世后,丹麦一位名叫麦德森的炮兵上尉便开始研制轻机枪。后来,他终于发明出了总重量不超过10公斤的麦德林轻机枪,可以架在肩膀上射击。

在第一次世界大战中,威力更强的大口径机枪诞生了。第一次世界大战结束后,德国人研制出了MG34通用机枪。第二次世界大战过后,美国、苏联、中国等也陆续研制出了多种新型通用机枪。现在的机关枪大致可以分为轻机枪、重机枪和通用机枪这几种类型。

战列舰的发展

在1853年到1856年的克里米亚战争中,蒸汽装甲战列舰发挥了重大的作用,这预示了其在近代海军舰队中将会占据重要地位。

战列舰,也叫做战斗舰、主力舰,是一种以大口径火炮的攻击力与厚重装甲的防护力为主要诉求的高吨位海军作战舰艇。

最早的战列舰出现于帆船时代。蒸汽机问世后,便出现了以蒸汽为动力的战列舰,此后以风帆为动力的战列舰逐渐退出了历史舞台。

1892年,君权号战列舰在英国问世,这是全世界第一艘全钢质舰体的战列舰。此后,世界各国的战列舰都以此为设计模板。

1906年,无畏舰的出现大大提升了战列舰的战斗力,此后各大强国的战列

舰制造标准迅速向无畏舰看齐。第一次世界大战期间，英国与德国的海军在日德兰海战中激烈交锋。此次战役暴露了无畏舰的一些缺点，战后各国马上对其进行改进，"后日德兰型战列舰"由此诞生。

在第二次世界大战中，各国纷纷出动战列舰参战。1944年，美国与日本进行了世界上最后一场战列舰炮战，并成功击败了日本。

第二次世界大战结束后，战列舰的辉煌时代一去不复返。近年来，航空母舰和弹道导弹潜艇逐渐代替战列舰，成了海军舰队中的主力。

鱼雷的发展

鱼雷作为一种水中兵器，有"水中导弹"之称。

鱼雷可用于攻击船只和潜艇，封锁港口或狭窄的海域。在使用的过程中，鱼雷首先从舰艇或飞机上发射出来，接下来它会控制自己航行的方向和入水深度，在触碰到船只的刹那便会自动爆炸。

1866年，全世界首枚鱼雷问世，它的发明者是英国一位名叫罗伯特·怀特黑德的工程师。因为这种武器的形状跟鱼很相似，便有了"鱼雷"这个称呼。当时的鱼雷还不能控制自己的航行方向，航行速度也只有每小时11公里。但就是这样的鱼雷，已经可以击沉大船。1887年，俄罗斯一艘通讯船被鱼雷击沉，这在人类海战史上从无先例。

1899年，全世界首枚可以控制自身航行方向的鱼雷在奥匈帝国问世，鱼雷的命中率得到了极大提升。

1904年，一个名叫布里斯的美国人在鱼雷上安装了热力发动机，使鱼雷的航行速度达到了每小时 65 公里。

第一次世界大战期间，鱼雷成了除火炮之外最重要的武器，在战争中击沉了大量船只。

第二次世界大战期间，德国人先后研制出了电动鱼雷、单平面被动式声自导鱼雷和线导鱼雷，鱼雷的命中率大大提升，并且极难被对手发现。

进入 20 世纪 70 年代以后，电脑也被装入了鱼雷中。到了今天，鱼雷依然深受世界各国的重视，是海战中必不可少的武器装备。

高射炮的起源与发展

高射炮是从地面向空中目标射击的火炮。

高射炮的雏形在 1870 年爆发的普法战争中就已经出现了。当时，巴黎被普鲁士人重重包围。为了向城外传播消息，寻求援军的帮助，巴黎人民便制造了一只可以载人的热气球，从巴黎上空飞到城外去。此后，热气球便成了巴黎人民对外联系的交通工具。

这件事很快就被普鲁士人发现了，他们将加农炮改装成一种安装在四轮车上的火炮。一旦发现热气球，几名士兵便推着这种火炮移动、瞄准、射击。普鲁士人用这种火炮击中了很多热气球，这便是最早的高射炮，当时被称为气球炮。

1906 年，德国人对原有的气球炮加以改进，制成了全世界第一门真正意义上的高射炮，这种高射炮表面有防护装甲，被安装在汽车上，专门用来射击飞机与飞艇。

1908 年，德国人又制造出一门机动性更高的高射炮。先前那门高射炮的最大射程为 4200 米，这门高射炮的射程却达到了 5200 米，而且炮管由先前的 1.5

米延长到了 2.3 米，口径也由 50 毫米扩张到了 65 毫米，高低射界与方向射界也随之扩张了不少。

继德国人之后，1915 年，俄国也研制出了高射炮，这种高射炮不仅可以射击空中的目标，还可以射击地面和水面上的目标。其他欧洲强国，如法国、意大利等也相继制造出了高射炮。

第一次世界大战期间，装载着炮弹的飞机被大量投放到战场上。各国加紧研究高射炮，以解除飞机带来的空中威胁。在各国的努力下，高射炮的射击精准度获得了大幅度提升。

第二次世界大战爆发后，为了应对德日飞机的狂轰滥炸，高射炮的初速度和射击高度都需要相应的提升，为此高射炮的炮管就变成了长炮管。这一时期，火控系统也被引入高射炮中。这种自动化程度相当高的装置，使得高射炮的战斗力迅速增强。

20 世纪 50 年代，防空导弹逐渐取代了高射炮在战场上的地位，但高射炮的很多性能都是防空导弹不具备的，因此到了 60 年代后期，高射炮又重新回到了战场上。

高射炮发展到现在，可按口径大小分为小口径、中口径和大口径高射炮，小口径高射炮的口径小于 60 毫米，中口径高射炮在 60 毫米到 100 毫米之间，大口径高射炮在 100 毫米以上，其中尤以小口径高射炮的发展最受重视。

驱逐舰的发展

"鱼雷艇驱逐舰"可以捕捉敌人的鱼雷艇，同时向敌人的军舰发射鱼雷。

1893年，英国海军为了对付"鱼雷艇"，研制出了一种"鱼雷艇驱逐舰"。同一时期，德国海军也开始应用类似的驱逐舰。

后来，驱逐舰开始采用蒸汽动力驱使，舰上安装的鱼雷发射管口径增大，并装上了大口径的火炮，驱逐舰的战斗力因此大大提升。

第一次世界大战期间，驱逐舰得到了广泛的应用：护送舰队航行，侦察并阻止鱼雷的进攻，保护补给线。第一次世界大战结束时，驱逐舰的火力、吨位、航速和续航力都得到了极大的提升，驱逐舰已经成为各国海军的必要装备。

第二次世界大战期间，驱逐舰变成了适用范围最广的战舰，不仅要护航、反潜、炮击，还要防空，因为这段时期飞机已开始在海上突击中扮演十分重要的角色。

第二次世界大战结束后，驱逐舰为了适应导弹时代的到来，装备了强大的导弹和动力装置，吨位也在不断扩大。到了今天，驱逐舰已经发展成为现代海军舰艇中用途最广、数量最多的舰艇。

侦察机的产生和发展

从飞机诞生之初，人类便开始将其应用于空中侦察。

侦察机是一种军用飞机，专门用于从空中进行侦察，获得情报。在各类机种中，侦察机的存续时间是最长的。

1910年6月9日，法国人驾驶着一架双翼机进行了全世界第一次侦察飞行。这架双翼机便是世界上最早的侦察机。当年10月，意大利人开始驾驶侦察机对土耳其展开军事侦察。

第一次世界大战期间，侦察机的应用受到了参战各国的普遍重视。在著名的马恩河战役中，协约国军队之所以能够取胜，与通过侦察机获取的重要军事情报密不可分。第二次世界大战期间，侦察机再次被广泛应用到战争中，侦察机的技术也得到了极大的提升。电子侦察机就产生于这一时期。

第二次世界大战结束后，侦察机继续发展进步。到了20世纪50年代，出现了专门设计的战略侦察机。侦察机可以分为战术侦察机和战略侦察机两类：战术侦察机适用于低空飞行，一般是由歼击机改装的；战略侦察机适用于高空飞行，一般是专门设计制造的。美国与苏联等国的战略侦察机发展到60年代，飞行高度已接近3万米，飞行速度也达到了音速的3倍。

随着防空导弹的应用与发展，侦察机在使用过程中的风险变得越来越大。在这样的情况下，各国便将一些极其危险的侦察任务交由无人驾驶侦察机执行。与此同时，各国也在加紧研究可以隐身的侦察机。

尽管现在侦察机的部分作用已被侦察卫星取代，但是侦察机在获取军事情报方面的优势仍是其他任何侦察设备都难以匹敌的。因此，在未来的军事舞台上，侦察机将继续扮演着十分重要的角色。

轰炸机简史

轰炸机是航空兵从空中对地面和水面的目标进行轰炸的主要机种。

轰炸机上安装着炸弹、导弹、鱼雷等各类武器装备，并装有火控系统，以及自动驾驶仪、地形跟踪雷达、领航设备、电子干扰系统等电子设备，从而保证了轰炸机在拥有强大进攻性能的同时，又拥有强大的防御性能。

世界上最早的专用轰炸机诞生于1912年的俄国。1913年，这架轰炸机试飞成功，经过一系列改进之后应用于战争之中。1915年2月15日，当时正值第一次世界大战期间，俄国的轰炸机将重达272公斤的炸弹投放到了德国境内，轰炸机由此正式登上了世界战争舞台。

第二次世界大战中，轰炸机被很多参战国所用。这段时期，德国研制出了喷气式轰炸机，这种轰炸机最多可装载重达1400公斤的炸弹。第二次世界大战末期，美军利用大型轰炸机向日本的广岛和长崎投下了两颗原子弹，最终迫使日军投降。

20世纪50年代，美国为了与苏联对抗，研制出了超音速轰炸机，其行驶的最快速度达到了音速的2倍。到了70年代，美国又开始研究"隐身"轰炸机。后来，美国在与巴拿马、伊拉克交战的过程中，这种"隐身"轰炸机一度发挥了重大作用。

进入20世纪70年代以后，除了美国与苏联以外，其他国家渐渐不再重视轰炸机的研究与发展，因为当时中、远程导弹的问世使得轰炸机在战争中的作用已经大不如前。不过，轰炸机并没有就此淡出世界军事舞台，时至今日，轰炸机仍是各国空军的重要武器装备之一。

"陆战之王"坦克

坦克诞生于第一次世界大战期间。

坦克是一种履带式装甲战斗车辆，一般装备着大口径或中口径的火炮，以及多挺防空或同轴机枪。坦克具有强大的直射火力，高度越野机动性，以及强大的装甲防护力，其主要作战任务是与敌对方的坦克或其他装甲车辆交战。除此之外，坦克还能被用来压制、消灭反坦克武器，摧毁工事，歼灭敌方的有生力量。坦克是现代陆上作战的主要武器，被称为"陆战之王"。

1914年，第一次世界大战中的欧洲战场陷入了僵局。为了打破这一局面，交战双方迫切需要研制出一种结合火力、机动与防护的新型武器以突破由堑壕、铁丝网和机枪火力点组成的防御阵地。当时正在英国远征部队中服役的斯文顿中校，产生了在拖拉机上安装火炮与机枪，制造一种威力强大的装甲车的念头。这种装甲车可以在布满铁丝网的战场上开辟出全新的道路，可以翻越壕沟，还可以压制机枪的火力。

斯文顿将这个想法上报，很快得到了丘吉尔的支持。1915年2月，英国开始研制这种装甲车。当年9月，首辆装甲车试车成功，这便是坦克。1916年，"马克"Ⅰ型坦克在英国问世。在1916年的索姆河战役中，"马克"Ⅰ型坦克正式投入使用。1918年，法国也研制出了坦克。在第一次世界大战中，坦克为协约国军队击败德军立下了汗马功劳。此后，世界各国都开始研制这种新型武器。在未来的陆战中，坦克将继续发挥重要的作用。

冲锋枪小史

冲锋枪最早诞生于第一次世界大战期间。

冲锋枪是一种介于手枪与机枪之间的武器。与步枪相比，冲锋枪更加短小轻便，方便突然开火，其射速快，火力猛，尤其适用于冲锋，"冲锋枪"这个名字就来源于此。冲锋枪结构简单，枪托基本都可以伸缩、折叠，枪管较短，弹匣容弹量较大，射速为每分钟40发。

第一次世界大战时，人们在战争中发现，仅仅使用步枪与手枪已经无法满足战斗需要。而配备一种介于两者之间，且火力较猛的单兵作战武器已经迫在眉睫。在这种需求的推动下，1914年，全世界第一支冲锋枪——维拉·佩罗萨冲锋枪由一位意大利陆军上校发明制造出来了。可惜这种冲锋枪由于体型笨重，精度较差，且射速过高，单凭一个士兵很难进行操纵。

1918年，伯格曼MP18型冲锋枪在德国诞生，这是世界上第一支真正意义上的冲锋枪。这种冲锋枪的精度较差，射程也不够远，不过它贵在火力较猛，体型轻便，单凭一个士兵便可以灵活操纵。因为这种冲锋枪诞生于第一次世界大战末期，所以并未在第一次世界大战中发挥作用。

冲锋枪首次引起世界各国关注，是在1936年爆发的西班牙内战中。当时，大量的冲锋枪被应用到此次战争中，其威力令各个世界大国纷纷开始研制冲锋枪。第二次世界大战是冲锋枪发展的鼎盛时期，在此期间，德国、英国、苏联等国制造的冲锋枪总数超过了1000万支。

第二次世界大战结束后，冲锋枪进一步发展，其性能与步枪的性能逐渐融合。冲锋枪发展到现在，依然是一种重要的枪械，是步兵、伞兵、侦察兵、边防部队、警卫部队等必不可少的自卫与战斗武器。

歼击机的产生

歼击机产生于第一次世界大战期间。

歼击机也叫做战斗机，在第二次世界大战之前被称为驱逐机。歼击机具备速度快、上升快、升限高、机动性好等特点。歼击机主要用来与敌方歼击机进行空战，夺取制空权。除此之外，歼击机还要负责拦截敌方的其他空袭兵器，如轰炸机、强击机和巡航导弹。另外，歼击机还可以执行对地面攻击的任务，为此歼击机上会承载一定数量的对地攻击武器。

第一次世界大战伊始，交战双方只是安排射击手坐在飞机的后座上，用枪械

进行互相射击。1915年，德国制造出了一种机头安装着机枪的飞机，飞机驾驶员在驾驶飞机的同时，可以操控机枪对敌方进行射击，后世的歼击机都是在此基础上产生的。第一次世界大战期间，德国、英国与法国的歼击机迅速发展，飞行速度达到了每小时200公里，飞行高度达到了6000米。第二次世界大战期间，歼击机的飞行速度已经达到了每小时700公里，飞行高度也达到了1万1千米。时至今日，歼击机的飞行速度已发展到每小时3000公里，飞行高度也已高达2万米。

航空母舰的发展

美国拥有的航空母舰无论是在数量还是规模上，都远非其他国家所能比拟。

航空母舰是一种大型水面舰艇，以舰载机为主要作战武器。军用飞机可以在航空母舰上起飞、降落。航空母舰很少单独进行军事活动，通常情况下都会与其他船只组成一支航空母舰舰队，共同行动。在行动时，航空母舰是整支船队的军事主力，其他船只则负责贴身护送，并提供给养。

1918年5月，第一艘现代航空母舰正式在英国问世。这艘航空母舰的排水量达到了14459吨，能够承载20架飞机。第一次世界大战过后，一些海军强国，如美国、日本等也制造出了航空母舰，主要用于军事侦察。第二次世界大战期间，航空母舰得到了广泛的应用，特别是在太平洋战场上。日军就是用航空母舰偷袭了美国的珍珠港。其后，美国也大量使用航空母舰对日本进行反击。

航空母舰发展到现在，已经成了名符其实的"海上巨无霸"。它融合了各种最先进的科学技术和最强大的武器设备，进攻性能与防御性能同样强大。除了用

常规动力即蒸汽轮机驱动的航空母舰之外，世界上还出现了以核反应堆为动力装置的核动力航空母舰。这种航空母舰中的核燃料在装满之后，能够连续使用30年。

直升机发展史

直升机发展到现在，其用途已不再局限于军事方面。

中国古代的竹蜻蜓和意大利著名画家达芬奇绘制的直升机草图，是世界公认的直升机发展史的起点。在这两者的启发下，1907年，一个名叫保罗·科尔尼的法国人研制出了一架载人直升机，并且进行了试飞。这便是人类历史上的第一架直升机。1936年，德国福克公司对这种直升机进行了多方面的改造，最终制造出了FW－61直升机，并在1938年试飞成功。这便是世界上第一种试飞成功的直升机。

1939年夏天，美国人伊戈尔·西科斯基研制出了一架VS－300直升机，这是全世界第一架实用型直升机，其单旋翼带尾桨式构型一直沿用到现在。1940年，VS－300飞机试飞成功。20世纪40年代，美国沃特·西科斯基公司研制出了R－4轻型直升机，并开始批量生产，用于军队装备。

如今，旅游观光、火灾救援、海上急救、商务运输、喷洒农药、探测资源等国民经济的方方面面，都可以见到直升机的身影。

核武器发展史

核武器最早出现于第二次世界大战期间。

核武器是对利用核裂变或聚变反应释放的能量,产生爆炸作用,从而产生大规模杀伤破坏效应的武器的总称。

1939年初,两位德国化学家发表了有关铀原子核裂变现象的论文,相关专家由此想到利用这种新能源——核能来为人类创造财富。核能最初的用途是在军事方面。第二次世界大战爆发后,欧洲局势动荡,许多科学家被迫迁往美国,其中就有著名的德国犹太裔物理学家爱因斯坦。1939年8月,爱因斯坦给美国总统罗斯福写信,提议利用核能研制原子弹。1941年12月,日军突袭珍珠港,美国政府开始投入大量的人力、物力与财力研制原子弹。在第二次世界大战结束前夕,美国的原子弹终于研制成功。

1945年8月6日和8月9日,美国先后在日本的广岛和长崎投掷了原子弹。

第二次世界大战结束后,美国人又开始研制氢弹。1952年11月,美国人进行了氢弹原理试验,但试验装置过分笨重,使得氢弹难以被真正应用。第二年8月,苏联进行的氢弹试验终于为氢弹的实用提供了可能性。20世纪50年代和60

年代，英、法两国也先后进行了原子弹和氢弹试验。截止到现在，世界上已有5个国家掌握了核武器，分别是美国、俄国、英国、法国、中国。

雷达的用途

现在雷达的应用已经扩展到了军事、科研等许多方面。

雷达是利用电磁波探测目标的电子设备。一般而言，雷达包括发射机、发射天线、接收机、接收天线、处理部分和显示器等主要设备，还包括电源设备、数据录取设备和抗干扰设备等辅助设备。在使用的过程中，首先用雷达对探测目标发射电磁波，然后再接收由目标反射回来的电磁波，据此得出目标与电磁波发射地点之间的距离、距离变化率、方位和高度等信息。

雷达最大的优点就是不容易受到外界环境的影响，无论是白天还是黑夜，无论是晴天还是阴雨，雷达都能准确地发挥其作用。

贫铀弹

除了贫铀弹以外，贫铀合金还被广泛应用于美军装甲车的防护装甲之中。

从金属铀中提炼出核材料铀235以后，就能得到一种以放射性较弱的铀238为主要成分的副产品，这便是贫铀。贫铀的密度是钢的2.4倍，用这种高密度的贫铀合金做弹芯的炮弹和炸弹就是贫铀弹。贫铀弹在爆炸时会发生高温化学反应，具有极强的穿透力，足可以穿透坦克装甲和高防护建筑物等。

20世纪50年代，美国开始研究制造贫铀武器。在20世纪90年代爆发的几次战争中，美军使用了大量贫铀弹。据估计，在1991年的海湾战争中，美军大约使用了80多万枚贫铀弹。在1994年至1995年的波黑战争中，美军使用了超过1万枚贫铀弹。而在1999年的科索沃战争中，美军又使用了超过3万枚贫铀弹。虽然贫铀弹威力强大，但由于贫铀具有一定的放射性，贫铀弹在使用的过程中会对人体和生态环境造成严重破坏，这在海湾战争结束之后表现得最为明显。

战争史话

卡迭石之战

卡迭石之战是世界军事史上最早以文字记录下来的战争。

公元前1298年，古埃及法老拉美西斯二世与赫梯帝国君主穆瓦塔尔为了争夺叙利亚的军事要塞卡迭石展开了激烈的交战。

战争伊始，拉美西斯二世率领10万大军向已被赫梯帝国占领的卡迭石进发。穆瓦塔尔收到消息以后，便派两名士兵出城去迷惑他们。很快，拉美西斯二世的部下就抓到了这两名士兵，并将他们送到法老面前。据这两名士兵交代，赫梯国王因为畏惧埃及的10万大军，已经匆匆撤离了卡迭石城。

拉美西斯二世信以为真，命令部下加快行军速度，力求在最短的时间内将卡迭石据为己有。然而，在进城以后，拉美西斯二世却意外地遭到了赫梯军队的围攻。埃及军队被打了个措手不及，连连败退。

幸而紧随其后的埃及大部队及时赶到，拉美西斯二世才借助兵力的优势击败了赫梯帝国，取得了卡迭石之战的胜利。

希波血战温泉关

战后，薛西斯清点人数，发现在此次战役中，己方总共损失了2万兵力，而希腊士兵的伤亡人数不过才几百人。

公元前480年春，波斯国王薛西斯率领数十万大军开始朝希腊进军。波斯大军首先横渡赫勒斯滂海峡，当年夏天，他们抵达了由希腊北部地区南下的唯一入口德摩比勒隘口附近，因为隘口处有两眼温泉，而被人们称为温泉关。

这段时期，希腊境内正在举行奥运会，希腊人谨守奥运会期间不得打仗的规定，只在战略要塞温泉关安排了寥寥数千名守兵。在这样的情况下，薛西斯并没有轻举妄动。他首先率领大军驻扎在温泉关附近，并放出消息，说自己此次带来的波斯士兵足有百万人，希望以此恫吓希腊人，让他们主动缴械投降。然而，薛西斯未能如愿，希腊人对他的恐吓一直毫无反应。

薛西斯苦等了几日，终于决定与希腊人开战。波斯人在人数上占有绝对优势，但是希腊人却牢牢掌控着地形优势。温泉关易守难攻，波斯人几经艰辛，损兵折将，却始终未能破关而入。

就在这时，薛西斯从当地一位农民那里得知，附近有条小径可以通往温泉关背后。薛西斯马上命令部下绕到温泉关背后，将希腊人前后包围。

腹背受敌的希腊士兵勇猛地击退了波斯人一次又一次的进攻。波斯人付出了极大的代价，才终于攻克了温泉关。

萨拉米海湾之战

为了扭转颓势，希腊人设计将波斯舰队引到了萨拉米海湾。

波斯国王薛西斯在取得了温泉关战役的胜利后，又开始进攻希腊的其他地区，并派出强大的水军，水陆包抄，接连获胜。

尽管波斯军舰在数量上占据绝对的优势，但在质量上却不能与希腊的军舰同日而语。希腊军舰体积较小，行动灵动；波斯军舰体积庞大，行动迟缓。在窄狭、水浅的萨拉米海湾中作战，希腊军舰具有明显的优势。

经过连续8小时的激战，希腊舰队终于取得了胜利。波斯舰队损失惨重，共有200艘战舰被击沉，另外还有50艘战舰落入了希腊人手中。

萨拉米海湾之战结束后，薛西斯率领的波斯军队在与希腊人交战的过程中逐渐处于下风，最终被希腊人击败。

伯罗奔尼撒战争

伯罗奔尼撒战争就是发生于提洛同盟和伯罗奔尼撒联盟之间的一场战争。

在薛西斯率领波斯军队进攻希腊的过程中，希腊境内的各个城邦逐渐分裂为两大派别，它们分别是以雅典为首的提洛同盟和以斯巴达为首的伯罗奔尼撒联盟。

公元前431年，伯罗奔尼撒战争爆发。两大派别打打停停，直到公元前421年战争才宣告结束，获胜的一方为斯巴达统领的伯罗奔尼撒战争联盟。这场战争也被称为古代的世界大战，因为其牵涉的范围差不多囊括了当时所有的希腊城邦。

伯罗奔尼撒战争给希腊经济造成了巨大破坏，农民和手工业者纷纷破产，农业与工商业发展停滞，希腊的城邦制度迅速没落。与此同时，这场战争又对世界军事的发展产生了极为深远的影响，很多新式作战方法都是在这场战争中首次出现的，而职业军人也起源于此。

西西里争夺战

公元前415年，雅典与斯巴达又为争夺西西里开战。

公元前421年，伯罗奔尼撒战争结束后，雅典与斯巴达签署了和约。然而，双方的战事并没有就此终结。

公元前420年，苏格拉底的学生亚西比德当选为雅典的将军。他对雅典人民发表了一篇颇具鼓动性的演说，号召大家团结起来，在斯巴达人采取行动之前，先行一步将富庶的西西里据为己有。最终，他远征西西里的计划得到了雅典国民公会的批准。公元前415年6月，亚西比德率领6000多名士兵和260多艘船，开始远征西西里。

就在亚西比德率领雅典大军在西西里与斯巴达军队交锋期间，远在雅典的政敌污蔑他犯下了反人民等罪行。于是，公民大会勒令他交出兵权，返回雅典接受审讯。无奈之下，亚西比德投靠了斯巴达。就此，斯巴达在对雅典的战争中逐渐占据上风，最终击败了雅典军队，取得了西西里争夺战的胜利。

此次战争，雅典失去了最精良的陆军和几乎所有的战舰。这使得雅典在之后与斯巴达的交战中再也无法扭转颓势，终于在公元前404年被斯巴达彻底击溃，放弃了所有的领地。

白鹅拯救了罗马

高卢人民风强悍，经常与罗马人发生冲突。

公元前4世纪，罗马的国力空前强盛，周围各部落纷纷对其臣服，唯独北方的高卢是个例外。后来，高卢人的野心越来越膨胀，竟想攻破罗马城，并占领整个罗马。为了实现这个目标，他们首先对罗马城附近的克鲁新城发动了进攻。

在高卢士兵的强势进攻下，克鲁新城眼看就要保不住了。罗马元老院慌忙派出三名使臣前去与高卢人议和。高卢首领高林根本不接受议和，还出言羞辱三名罗马使臣，将他们赶出了高卢军营。

使臣们为了复仇，便来到克鲁新城，帮助那里的罗马将士抗击高卢人。其中

有一名使臣箭术高明，将高林派来的一名探子一箭射死了。

　　高林闻讯又惊又怒，马上派出使者前往罗马，要求罗马元老院将那三名使臣交由自己处理。元老院不肯答应，高林便带着几万士兵赶到罗马城外，双方激烈交锋。罗马将士们很快就被凶悍的高卢人打得溃不成军。罗马元老院当即做出决定，将城内军民撤退到城外的卡庇托林山上暂作躲避。有上百名年纪老迈的元老誓与罗马共存亡，他们聚集在罗马的中心广场上，等待高卢人的到来。

　　当高林带兵攻入城中时，罗马俨然已变作了一座空城。高林勃然大怒，在城中四处纵火，并杀死了那一百多位元老。随后，高林开始四处搜寻已经撤走的罗马军民的下落，最后终于在卡庇托林山上找到了他们。

　　卡庇托林山易守难攻，高林屡攻不下，便将整座山都包围了。不久之后，罗马人派出一名士兵下山，到罗马城外联络援兵。高卢人抓住了这名士兵，并从他那里得知了上山的路线。随后，高林便挑选了几十名士兵连夜上山，准备突袭山上的罗马军民。

　　高卢士兵沿着陡峭的山壁迅速向上攀爬，罗马军民对此却毫无察觉。眼看这伙高卢人就要登上山顶了，这时忽然有一只白鹅听到声响，大叫起来，山上的其他白鹅也跟着叫个不停。阵阵响亮的叫声吵醒了正在酣睡的罗马人，他们马上拿起武器冲到悬崖边，见有数十名高卢人就要爬上来了，他们赶紧用石块将其全都打下了悬崖。高林的突袭计划就此宣告破产。

　　没过多久，罗马军民就在各地援兵的帮助下重返罗马城，罗马终于免除了亡国的命运。罗马人始终不能忘却拯救他们的白鹅，从此便有了"白鹅拯救了罗马"这句谚语。

高加米拉战役

战争结束后不久，昔日强盛的波斯帝国便覆灭了。

　　高加米拉战役，是指公元前331年，马其顿与波斯帝国在高加米拉地区进行的一场战役。波斯国王大流士三世将国内近百万兵力全都投入到此次战争中，而马其顿国王亚历山大大帝麾下却只有4万多名士兵。尽管如此，在人数上占据绝对优势的波斯最后却遭遇惨败。

　　在此之前，大流士三世已在伊苏斯战役中败在了亚历山大手上，波斯的所有王室成员也因此成了亚历山大的俘虏，连大流士三世的母亲、妻子和儿子也未能幸免于难。这几乎使大流士丧失了所有的斗志，国王尚且如此，更何况是士兵？

　　在高加米拉战役开始前11天出现了月全食现象，按照波斯天文学的说法，这便是亡国的征兆。波斯士兵由此开始焦躁不安，军心涣散，最终导致波斯帝国在高加米拉战役中失利。在此次交战中，马其顿大约损失了2400名士兵，波斯帝国却足足损失了10万以上的兵力。

布匿战争

尽管迦太基的海军实力非常强大，但最后还是败给了古罗马的乌鸦式战舰。

布匿战争是指从公元前264年到公元前146年，古罗马与迦太基之间爆发的三次战争。

公元前264年，古罗马与迦太基王国为争夺西西里地区爆发了第一次布匿战争。

乌鸦式战舰即在战舰的船头上安装一个形状类似乌鸦嘴的装置，在海战中，这个乌鸦嘴可以伸展出去，扣住对方战舰的船舷，在两艘战舰中间架起一座小吊桥，然后己方士兵就可以通过这座桥登上对方的战舰，与之展开厮杀。

在乌鸦式战舰的帮助下，罗马人屡战屡胜，最后终于迫使迦太基人主动向他们求和。公元前241年，双方签订了停战协定：迦太基将西西里让给罗马，并向罗马支付大量赔款。第一次布匿战争就此宣告结束。

此后，迦太基与罗马又在对外扩张的过程中产生了矛盾。公元前218年，迦太基人在汉尼拔的带领下对罗马发起了第二次布匿战争。在战争前期，汉尼拔领导迦太基士兵多次击败罗马军队，但是到了后期，罗马军队又重新振作起来，逐渐反败为胜，最终取得了第二次布匿战争的胜利。

在接下来的数十年间，罗马人始终未能忘记迦太基这个心腹大患。公元前149年，罗马人终于按捺不住，发动了第三次布匿战争。

罗马人将迦太基城团团包围，城内军民拼死抵抗。直到三年后，罗马人才攻入城中，灭亡了迦太基，同时也为布匿战争画上了句号。

康奈城激战

康奈城激战，成就了世界战争史上又一个奇迹。

发生于第二次布匿战争期间的康奈战役，是人类战争史上一次以少胜多的著名战役。在此次战役中，迦太基人在汉尼拔的带领下，成功击败了兵力大约相当于己方两倍的罗马人。

公元前216年，汉尼拔率领迦太基人夺取了罗马重要的粮仓康奈城。罗马人马上派出8万步兵和6000骑兵，誓要夺回康奈城。当时汉尼拔只有4万步兵和1.4万名骑兵，在兵力上丝毫不占优势。于是，汉尼拔便命令一名勇士带着500名迦太基士兵前往罗马军中诈降。

这支迦太基军队顺利进入了罗马军营。随后，他们与战场上的迦太基士兵里应外合，使罗马军队腹背受敌。经过12个小时的激战后，迦太基人终于取得了康奈战役的胜利。罗马军队损失惨重，伤亡人数超过7万，迦太基军队的伤亡人数却只有6000。

犹太战争

犹太人奋起反抗罗马人的残暴统治，但很快就遭到了罗马当局的血腥镇压，数万犹太人因此丧命。

犹太战争是指公元66到70年，公元131到135年，巴勒斯坦的犹太人民为了反抗罗马的残暴统治先后发起的两次大规模起义。

公元前63年，罗马军队占领了犹太人的聚居地巴勒斯坦，并在此处建立了犹太省，由罗马政府直接管辖。在此后的100多年间，犹太人受尽了罗马政府的剥削与压迫。公元66年，不堪受辱的犹太人终于爆发了。

巴勒斯坦各地的犹太人迅速联合起来，组成了一支庞大的起义军。起义军主要是由农民、手工业者和奴隶组成的。他们很快击溃了驻守在耶路撒冷的罗马军队。

罗马皇帝尼禄派出远征军前去镇压起义军，结果遭遇惨败。尼禄随即命令大将韦帕芗带着6万大军远征巴勒斯坦，但在公元69年之前，罗马的远征军始终未能战胜顽强的犹太起义军。公元68年，罗马的暴君尼禄自杀身亡。第二年，韦帕芗成了罗马的新任统治者，他任命自己的儿子狄度对起义军发起了猛攻。

公元70年，圣城耶路撒冷陷入了罗马军队的包围圈。尽管犹太起义军拼尽全力，但终究没能抵挡住罗马大军的强烈攻势。耶路撒冷失陷之后，起义军遭到了罗马军队的疯狂屠戮。

犹太人民的第一次起义被镇压下去以后，罗马人继续在犹太省实施高压政策。公元131年，罗马皇帝哈德良下令将犹太人民从耶路撒冷驱逐出去，并在那里建立罗马神庙。犹太人民被逼无奈，再次发动起义。哈德良马上派出大军前来镇压，公元135年，罗马军队再度攻陷耶路撒冷。

尽管犹太战争以犹太人民的失败告终，但是罗马帝国遭到了沉重打击，基督教与犹太教也因此而迅速分离。犹太战争结束后，幸存的犹太人被迫流落他乡。

阿拉伯人对西班牙的征服

公元630年，阿拉伯人正式建立了阿拉伯帝国。

公元708年，阿拉伯帝国哈里发任命穆萨为北非总督。穆萨在北非不断征战，并屡屡获胜。在他的努力下，阿拉伯帝国的领土一直扩张到了大西洋沿岸。在这种情况下，穆萨又将征战的目标对准了西班牙。当时西班牙王室内讧不断，正是发动进攻的好时机。

公元711年春，穆萨命令部下塔立格率领7000名将士开始进攻西班牙。塔立格在西班牙境内一路高歌猛进，到了当年夏天，他已占领了西班牙的半壁江山。

在进攻的过程中，穆萨遇到的最大的难题就是梅里达城久攻不下。穆萨总共围攻了梅里达4个月，城中军民直至弹尽粮绝，才不得不弃城投降。穆萨入城后，在城内展开了大屠杀，梅里达的成年男子无一幸免。

梅里达的惨剧令西班牙其他城市的军民纷纷放下武器，向阿拉伯人投降。公元713年，阿伯拉人终于征服了西班牙。

收复失地运动

在阿拉伯人入侵西班牙后，部分西班牙人逃亡到伊比利亚半岛北部，并在那里建立了包括阿斯图里亚斯在内的多个王国。

收复失地运动是指公元718年至1492年，西班牙人将境内的阿伯拉人驱逐出境，收复失地的运动。

公元718年，收复失地运动正式开始，开始的标志就是阿斯图里亚斯王国与阿拉伯人开战。在此之后，其余几个西班牙王国也加入了这场运动。

各王国联合起来，投身战斗，终于在1492年1月击溃了西班牙境内的所有阿拉伯人，收复了西班牙全境，胜利结束了收复失地运动。

阿尔弗烈德制止维京人的侵扰

维京人即北欧海盗。

公元8到11世纪是欧洲历史上的"维京时期"。在此期间，维京人不断侵扰欧洲沿海和英国的各个岛屿，给欧洲各国人民带来了巨大灾难，让各国政府头痛不已。

公元789年，一帮维京人将英国的多赛特郡洗劫一空。从这时候起，英国进入了恐怖的维京人时代。维京人勇猛凶悍，在与他们交战的过程中，失败的一方永远都是英国人。很多英国百姓没有办法，只好用钱换取维京人的撤离，但往往是这批维京人刚走，下一批维京人又来了。不过，这种局面终于在阿尔弗烈德大帝执政时期得到了扭转。

阿尔弗烈德还是个王子时，就因屡次击败来犯的丹麦人成了英格兰人民心目中的大英雄。由于阿尔弗烈德并非长子，父亲去世后，英国的王位便落在了哥哥埃塞列德而非阿尔弗烈德身上。几年后，埃塞列德去世，虽然他留下了子嗣，但英国臣民更倾向于由阿尔弗烈德继承王位。最终，阿尔弗烈德凭借自己的威望被推举为国王。

阿尔弗烈德在位期间，与维京人的主要部族达成协议，允许他们在英格兰东南部定居。从这时候起，维京人对英国的侵扰逐渐减少，英国人民过上了较为安定的日子。

诺曼征服

诺曼征服是指11世纪时期，法国诺曼底公爵威廉对英国的征服。

1066年，英国国王爱德华去世。由于爱德华并没有留下任何子嗣，威廉公爵便单方面声称爱德华生前曾口头承诺将王位传给自己，要求英国人履行这个承诺。然而，当时英国贵族已经推举韦塞克斯伯爵登上了王位，即哈罗德二世。威廉公爵很不甘心，便于当年9月召集法国的封建主对英国展开了进攻。

哈罗德二世亲自率军前去抵御侵略者。在黑斯廷斯一战中，哈罗德二世不幸战死，英军溃败，威廉公爵带领法军顺利进入伦敦。1066年12月25日，威廉在伦敦的威斯敏斯特教堂接受加冕，正式登基成为英国的国王。

成吉思汗西征

西征为忽必烈建立地域广阔的元朝打下了坚实基础。

1206年，成吉思汗建立了蒙古汗国。从1219年开始，成吉思汗及其继位者先后三次西征，将蒙古的疆域一直扩展到欧洲。

1219年，成吉思汗率领大军第一次西征。蒙古大军一路进军到中亚，攻克了花剌子模的首都。为了追击逃亡的花剌子模国王，蒙古军队攻入了罗斯境内。为了追击花剌子模的太子，成吉思汗又率军攻到了印度河流域。1225年，成吉思汗的第一次西征胜利结束。

1227年，成吉思汗去世，将王位传给了儿子窝阔台。1235年，窝阔台命令侄子拔都率领大军发动了第二次西征。拔都先将花剌子模余部彻底剿灭，然后又对罗斯等欧洲国家发起了进攻。最后，蒙古大军直逼意大利威尼斯，在欧洲各国引起了巨大恐慌。1241年，窝阔台去世，拔都收到消息，匆忙结束了此次西征。

1251年，拔都等人拥立蒙哥即位。1253年，蒙哥派遣弟弟旭烈兀向西南亚发起了第三次西征。西征军一直进攻到地中海以东，后来在进攻埃及之前听闻蒙哥战死，西征军马上班师回朝。1260年，三次西征宣告结束。

英法百年战争

百年战争时间跨度长达116年，是世界历史上持续时间最长的战争。

英法百年战争是指英国和法国在1337年到1453年之间的战争。

1337年，英国国王爱德华三世为了与法国国王腓力六世争夺法国的王位，展开了激烈交锋。英军在战争中接连获胜，最终迫使法国在1360年割地求和。

法国国王查理五世登基后，开始在国内实施政治和军事改革，法军在战场上逐渐转败为胜。查理五世去世后，法国政局动荡不堪，英军乘机反扑，法军节节败退。查理五世的继任者查理六世患有精神病，这令本就处于劣势的法军更加雪上加霜。1420年5月，查理六世与英国政府签订了《特鲁瓦条约》，法国就此沦为了英法联合王国的一个组成部分。

查理六世死后，英国国王亨利六世和法国太子查理七世为争夺法国的王位再度开战。圣女贞德率领法军击退了围困法国的英军，查理七世成了法国的新任君主。英法百年战争的局势就此扭转。在接下来的战争中，英军不断败退，终于在1453年宣布投降。英法百年战争终于结束。

贞德拯救法国

在成为法军的统帅之前，贞德只是一个平凡的乡村姑娘。

英法百年战争期间，法国出现了一位伟大的民族女英雄。她解除了英军对法国城市的围困，拯救了岌岌可危的法国，她便是被拿破仑誉为"法国救世主"的圣女贞德。

从16岁开始，贞德的人生步入了另一条轨迹，最终成就了一个伟大传奇。

据说，16岁的贞德在教堂做祷告时，意外听到了上帝的召唤。当时法国的国王查理六世刚刚离开了人世，法国太子查理想继承父亲的王位，却遭到了英国国王亨利六世的百般阻挠。这一时期，法军在与英军的交战过程中节节败退，已经到了生死存亡的关键时刻。在这种情况下，上帝召唤贞德去做法军的主帅，带领法军将士将英军赶出法国。

贞德遵照上帝的盼咐，前去求见查理太子。查理太子这时已经走投无路，贞德的到来让他看到了新的曙光，尽管这道曙光在很多人看来非常荒谬——一个从来没有上过战场的乡村姑娘如何能拯救整个法兰西？查理太子任命贞德为法军统帅，贞德就此开始了人生中最辉煌的一段时期。

1429年4月29日，贞德抵达战场。毫无战斗经验的贞德力排众议，开始实施自己的一整套作战计划。战场上的贞德十分大胆、激进，一反法国将领保守谨慎的作风。在她的带领下，法军在短短两个月内就击退了围困奥尔良的英军。7月17日，查理太子在贞德的辅佐下登基为王，史称查理七世。

9月8日，贞德开始进军巴黎，准备将巴黎境内的英军驱逐出境。在此次交战中，贞德的腿被弓箭所伤，但她还是坚持留在战场上指挥作战。尽管如此，贞德的努力并没有得到法国王室的认可。由于贞德为法国立下了赫赫战功，在民众中的声望甚至已经超越了查理七世，很多王公贵族都对她起了戒心。在他们的怂恿下，查理七世在贞德攻克巴黎之前，忽然命令她撤军。

贞德无奈地服从了查理七世的命令。第二年，贞德在一次战役中被勃艮第人俘虏，随后又被出卖给英国政府。1431年1月，贞德被送到鲁昂接受审讯。对贞德恨之入骨的英国人操纵了法庭上的法官与证人，污蔑贞德是宗教异端和女巫，判处贞德火刑。

1431年5月30日上午，19岁的贞德被烧死在火刑柱上。

虽然贞德英年早逝，但是她在生前已经扭转了英法百年战争的局势。她去世后，法军与法国境内的英军展开了激烈交锋，终于在1453年迫使英军投降，撤出法国。

科索沃战役

此战之后，塞尔维亚开始了长达500年被奥斯曼帝国奴役的历史。

科索沃战役是指1389年6月15日，塞尔维亚拉扎尔大公率领军队在科索沃平原与入侵的土耳其人展开的一场战斗。

14世纪后半期，奥斯曼帝国不断向巴尔干半岛扩张领土，半岛上的人民奋起反抗。由于奥斯曼土耳其人实力太强，巴尔干半岛上的国家一步步沦陷。1385年，索菲亚被奥斯曼帝国占领，之后保加利亚也被侵占。占领保加利亚之后，奥斯曼帝国将下一个目标锁定为塞尔维亚。为了抵抗奥斯曼帝国的进攻，原本处于分裂割据状态的塞尔维亚联合起来，成立了反奥斯曼帝国联盟。1385年6月，两军在科索沃平原相遇。当时，奥斯曼帝国兵力在数量上占有优势。6月16日，塞尔维亚军中一位勇士在11名骑兵的掩护下，杀到奥斯曼帝国苏丹的马前，用一把带毒的短剑将其刺伤。塞尔维亚军队趁机发起进攻，首战告捷。

苏丹次子拜亚奇重整军队，很快就发起了反攻。塞尔维亚大公的女婿布朗科维奇临阵退缩，带领一支部队逃走。塞尔维亚军队因此遭受重创，很快军心大乱，被奥斯曼帝国军队击溃，塞尔维亚大公被俘。科索沃战争的胜利，使塞尔维亚成为奥斯曼帝国的领土。同时，这场战争的结束也拉开了奥斯曼帝国向欧洲扩张的大幕。

苏莱曼一世的征服战争

苏莱曼一世是16世纪奥斯曼帝国的统治者。

1520年，苏莱曼一世继承了父亲的王位，之后便开始在国内实施改革，改革涉及政治、经济、军事等方面。在此基础上，1521年，苏莱曼一世开始对外征战。

奥斯曼帝国的历代统治者一直想向欧洲扩张，却受到了匈牙利王国的阻挠。正因为如此，苏莱曼一世的首个进攻目标就是匈牙利的军事要塞贝尔格莱德。1521年8月，苏莱曼一世的大军攻克了贝尔格莱德。匈牙利再也不能阻止奥斯曼的势力向欧洲蔓延了。

1522年夏，首战告捷的苏莱曼一世开始进攻地中海沿岸的罗德岛。生活在该岛上的骑士团时常到奥斯曼帝国的沿海地区大肆抢劫，其行径与海盗并无二致。苏莱曼一世亲自率领大军前去围攻罗德岛，5个月后，终于迫使骑士团投降。

1526年8月，苏莱曼一世再度对匈牙利王国发起了进攻。最终，匈牙利大败，再也无法对奥斯曼帝国造成任何威胁。哈布斯堡王朝乘机开始了对匈牙利的统治，苏莱曼一世收到消息后，曾亲自带领军队包围了维也纳，可惜此次苏莱曼并没有攻下维也纳。几年后，苏莱曼又对维也纳发起进攻，同样以失败告终。

1540年，匈牙利的贵族为了争夺王位发生冲突，苏莱曼一世也介入其中，支持哈布斯堡家族的对立者。第二年，哈布斯堡王朝与苏莱曼一世战事又起。苏莱曼击败了哈布斯堡王朝，并迫使其签订了屈辱的停战和约。

在向欧洲进军的同时，苏莱曼也没有忽视亚洲。1533年，苏莱曼派大军前去攻打波斯。后来因为波斯冬季气候严寒，苏莱曼不想冒险，便命令大军转而攻打伊拉克的巴格达。然而，未等大军正式发起进攻，巴格达人已经打开城门投降了，奥斯曼帝国不费一兵一卒就取得了胜利。

1548年，苏莱曼又对波斯发起了进攻，结果只是攻克了波斯的部分地区。1553年，苏莱曼第三次进攻波斯。第二年，双方签订了和议，奥斯曼帝国得到了波斯的大片领土，两国战事就此结束。

苏莱曼非常重视海军，他在位期间，奥斯曼帝国的军舰数目远超过了地中海沿岸的其余国家。奥斯曼帝国的海军从1538年开始称霸地中海，当时连西班牙的舰队都不是他们的对手。

苏莱曼立志要将奥斯曼帝国的势力扩张到欧亚非三洲，为了实现这一目标，他还派出军队占领了北非的突尼斯和阿尔及利亚等地。

苏莱曼一世一生南征北战，将奥斯曼帝国的国力推向了巅峰。

戚继光抗倭

戚继光出生于将门世家，自幼便熟读兵法，武艺高强。

戚继光是中国明朝著名的抗倭将领。在短短的十多年间，他率领戚家军荡平了中国东南沿海的倭寇，成为中国历史上又一位名垂千古的民族英雄。

17岁那年，戚继光承袭了父亲的官职，成了一名武官。过了几年，蒙古人进军北京城，戚继光上书陈述守御京师的方略，受到了嘉靖皇帝的重视。1555年，27岁的戚继光被调任到浙江，开始了与倭寇长达十余年的抗争。

倭寇其实就是从日本流亡到中国东南沿海的海盗。明朝初年，日本境内分为南朝与北朝两大政治派别。后来，北朝击败了南朝，统一了日本。南朝武士便流落到海上，以抢劫为生。其中流落到中国东南沿海的日本海盗，被人们称为倭寇。这些倭寇不断侵扰沿海百姓，但明朝统治者并未对此给予足够的重视。这一时期，来自北方蒙古族的威胁才是明朝皇帝最头痛的事情。嘉靖年间，东南沿海的倭寇之患已经达到了顶峰，明朝统治者终于开始重视起这件事来。

起初，嘉靖皇帝派俞大猷前往浙江抗倭。俞大猷不负重望，接连在抗倭战争中获胜。后来，俞大猷被奸臣陷害，身陷囹圄。倭寇乘机卷土重来，嘉靖皇帝眼见情势不妙，便又派戚继光前去抗倭。

戚继光来到浙江后，发现当地的明军纪律散漫，毫无战斗力，便当机立断，决定招募新兵。没过多久，他就招募了4000名新兵。这些新兵多是贫苦百姓，他们受够了倭寇的欺侮，决定奋起反抗。不过，一支军队光有勇气与斗志是不够的，戚继光开始对这些新兵展开严格的军事训练。在他的督促下，这支军队最终发展成为一支战斗力极强的抗倭大军，这便是名扬天下的"戚家军"。

戚继光率领戚家军首先击溃了浙江台州的倭寇。台州一带的倭寇死的死，逃的逃，浙江沿海终于恢复了平静。但好景不长，福建沿海又遭到了倭寇的侵扰。倭寇们还在福建宁德一座名为横屿岛的孤岛上安营扎寨。

戚继光迅速带兵赶到福建，他利用退潮的时机，命令戚家军每人带一捆干草铺到浅滩上。这条由干草铺成的道路一直延伸到横屿岛上，戚家军便沿着这条干草路登上了小岛，对倭寇发动了突袭。在戚家军的强势进攻下，横屿岛上的数千名倭寇最终全军覆灭。

接下来，戚继光又乘胜追击，击溃了附近几十座倭寇营寨。到了第二年，俞大猷官复原职，来到东南沿海与戚继光共同抗倭。两人强强联手，终于在1566年基本肃清了中国东南沿海的倭寇之患。

朝鲜壬辰卫国战争

朝鲜壬辰卫国战争即万历朝鲜战争，是指明朝万历年间日本对朝鲜发动的侵略战争。

丰臣秀吉在统一日本后，将国内的土地分封给武士阶层，但由于分配不均导致很多武士心存怨愤。要想解决这个问题，就需要对外扩张，获取更多的土地。为此，丰臣秀吉于1592年派兵入侵朝鲜，希望以朝鲜为跳板，进一步攻占整个中国。

当时朝鲜刚刚经历了一段漫长的和平时期，国内军民根本就没有任何准备去迎接一场新的战争。再加上朝鲜的统治阶层腐败无能，在来势汹汹的日本侵略者面前，马上就落了下风。朝鲜的宗主国是明朝，便请求明朝政府派军前来支援。

尽管万历年间的明朝已经开始走向衰落，但其军事实力依然不可小觑。明朝的军队赶到朝鲜后，便与朝军联合起来，重创日军。1593年，丰臣秀吉不得不向明朝求和。1595年，双方的战事终于平息下来。

由于在此次战争中未能得到满足，丰臣秀吉很不甘心。1596年，他命令日本军队对朝鲜发起了第二次进攻。明朝军队在前期并未占据优势地位，到了后期才扭转了战争的局势，再一次重创日军。1598年，丰臣秀吉病死，日军士气低落，无心恋战，开始分批撤回日本。朝鲜壬辰卫国战争就此结束。

欧洲三十年战争

神圣罗马帝国始建于公元962年，全盛时期的疆域囊括了德意志、奥地利、意大利北部和中部、捷克、斯洛伐克、法国东部、荷兰、比利时、卢森堡和瑞士。

欧洲三十年战争是指1618年至1648年间，欧洲各国之间爆发的一次大规模的国际战争。此次战争一开始是神圣罗马帝国的内战，后来欧洲其他国家因为受到利益与霸主地位的诱惑，纷纷加入其中，最终演变为全欧洲的大战。

1526年，神圣罗马帝国兼并了波西米亚，即今天的捷克中西部。1617年，神圣罗马帝国的皇帝为了在波西米亚复兴天主教，任命哈布斯堡王朝的斐迪南大公为波西米亚国王。斐迪南在波西米亚大肆迫害新教徒，拆毁他们的教堂，严禁他们举行宗教活动。

1618年5月23日，愤怒的新教徒手拿武器冲进王宫，斐迪南闻讯匆忙逃走。新教徒没有找到国王，却找到了神圣罗马帝国的两位钦差大臣。他们将两名钦差从窗口扔了出去，这便是欧洲历史上著名的"掷出窗外事件"。随后，新教徒选举出三十人组建了临时政府，领导波西米亚人民起义，同时宣布波西米亚独立。欧洲三十年战争就此开始。

波西米亚的起义军一路高唱凯歌，最后打到了奥地利，与奥地利的新教徒里应外合。斐迪南从波西米亚逃出来以后，又继承了奥地利的王位，他联合西班牙军队残酷镇压起义军。1620年，波西米亚人民的起义宣告失败。然而，法国等国家不愿看到哈布斯堡王朝兴盛，便借此机会对其用兵。

截止到1648年，神圣罗马帝国已经在法国、瑞典等国的联合进攻下屡屡溃败，并失去了德意志的大部分领土。长达三十年的战争令参战各国都元气大伤，不得不在1648年10月达成停战协议，终结了此次战争。

三十年战争结束后，神圣罗马帝国只剩下了一个空壳子，尤其是国中国德意志作为战争的主要战场，损失惨重，而其他国中国也不再听从指挥，整个神圣罗马帝国已经变得四分五裂。西班牙在这场战争中屡战屡败，强国地位一去不复返。瑞典却因为获得了巨额战争赔款，一跃成为新的欧洲强国。荷兰由此取得了海上霸主的地位，法国则成了欧洲大陆的霸主。

除此之外，三十年战争还对欧洲各国的军事变革产生了巨大影响。为了让军队适应长期作战，各国开始实行征兵制，同时建立常备军和后勤系统。与此同时，一种标准的作战方法也在欧洲各国流传开来，即先后派出炮兵、骑兵、步兵轮番剿杀敌军的三段式作战方法。

英荷战争

英荷战争之后，英国取代荷兰，成了新的海上霸主。

英荷战争是指17世纪50年代至70年代，英国与荷兰为了争夺海上霸主地位，占有更多的殖民地发起的三次战争。

第一次英荷战争爆发于1652年，起因是英国在1651年颁布的《航海法案》侵犯了荷兰的利益。此次战争，英国与荷兰互有胜负，两国最终于1654年达成和议，结束了第一次英荷战争。

第二次英荷战争爆发于1665年，起因是英国侵占了荷兰在北美的殖民地新阿姆斯特丹。1667年战争结束，两国交换了各自在北美的殖民地，英国得到了原本属于荷兰的新阿姆斯特丹，荷兰得到了原本属于英国的苏里南。

第三次英荷战争爆发于1672年，当时英国趁着法国入侵荷兰之际对荷兰用兵，结果被荷兰打败。1674年，三次英荷战争宣告结束。

长达20年的英荷战争使荷兰国力衰退。19世纪初，荷兰被拿破仑率领的法军击溃，随即被法国兼并，荷兰的鼎盛时期一去不复返。

郑成功收复台湾

郑成功是中国的民族英雄,他一生最大的功绩就是从荷兰人手中收复了台湾。

1661年,郑成功带着2.5万名士兵和几百艘战舰来到了台湾。早在17世纪初期,荷兰殖民者就趁着明朝末年政局动荡之际侵占了台湾。郑成功对此早有耳闻,他在启程赶赴台湾之前,就已下定决心要赶走荷兰人,收复台湾。

台湾人民一早就不满于荷兰人的残暴统治,屡次发动起义,但无一例外地都被侵略者镇压下去。他们听说郑成功的军队来到了台湾,纷纷来到港口迎接郑军。

荷兰侵略者收到消息后,马上派出士兵前来阻挡郑成功上岸。结果这批荷兰士兵很快就被郑成功的部下打得落荒而逃。荷兰侵略者随后又将军中最大的战舰调出来,试图阻挡郑军。郑成功命令部下开动战舰一起围攻荷兰人的战舰,最终将其击沉。

首战失利的荷兰人主动向郑成功求和,希望以10万两白银换取郑成功从台湾撤退。郑成功丝毫不为所动,他赶走了荷兰的使臣,对台湾境内的荷兰侵略者发起了猛攻。

1662年2月9日,荷兰侵略者兵败投降,从台湾撤离。至此,郑成功终于收复了台湾。

奥地利王位继承战争

比较遗憾的是,玛利亚·特蕾莎未能从普鲁士人手中收回西里西亚。

奥地利王位继承战争是指1740至1748年期间,欧洲两大联盟因奥地利的王位继承权问题而发起的一次大规模战争。

1740年10月20日,奥地利国王查理六世去世。因为查理六世没有儿子,所以按照他生前的意愿,应由他的长女玛利亚·特蕾莎继承王位。

玛利亚·特蕾莎登基后,奥地利、英国、捷克、匈牙利、荷兰、西里西亚和俄国都站在了她这边。与此同时,普鲁士、法国、巴伐利亚、萨克森、西班牙、皮埃蒙特、撒丁和那不勒斯则站在了她的对立面,反对她继承王位。接下来,两大联盟展开了一场旷日持久的战争。

最终,玛利亚·特蕾莎取得了战争的胜利,保住了自己的王位。

英法七年战争

俄国虽然在中途退出了战争,但是凭借此次战争与普鲁士建立了良好的关系。最重要的是,俄国巩固了在东欧的力量,为向西扩张打下了坚实基础。

奥地利王位继承战争结束后,欧洲的局势重新稳定下来。然而好景不长,1756年,英国与法国两大阵营又开始了长达七年的战争,史称英法七年战争。

在战争爆发之前，英国与法国，普鲁士与奥地利，俄国与普鲁士之间都存有很深的矛盾。1756年，英国与普鲁士结为联盟，法国、奥地利与俄国结为联盟。在开战之前，两大联盟不断吸收其他国家加入。

1756年8月29日，战争正式爆发。普鲁士的腓特烈大帝原本打算在法国与俄国参战之前，先逼迫奥地利投降，以期迅速取得战争的胜利。然而，普鲁士军队却在科林战役中首战失利，令腓特烈大帝的这一计划破产。

随后，法军与俄军赶到，法、俄、奥三国开始将战线逼向普鲁士。1758年初，俄军入侵普鲁士。第二年，奥地利军队也赶到普鲁士境内，俄奥联军共同击溃了普军。腓特烈付出极大代价，最后终于赶走了俄奥联军，保住了普鲁士。

这一时期，英国与法国的主力都在海上征战，法军在战争中屡屡失利。

1761年底，普鲁士再度遭到俄军的围困。第二年，俄国的女沙皇去世，继位的沙皇彼得三世主动与腓特烈结为联盟，普鲁士因此摆脱了困局。不久之后，彼得三世死于非命，他的妻子叶卡捷琳娜二世成了新任沙皇，宣布退出英法七年战争。

俄国的退出让本就处于劣势地位的法国和奥地利士气大跌，最终败在了英国和普鲁士手上。

1763年，法国与英国签订了《巴黎和约》。法国将整个加拿大割让给英国，并将驻守印度的军队撤回法国。英国因此成了英法七年战争中最大的赢家。与此同时，法国在国际上的威望明显下降，法王路易十五民心尽失。

就在同一时期，普鲁士逼迫奥地利承认西里西亚是普鲁士的领土。此后，普鲁士的国力不断增强，很快发展成为欧洲又一个强国。

大陆会议

大陆会议是指18世纪末期，13个英属北美殖民地为了脱离英国的殖民统治，获得独立而召开的两届会议。

第一届大陆会议召开于1774年9月5日，会议通过了《权利宣言》，其中提到了三项要求：第一，英国政府取消对殖民地的经济限制和高压法令；第二，英国政府在向殖民地征税之前，必须先经过殖民地人民的同意；第三，将殖民地的英军撤走，在殖民地内部实行自治。

然而，《权利宣言》并没有取得预想的效果，其后英国政府对殖民地人民的剥削与压迫反而更加严重了。

在这种情况下，各殖民地的代表于1775年5月10日在费城召开了第二届大陆会议。富兰克林和后来的美国第三任总统杰斐逊都参与了此次会议。这时，大陆会议俨然已经发展成为北美各殖民地的中央政府，开始领导北美人民为反抗英国的殖民统治不断奋斗。

拿破仑兵败滑铁卢

此后，拿破仑被流放到圣赫勒拿岛，并在那里度过了余生。

拿破仑统治法国期间，为了夺取欧洲大陆的霸权，不断对外征战。同时，欧洲各国多次组成反法联军与之对抗。

1812年5月，拿破仑率领57万大军远征俄国，最后平安返回法国的只有不到3万人。盛极一时的法兰西帝国从此走向了没落。

俄国乘机与英国、普鲁士等国再度组成反法联军，在莱比锡会战中击溃了法军，并进一步攻入巴黎。拿破仑被逼退位，并被流放到地中海的厄尔巴岛。

1815年2月，拿破仑带着700名支持者逃出了厄尔巴岛。3月，拿破仑抵达巴黎，再次登上了皇位。很快，由俄国、英国、普鲁士和奥地利等国组成的反法联军卷土重来，对法国展开了猛烈的进攻。

1815年6月18日，滑铁卢战役爆发，拿破仑率领法军与威灵顿公爵率领的英军激烈交战。双方从白天一直打到黄昏，到了最后，所有士兵都已疲乏不堪。这时候，哪一方的援兵率先赶到，哪一方就赢了。

在战争爆发的前一天，拿破仑命令格鲁希元帅带着法军主力的二分之一前去追击普鲁士军队。格鲁希元帅为人刻板，只知道死守拿破仑的命令，明明听到不远处的战场上炮声隆隆，也不知道带着军队赶去支援。结果普鲁士军队率先赶到，与英军联合起来击败了法军。滑铁卢战役最终以拿破仑的失败而告终。

蒂博尼哥罗反抗荷兰殖民统治

爪哇的封建主和平民百姓都对荷兰殖民者非常不满。

1816年，爪哇落入了荷兰殖民者手中。荷兰殖民者在当地巧立名目，搜刮民脂民膏，并不断蚕食当地封建贵族的领地，再将其租赁出去，赚取租金。

1825年7月20日，荷兰殖民者为了在当地修建公路，用大炮将爪哇王子蒂博尼哥罗领地上的坟墓炸成了平地。蒂博尼哥罗忍无可忍，率先在斯拉朗举起了反荷大旗，号召人民对荷兰侵略者发动圣战。起义军迅速壮大起来，总人数直逼6万。在最初的阶段，起义军通过游击战消灭了大量殖民者。

当年10月，蒂博尼哥罗建立了爪哇王国。随后，他将起义军分成了多支部队，继续与殖民者游击作战，取得了良好的效果。但从1826年10月开始，起义军便逐渐落入了下风。

这段时期，荷兰殖民者调集了大批装备精良的军队前来镇压起义军。如此悬殊的敌我力量对比导致起义军不断溃败。与此同时，荷兰殖民者又开始对爪哇封建主实施诱降。在利益的诱惑下，很多封建主都背叛了起义军。

1830年2月，走投无路的蒂博尼哥罗收到了荷兰殖民者的邀请，请他前去和谈。3月，蒂博尼哥罗在和谈过程中遭到逮捕，此后又被流放到苏拉威西岛。轰轰烈烈的爪哇人民起义就此宣告失败。

中英鸦片战争

《南京条约》是中国近代史上的第一个不平等条约。

1839年，中国清朝统治者派遣林则徐前往广东禁烟，6月3日，林则徐在虎门集中销毁鸦片。随后，英国以此为借口发动了第一次鸦片战争。

虎门销烟结束后的第三天，英军派出大批军舰抵达广东珠江口外，封锁了广州、厦门等地的海口，中国的对外贸易被迫中断。7月，英军侵占了浙江定海。8月，英军又北上抵达了天津大沽口。

在英军的要挟下，清朝最高统治者道光皇帝不得不免除林则徐的官职，并任命直隶总督琦善前去与英方和谈。英方将军队从天津撤回广东，开始与琦善谈判。不过，在这次的谈判中，英方并未得到自己想要的结果。没过多久，他们又卷土重来，对虎门发起了进攻。道光帝派奕山率领军队前去抵御英军，结果奕山及其军队却在英军的强势进攻下不断败退。

1840年5月，英军开始炮轰广州城。奕山被迫与英方签订了《广州和约》，以撤军赔款等条件换取英军从广州城撤退。英军得到赔款后却拒绝履约，他们在

广州的三元里等村庄烧杀抢掠，无恶不作。不甘受辱的三元里村民自发组成了一支义军，在牛栏冈第一次世界大战中大败英军。6月1日，英军仓皇撤出了广州城。

1841年8月21日，英军再次对中国的东南沿海发起了进攻。清军接连溃败，致使厦门、鼓浪屿、定海、镇海、宁波等城市先后落入英军之手。这一时期，连台湾地区也受到了英军的进攻。台湾军民奋起反抗，最终粉碎了英军入侵台湾的计划。

1842年5月，英军接连在乍浦之战和镇江之战中取胜，英军的舰队甚至抵达南京江面。道光皇帝大惊，匆忙派出耆英与英方代表璞鼎查进行和谈。1842年8月，中英双方签订了《南京条约》，条约内容包括中国将香港岛割让给英国，向英国赔款，开放通商口岸等。该条约签订后，第一次鸦片战争宣告结束。

1856年10月，英国又以"亚罗号事件"为借口，对中国发起了第二次鸦片战争。与此同时，法国也以"马神甫事件"为借口准备对中国开战。

1857年底，英军和法军共同组成的联军对中国发起了进攻。12月29日，英法联军攻陷广州。1858年3月，英法联军北上，抵达天津白河口。清政府被迫与英法两国，以及在背后支持他们的美国与俄国分别签订了《天津条约》。但是，战事并没有就此终止。1859年6月，英法联军攻克了天津，10月又攻克了北京。当时在位的咸丰帝匆匆逃往承德。英法联军乘机占领了北京城，开始在城内大肆抢劫。举世瞩目的圆明园被他们洗劫一空，并纵火焚毁。

1860年，清政府被迫与英、法、俄三国签订了丧权辱国的《北京条约》。至此，第二次鸦片战争结束。

印度民族起义

在这次起义爆发之前，英国政府一直通过东印度公司实现对印度的统治。

印度民族起义是指 1857 年至 1858 年，印度北部与中部的人民为了反抗英国的殖民统治而发动的大规模起义。

截止到 1850 年，印度的大部分地区都已受英国东印度公司的掌控，印度人民深受东印度公司的剥削与压迫，逐渐产生了起义的念头。

1857 年，印度民族起义终于因为一个传言爆发了。

5 月 11 日，起义军到达了印度的首都德里。在那里，他们吸纳了大批平民加入起义的队伍。起义军的实力迅速壮大起来。一开始，英国人尚未反应过来，起义军占据了绝对的优势地位。后来，当地的英军组织起来，对起义军发起了反击。起义军抵挡不住装备精良的英军的强烈攻势，逐渐被镇压下去。1859 年，印度民族起义宣告失败。

此后，英国政府不再通过东印度公司管理印度，而是将印度置于英国的直接统治之下。尽管印度民族起义失败了，但它还是对英国政府造成了相当的威慑。英国开始改善对印度的统治方式，在社会风俗方面不再将英国的那一套强加给印度人民，而是选择尊重当地百姓的传统习惯。

法国侵略越南的战争

法国对越南觊觎已久。

18 世纪，法国的天主教势力开始入侵越南。当时有一名法国传教士建议国王路易十六侵占越南，并在越南境内开辟一条道路，与中国进行贸易往来。第二次鸦片战争期间，法国正式对越南发起了进攻，很快侵占了越南南部六省。

1866 年，法国侵略者试图通过湄公河进入中国境内，但湄公河水急滩多，根本就不适合航行，于是法国侵略者便将目光投向了红河。

1873 年 11 月，越南的河内、海阳、宁平、南定等地区先后被法军攻陷。当时，中国的刘永福正率领黑旗军活跃在中国和越南边境，孤立无援的越南国王便向刘永福求救。

刘永福率领黑旗军击败了法军，并迫使法军撤回南部地区。1874 年 3 月，越南政府被迫与法国签订了《西贡条约》，将红河对法国开放。随后，法国试图让清政府承认这一条约，却遭到了清政府的拒绝。

1882 年 3 月，法军再度入侵越南北部，结果又败在了刘永福的黑旗军手上。在越南的连番失利并没有让法国人知难而退，1883 年 8 月，法军卷土重来，并迫使越南政府与之签订了《顺化条约》，从此越南沦为法国的殖民地。

第十次俄土战争

俄土战争之后，奥斯曼土耳其帝国变得四分五裂，为第一次世界大战的爆发埋下了隐患。

俄土战争是指17至19世纪，俄罗斯与奥斯曼土耳其为了争夺势力范围爆发的多次大战。

第十次俄土战争发生于1877至1878年。1877年4月24日，俄国首先对奥斯曼土耳其宣战。俄军占领希普卡山口，并攻克了普列文。之后，两国的军队进入对峙状态。从1877年11月开始，俄军取得了一系列胜利，并严重威胁到奥斯曼土耳其帝国的首都伊斯坦布尔。这时，英国与奥匈帝国也加入其中，俄国被迫从伊斯坦布尔撤军。

1878年3月3日，奥斯曼与俄国签订了《圣斯特法诺条约》。条约规定：奥斯曼承认门的内哥罗、罗马尼亚和塞尔维亚独立，并将保加利亚变成受俄国管辖的自治国，允许俄国的军舰在博斯普鲁斯海峡航行。英国、奥匈帝国和德国随即站出来反对这个不平等条约，俄国只好重新签订了《柏林条约》，该条约撤销了俄国军舰可在博斯普鲁斯海峡自由航行的规定，还将奥斯曼的塞浦路斯割让给了英国，将波斯尼亚和黑塞哥维那割让给了奥匈帝国。

中法战争

在马尾海战中，法军大获全胜，清军损失了700多人和11艘军舰。

法国与越南签订了《顺化条约》后，便想逼迫中国清政府承认法国对越南的殖民统治，并从越南撤军。当时清政府内部分化成了主战与主和两大派别，对待法国侵略者的态度摇摆不定。法国乘机加紧部署军事力量，为中法战争做准备。

1883年12月14日，法军对山西（越南地方名）展开了进攻，由此揭开了中法战争的序幕。在接下来的3个月，清军节节败退，慈禧太后大为恐慌。法军看准时机，向清政府提出了五项议和条件。1884年5月，双方签订了《李福协定》，清政府承认法国对越南的保护权，同意在中越边界开放通商口岸。中法战争的第一阶段就此结束。

6月23日，法军挑起了"北黎冲突"，先是射杀了三名无辜的清军联络官，然后又向清军发起了进攻。清军被迫反击，将挑衅的法军击败。6月24日，双方再起争端，清军再度击败了法军。法军统帅遂以中方背弃了《李福协定》为由，要求清政府赔偿法军两亿五千万法郎，以弥补法军的军费损失，并要求清政

府马上从越南北部撤军。清政府同意撤军,但拒绝赔款。中法战争第二阶段的战事随即展开。

1884年8月5日,法军开始进攻台湾基隆,在被击退后又开始进攻福建马尾。此后,法军炸毁了福州船政局,大肆破坏马尾和海口之间的岸防设施。清政府被逼于8月26日对法国宣战。

当年10月,法军又对台湾发起了进攻。台湾军民在巡抚刘铭传的领导下粉碎了法军入侵台湾的野心。法军随后封锁了台湾。1885年初,清政府派出战舰前去支援台湾。法军主帅孤拔亲自率军赶到浙江镇海口将清军的战舰拦下。此后,孤拔又对镇海展开了进攻。在镇海之战中,法军大败而归,孤拔也身受重伤而死。

1885年3月,法军开始进攻镇南关。清军在老将冯子材的率领下成功击败了法军,取得了镇南关大捷。此后,清军开始扭转败局,并有希望成为中法战争中的获胜国。然而,清政府却在这时与法国和谈,中法战争随之结束。

1885年6月9日,清政府与法国签订《中法新约》。条约规定:清政府承认法国与越南签订的不平等条约,在中国和越南的陆路交界处开放贸易,中国在边界以内开辟两个通商口岸。《中法新约》签订后,中国的西南门户大开,法国的侵略势力迅速延伸到云南、广西和广东地区。此后,清政府又与法国签订了一系列附属条约,法国的势力在中国迅速膨胀。

纳粹元帅伦德施泰特

伦德施泰特是第二次世界大战期间纳粹德国著名的陆军指挥官。

1875年,伦德施泰特出生于德国一个军人世家。1892年,他从军校毕业,被派到步兵团担任见习军官。第二年,他晋升为少尉,职业军官生涯就此开始。

伦德施泰特先后经历了两次世界大战。第一次世界大战期间,他以上尉的身份参战。战争结束后,他逐渐晋升为上将。在第二次世界大战爆发之前,他经常与希特勒在军队建设问题上产生分歧,两人甚至发生过激烈的争执。尽管如此,第二次世界大战期间,希特勒还是对他委以重任。

在德军即将对波兰发起进攻时,伦德施泰特被希特勒任命为南方集团军群总司令。在入侵波兰的过程中,伦德施泰特与部下曼施泰因联合指挥,一举歼灭了波兰军队的主力。立下大功的伦德施泰特被授予十字勋章,此后他又在东线战争中担任南方集团军群总司令,在西线战争中担任A集团军群总司令。在纳粹进入防守阶段时,他又担任西线总司令兼D集团军群总司令。

在此期间,伦德施泰特指挥纳粹德军先后击败了英国、法国、比利时、荷兰、卢森堡、苏联等国的军队。这一时期,伦德施泰特曾因病退出战争。但是很快德军就在与苏军交战的过程中失利,希特勒随即又将伦德施泰特召回军中。

第二次世界大战后期,伦德施泰特眼见德军大势已去,便建议希特勒向反法

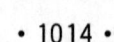

西斯同盟求和，但遭到了希特勒的拒绝。1945年5月，伦德施泰特被美军俘虏。由于健康状况欠佳，他于1948年7月获得保释，之后一直生活在德国一家养老院中。1953年，伦德施泰特因心脏病去世。

朝鲜东学党起义

19世纪中期，朝鲜人民深受本国的地主阶级和外国列强的双重压榨。

1894年，朝鲜人民为了反抗朝鲜王朝的封建统治，在东学道徒的领导下发动了大规模的农民起义，这便是朝鲜历史上著名的东学党起义，又叫做甲午农民战争。

1876年，日本入侵朝鲜，迫使朝鲜政府与之签订了不平等条约，打开了朝鲜的门户。此后，美国等西方列强也纷纷赶来分一杯羹，朝鲜的民族危机不断加深。与此同时，朝鲜的封建王朝日渐腐败，对百姓极尽剥削与压迫之能事。

这一时期，东学道在朝鲜相当盛行。东学道是一种混合了儒家思想与佛教、道教思想的宗教。面对朝鲜当时内忧外患的形式，东学道徒中的很多爱国人士开始组织人民为发动起义做准备。

1894年2月20日，以全琫准为首的东学道徒率领1000多名农民发动了起义。然而，仅仅过了十几天，起义军便在朝鲜政府的镇压下解散了。没过多久，全琫准等东学道徒再次发动农民起义，并在白山建立了起义军的根据地。随后，起义军开始四处征战，沿途吸纳了很多百姓，总人数迅速膨胀到3万人。

当年5月，朝鲜政府派兵攻打白山，结果败在了起义军手上，连要塞全州也被起义军占领。朝鲜王室随后多次派出军队前来镇压起义军，但无一例外都被起义军击败了。很快，起义军总人数超过10万，其活动范围遍及朝鲜五分之三的土地。

面对这样的情况，朝鲜王室只好一边向清政府求援，一边向起义军求和。全琫准等起义军领袖担心列强会出兵帮助朝鲜政府镇压起义军，便答应与政府进行和谈。双方签订了全州和议，起义军从全州撤离。东学党起义就此告一段落。

东学党起义制造的混乱，为日本入侵朝鲜提供了良好的契机。1894年7月，日本对朝鲜发动了进攻，并对前来镇压起义军的中国清军发动了突袭，挑起了甲午中日战争。当年10月，全琫准率领起义军北上，朝汉城进军。日军与朝鲜军队联合起来镇压起义军，双方激战了六天六夜，起义军损失惨重，被迫撤回南方。

年底，全琫准等起义军领袖被军中的叛徒出卖，于1895年4月被朝鲜政府处死。东学党起义随即失败。

作为朝鲜历史上规模最大的一次农民战争，东学党起义加速了朝鲜封建王朝的灭亡，促进了朝鲜民族意识的觉醒。从此，朝鲜民族民主革命运动拉开了序幕。

英布战争

英布战争是指1899年至1902年，英国与南非的布尔人为了争夺南非的地下矿产资源进行的一场战争。

19世纪后期，人们在南非的奥兰治和德兰士瓦发现了储量丰富的金刚石矿和金矿。英国、德国等欧洲列强收到消息，纷纷涌入南非。英国试图将所有的矿区据为己有，结果遭到了当地布尔人的强烈反对。

1899年10月11日，英国人与布尔人开战，史称英布战争。战争伊始，布尔人多次击败英军，迫使英军更换主帅。很快，英军随着兵力增加，占领了南非的约翰内斯堡等多座城市，吞并了主要矿产区奥兰治和德兰士瓦。在兵力上丝毫不占优势的布尔人随后与英军展开了游击战，英军损失惨重。

1902年2月，英国人与布尔人开始和谈。5月31日，双方签订了停战协议，规定奥兰治和德兰士瓦归英国所有，布尔人交出武器，放弃抵抗。同时，英国政府将为布尔人重建家园付出300万英镑。英布战争就此结束。

八国联军侵华战争

中国百姓不甘心做亡国奴，纷纷起来反抗，义和团运动就兴起于这段时期。

1895年，在甲午战争中惨败的中国清政府被迫与日本签订了丧权辱国的《马关条约》。从此，帝国主义掀起了瓜分中国的狂潮。

1900年，英国、法国、德国、美国、日本、意大利、奥匈帝国和俄国这八个国家以帮助清政府镇压义和团运动，保护各国的驻华大使馆为由，向中国派出了大批远征军。八国联军侵华战争就此开始。

1900年6月11日，八国联军在位于京津交界处的廊坊地区与义和团展开正面交锋，结果大败而归。6月17日，联军和清军为争夺战略要塞大沽口炮台开战。最终，清军全军覆灭。就在同一日，八国联军又对天津展开了进攻。

　　6月21日，清政府被迫向八国联军宣战。7月14日，天津陷落。8月，八国联军攻陷北京。慈禧太后与光绪皇帝仓皇外逃。此后，八国联军在北京城内烧杀抢掠，偌大的皇城被洗劫一空。

　　慈禧太后走投无路，命令李鸿章等人开始与八国政府议和。1901年，清政府与八国政府分别签订了《辛丑条约》，八国联军侵华战争就此结束。

日俄战争

　　日本最终成为日俄战争中的获胜者。

　　甲午中日战争过后，日本通过《马关条约》强占了中国的辽东半岛。当时俄国正致力于侵占中国的整个东北地区，日本此举无疑侵犯了俄国的利益。为了迫使日本放弃辽东半岛，俄国与德国、法国联合起来，开始"三国干涉还辽"。最终，日本答应让清政府用3000万两白银将辽东半岛赎回去。

　　此事过后，日本与俄国之间的矛盾越来越尖锐，一场大战迫在眉睫。两国开始积极备战，但在开战之前，两国又假惺惺地进行和谈，以争取备战时间。1904年2月初，双方的和谈正式破裂。2月8日，日军突袭了俄国停留在旅顺港口的太平洋舰队。日俄战争就此开始。

　　日军的第一个进攻目标是旅顺。俄军在受到偷袭后，将所有军舰开进了旅顺港。日军随后将港口封锁，将俄国的军舰牢牢地困在其中，并趁此机会侵占了大连。

俄国的舰队被困数月之后决定突围。在突围的过程中，日军与驻守旅顺的俄军激烈交战，结果日军损失惨重。为了扭转败局，一些日本军人组成了敢死队，击溃了俄军。1905年1月，日军取代俄国，占领了旅顺。旅顺陷落后，俄国大势已去。

日俄战争虽是日本与俄国之间的战争，而战场却在中国的东北地区。日俄战争期间，中国清政府无视东北地区的百姓，一味保持中立，以求明哲保身。战争结束后，辽东半岛再次成为日本的势力范围，朝鲜也沦为了日本的"保护国"。

第一次世界大战爆发

德军因此战而元气大伤，最终沦为第一次世界大战的战败国。

第一次世界大战爆发于1914年，这是一场帝国主义争霸性质的掠夺战争，其中绝大多数参战国都是非正义的，只有塞尔维亚等少数几个参战国是为捍卫国家主权而战。

1871年，普法战争以法国的战败告终。其后，普鲁士成立了德意志帝国，并勒令法国向德意志割地赔款，从此为第一次世界大战埋下了伏笔。后来，德国为了进一步扼制法国，便与奥匈帝国、意大利结成了"三国同盟"。为了对抗同盟国，法国便与英国、俄国结成了"三国协约"。从此，欧洲就分裂成了同盟国与协约国这两大相互对抗的军事阵营。

20世纪初，作为新兴帝国，德国因本国的海外殖民地太少，提出了重新划分全球势力范围的要求，这对老牌殖民帝国英国与法国的既得利益造成了巨大的威胁。同盟国与协约国之间的矛盾因此愈演愈烈，并展开了激烈的军备竞赛。

1914年6月28日，奥匈帝国的皇储斐迪南大公夫妇来到波斯尼亚的首都萨拉热窝访问，结果被一个名叫普林西普的塞尔维亚爱国青年枪杀。这便是世界历史上著名的萨拉热窝事件，也是第一次世界大战爆发的导火索。

1914年7月28日，奥匈帝国在德国的支持下，以该事件为借口，向塞尔维亚宣战。两天后，俄国出兵支援塞尔维亚，德国随即向俄国宣战。没过多久，法国、英国等国也加入了此次战争。第一次世界大战正式爆发。第一次世界大战的影响范围遍及全球，当时世界上大多数国家都主动或被迫参与了此次战争，参战总人数高达15亿人，约占当时世界总人口的四分之三。

马恩河会战

第一次世界大战期间，德国与协约国军队先后于1914年和1918年在法国马恩河开战，这两次战役统称为马恩河会战。

第一次马恩河会战发生于1914年9月5日至9日。在此之前，德军已经占领了比利时和法国东北部地区。为了阻止德军进一步入侵法国，攻占法国的首都巴黎，1914年9月5日，法军联合英军对德军发起了反攻。此次交战中，双方总共投入了150万兵力。最终，德军损失了22万兵力，英法联军损失了26.3万兵力。9月9日，德军战败，被迫撤军。第一次马恩河会战是第一次世界大战的一次关键性战役，它导致德军包抄法军的计划失败，德军在西线速战速决的战略计划破产。

1918年5月，德军卷土重来，第二次马恩河会战爆发。德军由于兵力不足，又过分高估自己的力量，结果再次败在了协约国军队手上。此次会战中，德军损失了16.8万兵力，协约国军队则损失了13.9万兵力。第二次马恩河会战结束后，第一次世界大战的战略主动权便完全落在了协约国军队手上。

人类历史上第一次毒气战争

据统计，此次战争，共有1万多人死于有毒的氯气。

1915年4月21日，正值第一次世界大战期间，德国对比利时小城伊普雷发动了进攻。伊普雷的英法联军随即展开反击，经过一个半小时的激战后，双方的战事暂时告一段落。

第二天，德军再度与英法联军开战。战争开始没多久，德军就落入下风，开始后撤。英法联军乘胜追击，等追到一片广阔的平地时，德军忽然掉过头来包围了英法联军。随后，空中出现了数十架德国飞机，向联军投放了大批炸弹。炸弹之中含有有毒的氯气，在风力的作用下迅速扩散开来。呼吸到这些毒气的联军战士很快倒地身亡。与此同时，事先早有准备的德军戴着防毒面具冲过来，对溃不成军的英法联军展开了猛攻，最终大获全胜。这便是人类历史上的第一次毒气战争。

凡尔登战役

德军因此战而元气大伤，最终沦为第一次世界大战的战败国。

凡尔登战役是第一次世界大战中一次重要的战役，此次战役从1916年2月21日一直持续到12月19日，最后以德国的战败而告终。

1916年初，德军确立了攻打法国军事要塞凡尔登的战略计划。一旦攻克了凡尔登，法军的士气必然大受损伤，通往巴黎的门户也将就此打开。等到德军攻占了巴黎，法军便彻底失败了。为此，德军统帅法金汉从1916年1月开始为进攻凡尔登做准备。为了迷惑法军，德军假装向香贝尼地区增兵，让法军统帅霞飞误以为香贝尼才是德军的进攻目标。后来，随着凡尔登附近的德军越聚越多，霞飞终于明白德军真正想要进攻的不是香贝尼，而是凡尔登。

1916年2月21日，凡尔登战役正式爆发。当时，法军的主力集中在香贝尼地区，仅有两个师赶来支援。在德军的强势进攻下，法军第一天便被德军推进了6公里。德军乘胜追击，一举攻下凡尔登。第二天，法国援军赶到，双方随即展开了一场旷日持久的拉锯战。

当年秋天，法军开始反攻，逐步收复了被德军侵占的领土。12月19日，德军战败。凡尔登战役中，法国与德国总共投入了将近200万兵力，最终损失了70多万兵力。由于死伤惨重，凡尔登战场被称为"绞肉机"、"屠场"和"地狱"。

日德兰海战

日德兰海战是第一次世界大战期间规模最大的海战。

1916年5月31日至6月1日，英国与德国的海军在丹麦日德兰半岛附近的北海海域爆发了一场海战，被称为日德兰海战。

　　日德兰海战中，德国投入了大约45000兵力，最终的伤亡比例为6.79%；英国投入了大约60000兵力，最终的伤亡比例为11.59%。

　　日德兰海战结束后，德国与英国都声称自己是胜利的一方。从战术上来说，胜利的一方应该是德国，因为由舍尔海军上将领导指挥的德国公海舰队以相对较少吨位的舰队损失击沉了更多的英国舰只；但从战略上来说，胜利的一方应该是英国，因为由杰利科海军上将领导指挥的英国皇家海军舰队成功地将德国海军封锁在了德国港口，让德国海军在第一次世界大战后期几乎没有发挥任何作用。为此，美国《纽约时报》曾评价说："德国舰队攻击了它的牢狱看守，但是仍然被关在牢中。"

"最有胆识的间谍"佐尔格

　　1927年2月，佐尔格被派往斯堪的纳维亚半岛收集情报，开始了他的间谍生涯。

　　佐尔格是第二次世界大战期间苏联著名的间谍，曾为苏联提供了大量有关德国和日本法西斯战略部署的重要情报，为世界反法西斯战争的胜利作出了不朽贡献。

　　佐尔格是德国人，第一次世界大战爆发后，他应征入伍，在战争中失去了三根手指。受伤住院期间，佐尔格开始接触社会主义思想。1919年，他加入了德国共产党。佐尔格在政治方面的主张使他在德国饱受迫害，被迫逃往莫斯科。在那里，他加入了苏联共产党。

"九·一八"事变过后,苏联将日本视为自己在东方的头号敌人。1933年,佐尔格奉命来到日本收集重要情报。后来,潜伏在日本的苏联间谍联合起来,组织成立了一个名为"拉姆塞"的小组,佐尔格就是小组成员之一。为了方便收集情报,佐尔格于1933年10月加入了纳粹党。

第二次世界大战期间,佐尔格将自己在日本收集的重要情报源源不断地送到苏联。在这个过程中,日本当局逐渐察觉了佐尔格的间谍身份。东京警察厅先是将佐尔格的情人石井花子带到警察厅进行盘问,未果。随后,东京警察厅又开始以日本共产党为切入点进行调查,最终查出了佐尔格所在的"拉姆塞"小组,并逮捕了组内所有成员。佐尔格试图逃跑,但未能如愿。1941年10月18日,日本警察逮捕了佐尔格。1944年11月,佐尔格被秘密处以绞刑。

作为第二次世界大战期间一个极富传奇色彩的人物,佐尔格因其过人的勇气与智慧被人们冠以"最有胆识的间谍"的美誉。佐尔格被日本当局拘禁期间,坚决不承认自己的苏联间谍身份,直至1964年苏联政府才为他正名,追授他为苏联英雄,并将苏联的一艘油船和一条街道以他的名字命名。

盖世太保

1946年,纽伦堡国际军事法庭宣布盖世太保是一个犯罪组织。

"盖世太保"一词在德语中的意思即"国家秘密警察"。1933年4月26日,戈林在普鲁士邦设立了秘密警察处,以取代原先的政治警察。不久之后,戈林命令一名邮局工作人员为该机构设计邮票,这名工作人员便提议将其改名为"国家秘密警察",即盖世太保。戈林采纳了他的意见。

盖世太保成立后,由希姆莱担任首领。在希特勒统治时期,希姆莱统领的盖世太保旗下共有3万多名秘密警察,他们遍布德国以及被德国占领的各个国家和地区,大肆迫害犹太人、共产党人、民主人士以及无辜的平民。盖世太保最终发展成了一个令人谈之色变的恐怖统治机构。德国战败后,盖世太保随即被取缔。

日本法西斯头号战犯东条英机

东条英机是日本法西斯的头目,与希特勒、墨索里尼齐名。

在第二次世界大战期间,东条英机出任日本首相,参与策划珍珠港事件,发动太平洋战争,对亚洲的10多个国家和地区发起猛烈的攻势,数千万无辜百姓因此惨遭荼毒。第二次世界大战结束后,作为日本侵略亚洲的头号战犯,东条英机被处以极刑。

1884年,东条英机出生于日本一个武士家庭。他从军多年,直到1935年才开始受到重用。当时担任日本陆军部人事局长的后宫淳是东条英机的同学,在他的举荐下,东条英机被任命为日本关东军宪兵司令官。在关东军任职期间,东条英机大肆镇压中国东北人民的反抗。由于他为人独断专行,性格异常凶狠残暴,关东军称他为"剃刀将军"。

1936年2月26日,"二·二六"事变爆发。身为"皇道派"成员的东条英机乘机向昭和天皇表明自己的忠心,获得了日本军部的赏识。当年年底,东条英机升任陆军中将,第二年又升任关东军参谋长。1937年7月7日爆发的卢沟桥事变,东条英机就是幕后的策划者之一。

1941年10月18日,东条英机成为日本的内阁首相。就在同一年,山本五十六在他的支持下偷袭美国的珍珠港,太平洋战争爆发。第二次世界大战由此进入了一个全新的阶段。

太平洋战争之初,日军接连取得胜利,很快占领了东南亚的新加坡、马来西亚和菲律宾等地。最终,在不足半年的时间内,东南亚和太平洋380万平方公里的土地全都落入了日军的掌控之中。

然而,好景不长,在盟军的反击下,日军接连遭遇失败。在中途岛海战和瓜达尔卡纳尔岛战役中,日军两度大败而归,逐渐失去了在太平洋战场上的主动权。

在此期间,东条英机在日本政坛的地位变得越来越摇摇欲坠,原本对他信赖有加的昭和天皇也不再信任他了。1944年7月18日,众叛亲离的东条英机被迫递交了首相辞职书。7月22日,他正式宣布辞去首相的职务。

1945年9月,日本战败投降后,东条英机被列为日本甲级战犯。盟军警察前去抓捕他时,东条英机决定效仿希特勒开枪自杀。在此之前,东条英机已吩咐医生在自己的心口处做了一个记号。到正式自杀的那一天,东条英机便用昔日希特勒送给自己的一把手枪朝做了记号的地方开了一枪。尽管如此,这一枪还是射偏了。东条英机自杀未遂,入院3个月后伤愈,随即被送到了监狱。

1946年至1948年期间,东条英机在远东国际军事法庭接受审判。最终,他被定了54项罪名,名列所有战犯之首。1948年11月12日,远东国际军事法庭判处东条英机死刑。同年12月23日,罪大恶极的战犯东条英机被绞死。

油桶为何大多是圆柱形的

及至今日,人们仍在使用当时德军设计出的圆柱形油桶,而且这种设计已经被应用到了工业生产和生活中。

油桶就是装油用的桶,一般为铁质或塑料制品,通常做成圆柱形。之所以把油桶设计成圆柱形,一是因为圆柱形容器便于搬运;二是因为圆柱形容器在搬运时不怕撞击,且内部受力均匀;三是因为圆柱形容器相对于其他形状容器来说容积较大,可以装更多的油。

油桶是由战争催生的，发明者是第二次世界大战前的德国军队。德国军队在制定闪击战作战计划时，发现了后勤补给的问题。由于军队的进攻速度太快，而军队所使用的坦克、汽车等车辆的汽油消耗量很大，汽油的运输就成了一个大问题。于是，德军统帅部门设计出了圆柱形的汽油容器，也就是油桶。在第二次世界大战时期，德军一直将油桶的设计视作机密，为了防止同盟军获得这种设计，德军还要求部队投降或被俘前摧毁所拥有的油桶。当时同盟军所使用油桶是其他形状的，质量很差，导致汽油补给能力不强。后来，同盟军缴获了德军的油桶，随即仿制出来，并大量应用于军事运输。

第二次世界大战

第二次世界大战堪称人类历史上的一次浩劫。

第二次世界大战爆发于1939年9月1日，结束于1945年9月2日。交战的双方分别是德国、意大利、日本等法西斯国家和世界反法西斯同盟。

第二次世界大战爆发前，经济危机席卷全球，对资本主义世界造成了沉重打击。法西斯势力趁着这个机会迅速崛起。1933年，希特勒上台，在德国建立了极权统治的法西斯体制。就在同一时期，日本与意大利建立了法西斯专政，开始积极对外扩张。第二次世界大战由此爆发。

1942年1月1日，美国、英国、苏联、中国等国签订了《联合国家宣言》，建立了世界反法西斯统一战线。1942年6月，美军在中途岛海战击败了日军，扭转了太平洋战场的局势。在1942年7月至1943年2月的斯大林格勒战役中，苏联军队最终击败了德军，成为整个第二次世界大战的转折点，苏军从此进入了战略反攻阶段。

　　1942年10月，英军在北非的阿拉曼击败了德军。第二年，北非的德军宣布投降。1943年7月，美军与英军联合登陆意大利西西里岛，墨索里尼政府垮台。当年9月，意大利宣布投降，法西斯轴心国开始瓦解。

　　1944年6月6日，美英等同盟国军队在法国诺曼底登陆，开辟欧洲第二战场，并与苏军一起对纳粹德国发起了猛攻。1945年4月30日，希特勒绝望自杀。随后，柏林被苏军攻克。1945年5月9日，德国正式签署无条件投降书。1945年8月15日，日本天皇宣布无条件投降。1945年9月2日，日本政府正式签署无条件投降书。至此，第二次世界大战走到终点。

　　据统计，全球有20多亿人口被卷入第二次世界大战中，其范围遍及欧、亚、非三大洲，61个国家和地区，作战总面积高达2200万平方公里，伤亡总人数高达9000多万，财产损失多达4万多亿美元。

希特勒闪击波兰

　　1939年9月3日，英、法两国向纳粹德国宣战，就此揭开了第二次世界大战的序幕。

　　1939年9月1日凌晨，德军对波兰发动了"闪电战"，史称波兰战役。

　　希特勒上台后，于1934年与波兰签订了10年之内互不侵犯的条约。1938年，希特勒吞并了奥地利和捷克斯洛伐克，随后将注意力转向了东面的波兰。1939年4月28日，希特勒单方面撕毁了与波兰互不侵犯的条约，积极为进攻波兰做准备。

　　1939年5月和8月，波兰分别与法国和英国签订了条约，结为军事盟友。英、法两国承诺会在波兰遭到侵犯时派兵支援。

　　波兰战役爆发后，英、法两国遵照事先与波兰的约定，限令德军在48小时内撤出波兰，德军对此置若罔闻。在德军的闪电式进攻下，波兰军队节节败退。与此同时，英、法军队宣而不战，置身事外，致使波兰在短短一个月后就被德军占领。

大西洋海战

　　这场海战从1939年10月17日一直持续到1945年5月8日，是世界战争史上时间持续最长、最复杂的海战。

第二次世界大战期间，纳粹德国为了和英、美两国争夺大西洋的制海权，展开了一场旷日持久的海战，史称大西洋海战。

大西洋的海上交通运输线是英国的生命线，英国所有的海上贸易都要经由这条交通线完成。谁要是控制了这条交通线，就相当于扼住了英国的咽喉。因此，第二次世界大战爆发之初，德国海军就派出了U型潜艇，运用狼群战术对英国皇家海军发起了猛烈的进攻，试图切断英国的海上交通线。

狼群战术与闪电战术并称为纳粹德国的两大法宝。所谓的狼群战术就是指由数艘潜艇组成一支小分队，像狼群一样对敌方的军舰和运输船轮番发起猛烈的水下攻击。这种集中数艘潜艇的力量对同一海上目标发起进攻的战术在大西洋海战中发挥了重大的作用，使英国海军遭受了前所未有的重创。德国的U型潜艇也因此被称为海上狼群。

为了对付这支狼群，英、美等反法西斯同盟国不断研究新式武器。1941年，潜艇探索器问世，英国皇家海军终于可以计算出潜艇到达的准确时间，提前做好准备。随后，在潜艇探索器的帮助下，英国海军对德军发起了反攻。

1945年5月8日，屡遭重创的德国海军被迫向英国投降，大西洋海战最后以同盟国的胜利而告终。这场轰轰烈烈的反潜战对后来世界各国的海军战术与装备发展都产生了极为深远的影响。

"杀人工厂"奥斯维辛集中营

时至今日，奥斯维辛集中营的遗址已成了世界闻名的博物馆和纪念地。

在波兰南部有一个名为奥斯维辛的小城，第二次世界大战期间，纳粹德国在这里建立了最大的集中营——奥斯维辛集中营。

奥斯维辛集中营总面积多达40平方公里，营内有3个主要营地和39个小营地。其中3个主要营地分别以一号、二号和三号命名。奥斯维辛一号是最早建成的集中营，整个奥斯维辛地区集中营的管理中心就位于此处，为德军服务的军用企业也都位于这里。第二次世界大战期间，共有7万多人在这里惨遭杀害。奥斯维辛二号是一座灭绝营，营内设有毒气室，方便进行大规模屠杀，有近百万犹太人，7.5万名波兰人，以及近2万名吉普赛人都死于这里。奥斯维辛三号是一座劳动营，第二次世界大战期间，每天都有上万名犯人在这里从事艰苦的工作。一旦哪个犯人失去工作能力，就会被送到二号营的毒气室处死。

奥斯维辛集中营始建于1940年，但实际上早在1939年，德国以闪电战术攻克了波兰之后，在奥斯维辛修建一座集中营的计划就已经成型了。1940年，奥斯维辛集中营的一号营建成，由鲁道夫·胡斯担任集中营的长官。1941年，鲁道夫·胡斯奉纳粹军官希姆莱的命令，开始大肆扩建奥斯维辛集中营，最终形成了这座规模庞大的"杀人工厂"。

1945年初,纳粹德国眼见己方大势已去,遂炸毁了奥斯维辛集中营内的各种杀人装置,以消灭犯罪证据。但这并不能掩盖纳粹德国在这里犯下的滔天罪行,据统计,第二次世界大战期间,有110万人死于奥斯维辛集中营,其中90%的受害者是犹太人。为了警示世界各国"要和平,不要战争",1979年,联合国教科文组织将奥斯维辛集中营列入了世界文化遗产名录。

敦刻尔克大撤退

第二次世界大战爆发后,英、法两国对德宣战,然而在战争初期,英法联军却一直躲在马奇诺防线后面,坐视波兰被德军攻陷。

1940年5月10日,德军绕过马奇诺防线,兵分两路开始对比利时、荷兰、法国、卢森堡等国发起了进攻。仅仅过了十几天,德国的装甲部队便横穿法国大陆,抵达英吉利海峡岸边,将40万英法联军包围在了法国北部的敦刻尔克。在当时的情况下,英法联军唯一的出路就是通过西面的英吉利海峡撤退到英国。这次大规模的撤退行动便是历史上著名的敦刻尔克大撤退。

英国海军将本次撤退行动命名为"发电机行动"。1940年5月26日晚,"发电机行动"正式开始。英法联军利用5月26日、6月2日、6月3日三个晚上,以及5月27日至6月1日五个全天撤走了33.8万人。在这个过程中,有2.8万英法联军或死或伤,4万多名英法联军被德军俘虏。

敦刻尔克大撤退,可以说是英法联军在万般无奈之下组织的一次大逃亡。这次大逃亡为日后反法西斯联盟的胜利奠定了坚实基础,它保留了英国的远征军主力,使得英国日后得以重整旗鼓,再度投身到反法西斯战争中。诚如英国首相丘吉尔对敦刻尔克大撤退的评价："我们挫败了德国消灭远征军的企图，这次撤退将孕育着胜利！"

不过，在撤退过程中，英法联军不得不丢弃大量的重型武器装备，其中包括1200门大炮，750门高射炮，500门反坦克炮，700辆坦克，2.1万挺机枪，以及重达50万吨的军需物资。

自由法国运动

1940年5月，法军事先毫无准备，很快就败在了德军的闪电战术之下。

1940年5月，德军绕过法国人号称坚不可摧的马奇诺防线，攻入法国。6月14日，德军占领巴黎。6月22日，卖国贼贝当在法国组成新内阁，向德国投降，法国就此沦陷。

其后，法国爱国将领戴高乐在伦敦发表了《告法国人民书》，呼吁法国人民坚持抗战。这便是自由法国运动的开始。在戴高乐的呼吁下，不甘心做亡国奴的法国人民纷纷响应。仅仅过了一个月，就有7000多名法国人民自愿投身到自由法国运动中来。他们在戴高乐的领导下，为反法西斯战争贡献自己的力量。

1944年6月，盟军在法国诺曼底登陆。1944年8月，戴高乐带领自由法国军队返回巴黎，成立了临时政府，恢复了法国的独立。

海狮计划

第二次世界大战期间，为了尽快征服英国，希特勒亲自制定了对英作战行动计划，这便是著名的"海狮计划"。

1940年6月，整个西欧地区都已成为纳粹德国的势力范围。战争形势对英国越来越不利，尤其是在敦刻尔克大撤退中，英军又损失了大批重型武器装备。对于英军来说，与装备精良的德军相抗衡，是一件十分困难的事情。

这段时期，希特勒将进攻的目标对准了苏联。为了避免同时与苏联和英国开战，兼顾不暇，希特勒便向英国提出了所谓的"和平建议"，希望英国主动向其投降。但是，英国政府始终不肯接受。最终，希特勒制定了"海狮计划"，对英国发起了进攻。这场战争被称为不列颠之战。

不列颠之战中，希特勒希望只依靠空中进攻就能迫使英国投降。为了实现这一目标，希特勒总共派出了4.6万架次飞机，向英国本土投掷了7万多吨炸弹。英国军民付出了沉重的代价，有915架飞机被炸毁，8.6万平民非死即伤，上百万座建筑遭到毁坏，多座城市几乎被夷为平地。与此同时，德军也损失惨重，总共损失了大约1500架飞机。在英国军民的坚持下，德军始终未能登陆英国。希特勒眼见征服英国无望，便转而开始进攻苏联，"海狮计划"就此破产。

"沙漠之狐"隆美尔

　　隆美尔是第二次世界大战期间纳粹德国的著名将领，深受希特勒的宠信。

　　隆美尔曾在北非战场上取得了骄人的战绩，并因此获得了"沙漠之狐"的美誉。

　　隆美尔先后参加过两次世界大战。第一次世界大战过后，他创作了一本名为《步兵进攻》的书。希特勒读过之后，产生了浓厚的兴趣。

　　第二次世界大战爆发后，希特勒将《我的奋斗》一书赠给隆美尔，命令他担任德军第7装甲师师长，为纳粹德国尽忠。德军在对比利时、法国等国发动闪电战时，隆美尔率领的第7装甲师一马当先，立下了赫赫战功。

　　1941年，北非战场上的意大利军队被英军打得溃不成军，隆美尔临危受命，出任"德国非洲军"军长，赶去支援意军。隆美尔带着2个师，在2个星期之内就夺取了英军此前用2个月所取得的战果。

　　德国与苏联开战后，德军的主力受到牵制，无法再派出援军赶赴北非战场支援隆美尔。隆美尔只好转攻为守。1942年11月，隆美尔率领的德军因为寡不敌众，在阿拉曼地区遭遇惨败。第二年初，希特勒命令隆美尔返回德国。

　　1943年8月，希特勒重新启用隆美尔，任命他为驻意大利北部集团军司令。其后，隆美尔参与了1944年的抵抗诺曼底登陆战役，结果未能阻止盟军登陆法国诺曼底。

　　1944年7月20日，希特勒遭遇暗杀，隆美尔被指控为暗杀的策划者之一。当年10月，隆美尔在希特勒的逼迫下服毒自杀。

希特勒对苏联发动"闪电战"

　　希特勒原计划在两个月内攻克苏联，结果遭到了苏联军民的顽强抵抗，闪电战最终变成了旷日持久的拉锯战。

　　按照"巴巴罗沙"计划，1941年6月22日，希特勒派出了190个师，3700辆坦克，4900架飞机，47000门大炮，190艘战舰，兵分三路对苏联发动了闪电战。其中，北路军攻打波罗的海沿岸的苏联城市和列宁格勒；中路军攻打苏联首都莫斯科；南路军攻打乌克兰，这也是苏联重要的粮食产地。

　　实际上，早在苏德开战之前，希特勒就已为此次战争做好了充分准备。他将320万大军调集到苏德边境，还储备了大批军事物资。与此同时，为了迷惑苏联，希特勒又制造大量德军准备进攻英国的假象，致使苏军在与德军交战之初毫无防备，落入了下风。

1941年7月3日，斯大林向苏联人民发表演说，呼吁全体苏联人民团结起来，共同抵御德军的入侵。苏联卫国战争就此开始。

基辅保卫战

基辅保卫战是第二次世界大战期间苏军与德军在乌克兰进行的一场大型保卫战。

基辅是乌克兰的一座城市，基辅保卫战从1941年7月7日一直延续到9月26日，战况极其惨烈，几乎整个苏联红军的西南方面军都陷入了德军的包围圈，最终除了少数苏军突围逃生之外，其余66.5万名苏军全都沦为德军的俘虏，苏军的大量重型武器也被德军缴获。战争结束时，苏军总共损失了大约70万人，德军也损失了15万人。希特勒称这是世界历史上规模最大的战役，无论这一结论是否属实，基辅保卫战确实是苏军对德作战中遭遇到的最大败局。

莫斯科保卫战

莫斯科保卫战是纳粹德国遭遇到的第一次重大战略性失败。

莫斯科保卫战是第二次世界大战期间，苏联军队为保卫莫斯科，与向莫斯科发起进攻的德军进行的一系列战斗。莫斯科保卫战从1941年9月30日起，一直持续到1942年4月20日。在此期间，苏军在斯大林和朱可夫的领导下，由单纯的防御转向进攻，最终击败了号称天下无敌的德军。苏军在莫斯科保卫战中损失了大约 70 万兵力。德军损失了 50 多万兵力，另外还有 1300 辆坦克，2500 门火炮，1.5 万辆汽车以及其他军事装备。

莫斯科保卫战之后，德军不可战胜的神话从此幻灭，希特勒妄图以闪电战术迅速征服苏联的计划也宣告破产。同时，莫斯科保卫战的胜利为接下来进行的斯大林格勒战役打下了良好的基础。斯大林格勒战役过后，第二次世界大战发生了重大转折，德军开始走向失败。除此之外，美国和英国也通过莫斯科保卫战认识到了与苏联结盟，共同抵御纳粹德国的必要性，世界反法西斯同盟迅速成型。

日军偷袭珍珠港

1941 年，日本开始向东南亚地区扩张，这引起了美国的不安。

1941 年起，为了警告日本，美国冻结了对日经济贸易，严禁向日本出口石油。当时，日本的石油只能维持半年，到时候若是没有石油补给，日本便无法继续对外扩张。面对这样的情况，日本只有两种选择，要么屈从于美国，停止对外扩张；要么对美国开战，向南洋进军，夺取战略资源，日本选择了后者。

珍珠港地处夏威夷群岛，是太平洋上的重要交通枢纽，也是美国太平洋舰队最重要的基地。在日本法西斯看来，要想消灭美国海军在太平洋上的主力，排除南下进军的一切障碍，夺取太平洋上的制空制海权，首先要做的就是摧毁美国的珍珠港。为此，山本五十六秘密制定了偷袭珍珠港的"Z"作战方案，并于 1941 年 10 月得到了日本政府的批准。此后，山本五十六便开始指挥日本的联合舰队进行严格的偷袭模拟训练。

1941 年 12 月 7 日清晨，日本的 183 架飞机从 6 艘航空母舰上起飞，向珍珠港发起了第一次进攻。大约半个小时过后，日军又派出了 168 架飞机对珍珠港发起了第二次进攻。两次进攻总共持续了1小时50分钟，日军损失了29架飞机，55名飞行员，还有几艘袖珍潜艇。相较之下，美军则损失惨重，8艘战列舰有4艘被击沉，1艘搁浅，其余3艘也都受到了重创，6艘巡洋舰和3艘驱逐舰受创，188架飞机被炸毁，死伤人数更是高达数千人。

在日军偷袭珍珠港的第二天，美国总统罗斯福宣布对日本开战。澳大利亚、荷兰等20余个国家紧随其后，宣布对日本开战。太平洋战争就此爆发。

不可否认，日本偷袭珍珠港确实取得了辉煌的胜利，损失惨重的美国海军在接下来的半年都未能在太平洋战场上发挥作用。日本乘机占领了东南亚和太平洋西南地区，甚至将势力范围延伸到了印度洋。然而，从长远来看，此次事件将实力雄厚的美国正式卷入了第二次世界大战，为日本法西斯的失败埋下了伏笔。

"人鱼雷"作战

人鱼雷是第二次世界大战期间意大利海军的主要作战武器。

"人鱼雷"就是指袖珍潜艇，因为其形状类似鱼雷，又用人力进行操控，所以便被称为"人鱼雷"。袖珍潜艇艇身上携带着炸药，用作进攻，威力强大。

第一次世界大战期间，意大利海军曾经用人鱼雷击沉了一艘奥地利军舰。因此，意大利军方非常重视人鱼雷的发展，而且开发这种袖珍潜艇不需要投入太多的经费，不会给经济实力较弱的意大利政府带来沉重的负担。

1941年9月的一天晚上，意大利海军利用人鱼雷对直布罗陀港的英国海军发起了进攻，炸毁了英国的两艘油船和一艘货船。意大利海军的"人鱼雷"作战就此开始。1941年至1942年，意大利海军利用人鱼雷在直布罗海峡一带多次对英国等反法西斯盟国的海军造成重创。

这一时期，意大利海军研制出了一种以"凯旋车"命名的大型人鱼雷，其圆柱体的艇身直径达到了1米，长度达到了6.7米，排水量达到了1.5吨，可携带重达272千克的炸药。1940年8月和9月，意大利海军先后两次利用人鱼雷对亚历山大港的英国海军基地发起进攻，结果都以失败告终。1941年12月18日，意大利海军利用"凯旋车"人鱼雷对亚历山大港发起了第三次进攻，成功击沉了英国的3艘战舰，扭转了地中海一带的战局。

"跳马"行动

1941年4月6日，德军占领了南斯拉夫。

"跳马"行动是指第二次世界大战期间，德国为了俘获南斯拉夫的抵抗领袖铁托，扭转德军在巴尔干半岛上的劣势地位而展开的一次突袭行动。

1941年6月27日，南斯拉夫共产党组织成立了游击司令部，由铁托担任总司令。此后，铁托领导南斯拉夫人民为反抗纳粹德国，争取民族解放展开了不屈的斗争。

1941年年底，铁托组建了南斯拉夫的第一支正规军，与德军独立战斗了20多个月，先后粉碎了德军的7次进攻。为了解除铁托对德军的威胁，1944年初，纳粹德国制定了俘获铁托的计划，即"跳马"计划。4月，德军确定了铁托所在的位置——达瓦镇。5月20日，德国党卫军第500空降营收到命令，开始秘密为即将展开的"跳马"行动做准备。

5月25日凌晨6时30分，"跳马"行动正式开始。第500空降营先后派出了874名空降兵，440架飞机，对达瓦镇展开了猛攻。然而，让德军意想不到的是，铁托当时并不在达瓦镇，而是在距达瓦镇1.6公里的尤纳克河边的一座山洞里。

在德军控制了达瓦镇后，南斯拉夫游击队很快发起了反攻。到了25日晚上，德军几乎弹尽粮绝。第二天上午，他们终于等来了援军。但此时，第500空降营已经遭到了毁灭性的打击，伤亡总人数达到了624人。

纳粹德国的"跳马"行动最后以失败告终。

"杀人魔王"海德里希

海德里希本身拥有四分之一的犹太血统，但他却是一个极端的反犹主义者。

海德里希是德国纳粹党党卫队的重要成员之一，在犹太人大屠杀中发挥了重大作用，被称为"杀人魔王"。

第一次世界大战结束后，海德里希加入了德国海军，因表现优异，于1928年被晋升为中尉。不久之后，海德里希因为一段婚外情被驱逐出德国海军。1931年6月，海德里希加入了德国纳粹党和党卫军，深受希姆莱的重用。1941年，海德里希升任党卫军的全国总指挥，并奉命开始对犹太人实施大屠杀。

海德里希在屠杀犹太人的过程中，他表现得不遗余力。1941年5月，海德里希组织成立了四支特别行动队，专门负责屠杀苏联境内的犹太人。在接下来的一年间，有接近100万犹太人死在了特别行动队手上。

1941年9月，海德里希奉命到已被德军占领的捷克斯洛伐克担任"代理保护长官"。在抵达布拉格的当天晚上，海德里希便宣布对捷克斯洛伐克的各个主要城市实施戒严，随即开始大规模镇压捷克境内的反德势力。在捷克任职期间，海德里希为了将当地德意志化，先后杀害了数百万人，以至于得到了一个"布拉格屠夫"的称号。

1942年1月20日，海德里希和希姆莱共同提出了针对犹太人的"最后解决方案"，要将欧洲上千万犹太人灭族。希特勒批准了这一方案，并命令海德里希担任执行官。

1941年，由英国组织的捷克斯洛伐克伞兵敢死队开始为刺杀海德里希做准备。1942年5月27日上午10点30分左右，海德里希乘坐的汽车被两名敢死队员投掷了手榴弹。海德里希身受重伤，不治身亡。

马里亚纳海战

马里亚纳海战是世界战争史上规模最大的航空母舰决战。

马里亚纳海战是第二次世界大战期间，日本海军与美国海军在西太平洋的马里亚纳群岛附近进行的一次海战。

1942年至1943年的瓜达尔卡纳尔岛第一次世界大战，让太平洋战场上的战略主动权完全落入了美军手中。1944年上半年，麦克阿瑟率领美军运用跳岛战术迅速向菲律宾群岛推进。与此同时，尼米兹也率领美军在中太平洋对日军展开了猛烈进攻。双线作战的美国海军越来越逼近日本。当时，马里亚纳群岛是日本的势力范围，美军急需占领此地，建立B-29远程轰炸机基地。美军的这一意图被日军察觉之后，日军马上派出9艘航空母舰对美军的第五舰队展开进攻，马里亚纳海战就此爆发。

在此次战争中，日军遭遇惨败，总共损失了3艘航空母舰和600架飞机，人员伤亡也十分惨重，而美军只有少数几艘航空母舰有轻微的损伤。此次交战中，日军的飞机频频被美军的战斗机击落，以至于马里亚纳战争又被美国人戏称为"马里亚纳射火鸡大赛"。战争结束后，日本失去了西太平洋的制海权，马里亚纳群岛随后被美军占领。

斯大林格勒保卫战

斯大林格勒保卫战是第二次世界大战期间，苏联与德国爆发的一场大战。

斯大林格勒保卫战从1942年7月17日一直持续到1943年2月2日，历时199天。由于参战双方的伤亡人数超过200万，这场战役堪称人类战争史上规模最大、死伤最惨烈。其中，德国的第6集团军几乎全军覆灭，第4装甲集团军也有部分被歼灭，另外21个师和为数众多的直属部队被全歼。

斯大林格勒保卫战不仅是苏德战争的转折点，更是整个第二次世界大战的转折点。经此一役，纳粹德国的势力迅速衰落下去，最终导致整个法西斯联盟走向失败。

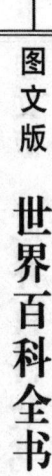

瓜达尔卡纳尔岛战役

瓜达尔卡纳尔岛战役是第二次世界大战期间发生在太平洋战场上的一场重要战役。

1942年，美国和日本为了争夺南太平洋上的瓜达尔卡纳尔岛开战，战争一直持续了6个月。在此期间，美军和日军先后进行了30多场海战，其中规模较大的海战就有6场。

战争结束时，美军阵亡约3300人，负伤2500人，损失飞机大约250架，军舰24艘，运输船3艘。日军伤亡2.5万人，损失飞机892架，军舰24艘，运输船16艘，兵力损失远远超过了美军。

瓜达尔卡纳尔岛战役使原本在中途岛海战中丧失战略主动权的日本处境更加糟糕。从此，日军被迫转攻为守，美军则逐渐转守为攻。

阿拉曼战役

阿拉曼战役是第二次世界大战期间北非战场上的转折点。

1942年10月23日至11月4日，北非战场上爆发了一场非常重要的战役——阿拉曼战役。

阿拉曼地处埃及北部地区，是第二次世界大战中北非地区的主战场。第二次世界大战爆发后，战火一直烧到了英国在非洲的殖民地。1941年2月，纳粹将领隆美尔率领德军到北非支援意大利军队，成功击败了英军。1942年7月，隆美尔率领由德、意两国的军队组成的"非洲军团"进入阿拉曼地区。此后，由于后援不足，"非洲军团"不得不由战略进攻转为战略防御，从而给英军提供了反攻的良机。

当时，北非的英军已经具备了反攻的条件。1942年10月23日晚上，英军对"非洲军团"发起了进攻，于11月4日取得了战役的胜利。

在阿拉曼战役中，英军损失了7000余人，德、意联军则损失了将近6万人。从这时开始，德、意联军在北非战场上接连失利，终于在1943年5月被迫退出非洲。

中途岛海战

1942年6月4日，中途岛海战爆发，这是第二次世界大战中的一场重要战役，也是太平洋战场上的转折点。

中途岛位于亚洲与北美之间的太平洋航线的中途位置，距离美国旧金山和日本横滨均为2800海里。中途岛是美国重要的军事基地，也是夏威夷的门户，一旦中途岛失守，珍珠港内的美国太平洋舰队必将受到严重的威胁。正因为如此，日本才会在太平洋战争爆发后不久，将中途岛定为进攻目标。

在中途岛海战开始前，美国就已掌握了日军的作战计划。当时，美国海军情报局成功破译了日本的"JN 25b"密码，确定日本海军接下来将会对"AF"即中途岛发起进攻。当时，美国太平洋舰队司令尼米兹掌握这一情报后，马上将3艘航空母舰召回，在中途岛的东北部设下埋伏，准备迎战前来进犯的日军。

1942年6月4日凌晨，日军对中途岛发起进攻。战争一直持续到6月7日，事先已有准备的美军最终以少胜多，击败了来势汹汹的日军。在中途岛海战中，日军损失惨重，失去了4艘大型航空母舰，1艘巡洋舰，330架飞机，数百名飞行员以及3700名舰员。相比之下，美军的损失则小得多，只损失了1艘航空母舰，1艘驱逐舰以及307名士兵。

中途岛海战过后，日本海军只剩下了2艘大型航空母舰和4艘轻型航空母舰，失去了此前在航空母舰方面的优势地位。从这时起，日本法西斯丧失了在太平洋战场上的主动权，逐渐走向失败。

历史考古

历史人物

众叛亲离的暴君尼禄

尼禄是古罗马帝国的皇帝，是欧洲历史上有名的暴君，被人称为"嗜血的尼禄"。

尼禄出生在罗马的贵族家庭里。父亲在他3岁时就去世了。他的母亲阿格里皮娜是一个非常狡猾并且喜欢权势的女人。为了得到权势，阿格里皮娜嫁给了她的舅父、罗马皇帝克劳狄乌斯。此后，她利用自己的美貌，不断劝说克劳狄乌斯将太子废掉，立尼禄为太子。克劳狄乌斯鬼迷心窍，竟然听从了她的意见。不过，很快他又后悔了。心狠手辣的阿格里皮娜为了保住尼禄的地位，干脆下毒将克劳狄乌斯毒死。后来，年仅17岁的尼禄成了罗马帝国的皇帝。

尼禄登基初期，国家政权一直掌握在他的母亲阿格里皮娜手里。这让尼禄深感不满。为了夺取政权，他残忍地将自己的母亲杀害。之后，他便成了罗马帝国名副其实的统治者。

尼禄喜欢艺术。他经常举办大型比赛，还亲自参赛。在他的影响下，罗马帝国的艺术出现了欣欣向荣的景象。他还推行了一些有利于百姓的政策，使得贫困的罗马公民生活有所改善。

不过，独揽大权后的尼禄，很快就变得为所欲为。他对一个贵妇人情有独钟，就害死了自己的皇后，逼迫那个贵妇人的丈夫与妻子离婚。可是，他娶了那个贵妇人后不久，竟然把她亲手打死了。尼禄的老师知道这件事后痛心不已，不断地劝说尼禄不要胡作非为。可是，尼禄非但没有听从老师的劝告，还残忍地逼迫老师自尽。此后，朝中大臣为求自保，再也不敢违背尼禄的旨意，尼禄由此变得更加肆无忌惮。

罗马皇宫周围住着大量罗马百姓，尼禄想要扩建皇宫，但是一直无法施工。为了达到目的，他竟然派人趁着天黑悄悄地去放火。大火从罗马大竞技场开始烧起，由于附近堆放着很多易燃物，火势变得一发不可收拾。很快，罗马全城就变

图文版 世界百科全书 历史考古

成了一片火海。

罗马百姓纷纷传说，这场大火是尼禄派人放的。尼禄知道这件事后，为了摆脱干系，竟然嫁祸给基督徒，称他们才是纵火者。此后，他下令逮捕基督徒，将他们残忍地杀害。

尼禄的残暴行径，引起了罗马百姓的强烈不满。公元 68 年，罗马元老院宣布尼禄为人民公敌。面对着众叛亲离的处境，尼禄最终以自杀的方式结束了自己的生命。

伟大的阿育王

公元前 321 年，旃陀罗笈多在印度建立起孔雀王朝。

公元前 297 年，建立孔雀王朝的旃陀罗笈多去世，他的儿子频头娑罗继位。公元前 273 年，频头娑罗去世，得到王公大臣支持的阿育王战胜自己的兄弟，成功夺取了王位。

阿育王继位后，为了扩大孔雀王朝的版图，不停地派兵攻打其他国家。经过不停的征战，阿育王将除迈索尔地区外的印度全境统一起来，建立起一个空前强大的君主专制集权国家。

战争造成的伤亡，使得阿育王的内心受到极大触动。于是，他宣布不再发动战争，并宣布佛教为国教，还积极倡导包括对人慈爱、善待他人、孝敬父母等内容的正法。为了让百姓了解他施政的目标，他还下令将他的诏令和"正法"精神刻在全境的悬崖和石柱上。

公元前 232 年，伟大的阿育王离开了人世。

"祖国之父"恺撒

恺撒是罗马共和国末期著名的政治家和军事家。

公元前 100 年，恺撒出生在一个罗马贵族家庭里。他的父亲担任过罗马的财政官、大法官、小亚细亚行省总督等职务，外祖父和叔叔都曾担任过执政官。恺撒小时候聪明好学，文学、地理、历史等成绩名列前茅。长大后，他又学习了古希腊文化，还精通剑术和骑马。

成年后，恺撒正式走上了政坛。在民主派领袖马略的支持下，他被提名为朱庇特神祭司。苏拉当选为罗马的独裁者后，逼迫恺撒与元老院民主派领袖秦纳的女儿离婚。恺撒不肯从命，只好离开罗马，前往东方避难。直到公元前 78 年，苏拉去世，他才得以返回罗马。两年后，很少关心政治的他再次前往东方旅行。

公元前 74 年，恺撒回到罗马，开始担任祭司。此后，他又被选为军事保民官，这是罗马官职体系中最低的一级。不过，从那之后，恺撒开始步步高升。在39岁那年，他当选为罗马大法官和大祭司，拥有了很大的权势。

公元前60年，恺撒当选为罗马共和国的执政官。为了获取更大的权势，恺撒与庞培、克拉苏订立同盟，这便是历史上的"前三头同盟"。此后，他们的势力大增。恺撒的政敌，当选为新一任执政官的毕布路斯，竟然因为惧怕恺撒的权势而不敢抛头露面。

在执政官任期结束后，恺撒获得了管理伊利里亚和山南高卢5年的权力。可是，这远远无法满足他的野心。为此，他发动高卢战争，占领了整个高卢地区，并把那里变成高卢行省。罗马元老院对恺撒的做法深感不满，便下令让他返回罗马。恺撒提出条件，要求元老院将他高卢总督的任期延长。元老院没有答应，并要求他立即返回罗马，否则就宣布他为国家的敌人。恺撒不但没有按照元老院的要求去做，还率领部队渡过了卢比孔河。按照罗马法律规定，他的举动意味着他背叛了祖国。此后，他率领部队进入罗马城，逼迫元老院议员选举他为独裁官。

公元前48年，恺撒率领部队击败了庞培。庞培逃到埃及，埃及国王托勒密十三世为了博取恺撒的支持，将庞培杀死。两年后，恺撒彻底击败了庞培的余党，之后返回罗马，宣布成为终身独裁官。

公元前44年，恺撒遭到以德基摩斯·布鲁图斯、马可斯·布鲁图斯及该尤斯·卡西乌斯为首的元老院成员暗杀，死时年仅58岁。恺撒死后，罗马人民为表彰他的功绩，尊称他为"祖国之父"。

"埃及艳后"克娄巴特拉

克娄巴特拉，是埃及托勒密王朝的末代女王，因为长得异常美丽而被称为"埃及艳后"。

公元前69年，克娄巴特拉出生。她是埃及国王托勒密十二世的女儿。根据埃及的近亲婚配制度，皇族成员只能在兄弟姐妹之间联姻。因此，托勒密十二世将克娄巴特拉许配给了她同父异母的弟弟托勒密十三世，并把国家大权交给他们共同执掌。

克娄巴特拉不甘心与别人一起掌管政权，她打算发动政变，将托勒密十三世赶下台。可是，波希纽斯和奥克奇维安这两位朝廷大臣极力反对她的做法，他们结盟对付她，最终把她赶到了叙利亚。这件事并没有影响克娄巴特拉夺取埃及政权的决心。很快，她就组建了一支军队，并为夺权做好了充分准备。

公元前48年，克娄巴特拉率领军队来到珀鲁修，准备在那里与埃及军队决一死战。在决战打响之前，罗马帝国的独裁者恺撒为了追杀政敌庞培来到了埃及。托勒密十三世为了得到实力强大的恺撒的支持，便命令波希纽斯将庞培处死，然后将其头颅献给恺撒。

克娄巴特拉同样希望获得恺撒的帮助。为此，她利用自己的美貌和智慧征服

了恺撒，使得恺撒下令让她与托勒密十三世共同执掌埃及政权。恺撒的举动惹恼了埃及人，从而导致亚历山大战役的爆发。恺撒率领大军与埃及军队作战，最终彻底将埃及军队击败，托勒密十三世在逃亡的时候死掉了。此后，克娄巴特拉便成为埃及唯一的统治者。

恺撒虽然将埃及征服了，但为了克娄巴特拉，他并未将埃及划为罗马的领土。为了感谢恺撒，克娄巴特拉与恺撒生活在一起，还为他生下一个儿子。公元前44年，恺撒遭到暗杀，克娄巴特拉从罗马返回埃及。

恺撒死后，罗马的军政大权落入马克·安东尼手中，他与屋大维划分了势力范围，共同控制着罗马。马克·安东尼对美丽的克娄巴特拉垂涎已久，为了得到她，他让克娄巴特拉来塔尔苏斯相见，并宣称如果克娄巴特拉不服从命令，他就剥夺克娄巴特拉的王位。

为了保住自己的王位，也为了保证埃及不被罗马人征服，克娄巴特拉牺牲自己，主动投入到马克·安东尼的怀抱。马克·安东尼彻底被克娄巴特拉的美貌吸引，他们一起回到亚历山大城，在那里生活了五年。

后来，安东尼与屋大维在海上决战，惨败而归。第二年，屋大维率领大军攻入埃及，安东尼看到大势已去，便拔出宝剑，结束了自己的生命。

安东尼的死，让克娄巴特拉彻底丧失了生存能力。在安葬安东尼后不久，她也自杀而死。

"半狐半狮"的独裁者苏拉

苏拉全名为卢奇乌斯·科尔涅利乌斯·苏拉，是古罗马著名的政治家和独裁者。

苏拉出生于罗马一个没落的贵族家庭，自幼过着贫困的生活。他年轻时对文学艺术十分感兴趣，整天与小丑、娼妓厮混。后来，罗马城邦陷入危机，内战不断爆发。这为苏拉进入罗马政治集团提供了有利条件。公元前107年，马略担任罗马执政官，苏拉被任命为财政官。朱古达战争爆发后，苏拉前往加非利加参加了此次战争，并在战争中获得了极大荣誉。

公元前93年，苏拉当选为大法官。公元前88年，他又当选为执政官。原本属于罗马附属国的本都国王米特拉达特斯六世发动叛乱，大肆屠杀当地的罗马公民，还号召其他罗马附属国一起反抗罗马的统治。这对罗马在东方的利益造成了很大威胁。苏拉和马略都想指挥罗马军队来消灭米特拉达特斯六世。最终，苏拉夺得兵权，率领罗马部队东征。公元前86年，罗马大军在苏拉的指挥下，击败了本都国的军队，米特拉达特斯六世被迫与苏拉议和。

公元前82年，苏拉占领罗马城，自任终身独裁官，将国家大权控制在自己手中，成为独裁者。为了巩固罗马元老贵族的统治地位，他推行了一系列改革措施。这些措施对罗马共和制度造成了沉重打击，为恺撒等人的独裁统治奠定了基础。

苏拉是一个非常勇敢的人，同时也非常狡猾，人们根据他的性格特点，称为他"半狐半狮"。

君士坦丁大帝

君士坦丁的改革促进了欧洲由奴隶社会向封建社会的过渡。

君士坦丁大帝是罗马帝国的一位皇帝，被称为西方的"千古一帝"。

公元280年，君士坦丁出生在南斯拉夫的内苏斯镇。他的父亲君士坦丁乌斯一世是一名军人，在部队里担任要职。公元305年，罗马皇帝戴克里先让位，君士坦丁乌斯一世成为罗马帝国西半部的君主。

君士坦丁乌斯一世死后，君士坦丁在将士们的支持下，成为罗马帝国西半部的统治者。他想要将罗马帝国统一起来，便于公元323年向统治着罗马东半部的李锡尼发动了进攻。在打败了李锡尼后，他成为了罗马帝国唯一的统治者。

此后，君士坦丁推行了很多重要举措来加强皇权。他取消了戴克里先制订的四帝共治制度和近卫军；颁布法令对贫民加以保护；重建和扩建古老的城市拜占庭，并将其改名为君士坦丁堡，把罗马帝国的首都迁到那里；公布"米兰赦令"，承认基督教的合法地位；制订法律禁止佃农放弃租种的土地，并让他们去其他地方谋生。

在君士坦丁大帝的治理下，罗马帝国变得强大起来。他所修建的君士坦丁堡，由于地理位置险要，能够储备大量物资而成为中世纪最难攻克的堡垒，这也是后来拜占庭帝国能够延续千年的重要原因之一。因此，他可称是西方历史上最具影响力的帝王之一。

"上帝之鞭"阿提拉

阿提拉是古代欧亚大陆匈人最伟大的领袖。

阿提拉建立起强大的帝国,多次率领匈人向东、西罗马帝国发动攻击,使西罗马帝国名存实亡。后世的历史学家将其称为"上帝之鞭"。

公元432年,鲁嘉统一了匈人各部落。两年后,他不幸去世。他的两个侄子阿提拉和布莱达成为匈人的统治者。公元436年,阿提拉将哥哥布莱达杀死,独自统治匈人。

在阿提拉的统治下,匈人的势力发展非常迅速。凭借强大的实力,他要求罗马帝国皇帝狄奥多西二世将在拜占庭帝国庇护下的部落交出来。双方谈判后,达成了一份对匈人十分有利的条约:拜占庭帝国不但要归还那几个部落,开放更多的城市与匈人互市,还要将每年的纳贡增加两倍。

此后,阿提拉开始率领匈人向波斯帝国发动进攻。可是,他们在亚美尼亚被波斯人打败,这使得阿提拉放弃征服波斯,再次向拜占庭帝国开战。公元443年,匈人大军横扫巴尔干半岛,相继将几个大城市攻下,之后将君士坦丁堡包围起来。由于攻城器具不足,匈人没有将君士坦丁堡攻下,只好将其长时间包围。狄奥多西二世无奈之下,只得派出使者与阿提拉议和。双方商定,拜占庭赔偿大笔金钱给匈人,并为被俘的罗马人支付巨额赎金。

公元450年,阿提拉组建一支大军,开始攻打西罗马帝国在高卢的领地。罗马人与西哥特人结盟,共同抵抗匈人大军。双方展开激战,最终罗马人和西哥特人获得了胜利。不过,他们也付出了非常惨重的代价,西哥特国王狄奥多里克在战斗中牺牲。

这场战争结束后,阿提拉开始率领大军向罗马帝国的核心——意大利本土发动进攻。匈人军队大获全胜,摧毁了很多意大利城市。罗马帝国皇帝瓦伦丁尼安三世吓得从拉文纳逃到罗马。罗马人为求自保,派人向阿提拉议和。经过商议后,阿提拉最终率领大军撤出了意大利。

此后,阿提拉开始谋划再次向君士坦丁堡发动进攻。然而,不久后他却突然去世了。

查理大帝

查理大帝是法兰克加洛林王朝的国王,建立了包括西欧大部分地区的庞大帝国。

公元741年,查理出生在亚琛市附近,他的父亲是矮子丕平。公元751年,丕平灭亡了昏庸无能的墨洛温王朝，建立起加洛林王朝。公元768年，丕平去世，查理及其弟弟卡洛曼成为法兰克王国的统治者。公元771年，卡洛曼去世，查理便顺理成章地成为法兰克王国的唯一统治者。

法兰克王国是西欧最强大的国家，领土主要包括现在的瑞士、法国、比利时、荷兰及德国的大片地区。不过，这并没有让查理感到满足，他希望扩大帝国的版图。为此，他开始积极地对外扩张。他首先向意大利北部发动进攻，将那里占领。公元772年至804年，他又开始向德国北方的萨克森发动进攻。虽然遇到了一些挫折，但他还是取得了成功，将萨克森并入法兰克王国的版图。

此后，他巩固了对今天法国西南部和德国南部的控制，后又与阿瓦尔人进行了一系列战争。取得战争的胜利后，法兰克王国又占领了今天的匈牙利等地区。

为了保障法兰克王国南部边疆的安全，查理又于公元778年发动了远征西班牙的战争。虽然没有占领西班牙，但他在西班牙北部建立起西班牙边区。

查理在位共45年。在此期间，他一共出征54次，占领了西欧大部分地区，使得今天的德国、法国、瑞士、奥地利以及意大利的很多地区都成为了法兰克帝国的领地。自从罗马帝国灭亡之后，还没有一个国家能够占有如此广阔的领土。

公元800年的圣诞夜，罗马教皇利奥三世把一顶皇冠戴到了查理的头上，这使得查理的统治达到了顶峰。

公元814年的冬天，查理不顾天气寒冷，坚持外出打猎。他在打猎时感染风寒，不久后就与世长辞了。

查理大帝死后，法兰克帝国被他的孙子分成三部分。西法兰克王国主要为现在的法国，东法兰克王国主要为现在的德国，而两者之间的地区成为现在的意大利。

"尼姑将军"北条政子

北条政子是日本历史上一位著名女政治家。

北条政子的丈夫源赖朝是日本镰仓幕府的创始人，源赖朝去世后，北条政子出家为尼。此后，她成为镰仓幕府的实际掌权者，被后世称为"尼姑将军"。

1159年，源赖朝因为参与了"平治之乱"，被流放到伊豆。在那里，他结识了名门闺秀北条政子，彼此之间产生了爱慕之情。为了嫁给源赖朝，北条政子不

惜背叛父亲，毁弃婚约。最后，她终于与源赖朝结为连理，并辅佐源赖朝建立了强盛的镰仓幕府。

1199年，源赖朝病逝了。北条政子十分伤心，随即削发为尼。她的长子源赖家继承了将军之位。然而，源赖家平庸无能，在他掌权期间，不断有人起兵作乱。北条政子不愿看到丈夫一手创立的基业毁于一旦，便站出来控制了幕府的大权。仅仅过了三个月，内乱就平息了。

随后，北条政子决定废黜长子源赖家，册立次子源实朝为将军。源赖家当即组织叛军，密谋推翻镰仓幕府，结果被北条政子领导的十万大军击溃。战争结束后，北条政子为了免除后患，逼迫源赖家服毒自杀。

没过多久，北条政子的父亲北条时政起兵谋反。很快，北条政子就将父亲逐回了伊豆。在此之后，源赖家的儿子为了给父亲报仇，杀死了叔叔源实朝。至此，北条政子与源赖朝仅有的两个儿子都离开了人世。为了保住镰仓幕府，北条政子当机立断，迎立藤原赖家出任将军，她在幕后掌权。

北条政子执政时，镰仓幕府的实力日渐强盛。1225年，68岁的北条政子因病去世。

"狮心王"理查一世

理查一世是英国历任国王中经历最传奇的一位。

1157年，理查一世出生，他的父亲是英国金雀花王朝的创始人亨利二世。当时，亨利二世是安茹帝国的国王。安茹帝国的国土包括英国和法国西部，在当时是一个有影响力的大国。理查一世自幼文武双全，除了接受良好的教育外，还时常参加骑士训练。

理查一世十一岁被封为阿奎丹公爵，十五岁前往阿奎丹上任。理查一世同自己的两个哥哥试图协同母亲推翻亨利二世的统治，但是政变失败，他们的母亲遭到囚禁，兄弟三人被赦免。随着两个哥哥的去世，理查一世成为王位第一继承人。因为不满亨利二世逼迫自己将阿奎丹让给弟弟，理查再次发动政变，逼迫父亲让位。这一次，他拉拢了朝廷内部的叛军，并得到了法国国王的帮助。1189年，亨利二世被迫退位，理查一世登基，成为国王。

理查一世生性好战，一生中大部分时间都是在战马上度过的。当时，欧洲十字军东侵，被阿拉伯军队打败。阿拉伯首领萨拉丁不仅统一了埃及、叙利亚和美索不达米亚，还将耶路撒冷从法兰克人手中夺回。罗马教皇克雷芒三世组织第三次十字军东侵，参与东侵的除了理查一世之外，还有法国国王腓力二世和德国皇帝腓特烈一世。

为了组建一支强大的军队，理查一世增加了税负，同时出卖了大量的庄园和城堡。理查一世率军攻下塞浦路斯岛。在此过程中，他谴责德军不肯为十字军东征卖力，德国皇帝一气之下命令德军回国。没过多久，法国国王也因不堪忍受理查一世，便率军回国。这样一来，东征军就剩下不到两万人。不过，查理一世信心十足，率军杀向耶路撒冷。东征军在理查一世的指挥下，连续两次进攻耶路撒冷都没有成功。就在这时，理查一世得到后方传来的消息，他的弟弟和法国国王勾结，准备废除他的王位。理查一世为了保住王位匆忙撤军，并与萨拉丁签订停战协约。

回国途中，理查一世被德国皇帝亨利六世抓住，并遭到软禁。传说，亨利六世的妹妹喜欢理查一世，两人幽会的时候被亨利六世撞见。亨利六世想要处死理查一世，但又怕招致不满的舆论，最终想了一个计谋。他将理查一世关进一个铁笼，又将一只几天没有进食的狮子赶进铁笼。就在狮子张开血盆大口扑向他的时候，理查一世将手一把伸进狮子的嘴里，插进胸腔，掏出了狮子的心脏。这件事为他赢得了"狮心王"的外号。

理查一世被囚禁了两年，最终在英国人支付高昂赎金之后得到释放。回到英国之后，理查一世再次提高税负，组建军队，以抵抗法军的进攻。1199年，在围剿一个城堡的时候，理查一世被敌人射中，引发了伤口感染，不久之后去世。理查一世是一位优秀的军事家，但在治理国家方面则不是一位明君。

德意志农民战争领袖闵采尔

托马斯·闵采尔，德国革命家和思想家，德意志农民战争的领袖。

托马斯·闵采尔主张以暴力推翻封建制度，建立一个没有阶级差别、没有剥削和没有私有财产的社会。

闵采尔于1490年出生于德国施托儿堡一个工人家庭，因为父亲死于贵族之手，所以他从小便仇视封建贵族。经过莱比锡大学和法兰克福大学的学习之后，他成为了一名神父。当时正值马丁·路德发动宗教改革，闵采尔成为了马丁·路德的忠实追随者。与马丁·路德不同的是，闵采尔是激进派，主张暴力革命。后来接触到更多的底层民众后，他将暴力革命的范围从宗教范围扩展到政治范围。因为思想上的分歧，闵采尔与马丁·路德分道扬镳，并最终反目成仇。马丁·路德称闵采尔为"魔鬼的鹰爪"，闵采尔则称马丁·路德为"威登堡的走狗"。

1524年夏天，闵采尔组织施瓦本南部地区的农民举行起义。起义队伍很快由3000人扩大到4万人，由于队伍内部出现分化，加上革命经验不足，起义军

中了当地贵族的计谋，与他们签订停战协定。实际上，这是贵族在拖延时间，为反击做准备。第二年当地贵族撕毁协议，大肆镇压起义军，起义失败。

1525年3月，闵采尔又组织了弗兰克尼地区起义。这次起义规模更大，起义军攻占了海尔布朗城，还提出了自己的政治主张：建立统一的德意志君主国家，但队伍的成分混杂，加上贵族的疯狂镇压，起义再次失败。几乎在同时，萨克森和图林根地区也在闵采尔的领导下爆发了起义。当地的矿工和纺织工人们几乎都参与进来，起义军攻占了米尔豪森城。之后，起义军建立自己的革命议会，闵采尔担任议会主席一职。起义军让贵族资产阶级胆战心惊，他们集结了大规模的军队开始反扑。5月16日，起义军被击溃，闵采尔被俘。没过多久，闵采尔便死在了狱中。

闵采尔在德国革命史和思想史上留下了重要一笔。

伊丽莎白一世女王

英国历史上出现了很多杰出的国王，伊丽莎白一世女王就是其中之一。

伊丽莎白是英国国王亨利八世的女儿。1533年，她出生在英国的格林威治，自幼生长在王宫，接受到了良好的教育。1573年，亨利八世与世长辞。此后，伊丽莎白同父异母的弟弟爱德华六世和玛丽一世女王相继成为英国的统治者。不过，他们的统治并不成功，尤其是玛丽一世女王。她在位期间残酷地迫害英国国教徒，处死了300多人，这使得英国百姓十分痛恨她。

1558年，玛丽一世女王去世，25岁的伊丽莎白成为英国国王。伊丽莎白上任伊始，就面临着诸多问题，其中最棘手的是英国国内宗教派别之间的矛盾。为了解决这个问题，她通过了"至高权力与同一性法案"，将英国圣公教确立为英国的宗教。法案颁布后，英国国教徒欢欣鼓舞，清教徒则只好忍气吞声。伊丽莎白的策略使得英国宗教斗争趋于平和，这也让她获得了很多教徒的支持。

英国与法国的战争，以及与西班牙的关系也是伊丽莎白必须要解决的问题。伊丽莎白使用灵活多变的外交政策，结束了英国和法国的战争，还改善了两国的关系。可是，随着形势的发展，英国与西班牙为争夺海上霸权发生了冲突。伊丽莎白极力避免战争发生，但没有成功。16世纪80年代，英国海军与西班牙的"无敌舰队"交战，将"无敌舰队"击败，成为西欧的海上霸主。

伊丽莎白统治英国达45年。在这45年里，英国的经济不断发展，军事实力得到很大提升，并建立起了世界上最强大的海军。此外，在伊丽莎白的支持下，英国的文学也得到了飞速发展，莎士比亚等一大批优秀作家脱颖而出。

俄罗斯首任沙皇伊凡四世

作为一名出色的政治家、外交家和军事家，伊凡四世对俄罗斯的历史有着深远的影响。

伊凡四世，又被称为"伊凡大帝"、"恐怖的伊凡"、"伊凡雷帝"，是俄罗斯首任沙皇。

伊凡四世三岁那年，他的父亲瓦西里三世就去世了。伊凡四世是瓦西里三世的独子，瓦西里三世死后，他就被立为俄罗斯大公。由于他年幼，他的母亲叶莲娜和七位贵族组成摄政议会，暂时代替他处理朝政。不久后，叶莲娜因为无法容忍大贵族们的专横无理，便将摄政会议废除，自己独揽大权。1538年，叶莲娜意外身亡。她的死因无法确定，但有人传说，她是被政敌毒死的。此后，朝政大权一直控制在叶莲娜的兄弟格林斯基手中。

1547年，伊凡四世正式加冕为俄罗斯沙皇。此后，为了强化中央集权，他在中央和地方进行了军事、政治、行政、法律、宗教、财政等一系列改革。

1565年，伊凡四世建立了沙皇特辖区，把全国分为特辖区和普通区两部分，沉重打击了贵族势力，建立了沙皇专制体制，统一了俄罗斯。

除了政治改革外，伊凡四世的军事改革也非常成功。他完善了军事指挥体系，建立常备军，对俄罗斯的边境守备进行调整，奠定了俄罗斯正规军的基础，使俄罗斯成为军事强国。

伊凡四世一直奉行对外扩张的政策。从1547年至1559年，俄罗斯先后吞并了喀山汗国、阿斯特拉罕汗国、大诺盖汗国、巴什基尔亚、西伯利亚汗国等国家。1572年，俄罗斯又摧毁了克里木汗国政权。克里木汗国是强大的奥斯曼帝国向东欧扩张的桥头堡，失去了克里木汗国后，奥斯曼帝国便不敢轻易向东欧和俄罗斯进攻了。

俄罗斯又开始向西欧扩张。1558年，俄罗斯发动了立窝尼亚战争。这场战争持续了25年，最终俄罗斯战败，被迫求和。虽然这场战争没有达到成效，但是它让欧洲各国知道了俄罗斯强大的实力。

此后，俄罗斯开始向西伯利亚扩张。到17世纪，俄罗斯的势力已经到达鄂霍次克海、楚科奇半岛和勒拿河。

"护国主"克伦威尔

奥利弗·克伦威尔是英国政治家和军事家。

奥利弗·克伦威尔在17世纪英国资产阶级革命中发挥了重要作用，后来建立起军事独裁统治，自任"护国主"。

克伦威尔出生在一个中等乡绅家里，从小接受了清教徒的熏陶。17岁时，他进入剑桥大学学习，后因为父亲去世而终止学业。1626年，克伦威尔被选为议会议员，开始走上政治道路。英国国王查理一世因为对议会不满，便将议会解散，开始了长达11年的独裁统治。议会被解散后，克伦威尔回到了家乡亨廷顿，成为那里的乡绅。随着英国民众对查理一世的反抗情绪不断高涨，1638年，苏格兰人民举行了起义。1642年，英国爆发内战。这为克伦威尔发挥其军事才能提供了广阔的舞台。克伦威尔从一个骑兵上尉变成了骑兵团首领。1645年，克伦威尔率领他的"新模范军"将查理一世的军队击败，结束了英国内战。

1649年，英国议会宣布废除封建君主制度，建立共和国。1653年，克伦威尔获得了议会的全部权力，掌握了英国的军事权和民政权。1654年，克伦威尔通过制订新宪法，成为英格兰、苏格兰和爱尔兰的护国主。此后，他平定了王党骚乱和平等派的反护国起义，巩固了自己的统治地位。1657年，克伦威尔登上了英国国王的宝座。不过，他在位仅一年时间，就因为健康问题去世了。

法王路易十四

路易·迪厄多内·波旁，也称作路易十四，是法国波旁王朝的国王，也是世界上执政时间最长的君主之一。

路易十四是法国国王路易十三和西班牙公主安娜的长子。1643年，年仅4岁的路易十四便成为了法国国王。由于他年纪太小，他的母亲安娜代替他处理朝政。不过，在此后的18年里，法国的政权一直掌握在红衣主教马萨林手中。1661年，23岁的路易十四开始亲政。

路易十四执掌法国政权长达54年。在这段时间里，他将巴黎高等法院对国王敕令的指摘权取消，使用武力镇压反叛的外省贵族，拒绝召开王国三级会议，建造凡尔赛宫，将各地的大贵族变成宫廷成员，削弱了贵族的力量，巩固了中央集权。在经济方面，他推行重商主义，促进了法国经济的发展。在军事方面，他扩充兵源，整顿军备，引入先进武器，使得法国的军事实力得到很大提升。在他的治理下，法国成为当时非常强大的国家。

不过，路易十四生活奢侈，经常在凡尔赛宫举办宴会。此外，他还发动了很多战争。这些因素使得法国经济在他执政后期濒临破产。为了解决经济问题，他只得向农民征收更多的赋税。这加重了农民的负担，并导致1789年法国大革命的爆发。

历史事件

雅利安人大迁徙

雅利安人被认为是印欧语系民族的共同祖先，也是欧洲对印欧语系各族的总称。

雅利安人属于高加索人种，最早居住在俄罗斯南部的乌拉尔山脉地区。几千年前，为了生存，他们开始向外迁徙，被称作雅利安人大迁徙。

雅利安人最初是游牧民族，公元前3000年他们就有了部落联盟，并且开始使用铜器，同时蓄养牛、马、羊、猪等，在当时是一个文明先进的父系氏族部落。因为是游牧民族，所以为了寻找水草更丰富的牧场，他们逐渐向外迁徙。公元前3000年至公元前2000年之间，一支雅利安人跨过高加索山脉，从俄罗斯南部的库班地区迁徙到小亚细亚的安那托利亚高原。这部分雅利安人与当地人不断融合，成为后来的卢维人、帕来人、西台人和吕底亚人。同时，另外一支雅利安人从黑海沿岸进入巴尔干半岛，之后又进入希腊，成为后来的希腊人。公元前2000年左右，一批雅利安人从东欧草原沿着多瑙河向西迁徙，其中一部分进入意大利，成为拉丁人，一部分进入西欧，成为塞尔特人，还有一部分进入北欧，成为日耳曼人。同样是在公元前2000年左右，一批雅利安人沿着里海南下，进入伊朗高原，建立米坦尼王国和喜特王国，居民分别被称为米坦尼人和喜特人；后来又有一批雅利安人来到伊朗高原，建立起了米底王国和波斯帝国，居民分别被称为米底人和波斯人。

公元前1400年左右，在伊朗的雅利安人向南迁徙到南亚次大陆，进入印度河上游地区，并且征服了当地的土著人。到公元前1000年，雅利安人已经将势力扩张到了恒河流域和南印度部分地区。雅利安人在印度的扩张过程中不断征服当地土著居民，到公元前600年的时候已经建立起20多个国家。这一时期在印度被称为列国时代。雅利安人统治时期，形成了印度历史上森严的种姓制度，影响至今仍然存在。至此，雅利安人持续上千年的大迁徙基本结束。

铁列平改革

铁列平改革是指公元前16世纪赫梯帝国君主铁列平主持的一场改革运动。

铁列平改革影响深远,使铁列平成为赫梯帝国最著名的君主。

赫梯帝国于公元前19世纪形成于小亚细亚地区,起初是一个小国家,后来逐渐强盛起来,并且不断侵扰两河流域的国家,甚至攻陷了巴比伦城,终结了古巴比伦王国。公元前16世纪,赫梯帝国内部因为王位继承问题爆发内战。这场内战长达数十年,大大削弱了王室的统治力,一些大贵族则从中获利。新的国王铁列平继位之后,立即着手改革,尤其是在王位继承问题上。在此之前,赫梯帝国的王位继承人需要通过公民议会和贵族议会的通过,并且没有固定的法则,非常混乱。铁列平规定,国王去世之后,第一继承人为国王的长子,长子如果不能继承,继位人为次子,以此类推;如果国王没有儿子,第一继承人为长女的丈夫。为了避免王室间因为继位问题相互残杀,他还规定,国王没有权利处死自己的兄弟姐妹,王室之间的纠纷交由公民议会解决,王室成员犯罪只能本人受罚,不得连累家属。

希腊大殖民运动

公元前8世纪至公元前6世纪,希腊人进行了大规模的海外殖民运动。

希腊大殖民运动使得黑海沿岸的所有地区和地中海沿岸的大部分地区都成了希腊人的殖民地。

大殖民运动的起因有很多,首当其冲的就是人口过剩。当时希腊地域狭小,生产力低下,人口却在不断膨胀,为了养活这些过剩的人口,统治者不得不迫使部分希腊人移民。另外,当时希腊境内有很多政治集团,相互之间展开了激烈的斗争,斗争失败的政治集团无法再在国内立足,只能迁往国外。除了这两点,还因为希腊境内的工商业发展迅速,工商业奴隶主们为了寻找海外市场与原料产地,纷纷到国外建立商业据点,希腊殖民城邦就是在此基础上形成的。

大殖民运动为希腊及其殖民地带来了巨大影响:它使希腊人的活动范围大为扩张,促进了希腊的经济繁荣发展;与此同时,它又让殖民地人民陷入了水深火热之中,他们被剥削、被压迫、被奴役甚至被杀戮。这场殖民运动对他们而言,根本就是一场浩劫。

罗马平民运动

公元前510年，罗马人民推翻了小塔克文的统治，建立起了罗马共和国。

罗马平民运动是指公元前494年，罗马平民因为不满自己饱受贵族压迫，拒绝为罗马出战，并集体离开罗马为自己争取权益的一次运动。

罗马共和国实行元老院、执政官、部族会议三权分立制。人们原本以为不平等已经被消除，谁知很快国内就形成了两大对立阶级——贵族和平民。贵族阶级占有土地和财富，在政治、经济、军事、宗教各方面都享有特权；而平民阶级虽然人数众多，但是基本上没有土地，只能租种贵族的土地，或者为贵族卖命，社会地位低下。最让平民们不能忍受的是，当时的罗马法律规定，一旦起了战事，平民有义务上战场，并且要自带武器。平民对此多有怨言，最终元老院不得不就此召开元老会议，商讨解决。一部分元老认为应该采取强硬措施，不能纵容平民随便提要求；另一部分则认为应该答应平民的要求。

就在元老院会议进行的过程中，罗马遭遇附近部落的入侵。平民们不肯上战场作战，元老院只好答应平民们的请求。战事结束之后，元老院食言，不承认此前的承诺。就在这时，外族再次入侵，罗马危在旦夕，新任执政官瓦勒里勒为元老院作担保，保证战事结束后一定满足平民们的请求。在击退敌人的进攻之后，元老院再次食言。瓦勒里勒一气之下辞去了执政官的职务，带领平民离开罗马。有将近一半的人跟着瓦勒里勒离开了罗马城。元老院知道事态严重，不得不承认平民具有选举保民官的权利和召开平民大会的权利。从此，平民可以参与政治活动。罗马平民运动的胜利，为罗马日后成为一个强大的共和国奠定了基础。

张骞出使西域

中国汉朝时期，汉武帝为了联合大月氏攻打匈奴，派使臣张骞出使西域。

公元前138年，张骞带着上百人离开长安，出使西域。走到半路时，张骞被匈奴俘虏。单于下令将张骞等人囚禁在匈奴。十多年后，张骞才找到机会，逃了出去。

张骞几经辗转，总算来到了西域的大宛。大宛国王应张骞的请求，派人护送他到了大月氏。张骞在大月氏逗留了一年多，但月氏王根本无意与汉室结盟，无论张骞怎样游说都无济于事。最后，张骞只好离开大月氏，返回长安。

张骞此次出使西域总共耗费了漫长的13年时间，尽管他未能完成汉武帝交给自己的任务，但就此打通了汉朝与西域之间的通道。

公元前119年，汉武帝命令张骞第二次出使西域。张骞先后到了乌孙、大

宛、大月氏、于阗等国，并代表汉朝与这些国家建立了友好关系。此后，西域各国不断有使臣慕名来到汉朝，汉武帝也时常派出使臣到西域各国进行友好访问。西域与汉朝之间的贸易往来随之变得越来越频繁。中国汉朝的丝绸大量出口，它们首先被运送到西域，然后再运往西亚，最后运到欧洲，这条线路就是举世闻名的"丝绸之路"。

斯巴达克起义

由于领导者名为斯巴达克，所以这次起义被称为斯巴达克起义。

斯巴达克起义，是指公元前73至前71年发生在罗马共和国境内的一次大规模奴隶起义。这场起义不仅是古罗马历史上，同样也是世界古代历史上规模较大的一次奴隶起义，对世界历史的发展具有重要意义。

斯巴达克出生于希腊东北部的色雷斯，长相英俊，智勇过人。后来，他参加反抗罗马入侵的战斗，不幸被俘，成为奴隶。斯巴达克因为体形健壮，被奴隶主送到角斗士学校接受训练。但是，斯巴达克有一颗向往自由的心，他不断向周围有同样遭遇的人宣扬自由，逐渐成为角斗士中的领袖。斯巴达克原本打算率领200个角斗士暴动，泄密后不得不提前行动。最终，只有78人冲了出来。

此后，斯巴达克起义军的规模迅速扩大，很快达到了1万人。很多生活在社会底层的奴隶、角斗士、没有土地的流民，纷纷加入到起义军队伍中来。为了增强战斗力，斯巴达克将军队分为步兵团、骑兵团、侦察兵、通信兵等。另外，还对士兵进行严格的军事训练。很快，这支七拼八凑的部队成为一支正规军。起义军在意大利南部所向披靡，接连打败了政府军。

公元前72年，斯巴达克起义军的规模已经超过12万人，罗马元老院为之震惊，不断派出大军前去围剿。这时，起义军内部产生了严重分歧，斯巴达克以及军中奴隶出身的士兵主张北上，越过阿尔卑斯山，离开意大利。而底层民众出身的士兵则不愿意离开意大利，这里再怎么说也是自己的家乡。分歧导致起义军分裂，贫民出身的士兵约有3万人离开了起义军，但很快遭到政府军的歼灭。斯巴达克则率领起义军继续抵抗政府军，他放弃了北上的计划，选择南下。元老院再次派出大军，围剿起义军。

公元前72年秋天，起义军遭到政府军的围困。虽然斯巴达克率领起义军突出了重围，但是兵力损失了三分之二。公元前71年，斯巴达克起义军与罗马政府军在阿普利亚省南部展开决战，最终起义军溃败。6万将士几乎全军覆没，斯巴达克也战死沙场。斯巴达克起义宣告失败。

巴高达运动

巴高达在当地语言中是"战士"的意思，参加运动的人自称为"巴高达"，因而人们将这场反抗运动称为巴高达运动。

巴高达运动是指罗马帝国时期，高卢地区生活在底层的人民发起的反抗运动。

伴随着罗马帝国政治、经济的衰落，底层人民的生活愈发艰难。很多农民失去土地，成为流民或者奴隶。最终，人民对统治者的不满变成了起义。公元186年，一个名叫马特努斯的士兵因为不满统治者的腐败，发动起义。起义军规模迅速扩张，他们占领城市和农田，解放奴隶，因此受到了底层人民的拥护，并很快横扫高卢地区。起义军引起了罗马帝国的恐慌，他们派出几路大军前来围剿。起义军因为叛徒告密，很快被镇压下去。起义虽然被镇压下去，但是革命的火种还在。

公元283年，巴高达起义再次爆发，起义军得到了底层民众的支持。他们攻击庄园贵族，夺回属于自己的财富和土地。与此同时，他们选举了领导人，甚至发行了自己的货币。这次起义同样惹怒了罗马帝国的统治者。罗马元首派大军来镇压，但被巴高达起义军化整为零，分股击破。罗马统治者为军队制定了残酷的惩罚措施，逼迫他们进攻。最终，罗马军队将巴高达起义军逼到了一个城堡中。在长期围城的情况下，巴高达起义军多数战死，起义失败。

· 1055 ·

公元408年，巴高达运动再次高涨。罗马帝国将领率军经过高卢地区的时候受到伏击，损失惨重，高卢人从他们手中夺走了众多武器和装备。公元435年，不仅在高卢地区，西班牙、北非、色雷斯、多瑙河流域等地也相继爆发了大规模的起义。公元449年，巴高达起义军与罗马大军进行了一次决战，最终起义军战败。随后，一些残余的起义军转移到西班牙地区，持续抗争了多年。

巴高达运动是阶级矛盾的产物，反映出罗马帝国在政治、经济上的极度衰落，预示着奴隶制已经走到了末路。对处在风雨飘摇中的罗马帝国来说，巴高达起义是一记沉重的打击，它加速了罗马帝国的灭亡。

东晋与拜占庭建交

拜占庭即东罗马帝国。

公元4世纪，罗马帝国分裂为东、西两部分，其中东罗马帝国以君士坦丁堡为首都。君士坦丁堡本曾经是古希腊移民城市拜占庭的所在地，因而东罗马帝国又被称为拜占庭帝国。

丝绸之路开辟后，中国与拜占庭帝国的往来越来越密切。公元345年，拜占庭帝国派出使者出使中国东晋王朝。公元347年，东晋与拜占庭正式建交。公元363年，东晋皇帝司马丕派使者出使拜占庭，双方达成协议，保证通往拜占庭的丝绸之路畅通无阻。此后，两国不断通过丝绸之路进行政治、经济、文化等方面的交流。

民族大迁徙

当时罗马帝国已经奄奄一息，无力抵抗异族入侵，这更鼓励了外族迁徙到罗马帝国境内。

民族大迁徙是指公元376至公元568年间，罗马帝国境外的"蛮族"部落强行迁居罗马帝国内部，并在这个过程中建立起自己国家的过程。这些"蛮族"主要以日耳曼人为主，当时日耳曼民族刚刚经历了原始公社制解体，他们渴望向外侵略，扩张领土。加上人口迅速增长，对耕地和牧场的需求大大增加，他们不得不向外迁徙。

当然，迁徙的过程不可能是一帆风顺的，必定要伴随着征战和血泪。公元376年春，一支匈奴部队在罗马元首的准许下袭击了一支西哥特人。西哥特人属于日耳曼民族的一支，这件事很快成为民族大迁徙的导火索。西哥特人原本就不满罗马官员的压迫，他们举行了起义，接连打败罗马军队，甚至罗马元首也在作战中身亡。罗马帝国新的继任者不得不允许西哥特人定居巴尔干半岛。公元395

年，罗马元首去世，西哥特人在阿拉里克的率领下趁机重新起义，攻占了罗马帝国的很多要地，包括意大利和希腊。就在南下攻打西西里和北非的途中，阿拉里克去世。西哥特人挥师北上，占领高卢地区，并于公元418年成立了西哥特王国。

迁徙到罗马帝国的不仅仅有西哥特人，还有同属于日耳曼民族的苏维汇人、汪达尔人，以及不属于日耳曼民族的阿兰人等。其中苏维汇人于公元409年进入西班牙，建立了苏维汇王国；汪达尔人和阿兰人于公元439年攻陷迦太基，建立了汪达尔—阿兰王国。公元455年，汪达尔人攻陷罗马城，将千年古城罗马洗劫一空，并放火烧掉了很多历史古迹。公元457年，勃艮第人在高卢东南部建立勃艮第王国。公元486年，法兰克人击败罗马军队，在高卢北部建立法兰克王国。公元493年，东哥特人建立东哥特王国，定都拉文纳。勃艮第人、法兰克人和东哥特人也属于日耳曼民族。还有同样属于日耳曼民族的盎格鲁、撒克逊和裘特等部落，他们横渡北海进入不列颠，建立起了自己的王国。公元568年，日耳曼民族的伦巴第人占领北部意大利，建立伦巴德王国，标志着民族大迁徙的终结。

以日耳曼民族为主的民族大迁徙，前后持续了近两个世纪，使得罗马帝国变得名存实亡，不堪一击，直接导致了后来罗马帝国奴隶制的结束和欧洲封建制的开始。

索贡巡行

表面上，大公宣称是征收，实际上是掠夺。

公元9世纪末，每年初冬，基辅罗斯国的大公都会率兵到辖区内的各个地方征收贡物。人们将这种行为称为索贡巡行。

公元67世纪，居住在东欧平原上的斯拉夫人开始向外地迁徙。他们中的一部分迁往西方，成为后来的波兰人、捷克人和斯洛伐克人；一部分迁往南方，成为后来的塞尔维亚人和保加利亚人；一部分迁往东方，成为后来的俄罗斯人和乌克兰人。迁往东方的斯拉夫人也被称为东斯拉夫人。到了公元9世纪，斯拉夫人逐渐走出原始社会末期，很多部落相互结盟，并最终发展成为公国，其中最大的公国是基辅公国和诺夫哥罗德公国。但就在此时，斯堪的纳维亚半岛上的诺曼人入侵东斯拉夫人的领土，他们烧杀抢劫，无恶不作，还将俘虏贩卖到别的地方去做奴隶。公元862年，诺曼人首领柳里克率军攻占了诺夫哥罗德公国。公元882年，基辅公国也被诺曼人占领，此后诺夫哥罗德和基辅两个公国合二为一，被称作基辅罗斯国，最高统治者被称为大公。诺曼人原本就是以四处征战掠夺为生，所以他们每年都会到辖区各地去掠夺贡物，包括毛皮、蜂蜡、粮食等，甚至还会掠夺人口，卖到别的国家去做奴隶。这些掠夺来的贡品一般会被大公发放给部下，换取他们的效忠，以此维系统治。还有一部分贡物被运往别的国家，换取纺织品、瓷器、酒等物品。

· 1057 ·

索贡巡行是一种掠夺和剥削行为。时间一长，这引起了东斯拉夫人的强烈不满，并最终导致起义的发生。公元 945 年，在索贡巡行途中，伊戈尔大公和他的亲信部队突然遭到民众攻击，伊戈尔遇袭身亡。

推古天皇遣使节入隋

推古天皇是日本历史上著名的女天皇。

推古天皇统治日本期间，先后于公元 600 年、607 年、608 年、614 年 4 次派遣使节出使中国隋朝。

公元 600 年，推古天皇首次派出遣隋使，隋文帝亲自接见。这在隋朝的史料中可以找到相关的记载。公元 607 年，推古天皇派小野妹子率领日本使团再度来到中国，一方面是为了学习隋朝在政治、经济和文化方面的成果，另一方面也是为了与中国建立外交关系。此前，日本一直甘于做中国的属国，推古天皇却首次提出要与中国平起平坐。公元 608 年和 614 年，推古天皇又两次派出遣隋使，将汉文化大量引入日本社会，促使日本进入飞鸟时代，即日本历史上首个文化繁荣的时代。

日本遣唐使团

要成为遣唐使的一员，事先要经过严格的考察与筛选。

公元 630 年至公元 894 年间，日本先后向中国唐朝派遣了十余次遣唐使团，以学习中国先进的文化，促进日本社会的发展进步。

遣唐使素质都非常高，他们之中有不少人从中国学成归国后，都成了日本的名士。

公元 717 年，年轻的阿倍仲麻吕被选为遣唐使的一员，奉命来到中国学习。他在中国苦读多年，最后考中了进士，并开始在中国为官。当时在位的中国皇帝唐玄宗御赐他一个中国名字——晁衡。晁衡在中国度过了漫长的 40 余年，与当时的大诗人李白、王维等人结下了深厚的友谊。

日本通过派遣遣唐使，将中国的文化源源不断地引入日本社会。与此同时，日本也将本国在各行各业的人才大量送往中国，从而实现了两国在政治、文化、经济等方面的双向交流。

日本的遣唐使团人数起初为 200 多人，随着时间的推移，逐渐增加到 500 多人。如此大规模的交流，在中日文化交流史上可谓空前绝后。到公元 9 世纪末，日本已基本完成对中国文化的移植。加之当时唐朝已进入动荡年代，派遣遣唐使团多有不便，日本天皇便于公元 894 年停止向中国派遣遣唐使。

源平争霸

1181年，战斗扩大到九州和四国地区。

源平争霸是指日本平安时代末期，源氏与平氏两大武士家族之间为了争权夺利而发生的一系列争斗。平安时代，日本武士阶层势力不断增加，最终取代了贵族，成为最具实力的阶层。其中，平氏和源氏成为实力最强的两个家族。

在最初的较量中，平氏家族重创源氏家族。1159年的一役，几乎将源氏家族赶尽杀绝。最终，源氏家族被赶出朝野，而平氏家族在朝中独揽大权。1180年，源氏家族东山再起，源赖朝在镰仓地区起兵，发誓要消灭平氏家族。源赖朝以仁王的名义起兵，号召全国源氏跟他一起反抗平氏的统治。源赖朝率兵在石桥山与平氏部队展开厮杀，以失败告终，之后逃到安房地区。在安房，源赖朝集结了京东地区大大小小的武士团，再次与平氏部队发生战斗。这次战斗被称为富士山之战，结果源氏取得大胜。此时，一些处于观望中的武士和底层人民纷纷拿起武器，加入到了源氏阵营中。1183年，源氏部队攻入京都，平氏家族随即迁离。1185年，源氏军队在坛之浦海湾大败平氏部队，平氏家族成员纷纷跳海自尽，包括时年8岁的安德天皇。源平争霸结束，源氏最终获得胜利，成为日本政权的统治者。源平争霸的结束，标志着平安时代的终结。从此，日本进入幕府统治时期。

西西里晚祷战争

西西里晚祷战争是指1282年发生在西西里岛的一场反对西西里国王卡洛一世统治的战争。

神圣罗马帝国与罗马教廷之间一直存在矛盾，他们都想独占意大利的统治权。神圣罗马帝国同法军交战失败后，罗马教廷将西西里王国的统治权从罗马帝国手中交到法国手中，法国国王路易九世将西西里王国交给自己的弟弟夏尔统治，夏尔也就是后来的西西里国王卡洛一世。卡洛一世非常看重西西里的战略位置，因为从这里可以进攻地中海沿岸的任意地区。其中，击败拜占庭帝国是他梦寐以求的愿望。然而，法国人在西西里的统治太过残暴，最终引发了晚祷战争。

事情的起因有两个版本。一个说法是，1282年3月30日，西西里人正在举行复活节庆祝活动，一群喝醉的法国军人和官员闯入活动人群，并当众侵犯了一位已婚妇女。这名妇女的丈夫一怒之下杀死了其中一名法国军人，当这群法国人想要报复的时候引起了公愤，被游行的西西里人全部杀害。恰逢此时，教堂响起了晚祷的钟声，这次冲突引发的战争因此被称之为晚祷战争。另外一个版本是，西西里人正在举行复活节庆祝活动,突然一队法国军人要求检查群众中是否有人私带武器。一些法国军人借机调戏妇女,引起公愤,随即引发了对法国人的围剿行动。这一行动很快传遍全岛,到处都展开了针对法国人的作战。

与法国人开战之后,西西里岛上各个乡镇都建立了自己的政权机构,并且这些机构联合起来,组成了城邦同盟,共同管理西西里岛,全岛只剩一个城镇依旧效忠卡洛一世。趁着岛上大乱,阿拉贡国王彼得罗三世率军登陆西西里岛,并确立了自己在西西里岛的统治地位,自称西西里王彼得罗一世。卡洛一世丢掉西西里岛之后,控制范围仅剩亚平宁半岛部分。他并不甘心,多次进攻西西里岛,试图夺回这一战略要地,但均未成功。1442 年,晚祷战争爆发 160 年后,阿拉贡人打败了卡洛一世的后代,统一了西西里王国。

"羊吃人"的圈地运动

15、16 世纪,在刚刚开通的新航线和海外市场的刺激下,英国纺织业迅猛发展。

为了得到更多的原材料羊毛,15 世纪开始,英国新兴资产阶级和贵族将农民从土地上赶走,将占领的土地圈起来改为牧场。当时的很多农民变得一无所有,成为流民。这场运动被称为"羊吃人"的圈地运动。

农民失去土地后,失去了生存的保障,无奈之下纷纷起义反抗。然而,他们的反抗很快遭到镇压。在这种情况下,人们不得不背井离乡,四处流浪。流民越来越多,逐渐成为社会不稳定的因素,这让英国统治阶层苦恼不已。当时正是英国社会的转型期,国家产业的重心由农业转移到工业上面,大量新兴工厂开工,急需廉价劳动力。于是英国国王下令,流民必须在规定时间内找到工作,否则将受到惩罚,甚至是死刑。英国国会也颁布了类似的法律,规定时间内找不到工作的流民将成为奴隶。失去土地的农民被迫走进工厂,从事艰苦的劳动,领着微薄的薪水,被迫接受资产阶级的压迫。

英国圈地运动一直到 19 世纪末期才宣告终结。1876 年,英国国会颁布法案,严禁圈占公共土地。在此之前的几百年时间里,英国超过一半的土地成为牧场,同时完成了由农业社会向工业社会的转型,而其中付出代价最大的就是生活在底层的农民。

"扎克雷"起义

"扎克雷"在法语中是"乡下佬"的意思,是贵族对农民的蔑称。

扎克雷起义是指 1358 年法国农民为了反抗国内封建贵族而爆发的一次大规

模起义。

　　14世纪初，法英两国之间多次爆发战争。高额的战争经费使得法国农民缴纳的地租越来越多，而农民对于封建贵族的剥削也越来越不满。1356年，英国王子在法国大肆掠夺，但法国国王约翰二世却不敢应战，引起人民不满。1357年，约翰二世决定阻击英军，不料战败。约翰二世被英国爱德华王子俘虏，带回伦敦。当时法国的查理太子为了让父亲回国，不得不满足英国人提出的巨额赎金要求。为了凑足赎金，查理太子向巴黎人民横征暴敛，结果引起人民的反抗。1358年2月，巴黎爆发武装起义。

　　事后，查理太子为了夺回巴黎，逼迫巴黎附近的农民提供军饷，并且参与修建工事。就在这时，一位名叫吉约姆·卡勒的农民提出了消灭贵族的口号，很快得到拥护，并成立了一支农民起义军。扎克雷起义正式爆发。起义军很快得到了底层人士的支持，农民、手工业者、小商人纷纷加入起义军，起义军的规模很快达到十万人。扎克雷起义军的攻击目标主要是封建贵族，他们冲进贵族居住的城堡，将贵族杀死，毁掉账簿和田契。

　　为了增强起义军的战斗力，扎克雷起义军与巴黎城内的起义军结成同盟，约定相互支持。然而，巴黎城内的起义军利用扎克雷起义军的力量之后，便切断了与扎克雷起义军的联系。就在此时，吉约姆·卡勒中了敌人的奸计。他不幸被捕，并很快被处死。吉约姆·卡勒死后，扎克雷起义军群龙无首，很快被查理的军队击溃，两万名起义军俘虏被杀。1358年6月，贵族对起义军的镇压宣告终结，法国历史上规模最大的农民起义就这样结束了。

梳毛工起义

　　参与起义的小手工业者主要是梳羊毛工人，所以被称为梳毛工起义。

　　梳毛工起义是指1378年在意大利佛罗伦萨爆发的一场小手工业者反对大工商业者的起义。

　　当时意大利城市中存在着严重的阶级对立，一方是底层的小手工业者，包括梳毛工、洗碗工、小商贩等，他们没有自己的行会组织；另一方则是大商人和工厂主，他们有自己的商会组织。大商人和工厂主常常剥削小手工业者，两方之间的矛盾越来越尖锐。1378年7月，生活在底层的人民向政府提出税收制度公正化的要求，同时提出要组建工会。7月22日，积怨已久的底层人民发动起义，强行占领了佛罗伦萨市政府。这一行为得到了大众的支持，政府迫于压力同意了他们的请求。

　　但是好景不长，由于缺乏统一的行动纲领，不同行业的人诉求不同，意见不一，仅仅持续了几周，起义军便被政府和商业联合会镇压下去，刚刚成立的梳毛工工会也被强行解散，一切都恢复到了起义前。

郑和下西洋

郑和下西洋，代表了当时世界航海事业的最高水平。

从1405年到1433年，郑和率领明朝船队先后七次下西洋，抵达了亚非两洲的30多个国家和地区，并开辟了太平洋西部到印度洋等大洋的直达航线。郑和因此成为一名世界闻名的航海家。

郑和原名马三保，自幼便被阉割成太监，送到燕王朱棣府中为奴。在靖难之役中，马三保立下大功。朱棣登基成为明成祖后，便为他改名为"郑和"。

1405年，郑和在明成祖的支持下第一次下西洋。此行的第一站是印度爪哇岛的麻喏八歇国。当时该国国内正在混战，郑和的随从被误杀。其余随从要求为死去的同伴复仇，却被郑和制止。郑和不希望引起两国的干戈，将此事禀明了明成祖，并建议和平解决此事。明成祖听取郑和的意见，之后两国达成和解。

1407年，郑和返回国内。当年秋天，他又开始了第二次下西洋之旅。这一次，他遍访东南亚各国，最后于1409年夏天回国。

1412年，郑和在明成祖的命令下，开始为第四次下西洋做准备。1413年冬天，郑和率领船队正式启航。这次航行的规模，远远超过此前的三次，随从总人数更是高达2.7万多人。郑和带着船队先后抵达了占城、爪哇、苏门答腊、马尔代夫等地，最终于1415年夏天回国。

1416年，郑和第五次下西洋，船队最后到达了非洲东海岸和阿拉伯半岛。

1421年，明成祖最后一次支持郑和下西洋。截止到这次，郑和的船队已经走遍了亚洲和非洲的各个国家和地区。

在此后的8年间，郑和一直没再下西洋。1430年，他在明宣宗的支持下开始第七次下西洋之旅。郑和原计划要航行到非洲南部海峡，但在抵达印度西海岸时，因病去世。此次航行被迫中断，郑和下西洋的壮举就此终结。

应仁之乱

这场内战发生于应仁元年，因而被称为应仁之乱。

应仁之乱是指日本室町时代的封建领主之间的一场内战。此战之后，日本进入战国时代。

1449年，日本室町幕府第八代将军足利义政上位执政，但是他整日沉迷酒色，根本无心管理朝政。在这种情况下，百姓日渐不满，起义和暴动在各地不断发生。在镇压起义的过程中，国家大权逐渐从将军手中滑落到守护大名手中，其中权力最大的两位守护大名分别是细川胜元和山名持丰。足利义政没有儿子，便立自己的弟弟为继承人，并让细川胜元辅佐。然而第二年，足利义政突然有了儿子，便又将继承人改为自己的儿子，并让山名持丰辅佐。就这样，两位继承人的支持者，分别形成以细川胜元和山名持丰为代表的两派。

1467年，细川胜元与山名持丰向京都调集了大量军队。细川胜元及其支持者将营地设在将军驻地幕府，被称作东军。山名持丰及其支持者将营地设在幕府以西的山名持丰官邸，被称作西军。5月26日，两军首次交锋，西军处于劣势。8月，2万名支持西军的部队进入京都，西军开始扭转败势。10月，两军在相国寺发生激战，互有胜负，战事由此陷入胶着。与此同时，地方上的武士趁着两派争斗，坐收渔翁之利，积极扩大领地。全国陷入一种群龙无首，各自割据的局面。这种局面让细川胜元和山名持丰感到恐慌，两人开始和谈。1473年，细川胜元与山名持丰先后去世。谈判一直持续到1477年9月，两军各自作出让步，内战结束。11月，两军撤出京都。多年的内战不仅让人民受尽战争之苦，还将大半个京都变成废墟，尤其是具有历史意义的相国寺，遭到了毁灭性的破坏。这次内战之后，幕府实力进一步衰落，日本开始进入各国混战的战国时代。

红白玫瑰之战

1485年，英国金雀花王朝结束。

红白玫瑰之战是指英国15世纪中期发生的一场两个家族争夺王位的内战，其中兰开斯特家族的族徽是红玫瑰，约克家族的族徽是白玫瑰，所以这场内战又被称为红白玫瑰之战。

金雀花王朝结束之后，掌握政权的为两个家族——兰开斯特家族与约克家族。原本，约克家族应该继承王位，但是兰开斯特家族抢先一步，继承了王位。

这为日后两个家族之间的王位之争埋下伏笔。当王位在兰开斯特家族继承到第三代人，也就是亨利六世的时候，政权开始动摇。亨利六世昏庸无能，并且体弱多病，致使王权落在摄政王爱德蒙·蒲福手中。蒲福不懂治理国家，摄政期间丧失了大片国土，引起百姓和贵族的不满。约克家族趁机发动红白玫瑰之战。

1455年5月22日，约克家族的查理公爵与亨利六世的军队相遇，产生摩擦，后来双方讲和。查理公爵知道蒲福想除掉约克家族，于是先下手将蒲福杀死，之后取代他成为摄政王。亨利六世对此并无异议，但他的妻子玛格丽特王妃知道查理公爵的真实意图，并向亨利六世告状，说查理公爵有篡位之心。最终，亨利六世解除了查理公爵摄政王的职位。查理公爵回到爱尔兰之后心有不甘，立即组织军队杀回伦敦，并俘虏了亨利六世。查理公爵的行为没有得到大臣们的支持，只得重新让亨利六世做国王，并把自己定为继位者。

很快，流亡在外的玛格丽特召集一支军队。这支大军杀回伦敦，查理公爵战死，玛格丽特王妃则继续派人追杀查理公爵的儿子爱德华。为了杀死爱德华，彻底消除约克家族，玛格丽特王妃不惜以割地的代价从苏格兰女王那里借调军队。玛格丽特王妃率领的军队同支持爱德华的军队在伦敦进行了一场大战。最终，爱德华的军队取胜，玛格丽特王妃再次逃脱。

爱德华将亨利六世软禁起来，自己继承王位，成为爱德华四世。爱德华打算与勃艮第结盟，而他的助手沃里克则希望能与法国结盟，并暗中为他联系与法国的公主联姻。实际上，爱德华已经秘密成婚。沃里克知道后深感受到侮辱，随即发动叛乱。叛乱失败后，沃里克逃到法国，并在那里遇到了流亡的玛格丽特王妃。在法国国王路易十一的支持下，沃里克和玛格丽特结盟，率军打回了英国。爱德华被迫逃出伦敦，流亡勃艮第，亨利六世重返王位。但是没过多久，爱德华在勃艮第的帮助下又杀回了英国。这一次他没有心软，杀死了亨利六世和玛格丽特的儿子。

爱德华死后，将王位传给12岁的儿子爱德华五世，同时任命自己的弟弟理查德为摄政王。但是理查德窥觊王位已久，他将爱德华五世及其9岁的弟弟囚禁于伦敦塔，并宣称他们是爱德华四世的私生子，没有权利继承王位。国会同意了这个说法，剥夺了爱德华五世的王位，理查德继位，即理查德三世。后来，兰开斯特家族的亨利·都铎战胜了理查德三世，重新将王位夺回，即亨利七世。为了巩固王位，亨利七世将约克家族的第一王位继承人、爱德华四世的女儿伊丽莎白娶为妻子，两个家族合二为一。至此，红白玫瑰之战结束，英国进入都铎王朝。

"乞丐"变成"海上马车夫"

"海上马车夫"是对17世纪称霸海洋运输业的荷兰船队的称呼，而"乞丐"则是对尼德兰资产阶级革命中的游击队的称呼。

16世纪中期，西班牙控制下的尼德兰地区爆发了资产阶级革命。在革命初期，起义队伍遭到了西班牙军队的镇压，便分散到各个地方进行游击作战。1566年4月，起义军的三名领袖在向西班牙总督请愿时，被西班牙总督骂为"乞丐"。之后，尼德兰的游击队伍便以"乞丐"自称，其中森林中的游击队叫做"森林乞丐"，海上的游击队叫做"海上乞丐"。

经过长期斗争后，尼德兰资产阶级革命取得胜利，建立了荷兰共和国。独立之后，荷兰的资本主义迅速发展，开始开展海上贸易。由于海上运输规模的增加，当年的"海上乞丐"很多都投入到海上运输业当中。荷兰的船队采用的是纯商船，船上并不携带兵器，因而运输量比其他国家的运输量较大。加之其船只的成本比较低，荷兰船队很快抢占了海上运输的大部分市场。当时荷兰有将近两万艘商船，占据海上运输量的百分之八十，因此被人们称为"海上马车夫"。

丰臣秀吉统一日本

1567年，织田信长开始了统一日本的大业。

丰臣秀吉出生于1537年，当时正值日本的战国时代。后来，尾张国在大名织田信长的领导下逐渐发展成为日本数一数二的强国。截止到1582年，织田信长已经统一了半个日本。然而就在这时，他遭到了家臣明智光秀的背叛，被迫自焚身亡。

丰臣秀吉是织田信长的得力部下。丰臣秀吉出身贫寒，自幼丧父，16岁便开始四处谋生。青年时期的丰臣秀吉好不容易找到机会成了织田信长府上的佣人，他努力发挥自己在军事方面的才能，引起了织田信长的重视。

织田信长去世时，丰臣秀吉已成为其麾下的一名大将。收到织田信长的死讯后，他马上率领军队杀死了叛变的明智光秀，并宣布继承织田信长之位。织田信长的儿子和部将纷纷起来反抗，最后全都败在他手上。位子坐稳以后，丰臣秀吉继承织田信长的遗志，开始为统一日本而战。

1585年，丰臣秀吉征讨纪州和四国。就在同一年，他下令在大阪修建的城堡竣工。之后，他将整个大阪作为自己统一日本的后方根据地。

1587年，丰臣秀吉征服了九州。1589年，他又平定了关东的北条氏，从而统一了全日本。

虽然统一日本的是丰臣秀吉，但后来统治日本的却是德川家康。1592年，野心勃勃的丰臣秀吉对朝鲜发起了进攻。朝鲜是明朝的属国，明朝政府收到消息，派出大军前去支援朝鲜。丰臣秀吉遭遇惨败，国内对他的非议之声不断。1598年，他气得一病不起，不久之后便离开了人世。德川家康乘机夺取了日本的统治大权，开始德川家族对日本长达200多年的统治。

德川家康建立江户幕府

幕府是日本特有的封建军事政权。

在日本的历史上，曾经有过三段幕府统治时期，最后一个幕府是江户幕府。江户幕府的建立者是德川家康，因而又被人们称为德川幕府。

德川家康于1543年出生于名古屋附近的冈崎，父亲是冈崎城主，他自幼被父亲送到别的军阀手中做人质，以换取军事支持。直到17岁那年，他才获得自由。他参与过反对丰臣秀吉的战斗，战败后不得不将自己的儿子送到丰臣秀吉那里做人质。丰臣秀吉非常欣赏德川家康，将自己的妹妹嫁给了他。就这样，德川家康成为丰臣秀吉的一名家臣。

1598年，丰臣秀吉病逝，随后整个统治阶层分裂为近江派和尾张派。按照丰臣秀吉的遗嘱，德川家康代理国政。德川家康偏向于支持尾张派，并与很多尾张派权贵进行联姻，而尾张派也希望能够得到德川家康的支持。与此同时，德川家康不断挑拨尾张派与近江派之间的关系，让他们互相残杀，以期丰臣家族的实力在内斗中耗尽。

1600年，德川家康获得消息，与他同为前朝遗老的上杉景胜正在招兵买马，密谋造反。德川家康给上杉景胜写了一封信，要求他出面解释。结果，上杉景胜没有回复，反倒是他的家臣回了一封羞辱和责备德川家康的信。德川家康大怒，决定趁这个机会灭掉上杉景胜，消除后患。德川家康集结了尾张派势力，征讨上杉景胜。然而就在此时，德川家康的旧敌联合近江派，试图消灭德川家康。德川家康派出一支部队赶回后方，与近江派在美浓地区对峙。德川家康率军消灭上杉景胜的部队之后，迅速赶往美浓地区。双方在关原地区展开决战，最终德川家康获胜。此役之后，德川家康掌握了实权，并创建江户幕府。日本由此进入了长达260多年的江户幕府时期。

投石党运动

第一次福隆德运动也被称为高等法院福隆德运动。

投石党运动又称为"福隆德运动"。"福隆德"是法语中"投石器"的音译，而17世纪的巴黎不准使用投石器。所以，"福隆德运动"可以理解为反抗政府运动。

1643年，年仅5岁的路易十四登基，成为新一任国王。朝政大权掌握在摄政，也就是他的母亲安娜手中。后来，安娜任命红衣教主马萨林担任首相，并将国家交给他管理。当时法国连年征战，为了满足军事需要，马萨林向金融巨头借

下巨额借款，并答应以后用法国的税收偿还。当时的法国，除巴黎以外，各个地区已被压榨干净，马萨林不得不向巴黎的中产阶级和法官下手，而这便成为福隆德运动的导火线。

1648年，马萨林下令，各地高等法院法官停止发放薪水4年。各地法院的法官联合起来，向政府提出建议，要求财政改革。政府不但拒绝这一建议，还逮捕了三位法官运动的领导人。人民彻底被激怒，起义爆发。

巴黎的起义者一夜之间筑起了上千个街垒。他们围堵马萨林及其支持者的住宅，并用投石机射击他们的住宅。与此同时，外省的人民也积极响应，多处爆发了农民起义。路易十四大为惊慌，派孔代亲王带兵前去镇压。巴黎的起义军坚持了三个多月后最终被消灭，起义失败。

这便是第一次福隆德运动。没过多久，爆发了第二次福隆德运动，即亲王福隆德运动。第一次福隆德运动中立下战功的孔代亲王想要取代马萨林的职位，但是没有成功，他便秘密策划推翻马萨林组建的政府。这一密谋被马萨林获知，马萨林先下手为强，将孔代亲王逮捕。孔代亲王有很多拥护者，知道这一消息后，他们在外省发动起义，教士和贵族也站在了起义军一边。马萨林迫于压力释放了孔代亲王。孔代亲王出狱后，联合西班牙一起进攻巴黎。路易十四和他的母亲，还有马萨林仓皇逃离首都。第二次福隆德运动虽然一时占了上风，但由于内部分歧巨大，缺乏民众的支持，最终还是被马萨林镇压下去。

光荣革命

这是一场没有流血的政变，也被称为"光荣革命"。

1688年，英国资产阶级和新贵族发动了一场以推翻詹姆斯二世的统治，防止天主教复辟为目的的政变。

　　詹姆斯二世即位后，违背以前政府制定的关于禁止天主教徒担任公职的"宣誓条例"，不仅委任天主教徒到国家各部门任职，还发布"宽容宣言"，给予所有非国教教徒以信仰自由，并残酷迫害清教徒，引起了英国国教会的强烈反对。另外，詹姆斯二世还向英国工商业的最大竞争者法国靠拢，严重损害了资产阶级和新贵族的利益。

　　1688年，为了防止天主教徒承袭王位，辉格党和托利党邀请詹姆斯二世的女婿，荷兰执政威廉来英国推翻詹姆斯二世的统治。威廉接受邀请，于11月1日率军在托尔湾登陆。詹姆斯二世听闻此事后出逃德意志，途中被截获送回伦敦。12月，威廉兵不血刃进入伦敦。

　　1689年1月，在伦敦召开的议会全体会议上，与会人员宣布由威廉和玛丽共同统治英国，称威廉三世和玛丽二世。会议还颁布了《权力宣言》，限制国王的权力，英国的君主立宪制也就此确立下来。

《尼布楚条约》

　　《尼布楚条约》不同于清朝末年的不平等条约，它是中俄双方在平等的基础上订立的边界条约。

　　1689年，中国清政府与俄国签订了《尼布楚条约》，这是清政府与西方国家签订的第一个条约。

　　沙皇俄国从16世纪后期开始向西伯利亚和远东扩张。17世纪中期，俄军已经越过外兴安岭，进入了中国的黑龙江。从这时候起，驻守黑龙江的清军便时常与来犯的俄军发生冲突。1657年，俄军侵占了雅克萨和尼布楚。康熙皇帝多次派兵围攻雅克萨，但每次俄军被赶出雅克萨后，趁着清军撤退之际，重新将雅克萨据为己有。

　　1686年，清军再度围攻雅克萨，城内的俄军不断溃败，沙皇政府被迫向清政府求和。1689年9月，中俄双方经过一系列谈判之后，正式签署了《尼布楚条约》。条约规定：外兴安岭以南、格尔必齐河与额尔古纳河以东至海的整个黑龙江流域，以及乌苏里江流域的土地全部属于中国。该条约明确划分了中俄两国的东西边界，从法律上肯定了黑龙江和乌苏里江流域，包括库页岛在内的广大地区都是属于中国的领土。

　　《尼布楚条约》签订后，俄国人撤出雅克萨城，他们在雅克萨建立的城障也被拆除了。从此，中俄东段边境地区进入了一段相对稳定的时期。

红溪惨案

屠杀主要发生在城西红溪河边，因而这场惨案也被称为红溪惨案。

红溪惨案，是指1740年10月荷兰殖民者在印尼雅加达大规模屠杀华人的事件。

雅加达于1619年成为荷兰殖民地。由于开拓殖民地需要大量劳动力，荷兰殖民者便从各地诱骗甚至俘虏华人来这里工作。后来，看到华人在经济上取得了一定成就，荷兰殖民者开始担心华人势力增加，会影响自己的统治，于是改变政策，限制华人入境，并最终发展为极端的排华行为。1727年6月10日，荷兰殖民当局规定，凡是没有居留证和无业的华人一律驱逐出境；这样的规定于1736年又颁布一次。华人与荷兰殖民者之间的关系逐步恶化。1740年7月，殖民当局以偷盗为理由逮捕和杀害华人，当地华人纷纷逃到城外，并推选了自己的首领，想要通过斗争来自保。不幸的是，这个消息走漏了出去。10月9日，荷兰殖民当局以聚众叛变为由，展开了对华人的大屠杀。荷兰殖民者以搜查军火为名，挨家挨户搜查，只要发现华人，无论男女老少，一律处死。屠杀进行了七天七夜，共计有1万多名华人被杀，烧毁房屋六七百间，财产损失无数。

红溪惨案发生之后，荷兰国会曾专门开会研究此事，并担心会影响与中国清政府之间的关系。中国福建总督也曾将这件事上报给乾隆皇帝。最后，清政府认为这些华人生于国外，长于国外，与外国人没有什么不同。尽管如此，清政府还是中断了与荷兰之间的经贸往来。

杜桑领导海地奴隶起义

1771年，海地爆发独立战争。

杜桑·卢维杜尔出生于1743年5月20日，父母均是黑人奴隶，他自己也是一名奴隶。他从小勤奋学习，不仅学会了法语，还读了不少法国启蒙思想家的著作。1758年，海地爆发大规模的奴隶起义，反抗法国殖民者。结果起义失败，很多奴隶被残忍杀害。杜桑亲眼目睹这一切，心中暗下决心，以后一定要将殖民者赶出海地。

海地独立战争开始后，杜桑积极参军，成为一名军医。一次偶然的机会，他的军事指挥才能被发现，被提升为一名指挥官。此后，他领导的部队百战百胜，令敌人闻风丧胆。在接连战胜法国殖民者、英国殖民者和西班牙殖民者之后，杜桑最终解放了海地全国。1801年6月，海地召开议会，制定了宪法，并推选杜桑担任开国总统。

海地原本属于法国，现在成了一个独立国家，这是拿破仑不能接受的，他命令自己的妹夫黎克勒率军前往海地，重新夺回控制权。这支大军由54艘战舰和3万名士兵组成，气势汹汹。杜桑知道自己不能正面迎战，因为敌方实力太强，他命令手下士兵们隐藏到丛林中，并将海边的粮仓全部摧毁。法军登陆之后发现没有吃的可以充饥，饿了几天之后战斗力严重下降。这时，杜桑率领军队展开游击战，四处偷袭法军。法军指挥官黎克勒派人说服杜桑在法国留学的两个儿子，让他们劝说自己的父亲投降。劝说失败之后，他们又以谈判为名，诱捕了杜桑。

1802年5月，杜桑被押回法国，关进监狱，一年之后死在了牢中。杜桑领导的奴隶起义没有因为他的死而消沉，相反，他们带着仇恨越战越勇，最终于1803年10月战胜法军。1804年，海地摆脱了殖民地的地位，正式宣布独立，由此拉开了拉丁美洲反对殖民主义，争取民族独立战争的大幕。虽然杜桑没有参与最后的战斗，但他在海地独立战争中所起的作用是巨大的，后人将他与圣马丁和玻利瓦尔并称为拉丁美洲的民族英雄。

普加乔夫领导农民起义

叶卡杰琳娜二世于1762年发动政变上台，成为俄国女沙皇。

叶卡杰琳娜二世上台之后，她偏袒贵族阶级，农民身上的压力变得更大，很多农民失去了土地，成为流民或者农奴。在这种背景下，普加乔夫率领不堪重负的农民发动了起义。

普加乔夫曾经多次参军，是一位优秀的指挥官，后来因病退役。他看不惯俄国贵族对底层农民的剥削，于1773年在顿河地区发起农民起义。普加乔夫自称是被杀的彼得三世，并宣称起义成功之后人民将会得到土地和自由。这对农民、流民、农奴、流亡士兵、小手工业者等人来说极具诱惑力，他们纷纷加入普加乔夫的起义军。很快，起义军规模达到几万人。

起义军让叶卡杰琳娜十分恐慌，她派出三路大军前去围剿。第一路大军有2万人，指挥官高傲自大，没有将起义军放在眼里，结果中了普加乔夫的埋伏，被击溃。第二路大军加强了防范，但当他们走在结冰的河面上过河时，突然遭到普加乔夫的偷袭，多数人被俘，指挥官当场被击毙。第三路军直接吓得避而不战，绕过了起义军。叶卡杰琳娜不甘心，再次派出大军前往镇压。这一次起义军接连遭遇失败，普加乔夫不得不放弃原定围攻奥伦堡的计划，改为向伏尔加河地区行进。一路上，起义军的规模不断扩大。叶卡杰琳娜将正在土耳其征战的军队调回国内，围剿普加乔夫起义军。1774年8月25日，双方在萨尔尼科夫展开决战，最终起义军因为内部出现叛徒而大败。起义失败后，普加乔夫被俘，并于1775年1月10日被处死。

俄美建交

美国独立战争中,俄国联合欧洲各国,在北美独立战争中保持独立。

1775年,北美独立战争开始之后,英国请求俄国派兵到北美支援英军。当时在位的沙皇叶卡杰琳娜二世拒绝了英国的请求。此后,英国又多次向俄国求援,被俄国一一拒绝。

此事让美国对俄国产生了好感。1781年,美国政府派出一位名叫戴纳的代表赶赴俄国,请求与俄国建交。戴纳在俄国等待两年,却始终无法见到沙皇叶卡杰琳娜二世。1783年,戴纳返回美国。

1794年,美国总统华盛顿又派出一名代表到俄国商谈两国建交的事宜,结果仍是以失败告终。

1796年,叶卡杰琳娜二世去世,亚历山大一世继位为新的沙皇,他向美国政府传达了建交的愿望。美国总统杰斐逊随即向圣彼得堡派驻了领事。1803年10月,美国的一艘军舰被土耳其扣押。在美国驻圣彼得堡领事的恳请下,俄国向土耳其施压,最终解救了美国的军舰和船员。

1804年,杰斐逊就此事向亚历山大一世致谢,双方还制定了俄美通商协约。就在同一年,法国与英国展开激烈的斗争,使俄国和美国的利益受到威胁。两国因此越走越近,于1807年互相表达了建交的意愿。

1809年,俄美两国正式建交。

巴黎人民攻占巴士底狱

巴黎巴士底狱原本是查理五世为防御英国人进攻而修建的一座军事堡垒,后来成为关押犯人的地方。

18世纪末,法国国王路易十六昏庸无能,纵容贵族、僧侣欺压百姓,民众怨声载道。1789年5月,路易十六召开中断了100多年的三级会议,以筹集资金,弥补国库亏空。代表底层人民的第三阶层提出了自己的要求,其中包括限制国王权力,将三级会议定为最高立法机关,按人口比例重新分配三个阶层等。这些请求惹怒了路易十六,他暗中调兵遣将,想要逮捕第三阶层的代表。代表们获悉后放弃了对国王的幻想,成立国民会议,宣布与国王彻底决裂,并制定代表人民利益的新宪法。

国王的军队进驻巴黎之后,引起了巴黎市民的强烈不满。他们纷纷走上街头,举行游行示威。最后,愤怒的人群包围了王宫,并与军队发生冲突,双方之间的战斗由此展开。1789年7月,市民占领了一个军火库之后,逐渐占领上风。

7月14日凌晨，整个巴黎只有巴士底狱还在国王手中，人民从四面八方赶来，围攻巴士底狱。

巴士底狱原本就是一座防御工事，不仅城墙高大厚重，墙上还架着大炮，并且弹药储备充足。无畏的巴黎人民数次发起进攻，但都被打退。慢慢地，双方开始僵持。最终有人找来一位专业炮手，用大炮在巴士底狱的城墙上炸开一个缺口。起义者冲进巴士底狱，守军知道大势已去，只得投降。巴士底狱被人们拆除，法国大革命的序幕也由此拉开。后来为了纪念这一事件，法国将7月14日攻占巴士底狱这一天定为国庆日。

路易十六上断头台

路易十六是法国历史上唯一一位被送上断头台的国王。

1774年，路易十六继位。继位之后，他几次试图进行改革，但因为涉及到封建贵族和僧侣阶级的利益，都没有成功。后来，他将心思全部投入到制锁上面。他喜欢制作锁具，甚至有专门制作锁具的工作室，整天沉迷在其中，不理朝政。人民对这位国王十分不满，还送他一个"锁匠国王"的外号，讽刺他不务正业。

因为不善于治理朝政，国库收入减少，而花销却越来越大，光是还利息就要花掉每年财政收入的一半。面对这一困境，路易十六想起了三级会议。一般而言，只有在国家有困难的时候才会召开三级会议，并且最近一次召开还是在100多年前。但为了筹措资金，弥补国家财政不足，路易十六不顾反对的声音，执意召开三级会议。结果他不能忍受第三阶层代表提出限制王权的请求，调集部队，准备将这些代表逮捕。这件事引起公愤，巴黎人民纷纷拿起武器，与政府军开战，并于1789年7月14日攻占巴士底狱，引发法国大革命。迫于无奈，路易十六开始向由第三阶层组建的制宪会议妥协，签署法令，同意实行君主立宪制。与此同时，他暗中策划，准备逃走。

1791年6月20日夜里，路易十六带着化过装的家属和随从偷偷逃出王宫。一路上，他们并不躲避，而是有说有笑，显得很随意。一个驿站站长将自己遇到路易十六的事情上报给巴黎市议会，巴黎市议会随即下令逮捕路易十六。就这样，路易十六的逃亡计划失败了。

1792年，法兰西第一共和国成立，人民强烈要求审判路易十六。1793年1月18日，路易十六被判犯有泄露机密、卖国等罪名。三天之后，也就是1月21日，路易十六被押上了断头台。

热月政变

当时正值法国共和历热月，因而这次政变被称为"热月政变"。

热月政变是指1794年7月27日法国人民为了反对雅各宾派的统治而发动的一次政变。

1793年5月，巴黎人民爆发了第三次起义，雅各宾派取代吉伦特派上台执政。当时法国接连经历几次大的起义，国内局势混乱。为了稳定国内局势，雅各宾派的领袖罗伯斯庇尔制定并实施了一系列严格的统治措施，比如：严厉打击各地的叛乱分子；将大批吉伦特派成员开除国民公会，还将其中22名判处死刑；集结兵力，打败反法同盟；将出逃贵族的土地收归国有，然后卖给农民；下令废除天主教，废除宗教节日，实行新的历法；不准穿着奢华的服饰等。

雅各宾派的做法虽然很快稳定了国内局势，消除了外部威胁，但是手段有些过激，人民反对声音高涨，尤其是在铲除异己方面，引起公愤。当时罗伯斯庇尔下令，无论什么人，只要反对雅各宾派，可以不经审判，直接处死。一些人开始暗杀和攻击雅各宾派的领导人，其中最著名的就是雅各宾派高级领导人马拉被暗杀。雅各宾派的另外一位领导人丹东与罗伯斯庇尔持不同政见，他对后者的残暴十分不满。吉伦特派趁机拉拢丹东，试图发动反对罗伯斯庇尔的政变。结果事情泄密，罗伯斯庇尔逮捕了丹东，并将其处死。

1794年7月27日，巴黎人民发动政变。罗伯斯庇尔连同其他雅各宾派成员共22人被送上断头台。

雾月政变

当时正值法国共和历雾月，因而这场政变被称为"雾月政变"。

雾月政变是指1799年11月9日拿破仑为夺取政权而发动的一场政变。

1795年，取代雅各宾派的热月党人上台执政，很快通过了新宪法。这个时候，保皇派变得非常活跃，接连发动暴动。热月党人派拿破仑率军前往镇压，在取得胜利之后，拿破仑在军界和政界的地位大为提升。1796年，拿破仑又率军在意大利战胜了反法同盟联军，获得了法国人民的一致赞赏，成为法兰西的英雄。拿破仑的威信越来越高，政府有些担心，于是他们将拿破仑派往埃及作战。

就在拿破仑在埃及苦战的时候，法国国内的保皇派卷土重来，再次发动暴动。拿破仑知道这一消息后，日夜兼程赶回巴黎。1799年10月，拿破仑回到巴黎。当时人们对政府非常不满，纷纷支持拿破仑上台。拿破仑从巴黎银行家那里筹到政变所需要的资金，然后集结了一直支持自己的部队。11月9日，拿破仑觉得时机成熟，便发动了政变。他先是派人控制督政府，然后将权力接收过来。第二天，他又解散元老院和五百人议会，成立了自己掌管的政府，正式上台执政。

雾月政变后，拿破仑在法国执政。此后15年内，拿破仑将法国变成了一个帝国，并开创了波拿巴王朝。

多洛雷斯呼声

墨西哥在独立之前，本是西班牙的殖民地。

1810年，西班牙被拿破仑掌控，无暇再顾及墨西哥。墨西哥人民得知西班牙人的处境后，便萌生了民族独立的念头。

当时，在墨西哥的多洛雷斯镇上，有一位名叫伊达尔哥的牧师。他对启蒙运动和法国大革命有着很深的了解，经常在当地群众中间宣传革命思想。

1810年9月16日凌晨，伊达尔哥带领群众释放监狱中的囚徒，并抓捕镇上所有的西班牙人。随后，他敲响了教堂里的钟，将百姓们聚集起来，对他们高呼："你们愿意自由吗？300年前，可恶的西班牙人将我们祖先的土地夺走了，你们愿意再将它们夺回来吗？"百姓们高声回应道："消灭西班牙强盗！打倒坏政府！美洲万岁！"

这便是著名的"多洛雷斯呼声"，墨西哥独立运动就此拉开了帷幕。

意大利统一运动

1815 年，意大利统一运动爆发。

19 世纪早期，意大利南部的西西里王国被西班牙波旁王室掌控，中部和北部的大部分地区则被奥地利掌控。当时意大利境内最强大的邦国就是地处北部的撒丁王国，很多意大利人都希望撒丁王国能结束意大利的分裂局面，完成统一大业。

1815 年至 1831 年，是意大利统一运动的第一个阶段。当时，意大利的民族主义政党已经建立，并开始组织意大利人开展革命运动。后来，这场运动被奥地利人镇压下去。

1848 年至 1849 年，是统一运动的第二个阶段。这一时期，意大利境内开始了轰轰烈烈的资产阶级革命。资产阶级民族派在国内组织了多次武装暴动，并开展了暗杀活动。由于这次运动未能获得群众的支持，最后以失败告终。

1852 年至 1871 年，是统一运动的第三个阶段。当时撒丁王国出现了一位新的首相加富尔。在他的领导下，撒丁王国的实力越来越强大。为了打击意大利境内的奥地利人，加富尔决定与法国人合作。1858 年，加富尔联合法国军队与奥地利开战。截止到 1859 年，他已基本统一了意大利的北部地区。受此影响，意大利爱国志士加里波第于 1860 年带领志愿军远征西西里，很快在西西里建立政权。之后，加里波第将政权移交给撒丁王国，撒丁王国在此基础上建立了意大利王国。1871 年，意大利终于完成了统一。

美国西进运动

美国西进运动是指从美国建国起，一直持续到 19 世纪末，美国人民从东部向西部地区进行开发和移民的过程。

在北美地区还是英国殖民地的时候，英国为了控制殖民地的人民，颁布了一道禁止向阿巴拉契亚山脉以西移民的命令。美国独立之后，废除了这项禁令。于是，大批美国人开始向西部移民。这些移民当中，大多数是比较贫困的农民、牧民、手工业者等拓荒之人，另外还有一些商人、农场主等投机或占领土地的人。

整个西进运动经历了三次高潮时期。第一次是西进运动初期，美国从法国手里购买了路易斯安那。接着，大批移民涌入，开始对俄亥俄、肯塔基和田纳西等地区进行开发。第二次是从 1815 年开始，移民者建立起畜牧业和种植业基地，扩大农业开发。第三次是在 19 世纪中期，移民者在俄勒冈、加利福尼亚等地进行开发，并开始向不与美国本土相连的地区扩张。这一时期，美国的版图比刚建

国时扩大了7倍多。19世纪末期,西进运动逐渐结束。

在西进运动过程中,美国通过购买和战争的方式获得了大量土地。北美西部地区得到了很大程度的开发,美国经济也迅速发展起来。但是在西进运动中,大量的印第安人遭到了屠杀或者驱逐。

欧洲三大工人运动

欧洲三大工人运动是对19世纪三四十年代爆发的法国里昂丝织工人起义、英国宪章运动和德国西里西亚纺织工人起义的总称。

1831年,法国里昂的丝织工人为了反抗资本家的剥削,发动了第一次起义。同年10月,里昂的资本家与工人签订了最低工资协议。资本家后来出尔反尔,拒绝履行这一协议。工人们随即组织起来进行游行示威,但很快被政府军队镇压下去。

1834年4月,里昂的丝织工人举行了第二次起义。这一次,他们直接要求废除法国的君主制,以共和制取而代之。起义军与前来镇压的政府军展开了激烈交锋,最后,起义军以失败告终。

英国宪章运动从19世纪30年代起一直延续到40年代。1837年,伦敦工人协会将《人民宪章》呈交给国会,恳请国会将选举权赋予英国所有成年男子。工人们希望借助政治地位的提升,以提高工人阶级的经济地位。

1840年7月,英国的工人阶级成立宪章派协会。1842年5月,宪章派组织了大批工人在伦敦游行示威,要求国会将《人民宪章》定为法律,但他们的要求并没有引起国会的重视。1848年,伦敦、曼彻斯特、伯明翰等地的工人开始举行大规模的游行示威活动,后来惨遭政府军队的镇压。

德国西里西亚的纺织工人起义爆发于1844年6月。当时,德国的工人阶级承受着封建地主和资产阶级的双重压迫,处境异常艰难,再加上当地严重的饥荒,最终导致工人运动的爆发。他们冲到工厂里纵火泄愤,政府派出军队前去镇压。短短三日过后,起义就失败了。

尽管欧洲三大工人运动最后都以失败告终,但是其历史意义却不可小觑:它们标志着欧洲的无产阶级作为一支独立的政治力量登上了历史舞台。

大盐平八郎起义

大盐平八郎起义是1837年由大盐平八郎在大阪发起的一场平民起义,也是日本历史上第一次由下级武士发起和领导的起义。

大盐平八郎,名后素,字子起,是日本江户时代后期的一位学者。他曾经接替父亲的职位，担任过类似于警察的职务，后来辞去公职，在老家开设学堂，教书著作。当时日本社会动荡，人们对政府颇有怨言，恰逢1830年大阪地区大旱，物价上涨，人民怨声载道。这场大旱持续了好几年，1836年旱情尤其严重。大盐平八郎不忍心百姓受苦，多次上书建议政府救济百姓。政府不但没有救济百姓，反倒和粮商勾结，借机哄抬粮价，谋取暴利。大盐平八郎决定发动起义。

1837年2月，大盐平八郎将自己的藏书全部卖掉，并把卖书得来的钱分发给周围的难民，告诉他们起义的时间和信号，号召大家一起反抗。计划的起义时间还没到，但是起义的消息已经泄露，起义只好提前进行。2月19日，300名起义军开始进攻市内富商的商店和住所，并把抢来的财产和粮食分散给难民。起义很快招致政府军的镇压，由于实力相差悬殊，起义军当天下午便被镇压。面对政府军，大盐平八郎没有选择投降，而是同儿子一起自杀身亡。

大盐平八郎虽然死了，他领导的起义也失败了，但是他成为人们心中的英雄，很多人被他的事迹感动，其他地方也先后爆发了农民起义，并且打出了大盐平八郎弟子的旗号。虽然这些起义最终都没有成功，但还是给幕府的统治者沉重一击。

爱尔兰大饥荒

爱尔兰大饥荒使得爱尔兰人口削减了四分之一。

爱尔兰大饥荒是发生在1845年到1852年之间的一场大饥荒，这场饥荒导致大量爱尔兰人饿死，还有不少人病死或者移居他乡。

当时的爱尔兰处于英国的统治之下，人口已经增加到了800多万。其中，大多数是位于社会底层的贫民。这些贫民以农业为生，但他们的土地非常少。为养活一家人，他们只能种植马铃薯。对于马铃薯的过分依赖，也是造成这次大饥荒的一个重要原因。

1845年，一种叫晚疫病的卵菌开始在马铃薯作物中传播，这种病菌会使马铃薯腐烂。马铃薯的欠收对爱尔兰农民来说是一个沉重的打击，大规模饥荒开始在爱尔兰贫民中发生。对于爱尔兰人在这次饥荒中的高死亡率，还有一些社会因素在其中。在饥荒发生时，英国从美洲进口了大量粮食，有一部分就是在爱尔兰转运的。大部分爱尔兰人由于贫穷而买不起粮食，而政府对爱尔兰人的补贴也十分少。这样，便导致大量爱尔兰人饿死。

樱田门事变

樱田门事变是指1860年3月24日发生在日本江户城樱田门的一起针对井伊

直弼的暗杀事件。

井伊直弼是江户幕府末期的大老,他绕开天皇,与美国签订《日美友好通商条约》。这一行为招致反对派的不满,井伊直弼发起"安政大狱",大肆逮捕、打压反对自己的人。面对这种情况,反对派决定对井伊直弼实施暗杀计划。

反对派的领袖高桥多一郎、金子孙二郎、关铁之介等先后来到江户聚集,计划刺杀井伊直弼,推翻幕府统治。3月24日是日本传统的上巳节,这天井伊直弼会登上樱田门,发表贺词,暗杀的地点就定在了樱田门。井伊直弼觉察到了危险,手下人劝他辞去职务,避免灾祸,但他没有接受。3月24日这天,天空飘起了雪花,上午9点,井伊直弼在侍卫团60多人的陪护下从官邸出发,前往樱田门。在樱田门前,几个手持诉状的人拦住了队伍,说是要告状,但就在侍卫上前接过诉状的时候,告状的人抽出藏在身上的刀,砍死了侍卫,顿时侍卫团大乱。其余刺客趁乱从四周冲出,其中一人杀到轿前,将井伊直弼拖出来,一刀砍死。

樱田门事变之后,幕府的实力大不如前,幕府统治的地位岌岌可危。

悲壮的"五月流血周"

由于战斗太过惨烈,巴黎街头血流成河,十分悲壮,这一周便被称为"五月流血周"。

五月流血周是指1871年5月21日至5月28日,巴黎公社战士为了保卫公社,与敌人展开殊死搏斗。

巴黎公社成立之后,第三共和国临时政府的官员逃到凡尔赛地区,伺机反扑。当时，政府军只剩下两万余人，根本不足以战胜国民自卫队，于是他们向普鲁士的俾斯麦求助。俾斯麦释放了在色当战役中被俘的10万名法军士兵，同时答应出兵帮助围剿巴黎公社。1871年5月20日，战斗打响，政府军对国民自卫队发起猛烈进攻。由于战略部署和指挥上的失误，再加上双方力量悬殊，国民自卫队很快处于劣势。

第二天，一个叛徒为政府军打开了巴黎西南门户圣克鲁门，政府军一下子涌入了巴黎城内，与国民自卫队展开巷战。为了更快攻下巴黎，俾斯麦命令普鲁士士兵炮轰巴黎的西北门户圣乌昂门。打开这个缺口之后，更多的政府军进入巴黎城内。同时，政府军从两个方向围攻蒙马特尔高地上驻守的国民自卫队。那里驻扎了300名国民自卫队战士，最终只有十几人突出重围。攻占了蒙马特尔高地之后，政府军开始全力攻占巴黎市政厅。为了阻止政府军攻占市政厅，国民自卫队成员在市政厅前面的协和广场布下防线，多次打退敌人的进攻，坚持了两天两夜。最后，政府军使用大炮炮轰协和广场，国民自卫队抵挡不住，只能撤退。在接下来的巷战中，自卫队的活动范围越来越小。5月26日，仅剩200名自卫队战士被逼到了拉雪兹神父公墓。他们战斗到最后一颗子弹，最终多数被俘。

政府军重新控制巴黎之后，展开了疯狂的报复，被俘的自卫队战士全部被处死。凡是和巴黎公社有关的人全部被杀害。据统计，在"五月流血周"期间，7万人死于战斗中，另有3万人战后被杀害，6万人被逮捕。就这样，巴黎公社失败了。

中国首批留学生赴美

唐朝年间，中国百姓将长期逗留在中国学习的日本学生称为"留学生"，这便是"留学生"一词的起源。

清朝末年，洋务运动兴起，在洋务派重臣曾国藩等人的推动下，中国出现了首批赴美学习的留学生。

1863年，曾国藩接见了中国近代史上首位留美学生容闳。容闳向曾国藩提出了幼童留美计划，得到了曾国藩的认可。1870年，曾国藩多次上书，建议清政府向美国派遣留学生，学习西方先进的科学技术，以达到洋务派"师夷长技以自强"的目标。1871年，李鸿章也上书支持曾国藩。

1871年夏天，清政府终于接纳了他们的建议。曾国藩和李鸿章随即开始为该计划的具体实施四处奔走。他们先是说服美国驻华公使借出美国的轮船，作为中国留学生赴美的交通工具，之后又开始筛选赴美留学的幼童及随行人员。

1872年，中国首批留学生启程赶赴美国，随行的还有留学监督陈兰彬等人，他们将负责这些留学生在美国的管理工作。在接下来的三年间，清政府又先后派出了两批赴美留学生。

由于部分留学生在美留学期间逐渐抛弃了中国的传统文化，一味崇洋媚外，

引起了陈兰彬等人的不满，他们开始向朝廷上书，恳请撤销留学计划，让留学生马上回国。但实际上，陈兰彬等人的观点是非常片面的，当时大部分赴美留学生都非常勤奋好学，令许多美国高材生都钦佩不已。然而，陈兰彬等人却固执己见，最终促使清政府于1881年下令，接回所有赴美留学生。

这时候，曾国藩已经去世，李鸿章也对清政府的这一决定采取了旁观态度，唯独容闳不愿接受失败的结局。他联合美国教育界的很多友好人士写信恳请清政府让中国留学生留在美国完成学业，但清政府根本就不为所动。1891年，首批赴美留学生终于全都返回了中国。

朝日《济物浦条约》的签订

济物浦又称仁川，这项条约又被称为《仁川条约》。

《济物浦条约》是朝鲜与日本于1882年8月30日在济物浦签订的一项不平等条约。

1882年7月23日，朝鲜京城的士兵因为连续13个月没有领到饷粮而发生骚乱，为了平息骚乱，宣惠厅开仓向官兵发放漕米。但是，这些漕米中掺入了大量的沙石和糠麸，以次充好，惹怒了军营的士兵。汉城盗捕厅逮捕了四名闹事的士兵，并判处他们死刑，以威慑其余士兵。这一做法引起民愤，士兵和市民一起发起了暴动。他们不仅摧毁了一些官员的官邸，还抢占了武器库房，捣毁了宣惠厅和盗捕厅，其中一些士兵和民众还冲击了日本公使馆，打死了十几名日本籍教官。第二天这群士兵冲进宫中，大肆捕杀。此时，朝鲜向清朝求助，逃回日本的驻朝鲜公使花房义质也向日本天皇提议出兵朝鲜。不久之后，清政府派出的军队和日本的军队到达朝鲜，清政府的军队帮助朝鲜平息了暴乱，而日本军队则要求朝鲜赔偿日本损失，允许日本军队驻扎朝鲜，保护使馆。

1882年8月30日，日本代表花房义质与朝鲜代表在济物浦签订了《济物浦条约》。条约的主要内容有：严惩杀害日本教官的凶手；向日本赔偿出兵费用50万元，伤亡抚恤金5万元；对日军死者举行国葬；日本驻军朝鲜，以保护使馆；日本公使、领事、随员可以任意游历朝鲜各处，等等。《济物浦条约》是丧权辱国的不平等条约，但同时也促使朝鲜开始近代化改革，设立内外衙门，训练新军。

越南勤王运动

越南勤王运动是指1885年至1896年间，越南的爱国士大夫为了反抗法国对越南的殖民统治发起的武装反抗斗争。

1885年7月，越南贵族尊室说在顺化与法军交战失利，便挟持了越南的咸宜帝逃到广平省，开始向越南各地的退休官员和举人等士绅发送勤王檄文，号召他们一起反抗法国。士绅们纷纷响应，在各地发动了武装起义，但很快就遭到了法军的镇压。尊室说眼见勤王运动情势不妙，便远赴中国向清政府求援，结果死在了广东。

1888年，越南各地的起义军纷纷落败，最后只剩下香溪的起义军在民族英雄潘廷逢的领导下坚持与法军抗争。1896年初，潘廷逢因病去世，香溪起义随即宣告失败，为勤王运动画上了休止符。

"缅因号"爆炸事件

19世纪末期，西班牙的殖民地古巴境内发生大规模暴动。

1898年初，美国以维护本国人民的安全与利益为由，擅自将"缅因号"战舰开到古巴的哈瓦那港口。1898年2月15日晚上，"缅因号"忽然爆炸，266名水手当场死亡。

在调查"缅因号"爆炸的原因时，美国将矛头指向了西班牙，声称"缅因号"由于遭到西班牙水雷的袭击，才会突然爆炸。西班牙政府否认了这一点，并派出调查人员前去查明此事。当西班牙的调查人员提出要到"缅因号"战舰上采集证据时，当场遭到了美方的拒绝。不久之后，美方将"缅因号"沉入大西洋底，调查工作就此中止。随后，美国对西班牙宣战。

美国向西班牙的两块殖民地古巴和菲律宾分别派兵，经过三个月的交战，美国将西班牙打得溃不成军。1898年12月，西班牙被迫与美国签订了停战和约，古巴与菲律宾从此变成了美国的殖民地。

有人推测，"缅因号"爆炸事件根本就是美国人自己策划的。19世纪末期，

世界各地几乎已被瓜分殆尽，美国要想获得殖民地，只能从别的列强手中抢夺。为了夺取西班牙占据的古巴与菲律宾，美国人便想出了这样一条毒计。1911年，美国海军军官弗里兰的调查结果证实，西班牙人的鱼雷不大可能导致"缅因号"遭到如此严重的破坏，美方之前的说法基本可以被推翻了。但此次事件是否真是美国人策划的，至今尚无定论。

日本吞并朝鲜

日本国内在维新之后仍然保留着大量的封建因素，这使它的对外侵略具有一定的特殊性。

19世纪末期，日本进行"明治维新"后，资本主义迅速发展，一跃成为强大的资本主义国家。

中日甲午战争后，日本从中国手里获得了朝鲜的控制权。1900年，日本首相桂太郎、统监伊藤博文、外务大臣小村寿制订了吞并朝鲜的计划，并获得了日本天皇的批准。日俄战争结束后，日本成功遏制了俄国向朝鲜发展，此后便加快了吞并朝鲜的步伐。

1910年8月，伊藤博文强迫朝鲜签订《日韩合并条约》。这标志着日本正式吞并朝鲜，朝鲜沦为日本的殖民地。

日本"米骚动"

日本"米骚动"是指1918年（大正七年）发生在日本的一次全国性大暴动。

这次暴动以渔村妇女抢米为开端，从而引发各地均以抢米的形式爆发暴动，因而历史上将其称为日本"米骚动"。

1918年8月5日，日本《东京每日新闻》报道了一则发生在富山县西水桥村的新闻。当地渔村妇女因米价暴涨而买不起米，于4日纷纷走上街头，要求米商降价售米，并和前来镇压的警察发生冲突，造成数人受伤。这样，一场全国性的"米骚动"由此拉开了帷幕。

1918年8月9日，米价仍然在上涨，抢米暴动不断扩大。日本富山县成千上万饥饿的渔民高喊着要米的口号，到各大米店抢米，群众斗争的浪潮很快在各地蔓延开来。

在名古屋，市民们聚集在一起，共同商讨如何遏制米价上涨。在东京，尽管工厂、米店和富人住宅都加强了戒备，但几万东京市民依然毫不畏惧地举行示威游行、组织集会。日本四分之三的地区，近1000万人都参与了这次运动。

"米骚动"从单纯抢米发展为与资本家、地主的正面斗争，人们喊起了"打

图文版 世界百科全书 历史考古

倒寺内内阁"的口号,给这次运动增加了政治革命的色彩。

1918年8月中旬后,因政府的强力镇压,"米骚动"逐渐走向低潮,但其仍有效地促使了寺内正毅内阁的倒台,并推动了日本工人运动的发展,因而被列入日本革命运动史的史册。

朝鲜"三一独立运动"

"三一独立运动"是指1919年3月1日,朝鲜人民为了反对日本的殖民统治,争取朝鲜民族的独立与自由而发动的一场爱国运动。

1910年,日本吞并了朝鲜,开始了对朝鲜残暴的殖民统治。饱受压迫的朝鲜人民不甘心做亡国奴,终于在1919年初揭竿而起。在此之前,俄国爆发了十月革命,这对一些远赴日本留学的朝鲜学生,以及一些流亡海外的朝鲜爱国人士都造成了极大影响。他们不断向国内人民灌输民族自决思想,对于推动朝鲜人民的反抗斗争起了巨大的促进作用。1919年1月,朝鲜的废帝高宗猝死,有传闻称是日本人杀害了他,这成了朝鲜"三一独立运动"的导火索。

1919年2月8日,朝鲜留学生在日本东京发表《二八独立宣言》。朝鲜国内的各界人士云起响应。3月1日,独立运动正式在汉城爆发。由学生和市民组成的多达30余万的起义军在汉城游行示威,并与前来镇压的日本军队展开了搏斗。起义的浪潮很快涌向全国各地,起义军的总人数也超过了200万。在日本殖民者的血腥镇压下,"三一独立运动"坚持了3个多月后,于当年6月底宣告失败。

非暴力不合作运动

甘地指出,这次运动的关键是非暴力和不合作。

1920年,为了反抗英帝国主义的殖民统治,赢得民族自治,印度精神领袖甘地发起并领导了著名的非暴力不合作运动。

甘地提倡人们用和平的方式进行斗争,比如抵制英货,举行罢工游行、拒交赋税等。为了向群众做出表率,甘地身体力行,他不光组织群众自制食用盐,抵抗英国食盐专卖,甚至亲手用纺车织布,以遏制洋布市场。

因为多年为印度的民族独立奔走呼号,甘地在印度人民心中的威望很高。非暴力不合作计划一提出,便得到积极响应。人们纷纷罢课,罢工,罢市,游行,一股反英洪流迅速席卷全国。

运动的转折点发生在1922年,乔里乔拉村村民袭击了当地的警察局,印度国大党严厉批评了群众的暴力行为,并决定永久禁止非暴力不合作运动。同年3月10日,甘地被抓,运动遭到政府的大力镇压。最后,国大党向英国殖民当局做出了妥协。

啤酒馆暴动

啤酒馆暴动是希特勒为了实现对德独裁统治所作的第一次尝试。

1923年11月8日晚，希特勒率领他的冲锋队闯进了德国慕尼黑的一家小酒馆，扣押了巴伐利亚州的3名军政长官。第二天早上，警察打死了16名参与暴乱的冲锋队成员，希特勒和其他幸存者落荒而逃。这便是著名的啤酒馆暴动，也叫慕尼黑政变。

这次暴动后，希特勒以叛国罪被捕入狱。他的部分同党一些被捕，一些逃亡到国外。纳粹党的总部遭到德国魏玛共和国的破坏，其党报《人民观察者》也被查封。

德国魏玛共和国政府自签了《凡尔赛和约》后，就一直处于人民的强烈谴责中，其统治摇摇欲坠。希特勒认为这是夺权的大好时机，他打算先夺取巴伐利亚州的政权，接着再进军柏林，夺取全国的政权。于是，他便策划了这次啤酒馆暴动。

虽然政变失败，但希特勒在纳粹党内的地位却得到了提高。同时，希特勒还认识到武力夺权并不是最好的方式。

九一八事变

九一八事变是指1931年9月18日在中国的东北地区爆发的一次中国东北军和日本关东军军事冲突和政治事件。

1927年6月，日本首相田中义一主持召开了"东方会议"，确立了日本对中国的侵略方针：将满洲（指中国东北地区）从中国本土分裂出来，自成一区，置于日本的势力之下。1929年，资本主义世界爆发了大规模的经济危机，日本也受到波及。1931年，日本当局的处境空前艰难。为了转移国内人民的视线，缓和阶级矛盾，弥补经济危机对日本国民经济造成的损失，日本政府决定对中国的东北地区发起侵略战争。

1931年9月18日晚，驻守在中国东北地区的日本关东军炸毁了沈阳柳条湖附近的南满铁路路轨，并嫁祸给中国军队。其后，日军便以"柳条湖事件"为借口，对沈阳发动了突袭。因为当时国民党对日军采取的是不抵抗政策，蒋介石甚至直接在给张学良的电报中称："无论日本军队此后如何在东北寻衅，我方应予不抵抗，力避冲突。"所以日军在进攻沈阳的过程中几乎没有遇到什么阻碍。9月19日，整个沈阳落入日军之手。随后，日军又进一步对东北发起大规模进攻。

仅仅过了4个多月，中国东北128万平方公里的土地便全部沦为日本殖民地。这便是九一八事变的始末。

国会纵火案

　　国会纵火案是德国纳粹党阴谋策划的一起国会大楼失火事件。

　　1933年2月27日晚，德国国会大楼突然出现火情，火势很快蔓延开来。在焚烧最严重的议会大厅，柏林警察发现了一名荷兰籍的共产党人。闻讯赶来的希特勒和戈林一口认定此人就是纵火者，并立即对外宣称这次纵火案是共产党发动革命的信号，国家局势进入紧急状态。

　　总统兴登堡在希特勒的一再要求下颁布了《国会纵火法令》，宣布这次纵火案是德国共产党发起的一次非法暴动。纳粹党开始四处逮捕共产党人，到1933年3月，德国共产党被迫解散，希特勒强行通过《授权法》，把所有非纳粹党派驱逐出议会，由此开始了纳粹党对德国的独裁统治。

　　其实在纵火案发生以前，希特勒已被选为德国总理，但并没有实权。他一心想通过启动《授权法》来实现纳粹党一党独裁的野心。但作为议会第二大党的德国共产党，坚决反对实施《授权法》。于是，为了打压共产党，希特勒便策划了这起国会纵火案。

希特勒上台

　　希特勒的政治生涯始于1919年。

1919年，德国的法西斯团体德国工人党成立，希特勒加入其中，成了该党的第55名党员。其后，希特勒开始致力于改造德国工人党。他很快掌握了工人党的大权，提出以反犹主义、国家主义和"社会要求"为基调的二十五条党纲，并融合当时在德国盛极一时的民族主义和社会主义潮流，将德国工人党改名为德国国家社会主义工人党，也就是人们熟知的纳粹党。

在希特勒的努力下，纳粹党的实力迅速壮大起来。1921年，希特勒当选为纳粹党的元首，并在第二年初召开了第一次代表大会。1923年11月8日，希特勒趁着德国政局混乱之际发起武装政变，试图夺取德国的统治大权。可惜这次政变很快就被当局镇压下去，希特勒被捕入狱，纳粹党也被政府下令取缔。

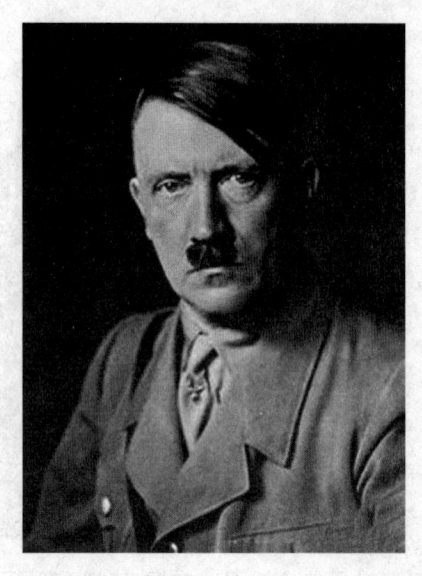

1925年2月，出狱的希特勒重建了纳粹党。在纳粹党的发展过程中，希特勒成立了大批群众组织，力求在群众中扩大纳粹党的影响力。除此之外，希特勒还建立了武装队伍党卫队。

1929年，资本主义世界爆发了一场规模空前的经济危机。德国也未能幸免于难，国内的企业纷纷倒闭，失业人数激增。希特勒乘机宣扬是德国政府的软弱无能引发了这场经济危机，这在群众中引发了巨大反响。1930年3月，德国政府垮台。德国人民迫切需要选举出一个新政府来挽救德意志的民族危机。面对这个宣传纳粹党的绝佳机会，希特勒自然不会放过。他代表纳粹党向民众做出了各种各样的承诺，据此吸引了大批民众加入纳粹党。纳粹党迅速由10万余人膨胀到100余万人。

1933年1月30日，希特勒当选为德国总理，并很快在德国建立了纳粹党一党专政的法西斯极权统治。

埃塞俄比亚民族解放斗争

埃塞俄比亚是非洲的战略要地，一旦攻克了埃塞俄比亚，就可以掌控战略交通要道红海，进一步掌控整个非洲。

1935年10月，意大利法西斯在墨索里尼的指示下对埃塞俄比亚发起了进攻。

当时，埃塞俄比亚的军事相当落后，国内甚至没有统一的军队。但是在强大的意大利军队面前，埃塞俄比亚人民却表现出了非凡的勇气与毅力。他们在皇帝海尔·塞拉西的带领下奋力抵抗意军,一举粉碎了墨索里尼想要迅速占领埃塞俄比亚的战略计划。

两国的战争一直持续到12月份,在兵力上占尽优势的意军损失惨重。墨索里尼当即决定撤换意军驻非洲的总司令,并派出大批飞机对埃塞俄比亚展开狂轰滥炸。

1936年5月5日,意军终于占领了埃塞俄比亚的首都。塞拉西皇帝被迫逃亡到伦敦。5月9日,墨索里尼宣布将埃塞俄比亚并入意大利,但埃塞俄比亚人民并没有就此放弃,他们自发组织起游击队,坚持与境内的意军开战。亚洲与非洲的很多国家都对他们的行动给予了支援。截止到1939年,游击队的总人数已经达到了40万。埃塞俄比亚境内的大部分领土都已被他们掌控。

1941年,埃塞俄比亚人民终于在英军的帮助下迫使意大利投降,恢复了国家的独立。轰轰烈烈的埃塞俄比亚民族解放斗争取得胜利。

二·二六事件

此次事件加速了日本的法西斯化进程,仅仅过了一年,日本就发动了全面侵华战争。

第二次世界大战爆发前,日本军队出现了统制派与皇道派两大派别。统制派主张军部的权力凌驾于天皇之上,皇道派则正好相反。日本法西斯的核心力量正是统制派。两派的矛盾愈演愈烈,终于在1936年2月26日爆发了二·二六事件。当时有1500名皇道派军人趁着黎明时分,对首相的府邸等多处重要部门发动了突袭。内大臣斋藤实,教育总监渡边锭太郎,大藏大臣高桥是清都死在了这些人手里,天皇的侍从长铃木贯太郎也身受重伤。

事后,日本陆军首脑部对该事件的主谋进行了秘密审判。17名主谋,以及在幕后出谋划策的北一辉等人都被处死,其他参与其中的将士也遭到了严惩,这样的处罚比先前的同类事件严厉得多。皇道派的势力因此迅速衰落下去,与此同时,统制派的力量迅速壮大起来,很快就掌握了对日本陆军的绝对控制权。

德国吞并奥地利

以希特勒为首的德国法西斯分子上台后,一直希望吞并奥地利。

德国法西斯派间谍前往奥地利活动,策动了奥地利的法西斯分子发动暴乱,并刺杀了奥地利首相陶尔菲斯。

1936年,德国逼迫奥地利签订《德奥协定》,逼迫奥地利吸收德国和奥地利的法西斯分子进入奥政府机构。此外,德国还要求奥地利在外交政策上与德国保持一致。意大利一直把奥地利当作自己的势力范围,德国的举动让意大利深感不满。为此,意大利宣布会保证奥地利的独立。不过,意大利在1937年加入《反共产国际协定》,墨索里尼便放弃了保卫奥地利独立的立场。

此后,希特勒逼迫奥地利任命纳粹分子赛斯·英夸特为内务部长兼保安部长。奥地利纳粹分子散布谣言,称共产党暴徒将奥地利政府包围起来,并以奥地利政府的名义,请求德军出兵镇压暴乱。于是,德国利用这个机会,出兵占领维也纳,逼迫奥地利签订德奥合并的条约。至此,德国将奥地利吞并。

考古史学

"印度文明的曙光"哈拉巴文化

哈拉巴文化代表着当时世界文明的较高水平。

哈拉巴文化是公元前3000到前1750年,出现在印度河流域的一种青铜文化。文化以南部城市摩亨佐·达罗和北部城市哈拉巴为中心,是古代印度分布面积最广的青铜文化。

农耕是哈拉巴居民的主要生活方式。他们用青铜制作成镰刀等农具,懂得筑坝和引水灌溉,还擅长驯养牲畜。大麦、小麦、椰枣、瓜果、棉花、胡麻等都是哈拉巴地区常见的农作物,哈拉巴人驯服的牲畜有山羊、绵羊、水牛、黄牛、骆驼、大象等。

手工业是哈拉巴社会中较发达的一个行业。人们冶炼金属、制陶、纺织、造船、制作珠宝,还雕刻象牙。哈拉巴遗址中出土了大量的石器、青铜器、金银器等金属器具。在遗址中,人们还发现了为纺织品染色用的染缸。

哈拉巴人长于经商。他们将自己生产的香料、棉布、珠宝、木材等货物运到西亚贩卖,再从南亚购买工艺品原料,制作工艺品,输出海外。哈拉巴人懂造船,在海上,他们以船载货,运送物品。在陆上,他们用车辆、骆驼、牛做运输工具。哈拉巴商人的足迹遍及中国、缅甸、阿富汗、伊朗等国家或地区。在长期的对外贸易中,哈拉巴人形成了一套自己的货品衡量法则:用青铜杆尺计长,用砝码称重。小砝码用来称珠宝等贵重物品,大砝码用来称不太贵重的货品。

作为文化中心,摩亨佐·达罗和哈拉巴是当时最重要的两个城市。两城平均占地85万平方米，有3万多人口。城中排水系统完善：每户都有自用水井，每巷又有公用水井；街下有阴沟网，支沟一头通向主沟，一头通向城市住户；楼房中有垂直的排水管道，管道通往地下沟道。所有排水道都与河流联通。

文字是文化的载体。哈拉巴人使用象形文字记录语言。文字多被刻在石头或陶制品上，状如图形，难以解读。哈拉巴文化兴盛了几个世纪之久，公元前1750年左右突然衰败，原因未明。

玛雅文明

玛雅文明是美洲古文化的一种，也是全世界最重要的古典文明之一。

公元前2000年左右，玛雅人定居在今墨西哥、危地马拉等国的太平洋沿岸，以采集、渔猎为生。经过一段历史时期的发展，玛雅人进入农耕时代，玛雅文明随之出现。学者称，玛雅文明分三个历史时期：前古典文明时期、古典文明时期和后古典文明时期。

前古典文明时期起于公元前1500年，止于公元317年。这一时期，玛雅文明的中心地带是危地马拉太平洋沿岸和高原地区。其中，以建筑、雕刻和绘画的成就较高。公元1到2世纪，玛雅出现了文字。文字为象形，刻在石碑上，内容多记载统治者历史、玛雅科学、庆典与社会情况。文字较原始，难以被破译，因而玛雅文明的发展与衰落过程，至今仍有很多谜团未解。公元317到公元889年是玛雅古典文明时期，这一时期暂无史料。公元9世纪末，古典文明衰落。公元889年，玛雅进入后古典文明时期。

玛雅后古典文明时期有三个中心地：奇琴伊察、乌斯马尔和玛雅潘。10世纪，托尔特克人入侵墨西哥尤卡坦半岛。玛雅文明与托尔特克文明融合，再现辉煌。这一时期，玛雅人建造了很多宏伟神庙和大型金字塔，天文、历法也较之以前更为完善。后古典文明时期于 1697 年终结。为何终结，至今成谜。

迈锡尼文明

迈锡尼文明在公元前 1000 年左右被摧毁，至今仍有很多未解之谜等待人们解决。

迈锡尼文明又称爱琴文明，该文明得名于迈锡尼城。迈锡尼城位于伯罗奔尼撒半岛，公元前 2000 年希腊人就已经进入这一区域定居。公元前 16 世纪，伯罗奔尼撒半岛形成了奴隶制国家，迈锡尼文明就是从这些国家上发展起来的。

从迈锡尼文明遗留下来的宫殿和文物来看，当时的迈锡尼已经有了皇家法院，另外还有从事记录、会计以及其他秘书工作的国家公务员。考古学家据此推断，迈锡尼文明已经形成一套很完善的法律体系。迈锡尼文明有一个高度发达的社会组织，这一组织的最高层为皇室的统治阶级。迈锡尼文明的统治阶级享有非常高的社会地位，这从他们生活的安逸程度上就能看出来。迈锡尼城中有专门为皇家演出的剧场，其华丽程度绝不是群众聚会的场所；迈锡尼文明的统治阶级还享有非常舒适的住宅环境，他们不仅拥有独立的寝殿、豪华的大厅，而且寝殿、大厅还被安装上了先进的卫生系统设施，具有发达的供水、排水能力；另外这些大殿采光系统也非常先进，不用借助火把，仅用自然光就能使大殿内部非常明亮。

迈锡尼的艺术风格不同于同时代同地域的任何一种艺术风格，迈锡尼文明的艺术虽然也受到过其他文明的影响，但是经过迈锡尼工匠的发展，它们都被烙上了迈锡尼文明的烙印。迈锡尼文明的建筑风格也很独特，主要包括两种建筑形式：一是，在中间留有一个中央院落，然后围着院落建造住房，住房之间通过复杂的通道相连；二是，不设中央院落，建造几间比较重要的房间作为"正殿"，正殿与其他房间用走廊相连。在迈锡尼文明的后期，鱼类和肉类已经是人们经常食用的食品，甚至还出现了葡萄酒和啤酒等高级饮用品。

阿登纳文化

阿登纳文化是公元前 500 到前 100 年间，产生于北美的印第安社区文化。

阿登纳文化的中心在今美国俄亥俄州南部、西弗吉尼亚州、宾夕法尼亚州、印第安纳州、肯塔基州等地的印第安部落文化，都可被归入阿登纳文化。

阿登纳人居住的房屋多由树干、树枝、树皮做成。房屋较小，屋体呈圆形，屋顶为圆锥形。有些阿登纳人居住在岩洞中。阿登纳人以采集、捕鱼、狩猎为

生，使用的生产工具多为石器，如石斧、石锄。阿登纳人会制作石烟斗、投掷器和简陋的陶器，还曾从外族手中购买铜、云母、海贝等物，用作装饰品。

"阿登纳"一名原是俄亥俄某州长的住宅名。住宅位于俄亥俄奇利科西，附近曾发现阿登纳式土墩。

特奥蒂瓦坎文明

现在，我们只能通过奥尔蒂瓦坎古城的遗址来探究文明的诞生、发展与衰落。

特奥蒂瓦坎文明是产生于公元前200年左右的古印第安文明。有关特奥蒂瓦坎文明的起源，目前暂无史料可考。

"特奥蒂瓦坎"这个名字并不是特奥蒂瓦坎人自己创造的，而是特奥蒂瓦坎文明毁灭后，在原特奥蒂瓦坎文明遗址上发展出新文明的托尔特克人对前人的称呼。在托尔特克人使用的纳瓦特语中，"特奥蒂瓦坎"的意思是"众神造人之地"。

公元150年，特奥蒂瓦坎人在墨西哥中部建立自己的城市，这座城市被后来的托尔特克人称为圣城。城市约有人口5万，围绕南北走向的中心轴线建成，轴线名为"亡者之路"。城以太阳神为守护神，城中建立的第一座神殿就是太阳神金字塔。除太阳神金字塔外，城内还修有月亮金字塔和羽蛇神庙。金字塔以砂土为基，外罩石板，板上绘有艳丽壁画。城市中有大量的金字塔和神庙建筑，建筑都已初具规模。

公元200到300年，城市逐步扩展，城中供平民使用的建筑越来越多。公元450年，城市发展进入全盛时期。这一时期，城市面积扩展至36平方公里，城中人口增至12.5万。全盛时期的特奥蒂瓦坎文明，拥有高超的建筑艺术，建筑墙壁上还绘有壁画。

公元650到750年间，特奥蒂瓦坎文明消亡，原因不明。

蒂亚瓦纳科文化

蒂亚瓦纳科文化是公元5到10世纪，产生于南美洲的古印第安文化。

蒂亚瓦纳科文化上承查文文化，下启印加文明，分布区域以秘鲁、玻利维亚为中心，扩展至阿根廷北部、厄瓜多尔南部和智利一带。

现存文化遗址名为蒂亚瓦纳科遗址。遗址建筑宏伟，多为石质。建筑中最引人注目的是用一整块巨石雕成的太阳门。门高3米，门楣雕有浮雕，浮雕中的人物有太阳神，还有一排长着翅膀的小人。小人正奔向太阳神，二者眼下都有泪珠。除太阳门外，台庙也是遗址中较重要的建筑。台庙状如金字塔，以巨石建成，有些巨石重量过百吨。庙前建有门厅、广场、祭台等场所。蒂亚瓦纳科人擅长金属加工，遗址中出土的金、银、铜、青铜等金属制品造型精美，制作精良。

大津巴布韦文化

"津巴布韦"意为"石头城"。之所以用"石头城"为高原和文化命名，是因为文化遗址就是一座巨大的石头城。

大津巴布韦文化是非洲古文化，源于津巴布韦高原，产生于10到11世纪，13世纪发展到鼎盛时期。

石头城遗址被发现于1871年，发现者是德国地理学家卡尔·莫赫。遗址占地约300平方公里，分三个建筑群：山顶建筑群、卫城建筑群和山谷建筑群。山顶是统治者居住的地方，建筑多为花岗岩砌成的堡垒，堡垒外围有高大围墙。卫城是后宫嫔妃居住的场所，呈卵形，建筑被高11米、长240米的石墙环绕。石墙分内、外两层，墙体内倾，墙壁绘有彩色图案。山谷是平民聚居区，建筑多以混凝土造成，状圆，屋小。混凝土屋中混杂着石质房屋。考古学家称，石质房屋是大臣和重要人物居住的场所。

津巴布韦遗址发现初期，曾被认为是外来人所造。有人说，石头城是阿拉伯或欧洲人建造的；有人说，城中居民应该是《圣经》中失踪的以色列部落居民。英国科学促进会对遗址做过一番详细考察后，1929年正式对外宣布，津巴布韦遗址的确是非洲古文明遗址。

盛期的津巴布韦，人民畜牧为生，生活富足。津巴布韦盛产黄金，人们用黄金换取中国陶器、印度珍珠和伊朗地毯等珍贵货物。16世纪，津巴布韦黄金贸易日渐衰落，人民移居其他地方，津巴布韦文明终结。

阿兹特克文化

阿兹特克文化是墨西哥阿兹特克人建立的文化。

12世纪，阿兹特克人从墨西哥西北部迁往中部。1325年，他们在特斯科科湖西岸海岛上建起中心城市特诺奇蒂特兰。阿兹特克文化开始萌芽。

阿兹特克人擅长建城，所建都城特诺奇蒂特兰方圆13平方公里，有6000多座建筑。建筑以战神庙为中心，战神庙四周有20多座大小庙宇。这些庙宇是城市的主建筑群，也是国王和贵族们的居所。城中有两条交叉路，一条东西向，一条南北向。

城市建在两座水岛上，是一座水上城市。为连接水岛，阿兹特克人在岛间修

筑了石坝路。路有3条，各宽10米。水城容易生水患。为防水患，阿兹特克人在海岛东部修了一条11公里长的堤坝。水岛面积狭小，于是阿兹特克人在海岛四周建起人工岛。人工岛多以河泥铺成，靠木桩支撑。在人工岛上，阿兹特克人种植了蔬菜、谷类、棉花、烟草等农作物。

阿兹特克手工业发达，工匠们制作的金属器皿、饰品等物件美观又实用。阿兹特克人爱美，以鸟羽做衣，男女皆佩戴大量饰品。阿兹特克人精于贸易，他们用可可豆、金沙做流通媒介，购买粮食、蜂蜜、陶器、纺织品等生活用品。

战神是阿兹特克人的守护神。除战神外，阿兹特克人还崇拜太阳神、月亮神、春神、蛇神等自然神。1519年，特诺奇蒂特兰城被西班牙人所灭，阿兹特克文化随之终结。

印加文化

印加文化是印第安文化的一种，15到16世纪兴盛于南美。

印加部落原本是个小部落，居住在秘鲁南部高原。13世纪，部落迁徙，印加人定居秘鲁库斯科谷底。15世纪，印加帝国成立。帝国全盛时期，曾将半个南美洲囊括其中。

"印加"二字意为"太阳之子"。印加人崇拜太阳，相信国王是太阳的儿子。在印加，黄金象征着太阳神。人们开采黄金，献给统治者和杰出人士。黄金多被用作装饰或用于仪式。印加人通过对太阳的观察，制定了自己的历法。印加立法中，一年有 12 个月，每月 30 天；10 天一星期，每月 3 星期；每年年末加 5 天，每 4 年再加一天。每年冬至是一年的开端。库斯科中央广场立有一根石柱，人们用柱影观测时间。

印加帝国社会等级分明。地位最高的是国王和他的妻子，其次是高级牧师和军队将领，之后为主要官员，再然后是基层官员。官员以下为手工业者，最底层是农民和渔民。印加人恪守社会等级秩序，从不越矩。印加帝国是中央集权制国家，国王集大权于一身。1532 年，帝国被西班牙所灭。

恐龙木乃伊

恐龙木乃伊名叫"达科他"，因被发现于美国北达科他州而得名。

1999 年，16 岁的化石寻找爱好者泰勒·莱森在自己家的田地中发现了这具木乃伊化石。这具木乃伊是人们首次发现的皮肤没有塌陷进骨架的恐龙化石，它不仅保存着骨骼，还保存着虽已失去原有色泽，但肌理完好的皮肤，一部分腱、韧带等软组织。

研究者称，这头恐龙是生活在 6700 万年前的一只鸭嘴龙，长约 12 米，重约 4 吨。鸭嘴龙是食草动物，长着长长的犄角和又长又硬的尾巴，行走速度达每小时 45 公里，有"白垩牛"之称。科学家用大型 CT 扫描仪做过扫描后，发现这头恐龙后腿强壮。他们用 3D 图形技术恢复了恐龙皮肤的本来面目，发现它四肢与身体相连的部位有条形斑纹，皮肤像当今的一些爬行动物那样，颜色可以改变。

北京猿人遗址

遗址位置在北京市房山区周口店龙骨山。

北京猿人遗址是旧石器时代的人类遗址，是迄今为止发现的人类化石史料最丰富、价值最高、系统性最强的古人类遗址。

从1921到1927年的六年间，考古学家先后三次在遗址上发现人类牙齿化石。1929年，中国古生物学家裴文中又一次在遗址中发现了人类牙齿和骨骼的化石。这一发现震惊世界。考古学家来到这里，集中发掘，最终发现了一块距今约60万年的完整猿人头盖骨。学者们为曾生活在这里的猿人命名为北京猿人。

在周口店北京猿人遗址中，考古学家们共挖掘出了6具头盖骨、12件头骨碎片、15件下颌骨、157枚牙齿，以及数根断掉的股骨、胫骨。这些骨骼分属于40多个北京猿人。此外，遗址中还出土了10万件石器，并发现了原始人使用火的痕迹。考古学家们推算出，北京猿人男性身高应该在156厘米左右，女性身高应该在150厘米左右；他们寿命较短，多数人14岁以前就死去了，很少有人能活过50岁。

20世纪30年代以后，中国连年征战，遗失了自1927年起发现的所有化石。中华人民共和国成立后，考古学家重新开始研究周口店遗址，发掘出了40多个骨骼化石以及大量的石器、骨器、角器等器具。1987年12月，联合国教科文组织世界遗产委员会将周口店北京猿人遗址列入《世界文化遗产名录》。

石器时代

这一时期，人类经过漫长的进化，从猿人变成了现代人。

石器时代指的是人类出现以后、铜器出现以前的一段漫长历史时期。这是人类历史上的第一个时代，始于300万到200万年前，止于6000到4000年前。

这个时期之所以被称作石器时代，是因为人们只懂得用石头制作简单的工具。按照人们所制石器的形状和石器的复杂程度，石器时代可分为三个阶段：旧石器时代、中石器时代和新石器时代。

旧石器时代起于距今250万年前，止于距今约1万年前。这一时期，人们采果充饥，所用工具多为打制石器。这时人们已经学会了用树木做燃料，懂得了使用火。旧石器时代中期，人们开始制作骨器；旧世纪时代晚期，人们已经能够制作简易的组合工具了。

中石器时代的工具，除打制石器外还有磨制石器。这一时期，人们学会了用火烤熟猎物食用，并开始把燧石组合到一起，做成小型工具使用。此外，独木舟、桨等木制品在这个时期也开始出现。

新石器时代是石器时代的最后一个阶段，起于距今约1万年前，止于距今约5000到2000多年前。这一时期，人们的工具以磨制石器为主。这时的人们已经懂得了用陷阱抓获猎物，从事农业、畜牧和驯服野兽。除使用石器外，人们还学会了纺织、制作陶器，并开始了定居生活。

中国陶俑的出现

陶俑殉葬这种制度在秦朝发展到顶峰，到宋朝时式微，到清朝几乎就绝迹了。

中国陶俑在原始社会时就有了。不过，那时候人们烧制陶俑并没有明确的目的。到了夏商周时代，陶俑已经比较常见。到了战国时期，殉人制度有所衰落，陶俑代人殉葬的风气兴起，陶俑开始被大量生产。

随着朝代的不断变换，陶俑的风格也有很大的不同。夏商周时代的陶俑风格古朴，线条粗犷，陶俑只具人形，五官并不清晰。春秋战国时期的陶俑线条简洁流畅，已具有很高的艺术价值。到了秦朝，陶俑制造工艺发展到最高峰，秦始皇兵马俑被誉为世界第八大奇迹。汉代虽然承袭了秦代陶俑的风格，但是也有一定的创新，比如汉代的说唱俑，这些俑的表情滑稽，已不似秦俑的表情呆板严肃。隋唐时期的陶俑发展到了一个新的高度。这时的陶俑，三教九流无所不包，贩夫走卒、宫娥彩女、文臣武将比比皆是，而且还出现了胡俑；唐三彩的出现更是把

陶俑的制作工艺推上了一个新的顶峰。到了五代十国时期，由于常年战乱，陶俑风格大变，这时的陶俑多以镇墓的神怪俑为主。到了宋代，政府提倡薄葬，陶俑制造业式微。到了明清时期，陶俑制造几乎绝迹了。

英国巨石阵

巨石阵是欧洲较为有名的一处史前文化神庙遗址。

巨石阵，又称索尔兹伯里石环、环状列石、太阳神庙、史前石桌、斯通亨治石栏、斯托肯立石圈等，建于公元前4000到前2000年左右，位于英格兰威尔特郡索尔兹伯里平原。

1130年，英国有位神父在传教的过程中，偶然间发现了这座巨石阵。从此以后，越来越多的人开始关注巨石阵。关于巨石阵的建造时间，大致可以分为三个时期。第一时期大约在公元前3100年左右，是巨石阵修建的第一阶段。人们在地面上挖了一个环形的旱沟，并把一块巨大的石头放在沟的外侧。在沟的内侧，人们又修建了土坛。其中，有56个土坑。第二时期大约在公元前2100年至公元前1900年左右，是巨石阵修建的第二阶段。人们在之前的基础上，在沟外修建了一条道路。这条道路直接通往石柱的中央部位。在环沟内，人们建立了许多巨石作为柱子，逐渐形成了夏至日观日出的轴线。第三时期大约在公元前1400年左右，巨石阵修建的第三阶段。在已有的巨石阵格局上，人们重新对巨石的位置进行了排列。在环沟的东面，有一个巨大的石拱门，呈马蹄形模样。在环沟内，有5座像门一样的石塔，按照向心圆的形状排列。

在巨石阵的中心，有些巨石高达8米，重约30吨。但是人们看到，不少巨石是横架在两根竖立的石柱上的。这些石头是怎样被搬运上去的，至今还是未解之谜。

图坦卡蒙墓

陵墓的主人图坦卡蒙，是埃及第十八王朝的法老，于公元前 1361 至公元前 1352 年在位。

图坦卡蒙墓，位于埃及王陵谷内，修建于距今 3300 多年以前。1922 年，英国考古学家霍华德·卡特发现了这座陵墓，并于 1933 年发掘完毕。

图坦卡蒙墓与拉美西斯六世的陵墓相距不远。由于其隐藏在破乱的石棚之下，历来的考古学家和盗墓者都没有发现。与其他大规模的陵墓相比，图坦卡蒙墓的规模和形式比较一般。墓室的主体有甬道、前厅、棺椁室、耳室和库房等。甬道长 120 米，直接通往前厅。前厅是各种墓室中最大的一间，面积可达 35 平方米。棺椁室是整个墓室的关键部分。其间有 4 层木制圣柜，充满了整个房间。圣柜表面都是用黄金覆盖，并镶嵌有蓝釉饰板。在饰板上面，人们可以看到守护死者亡灵的宗教图案。圣柜的内部是由黄色石英岩雕刻而成的内椁。内椁长 2.75 米，宽 1.5 米，高 1.5 米，由重达 1.25 吨的玫瑰色花岗岩制成。内椁的外面四周雕刻着托住棺脚的女神。在庞大的石棺盖下面，有两重人形棺。最外面的一层是贴金木棺，棺盖上刻着法老的人像。最内层棺是由整块的纯金打制而成的，里面就是法老图坦卡蒙的尸体。

哈尔·萨夫列尼地下宫殿

哈尔·萨夫列尼地下宫殿，是马耳他的一处名胜古迹，素有"史前圣地"

之称。

在马耳他岛的瓦莱塔城南距离1公里处有个叫帕奥拉的城市，哈尔·萨夫列尼地下宫殿就位于该城市的中心附近。1980年，哈尔·萨夫列尼地下宫殿被联合国教科文组织列入《世界遗产名录》。

关于哈尔·萨夫列尼地下宫殿的起源，可以追溯到新石器时代。公元前3200年至公元前2900年间，在地下大约12米深的岩石中，新石器时代的古人建造了这座地下宫殿。整座地下宫殿的面积多达500平方米，是一座三层三十三个房间的地下建筑。宫殿的上面两层有许多进出洞口和小房间，旁边还有一些大小不一的壁龛。宫殿的中央大厅由高大的石柱和半圆形屋顶组成。宫殿的旁边，还有许多石屋，用途各不相同。有的用来储藏粮食、饮水，有的用来祈祷神灵，还有的是用来埋葬尸体。最底层有一排小厅，与上层之间连有不规则的台阶。在地下宫殿的洞顶和洞壁上，画有各种不同的图案，有螺旋形的，有曲线形的，还有圆形的。整个地下宫殿修建得轮廓清晰，线条优美，体现了当时人们的高超建筑技巧。

"百门之都"底比斯

底比斯的主要建筑有底比斯阿蒙神庙主殿和底比斯陵墓。

"百门之都"底比斯，位于今天的卢克索和卡纳克一带。底比斯横跨尼罗河中游两岸，规模宏大，有100座城门，被古希腊大诗人荷马誉为"百门之都"。

底比斯是埃及中王国和新王国的都城，到现在已经有4000多年的历史。底比斯阿蒙神庙主殿于拉美西斯二世时修建，总面积达5000平方米，共有134根圆柱。其中，最高的 12 根圆柱高达 21 米，每一根圆柱顶上可以容纳 100 多人。底比斯陵墓主要有拉美西斯二世陵墓和图坦卡蒙陵墓。与以往的法老陵墓不同，这两处陵墓都是地下陵墓。为了防止盗墓者入侵，埃及法老一改以往修建金字塔的想法，把陵墓隐藏在深深的地下。

底比斯作为古埃及遗留下的一处名胜古迹，具有鲜明的特点。第一，它的历史悠久，大多数遗迹都是在公元前 21 世纪至公元前 11 世纪期间修建的。第二，它的规模比较宏大。遗留下来的建筑物大都取材于巨大的石头，每一块石头至少有数吨之重。第三，它的建筑工艺十分精美，其中不乏有精雕细刻的彩绘浮雕。

米诺斯迷宫

米诺斯迷宫，位于地中海以东、希腊半岛以南的克里特岛上。

1900 年，英国考古学家阿瑟·埃文斯爵士来到克里特岛进行考古发掘，发现了米诺斯王国的米诺斯迷宫。这座王宫占地面积约为 2 公顷，共有 3 层，还有 1 个地下室。宫中有数百间房屋，由廊道相互连接。

关于米诺斯迷宫的起源，可以追溯到古希腊时期的神话故事。米诺斯是宙斯和欧罗巴的儿子。欧罗巴被宙斯的妻子天后赫拉排挤迫害，无奈之下逃到了克里特岛。之后，欧罗巴与这个岛的国王阿斯特瑞俄斯结婚。婚后，善良的国王收养了米诺斯。若干年后，国王去世。为了与国王的其他儿子竞争王位，米诺斯请求海神波塞冬的帮助。海神波塞冬在海中升起了一只白色的公牛，以表示答应了米诺斯的请求。不过，海神波塞冬提出了一个要求。等米诺斯继承王位后，一定要将这头白色的公牛献祭给他。然而，贪心的米诺斯当上国王后，没有按照波塞冬的要求去做。海神波塞冬知道后，十分愤怒。作为惩罚，海神波塞冬暗中施法，使得米诺斯的妻子爱上那只白色的公牛，并生下一个牛头人身的怪物米诺陶洛斯。米诺陶洛斯性情暴躁，到处吃人。米诺斯连忙召来建筑师代达罗斯，命令他修建一所地下迷宫，用以囚禁米诺陶洛斯。这就是后来所说的米诺斯迷宫。

摩索拉斯陵墓

摩索拉斯陵墓是摩索拉斯王和他妻子的陵墓，古代世界七大奇观之一。

摩索拉斯陵墓位于土耳其西南部的哈利卡纳索斯，建造时间大概在公元前353到公元前350年之间。

摩索拉斯是公元前4世纪中叶，波斯帝国属地卡利亚的总督。他精力旺盛，好战，仅用了很短时间就成了邦国领主。他为自己建的这座陵墓，刚完工就名震天下：这座建筑高约135英尺，全部用从希腊运来的白色大理石雕成。陵墓底座为长方形，墓身分四层，墓基有六个台阶。陵墓长120英尺，宽100英尺，高140英尺，墓身刻有奇异花纹。

除建筑外，陵墓最有名的就是雕塑。据说，陵墓四面的雕塑由雕刻家波亚克西斯、里奥查理斯、提莫西亚斯和史卡帕斯分别负责。陵墓四周围放着骑在马背上的士兵雕像，陵墓墩座上排着36根金白色的大理石圆柱，柱间饰有男神和女神的立像。

1859年，英国考古学家查理士·牛顿挖掘出了陵墓中残存的石狮雕像、圆柱和人像碎片。他把它们带回英国，存放在伦敦大英博物馆特别室中。如今，哈利卡纳索斯城已经找不到摩索拉斯陵墓的踪迹，只有大英博物馆中存放的雕刻碎片可以证明，这座陵墓真的存在过。

秦始皇陵兵马俑

秦始皇陵是中国历史上第一座帝王陵墓，位于陕西省西安市东部临潼区境内。

秦始皇13岁即位时就开始建陵，陵墓公元前246年动工，公元前208年完工，耗时38年之久。陵墓雄伟壮观，被称为"世界八大奇迹之一"。

陵园俑坑位置在陵园东1500米处，是当今全球最大的地下军事博物馆。俑坑共三个，呈品字形排列。一号俑坑位置在最南面，呈长方形，东西向，长230米，宽62米，深5米。二号坑位于一号坑东北部20米处，坑长124米，宽98米。三号俑坑位置则在一号坑西北25米处，面积有520平方米左右。俑坑布局合理，坑底每隔三米就有一座承重墙，墙东西向。兵马俑就排列在墙与墙之间的空档中，俑坑四面有斜坡和通向外界的门道。

· 1104 ·

秦始皇陵兵马俑发现于1974年，目前已出土的兵马俑中，共有武士俑800件，陶马100多匹，木质战车18辆。陶俑高约1.8米，神态各异，面部表情栩栩如生。

1961年，中国政府将秦始皇陵定为全国文物重点保护单位。1987年，兵马俑一号坑被辟为"秦始皇陵兵马俑博物馆"。

楼兰古城

楼兰古城，被人们称为"沙漠中的庞贝"。

楼兰古城位于今天中国新疆巴音郭勒蒙古族自治州若羌县的北部，罗布泊的西边，孔雀河道南岸7公里处。楼兰古城占地面积为10万多平方米，东西城墙高约4米，宽约8米。整个古城遗址散落在罗布泊西边的雅丹地形之中。

关于楼兰古城的起源，可以追溯到中国的汉朝时期。那个时候，楼兰是西域的一个强悍部落，他们居住在新疆塔克拉玛干大沙漠的东部，靠近罗布泊的西北边缘。公元前176年，楼兰部落建立了自己的国家，并定都于楼兰古城。公元前108年，楼兰国臣服于中国汉朝统治者。西汉时候，楼兰古城的人口多达1.4万。经过长期的发展，楼兰古城成为丝绸之路上的一个繁荣城邦。古城内，不仅有整齐宽敞的街道，规模宏大的建筑，还有热闹非凡的自由市场。在汉朝的管理之下，楼兰古城虽然几经变故，但一直处于不断发展的状态。东晋后期，中原地区诸国混战，楼兰与中原逐渐失去联系。一直到唐朝，楼兰古城重新成为边塞要地。但是在唐朝之后，这个繁华一时的古城，不知什么原因就消失了。

1900年3月，瑞典著名的探险家斯文·赫定到中国新疆地区探险。在一次意外的沙尘暴中，斯文·赫定发现了埋藏在沙漠中的古代城堡，这就是后来震惊世界的楼兰古城。楼兰古城的再现，吸引了世界各地的探险家和旅游者竞相来到此地。自斯文·赫定之后，先后有英国的斯坦因、日本的橘瑞超等人来到楼兰古城，发掘并掠夺走了大量的珍贵文物。

关于楼兰古城的消失，有各种各样的说法。有的学者认为，楼兰古城消失于战争。自公元5世纪以后，楼兰王国不断遭受北方强国的入侵。后来，整个国家逐渐衰败。有的学者认为，楼兰古城由于生态环境的不断恶化，导致那里的人们背井离乡。直到现在，关于它的消亡，还没有一个权威的说法。

庞贝古城

庞贝地处交通要道，且拥有良好的港口，很快就成为古罗马的繁荣城市。

庞贝古城，是亚平宁半岛南角坎佩尼亚地区的一座古城，位于意大利南部那不勒斯附近，创建于公元前6世纪左右，消亡于公元79年。公元前89年，罗马当权者苏拉派军队占领了庞贝城。到公元79年为止，庞贝城的人口超过2.5万人，修建了很多重要的建筑和公共设施。

公元79年8月24日，距离庞贝城北面10公里远的维苏威火山突然爆发。经过18小时后，这座美丽富饶的古城被彻底湮没。之后，庞贝古城的建筑及其当地的居民沉睡于地下。1594年，人们在萨尔诺河畔修建水渠时发现了一块石头，那块石头上刻有"庞贝"字样。1707年，人们在维苏威火山脚下的一处地方打井时，挖掘出了一个女性雕像。1748年，人们在火山灰中挖掘出完整的人体残骸。直到这时人们才知道，一座城市掩埋于火山灰之下。

出土后的庞贝城，东西长1200米，南北宽700米，城内面积达1.8平方公里。整个庞贝城有七扇城门，城内有四条呈"井"字形分布的大街。其中，主要街道是由石板铺成的，宽7米，两边建有排水沟。庞贝城的西南部有全城最宏伟的建筑，比如神庙、市政中心大会堂、公共市场等。这些建筑分布在一个长方形的广场周围，是庞贝古城的政治、经济和宗教中心。此外，庞贝古城还设有公共浴池、体育馆和剧场等公共设施。

佩特拉古城的发现

佩特拉古城是由岩石雕刻而成的，由于其岩石多呈红色，素有"玫瑰红城市"的美称。

　　佩特拉古城，约旦南部的一座历史古城，位于死海和阿克巴湾之间海拔1000米的高山上，距离首都安曼约260公里。
　　关于佩特拉古城的发现，可以追溯到19世纪初期。公元前4世纪的时候，纳巴泰王国定都于佩特拉城。公元106年，罗马帝国皇帝图拉真派军攻陷佩特拉城。后来，佩特拉城成为古罗马帝国的一个行省。从公元3世纪起，红海的海上贸易逐渐取代陆地上的商业贸易。作为商业要道的佩特拉城，因为贸易路线的改变，慢慢走向衰落。公元7世纪的时候，佩特拉城已经成为一片废墟。1812年，一位年轻的瑞士探险家约翰·贝克哈特，作为"非洲内陆地区研究促进协会"的成员，前往非洲研究尼日尔河的源头。在从大马士革去开罗的途中，他无意中打听到了佩特拉古城的消息。为了避免遭到当地贝都因人的杀害，约翰·贝克哈特乔装打扮成阿拉伯人。在长期的科研考察过程中，他不仅学会了阿拉伯语，还掌握了大量的宗教知识。因此，在去佩特拉古城的途中，约翰·贝克哈特几乎没有遇到什么危险。1812年8月22日，约翰·贝克哈特顺利到达佩特拉古城。之后，他向世界揭示了这座古城的存在。

奇琴伊察古城

　　奇琴伊察古城，是古玛雅的城市遗址。
　　奇琴伊察古城位于墨西哥尤卡坦州南部。奇琴伊察古城南北长约3公里，东西宽约2公里。在古城的内部，以天然井为建筑的基础，分布着数百座古玛雅和

图文版 世界百科全书 考古史学

托尔特克文化遗址。在古玛雅语中,"奇琴"就是"井口"的意思。

奇琴伊察古城由石制的建筑、寺庙和庭院构成。现在,奇琴伊察城被公路分为两部分。公路的南边是老奇琴伊察城。它建立于公元7至10世纪,具有鲜明的玛雅文化特色。在老奇琴伊察城里,到处可以看到金字塔神庙、柱厅殿堂、球场、市场和天文观象台等。这些建筑的风格统一,基本上以石雕为主要装饰。公路的北边是新奇琴伊察城。它具有明显的托尔特克文化特色,建筑以灰色格调为主,随处可见羽蛇神灰泥雕刻。代表性的建筑物有库库尔坎金字塔、勇士庙等。

奇琴伊察城于公元500至700年间达到鼎盛。公元987年,托尔特克国王带领军队来到奇琴伊察城。他们与当地的玛雅人一起,将这座古城定为首都。后来,这座古城的建筑兼有玛雅和托尔特克的混合风格。13世纪初期,奇琴伊察城成为一座繁华的大都市。1221年,奇琴伊察城爆发了大规模的内战和叛乱。之后,随着尤卡坦统治中心的转移,奇琴伊察城迅速衰落。16世纪的时候,西班牙人征服尤卡坦州。此时,奇琴伊察城已经成为一片废墟。

复活节岛的石像

复活节岛,又称"拉帕努伊岛",意思是石像的故乡。

复活节岛是太平洋东南部的一个岛屿,与周围的小岛构成一块面积为120平方公里的陆地。复活节岛上有600多尊巨人石像。每个石像高约710米,重约3090吨。所有的石像都是半身像,由整块的火成岩雕刻而成,呈暗红色。石像的眼睛是用黑曜石和贝壳镶嵌而成的,富有光泽。

关于这些石像的来历,科学家们进行了长期的考证,并给出了部分问题的答

案。相关学者认为，公元1世纪的时候，人类开始登上复活节岛。公元7世纪的时候，岛上的人们修建了一座祭坛。又过了100年，人们在祭坛上面开始雕刻石像。12世纪的时候，石像的雕刻工程进入关键时期。大约经过500多年的时间，石像的雕刻工程进入尾声。公元1650年，石像雕刻工程停工。从雕刻的石像现场来看，科学家们认为，当时石像的雕刻工程由于遇到意外的变故而突然停止下来。这种意外变故很可能就是较大的自然灾害，比如地震、海啸等。关于石像的象征意义，大部分人认为，石像可能代表岛上已故的酋长或者宗教领袖。在复活节岛的东南部，有一个采石场。那里至今还有300尊没有雕刻完成的石像。其中，最大的一尊石像高约22米，重约400吨。从采石场到祭坛，有一段很长的距离。那么，当时的人们是怎么运送这些石像的呢？直到现在，这个问题还是个未解之谜。

考古学文化

考古学文化是考古学研究中的专用术语。

考古学文化指的是人们在考古工作中发现的属于同一个时代，处于同一个地带，存在着相同文化特征的遗址群。

考古工作中常有特征相似的器物出土，考古工作者在某个地区常能发现类型相仿的居住地遗址、墓葬遗址。这些特征相似的器物间、类型相仿的遗址间，存在着某种特定的组合关系。连接这些器物间、遗址间关系的纽带，就是那个时代的文化。

考古学文化包含的因素很多，有那个时代的住宅、用具、器皿、装饰品，以及工艺技术等。所有这些因素加在一起，才是一个有机的文化整体。人们判定一

个遗址、一件遗物是不是属于某种文化时，评判标准也正是囊括了所有因素的文化整体，而不是某个单一的文化因素。考古学文化指的正是这个文化整体背后的，属于这个特定时代的文化传统。

人们为考古遗存中发现的考古学文化命名时，最常使用的方法就是用遗址所在地做名称，例如中国有周口店文化、河姆渡文化、大汶口文化等。有些文化以文化分布地区或所在河流流域为名，如欧洲多瑙河文化。还有些文化以创造文化的族群为名，如巴蜀文化。此外，还有以特征遗物命名的文化，如彩陶文化；以特定历史时期命名的文化，如隋唐文化等。

王朝兴衰

阿卡德王国

阿卡德王国是约公元前2371年至前2230年间出现在美索不达米亚平原上的王国。

美索不达米亚平原分为南北两部分，南部被称为巴比伦尼亚，北部被称为西西里亚。大约在公元前4000年，苏美尔人进入两河流域，创造了两河流域文明。公元前3000年，苏美尔人建立起很多城邦。此后，各城邦之间经常爆发战争。到了公元前2500年，苏美尔城邦文明因为战争的破坏而逐步衰落。此后，阿卡德人进入两河流域，并将苏美尔地区统一起来，定都阿卡德，建立起君主制集权国家。

萨尔贡是阿卡德王国的第一任国王，他在位50多年，创建了一支大约有5400人的常备军，并多次率领部队向外扩张。在他的领导下，阿卡德军队攻破了乌尔、乌鲁克、拉格什等地，彻底摧毁了苏美尔的城市，沉重地打击了苏美尔旧贵族的势力。此后，萨尔贡又领兵征服了两河流域北部的苏巴尔图，以及东部的埃兰、苏撒等城市，还曾领兵到达地中海东岸地带及小亚细亚的陶鲁斯山区。他征服了很多地区，自称为"天下四方之王"。

萨尔贡死后，其子里姆什和玛尼什吐苏先后继位。玛尼什吐苏成为阿卡德的国王后，发展了与波斯湾西部沿海国家狄尔蒙、阿曼沿海地区马干及古印度地区梅露哈的海上贸易，并向波斯国家发动战争。他死后，其子纳拉姆辛继位。纳拉姆辛在位期间，向马干及埃布拉发动战争，在北方的铁尔布拉克修建宫殿。他在位36年，之后把王位传给了他的儿子沙尔卡利沙利。

此时，阿卡德王国已经进入晚期，王国内部出现了很多严重的问题，国王沙尔卡利沙利也在宫廷政变中被推翻。大约在公元前2191年，阿卡德王国遭到了蛮族库提人的入侵，最后被彻底摧毁。

亚历山大帝国

大约在公元前6世纪下半叶，马其顿成为了君主制国家。

公元前4世纪，马其顿统治阶级内部为争权夺利而相互斗争，外敌趁此机会入侵，打算将其吞并。这时，身为摄政的腓力二世挺身而出，率领大军将侵略者击退。此后，他废掉了年幼的国王，自己称王，并进行了一系列政治、经济、军事改革。在他的治理下，马其顿很快就成为了一个强大的国家。

公元前336年，腓力二世在出席女儿的结婚典礼时遇害身亡。年仅20岁的王子亚历山大登基为帝。亚历山大上台后，首先将希腊人发动的反马其顿起义镇压下去，之后又铲除了国内的政敌。公元前335年，他组建了一支由5000名骑兵和3万步兵组成的远征军，于第二年开始了长达10年的东征。

在亚历山大的率领下，马其顿大军渡过赫勒斯滂海峡，向波斯挺进。在小亚细亚的格拉尼库斯河畔，马其顿大军与波斯大军展开激战，马其顿军队获得了胜利，并将整个小亚细亚地区占领。随后，亚历山大又率领大军攻下了腓尼、巴勒斯坦及上下埃及。不甘心失败的波斯国王大流士三世组织了一支号称百万的大军，打算与马其顿大军决一死战。公元前331年，双方在高加米拉交战。在双方交战过程中，亚历山大命令精锐部队直击大流士三世的军营。大流士三世为了保全性命，弃阵而逃，导致波斯军队全面崩溃，很快就被击败。马其顿大军成功地将波斯的都城巴比伦和苏萨占领，并缴获了大量金银财宝。公元前330年，马其顿大军将波斯波利斯占领。至此，波斯帝国正式宣告灭亡。

虽然取得了巨大胜利，但亚历山大并没有因此而满足。他又率领大军穿越兴都库什山，来到中亚的锡尔河一带。公元前327年，他被物产丰富的印度所吸引，打算率领大军占领印度。可是，在行军的过程中，他的手下的士兵因为思乡心切而产生了不满情绪，亚历山大只得放弃了征服印度的计划，下令回国。公元前324年，亚历山大率领大军抵达苏撒，结束了历时10年的东征。

亚历山大所开创的帝国被称为亚历山大帝国。这个庞大的帝国疆域辽阔，西至巴尔干半岛，东达费尔干纳盆地及印度河平原，南到印度洋及非洲北部，北到中亚细亚、黑海和里海，是历史上继波斯帝国之后第二个横越亚、欧、非三大洲的帝国。

公元前323年，年仅33岁的亚历山大突然因病去世。当时亚历山大帝国刚刚建立不久，很多体制还不完善。因此，亚历山大死后，各地总督纷纷发动叛乱，为争夺地盘而不断争斗，庞大的亚历山大帝国最终解体。

波斯帝国

波斯帝国是在古代伊朗高原以波斯人为中心形成的帝国。

波斯人是印欧语系的一支，大约在公元前2000年从中亚一带迁到伊朗高原西南部，投靠了米底王国。当时统治着伊朗高原的是亚述帝国，米底王国也受其统治。大约在公元前7世纪后期，米底王国因为不满亚述帝国的统治，联合新巴比伦王国将其消灭，占领了亚述帝国西部的土地。

公元前558年，居鲁士二世在波斯称王。随着波斯的实力日益强大，居鲁士逐渐对米底王国的统治越来越感到不满。公元前550年，波斯人将米底人打败，消灭了米底王国，获得了独立。随后，亚美尼亚、基尔卡尼亚、埃兰、帕提亚这些原本受到米底王国统治的王国都归降了波斯。这使得波斯的实力得到了增强，领土面积也扩大了数倍。

此后，居鲁士开始对外扩张。他先后将东部伊朗及中亚大部分地区征服，使波斯的统治范围向东扩展到印度河流域，向西扩展到埃及边境。

居鲁士二世死后，他的儿子冈比西斯二世成为了波斯的统治者。公元前525年，冈比西斯二世率领大军攻破了埃及首都孟菲斯，将埃及征服。这使得波斯成为了一个地跨西亚、北非的庞大帝国。冈比西斯二世并未满足，他又率领大军向努比亚和利比亚发动了进攻。由于准备不够充分等原因，他没有取得成功。此时，反对冈比西斯二世的起义在埃及爆发。为了将起义镇压下去，他领兵来到埃及首都孟菲斯，并与起义军交战，最终成功地将起义镇压下去。公元前522年，波斯王国内部发生叛乱。冈比西斯二世收到消息后，立即领兵返回波斯。可是，他却在途中死去。

冈比西斯二世死后，波斯将领大流士一世率领波斯大军回国，成功地将叛乱镇压下去，并登上了王位。为了稳定政局，大流士一世在上台后推行了一系列严厉的政策。此外，他还对波斯的政治进行改革，并制定了很多促进波斯商业和贸易发展的措施。在大流士一世的统治下，波斯变得更加强大。此后，大流士一世还大肆对外扩张，成功地控制了印度次大陆北部地区，并向小亚细亚沿岸的希腊殖民地发动进攻。公元前490年，不可一世的大流士一世开始入侵希腊半岛。可是，由于指挥失误，波斯大军在马拉松战役中被希腊联军打败。公元前486年，大流士一世去世，他的儿子薛西斯继承了王位。

薛西斯领兵继续入侵希腊，虽然占领了希腊半岛北部地区，但最终还是被希腊联军击败。此后，波斯帝国开始走向衰落。

希波战争结束后，被波斯帝国征服的国家不断爆发起义，波斯统治阶级内部为了争权夺利也不断发生宫廷政变。公元前330年，亚历山大大帝率领大军攻破波斯帝国的首都波斯波利斯，波斯帝国正式宣告灭亡。

孔雀王朝的建立

孔雀王朝是古代印度摩揭陀国最有名的奴隶制王朝。

公元前326年，亚历山大在征服波斯帝国后，又急切地想要将被波斯人控制的印度西北部地区吞并。当时印度境内存在着很多相互独立、相互对抗的小国家。亚历山大率领马其顿大军击败了印度河流域及旁遮普的一些国家，之后遭到了另一些国家的反抗。由于长时间征战，亚历山大手下的将士们都产生了思乡之情，亚历山大只好撤兵回国。

亚历山大离开后，留下了一支军队驻守旁遮普。公元前321年，旃陀罗笈多组织当地百姓，将马其顿人赶走，建立了摩揭陀国。由于旃陀罗笈多出身于养孔雀的家庭，因此人们称摩揭陀国为孔雀王朝。

罗马共和国的灭亡

罗马共和国由贵族组成的元老院掌握国家的实权。

公元前510年，罗马人建立了执政官、元老院和部落会议三权分立的罗马共和国。不久后，罗马与伊特鲁利城邦维爱进行了战争，将维爱消灭，这使得罗马共和国的面积扩大了一倍，一跃成为意大利中部的强国。

公元前264年至公元前146年，为了争夺地中海沿岸霸权，罗马与迦太基进行了三次布匿战争。公元前215年至公元前148年，罗马又发动了四次马其顿战争。这些战争使得罗马征服了迦太基和马其顿，控制了整个希腊。此后，罗马又控制了西亚部分地区，成为一个版图辽阔的国家。

公元前2世纪30年代到公元前1世纪30年代，随着经济的迅速发展，罗马共和国的社会矛盾不断激化，这一时期先后爆发了西西里奴隶起义和斯巴达克起义。这些起义爆发后，贫民阶级与贵族阶级之间的斗争一直没有间断过。

公元前133年至公元前121年，提比略·格拉古和盖约·格拉古两兄弟，为解决土地问题而进行了政治改革，让很多没有产业的农民获得了土地。

公元前82年，苏拉在贵族势力的支持下，成为了终身独裁者，开始进行军事独裁。公元前60年，恺撒、庞培和克拉苏为各自利益，结成了"前三头同盟"。公元前48年，恺撒在内战中打败了庞培，成为了独揽政治和军事大权的终身独裁官。

恺撒被暗杀后，屋大维、安东尼和雷必达在公元前43年结成"后三头同盟"，控制了罗马的权利。可是，他们每个人都想打败同盟者，成为独裁者，从而揭开了罗马内战的序幕。公元前27年，屋大维打败了雷必达和安东尼，掌握了罗马政权，之后正式建立元首制，当上了罗马的皇帝。至此，罗马共和国宣告灭亡。

阿克苏姆王国的盛衰

阿克苏姆王国是非洲东部的古代王国，位于今天的埃塞俄比亚境内，首都为阿克苏姆城。

阿克苏姆王国的兴起，受到了古代东西方海上交通与贸易发展的极大影响。它位于红海沿岸的厄立特里亚一侧，那里是红海的贸易口岸，是东西方进行贸易活动的中转站。从那里既可以南下印度洋，到达太平洋沿岸及南亚，也可以通过埃及著名的"法老运河"，顺着尼罗河进入地中海，从而进入欧洲。古代地中海与印度之间的贸易活动，使得阿克苏姆王国逐步崛起。

公元初年，阿克苏姆王国正式建立。大约在公元2世纪，王国的统治者统一了北方，并不断地向埃塞俄比亚高原中部扩张。公元3世纪，阿菲拉斯当上了国王。他凭借由海上贸易取得的财富，派遣大军跨越红海，向位于阿拉伯半岛南端的也门地区发动进攻，并获得成功。此后，阿克苏姆王国将红海上的东西方贸易通道控制起来。

公元320年，埃扎纳继位。在他的统治下，阿克苏姆王国进入鼎盛时期。他派遣大军西渡尼罗河，将麦罗埃王国消灭，将埃塞俄比亚北部地区统一起来，并征服了阿拉伯南部的一些王国。他信奉基督教，为此，他下令在全国各地修建修道院和教堂，还把基督教奉为国教。此外，他还对文字进行改革，将过去只有纯粹子音字母的萨贝亚拼法废弃，推行一套全新的，能够标出母音的拼音方案。这

图文版 世界百科全书

王朝兴衰

一改革有着深远的影响，确定了沿用至今的埃塞俄比亚文字。

公元 525 年，加列布国王为了进一步控制阿拉伯半岛南端，出兵向也门地区发动攻击，将那里征服。这使得阿克苏姆王国在古代东西方贸易中占据着非常重要的地位。同时期的波斯帝国国王、罗马帝国皇帝，以及后来的拜占庭帝国皇帝，都对阿克苏姆王国国王刮目相看。当时的一些罗马作家认为，阿克苏姆王国与同时代的罗马帝国、波斯帝国以及中国可以并称为世界四大强国。

此后，阿克苏姆王国开始逐渐走向衰落。为了争权夺利，王室成员之间经常进行激烈的斗争，这严重地削弱了王国的国力。到了公元 7 世纪，波斯人的势力日益强大起来，他们将东西方之间的贸易垄断，使得阿克苏姆王国的商业势力受到了沉重打击。波斯人还改变了以前的贸易路线，将商路向东转移，使得东西方商船只进入波斯湾，向北通过陆路交通抵达地中海。如此一来，红海的过境贸易彻底衰落，阿克苏姆王国也随之衰落了。

公元 570 年，波斯人向阿克苏姆王国发动进攻，占领了一些通商城市和海岸属地，阿克苏姆人被赶出阿拉伯地区。不久后，阿克苏姆王国就灭亡了。

屋大维统治下的罗马

公元 9 年，罗马大军在条顿堡森林伏击战中失利，这才停止了向西部日耳曼扩张。

恺撒死后，屋大维凭借自己的智慧，借助元老院的力量，当选为罗马执政

官。为了对抗元老院的势力，公元前43年，他与马克·安东尼、雷必达结成同盟，以为恺撒报仇为名，成功地清理了一大批元老院中的共和派强硬分子。公元前40年和公元前37年，屋大维与安东尼、雷必达两次会面，对势力范围进行了重新划分。

他们都想成为罗马的独裁者，因此他们之间的战争也就在所难免。屋大维首先解除了雷必达的军权，此后正式向安东尼宣战。双方在希腊西岸的阿克提乌姆湾展开激战，最终屋大维的军队大获全胜。逃到埃及的安东尼看到无力扭转战局，便自杀而死。

此后，屋大维正式成为了罗马的统治者。公元前30年，他被封为罗马的"终身保民官"。公元前29年，他又获得"大元帅"的称号。公元前28年，他开创了元首政治，结束了罗马共和国，宣告罗马进入帝国时代。

为了巩固自己的统治地位，屋大维推行了很多政治经济措施。他重组了罗马元老院，对财政和税收制度进行了改革，还建立了"元首金库"，为手下的文员发放工资。他还创立了禁卫军，保护他本人及国都的安全；创立罗马常备军，并让军队驻扎在边境，以防范他们干涉政治。他还将国都修饰一新，举办娱乐活动让罗马市民获得快乐。

在屋大维的努力下，罗马帝国占领了加拉提亚省，疆域扩展到多瑙河。之后，罗马又将亚美尼亚吞并。

占婆国的盛衰

占婆国是东南亚的一个古国，居民大部分为印度族中的占族。

在中国的史书中，占婆国有三种不同的称呼：东汉末期以后称林邑，唐时称环王国，五代以后称占城。

东汉时期，占族人居住在日南郡象林县一带。东汉末年，他们经常因为不满东汉的统治而发动叛乱。汉献帝年间，象林人区方将象林县令杀死，自立为林邑王，占婆国登上了历史舞台。

占婆国的南边面临着柬埔寨各国，北面面对着中国各王朝，因此经常与这些国家交战。公元248年，中国南朝的宋武帝刘裕派兵与占婆国交战，获得大胜。占婆国向刘宋缴纳大量财物才得以保全。

隋文帝杨坚消灭陈朝后，派遣大将军刘方攻打占婆国。刘方利用计谋将占婆国大军打败，缴获了大量战利品。隋炀帝杨广执政时，派遣大军将占婆国消灭，将其土地分为三个郡。占婆国百姓对隋朝的统治不满，经常奋起反抗，最后终于取得了成功，获得了独立。

唐朝时期，占婆国惧怕唐朝强大的国力，不敢图谋不轨。宋朝时，新崛起的安南国经常入侵占婆国。后来，宋朝出兵安南，占婆国顺利地收回了被占领的土地。

1471年，安南黎朝向占婆国发动攻击，很快就占领了占婆国的都城，并将国王荼全俘虏。

贵霜帝国的兴衰

贵霜帝国是由大月氏的贵霜部落建立起来的帝国。

贵霜帝国鼎盛时期与中国汉朝、安息和罗马并称为欧亚四大强国。

公元前170年前后，居住在中国祁连山一带的突厥游牧部落大月氏被匈奴击败，迁到了中亚的阿姆河流域。此后，大月氏分为五个部落，贵霜便是其中之一。公元1世纪中叶，贵霜部落的丘就却将大月氏5个部落统一起来，建立贵霜帝国。

公元2世纪初期，阎膏珍即位。在他统治时期，贵霜帝国将锡斯坦吞并，将印度西北部征服，在中亚的势力范围扩大到了花剌子模，成为一个庞大的帝国。

公元2世纪末期，贵霜帝国开始逐渐衰落。公元3世纪时，贵霜帝国分裂成了几个小公国，势力范围不断缩小。公元425年，哒灭亡了大月氏的残余小国，贵霜帝国宣告灭亡。

拜占庭帝国

人们称东罗马帝国为拜占庭帝国。

公元 324 年，君士坦丁大帝击败了统治罗马帝国东半部的李锡尼，结束了罗马帝国分裂的局面，成为了罗马帝国唯一的统治者。此后，他决定重建和扩建古老的城市拜占庭，使其成为新的首都。公元 330 年，新首都顺利完工，并被命名为君士坦丁堡。

公元 395 年，罗马皇帝狄奥多西一世死前留下遗嘱，将罗马帝国分为东西两部，分别交给他的两个儿子霍诺里乌斯和阿尔卡狄乌斯统治。此后，阿尔卡狄乌斯便成为了东罗马帝国的统治者。

公元 3 世纪和 4 世纪，西罗马帝国遭到了大量日耳曼民族的入侵。公元 476 年，西罗马帝国灭亡，拜占庭帝国皇帝利奥一世通过谈判，解除了哥特人所带来的威胁，保住了拜占庭帝国。

公元 6 世纪时，查士丁尼成为了拜占庭帝国的皇帝。他是一个志向远大的人，一心想要收回西罗马帝国的土地。在他和贝利萨留将军的领导下，拜占庭帝国收复了西班牙、北非、意大利大部等很多西罗马帝国的土地。

查士丁尼死后，拜占庭帝国遭到了敌人的入侵，巴尔干半岛被斯拉夫人占领，意大利北部被伦巴底人占领，东部的省份被波斯人占领。此后，阿拉伯人又将拜占庭帝国南部的大部分省份占领，到了公元 7 世纪中叶，他们又将埃及和叙利亚占领。

巴西尔一世创立了马其顿王朝，在他的带领下，拜占庭帝国在公元 9、10 和 11 世纪进入了"黄金时期"。这一时期，它占领了保加利亚大部分地区、意大利部分地区以及亚得里亚海的制海权。1014 年，巴西尔二世将保加利亚人击败，此后又灭亡了第一保加利亚王国。

1071 年，突厥苏丹阿尔普·阿尔斯兰在曼齐刻尔特会战中击败了罗梅纳斯四世，拜占庭帝国失去了小亚细亚省。

后来，它分裂为特拉比松、伊庇鲁斯和尼西亚三个国家。1261 年，尼西亚帝国的帕里奥洛加斯王朝收复了君士坦丁堡，将伊庇鲁斯击败，使得帝国得以恢复。

1453 年，奥斯曼帝国的苏丹率领大军攻下了君士坦丁堡，几年后又占领了特拉比松。至此，拜占庭帝国宣告灭亡。

克洛维创立法兰克王国

公元 3 世纪，法兰克人分为滨河法兰克人和滨海法兰克人两大支。

古罗马帝国北部一直存在着很多日耳曼人的部落。这些部落只是一些独立的小民族，并没有形成一个统一的民族。在这些民族中，有一个居住在莱茵河下游的法兰克民族。

随着罗马帝国的衰落，处于原始社会末期的法兰克人为了满足自身发展，经常抢夺高卢地区的财物。公元420年，他们再次侵入高卢，并占领了高卢东北部的一些地区。此后，他们便在那里定居下来，结束了到处流浪的生活。公元476年，西罗马帝国灭亡。很多日耳曼部落在高卢地区建立起自己的王国。法兰克人看到占据着高卢的阿格留斯王国被孤立起来，便决定将其消灭。

公元481年，克洛维成为了滨海法兰克人的军事首领。为了实现消灭阿格留斯王国的梦想，他联合滨河法兰克人，共同出兵攻打阿格留斯王国。公元486

年，克洛维率领法兰克人击败了阿格留斯王国大军。此次胜利对法兰克人来说意义重大，此后法兰克人的地盘扩大到卢瓦尔河以北地区，使得他们有了足够大的疆域建立王国。另外，克洛维也因为这场胜利受到了法兰克人的热烈拥戴。至此，法兰克人建国的条件已经成熟。于是，在法兰克人的拥护下，克洛维正式创立了法兰克王国。他把这个王国命名为墨洛温王朝，而他也成为了法兰克王国的第一任国王。

基辅罗斯盛衰史

基辅罗斯是最早的俄罗斯国家。

基辅罗斯又称罗斯国或古罗斯，是东欧平原上的封建国家，首都为基辅。

公元8到9世纪，随着社会阶级分化越来越严重，东斯拉夫人各部落之间经常爆发战争。为了解决争端，公元862年，他们邀请诺曼人留里克来到东欧平原。留里克建立起留里克王朝，这是第一个罗斯王国。

留里克王朝建立不久后，迪尔和阿斯科德这两位军事首领在基辅建国。

公元879年，留里克去世，他的亲戚奥列格担任罗斯王公。奥列格将波洛茨克和斯摩棱斯克等战略要地占领，先后灭亡了迪尔和阿斯科德建立起来的王国，占领了基辅城。此后，他把罗斯国的首都迁到基辅，建立起基辅罗斯王国。这个王国的疆域非常辽阔，东到喀尔巴阡山东，西至顿河，南至黑海北岸，北抵波罗的海南岸。为了加强统治，奥列格还制订了一部《罗斯法令和法律》。

奥列格死后，伊戈尔、奥尔加、斯维雅托斯拉夫一世相继成为基辅罗斯的领导者。他们像奥列格一样，凭借强大的军事实力，多次出兵攻打君士坦丁堡，逼迫拜占庭帝国签订四个商业性条约。这些条约使得罗斯人在拜占庭享有商业特权，促进了基辅罗斯的商业发展。

斯维雅托斯拉夫一世死后，他的儿子弗拉基米尔一世继位。在弗拉基米尔一世统治时期，罗斯国发展到了顶峰，成为东欧强国，国际地位也有所提高。

到了12世纪，随着封建势力的不断发展，基辅罗斯的大公政权逐渐瓦解，国家逐渐分裂为很多独立的公国。弗拉基米尔二世继位后，打算将基辅罗斯重新统一起来，但最终没有成功。到了12世纪30年代，基辅罗斯进入封建割据时期。

13世纪初期，基辅罗斯遭到了蒙古人的侵犯。罗斯人与其他民族联合起来，共同抵抗蒙古人的进攻，最终失败。此后，罗斯人开始臣服于蒙古人在东欧建立起来的钦察汗国。

克罗地亚王国历史沿革

克罗地亚是处于地中海与巴尔干半岛潘诺尼亚平原交界处的国家。

克罗地亚人的居住地大部分属于中欧附近的巴尔干半岛，小部分属于中欧。克罗地亚境内有维莱比特山脉、比奥科夫山和莫索尔山，这些高山把它分割成内陆地区和沿海地区，使其境内出现了奈雷特瓦公国、潘诺尼亚及达尔马提亚克罗地亚这三个相互分离的政治区域。

公元8世纪末9世纪初，特尔皮米尔大公建立起克罗地亚国家。从此之后，克罗地亚就成为了完全独立的封建制国家。

特尔皮米尔大公去世后，多马戈伊和兹德斯拉夫相继成为克罗地亚的统治者。兹德斯拉夫统治时期，克罗地亚人民因为不满他与拜占庭皇帝同流合污而爆发了政治宗教动乱，将兹德斯拉夫赶下台。此后，克罗地亚和达尔马提亚摆脱了拜占庭帝国的控制。布拉尼米尔在兹德斯拉夫之后成为克罗地亚大公，他使得克罗地亚独立的地位得到了巩固。

10世纪初期，奈雷特瓦公国、潘诺尼亚及达尔马提亚克罗地亚合并成为了统一的克罗地亚王国。

从12世纪到16世纪上半叶，克罗地亚王国一直处于匈牙利王国的统治之下。1527年到1918年，它又沦为奥匈帝国的附属国。1918年12月，克罗地亚与一些南部斯拉夫民族联合起来，建立塞尔维亚—克罗地亚—斯洛文尼亚王国。1929年，这个王国改称为南斯拉夫王国。1991年，克罗地亚共和国宣布脱离南斯拉夫联邦共和国，成为一个独立的共和国。

查理帝国一分为三

查理帝国，也称加洛林帝国，是中世纪西欧最早的封建帝国，建立者为法兰克王国加洛林王朝的查理大帝。

在查理大帝统治时期，查理帝国的版图极为辽阔，东到多瑙河和易北河，西到厄布罗河，南到意大利北半部，北抵北海。

公元814年，查理大帝因病去世，他的儿子路易继承了他的王位。早在公元806年，查理大帝就做出规定：他死之后，查理帝国将按照日耳曼的传统，分给他的儿子们。可是，路易不想把庞大的帝国分割成若干块。于是，他违背了查理大帝的遗嘱，颁布法令规定皇位由皇帝的长子继承。他还指定儿子洛泰尔为副皇帝，打算将来把皇位传给洛泰尔，以此来保障帝国的统一。

可是，路易的其他儿子都希望将帝国分割，这样他们才能获得更多的领地。

为此，他们与路易发生了武装冲突。公元840年，路易去世，洛泰尔成为了查理帝国唯一的统治者。不过，洛泰尔决定将帝国一分为三。公元843年，洛泰尔和其他两个兄弟在凡尔登签署条约，规定将查理帝国划分成东法兰克王国、西法兰克王国和中法兰克王国三部分。后来，东法兰克王国演变成德意志王国，西法兰克王国演变成法兰西王国，中法兰克王国演变成了勃艮第王国和勃艮第公国。

高丽王朝的建立

高丽王朝又称王氏高丽，是在公元918年建立起来的朝鲜封建王朝。

公元9世纪以后，统治朝鲜半岛的新罗王朝变得越来越腐朽，中央政府逐渐衰落。各地的封建势力纷纷利用这个机会，扩大势力范围。公元900年，甄萱在完山州建立后百济国。公元904年，弓裔在铁圆建立泰封国。这两个王国与新罗同时存在，分庭抗礼。

弓裔建立泰封国后，开始推行暴政，使得百姓怨声载道。公元918年，弓裔手下将领王建与裴玄庆、卜智谦、洪儒、早崇谦等人发动政变，将泰封国推翻，建立起高丽王朝。

塞尔柱帝国的盛衰

塞尔柱帝国是塞尔柱突厥人在西亚和中亚建立起来的国家。

10世纪中叶，居住在中亚吉尔吉斯草原上的游牧突厥人的一支——塞尔柱人开始向西南方向迁徙。塞尔柱人身强体壮，作战英勇，在迁徙的过程中，他们使用武力，合并了一些小的突厥部落，实力得到了很大提升。

1037年，塞尔柱人在首领图格鲁勒·贝克的率领下，占领了属于伽色尼王朝的内沙布尔和木鹿。1040年，塞尔柱人占领了呼罗珊全境。此后，他们又征服了伊朗高原，占领了巴格达。1043年，图格鲁勒·贝克率领塞尔柱人吞并了米迪亚、赖伊、哈马丹等地。1051年，他们占领了伊斯法罕，并将其作为首都，建立起塞尔柱帝国。

1054年，塞尔柱人将阿塞拜疆征服。1055年，图格鲁勒·贝克接受阿拔斯王朝统治者戛伊姆的请求，率领大军来到巴格达，将布韦希王朝消灭。此后，他掌管了阿拔斯王朝的所有权力。

图格鲁勒·贝克死后，艾勒卜·艾尔斯兰和他的儿子马立克沙相继成为塞尔柱帝国的统治者。他们执政时，塞尔柱帝国进入鼎盛时期，南至阿拉伯海，北至基辅罗斯，西到小亚细亚和叙利亚，东到中国的广大地区都受其控制。

1092年马立克沙去世后，塞尔柱帝国开始逐渐衰落。皇族之间为了争权夺利，不断爆发内战。这导致各地的军事封建主拥兵自重，不再受帝国统治。此后，塞尔柱帝国分裂为以迪亚巴克尔、摩苏尔、科尼亚、大马士革、巴格达等城市为中心的很多小国家。到了14世纪，这些小国家先后被消灭，强大的塞尔柱帝国宣告灭亡。

横跨欧亚大陆的蒙古帝国

蒙古帝国是历史上面积最大、版图最辽阔的帝国。

蒙古族是居住在蒙古高原上的游牧民族。10世纪到12世纪，随着生产力的发展，蒙古的氏族社会逐渐瓦解，出现了不同的社会阶级。

1206年，铁木真将蒙古各部落统一起来，他担任大汗，号称"成吉思汗"。至此，蒙古草原长期混战的局面宣告终结。

此后，成吉思汗组建了蒙古大军，开始四处征战。1205年，成吉思汗领兵三次向西夏发动进攻。1211 年，蒙古大军攻克了金朝，将中都占领。1218 年，蒙古大军又将西辽政权消灭。1219 年至 1222 年，成吉思汗派兵攻克了花剌子模的多个城市。1223 年，他又派兵与钦察九部联合作战，在乌克兰将基辅大公击败。1227 年，成吉思汗在六盘山因病去世。经过多年征战，他使得包括蒙古高原、中国东北、西北、华北以及西亚和中亚的大部分地区尽归蒙古帝国所有。

成吉思汗死后，他的子孙继续征战，不断拓展蒙古帝国的领土。

窝阔台在成吉思汗死后成为了蒙古大汗。他率领蒙古大军，向俄罗斯和钦察进攻，将莫斯科等城市攻占。1240 年到 1242 年，成吉思汗的孙子拔都相继攻占了基辅、波兰、匈牙利、斯洛伐克、捷克等国家。1242 年，拔都收到了窝阔台的死讯，为了东归争夺大汗之位，便不再继续西征。

成吉思汗的孙子蒙哥成为蒙古大汗后，派自己的弟弟旭烈兀继续西征。旭烈兀相继攻占了叙利亚和大马士革。在旭烈兀西征的同时，蒙哥率领大军向中国南宋发动进攻。蒙哥在攻城时中箭而死，旭烈兀回国争位，只留下一支小部队驻守大马士革。最终，蒙哥的弟弟忽必烈成为大汗。1271 年，忽必烈建立中国元朝。

此后，旭烈兀建立了伊儿汗国，其领地包括现在的伊拉克、伊朗和高加索；拔都建立了钦察汗国，其领地包括现在的保加利亚和俄罗斯部分地区；窝阔台建立窝阔台汗国，其领地为巴尔喀什湖以东及额尔齐斯河上流地区；察合台建立察合台汗国，其领地为中国新疆及中亚一带。这些汗国归中央汗国管辖，共同构成了版图辽阔，横跨亚欧大陆的蒙古帝国。

随着时代的发展，在四大汗国中，窝阔台汗国被元朝和察合台汗国瓜分，后来，察合台汗国和伊儿汗国被帖木儿帝国消灭。钦察汗国在 16 世纪中期被罗斯公国消灭。至此，横跨亚欧大陆的蒙古帝国灭亡。

布韦希王朝

布韦希王朝是统治伊拉克和伊朗西南部的封建王朝，因王朝建立者阿里的父亲布韦希而得名。

阿里是里海西南岸山地德莱木人酋长布韦希的儿子。他有两个兄弟，分别为哈桑和艾哈迈德。大约在公元 934 年，阿里将法尔斯占领，建立政权。此后，他和他的兄弟先后将伊斯法罕、胡齐斯坦和克尔曼占领。公元 945 年，艾哈迈德占领了巴格达，将阿拔斯王朝统治者的所有政治权利剥夺，只让其担任宗教领袖。随后，阿里建立起布韦希王朝。

公元 949 年，阿里去世。他立下遗嘱，把王位传给哈桑的儿子阿杜德·道莱。

在阿杜德·道莱的统治下，布韦希王朝进入鼎盛时期，王国统治着伊拉克和伊朗西南部大部分地区。阿杜德·道莱在设拉子和巴格达设立医院、学校和图书馆，促进了这两个地区的文化发展；在设拉子附近的库尔河上修建了埃米尔拦河坝，促进了当地的经济发展。

阿杜德·道莱去世后，德莱木军人与突厥族之间的矛盾，使得布韦希王朝出现了内讧，这个王朝很快就衰落下去了。

1055年，巴格达被塞尔柱人占领，布韦希王朝宣告结束。

神圣罗马帝国

神圣罗马帝国是公元962年至1806年存在于西欧和中欧的一个封建帝国。

神圣罗马帝国全称为日耳曼民族神圣罗马帝国或德意志民族神圣罗马帝国。公元800年的圣诞夜，罗马教皇利奥三世为法兰克国王查理大帝加冕，封他为罗马人的皇帝。查理大帝死后，强大的法兰克王国分崩离析，分裂为东法兰克王国、西法兰克王国和中法兰克王国。东法兰克王国和西法兰克王国的加洛林王朝皇帝，轮流被封为西罗马帝国皇帝。公元887年，加洛林王朝瓦解后，意大利国王便享有了罗马帝国皇帝的头衔。大约在公元900年，东法兰克王国形成了萨克森、巴伐利亚、法兰克尼亚及士瓦本四大公国。公元919年，萨克森公爵亨利七世击败其他竞争对手，当选为东法兰克国王。他去世后，他的儿子奥托继位。

公元962年，东法兰克国王奥托在罗马被教皇约翰十二世加冕为罗马的皇帝及罗马天主教的最高统治者。这就是神圣罗马帝国的正式开端。不过，"神圣罗马帝国"这个称呼，直到1157年才被正式使用。

神圣罗马帝国先后经历了奥托王朝、萨利安王朝、苏普林堡王朝、霍亨斯陶芬王朝、韦尔夫王朝等不同王朝的统治，鼎盛时期版图极为辽阔，包括意大利北部和中部、奥地利、德意志、斯洛伐克、捷克、瑞士、荷兰、比利时、卢森堡及法国东部地区。在整个中世纪，帝国一直与教会密切合作，共同维护欧洲的封建制度。

到了12世纪至13世纪期间，神圣罗马帝国皇帝的权力逐渐缩小。后来，由于缺乏公认的王室继承法，帝国皇帝去世后，帝国经常会爆发内战或者陷入无政府状态。这就使得神圣罗马帝国逐渐变成了一个松散的城邦联盟。

17世纪初期，欧洲爆发了三十年战争，神圣罗马帝国皇帝的权力再次被削弱。到了18世纪，整个帝国分裂为300多个邦国，神圣罗马帝国的皇帝变成了一个虚名。

1789年，法国大革命爆发。神圣罗马帝国虽然极力维护封建统治，但最终还是失败了。1806年，弗朗茨二世正式宣布放弃神圣罗马帝国帝号，这标志着神圣罗马帝国的灭亡。

图文版 世界百科全书 王朝兴衰

英格兰统一

从公元865年开始，北欧海盗为了抢夺财物，经常入侵不列颠，英格兰很多边防城镇被他们占领。

公元870年前后，英格兰东部和北部的大部分地区，都被北欧海盗控制起来。这些海盗的野心并没有得到满足，位于英格兰南部的韦塞克斯王国成为了他们侵占的目标。

公元877年，丹麦国王率领大量北欧海盗向韦塞克斯王国发起猛烈的进攻。北欧海盗的战斗力非常强悍，韦塞克斯王国军队一时难以招架，只好在国王阿尔弗烈德的率领下，退到西部边境。第二年，阿尔弗烈德率领大军与北欧海盗交战，在著名的爱丁顿战役中大获全胜，扭转了战局。韦塞克斯王国的实力根本无法彻底将北欧海盗赶走，阿尔弗烈德认清了这一点，便与敌人划界而治，将王国东北部划给他们。

公元893年，北欧海盗再次进入英格兰抢夺财物。阿尔弗烈德担心他们会再次侵犯韦塞克斯王国，就一面加强边界的防御，一面建立起一支与北欧海盗实力相当的海军。北欧海盗看到韦塞克斯王国防守严密，便没有进犯。不过，北欧海盗并没有立即离开，而是以占领的英格兰东部和北部地区为据点，继续威胁韦塞克斯王国。

10世纪初期，阿尔弗烈德的儿子爱德华成为了韦塞克斯王国的国王。他是一位非常优秀的军事统帅。公元909年，为了收复被北欧海盗占领的领土，他向北欧海盗发起进攻。每当夺回一个地区后，他就在那里建立要塞，防范它们再次被北欧海盗占领。

爱德华死后，埃塞维尔德、阿瑟斯坦、埃德蒙、埃德里德相继成为韦塞克斯王国的国王。他们击败了不断入侵的北欧海盗，使英格兰开始复兴。

公元955年，埃德维成为了韦塞克斯王国的国王。麦西亚和诺森伯利亚的领主对他的统治不满，便拥立他的弟弟埃德加反叛。公元957年，埃德维被打败，被迫签订合约，把泰晤士河北方的领土交给埃德加。埃德维死后，埃德加将英格兰统一起来。

公元973年，埃德加在巴斯举行了加冕典礼，这标志着英格兰真正统一起来。

霍亨斯道芬王朝

霍亨斯道芬王朝是神圣罗马帝国的一个王室。

起初，在现在德国南部的士瓦本地区，有一座名为"斯道芬"的城堡，当地的统治者便以此命名，称为"斯道芬家族"。为了表示地位的尊贵，他们又在家族名称前加上"霍亨"，因此这个家族又称为"霍亨斯道芬家族"。

1079 年，神圣罗马帝国皇帝亨利四世的女儿阿格尼丝公主嫁给了腓特烈一世。同时，腓特烈一世也成为了士瓦本公爵。这使得霍亨斯道芬家庭进入了神圣罗马帝国的最高统治阶层，标志着霍亨斯道芬王朝的开始。

神圣罗马帝国皇帝亨利五世是阿格尼丝公主的弟弟。他没有儿子，因此霍亨斯道芬家族便继承了皇位。1138 年，德意志皇帝罗退尔二世去世，他的女婿，巴伐利亚和萨克森的亨利成为了皇位继承人。德意志贵族们不希望皇位落入外族人手里，便选择了霍亨斯道芬家族的康拉德当皇帝。他们认为，霍亨斯道芬十分弱小，康拉德继位后一定会对他们言听计从。可是，康拉德并不甘心做他们的傀儡，为了成为名副其实的德意志统治者，他一直在与德意志的韦尔夫家族进行斗争。

此后，霍亨斯道芬家族的权势越来越大，并在腓特烈一世和腓特烈二世统治时期达到顶峰。为了争夺权利，他们与罗马教廷展开斗争。此外，他们还派兵进犯意大利，逼迫意大利将南方西西里岛的统治权交出。

腓特烈二世自幼在西西里生长，他的父亲很早就去世了，他的母亲放弃了德国王位。这使得霍亨斯道芬王朝失去了士瓦本，把意大利作为王朝的中心。这种政策的变化，导致了王朝皇帝与教皇的矛盾越来越尖锐。因此，霍亨斯道芬王朝也就逐渐衰落下去了。

1254 年，霍亨斯道芬王朝走向了终点。

金雀花王朝

金雀花王朝又称安茹王朝，它是亨利二世创立的封建王朝，也是中世纪英格兰最强大的王朝。

安茹伯爵是法兰西国王统治下的一个封建领主。法兰克贵族安热尔热是第一代安茹伯爵。十字军东侵时期，安茹伯爵富尔克成为了耶路撒冷国王，他的长子若弗鲁瓦继承了他在安茹的领地。1127 年，神圣罗马帝国皇帝亨利五世死后，若弗鲁瓦娶了他的遗孀玛蒂尔达。玛蒂尔达是英格兰国王亨利一世的女儿，亨利

一世死后，她就成为了英格兰王位的继承人。可是，她的表兄斯蒂芬利用她身在海外的有利时机，率先加冕为英格兰国王。此后，玛蒂尔达和斯蒂芬为争夺王位，展开了长达19年的战争。最后，双方达成一致，规定斯蒂芬继续担任英格兰国王，但他死后，要把王位传给玛蒂尔达的儿子亨利。

1154年，斯蒂芬去世，亨利成为了英格兰国王，也就是英王亨利二世。除了占有英格兰外，他还从母亲玛蒂尔达那里继承了诺曼底公国，从父亲那里得到了安茹、布列塔尼等诸侯国，后来又从妻子那里获得了加斯科尼、伯瓦图、阿奎丹等诸侯国，建立起幅员辽阔的安茹帝国。他的父亲安茹伯爵杰弗里五世喜欢在帽子上戴一朵金雀花，因此这个王朝又叫金雀花王朝。

金雀花王朝先后经历了亨利二世、"狮心王"理查一世、"无地王"约翰、亨利三世、"长腿王"爱德华一世、爱德华二世、爱德华三世、理查二世等几代君主的统治。1485年，亨利·都铎建立都铎王朝，结束了金雀花王朝的统治。

阿尤布王朝

阿尤布王朝是在叙利亚和埃及地区建立的王朝。

萨拉丁·优素福·本·阿尤布是阿尤布王朝的创建者。他本是赞吉王朝的军事将领，后来因为两次出兵帮助埃及法蒂玛王朝而立下大功，被封为法蒂玛王朝的首相，控制着埃及的军政大权。1171年，法蒂玛王朝的哈里发病情加重，生命岌岌可危。萨拉丁利用这个机会，在埃及建立阿尤布王朝。1174年，他宣布阿尤布王朝独立。

　　1175年，萨拉丁表示忠于阿拔斯王朝哈里发。穆斯坦绥尔哈里发十分高兴，封他为"埃及、叙利亚、马格里布、希贾兹及也门苏丹"。就在这一年，萨拉丁把阿尤布王朝的首都迁到了大马士革。1183年，萨拉丁率领大军将赞吉王朝消灭，此后又攻占摩苏尔。也门、希贾兹、巴勒斯坦、伊拉克北部、苏丹、叙利亚、埃及等地全都成了阿尤布王朝的领土。

　　此后，萨拉丁重建军队，建立坚固的防御体系，完善司法制度，大力发展经济，促进教育发展。经过他的治理，阿尤布王朝日益强大起来。

　　1193年，萨拉丁去世。他的儿子为了争夺王位，不断地斗争，从而导致阿尤布王朝陷入四分五裂的局面。

　　1250年，阿尤布王朝的卫队首领艾伊贝克将王朝的统治者突兰沙谋害，掌握了阿尤布王朝的军政大权。至此，阿尤布王朝走到了终点。

民俗节日

民 俗

中国结

中国结是一种流传于中国民间的编织艺术，有着非常悠久的历史。

旧石器时代，人们有缝衣打结的习惯，这一习俗经过不断发展，最后形成了现在的中国结。通常，它是由一根数尺见长的彩绳通过绾、结、穿、绕、编等工艺技巧编制而成，外形大多上下一致、左右对称、正反相同、首尾相接，因符合中华民族的传统装饰习俗和审美观点而得名。

早期的"吉祥结"等凝聚着神秘的宗教观念，被人们看作具有驱邪避灾等功效的护身符。后来，人们还利用各种结的形态和谐音制造出新结，并给它们赋予了祝祷意义。比如，把"吉字结"和"鱼结"结合起来并取其谐音，就产生了"吉庆有余"的结饰品。后来，各种各样的"中国结"在民间得以广泛应用，并形成了一定的传承机制。

在漫长的发展过程中，中国结还被多愁善感的人们赋予了各种情感，因为许多具有凝聚性的事物都可以用"结"字作喻。在古典文学中，"结"一直象征着青年男女的缠绵情思。比如，宋代词人张先曾用诗句"心似双丝网，中有千千结"来形容失恋女孩思念故人的纠结状态。人类的情感有多丰富多彩，"结"就有多么千变万化。

服饰方面也有中国结的身影。早期，人们把绳结盘成"S"形，然后挂在腰间作装饰。周朝时期出现了绶带，到了明清时期才出现盘扣。此外还有香囊、玉佩、扇坠等饰品，它们也都显示出"结"在中国传统服饰中的广泛应用。

风筝小史

现在的风筝又叫纸鸢，是用纸扎的一种可以放飞到天空中的玩具。

古时候是否有风筝，风筝是由谁发明的，发明在什么时候，这些疑问因没有确凿的证据而存在众多的解释，主要有下面几种记载。

人们听得最多的发明风筝的人是鲁班。传说鲁班发明了很多的东西，而其中之一就是木鸢。《渚宫旧事》中记载鲁班"尝为木鸢，乘之以窥宋城"，《墨子·鲁问》中也有记载称"公输子削竹木以为鹊，三日不下"。也有人说做木鹊的是墨子，二者莫衷一是，但由于墨子和鲁班都是鲁国人，所以可以肯定的是"木鸢"最早应出现在齐鲁一带。

第二种记载是韩信发明了风筝。宋人高承在《事物纪原·卷八纸鸢》中说："俗谓之风筝，古今相传，云是韩信所作。高祖之征陈郗也，信谋从中起，故作纸鸢放之，以量未央宫远近……"意思是说，在汉高祖杀死了自己的盟友陈郗后，韩信决定发动内乱，于是做了一只风筝来测量未央宫的远近。

也有记载称，纸鸢是由南北朝时的羊车儿发明的，不过那时候人们称其为鸥。《资治通鉴》中记："……台城与援军信命已绝。有羊车儿献策，作纸鸥系以长绳，写敕于内，放以从风，冀达众军……"意思是说，台城被围，里面的人与外面的援军音信不通，羊车儿于是就做了一个纸鸥，上面写有书信，书信的内容是希望看到纸鸥的军队能赶快前来救援。

最后一种记载是，风筝是由五代时期的李邺发明的。《询刍录·风筝》记载："五代李邺于宫中作纸鸢，引线乘风戏。后于鸢首，以竹为笛，使风入竹，如鸣筝，故名风筝。"意思是说五代的时候有个叫做李邺的人，在皇宫中做了一只纸鸢作为玩具，并在纸鸢的头部安装了一只笛子，当风吹进笛子时，就会发出筝一样的声音，所以这只玩具叫做风筝。

木偶的由来

在中国的奴隶社会，奴隶主死后要杀一批奴隶作为陪葬，供其死后奴役，这种行为叫做"杀殉"。

随着社会的不断发展，奴隶主们需要大量的劳动力来耕种农田，于是就不再将奴隶们作为"牺牲"，而是用木偶代替，这些木偶就是最早的木偶。不过，当时并没有木偶这个名字，人们称之为俑。

中国最早的木偶出现在《列子·汤问》中，书中记载：一个叫偃师的人制造了一个能歌善舞的木偶，这个木偶"领其颐，则歌合律，捧其手，则舞应节……立剖解倡者以示王，皆草木胶漆白黑丹青之所为"。意思是说，只要有人碰一下这个木偶的脸颊它就会唱歌，动一下它的手，它就会随着音乐翩翩起舞，但是剖开来一看，这个会唱会跳的木偶原来是用草木制作的。

到了汉代出现了玩具俑，不过这时候的玩具俑还是陶俑，这些俑的内部安有机簧，可以活动。到了三国时期出现了真正意义上的木偶，这些木偶多借水的浮力表演，所以又叫水傀儡。随着木偶被越来越多的人所接受，相继出现了皮影、提线、布袋、杖头这四种木偶戏，木偶就渐渐被人们熟知了。

赌博的由来

赌博是用斗牌、掷骰子等方式比赛输赢的一种赌钱方式，属于不正当的娱乐活动。

赌博发源于何时已不可考，但与赌博最为相近的一种娱乐形式为中国的博戏。

中国最古老的博戏叫做"六博"，据《史记》记载，"六博"在商朝之前就已经产生了，玩"六博"需要6只骰子、12个棋子和一个12道的棋盘。具体玩法是：两人对坐于棋盘两侧，分别下一枚"鱼"做注，"鱼"下在棋盘中间的"水"里。两人分别持6枚棋子，棋子分黑白两种，二人将棋子摆到棋盘上就可以掷骰子走棋了；走棋的步数根据骰子的点数而定，当棋子走到对方的棋盘时己方棋子即变为"骁棋"，变为骁棋后可以到"水"中取"鱼"，取到六只"鱼"后获胜。这种博戏已经具有了赌博的性质，开了后代人们赌博的先河。

塔罗牌起源诸说

塔罗牌，是指西方的一种占卜工具。塔罗牌共有78张牌，其中大阿卡那牌有22张，用来解释命运的大体运势；小阿卡那牌有56张，作为大阿卡那牌的补充，可以预测个人更加详细的运势。

最初，塔罗牌在中世纪的欧洲流行。关于这种占卜工具的起源，有以下几种说法：古埃及学说、意大利学说、吉普赛学说、犹太学说、中国学说和古印度学说。

古埃及学说认为，塔罗牌不是以牌的形式占卜，最初来源于古埃及的《叨忒之书》。据说，《叨忒之书》是一本传达天意的神秘之书。古埃及的法老们根据这本神奇的书做出各种决策。后来，古埃及王朝覆灭，为了不让这本奇书落入到外人手中，法老们便将这本书绘制成各种卡片，并嘱托当时的神官管理。亚历山大大帝统治埃及的时候，那些绘制的卡片逐渐传播到欧洲，在中世纪的时候形成了塔罗牌。

意大利学说认为，最早的塔罗牌大约出现在14世纪末、15世纪初的意大利。它起源于一种名叫"塔洛奇"的扑克牌游戏。这种扑克牌游戏共有22张牌，与塔罗牌的大阿卡那张数相同。除此之外，意大利诗歌中有很多关于爱情、死亡、命运和未来的内容，这与塔罗牌也很相似。

吉普赛学说认为，塔罗牌是吉普赛民族的一种古老占卜方法。它随着吉普赛人的到处流浪而被传播到世界各地。与之相关的，还有一种犹太学说。这种学说认为，塔罗牌与古希伯来人的卡巴拉有密切关系。卡巴拉是古犹太人的一种哲学。相传，这种哲学是上帝传给摩西的学问。通过这种学问，可以有效地促进人与人之间的合作，提升每一个人的精神能量。此外，塔罗牌的22张大阿卡那与希伯来文的22个字母、卡巴拉哲学有着千丝万缕的联系。

中国学说认为，最早的纸牌是由中国人发明的。在古老的宫廷中，曾经流行一种"叶子戏"的纸牌游戏，其间透露着中国古代朴素的辩证法精神，这与塔罗牌的正位、逆位很相似。

古印度学说认为，塔罗牌起源于古印度的神像法器。塔罗牌中的小阿卡那牌中的宝剑、星币、权杖、圣杯等物品的象征意义，与印度宗教中的法器含义很相似。

脱帽礼的由来

脱帽礼起源于中世纪的欧洲，同握手礼一样来自于骑士。

脱帽礼是盛行于欧美国家的一种表示尊重或友好的礼节。脱帽礼在现代的欧美地区已经很少见，原因是人们已经都很少戴帽子了。

中世纪的欧洲骑士比较盛行，他们都穿着厚厚的铠甲，还戴着保护头部的金属头盔。如果一个骑士全副武装地去见一个人，那么这个人绝对不是他的朋友。为了让女士、朋友、亲人见到他们时不会害怕，骑士们都会脱下自己的头盔并拿在右手上，以示和平或尊重。久而久之，这种脱帽礼便在欧美等国家盛行开来。

握手的起源

握手是现代社会最常见的，被用来表达友好、交流、信任的一种礼节。

人与人之间握手往往表达的是美好的感情，比如关心、尊敬、祝贺、亲近、惜别等，但有时也会表达傲慢、逢迎、溜须、冷漠等其他感情。国家领导人之间的握手则多象征着渴望和平、希望沟通等情谊。

用握手来表达感情在很早以前的中国就已经出现了，比如《诗经·邶风》里的《击鼓》诗中有"执子之手，与子偕老"的句子，这里的执手表达的是相守。《东观汉记·马援传》："援素与述同乡里，相善，以为至当握手迎如平生。"这里的握手表达的是相惜。《三国志·魏志·曹爽传》："爽以支属，世蒙殊宠，亲受先帝握手遗诏，托以天下。"这里的握手表达的是相信。可见在古代的中国，握手早已经成为人们表达感情的方式，但现代社会流行的握手礼节并非来源于中国。

现代意义上的握手礼起源于中世纪的欧洲。中世纪的欧洲是骑士横行的时代，那时的骑士们经常要与敌人厮杀，为了保护生命他们往往身穿铠甲，腰悬宝剑，头戴钢盔，手上还戴着铁手套，几乎武装到了牙齿。但是他们并不是每天都要打打杀杀，当他们与自己的家人朋友见面时，他们就会脱去铠甲，摘下手套，伸出右手，跟他们握手，并向他们表示自己的右手在他们面前是不会拿剑的。因此，向别人伸出右手就被当成友好的象征，并渐渐发展为现在人们的握手礼节。

接吻起源诸说

关于接吻的起源，人们有多种说法。

接吻是情侣间表达爱意的一种沟通方式，只有情侣间有了接吻行为，双方才能真正感到爱情的甜蜜。恋爱中的女孩子几乎没有不喜欢自己的男朋友吻自己的，而男孩子也喜欢通过接吻的方式表达自己心中的爱意。

最具科学性的接吻起源说是瑞士的心理学家弗盖尔·哈林教授提出的，他认为接吻源自人类的本能。哈林教授的理论依据主要是，人类有高于其他生物的本能，人类的本能可以通过遗传的方式传承下来。他在研究了灵长类动物的喂食行为后指出，原始人类时期，人类没有餐具，母亲给自己的孩子喂食时都是采取口对口的喂食方式，经过不断的遗传，现代的人类将其发展为接吻行为。也有人类行为学专家认为，婴儿的吃奶行为是接吻的起源，他们认为接吻是"朝向母亲怀抱的返回"。

还有两个比较有意思的接吻起源，这两个起源都与酒有关。相传古时候的意大利酿酒工艺十分落后，只能酿很少的酒，这些酒只许男人喝，女人如果喝酒就会被处死。意大利的男人们害怕自己的老婆偷酒喝被杀死，所以一回家就要用鼻子去闻闻妻子是否偷酒喝了，久而久之就发展为接吻行为。另一个类似的传说来自于上古时期的欧美地区，传说这一地区的男人在回家时也要闻一闻自己的妻子有没有喝酒，自己的妻子也为表示自己的清白，张开嘴让自己的丈夫检查，最后演变成接吻行为。

接吻的起源还有柏拉图的"身体分化说"。柏拉图认为，上古时期的人们身体是一个"球形"，那时的人们有四只手两个脑袋，后来他们的身体发生了分化，变成现在人们的样子，但他们依然想结合到一起，接吻是他们向往结合的一种行为。关于接吻的起源多种多样，除了以上的几个说法外，还有接吻起源于碰鼻、表示尊重、诅咒等的说法。

合十礼

合十礼原是古印度佛教的礼节之一，后随佛教流传至其他国家，发展成为各国佛教徒们一种日常的礼节。

在泰国、缅甸、老挝、柬埔寨、尼泊尔等佛教比较流行的国家，合十礼是平民间的一种见面礼节。合十礼分为跪合十、蹲合十和站合十，分别适用于不同的人。

跪合十是各国佛教徒拜见高僧时的一种礼节，行礼时右腿跪地，双手合十放于眉心，头要略低以示虔诚；在佛教盛行国家，拜见国王或王室成员时也要使用跪合十。蹲合十是拜见父母或长辈时的一种礼节，动作与跪合十类似，不过跪姿改为蹲姿。站合十是适用于同辈和师长间的一种行礼方式，这种行礼方式主要用于平级或上下级行礼。

红玫瑰为何象征爱情

红玫瑰被用来代表爱情源自古希腊的一个爱情故事。

自然界中的花朵被人们赋予了不同的含义，比如康乃馨代表对母亲的爱、三色堇代表思念、红玫瑰代表爱情等。

在希腊神话中，爱与美的女神阿芙罗狄蒂是世界上最漂亮的女神，传说她在贝壳中出生，生下来就有一头瀑布一样美丽的长发，她的手指纤细洁白，皮肤与珍珠相似。她的美丽让众神之王宙斯也向她献殷勤，但阿芙罗狄蒂不喜欢宙斯。宙斯由爱生恨，一怒之下将阿芙罗狄蒂嫁给了丑陋的火神赫菲斯托斯，阿芙罗狄蒂也不喜欢火神，她爱上了英俊的阿多尼斯。阿多尼斯以勇气著称，平生最喜欢打猎。阿芙罗狄蒂曾劝阿多尼斯离那些凶猛的怪兽远一些，但他不听。

有一天，阿多尼斯打猎时被凶猛的怪兽咬成重伤，在临死之前，他大声呼唤自己爱人的名字。阿芙罗狄蒂听到爱人的呼唤后，急匆匆地向爱人的身边跑去，一路上的荆棘划破了她的皮肤，血淌了一地。当阿芙罗狄蒂来到爱人身边时，阿多尼斯已经死去。阿芙罗狄蒂痛苦不已，她放声大哭，声音掠过她和阿多尼斯流出的血液，血液变成了一朵朵娇艳欲滴的玫瑰花。人们被阿芙罗狄蒂对阿多尼斯的爱打动，为了纪念她对阿多尼斯忠贞的爱情，就将他们鲜血所化的玫瑰花作为爱情的象征。

灯谜趣谈

灯谜又叫"灯虎"，猜灯谜则称为"射灯虎"。

在中国民间，猜灯谜主要起到节假日期间助兴的作用。灯谜古已有之，在中国的春秋战国时期，民间就已经有出现了"隐语"；秦朝时有专门创作"隐语"的人；三国时期，猜谜语已经非常盛行；南宋时，有些文人们为了显示才学喜欢在元宵节将谜语贴在花灯上，供人们猜射消遣，灯谜正式出现。灯谜之所以从南宋流传到今天且长盛不衰，主要是因为灯谜存在着多种多样的猜法，这些猜法背后隐藏的技巧是人们对灯谜乐之不疲的重要原因。

猜灯谜最常见的方法是离合法，离合法是通过拆分汉字的方式猜出灯谜谜底的一种方法。比如"如今分，别在断桥（打《红楼梦》中的一个人物）"这个灯

谜就是离合法的一个典型的例子。"如今分，别在断桥"这个灯谜乍一看似乎是一句话，但仔细揣摩会发现里面另有玄机。"如今分"可以有两个解释，一是当"如今分别"讲；二是当"将'如'字现在分开讲"。如果猜谜者领会到了"如今分"的第二个解释，那么猜出这个灯谜就简单多了。"如"字分开后是一个"女"字和一个"口"字，所谓"别在断桥"即"桥"字断为"木"字和"乔"字两部分。这样一来，如果猜谜者熟读《红楼梦》，知道里面有"娇杏"这样一个人物，那么这个灯谜就猜出来了。

猜灯谜的方法几十种之多，除了上面介绍的例子外，还有参差法、移位法、通假法、会意法等，这些方法后隐藏的玄机和人们在猜对谜底后的喜悦，是灯谜能长盛不衰的重要原因。

名片的发展

中国是最早使用名片的国家。

名片在当今社会已经非常普遍，它作为一个最直接的沟通载体，已经被人们广泛地应用于生活当中。由于互赠名片是人们互相认识的一种最便捷的方式，所以交换名片已经成了生意人之间的一种标准行为。

大概在西汉时期，名片就出现了，那个时候的名片叫做"谒"。《释名·释书契》载："谒，诣告也。书其姓名于上以告所至诣者也。"意思是说，"谒"是一种写有拜谒者姓名的竹片。到了东汉时期，"谒"有了一个更合适的名字——"名刺"。出土的汉朝文物中有大量的名刺出现，这些名刺使用木头做成，上面写有持名刺人的人名、籍贯等信息，与现在人们用的名片已经很相似。

到了唐代，中国的造纸技术已经相当发达，这时纸质的名刺出现了。唐朝的"名刺"使用范围也不再仅限于下级向上级的拜谒，同辈人之间也可以互赠名刺以便交流，那时的新科进士就有互换红笺的习惯。到了明代，科举制度盛行，识字的人明显增多，名刺开始在平民间流行，这时的名刺被叫做名帖。到了清朝，名片的名字正式出现，随着清朝和外界交流的增多，名片得到了很大的普及，并最终发展到现在的样子。

纹身小史

由于在皮肤上刺墨会使皮肤看上去成青色，所以纹身也叫刺青。

纹身是用一种带墨汁的针刺穿皮肤，在上面留下图案的艺术形式。纹身在现代人看来已经不再是坏人的象征，有人将纹身当做一种新兴的艺术门类，有人则靠纹身来表达某种信仰。纹身在许多国家都有不同的发展。

在中国，先秦时期的纹身叫做"黥"，是一种在犯人的脸上刺字的刑罚；纹身还有警告与装饰性作用，比如岳母在岳飞身上刺的"精忠报国"和《水浒传》中的花和尚鲁智深与九纹龙史进的纹身。

在西方国家，纹身也很早就出现了。在发掘的公元 2000 年前的埃及法老的木乃伊上就有纹身的出现。英国维多利亚时代的妇女有在嘴唇上纹红的习惯，类似于现在的纹唇。欧洲的印第安人也有纹身的习惯，并在欧洲人探索新大陆时期将纹身传播到了欧美地区。美国人在 1891 年发明了纹身机，从此美国成了现代纹身文化的发祥地。

现在的纹身方式主要有三种。第一种，也是最常见的一种，是用蘸着颜料的针直接刺破皮肤达到纹身的效果；第二种是使用纹身机来纹身，这种方式多被纹身师们使用；第三种是毛利人发明的，用鲨鱼的牙齿或动物骨刺来纹身的方式。

长寿面的起源

吃长寿面是人们向往长寿的一种感情寄托，但长寿面的来源与面无关，却与人的脸有关。

在中国，人们过生日有吃长寿面的习惯，长寿面讲究一碗只有一根面。

汉武帝是一个迷信鬼神的皇帝，他总是幻想借助鬼神的力量让自己多活几年，因此关于长寿的话题经常被汉武帝提及。有一次，汉武帝和大臣们聊天，他又提到了怎样获得长寿的问题。他说："我今天看了一本名叫《相书》的书，书中说人寿命的长短与人中有关，如果一个人的人中有一寸长，那么这个人就能活到一百岁。"大臣们一听纷纷夸奖汉武帝的人中很长，能够活到一百岁。这时候坐在汉武帝旁边的东方朔突然大笑起来，汉武帝问他因何发笑，东方朔说："人活到一百岁，人中有一寸长，那活到八百岁的彭祖呢，脸该有多长啊？"大臣们听罢也笑了起来，汉武帝也打消了通过增长人中来达到长寿目的的想法。

后来，这个故事启发了人们，人的人中越长，脸就越长，脸不就是面吗？既然脸不能加长，那么可以让"面"加长啊，于是长寿面就这样产生了。

送花圈的起源

花圈用来表达哀思始于基督教的兴起。

花圈源于希腊，最早的花圈是一种花环，希腊人叫它"斯吉芳诺思"，是装饰神像的一种"圣物"。《圣经》中记载，人死后会进入天堂，通往天堂的路是由鲜花铺成的。在基督教义的影响下，西方人开始向死者献花圈，在希望死者进入天堂的同时，也向死者表达哀思。

中国人也有送花圈的习惯，但中国花圈与西方人送的花圈有所不同。中国人送的花圈中心都有一个大大的"奠"字，同时在"奠"字的两旁还有挽联。"奠"字在《辞海》中的解释是"向鬼神献上祭品"的意思，在中国民间，"奠"是向死者表达哀思的一种方式。挽联也是为表达哀思所设的，它能非常直观地表达人们对死者的哀悼。

披麻戴孝

披麻戴孝是流行于中国民间的对死者表达哀思的一种形式。

披麻戴孝起源于周代的丧服制度。周朝根据丧服的轻重、做工精细程度、服丧周期长短，设置了五服制度，五服分为斩衰、齐衰、大功、小功、缌麻五等。其中斩衰为最上等，这种丧服是用最粗的生麻布制成的，是为至亲穿的重丧服。随着朝代的更替，披麻戴孝的习俗一直流传至今，现在民间举办丧事时，孝子穿的厚重白孝服就与斩衰类似。

角斗士

因为角斗士生活方式的不平凡，他们的传奇一直是令人津津乐道的话题。

角斗士最早出现在罗马，他们的主要作用是通过你死我活的角斗为贵族们提供消遣。角斗士都是奴隶，关于他们最早的记录要追溯到公元前264年，当时有一批角斗士曾在著名的贵族朱尼厄斯·布鲁特斯·贝拉的葬礼上进行过厮杀。

角斗士主要有四种类型。莫米罗角斗士是重甲角斗士，他们全副武装，从肩膀到小腿都在盔甲的保护中，头上还带有巨大的头盔，攻击武器是匕首。持盾剑斗士是轻甲角斗士，他们只在双肘双腕和左膝处穿有皮甲护身，头部有头盔和面罩，他们最主要的防御工具是大盾牌，攻击武器是长剑。色雷斯角斗士除了一只小型盾牌，几乎没有任何装备防身，他们用匕首进行攻击。持网和三叉戟的角斗士则完全没有装备护体，他们在角斗时最容易被攻击。

角斗士一开始归私人所有，并到处巡回演出，后来国家害怕这些私人团体利用角斗士造反，将角斗士收归于国有。贵族们观看的角斗士会被严格训练，他们的训练非常艰苦，类似于现在的军事训练和运动员训练。他们必须熟悉匕首、剑、网以及锁链等武器的使用技巧，否则就会在自己不熟悉的武器下命丧黄泉。由于艰苦的训练，角斗士之间的角逐非常惊险刺激，当时的贵妇人都是角斗士们疯狂的粉丝，科莫德斯皇帝的母亲就曾经为角斗士马提诺斯而疯狂。

如果一个角斗士能够在3到5年的搏杀中幸存下来，那么他就不再是奴隶，而是一个自由人。角斗士从产生之初到消失总共持续了700年的时间，在这700

年间支持角斗士战斗下去的只有这一个信念。

小脚为何称"金莲"

中国市井文化将小脚称为"三寸金莲"。

小脚怎么和"金莲"联系到一起的呢？有些学者作了相关的考证。

金莲得名于南朝齐东昏侯的潘妃。潘妃的小名叫做玉儿，她是一个很有姿色、性格放荡的女人。东昏侯非常喜欢潘妃，他发现潘妃的脚很小后，就命人用黄金打造了很多莲花，并将这些莲花贴在地上。当潘妃从莲花上走过，东昏侯就会很高兴，并说"此步步生莲花也"。后来人们就用"金莲"来形容女人的脚小，用步步生莲形容女人走路时的婀娜多姿。

"寿星"为何大脑门

寿星在中国古代是一颗星的名字，中国人将这颗星称为寿星；西方天文学里它的名字是船底座α星，位于南半天球南纬50度左右。

寿星一开始并不代表长寿，由于寿星在中国观察显得忽明忽暗，所以寿星被认为是国家昌盛与战乱的象征。由于与国家的安定息息相关，寿星最初的形象也非常威严，与现在"寿星老"的慈眉善目有天壤之别。

司马迁《史记·天官书》中记载，秦始皇建立秦朝后，在国都咸阳专门修了一间寿星祠，来供奉象征国家兴衰的寿星。到了东汉，由于国家比较安定，人们渐渐忽视了寿星以前的象征意义，开始将寿星看做长寿的象征。《汉书·礼仪志》就曾记载过这样的一件事，汉明帝在位期间，曾经举行过一次祭祀寿星的仪式，不过这次祭祀仪式与秦朝有所不同。汉明帝召集全国所有的年龄超过70岁的老人，一起来参加了这个寿星祭祀仪式，并发给他们每人一把象征长寿的鸠杖。自汉明帝起，寿星开始变成老人长寿的象征，并渐渐变成现在人们看到的样子。不过，为什么象征长寿的"寿星"要有那么大的脑门呢？

中国的道教是一个讲究养生的宗教，道教认为脑门高且红亮的人必是长寿之人，因此人们认为代表长寿的"寿星"也应该有一个大大的脑门。另外，被道教认为代表长寿的丹顶鹤的额头也是高高隆起的，这与"寿星"的脑门巨大也有关系。能给人们带来长寿的蟠桃与"寿星"的脑门非常相似，也是"寿星"脑门巨大的一个原因。

理发店的标志"三色柱"

中世纪时，理发师同时也是外科医师。

现在的理发店外面都立着一根滚动着不同颜色的柱子，人们看到这样的一根柱子就知道这是一家理发店，原来，理发店从中世纪的欧洲就用红蓝白三种颜色相间的"三色柱"来招揽生意了。"三色柱"作为理发店的标志主要来自下面这个传说。

中世纪的欧洲医学比较落后，人们认为生病的原因是体内的"元素"失去了平衡，要想治愈疾病需要排出打乱平衡的"元素"，通过实施外科手术进行放血，就可以达到"排出元素"目的。不过，当时的医生认为外科手术是一种低等的医术，他们不喜欢做外科手术，身患疾病的人只好去找理发师们来帮忙。1540年，在得到英格兰国王批准的情况下，英国成立了理发师、外科医师联合会，理发师们正式打起了外科医生的幌子。他们还专门为自己的新工作设计了招牌，这就是后来的有红蓝白三种颜色的"三色柱"，这三种颜色分别代表不同的意思，其中红色代表动脉，蓝色代表静脉，白色代表纱布。1745年，英王乔治二世敕令成立皇家外科医学会，外科医师和理发师从此分离开来，但"三色柱"作为理发店的标志却延续了下来。

蜜月的来历

蜜月来源于古代欧洲日耳曼民族的支系条顿人的习俗，"蜜月"与条顿人喜欢喝蜂蜜有关。

古代欧洲的条顿人认为蜂蜜是生命、健康和旺盛的生育能力的象征，所以在新婚后的三十天内，条顿族夫妇每天都要喝用蜂蜜做成的饮料，来表达多子多孙的愿望。后来，人们为了表达与条顿人相同的愿望，便将婚后的第一个月称为蜜月。

关于蜜月的来历还有另一个说法。相传在公元6世纪的一年，英国的克尔克特部落首领的女儿爱丽丝到了出嫁的年龄，听到信息的王子们纷纷赶到克尔克特部落向爱丽丝求婚，王子们知道爱丽丝小姐特别喜欢吃蜂蜜，所以大家的求婚礼品都是蜂蜜。经过挑选，爱丽丝小姐看中了一位王子，并和他举行了婚礼，为了祝福王子和爱丽丝的婚姻，人们足足吃了一个月的蜂蜜。后来人们就用蜂蜜来形容婚姻的幸福，并将新婚夫妇结婚的第一个月称为蜜月。

日本人名字的演变

古代的日本老百姓只有名却没有姓。

古代的日本人多以美好的字眼给自己命名，男人一般用代表威武、英俊、忠信的词语作为自己的名字，比如俊雄、高广、英松等；女子则多用代表柔美秀丽的词语作为自己的名字，比如小百合、赤子、花子、佐和子等。

日本进入阶级社会后，统治阶级出现将"氏"作为自己姓的习惯。"氏"是古代日本的一种政治组织，氏族、官职、身份都可以称为"氏"。古代日本的每个"氏"都有一个氏名，比如日本管理祭祀的部门叫忌部，管理忌部的人就可以称自己为忌部氏；同理，管理出云、近江地区的人可以称自己为出云氏和近江氏；如果在朝为官，也可以用官职作为自己的姓氏。但是，古代日本人只有有权有势的人才有姓，普通老百姓依然只有名。

明治维新时期，日本废除了封建等级制度，并且规定日本国民可以给自己取姓。但是，由于日本长期处在封建社会，日本老百姓依然不敢给自己取姓。日本政府只好颁布法规，规定每个日本人都必须有自己的姓。日本老百姓才根据封建时代的大家族取姓的传统为自己取姓，由于延续的是封建时代的取姓传统，所以日本人的姓多为松下、西村、大庭等地理位置，因此也使得日本成为世界上姓最多的国家，有十一万个之多。

娼妓的起源

娼妓的营业方式主要有三种，即官娼、私娼和暗娼。

娼妓是两个概念，一个是娼一个是妓。娼多为已婚或已经生育的女子，这类女子结交的多为下层人；妓是受过专业训练的妙龄女子，这类女子多结交达官显贵和文人墨客。无论是娼还是妓都是以出卖肉体来获取经济利益的一类女子，是社会的最底层。

黄现璠著的《唐代社会概略》中有关于中国娼妓起源的记载，黄现璠认为中国娼妓起源于周襄王时代，其始作俑者是设置女闾的管仲。《战国策》记载："齐桓公宫中七市，女闾七百。"按照周朝的户籍管理制度换算过来，当时的女闾为一万七千五百家。从周朝开始，每个朝代都会设置"女闾"，到了唐代出现了"北里"、"平康里"等妓院设施。

日本的娼妓起源于"游女"和"神妻"，所谓的"游女"是"游行女妇之艺能人"，即一些有特殊技能的流浪妇女。《万叶集》对这些"游女"有过记载，她们主要分为两种，一种是嬉戏的"阿曾比女"，一种是放荡的"宇加礼女"。"宇加礼女"白天到处游荡，到了晚上就会与找上门来的男子交合。到了日本的江户川时代，日本出现了规模巨大的"游廊"，"游女"们正式成为职业的妓女。

古代朝鲜的妓女最早叫做"妓生"，多为触犯国家法律之人的后人，属于贱民的一种。朝鲜古时候的妓生与中国古代的妓女类似，也会吟诗作对、演奏乐器，她们主要是用来在宴会时作陪。欧洲的娼妓业则起源于古希腊的"交际花"，这类女人是可以独立谋生的高级妓女，她们的职业受法律保护，而且还要纳税。

"囍"字的由来

"囍"字据传说来源于王安石，与他双喜临门有关。

"囍"读音为"喜"，是中国人在结婚时必用的一个字符，"囍"字头上是"吉加吉"，代表吉祥人嫁给吉祥人的意思。

传说王安石23岁那年进京赶考，路过马家镇，当时天色已晚，王安石便找了家客店住了下来。晚饭后，闲来无事，王安石便到处来闲逛，不想见到一个大宅院。只见院内灯火通明，院外还挂着走马灯，灯上挂着半副对子，上面写的是"走马灯，灯马走，灯息马停步"，对子没有下联显然是在期待能对出下联的人。王安石一看，连说"好对"，但一时也想不出下联，只好回客店睡觉，以便第二天继续赶考。

王安石按期赶到京城，并圆满地完成了答卷。主考官看到王安石的卷子，连连称赞他的文采，并想当面试试他的才学。主考官找来王安石，并出了一个对子让他对，对子是"飞虎旗，旗虎飞，旗卷虎藏身。"王安石移花接木，将马家镇看到的上联对了出来，主考官暗暗点头，心中已有了金榜题名之人。王安石对完对子，便回到马家镇等揭榜的消息。闲来无事，他又去了那家大宅院。大宅院的管家正好与王安石相遇，问他能否对得出下联，王安石借花献佛，用主考官的对子对出了下联。管家一听王安石对出了下联，便告诉他对联是用来招婿的，对出下联的人便是这家大宅院的姑爷。王安石见了这家大户人家的千金，很是喜欢，便答应了这门亲事。亲事举办的当天，朝廷揭榜，王安石得中，双喜临门的王安石很高兴，便挥毫在红纸上写下一个"囍"字。从此结婚贴"囍"字便在中国民间流传开来。

瑞典"女人城"

沙科保市是一个推崇姐妹之爱的城市,在这里居住的都是女市民。

在瑞典有一个禁止男人进入的城市——沙科保市,严禁一切男人进入,如果有男人偷偷溜进这个城市,一旦被女警察发现,他们将面临被打个半死的命运。

相传,1820年一个美丽而且有钱的丧夫女人,为了避免其他男人的追求与骚扰,花钱买下了一座城堡,过起了隐居的生活。后来,有许多感情上受到挫折的女人听说了这样一个地方,也搬到城堡附近生活,来的人越来越多,这座城堡便渐渐成为了一座城市。沙科保市现在依然保存着中世纪的原貌,但现代化的设施也一应俱全。沙科保市的女市民可以自己独立谋生,她们白天到外面打工,到了晚上回到沙科保市的家里。此外,沙科保市的旅游业也是该市的一个支柱产业,不过这个城市只接待女性游客,谢绝男性游客进入。

日本的夫妻同姓制度

日本的夫妻同姓制度是指夫妻双方在结婚后必须放弃一方的原有姓氏,改用另一方姓氏的一种制度。

日本的夫妻同姓制度可以追溯到1898年制定和实施的《明治民法》,《明治民法》是建立在男女不平等的基础之上的国家法律,里面有夫妻双方在结婚后女方须随丈夫姓的规定。第二次世界大战后,日本颁布了以男女平等为基础的《日本国宪法》,并对旧《民法》做了修订,但夫妻同姓制度依然予以保留,新《民法》第750条规定,"结婚之际,夫妇必须选择使用丈夫的姓或妻子的姓作为夫妇共同的姓",通过这个规定可以看出,夫妻结婚后随男方还是女方的姓双方是可以协商的,但在日本绝大多数是女方随男方的姓氏。

夫妻同姓制度随着时代的发展,受到越来越多的新女性的反对,政府也在为实现日本的男女平等做着积极的努力。对于夫妻同姓制度,在日本国内依然存在着反对与支持的两种声音,但是从趋势上看,支持消除夫妻同姓的声音要高于拥护者的声音。

剪彩的由来

在建筑物落成、新造车船出厂、展览会开幕等比较重大的仪式上,都要进行一项重要的程序——剪彩。

所谓剪彩就是让嘉宾用剪刀剪断彩带，来表示某件事物开张、开始、开业等。剪彩有讨彩头的寓意，起源于美国一家商店的开张。

1912年，美国的一家大型百货商店即将开业，老板为了讨吉利，严格按照当地的风俗，一大早就将店门打开，并打出优惠促销的招牌。但是面对蜂拥而至的人群，这家商店的老板不免有些担心，害怕出现意外，于是他便在商店门口挂上了一条红绸子，阻挡过来看热闹的人们。正当人们焦急地想到里面去抢购商品时，老板的小女儿牵着一只小狗走了出来，并无意间碰掉了那条红绸子，围观的人们认为这是允许进入商店的意思，于是大家纷纷挤进商店购买促销的产品。后来这个老板的生意非常红火，他又开了一家分店，并效仿上一次用小狗撞彩带的方式招揽顾客，这一次的效果依然非常好，后来的生意也很顺利。于是，开业时进行剪彩的形式便流传下来。剪彩经历了用小狗撞彩带、让女孩或少女撞彩带的发展，最后成为今天用剪刀剪彩带的形式。

节 日

端午节的由来

端午节是中国传统节日，日期定在每年农历五月初五。

有关端午节的由来，说法众多。

流传最广的说法是，节日为纪念屈原而设。据说当年屈原投江，百姓闻讯，纷纷划船前去捞救。为致哀，人们泛舟河上。久而久之，河中泛舟发展成了龙舟竞赛。百姓打捞不到屈原尸体，恐尸体被河中鱼吃掉，于是争相将米团投入江中喂鱼。投米团慢慢演化成了吃粽子。吃粽子、赛龙舟的习俗被保留到现在，成了端午节传统。

另有说法，端午节为纪念孝女曹娥而设。曹娥是东汉人，十四岁那年，父亲溺死于江中。曹娥在江边等候数日，不见父亲尸体，于是整日在江边号哭。十几天后，正逢五月初五，曹娥投江。投江五天后，曹娥抱父尸归来。

中国学者闻一多在著作《端午考》中提出，端午节是吴越地区"龙"部落祭祀部落图腾"龙"的日子。依据有三：一、端午节中的两项重要活动，吃粽子和赛龙舟都与"龙"有关。赛"龙"舟，舟状为"龙"；民间传说中，投入江水中的粽子常被水中"蛟龙"偷吃掉。二、竞渡正是古吴越习俗，且竞渡所用"龙舟"正是吴越部落图腾；三、古代吴越百姓为"像龙子"，常断发纹身。五月初五端午节的风俗中，有"五彩丝系臂"一项，这项风俗应是纹身风俗的残留。

端午节名称众多，除常见的"端午节"外，还有"重午节"、"端阳节"、"诗人节"、"玉兰节"等二十多个。

腊八节趣谈

中国人称十二月为腊月，十二月初八因此而被称为"腊八"。

"腊八节"是中国汉族传统节日，日期在中国农历十二月初八。

中国传统，"腊八节"喝腊八粥。腊八粥味甜，由八种谷物与瓜果合煮而成。中原地区，许多农家也会煮咸粥。腊八粥原料有大米、小米、绿豆、小豆、花生、大枣、萝卜、白菜、肉丝、海带、粉条、豆腐等。

腊八粥的起源故事版本众多。有说腊八粥从印度传入中国，是后人为纪念佛祖释迦牟尼的苦修而喝的粥；有说腊八粥从"赤豆打鬼"的风俗中演化出来，腊八这天用红豆熬粥可祛疫迎祥；还有说腊八粥是为纪念秦始皇修长城时，饿死在工地的民工而喝的粥……种种说法，不一而足。

除喝腊八粥外，中国民间还有腊八酿酒、剃头的风俗。现在，"腊八节"已不再带有宗教与迷信色彩。中国人在"腊八节"这天仍会喝腊八粥，民间仍保留着大量的腊八习俗，这些习俗既是传统，也图吉利。

犹太人的点灯节

点灯节不同于其他犹太节日，不出于典籍《圣经》，节日设立目的是纪念一件真实的历史事件。

公元前2世纪，希腊化的安提柯王国统治以色列。为使犹太民族希腊化，国王推行了很多强制政策，迫使犹太人违背犹太教规，按希腊习俗行事。国王中最过分的是安提柯四世。犹太教教义规定，严禁崇拜任何实物或造型。安提柯四世却下令，在犹太圣殿中竖起人造塑像，强迫犹太教徒膜拜。

犹太人不甘被压迫，于公元前167年群起反抗。在犹大马卡比的带领下，公元前164年，犹太人武力夺取了耶路撒冷，解放了犹太圣殿。据犹太传统，起义军要点燃圣殿烛台。在圣殿中，义军只找到了一罐未启封的烛油。通常一罐油可维持一天，而赶制新油则需8天。这意味着，其中7天圣殿烛台会因断油而熄灭。然而奇迹发生，这罐油直到新油被赶制好才用尽，维持烛台圣火达8天之久。点灯节便为纪念这一奇迹而设立。

犹太人又称"点灯节"为"灯之节"。节日日期定在每年12月份，为期8天。节日象征着犹太人以光明对抗黑暗的勇气。节日8天中，犹太人要在特制烛台上点燃9根蜡烛。第一天点两根，其中一根用来点燃其他蜡烛。这根点烛专用蜡烛被称作沙马什，其他所有蜡烛都必须由这根蜡烛点燃。之后的七天中，每天各点一根，共9根。犹太传统点燃烛台的工具并不是蜡烛，而是橄榄油。只不过经长年演变，蜡烛替代了橄榄油。点烛时，无论孩子还是成人都要行特别祈祷，共唱点灯歌。

除点烛外，点灯节这天，犹太人还会吃油炸、带馅的甜面圈，肉末土豆等特殊食物；孩子们会玩一种特制四边陀螺，陀螺上刻着"这里发生了奇迹"几个希伯来字母的缩写。节日当天，大人们还会给孩子"过节钱"，钱供孩子自由支配。点灯节不源于《圣经》，因而不是"圣日"。这一天，多数单位不放假，商业活动也都照常进行。

复活节

复活节是基督教纪念耶稣复活的节日，日期为春分月圆后的第一个星期日，约在3月22到4月25日之间。

《圣经》载，公元30到33年间，耶稣被门徒犹大出卖，被钉死在十字架上。死前，耶稣预言自己三日后将复活。果然，三天后，耶稣复活。这一天成了基督教中最重大的节日。在基督教教义中，耶稣的死是为了赎世人的罪，耶稣复活则是为了使信徒得到永生。在基督教徒眼中，复活节是重生和希望的象征。

复活节诞生早期，很多西方国家会在复活节这天举行宗教游行，庆祝耶稣复活。游行者将自己打扮成《圣经》中人物的模样，身着长袍，手握十字架，赤足行走。现在，游行已不再像以前那样带有浓重的宗教色彩，变得喜庆起来，开始融入民间风俗与地方特征。美国游行队伍中常出现米老鼠等卡通人物，英国游行则多介绍当地风土人情。

从前，基督徒为庆祝耶稣新生，会在节前行洗礼，穿新衣。现在，人们虽仍有穿新衣的习俗，但原因不再是为庆祝耶稣新生，而是因为人们觉得节日不穿新衣要走霉运。此外，复活节时，人们还会清扫住处，以示新生活开始了。

情人节的来历

每年2月14日是情人节。

情人节又名圣华伦泰节，是西方传统节日。在这一天，情人间互送礼物，表爱意。有关情人节的来历，传说有几种。

传说公元3世纪时，罗马皇帝为使男人无牵无挂上战场征战，宣布废弃所有婚约。当时有位神父，名叫圣华伦泰。他不顾旨意，为一对年轻人主持了婚礼。事情被人告发，神父被送上了绞架。神父被绞死的这天就是2月14日。14世纪，人们为纪念这位神父，将2月14日定为圣华伦泰节。这就是如今的情人节。

还有人说圣华伦泰其实是最早加入基督教的人之一。在他生活的年代，做一名基督徒是件危险的事，因为时刻面临着死亡。圣华伦泰被抓进了监牢，在牢中，圣华伦泰奇迹般地医好了典狱长女儿失明的眼睛。君主听说这件事后，很害怕，命令将圣华伦泰斩首。斩首那天早上，圣华伦泰留给典狱长女儿一封告别信，诉说情意。他被斩首当天，典狱长女儿就在他墓前种了一棵杏树，寄托情思。圣华伦泰被斩首那天是2月14日。从那以后，2月14日就成了基督徒们公认的情人节。

第三种说法：罗马神话中有位妇女与婚姻之神，名叫约娜。情人节是向约娜致敬的节日。节之所以被称为情人节，是因为向约娜致敬的节日结束后，2月15日这天，罗马年轻小伙子可将自己心爱姑娘的名字刻上花瓶。过节时，两人一同跳舞以示庆祝。如果两人彼此有意，则可举行婚礼。

还有一种说法，情人节由古罗马牧神节演变而来。古罗马牧神节是庆祝春天来临的节日。罗马帝国势力扩张后，牧神节被带到英国、法国等地。在这一天，英法人会举办一项类似摸彩的活动：将年轻女子的名字放入盒内，由年轻男子前去摸取。活动规定，摸中名字的一对男女要做一年或一年以上时间的情人。牧神节原在2月15日，基督教兴起后，将其改到了2月14日。

另有一个与宗教、神话无关的说法。英国人认为，2月14日这天是万物初生、雀鸟求偶交配的日子，代表着春天到来、生命开始，所以仿照雀鸟，将2月

14日这天定为选择伴侣的日子。

漫话中秋节

中国古代称"中秋"为"仲秋",因为农历八月是秋季的中间月份。

"中秋节"又名"团圆节",是中国传统节日,节日日期为每年农历八月十五。八月十五这天,月为满圆,象征"团圆",故名"团圆节"。"中秋"一词最早见于西周儒学经典《周礼》中。唐朝初年,中秋成为固定的民间传统节日。宋朝时,中秋节开始盛行。明清时期,中秋已与中国传统新年齐名,成了中国最重要的节日之一。

有关中秋节的起源,说法有三:一说中秋源于中国古人对月亮的崇拜,二说中秋由古人月下以歌舞寻偶的风俗演变而来,三说中秋源自中国古代秋季拜土地神的遗俗。中秋时,中国人会吃月饼,并举办祭月、赏月、拜月等活动。

月饼的起源,说法不一。流传最广的说法是,元末时期,江苏泰州反元军首领张士诚为传播起义信息,将写有"八月十五夜杀鞑子"的字条夹在中秋所吃圆饼中。民众见饼中字条,群起响应。起义胜利后,为庆祝,人们正式为中秋圆饼命名"月饼"。

另有一种说法:明初,明将徐达攻下元大都北京。捷报传到明都南京后,明太祖朱元璋大喜,命将反元起义中传讯用的月饼赐给臣民,同庆中秋。作为"御赐"中秋食品,月饼成了人们中秋时不得不吃的食物。

"月饼"一词南宋时期就已出现,然而中秋边赏月边吃月饼的记录却出现在明朝。赏月风俗由祭月演化而来,祭月习俗早在周朝就已出现。中国古代帝王惯于秋分祭月,祭月场所月坛至今尚存。祭月经演变,魏晋时,从庄重的祭祀变成了轻松的娱乐,唐朝时赏月、玩月风俗才流传开,唐朝很多诗人都在诗中咏月。宋朝时,赏月已成为中秋节的中心活动。

除祭月、赏月,中秋时,中国民间还有拜月习俗。拜月活动为家庭活动,常全家共拜。拜月者设大案桌,桌上摆月亮神像、红烛,以及月饼、西瓜、葡萄、苹果等祭品。桌中,月饼与西瓜必不可少,西瓜还要雕成莲花形状。月亮神像方位朝向月亮。红烛燃起后,家人依次拜祭。拜月完毕,当家主妇切月饼,分给家人。所切月饼份数要与家人数目相等,既不能多也不能少。

狂欢节的由来

古希腊酒神节,古罗马农神节、牧神节,凯尔特人的宗教仪式都是狂欢节的前身。

狂欢节起源于中世纪欧洲在欧洲和南美洲较常见。

很多国家称狂欢节为谢肉节、忏悔节，因为这个节日与复活节关系密切。复活节前有个斋戒期，期长40天。斋戒期间，人们禁肉、忏悔，纪念遇难的耶稣。斋戒期生活沉闷，于是在斋戒开始前3天，人们举办宴会、化妆舞会和踩车游行等活动，尽情玩乐。"狂欢节"便由此而来。后来，坚持斋戒的人越来越少，狂欢节却被保留了下来。

狂欢节多在2、3月份举行。各国狂欢节庆祝日期不同、庆祝方式也不同，但节日宗旨相同，都以纵情玩乐为主题。有几个国家的狂欢节略有不同，举办原因无涉宗教。西班牙狂欢节起源于1492年，举办目的是庆祝1492年西班牙光复运动的胜利。古巴圣地亚哥狂欢节多在7、8月份举行，目的是庆祝古巴革命。德国锡格马林根狂欢节的举办意义别具一格，德国平民可以借此机会嘲讽穿军装的人，以滑稽表演的方式反抗军事压迫。

狂欢节中名气最大的当属巴西狂欢节，历史最悠久的狂欢节则是意大利尼扎狂欢节。此外，加拿大渥太华冬季狂欢节、新奥尔良狂欢节、英国诺丁山狂欢节、意大利威尼斯狂欢节等也都是较著名的狂欢节。

愚人节起源诸说

愚人节是西方传统节日。

愚人节的日期定在每年的4月1日。

有关愚人节的起源，最普遍的说法是愚人节源于法国。法国人原以4月1日为一年之始。1564年，法国改用公历纪年，将一年之始改为1月1日。但一些人因循守旧，不愿变革，仍以4月1日为一年之始。4月1日这天，他们照旧赠送礼品，庆祝新年。主张改革的人为嘲弄这些守旧者，4月1日时向他们赠送假礼品，请他们参加假聚会。若有人上当，应邀前来，就会被笑为"四月傻瓜"、"上钩的鱼"。后来，4月1日互相愚弄成了法国风俗。18世纪，风俗从法国传到英国，英国人又将习俗带到了美国。

有些英国历史学家不认为愚人节源于法国。他们考证出，愚人节起源于印度佛教中的一句话——"到达彼岸"。英国百科全书有记载：愚人节是一个说谎节日，出现在15世纪宗教革命之后。16世纪，西班牙国王腓力二世为推广天主教，建立了"异端裁判所"，将所有的非天主教徒投入其中，每年4月1日集中处以死刑。这种政策让西班牙臣民备感恐慌。为冲淡恐惧，臣民们每天说谎、彼此取笑，以为娱乐。这种娱乐方式流传下来，慢慢变成了今天的"愚人节"。

英国还有一个民间传说，说愚人节的起源跟一个城镇有关。城镇名叫"哥谭镇"。据说13世纪英国有个传统，所有曾被国王巡视过的道路都将被收为公有。哥谭镇镇民不愿自己的主干道充公，为阻止国王巡视，四处散布谣言，说哥谭镇民众疯傻。国王听到谣言，派人前去打探。探官回报，谣言属实，于是国王放弃巡视计划，哥谭镇主干道得以保全。人们为纪念哥谭镇镇民的谎言，专设节日"愚人节"。

另有说法，愚人节其实跟节气"春分"有关。"春分"为3月21日，愚人节则被定在4月1日。这段时间常出现天气突变的现象，好像大自然在愚弄人类一样。

圣诞卡的由来

圣诞卡是圣诞节赠给亲友的节日赠品。

有关圣诞卡的由来，说法不一。

一个说法是，最早使用圣诞卡的人是英国维多利亚女王。1844年，女王与太子邀王族儿童同到温莎堡庆祝圣诞。他们发出的邀请柬上印有祝贺词句。请柬发出后，引起欧洲民众争相效仿。从那以后，人们都开始用写有贺词的卡片庆祝圣诞与新年。

第二个说法，英国有个十多岁的青年，名叫亨高尔。亨高尔是一家雕刻店的学徒。圣诞节期间，他没有时间写信问候家人与朋友，于是想出办法：他裁了一些白纸片，请一位画家在纸片中画上家人齐聚欢度圣诞的场景。他在纸片中央写上贺词："圣诞快乐！新年快乐！"之后，他将卡片寄到亲友手中。这就是最早的圣诞卡。卡片寄出后，亨高尔与画家再次合作，印出1000张圣诞卡，除其中100张留作自用外，其余卡片全以每张一先令的价格售出。那以后，圣诞卡开始流传。

还有一种说法，圣诞卡是一位英国传教士发明的。1842年，英国传教士蒲力治在一张卡片中绘上耶稣诞生的图画，写上"圣诞快乐，新年平安"两句话，做成了第一张圣诞卡。他将圣诞卡寄给在非洲传教的好友亨利·考尔爵士。考尔爵士觉得这种圣诞卡具有特别的意义，于是请画家毛厄里帮忙制作了一张类似的卡片。这张卡片上的图案是一幅家庭圣诞图，图画一角写着："祝您圣诞快乐，新年快乐。"卡片被寄给了考尔爵士的一个朋友。

1864年，英国亲王阿尔巴为推广圣诞卡，专门印制了1000张绘有圣诞图案的卡片，发售给民众。卡片由德国石版工厂印制，印好后被送到英国。1865年，圣诞卡在英国被大量销售。早期圣诞卡只在基督徒间流传，到20世纪，圣诞卡从英国传到世界各地，逐渐风靡全球。

世界红十字日

世界红十字日由国际红十字会设立，节日日期为每年5月8日。

国际红十字会由亨利·杜南创立，原为伤兵救护国际委员会，1863年2月成立于日内瓦。1863年10月，欧洲16国派代表到日内瓦，召开了一次国际会议。会上，各国决定成立自己的红十字会组织，以白底红十字为标志。1864年8月，红十字会成员国再次在日内瓦集会，会上签署了红十字会公约——《改善战地武装部队伤者病者境遇之日内瓦公约》。公约的签订标志着红十字会得到了国际承认与保护。

第一次世界大战结束后，捷克斯洛伐克红十字会组织提议，在复活节期间举行"红十字休战日"活动，提议得到广泛响应。"休战日"活动持续了3天。3天中，捷克斯洛伐克红十字会大力开展宣传活动，宣扬人道主义思想。1921年，第10届国际红十字大会在日内瓦召开。大会向世界各国红十字会推荐了捷克斯洛伐克红十字会的做法。在之后的第11届国际红十字大会上，与会国提出了设立"世界红十字日"的构想。

1948年，国际红十字会执行委员会提议，定红十字会创始人亨利·杜南的生日5月8日为"世界红十字日"。在当年举行的第20届国际红十字会理事会上，红十字会执行委员会的提议被批准。从那以后，5月8日就成了全球统一的红十字日。1984年，"世界红十字日"更名为"世界红十字和红新月日"。

感恩节的由来

感恩节是美国最重大的节日之一。

感恩节由美国人独创,是美国传统节日,日期定在每年11月的第四个星期四。节日这天,美国人会全家团聚,共同庆祝。

感恩节与美国历史的发端密切相关。17世纪,一批清教徒不堪忍受迫害,乘船逃往美洲。1620年11月,轮船"五月花号"载102名清教徒抵达美洲普利茅斯。移民抵达美洲时,正值严冬。冬天过后,多数移民死于饥饿和传染病,存活移民只余50多名。

贫病交加中,美洲土著印第安人为移民送来生活用品,并教会他们狩猎、捕鱼、耕地等生存技能。1621年开春,英国移民开垦土地,播种粮食。秋天,粮食丰收,移民们得以在美洲生存下去。为感谢印第安人的帮助与上帝的赐予,丰收后,英国移民摆火鸡宴,与印第安人一起庆祝。庆祝活动延续下来,最终变成了如今的感恩节。

1863年,美国总统林肯正式将感恩节日期定在每年11月的第四个星期四。感恩节庆祝方式延续多年,节日到来前几个月,美国人就会开始准备节前家宴。家宴上有苹果、栗子、葡萄、胡桃、碎肉馅饼、布丁、各类果汁等多种美食。美食中,最引人注目的一道菜则是烤火鸡。烤火鸡是感恩节主菜,菜的主料为火鸡,火鸡中填以面包等可吸汁液的食材。不同家庭、地区的烹饪技术、烹饪方法不同,因而所用填料各有不同。

除美国外,加拿大也有自己的感恩节,加拿大感恩节日期定在每年10月的第二个星期一。

万圣节溯源

万圣节是西方国家祭祀亡灵的传统节日。

万圣节日期为每年11月1日,在北美、澳大利亚、英国等英语国家和地区较流行。万圣节前夜,小孩们会穿奇服、戴面具,挨门挨户讨糖果。

万圣节源于古凯尔特人的属阴节。属阴节既是古凯尔特人的宗教节日,又是他们的新年节庆。古凯尔特人以11月1日为新年之始,属阴节从10月31日晚便开始。古凯尔特人相信,属阴节时人能看见灵界的东西,比如鬼魂、邪魔等。为防鬼灵作恶,属阴节前夜,古凯尔特人会以农作物、动物为祭,用动物皮毛打扮自己,并燃起火堆,围绕火堆跳舞,以避灾难。这种躲灾方式就是如今万圣节化妆舞会的起源。

万圣节常出现的道具是挖成人脸的大南瓜。这种南瓜有说法:据说有个名叫杰克的人,作恶多端。他死后,天堂与地狱都将他拒之门外。他无处可去,只好在外游荡。为在黑暗中找到道路,他找了一个萝卜,掏空,放入烧红煤块以照明。萝卜几经演变,变成了南瓜。

万圣节的很多习俗都与迷信有关,然而现在的万圣节却已失去宗教迷信色彩,成了被年轻人、孩子们喜爱的节日。万圣节这天,年轻人会举办化妆舞会;

有人会将一张白床单顶在头上扮鬼；还有些大人会给孩子穿上白衣白裤，将孩子打扮成小天使的模样。

圣诞老人传说

　　圣诞老人是欧洲民间传说中一个神秘的人物，专在圣诞节前夜为好孩子送礼物。

　　传说，每到12月24日夜晚，神秘的圣诞老人都会驾着由12只名字各不相同的驯鹿拉的雪橇，从烟囱钻进房子，挨家挨户给好孩子送礼物。礼物会被悄悄放在好孩子床头的袜子中，或壁炉旁的圣诞树下。

　　扮作圣诞老人的人通常头戴红色圣诞帽，身穿红色棉衣，脚蹬红色靴子，还留着一大把白色的胡子。

　　相传圣诞老人的原型是一个名叫圣·尼古拉的有钱人。圣·尼古拉生活在公元4世纪，善良慷慨，喜欢孩子。尼古拉家境富裕，父母都信奉天主教。父母死后，尼古拉将全部财产送给穷人，自己加入教会，立志终身服务社会。尼古拉总暗中帮助穷人，一生做了很多善事。他死后，人们为表尊敬，称他为"圣徒"。传言中，尼古拉是个穿红衣、戴红帽的白胡子老爷爷。"圣诞老人"则是人们对这位老爷爷的爱称。

　　尼古拉虽已逝世，但他乐于助人的精神却流传了下来。很多人模仿尼古拉的行为，假借"圣诞老人"之名去帮助别人。每到圣诞节，就会有很多"圣诞老人"出现在世界各地，向需要帮助的人施以援手。后来，欧洲父母也开始假借"圣诞老人"之名，在圣诞节送孩子礼物。"圣诞老人送礼物"的故事是很多欧洲孩子童年时期最深信不疑的故事。

　　不同国家流传的圣诞老人故事略有不同。荷兰和德国故事中，圣诞老人有个助手名叫"黑彼得"。"黑彼得"肩背装礼物的大袋子，手握棍子，只把礼物送给表现好的小孩。表现不好的德国孩子要被棍子打几下，表现不好的荷兰孩子则要被"黑彼得"带走。法国圣诞老人是个高高胖胖、笑容满面的老人，英国圣诞老人却要清瘦一点、严肃一点。在斯堪的那维亚半岛，圣诞老人有一群小精灵助手。冰岛则有9位圣诞老人，有的老人调皮些、有的老人和蔼些，9个老人有9种性格。

国际劳动节的诞生

　　圣诞老人是欧洲民间传说中一个神秘的人物，专在圣诞节前夜为好孩子送礼物。

国际劳动节日期定在每年的5月1日，又称五一劳动节。

五一劳动节为纪念1886年美国芝加哥工人大罢工而设立。1877年，工人为缩短工时，走上街头示威游行，要求实行8小时工作制。美国国会迫于压力，制定了有关8小时工作制的法律。然而法律如一纸空文，根本未曾付诸实施过。工人为争取权利，决定掀起一次更大规模的罢工运动。

1886年5月1日这天，美国35万工人走上街头，游行示威，要求实施8小时工作制。示威中心在芝加哥，仅芝加哥就有4.5万工人在街头罢工游行。游行中发生流血事件，7名警察被炸伤，多名群众被打伤。

这次工人运动激起强烈反响。1889年7月，第二国际代表大会在巴黎召开。大会决议，1890年5月1日，全世界劳动者都要走上街头，聚会游行。大会还确定每年的5月1日为国际劳动节。世界工人群起响应，1890年5月1日，欧美工人率先上街游行。从那以后，每逢5月1日，各国劳动者都会到街头集会、游行，以庆祝罢工胜利。

妇女节的起源

妇女节为纪念国际妇女斗争而设立，节日目的是保障妇女权利。

1857年3月8日，美国纽约纺织女工因不满工作环境、12小时工作制和低薪水，举行了一次抗议活动，活动无果而终。两年后的3月份，这些妇女组织了世界上第一个妇女工会。1908年3月8日，纽约又有15000名女工举行游行活动。活动中，女工们提出"面包和玫瑰"的口号，以"面包"代"经济保障"，以"玫瑰"代"生活质量"，希望能提高劳动报酬，缩短工作时间，以同时保障"面包"与"玫瑰"的质量。游行女工还希望妇女能享有选举权，工厂能禁用童工。当年5月，美国社会党定2月最后一个周日为美国妇女节。

1909年3月8日，美国芝加哥女工为争取男女平等，再次示威游行。1910年8月，国际社会主义者第二次妇女代表大会在丹麦首都哥本哈根召开，会上讨论了妇女权利问题。会议为妇女争取8小时工作制和选举权，并定每年3月8日为国际妇女节。从那以后，3月8日就成了世界妇女团结一致，争取权利的日子。1911年3月8日是世界上第一个国际妇女节。

母亲节的诞生

母亲节是为感谢母亲而设立的节日。

最早庆祝母亲节的人是古希腊人。古希腊人的母亲节定在1月8日，这一天是他们向众神之母瑞亚致敬的日子。古罗马时期，母亲节庆祝活动的规模增大，

节日往往要持续3天之久。当时的母亲节，不过是古人基于对女神的崇拜而组织的活动。现在的母亲节则不然，节日表达的是对母亲的尊敬。

真正的母亲节最早出现在英国。17世纪，英国人以封斋期的第四个周日为母亲节。母亲节这天，年轻人回家时会送母亲一些小礼物。现在的母亲节日期定在5月的第二个周日，这个日期是由美国人确定下来的。

19世纪，美国有位母亲名叫查维斯夫人。查维斯夫人常祈祷，希望某一天在某个地方，某个人会创立一个母亲节，赞颂全天下的母亲。查维斯夫人逝世后，女儿安娜决心完成她的遗愿。经过不懈努力，1907年5月12日，安德烈卫理教堂为母亲举行了第一个礼拜仪式。次年，仪式传入费城，获维吉尼亚州州长支持。1910年，维吉尼亚州率先设立母亲节。1911年，母亲节庆祝活动席卷美国。母亲节影响力越来越大，节日被推广至加拿大、墨西哥和南美洲的一些国家。

1912年，美国成立母亲节国际协会。1913年5月，美国众议院决议，母亲节这天，美国所有官员都要佩戴百色石竹花。1914年，美国国会正式将5月第二个周日定为母亲节。从那以后，母亲节风靡世界，成为一个国际性节日。每年母亲节，美国总统都要发表一篇母亲节宣言。

有些国家的母亲节日期不在5月。泰国母亲节日期在10月5日，葡萄牙母亲节日期在12月8日，印度母亲节日期则在12月22日。

漫话护士节

护士节是护士的节日，设立于1912年。

护士节的日期为每年5月12日。节日为纪念现代护理学科创始人、英国护士南丁格尔而设。

1860年，南丁格尔创办了世界第一所正规护士学校。南丁格尔为学校编写的护士工作专著，现在已成为医院管理、护士教育的基本教材。1910年，南丁格尔逝世后，国际护士理事会定她的生日5月12日为"国际护士节"。

护士节也称"医院日"、"南丁格尔日"，现已成为国际护理界的一个重大节日。

国际大学生节

"国际大学生节"又名"世界学生日"、"国际学生日"，是为纪念大学生反法西斯运动而设立的节日。

国际大学生节设立于1946年，日期定在每年11月17日。

1939年11月17日，德军入侵捷克斯洛伐克，杀害了布拉格大学的9名学生、两名教授。布拉格其他大学的学生也遭到了入侵德军的监禁、殴打与侮辱。为纪念这个日子，1946年11月17日，世界各国学生代表齐聚布拉格，召开全世界学生大会。会上决定，将每年11月17日定为"国际大学生节"。

节日设立宗旨是在大学生间倡导自由、民主、和平与进步的思想。节日期间，很多大学生会参与公益活动、慈善活动、志愿活动，很多大学还会展开主题庆祝活动。现在，节日意义已超越初衷，成了高校弘扬校园文化，高校学生张扬个性的平台。

世界卫生日

世界卫生日是每年的4月7日。

1946年7月22日，国际卫生大会在纽约召开，全球有60多个国家和地区参会。会上，各国代表签署了《世界卫生组织宪章》。1948年4月7日，《宪章》生效。1948年6月，联合国第一届世界卫生大会在日内瓦举行。会上成立了世界卫生组织，并定每年的7月22日为世界卫生日。大会提议，每年"世界卫生日"，各国都要举办纪念活动。1949年，大会考虑到7月22日多数国家学校在放暑假，无法组织学生庆祝，于是改《宪章》生效的4月7日为"世界卫生日"。

1950年4月7日是第一个"世界卫生日"。每年"世界卫生日"都有一个主题：1953年主题为"健康就是金子"，1982年主题为"活的更长一些"，2010年的主题则为"城市化与健康"。每年的主题都是当年世界卫生组织关注的焦点。

国际扫盲日

文盲已经成了一个全球性问题，对社会发展造成了严重阻碍。

全球成人文盲数为世界成人总数的20%，全球有1.13亿学龄儿童没有机会进学校。不只亚洲、非洲、拉丁美洲的贫困国家存在着大量文盲，就算在发达国家，文盲都是一个不可忽视的群体。在美国，有4000万名成年人无法阅读书报。全球有7.81亿名成年人不识字，其中多数为女性。

为消除文盲现象，1965年11月17日，在联合国教科文组织召开的第14届代表大会上，与会代表决定，设立"世界扫盲日"。"世界扫盲日"日期为每年9月8日。"扫盲日"设立目的是发动各国、各相关国际机构同文盲现象作斗争，使各国适龄儿童都有机会读书，已读书的学生不会过早辍学，已成年文盲可有机会接受教育。为使扫盲工作顺利开展，1987年，联合国大会定1990年为"国际扫盲年"，并宣布从2003年1月起，扫盲工作将持续进行十年，力求2015年全球成人文盲总数达到2000年文盲数的二分之一。

世界电信日

电报出现后，欧洲国家成立了"德奥电报联盟"和"西欧电报联盟"两个组织。1865年3月，两组织合并为"国际电报联盟"。5月17日，德、法、意、奥等20多个国家在巴黎签署了《国际电报公约》，国际电报联盟正式成立。1932年，国际电报联盟70多个成员国派代表在西班牙马德里开会。会议决定，从1934年1月1日起，改"国际电报联盟"名为"国际电信联盟"。"国际电信联盟"以推广电信事业，促进国际间电信技术的交流与合作，协调各国电信政策为宗旨。

1968年，"国际电信联盟"召开了第23届行政理事会。会议决议，定"国际电信联盟"成立日5月17日为"世界电信日"。会议要求，从1969年起，各成员国都要开展纪念活动，宣传、普及电信知识。

世界知识产权日

世界知识产权日由世界知识产权组织设立，日期为每年的4月26日。

世界知识产权日的设立宗旨是保护知识产权，在全球树立尊重知识、崇尚科学的意识。

世界知识产权组织成立于1970年4月26日，是一个政府间国际组织，为保护知识产权而成立。1999年，组织成员国中国和阿尔及利亚共同提出设立"世界产权日"的提案。2000年10月，世界知识产权组织召开了第35届成员国大会，会上通过提案，并规定，从2001年起，每年的4月26日为"知识产权日"。4月26日是世界知识产权组织的成立日期。

世界森林日

"世界森林日"又名"世界林业节"。

世界森林日为保护森林而设立,日期定于每年3月21日。

伴随人口增加、政府对农业用地的开发、木制品消耗量的剧增,全球森林面积锐减,导致生态恶化。森林问题变成国际问题,引起了人们的重视。1971年,欧洲农业联盟在特内里弗岛召开了第7届世界森林大会。会上,西班牙提议,将每年3月21日定为"世界森林日",以警醒人类,提议获准。1971年11月,"世界森林日"获联合国粮农组织认证,正式成为国际性森林保护节日。

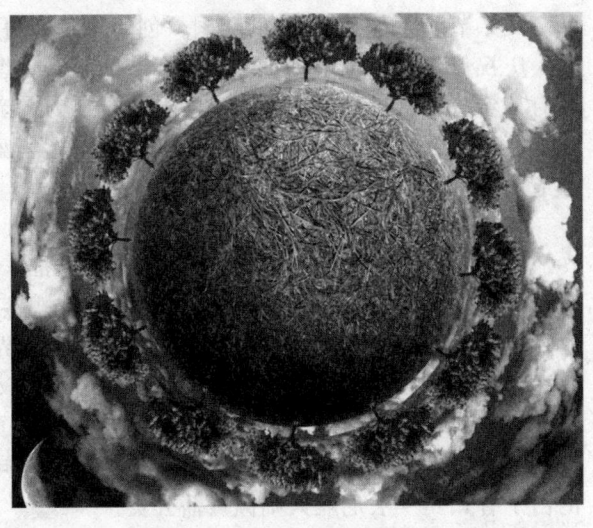

节日设立目的是保护森林资源,协调人与森林的关系,以实现林业资源的可持续利用。

世界环境日

每年6月5日是"世界环境日"。

"世界环境日"是联合国为树立全球环境意识而设的节日。节日通过各种活动,宣传保护环境的重要性。

1972年6月5日到16日,联合国人类环境会议在瑞典首都斯德哥尔摩召开。会议委员会由58个国家的152名科学、知识界知名人士组成,有113个国家派1300多名代表出席了会议。与会者不仅有政府代表团,还有民间科学家、学者。会前,会议专家顾问组组长起草了一份非正式报告《只有一个地球》。报告中提到了当时地球上存在的环境问题。

会议召开了12天。会上不仅讨论了环境问题,还提出了应对环境问题的对策、解决环境问题的措施。会议交流结果被归纳在《联合国人类环境会议宣言》中,非正式报告名称"只有一个地球"也成了会议提出的著名环保口号。除发表《人类环境宣言》外,大会还提出将会议开幕日定为"世界环境日"的建议。

父亲节的诞生

父亲节是为感谢父亲而设的节日,节日日期在每年6月的第三个周日。

· 1165 ·

父亲节诞生于1910年的美国，创始人是布鲁斯·多德夫人。1909年，多德夫人庆祝母亲节时，产生了设立父亲节的想法。想法产生后，她写信给华盛顿州政府，希望能将自己父亲的生日6月5日定为父亲节。州政府采纳她的想法，将6月的第三个星期日定为父亲节。1910年，华盛顿州斯波堪市率先庆祝了父亲节。

1916年，美国威尔逊总统批准了华盛顿州州长有关设立父亲节的提议。1924年，总统卡尔文·柯立芝提议，在全国推广父亲节，使之成为一个全国性节日。1972年，美国总统尼克松在议会中正式签署了设立父亲节的决议。从那以后，父亲节成了美国法定节日，并被推广至世界各地。

人们公认红色或白色玫瑰是父亲节的节花。父亲节这天，父亲尚在的子女会佩戴红玫瑰，以表达对父亲的爱戴；父亲已故的子女会佩戴白玫瑰，以表达对父亲的怀念。不同地区的人佩戴的花卉种类略有不同。温哥华人佩戴衬有一片绿叶的白丁香，宾夕法尼亚人则佩戴蒲公英。

世界无烟日

每年5月31日是"世界无烟日"。

"世界无烟日"由世界卫生组织设立，设立目的是减少烟草对人体的危害。

烟草长于南美洲，是一种野生植物。烟草吸食在全球已盛行200多年。20世纪，人们逐渐认识到烟草对人体健康的影响。20世纪50年代，研究证明，导致肺癌的首要因素就是吸烟。从那以后，吸烟对健康的危害开始引起人们的重视。

1977年，美国癌肿协会为宣传戒烟，首次提出可控制吸烟的"无烟日"。"无烟日"那天，美国全国上下发起了"吸烟有害健康"的宣传。宣传劝商店当天停售烟草制品、吸烟者当天不要吸烟。美国"无烟日"定在每年11月第三周的星期四。继美国之后，英国、马来西亚、中国等国也相继制定了自己国家的"无烟日"。

1987年11月，联合国卫生组织提议，定每年4月7日为"世界无烟日"，提议从1988年起执行。然而执行当年便遇到问题：4月7日是世界卫生组织成立纪念日，为纪念成立，每年这一天，卫生组织都要提一项有关保健的主题。无烟日成立后，每年同一天也要提出有关戒烟的主题。这样一来，两个主题就会彼此干扰。为避免干扰，卫生组织决定，从1989年起，改每年5月31日为"世界无烟日"。

饮食服饰

服饰史话

丝绸溯源

丝绸被公认为是中国人的一项创造性的发明。

丝绸是在什么时候产生的一直是个谜，关于丝绸的起源只见于神话传说之中。

人们经常听说到的丝绸发明者是黄帝的元妃嫘祖。传说嫘祖是一个非常勤劳的女人，她经常带领着妇女们纺麻布、剥兽皮做成衣服、帽子等，供人们穿戴。由于过度劳累，嫘祖病倒了，吃不下去任何东西。宫女们决定上山采野果子给嫘祖吃，一天，宫女们从一棵桑树上采下来一些白色的"小果子"，决定放进锅里煮给嫘祖吃。在煮"果子"过程中，一名宫女将木棍伸进锅里搅了几下，提上来却发现棍子上粘着几缕白色的丝线。她将这件事告诉了嫘祖，嫘祖从中受到了启发并发明了缫丝技术，并最终发明了丝绸。

关于丝绸的起源尚无定论，但 1958 年在湖州南郊的钱山漾出土的一批丝线、丝带和没有碳化的绢片，还是给了人们一些关于丝绸起源的信息。这些丝线、丝带和没有碳化的绢片经过测定，确定它们出现在距今 4700 年前的良渚文化时期。这说明，至少在 4700 年前，丝绸就已经在中国出现了。

围巾的诞生

围巾不但具有保暖、防尘等作用，还具有装饰性，所以比较受青年人的喜爱。

围巾是围在脖子上的长条形织物。

中国围巾诞生于黄帝时期，其雏形始于蚩尤。蚩尤崇尚武力，并视用猛兽皮衣装饰衣领为荣耀。所以，以粗糙的猛兽皮毛形式出现的围巾，最初只是一种精神上的安慰和鼓励，是尊贵的象征。后来，一些权贵和普通富商为了显示自己的身份地位，把普通皮毛、棉或丝围在脖子上。到了强盛的唐朝，人们普遍都很富有，出现了用于御寒的桑蚕丝围巾，真正的围巾诞生。

欧洲围巾诞生于骑士文化。由于欧洲纺织业的蓬勃发展和技术水平的提高，围巾得以发展，成为服饰界的时尚元素。

纽扣历史探源

别致的纽扣不但具有连接衣服的作用，使衣服严实保温，还能美化人的仪表，甚至对服装的造型设计起到画龙点睛的作用。

纽扣就是衣襟两侧用于将衣服连接起来的系结物，它一般呈小球状或片状。纽扣除了具有实用价值之外，还具有艺术性和装饰性，是服装结构中不可或缺的一部分。

人类使用纽扣的历史有6000多年。早在公元前4000年前，伊朗人的祖先波斯人就已经开始使用由石块做成的纽扣了。在中国，纽扣的历史最早可以追溯到4600年前，这一点可以由考古发现加以验证。2005年8月，考古学家在甘肃临洮发现了一枚形如桃核、中间有两个类似扣眼的小孔的陶丸，经专家认定，这枚陶丸是距今已有4600年历史的远古人类所穿衣物上的纽扣。到了周朝时期，中国已经开始采用上衣下裳制，当时的服装制度已经相当完备。在反映周王朝礼仪的《周礼》、《礼记》等书中，正式出现了"纽"字，其释义正是相互交结的扣结，由此可见中国人早在周朝时期就已经开始普遍使用纽扣了。后来出现了盘扣，它造型优美、做工精巧，使纽扣由最初的服装功能扣件向服装装饰品过渡，也是中国传统服饰的纽扣形式，在中国服装史上起了很大的作用。

如今，纽扣的装饰价值越来越受重视，制作工艺也越来越完善，各种样式的纽扣可以说是无所不有。

首饰小释

首饰是佩戴在人身上的装饰品。

首饰原本仅指戴在头上的装饰品，现在泛指耳环、项链、戒指、手镯等用贵重金属、宝石或其他材料加工而成的装饰品。

首饰的历史可以追溯到旧石器时代。当时的首饰主要是用来保护生殖区的，分为头饰、项饰、腰饰、臂饰等，品种大多是玉石、植物果实以及动物的牙齿、羽毛、骨骼等与人类生活密切相关的东西。因为，在早期的劳动实践中，原始人类对这些既光滑又小巧的东西产生了一种朦胧而又神秘的看法——认为它们是避邪去灾的吉祥物，甚至把它们当成了神的馈赠。比如，在古代西方文明中，海蓝宝石被视为海水的精华，具有保佑航行或捕鱼安全的作用。这些饰品不但保护了生殖区，还具有美化人体的作用，体现了人类对美最原始的追求。随着社会的发展，逐渐出现了耳环、项链、戒指、手镯等经过技术加工的首饰，而且品种和款式各异。

有些首饰不仅具有装饰性，还具有一定的保健作用。比如珍珠项链，它不但外形美观，而且具有安神定惊、明目解毒、收口生肌、养颜护肤等功效，所以被古代人看作权势和财富的象征。海蓝宝石能有效缓解呼吸系统病痛，并具有祛皱、美白、润肤等功效；琥珀能帮助人们克服抑郁症，还可以辅助祛除气滞血淤型面黑、失眠、鼻梁发青等症状，等等。因此，这类首饰越来越流行。

额头点痣的由来

不同的痣表示不同含义，但总的说来是喜庆、吉祥的象征，所以被称为"吉祥痣"。

在印度等信奉印度教的国家中，妇女、小孩额头点痣是一种习俗。

痣的颜色分为红色、紫黑色等，形状大多为圆形。

据说，吉祥痣原本是一种宗教符号，主要是用来消灾避邪的。古代印度的瑜珈行者认为，眉心是人灵感的中枢和生命力的源泉，所以必须涂上药膏来保护它，这样才有安全感。所以，时至今日，仍然可以看到许多眉心点有朱砂痣的印度教苦行僧。后来，点吉祥痣在婚礼仪式上盛行，因为当时有这样一种说法：有些妖怪会摄取新娘的魂魄，如果用牲畜血在新娘的眉心点上一颗痣，这些妖怪就会恶心得不想碰新娘了。新娘眉心上的吉祥痣，有些地方是在婚礼仪式之前由婆罗门祭司点的；有些地方则是在婚礼仪式的最后由新郎点的，表明她们已经有了归宿，享有幸福的家庭生活。在战士出征前，家里人也会为他们点上吉祥痣，祈求他们能够胜利归来。

时间长了，点吉祥痣就演变成了印度妇女装扮自己的一项不可或缺的内容，而且牲畜血也被朱砂取代了。未婚女子、生孩子或回娘家的妇女也开始流行点吉祥痣来美化自己，只不过她们点的是紫黑色的痣。至于寡妇，她们既没资格也不敢点吉祥痣。

随着丝绸之路的开辟，点吉祥痣的习俗流传到了中国。由于当时的中国人普遍认为7岁以下的儿童能亲眼看见妖魔，所以大人们也开始给自己的孩子点吉祥痣，祈求孩子能够健康成长。

现在，点吉祥痣开始在各种人之间流行开来，而且吉祥痣颜色多样、使用方便，足以搭配各种色泽的衣服和首饰。

化妆的由来

如今，随着人们审美要求的提高，许多男人也开始注重化妆了。

化妆是运用化妆品和化妆工具，按照一定的步骤和技巧对人的面部或其他部位进行修饰的过程，目的是掩饰缺陷、增添魅力，主要分为生活化妆和艺术化妆两种形式。

化妆在原始社会就出现了。当时，人们为了驱寒避暑和防止昆虫叮咬，习惯于在皮肤上涂抹油脂或泥土。古埃及时期，人们还喜欢在眼皮上涂绿色、黑色或蓝色的颜料，因为这么做不但能预防砂眼，而且可以阻挡飞虫的入侵，还具有消毒和遮蔽阳光的作用。后来，化妆就成了一种增加魅力的手段。

古希腊时期，妇女们喜欢从指甲花中萃取红色的染料，然后涂抹在指甲、嘴唇和两颊上。据记载，纣王喜欢用凝固的花汁给宠妻爱妾染指甲。

大约在东周末期，画眉和涂粉之风开始盛行。当时还没有专门的画眉材料，妇女们就用烧焦的柳枝来画眉。最早的画眉材料名"黛"，它是一种黑色的矿物，早期需要磨成粉末并加水调和才能使用。据文献记载，侍奉汉宣帝的京都知事张敞最爱用黛为其妻画眉。到了近代，西方国家用黑色油脂制造出了杆状的眉笔，它因为使用简便且便于携带而一直沿用到今天。涂面用的妆粉，根据制作原料来分主要分为米粉和铅粉两种。米粉主要是用米做成的，在《齐民要术》中有关于它的详细记载。由于它制作起来较简单，所以直到唐宋时期还被广泛采用。铅粉主要含有铅、锡、铝、锌等化学元素，最初多呈糊状，自汉代以后多被吸干水分制成粉末或固体形状。由于它质地细腻，色泽润白，并且易于保存，所以深受妇女的喜爱，并且逐渐取代了米粉。

涂口红在汉代就已经是一种潮流了。公元601年，有僧人把口红传到日本，但是直到18世纪初期，日本女人才开始广泛使用口红。

17世纪末期，巴黎开始流行点黑痣的化妆术。与此同时，留胡子的习俗也开始盛行。据说，由于法国国王路易十三爱留胡子，所以后来那些爱赶时髦的男子也如法炮制地蓄起胡子来。

手帕的历史

为了使用方便，人们还制造了纸手帕，使得传统意义上的手帕多了一种装饰功能。

手帕是一种又细又薄的方形织物，具有柔软、吸湿、爽滑等特点，主要是用来擦汗、擦泪的，古代女子还曾用它来遮面。

在中国，手帕起源于先秦时期的"巾"，到了东汉时期才演变为手帕。中世纪时期，手帕开始在欧洲出现。据说，欧洲的手帕是英格兰国王理查二世发明的，并被视为荣誉的象征，禁止下层人民当礼物相互赠送。到了英国女王伊丽莎白一世当政时期，由于伊丽莎白一世女王非常喜欢佩戴手帕，所以手帕开始在整个英国流行起来。

随着技术水平的提高，手帕制作得越来越精美。

裙子小史

裙子是世界上最普遍的服装之一，也是人类最早的服装，它的发展可谓源远流长。

裙子是一种围在腰部以下的服装，一般由裙腰和裙体构成，按长度区分可分为长裙、中裙、短裙和超短裙等，因散热性好、穿着方便、样式多样等优点而广受众人喜爱，其中以妇女和儿童穿着较多。但是也有例外，在南太平洋的萨摩亚、斐济等国，无论什么季节，政府官员和军人在正式场合一律要穿素色的裙子，因为裙子在这些国家已经成了民族文化的象征。

远古时期，中国人的祖先为了御寒，把树叶或兽皮连成一片穿在身上，形成了裙子的雏形。据传，早在4000多年前，黄帝就确立了"上衣下裳"的制度，并要求人们要根据自己的地位选择穿不同颜色的衣裳，当时的"裳"就是裙子。当然了，这时的裙子还谈不上美观。古书《事始》记载："隋炀帝作长裙，十二破（即皱褶），名仙裙。"表明裙子在款式上有了发展。

在世界范围内，裙子也很早就出现了。在古埃及，人们把布缠绕在身上或缝成单纯的筒形。到了中世纪，人们又设计出喇叭形的裙子，裁剪技术也有了显著的提高。16世纪中期，有一部分人在裙里加了用硬布做的衬裙，增加了裙子的膨胀感，使裙子看起来更加美观。到了18世纪的洛可可时代，裙子的豪华性和装饰性有了空前的发展。随后，法国大革命爆发，款式夸张的裙子一时消失，带有硬衬裙的裙子再次流行。"第一次世界大战"时，由于女性也参与了社会活动，所以裙子变为行动方便的短裙并逐渐传入了中国。"第二次世界大战"以后，出现了超短裙、吊带裙等长短、款式不一的各式裙子。不过，在长期的发展过程中，尽管裙子的种类日渐增多，但是其最初的样式仍然没有变。

百衲衣的由来

如今的百衲衣多了一个含义，泛指补丁很多的衣服。

百衲衣又名袈裟，因其是用许多方形的小布片缝制成的而得名，是佛教僧众最重要的服装。

佛教为了防止法衣他用或被盗，同时也使僧人舍弃对衣服等外在之物的贪欲，在做僧衣的时候会先把布截成小片，然后缝成一件带有"田"字形的图案的衣服，所以僧衣又名解脱服、福田衣、割截衣、功德衣或无畏衣等。缝制这种僧衣有严格的规定，要求一律要用黑色或与黑色相近的长方形布片。一般僧人常自称为"贫衲"，正是因为他们穿的是百衲衣。

由此，人们把一切由零星材料集合而成的整体事物都冠以"百衲"之名，比如把用同一种书的不同版本拼印起来的书本称为"百衲本"，把用桐木片和油漆制成的琴称为"百衲琴"，等等。

帽子的演变

帽子的款式和种类很多，对帽子的选择也很有讲究，需要根据场合和用途选择不同的帽子。

戴帽子在现代社会是一种时尚，因为戴帽子不但能使头部保持温暖，防止头发受污染，还具有装饰作用。

如此讲究的帽子，在形成之初其实是极其简易的。在原始社会，人们把兽皮和树叶盖在头上，用以保护头部，这就是帽子的雏形。

中国古代的帽子主要有冠、冕、巾帻、幞头、盔等。其中，冠大约出现于商朝时期，它是套在束起的发髻上的一个罩子，只起到美观的作用。冕是封建帝王、贵族专用的，"加冕"专指皇子继承皇位。幞头出现于北周时期，它是武帝专为自己的军队设计的，只是用巾扎成了四个角的形状，它实际上还称不上现代意义上的帽子。后来，四角帽两边"长"出两个长角，成了常见的乌纱帽，两个长角在脑后交叉，于是有了武官的头盔。

汉代时，帽子就成了一个人身份的标志，通过帽子可以区分出一个人的社会地位。比如，"冠"是专供贵族戴的帽子，那些地位低下的人只能戴头帕，而未成年者只能戴空顶头帕。这种冠制一直延续到明代。

世界各国帽子的历史也很悠久。欧洲古代男子习惯于戴用植物纤维编制的兜帽和无边帽，女子多戴面纱和头巾。在古罗马，平民百姓经常戴的是帽顶呈椭圆形的毡帽，奴隶们只能头顶一块布来遮天度日。到了14世纪，弗兰德斯开始流行海狸皮帽。后来，法国和英国等地也开始流行海狸皮帽。1850年，英国出现了圆顶硬礼帽。19世纪后半叶，美国开始流行软毡帽和阔边帽，地中海东南岸一带流行圆台形的土耳其帽，阿拉伯人仍然以鲜艳的头巾为流行头饰，热带地区的人们流行戴防晒的软木盔。

现在，帽子基本上已经不再是身份的象征，人们戴它更多的是为了保暖和美观。

日本和服的起源

和服是具有日本特色的民族服装。

和服在日本明治维新以前泛指所有的日本服装，以区别于西洋服装，到了明治维新之后才特指日本的民族服装。和服属于平面裁剪，穿在身上呈直筒形，所以无法凸显人体的曲线美，但它同时却能令人显得稳重，符合日本人的气质。此外，和服还具有通气性，而且袖、襟、裾均能自由开合，所以十分适合日本温暖湿润的气候。

如此舒服的日本民族服装，却是从中国三国时期的东吴服装演变而来的。现在有很多卖和服的商店都会在招牌上书写"吴服屋"字样，也正是这个原因。公元8世纪，中国唐代服装传入日本，也影响了日本和服的发展。当时的日本服装，女式的被称为"贯头衣"，男式的被称为"横幅"。所谓"贯头衣"，就是在布上挖一个比头稍大的洞，从头上套下来，然后拿带子把垂在腋下的部分系住，再配以与裙子类似的下装。这种服装虽然很原始，却很有实用价值。至于"横幅"，则是一块未经裁剪的布，穿时只需像袈裟一样围在身上并露出右肩即可。平安时代出现了"十二单"，这种和服由5至12件衣服组成，其颜色和花纹根据季节、场合以及穿着者的身份等有特定的要求，于10世纪之后成为日本贵族女性的朝服，也是日本女性传统服饰中最正式的一种。明治维新以后，和服的款式逐渐定型。

经过长期的发展，和服无论在花色、质地和样式上都变化万千，穿着时也有很多讲究，使得它俨然成了一种艺术品。

厨师为何戴白色高帽

厨师戴白色高帽最初并不是出于卫生的考虑，而是一种标志。

在现代社会，戴白色高帽几乎是厨师的标志。厨师戴白色高帽，能阻止头发、头屑等脏东西掉进菜里，有利于卫生。

据说，在中世纪的希腊，人们为了躲避战乱纷纷逃入修道院，其中包括一些著名的厨师。这些厨师为了安全，穿上黑衣黑帽混在教士们之中，并且为教士们做菜，与教士们相处得很好。后来，他们觉得自己应该与教士有所区别，就把他们戴的黑色高帽换成了白色的。由于他们都是著名的厨师，所以当这一消息传出去之后，其他修道院的厨师也竞相仿效以提高自己的身价。久而久之，白色高帽就成了厨师的象征，世界各地的厨师都戴上了白色高帽，于是白色高帽就成了厨师维护食品卫生的工作帽。相关部门还制订了戴这种帽子的标准，通过帽子的高度和帽褶的多少可以得知厨师的工龄和技术水平的高低。帽子越高，表明厨师经验越丰富、级别越高，最高的厨师帽达35厘米。所以，法国人总爱用"大帽子"来称呼著名厨师。

凤冠霞帔趣谈

中国古代女子出嫁时有身穿凤冠霞帔的习俗。

凤冠原本是古代贵族妇女所戴的礼冠，是荣耀的象征，其中皇后的凤冠上绣有九龙四凤，皇妃、公主、太子妃的凤冠上绣有九翚四凤（翚：彩色的雉），一品至七品命妇的凤冠上只绣着数目不等的雉而没有凤。霞帔是古代妇女的一种披肩，又称"对襟长袍"，其特点是大领、对襟、袖长、左右胯下开叉，显得既华贵又奔放，自宋代以后定为命妇服装，且其用色和图案纹饰随品级的高低而各有不同。所以，平民女子是没有权利穿戴凤冠霞帔的。直到南宋，平民女子才可以在出嫁时享受穿戴凤冠霞帔的殊荣，同皇亲"平起平坐"。据说，这里还有一段动人的故事。

由于南宋王朝腐败，金朝名将完颜宗弼南下侵略了南宋京城临安（今杭州）。宋高宗赵构不敌金兵，弃城而逃，一直逃到宁海县西店镇还没有逃脱金兵的追击。当他逃到前金村的一座破庙前时，坐在庙前晒场上的一位村姑发现了他。村姑急中生智，叫他藏到谷箩里，然后若无其事地坐在了谷箩上，从而瞒过了金兵，这才使他绝处逢生。他非常感激村姑，当即向村姑许诺，若将来他能重登皇位，一定让她在出嫁时像娘娘们一样享受"坐花轿、戴凤冠、着霞帔"的殊荣。不久，宋高宗重登皇位，果然兑现了当初的诺言。后来，其他平民女子也仿效这一做法，纷纷在出嫁时穿戴起凤冠霞帔来。这就是民间流传的"浙江女子尽封王"的故事。

手套的起源和发展

手套在产生之初只是一种用餐工具。

如今，手套到处可见。有人用它来保暖防寒，有人拿它当劳动保护用品，还有人把它看作一种装饰品。

手套在产生之初并不具备这些功能。关于手套的历史记载，最早见于公元前6世纪的《荷马史诗》，其中的手套主要是用来吃手抓饭的。从13世纪开始，欧洲女性开始流行戴手套，目的是增加自己的高雅和美丽，这些手套一般用亚麻布、丝绸或丝绒制成，其色彩和长短都很齐全，有些手套甚至长达肘部。与此同时，男性贵族也已经开始流行戴手套，其主要目的也是装饰。欧洲宗教界的神职人员也戴手套，但是他们只戴白手套，并视其为权威、圣洁和虔诚的象征。19世纪之前，连国王、法官和骑士也开始流行戴白手套以示权威。19世纪，手绘手套和黑色的网织手套开始流行，增添了女性的神秘感。在近代，白手套成为军人的装饰，并一直延续至今，就连赤道地区的军人也不例外。

现在，手套的种类和款式越来越多，比如除了日常生活所用的手套，还有能够抗高温、抗电伤害、抗震动、防化、防割或防静电的防护手套，以及触摸屏手套等。随着网络游戏的兴起，具有新功能的手套也产生了，它就是专门用来打游戏的手套。

眼镜的起源和发展

眼镜的起源可以追溯到13世纪中期。

眼镜是一种由镜片和镜架组成的光学器件，其作用主要是保护眼睛或矫正视力，兼具装饰功能。

13世纪中期，英国学者培根看到许多人因视力不好而无法看清书本上的文字，就想发明一种工具来解决这一问题。他为此做了很大的努力，却一直没有取得突破性进展。一天雨后，培根到花园呼吸新鲜空气，突然发现透过蜘蛛网上的雨珠可以看清树叶的脉络。他由此受到启发，用玻璃球和木片制作了一个具有放大作用的仪器，大大方便了人们的阅读。经过不断改良，这种仪器逐渐演变成了人们戴的眼镜。1784年，同时患有近视和远视的美国发明家本杰明·富兰克林发明了远近视两用眼镜。1825年，英国天文学家乔治·艾利发明了能矫正散光的眼镜。

中国的眼镜制造史可以追溯到明朝末年。据文献记载，眼镜早在元代就已经

从西域传入中国，但是由于其价格昂贵，所以直到明代仍然是珍稀之物。明朝崇祯年间，光学仪器制造家孙云球利用苏州的琢玉工艺成功地磨制出了各种凹凸透镜，开创了中国自主验光配镜的先河。

自 13 世纪人类发明眼镜以来，镜片一直是用水晶玻璃磨制的。1937 年，法国人发明了有机玻璃镜片，它虽然不易破碎，但是清晰度较差。1954 年，法国人又发明了树脂镜片。从此以后，树脂镜片便成为镜片王国的至尊，一直沿用至今。现代人认为，眼镜不仅要具备实用功能，还要与人的仪表保持和谐，体现人的社会阶层和时尚特点等。随着人们生活水平的提高，眼镜的作用将越来越广泛。

戒指的演变

古罗马时期，人们开始把戒指看作荣誉的象征，并且相互赠送婚戒。

被现代人公认为爱情信物的戒指，据说在诞生之初只是一个铁环。希腊神话上记载，万神之首宙斯在得知普罗米修斯盗取火种送给人类之后，愤怒地命人用铁链把他锁在了大岩石上。后来普罗米修斯获救，但是他的手指上却永远地留下了一个铁环，这个铁环就是现代戒指的雏形。

把婚戒戴在左手无名指上的习俗起源于公元前 3 世纪的古希腊，因为古希腊人认为无名指与心脏是血脉相连的。公元 860 年，教皇尼古拉一世正式将互戴婚戒确立为结婚仪式的一个环节。最早把钻石戒指作为订婚信物的人是奥地利王麦士米尼。1477 年，麦士米尼认识了容貌美丽、举止优雅的玛丽公主，并对她一见倾心。当时，玛丽公主已经被许配给了法国王储，但是麦士米尼还是决定碰碰运气，希望可以赢得玛丽的芳心。他特地命人打造了一枚珍贵的钻石戒指，然后送给了玛丽。玛丽感其诚意，最终嫁给了他。从此以后，在西方就形成了把钻石戒指当成订婚信物的习俗。

戒指在中国的出现，大约距今有 4000 多年。据资料记载，中国戴戒指的习俗起源于宫廷，是"禁戒"的标志。后妃右手上戴银戒指表明曾经受过君王的宠幸，左手戴金戒指表明已经怀孕，都表示需要避忌。到了东汉时期，青年男女往往以赠送戒指表达爱慕之情，并希望能够借此拴住对方的心。唐朝时，人们普遍以戒指作为定情信物，这一习俗一直延续至今。

在长期的演变过程中，戒指的戴法也形成了许多习俗。国际上比较流行的一种习俗是把戒指戴在左手上。戴在左手大拇指上是中国特有的，但是它与婚姻和爱情没有直接关系，只象征着财富和权势。在左手的其他手指上戴戒指，传达的一般都是有关婚姻或爱情的信息。戴在食指上表示未婚且想结婚，戴在中指上表示已有对象或处于热恋中，戴在无名指上表示已订婚或已结婚，戴在小指上表示已离婚或决心独身，不戴戒指表示"名花尚无主，可以来追我"。

时装的由来

《韩非子》记载："齐桓公好服紫，一国尽服紫。"

服装可分为定型服装和流行时装。定型服装指的是那些经过时代的筛选，款式相对固定的服装，如西装、茄克、旗袍等。流行时装是指那些款式新颖、在一定时间和地域内流行的服装；如果穿着者只占一小部分人，则称为新潮时装。时装一般具有很强的周期性，而且"时装无常性"，即便是同一款时装，它的价格也可能会因为流行周期的不同而存在较大的差异。

早在先秦时期，中国就已经出现时装流行的现象了。唐代出现了"时衣"、"时服"等文字记载。至于现代时装，一般认为它起源于西方的宫廷服装。17世纪初期，为了满足贵族的着装需求，西方的宫廷服装设计师按照时令和场合设计出各种新款服装，这就是时装的雏形。受此影响，法国各阶层都以穿时装为流行，时装开始从宫廷走向社会。到了18世纪，法国的宫廷贵妇们经常举办时装沙龙，为时装的发展奠定了基础。19世纪中期，时装设计的先驱——英国人沃思首创了街头时装表演，引领了巴黎时装的新潮流。沃思因此被誉为"时装之父"。20世纪60年代，男装开始时装化。

在当代，巴黎、纽约、伦敦、东京等城市出产的时装引领着时代的潮流。这些城市会定期举行顶级时装秀，促进了时装的发展和传播。

高跟鞋小史

不过，由于长期穿高跟鞋会引发腰痛、颈椎病等疾病，所以人们应缩短穿高跟鞋的时间。

高跟鞋是指跟部特别高的鞋，它不但具有增高功能，还具有收腹提臀的作用，增加了穿鞋者的魅力，所以深受女性的喜爱。

关于高跟鞋的发源地，大多数人都认为是法国。事实上，中国早在唐朝时期就已经出现高跟鞋了，只是当时的高跟鞋是专门用来登山的，被人们称为"屐"。到了14世纪的明朝，出现了鞋底后部高达四五厘米、表面用丝绸裹裹的长圆形

鞋跟。1个世纪之后，高跟鞋才正式出现在法国宫廷里。16世纪，西方人为了使双脚能够扣紧马镫，开始穿高跟鞋。直到16世纪末期，高跟鞋才在贵族中间流行。据说，身材矮小的法国国王路易十四为了使自己看起来更高大威武，让鞋匠为他特制了一双鞋跟高达4英寸的鞋子，并把鞋跟漆成了红色以示尊贵。17世纪，高跟鞋开始普遍流行，但是由于技术的限制，所以当时的高跟鞋大多是鞋身又细又长、鞋跟与鞋底连成一体。17世纪末期，人们开始尝试制造跟部纤细的高跟鞋，但是终因技术限制而改制跟部相对较矮、配有丝带及蝴蝶结的高跟鞋。到了19世纪中期，制鞋技术已经相当成熟，出现了用缎子、丝绸及皮革等制造的高跟鞋，而且款式也越来越新颖。

趣谈模特儿的由来

从古希腊留下的大量雕刻和人物绘画作品可知，模特儿最早出现在古希腊。

模特儿是由英语"Model"音译而来的，主要指担任艺术、时尚产品、广告等媒体展示的人。模特儿必备的基本条件是身高。除此以外，模特儿还要具备良好的身材、相貌、气质、修养、职业感觉、展示能力等条件。模特儿分为特定人物模特、产品形象模特、礼仪模特、表演模特（T台模特）等，其中对身体条件要求最高的是表演模特，因为表演模特是赋予服装灵性的活动衣架，只有达到要求的模特儿才可能淋漓尽致地展现作者的创意。

据有关文献记述可知，在公元前4世纪就出现了一位著名的模特儿芙丽涅，她是当时雅典最美的女人。据说，她只有在祭祀海神的节日里才会裸体从海水中跳出来。为此，法庭还曾经以渎神罪传唤了她。在法庭上，芙丽涅在其辩护律师希佩里德斯的授意下当众揭开自己的衣服，并对在场的501位市民陪审团成员说："难道能让这么美的乳房消失吗？"法庭最终宣判芙丽涅无罪。

1573年，意大利修道士桑·马尔科用木头、黏土和零碎的粗麻布制作了世界上第一个玩偶模特。很快地，这个玩偶模特就传到了法国和荷兰，并被那里的人们称为模特儿。巴黎一位女裁缝为了向顾客展示新式服装，就别出心裁地把这些服装穿在了模特儿身上，取得了很好的宣传效果，因此其他裁缝也纷纷仿效这种做法。不过，这种模特儿有一个缺点，就是不能活动，所以不便于招徕顾客。因此，许多服装店主便亲自当起了能够活动的模特儿。其中一位服装店主是一个年轻貌美的姑娘，她不但吸引了众多的顾客，还迷住了英国商人查尔斯·沃尔特。沃尔特很快就与这位女店主结了婚，然后把她带回英国，让她代替原来的木头模特儿，于是第一个真人时装模特儿在英国出现。很快地，服装模特儿在全世界推广开来。

袜子的来历

尼龙袜不但结实耐磨，而且重量轻、弹性好。

袜子主要是用来保护和美化脚的，它在流行敏感度上丝毫不逊于时装。根据原材料的不同，袜子可以分为棉袜、氨纶袜、锦纶袜和竹纤维袜等。其中，棉袜一般含棉量在75%以上，因透气性好而广受喜爱。锦纶袜是用尼龙制成的，所以又称尼龙袜。竹纤维袜不但具有耐磨、吸湿、快干、透气等优点，而且穿起来很舒适，还具有抗菌、防螨、防臭等药物特性，所以近年来越来越流行。

花样如此繁多的袜子，其实是通过数千年的演变才发展成现在这个样子的。中国最原始的袜子出现在夏朝，呈三角形，是用带子系在脚踝上的，称为"足衣"或"足袋"，大约到了周朝时期才改称"袜"。据《文子》一书记载："文王伐崇，袜系解。"意即周文王系袜子的带子散开了。直到东汉末年，这种三角袜才被织袜代替，袜子的质地、外观、款式和制作技术等都有了很大的发展，其外形与现代袜子相近。在距今2000多年的长沙马王堆一号汉墓的出土文物中，人们发现了用素绢制成的女袜，这种袜子的制作技术即便以现在的眼光来看也很高。如果以此为始，足可以说明中国缝制袜子的工艺比西方国家要早很多。唐朝贵族的袜子多用锦织成，宋代出现了裤袜。元朝时期，随着棉花的广泛种植，袜子多用棉布制成。明朝出现了毡袜、油墩布袜、羊绒袜。到了清朝，平民一般也穿用棉布制成的袜子，贵族则穿用金缎镶边、通绣纹彩的绸缎袜。

世界其他国家的袜子历史可追溯到古罗马时期。古代罗马城最原始的袜子是一种细带子，妇女们用细带子来缠脚和腿。在古埃及，人们的护腿装备是用皮革、麻或毛纺织物制成的束腿带。中世纪中叶，欧洲人用布片取代了细带子，但是当时穿袜子还只是男人的专利。

1589年，英国神学院学生威廉·李发明了世界上第一台手工针织机，用以织制毛裤、袜子等，其速度比手缝快了6倍。此时，女人也可以穿袜子。17世纪初，法国开始生产丝袜。直到17世纪中叶，棉袜才开始投入生产。1928年，第一批尼龙袜投入市场并风靡一时，使袜子市场从此发生了彻底的变化。此后，袜子有了越来越多的花样。

睡衣小话

现代睡衣款式越来越多，比如吊带式睡衣、分体式睡衣、连身式睡袍等。

睡衣最早出现在北印度，它原本是中东和印度人外出时穿的裤子，后来才逐渐流传到寒冷的欧洲并演变成今天的睡衣。

睡衣最初得以流行，主要是因为它宽松、舒适，穿着令人身心放松。也正是由于这一原因，睡衣后来才逐渐成为一种家居服饰。穿着睡衣睡觉，不但有利于入眠，还能预防疾病。比如，人在睡眠时毛孔处于开放状态，易受风寒的侵袭，穿上睡衣睡觉就可以有效地避免这一问题。

马甲溯源

清朝官服"十三太保"（因用十三粒纽扣而得名），指的就是马甲。

马甲的起源可以追溯到中国的商周时期，当时的马甲是绘有精美图案的皮质器具，主要是用来保护战马的，并因此而得名。

后来，马甲逐渐演变为用于保护人体和防寒的服饰。清代学者王应奎在《柳南续笔》中记载："今人称外套曰罩甲。"其中的罩甲指的就是这种马甲。

16世纪，欧洲西装马甲出现。西装马甲的口开在衣摆两侧，长度约至膝，多用绸缎面料制成，边缘饰有彩绣，一般穿在衬衫和外套之间。1780年以后，这种西装马甲的长度缩短，有的后背上还有用来调节松紧的襻子，主要与西装搭配。

现代意义的马甲是一种无领无袖的短上衣，主要功能是使前后胸部位保持温暖并便于双手活动，又分为外套和内衣。外套是开襟的无袖外套；内衣一般都单穿，也叫无袖T恤或背心。现在，出现了医疗马甲、电热马甲等新品种。

领结的由来

领结一般与西装等较正式的服装搭配。

领结是一条用布制成的丝带，穿着时对称地结在衬衫的领子上，使衬衫领子两边的结各形成环状。领结起源于17世纪的欧洲战争时期，主要用于固定领口，并逐渐流传到法国上层社会。17世纪中叶，法国一位大臣在上朝时系了一条白色的围巾，还在围巾前面打了一个漂亮的结。国王路易十四见了大为欣赏，当即宣布领结是社会地位的象征，并命令上流人士都如此装束。到了18、19世纪，领结变得更加流行。19世纪末期，领结末端变得越来越长，逐渐演变为领带；末端短短的领结本身则不再流

行，只有建筑行业还在继续佩戴它，因为它是建筑师制服的重要组成部分。

现在，领带远远比领结流行，但是领结仍然是人们出席一些较轻松的宴会的选择之一，并且重新引起了人们的注意。而且，领结仍然被认为是唯一正统的领口饰品，是人们配衬燕尾服的首选。当然了，也有一些人认为领结是不合潮流的，因为领结通常也是小丑服装的一部分。

西装的发明

西装又称"西服"、"洋装"，因来源于西方国家而得名。

西装一般指领子可翻折、有三个衣兜、衣长在臀围线以下的上衣，由于外观挺括、线条流畅、穿着舒适而广受男士的欢迎，通常是男士出入正式场合的首选服装。它一般与衬衫、领带（或领结）、西裤、皮带和皮鞋搭配，使人显得高贵典雅；如果把手帕做成隆起式花型装进西装上衣袋里，只露出一部分边角，就更能使人仪态生辉了。

风行世界的西装，据说是法国贵族菲利普受渔民和马车夫的启发而发明的。大约是17世纪中期的一天，年轻的子爵菲利普与好友结伴来海滨城市奎纳泽尔，随渔民一起出海钓鱼取乐。这里的鱼都较大，菲利普在感到有鱼上钩时将钓竿往后一拉，却发现那身紧领、多扣子的贵族服装束缚了他的手脚，而他身边的渔民却行动自如。于是，菲利普仔细观察了渔民的衣服，发现他们的衣服都是敞领、少扣子的，这大大方便了他们的捕鱼作业。菲利普顿时受到启发：敞领衣服便于大口地喘气，对劳动强度大的人来说非常舒服；扣子少便于手脚自由活动，即使扣了也很容易解开。回到巴黎之后，菲利普就立刻找来了一群裁缝，与他们一起研究，力图设计出一种既方便生活又美观的服装来。不久之后，一种新服装就诞生了，它采用分片、分体的缝制方法，保留了渔民服装的敞领、少扣特点，样式与现代西装基本相似，却比渔民服装更加挺括、庄重，也就是说，它集合了渔民服装与贵族服装的优点。这种新服装很快就传遍了整个法国，继而传到了世界各地。

在19世纪50年代以前，西装的样式并不固定，有收腰的也有直统型的，有左胸开袋也有无袋的。到了19世纪90年代，西装基本定型，并风靡全世界，成为"国际服"。后来，西装也随着时代的发展而发展，出现了休闲西装、儿童西装等许多新花样。在日益开放的现代社会，西装还进入了女性服装的行列，体现出女性像男性一样的独立和自信。

西装袖口上钉纽扣的起因

无论是哪一款西装，其上衣袖口处都钉有2~3枚小纽扣作为装饰。

拿破仑在统治法国时，治军非常严格。有一年，他率军越过阿尔卑斯山，在与意大利作战时取得了胜利。在检阅参战部队时，他发现许多士兵的袖口都是污迹斑斑的，简直可以用"光可鉴人"来形容。原来，在拿破仑的军队翻越阿尔卑斯山时，由于山上气候寒冷，军需又不足，许多士兵都冻感冒了，可是他们又没有专门用来擦鼻涕的东西，只好抬起胳膊就用袖口擦了，所以把袖口弄得很脏。

拿破仑认为这样有损军威，就和军需官商量了一个解决办法，即在士兵的上衣袖口上沿钉几颗金属纽扣。这么一来，士兵们再用袖口擦鼻涕时，脸就会感到难受甚至被划伤，于是他们就不再继续用袖口擦鼻涕了，袖口自然也就保持了整洁。

但是，士兵们擦鼻涕或擦汗的难题依然没有得到解决，于是拿破仑又命令军需官去掉了士兵上衣袖口上沿的金属纽扣，并给士兵们配发了手帕。一位掌管文件的军官由此受到启发，认为如果纽扣钉在上衣袖口下沿，可以减轻袖口接触桌面时的磨损。于是，拿破仑就下令在法国军官上衣袖口的下沿钉3颗纽扣。这个办法虽然没有多大的实用价值，却使服装显得美观大方，所以很快就流传到了民间，并沿用至今。

雨衣溯源

古代中国人用棕片缝制成蓑衣，然后穿在身上防止被雨淋，这种蓑衣可能就是雨衣的雏形。

雨衣是用胶布、油布或塑料薄膜等防水材料制成的挡雨服装，它虽然没有雨伞历史悠久，却比雨伞更加实用。

现代雨衣的出现，得益于橡胶在南美的发现。15世纪末期，哥伦布在南美发现了橡胶，并把它带回欧洲，可是人们都不知道它具有防水作用。1823年的一天，苏格兰一家橡胶工厂的工人麦金杜斯在工作时不小心把橡胶浆滴到了衣服上，他赶紧用手去擦，却怎么也擦不掉，反而使橡胶浆涂成了一片。由于家贫，所以麦金杜斯没有丢掉这件衣服，继续穿着它工作。一天，在麦金杜斯下班回家的路上，忽然下起倾盆大雨来。麦金杜斯被淋成了"落汤鸡"，回到家就赶紧换衣服，就在这时，他发现浇有橡胶浆的地方虽然难看却没有被淋湿。他灵机一动，把整件衣服都涂了一层橡胶浆。自从有了这么一款"新衣服"，麦金杜斯就不怕被雨淋了。工友们很快就知道了这件新鲜事，也都穿上了这种新款服装，从而使得这种胶布雨衣的名气越来越大。不过，由于受技术水平的限制，这种雨衣也像当时的其他橡胶制品一样存在夏天粘手、冬天变硬的毛病，既不经久耐用又不美观。1839年，硫化橡胶问世，它不但耐热、不溶解于有机溶剂，还具有较高的弹性，很好地解决了这一问题，使橡胶雨衣真正成为既方便又实用的日常生活用品。很快地，橡胶雨衣就风靡全球了。由于麦金杜斯发明橡胶雨衣的功绩是不可磨灭的，所以至今还有人把雨衣称为"麦金杜斯"。

进入20世纪之后，雨衣的款式和色彩都变得日益丰富，而且越来越舒适。

运动鞋的由来

人们在参加运动或旅游时，一般都会选择穿运动鞋。

运动鞋是人们在健身或参加竞技体育时所穿的无跟平底鞋，它一般都美观、柔软而富有弹性，不但能够控制脚部的翻转，从而保证人脚在运动中发挥其基本功能，还能起到保护脚踝的作用。

运动鞋是鞋类家族中的重要一员，它的由来可以追溯到原始社会。在追赶野兽时，原始人为了加快速度并防止受伤，将脚部用树叶、树皮乃至动物皮包裹起来。如此简陋的装置，就算是早期的运动鞋了。古代运动会上，运动员为了获得好成绩，开始穿上用动物皮毛做的鞋子跑步。后来，体育娱乐运动项目逐渐增多，于是一些专供运动员穿的皮底鞋就出现了，这就是古代运动鞋。

直到 19 世纪，近代运动鞋才诞生，以橡胶用于制鞋工业为标志，因为使用橡胶可以减震。这一年，一位爱尔兰人移民美国，在马萨诸塞州的一个小镇当印刷工。由于长时间站在机器跟前，他感到脚底非常疼痛，就随手把一个橡胶皮垫垫在了脚底下，没想到疼痛竟然明显减轻了。回到家之后，他就把橡胶皮垫钉在了鞋底上，这就是最初的"橡胶鞋"。1839 年，硫化橡胶问世，它不但耐热、耐磨，而且具有较高的弹性。不过，直到 1868 年，硫化橡胶才被用来制作网球运动鞋的鞋底，这标志着近代运动鞋的诞生。

此后，运动鞋不断发展，出现了舒适而又功能多样的现代运动鞋。不过，由于有些运动鞋的透气性差，容易引起脚癣等皮肤病，再加上长期穿运动鞋会使脚掌逐渐变宽甚至变成平足，所以青少年应该少穿运动鞋，以免运动鞋对其生长发育造成不良影响。也正因为这些缺点，在 21 世纪，运用现代科技准确测定和自动调整运动鞋的运动状况，从而提升运动鞋的舒适性和功能性，成为各大运动鞋制造商关注的焦点。

婚纱小史

婚纱是新娘在结婚仪式和婚宴上所穿的服装。

很多国家的婚纱是白色的，且与束身内衣、头纱、捧花搭配使用，从而达到协调、统一的完美效果。

新娘穿白色婚纱的传统起源于西方，其历史还不足 200 年。在 19 世纪之前，欧洲一些政教合一的国家都以典礼服作为新娘的结婚礼服，并要求新人到教堂里参加祷告来表达他们内心的真诚与纯洁，否则他们的婚姻就不算合法。不过，在这一时期，新娘礼服的颜色并没有统一的要求，可以是除黑色（表示哀悼）和红

色（与娼妓有关）之外的任何一种颜色。1840年，英国女王维多利亚在婚礼上以一袭拖尾长达18英尺的白色礼服示人，显得既优雅又圣洁。自此，新娘们逐渐开始将白色婚纱作为结婚礼服的首选并传给后代，使其成为美丽的珍藏和爱的传承。这一习俗一直流传至今，而且拖尾的长度也成为财富的象征。1980年，英国戴安娜王妃大婚，其婚纱长达480英尺！

现在，世界其他国家的人民除了选择本民族的传统新婚礼服之外，也开始选择白色婚纱作为新婚礼服。白色婚纱已经成为婚礼文化的重要组成部分。

旗袍源流

旗袍是在参考了满族女性的旗服和西洋文化的基础上设计而成的。

清朝后期，满族女性的旗服繁琐得几乎到了难以辩识其衣料的地步。1911年，辛亥革命爆发，推翻了中国历史上最后一个封建王朝，解除了服饰上等级森严的桎梏，使中西式服装开始并存。

20世纪20年代，受西方服饰的影响，在上海出现了由满族女性的旗服改制的服装，人们将其称为"旗袍"。旗袍最初是以马甲的形式出现的，开衩处露腿，穿在短袄外面，后来长马甲又改成了有袖的，穿起来既淡雅又体现了女性的自然美。因此，它受到了崇尚文明和时尚的上海女学生的欢迎，并迅速在全国流行。这一时期的旗袍样式有很多，它们在开襟、领高、长短、开衩高低等方面都存在差异。20世纪30~40年代是旗袍最光辉灿烂的时期。在这一时期，旗袍在裁法和结构方面更加西化，比如造型纤长，增加了荷叶袖、西式翻领等元素，穿起来更加合身，并逐渐成熟和定型，成为一种经典服装，在中国女装史上具有不可替代的重要地位。当时，旗袍几乎成了中国妇女的标准服装，甚至是交际场合和外交活动的礼服。此后的旗袍，基本上跳不出这一时期所确定的基本形态，只是在长短、胖瘦和装饰等方面有所变化。

近年来，人们开始向往最能衬托中国女性身材和气质的服装，因此旗袍再一次引起了人们的注意，甚至有不少外国服装设计大师还推出了具有国际风味的旗袍，从而使旗袍作为一种民族的象征出现在国际舞台上。

口罩的起源

口罩古已有之，只是近代才开始用于防止细菌传染。

古代波斯拜火教的祭司在进行祭祀活动时要戴上"口罩"，因为他们认为俗人的气息是不洁的，要戴上口罩避免与这些气息直接接触。有历史记载的"口罩"出现在《马可·波罗游记》中："在元朝宫殿里，献食之人，皆用绢布蒙口鼻，俾其气息，不触饮食之物。"另外，喜欢戴"口罩"的还有日本的忍者，他们戴"口罩"的目的是为了避免自己被认出来。

真正出现医用口罩要从人类发现空气中存在细菌说起。人们发现细菌之前，做过外科手术的病人刀口经常感染，人们只好用烧红的金属烫死刀口，防止感染。1861年巴斯德用鹅颈瓶做实验，证明空气中有细菌的存在。之后，人们开始注意医疗环境卫生，设立了无菌病房，发明了消毒灭菌方法，但是，感染依然存在。直到1895年，德国病理学专家莱德推断，空气中的细菌可以让患者的伤口感染，人们口内的唾液也会导致感染的发生，于是他建议医生们在做手术的时候戴上口罩。果然，在医生们戴上口罩做外科手术时，病人伤口的感染率大大下降了，医用口罩就这样出现了。

胸罩的发明和发展

保罗·波烈曾经公开声称："我以自由的名义宣布紧腰衣的衰落和胸罩的兴起。"

胸罩是女性内衣的一种，一般由系扣、肩带、调节扣环、金属丝、填塞物等组成，具有扶托和保护乳房的作用，同时还能体现出女性所特有的曲线美。

关于胸罩的发明者，历来说法不一，比较权威的说法有两种。第一种说法认为胸罩是1907年发明的，发明者是法国专门设计长袍的人保罗·波烈。第二种说法认为胸罩是蒸汽轮船的发明者富尔顿的后代玛丽·菲尔普斯·雅各布发明的。一天，玛丽带着女仆参加纽约一个盛大的舞会，跳舞时她觉得身上的紧腰衣勒得她很不舒服，就脱下紧身衣，随手用一根粉色丝带把两条手帕扎成一件类似胸罩的内衣，用它围住自己的胸部，然后继续跳舞。这一举动在当时是非常大胆的，可是竟然招来了女人们艳羡的目光，后来还有人向她索要或购买这种"服装"。她意识到这种"服装"很受女性欢迎，就花了50美元请人画出这种"服装"的图样，并为其取名为胸罩。第二年，她申请到专利并生产了几百只胸罩，可是销量却很低，于是她就以1500美金为代价把这项专利卖给了一家生产紧身衣的公司。现在，即便在1500美金后面再追加几个"0"，也不一定能买到这项专利。

据资料显示，"胸罩"一词是 1907 年首次出现在美国时尚杂志《Vogue》上的，此后胸罩开始被大众熟悉和接受。"第一次世界大战"期间，男子大批地开赴前线，妇女不得不代替男子从事农业劳动。由于妇女们感到戴上乳罩后便于劳动，所以乳罩就取代紧腰衣逐渐普及起来。1935 年，华纳公司以 1500 美元买下胸罩的生产专利，并率先推出罩杯从 A 到 D 的胸罩，为胸罩的形状定下了统一的标准。1938 年，美国杜邦公司发明了弹性纤维，胸罩因此迎来了它的黄金时代。此后，美国又改进生产技术，不断推出了"鱼雷"、"轻歌"等许多新款胸罩，使胸罩风靡全球。1994 年，美国在胸罩方面创下了年营业额 30 亿美元的记录。与此同时，时尚杂志也非常流行用"双手放在乳房上"的照片作为封面。

胸罩的发明意味着女性着装方式的彻底改变，大大地增加了女性的魅力，这也是它广受欢迎的原因所在。现在，胸罩已成为全球女性不可或缺的服饰之一。

中山装的来历

中山装曾是中国男子最喜欢的服装之一。

中山装是一种封闭式翻领、对襟、前襟有五粒扣和四个贴袋、袖口有三粒扣的服装。

20 世纪初期，孙中山发现，大襟式长衫等中国服装无法体现中国人奋发向上的时代风貌；西装虽然克服了这一缺点，但是样式繁琐而且不够实用。孙中山吸取了中式和西式服装的优点，并且借助洋服店店主黄隆生的帮助，设计出一种新服装。这种服装的上身左右上下各有一个带盖子和扣子的口袋，下身是西裤，穿着简便，穿在身上既笔挺、舒适又实用。

1912 年，孙中山阐述了这种服装的含义。其中，封闭式翻领表示严谨的治国理念；前襟的五粒扣分别表示行政、立法、司法、考试、监察这五个方面的宪法，四个贴袋代表中国传统的礼义廉耻；左右袖口上的三粒扣分别表示三民主义（民族、民权、民生）和共和理念（平等、自由、博爱）；笔山形的袋盖表示重视知识分子；没有缝的后背表示希望国家和平与统一的大义。

由于孙中山先生在海内外声望很高，所以这种新服装很快就在全国流行起来，并被人们称为"中山装"。虽然它一度被人们淡忘，但是由于它已经深深地融入中国历史文化之中，所以如今它又重新焕发出生机。

能调节温度的服装

穿衣是人类最基本的需要，下一个世纪人类在穿方面会有什么变化？法国著名的时装设计师奥利维亚·拉比蒂斯预言，20年以后时装设计师和纺织业的专家将不再单纯地追求新型的款式及其线条，而服装的面料和功能将成为他们注意的重点。

奥利维亚·拉比蒂斯认为21世纪的服装应该是美与高科技的结合，他认为20年后人类还不可能抛弃服装，但那时候的服装将能为我们提供更多的服务，比如汗衫将具有药效，能为我们提供维生素；防寒服会传播热量，里面还装有电话；而毛衣能根据户外的气温自动调节温度，拉比蒂斯预言这些都将在不久的将来成为现实。在将新型的高科技材料运用到服装的设计的研究过程中每位时装专家都在探索适合自己的路子，力求创造鲜明的个人风格，作为欧洲最著名的时装设计之一的拉比蒂斯他已经设计成功了一系列的新产品，比如能够采集阳光的服装，以海带为基础的布料、无针无线的缝纫机以及立体印花织物。

实际上时装与纺织世界面对21世纪的前所未有的技术革命已经开始了，如今研究人员正在研究既有丝的柔软又有钢的韧性的轻型纤维，未来人们将穿上不会起皱的衬衫，带香味的睡衣、防臭的袜子、帮助你晒黑的泳装以及能够杀死细菌的内裤等等。法国纺织品研究院的专家表示，他们在现阶段进行的研究重点是研制能够防治一些弊病的面料，比如要求布料具有防螨虫、防细菌、防过敏等功能，这些新型的面料都将以维护人体健康为目标。德国的一家纺织企业已经向市场推出了一种可以吸收紫外线同时又具有高强度防晒功能的纤维，一家澳大利亚企业也研制出了一种能够变换颜色的面料，用这种材料制成的衣服一旦在日照强烈的情况下持续暴露过久就会变颜色，人穿着这样的衣服便能够及时知道在什么时候必须离开阳光过强的地方。科学家的研究成果还不仅限于保护功能，他们正在为具有治疗功效的布料问世加紧工作，在法国纺织业最发达的里昂地区，纺织品研究所的专家正在研制以夹克纸为原料的布料，由生物再生的原理出发研制成功的这种材料可以被用来制造具有活血功能的女用长袜或是一种能够抵制烟草的汗衫，穿上它吸烟者能很快戒烟。专家认为，未来许多种布料将可以替代现在我们使用的多种外用药，各种的润肤霜、维生素、活血药都可以结合到布料中。

位于波士顿的麻省理工学院在去年已经推出了首款具有电脑功能的服装，在这类服装内装有电子芯片，接收器和内部线路，穿着这种含有光学纤维的汗衫，一对未来相互陌生的男女在有过一面之交后，可以远距离的通过电子邮件互相传达情话，这种计算机衣服同时也非常适用于军事领域，电脑服装可以使军人在远处作战一旦受伤，迅速地向基地发回其伤势的报告。随着新的纺织技术的发明，服装的制作以及人的审美观也都将发生很大的变化：没有缝线的裙子，可以根据人的情绪变化颜色的布料等等也都将陆续问世。在色彩方面时装设计师都看好白

色和蓝色，他们预言人们在未来会更加追求纯静和安宁。未来材料市场的另一个特点是人类将大量地使用再生材料，法国的罗威尔公司已经从废弃的饮料瓶子中提炼出一种具有杀死细菌作用的纤维，一家叫做利波瑞内姆的美国公司每年投资10亿美元从事研究和开发，他们的目标是找到能够代替石油的自然合成制品作为人造纤维的原料，因为到了21世纪继续使用石油作为原料就太不符合生态标准了，所以他们希望能研制出以糖为原料生产的尼龙。那么到了下一个世纪是不是人们就不再需要传统的纤维像麻、棉等物来织布缝衣了呢？

法国戛纳的时装设计师凯乐女士认为，不论科学的发展有多么快，人类永远需要棉、麻、丝等优质传统纤维，只不过未来的做法是将这些天然的原料与合成纤维相结合，改善面料的舒适程度、提高它的实用性能，最终实现人的夙求，制出不起皱的麻、会自我清洗的尼龙和冬暖夏凉的棉布等等。目前法国卢索公司已经准备向市场投放一种新型衬衫，这种衬衫含的聚氨酯弹性纤维，这种弹性纤维在衣服的领子和袖子部分增加了弹性，使其穿起来更加舒适。法国高档名牌时装公司爱娜斯还设计了一种镶有微型圆球的方巾，这种微型圆球在与人体接触后便会破裂，施放出香水或润肤霜。而时装设计师奥利维亚·拉比蒂斯已经成功地设计制作了一件生态服装，这是两条极其特殊的长裙，料以蔬菜和海带纤维为主要原料，混入麻、丝和羊毛，甚至还掺有一种野红果和葡萄叶。

饮食趣谈

啤酒的起源和发展

适量饮用啤酒有益于人体健康，是除了水和茶之外消耗量最高的饮料。

啤酒是以大麦芽、啤酒花、水为主要原料，经发酵作用酿制而成的低酒精饮料，其色泽清冽，气味清香，味道稍苦但喝着很爽口。

距今6000年前，居住在美索不达米亚地区的苏美尔人发明了啤酒。酿造啤酒的主要原料有大麦芽、蜂蜜等，酿出的啤酒只有少量泡沫。大约在公元前3000年，波斯一带的闪米特人学会了酿造啤酒。由《汉谟拉比法典》可知，啤酒在公元前18世纪的古巴比伦是常见的饮料。公元前1300年左右，古埃及加强了对啤酒的管理，使埃及的啤酒得到了高度发展。后来，啤酒的酿造技术从埃及传到了希腊，但是一直没有太大的发展。公元4世纪，啤酒传到了北欧，其种类也丰富起来，出现了蜂蜜和水混合酿制而成的蜂蜜酒，还有与现代黑啤酒类似的英国黑啤酒。1877年，德国工程师发明了制冷机。人们开始用冷冻机对啤酒进行低温后熟处理，使啤酒的泡沫丰富起来，也使啤酒的工业化生产变成了现实。1881年，汉森发明了酵母培养法，使啤酒酿造转向科学化。20世纪70年代，不经巴氏灭菌法杀菌但仍能长期保存的纯生啤酒问世，由于其口感好，所以销量很好。如今，啤酒的酿造技术越来越先进，全世界啤酒年产量居各种酒类之首。

中国酿酒史

仪狄和杜康都是夏朝人，可见夏朝时已经盛行酿酒。

酒是一种饮料，主要分为白酒、啤酒、葡萄酒等。酒口感好，而且适量饮用能通经活络，促进血液循环，所以很受人们欢迎。可是，酿酒却非常复杂，它是利用微生物发酵生产出含有一定浓度的酒精饮料的过程，其历史非常悠久。

据考古发现的距今5000多年的酿酒器具可知，早在黄帝时期，中国人就已经开始酿酒了。也就是说，酿酒至少起源于黄帝时期，一种可能是人们接触到某些天然发酵的酒，然后加以仿制，于是就出现了酿酒。新石器时代早期，中国的农业和制陶业已经较为发达，具备了酿酒的先决条件，所以人们一般认为酿酒起源于新石器时代早期。新石器时代晚期，出现了专用酒器，酿酒逐渐进入专业化阶段，酿酒技术得到了空前的提高。《纲鉴易知录》中记载："古有醴酪，禹时仪狄作酒。"东汉的《说文解字》有解释"酒"字的条目，其中记载："杜康作秫酒。"商朝时期，酒成为礼仪的代表物之一，酒礼器大量应用于日常生活和丧葬活动中。

北魏《齐民要术》中明确记载了制造酒曲的方法，这种方法一直沿用到现在。关于酒曲的文字记载，最早见于《书经·说命篇》："若作酒醴，尔惟曲糵。"酒曲是从发霉或发芽的谷物中提取来的，广泛应用于黄酒和白酒的酿造过程中，也是中国酿酒的精华所在。宋代以后，中国人又发明了加热杀菌法，这种方法与现在酿酒中普遍使用的巴氏灭菌法基本相同，为葡萄酒、果酒等酒品的生产开辟了广阔的前景。

喝酒时为何要碰杯

碰杯成为诚信的标志。

人们喝酒时为什么要碰杯呢？有两种说法。

一种说法认为，这一习俗是希腊人创造的，目的是使耳朵也能像鼻子、眼睛、舌头一样分享到喝酒的乐趣。

另一种说法认为，这一习俗起源于古罗马。当时，古罗马人崇尚武力，经常展开竞技比赛。在开赛之前，竞技双方会饮酒助兴，并以此相互勉励。为了防止心术不正之人给对方下毒，人们想出了一个办法，就是在开赛之前让双方互相碰一下酒杯，使双方的酒都溅到对方的酒杯里，然后双方同时将酒杯里的酒喝下去，以证明双方都没有下毒。后来，碰杯逐渐演变为一种祝酒的礼仪，能够增进人们的交流。随着金属和玻璃的普遍使用，碰杯变得像敲钟一样具有驱除恶魔的作用，不但能给人带来安全感，还增加了节日的热闹气氛。

面包简史

关于面包的诞生，可以追溯到1万多年以前。

面包是以小麦粉等谷物为原料，加水、酵母、盐或糖制作并加热而制成的食品。它富含膳食纤维、不饱和脂肪酸和矿物质等，易于消化、吸收，且口味多样、食用方便，所以从其诞生至今都是世界上多数国家的重要主食，有许多国家的文学作品都用它来指代粮食。

1万多年以前，西亚一带的人们用石板把小麦和大麦等谷物碾成粉，再用水将谷物粉调匀，然后放在烧热的石板上烤，烤成"烤饼"。大约在同一时期，北美的古印地安人也用橡实等植物磨成的粉做出了类似的烤饼。公元前3000年左右，古埃及人在制作烤饼的过程中发现，和好的面团在炉子边放久了会膨胀、变酸，用这种面团做出来的新面食非常松软，比烤饼好吃多了。这种新面食就是世界上最早的面包。后来，古埃及人就以酸面团为原料，制作了一种能够让和好的面团变酸的新东西——酵母，从而掌握了制作发酵面包的技术。大约在公元前13世纪，摩西带领希伯来人大迁徙，面包制作技术也随之走出埃及。公元2世纪末，罗马的面包师行会经过实际比较，选用酿酒的酵母液作为标准酵母，从而统一了制作面包的技术和酵母菌种。到了19世纪，改良小麦出现，面粉加工技术也有了很大发展，所以生产出来的面包既松软又洁白。现在的面包，不但种类

图文版 世界百科全书 饮食服饰

繁多，而且美味可口，让人们大饱口福。

筷子漫谈

　　筷子是人类手指的延伸，给进食带来了很大的便利，可以说是一项值得骄傲的科学发明。

　　筷子是用竹子、金属或木材等材料制成的两根棍状物，是中国、日本和韩国的主要进食工具，它虽然做工简单，却具有夹、挑、拌、扒或撅食物的功能。

　　中国用筷子进食的历史少说也有 3000 年。据说，大禹是中国第一个用筷子吃饭的人。大禹在治理水患时，三过家门而不入，连进食都匆匆忙忙的，往往是刚开锅就急欲进食。但是，由于汤水太烫而无法下手，大禹就借助树枝的帮助来夹食物，这就是最初的筷子，也是筷子至明清时期还依然被称为"箸"的原因，因为"箸"与"助"同音。当然了，这种说法只是一种推测，因为大禹时期还没有文字，无法记录"箸"的发明过程；另外，"箸"入土容易腐烂，故基本上没有实物可证。但是，这种推测符合人类生活的发展规律，是有道理的。到了夏朝，箸还处于雏形，后来又经过了数百年的演化才逐渐有所发展。在安阳侯家庄 1005 号殷商墓中，考古学家曾发掘出铜箸。商朝末期，中国已经出现了象牙箸。司马迁在《史记》中记载："纣为象箸，箕子叹曰：彼为象箸，必为玉杯；为玉杯，则必思远方珍怪之物而御之。"到了魏晋南北朝时期，箸有了很大的发展，出现了竹木箸、牙骨箸、铜箸和银箸。此后，箸又不断发展，逐渐演变为现代的筷子。

　　日本筷子起源于日本本土，但是它在发展的过程中吸收了唐代筷子的优点。现代的日本筷子多是木制的，而且又短又尖，只是尾巴略粗一些，因为这样的筷子方便吃生鱼片等片状食物。现在，日本是世界上生产、使用筷子最多的国家，每年平均要生产 130 亿双筷子，其中有 90% 都是一次性筷子。

　　韩国的筷子多是用金属制的，形状稍扁，这与韩国人习惯吃烧烤和用金属餐具的传统有关。

　　筷子发展到现代，有纯竹木的、彩漆的、塑料的、象牙的、银质的……其中，彩漆筷和塑料筷都含有有害物质，会危害人（尤其是免疫力低下的孩子）的健康；骨筷质感虽好，但是容易变色且价格昂贵；金属筷子太重且导热性强，不方便进食。所以，竹木筷是首选，因为它既无毒无害又环保，只需要经常消毒就可以了。

酒泉夜光杯

　　夜光杯是中国甘肃酒泉的一种特产，至今已经有 2000 多年的历史了。

从古至今，酒泉夜光杯的制作材料都取自祁连山，主要包括墨玉、碧玉和黄玉三种。这些材质的玉石能够承受强烈的高温和低温，因此，夜光杯在使用的过程中不会出现爆裂的情况。

夜光杯的制造十分复杂，要经过钻棒、切削、掏膛、冲碾、细磨、抛光、烫蜡等20多道工序。如此精雕细琢出来的夜光杯堪称杯中精品，一直为历代文人墨客赞颂。唐代诗人王翰在《凉州曲》中所写的"葡萄美酒夜光杯，欲饮琵琶马上催"两句诗更成了千古传颂的名句。

在中国古代，酒泉夜光杯只有达官贵人才能享用，但是到了现在，夜光杯已经走入千家万户，成了很多普通百姓的收藏品，同时远销欧美、日本、东南亚等地区。2006年5月20日，酒泉夜光杯被列入第一批国家级非物质文化遗产名录。

年糕传说

年糕风味各异，广受东亚人民的喜爱。

年糕是用黏性大的米或米粉制成的食品，其中含有蛋白质、脂肪、碳水化合物、烟酸、钙、镁等营养元素。再加上年糕与"年高"谐音，具有"一年比一年高"的象征意义，所以中国有许多地区都有过年吃年糕的习俗。

年糕起源于古老的传说。第一个传说认为，在远古时期有一种名叫"年"的怪兽，它常年生活在深山老林里，饿了就去捕捉其他兽类来吃。可是，每到严冬时节，兽类大多都躲起来休眠了，"年"没有食物可以充饥，于是它就下山来抓人吃，百姓苦不堪言。有一个人称"高氏族"的部落为了躲避"年"，就在"年"快下山觅食时事先用粮食做成大量条形食物放在门外，然后躲在家里不出门。"年"找不到人，就饥不择食地吃了门外的食物，直到吃饱才回到山上。后来，这种躲避兽害的方法就流传了下来，那种条形食物则被称为"年糕"。

第二个传说认为年糕起源于春秋战国时期的苏州。当年，伍子胥帮助阖闾夺了吴国王位，还帮助阖闾治国。后来，阖闾命令伍子胥筑成"阖闾大城"，用以彰显自己的功德，并认为这样一座坚固的城池足以令他高枕无忧。伍子胥因此深为忧虑，就嘱咐贴身随从说："城墙固然可以抵挡敌兵，但是同时也会制约城内人的行动。如果敌人围而不打,吴国岂不是作茧自缚?如若我有不测,吴国被围困,你可去相门城下掘地三尺取粮。"随从以为伍子胥喝醉了,所以并没有把他的话当真。后来,伍子胥因力谏吴王夫差不要与越王勾践言和而被赐死。随后,卧薪尝胆的勾践就起兵围住了吴国都城姑苏城。伍子胥的随从想起了主人的话,按照伍子胥的嘱咐,果然在相门城下三尺处挖到了做成砖块形状的糯米粉,救了全城的老百姓。老百姓为了纪念爱国忧民的伍子胥,每到寒冬腊月都会用糯米粉做出砖块形状的食物,这种食物干后不裂、久藏不坏,吃起来很爽口,名字就叫"年糕"。

当然了,传说毕竟只是传说。据史料记载,中国自汉朝时期就有"稻饼"、"糍"等用米粒做成的食物,年糕的历史也一样悠久,它是从米粒糕发展而来的。据记载,北京在辽代就已经有正月初一吃年糕的习俗了。到了明清时期,年糕已经成为市面上常年供应的一种小吃,而且风味各异。不过,由于年糕不易消化,所以不宜多吃。

豆腐的发明和发展

豆腐是中国的传统食品,因其制作原料主要是豆类而得名。

豆腐含有人体必需的多种微量元素,还含有丰富的糖类、植物油、优质蛋白和植物雌激素,具有补中益气、清热润燥、清洁肠胃的功效,能够帮助消化、增进食欲,对牙齿和骨骼的生长发育非常有益,对防治骨质疏松症、糖尿病、老年痴呆、癌症等疾病也有良好作用,而且不含胆固醇,所以被人们称为"植物肉",是高血压、高血脂、高胆固醇症、肝病及冠心病患者的理想药膳,也是年老体弱者补充营养的食疗佳品。总之,豆腐有助于强身健体、延年益寿,是各类人群的理想食品之一。

据《本草纲目》等古籍记载,豆腐是淮南王刘安于公元前164年发明的。刘安是汉高祖刘邦的孙子,他为了寻求长生不老之术,用重金招募了八名方士与他一起在寿春(今安徽寿县城关)城边的北山上炼丹。一次,刘安用石膏点豆汁,没有炼成仙丹，却意外地做出了一片白嫩而又芳香的东西。当地有农夫壮胆尝了尝，觉得它既美味又可口，就随口称它为"豆腐"。从此，"豆腐"就流传到了各地，北山也因此更名为"八公山"，刘安则在无意之中成了豆腐的发明人。

宋明以后，豆腐得到了更加广泛的传播，甚至连大文豪苏东坡等文人雅士也加入了传播者的行列。各地人民依照自己的口味，丰富和发展豆腐的制作方法，逐渐研制出中国豆腐的八大系列：水豆腐、半脱水制品、油炸制品、卤制品、熏制品、冷冻制品、干燥制品、发酵制品，还以豆腐为主要原料制作出"麻婆豆腐"、"煨冻豆腐"、"素鸡豆腐"等名菜。因此，有人说"豆腐得味，远胜燕窝"。

经过2000多年的发展，豆腐已实现流水线生产，豆腐及其制品不但成为中国人公认的理想食品，还像茶叶和瓷器一样受到了外国人的青睐。

韩国泡菜

韩国泡菜是朝鲜半岛三国时期从中国传入的。

韩国泡菜又称"朝鲜咸菜"、"高丽咸菜"或"韩国咸菜"，是韩国最常见的一种菜，其特点是辣而美味，富含维生素C、纤维素等，能增进消化和吸收，可以预防便秘和肠癌。

韩国泡菜原料主要有蕨菜、竹笋、茄子、黄瓜、酒糟、酱等。高丽时代，韩国的蔬菜种植技术得到提高，韭菜、水芹菜等新鲜蔬菜也成为腌制泡菜的原料，还出现了可以食用的泡菜汤。到了朝鲜时代，韩国泡菜的原料变得更加丰富，制作方法也有所提高，出现了用鱼、虾、蟹等海产品制成的泡菜。朝鲜时代末期，由于白菜种植技术的推广，白菜取代了萝卜、黄瓜和茄子，成为制作泡菜的主要原料。与此同时，辣椒传入朝鲜半岛。辣椒不但可以去除鱼类的腥味，还可以使泡菜看起来色彩亮丽，进而勾起人的食欲。自此，韩国泡菜的制作方法有了根本变化。在此之前，韩国泡菜都是用从中国传来的盐腌制的。

每年冬天，韩国人都会腌制泡菜，这一习俗一直流传至今。在韩国的许多传统家庭中，一坛泡菜的原味卤汁甚至可以传承几代人。对韩国人来说，泡菜不仅仅是一道佐餐小菜，还象征着"用母爱腌制的亲情"。在韩国人中，流行这样一句话："没有泡菜的饭不是给韩国人准备的。"

雪利酒溯源

雪利酒曾被莎士比亚比喻为"装在瓶子里的西班牙阳光"。

雪利酒是以富含天然糖分的葡萄为主要原料酿造而成的葡萄酒，一般又黑又

稠又甜，酒精浓度约为 17%~20%。

早在公元前 8 世纪时，腓尼基人就已经开始在地中海地区从事小麦、橄榄和葡萄酒贸易了。公元 2 世纪，西班牙出产的葡萄酒得到古罗马人的高度认可，并被命名为"雪利酒"。雪利酒原产于西班牙，其酿造方法不同于一般的葡萄酒。一般的葡萄酒在橡木桶里发酵时，都会将桶装得满满的，以防止发霉。但是在酿造雪利酒时，酒农却故意留下 1/3 的空间，让空气中的天然酵母菌孢子在酒表面产生一层白色薄膜"flor"，以减少酒中的甘油成份，并使底层的酒免于被氧化，从而酿造出了口感好、香气浓郁的雪利酒。再加上酒农把成熟过程中的酒桶分数层堆放，在最底层存放最老的酒，在最上层存放最新酿造的酒，所以雪利酒兼具新酒的清新与老酒的醇厚。

16 世纪，雪利白葡萄酒被认为是当时最好的葡萄酒。现在，雪利酒可以说是仍在生产的最古老的醇酒。

饼干的起源

常见的饼干有苏打饼干、薄脆饼干、曲奇饼干、夹心饼干、威化饼干、蛋卷、水泡饼干等。

饼干是以小麦面粉等为主要原料，再添加糖、油脂、蛋类、乳品等辅料制成形并烘烤而成的食品。

在公元前 4000 年左右的古埃及坟墓中，人们发现了只用面粉和水做成的食物，它可以算是最简单的饼干了。公元 7 世纪，饼干在波斯真正成型。当时，制糖技术刚刚问世，由于被应用到饼干的制作中，所以被广泛传播。10 世纪左右，摩尔人征服了西班牙，饼干随之传到了欧洲。饼干自此开始在各个基督教国家之中流传，并于 14 世纪成为最受欧洲人欢迎的点心。当时，上至皇室，下至平民百姓，都吃饼干。19 世纪，现代饼干首先在英国问世。当时的英国是世界上航海技术最先进的国家，由于英国人长期航海，而面包又含有较高的水份，根本不适合作储备食物，于是英国人就发明了含水量很低的现代饼干来作为储备粮。工业革命以后，由于机械技术的进步，饼干的制作设备和技术得到了快速发展，饼干因此流传到了世界各地。

到了现代，饼干不但种类繁多而且口感好，满足了不同人群的消费需求。但是，由于饼干普遍含有较高的脂肪和热量，所以吃的时候一定要适量，以免不利于健康。

饺子的发明

在中国北方的广大地区，有大年三十包饺子的习俗。

饺子多用面皮和馅包成，形状有半圆形、半月形或角形，在其漫长的发展过程中曾被称为"娇耳"、"牢丸"、"扁食"、"粉角"、"馄饨"、"角子"等，直到清代才被称为"饺子"，是中国的传统特色食品。

饺子起源于东汉时期，相传是"医圣"张仲景发明的。有一年，张仲景从长沙告老还乡，正赶上家乡南阳流行伤寒，许多穷苦百姓的耳朵都冻烂了，还有很多人病死。张仲景看了，心里非常难受，就叫弟子在空地上搭起医棚，并在冬至那天架大锅煮"祛寒娇耳汤"，然后分给穷苦的病人们喝。"祛寒娇耳汤"是张仲景总结了汉代300多年的临床医学实践才研制成的，做法很简单，就是把羊肉、辣椒和一些祛寒药放在锅里一起煮熟并切碎，用面皮包成耳朵状的"娇耳"，再将"娇耳"放入原汤中煮熟，然后分给每个病人两只娇耳、一大碗肉汤。病人服用过"祛寒娇耳汤"之后，浑身血液通畅，两耳变暖，冻伤跟着也就好了。

为了纪念张仲景开棚舍药和治愈病人的日子，民间逐渐形成了冬至吃饺子的习俗。再加上农历正月初一是新年的开始，所以中国还有"除夕晚上包好饺子，午夜十二点开始吃饺子"的习俗，取"更岁交子"、"喜庆团圆"之意。有些地方还会在饺子里包一枚硬币，以象征在新的一年里财源滚滚。

经过近2000年的发展，出现了五花八门的饺子。如今，饺子不但是中国人最喜爱的食品之一，还受到了其他国家人民的欢迎，只是其做法与吃法都各具特色。

馒头的由来

馒头是中国人的主要食物之一。

馒头是一种将面粉、水、食用碱（或食糖）等调匀，经发酵并制成形再蒸熟的半球形或长条形食品，它不但松软可口，而且营养丰富，有助于消化。馒头最初是带馅儿的，不带馅儿的称为"白面馒头"或"实心馒头"。后来，北方的称呼发生了变化，无馅的才叫"馒头"；有馅的则改称"包子"，其馅儿通常包括肉馅、蔬菜馅、豆沙馅、南瓜馅等。

中国人食用馒头的历史，可以追溯到三国时期。相传，诸葛亮率兵征伐南蛮，被瘴气很重的泸水挡住了去路。后来，诸葛亮得知，若想要蜀国大军继续前行，必须用49颗人头来祭拜河神。诸葛亮不忍心让无辜者因此丧生，就让厨子以米面为皮、牛羊肉为馅，制成49个人头形状的食物，然后摆在香案上，洒酒祭神。由于这种食物是被当作人头来欺瞒河神的，所以被人们称为"瞒头"。从此以后，"瞒头"这种面食就逐渐流传开来，并被人们称为"馒头"。不过，关于诸葛亮发明馒头的说法，最早见于北宋高承《事物纪原》所引的《稗官小说》，只是一种传说而已，所以无法令人信服。

西汉初期，中国人发明了石磨，人们才开始大规模地吃饼这种面食，不过这时的饼都是用"死面"做的，因为当时人们并不了解酵母菌，无法用发面做出松软可口的馒头。据萧子显《齐书》记载，西晋永平九年（公元299年），朝廷规定祭祀太庙要用"面起饼"。面起饼就是馒头，因其制作方法是"入酵面中，令松松然也"。另据《晋书·何曾传》记载，馒头在晋代又称"蒸饼"。由此可见，馒头的出现不晚于晋代，且同时有"面起饼"和"蒸饼"两个名称。直到宋代，馒头还被称为"蒸饼"。宋仁宗赵祯即位后，人们为了避讳与"蒸"读音相近的"祯"字，才改称"蒸饼"为"炊饼"或"馒头"。《水浒传》里武大郎沿街叫卖的"炊饼"就是现在的馒头。

由于地域的差异和时代的发展，中国出现了白面馒头、玉米面馒头、肉馒头等花样繁多的馒头，为人们的饮食提供了更多选择。

日本茶道

日本茶道表现了日本人日常生活的文化规范和理想，能够培养人的审美观和道德观念。

日本茶道是日本人为客人奉茶的一种仪式，主要包括更衣、观赏茶庭、初茶、茶食、中立、浓茶、后炭、薄茶、退出、衔接等程序，它不仅是一种物质享受，还是日常生活与宗教、哲学、伦理和美学的融合。

日本茶道具有日本特色，同时也吸收了中国茶文化的精华。茶文化起源于中国，并较早地传入了日本列岛。据日本文献记载，日本天平元年（唐玄宗开元十七年，公元729年），朝廷召集百僧到禁廷讲《大般若经》时，曾有赐茶之事。由此可见，日本人饮茶始于奈良时代（公元710～794年）初期。据《日吉神道密记》记载，日本在公元805年从中国引进茶树，主要供朝廷使用。当时，日本的饮茶法与中国唐代流行的饼茶煎饮法一样，即将茶饼放在火上炙烤干燥并碾成末，然后汲取清流，点燃兽炭，待水沸腾时再加入茶末和吴盐，一道既美味又芳香四溢的茶就煎好了。宽平六年（公元894年），宇多天皇永久停止了遣唐使的派遣，于是中日茶文化交流一度中断。到了平安时代，日本茶文化几乎照搬中国的《茶经》。总之，在这一时期，日本开始接受、输入并发展中国的茶文化，使饮茶首先在贵族、僧侣等人之间传播并流行。

镰仓时代（1192～1333年）初期，日本第一部茶书《吃茶养身记》问世，其中不但记载了作者荣西在中国的亲身体验和见闻，还记载了中国当时的末茶点饮法。这部书的问世，使日本的饮茶文化扩大至武士乃至平民阶级，荣西本人则成了日本的"茶祖"。日本文永四年（1267年），"台子"（茶具架）和7部茶典一起经中国传入日本。室町时代（1333～1573年），受宋朝的影响，豪华的"斗茶"成为日本茶文化的主流，并逐渐向高级化发展。15世纪中后期，占四张半塌塌米面积的"书院式建筑"成为日本的标准茶室，"书院茶"由此产生。喝茶时，主客都跪坐，主人庄重地为客人点茶。书院茶将中日文化结合在一起，在日本茶道史上占有重要地位。后来，足利义政的文化侍从能阿弥（1397～1471年）规定了点茶时要穿的服装、茶具的摆放、主宾移动的顺序和路线，甚至是进出茶室的步数。现行日本茶道的点茶程序，基本上就是在这时形成的。安土、桃山时代，群雄争战，融艺术、娱乐、饮食为一体的茶道起到了慰藉武士心灵的作用，使茶道成为武士的必修课。16世纪末期，茶道集大成者千利休汲取了历代茶道精神，创立了正宗的日本茶道。江户时代，具有本民族特色的日本抹茶道、煎茶道形成。可以说，日本茶道源于中国茶道，又发扬光大了中国茶道。

现代的日本茶道，由主人准备茶、点心及水果来招待宾客，主宾都要按照固定的规矩与步骤行事。比如，主人要按照规定动作点炭火、煮开水、冲茶或抹茶，然后依次献给宾客，宾客则要恭敬地双手接茶并致谢，尔后三转茶碗轻品、慢饮，再把茶杯还给主人。除了饮食之外，对茶具、茶室内外的布置及庭园的园艺进行品评也是日本茶道的重点。最后，客人要跪拜着向主人告别，主人热情地相送。整个过程都非常注重形式。

由于受日本禅宗的影响，日本茶道的思想需要品茶者用心体会才能领悟。它发展到现在，已经成为一种文化，向人们展示着日本的民族风貌。

柴米油盐酱醋茶

柴、米、油、盐、酱、醋、茶这七样东西，是日常生活所必需的物品，俗称"开门七件事"。

一般认为，"开门七件事"之说始于宋朝。南宋吴自牧《梦粱录·鲞铺》记载："盖人家每日不可阙者，柴米油盐酒酱醋茶。"当时，"米"是人们的主食，"油"才刚因为手工业和商业的发展而得到普及，"酱"也刚刚明确地指代酱油，"醋"在此之前并非生活必需品，"茶"在北宋时依然是不常见的奢侈品，所以这"八件事"对宋朝人来说还算是新事物。由于"酒"并非日常生活的必需品，所以到了元代"八件事"就只剩下"七件事"了，但是人们仍然认为是吴自牧开创了"开门七件事"之说。

此后，很多文人雅士都以"开门七件事"为话题来吟诵与饮食相关的诗句。元代武汉臣《玉壶春》记载："早晨起来七件事，柴米油盐酱醋茶。"在元杂剧《马丹阳度脱刘行首》中，也有关于"开门七件事"的记载："教你当家不当家，及至当家乱如麻；早起开门七件事，柴米油盐酱醋茶。"据此，同时也可以看出当家者为生活而劳碌的辛苦。明代唐伯虎《除夕口占》："柴米油盐酱醋茶，般般都在别人家；岁暮清淡无一事，竹堂寺里看梅花。"唐伯虎借用"柴米油盐酱醋茶"这七件事进行自我嘲弄，道出了他在清贫中依然能够做到高傲泰然，不被生活的艰辛压倒。

随着人民生活水平的不断提高，"开门七件事"的意义也发生了变化，主要用来指代与人民的切身利益相关的事物。比如其中的"柴",如今差不多已被燃气取代,"茶"则形成一种民族文化并闻名于世。相比之下,如今取得和处理"开门七件事"的途径更为简便。

酸奶小史

早在5000多年以前,土耳其高原的游牧民族就已经会制作酸奶了。

酸奶是用鲜奶作原料,经灭菌后再加入发酵剂而制成的半流体饮品,富含乳酸菌和人体必须的多种维生素等营养物质,具有很好的保健作用。经常饮用酸奶,不但可以增加营养、提高免疫力,还能预防骨质疏松、动脉硬化、高血压、癌症等疾病。

5000多年前,由于细菌的污染,土耳其高原上的人们饮用的羊奶经常变质。有一次,空气中的酵母菌落入了羊奶之中,使得羊奶不但没有变质,反而变得酸甜可口了。于是,牧民们就称这种酸甜可口的奶为酸奶,这就是最早的酸奶。为了能够继续喝上酸奶,牧民们把酸奶加入鲜奶之中,再放置一段时间,就得到了新的酸奶。到了公元前2000多年左右,居住在巴尔干半岛上的色雷斯人也通过同样的方式掌握了酸奶的制作技术。后来,古希腊人把酸奶的制作技术传到了欧洲其他国家。11世纪,在《突厥语大词典》等书中,详细地记载了游牧的土耳其人制作酸奶的方法。20世纪初,俄国生物学家梅契尼可夫在研究保加利亚人长寿的原因时,发现他们普遍有长期喝酸奶的习惯。据此,梅契尼可夫提出乳酸菌有益于身体健康。"第一次世界大战"后,西班牙商人萨克·卡拉索运用缅奇尼科夫的研究成果,建立了酸奶制造厂,并把酸奶放在药店里作为"长寿药品"出售,却销路平平。"第二次世界大战"期间,卡拉索在美国重建了一家酸奶厂,并将酸奶摆在咖啡馆、冷饮店这种消费场所出售,结果大赚了一笔,并使酸奶迅速风靡全球,成为人们喜爱的饮品之一。

虽然酸奶具有保健作品,但是在喝酸奶时还是有一些事项需要注意,比如酸奶只能冷藏不能加热,否则会杀死其中的益生菌;注意别过量;不要空腹喝;饮用后要及时漱口,以免乳酸菌腐蚀牙齿等。如果不注意这些禁忌,就会使酸奶的保健作用降低,甚至得不偿失。

糖果发展史

糖果象征着甜甜蜜蜜,是节庆时的必备食品之一。

糖果是以食糖或甜味剂为主要原料制成的固态或半固态甜味食品,它不但能比其他食物更快地提供热量,进而迅速提高人体的血糖含量,使人精力充沛。

最早的糖果出现在罗马周围的地区。它是用蜂蜜裹杏仁并放在太阳底下晒干而得到的，一直很受人们的欢迎。关于用甘蔗制糖，在公元前 300 年的印度《吠陀》和中国《楚辞》中有记载。公元 7 世纪，印度的甘蔗种植技术经阿拉伯人传入西班牙、意大利，随后又传入北美洲的一些国家。公元 8 世纪中叶，中国制糖技术传到日本。1130 年，宋朝王灼撰写了中国现存最早的一部用甘蔗制糖的专著《糖霜谱》。印度和中国在早期制糖史上占有重要地位，在糖果的制作上也是如此。不过，由于糖果价格昂贵，所以直到 18 世纪还是贵族才能享用的食品。随着殖民地贸易的兴起，蔗糖的产量提高，许多糖果制造商都开始研制各种糖果配方，然后大规模地生产糖果，使得糖果成为一种大众食品。

如今，糖果的制作技术更加先进，品种也越来越多，为人们提供了更多的选择。只是糖含有较高的热量，容易引起龋齿、口腔溃疡，长期过量食用还会引发白内障等眼病，增加患心血管等慢性疾病的风险，甚至改变人体血液的酸碱度，减弱人体白血球对外界病毒的抵抗力，所以食用糖果时也要适量。

冰糖葫芦

冰糖葫芦具有消食、化瘀、驱虫、养颜、清热、消除疲劳等功效。

冰糖葫芦是中国北方的传统小吃，又名"糖梨膏"、"糖球"，它一般用竹签和山楂等水果串成，水果外面蘸有一层晶莹剔透的麦芽糖稀。麦芽糖稀冷却之后会迅速变硬，令冰糖葫芦既好看又诱人，吃起来又酸又甜。冰糖葫芦不仅好吃，还含有维生素 C 和多种有机酸等营养物质，所以老少皆宜，从诞生至今一直是人们喜爱的食品。

说起冰糖葫芦的历史，可谓源远流长。相传宋朝绍熙年间（1190～1194 年），宋光宗赵惇最宠爱的黄贵妃患病，她终日不思饮食，形容日渐憔悴。御医们束手无策，宋光宗只好张榜求医。一位江湖郎中揭榜进宫为黄贵妃诊脉，然后说："用冰糖熬煮红果（即山楂），每顿饭前吃几枚，半月之内即可痊愈。"黄贵妃照此做了之后，病果然如期痊愈。原来，山楂具有消除积食等作用，尤其擅长消除肉积食。可能是黄贵妃胃里有山珍海味堆积，所以她才不思饮食吧，山楂正好解决了这一问题。后来，这个药方流传到了民间。老百姓用竹签把山楂串起来，并在上面蘸一层糖稀，于是冰糖葫芦就诞生了。

经过多年的经验积累，冰糖葫芦的制作技术得到提高，品种也越来越多，出现了以草莓、香蕉、蜜枣、腰果、核桃、朱古力等为主要原料的冰糖葫芦。每到隆冬时节，总能见到沿街叫卖冰糖葫芦的生意人。

比萨的起源

说到比萨的起源,并没有确切的资料可供考究。

比萨是在发酵的圆面饼上覆盖番茄酱、奶酪等配料,再用烤炉烤熟的食品,它发源于意大利,如今已经跨越语言和文化的障碍,成为受各国消费者喜爱的著名食品。目前,市面上的比萨名目繁多,但是只有那些饼底平整且手抛成型、翻边均匀且翻边的高和宽大约都是2厘米的比萨,才是正宗的意大利比萨。

3000年前,人们在烧热的石头上做成的小圆面包或馅饼,是人类历史上最早的非发酵面包,它恐怕就是比萨的前身了。后来,埃及人发现了酵母,发酵面包才开始出现,并流传到世界各地。相传13世纪,意大利商人马可·波罗来中国旅行,他最喜欢吃当时在中国北方流行的葱油馅饼。他回到意大利之后,还很怀念葱油馅饼,却又不知道它是怎么做的。一天,朋友们来家中聚会,马可·波罗就饶有兴致地对一位厨师朋友描绘起了中国北方的葱油馅饼。那位厨师朋友听完,就兴致勃勃地按照马可·波罗所描绘的方法制作起葱油馅饼来,却始终无法将馅料放进面团之中。这时候,大家都非常饥饿,于是马可·波罗就提议直接把馅料放在面饼上吃,没想到味道还不错。后来,这位厨师又这样试做了几次,并加了乳酪和一些佐料,使得这种饼更美味了。从此,这种饼就流传开了,并被称为"比萨",意为"被压平的馅饼"。

意大利面

现在,意大利面酱料主要包括番茄、鲜奶油和橄榄油三大主料,另有蔬菜、海鲜、水果、香料等各类配料,能满足各类人的不同口味。

13至14世纪,意大利人为了解决粮食不易保存的问题,就发明了意大利面。他们首先将面粉揉成团,擀成薄饼,然后再切成面条晒干,这样就可以长期保存了。吃的时候只要将晒干的面和肉、蔬菜,以及其他酱料放到一起烹饪,就能得到一道美食,这便是最早的意大利面。

由于西方人不习惯用筷子，一开始，人们都用手抓意大利面吃。后来，有些上层社会的人士认为如此用食十分不雅观，就使用了叉子。如此一来，在食用意大利面时，就可以将面卷在叉子上吃。

随着时间的推移，意大利面和酱料的种类越来越丰富。现在意大利面的种类已经超过了 500 种，形状和颜色都各有差异，形状上有细长形、扁平形、螺旋形、蝴蝶形等，颜色上因添加了菠菜、南瓜、葡萄等辅料变得色彩斑斓。欧洲人在发现了美洲新大陆以后，将辣椒和番茄引入意大利，成了意大利面酱料的新成分。

涮羊肉的起源和发展

涮羊肉又名"羊肉火锅"，它味道鲜美、吃法简便，是深受人们喜爱的佳肴。

据说，涮羊肉起源于中国元代。当年，元世祖忽必烈亲率大军南征。一天，队伍走得人困马乏，饥肠辘辘。忽必烈突然想起家乡的清炖羊肉，就盼咐伙夫去做。厨师领命之后就去宰羊。就在这时，探马飞奔进帐，报说敌军逼近。忽必烈饥饿难忍，正一心等着吃羊肉呢，听到敌军逼近的消息之后，就一边下令部队开拔，一边大喊："羊肉！羊肉！"厨师知道忽必烈脾气暴躁，于是急中生智，把羊肉切成薄片放入沸水中，一边搅拌一边看肉色，等肉色一变就捞到碗里，再用细盐、葱花等调料拌匀，然后端给了忽必烈。忽必烈连吃几碗才翻身上马，率领大军与敌军交战，击溃了敌军。在筹备庆功宴时，忽必烈特地点了他在战前吃的那道羊肉片。厨师选用了细嫩的绵羊肉，把它切得像纸片一样又薄又均匀，并用多种调料调味，然后端到火锅上供将帅们食用。将帅们吃了涮肉之后，只觉得羊肉醇香不膻，因此都赞不绝口。厨师忙迎上前说："请帅爷为此菜赐个名号。"忽必烈随口笑答："就叫'涮羊肉'吧！"从此以后，"涮羊肉"就成了宫廷佳肴，直到清朝末期才流传到民间。

茅台酒

茅台是中国白酒第一品牌，因产自中国贵州的茅台镇而得名。

唐朝时期，中国境内就出现了完全用粮食酿造的曲酒。贵州赤水河畔的茅台镇酿造的大曲酒更是享誉全国，被朝廷列为贡品。元朝年间，茅台镇出现了很多大型酿酒作坊，开始酿制白酒，这便是最早的茅台酒。等到明末清初，茅台镇百姓酿制白酒的技术日渐成熟。康熙年间，茅台酒的品牌正式出现。从这时开始，茅台镇的酿酒业进入了空前繁荣的阶段。

1949 年 10 月 1 日，在中华人民共和国成立的当天晚上，茅台酒成了开国第一宴的主酒，因此被称为"开国喜酒"。其后，茅台酒逐渐发展成为中国的国酒，现在的茅台酒名列世界三大蒸馏酒之一，与苏格兰威士忌、法国白兰地齐名。

日本刺身

"刺身"这个名字源于北海道。

刺身是日本一种相当有特色的生食料理，具体说来就是将新鲜的鱼、贝等水产品运用适当的刀法进行加工，然后用酱油和山葵泥等制成的酱料搭配食用。因为生鱼片在剥皮之后很不容易辨别其种类，所以过去北海道的渔民经常用竹签将鱼皮串起来，刺到鱼身上，方便人们辨认。时人将这种刺了竹签的生鱼片称为"刺身"，随后"刺身"这个叫法便流传了下来，成了对生鱼片的另外一种称呼。

最早的刺身是由中国唐朝传入日本的，不过15世纪之前的刺身与现在的刺身有很大区别。直到15世纪，酱油传入日本以后，刺身才渐渐与现在的刺身趋同。

现代刺身最常用到的材料就是鱼，除此之外，贝类、虾、蟹、海参、鱿鱼等水产品，甚至是鸡肉、鹿肉等肉类也都可以制成刺身。并非所有的刺身都是完全生食，部分刺身原料也需要经过一定的热加工，例如一些体型较大的海螃蟹等。

刺身的酱料主要以酱油和山葵泥为主。山葵泥也叫做绿芥末、瓦沙比，其本身拥有一种特别的香味和刺激的辣呛味，可以有效地去除鱼类的腥气。山葵泥通常都会与酱油搭配使用，在使用过程中，需要注意二者的搭配，以及与刺身原料的般配性。

盛放刺身的容器一般都是浅盘，对具体形状没有特别的要求，圆形、方形、五角形等皆可，对盘子的材质也没有特别的要求，漆器、瓷器、陶器等皆可。

松花蛋的历史

松花蛋是中国传统的风味蛋制品，在国际市场上也享有盛名。

松花蛋又称皮蛋、变蛋、灰包蛋，它是用动物蛋、生石灰、纯碱、食盐等原料制作而成的，蛋壳易剥不粘连，蛋白是半透明的褐色凝固体且表面有松枝状花纹，蛋黄呈深绿色凝固状，切开之后蛋块色彩斑斓，吃起来香而不腻，味道鲜滑爽口。

由史料可知，松花蛋可能是由北魏《齐民要术》中记载的咸鸭蛋演化而来的。有关松花蛋的明确记载，见于明孝宗弘治十七年（1504年）成书的《竹屿山房杂部》。可是，关于松花蛋的发明却有诸多说法。第一种说法认为松花蛋是江苏人发明的。明代泰昌年间，江苏有一家小茶馆。由于生意兴隆，店里人手又少，店主在应酬客人时就随手将茶叶渣倒到了炉灰里。巧合的是，店主家养的几只鸭子爱在炉灰堆里下蛋，有些鸭蛋难免会被主人遗拾。一天，店主在清除炉灰时发现了一些鸭蛋，他想确定这些鸭蛋能不能吃，就剥开来看了看，发现鸭蛋变得黝黑光亮，上面还有细密的花纹，闻起来香气扑鼻。他忍不住尝了尝，没想到鲜滑爽口！这就是最初的松花蛋。后来，人们经过不断摸索，提高了松花蛋的制作技术。

第二种说法认为松花蛋是天津人发明的。据民间传说，大约在200年前，天津有一位孝子提前为其母订做了一口棺材，然后放置在家中的空宅里。为了防潮，孝子就在棺材里撒了一些石灰和草木灰，并在盖棺时留了空隙以便通风。第二年，其母去世，孝子移棺入殓，却在草木灰里发现了百余枚鸡蛋。孝子生气地取出鸡蛋扔在地上，却发现里面的鸡蛋已经变成了深褐色的结晶体，这令他非常困惑。这一消息传出去之后，有人壮胆尝了尝鸡蛋，没想到味道竟然非常鲜美，围观者无不称奇。邻里仿效这种做法，果然也得到了同样美味的鸡蛋，人们称其为"变蛋"。后来，"变蛋"逐渐流传到了江浙一带。江浙人经过屡次改进，使其制作工艺日臻完善，并将其推入了市场。所以，现在有松花蛋"始于天津，成于江浙"之说。

无论松花蛋发源于哪里，它都是中国传统的风味蛋制品，深受消费者的喜爱。

法国菜的起源

据传，法国菜起源于16世纪。

法国菜不但风味独特，而且选材广泛、讲究；烹调方法多样，几乎包括了近20种西方菜的烹调方法；讲究原汁原味……总之，无论在视觉、嗅觉、味觉还是触觉上，法国菜都可以称为一种艺术，是世所公认的高级菜。

16世纪，有一位意大利女子嫁给了法兰西国王亨利二世，顺便带来了意大利文艺复兴时期盛行的黑菌、嫩牛排、奶酪等菜肴的烹饪方法，法国菜由此不断发展。近年来，法国菜不断精益求精，出现了用新烹调法烹制的菜肴，以及兼具古典与新式特色的菜肴，材料运用广泛而又灵活，在风味、天然性、技巧性、装饰性和色彩搭配上也非常独到。

法国菜菜单编排繁杂，目前主要有冷开胃菜、汤、热开胃菜、主菜、甜品。由于法国以葡萄酒为傲，所以法国人对酒在餐饮上的搭配使用也非常讲究。除此以外，享用法国菜时还要注重餐具的使用，因为无论是刀、叉、盘还是酒杯，都可以衬托出法国菜的高贵气质。随着人们对菜肴要求的不断变化，法国菜也在不断发展。

巧克力小史

早期的巧克力不但有助于消化，还是一种利尿剂，并能补充能量，被视为"众神的饮料"。

巧克力它是以可可豆为主要原料制成的一种甜食，具有浓郁的香气，口感细腻甜美，既可以直接食用，又可以用来制作蛋糕、冰激凌等，还能表达爱情，并具有止痛、减肥、预防感冒、缓解压力、补充能量、增强记忆力、提高智力、延缓衰老、预防癌症和心血管疾病等功效。

巧克力发源于墨西哥，早期的巧克力是一种用辣椒、香料和可可等制成的饮料，虽然又苦又辣，却很受居住在那里的古代印第安人的欢迎。16世纪初期，西班牙一个探险队深入墨西哥腹地探险，在筋疲力尽时意外地发现了能够补充能量的早期巧克力。为了方便携带，他们采用浓缩、烘干等办法，成功地制作出了固态的可可饮料，并将其命名为"巧克力特"，这就是第一代巧克力。后来，他们将巧克力带回了西班牙，并在制作巧克力时加入了甘蔗汁，使巧克力成了一种香甜的饮料。从此以后，巧克力开始在欧洲流行。但是，西班牙人并没有将巧克力的配方外传，因此巧克力一度被视为一种迷药。直到1763年，一位英国商人才成功地获得了配方，将巧克力特引进到英国。英国人根据本国人的口味，在制作巧克力时别出心裁地增加了牛奶和奶酪等原料，于是第二代巧克力——奶油巧克力诞生。不过，由于可可粉中的油脂无法与水、牛奶等融为一体，所以当时的巧克力口感很不爽滑。1829年，荷兰科学家万·豪顿研制出可可豆脱脂技术，解决了巧克力口感不爽滑的问题，第三代巧克力问世。我们现在所食用的巧克力正是第三代巧克力。

适量食用巧克力是有益的，但是食用过量却会产生副作用。女性和儿童尤其不宜过量食用。女性过量食用会长胡子，因为巧克力具有增加男性荷尔蒙的作用。若是产妇过量食用，则会对婴儿的发育产生不良影响，使婴儿消化不良、哭

闹不停、肌肉松弛、排尿量增加，因为巧克力中含有可可碱等会损伤神经系统和心脏的物质。儿童过量食用，其生长发育也会受到影响，因为巧克力是高脂肪、高热量、低蛋白质食物，其营养成分的比例不符合儿童生长发育的需要。

菜单溯源

如今，"菜单"的含义更加广泛，泛指各种服务项目的清单。

菜单是餐馆提供给顾客的食物清单，其中包括该餐馆供应的各种菜肴、主食、饮料及其价格等，它为就餐提供了很大的便利。

最初的菜单并不是为了方便顾客就餐的，只是厨师的备忘录。1533年，意大利女子凯瑟琳·德·梅第奇与后来的法兰西国王亨利二世结婚，顺便带来了通晓意大利菜肴的厨师作为陪嫁，改善了法国的宫廷菜肴。法国厨师为了记住意大利菜肴的烹饪方法，就用纸片把它们记了下来，一边学习一边实践，这就是最早的菜单。直到16世纪中叶，这种纸片才作为真正的菜单提供给客人。那是1554年的一天，一位侯爵在家中举行晚宴。为了不出错，每当仆人送上一道菜，侯爵都要看看桌上的单子。客人们发现这种做法非常方便，于是在举行宴会时也都这么做，真正的菜单就出现了。

电子计算机问世之后，人们也形象地称电子计算机操作系统的操作指令为菜单，比如"开始菜单"等。

咖啡的来历

咖啡与茶叶、可可并称为世界三大饮料。

咖啡是一种饮料，它不但含有一定的营养成分，还具有提神、消除疲劳、促进人体新陈代谢、预防胆结石、防止放射线伤害等作用。

对西方人来说，咖啡只有300年的历史。但是，关于咖啡的记载，却早在公元前8世纪就已经出现在荷马的作品里了："色黑，味苦，具有强烈刺激的神奇饮料……" 11世纪时，阿拉伯著名哲学家、医生阿维森纳则把咖啡当作胃药给人治病。虽然咖啡很早就出现在地中海一带了，但是咖啡树却是15世纪在非洲的埃塞俄比亚小镇卡法（kaffa）发现的，因此人们称

其为咖啡（coffee）。后来，咖啡树从埃塞俄比亚传入也门等阿拉伯国家。也门不但第一个把咖啡作为农作物进行大规模生产，还把咖啡作为商品出口到国外。一位香客去圣城朝圣，在返回家乡印度时偷偷地带了一些咖啡树苗，咖啡这才开始在印度落地生根。17世纪初期，咖啡树通过威尼斯商人传到了欧洲、北美洲，并迅速在当地普及开来。此后，咖啡又传到了亚洲，深受欢迎。

如今，咖啡已是广受人们喜爱的饮料之一。但是，由于咖啡会刺激胃酸分泌、引起人精神紊乱，所以既不宜空腹饮用也不能过度饮用。

太空食品

太空中所有的物品都失去了重量，变得可以随处飞扬，好像空气一样。这样，宇航员就不能像地球上那样可以随时取食，轻松地嚼咽，不然就会因食物不能下咽而卡在食道中间，危及生命。因此，科学家在研制宇宙飞船的同时，也研究制造太空食品。

经过许多次的太空实践，科学家发现，太空食品要求营养丰富、卫生、进食方便。

现在供宇航员食用的食品，各类繁多，不仅有新鲜的面包、水果、巧克力，也有装在太空食品盒里的炒菜、肉丸等，还有番茄酱等调味品。这些食品大多是高度浓缩的、流质状的。所以，宇航员吃饭时，只要"飘游"到厨房内，向食品盒注入一定的水，进行加热，然后就可以像挤牙膏似的把食物挤进嘴里美餐一顿。当然，如果要吃花生米类硬颗粒状食物，那就不能直接往嘴里送，否则会塞到鼻孔里。比较稳妥的办法是让花生米在空中飘着，然后张大嘴去捕捉。

因为太空食品具有进食量少、发热量高、营养极其丰富的特点，所以日本首先研制了这种常用太空食品，供地球上使用。新开发的常用太空食品有两种。一种是流质的，叫"营养补液"，专供医院病人用，进食时用一根一定直径的细管通入胃里，直接给食，比静脉点滴的效果还好。另一种是固体的"高浓缩营养胶囊"。这种外形像胶囊的太空食品，可以根据不同人的需要来制造。这种太空食品现在主要供病人、偏食的幼儿、饮食不规律的体弱者以及营养不足的运动员用，将来会成为人类最方便、营养价值最高的食品。

超高压食品

食品贮存技术越来越受到人们的重视，一些行之有效的方法，如风干法、冷冻法、罐头封装法等，都会使食品的鲜味受到不同程度的损害。现在出现了一种具有划时代意义的食品保存技术，就是超高压加工法，加工的食品为超高压食品。

超高压加工就是把食品置于数千个大气压之中，在不损害食品材料本质的情况下对其进行调合、加工、杀菌。食品材料，在超高压环境中，淀粉变成糊状，蛋白质变成凝胶状，类似蜂蜜。虽然淀粉和蛋白质失去了本来的面目，变得表面发光、质地细腻，但色香味都不失原有风味。对新鲜的鳕鱼加 4000 个大气压，就能变成新鲜鱼糕。把水果和砂糖装入塑料袋中，加高压能制成果酱。超高压加工食品，还会产生奇特的效果，比如对陈米加 1000 个大气压，它便具有新米的味道。

超高压食品不但无菌，保鲜时间长，而且还能使食品增添附加价值，成为人们理想的食品。